김정환 시인

1954년 서울에서 태어났다. 1980년『창작과비평』을 통해 작품 활동을 시작했다. 시집『지울 수 없는 노래』『황색예수』『회복기』『좋은 꽃』『해방서시』『우리, 노동자』『기차에 대하여』『사랑, 피티』『희망의 나이』『하나의 이인무와 세 개의 일인무』『노래는 푸른 나무 붉은 잎』『텅 빈 극장』『순금의 기억』『김정환 시집 1980~1999』『해가 뜨다』『하노이-서울 시편』『레닌의 노래』『드러남과 드러냄』『거룩한 줄넘기』『유년의 시놉시스』『거푸집 연주』『내 몸에 내려앉은 지명』『소리 책력』『개인의 거울』『자수견본집』『황색예수 2』등이 있다. 백석문학상, 아름다운작가상, 만해문학상, 현대시작품상, 고산문학대상을 수상했다.

kjhsalem@naver.com

죽은 것과 산 것

ⓒ 김정환, 2025

죽은 것과 산 것

초판 1쇄 발행 2025년 7월 30일

지은이 김정환
펴낸이 조기조

펴낸곳 도서출판 b
등　록 2003년 2월 24일 (제2023-000100호)
주　소 서울시 금천구 가산디지털2로 169-23 1501-2호
전　화 02-6293-7070(대) 팩시밀리 02-6293-8080
누리집 b-book.co.kr 전자우편 bbooks@naver.com

ISBN 979-11-92986-43-2　　03810
　값　　48,000원

* 이 책 내용의 일부 또는 전부를 재사용하려면 저작권자와 도서출판 b 양측의 동의를 얻어야 합니다.
* 잘못된 책은 구입한 곳에서 교환해드립니다.

b판시선 75

김정환 시집

죽은 것과 산 것

도서출판 b

| 시인의 말 |

    도서출판 b 대표 조기조의 후의에 힘입어 수정하는 데 2년이 걸렸으니 이 시들은 7~8년에 걸쳐 쓰였다. 5~6년의 격세를 입으면서 분량이 오히려 반 훨씬 넘게 줄었다. 매우 기분 좋은 경험이었다. 삶의 질 최전선을 맡은 언어의 질이 도처에서 떨어지는 지금 그것을 높이는 시인의 일은 어느 때보다 더 자연스럽다. 이 시집의 구성과 규모는 집적이 아니라, 비판에 그치지 않으려는 나의 최선의 '전면성'에서 비롯되었다. 시 한 편 한 편의 그것을 배가하게 될. 사회주의라는 생활. 감각 총체라는 전위. 죽음이라는 여유. 미래라는 집대성. 생의 초록이 완성되는.

| 차례 |

| 시인의 말 | · 5

1권 분리수거

서 · 17 면 · 선 · 점 · 17 나쁘지 않은 일 · 18 관통 · 19 수정 · 19 구성 · 20 도로 · 21
다시 세 사람 · 21 오십 수 · 22 시시한 일과 · 23 테오프라스토스 · 23 야경 · 24 메피스토 · 25
공백 · 25 다시 두 사람 · 25 모차르트 · 26 남정임 · 27 재현의 탄생 · 27 기도의 물리 · 28
땅덩어리 · 28 언어의 디자인 · 29 겹침 · 31 음미 · 31 악플러 · 33 박헌영 전집 · 33
이 거리 · 33 휴대 · 34 최초의 문상 · 35 방법의 사건 · 36 운명 · 36 족보의 물리 · 37
3B+모차르트 · 38 사소한 오해 · 39 화려한 고백 · 39 장구의 섬세 · 40 속수무책 · 40
희귀와 결별 · 41 축대 디자인 · 41 독방 · 42 생각의 언어 · 42 프시케 · 43 약속 · 44
사건과 사실 · 45 빈 · 45 시의 죽음 · 46 근황 · 46 고대 로마 명 · 47 아직도 · 48
수의 탄생 · 49 그림의 정의 · 50 파우스트 · 50 염원의 물화 · 51 현대 탄생 · 51
프로메테우스 노동 · 52 첼로 · 53 체액 · 54 지형 · 55 유아독존 · 55 됭케르크 · 56
사진의 생애 · 57 따루주막 · 58 문래동 · 59 언제나 마침내 · 59 생몰년도 새삼 · 60
8월 장마 · 61 자족 · 61 각자의 시간 · 62 상수동 · 62 마지막 기회 · 63 입구 · 64
처음의 아침 · 65 한국 초기 중국식 무협 영화 · 65 돌 사진 · 66 유산 · 67 절묘 · 67
맛의 미학 · 68 축제 · 69 첼로 2 · 70 안양 · 70 배경 · 71 위대한 가수 · 71 육체의 상상 · 72
노동의 전설 · 72 신학 탄생 · 73 세검정 · 74 해 질 녘 · 75 최초의 탄생 · 75 지리의 탄생 · 76
잃어버린 무 대륙 · 77 환절기 · 78 게르만족 대이동 · 79 눈부신 국경 · 81 인간의 계절 · 81
생활의 능가 · 82 순간의 공간 · 82 오리무중 · 83 데스마스크 · 84 미래의 대화 · 85
마지막 상호 · 86 부부 초상 · 87 호두 · 87 곁에 두는 법 · 88 연기하는 부자 · 89
전통 서정 시인 · 90 키클롭스 · 90 코미디 짝 · 90 안온한 착각 · 91 정치 탄생 · 92
즐거운 자폐 · 93 경작 · 93 부상 · 94 멀린 · 94 문장의 생가 · 95 상회의 문운 · 96
가까운 미지 · 97 언어 방향 · 97 문체의 사화산 · 98 소리글자 · 98 시론 · 99 노을 · 99
호인 · 100 허리케인 어마 · 100 슈뢰딩거 상자 · 101 거울 · 102 양가감정 · 102 이별 · 103
일혼 살 · 103 가난의 탄생 · 103 뭉치는 사실 · 104 죽음의 민망 · 104 원로 · 105
노력 · 106 먹자골목, 밤, 서울 · 107 남은 일 · 107 얘기가 된다 · 108 연표 탄생 · 108
수기 · 109 ~에 대하여 · 110 이후 · 110 혈연의 역사 · 111 날것 · 111 에밀 · 112
이후의 이전 · 113 좌파 · 113 자세한 경계 · 114 남성 보호 · 115 기획 · 115
읽고 쓰는 노년 · 116 잡문 · 116 옛날 평론 · 117 노릇 · 118 옛날 희비극 · 118 볼륨 · 119

종이의 역사 · 120 세계인 미래 · 120 이 몸이 새라면 · 121 희극-발레 · 121 칼데아 · 122
미래라는 고전 · 123 부엌 · 124 도마 · 124 기분 · 125 유물론 재론 · 125 후유증 · 126
한낮 · 127 처참 · 128 직후의 신부 · 129 부재 · 130 복고 · 130 조각 · 131 사랑 노래 · 131
콩트 · 132 혁명의 생애 · 132 어린이 · 133 격언 · 133 숫자 · 134 노을 동참 · 134
세계사 재고 · 135 올라오는 엘리베이터 · 135 책의 탄생 · 136 시 낭독 · 136 이상 · 137
계기 · 138 군중 속 고독 · 138 상처 · 139 선택 · 140 결혼식 · 140 노블리스 오블리제 · 141
소리 · 141 희망 · 142 옛날 디자인 · 142 가정 소설 · 143 과학의 진보 · 143 칼레의 시민 · 144
이후의 형상 · 145 밤샘 · 145 생활 · 146 격세 · 147 옛날에 자서전 · 147 톡 부러진 관계 · 148
아포리즘 · 148 그리스 고전 비극 번역 · 149 추석 · 149 먼 훗날 · 150 김 맛 · 151
기하의 종말 · 151 들어온 바다와 나간 바다 · 152 뜻의 모양 · 154 호우 경보 · 156
부의 탄생 · 156 단풍 · 158 헌정 · 158 생의 죽음 · 159 미완의 탄생 · 159 별 · 160 보슬비 · 160
차이의 탄생 · 161 쑥떡 쑥색 · 162 각도자 반원 · 162 K-Pop · 163 다이어트 물 · 164
선배 · 166 종전 이론 · 166 현대 이론 · 168 진행의 탄생 · 169 접시 · 170 운동의 만년 · 170
올가 · 171 오감의 이전 · 172 콘스탄체 · 173 제도 재론 · 173 부드러운 귀족 · 175 애인 · 176
백화유 · 176 형제 · 177 범죄의 집 · 178 시차의 번역 · 178 소프트 타깃 · 180
시도의 탄생 · 180 묘비명 · 181 어미 '-리라' · 182 관할 · 182 로션 · 184 종착 · 184
혼선 · 185 탄식의 탄생 · 186 귀신 현상 · 187 발라드 규격 · 188 필기의 중단 · 189 도약 · 190
동네의 기로 · 190 영원의 형식 · 191 막간 · 192 비근한 예 · 192 에스컬레이터 · 193
유형 · 194 없는 시학 · 194 대역 · 195 기둥 · 196 그만 한 새 · 196 불포화 지방산 · 197
역류 · 198 오래된 가을 · 198 후럼의 횡재 · 201 학자 · 201 할 일 · 203 공연의 초대 · 203
수명 · 204 사포 · 204 경제의 탄생 · 205 가톨릭 · 205 동반 · 206 비평의 탄생 · 207
청첩장 · 207 가난의 간식 · 207 마음의 병동 · 208 아침과 저녁 · 209 풀리지 않는 문제 · 210
동어반복 · 210 서정시 · 211 심오한 계산 · 212 직결 · 212 체계의 탄생 · 213 물고기 · 214
강박의 해소 · 214 근대 극장의 탄생 · 215 유럽 통합 · 215 연마 · 216 지도자 · 217
사례 · 218 부조리극 · 219 말기름 · 220 교육의 미래 · 221 깐 생마늘 쪽 · 221 선약 · 222
대도시 · 223 위태 · 223 철학의 역사 · 224 야비한 죽음 · 225 한약 맛 · 226 복부 · 227
상책 · 232 역전 · 233 인사동 · 234 자각 · 236 환기 · 237 책과 공연 · 237
어느 잉글랜드 시인 · 238 메어리 창립 40주년 · 239 영결 · 241 전진 · 242 피난과 피서 · 242
관 · 243 친구 · 244 출현 · 244 건포도 · 245 불륨 · 246 초겨울 · 247
전국노래자랑 마포구 · 248 균형 · 249 응축과 확산 · 251 Archaic Smile · 252 없는 그대 · 253
한파주의보 · 254 이물질 · 254 더 나을 것 · 255 차원 · 256 즐거운 문상 · 256
메모지 · 257 모국어 · 258 결핍 · 258 이미 · 259 전국노래자랑 재고 · 259 날씨 · 260
오디세우스 · 260 조상의 탄생 · 261 시 · 262 불맛 · 262 명도 · 263 포옹 · 265 건배 · 266
의지가지 · 266 때와 것 · 267 어른 · 267 구약의 탄생 · 268 눈보라 · 269 누명 · 270
신약의 탄생 · 271 미래의 언어 · 272 Giant Snake Head · 272 닥스 양말 · 274 국가보안법 · 275
미래의 충분 · 276 혹시 · 276 입장 · 277 명성 · 277 폭설 경보 · 278 저녁의 질문 · 278
감행하는 벽 · 279 균형의 모종 · 280 은하수 · 281 중첩 · 281 부재의 중첩 · 282
직전과 직후 · 285 본다 · 285 치부 · 286 공백 · 286 여행 · 287 도벽 · 288 눈사람 · 288

장르의 순간·289 교훈의 탄생·289 아뜩·290 고무장갑·291 브라우징·291 아련·292
처음의 정정·292 옛날의 중용·294 추계예술대학교·295 알파고·296 제2열·297
후일담·298 소속·300 여가·301 시민의 탄생·302 친화·302 전모·303 떡국·304
죽음의 형성·305 에스프레소·305 디지털·306 환승·306 고대 포스트모던·308 백열·310
회고록·311 눈에는 눈·311 재발견·312 인터넷 백과사전·313 조각의 걸작·313
망각의 예언·314 존 도버 윌슨·314 벨라 바르토크, 그 후·315 예술의 신학·316
대학생 오케스트라 연주·316 과세 절묘·317 커피 나라·318 걱정의 미래·319
포·321 막간 2·321 혹한·321 세계의 폭설·322 식물 운동·323 결혼·323
옥토버페스트·323 사회적·325 연습의 형식·325 고사성어·326 관행·327 사랑 노래·328
회복·328 왜냐면 창밖·329 당대적·330 낭떠러지·330 역전·331 뾰족한 끝·331
마더 구스·331 부사들·332 페트로니우스·332 시적·333 모나카·333 장차의 환자·334
그 후의 그 후·335 손마디·336 몸의 음식·336 황혼·337 사탕·337 자격·338
초상·339 구분의 용납·339 지식의 돌·340 공간의 역전·340 바나나 껍질·342
세계의 지도·342 엉뚱한 문제·343 무덤·343 고무장갑·344 엘리자베스·344
BBC 다큐멘터리·345 여자 배구 산책·346 인도 영화 한 편·346 모교·347
리듬의 격언·348 지금의 진혼·348 한라봉·349 프롤레타리아 유산·349 단언·350
귀·351 충동의 도모·352 유적의 집·352 목적의 입장·353 도착의 입장·353
어린이대공원·354 에이지·355 건축의 의상·355 고영어 사전·356 히브리어 구약·356
온기의 과감·357 후렴·358 미진·359 시차 적응·359 사랑 노래·360 음악의 감상·360
엉뚱한 면·361 기승전결·361 살·362 천·363 OO 집수리·363 동계 올림픽·364
마지막 콘서트·364 성욕·365 언론의 지옥·365 와이키키에 눈 내리고·366
슬픔의 루즈·366 음악의 노인 얼굴·367 어쩐지·367 문제·368 어쨌든·368
언어 의도·369 한반도 지진·369 평생의 유토피아·370 다시 보기·370 노소의 축약·370
견과·373 성묘·373 고문·374 경계·374 천지·375 악명·375 클로즈업·375
문병의 위로·376 잠깐·377 속수무책·377 여자 컬링·378 대지의 일요일·379
깨끗한 미학·379 명사 비극·380 머나먼 식민지·380 길의 고전·381 음악의 시제·381
희망의 전업·381 무지개·382 조우·382 본질·382 아기 옷·383 서부역·384 여행·385
셰익스피어 평전·385 문배육칼·385 여어쁜 손목·388 심석희 교훈·388 치욕의 포함·389
참신의 수용·389 채워지는 디자인·390 지갑 선물·390 소금 짠맛·391 분홍·391
좌파 사이비·391 상품권·392 역사의 피해자·392 동면·393 드라마 디자인·394
배경의 독자·394 알려진 죽음·394 안티-세월호·395 원형의 탈피·396 순정의 역사·396
대보름달·397 존재의 나중·397 귀가 찾은 것·398 상용의 고립·398 비몽사몽·398
소네트·399 촉박·399 수단의 전망·400 상쇄·400 장사의 끝·401
김수영 50주기 결정판·401 자연의 진전·402 끊기는 장점·402 나이 예보·403
어제에 실패한·403 사전의 필요·404 시간의 광경·404 은유와 직유·405
새까만 코딱지·405 처음의 과거·406 여행의 탄생·406 음식의 효용·406
불가능한 패전·407

2권 음악에

1부 미술의 세계사

평화 · 413 오랜 친구 과정 · 413 충무로역→필동 · 413 공예 도자점 · 414 어린 누이 · 414
우이동 · 415 회화의 전집 · 415 감응 · 415 소리 · 416 환절기 · 416 보라색 서체 · 417
종이의 기적 · 417 모더니티 · 417 사랑 · 418 노동의 새김 · 418 메모 · 418 입추 지나 · 418
상식 · 419 지금의 유넌 · 419 노부부 포르노 · 419 고요한 음악 · 420 사회주의 소락 · 420
바퀴벌레를 짓밟다 · 420 개천절 · 421 태풍 언어 · 421 상아 삼각자 · 421 맞은편 · 422
호주 · 422 재고 · 423 나중의 발견 · 424 음 소거 · 424 성냥개비 · 425 화려 · 425
나무 심는 단독 · 425 아직도 제논 역설 · 425 앰네스티 · 427 언제나 놀라운 것은 발견이다 · 427
장르의 본명 · 428 부분의 영원: 엘진 마블스 · 429 갈비뼈 세속: 교회의 탄생 · 429
언어 매장 · 430 기회와 재회 · 431 주황 · 431 합리적 · 432 인간이라는 현재 · 432
문학의 예술론 · 433 리어왕 · 433 자서전 · 434 소통과 변화 · 434 걱정 · 434 소동과 소란 · 435
킴 캐시캐시언 비올라 · 435 색즉시공 바깥 · 436 맞추픽추 · 436 페르메이르(1632~75) · 436
다게르 1838년 성당 대로 · 436 문인화가 세잔 · 437 볼셰비키 · 437 티끌 서정 · 438
헝가리 · 438 손자 마법 · 439 시원섭섭 · 439 평면화 · 440 고사 · 440 센티멘털 · 440
혼주 하객 얼굴 가운데 · 441 비밀의 색 · 441 가리봉 오거리 · 441 유년의 색 · 441 위로 · 442
기우는 소비에트 · 442 집 · 442 상상하는 자서전 · 443 가장 최근의 사라짐 · 443
하이든 음악 뼈대 · 444 반복의 색 · 444 살색 · 444 기교 · 444 생략의 색 · 445
여행과 주거 · 445 절약 · 445 너의 얼굴 · 446 어느 날 · 446 즐거운 실종 · 447 화면 · 448
운디네 · 448 축적 · 449 관광의 가능 · 449 도시 만추 · 449 원화 · 450 정치 경제학 · 450
최근 · 450 수난의 색인 선 · 451 지는 해 · 451 명사 '예를 들면' · 452 나의 여성 · 452
명화의 탄생 · 453 예표 · 453 드로잉 · 454 고동 · 454 유년의 전집 · 454 전향 · 455
접점 · 455 세례 요한 설교 · 455 고딕의 일상 · 456 음악 차례 · 456 모뉴멘트 · 457
예수 자화상 · 458 얀 반 아이크(1395~1441) · 458 노랑 · 459 막간의 복원 · 459 절대 고립 · 460
새로운 나이 · 461 없는 비발디 · 461 촛불 · 461 항상 · 462 옛날 비디오 · 462 회상 · 462
목동 · 463 미상 · 463 포르노 상대 · 463 처음의 상대 · 464 평생의 수태고지 · 464
규율의 색 · 464 조각의 색 · 465 지중해 햇빛 · 466 어린것들 · 466 변형 · 467 힌트 · 467
전파의 색 · 467 먼 훗날 색 · 468 성 프란치스코 얼굴 · 471 개신 · 471 엄격의 원근 · 472
정물 · 472 반복의 현대 · 473 방대 · 473 음악이 이어지는 완성 · 474 체구 · 474
현악 · 475 상트페테르부르크 · 475 종묘 정전 · 475 동관 악보 · 476 면적 · 476 무언가 · 477
식구 · 477 가구의 재해석 · 477 무늬의 재해석 · 478 해체 사후 · 479 옛날 영화 · 479
시계 · 479 빨간 줄 · 480 두절의 모방 · 481 확정 · 481 블랙박스 · 481 시절 · 482
금주의 금연 색 · 483 가출 · 484 권유 · 484 산업 디자인 · 485 실재 · 485 추신의 추신 · 486
수채 표현 · 486 오이디푸스 · 486 매력 · 487 최적 · 487 가을 에로틱 · 487 광대 미술 · 488

2인자 · 488   완행 · 489   미학 · 489   C. S. I. 수칙 · 490   광경과 풍경 · 490   고딕 장단 · 490
연극의 재탄생 · 492   나비 · 493   견디는 그러나 · 493   뒷패 · 493   요셉 · 494
로마네스크 시종 · 494   다이어트 · 495   물의 색 · 495   신천지 · 495   겨울 기상 · 496
참혹 삽화 · 496   이국적 · 497   화가의 죽음 · 497   관통 · 498   기적의 색 · 498   절규의 색 · 498
띠 부조 · 499   지금 · 499   초기 사정 · 499   무대공포증 · 500   불행의 최적 · 500
왜곡의 강력 · 501   십자가 실내 · 501   중세 지상 · 501   노고 · 502   구호 마리아 · 502
슬픔의 인간 · 503   대중 매체 · 503   낙엽 · 503   새해 · 504   엘리베이터 · 504   별개의 슬픔 · 504
에나멜 · 505   분명 너머 기둥 · 505   황야 유혹 · 505   지역 색 · 506   건축 조각 무덤 · 506
테라코타 · 506   위안 · 507   반복하는 평면 · 507   X-Ray · 507   미학의 고향 · 508
방금의 관견 · 509   미인 · 509   각주 · 509   시작 · 510   가래떡 구정 · 510   피해의 생존 · 511
비극 인위 · 511   전기 무선 · 511   마음의 빛 · 512   구닥다리 · 512   공석 · 513   용도 · 513
연극 색 · 514   구성의 물건 · 514   본론 · 515   근 · 515   무보 색 · 515   살 내음 · 516
친구 · 516   주해 · 517   이미지로 말하기 · 517   회춘 무언 · 517   눈 · 517   코코넛 · 518
심심한 사이 · 519   버트 랭카스터 · 519   고사성어 · 520   지상의 언어 · 520   허구의 탄생 · 521
죄 없는 파탄 · 521   통속적 · 522   이어쓰기 · 522   좋은 선율 반복 · 523   여든 · 523   혁명기 · 525
가도 · 525   끄집어내고 싶은 · 526   얇은 투명 비닐 포장 · 526   대단한 장점 · 527
찻잔 받침 · 527   나의 일관 · 528   발레 경탄 · 528   결국의 모양 · 528   관용 · 529
멘델스존 바이올린 협주곡 e단조 작품 번호 64 · 530   산천어 · 530   외교관 · 530   호텔 · 531
당신 · 532   신문 월평 · 532   노추 잉여 · 532   감기 동거 · 533   아주 사소한 거룩 · 534   목도
초현실 · 534   팔레스타인 · 535   걷는다 · 535   결별 · 536   사필귀정 · 536   자연의 겨울 · 537
까마귀 여행과 음식 기행 · 537   감은사 터 · 538   하드커버 컬러판 포터블 국어 백과사전 · 538
오래전 영화 이야기 · 539   마임 · 539   동면 · 540   고유 명사 문법 · 540   지상의 평소 · 540
반성 · 541   뒤늦은 항공의 역사 · 541   먼 훗날 · 541   마지막 악장 · 543
자상한 세월의 무덤 · 543   소리글자 · 543   미노타우로스 이후 미노타우로스 · 544   완 · 544
춤의 진작 · 545   서울의 고향 · 545   생활의 모독 · 546   왕복 · 546   헤겔 비극 · 546
소품의 제왕 · 547   스페인 야시장 · 547

2부 유년의 서

동서 습득 · 551   낯익어지다 · 551   수선 · 551   거울 속 · 552   와당 무늬 · 552
라인 지방미술관 · 553   앞으로 비유가 있다 · 553   운명 · 553   석가탑 · 554   추신 · 554   그림 · 555
중간 · 555   조각 · 556   바로크 성당 · 556   국제의 진전 · 557   최후의 심판 · 557   양과 쌍 · 558
아침의 지각 · 558   세기 초 · 559   광장 · 560   불길 · 560   르네상스 중첩 · 561   상징 자세 · 562
모성 · 563   식물 시간 · 563   한일 한미 · 564   지금 육십 대 · 565   희 · 566   생가 · 566
메모 문명 · 567   볼륨 · 567   인격의 자연 · 567   피아노 연주 현상 · 568   폐허의 성 · 569
미래의 어감 · 569   서사 · 570   지하철 5호선 · 570   유효 기간 · 571   독서 예술사 · 572
있을 법한 · 572   문 · 572   어디에도 · 573   시사 · 573   이상한 · 574   한빛교회 · 574   봄동 · 575
풍경 · 575   희망의 명명 · 576   남아 있었다 · 576   우리 모두의 교수님 · 577   오늘 · 578

마을극장·578 왕당파 지식인 고독·579 마흔 살 미인·579 고행 그 후·580
오늘의 중세·580 제목·581 상관 너머·581 이상한 부고·582 건강의 건강한 비유·582
강·583 민법의 역사·583 묘령·584 초심·584 에어컨·584 지방자치·585 황혼 남녀·586
마음의 오지·586 부자연스런 실망·587 텀블링·587 새벽·588 싱알·588 용서·589
동행·589 각과 곡·590 베테랑 노년·590 고약 냄새·591 이외의 침잠·592 성묘·592
알레포·593 구전의 정리·593 사실의 처지·594 지리적·594 연민 창세기·595
신화적 농담·595 문득·596 소통·596 연금술·597 역사 속·597 소망·598
과부 현대·599 고야·599 실·600 가창 예술·601 화투·602 독서·602 사후 미완·603
유전·603 생·604 빨간불·604 대표 얼굴·605 사는 것·606 가면의 비극·606
신대륙 전후·607 창밖에 봄·608 가족의 추상·609 바람·609 기법의 구체·610 자연법·611
고전과 명품·611 자연의 당혹·612 가젤·612 집필·613 철학의 처음·614
희망의 백년대계 재론·614 고층·615 인사동 사거리·615 소리 속으로·616
백 세의 죽음·616 덜컥·617 즐거운 징역·618 유형의 탄생·619 헌책 해외·620
본질 미래·620 프로메테우스 재고·621 민족어·621 틀의 탄생·622 역전의 텍스트·623
걸작·623 그런 것·624 크레시다·625 비의 전망·626 지켜운 죽음·626 피해의 주연·627
비닐 보따리·627 석류·628 터키 커피·628 그리스 포도주·629 대중관·629
멸망의 입장·630 미치는 수·630 굵고 검고 축축한 나무·631 말장난·631 연결·632
슬픔의 회복기·633 승격·633 신속한 치매·634 혼종·634 삽화·635 색 반대·636
용법·636 구축 물질·637 미리 온 부고·638 가계 극복·638 답변·639 외형·640
잉크 냄새·641 해설·641 분명의 상흔·642 혼동의 역사·642 지금·643
실감·644 무슨·644 상호·645 유효·645 출현과 등장·646 동서양·646 유언과 예언·647
각자·647 이른 여름·647 독서의 종점·648 성의 육체·649 광대 죽이기·649 로망스·650
후일담·650 합작의 미흡·651 안방·652 쪽의 전망·653 결정적·653 성격의 역사·654
전인권 콘서트·654 산문 총서 목록·655 혈연·655 살로메·655 명명의 지속·656
성공 신화·656 암피트리온·656 사십 수·657 난잡한 음악·658 관상용·659
정신의 수공업·659 비의 와중·660 농업의 얼굴·660 상아 조각·661 대속의 세계화·661
소풍 밤샘·662 광화문·662 호박·662 역설·663 서울여자대학교·663 사고사·664
그릇·664 스키타이·664 재해석·665 가공의 독재·665 갈 때·666 사례·666
조각·667 고메넛츠·667 정상화·667 태양왕·668 인간 외·668 초침·669 뿌리·669
횡재·670 꿈속·670 장구·671 제강소 풍경·671 바랄 수 없는 일·672 그로테스크·672
한니발·673 나무 십자가·673 등정·673 조각상 무늬·674 미술의 소장·675
소녀 시대 동작·675 여성 누드모델·676 글자·676 옛날 삽화·677 과연·677
이런 비·677 위계·678 일순·678 고고 탄생·679 다행·679 거울 역·680 블랙홀·680
메디풋·681 죽은 자 리허설·681 현악 4중주 동구·682 환대·682 양파 거짓말·683
지명의 탄생·683 근육의 신화·684 화창한 날·684 탑골공원·685 농담의 왕따·685
분배의 미학·686 다과와 음식·686 부조리 이후·687 생전의 전집·687

3부 개봉

유튜브 아이디 Gullivior, Forgotten Pianists · 691   과정의 결과 · 691   통점의 등장 · 691
아르메니아 · 692   하지 · 692   문운 · 693   이름 · 693   잔다리로 · 694   올해의 작업 · 694
예능 · 695   현대 거룩 · 695   영선반장 · 695   창의 · 696   빈 왈츠 · 696   산수 · 697   딴소리 · 697
화강암 · 698   소리의 이전 · 698   최초의 미래 · 699   있을 수 없던 일 · 699   종합 · 699   이발 · 700
마스터 클래스 · 700   연수의 면적 · 701   이승의 타살 · 701   답습 · 702   고정 · 702   꺾이다 · 702
인상의 고착 · 703   호박 속 · 703   지하철 실물 연인 · 703   생활 습관 · 704   초판 · 704
제의 · 704   공평 · 705   키스 영원 · 705   국방 디자인 · 705   연출 · 706   해설과 등장 · 707
스승의 죽음 · 707   소극장 · 707   꿈의 감옥 · 708   액자 · 709   구호 · 709   영화의 전집 · 710
미노타우로스 · 710   유튜브 민주주의 · 711   노인 취미 · 711   믿음의 과학 · 711
미련 · 712   중국 · 713   삼십 년 · 713   그림자 · 713   백과 3단 · 714   옛날 텔레비전 · 715
스케이트 공화국 · 715   공적인 약속 · 715   국기 디자인 · 715   르포 · 716   최소의 연상 · 716
상정 · 717   전철 속 · 717   노래의 건설 · 717   포유류 · 718   고소 공포 · 718   언어의 광업 · 719
슬픈 해커 · 720   건축의 전집 · 720   미라 · 721   보석의 인쇄 · 721   첫사랑 · 721
장르 · 722   공모의 인공 · 722   그림 해설 · 723   카주라호 · 723   문명의 식민지 시간 · 724
오늘도 · 725   같은 종 다양 · 725   맛 · 725   족속 · 726   멸망 · 726   동년배 고전 · 727   탈육 · 727
다락방 계단 · 728   평가 · 728   커피 블랙 · 729   인물 사진 · 729   효용의 위용 · 730
철새 비극 · 730   족보 · 731   코란 서체 · 731   썰 · 731   어법 · 732   신세대 · 732   직업 · 733
귀속 · 733   필요 · 734   혐의 · 734   현실과 상상 · 735   착각의 자명 · 737   주저하는 디자인 · 737
발굴의 전모 · 737   생의 장식 · 738   인주 자국 · 739   똑바로 선 신석기 · 739   발전 · 740
두부 · 740   옛날에 금잔디 · 741   인류의 미인 · 741   귀이개 · 741   인간 너머 · 742
상식 위태 · 743   반면 · 743   평균율 · 744   선율을 보다 · 744   포유류 미학 · 744   전시 우편 · 745
설득의 공예 · 745   노인 난청 · 746   미귀 · 746   단속 · 747   뉴잉글랜드 · 747   분명히 하기 · 748
글쓰기 역사 · 749   목제 시간 · 750   용어 · 751   황색예수 합권 · 751   색맹 · 751
채우는 여자들 · 752   요령 · 752   울화 · 753   유년 · 753   만년의 비 · 753   위력 · 754   수제 · 754
프로스페로 · 755   안드로마케 · 756   부조리 방식 · 757   배꼽 · 757   구한말 · 758   피해자 · 759
엄지 · 760   단편 탄생 · 760   맨 나중 전략 · 761   개입 · 761   여자의 거리 · 762   카르타고 · 763
파탄 · 763   여행 아가씨 · 763   기로 · 764   세계 · 764   간장 · 764   생활의 소문 · 765
유구무언 · 766   올지면옥 · 766   흡연 홍보 · 767   판화 탄생 · 768   산문 탄생 · 768   번역 · 769
장마 · 769   성묘의 단골 · 769   국어 탄생 · 770   명퇴의 청첩 · 771   자두 맛 · 772
기조 · 772   여동생 얼굴 · 773   이야기 둔재 · 773   유립 성 · 773   메테오라 · 774   수타 · 775
평론 탄생 · 775   반백 · 776   장식 탄생 · 776   오류 · 777   가족의 지방 · 777   노련한 처녀 · 778
아열대 예감 · 778   물파스 애인 · 779   현대 폐허 · 779   키가 낡은 선풍기 · 780   느낌표 · 781
수밀도 · 781   마음의 우주 · 781   자연 · 782   잔존의 이동 · 783   지도 · 783   방향 감각 · 784
모든 처음 · 784   해석의 탄생 · 785   바위 · 785   육체의 역사 · 786   방 · 786
지정 · 787   일몰 찬탄 · 788   공통의 불일치 · 788   한류 · 789   삼성당 · 790   죽음 탄생 · 790

별도의 궁극·791 나무·791 함께·792 반쪽·792 비유·793 티레시아스·793 냉장고·794
신호·794 헌신·795 하자센터·795 오감도·796 銀の鐘·796 북어포·796
고금·797 폭우·797 오디세이·797 극동·798 연주의 사전·799 마법·799 역사 탄생·800
낙서·801 향수·801 어원의 탄생·801 연습·801 프랑크푸르트·802 남은 시간·802
격언·803 자장가·803 결국의 탄생·804 지상의 정도·805 가해 탄생·805 밖에 없다·806
비·806 오페라 부파·807 반복·807 생가 기념관·807 약동의 재탄생·808 가든파티·808
원의 탄생·809 최후 공중전·810 현역·811 콩나물국밥·812 전야·812 장례·812
젊은 날 현현·813 기억의 물화·813 유지와 온전·814 이용악 시 전집·814
격·815 복수·815 사다리·816 늦은 완성도·817 두 얼굴·817 내 등·817 외교·818
물구나무·819 화실·819 백합 조개 맛·820 약국의 편의·820 만남·821 꼬리·821
상봉역·822 금란교회·822 장미·822 고전·823 동반·823 홀연과 정말·824
한반도 남쪽·824 폭설·825

보유: 대역 지도

서: 음악에·829 원시 정주·829 고대 형식·834 중세 이외·839 근대 직선 감각·843
결: 지금의 그 후·848 보유의 보유·849 첨부 추신: 예언의 유언·851
발인 장례: 일기의 사전과 후대의 변형·851 낙장: 사진 크기·854 부록: 어쨌든 남해 기행·855
부록 2: 뒤늦은 답장·863 부록 3: 악보 읽기·865 색인: 메모 참조; 유튜브와 위키피디아·869
정가와 출산·871 장면들·874 생활의 대학·883 예상 문제집·887 아폴로기아 & 포트폴리오·890
여성이고 언어이고 미래·903 늙음이고 반짝임이고 미래·907 아폴로기아 & 포트폴리오 2·925
묘비명 2·945

|해설| 양순모 산 것과 죽은 것·947
|찾아보기||·977

죽은 것과 산 것

1권 분리수거

서

지금은 모양 뜻의 실패 너머
뜻 모양에 실패하는 시간. 분리수거가
보유의 반대 아니라 다음 말인 시간.
단어가 세계이다. 언어에 의한 언어 형상화가
이야기이다. 셰익스피어 작품이 영어로 쓰인
독일어이고 괴테 『파우스트』가 독일어로 쓰인 영어이다.
열린 것은 열 수 없다.
중세의 미래 건설이 보이는.
시간의 색은
정격화.
표면만 남아 가장 우아한.

면·선·점

여행,
표면이 돌아오고
이면이 돌아올 수 없는.
둘 다
돌이킬 수 없는.
눈물,
이제는 모든 것을 물화하지 않고
모든 것의 응집이나 응축 아니고
횡단의 가장 예리한
면인.
너와의 접촉이 이룬 숱한 완벽한
선들이 더 완벽한 점들로 흩어지려는 동안
좀 더 자는 것은 잠 속으로 잠보다 더 희미하게
사라지는 뭔가를 더 희미한 손끝으로 붙잡으려
잠 속으로 좀더 들어가는 일, 필요하나?
나의 이름은
에우리디체.

의식은
냉동과도 같지.
죽어 싸늘한 희고 여린 두 발의.
여우,
스스로 자연 그 자체인 거대한 환상에
경악한 인위가 엉겁결에 뒤집어쓴
최적의 가면.
음악,
성년의 모든 것을 유년에 전달하는
언어 방식의 탄생.

나쁘지 않은 일

질질 끄는 거 질색이었는데 어언
이전과 이후가 있다.
이전에 이후가 있고 이후가 있어야
이전이 있고 이제는 질질 끄는 것이
내 여생을 질질 끌고 다름 아닌
내 여생이 내 여생을 질질 끌고 뭐,
나쁘지 않다. 문상이 느는 만큼
돌잔치가 느는 일. 인구가 준다는데
분리수거하는 것이 생이든 죽음이든
생과 죽음이든, 이미 건너온 것을
절약하는 습관이든. 이제까지 죽음이
나의 생을 괄목상대하였듯이 앞으로
나의 여생이 죽음을 한 줄 한 줄
번역하듯 읽는 일. 모든 것을 그런 식으로
읽어야 하는 것들만 읽는 일.
새롭게 읽는 것 너머
새로움을 읽는 일.

관통

미아를 찾습니다 벽보에
40년 전
아이도 있다.
40년 전의 아이이다.
논리적으로는 말이 된다.
아직도 버려지는 아이에 비해
갈수록 과학적으로
잃어버린 아이는 드물지.
논리적으로만 말이 된다.
숱한 년도 숱한 아이들 명함판 사진
인상착의와 사연들 각각
있을 수 없는 일이다.
실종된 아이들 각각이 나 자신이라야
비로소 나의 유년에 가까스로
있을 수 있는 일이다.
신탄진 지난다.
그곳에서 한 사십 년 전
지금 내가 아는 여인 하나 태어났다.
남루가 그때 치욕스럽지 않고
지금 조금 부끄러운 어린 시절 보냈다.
신탄진 그냥 지난다.
통과하지 않는다.
관통당한다.

수정

고대 그리스인들에게 고대 그리스 신화가
번번이 스릴 없는 블록버스터였을 것은
현대인에게 현대 블록버스터가 번번이
스릴과 서스펜스의 제의인 것과 같다.
영화 언어가 탄생하지 않은 영화의 역사가

그 둘의 상호 수정이었을 것과 같다.
아직은 죽음이 영화 언어일 것과 같다.
수정 없이 역사 없을 것과 같다.
그 모든 첫 두려움의 엄혹과 사랑의 재난
그리고 비극 합창대가 사후의 곡비 못지않게
허사였다. 홀로 맞는 죽음의 고독을 견디려면
고독이 스스로 유일한 비극에 달할밖에 없다.
누구나 사소해 보이는 것은 남의 생을
들여다보는 남의 생이다.
비 내리는 소리가 강물 흐르는 소리 같고
강물 흐르는 소리가 비 내리는 소리 같아서
둘 다 좋다.
호메로스 걸작의 여러 방언으로 길고 짧게 쓰인
원전 운문 2만 8천여 편의 2만 5천여 군데에서
상투 성어가 사용된다.
분산된 것들 아니라 분산이 집중한다.
분산이 집중 아니고, 더 흩어지는 분산이 더 응집한다.
이야기가 탄생하지 않는 이야기가 탄생한다.
쪽팔리게 실패를 거듭하지 않으려
더 큰 실패로 나아가는 것은 정신이다.
육체의 만년이 고분고분 죽음을 향한다.
죽음이 가장 위대한 실패라는 듯이. 혹은
『일리아드』가 트로이 전쟁보다 더 먼저 쓰이고
거기서 끝이라는 듯이. 그것이 트로이 전쟁을
부른다면 죽음보다 더 어불성설이니까.

구성

세속의 온갖 욕망을 버리고 나서
숲의 고독이 좋아지지 않는다.
너무 늦었지. 검다.
너무 당연하지 않나?
자연의 온갖 욕망을 버린

숲이 숲의 고독이다. 검지.
너무 당연한 것은 아니다. 동화의
시간이 훌쩍 지나간다. 문장도
서술을 획획 지나간다.
너무 당연한 것은 아니다.
땅을 지나 흙에 가장 가까운
바이올린 소리가 때로
신비의 구성에 이른다.

도로

카라반,
이제 그 넓은 사막을 그만 건너라.
낙타도 처음부터
피로가 강건한 짐승이고 상징도 뒤늦은
도로가 된 지 오래이다.
시시포스의 지옥도 애당초
먹고사는 문제가 없는 곳이었다. 지금도
먹고사는 문제가 없는 곳이 지옥이다.
누구나 생은 생이 스스로 어떤 상징도
넘어선다는 사실의 상징이다.
자본주의를 아예 모르는 유목민이 있지만
이제 기상천외도 얼굴을 벗어나지 않는다.
코가 평생 길어져 오지 않았나? 눈이 평생 커지고
무엇보다 목구멍이 평생 깊어 오지 않았나,
몸을 능가하는 동굴로?
이 이야기도 사실은 나를 갈기갈기 찢지 않았나,
내가 찢어지는 이야기를 넘어?

다시 세 사람

혁명이

긴박의 합리 너머
합리의 긴박으로 나아가지 않고
들어서는.
왜냐면 어느새 다시 세 사람
나아가는 것 이상이
들어서는 것인.
왜냐면 이제는 실패한 키릴 문자
혁명 구호 없이 붉은
플래카드 아래인.
자본주의가 살아서 길길이 뛸 때가 좋았지.
지금은 현실 사회주의를 삼킨 자본주의,
죽음이 왕성하다.
다시 세 사람.
이상理想 없이 세 사람 이상인.
육의 휘발 이상
휘발의 육인.

오십 수

대문자 신의 아들이 삼십 수를 못 넘기고 죽자
증명할 것이 너무 많아졌다.
증명할 수 없는 것은 증명할 수 없는 증명이
있어야 했다.
살아 있는 것이 도대체 뭔지를 따지느라 증명의
육체가 평생 행복했다.
대문자 신 자신이 오십 수를 못 넘기고 죽자
증명해야 할 것이 하나도 없는 대신
증명 이전의 숱한 질문들이 인간적인 육체
상처로 되살아난다.
불행할밖에 없는 부류가 자연의 과학으로
생애 오십 수를 넘기고, 수명이 좀 더 공평한
행복의 기준이라고 믿는다.
강제로 불려 나오는 대문자 신의 죽음들이

육체적으로 죄다 불쌍하다.
내가 오십 수를 넘기고
보니 행복이란 말, 참으로
어이가 없었다.
그게 새로운 출발이었다.

시시한 일과

동해 물과 백두산이 마르고 닳도록…
소녀 합창단이 부르는 애국가 시작은 새벽이
감동적이다. 고양된다. 하느님이 보우하사
우리나라 만세…. 후렴이 유구하다. 무궁화
삼천리 화려강산…. 그리고 구식이다. 대한 사람
대한으로 길이 보존하세. …2절은 고단하다.
남산 위에 저 소나무 철갑을 두른 듯…. 3절은
궁상으로 끝난다. 밝은 달은 우리 가슴 일편
단심일세…. 4절은 구한말 낡디낡은 신민요
조. 그러고도 후렴이 이어진다. 어여쁜 소녀들이
얼마나 고생을 하면 50대 아줌마 되어 늴리리
맘보 엉덩이춤을 출 수 있나? 화면이 건국과
융성의 장면으로 흐르든 정규 방송 시작이든
끝이든 애국가, 결국 날카롭지 않게 슬픈 것은
슬프지도 않은 것이지. 없는 5절이 이어지는
시간이다. 끝이든 시작이든. 시시한 잠이든
시시한 일과이든.

테오프라스토스

비뚤어진 성격도 곧은 문장도
처음부터 그랬던 것은 아니다.
처음부터 비뚤어진 성격을 묘사하느라
처음부터 문장이 곧아졌거나 처음부터 곧은

문장에 비해 성격이 비뚤어졌던 것도 아니다.
성격과 문장의 개념이 완성되기 전에
성격에 문장이 문장에 성격이 희미하게 묻어난다.
이 경우도 각각의 최초보다 그 둘 관계의
어느 방향이 더 먼저인지를 더 알 수 없고
앞으로 갈수록 더 알 수 없을 것이지만
알 수 없는 그 후 곧은 문장이 더 곧아지려고
비뚤어진 성격을 성격이 비뚤어짐
그 자체일 때까지 묘사한다.
비뚤어진 성격이 더 비뚤어지려고
문장이 곧음 그 자체일 때까지
문장과 대비된다.
성격과 문장이 갈수록 서로를 닮지만 끝내
하나가 되지 않는다. 끝내 하나가 될 수 없을
때까지 닮는다.
김수영 「폭포」 "곧은 소리가 곧은 소리를
부르"는 소리는 소리 속으로만 들리는 소리이다.
쏟아지는 소리는 그 소리가 아니다.
무엇보다 진압되지 않는 것이
이야기가 다른 이야기와 병합하는 경향이다.

야경
―황지우에게

한 30년 만에 낮에 본 사당동, 언덕 오르는
동네는 달라진 것이 별로 없었다.
더 큰 건물과 더 세련된 카페가
마땅히 들어섰겠지만 그냥
큰 건물이고 세련된 카페이고
달라질 것이 별로 없었다.
서울 토박이 노년에 서울의
낮은 완강하다. 속속들이 젊게
변하는 것은 야경이다.

메피스토

도시 문제는 도시인들도 모르는 사람이 없다.
농촌적 민요적 서정이 문제이다. 더 정확히 그
형용사를 형용사이게 하는 것, 농촌과 민요와
서정의 정처를, 그러므로 정체를
일괄 얼버무리는.

공백

메모지도 디자인이 너무 세련돼서 메모 못 하는
메모지가 있다. 묶은 두께가 아주 얇아야 하는
메모지이다. 메모 못 하는 바로 그만큼이 시인
메모지가 있다.
공이 백이다.
전에 쓰고 남은 메모지를 다시 쓰려니 시가 나의
예전 풍으로 돌아간다. 이건 아니지. 읽고 싶어서
구입한 책을 펼치기 전에 오래 뚫어져라 표지를
쳐다보는 나의 버릇은 최소한 상상되는 내용보다
더 많은 상상을 한 다음에 읽고 싶은 마음이다.

다시 두 사람

앞 세대의 뚜렷한 차이를 메꾸는
후대는 앞 세대의 노예에 지나지 않는다.
그 대비를 종합한다 해도 무슨
복권을 사는 것도 아니고
후대가 크게 잘못 선택한 것이다.
나뉜 것이 정말 중요한 일로 중요하게
나뉘었던 것인가를 적어도 보아야 한다.
한 사람의 형식이 다른 사람의 내용이라서
두 사람이 그토록 피 터지게 싸운 것으로

판명 나는 건수는 숱하고 숱하다, 어느새
주체가 된 후대가 주체로서 보는 것만으로도.
청산이 당연하지만 그만큼 또한 잡역이다.
차이와 대비의 천박이 반복되며 더 천박해지고
더 피 터지게 싸우는 악순환을 벗으려면 적어도
앞 세대와 후대가 두 사람으로 등장하는 대대의
탄생이 필요하다. 악몽은 누군가를 미워하며
끝나는 것이 최악이고 깨어나서 누군가를
탓하며 무마되는 것이 차선이다. 왜냐면
악몽의 최선은 악몽의 없음이다.

모차르트

천재고, 아새끼들이지. 까불다가 마는….
나는 비틀즈를 그렇게 평가한다.
그런 식으로 아주 좋고 그런 식으로 아주 싫다.
존 레논 무정부주의는 뭐 다른가?
천재적인 노래는 들까불고 들까불지 않는
노래는 진지하느라 지루하고 둘 다
무책임한…. 그렇게 두 겹으로 유감이고
두 겹으로 찬탄한다
왜냐면.
책임지려는 전망이 반드시 입게 되는
상처의 슬픔에 동참하고 싶다.
상처가 슬픔으로 제 전망을 개척하는
광경 속에 있고 싶다.
19세기 제국 독일어 글씨로 19세기 출간된
루소 『고백록』을 샀다. 읽을 필요 없지만
장악하는 느낌이 근사한 크기와 두께에
제법 튼튼해서 흐른 세월의 근엄이
그가 입을 수 없었던 상처를 대신한다.
여러 면의 종합이 이루는 모종의
까닭이 스스로 상처에 연고도 바른다.

하지만 이 모든 시간들이 이미 모차르트
음악으로 흘렀다. 흘러가지 않고
지금도 흐른다.
내가 산 루소 『고백록』은 표지가
회색이고 테두리와 글씨가 검고
두 권이고 합쳐도 장악할 수 있는
아담한 두께이다.

남정임

그럴 수 없이 깨끗한
팬티 한 장,
봉건과 개방 사이
과도기에 걸친.
젊어 죽으니 젊음보다 죽음이
더 섹시한.
죽음도 그럴 수 없이 깨끗한
여자인
팬티 단 한 장.

재현의 탄생

현대 추상 미술로 수천 년 재현의 역사가 끝났다는
주장은 어이없는 대신이다, 미술의 혁명은 늘 넘어
가는 것이 넘어온다, 색과 모양만으로 재현되는
것이 신성인 시대에서 세속인 시대로. 색과 모양에
색과 모양만으로 여전히 섞여 있다, 신성의 세속과
세속의 신성이. 재현이 끝날 수 없고 그것이 바로
혁명 대신이고 그 점을 잊거나 삭제한 것이 바로
포스트모더니즘이다.

기도의 물리

물론 기원보다 등장이 더 중요하다.
더 분명하기도 하다.
하지만 그보다 더 중요하고 더 분명한
음성에서부터 문제이다.
돌이켜보면 중요한 것이 왜 중요한가,
혹시 분명해서 중요한 것이라면
가장 분명한 멸망이 가장 중요하지 않나?
여기서부터이다.
분명하다는 것이 뭐가 분명하지?
여기서부터이다.
바라는 것 없고 구하는 대상 없는
기도의 물리가 있을 수 있다.
그
언어가 있을 수 있다.

땅덩어리

'동무'가 있어야 진짜 친구가 있다.
바로 옆에 있었으니 서로 짝인 사실이
과거는 놀랍고 미래는 반가울 것이다. 혁명의
레닌그라드를 황제의 페테르부르크로
되돌린 것은 반동이지만 '반동'이 그렇게 욕이
아닌 것도 명백하다.
사실은 아무것도 되돌릴 수 없고
되찾을 수 없다. '동무' 또한 그렇다.
과했던 죽창이 국가, 이념, 사회, 사상,
토지 아니라 좁은 땅덩어리 이웃끼리라서
과했으니 여전히 좁은 땅덩어리 이웃을 넘어
우리가 놀랍고 반가운 동무를 찾자는 것.
앞으로 반동은 땅덩어리 엄청 넓어 정신없는
땅덩어리 대표들만 가능하고 '동무'는 호명의

2인칭보다 그리움의 3인칭에 가까워지는
경향을 스스로 극복해야 한다.
좁은 땅덩어리가 자랑일 때가 온다.
가장 쓸모 있는 사전이 오직 그 디자인으로
사전일 때이다.
랜섬웨어가 명백한 범죄이지만
나 같은 시인한테 돌이킬 수 없는
반동은 아니었다.
반드시 따로 저장해 둘 것이 있는
편견을 버리니 '적을 무기로 적을 치는'
전술이 피비리지 않고 편하다.
땅덩어리가 너무 넓어 자기 자신이 없는
정신의 물화 그리고 전략의 전술화가.

언어의 디자인

죽은 예수의
두려운 육체 신성을 로마 제국이
제 언어로 번역하며 자신의 멸망 이후
중세까지 내내 제패할 수 있던 근본적인 까닭이
숱한 순교와 교부 철학은커녕 예수도 아니고
그의 신성을 기록한 언어가 그의 탄생
약 250년 전부터 야훼의 신성을 번역한
헬레니즘 그리스였다는 점이다.
그리스어는 다신교이므로, 신성에
두려움이 없고 히브리어도 야훼가 원래
지방의 전쟁 신이고 질투와 시기와 분노가
인간을 닮은 만큼 신성이 덜하다.
기독교는 대문자 신의 육체의 죽음으로
완성된 종교. 구체와 최근으로 너무나 두려운
이 신성을 야훼 번역의 그리스어가 기록했고
그래서 육체 가학과 피학의
로마 제국이 번역할 수 있었다.

언어가 기록으로 신성을 죽이고 번역으로
신성의 세속 영역을 심화 확대하는 식으로
자신의 생명을 펼쳐간다.
그러니 중세 말 토마스 아퀴나스,
이성과 신앙의 조화가 아무리 시대의
현안이었단들 그가 헬레니즘과
이슬람의 아리스토텔레스를 평생 동안
그렇게 고집스럽게 참조할 것은 없었다.
Septuaginta, '70인 번역 성서', 정확히
72명의 알렉산드리아 학자들이 오랜 기간 동안
지금의 구약 거의 전부를 번역했다. 그 뒤로는
서양 문명의 '두 원천'이 괜하고 뻔한
소리가 된다. 언어가 번역인 그때부터
태초에 번역이 있었다 *Septuaginta*,
가장 무게가 듬직한 생명을 펼쳐가던
과거 언어의 디자인. 미래의 디자인 아니라
디자인이 미래 아니라 미래가 가장 훌륭한
디자인인. 언어의 번역이 살아 있는 신성이
성령이고 성부 성자이고 3위일체인.
그리스 신화 신들이 인간의 일에 원인으로
개입하는 정설은 반 넘게 틀렸다.
무엇보다 신들의 시간은 영원이 아니라
같은 이야기가 영원히 반복되는 공간 속이다.
인간이 신들을 끌어들일 때도 신들이
인간의 결과일 때도 얼마든지 있다.
언어가 감각에서 일차적으로 상상이
정신에서 2차적으로 나오지. 감각으로서는
원인의 결과인 시간과 결과의 결과인
죽음을 상상해 낸 상상이 딱히 장하지 않고
툭하면 감각 재능의 짝퉁에 지나지 않는다.
글의 상상이 툭하면 정신의 상상의 짝퉁에
지나지 않는 것과 다르다. 시간도 죽음도
없는 감각이 신성에 대해 모르는 것은
죽음 다음에 와 있고 아는 것은 태어나기 전에

올 것이다. 재난을 알아차리고 피하는 동물
감각을 예감과 대비의 시간 개념으로 이해하고
말려는 인간이 큰코다칠 날 올 것이다. 동물
감각으로는 벌써 돌이킬 수 없이 온 것일 수도.
감각은 온 것이 먼저고 대비가 나중일 수 있다.
감각 자신은 무엇을 알거나 모르지 않는다.
아는 것도 정신의 상상에서 나오고
언어가 신성에, 상상이 세속에 더 가깝다.

겹침

새벽이 밝아올 때 밝아오는
것치고는 이상한 빛이 있다.
아주 잠깐이지만 이상하고
빛이므로 꽤 길게 느껴진다.
빛의 이상한 순간일 수 있다.
서쪽에서 빛나는 쪼개진 반
쪽일 수 있나? 빛의 전면적
이면이 있나? 아파트 동 건물
일부가 이 세상 것 아니게도
인위가 더 값싸게도 보인다.
아주 잠깐 망설인다, 스스로
해가 뜰지 질지, 아니 뜨는
지 지는지. 아니다. 내 안에서
누군가 아주 잠깐 망설인다,
스스로 살 건지 말 건지, 아니
사는 건지 마는 건지. 겹침이
바로 망설임이다.

음미

콩국이 당기지 않으니 무더운

여름도 한풀 꺾였다.
걸쭉한 콩국 반 얼음 반으로
얼음이 녹으며 옅어지면서 더
시원하던 콩국이다.
끝까지 탄산음료의 톡 쏘는
가학과 피학이 없는
콩국은 그 대신 느끼한 고기를
아예 염두에 두지 않고 처음부터
끝까지 시원함이 느끼함보다 더
무겁게 시원하다. 죽음이 최소한
찌는 듯 덥지는 않을 것 같다.
겨울에 차를 마시면 죽음이 최소한
살을 에듯 춥지는 않을 것 같듯이.
다도가 있듯 음식에 도가 있고
콩국이 그 중간에 있다.
포식 너머 음미의 최종이자 최고가
죽음의 음미이다.
죽음의 맛을 어떻게 음미하겠나? 그냥
죽음의 음미이다. 죽음이
음미일밖에 없을 때까지.
비도 오고
가을은 따끈한 소
내장탕의 계절이다.
아주 복잡하지. 그러나
음미가 음미한다.
그리운 영화도 결국은 주인공이
비련이라서 그립다.
이름이 알쏭달쏭한 소년 소녀 역
예닐곱이 등교하고 너무 커서
영영 귀가하지 못한 맛이다
콩국, 부디 하교도 하지 않았기를.

악플러

잘난체라니. 대체로 불쌍하다. 날 좀
봐주세요, 제발… 절규이다. 고독할 것이
벌써부터 죽음보다 더 두려운 신음이다.
SNS, 광장보다 넓고 깊은 폐쇄 공포
그 자체, 너무나 무수한, 그럴밖에 없음.
각자 고독 속으로 더 고립하려는
세계들이 우뚝우뚝 솟아나는 소통이기
전에는.

박헌영 전집

표지는 세련된 자줏빛 실크 장정이고 속은
생각이 지성적이고 행동이 원칙적이고 전술이
천재적이고 혁혁했기에 누더기가 될밖에 없는
일제 및 해방 시기 신문 기사 스크랩 제록스들.
6·25 전쟁의 전설적인 오류. 그리고 분단 및 월북
시기 미제 간첩 혐의와 사망의, 분단보다 훨씬 더
깜깜한 깜깜함. 전 9권. 2004년 7월 가까스로 빛을
보았다, 남한에서. 빛의 위력, 의외로 이미
읽은 것이 많은.

이 거리

온 세상에 고요히 내리는 것처럼
비가 내린다.
세상의 짐승이
고요해지는 것처럼 비가 내린다.
도시에 어둠이 내릴 수 있도록
내리는 것처럼 내린다.
물은 생명의 생명이다. 이

평화는 축축한 생명의 풍요인가
탄생 이전을 기억하는 죽음인가.
비가 그치고 어둠이 비처럼 내린다.
애타는 눈빛도 갈구하는 목구멍도
짐승도 겸양일 수 있다.
저개발 후미진 골목도
이 거리일 수 있다.
스스로 원하고 행한 것이 아니라면
이 파탄은 우리가 잘하고 있는
것일 수 있다. 우리가 안다고 생각하는
총체의 단편 아니라 우리가 모르는 더
두려운 총체의 관문일 수 있다.
탄식이 탄성의 질문이고 객관이고
물物일 수 있다.
모든 거리가 고유 명사일 수 있다.

휴대

악보를 완벽하게 품어 악보가
보이는 개념도 없는
가사집이 있다.
선율인가? 선율을 완벽하게
육화하여 선율이 들리는
개념도 없는 가사집이 있다.
이 세상의 모든 음악보다
더 많고 음악이 음악인 개념도 없는
가사집이다.
뜻인가? 뜻이 뜻이라는 개념도 뜻의
구원이 뜻의 구원인 개념도 없는
가사집이다. 전집인가? 전집이
응집인 개념도 없다.
완벽이 완벽의 육화인 개념도 없다.
가사집이 있다.

그밖에 아무것도 없다.
그 안에 아무것도 없다.
아무것도 없는 것이 모든 것이 있는
개념도 없이 교회 음악, 예술가곡, 오페라
아리아 가사집이 있다. 분명
가사만 있다.
내 여행의 휴대이고 휴대의 영혼일
가사집이다.
작곡과 연주가 있었다는
사실이 도저히 믿어지지 않는다.
노래를 불렀다는 사실은 더욱.

최초의 문상

그만하면 먹을 만큼 먹었다.
왜 그랬는지 모르겠다.
앞으로도 먹을 만큼 먹겠다.
왜 그러는지 모를 것이다.
술을 입에 대지 않는 사람도
술의 역사를 모를 수가 없다.
옛날도 지금도
'갔다'는 돌이킬 수 없는
가장 적절한 표현이다.
남아서 묻어 주고 가는 것이
좀 불편하지만 그래서
단어 '떠돌이'가 실제 떠돌이 수보다
훨씬 더 많아 보이는
만연의 보통 명사로 있다.
최초의 문상이 술이다.

방법의 사건

찜통더위에 스스로
죽은 벌레만큼 신기한 것도 없다.
아주 작은, 쌀알보다 조금 큰 벌레이고
공포의 바퀴도 아니다. 끔찍은커녕
살갗에 가볍게 징그러운 느낌도 없다.
뒤끝이 지저분하지 않고 처리가
거추장스러울 것도 없다. 죽은 벌레
주검이 미라처럼 말랐고 죽은 벌레
죽음이 이토록 아담하다.
정말 신기하지 않나, 찜통더위 여름,
벌레들 절정의 시간인데 찜통 속보다 더운
생명력을 주체 못 한 벌레들이 여기저기서
튀어나오고 함부로 싸돌아다니다 밟혀 죽거나
크리넥스 엄지와 검지 사이 짓눌려 아주
기분 나쁘게 톡 터지는 식으로 죽임당하는
것이 자연스럽지 않나?
여름마다 이런 사건 한두 번 발생한다.
벌레가 개인으로도 자진해서 죽을
영혼을 지닌 생물이라는 것을 입증하는
유일한 방법의 사건 같다.
벌레로서는 도무지 이해가 안 되는
사건이겠으나 물론. 도무지 이해가 안 되는
사건이겠으니 물론.

운명

오래된 활판 인쇄와 종이와 제본과 디자인에
갇힌 것은 오래된 활판 인쇄, 종이, 제본, 디자인.
오래될수록 그것은 그렇다.
그러나 새로운 것이 더 이상 새롭지 않고
낡아 버릴 운명은 없다. 왜냐면 새로움은

새로움의 생애가 있다. 어떤 내용도 어떤 형식도
비교될 수 없는 생애이다.
새로운 것이 오래될 운명은 없다. 운명은
그 자체 시간이 아니다. 운명 또한 운명의
시간이 있다. 갇힌 것이 가두는 것인 반복이
운명의 시작이다. 오래될수록 운명적인
운명의 새로운 활판 인쇄와 기타 등등에
갇힌 것은 새로운 활판 인쇄와 기타 등등이
아니다. 새로울수록 아니다.
조금 더 새로워져 보려고
가장 오래된 책의 가장 오래된 권위를
책상 오른쪽에 세워놓는 까닭.

족보의 물리

내 고향은 외할아버지 외할머니 그리고
어머니의 마포 가계이다.
그 뒤로 마포 영등포 등 한강 근처를
나의 주거가 한 번도 자의로 떠난 적 없다.
차례대로 셋 다 늙어 돌아가고 그들의 마포
갈수록 별도이고 멀어진다.
아버지는 황해도에서 월남했다. 황해도
처음부터 멀었고 아버지 돌아간 후
딴 나라이다. 형이 노인 병원에 있고
동생들은 뿔뿔이 흩어진 각각의 생활이
이사를 벗고 주소를 정한 지 얼마 안 되었다.
느낌이 그런 것이겠지. 조카 하나 시집갔고
하나 제대하고 취직했고 하나 제대하고
복학했고 하나는 대학교 가는 대신 요리사
수업 중이다. 모두 수도권에 사는 이들이
적당히 멀고 적당히 가깝다.
내 둘째 놈 대전 사는 보름달 같은 지 색시와
대전에 살고 있으니 홀로 남아 더 합쳐진

우리 노부부 마음의 반이 대전 며느리한테
늘 가고 있다. 손자 태어난 만큼 더
구체적으로 가고 있다.
내 첫째 놈 압구정동 사는 신세대 골드
미스 출신 따라 압구정동에 살고 있으니
진짜로 홀로 남아 더 더 합쳐진 우리 노부부
마음의 나머지 반이 압구정동 며느리한테
늘 가고 있다. 손자 하나가 배 속에 있다니
더 조심스레 가고 있다. 몸이 가는 건
지들이 정말 보고 싶어 할 때까지 삼가야 하지.
생가는 없고 30년 된 주소 30년 만에 홀로 남아
비로소 합쳐진 족보의 물리가 있다.
기분 나쁜 여자들이 더 기억에
남는 것은 족보 바깥이다.

3B + 모차르트

영혼이 고결에 달하려는 악전고투의 높이를
끝까지 한 번도 재볼 여유 없이 그보다 더 높은
영역을 헤매는 지상 모든 인간이 베토벤이다.
영혼이 스스로 지순한 명경의 깊이를 끝까지
한 번도 재볼 생각 없이 그보다 더 깊은 놀이로
우울한 지상 모든 인간이 모차르트이다. 지상
연습의 바흐가 두 부류를 모두 동시에 향하고
두 부류 모두 바흐의 연습에 동시에 달한다.
그러니 그 후 지상의 모든 예술가가 세 부류를
모두 동시에 넘을 수 없지만 끝까지 넘어야 할
벽으로 갈수록 높게 갈수록 깊게 제 안을 세우는
브람스일밖에. 없다.

사소한 오해

그렇지 않나, 이승에서도 신분과
학력, 재력과 이름은 물론 그대의
모습과 목소리와 체취와 감촉과
맛과, 분위기와 희미한 기억 또한
사라진 후에 남는 것이 진짜로 남은
그대 아닌가?
음악이 끝난 후에도 남은 음악이
진짜로 남은 음악이듯이.
그래서 소리 너머 음악을 우리가
오히려 듣는 까닭이듯이. 정말
악기가 있어서 음악이 가능했다고
믿나? 음악이 소리를 요하고 비로소
소리가 악기를 만들었다.
그대와 나는 앞으로도 남녀 혼성이고
모든 남녀는 모든 합창이 먼저이다.

화려한 고백

눈이 더 흐려지면 복잡하던 옛날 글씨체가
단순한 지금 글씨체로 돌아올 것이다.
썩 괜찮은 시력의 미래이다.
복잡한 글씨체가 사실 단순한 내용이었다는
고백을 복잡한 글씨체한테서 듣는다면
최선일 것.
그런데 그게 사실일까, 자신 있나?
최선은 언제나 불가능할밖에 없고
흐려지는 시력이 그 자체 화려한 고백이기를
바라는 차선밖에 없다.
그런데 그게 사실일까, 정말 자신 있나,
그 인용이 그 인용인데?

장구의 섬세

짙어서 고색창연하거나 고색창연해서 짙은
푸른색이 있다.
둘 다 이상한 일이지만 그러잖아도
이상할까 봐 고색창연해서 짙은 것이 짙어서
고색창연한 것일 수 있어 둘 다 어색하지
않을밖에 없는 푸른색이다.
장구한 세월일밖에 없다, 피 한 방울
흘리지 않고 오로지 섬세에 집중한.
고색창연이 짙거나 짙음이 고색창연한
푸른색이 있다.
피를 숱하게 흘렸다 해도
둘 다 이상하지 않은
장구의
섬세가 있다.

속수무책

내가 나의 길을 가지 않고
내 앞에 길을 따라가지 않고 내 앞에
길이 그 길 앞에 길을 따라가는 것을
따라가지 않고 그냥 갈 때가 있다.
인간은 인간이라서 여러 번 죽는다.
속수무책은 무슨.
발이 도저히 발일 수가 없게
풀려난 거다, 오로지 발이 1인칭으로.
지금도 어떻게 여기까지 올 수 있었는지
모르지 않고 어떻게 여기 있는지를 모른다.
인간은 인간이라서 여러 번 살아난다.
순순히 깨져주지 않고 깨질밖에
없을 때까지 버티다 깨지면서.

희귀와 결별

새 책값의 1/5밖에 안 주고 샀지만
이 헌책, 살 때부터 기분 나빴던 것은,
희귀본일 리 없는 것을 알면서도 억지로
희귀본이기를 바라며 산 까닭이다.
더 기분 나쁜 것은 그것 말고
아무 하자도 없다.
읽기 싫으니 읽을 리 없고, 사놓고 안 읽을
헌책을 내 시야 바깥으로 치우지 않는
나의 원칙에 비추어 닫힌 눈초리로 나를
내내 힐난할, 앞으로 기분 나쁠 점도 있다.
희귀본에 관한 한 스스로 속고 싶은 내가
오로지 희귀한 속물이다. 희귀 자체와
완벽하게 결별하기까지는.

축대 디자인

올해도
장마철이면 축대가 무너진다.
TV 뉴스 화면 속 비에 무겁게 젖어
시사 너머 참사가 화면 밖으로
튀어나올 듯 현실적이고
그런 채로 옛날 같다, 축대는 축대가
무너지다밖에 없던, 쌓는 노동이
상상 밖이던. 그리고 무너지는 축대가
다시 무너진다.
그 밑에 사는 사람들이 축대를 쌓지
않았고 축대 밑에 살고 싶어 사는 것도
아니던 것이 축대가 무너지는
이유이다.
부재지주 혹은 국가가 그 위에 자신의
살림집은커녕 딱히 무엇을 짓겠다는

생각도 없이 막연히 그 높이를 미래의
높이로 착각하여 쌓아 올린 축대는
무너지는 축대가 축대 디자인이다.
고마운 축대들은 안 보이지 않고
안 보이는 다자인이다.
그래도 축대 스스로 알 수 없는
축대의 수명이 있다.
생사의 갈림길이 흠씬 젖었던 옛날의
회고에 젖을 일이 아니다.
참사는 늘 시사 너머 참사이다.

독방

음악이 흐르고 동영상이 움직이고
그 밑에 공연 날짜가 정지해 있다.
흑백 속으로 조금 깊숙이 들어서면
독방 살던 그때 그 날짜 연주를
그때 그 날짜 연주로 들었던 것 같다.
이역만리, 무대와 TV 중계는 물론
라디오 방송도 없던 독방에서 연주
실황을 들었던 것 같다.
사실이다. 누구나 독방이 있다는
소리이다. 누구도 독방에 살지 않는다.
누구나 안에 독방이 산다는 소리이다.
독방이 모든 음악이다. 옛날 영화
충분히 섹시하다. 묘비명은 위계가
깎아 새긴 듯 분명한데 죽음의
사실은 딴판일 것이다.

생각의 언어

태초에 춤과 음악과 시가

있었다. 그러니까 대문자 신 없이
거룩이 있었다. 대문자 신 없는 거룩이
있기 위하여 춤과 음악과 시가
있었다고 해도 같은 얘기이다.
태초 얘기가 늘 그렇다.
태초와 멀어지며 자신의 태생적인
거룩을 역사적으로 극복해 온
운문으로 생각하면 더 수긍되는
역사가 있다. 훗날 산문의 법과 철학,
자연 과학 역사를 앞날로 아우르는
미래 역사이다.
산문은 태초와 멀어지기 위하여
대문자 신을 창조하고 명명하고
호가호위하다가 죽일밖에 없다.
일관된, 산문으로 수긍이 가지 않는
산문 과잉의 역사이다.
태초 언저리 얘기가 늘 그렇다.
산문은 생각하지 않고 쓸 수 없거나
쓰지 않고 생각할 수 없다.
운문은 운문으로 생각한
거룩이 도돌이표라고?
참으로 발전 가능한
거의 유일한 것이 거룩이다.
위대한 실패가 더 위대한 성공인
산문의 독재를 극복한 운문의
민주주의가 새로운 창세이고 창세가
바로 시작이다.

프시케

영혼이 보고 싶은 것은 정작 자신의
모습이다. 이제까지 영혼 이야기가 영혼의
모습에 못 미친다. 자신의 모습을 보고 싶은

비유에 불과하다. 그것이 모든 이야기의
시작이고 아직까지 불과하다.
눈과 코, 귀와 입, 특히 팔다리가 많이
기여한 것도 결국 비유가 된다.
오감은 비유로도 이야기로도 전하지 않는다.
눈에 보이는 것도 눈에 보인다는 사실도
귀에 들리는 것도 귀에 들린다는 사실도
비유가 아니고 이야기가 아니다.
영혼이 영혼을 보고 싶은 평생을 사는 것인지도.
에로스의 몸을 훔쳐보는 것으로
불쌍한 프시케, 그녀 자신의 모습을 볼 수 없다.
형식이 바로 내용인 자신의 모습을.
알렉산더가 로마를 볼 수 없던 것보다
더 볼 수 없다. 등잔 밑이지만 등잔 밑이라서
의외로 아니라 당연히 더 볼 수 없다.
영혼은 세계이고 유일인
구체의 물화이다. 적어도 자신의 모습을
보고 싶은 점에서는 모든 영혼이
두려움을 모른다. 엠페도클레스가 나름
끝까지 가기는 갔다.

약속

비 온다 낙원상가
매운 아구찜.
냄새가 추억이고 음식이
완강히 버티지.
옛날로 돌아가지 않는다.
비 온다 낙원상가
매운 아구찜.
은퇴한 기자와
번개 약속이다.
현역 때는 없던 일.

지금은 술 마시기 전.
지금은 지하철 9호선 여의도역에서
갈아탄 5호선 종로3가역
낙원상가 쪽 출구.
비 온다 낙원상가
매운 아구찜.
비의 비린 체온 최적.
만취하는 오늘의 미래가
나쁘지 않을 것.
비 온다 낙원상가
매운 아구찜.

사건과 사실

서울 토박이 서울 산책이다. 대낮의
거리가 언덕 내려가며 가장 아름답다.
옛날이 흑백 쏟아지며 가장 아름답다.
야경이 항상 마지막으로 가장 아름답다.
모든 아름다움이 흩어지며 더 아름답다.
비 오는 서울 거리가 그런 사실들로 젖는다.
돌이킬 수 없는 사건을 돌이킬 수 없지만
남을 만한 사실이 그렇게 남는다는 듯이.
서울 토박이 서울 산책이다.

빈

가보지 않았지만
집이 휘어지는 집의 육신으로
육신이 꺾이는 육신의 선으로
결리고 결리다가 결리지 않는
음악의
도시가 있어야 할 것 같다.

가서 보면 그럴 리 없을 것 같아
계속 안 가보겠지만 혹시
죽어서 가보면 거기는 처음부터
끝까지 잘 나가는 빈 고전과 아니라
스스로 한심하던 슈베르트
나와바리이다. 처음부터 끝까지
잘 나가는 것이 딱히
잘못일 것도 없는.

시의 죽음

시의 결론을
한 차원 더 뒤로 미루는 일이
나의 죽음 뒤로 미루는 일이라고
할지라도 어쩔 수 없다.
시의 결론을 미루기 위하여 미루는 과정이
더 촘촘하지 않으면 시의 결론이
시의 죽음이다.
사는 일이라면 목숨이 중요하지 시가
아무것도 아니지만 죽은 일이라면
시가 목숨보다 더 중요할 수도 있지 않나?
절망이든 희망이든 결론을 미리, 일찍 내린
음풍농월의 생이 있을 수 있지 않나?
늘 젊은 시인이 그것을 알고 늘 늙은 정신이
음풍농월을 시라고 생각한다.

근황

혁혁하던 정치학과 사회학과
더 혁혁하던 정치사회학이 혁혁했기에
지금 죽은 것은 아니다.
정치학과 사회학의 죽은 현재는 없다.

혁혁하다가 죽은 그
용어들이 계속 죽어간다.
모든 용어가 완성되자마자 완성된 과거로
혁혁하지만 정치학 용어들을 과거에
매장하며 정치학이 현실 정치에 육박하는
중이다. 사회학도 그렇다.
현실 정치에 육박화하는 정치학이 현실 정치의
미래에도 육박한다. 사회학도 그렇다.
용어를 빼면 정치학과 사회학,
육박이 혁혁이었고 그것은 지금
더 그렇다. 사회학도 그렇다.
지금도 그런 것은 앞으로도 그렇다.
정치학과 사회학
용어들이 더 이상 완성되지 않고
완성 과정도 심지어 형성 과정도 아니고
그냥 현실 정치와 사회의 혁혁한
하수인들
형성일 것이다.

고대 로마 명

문자가 생긴 이래 역사가
모든 것을 다 기록할 수 없어서
아니라 벌써 너무 집단적이라서
개인의 배당처럼 따로따로 제국
전역에 흩어져 있다, 고대 로마 명들.
모든 명이 결국 묘비명이라고 해도
너무 집단적이라 육체적일밖에 없는
시대였으니 딱히 어떻게든 남고 싶은
욕망이었다고 할 수도 없다.
새겨서 썩어버릴 육신보다 아주 조금만
더 귀하기를 소망하는, 처음의 문자였다.
죽음이 개인주의를 죽음으로 낳는다.

개인의 어떤 소지품을 남기는 것과
전혀 다른 일이다.

아직도

이십 년도 더 전에 뽑기나 건져 올리기로
둘째 놈이 획득한 성냥갑만 한 무선 라디오가
아직도 있다.
지는 대단하고 신기한 당첨이고 선물이었겠지만
그때도 형편없었다.
scan reset 단추와 원형 톱니 볼륨 조절판 그리고
이어폰 구멍이 몸체에 비해 너무 큰
건전지 두 개를 넣으면 오로지 전파를 잡아
소리를 내는 데 혼신의 힘을 기울이는 형국이었다.
지금은 더 형편없다. 그나마 우쭐하던
가운데 빨간 줄 칠도 벗겨졌고 건전지 없는지
오래인 몸 전체의 공복이 거인 같다. 괴물되지
않으려 제 몸보다 낡고 초라하고 작아지는
쪽을 택한.
뭐, 부자 사이 혈연이 세상 따라
세련될 수 없고 그럴 필요도 없다.
전류 흐르는 것이 눈에 선명하게 보이는
모양새 아닌가.
좀더 가까운 곳에 두겠다.
매번 눈에 띄는 곳은 곤란하고.
한 십 년 전 해외 시장에서도
양주를 누르겠다고 중국이 벼르고 별러
내놓은 수정방 독주를 친구들 불러 마시고
기념으로 떼어놓은, 아주 작은 보증서 책
세 권이 아직도 있다.
술병은 웅대한 기상의 용이 압도하는 중국
대륙풍을 오히려 강조하고 보증서 책도
속을 펼치면 더 촌스럽게 그렇다.

표지만 본다. 水井坊 글씨가 모처럼
서양 상품 수준으로 세련된. 그 옆에
돋보기를 들이대야 읽을 수 있는
글씨는 그렇지 않고, 읽지 않는다.
아직도 나는 현실 사회주의가 실패한
미학적 원인을 규명할 수 있고 좀더
규명해야 한다고 믿는다 〈아직도 그대는
내 사랑〉은 내가 아직도 애청하는 70년대
이은하 히트곡이다. 아직도 흐느낌이
폭발하듯 숨죽이고 숨죽이듯 폭발하는
그 후의 매력이 있지.
〈밤차〉는 뮤지컬 안무와 창법으로 들으니
좀 천하더군. 물론 제일 신났으니 평가단
점수가 제일 많이 나왔다.
예술 그리고 사회주의와 정반대로
연예는 천해야 살아남는다.
불만 없고 이견 없다.

수의 탄생

생각을 생각하는 생각의
눈에 보이는
계단이 있다.
자연을 드러내는 만큼 숨기고
숨기는 만큼 드러낸다.
점점 더
드러내는 것이 숨기는 것이고
숨기는 것이 드러내는 것이다.
생각이 처음부터
조심해서 생각해야 한다.
눈에 보이는 수의 계단이 아니다.
눈에 보이지만 처음부터
수가 계단이다.

죽음이 눈에 보이지 않는
계단인 점도 있다.

그림의 정의

손안에 있지만 물질이 아니라서
손에 쥘 수 없는 그림이 거리 풍경에
자주 박혀 있고 그때마다 잃어버렸나
정말? 물으며 들여다보면 내 손안에
여전히 있다. 자세히 들여다볼수록
자세히 보이지 않고 구체적이지만
추억의 정의 이상은 아니다.
어떤 때는 한꺼번에 여럿이기도 하다.
섞이거나 겹친 하나의 혼돈이든
혼돈의 하나이든 추억의 정의
이하로 내려가지 않는다.
그림이 그림의 정의 아래로
내려가지 않을 것처럼. 그림의 정의인
추억이 앞으로 있을 것이다.

파우스트

혁명이 정치적으로 발발할 것을
그리고 정치적으로 실패할 것을
내가 알았으나 그게 무슨 지식이고
예견일 수 있나?
실패하는 혁명이 흘리는 더 많은 피를
한 방울도 줄이지 못한 지혜와 사려가
어떻게 있을 수 있나
내가 내내 속수무책인 글쟁이였을 뿐이다.
내내 부러웠다.
혁명의 정신 혹은 실패가 육체의

죽음을 관통하면서 너무나 자연스럽게
고상한 대중성에 달하는
순간순간이 내게 이미 지옥이었다.
이승과 저승보다
실패하는 혁명의 계속 발발보다
내 영혼이 내게 더 난해하다.

염원의 물화

그러니 통일은
전쟁이 아닌 것은 물론
과거의 통일 아니라
고향의 통일 아니라
남북의 통일 아니라
국토의 통일 아니라
좌우의 통일 아니라
체제의 통일 아니라
생활의 통일 아니라
문화의 통일 아니라
미래의 통일 아니라
통일은 정신이 아닌 것은 물론
통일은 희생의 극치인 평화이기를
통일은 평화의 극치인 예술이기를
전쟁 문학도 평화의 걸작이기를.
통일은 기도 아니라 염원의
물화이기를. 물화가 바로
미래이므로.

현대 탄생

태초도 현실 없이 이론이 이론을 낳는 현실이 현실을
해체하는 현상의 옹호가 포스트모더니즘이었다.

고대도 중세도 포스트모던이 포스트모던을 해체할
수 있지만 포스트모더니즘이 포스트모더니즘을
해체할 수 없었다. 멀쩡하지 않은 당대를 왈가왈부하지
않는 당대인들이 당대를 꾸렸고 멀쩡한 당대를
왈가왈부하는 일이 멀쩡한 생업인 부류가 언제나
소수였다. 균형은 균형이라서 늘 아슬아슬하게 기울며
유지되고, 이런 사실들의 확정이 현대의 탄생이고
현대의 탄생이 바로 역사이다. '새벽으로 오인된 장엄한
황혼'으로 바그너 음악을 깎아내린 드뷔시 음악이
이미 쇠퇴한 새벽이고, '독일 음악의 서양 음악 백 년
지배'를 장담한 쇤베르크 무조 음악이 음악을 음악의
음산한 멸망으로 물들이기 직전 유행이 지났다, 이미
한참. 현대의 탄생이 언제나 틈이고, 틈이 언제나 정상과
비정상 사이 균형의 역동이다. 정상과 정상 사이는
정지만 있고 정지에 파고들 틈이 없다.

프로메테우스 노동

맨손으로 땅을 가는 농부의 태초 노동이
가장 고단했던 것은 아니다.
고단하기는 농부의 꾀가 더 고단하지.
고단한 만큼 소중하고 그래서 기술이
더 고단하다.
고단할수록 소중하고 소중할수록 고단한
까닭이 아니라면 공예가 그리고 예술이
생겨났을 리 없다. 인간을 창조한 노동보다
인간이 되는 노동이 더 고단할밖에 없었다.
제우스가 제 뒤통수를 망치로 깨고 다 큰 처녀
아테네와 다 큰 청년 헤파이스토스를
탄생시키던 젊은 날도 한참 지났다. 이제
가장 고단한 노동은 인간으로 늙어가는 일이다.
중단되지 않는 나의 만년의 글쓰기
노동이 나의 만년을 닮는다.

선은 적나라의 절정 직전에서 직후까지
제 몸을 파고드느라 너비와 깊이가 없다.
곡선이 곡선을 직선이 직선을 파고든다.
그렇게 직선이 직선을 곡선이 곡선을
가져간다.
모든 애통도 폭발이 바로 테러라는 듯이.
취미로 부르는 노래도 연민의
포르노를 들키거나 전염시키지 않으려면
좀 더 연습해야 한다.
견과를 깨무는 것이 제 건강에 좋은 것을
이제사 알았는지 아래쪽 마지막 남은
어금니에 미달하는 이빨 하나가
아몬드를 잘도 깨문다. 깨무는 것이
윗니의 도움을 받는 일이지만 저 홀로
전보다 덜 흔들리는 것도 같다.
저도 바람은 아니고 착각이겠지.
죽음이 스스로 극단적으로 있지 않다.
극단을 권하는 것도 권하려는 것도 아니다.
프로메테우스 노동,
좀 지리멸렬하게 죽음이 갈수록,
고단한 생을 찔끔찔끔 견디라고 있다.

첼로

낮게 낮게 무겁게
깔리는 것은
그리움이 아니다.
그림이 사진을
대신하던
시대 아니라
인쇄가 얼굴
표정을 새로 구축하는
광경을 향한다.

인쇄 기름 냄새가 늘
새로운 까닭.

체액

땀과 오줌과 똥
그것까지는 소독약으로
해결이 된다.
그다음
체액이 문제이다.
거기서부터 괴테가
아무래도
모차르트 쪽으로 기운다.
악기, 특히 목관 악기 쪽으로.
그리고 거기서부터
베토벤이 아무래도
실러 쪽으로 기운다.
육체의 가장 비천한 것조차 육체적
정신의 숭고에 기여하는 것이지.
여기서 모두 18세기에 한 세대
차이도 없이 태어난 넷 각각의
생몰년이 나는 무지 궁금하다.
하지만 불교의 사리도 있다.
석가모니와 성자들의 유골이다가
어언 후대의 화장한 시신에서
드물게 나오는 단단하고 영롱한
구슬들을 이르게 된 단어이다.
종교의 후대는 체액이 흔적조차 없도록
육체를 태우거나 신성화하는 기술과
고르고 집어내는 젓가락이 필요하다.
여기서 석가모니와 예수와 마호메트의
생몰년이 전혀 궁금하지 않다. 인간의
치매는 체액이 가장 큰 문제이다. 치매

당사자로서는 체액도 명상 대상이겠으나.

지형

죽은 자가 죽었는데
어디를 가겠나.
떠난다는 말
비정하다.
산 자들이 죽은 자를 떠나보내지 않고
떠난다.
떠날 수 있으니 떠난다.
장례도 추모도
떠난다는 말 비정하다.
기념에서 비정이 줄어들고
기념식에서 다소
균형이 잡힌다.
기념비는 다른 쪽으로
과하지.
죽은 자가 죽었는데
무엇이 슬프겠나.
산 자들이 슬퍼한다 다름 아닌
자신들의 비정을.
지형은 그와 같은
말이다.
그 말에서 그 말의
짝퉁인 말씀이 나온다. 지금도
계속 나온다.

유아독존

같음의 대비 너머 차이들만의 차이 너머
통일의 대비 너머 다양들만의 다양 너머

너와 내가 각각 너와 나의 유일하고 고유한
세계라 치자.
내 세계의 일부인 너를 내가 사랑하듯이
네 세계의 일부인 나를 사랑하는 것조차
확실하지 않다고 치자.
그렇다면 나의 유일하고 고유한 세계가
나의, 진정으로 유일하고 고유할 나의
죽음과 무엇이 다르겠는가.
그 사실도 나의 세계에 속하기 일쑤이니
사랑도 대화도 소통도 물이 바로 구원이고
물 아닌 것이 바로 죽음이다.
그러나 매번 신기하고 매번 뻔한 이야기.
죽음이 죽음을 이론화하는. 창작이 물을
나날이 새로운 질문으로 바꾼다.
보이지 않게 자신의 몸을 나날이 새로
기울여 모든 것을 허락하는, 허락의 개념도
없이 그냥 내리는 비에 젖듯 허락하는 귀의
언어와 그 후를 무엇보다 더 믿으며.

됭케르크

모든 전쟁은 결국
성공한 철수 작전이 승리한 전투보다
더 감동적이다. 무엇보다 전쟁에
죽은 병사가 없다.
그렇잖으면 이쪽저쪽을 마구잡이로
희생하는 동시에 그 희생을 평가절하하는
전쟁이 죽은 병사들한테 이중으로 잔혹하지.
살아남은 것이 무엇보다 더 감동적이다.
제2차 대전 발발 직후 영국군 22만 6천과
프랑스-벨기에 연합군 11만 2천 병력을
열흘 안에 프랑스 북부 항구 도시에서
영국 본토로 이동시킨 사상 최대 철수

작전의 한국 전쟁 버전이 '굳세어라
금순아'이다.
흥남에서 병력보다 훨씬 더 많은
피난민들을 태우고 부산까지 왔다.
됭케르크와 흥남 이후에도 그 병력들
대다수가 전사하고 그 피난민들
대다수가 고생 끝에 살아남는다.
살아남은 이야기가 더 널리 알려지고
알려지지 않은 일들이 더 감동적이다.
살아남은 감동의
이기가 마침내 극복된다. 무명용사들이
칭송받는 것에 그치지 않고
직접 돌아온다.
왜냐면 그들이 채운다 진정한 평화의
의미를. 왜냐면 평화의 반대인 전쟁이
죽은 병사들에게 이중으로 가혹하다.

사진의 생애

현대 음악은 사진과 더불어
탄생한 문제가 있다.
1890년대 1900년대 1910년대 1920년대,
점점 더 많아지는 풍경
사진들이 끊어지며 흘러가고 그 안에
보일 듯 말 듯 작곡가 자신들 모습이
끊어지며 흘러간다.
노골적인 실내 자신들의 추상 사진들이
격하게 끊어지며 가까스로 이어진다.
늙어가는 사태가 이어지기 위하여
빙글빙글 돈다. 음악이 끊어지지
않으려 찢어진다. 음악은 더욱
뒤로 갈 수가 없지. 시간은 더욱
달라진 것이 없다. 음악이 시간과 전보다

더 다른 시간일밖에 없다.
시간의 한 차원 더 높은 교정, 당분간
사진의 생애일밖에 없다. 될 수 있다면
옛날 흑백 영화거나 역사의 장면이거나
성인이 음악의 유년 언어가 될밖에 없다.
될 수 없다.

따루주막

〈미녀들의 수다〉 출연 후 방송인으로 나선
한국 유학 핀란드 여대생 따루가 주막을
낸 것은 한국 사랑이고 한국어 사랑이다.
한국의 현안을 한국인보다 더 날카롭게
파헤치고 버선발로 뛰어나오는 여인보다
더 다정하게 단골손님을 맞고 따질 때는
어느 한국인보다 더 한국적으로 가차 없다.
막걸리 대학을 따로 다니고 '주막'으로
늙은 술꾼들의 복고 정서를 달래는 그녀
옆에 일본에서 요리 공부를 했고 직접 만든
고노와다와 어란을 싸게 내놓는 주방장이
있다. 기본 안주를 대구 내장탕으로 정한
내게 한 번은 대구 내장 모둠 요리를 한 상
가득 차려주기도 하였다.
따루가 핀란드로 돌아가고 안주가 돼지
곱창 하나로 바뀌더니 얼마 안 가 줄을 서야
할 정도로 대박이 나고 손님들이 모두
젊은이였다.
하긴 노인네 단골들 많을수록 민폐이다.
나이 들면 시간 개념 아니라
감각이 달라지지. 기껏 한 달에 한 번
들르면서 대단한 단골 행세를 하고 신기한
이국 미녀한테 몇십 년 지기 술친구 역할을
알게 모르게 강요하고 따루는 귀찮은 내색

한번 없었고, 상냥했고 적자가 눈더미처럼 쌓였다.
따루가 돌아가고 젊은이들이 하루 이틀 걸러
줄을 서고 스스로 이상할 것도 단골 티 낼 것도 없다.
따루는 교양 선진국의 따듯한 배려로, 주방장은
메뉴에도 없는 안주 서비스로 내게 아주 잘해주었다.
나 같은 구닥다리 술꾼한테 정말 귀한 일이다.

문래동

밤이 깊은
여자 홀러간
유행가
명곡.
밤이 깊어 갈수록 여자
깊어 가지 않는다.
아름다움도 무언가 바라는
면이 있지.
있는 것만 있지 않다.
우리를 바라보는 것이 있다.
문래동
망한 영세 철공소 자리에 화가
작업실이 속속 입주, 미술의
처지가 애매하다.
비에 젖는 목조의 비에
젖는 듯한 실내에서.

언제나 마침내

물론 모든 것이 이제 공간과 시간 속으로
사전이다 그림 하나 없고 왜 있는지 질문이
성립되지 않는다. 의미와 글씨 모양 둘 다
애매하다. 애매성은 모양이 더 치명적이지.

깨알 같은 모양도 없다. 생각의 기억이 없다.
몇 쪽인지 모르고, 질서 있는 죽음이 죽음에
빠지는 느낌인지 죽음이 빠지는 광경인지
모르고 상관이 없다. 나를 나로 묶던 상황이
그런 단어에 지나지 않고 이제 어떤 실수가
나라는 것을 뭉쳐 있게 한다. 언제나 마침내
죽기 전에는 죽음이 죽음보다 더 분명한
죽음의 비유이고 무한소수이다. 도대체 몇
쪽이지, 그 질문이 어디냐, 어디까지냐?
이만하면 질문보다 더 많이 아는 것 아냐?
모르는 일이 점점 더 빨라진다. 종이보다
글씨가 먼저 삭는 사전의 감옥이 공간보다
넓고 시간보다 길어서 애매하다.

생몰년도 새삼

하이든(1732~1809), 모차르트(1756~91) 베토벤(1770~1827).
셋 다 프랑스 혁명(1789~99)의 전말을
다 겪고 갔구나. 베토벤, 열광적으로 껴안았고 그
절망의 상처를 다시 승화하느라 자신의 먼 귀보다
더 오래 살았다. 모차르트, 그 소꿉동무 유혈 참극에
생애를 앞당겨 죽었다. 하이든, 혁명 전도 혁명도
혁명 후도 감당할 수 있을 만큼 오래 살았다.
분명 그렇게 보이는 위대한 음악을 셋이 남겼다.
1946년 콜럼비아 백과사전 보충 첫 단어 아헨은
샤를마뉴의 수도. 제2차 세계대전 끝 무렵 연합군이
최초로 장악한 대도시이고, 1941년부터 공습이
가해지다가 1944년 10월 9일 항복하지 않으면 도시
전체를 절멸시키는 최후통첩을 받아들이지 않았다.

8월 장마

밤과 새벽 사이
도시 통유리 창밖과
너머 사이
드문 차량들보다 더 넓은 차량들
소음을 장악하며 내리는
비의 소음들보다 더 크고 넓고 깊게
숨죽이는
비의 소음들의
그물.
젖지도 않았다면
형광등 너무 밝은 통유리창 안에서
누구나 죽기 전에는 죽지 않고
누구나 죽은 후에는 죽을 수 없는
그 감쪽같은 연속의
기만이 젖지도 않고.

자족

고된 노동을 떠맡기려고 신들이
인간을 창조한 것은 아니다.
사실 자체는 존재가 아니지. 사실의
고된 노동이 신들이고 신들이 죽은
사실이 살아 있는 즐거움을 살아 있는
고통보다 더 어려운 과제로 만든다.
신들을 죽인 사실이 그 어려움을
길길이 뛰게 만든다.
사실 자체는 길길이 뛸 수 없으니
신들이 죽은 것도 신들을 죽인 것도
사실이 아니고 죽은 것도 죽인 것도
사실들이다. 어떻게 벌어지지도
않은 일이 죽고 죽이나?

존재도 길길이 뛰지 않는 사실들을
죽이는 행위가 권태라는 사실이
메소포타미아, 인류 사상 최초의
창세기를 반복한다.
반제 반독재 반체제… 반대하면서
우리가 닮거나 왜소해지지 않을
유일한 대상이 권태이다. 정신이
스스로 모르는 정신의 자족이 문제이다.

각자의 시간

참으로 오래 살았다.
헌책방보다 더 오래되어 보이는
이 헌책이 나의 20대 중반
새 책이었다니.
그때는 1년에 한 번씩 노벨상 수상작
번개 번역으로 1년 동안 쌓인 생계의
적자를 벌충했는데 새 책이 헌책보다
헌책이 헌책방보다 더 빨리 늙나?
〈응답하라 1988〉도, 응답해야 할 정도로
먼 옛날인가, 혹시 신세대가 구세대보다
더 빨리 늙나? 헌책방과 헌책도
각자의 시간이 있다.
참으로 오래 살지 않고서는 보이지 않고
감당할 수 없는 각자의 시간이다.
동년배도 각자인 시간이다.

상수동
—주홍미에게

중고등학교 음악 시간 합창곡 〈연가〉는
여자들이 부른 느낌이다. 어느새 남녀

공학이지. 비바람이 치던 바다 잔잔해져 오면
오늘 그대 오시려나 저 바다 건너서….
원곡은 먼 옛날 뉴질랜드 마오리족 여인의
포 카레카레 아나. 노래를 파도와 바람에
실어 건너편 섬 애인에게 전달하고… 오래전
내가 그 얘기를 쓰다가 엉엉 운 적이 있다.
파도가 아주 곱게 출렁이고 바람도 일체
딴짓 말아야겠지, 포 카레카레 아나.
그 사연에 어울리는 목소리의 여자 후배가
그 노래를 부르는 공연이 홍대 근처 상수동
무대에서 있다. 마오리족 피리가 온대서
시작한 건데 마오리족 처녀들 춤도 온다고
잔뜩 얼었다.
마포 출신으로 영등포 당산동 사는 나는
마포 상수동이 아무리 발전했어도 홍대
근처일 수 없다. 하지만
벌써부터 포 카레카레 아나, 무슨 뜻인지
알 필요 없이 상수동과 홍대 근처는 물론
당산동 너머 뉴질랜드 마오리족 섬들까지
이으며 가장 부드럽게 실려 가는
음정이자 박자의 사랑 노래이다.
마오리 피리와 처녀들 춤과 함께 들어도
후배 노래에 내가 엉엉 울지는 않겠지.
그녀와 나 사이 부드럽게 물결치고
바람 부는 것은 세월이다. 중고등학교
음악 시간 합창 〈연가〉 후렴 빼고
2절 가사가 이어진다. 밤하늘에 반짝이는
별빛도 아름답지만 사랑스런 그대 눈은
더욱 아름다워라….

마지막 기회

내용의 파탄을 끝까지 밀어붙이는

형식은 끝까지 밀어붙이기 위해
날로 새로워진다. 절규도 그렇다.
젊은것들 파괴도 새로움도 늙은
내게 조금 과해 보이는 것이 맞다.
왜냐면 그들 아니라 내가 언제나
마지막 기회이다.

입구

좋은 디자인은 안 보여도 좋고 구겨서
아무 데나 낑겨 놓았다가 우연히 펼쳐도
좋은 디자인이다. 왜냐면 좋은 디자인이
보이지 않고 구겨지지 않는다.
끝까지 다 열고 나서 비로소 입구이다,
보이지 않는 모든 것을 만져 본 손이
만져 보지 못한 것을 더 소중히 여기는.
역사 속으로 역사가 무한히 사라지는 그
모습이 보이고 그 조밀이 보이지 않듯이.
만년의 신참, 안 보이는 모든 것들이 자기
균열의 틈새로 보이는 질서.
전대의 만년은 후대의 시작에 못 미치지.
모든 제국이 제국의 만년에 달하려는 제국이다.
모든 제국이 멸망한 것도 아니다. 다만
제국주의가 제국의 멸망이다.
민족의 생애가 민족주의보다, 모던의
생애가 모더니즘보다 더 길 것이다.
불안의 실핏줄 그물로 섬세한
희망이 혁명의 적이던 적은 없다.
이제까지 혁명이 섬세를 적으로
한사코 몰다가 기어이 실패하는
전말이 있다. 우리가 혁명에 대해
알고 싶거나 알아야 하는.

처음의 아침

손자 놈 깼다.
우렁차게 운다.
전례 없는 아침이다.
아직 잠보다 깸이
낯설은 모양.
무서움은 사회를 보다 더
요하는 복잡한 감정이니
나의 낯익은 아침 아니라
손자의 낯선 아침이다.
할애비 집에서
첫 아침 아니라
처음의 아침이다.
아이들 대전으로 내려가니
처음의 썰물 진다.
오면 좋고 가면 더 좋다는 그 말,
노년에 근사한 것이 썰물인
깊은 뜻이 있었다.

한국 초기 중국식 무협 영화

검객이야말로 죽으면 그냥 살시간
어이가 없는 살덩어리에 지나지 않는다.
서툰 한국 초기 무협 영화에서 특히
주인공이 일찍 죽으면 안 되는 까닭이다.
화면에 비가 오지 않으면 안 되는
까닭도 있다.
한국 초기 한국식 협객 영화는 혁혁한
의리의 주먹 주인공들이 돌아가며
악역을 맡는 식으로 조연들 이름을
뇌리에 박힐 정도로 챙겨준 바 있고
우리가 조연들 이름을 많이 알수록

행복한 마지막 영화 세대이다.
영화도 지금은 손꼽히는 대기업들 시대이고
단독으로 흥행이 보장되는 남녀 스타들
수가 손꼽히는 대기업 수와 비슷하다.
뭐, 진짜 주먹은 없고 조폭 양아치들만
있는 얘기도 되고, 박정희-전두환-노태우
군사 독재 시절이 있던 얘기도 되고. 다 자라서
그 세월을 견딘 사람들, 민주화 운동 열심히
한 사람들, 남보다 더 빠르게 지치고 그래도
되고, 그냥 산 사람들도 그만하면 선방한
얘기도 되고.

돌 사진

셋이 웃고 있다.
아빠가 된 둘째와
엄마가 된 둘째 며느리와
돌을 맞은 손자
셋이 환하게 웃고 있다.
너무 환하다. 아주
새하얗다. 이건 아니지.
사진 빛보다 더 환한 빛은 사이비
종교 행복 같다.
누구나 처음은 사이비 종교
행복에 물든다.
돌잔치는 할아버지 할머니도 아빠
엄마도 손자처럼 모든 것이 처음이다.
누구나 맹목적인 신도였을 것은 당연.
상투적인 사진 보정이 문제이다.
누구나 생을 사이비 종교로 시작하고
사이비 종교는 사이비 종교로
끝나는 까닭에 사이비 종교이다.
사진은 사진 빛이 무르익는

스치는 미소 하나면 된다.

유산

아직은 알 수 없다니 걱정도 너무
이른데 '유산', 생각만 해도 끔찍한 중에
벌써 어떤 위로의 배려가 들린다.
너무 이르면 그냥 흐르고流, 걱정할 것은
성공과 실패보다 나중의 생명産이다.
흐르는 것은 흐르는 것이 생명이고
흐르는 것으로 흘러가므로 더욱
유산의 반대말이 중절中絶 같다.
일요일.
나의 둘째 며느리.
성령으로 예수를 잉태한 동정녀
마리아한테 특히 위로가 될 만하다.
예수 중절은 불가능의 불가능 아닌가.

절묘

유튜브에 오른 셰익스피어 희곡의 온갖 공연들을
다 보고 네 편만 남았다. 〈끝이 좋으면 다 좋다〉, 〈헛
소동〉, 〈사랑의 도로〉, 그리고 〈헷갈리는 코미디〉.
같은 뜻 같은 말 같다.
거의 다 보고 얼마 안 남은 것들이라 그런지
그래서 끝까지 남은 것인지 이것도
같은 말 같은 뜻인지 모르겠다. 그리고
정말 절묘한 것이 모른다는 거다, 셰익스피어
아니라 내가.
왜냐면 그러므로 나의 유튜브 시청이
계속 이어질 수도 있겠다, 유튜브에 오른
온갖 장르 온갖 작가 온갖 작품의 온갖

공연으로, 그리고 어언 그 너머
나의 죽음의 시청으로.
내일은 남녀노소 쎄고 반가운 것들과
술자리가 있다. 누구도 먼저 일어설
생각이 없는 자리일 것. 아내는 담양
일박이일 여행 갔고, '글쎄 난 이제까지
소쇄원이 잠시 절망하고 은둔하던 그 새끼
잔뜩 멋부린 서재 이름인 줄 알았다니까?'
40대에 이르러 비로소 그는 전라도 풍광
예찬에 5월 광주 항쟁을 녹아들게 할 수
있었다. 마르크스의 그나마
후계자가 후설이다. 죽음의
현상학이 필요하다.
수동식 타이프라이터로
한 자 한 자
모음 자음 찍는 것 같은.

맛의 미학

우리가 소를 알고 돼지를 알지만
소고기나 돼지고기를 먹으면서
소나 돼지 전체를 떠올리며 먹지는 않는다.
부위가 전체이지. '소고기 한 마리' 메뉴도
여러 부위가 여러 전체이다.
생선은 다르지만, 눈앞의 전체를 먹는
회나 토막을 내도 전체가 떠오르는
매운탕 혹은 지리 가운데 민어만큼
희한한 사례는 없을 것이다.
다 자라면 1미터가 넘고 전체적으로
흑갈색인 몸통 배 쪽이 밝은 회백색이고
살아서도 비실비실 헤엄을 치다가
죽어 도마에 놓이면 축 늘어진 민어가
시신도 그런 시신이 없다. 아가리를 벌려도

배를 갈라도 부레를 꺼내도 몸을 토막 내도
시신이다. 그러나 회 한 점 입에 물거나 국물
한 숟갈 들이키면 그윽한 맛이 그 사실을
씻어낸다. 임시방편 아니라 시신을 시신 속으로
씻어내듯 말끔하고 완벽하게 씻어낸다.
매번 시신 같고 매번 씻어낸다.
부레는 별미 중 별미이고 지느러미 툭툭
쳐내고 이빨과 그 언저리 다듬는 것 말고는
뼈까지 갈아 먹으니 버릴 것이 없다.
버릴 것이 없다고 소문난 것들 중에도
가장 버릴 것이 없다.
맛의 미학이라고 죄다 눈에 안 보이지 않는다.
아니 맛의 진정한 미학이 눈에 보인다.
단어 '먹음직스럽다' 혹은 '맛있게 생기다',
모종의 짝퉁에 지나지 않는다.

축제

타이.
치앙마이.
이펭.
수만 개 초롱불들이
밤하늘을 오르고 강을 흐른다.
은하수는 너무 멀고 희미하거든.
살아서 거기를 뭐 하러 가나,
오르는 밤하늘도 흐르는 강도
누가 저 많은 소원들의 성취를 믿겠나?
장관을 보여주자는 거지,
지상의 소원들이 하찮게 보일 정도로
한번 해보자는 거다.
이루지 못한 것들이 한꺼번에 숱한,
황홀이 있다고 한번 해보자는.
란나 왕국 수도 치앙마이. 란나 왕국

음력 열두 번째 보름달 러이끄라통.
태국 음력 두 번째 보름달 이펭.
외국인 관광객들이 타이어 단어에
일순 관통당하지만 뉘앙스는 그럴 수 없지.
지상의 그 지명의 일부가 된 사람들만
축제로 누릴 수 있다.

첼로 2

죽음, 그
보이지 않고 와닿지 않는
고통의 편재를
늙은 나이가 더군다나
완화할 수는 없고 다만 그것의
안정을 위하여 낮게 낮게 내려앉는
첼로가 제 소리의 몸을 비트는
대목이 요즈음 부쩍 많아졌다.
첼로 소리가 제 몸을 비트는
소리일 때도 드물지 않다.
모든 소리가 소리 몸의 비틂인,
보이지 않고 와닿지 않는,
완화 너머 안정일 때가 드물게 있다.
첼로가 소리를 내는 생각에
내가 드는 때이다.

안양

앰뷸런스 사이렌 소리가 불길하거나
급하지 않고 애 우는 소리 같다.
조금 더 급해도 아새끼 우는 소리 같다.
임박한 죽음인들 생명의 요란꽹장을
어떻게 당하겠나? 요즘은 내 서재에서

될수록 많은 권들을 꺼내어 새롭게
읽게 만드는 헌책을 산다. 비슷한 소재,
같은 출판사, 같은 장정 등등. 오늘은 독일
바이에른-작센 지방사 몇 권을 샀고
이 책들이 내 서재에서 불러낼 것은 모처럼
권들이 아니고 죽은 자들이다. 죽은 자의
평생 전공 책들이 헌책방에 쏟아졌다.
너무 많은 데서 너무 많이 고르다 늦은
술자리를, 안양까지 연장했다. 후배를
바래다준 셈이고 선배는 분당이고 다른
후배가 신당동이니 돌아올 길이 당산동인
나와 공평했다. 더 먼 후배 둘은 벌써
갔고.
택시 타고 올라온 새벽 네 시 당산동.
눈 뜨니 비 내려 더 후줄근한 안양 감자탕
먹자골목 중심이 나의 상경을 따라왔다.
비몽사몽 내가 입은 아주 느리고
편안한 의상이 죽음이었다.

배경

전에는 골목으로 들어설수록
낯익을수록 야해지고
껴안고 싶었으나 이제는
멀어질수록 그런
노년, 그 전근대.

위대한 가수

음정을 잡는다. 첫
음 아니라.
그건 절대 음감이나 하는 짓이지.

가창에 치명적이다.
노래의 가장 높은 음과 가장 낮은 음 사이
음계와 분위기 전체를 잡는다.
처음부터 끝까지 그 공간의
시간 안에서만 구축하고(음악이니까)
해체하고(음악이니까) 해체를 구축한다
(음악이니까).
그러는 동안 자유와 제한의 개념 또한
구축되고 해체되고 해체가 구축된다,
음악 속 개념이니 너무나 쉽게.
반복이므로 노래가 매번 새로운 걸작으로
끝나야 하는 것을 안다.
매번 하늘의 별을 따는 일이지만
노래를 시작하느라 노래 전체를 잡는
위대한 가수가 끝까지 좌절하지 않는다.
위대한 실패를 위해서 아니라 위대가
예전의 일 같은 까닭이다.

육체의 상상

눈에 보이면 입김이 뜨거울 수 없다
물리가 그렇고 사랑의 미학이 그렇다.
사랑은 그런 것들과 그런 경우가 부지기수이지.
가장 육체적인 사랑도 오감 총체 육체의
상상이 반이다.
무엇에 대해 쓰든 무엇을 쓰든
작품을 쓰는 것은 사랑 행위이다.

노동의 전설
—이태복(1950~2021. 12. 3.)

노동은 노동의 노동이 노동의 전설이다.

노동신문 발행인은 물론 장관 자리에 있을 때도
그가 그 길을 솟구치지 않은 적은 없다.
높을수록 더 낮은 것과의 접촉을 심화 확대하는
노동의 노동
현현,
누가 무엇을 부르나 누가 무엇을 기억하나?
지금은 아무것도 없는 발자국 발자국으로
노동의 전설로 그가 사라지지 않는다.
노동은 아무도 보내지 않는다.
먼 훗날 노동이 먼저 사라지기 전
노동의 전설을 영영 기린다. 그것이
최고 최후의 노동이라는 듯이. 왜냐면
노동은 노동의 노동이 노동의 전설이다.

신학 탄생

오늘은 8월 30일.
두 달 내리 31일까지 있구나.
지루하다
정말.
뭐라 부르든 다른 존재가 있겠지.
그렇게 생각하는 게 그렇게 믿는 것이지만
어떻게 생각하든 생각하는 쪽과
상관없는 존재이다.
계획도 계획이 있는 쪽 문제이고
위대도 위대할 수 있거나 위대하고 싶은 쪽
생명도 영원도 오래 살 수 있거나
오래 살고 싶은 쪽 문제이다.
이런 문제들과 아무 상관없는
존재가 있을 거라고 생각한다.
아무 상관없는 까닭에 혹시 우월한
존재가 있을 수 있다.
죽음과 상관이 없다.

그 사실이 영원하다.
인류가 멸종하기 전까지 혹시 그 뒤에도
상관없는 사실이 영원하다.
우주가 없어지기 전까지 혹시 그 뒤에도.
요란 떨 일 하나 없는.
눈에 보이잖나, 아주 지루하게 사는 것도
온전히 살다가 온전히 죽는 쪽 문제다.
온전을 채우지 않으면 그쪽 손해라는 거지
지루한 것이 성실한 것일 때까지
더 살아보거나 좀더 느긋한 쪽으로
타협을 볼밖에 없다.
상관없는 것은 상관없는 것과도
상관이 없어서 더 우월할 수 있다.
영원한 것일 수 있다.
우리도 상관할 일이 아니다.
얼마나 치열하게 그 결론에 이를 수 있나,
그것이 문제인 쪽이 있다.

세검정

역사가 칼을 씻은 자리이다. 인조반정이
잘한 일인지 광해군이 난세를 맞은 뛰어난
외교가인지는 왕조가 살필 일이다. 민족
문제가 아니다. 다만 칼을 씻는 행위가 참신하다.
피를 또 묻힐 텐데 왜 씻나? 의문이 들지 않는다.
칼과 창이 조선 왕조 권력의 무기이지만
일방적이지 않은 것이 들고 일어나는 수많은
백성의 낫도 칼이고 죽창도 창이다.
엄청 열 받으면 백성이 해볼 만하지 않나, 아니
질 일이 없지 않나, 명검객과 명검장이
꼭 권력 편이라는 법 있나?
찔려 죽는 일의 고통이 개인적으로 끔찍한
바로 그만큼 민주적이다, 대포 방사포가

애들 장난이고 핵폭탄이 오갈 수 있는
지금에 비하면.
세검정은 지금 시내가 계곡을 흐르는 것보다 더
칼을 씻은 전설로 풍치지구이다.

해 질 녘

감동이 지나쳐 다소 정신 사나운
현실 참여 미술 전시회를 보고
더 요란한 오프닝 행사 공연을
약간 비껴
아내와 내가 부속 카페 창가로 나왔다.
탁 트인 전망이다. 산들바람 분다.
산등성이
해 질 녘 본다.
인생이 허망한 것을 이제사 아는 것이
얼마나 다행인가.
어떤 노래는 정확한 가사를
가장 나중에 알수록 감동적이다.
우리가 해 질 녘을 한두 번 본 것도 아니다.

최초의 탄생

역사적으로 돌이킬 수 없이 한물간
역사학자를 평생 연구하는 후대 역사학자를
우리가 한물갔다고 할 수는 없다.
역사 또한 돌이킬 수 없고 역사학도
역사의 일부라서가 아니다.
이제는 역사학이 개인의 생애를
괄목상대할 때이다. 괄목상대하면 그 세계
안에서 역사가 하찮은 일부에 지나지 않는
생애. 오래된 책일수록 초판은 초판의

감이 있다. 희귀와 다르고 헌책과도 다른 감이다.
1934년 모던 라이브러리 제임스 조이스 『율리시스』
초판에 실린 1933년 12월 6일자 미국 지방 판사
존 M. 울시의 판금 조치 취소 판결문과 1932년
4월 2일 파리에서 조이스가 출판사 편집인에게
보낸 편지를 읽으면 그 후의 온갖 조이스 비평이
빛을 잃는다. 착각이다. 그러나 초판의 착각은
중요하다. 역사학이 탄생하는 것과도 같이.

지리의 탄생

촌에서 태어나 촌스런 신들이
집합하는 계보가 천지창조이다.
그리고 신들과 인간 사이 태어난
영웅들이 다시 지방 도시에 할거한다.
어느새 도시이지. 어느새가 지리이다.
신들은 여신도 있고 소생은 미녀도 있다,
물론. 물론이 지리이다. 테살리아 이올코스,
아이톨리아 칼리돈, 보이오티아 테베,
아르고스와 코린트와 미케네, 아득히
멀리 크레타와 트로이도 있다. 아테네와
스파르타가 있으므로 있고 그래서 신화가
지리로 일목요연하고 지리가 신화보다 더
흥미롭고 더 중요해진다. 그래서 신생
아테네 왕들이 4대 내리 땅에서 태어난다.
지리의 하반신이 뱀이고 그래서 그래서가
지리이다. 내 안의 야만을 극복하는 '최초의
마지막' 영웅 테세우스 모험 여행은 물론
귀향의 일부일처제도 지리이다, 어느새
여행보다 더 강력한.
그 뒤로는 모두 뒤늦은 방랑자 영웅들.
오디세우스가 정말 돌아왔나, 아내가
벌써 바람을 피웠나, 아들이 몰라서 제

아비를 죽이고 몰라서 제 어미와 결혼한
거, 맞아? 묻는 것이 지리의 탄생이다.

잃어버린 무 대륙

고양이가 좁은 아파트 길 앞에서 제법 실한
양쪽 풀섶으로 비켜 들지 않고 몸을 돌려 몇 발
더 가다가 다시 돌아보기를 계속하며
계속 빤히 쳐다보는데 위협적이지 않아서
내가 이번에는 무슨 도움 청할 일이 있나?
착하게 의아해하다가 돌연 생각을 바꾸었다.
부탁하는 것이 아닐 수 있다.
왜냐면 고양이가 한 번도 울지 않았다.
배가 고프더라도 인간에게 우는 고양이와
울지 않는 고양이는 다른 언어이다.
살짝 돋는 소름의 감각을 전신의
전율로 키우는 쪽을 내가 택하였다.
배고픔이 촉발한 날 것 우주적인 고립의
공유. 고양이가 원치 않는 공유였더라도.
고양이가 인간적으로 싫었을 리는 없다.
옛날 부자가 망한 건물을 그대로 쓰는,
망한 실내가 넓은 데다 망한 바깥 공간도
꽤나 여유로운 카페 및 무대 복합 공간
무 대륙의 영어명은 The Lost Continent of Mu
여기서 현대가 온건하게 무르익은 마오리족
우주적인 고립의 제의가 펼쳐지니 원래 없는
대륙의 사라짐 속에 우리가 있는 것 같다.
피리와 춤 속
전설적인 뉴질랜드 밴드 기타리스트의
만년에 달한 연주에 맞추어, 피아노 속으로
저질러지던 피아노가 피아노 밖으로도
저질러지지 않고 묻어났다.
징도 꽹과리도 결론의 노래도 묻어났다.

연주와 반주와 노래가 끼리끼리 아늑하고
깊게 겸손을 다투었다. 신화 이전 시간의
혼돈 아니라 중첩. 개인의 위대한 고립을
날 것으로 느끼게 하는
제의는 더 위대한 공공이다.
뭐가 먼저였지, 고양이 아니면 무 대륙 공연?
죽음과 생의 순서와 경계가 생에서도
얼마든지 무색할 수 있다. 죽음에서는
순서가 경계이다.
공포와 안심의 순서와 경계가 공포에서도
얼마든지 무색할 수 있다. 안심에서는
극한 직업에 장인이 없다. 왜냐면
극한이 솜씨 너머 있다.
무 대륙이 있는 마포구 토정로5길은
아내가 성산여중 출퇴근할 때보다
훨씬 더 번화하지만 아직 조용한 동네이다.
정신의 절정이 늘
사각에서 오각으로 바뀐다.

환절기

몸의 적응이 좀더 늦어진 것을 확인할 뿐
기대할 것이 없다.
더 누릴 것이 없고 누릴 수 있는 것이 없다.
환절기,
늙어서 착한 한 살롱 마담 같다.
예술가들 여럿을 무명 때부터 단골로
거느렸고, 국제적 명성에 달한 뒤에도
그들이 그녀를 멀리하지 않았다.
살롱 벽을 꽉 채운 무명 시절 그들 그림들
값이 엄청 뛰었고, 대표작은 없었다.
예상도 많이 틀렸다. 그런데 자신도
예술가라고 스스로 착각했나?

그림 대신 여러 장르에 걸쳐 쓴 글이
이유도 대상도 없이 그냥 과했다.
그녀는 착한 마담이다.
단골들이 자신의 표나는 아마추어
견해에 현혹되지 않은 것이 참
다행이라고 생각한다.
사실 그녀는 단골 복이 없다. 대책 없는
그녀 글을 실험적이라며 띄우는 단골
뿐이었으니, 실험적 아마추어만큼
부조리한 도로가 없다.
하긴 몰라서 그랬을 수도 있다. 그림
그리는 것과 글을 보는 것은 다르지.
뭐, 그냥 늙은
환절기 이야기이다.
역사는 아니지만 과거에 있었고
지금 있으니 미래에도 있을 법한.
늙은 환절기가 더 늙는 것은
심오하다, 반복이 너무나 무겁던
착한 마담, 너무 무겁게 늘려서 끝나지
않기를 이제 바랄 수 있다.
열 시간 넘게 연주되는 베토벤 피아노
소나타 전곡, 가장 훌륭한 화랑도
미술관도 가장 화려한 소장품 전시회도
아니다. 말 그대로 모든 것의 배경이다.

게르만족 대이동

그리스-로마 역사서에 나오는 야만족들 생성이
그리스-로마인들보다 더 오래되었을 리 없다.
그리스-로마인들도 야만인 시절을 한참 동안
거쳤을 것 아닌가?
그러나 게르만족들 대이동하는 순간.
이상하지. 그들이 장차 서양 문명 일으킬 것을

우리가 알기에 그들이 그리스-로마인들보다
더 오래된 종족 같고
그게 더 미래 같다.
더 야만적으로 보이지만 그 때문이 아니고
더 강건해 보이지만 그 때문도 아니다.
연도가 불분명하지만 연대의 순서가 엄연하다.
그렇다. 어느 연도도 시작의 연도가 아니다.
역사의 시작 또한 하체가 여성이다.
지방사가 지방사 연구로 지방사 연구가 지방사
연구사로 끝나지 않을 보루로서.
가문이 어디서 온 정착인지 정도는 심증이
있어야 하지 않나?
바이에른족은 6세기경 보헤미아, 작센족은
1180년 이전 잉글랜드에서 이주했다. 작센,
색슨, 그러니까 앵글로색슨 다음, 갔다가 다시
왔나?
그 전에 게르만족 대이동한다.
독일은 물론이고 역사 전체를 넘쳐나는
단어로 게르만족 대이동한다.
우리가 과거 속으로 파고들더라도
원초에 달하려는 것이 아니다.
예상 밖의 미래에 대비하려는 거다. 최소한
물구나무 자세로 놀라는 사고는 없어야
하지 않나, 핵폭탄 수소폭탄 사들이는
악당들 영화가 현실이 되는 마당에 놀람이
진지할 수 있나, 우리가 부추겨 불러들인
재앙에 우리가 놀랄 수 있나, 재앙의 책임이
모든 국민에게 있는 재앙의 민주주의에
우리가 진지하게 경악할 자격과 능력이 있나,
경악해야 하나?
게르만족 대이동한다.
놀라는 유격 훈련 구령처럼.

눈부신 국경

파우스트가 품은 메피스토펠레스가 바로
미려의 실러를 품어보려는 경륜의
괴테 아닐지.
괴테 파우스트를 품은 경륜과
또한 미려의
구노가 장차
대중적인 정열과 요절의 비제를
미리 품을 수 있는 것 아닐지.
품을 수 있다면
눈부신 후배는 눈부신
국경과도 같다.

인간의 계절

가을은
열매들
과일들
출현.
익어가는
이름이
점점 더
실종에 가까운.
역사는 처음부터
실종인 이름들 부지기수이다.
유감이
없기도 마찬가지.
열심히 살았으니 앞으로도
열심히 살아야 하는 증거는
충분하다.
알려지지 않은 자세한 역사에.
알려지지 않은 역사가 자세한

까닭만으로도 충분하다.

생활의 능가

그러나 누구나 가장 중요한 것은 생활이다.
그 사실을 잘 알면서 글을 쓰는 작가는
이것 또한 생활의 위력이고 글이 생활을
능가할 수 없다는 것을 뼈저리게 안다.
알고도 쓰는, 알면서 쓰는 작가들보다
알기에 쓰는 작가들 덕분에 때때로 생활이
역사를 능가한다. 원래 능가할 생각도 필요도
없었다. 그 생활맥주집 여전히 성업 중이다.
불금 너머 토요일 자정 이후까지. 생활 아니라
역사가 극장이다. 역사 등장인물들이 등장하는
무대 공연의 관객이 역사 등장인물들인.

순간의 공간

히브리어 알파벳도 모르면서 히브리어
성경을 읽는다.
그냥 페이지를 넘기는 것이지만
뭔가 더 말이 되는 것 같기도 하다.
여러 차례 읽거나 전해 들은 뜻이 제일 먼저이고
각 장 제목을 라틴어로 표시한 것이 그다음이고
그 글씨가 그 글씨 같거나 글씨가 글씨 같지 않고
그 반대도 성립하거나 도무지 아무 글씨도
아닌 듯한 광경이 제일 나중인 것이.
대문자 신이 소통을 원할 것 같지 않고
소통 수단이 문장이나 이야기도, 뜻 자체인
음악도 아닐 것 같다.
그 모두가 순간인 소통일 것 같다.
그 모두가 순간인 것이 소통일 것 같다.

아마도 죽는 순간이 유일 가능한 소통이다.
그게 끝이자 다이다.
서운하다면 어차피 작란에 불과한
표현을 바꾸어 죽음이라는 순간의
거꾸로 가는 공간이라 해도 좋고
환희, 사실은 죽음의 수난을 죽음의 입구로
송두리째 빨아들이는 그
정신의 역전 그 자세로만
표정이 겨우 가능한 그것일 수도 있고
주석이 성경의 사족 너머 재앙일 것 같다.
이 말도 사족.
대문자 신은 신비주의가
더 말이 된다. 신비는 뜻도 그림도 아니다.
만년이 너무 많은 죽음의 변신인 것은
카프카 〈변신〉이 너무 많은 생의
변신인 것과도 같다.

오리무중

나의 40대가 죽었으나 내가 40대에
죽은 것은 아닌, 연속도 단절도
확실하지 않을 때 길길이 뛰는
생이 너무나 괴팍하여 40대에 죽은
사람들 오리무중이다. 난해하다.
어떻게 40대에 죽을 수 있지?
차라리 40대가 없는 게 맞지 않나?
평균 수명이 늘고 대체로 죽을 것을
예상 못 하고 죽었다 해도 조금도
난해가 줄지 않는다.
40대 없으면 30대가 30대 없으면
20대가 오리무중이고 유년은 오리무중
그 자체이다. 지금의 내가 그때의
나일 리 없지 않나? 정체성 질문이

조금씩 위로가 되기 시작한다.
종점에 달하며 생이 너무 부질없다는
후회도 조금씩 위로가 될
날들이 다가온다. 60대 없으면
70대가 오리무중일 날이.
먼저 죽은 모든 사람들
불쌍하고 장하다.

데스마스크

혁명과 천재와 역사와
민족 및 애국 얘기까지 했지만
그는 무엇보다 수필가였다.
중심이 마지막에 있었다.
중심이 늘 마지막 중심이었다.
그의 이름이 이제 그의 당대
누구보다 더 희미하다.
그래서 여전히 저변도 아닌 중심이고
가장 마지막인 중심이다.
데스마스크조차 그렇다.
아무도 그의 생애가 궁금하지 않다.
중심은 언제나 마지막 중심이고
마지막이라서 중심이다.
내용과 형식보다 더 결정적인 것은
넓고 깊은 것이 여성적인 문법이다.
그게 접점이다. 형식에서 문법으로
넘어온 그의 생애가 성공적이다.
제국주의 폭력이 미학에 달할 수 없고
제국의 미학이 제국주의를 벗는다.
국방이 민간 평화 디자인에 달한다.
제국주의 없이 불가능한 식민지가
민족주의도 제국주의도 없는 제국의
이상 너머 훗날을 배운다.

미래의 대화

2017년 9월 4일 오후 열 시 반이 넘었다.
KBS 1TV 〈가요무대〉는 1985년 11월 4일 시작된
'흘러간 노래와 트로트를 부르는 중장년층 대상'
프로그램이다.
대략 평균 40년 전 노래를 부른다. 30년 넘는 동안
10년 단위로 40년대 50년대 60년대 노래를 불렀고
1954년생인 나는 30대 초부터 드문드문 들었다.
갈수록 70년대보다 60년대, 60년대보다 50년대,
50년대보다 40년대 노래를 더 좋아하게 된 것은
다른 이유이지만 옛날로 갈수록 가수들이 노래를
더 잘 부른다는 생각은 이 프로그램 때문이다.
원곡 원로 가수들이 심심찮게 나오고 남일해,
안다성이 그중 잘 버티고 있다.
오늘 'KBS의 선물—김강섭 김인배' 편에는
둘 다 1932년생이고 KBS 음악 프로그램과
인연이 깊은 작곡가 겸 두 악단장 노래를 아마도
살아 있는 원곡 가수들이 모두 나와 부른다.
아니 저것도 그가 지은 거라고? 김인배는
서정이 칼 같은 트럼펫 연주자, 김강섭은 고향
쌀집 아저씨 같다. 〈소쩍새 우는 마을〉 박재란
나왔다. 〈빨간 구두 아가씨〉 남일해 나왔다.
〈내 이름은 소녀〉 조애희 나왔다. 〈코스모스
피어 있는 길〉 김상희 나왔다. 거기까진가?
〈그 얼굴에 햇살을〉 이용복과 〈사랑이 뭐길래〉
한혜진 나왔지만, 나보다 어려서 어색하고
〈쥐구멍에도 볕들 날 있다〉와 〈불나비〉 김상국,
다른 가수가 나왔다. 요절한 〈황금의 눈〉 배호는
물론. 요즘 더 좋아하게 된, 나이 든 장은숙이
성재희 〈보슬비 오는 거리〉를 벌써 부른 모양.
한명숙 〈그리운 얼굴〉을 박재란, 조애희, 장은숙,
한혜진이 함께 부르는 피날레가 끝나고도
한참 동안 그 엄혹한 군사 독재 근대화 시절

연예의 노고가 스스로 감개무량하다.
도시와 농촌이, 발랄과 경륜이 그냥 자연스럽게
서로를 품는 그 여운이 아직도 우리의 미래이다.
하늘나라가 없지만 아버지 어머니가 늘
나를 뺀 지상의 식구들 걱정하는 표정으로
꿈에 나온다.
죽은 자와 산 자 사이 정말 있을 수 없는 것이
걱정이지만 돌이킬 수 없이 지나간
결핍으로 추억을 재구성하는 미래의 대화가
걱정이고 하늘나라이다.
헌칠하고 날씬하고 발랄했던 장은숙이
아무리 축축해졌단들 습기 그 자체인 성재희
창법을 어떻게 소화했을까 궁금하지만
인터넷을 뒤져 동영상을 보지는 않겠다.
인터넷에 맞지 않는 대표적인 몇 가지는
있어야 하지 않나?
다시 한 십 년 뒤 매일 1~2회씩 TV로
재방송된다면 되는대로 시청할 텐데, 그때의
개략 평균 30년 전인 70~80 노래들 원곡 원로
가수들 노래로 어떻게 들릴까?
중간에 김인배가 연주한 〈밤하늘의 트럼펫〉 그
취침 나팔을 내가 언제 어디서 들었지, 40년 전
감옥에서, 군대에서, 아니면 둘 다?

마지막 상호

그 가볍던 나의
리듬이 너무 두텁다.
두터운 것이 이리
이질적인 적 없었다.
두터운 것이 점점 더 두텁지 않은
느낌이라도 이미 내 옷이 아니다.
그 자연스럽던 나의 흐름이

나의 몸이 아니다. 그 아늑하던
나의 모교도 중력의 감옥이다.
낯섦이 두터움 그 자체인 철판.
그 발랄하던 나의 발걸음이 거기를
나온 적 없는 듯 천근만근이다.
중력이 발걸음일 때까지 가야 했다.
새로움이 그렇듯 절망도 유행하면
절망이 아니다.
시대에 뒤지는 것보다 시대 극복에
못 미칠 것이 더 두려웠어야 했으니
마지막 상호,
나의 미학이 나의 쇠망이다.

부부 초상

일심동체라도 일심동체의 전기는 불가능하다.
가능하다는 생각만 해도 거의 야만에 해당한다.
남근이 모두 비슷하고 여근이 모두 비슷한.
부부 자서전이 가능하겠지만 아내가 남편으로
남편이 아내로 되는 원인도 과정도 아니고 일심
동체가 일심동체인 자서전밖에 없고
이미 쓰인 것을 다시 쓸밖에 없다.
부부는 차이의 역동을 겉으로 드러내는 만큼
숨기고 숨기는 만큼 드러내는 솜씨가 늘고
사랑과 행복을 부부 스스로 구분할 수 없으니
희미하게 얼버무리는 것이 심오한 구분인
초상이 제격이다.

호두

이빨로 껍질을 으깨고 으깨지지 않은
온전한 알맹이를 살살 꺼내어 다시 이빨로

아작아작 씹던 기억이 사라지고 나서야
이빨 빠진 호두 맛을 되찾았다. 알맹이만
먹을 수 있는 것보다 더 중요한 원인이다.
호두가 이제 아몬드, 마카다미아, 헤이즐넛,
그리고 캐슈너트보다 더, 그리고 피칸만큼
부드러워졌다. 이것들 중 어느 것도 껍질이
호두만큼 딱딱하지 않다. 호두 알맹이를
하나 남은 아랫니와 서넛 남은 웃니 중
하나의 합작으로 깨물 수 있다. 호두가
스스로 바랬을 호두 맛을 알 수 있다.
너무 딱딱한 견과들, 깨물지 않아도
맛이 돌아올 수 있다.

곁에 두는 법

대재앙 혹은 대 감동,
냉소가 그 직전을 영웅담으로 격하하면서
그 직후를 비트는 것에 그치지 않고
버티느라 공격적으로 쪼잔하고 야비해진다.
재앙과 감동을 언제든 풀 수 있는
썰로 착각한 이후이다. 직후라고 하면 너무
잔인하지.
스스로 오래 걸렸고 앞으로도 오래 걸리는
느낌이 갈수록 진심이다.
지식과 위트로 꽉 차 빈틈없는
백지 영혼.
끊임없이 긁어모으니 냉철하지 않고
야비해졌으니 일말의 자위까지 있다.
자신의 악화인 후대 사태에 비해 자신이
그 정도로 과하지는 않았다는 확신.
일말의 자책에서 전체의 질책으로 나아간다.
더 나아가면 나도 이 글도 썰의 공범일 것.
하나 마나 한 얘기를 경계하는 것이

일말의 과학이고 일말의 정의이다.
완벽한 격리가 완벽한 종합인 죽음.
의존할밖에 없으므로 의존할 생각을
아예 버리는. 자본주의를 극복하려는
문법이 의미의 리듬이다. 의미를
구사하지 않고 결론과 무관하고 갈수록
결론이 없다.

연기하는 부자

주로 악역을 맡았지만
허장강, 그가 완벽한 악당인 적은
한 번도 없다.
그러기에는 허장강,
이름만큼 허했지. 그가 불세출의
코미디언이었던 까닭이다.
웃음도 허한 웃음이 악의
절정을 무산시킨다. 그의 명대사
'마담, 이제 곧 인천에 배 들어오면,
돈벼락 맞게 해줄게.'를, 완벽한
악역과 선역 둘 다 가능한 그의
아들도 갖기 힘들 것이다.
아버지 시대이니까 가능했고
아버지 시대에만 가능했다.
세상은 발전하므로 더욱 최민수가
연기할 수 없는 최무룡이 있다.
최무룡이 연기할 수 없는 최민수가
허장강이 연기할 수 없는 허준호가
있을 것은 역사의 문제 아니라
더 당연하고 더 슬픈 세월과 연기의
부자 문제이다.
옛날에는 대낮 큰길 가게들이 정말
작고 아담하고 조촐하고 그래도

충분히 거리를 장악했구나. 다정과 경쟁
둘 다와 아주 조금만 더 떨어져서
바닥을 기는 내색, 기미조차 없다.

전통 서정 시인

무슨 침묵기? 무슨 슬럼프, 무슨 대기만성?
그는 평생 전통 서정시를 썼다. 평생이 전통
서정시였다.
스스로 흡족했던 그의 생애 충분히 훌륭하다.
전통 서정 시인, 유행가의 기습적인 감동을
끝내 뿌리치고 죽음에로 건너가는 시 한 편.

키클롭스

대하여… 무엇무엇에 대하여 무엇과
무엇의 관계에 대하여 관계의 관계의
관계의 관계에 대하여… 자신을 넓히지
않고 끝없이 넓어지고픈, 넓어가려는
물질로서, 분류를 분류하고 분류로 잡아
먹는, 괴물이 외눈이다.
Cyclopes가 Cyclops의 복수형이다.
의외로 어처구니없는 원인들은 많다.
규모, 신화의. 박정희 전두환 노태우,
그리고 한참 건너 박근혜 독재 타도를
외치는. 박근혜가 박정희 딸이라서
시간이 더 헷갈리는.

코미디 짝

점잖은 엉거주춤

체구의 달인 구봉서
그 곁에 얌전한
말라깽이
전신과 혼신
웃음의 서영춘.
60년대식으로 꾀죄죄하게
가갈갈갈 대기
전에도.

안온한 착각

마포구 성미산에는 가본 적 없는데
꼭 내가 아는 누가 있을 것 같고
그 점에서는 비슷한 주소의
연남동이 실물이다.
가본 적 있고 아는 사람 있고
가본 적 없고 아는 사람 없다.
번화란 그런 것이다.
아내가 방에서 잠든 마루 서재 넓다.
죽음이란 그런 것.
식민지 백성이라서 슬프지 않다.
식민이 백성이고 식민지 백성이
아니라서 슬프다.
돈키호테의 식탁이 정말이라면 그걸
세르반테스나 400년 만에 좋다고 먹겠지
향신료 귀한지 모르는 우리가 역겨워서
어떻게 먹겠나. 마땅히 변형이 원형이다.
아주 사소한 추억도 네가 잊으면 나는
그 속에 홀로 남아 더 사소하게
평퍼짐해진다. 슬픔의 최악이지.
몇 가지 안온한 착각 속에 죽음이 형성된다.
내장의 황금으로 춤을 추며 한없이
야해지고 싶던 나이가 한참 지났으니

술을 마시면 한참을 자고 술이 다 깬 후에도
한참을 더 자겠다.
잠결에 어떤 작가의 조울증 자살이
언뜻 뉴스에 나오고 생이 혹시 마이너스 그
자체일 수 있는 사실을 알릴 뿐 자살을
부추기지는 않는다. 깨끗하고 다행이지.
자살이 민폐를 끼친다면 정말 안타까운
자살 아닌가. 그가 일찌감치 '야한 것이 좋다'
했었지. 그가 먼저 죽고 내가 나중 확인한
순서는 아니다. 그는 지금 죽음이
몇 가지도 아니라 단 하나
안온한 착각일 것이다.

정치 탄생

강소국이라는 말이 되나?
강대는 강하고 큰 것 아니라
강한 것이 큰 것이라는 소리이다.
약한 것이 작은 것이라는
소리와 마찬가지 소리이다.
이 소리를 깨려면 우선 소리가
소리로 들리고 벌써 실패한 정치가 아직
달하지 못한 만년에 달해야 한다.
그것이 바로 강소이고 약대이다.
늦은 것들이 당연히 과격하고 실패에
늦은 것들이 당연히 더 과격하다. 그게
노인네라면 당연히 더욱더. 노익장이 아니지.
죽음에 너무 가까운 탓이다.
정치에 영광이 있다고 아직도 믿는
아직도 건설적인 정치가, 아직도
파괴적인 정치가 있다. 둘 사이
아무 원인도 결과도 없어 아직도
진영이 있다.

즐거운 자폐

평생 쓴 글이 결국 자서전에
불과하지 않기를 바라는 것은 과욕이다.
과욕은 늘 너무 늦어서 과욕이다.
과욕이 노추 아니고 노추가 과욕이고
돌이켜 보면 과욕이 벌써 노추였다.
방랑이 너무 멀기에 돌이켜 보지 않는다
방랑이 유능하지만, 세계를 너무 우습게
보는 까닭에 결국 경계를 넘지 못하고
상투적이다. 멋있게 속은 것이 멋있게
속아준 것은 아니지만 심란한 것은 홀로
속고 홀로 버려진 마음이다.
앞으로 너무 가까운 방황이 경계를
넘는다. 썩 즐거운 자폐.

경작

처음이 아닌데 처음인 줄 아는 처음은
쾌활하고 자신만만하게 미숙하다.
전대에 비해 미숙하므로 영영 미숙하다.
그보다 아주 드물게, 처음인 줄 모르는
처음은 우울하고 소심하고 어설프게
미숙하다. 전대가 난해하지. 그러나 그
처음이 낸 길을 후대가 계속 판다면
후대의 정교를 계속 입는다, 미숙 아니라
처음의 권위가. 혹은 정교를 의상에
지나지 않는 것으로 만든다. 똥 냄새나는
궁정이 진짜 궁정이고 자연의 발견이
가장 늦다. 예술이 경작인 시대는 앞으로
계속되고, 두 처음의 사태가 오히려
현대에 한정된다.

부상

아편 전쟁은 잉글랜드 제국주의 최악의 범죄이다.
그 전에 잉글랜드 수필가 토마스 드 퀸시가 베스트셀러
반열에 올린 『아편 중독자의 고백』이 프랑스 작곡가
엑토르 베를리오즈, 미국 시인 소설가 에드거 앨런 포,
러시아 소설가 니콜라이 고골 등에게 커다란 영향을
끼치고 오늘날 서양 중독 문학의 효시로 평가된다.
그런데 이들이 중국 대륙 참사에 대해 한마디 했나?
그보다 더 중요하게, 이들을 애청 애독하면서 우리가
그들이 한마디 했어야 한다는 생각을 우리가 했나?
선구적인 그들 사이 우정과 협동과 계승에 의문이
없다. 뒤늦은 20세기에 영향받은 아르헨티나 작가
호르헤 보르헤스는 아편이 없고 중독만 있다.
아편보다 더 무서운 영향의 중독을 벗는 문제가
일약 부상한다.

멀린

뮌헨보다
더 멀고
더 물러나서
흐리고 더
나아가서
분명한,
그 밖의
단어는 아니고 다만
생에 당당하고
죽음에 더 당당한.
도시에 젖은
발의 미래가
전원 아니라
농촌의

주택 아니라
자연인.
모습의 눈에 보이지 않는
뒷모습을 닮은
마법 아니라
플롯인.

문장의 생가

집이 한 채 있고 그렇게
노인 하나 있다.
그렇게, 라는 건
그 집이 제 몸인지 제 몸이 그 집인지
노인은 생각해 본 적이 없다.
생각이 집 혹은 몸 밖으로 나가서가
아니다. 그건 치매이지. 누가 집 있는
치매 노인을 집에 그냥 혼자 두겠나.
아주 적절한 생각의 상태에 그런
상태의 생각이 자리를 잡았다.
오히려 우리가 착각한다. 식사 때 분리되는
노인의 몸이 설거지 끝나자마자 다시 합친다.
행복은 불행과 달리 행복의 정의로
정의될 수 없다 지상의 것으로 비유될 수 없다.
그래서 천국이 횡행하지만 그건
무덤의 비유일 것. 무덤이 지상이면
지상의 비유이고 지하이면 지하의 비유이다
우리는 행복하지 않다. 행복을 찾으며 살 뿐.
행복하다는 생각이 얼마든지 불행할 수 있고
불행하다는 생각은 언제나 불행하다.
행복은 불행하다는 생각 너머로만 있다.

상회의 문운

성년이 쓰다듬는 언어 말고 위로는
유년의 사전에 없는 말이다.
자연도 성년의 언어로만 따스하다.
성년으로 독립한 유년의 아직 남은 고통이
유년의 언어로 고통받는다. 이제
성년의 사전에 없는 일이다.
그래도 느낌까지 없을 수는 없겠지.
아직 남아 있는 옛날식
상회 간판이 불현듯 나의 심장 어딘가를
막연하게 깊이 후벼파면서
감동적일 때가 있다.
어른일 수도 요절일 수도 있는 때이다.
생애가 유약하지 않고 잘생긴 혹은
처녀시집 어감이거나 대표적인
내용과 형식의 일치인
어른이자 요절.
만년의 만가가 요절보다 먼저이다.
예술이 처음의 취미에서 가장 멀고
거의 정반대이고 요절에 가장 가깝고
거의 같은 말이고 요절의 생애가
아주 긴 것을 우리가 문운이라고 부른다.
생애가 훨씬 더 잘 알려져도 생애 진전과
작품 발전이 만년의 절정인 죽음에 달하는
그 역동의 황금비가 전혀 훼손되지 않는
경우를 우리가 위대한 작가라 부르듯.
셰익스피어는 그가 실존 인물이 아니라는
주장에도 불구하고 위대하고 주장 때문에
더욱 위대한 작가이다.
그의 문운이 기적에 가깝다.

가까운 미지

등잔 밑이 어두운 어법은 과거형이고
결론이 늘 변명에 가깝다. 적극적으로
약자를 짓밟는 것일 수도 있다.
미지가 최소한 시작은 되지.
용감할 필요도 없다.
있고 보면 미지가 당연히 있을 것이고
갈수록 없으면 큰일 날 뻔했던 것이다.
사실은 미지가 우리 앞에 있지 않다.
우리가 미지 앞에 있다.
사실은 가까운 미지가 우리를 설레게 한다.
목전의 성공보다 더.

언어 방향

일상어가 된 고유 명사의 운명이 갈수록
기구하다. 사람들이 그 고유한 내용을
모르고, 알려 하지도 않고 그게 당연하다.
사람들이 무지하거나 무심한 것도 아니다.
일상적으로 아는 것보다 더 잘 알 필요가
없는데 어떻게 더 잘 알 수 있나?
모든 보통 명사가 고유 명사로 되는 것이
바람직한 언어 방향이다. 사과, 토마토, 자두,
암소, 돼지, 염소… 이름이 각자의 생명만큼
고유해져야 한다. 거꾸로 가는 언어가 생명의
재앙이다. 사과, 토마토, 자두, 암소, 돼지, 염소.
폭넓은 대화도 열린 교양도 박학다식한
고전주의도 자칫 처세와 사교만 남고 거꾸로
가는 비극일 수 있다. 하나 마나 한 말이 이제
크게 틀린 말이다. 언어도 때때로
편애가 필요하다.

문체의 사화산

인간의 생애가 화산이지만
사화산이라서 속성과 차원의
균형이 맞는다.
『폭풍의 언덕』도 문체의 사화산이
정교하고 세련된 깨알 글씨로
백지를 새까맣게 지우듯 채웠을 것.
그런데 초상 속 이 세 자매
왜 반짝일수록 처연한가?
문학 이전인가 이후인가?

소리글자

형상 자체가 고상하거나 비천한 것과 달리
언어 자체가 고상하거나 비천하지는 않다.
세속화가 먼저라서 이야기가 먼저인
뜻으로 구약이 있다. 그보다 더 수준 높은
형상화로, 형상화 그 자체로 나아가지만
형상화가 늘 실패하고 다만 더 낫게 실패하는
뜻으로 신약이 있다.
구약이 전범이지만 시간을 세속 이야기와
너무 동일시한 문제가 있고, 그래서 신약이
구약인 시간을 너무 엉망으로 헝클어 놓은
문제가 있다. 형상화는 더 나은 실패가
고상하지 않고 더 나쁜 실패가 비천하지
않은 문제가 있다.
고상이 비천하고 비천이 고상한 문학의
역할이 바야흐로 등장한다. 구약과 신약
문학에서 문학의 신구약으로. 형상화의
형상화 그 자체, 뜻에 대한 집착을 버린
소리글자처럼 거룩도 고상하거나
비천하지 않다.

시론

탁 트여 비가 내리는 넓은 사각형 있다.
비가 와서 탁 트인 넓은 사각형이다.
실내에서 비를 맞지 않고 무릎이
젖는, 탁 트인 넓은 사각형이다.
비가 흐리멍덩하다. 술을 마시고 있다.
여럿이 비가 내리는 탁 트인 넓은
사각형을 바라보고 있어 탁 트인
넓은 사각형이다. 다정하지만 술 취해
조금 거칠어진 대화가 탁 트인 넓은
사각형을 향하고 있어 탁 트인 넓은
사각형이다. 다정하고 거칠 뿐 아무
내용도 없는 대화이다. 탁 트인 넓은
사각형이라서 탁 트인 넓은 사각형.
집에 가야지. 계속 이럴 수는 없다.
언젠가 영원히 이럴 뻔한 적 있었다.
곧 날이 밝을 것이고. 박복도 생활의
관통이다. 서로를 인용하지 않는,
그 누구의 주석도 아닌 시론이 있고
시론의 결과 아니라 원인인 탁 트인
넓은 사각형이다. 풍자가 제 복에
지나지 않는다. 문학예술의 합 아니라
온전이 자본주의를 극복한다.
개인이라는 전 세계 덩어리 온전.
술이 과했고 아무 일도 없었다.
아주 짙은 색은 색이 아니다. 색이
아주 짙은 것이다.

노을

지는 해
찬란한 붉은

전망을 위하여 전망 속으로
구름 한 점 없이
익사하는.
유토피아,
왜냐면 전망의 발걸음이
바로 도약인 것을 모르는,
혹은 외면하고 끝내 거부하는.

호인

이처럼 단순할 수 있다니,
나이를 먹어도 드물게 느낌표를
붙일 수 있는 것이 단순의 매력이다.
우리가 늘그막의 위로나 안식, 그러니까
복잡하던 것들이 일약 단순해지는
평범하고 일상적이고 습관적인 노년
경험과 무관하게 단순에 감동할 수 있다.

허리케인 어마

깨어난 신대륙이 아직 무시무시한 동안
엄청난 생산관계, 생산력이 능가할 수 없고
그 안에서 계속 성장할 뿐인 그것이
상상력이라는 생각은 신대륙 독립에
불가피했지만 아무래도 협소하지. 기계적인
유물론에 **빠진다**. 구대륙에서처럼 상상력은
생산력이고 여전히 생산관계를 염두에
두지 않는다. 요는 어느새 그냥 생산관계를
능가하는 생산력을 더 어느새 그냥 능가하는
상상력 내용이다.
백 년도 더 전부터 백 년도 더 후까지
출판도 생산관계 아니라 생산–상상력의

결과물이다.
잠깐 달게 자는데 오늘의 〈가요무대〉가
'노랫가락 차차차' 편이라고?
너무 젊은 '노새 노새 젊어서 놀아'가
슬퍼서 눈을 더 감으려다 영영 감을 것 같아
깼다. 즐거움도 맨정신이던 옛날이
나이를 먹지 않고 추하다.
사상 최대의 허리케인 어마가 사상 최초의
신대륙을 덮치고 〈가요무대〉는 '어머나,
어머나, 이러지 마세요' 장윤정의
무턱댄 애교가 답이다. 그 앞에 내 몸이
흔쾌히 가장 늙은 대륙이다. 신혼을 괴롭히는
부모 세대도 있고, 고된 주야 행사 출연도 있고
이름이 가장 비싼 비매품이고 나는 엉뚱하게
세기말을 대표하던 자들이 세기말 이후
어떻게 사는지 궁금하다.
거리에서 거리의 소음을 견디는 작곡가와
간판을 견디는 화가들이 전에도 있었다.
그녀의 노래도 견디는 노래이고 애교도
견디는 애교이다.
세기말도 유미주의도 견디지는 못한
세기말이고 유미주의이다.

슈뢰딩거 상자

공개되지 않은 사신은 모두 내밀 속으로
내밀하고 공개된 사신이 비로소 내밀의
개성에 달한다.
사신으로서는 어떤 것이 더 나은지
결정할 수 없다. 사신이니까.
이쪽으로 내밀이 너무 무겁지 않기를
저쪽으로 너무 민폐가 되지 않기를
바랄 수도 없다. 사신이니까.

사신이 끝까지 내밀의 무게를 모르고
공개된 후에도 공개를 모른다. 한 수
위이지, 슈뢰딩거 상자보다 한참 전이고.
그 상자 속에 들어 있는 것은 그냥
공개이다, 그러고 보니 들어 있었다고
할 것도 없는, 그냥 공개가 공개하는
공개이고 그것보다는 슈뢰딩거 상자가
본의 아니게 슈뢰딩거 상자라는 사실이
더 중요하다.

거울

내가 풍경을 비추는
세계가 아주 넓고
풍경이 나를 비추는
풍경이 아주 좁다.
그 풍경 속으로 뛰어드는 것이 너다.
풍경의 세계가 출렁이고 출렁임이
견딜 수 없이 깊어진다.
절망을 미리 알아서 다행이다.

양가감정

자연이 순수하고 거룩하려면 인간이
자라서 더럽고 추해져야 하는 것 아냐?
하지만 아름다움이 위대한 착각이라도
어른의 일이라 더 나은 거의 유일한
사례, 자서전을 벗어나고픈 몸의 꿈
아닌가?

이별

가장 진하고 가늘고 매끄러웠던
선, 동작의
가장 깊고 예리하고 우연적이던
소리, 동작의
기억과도
작별
너머.

일흔 살

그때가 되면 알 수 있을 것이다.
내가 태어날 때 일흔한 살이었다.
예순아홉까지는 모를 일이다.
나이 먹는 속도가 죽음을 향해 가는
속도인 것을 실감한 나이가 속속 드는
그 가속도라면 일흔 살이다.
예상만 남아 있다. 깨달음에 집착하면
자칫 후회로 전락할.
지금부터 그러지 않을 것을 내가
70수 넘겨 확인한다.
사실은 사실이 흩어진다.
이를테면 신비가 신비이므로 신비의
구체이고 구체화일 뿐.

가난의 탄생

가난은 근대적이다. 그전에 있던 것은
일반적인 비참. 가난은 특수하다. 빈익빈
부익부의 원전이지.
가난이 가난을 하소하지 않고 구사한다.

가난의 모습보다 먼저이고 부유한
전망보다 나중인 가난의 언어 없이
근대를 관통하는 현대에 달할 수 없다.
가난이 가난의 언어를 낳지 않고
가난의 언어가 하소연하지 않고
가난의 언어만이 가난의 언어를 낳는다.
내가 전집을 번역한 시인들이 갈수록
나의 미래의 친구들이다.
결핍으로 승화한 가난의 언어가
이제는 비판 아니라
번역이라서 완벽에 가까워야 한다.
가난의 미학 너머로. 가난의
탄생이 완료되지 않는다.

뭉치는 사실

2인자가 3인자로 추락할까 봐 염려하느라
3인자로 추락하는 서열은 극極 서정이다.
예술은 자기 분야 최고만 있고 다른 분야와
차이만 있다. 최고와 차이가 민주주의를
구성한다. 아마추어 집단이 예술 독재한다.
끝까지 스스로 독자라고 생각하는 독자가
고급이다, 많을수록 좋은.

죽음의 민망

시대의 거인들 사이에서 내가 노린 것은
당연히 틈새였다. 틈새는 틈새이다.
내가 죽고 후대의 누가 후대의 이제는 체계와
체계 사이에서 틈새를 노리는 나를
인용할 수 있으나 나의 틈새는 끝까지
나의 틈새이다. 거인들이 많을수록 많고

다양할수록 다양하지만 단 한 번이라서
무엇보다 각 틈새가 틈새이다.
나의 틈새를 전유하고 체계화하면 죽은
나더러 어쩌란 말인가? 체계는 체계의
괄목상대가 그 극복의 시작이다.
틈새의 체계화인 세계의 무화를 죽은
나더러 책임지라고?
유일하게 틈새를 전유하고 전유의 유일한
체계화인 죽음을 죽음이 이미 살고 있다.
틈새를 노리는 일이, 그리고 땜통이 올바른
체계를 위한 죽음인 죽음을 죽음이 이미
살고 있다. 혁명도 체계의 수정에 불과하다.
마르크스, 레닌, 혁명을 건설한 거인이
세상을 온전히 허무나?
틈새는 앞으로 나아가는 농담만 가능하다.
살아서 농담이 다소 과했으나
죽음은 죽어서 다소 괴팍하게 웃고 싶다.
틈새가 채우지 않는다.
틈새가 땜통인 죽음이 앞서가는 만인보이다.

원로

대학로 '예술가의 집'은 왕년의 나의 대학
본관 건물이다. 낭만적보다 더 서툴렀던
시절이라 닭살 돋는다. 시 써서 먹고산 지
오래라서 '행정'이 비낭만적으로 들릴 것도
없다. 그 앞에 초라한 내가 내게 돋는다.
왜냐면 지하 예술 카페에서 문인들과
연말 낭독 행사와 '파티'가 있다. 낭독을
어지간히 싫어하지만, 진짜 낭패는 내가
제일 나이 많고 너무 많다. 밝고 명랑한
후배들 사이 난데없는 원로이다.
어린 후배들 감성이 판타지를 날것으로

뛰쳐나온 듯 날창날창하다. 오늘은
마지막 한 명과 헤어질 때까지 닭살
돋겠다. 전통의 학림다방과 부활한
중국집 진아춘과 진짜 원로 소설가
이제하의 카페 마리안느에 가서도
돋겠다.
하지만 닭살로 끝낼 수는 없지. 다소
선배들 몇 챙겨서 홍대 코케인으로
옮겼고 거기서 끝낼 수 있을 때 끝냈다.
아무래도 내가 지나간 시간에 대해
좀더 너그러워져야 할 것 같다. 동년배
서양 시인 소설가들과 비교하면 아연
살아 있는 주변 선배들 장해 보인다.

노력

평전을 작가론으로 읽는
혼동과 착각이 있군. 처음인데도
착각이 기분 나쁘지 않고 혼동이
혼동스럽지도 않다.
구분과 결합을 일삼던 손목에 힘이
빠져나간 느낌, 한결 자연스럽다.
아직 멀었고 마지막으로 생과 사를
구분–결합해야 하겠지만 작품과 생애의
혼동이 아니라고 보는 노력도 필요하다.
작품의 생애와 작가의 생애를 결합하며
읽는 쪽으로 손목의 힘을 빼는 노력이다.
이제부터 나의 생애와 내 작품의 생애가
자연스럽게 조화롭기를 바라는 노력이다.
이 나이에 힘들지만 이 나이에는 기분 좋은
상태로 자연스레 바라는 것이 노력, 아닌가?
50년 동안 갈수록 단정해져온 결혼을 결혼
50년이면 바랄 수 있지 않나, 사랑의

동의어 너머 결혼의 완성인, 죽음을?

먹자골목, 밤, 서울

그뿐만이 아니다. 조용히 지는 꽃보다
더 먼저 시든다, 왁자지껄한 방언들이.
표준어는 밤이 깊다. 부드럽게 죽는다.
멸종은 안 될 것. 매일 밤 새로 상경한
왕성한 방언들이 새로 왁자지껄하며
새로 시들 것이거든. 야경은 창백하다.
세련은 병이 깊다. 새로움은 건장하고
천하고 평범하다. 서울? 서울 지방과
방언이 서울에서 가장 먼저 사라졌다.
서울 토박이 새로 떠나올 곳 없다. 몇
가지 남은 궁중 음식 짝퉁이다. 지방
출신이 90% 이상인 서울이 그악스레
지방을 소비하고 앞서 나간 것이 늦게
저질러진다. 음산과 불길을 너무 멀리
떠나왔다, 먹자골목은, 밤은, 서울은.

남은 일

남들은 내가 살이 **빠졌다**는데 나는 내가
갑옷을 입은 것 같고 갑옷이 무거워진다.
같은 얘기이다.
남들은 노인네한테 덕담을 건네고
아직도 반성할 것이 많은 나는 아무래도
반성할 힘이 자꾸 **빠지는** 거다.
리듬이 운만 남은 듯한 기분.
이런 고대 로마 병정놀이가 전생
기억보다 희미해질 때까지
살아서 가는 일이 내게 또 남았다.

얘기가 된다

내가 읽은 17세기 걸작 희극이 책장에 꽂혀
발하는 웃음이 근거 없이 17세기를 닮았다면
줄거리를 말끔히 지운 명작 웃음이 음악과
같은 얘기가 된다.
17세기 걸작이라 21세기에도 통하지 않고
17세기적이라 21세기적인 얘기가 된다.
역할을 말끔히 지운 명작 영화 연기가
음악과 같은 얘기도 된다.
역할에 완벽하게 몰입하는 로버트 드니로는
숱한 등장인물로 남고 성격 배우로 얼마든지
위대할 수 있지만 빠져나올 수 없으니 음악에
달할 수 없고 역할을 완벽하게 소화하면서도
처음부터 끝까지 송강호인 송강호가 달할 수
있다. 서열은 없고 선택이 있다.
이야기가 이야기를 말끔히 씻어낸 음악이
얘기가 되는 얘기이다.
울음은 정화의 비극까지 정화해야 하지.
책이 표지와 내지 디자인도 지워진
디자인만 남을 때.

연표 탄생

작가 생애와 당대 정치, 경제, 사회, 문화를
병치시키는 '작가와 그의 시대' 연표는
근사하지. 작가 작품으로 파란만장하지
않은 시대가 없고 시대로 파란만장하지
않은 작가 작품이 없다. 파란만장
일목요연하다. 그러나
우리가 정말로 보고 듣는 것은 작품 속으로
펼쳐지며 심화하는 작가의 시대와 세계이다.
누구나 본인을 둘러싸고 사건이 벌어진다.

본인의 생애를 둘러싸고 생애의 역사가
진행된다. 그리고 내 안에 있지 않고 나를
둘러쌀 수는 없다. 그게 내면이고 내면의
내면이다.
내 안에서 벌어지는 사건이 벌어진다.
내 안에서 진행되는 역사가 진행된다.
내 안에서 죽어가는 것들이 죽어가고
저질러지는 것들이 저질러진다.
내 안으로 계속 재탄생하는
연표가 연표의 탄생이다.
누구나 자신의 생이 자신의 작품이지만
그것을 가능케 한 것은 작가의 작품이고
연표이다. 모범이든 시범이든.

수기

모종의 한계에 달했는지
열 개 가까이 열린 유튜브 창들이 제각각
끊어지다 이어지다 한다. 뭐 괜찮다.
인터넷 안에서 손으로 글 쓰는 기분이다.
워드프로세서는 '끊어지다'가 이어진다.
유튜브는 끊어지다 이어지고
'끊어지다'가 이어지지 않는다.
손으로 쓰는 글은 '끊어지다'가 없다.
내가 인터넷을 손으로 쓰고 있다.
나의 수기가 나 아니다.
내가 나의 수기이다.
크롬을 껐다 켜면 복원되거나
복원되지 않는다. 뭐, 다른 창 새로 열면 된다.
나의 수기가 나 아니다. 내가 나의 수기이다.

~에 대하여

기쁨의
화신.
분노의 신도
사랑의 신도
아니라
기쁘게 하는
신
아니라
기뻐하는
신
아니라
기쁨의
화신
에 대하여.

이후

웃음이 실내에서 실내로
조용히 번지지 않고
밖으로 새 나온다.
들키지 않고
불길한 웃음이다.
울음이 밖에서 밖으로
요란하게 선포되지 않고
실내로 숨어든다.
변명하지 않고
비굴한 울음이다.
이전은 더했다.
우린 아직 정체가
폭로된 행복만 안다.
이전의 이전은

우연도 없었다.
우리가 아무것도
기억하지 못할 정도로
없었다.
전생은 가혹한
운명이다.

혈연의 역사

이따금씩
헤매고 있다 내가
1920년대
그 넓은 살을 에는
생계의 만주 벌판을.
아직 태어나지 않은 아버지
대신 헤매고 있다.
꿈속 아니다. 가족
혈연의 역사 속이다.
지금은 이미 돌아간 아버지가
누구 대신
거기서 헤매고 있는 것인지.

날것

저쪽은 가공할 무기가 있지만 가공할
무기와 황제와 황제 최측근만 있는
역삼각형이고 이쪽은
연도 없는 시사가 모든 것인 언론인과
모든 것이 연도라서 미래 전망이 늘
비관적인 역사학자들이 민주주의의
대세를 이루는 나라.
먹고살 만한 이쪽 인민이 저쪽 인민의

이루 말할 수 없는 처참을
가여워할 겨를이 없다.
이쪽의 민주주의로 보면 어이없지만
터무니없이 강력하다, 황제의 장난감,
가공할 무기의 위험보다 더 그 아슬아슬이.
언론인들은 민주주의의 우월을 언론의
희생으로 입증한 적이 드물고 앞으로
더 그럴 것이고 역사학자들은 앞으로도
학자의 양심으로 비판적일 것이다.
그리고 인민은 어느 쪽이든 전체가
대세의 일부이기 마련.
외교만 있고 외교가 날것으로 있다.
어쩌겠나, 날것의 공포를 약간 비껴 곰곰
생각부터 날것으로 할밖에 없다.
해오던 생각을 날것으로 새로.
핵폭탄의 위력을 모두 알고 있으니 우리가
인류의 절멸을 피하기 위해서만도 아니다.

에밀

부모가 자식을 키우는 것은 어른이
아이를 키우는 것만이 아니다.
모든 부모가 자신의 유년을 찾으려는
헛된 노력으로 자식을 키우며
찾을 수 없는 것을 깨닫는 노년에 이른다.
자식을 버린 부모는 잃어버린 것이
두 겹인 것을 깨닫는 노년에 이르지.
어른이 된 누구든 유년 회복은 실패하는
실패의 백년대계이고 이 사실이 전대
부모에서 후대 부모로 전달되지 않는다.
자서전으로도 참회록으로도 전달될 수 없다.
각자 고유하게 시작하는 것이 늘 어른이고
각자 고유하게 잘하는 것이 늘 아이이다.

고유한 선택권이 없는 것은 어른이다.
에밀, 시작의 어감으로는 좋았다.
끝까지 어른이 되지 않고 그냥 시작의
어감으로 좋았다면 더 좋았을 것이다.
규정된 에밀이 또 하나의 법칙으로 부른
낭만주의가 제 꿈이던 혁명의 추악한
민낯에 허옇게 질리며 반동화하는 일도
없었을 것. 에밀 나중 어감이 엉망이다.

이후의 이전

조국을 잃은 쇼팽의 울분과 열혈이 얼마나
자유자재로 강건과 온유의 서정을 넘나들고
귀를 속이며 강건해서 온유하고 온유해서
강건할 수 있는지를 쇼팽 작곡보다 더
정교하게 보여주는 아르투르 루빈스타인(1887~1982)
연주가 있다. 피아노가 연주에
더 제 몸을 허락하는 악기이지만 이 연주는
작곡에 몰두하라고 피아노를 다그친다.
쇼팽과 동향인 그가 쇼팽 민족주의 이후의
이전을 연주한다. 그렇게 들으면 그의 다른
대가 작곡 연주도 그렇게 들린다. 온갖 주의
이후의 이전이 펼쳐진다. 신세대는 들을 수
있어도 볼 수 없다.
아주 오래 살았고 그로서는 클라우디오
아라우(1903~1991)부터 신세대이다.
아라우도 오래 살았지만 내내
더 오래 산 그의 신세대였다.

좌파

무신론자가 무슨 사후의 명성?

당신 프랑스인이요? 나는 한국…
대화의 그런 이방이 나를
발견하고 돌출시키고 두텁게 한다.
거룩과 달리 희생을 개인화하지 않고
공공화, 공공의 수준을 끝없이 드높이는
좌파. 거대가 깊은 고독이자 광장.

자세한 경계

메로빙거 왕조는 카롤링거 왕조 전이고
그보다 작다. 나는 메로빙거를 잘 모르고
카롤링거도 많이 알지 못하고 다만 카롤링거는
샤를마뉴의 카롤링거이다. 그렇다면
역사에 분명한 경계와 흐릿한 경계만 있지
않고 메로빙거 왕조처럼 작은 이전이고
내가 자세히 모르기 때문에 자세한 경계가
하나 더 있는 것 같다. 그리고
내가 자세히 모르는 것이 무수히 많을 것.
오늘만 해도 발자크가 위고보다 3년 먼저
태어나고 3년으로 세기가 달라지는 것에
놀라고 둘 사이가 그럼에도 안 끊어져
안도하는 한편 3년 지나 비로소 먼저 난 자가
나중 난 자의 세기에 합류하는 방식이
3년 동안 세기의 끊어짐보다 더 기이했다.
작가가 하필 전지전능한 화자의 입을 통해
'자세히는 알 수 없지만, '자세히 모르겠지만'
운운을 다소 남발하는 것 또한 그 자세한
경계와 연관이 있을까?
야사 하이페츠, 아르투로 토스카니니, 윌리엄
셰익스피어의 공통점은 각자 자기 분야의
일인자인 것에 비해 이름이 언제나 좀 특수한,
유별난 느낌이다. 괴테 '일반과 달리.
셰익스피어

이름이 떠오르면 괴테보다 더 유명할 것도
같지만 그렇지 않으면 그렇지 않다.
무슨
역사 시간
이상할 것도 없는
죽음의
작동 같다.
왔다 간 것은 맞는데
오간 데가 없다.
'갔다가 장소이고 그러므로
'왔다도 장소이다.

남성 보호

두드러기 잠재우는 햇살
무게로 품이 따스한, 약간
살찐 어머니
여성
혁명기에 연애 소설을 쓰는
약간 마른 딸내미
여성
그 속으로 문장이 흐트러져 실종되지
않고 복문으로 이어진다. 시대의 모든
한계가 남성이고 여성의 보호 본능을
자극하지. 작은 혁명의 실패 뒤에
혁명의 거대한 실패가 사소한 사랑의
실패 뒤에 사랑의 심오한 실패가 온다.
거꾸로일 수 없다.

기획

예상은 있지만 내용을 배반당할 것 같은

예감이 더 큰
맨 마지막에 거의 포기하듯이 물 역할을
이미 쓰여진 것에 떠넘기는
시 제목 정하기가 시 청탁 기획이다.
물 아닌 모든 것의 기획.
최상 아니라 최적일 수 있는.

읽고 쓰는 노년

비
오지 않고
내린다. 있지도 않은
자막이 빗물 일그러진다.
그럴 수 없지만 있더라도 우리가
슬프지 않을 수 없을 것이다.
너 혹은 내가 읽다가 읽는 속으로
쓰다가 쓰는 속으로 자연스레
죽을 수 있다 하더라도
너 혹은 내가 너와 나는 아니다.
너와 내가 너이자 나는 아니다.
죽음이 삶은 아니다.
쓰는 슬픔이 읽는 슬픔이다.
아무 일 없는 노년 자체가
쓰는 일이고 읽는 일이다.

잡문

여러 사람이 모여 있는 사실이
모임보다 더 중요한 사실보다
더 중요한 사실이 없다.
각각이 고유한 총체인 사실이
총체보다 더 중요한 사실보다 더

중요한 사실이 없다.
그런 사실들로 끝없이 이어지는
잡문이 끝나지 않는 사실보다
더 중요한 사실이 없다. 거기서는
누구든 사실로만 따져야 하는
사실이 끊어지지 않는 사실보다 더
중요한 사실이 없다. 까닭이 매번
나중의 사실로 된다. 갈구할수록
흐트러지는 것이 총체이다. 실패한
혁명의 여파가 사라진 한참 뒤
혁명의 과거와 실패와 당대에 대해
얼마든지 쓸 수 있는 잡문은 도무지
이해할 수가 없다. 어떻게 혁명의
회고가 실패를 위로할 수 있는지.
회고가 울고 서정적일 수 있지만
어떻게 혁명적일 수 있는지.

옛날 평론

잊혀진 작품을 후대가 다시
발굴하는 일이 기적에 속하니
평론은 현재의 의무이고 미래의
독재자 죽은, 완벽하고 눈먼
독재 권력이다.
죽은 평론가 이름이 대개 곧
잊히지만 그의 사후 권력은
돌이킬 수가 없다.
자신의 게으름과 오류를 그가
죽어서 혁파할 수 없다.
반성할 수 없다.
돌이킬 수 없음이 그의 미래 권력을
불가사의 수준으로 끌어올린다.
살아 있는 평론이 죽음을 품지 않고

속수무책인 미래 권력으로 늘
불편하다.
잊혀졌어도 죽음을 제 안에
품고 살아 있는 작품보다 더 불편하다.
그러니 평론의 죽음 없는 미래 권력이
짝퉁일 수도 있다.
사실은 장르 소통 언어로서 평론이
진정한 미래 권력이다.
옛날 평론을 읽으면 그것에 달하지 못한
평론이 부추기는 대로 문학, 미술,
음악 언어의 특성을 모르고 특성의
번역을 모르고 그냥 어울리다가
어울림 속으로 사라지는 시인, 작가,
미술가, 음악가들이 그때에도 많았다.

노릇

마흔 권 두께가 10센티 남짓인 레클람 문고,
표지도 내지인 옛날 본들을 한 손에 쥐고 옮기다
깨빡 치고 다시 모아 보니 한 권이 없다.
아무리 찾아도 없다. 감쪽같이 귀신같이 없다.
귀신이 없지만 귀신 곡할 노릇은 있다는 듯이.
실종이 사라진.
책은 나의 회전의자 밑에서 나왔다.
빙글빙글 돌며 찾았으니 아무리 찾아도
찾을 수 없는 실종 너머 맹점 지대에서.

옛날 희비극

옛날이 희비극 아니다.
옛날부터 희비극이고 오늘의 희비극에
이르려면 지독한 희극과 지독한 비극과

그 둘의 지독한 관계를 거쳐야 한다.
비극보다 덜 비극적이고 희극보다 덜
희극적인 희비극에서 비극보다 더
더 비극적이고 희극보다 더 희극적인
희비극을 거쳐 희극도 비극도 어이가 없어
더 희극적이고 더 비극적인 희비극에
이르려면.
인생이 희비극 아니다.
태어나서부터 희비극이고
희극도 비극도 어이가 없는
죽음에 이른다.
모종의
간계가
죽음보다 못한 실패와 실패보다 못 한
폭로에 그치지 않은 것이 다행이다.

볼륨

장군이라는 말 생활은 물론 역사와도
멀어지는 데 아주 오래 걸렸다.
이제 전생의 생살 냄새가 난다.
월광이라는 말 실제 되어 나의 통유리창을
통과하는 데 아주 오래 걸렸다.
'월광 소나타' 더 이상한 이름이다
달빛이 제 몸에 묻은 동전 냄새를
나의 실내에서 씻어낸다.
이만큼 제대로 되는 데 나의 전 생애가
걸리지는 않아서 다행이다. 그렇게
나의 전집의 볼륨이 드러난다.

종이의 역사

이 수첩은 가죽 겉장을 떼어내도
등에 아교 칠이 두터워 낱장으로
뜯어 쓰기가 아주 불편하다.
완강한 머슴이고 묶음 아니라
덩어리에 가깝다.
10년 전 선물인데, 그때까지
중세 필사본 종이 제본 전통이 이어졌나?
계속 낱장이 불편한
창작 메모지로 쓰겠다.

세계인 미래

고전주의 음악의 걸작이 고전의 승화인
단아로 음악의 고전주의를 극복한다.
그렇게 계몽이 계몽주의의 실패를 극복한다.
낭만주의 음악의 걸작이 비천한 성욕의
승화인 낭만의 승화인 숭고로 음악의
낭만주의를 극복하고 그렇게 지상 혁명의
실패를 지상에서 지상으로 극복한다.
원래 뒤섞인 것이 갈수록 더 뒤섞여
복잡하고 흐리고 찢느라 찢어질 뿐 음악의
미래가 그 뒤로 크게 달라진 것은 없다..
음악의 미래는 무엇보다 음악의 안팎을
통일해 가는 세계이고 미래이다.
음악으로 온갖 예술의 걸작이 세계이고
미래인 것이 들리고, 들리는 것이 보이고
보이는 것이 만져진다. 우리가 걸작에 대해
아는 것이 없더라도. 왜냐면 다름 아닌
우리의 세계이고 미래이다. 우리 지상의
미래인 세계 아니라 세계인 미래이다.
그 안에서는 이론 자체가

즉흥에 지나지 않는다.

이 몸이 새라면

한 삼십 년 지나
우리가 현실에서 돌이킬 수 있는
실종은 고작 화면에서 사라진
아역 배우의 그것이다. 그것도 한 삼십 년
애어른과 어른애 노릇으로 고단한 그의
심신에 한 삼십 년 전체가 씁쓸해지는
실망을 각오한 후에.
어떤 장면을 짐작만 해도 그 아이의
실종 그 후 현실이 알지도 못하는
우리의 가슴을 와락 먹먹하게 하는데
그 매개도 없다면 한 삼십 년 전
실종된 아이(현재 30+@세)를 찾는
전단의 부모 심정을 짐작할 수 없다.
한 삼십 년 전 실종된 남의 아이는
한 삼십 년 전 실종된 나의 유년이다.

희극-발레

발레가 춤보다 더 우아한 집단이지만
더 정확히, 우아하기 위해 집단이다.
한 몸이던 것이 갈라져 음악은 구성이
구성으로 구성인 것을 춤은 해체가
해체로 해체인 것을 곧장 향하는 정황
자체가 고전 희극의 시작이다. 너무나
분명한 그 점을 흐리며 다른 언어들이
보충하고 미화하고 혁신하지만 결국
희극은 그것을 모방하는 이야기에
지나지 않는다.

희극—발레가 번창하지만 오랫동안
발전이 없으니 장르 자체가 어떤
에피소드 같다. 비극 속에서만
웃음이, 음산할 때도 뼈아픈
보석으로 빛난다.

칼데아

바빌로니아 남쪽 칼데아는 역사책 속에서
옛 지명이 아니다. 역사 속에서 모든 것이
옛것이 아닌 것과 좀 다른 이유로 그렇다.
기원전 10세기경 메소포타미아에 정착한
셈족 계열 칼데아인들이 기원전 7세기경
바빌론을 수도로 신바빌로니아 제국을
세운 이래 '칼데아'가 수메르보다 어떤 때는
메소포타미아보다 더 자주, 새롭고 폭넓고
뚜렷하게 쓰인다.
역사책 밖으로도 너끈히 살아남은 칼데아,
칼데아…. 석탄 열차처럼 새까만, 튼튼한,
줄기차게 나아가는 이 단어를 나지막이
읊조릴 때가 있다. 있지 않았고 있을 수도
없던 혁명의 가상 실패의 후유증 같은
어떤 부드러움에 취하여 내 영혼에서
고름이 나는 것 같을 때이다
요즘 누가 영혼을 운운하겠나? 하지만
너무 지겨운 일상이 거쳐야 할 것을 거치지
못한 영혼 없음의 증상 같을 때, 혹은 혹시
아주 조금이라도 남은 영혼이 길고 지리한
서문으로 끝나는 본문 같을 때 칼데아, 칼데안,
칼데아, 칼데안… 형용사형이 미래 지향적인
토착 명사가 있다.
가장 나중의 토착 명사가 가장 나중에
토착 종족을 지칭하는 연유가 보인다.

고대 이집트, 그리스, 로마는 형용사형이
전혀 미래 지향적 아니지. 고대를 벗으면
곧장 현대인데도 아니다.
켈트는 애매하여 좀 그로테스크하다.
발광하기에는 너무 무난하고.
죽음의 철통같은
방심이 삶이다.

미래라는 고전

1947년 개봉 흑백 영화 〈카네기홀〉에
전설적인 지휘자, 연주자, 성악가들이
대거 등장, 최고들의 전부 같다. 줄거리
처음부터 중요하지 않다. 고전 음악이
대중문화의 스타이던 그때가 좋은
순간 내 생애의 현실이 바로 영화가
될 것이니 조심. 어제의 대중문화가
오늘의 고전인 것이 역사이다. 우리가
고전으로 키울 오늘의 대중문화가
1947년에 비할 것 아니게 깊고 다양하고
그 사실이 고전의 입장에서도 훨씬 더
중요하다. 고전 음악도 고전 음악만을
고집할 때가 아니고 지금은 계급이
부상하지 않고 흩어진다. '노동자'가
갈수록 '자본가'의 왜곡일 뿐이고
그래서는 모방 이상일 수 없다.
부상이 이상이고 침체가 이상주의이다.
부상하는 계급 없이 고전이
미래의 일이고 미래이다. 미래라는
고전이 있다.
눈에 곧장 보이고 귀에 곧장 들리는
목표도 목적도 없이 문학이 막막하지만
그러므로 더욱 문학에 미래라는 고전이 있다.

재능은 재능의 미래를 위하여 있지만
운이 운의 미래를 위하여 있을 수 없으니
문운도 미래의 일이고 미래이다.
열심히 쓸 정도로 쓰고 싶은 글이 평생
있다면 말 그대로 최종적인 문운이다.

부엌

잠이 불규칙하고 밥을 한두 끼 먹는 적이
더 많은 늙은 남편 먹이려 늙은 아내가
너무 오랜 시간 부엌에 있는 것 같아 늙은
시인이 미안하다. 아내가 다른 부엌일도
하는 김에 하는 거라지만 남편은 하는 김에
할 다른 부엌일이 매번 그렇게도 많은
것이 더 미안하다. 식사가 가장 큰 일이고
설거지를 거든단들 사후의 일이다.
화장실은 수세식에 비데가 있으니 빨래에
이어 빨래만큼 일이 줄었다. 부엌은
다르지. 부엌을 점차 줄여 결국 없애야
부엌일이 없어진다. 그전까지는 잠이
불규칙한 늙은 시인이 부엌일 많은 늙은
아내와 함께하는 시간을 늘리려 함께
쓰는 것처럼 시를 쓸밖에 없다.

도마
―이승우에게

의심이 치열할수록 믿음이 강할 수는 없다.
의심이 치열할 수 있을 정도로
믿음이 강할 수는 있다. 믿음이 먼저인
이야기는 내게 그런 뜻이고 그 이야기가
그런 뜻인 사실이 내게 복음이다.

그렇게 내게 소설 이야기가 이야기를 극복한다.
소설 이야기가 이야기를 극복하는 이야기가
아니다. 정신이 끊어지는 생이 끝없이 이어지지
않는다. 정신이 끊어지는 생이 끝없이 이어지지
않아도 된다.
내가 만난 것들의 모두가 예수이다.
내가 만난 것들의 모두, 그때그때
일순이자 영원일밖에 없는 그것이.

기분

책상 바로 내 눈앞에 세워놓는 책들을
모두 노튼 앤솔로지 시리즈로 바꾸었다.
몇 권 안 된다.
권당 엄청난 분량이고 두께이다.
한글 사용자가 가까스로 육천만을
웃도는 한국어 출판 사정으로는 거의
상상력의 끝이다. 아직도 공부할 것이
엄청 많은 이 기분이 나는 좋다. 아직도
공부할 생각이 있는 기분은 오래 살아야
할 것 같은 기분보다 더 오래 살 것 같은
기분이 더 또렷하다.

유물론 재론

비어 있는 것이 농촌도 아니고 도시도 아니다.
농촌의 끝없는 도시화도 아니고 농촌이 끝없이
도시화하는 과정도 아니다.
지금 아예 없는 것이 더 중요하다.
'끝없이'와 '화'의 결합인 인식 너머 감성이
모더니즘 너머 모더니티의 제 혼자 갱신
이론 너머 감성이.

상경과 귀향과 전원주택만 있었다.
해체 이전 해체주의만 있었다.
유물론 이후 그 반대 이전 반대말에
지나지 않는 힐링만 있었다.
'뭐 그렇게까지'의 반복만 있었다.
바로 내 얘기이다. 내일 내가 친구 아들
결혼식이 있는 모교 관악구 서울대학교 간다.
참으로 오랜만이다. 청첩장 장소는 독재자
박정희가 강제로 지어준 나의 대학 시절
캠퍼스와 어감이 다른 우주에 있다.
군사 독재의 혜택이 내 청춘의 기억을
더 똑똑히 물들일 것이다.
추억은 돌이킬 수 없다. 건설의
방향만 돌이킬 수 있다.
결혼식을 닮는 방향이 좋겠다.
재혼도 괜찮고 아니 더 좋겠다.
내일 건설의 돌이킬 수 있는 방향들이
숱하고 숱할 것이다.
내일이야말로 방향이고 유물론 재론이다.

후유증

출근 시간 전 나가서 24시간 편의점
담배 한 갑 사고 아직 뜯지 않고 다시
들어서는 아파트 풍경이 적당하다.
담뱃갑이 적당히 해칠 건강을 적당히
맑은 공기가 벌충해 줄 것 같다.
땅에서 사람을 적당히 피해 다니는
아파트 고양이한테 배운 까치가
내 발길에 너무 놀라지 않고 적당한
높이 가지에 쪼르르 날아가서 앉는다.
난다고 할 수도 없지. 그냥 자리를
비켜준 거다. 기이한 것은 노는 아이들

하나 없는 어린이 놀이터이다. 폐허보다
더 굵고 무디고 뻔뻔스럽게 흉하다.
노인네 등산복 차림은 그럴 만하지만
왜 혼자인 적이 없지? 출근 시간 전에
떼 지어 출발하는 그들 아무래도 과시 블랙
코미디 공연하는 것 같다. 비실비실하다가
죽음의 부름을 받으니 건강할 때 직접
찾아가서 담판을 짓겠다는 결기가 살기 같다.
어 그게 아니군. 더 기이하게
24시간 편의점 건너 실내 화재가 창문
바깥으로 시커먼 연기 뿜어내던 그 낡은
2층 건물 이층 음악 교습소 유아 음악
감수성 개발 오디오 피아노 클라리넷
바이올린 우쿨렐레 플루트 실용 반주 간판들
아직 멀었다, 불에 탄 흔적을 지우기에는
유리창 가로지른 전선이 너무 굵다.
전전날에 전전날이 불타지 않은 듯이.
영영 불타버린 것이 따로 있다는 듯이.
우리가 본 것이 후유에 지나지 않고
우리가 앓은 모든 병이 애당초
후유증에 지나지 않은 듯이.

한낮

명예퇴직한 아내는 건넌방에서
음악 듣고 책 읽고 현역인 나는 마루에서
담배 피우고 음악 듣고 책 읽고 글 쓴다.
안방은 공동 소유이다. 그런 것들 하는 데가
아니지. 술이 과한 다음 날은 아내가 듣는
음악이 아직 안 깬 내 고막을 쓰다듬다가
내가 마루로 나오면 줄어들거나 어느새
멈춰 있다. 내가 듣는 음악 같이 들으면
된다는 거지. 그래서 방문이 닫히지 않은

아내가 눈에 보이게 밥하고 빨래 해주는
것만으로도 아내가 직장 다닐 때보다 더
현역이다. 신혼의 절정인 그리그 피아노
협주곡에도 닭살 돋지 않는 시간.
어제 술자리는 모두 너무들 반가워서
끝까지 가느라 동사가 목적어를
못 찾을 만큼 어수선하였다. 근육통이
온도에 민감한가? 시원한 날씨인데
등이 쑤시고 산들바람처럼 걸으며
아내가 바람 들어오는 창을 닫아준다.
모차르트 오페라 〈마술피리〉가
계몽 정신의 완벽한 구현으로 극복한다,
계몽주의는 물론 계몽까지. 계속 거기
있으면서. 어떤 명사든 그 명사 이론이
명사+주의로 끝나는 것이 문제였다.
모차르트 오페라 〈피가로의 결혼〉 또한
공연되는 순간 대본의 통렬한 사회 비판을
극복한다. 주의와 주의는 처음부터 서로
되도 않는 싸움만 일삼는, 낭비가 문제였다.
성선설 성악설로 싸우느니 인류의
첫 품사들이 좋은 뜻이었을지 아닐지
상상해 보는 것이 더 행복하지 않나?

처참

어둠 내렸고
일을 다 마친 몸이 긴 화물트럭 하나
회색 더 진해진 아파트 바깥
담벼락에 기대어 주차해 있다.
짐을 싣고 부리느라 내려지던 삼면
가로 판이 좀더 축 드리워져
이제는 쉬고 있다.
깔판까지 일부 벗겨진 그리로

드러난다, 어떤 용모처럼 여러 육중한 두 겹
바퀴들에 얹혀 모든 하중을 버틴 뼈대가.
이제 버티지 않고
얼기설기 빼곡한 시커먼 강철봉들의
근육이던 것도 아니다. 버틴 사실의
얼굴이고 화물 트럭의 민낯이다.
아직 출현하지 않는 세 번째 바퀴벌레가
출현하더라도 빨빨거리며 달아나다
내게 짓밟힌 그 바퀴벌레일 것 같다.
아무도 소스라쳐 놀라지 않을 것 같다.
바퀴벌레는 지 죽은 것을 모르고
바퀴벌레를 죽인 나는 처참하다.
스스로 죽은 줄 모르는 바퀴벌레를
스스로 죽인 줄 아는 내가 다시 죽인다.
시커먼 강철봉이 눈물 찔끔 흘린 듯
애매하게 젖었다.
우리가 제일 고단하고 불쌍한 것 맞나?
묻듯이. 앞으로 누구나 그렇게 울 것 같다.
뒤로 뒤가 보이는 트럭 운전석
실내가 제일 깜깜하다.
몸체가 길수록 깜깜할 것이 분명하다.
미래를 위한 가장 소중한 자산은
1차 2차 세계대전 피해자들 죽기 직전
머리를 스쳤던 생각들이다.
복원될 수 없는.

직후의 신부

나의 웃음이 확대와 심화를
계속하다가 마침내 절망에 이르렀다.
분명하기 위하여 거룩을 세속으로
번역하고 다시 세속을 세속화한 내
웃음의 입이 너무 커서 계속 웃는다,

너무 커서 찢어지지도 않는다.
번역이 거룩일 때까지 번역한
번역이 육안에 보이지 않는다.
세상보다 더 편재하여 세상의
육안에도 보이지 않는다. 절대
비극적이다.
희망도 절망도 세속적이다.
직후의 신부와도 같이.
그것도 음침한.

부재

마누라 군산 가서 일박이일하고 있는
한밤중 비가 내린다. 천둥 벼락 친다.
누가 비와 귀신을 연결시켰나
을씨년스럽게?
들이치지 않는 비가 실내를
내리는 모양으로 꽉 채워
물이 생명의 근원인 소리만큼이나
말짱하다. 부재가 결핍 아니고
결핍도 부재 아니다. 귀신 너무 멀지.
군산 가 있을 마누라만큼이나 멀다.
군산에 뭐 볼 게 있다고.
마누라는 벌써 과거의 잔영 아니라
과거인 자연이 위로인 나이가 되어.

복고

'나는 생각한다 고로 나는 존재한다' 이상으로
나아가는 순간 철학은 그 이상으로 나아가는
것이 돌아오는 것으로 된다. 철학은 방법론이고
내게는 시가 바로 방법이다. 사실은

나는 생각한다 고로 나는 존재한다는 이 말이
처음부터 뒤늦지 않았나? '나'를 말할 때
이미 내가 있다. 일인칭 동사를 쓸 때 이미
일인칭 동사를 쓰는 '나'가 있었다.
시가 제도의 언어로 시작하지 않고
언어를 지운 언어로 시작하지 않고
언어를 지우는 언어로 언어를 건설한다.
아무리 잘해도 뒤늦게 잘하는 거
그게 복고이다.
마르크스주의를 보충하러 마르크스주의로
돌아가는 것도 복고이다.
앞으로 가는, 실천하는 완성이 시이다.

조각

연극에서는 장소 없는 등장이
불가능한 듯이.
장소보다 먼저 등장이 더
불가능한 듯이.
불가능보다 더 불가능한 것들이
얼마든지 발견되는 듯이.
가능보다 더 가능한 것들은
조각이 없어도 얼마든지 있고.

사랑 노래

통금이 지나야 풍자를 할 수 있다.
나를 길들인 것은 어둠의 습관,
그 전에 서정이 두려움에 길드는
방편이었을지 모른다,
들으면 들은 너도 들은 나도 없이
가장 섹시할 밤의 첫 목소리를

우리가 들은 적이 없다.
하지만 알고 있다. 사랑보다 하찮은
우리의 신음을 위해 창밖에서 밤이
깊을수록 흥청망청 시시해졌다.
낮이 밤과 밤 사이 있지 않다.
밤이 낮과 낮 사이 있다.
창밖으로 나가지 않아도
통금이 지나야 풍자를 할 수 있다.
옛날 여관은 옛날의 여관이다.

콩트

굵직하지 않지만 잔꾀가
제 꾀에 넘어가지도 않을 때.
언론의 시사 속으로 뛰어들지만
시사보다 더 깊이 뛰어들 때.
사전의 어휘 하나하나가
등장하지 않고 등장일 때.
군중 scene이
Scene으로 군중 아니고
군중으로 scene일 때.

혁명의 생애

준비하는 것이 참으로 고전적인 계몽이다.
선동하는 것이 참으로 서정적인 시이다.
장식하는 것이 참으로 무정부적인 풍자이다.
행하는 것이 참으로 대중적인 비극이다.
실패하는 것이 참으로 어제의 혁명가들이다.
위로하는 것이 참으로 치열한 미학이다.
미래가 위로 아니다.
진정한 위로가 미래를 구성하는 하나의

길이고 틀이고 몸이다.
낭만?
일찍이 없던 평화가 태어나는 우렁찬
울음소리, 그 평화가 누리는 섬세한
화려한 심오한 자연, 평화가 시드는
음풍농월, 죽은 평화의 시취, 혁명기
불안한 낭만이 길길이 뛰며 혁명 또한
길길이 뛰게 하지만 그것도 혁명의
생애와 대체로 무관하다. 혁명이 전쟁을
몰고 오지 않더라도 그것은 그렇다.
낭만에 끝까지 탐닉이 있고 위로가 없다.
위로가 끝까지 눈에 안 보일 정도로
깊어야 한다.

어린이

우리가 울고 있는 아이를 찾는 까닭에
아이들이 울고 있다. 울고 있는 아이도
울고 있는 아이 찾아 괴팍하게 울고 있다.
웃고 있는 아이는 웃고 있는 아이 찾아
과장되게 웃고 있다. 아니다. 그건 우리
모습이지. 실종된 것 아니라 실종을 찾는.
어린이 자체가 이미 실종이다.
웃고 있는 아이가 더.
행복한 실종이기를.

격언

청춘보다 더 성욕이 강한
죽음 충동의 노년이 청춘보다 더 빨리
밀려나리라는, 이제는 지겨운
그 예상을 어찌어찌 버텨낸 것이

노년의 삶의 질이었나, 바닥을 드러낸 청춘
기억의 양에 비해, 예나 지금이나 힘이
남아 있는 바로 그만큼 힘들지 않겠나?
격언은 아직도 위대하지. 아직도
위대해서 격언이 격언이다.
격언이 이미 위대하지 않아서 격언인
지경까지 사는 일이 내게 남았다.
추락 전이지만 시간이 중요하지 않은
일일 것.

숫자

두 시간도 안 되어 약속 장소가 지하철 6호선
이태원역 근처 Butcher's Cut에서 3호선
경복궁역 내자동 먹자골목으로 바뀌었다.
정신을 차리고 몸을 가누려면
동서양 음식 문화와 부유 개념 차이보다 더
의미심장한, 온전한 한국식 숫자의
무게가 필요하다. 오늘은 6월 항쟁에서
3·1 독립운동으로.

노을 동참

낮술 깨니 택시 창밖은 여의도 지나
양화대교 가는 길로 우회전할 참.
서울에서 어떻게 가능하지, 대도시
태양이 대도시 아파트 너머로 대도시
전체를 데리고 지는 이런 각도가?
저 산 너머로 지듯 대도시 너머로
지지 않고 대도시를 지는 저렇게
크고 가까운 태양은 처음 보았다.
이제까지 내가 자연의 낭만적인

노을만 골라서 보았나, 직장을 안
다녀서 못 보았나? 대도시 태양이
대도시를 품고 전면적으로 진다.
어떤 위협의 자세도 어떤 멸망의
조짐도 없다. 감동적인 동참의
백열 적열로 진다.

세계사 재고

돌이켜볼 때만 청춘이 낭만이고
철 들고 어른 되는 것이 계몽이다,
노년이 육신 너머로 양차 세계
대전을 치른 현대이거든.
지은 죄를 전가할
무의식을 찾나?
언어 이전
죽은 사람 숫자가 없는
신화가 무의식이다.
화면을 보면 블루벨즈는 50년 전에도
셋만 얼굴이 뚜렷했다.
나머지 하나의 볼 때마다 확실치 않은
얼굴이 나머지 셋을 확정지었다.
넷은 그렇다.

올라오는 엘리베이터

신발 바꿔 신으라고 허겁지겁
현관문을 연 마누라 몸이 문밖으로
팬티와 브래지어만 걸쳤다.
분명 눈물겨운 것이 아름다움보다
한 수 위이다. 내가 이미 신은
신발을 그예 갈아 신지 않고 문이

닫히고 나 홀로 기다리는 엘리베이터가
곧바로 올라 오지 않는다.
나한테만 위로가 되는 뒤늦은 변명을
허락하지 않겠다는 거지.
어떤 추모식은 자식들 정성이 애틋해서
간다고 했지만 날짜를 착각했고
선약이 있어서 못 갈 것 같다. 희극이
생으로 팽창하고 그것이 나의 생이지만
비극이 죽음으로 깊어지더라도 그것이
나의 죽음은 아직 아니다.
올라오는 엘리베이터.
그렇게도 우리는 죽는 연습을 한다.

책의 탄생

나도 독서의 계절이 끝났다.
책이 있고 내가 읽지 않는다.
책이 있고 내가 읽는 것이 아니다.
뒷말의 결별이 더 가파르다.
뉘앙스는 여전히 앞엣것이 낫나?
그런 채로 그다음이 있을 수 있다.
내가 책 속으로 나를 인풋하고
책이 내 속으로 책을 아웃풋한다.
내가 책 속으로 인풋하는 만큼
책이 내 속으로 아웃풋하지 않아도
인풋이 바로 아웃풋일 수 있다.
누가 누구의 책인지 모르고.
책의 탄생이 디자인의 이상이다.

시 낭독

술집 카바레 가수 노래 가사에 나의 시도

들어 있기를 내가 바라지 않는 것은 아니다.
쑥스러워 듣지는 않겠지만 소문만으로도
기분이 좋을 것이다. 다만
그것이 내 시 전체의 껍데기에 해당하기를
내 시가 선율 없이도 온전한 노래이기를
내가 더 바란다.
누군가의 내 시 낭독 역시 쑥스럽고
내가 내 시를 직접 낭독하는 일은
벌어지는 것이 저질러지는 것이다.
개인이 등장하면서 중세 음유 시인의
낭독이 사라지고 시가 스스로 낭독이다.
장돌뱅이 가수, 거리의 광대 그건 좀
말이 되지. 둘 다 중세에도 중세 바깥에
있었다. 싱어송라이터가 아주 말이 되지만
자신이 쓴 가사가 시라고 생각하는 순간
말짱 도루묵이다.
노래는 노래가 되는 순간이 시이다.

이상

미학의 역사가 역사의 미학 이론에
지나지 않는다. 미학이 먼저일 때도
이론이 더 먼저일 때도 그것은 그렇다.
왜냐면 역사가 예상과 희망, 이성과
이상보다 먼저 역사+@이고 그것에 비해
이상이 논리적이라 늘 그것에 못 미치고
이성이 그것에 비해 철부지라서 늘
독재에 달한다.
역사가 가장 먼저 품는 것이 역사의 미래이다.
어쩌나 먼저인지 미래가 역사보다
먼저인 것처럼 보일 때도 있다. 착각이
아닐 때도 있다.

계기

알려진 온갖 역동적인
삼위일체들 말고도
응집이 감상을 품고, 감상주의를
면한 감상의 위로를 받을 때
미지가 응집으로
응집적으로 폭발할 때
폭발이 가까스로 응집 아니라
응집이 가까스로 폭발일 때
왜냐면
울음은 야만적이라 응집할 수 없고
눈물은 정교하기에 폭발할 수 없고.

군중 속 고독

여행에 대체로 실패할밖에
없는 것이 정신이다.
발이 국제를 전개할밖에 없을 때
정신의 눈이 신기한 것만 좇는 것을
우리가 대체로 여행이라 부른다.
이국이 민족을 극복하기는커녕
이국풍이 민족성을 더 강화한다.
국제 없는 이국이 결국 죄다
국제 없는 민족이고 국제 없는
만족이 그럴 리 없는 민족주의이지.
여행은 대체로 그럴 리 없이
중세 쪽으로 한 백년 더 물러난
백성 혹은 종족으로 돌아온다.
한글과 한국어로 글을 쓰는 나한테는
동네 산보가 훨 낫다.
민족에 없을 리 없는 국제를 만끽하는
발이 정신을 가르친다. 그 열림을

사실은 우리가 여유라 부른다.
책상에 앉아 손으로 산보하고 싶은
유혹만 떨치면 된다. 손이 아직도
정신의 일에 가깝고 아직도 이국 여행
민족주의가 대중적이고 위력적이다.
여행전문가들 늙어서 이따금씩
여행은 국내 여행이 최고라는 말을
하는데 해외여행의 맥빠진 축소이다.
산보의 만년이 아니다.
산보가 발로 쓰는 산보기이다.
발이 진정한 군중 속 고독이고 산보가
그것의 진정한 극북이다.
여수 밤바다가 인간적으로 여수
밤바다이다.

상처

교리가 맨정신의 삼위일체를 향하고 신비가
제정신을 요한다.
처음부터 하나인 뭔가가 없이는 시의 시작이
불가능하다.
상처가 여럿으로 찢겨도 찢긴 하나이다.
갈기갈기 찢길수록 더 깊은 하나이다.
상처의 삼위일체.
그러나 시인은
예수와 다르지.
적어도 제 상처보다
오래 사는 굴욕을 견디는 것이 시인이다.
물의 명명이 물을 능가할 때까지.

선택

아주 작고 가볍고 낭창낭창 접힐 정도로
얇은 포켓북 하나를 가을이면 양복 상의
주머니에 넣고 다니며 틈틈이 읽는데
올해는 그게 무겁다.
왼쪽이면 왼쪽으로 오른쪽이면 오른쪽으로
몸이 기운다.
버텨줘야 할 정도보다 약하게
미세하게 기우니 더 성가시게 무겁다.
별 차이가 없는데도 둘 중 하나를
택해야 하는 일이 많아진다.
약동하는 생명이 부르르 떠는 낚시 손맛
여가 선용은 너무 잔인하다.
아주 작은 생계의 투망이 더 문명적이지
먹는 건 회 쳐 먹든 끓여 먹든 졸여 먹든.
기울기가 미세할수록 다양한 파생이다, 미래
선택들의. 미래가 선택의 미래이게 선택이
미래의 선택이게 하며, 실패의 운명 너머
의미를 형상화하면서.
타개할 생각이 없는 생각은 타개할 길이
없는 것만 생각하느라 왕성하고 그것이
없어야 할 것만 생각하느라 더 왕성하다.

결혼식

젊음의 새까만 발산에 주례가
튕겨 나갈망정
귓속말도 헤플 수 없는
사랑은 끝없는 응축이다.
주례 앞에서 주례 없이 하객 앞에서
하객 없이 죽은 것처럼
신랑 신부만 있을 때까지도

주어 없는 어떤 수줍음.
사랑은 끝없는 응축이다.

노블리스 오블리제

사라지는 것이
사라지기 위해서는 아닐지라도
사라진 것이 사라지는 일의
결과는 아닐지라도
섬세 유약 선병질, 신경과민
물론 아니고 마지막을
장식하지 않고
번역하는 그러니까
감당하는 그러니까
앙팡 테리블 아니고 내용이
고전적 형식인.

소리

너의 노래가 나의 죽음 안으로 들어와
뒤돌아보지 않고 나를 죽음 밖으로
데려가지 않고 너의 노래가 내 안에 묻어
나는 식으로 내가 내 죽음을 산다. 너와
나 사이가 소라 껍질. 너의 죽음과 나의
죽음이 그만큼 다르다 오르페오, 너의
노래는 너와 달리 혼동하지 않는다.
짐승들이 네 몸을 갈가리 찢지 않았다.
에우리디체, 에우리디체… 갈가리 찢긴
너의 노래를 봉합하는 슬픔의 소리이다.
에우리디체, 에우리디체…. 그러므로
모든 소리가 슬픔을 소리 내려고 소리인
소리이다. 소라 껍질 속이 어두워

산 자들의 하늘보다 깊다.

희망

자연으로 말하자면 인간이
아직까지는 희망이 전혀 없다.
잘한 것이 못한 것보다 더 많은
사실이 희망이거든. 과거의
미래이다.
인간에 대해 인간이 다행하게도
희망이 있다면 그것으로 한참을 더 가야
자연에 대해서도 희망이 있는 희망의
미래가 있을 수 있다.
죽음도 희망일 수 있다.
죽음이 가장 천박하게 활동적인
희망일 수도 있다.
세기의 첫해가 세기말보다
새롭게 불안해서 더 불안하다.

옛날 디자인

오래된 시리즈는 오래전 죽은 이들에 비해
죽지 않고 오래된 이들 글이 단순해 보인다.
생의 전쟁이고 이즘의 테러, 단문이 난무한다.
뒤가 앞의 주석 같다. 그럴 리는 없지.
죽음이 어떤 복잡한 문체처럼 보이는 것.
오래된 시리즈가 오래되어 비로소. 문법 없는
죽음이 문체만 나이를 먹은 것처럼 보인다.
우리가 읽은 모든 책을 다시 읽게 만드는
그 문체는 앞이 뒤의, 뒤가 미래의 주석이다.
문체는 죽음의 문체도 미래에 속한 것이 있다.
그래서 저쪽 대가들 선이 이쪽을 넘나든다.

그것이 없는 교과서는 디자인의 지겨운
실패 타령에 지나지 않는다. 심화하는 것은
옛날 디자인이지 사진이 아니다. 그렇게
현대의 위대가 시작되고 끝난다.

가정 소설

조금 더 오래 산 것이 조금 더
멀쩡했다는 뜻?
멀쩡한 것이 응집이다.
결론만 있다.
결정적 차이로서.
가정 비극이 가정 소설이려면.
절정 아니라 결정이
결론적 아니라 결론이 훗날 결정적인
순간들만 있다.
여섯 명의 젊은 선배 남녀 소설가들이
어린 후배 여성 소설가의 결혼식
축가를 부른다.
잘 부르지는 않는다.
저희는 소설가들입니다, 그렇게
밝히고 부른다.
어린것을 위해 젊음이 늙어간다.

과학의 진보

자연에서 발견한 과학으로
자연을 가르칠 수는 없다.
가학과 피학의
독특한 취향으로는 더욱.
자연의 분석은 끝까지 자연의
분석이다. 자연의 옷이 아니다.

처음부터 틀린 주의는 없다.
과하게 옳은 것이 반드시 틀린다.
발명을 벗으며 탄생한 과학이
발견 너머로 나아간다. 옷은
가끔 참신하게 느껴지는 요염한
데스 터치의 중세 같은 것.
끝까지 가는 유행은 없다. 유행도
유행의 끝까지 가지 않는다.
과학이 나아간다.
유행이 유행 아닐 때까지
자연을 배우고 배움이 가르치는
과학의 진보가 멈추지 않는다.

칼레의 시민

혁명을 이룩하는 위대한 정신의 극치를
1384년 당시 칼레의 시민 대표 여섯 명이
보여주는 것은 아니다.
시민혁명이 자본주의로 전락하는 것을
막을 어떤 고결이 처음에 있었다는 것을
그들이 보여준다.
1889년 로댕의 기념상 〈칼레의 시민들〉은
윽박지르는 점령군도 잉글랜드 왕도
학살당할 위기의 칼레 시민들도 없다.
목에 교수형 밧줄 감고 성문 열쇠 들고
출두하는 대표 늙은이 여섯 명만 있다.
늠름한 애국 영웅의 모습 없다.
육신을 기괴하게 허무는 죽음에 대한
거대한 공포가 죽음 너머 공공을
뼈아프게 고양시킨다.
밧줄과 열쇠, 너무 굵고 너무 투박하고
너무 노골적이다.
메마른 흙으로 빚은 듯한 어떤 비참의

표정이 가장 질긴 근육의
표정을 능가한다.
각각의 자세의 지리멸렬이 죽음의
행진의 질서 정연을 능가한다.
고결의 극치이다, 이미 늦은,
자본주의가 전락을 거듭할 무렵의.
한적한 공원으로 밀려났다가 칼레 시청
앞으로 옮겨졌을 때 1.5미터 높이
받침대를 두어야 했다.
시민혁명 자체가 흙을 밟지 않는
자본주의의 공공 기념물로
전락한 지 오래였다.
그나마 다행히 로댕도 모종의 극치이다.

이후의 형상

피의
육체도 거룩도
상처도
생애도 죽음도
이야기에
지나지 않게끔
형상,
십자가
형상이 되려는
십자가
형상
이후의.

밤샘

밤이 통유리창 바깥에 있지 않고

온전히 내 안에 있는 밤샘이다.
바깥에서만 보이던 별들이 바깥에서도
보이지 않는다. 그렇다. 별들이
회상이다. 반짝이지 않고 묻어난다.
지친 아침이 더 지친 노년의
나를 재운다.

생활

바로 아랫집이 내부 수리 중인데
간간이 무슨 드릴 소리 같다.
아랫집은 아랫집 안에서 기껏
갈고 닦고 부수고 새로 지을 뿐인데
우리 집은 슬그머니 다가와 바로
내 허리를 뚫는 드릴 소리 같다.
아픔이 없는 만큼 충격이 크고
한번 시작되면 돌이킬 수 없을 것 같다.
층간 소음은 양반이다. 허를 찌르기는커녕
프라이버시 침해도 없지 않나?
혼자 있으면 더욱 아랫집 내부 공사가
우리 집 공과 사의 경계를 허문다.
그런데도 우리는 언젠가부터
양해를 바라는 16절지 엘리베이터
벽보 한 장으로 쉽게 양해하지 않나,
층간 소음은 노동 문제가 아니라는 듯이?
층간 소음도 노동 문제이다, 생활의.
아랫집 실내 공사로 윗집이 무너졌다는
소리는 들은 적이 없다. 층간 소음으로
층이 무너졌다는 소리는 더욱.
무너지는 것이 대개 위가 잘못되어 무너진다.
노동 없는 신경의 과민은
쓸데없이 무겁고 복잡하다.

격세
—강금실에게

무슨 유명 감독 다큐멘터리를 같이 보자고
묘령의 여인이 이화여자대학교 아트하우스
모모로 오라는데 뒤에 붙었으니
모모는 어쩔 수 없이 고유 명사이다.
이화여자대학교 안 가본 지 한참 되었다.
대학생 때는 재학보다 더 많은 시간을
그 앞에서 죽쳤다. 이화여자대학교 여대생
애인 하나 없이. 아내도 이화여자대학교
출신이 아니고 그때 내 눈과 코와 귀가
탐닉하던 이화여자대학교 기억나지 않는다.
격세가 그래서 격세이다.
다만 지금은
줄여서 이화여대 더 줄여서 이대
그 말이 나의 모교 같다.
기분 좋은 성 정체성 혼란으로
격세가 격세이다.
어떤 시사도 묻어나지 않는
격세가 유년에 제일 가깝다.

옛날에 자서전

너무나 사랑하는 어린 여동생을 여의고
언니는 사는 일이 어이가 없다.
가슴에 품은 죽음이 더욱 가파르게
어이가 없다.
한 많은 여자의 생애를 다 살아야 하는 일이
갈수록 아무래도 더 애석하지만 무엇보다
여동생의 죽음이 애석하지 않을 때까지
살아갈 것이 어이가 없다.
옛날에 옛날에… 그 말을 언니가 되뇌인다.

딱히 무슨 근사한 추억 있어서 아니라
심지어 거기 어린 여동생 죽은 사건이
잠복해 있는데도 옛날에. 옛날에…
그 말의 방향, 지금 벌어지는 모든 일을
돌이킬 수 있을 것 같은, 강할수록 좋은(왜냐면
동생과 함께 할 수 없고 하나일 수 없지만
서로 바뀐 것일 수 있는) 느낌, 더 나아가
지금이 바로 옛날 같은, 희미할수록 좋은
(왜냐면 언니의 생애가 동생이 쓰는
자서전일지도 모르는) 생각이
오로지 위로인 것처럼.

똑 부러진 관계

원작을 1/3로 줄인 제임스 조이스『피네간의
초상집 밤샘』을 샀다. 읽겠다고 산 것이 아니다.
강[^]인 아내의 뜻이 뭉그러지며 음악이 되는
말로 단 하룻밤 꿈꾸는 인간의 역사 전체와 흥망의,
혹은 발기와 발기 불능의 영원 순환을 어떻게,
뭐 하러 줄이냐?
오래전부터 갖고 있던 줄이지 않은 펭귄 판을
이러면 읽을 수 있을 것 같아서 샀다.
전경과 배경의 똑 부러진 관계가 필요하다.
고질적인 눈병과 간헐적인 가난의 집중적인
17년을 요한 이 소설을 다 읽고 나면
어떻게 줄였는지 궁금해질 수 있다. 요약본
해설도 그때 읽을 것.

아포리즘

과거를 부수고픈 욕망을 극복 못 하면
결국 무너지는 것은 미래의 전망이다.

그리스 고전 비극 번역

그때 객석에 번지던 전율을 지금 번지는 전율로
기쁨을 지금의 기쁨으로 슬픔을 지금의 슬픔으로
고양과 추락을 지금의 고양과 추락으로, 알아먹을
것을 알아먹을 것으로 그게 아닌 것을 아닌 것으로.
즉, 무대와 관객의 고전적 관계를 현대화하는 것.
고전이 현대에 달할 때까지 오지 않고
현대가 고전에 달할 때까지 거스르지 않고
계속 흐르지 않고
온 만큼 더 나아가는 일.
그리스 고전 비극 언어가 그리스 고전의
과거를 복원하지 않고 그리스 고전 비극이
역사 발전 미래 언어의 담보이다.
우리가 적어도 그리스 고전 비극 번역은
되어야 한다. 늦은 역사 발전에 가장 먼저
고졸해지는 언어가 고전이다.
운명 아니다. 번역이다. 역사의 번역 아니다. 역사
발전의 번역이다.
죽음의 우주적인 비극이 지상의 국가적인
비극으로 다시 실내의 가정 비극으로
심화하지 않고 오히려 가정 비극을 앞선
비극들이 가슴에 품는 현대가
어느 시대에나 있기 마련이었다 해도.

추석

익혔지만 냉장고 속에서 차갑게 굳은
기름 엉긴 양지머리를 젓가락으로
분쇄하며 먹는다.
여름에는 더운 국에 넣고 밥 말아
먹는 것보다 더 맛있는 방법이다.
기름 아니라 젤라틴이지.

하긴 냉장고야말로 생명의 무덤이다.
제사 음식이 대체로 식어도 괜찮고 종종
식을수록 괜찮은 것은 생이 살아서
산 채로 죽음을 받아들이는 썩 괜찮은
방식이다 그 방식이 여전히 아니
갈수록 유효하여 내가 나를 나의 제사에
조금씩 길들이는 동안.
추석은 풍요와 성묘의 계절이다.
돌아간 이들 올 수 있든 말든 상관없이
오랜만에 만나는, 아직 사느라 고생인
식구들 서로에게 소중한 기회이다.
추억도 산 자들 소용이다.
추석이 지나면 음식의 제사도 끝난다,
추석이 제사 음식이다.

먼 훗날

오래될수록 의식하지 않아도
책들이 지들끼리 모여 비로소
이름이 출현하는
출판사가 좋은 출판사이다.
작품들이 작품들끼리 필자들이
필자들끼리 지들끼리 모인다.
형식의 내용인 출판사 아니라 내용의
형식인 출판의 전집이 먼 훗날이다.
6주기 추모 행사에 간다.
5주기 다음 10주기 20주기도 아니고
솔직히 지겹지만 어떤 때는 느닷없이
복고적이고 황당하게 시대착오적인
끝에 일제 없는 일제 시대 민족 없는
민족주의 대상 없는 비분강개가 구한말
품위만 남은 문체에 못미친단들
우리가 미치지 않는 것은 이야기가

끝나지 않아서 아니라 이야기가 끝나지
않는 이야기라서 아닌가. 막차 타고 떠난
가족 여행에서 믿을 수 없이 돌아온
노년은 엄청 새롭게 피곤하다.
젊은것들의 문제를 젊은것들끼리
풀어야 할 일로 정해주고 나서도.
요즘은 아는 작곡가의 새로 듣는
음악이 아는 음악보다 더 좋게 들리는
재미가 쏠쏠하다 특히 슈베르트.

김 맛

서양에서 영양 간식으로도
인기라지만 그건 아니지.
바삭바삭한 김은 한 장 한 장
따순 쌀밥 한 숟가락 정성스레
싸서 먹는 소리.
한 입 한 입 섭생이
가장 맛있고 옳은 소리.
따듯한 백과 서늘한 흑의
비리지 않고 짭짤한
조화가 처음부터 끝까지
있는 소리.
김도 갓 구운 김 아니고
김 맛인
소리.

기하의 종말

밤하늘에 붉은
교회 십자가
두 개.

십자가 도처
유일하지 않으면
무슨 십자가?
피 흘리는 거룩이 어둠을
수놓기는커녕
아름다움의 기하는커녕
어둔 지상이 더
어두워지는 것을 경쟁하는
서로의 능멸인
연이은 교회 십자가
쌍.

들어온 바다와 나간 바다

조망이 좁으니 바다가 졸렬하더군.
나무들은 아무리 **빽빽**해도 가리는
역할에 젬병이다. 묘한 생명체이지.
바다에서 검게 적셔지면서도 눈앞
도처 섬들의 풍경을 제 몸으로 펼치는
배경으로 제격이고 그것이 아니면
바다가 친절을 모른다. 흐려지며
움직이고 맑아지며 움직이지 않는다.
도시 상공과 달리 구름이 누구의
말을 들을 것 같지 않다. 트램펄린하며
늙은 마누라 여고 시절로 돌아가
균형이 **삐끗삐끗**하다.
'문전옥답' 실감 난다. 바다와 집 사이 정말
금싸라기 땅이 논이네. …아내는 벼 익은
논 색깔이 제일 아름답다고도 했다.
아내가 재료 일습을 챙겨간 한우 등심
바비큐는 최고였고 낮에는 먹자골목보다
오로지 먹기 위해 사는 전언이 더 분명한
격포 백합조개죽 맛집 거리를 들렀다.

언제인지 몰라도 분명 옛날 그대로인
거리에 딱 하나 건물이 간판을 위해
간판이 메뉴를 위해 있는 것이
눈물겹게 후지다.
유명 사찰 앞에도 이런 데 흔하지만
그건 일부이지. 여긴 전부이다.
먹고사는 일의 내장 같고 통째
내장탕 같다.
1948 여순 반란 사건의 여수 음식 순하고
사람들 순해서 중심가 풍경도 순한 쪽으로
안정감 있다. 반란의 역사 사진 왜곡이
가장 심하다.
들어온 바다 여행은 삽교역에서 단절되었다.
1979년 박정희가 여기서 무슨 준공 테이프를
끊고 상경하여 청와대 안가에서 놀다가
피살되고 그 얘기는 없고 2014년 프란치스코
교황이 천주교 성지 해미읍성 미사를 마치고
이 역에서 기차를 탄 기념비가 세워져 있다.
박정희 사망 이후
삽교역 아직 화물 위주이지만
공단은 박정희 특유의 헝그리
검은 끈기를 잃고 아직 마을 규모이다.
공원들 먹는 식당 음식 고기 양이 많다.
거의 동떨어진 삽교역을 다시 찾느라
시골 밤길을 아내와 한참 헤맸다.
단절된 여순 반란과 박정희, 들어온 바다와
나간 바다를 다시 이으려면 공단 마을
이상이 필요한 것처럼.
역사 안까지 기어들어와 허리를 밟히고
곧 죽을 것이면서도 죽지 못해 계속 바닥을
기는 이름 모를 갯벌 벌레들도 그렇고
역사보다 더 황량한, 갯벌에서 바지락 캐는
일꾼 집단의 생계도 보았다.
인육도 팔 것 같은 동네 정육점도 보았다.

아내와 내가 삽교역에서 탄 것은
말로만 듣던 그 유구한 장항선 무궁화호였다.
하루 쉬고 성묘를 가야 하지만 이만하면
달라지는 것도 달라질 것도 하나 없을 것이다.
공동묘지 무덤들 여전히 가파를 것이다.
저 멀리 겹겹 산들이 강을 끼고
인간들 사는 모양 닮느라 완만해지는 모양을
다시 닮으려면 개인의 죽음이
한참 더 있어야 한다.
가져가세요 편안함을. 두고 가세요 근심,
걱정을… 멀쩡한 통유리창에 그렇게
괴발개발 써놓았고, 이모뻘을 언니라 부르는
여덟 살짜리 주인집 딸이 따라다니며
어찌나 친절하고 똑똑하고 예쁜지 어딘가
귀신 같던, 펜션이 가장 오래 기억에 남는다.
당분간은.

뜻의 모양

파주 갈릴리농원
나무들은 파주 개발보다 더 오래되어
우람하지만 무참하다.
혹시 파주보다 더 오래된 것처럼
나뭇가지 자세가
고아하지만 무참하다.
몸통 자세가 하늘로 드높이 양팔 벌려
도저하게 항복하는 자세이다.
파주 갈릴리농원 근처에 민물장어
양식장이 있고 주말이면 4, 5천 명이 와서
각각 한 마리 이상씩 장어를 굽는다.
느끼해서 두 마리 이상은 좀체 못 먹는다.
벌판처럼 널찍널찍한 실내와 더 넓은
주차장 말고 흡연이 가능한, 황량한

바깥은 도처 장어 내장 썩은 냄새가
장어 굽는 냄새를 압도하는 수챗구멍이다.
구약의 야훼가 식용으로 허락한 물고기 가운데
민물장어가 들어 있는지 나무들은
모르고, 무참하다.
신약의 베드로가 그물을 던지던
갈릴리호수에 민물장어가 살았는지
나무들은 모르고, 무참하다.
나무들 모양이 십자가 아니다.
나무들 언어가 바로 십자가이다.
파주 갈릴리농원 개업한 지 17년 되었다.
저녁 여덟 시 어둠 속에 아직 굽지 못한
가족들이 줄을 서서 기다린다.
그 모양이 십자가 아니다.
그 언어가 십자가인지 아닌지
인간들은 도저히 알 수가 없다.
언어라는 맹목의 믿음에 금이 갈 때
문학이 시작된다. 문학의 종교도 시작된다.
소리 모양의 언어인 음악도 음악의 종교도
색 모양의 언어인 미술도 미술의 종교도
시작된다. 뜻의 모양이 없는 것이 악이다.
무의미를 위하여 숱하게 모인 것으로
판명 난 언어들이 메말라 돌이킬 수 없는
상태가 역사의 과거이다.
우주가 우주의 과거를 품은 것처럼
역사가 역사의 과거를 품은 것은 아니다.
인간은 재주보다 운이 더 중요하다고
말할 수 있는 시절이 미래였을 뿐이다.
기도가 지나친 서정의 수습도 지나
염습에 지나지 않는다.

호우 경보

위태롭게 낮고 왜소한 섬에 있었다.
세찬 태풍 소리가 방을 차올랐다.
안온이 차가웠다.
형장의 이슬처럼. 우리 부부는
형장의 이슬로 사라지지 않고.
옆방의 젊은 애들 게다가 어린 것들
무사한지 이러다 잠기는 것 아닐지
불안하여 잠 깨고 잠 깨어 불안하다.
우리 부부는 서로의 몸을 더 파고들었다.
왜 이슬로 사라지지 않고.
폭우 그치니 하늘과 바다
구름도 서로를 비추는 듯 맑다.
아이들 아직 새근새근 자고 있다.
최소한 남에게 해를 끼치지 않고
사는 법을 좀더 꾸준히 가르쳐야 한다.

부의 탄생

두터움, 깊어지기 위한 온갖 세세의
치밀한 실험이 실패를 심화한 후에도
길게 보고 짧게 보는 것 없이 길수록
복잡해지는 복잡의 질감으로서.
참사들이 예상 밖으로 튀어 나가도
그게 참사의 원래 성격일 뿐
예언은 예언으로서 문제가 없다.
너무 없어서 문제이다. 너무 이르고 너무
비관적이고 너무 딱딱 들어맞아서, 그리고
예언을 향해 가는 사회의 속도가 너무
느려서 사회가 스스로 지겨운 것이
문제이다. 이래서는
예언이 또 다른 예언을 낳을밖에 없다.

예언의 세계관이 예언을 앞지를밖에 없다.
19세기 사회학이 당당한 19세기 역사였고
20세기 사회학이 가까스로 20세기 역사였고
나의 21세기 역사도 사회학도 없을 것이다.
설마 역사와 사회학만?
더하고 뺄 것 하나 없이 죽음이 가장 고요한
죽음보다 더 고요한 언어로 죽는다.
언어가 가장 시끄러운 언어보다 더
시끄러운 죽음으로 살아남는다.
정치경제학
먼저일수록 유독 가난하고 튼튼한
내 손발의 과거이고 무게이고 이미지이다.
농업사회주의? 농업자본주의가 농업
사회주의보다 더 사회주의적이고
발레 이야기가 발레 슈즈이다.
왜냐면 에덴에서 추방되어 서로 끌리는
슬픈 몸이 두 개나 있다.
음악 이야기가 음악 실내이고 실내
이야기가 실내 기기이다. 왜냐면
슬픔이 유독 명도 아무 소용이 없다.
무명도 아무 소용이 없다.
세계관 탄생이 세계관 죽음이다.
나머지는 오히려 나날이 먹고사는
이야기가 나날이 먹고사는 뉴스이다.
죽음이, 죽음의 초라한 모습인 가난의
우연한 돌출이나 전쟁이 사회주의 아니다.
우연의 연속이 개인의 죽음이지.
각각의 생이 살아 있는 동안 제 안의
가장 내밀한 죽음의 개인을 극복하는
공공의 모든 연대가 사회주의이다.
그것이 지상에서 지상으로 영원한
형식이 부의 탄생이다.

단풍

생각이 결말에 가닿으려 하지 않는다.
모든 게 생각과 다르다. 너와 내가 함께
잃고 온 것이 생각보다 많다. 이렇게
우리가 걷는 것이 마침내 함께 걷는
것이라고 해도 교정에 가임의 분 냄새
하나 없다. 뻘쯤하게 살갗만 살짝 달뜬
더위. 몸이 가장 생각과 다르다. 돌아간
적 없는 고향 사투리만 생각과 다르지
않다. 이제 정말 마지막이고 단풍, 그
옛날에 이미 찬란하게 저질러진 걸작
하나 누구든 있는 듯이. 이제 걸작의
완성이 남은 듯이. 아파트 입구 우편함
같은 서로의 손을 다정히 잡고 걸으며
너와 나 서로에게 복권 당첨된 생을
반드시 살아왔다고 하더라도.

헌정

민족주의를 벗은 모든 식민지 언어가
제국 너머 국제 언어이다. 이화여대
구내를 방대하게 파헤쳐 드러낸 모세
기적의 지하로 내려가는, 비장 없이 높은
계단 꼭대기에서는 유구 없이 기나긴
계단 저 멀리 해가 지듯 인구가 희귀한
것도 보인다. 더한 기적이지. 살아남은
것들은 모두 루저로만 살아남은 듯.
눈에 보이지 않는 모든 대학이 유쾌한
쇼핑몰이다. 눈에 보이는 모든 것이
전생의 경악이다. 2차 가야겠지. 새로
시작해야 이승으로 돌아올 것 아냐?
다음 차가 다음 차일 때까지 가는 거다.

경악으로 우리가 비로소 멀쩡하다.
기분 좋은 몸이 얼마든지 바뀐 것일 수
있다. 재잘대는 너의 옛날이야기가
정말 옛날이면 아름답던 것들 얼마나
아름답고 슬프던 것들 얼마나 슬플
것인지. 생이 얼마나 찬란할 것인지.
그러므로 헌정, 다음 차. 줄거리 아니라
보이는 것이 보이지 않고 보이지 않는
것이 보이는 속성의 육화가 소리인.
귀를 기울이는.

생의 죽음

살인이 권리 너머 진리일 때에도
행해질 수 없다. 아무리 사소한 살인도
저질러질 수만 있고 그래서
사소할 수 없다.
전쟁의 저격수도 평화의 불구대천
복수도 알지 못한다, 자기들이 없애는 것이
개개의 목숨 아니라 세계 전체라는 것을,
그리고 혹시 저지른 것을 알고 난 후에도
뉘우치기 전까지는 모른다
그것이 진리를 진리 따위로 만드는 것을.
마지막 수수께끼를 푸는 것은 생 아니고
죽음 아니고 죽음의 생 아니다.
생의 죽음이다.

미완의 탄생

미완의 19세기 작품을 20세기에
펴내는 것이 20세기의 번역일 때가 있다.
더 나아가 20세기의 20세기

작품 번역일 때가 있다.
19세기 생애가 다음 세기로 넘겨준 그러니까
20세기로 넘치는 미완이었던 거지.
이때 아니라도 번역은 미완의 완성이다.
돌이킬 수 없다.
원문으로 다시 번역될 수 있는
번역은 번역이 아니다.

별

자세히 봐.
표나지 않는다.
홀로 있지도 않다.
다만 미리 사라진
보답쯤으로
밤하늘 찬란
숱하다. 복수, 무수한
복수들. 마지막 장애가
차가움인 듯이.

보슬비

아침잠 덜 깬
독백은 좀더 축축해지고 싶다.
모국어,
낯익고 편안한 나날의
나날이 새로운 국면.
순수한 우리말은 결과의
대대로 닫히는 전대.
세상은 흐려서 좀더
축축해지고 싶은 현재.

차이의 탄생

아무리 어렵더라도 눈이 점을 오로지
관점을 통해서 벗는다. 발이 오로지
견지를 통해서 땅을 벗는다.
옳다고 생각하거나 옳기 위해서
처음부터 그 둘이 있었던 것은 아니다.
그 둘 없이는 공간인 시간을 벗을 수 없다.
보는 것이 그럴듯하지만 그것만으로는
시간인 공간을 벗을 수 없다.
이야기의 시간과 공간이 끝나는 순간
흔적도 없이 사라지는 견해를 관점 혹은
견지와 동일시하는 것은 편의적이지만
왜 어느새 견해는 차이가 원수를 부르지,
견해야말로 차이의 탄생이 민주주의
아닌가? 관념은 시간과 공간보다 더 벗기
어려운 것이 시간과 공간의 관념이고
관념의 관념인 이야기이지. 죽음이 그
배경이고 차이의 탄생이 구체의 생애이다.
우리가 우리 세계의 신화를 벗으려는 노력을
신화의 세계만큼도 하지 않는데
차이 없이 무엇을 할 수 있나, 아니
무엇일 수 있나? 종합도 이야기의 추상적인
하나의 관점에 지나지 않고 차이의 응집인
문장에 한참 미달한다.
이야기는 갈수록 이야기하고만 이야기로
이야기하는 치명적인 습관이 있다.
생이 이야기의 틈새 아니라 자양분이라면
이야기가 미래 이야기도 옛날에 옛날에
옛날로 걷는다.

쑥떡 쑥색

쑥색이 살아 있다.
식물 초록의
삽화에 지나지 않게 조금
짙어서 조금 더 무섭던
쑥색이 쑥떡 쑥색으로
살아 있다, 식물 초록보다
더 풍요로운 동네로.
이렇게 가도 음식 사전에
단어 '말살'이 없을 수 없겠지만
이렇게 가면 '무산'이 없을 수
있다, 쑥떡 쑥색
내 입술에 벌써
염색보다 더 낭자하다.
믿을 수가 없다, 내 어린 시절
굶주린 목숨의
쑥떡이 있은
사실.

각도자 반원

장가간 아들이 기관지에 좋다며 보낸
'자연을 담은 한약' 박스가 도착한 것은
마침 내 배에 맞닿은 내 책상 한가운데
길고 얇고 속 깊은 서랍을 처음으로
끝까지 빼내어 샅샅이 정리할 때였다.
오래된 출판계약서, 애매한 명함, 시효 지난
증빙서 공문서, 30년 전 첫 컴퓨터 사은품,
버려진 세월만 소중한 것들 말끔히 제하고
찾다 만, 반가운 것들 새로 간직하고 하필
그 아이가 국민학교 때 썼을 법한
투명 플라스틱 자들이 남았다.

아들에 대한 나의 추억은 나의 소용이다.
장가갔으니 아들은 당분간 제 추억도
챙기기가 버거울 것이다.
아들 이름 스티커가 붙은 삼각자를 가차 없이
버렸다. 일제 이전, 투박하고 조악한 물건이다.
닭과 새, 기린과 쥐 등 동물 도형과 원, 하트,
온갖 각형과 부호들을 조밀하게 제법
세련되게 오려 넣어 그릴 수 있게 한 것을
조금 망설이다가 버렸다. 그건 몇 년 전 내가
잠시 필요해서 샀던 것 아닌가? 어쨌든
선명한 윤곽들은 나의 동심에도 아들의
동심에도 도움이 되지 않는다.
딱 하나, 얇고 작은 윗 반원의 180도
각도자 남았다. 버릴 수 없었다.
아들 추억이 딱 하나 남은 것 같아서?
일제에 못 미치지만 반원의 각도는 조악하지
않지. 각도의 반원이 조악할 수가 없다.
그건 서랍 정리와도 같다.
아들과 내가 공유할 추억이 반드시
있을 것까지는 없지만 혹시 있을 수 있는
그 가능의 모양과도 같다. 아들의 어머니
아버지는 전쟁 직후 헤어지면 연락할 수단이
전혀 없던 때부터 여기까지 이렇게
무사히 이어져 왔다, 하나도 애매하지 않게.
한약 복용 안내는 이렇게 시작된다. 하루에
1회 복용… 복용… 중 너무 차갑거나 자극적이며,
기름진 음식, 인스턴트식품류는 방해…
한약만 먹으라는 소리 같다.

K-Pop

음악은 발랄한 것도 발칙한 것도 좋지만
걸그룹 춤은 어지러워도 끝까지 멤버

각각을 보아야 한다. 아무리 난하여도 섹시하고
아무리 섹시해도 앙증맞게 예쁜 소녀이다.
완고하지 않으면 나이 든 사람도 얼마든지
찬탄하며 얼마든지 안도할 수 있다.
횡재하는 거지. 그러나 떼로 보면
동작의 반복이 슬픈 허리의 중노동 같다.
허리가 가늘지 않고 온몸의 요염과 농밀이
기괴한 인형 같다.
걸그룹들을 숱하게 보면 아름다움이
생의 재앙에 다름 아니다.
끝까지 떼로 안 볼 수 없나? 나는
단어 'K-Pop'이 시장 국내와 국제적으로
떼로 볼 것을 부추기며 팽배하는 소리로
들리고 나라도 그렇게 보지 않기를
마지막으로 바라는 지경에 이르렀다.
전부 내 손녀뻘 아닌가.
소녀시대이면 되고 걸그룹 전업적인
대중가요 예술이면 된다. 걸그룹
순수 예술도 물론 있을 것이다.
그 나이에 벌써 결과적일 리 없으니
한국적일 수도 필요도 없다.
걸그룹들을 숱하게 보면서 6·25를
겪지 않은 나는 어리고 청순한 아름다움이
겪는 전쟁 비극 같은 것이 가슴에 시리다.
집단에 집단적으로 광적으로 열광하는
소녀 팬들 또한 내 손녀뻘 아닌가.

다이어트 물物

손톱 발톱 깎으니 가뿐하다.
몸무게 아니라 몸의 무게이다.
유언보다 더 무거운 것이
정신에서 **빠져나갔다**.

서늘하다. 어느새
깎음이 물이다.
백발삼천장, 심히 부대끼고
헷갈렸겠다. 아니지. 세월이 제
유언으로 흘렀다.
처음부터 흐름이 물이다.
그렇게 열네 살짜리 배우로
시인이나 소설가가 되기를 바랐던 한스
안데르센의 꿈이 좌절된 것은 아니다.
처음부터 이름 '한스'가 그랬고 일찍이
20대 말부터 쓰기 시작한 자서전 제목이
결국 '나의 생애 동화'였다.
흐르고 보면 동심으로 정신 분열된
광대 연기의 물이 바로 동화이다.
가난하지 않지만 가난해야 했지.
호화 호텔과 부자들 저택 침실을 누렸고
육십 전에 자기 침대 하나 없었다.
여성들이 그토록 그에게 다정했고 그가
독신으로 생을 마감했다.
흐르고 보면 그에게서 평생 굶지 않기를
눈이 멀면 맨정신의 언어 마법이 어둠 속에
이어지기를 바란 제임스 제임스, 제임스
조이스까지 멀지 않다.
어릴 적 꿈이 명가수이던 그의 음악의 물,
작품도 생애도 작품의 생애도 멀지 않다.
찢김의 물이 있다. 방향의 물이 있다.
슬픔의 물이 있다. 웅집의 웅집이 물이다.
차라리도 그것은 그렇다.
오리지널이 오리지널의 파괴일밖에 없는
오리지널의 심화이다. 돌이킬 수 없으나
얼마 가지도 않아서이다. 결국 보다 마침내가
이 정도로 빨리 덮칠 줄 몰랐던 문장들이
죽음의 물이다. 그러나, 그러므로
숟갈은 죽음의 물의 상상도

초월하지. 오래된 숟갈은 적어도 몇백 년 전
숟갈이다. 온전 이전 세기를 넘어온 적 없고
우리 세기로 넘어올 생각 없고 다음 세기는
아예 개념이 없다. 죽음이 보기에 난해하여
더욱 강력하다. 그리고, 오래 사용한 숟갈이
오래된 것으로 보이지 않는 습관이 구석기
나무 숟갈부터이다.

선배

통유리창이 들리지 않게 덜컹대고
두드러기 몸이 으슬으슬 춥다. 가을
이다. 환갑 넘긴 평균 평수 아파트가
생가로 돌아가려는 모양. 햄릿, 너의
요절을 품고 요절의 세 배를 살지만
네가 더 오래 산, 산 것이 죽은 것인
뉘앙스. 내가 죽은 뒤의 근거가 자리를
잡는 자연스러움. 중세의 괴물인
여성의 아름다움. 정체성이 분열하는
정체성 집착. 이상할 정도로, 이상한
만큼 따스한 생가. 내 안의 나의 선배,
핵심 아니라 나를 음악이게 하는. 죽은
너를 내가 살지 않고(뭐 하러?) 죽은 나를
네가 사는. 피아노 연주 감동, 그제서야
모든 것을 알게 되지 않고 그제서야 모든
것을 아는.

종전 이론

이제는 정말 과거가 해석 아니라
해결되기 위해 있다. 참극을 예상 못 한
이론들이 당황하지 않고

이론들의 역사를 거듭 종합하며
참극의 해설에 나선다. 삽시간에
참극이 베스트셀러와도 같지.
어느 비평가도 예상 못 한 베스트셀러
출현에 숱한 비평가들이 나서는
뒤늦은 원인 분석들의 담합이 해결이고
그 손쉬운 장사보다 더한 난공불락이 없다.
서로의 책임을 묻지 않는데 누가 스스로
자신의 책임을 묻겠나? 그래서 과거가
이론의 상아탑 밖에서 해결될 수 있는
과거만 있다. 생이 스스로 자신의 질을
드높이는 생밖에 없다.
벌써 이런저런 교양도 탐탁지 않고.
종전 직후 새로운 전쟁이 시작된다.
예상컨대 전과 같은 참극은 없을 것이다.
이론도 이론 비슷하던 창작도
생이 스스로 생의 질을 높이는 책임을
통감하는 이론과 책임의 통감 그 자체인
창작이 있을 것이다. 파탄이 파탄을
해석하고 해설할 뿐 변명하지 않는다.
하산 이래 예찬의 속죄양과
희망의 절망과 곡예의 구축과
탈— 너머 비— 인간적인 마지막
이론이 있을 것이다.
아무것도 아니라고 생각하면 아무것도
아닌 것이 아무것도 아닌 것이니 조심.
되다 만 것이라고 생각하는 순간 되다 만 것이
쓸데없이 중요해질 수 있으니 잡다하게.
진짜 전체는 보이지 않는 그것이
망가질까 봐 보이는 부분들을 뒤적거리기
망설여지니 과감하게.
크든 작든, 개인이든 집단이든
모든 희생은 끝내 희생 자체를 스스로
의미화하면서 희생된다. 억울한 것은

모든 죽음이 희생인 것을 모르는
상실의 산 자들이다.
왜냐면 무능한 참사 해설자가 사이비
예언자를 공범으로 끌어들이기도 전에
우리가 복잡할수록 어둠에 환호한다,
종전 이론의 완성을 위해서도 종전 이후는
전후 세대가 이끄는 것이 마땅하다.
전쟁 세대가 전쟁의 노년을 맞는 동안
전후 세대가 전쟁 세대의 젊고 새로운
만년 작으로 들어선다. 종전을 가장 오래
기다린 세대인 점 하나만으로도.

현대 이론

연극이 인생의 중력이던
사실이 사라져 하릴없다.
우는 것이 우는 것 아니다.
웃는 것이 웃는 것 아니다.
우는 것이 웃고 웃는 것이 우는
블랙코미디 아니다. 왜냐면
블랙코미디가 블랙코미디 아니다.
우리가 연기하지 않고
연기를 갈구한다. 왜냐면
배우 연기가 배우 연기가 아니다.
비참한 북한의 핵 위협을 블랙코미디로
즐기는 TV 뉴스도 가난한 산천경개를
발로 구경하는 여행도 신물 난다.
바닥을 치는 것이 바닥을 치는 것이
아니니 사는 것이 사는 것이 아니다.
그렇다. 바닥이 우리를 치는 지경에
이르렀다. 현대가 현대가 아니다.
여기서 다시 시작할밖에. 그러면 이제는
두 개의 음악을 동시에 들을 수 있다,

하루 종일도. 귀가 따로 듣는 것은 양손이
서로 다르게 노는 피아노 연주와 전혀
다르지. 그건 19세기 이전이다.
이제는 우리가 우리의 사랑도 아직
본 적 없는 연극이고 끝내 펼쳐보지 않을
여행 책자일 수 있다.
삽화가 그냥 울긋불긋이다.
제국이 그림자에 지나지 않고, 배경으로
물러날수록 압도적인 단점은 여전하다.
누구나 생은 자신의 천재를 모를 만큼
만연으로 희박하다. 폭발도 희박하다. 모든 것이
모든 것의 후유증에 불과해 보인다.
젊은 생이라고 다를 것이 하나도 없다.
이제까지 줄거리가 스스로 조금
거추장스러워질 뿐.

진행의 탄생

대문자 신을 죽이지 않고
죽어가게 하는 것은 수필 장르이다.
죽어가므로 죽지 않는다. 수필답지 않게
어영부영 그렇게 되는 것 같지도 않다.
처음부터 작정하고 어영부영한다고
볼 수도 있다. 사실은 죽어가는 대문자 신의
몸 진행이 수필이다.
악마의 장르? 대문자 신이 없으면 악마가
무슨 수로 있나? 수필은 악마가 죽어야 할
목표이다. 죽여야 할 목표는 아니다.
수필은 상처를 상처보다 총체적인
상처 진행으로 아주 조금씩 치유한다.
대문자 신이 아주 조금씩 죽어간다. 왜냐면
대문자 신이 세상의 상처 그 자체이다.
수필 장르가 끝나도 세상이 끝날 때까지

대문자 신이 죽지 않는다. 왜냐면 세상이
끝날 때까지 세상의 상처가 끝나지 않는다.

접시

숟가락, 젓가락 꼬챙이, 밥그릇, 냄비, 진공 포장
비닐 뚜껑 등등은 아무리 비싸도 소용이 없다.
설거지가 품위 있으려면 접시가 중요하다.
미끈한 접시를 더 미끈하게 돌리며 세척을 하면
세척도 미끈하고 품위 있는 '접시' 뉘앙스이다.
뒤늦게, 식사도 그랬던 것 같다.
감방에서는 아직도 '접시'가 사기의, '접시
돌리기'가 사기 행각의 은어인가? 거기는
식사에도 설거지에도 접시가 없었다.
그럴 리 없지만 접시는 접시들 아니고
접시이다. 감방살이 후유증,
설거지로 접시를 돌리면 하찮은 생한테
하찮은 사기를 치는 느낌이 나쁘지 않다.

운동의 만년

만년에 가장 걸맞은 수공업이 글쓰기이다.
형편없는 글이 바로 형편없는 행동이지.
천만 명의 집회로 형편없는 정권 대신
들어선 직접 민주주의 정부가 적폐 청산
꽤 잘하고 있다고 보는데 일인 시위, 일인
단식 농성의 수공업이 다시 등장한다.
육십 대 칠십 대 팔십 대 운동권 전설들의
왕년이 속속 현역으로 복귀하는 거지.
그들 보기에 새 정권이 느리고 미흡하지만
그들 보기에 안 그런 적 없고, 무엇보다
수공업만을 현역의 증표로 삼는 민주화

운동권은 낡아도 한참 낡은 노동을, 늙고
지친 몸의 도로를 강제할밖에 없다.
눈에 보이는 천만의 세대가 이루었으니
눈에 안 보이는 그다음 세대가 그다음을
맡을 것이다. 세워진 새로운 정부의
역할이 바로 그들에게 맡길 것을 제대로
맡기는 것이다.
정부는 정부 체중으로 가능한 속도만 낸다.
원로 운동권의 역사와 경력이 바야흐로
만년에 들 때이고 만년에 가장 걸맞은
수공업이 글쓰기이고 지금 가장 중요한
것은 새 정권의 첫 작품인 적폐 청산이
수공업 잔재를 벗는 일이다.
빗나간 것이 빗맞은 것은 아니다.
사진은 출발 기념사진도 출발 사진도
출발이 아니다. 모든 사진은 마지막이
마지막인 사진이다.

올가

그토록 오래 고통스러울 수 없는
인민의 수난과 그토록 전격적일 수 없는
소비에트 혁명과 그토록 지리멸렬할 수
없는 실패를 거쳐 여인의 아름다움이
그토록 강인할 수 없는 이름으로 남았다.
올가, 그 모든 것과 바꿀 수 없지만
바꿀 수 있어도 바꾸지 않겠다.
오랜 친구를 오랜만에 만나는 바로
그만큼 젊은 느낌, 올가.
그녀의 몸무게 상상을 상상할 수 없다.
국적과 사는 곳과 나이와 가족 관계
상상도 그렇다.
살아남은 사실이 이토록 장하고

생생할 수가 없다, 올가. 그녀 말고
이럴 수가 없다.

오감의 이전

그런 때는 얼마든지 있다.
아무것도 보이지 않으면 중세의
소리만 들린다.
그중 어떤 소리를 상상하느냐에 달렸다.
그것에 관해서는 우리가 올 만큼 왔거든.
아무것도 들리지 않으면
중세의 표정만 보인다.
그것에 관해서도 우리가 올 만큼 왔다.
우리가 사랑으로 정복한
시간과 공간이 근대로 이전 중이다.
그 실현은 우리가 서로의 무엇을
어루만지느냐에 달렸다.
그것에 관해서도 우리가 올 만큼 왔지만
사랑으로 헤어지지 않아도 반드시
헤어질 것을 알기에 이제 중세는 새로울
때까지 어루만지는 시간이고 공간이다.
돌이켜 보면 영원할 것이라고 확신한
모든 사랑이 처음부터 오감의 이전이었다.
그 실현도 사랑이었다.
사랑의 최종이 최종의 실현이다.
그런 때는 얼마든지 있었다.
우리는 단테처럼 지옥에서 돌아온 사랑이다.
모든 것이 결국 그렇지만 사랑의 과거를
재현하려는 모든 시도는 처음부터
치명적인 실수이다, 실패를 두려워 안 하므로
더욱 치명적인. 아름다움이 그 고통 말고는
끝까지 끝없이 애매하다.
천사, 그토록 게으른 형상이 일찍이 없었다.

좀더 그럴듯한 중세 당대 삽화도 벌써 중세
당대 재현이 아니다. 낭만주의가 과거를 살리면서
한 번 더 죽이고 고전주의가 상실을 영원의
형식으로 만든다.
아직은 그것들밖에 없다.

콘스탄체

모차르트 아내가 데리고 산 것은
불세출의 음악 천재 아니라 천사 아니라
여자 치마 잘 들추는 악동이었다.
방정맞고 섹스도 장난감 다루듯 했다.
흐린 운우지정이 모차르트 목관악의
명징에 달했을 리 없다. 그녀가 가장
이해할 수 없던 것은 그의 죽음과 더불어
태어난 우수 깊고 난해한 어른이다.
그리고
모차르트 아내가 정말 책임진 것은 모차르트
사후이다.
그녀가 재혼한 남편이
모차르트 전기를 썼다.
콘스탄체,
그녀가 조금 궁상맞고 돈 밝히고
경박해도 된다.
그녀가 미망인 아니고 모차르트 사후가
그녀의 절정이어도 된다.
바로 지금 우리 앞에서 모기 앵앵 목소리로
한없이 수다를 떨어도 된다.

제도 재론

나의 문학이 모국어를 버리고 외국어로

사색을 시작하고, 제도부터 배울밖에 없다.
하지만 언어가 갈수록 심화하며 혁명적일
수 있는 유일한 제도인 생각이 든다. 내게
숱한 외국어가 숱한 제도의 혁명이다.
사색의 거푸집 아니라 사색하는 거푸집,
제도 너머 사색 그 자체인 제도가 있다.
요란한 생이 평생 요란한 글을 쓰는 것으로
끝이 아니다. 뒤늦게 조금씩 대단한 글이
대단한 생을 만드는, 만년이라는 공공
제도가 없다면 위대한 실패도 포식하는
자본이 갈수록 환장하는, 먹이에 불과하고
위대한 실패도 갈수록 포식한다.
자본주의가 자본주의 바깥에 아무리
무책임해도 무책임으로 소멸하지 않는
문제가 있으니 어느새 모국어로 돌아온
나의 문학이 제도 재론이다. 스위스
제네바는 프로테스탄트의 프로테스탄트,
칼뱅 장로교 도시이다.
아담하고 깨끗한, 흰색 페이트 칠 또박한
5층들이 층보다 더 육중한, 살림을 닮은,
5층 미관을 훼손하지는 않는 옥상을 이고
끝없이 이어지는 시계 제조 수공업자들
전용 입주 건물이 중심가를 이루었다.
지금 보아도 다닥다닥이 현대적이다.
예정설이 여기서는 혹세무민으로
대중화하지 않고 오로지 근면을 낳았다.
시간을 직선에서 조금 비틀어 근면이
선택받은 증거가 될 수 있던 시절이지.
자본주의가 모범적이던 시절이다.
탕아 장 자크 루소가 이곳 출신이다.
애꿎게 그의 음악이 헐벗는다. 이야기가
바야흐로 포스트모던에 달한다.
그 건물 지금 보아도 다닥다닥이
포스트모던적일 것이다.

칸트가 루소보다 12살 어리고 프랑스
혁명을 겪었다. 겪을 수 있었다.

부드러운 귀족

부모는 엄격도 인자도 부조 같다.
가문이 오래될수록 초상이 부조에 가깝지.
귀족의 근거는 장원이고 농촌이다.
시정잡배 갈수록 상스러워지고
천박한 건물들이 우후죽순인 도시가
귀족 체질에 맞지 않는다.
정말 이해 못 할 것은 번영이 그토록
요란하던 도시에서 벌어지는 피비린
혁명이다. 농촌은 아무리 끔찍해도
농노들의 반란과 소요로 끝나는데.
도시에서 몰락한 왕은 이해했나? 했던들
머리가 잘렸으니 아무 소용 없다.
촌스러운 열등감을 극복하느라 귀족이
평생 교양으로 부드러워진다.
거기에는 희생자 목소리가 없다. 귀족
예술에 그런 것이 무슨 소용?
왕이 죽었으니 귀족들도 죽어야 하는
그런 황당한 논리가 어딨나?
왕족 시대는 짧고 귀족 사대는
그 이전도 그 이후도 유구하다.
귀족이 왕을 낳고 왕 이후 왕보다 더
희한한 것을 얼마든지 낳는다. 귀족의
근거가 농촌이라니까?
귀족을 끝내려면 귀족한테 희생된
목소리가 세상에서 가장 부드러운
전망으로 들려야 한다. 그러기를
원치 않는 것이 귀족만은 아니다.
진리가 툭하면 너무 지독한 끝까지

생의 절멸까지 가지 않나?
대중문화도 대중이 필경 이렇게
전면적으로 대중적일 줄 알았다면
대중 소설에 아예 손을 대지 않았을
대중 소설가들 얼마든지 있을 것.
부드러운 귀족, 아주 오래 간다.
대중의 대중 예술 때문에 더욱.

애인

성당도 궁궐도 대저택도
으리으리한 것은 그저 그렇다.
네가 사는
파사드를 보여줘.
충천연색보다 우월한 네 몸의
투명을 보여줘. 그것만 보여줘.
낙서 없는 회칠 벽과
창살 굵은 유리창
꽃병을 보여줘. 그 안은
과하고.

백화유

아내가 상해 갔다가 사 온 백화유가
이름 못지않게 만병통치약이다.
바르는 것인데 살갗 아픈 데도 가려운 데도
뻔 데도 화하고 시원하다.
갈 때도 입히는 염 없이 벗기는 부패 없이
화장터 갈 것 없이 이것을 바르면 화하고
사라질 것 같지만 비싸겠지. 한국 돈
만 원 주고 아내가 사 온 백화유 15그램밖에
안된다. 뭐, 생각만 해도 기분이

벌써 그럴듯하니까… 염을 닮은 향이
염을 상쾌하게 자극한다. 기분에 사는
것 너머 사는 것이 기분이다. 피살의
신화도 끝나고. 오랜만에 들른 곳에서
옛 모습을 찾지 않는다. 옛 모습만 보인다.
달려와 와락 품에 안기지 않는다.
내 나이 연주자의 연주를 듣듯이.
가끔은 그의 부고도 듣듯이.

형제

13개월 차이 연년생으로 태어나 형제가
같이 살고 같이 공부하고 같이 작업했다.
같이 교수가 되고 같이 교직을 떠났다.
같이 아카데미 회원이 되고 같이 독일
국어사전의 기초를 놓았다.
그런데 무슨 동화가 더 필요했나,
밀집하다 못해 협소가 마구 솟구치는
도시 주거 풍경도 그냥 그림 형제인데?
『그림 형제 동화집』을 그림 형제가
모으지 않았다. 동화들이 각지에서
수소문하여 그림 형제한테 모였다.
그러지 못한 동화들이 나중에 듣고
그만하면 충분하다고 했을 것이 분명하다.
보기에 좋았다고 했는지는 알 수 없지만
아마도 아닐 것.
동화는 그것 없이는 동화라고 할 수 없는
동화의 자존심이 있다, 각 나라 동화가
각 나라 민족주의와 어제도 오늘도
내일도 무관한.
나와 연년생 형이 노인 병원에 있고
정작 본인은 놀라지 않고 내가 틈틈이
놀라고 각자 만년에 가깝다.

누구나 만년은 동화가 없고 어느 형제나
그림 형제보다 더 불행할 것은 없다.
동생이 4년 먼저 죽고 형이 78세로 죽지만
둘 다 자신의 유년과 상대방의 노년을 살았다.
앞선 죽음 격렬하고 뒤선 죽음 쓸쓸하다.
둘 다 형과 나 사이 없을 죽음이다.
그런 것은 도시가 땅에 항구가 바다에
가까스로 들러붙었을 적 동화
에피소드에 지나지 않는다.
형과 나 사이도 아직 만년 작이 아니다.

범죄의 집

범죄자의 집은 멀쩡하다.
범죄 아니라 범죄자에 걸맞게
멀쩡하다. 하지만 제 집 말고 다른 데
범죄를 숨겨놓은 범죄자처럼
불안한 처지도 없지. 범죄자가
범죄를 숨기는 곳은 대개 제 집
안방 이불 깊숙히이다.
범죄는 범죄자보다 나이가 어리고
어딘가 소아성애 같다. 끔찍한
범죄의 집 그 속으로는 범죄자도
제대로 들어가 본 적이 없다.
범죄자의 집이 범죄자가 보기에
표나게 멀쩡하다.
핏자국을 닦아내느라 너무
깨끗해진 자국처럼.

시차의 번역

가난이 지리와 역사를 뗄 수 없게

압착할 때 실업의 장사진으로 이어진
문장들은 돌아올 수 없을 만큼 멀리
왕성하게 뻗어나가는 것이 옳다.
백번 천번 옳다. 필요하다면 우리가
끝까지 따라가서 보리라.
그
음악은 계속 돌아오는 것이 옳다.
천번 만번 옳다. 우리가 끝까지 따라가서
본다면 끝까지 들리지 않는다.
장르가 가장 근본적인 시차의 번역이고
역사도 최후의 번역이 음악이다.
어떤 때는 누가 연주하지 않고 홀로 있는
피아노 건반 열이 역사보다 길어 보인다.
물론 평범하고 수수하지만 피아노, 낡거나
허름할 리 없는 연습실 안이다. 집이
한 채 두 채 세 채, 여러 채로 숱하게
늘어나지 않는다. 각층마다 모양도
색깔도 다른 집이다. 소문자 신들인
내용과 형식의 협소 대신 세계를 넘쳐나는
이름의 발음. 대문자 신인 내용과 형식의
무모 대신 열리는 내면의 내면의
내면의 거울 발음.
빈한한 가업 그 옆에 될수록 간소하려
될수록 자그맣고 색깔 윤곽이 각진
수채화 발음. 오로지 끊어지지 않으려
그토록 가냘프던 것은 아니다.
시간이 황금으로 무르익는
회중시계도 있다.
있던 것이 있었다고 말하지 않고
있는 것의 무르익음이 빛없는,
있다는 말인 황금의 시간이다.
음악이 만연하지 않는다.
그러려면 살아서 정말 만연이던
음악이 왜 죽었겠나?

오래된 노끈으로 묶인 오래된
편지 다발 발음. 내용의 형식이
압도적으로 이어지는.
영혼의 드라마? 장르
형식이 가장 완벽한 번역이다.

소프트 타깃

좁고, 최대 테러이다. 갈수록
좁아진다, 세계대전 때가 더
나았지… 우리가 그렇게 컴퓨터
게임의 참전 용사 되어 누구와
누구의 전쟁 없이 신구문화사
세계전후문제작품 전집 아직
읽고 있는, '응답하라도 한참을
걸려야 갈 수 있는 육십 년대
좁디좁은 가상현실 중 소프트
타깃 되어. 테러 세대에게 테러
문제를 맡기는 일이 있을 수도
없고 있어서도 안 되니.

시도의 탄생

이제까지 대우주와 소우주를 샅샅이
해설해 온 물리가 끝까지 스스로 모르는
목표가 물화이다.
카오스를 신화로 신화를 허구-소설로
물화하는 일이 소립자 시간과 공간
속에서도 끊임없이 벌어진다. 하긴
눈에 보이는 추락을 눈에 안 보이는
중력으로 물리가 물화한 바 있었다.
마르크스가 성급했지. 번지수가 틀렸고.

물리가 생명보다 더 생명적이라
죽음에 대해 속수무책이다. 물리는
귀신이 물화이고 죽음을 물화할 수 없다.
모든 문장과 모든 비유가 증명이란들
공포를 증명할 수 없다.
지금 비로소 죽음을 물리의 죽음까지
물화하는 것이 죽은 철학이다.
처음부터 철학이 죽음보다 죽음적이고
지금 비로소 모든 시도가 해석도
변혁도 아니고 물화이다.
정신이야말로 물화한다. 정신이 가장
잘 아는 것이 제 정신이다. 가장 잘
알려진 것도 정신이고 정신의 알려지지 않은
부분만 분석될 수 있다.
물화는 분석될 수 없다. 분석이 너무
뒤처진 도구이다, 안 알려진 부분에 걸맞게.
지나온 세월의 무게보다 우울한
골동처럼. 수필의 수필 외적인
시대착오처럼.

묘비명

부드러움이 사포처럼 반짝이는
아름다움을 짓고 그가 세상을 떠났다.
평온하게 살다가 소문 없이 떠났기에
더 미세하고 부드럽고 반짝이고
아름다운, 그가 살은 아름다움과 그가
죽은 아름다움의 차이들이 무한하게
쌓인 것이 죽음이기를 바라고 싶다.
그러나 사포에 쏠린 듯 쓰리다, 거칠다
묘비명.

어미 '-리라'

모든 것이 예정된 하늘나라에서
예언은 난데없다. 예언은 늘 지상의 일.
근대에 들어서도 예언을 대하는
모든 이가 자세를 바꾼다.
기대에서 걱정을 거쳐 욕설까지 자세의
내용이 다양하지만 모두 자세를 바꾸는
그 사실이 예언을 초대형 베스트셀러나
고위직 반열에 올린다.
내가 정말 나인지도 모르고 온갖 추락이,
추락할수록 형편없을 것이 예정된
지옥에서 예언의 지위가 가장 높다.
고전적인 예정과 멀쩡한 예상들이
저 아래 까마아득하고 아직 추락 중이다.
예언을 떠받치는 죽음이 학을 뗀다.
죽음을 죽음이게 하는 본질이 모종의
품위이거든. 가장 노골적인 사이비 예언이
가장 위력적이다. 노골적으로 세상을
사이비로 만든다. 사실은 예언자도
없다. 스스로 학을 뗄 수 없는 예언만 있다.
이래서는 예언의 근대만 계속된다.
예언의 예능이 바로 절망이다, 근대
자체가 학을 떼는. 어미 '-리라'가 중세에
머물러야 근대의 미래가 열린다.

관할

육십 중반을 넘긴 칸트가 프랑스 혁명의
루이 16세 처형을 옳지 않은 일로 여길 때
벌써 계몽은 실패한 도약이 다시 발 디딜
보루로써만 필요했다.
그것이 모든 계몽의 운명에서 속성으로

속성에서 현상으로 나아간다.
광기를 또라이로 또라이를 4차원으로
길들이며 예능 언어로 한껏 구사하는
지금도 계몽은 계몽의 운명에 매여 있다.
동화나라 살다 대오각성한 미친 왕이
원인 모르게 출현한 제 주검으로
원인 모르게 등장한 제 죽음을 신비화하는
치적을 남겼단들, 미국의 젊은 대통령과
더 젊은 흑인 지도자가 대낮에 피살되는
일이 아무것도 아니란들 계몽은
화들짝 놀라 한 발 뒤로 물러나 온 누대의
탄력을 받아 더 화들짝 물러날 수 있는 최근
현상이지 한 발 더 나아가는 발판이 아니다.
그리고 발판보다 더 중요한 것이 발의
상상력이다, 운명에서 속성으로 다시
현상으로, 왕에서 대통령으로 다시 흑인
지도자로 변형해 온.
새로움은 산을 오르는 일.
낭떠러지에서 허공으로 한 발 내딛는
것도 시도에 지나지 않고 실현은 그
연속의 연속성이다.
모든 죽음이 피살이고 의문사도 아직은
현상이나 변형의 관할이 아니다.
그것 말고는 놀랄 일이 없을 것 같은
대학과 동창들 만나러 양재로 가도
좋을 것이다. 양재는 돈이 많아 제법
친환경적인 신도시이니까.
내 발로 뚜벅뚜벅 걷는 기분의 고속 전철
내려서 정말 내 발로 뚜벅뚜벅 걸으면
인간이 함부로 자연의 언어로 말하지 않고
자연이 덩달아 인간의 언어로 말하지 않고
자연이 자연의 언어로 인간이 인간의 언어로
말하는 것이 가사와 선율로 합쳐지는 광경이
어딘가 묻어나기는 할 것이다.

인간이 자연의 선율인 것이 낫겠지만
노래가 이미 가사와 선율을 스스로
구분할 수 없기에 스스로 구분하지 않는
노래이다.

로션

마누라 설거지를 도운 것이 한 삼 년 되나?
손등이 튼다.
고무장갑을 안 끼는 것은 유년의 손등이
튼 것 같아서이다.
동심은 사양. 이 나이에 그건 치매라고
봐야지. 손등 조금 트는 게 낫다.
노년에 생전 처음 향긋한 로션도 발라 보고.
나를 국민학생으로 보는 친척 어른의
부고 또 왔다.
번잡한 옛날의 한강 나루터 마포 새우젓
고단한 상업으로 오래 사는 천연기념물
아직 두 분 남았다.
두 분 다 시앗을 보았고 남편한테 무던히
괄시받았다. 오래 사는 것이
복수이다. 아흔 넘고 아직 건강하고 아들
말로는 똥 색깔도 좋고 치매기 전혀 없는
그분들 보기에 남편은 마누라 잘 만난 덕에
망가진 몸으로는 오래 산 편이고 먼 옛날
시앗은 살았든 죽었든 로션 냄새에
지나지 않을 것이다.

종착

옛날에 제2한강교, 지금은 양화대교이다.
그 사이 박정희 근대화와 자살 명소 있다.

둘 사이 직접적인 관계는 없는데 젊은
여성 하나 걸어간다. 나는 혼자 걸어서
건너기에 긴 다리이고 젊은 여성 하나가
홀로 걸어서 건너는 것이 드문 일이고
강물 시퍼렇다. 그녀 싱그럽다. 끝까지
싱그럽기를. 갈수록 모든 것이 상당한
관계가 있다. 왜냐면 모든 장애들이 그녀
앞에 나타나고 사라진다. 그녀가 참으로
시이다. 인용되거나 애송될 수 없는 제2
한강교와 양화대교 사이 너머의 실물감.
몸이 비대하지 않은 초연의 소프라노.
그것 말고 옛날 속으로 들어가지 않는
옛날은 없는 듯이. 그것으로 현재가
아닌 현재는 없는 듯이. 종착은 모두
다 온 뜻인 듯이.

혼선

Peter Pan 1978 제과점이 묻어나도
달콤한 것은 추억 이외이다.
설탕 새하얀 과자가 과자들끼리 달콤하고
음미하는 추억은 더욱 별도로 쏩쏠하다.
새우깡 양파깡 맛이 허를 찌른다.
추억을 위로받는 방법은 없다. 혼선을
위로로 혼동할 뿐. 어느 대학 병원 영안실은
한껏 밝힌 유리 구조물로 입구를 대신했다.
망자한테는 출구이다.
이렇게 빛이 스스로 민망했던 적도 없었다.
'장례식장', '영안실' 대신 빛의 설명을
따라 문상이 오고 간다.
빛의 남용만 한 사이비가 없다.
우리가 악으로 오래 살지 않는다.
선으로 오래 살거나 악이 우리를

죽도록 오래 살게 만든다.

탄식의 탄생

AD 5세기 서로마 제국이 게르만
야만족에게 망했다.
그 천년 뒤 동로마 제국이 오스만
투르크 야만족에게 망했다.
1494년 나폴리 왕국 상속권을 주장하며
군대를 이끌고 알프스 넘어 이탈리아를
덮치면서 프랑스 국왕 샤를 8세가
눈 앞에 펼쳐진 광경에 분명 이렇게
탄식했다. 모든 침략은 야만이 문명을
침략하는 것이구나, 침략이 침략을
야만화하기도 전에…. 그가 멸망시킬
것이 바로 전성기 르네상스 전성기였다,
그가 간절히 이루고자 했던. 더 오래
살았다면 이런 의문에 휩싸였을 것.
그리스에서 로마로 다시 중세 유럽으로
서양 문명의 중심을 서진시킨 것이
트로이 멸망의 로마 건국 신화보다
훨씬 더 집약적으로 오디세우스의
귀향 여행 아니었을까?
그제사 지도를 보면 그의 여행 대부분이
그의 왕국 이타카를 한참 더 지나친 서쪽
이탈리아 해변에서 치러진 까닭에
고난에 찬 것 같다. 트로이 전쟁이 후일담에
지나지 않고 여행 자체가 죽음보다 더
문제적인 생의 잔혹 처참이다.
이유 없이 저질러진
고통이 역사를 발전시킨다는 듯이.
계획은 누구나 하지만 신들도 앞날을 모르고
예정의 신화가 신들은 전혀 재미없다.

귀신 현상

이제 너그러울 수 있다.
너그러워져야 하지 않고
너그러울 수 있다.
밤을 새워 맞는 새벽의
머릿속이 나 대신 새하얗다.
20세기와 함께 사라진
20세기의 문제들처럼.
가는 것이 온다.
갈 것이 온다.
올 것이 간다.
온 것이 가지 않는다.
혼란스럽지 않고, 자명하고
긴박한 것은 정지일 뿐 정체성
현상이 아니다.
간혹 그래서 정체성의 귀신
현상이 보인다.
종이가 삭아서 정말 없어지는 것과
정반대 방향으로.
애매모호의 고전이 탄생하는
것과 아주 조금만 어긋나게.
원인도 직전도 대안이 될 수 없다.
정체성이 너무 분명한 까닭으로
망한 혁명의 그것들은 더욱.
밤을 새워 맞는, 머릿속이 나 대신 새하얀
새벽을 계속 맞아보는 것이 아직은
나의 21세기 나날들이다.
내가 21세기 너머로 살 수 없는
분명이 그렇듯.

발라드 규격

이야기는 언제나 규격을 벗어나는
까닭에 이야기이다. 음악을 입고
반복을 뒤집어써도 이야기가 기어코
후렴을 넘쳐난다. 규격 이야기도
규격을 벗어난다.
여기서 분위기를 살짝 바꾸는
전술이 필요하다. 즉, 규격을 벗어나도
규격 이야기는 규격 이야기이다.
그리고 잠시 휴전. 혹은 백병전 즉,
발라드가 처음부터 모든 가능성을
열어두고 있는 발라드이다. 혹은
가사가 규격이고 선율이 이야기인
발라드이다. 그리고 여기서 결정적인
전략, 즉, 이야기를 벗는 이야기를 벗는
이야기를 벗는…. 벗음의 무한대
규격이 있다. 낡지 않기 위해 있지 않고
낡음 너머로 있다. 끝내 정화할 수
없더라도 몸은 있는 것이 좋았다.
정화의 비유가 정신이나 영혼 아니고
몸이다. 마침내 정화할 수 있다면
몸이 육중할수록 좋았다.
왜냐면 오래 걸린다, 하릴없는 영혼이
그 정화로 정화하는데 혹은 그 정화가
바로 자신이라는 것을 깨닫는데
아주 오래 걸린다. 거의 맨 나중이지. 그
너머일 수도 있다.
음탕이 살갗을 태울 듯 풍자적인
아일랜드 발라드 규격이 있다. 어디든
언어가 야만의 전쟁을 부를 것처럼
너무 무거운 적 있었다. 전쟁처럼 많은
이야기를 낳는 것이 없지만 숱한 이야기가
기를 쓰고 언어를 무겁고 단순하게 할 뿐

가볍고 복잡하게 하지 않는다.
폐허처럼 많은 묘사를 부르는 것이 없다.
기를 쓸 리 없는 폐허가 기를 쓸 수 없는
묘사를 더 숱하게 부른다.
언어가 죽음보다 더 가벼워져야지.
죽음은 가벼운 언어보다 더 복잡한
이야기가 아니다 예수,
나무 언어의 십자가 되었다. 영영
죽음의 아들이기 위하여.

필기의 중단

아내가 외출하고 집 안에 나 혼자 있고
의자에 앉아 깜빡 졸다 깨어나니 아연
이렇게 집 안 깊숙이 나 혼자인 적이 없다.
탁상시계가 20:11. 늦은 저녁 배불리 먹고
난로 켜고 등 따스이 일하다가 한 5분
졸았나 본데 통유리창 밖 어둠이 이렇게
나락 같았던 적 없다. 누워서는 이런 일
없었다. 아내 외출이 뭐 별일인가. 얕게
누워 자고 얕게 일어나 얕게 기지개 켜면
아내가 아직 돌아오지 않았더라도 피로가
싹 가셨다. 앉아서 졸면 잠깐일수록 가파른
죽음의 키에 근접, 하나? 아내의 부재가
황막하다. 백년 동안 사별의 습관에서
깨어난 것처럼. 생의 비극을 회피하기 위해
우리가 생은 허무하다고 쓴다. 생이 이렇게
허무할 수 있느냐, 허무해도 되냐
묻지 않고 그냥 쓴다. 정말 생이 이렇게
허무할 줄 몰랐느냐고 정작 생이 우리에게
물을 때를 대비해서라도 생이 허무하다고,
생이 스스로 쓰는 것처럼 쓴다.

도약

언제나 다시 보면 생각만큼 근사하지 않고
실망보다 당연에 가깝다.
현실의 근사가 생각의 근사를 어떻게
따라가겠나? 이 차이와 저 차이와 그 차이를
비교하지 않고 곱하는 정신의, 정신 속으로의
도약만큼 정신에 중요한 것이 없다.
그것이 없다면 눈이 처음 본 광경을 마지막으로
본 것처럼, 손이 처음 만진 것을 마지막으로 만진
것처럼, 발이 처음 밟은 것을 마지막으로 밟은
것처럼 극복하지 못한다. 그리고 정신은
처음이 두려움이다.

동네의 기로

동네가 생활을 온전하게 한다.
당장은 끼니 해결에도 자서전에도
도움이 안 된다.
하지만 그 사이인 생활은 생활의
온전이 우선이다. 아내 따라 매일 잠깐씩
동네 산책 다니는 것이 좋을 것 같다.
생활보다 생활의 온전에. 그렇게
모종의 뉘앙스가 근본적으로 바뀐다.
동네 풍경은 어디나 그게 그거지만
생활은 끝까지 풍경일 수가 없다.
동네를 돌아보지 않아도 우리가 지나온
어떤 기로들이 숱하게 있을 것. 이제
동네의 기로가 우리 앞에 우리의
생활인 것도 좋을 것이다.
뭐. 기력이 달리면 집에 있는 틈틈이 나보다
더 많은 나이로 죽은 연주자 연주를 챙겨서
전과 다른 생활의 마음으로 들으면 된다.

영원의 형식

맞은편 커피숍 2층 높이에서 시야를 다정한
직사각형으로 다듬으면 명동성당 주교관이
19세기 말 지은 모습 그대로 잡힌다.
파란만장한 역사의 놀라운 순결성이다.
그 아래 내가 예전에 알던, 명동 번화가보다
더 시끌벅적하던 내리닫이 먹자골목이
잘려 나간 듯 온데간데없다. 생각조차 없다.
놀라운 돌연의 놀라운 정적.
붉은 기운의 땅거미에 젖는 붉은 기운의
원추와 삼각과 사각을 구성하며 벽돌들
치솟는 것이 그렇게 부드러울 수가 없다.
거주하는 것이 그렇게 평온할 수가 없다.
명동성당,
신앙이 건물의 안녕을 담보하지 않는다.
명동성당,
건물이 신앙의 안녕을 담보한다.
저 안에서 별일이 다 있었겠지. 예배도
생활도. 별별 인간보다 더 근본적으로
모든 종교가 처음부터 이단이다.
겁도 없지. 19세기 말 조선에 감히 저런
양이한테 양이 귀신 붙은 형용을…
창밖에 내린 어둠 속에 내가 본 명동성당은
아주 잠깐 본 것이지만 내가 아주아주
잠깐 본 것은 영원이 형식이라는 점이다.
예전에 우리는 명동 번화가를 구석구석
찾아 헤매는 식으로는 찾지 못하고 결국
완만한 번화가 언덕 꼭대기 명동성당을
랜드마크로 찾아왔고 그 후는 우리 모두의
추억에 지나지 않는다. 우리보다 더
오래된 것들이 곳곳에 꽤 많이 널려 있는.
가을이 완연했다든가. 도시에서 나무들
자연의 가을맞이가 자연의 나무들보다

더 요란했다든가. 젊음 기법이 노년을
예찬하는 것도 한탄하는 것도 황당하고
난감한 일 아냐?
남대문 재래시장은 밖으로 드러난
세상의 내장 운동이 활발했다. 내용도
영원일 수 있는 듯이
남대문 도깨비시장은 귀중품 진열이
축소 지향하는 국제도 영원일 수 있는 듯이.
구한국은행 건물은 흑과 백 대비가
날렵한 일제 같고. 단아한 일본 서예 같고.

막간

죽음인 동사와 생의 이면으로 들어가는 명사가
하나인 여행, 숱한 고별의 숱한 회귀 아니라 숱한
시작인 만년. 모든 장르의 언어 너머 아니라
장르 언어의 장르 언어 너머인. 실패의 벽 아니라
벽의 구축인. 이론 너머 아니라 이론 속으로.

비근한 예

음악을 잘 모르고 젊은 시절 아버지뻘
바그너의 '그리스 비극' 음악에 심취했다가
신중하지만 격한 반대에 이르는 철학의
평생 동안 큰형뻘 브람스 음악도 거들떠
듣지 않고 결국 작은형뻘 비제 프랑스
음악의 감미로운 방탕에 낙착한 니체의
음악적 비극이 현대 비극으로 미흡했다.
바그너의 동년배이자 이탈리아 대칭이던
베르디가 그 모든 것을 품어 현대 비극으로
마무리 지으려 20세 시작 속으로, 가장 젊은
니체보다 1년 더 살았다. 『오디세이』가

『일리아드』의 생 이면인 것을 아는 만큼(만)
훗날 베르길리우스 『아이네이드』가
우월할 수 있다, 아름다움의 만년으로.

에스컬레이터

웬일로 아침 지하철역이다.
출근이 지상보다 더 환하다.
내가 서울 시내에서 이곳으로
집결하지 않는다. 전국으로
택배된다, 빛처럼, 광화문.
교보문고는 명품 필기도구
구경하러 서너 달에 한 번 들렀는데
그것도 중단이다, 왜냐면 웬일로
아침 지하철 광화문역이다.
머리에 숙취 노숙 한 톨 없이.
이 시간에 드높이 에스컬레이터
상행, 늙어가는 뒷모습들 오른다.
왜냐면 드높은 에스컬레이터 하행,
젊어지는 얼굴들 달리고 내린다.
젊음은 남녀가 무슨 상관? 직립의
교차를 운반하느라 에스컬레이터
교차로 긴다. 기는 것은 높이를
길이로 바꾸는, 이렇게 부드러운 일.
그러나 우리가 뱀도 아니고 그건
끔찍하지 않기 위해 직립한 한참 뒤
직립으로 더 끔찍한 것을 보고
나서야 가능한 일. 개인적으로
너무 잦은 불행들은 사실 남들과 너무
비슷하여 더 불행하다. 사건이
안되는 거지. 불행보다 더 불행한 것이
불행 집착이다, 결국은 불행 탓도
아니고. 집착 없이 기어 오르내리는

에스컬레이터가 있다.
엘리베이터보다 고속 전철보다 더
속도가 현란한 에스컬레이터이다.
헐벗지 않은 대지가 보인다.
고상한 것이 저열한 것을, 저열한 것이
고상한 것을 휩쓸어버린 결과 아니다.
저열한 것들한테 휩쓸린 결과가
고상한 에스컬레이터이다.
노인네들이 노인네들의 투정이나
호령을 씻어낸.

유형

거울 속 아니라도 너무 두꺼워진
자신의 가면을 느끼는 얼굴이 그
가면 밖으로 불안하다, 자신이 맞게 될
죽음이 죽음의 한낱 유형 아닐지.
매일 벗어도 유형이 더 강하고 더 눈에
보이지 않는다.
그러니 너무 많은 몰락을 본 몰락이
몰락의 유형에 지나지 않을 것을 가장
두려워하는 자화상의 비극이 있다.
거울 속에 거울 속이 아니라도
활약으로 너무 두꺼워진.

없는 시학

이야기 자체의 시학은 있을 수 없다.
시 자체의 시학도 있을 수 없다.
이야기가 소설에 소리가 음악에
색과 모양이 미술에 달하는 온갖
예술 장르 계기가 시적이다.

의미이자 소리를 시로 만드는
계기와 같은 계기이다.
'시적'이 모든 예술의 처음이고 시가 끝이다.
'시적'의 시학이 있을 수 없다.
예술 장르 물(物)인, 무가 유의 물인 시학이
있을 수 없다. 의미가 벌써 모방이다.
'총체적'을 논하지 않는 모든 문장이 총체이다.

대역

나의 모국어 문법은 보이지 않는다.
그건 내 안에 있는 나의 만년과 같다.
어느 외국의 외국어 대역본을 펴면
나의 모국어가 왼쪽의 외국어를
번역하지 않고, 모국어가 내 안에
만년을 뿌리내리는 희미한 느낌으로
두 외국어가 서로를 번역한다.
한쪽을 번역하는 다른 쪽을 번역하는
한쪽을 번역하는 순환의 언어 너머를
해석 너머로 읽을밖에 없을 것 같다.
그것이 거꾸로 모국어가 내 안에
문법을 뿌리내리는 아주 희미한
느낌일 수도 있다. 대역이 숱한
등장인물로 분열되지 않고 숱한
등장인물로 세계 아니다. 숱한
등장인물의 세계이다.
그러니 파시즘, 결사하는 집단의
자아도취가 삽시간 지도를
흠포화하면 안 되지.
숱한 등장인물들의 서로 어긋나는
이야기로 세상 아니다.
숱한 등장인물들의 서로 어긋나는
이야기의 세상이다.

기둥

인간만이 사칭할 수 있는
탈인간만큼 인간적인 것도 드물다.
이야기는 구조의 일부이고 구조가
디자인의 한 면이다.
탈인간도 (탈)인간이다. 비인간도
(비)인간인 것보다 상상력 수준이
조금 낮다. 조금 높은 것으로 변인간도
(변)인간이다 격변화와도 같다.
공허한 이론의 창궐만큼 인간적인
것도 드물다. 기둥이 근사하다. 기둥이
근사하지 않다. 기둥이 기둥 밖으로
자신은 아무것도 없다. 모든 것이
매스컴과 사이비 난해이고 둘이
서로 언제든지 요란하게 환영하는
사이. 매스컴이 해명하지 않는다.
매스컴이라는 해명이 바로 제대로 된
난해이므로 기둥이 그냥 기둥이다.
바흐부터 탈인간이다.
음악의 엄청난 두려운 충만이 있지도
않은 음악의 형용을 능가해서 아니고
바흐에서 중세로 거슬러 대문자 신에
제대로 이를수록 그렇다. 음악이
탈인간이고 악기가 더 탈인간이다.

그만 한 새

누가 이사 가나, 설마 내 아파트 실내가?
꼭대기만큼 놀랐다. 해가 중천에 걸렸는데
고가 사다리 화물칸이 갑자기 올라와
통유리창 긴 가로 위쪽 절반을 가리며 섰다.
다행히 아파트 외벽 새 칠을 하는 모양.

흔들리는 짐칸 위에 페인트통 몇 개와
덩달아 흔들리는 작업복 하체만 실렸다.
다행이지. 얼굴 마주치면 인사 안 할 수 없고
하기에는 통유리 하나 두고 너무 다른
세상 아닌가. 지상에서 작업복 하체가
더 두드러질 인부가 공중에 있고 책상
의자에 앉은 자세로 상체밖에 모르는
내가 꼭대기 층 거실 바닥을 지상으로
착각하던 중이다.
그가 크게 위험해 보이지 않는다.
꽤 흔들리지만 흔들림 그 자체이고
이따금씩 지나가는 그만 한 새보다 더
안정되어 보인다.
그렇다. 그의 바람 거센 고층의 직업이
곡예를 벗어났다.
그가 발 디딘 고가사다리 꼭대기 짐칸이
너른 것보다 더 근본적으로
살림 도구를 빽빽이 실어 올리던 이삿짐센터
고가사다리차 꼭대기 짐칸이다.
위험하면 안 되는 짐칸이다.
내가 잠시 내 일을 보는 동안 통유리창 바깥
작업은 옆집 외벽으로 넘어갔다.
옆집도, 누가 있다면 그 등장이 어느 등장
못지않게 놀랍고, 퇴장이 어느 퇴장
못지않게 자연스러울 것이다.

불포화 지방산

대방어도 비슷하게 생긴 참치에 비하면
왜소하다. 참치가 잠수함이고 대방어는
어뢰. 물고기들 열등감, 콤플렉스가 있다.
부위별로 맛이 다른 것은 참치가 한 수
위이고 방어는 영양가가 더 높다. 불포화

지방산도 더 많지만 그건 방어도 참치도
못 알아들을 말. 콤플렉스는커녕 몸에
좋다는 몸이 누구 몸인지도 모른다.

역류
—김이구(1958~2017. 10. 31.)

당연히 네 아버님 것이겠거니 했는데
나보다 네 살 어린 너의 부고이다.
하긴 우리가 부모 및 본인 부고 세대이다.
매번 경악하지만 매번 당연한 그 사실을
알려주려고, 갔나, 놀랐나?
남성도 잊고 세상을 젖 먹이느라 평소
너의 외모가 피골상접이었으니 죽음한테
기죽지 마라. 어떤 때는 시간이 피처럼
역류하고, 아동 문학을 전공한 네가 아동 문학
세계로 돌아가지 않고 들어갔다.
어른들보다 더 어른이었던 너를 잃은
어른들은 세상이 황막하다.
아무리 마셔도 아무도 거나하지 않다.
너무 확실한 추억이 유년을 닮아가는 무슨
아메리카 인디언들 결속 같다.
눈가 촉촉하던 묘령의 아름다움도 품고.
누구나 장례식이 명곡 한 편이고
너는 브람스 피아노 협주곡 1번 전곡이다.
1악장: '불현듯'의 식전
2악장: 적나라한 슬픔의 본행사
3악장: 속도 없는 해산.

오래된 가을

전과 달리 단둘이 전보다 더 오래

하루 종일 살아보니 아내가 나를
나보다 더 잘 아는 것 맞다. 자폐기
있는 내가 모처럼 발로 구경 나오면
익히 안다고 생각했던 장소들이 떠다닌다.
여태껏 익히 안 것이 익히 잘못 안 것인
느낌. 처음 와본 관광객과 전혀 다른
입장. 서울이 고향 아니라서 서울 관광 중인
그들은 고향이 '태어난 곳' 맞나? 자문하는
어감의 낭패가 없을 것이다.
조선 왕들의 경복궁 창덕궁 기타 등등은
가을이 한창이지만 다른 계절도
가을이 한창일 것 같다.
왕조가 처음부터 역사의 흥과 망을 모두
알았기에 왕조라는 듯이. 지금은
건물에 망이 한창이고 숲에 흥이 한창이다.
인간과 나무의 수명 차이를 넘어서는
그 무엇을 왕들이 정치로, 왕의 건축가들이
건축으로 어렴풋이 느꼈을 그 느낌이 오래되어
무르익었지만 계산은 어긋나기 마련이라
나무들이 이제는 건물을 품을 생각이 없는 듯
지들끼리 살판났다.
궁궐에 갇힌 생이 얼마나 끈질기었는지는
국립 고궁박물관 왕과 왕비와 신하들의
의식주 전시로 명약관화하다.
문방사우 귀하던 시절 붓글씨 빼곡한 과거
답안지 길이가 3미터, 폭이 1미터 넘는다.
교태전, 왕비 처소치고 완연 좁은 안방이
모종의 정신의 누추를 들키기보다
억척스런 후사 생산의 보석 같다.
그건 완전히 사라진 실내이다.
순라길은 결국 종묘 돌담을 끼고 돈다.
맞은 편에 살림집과 보석 가게, 스카치테이프
포장 전문 가게들이 이빨 빠진 것처럼
들어선 것 말고는 너비도 분위기도 조선 시대

그대로이다. 그러고 보니 집도 가게도
조선 시대 크기 같다.
처음으로 순라길을 돌고 나자, 그럴 리 없는데,
종묘 본관 흑과 백 미학에 심취한 지
오래인 것과 달리 내가 전에 알던 종묘가
기왓장 얹힌 긴 담벼락과 약종상의 '종', 식물
묘목의 '묘'를 합친 단어에 지나지 않았던
회상이 또한 분명하다.
오래된 가을, 떠다니는 장소들이 거기서
끝나지 않는다. 아니 이 모든 것들을
확실하게 하는 식으로 끝내는
리모델링이 있다.
세운상가는 옛날 전자 제품 홍성 초기
점포들의 미로를 그대로 재현한다.
영화표 팔거나 도장 파거나 시계 수리하는
딱 1인ᐊ의 면적보다 조금만 더 넓은
각각의 점포 그 자체 미로이고
널찍한 계단이 닳고 닳은 옛날 것이라서
80년대 전설적인 데모꾼들이 뿌린 삐라들.
누구나 애용하던 어설픈 포르노물 묻어나고
머쓱한지 지하에 발굴 고고인류학
공간을 그리고 옥상에 휴식 공간 '서울 옥상'을
조성했다. 밖에서 보이는 엘리베이터를 타고
곧장 오를 수 있는 서울 옥상이
더 기묘하다. 시야를 가리는 고층 건물
하나 없이 전면에 종묘와 서울 궁궐들의
모든 것이 펼쳐지니 서울 옥상 맞다.
요약 또한 거기서 끝나지 않는다.
왼쪽 오른쪽 고층 건물 별로 없고 이제껏
버텨온 낮은 건물 헐벗은 옥상들이
다닥다닥 판잣집 밀집 같다. 하긴 서울
한복판이지만 이발 값이 아직 3,500원인
동네이다. 단골로 버티는 업종이
그것 말고도 많을 것이다.

궁궐 밖 토박이들이 버티는 요령은
딱 하나, 근검절약이다. 그
대비야말로 오래된 가을이다.
동대문 남대문 확실하니 동대문 남대문
시장 있겠지만 마포 건어물 대상의 딸
자존심으로 어머니가 가난한 살림에도
아버지 생일 때마다 1미터 넘는 민어를
사 오던 방산시장이, 전태일의 평화시장이
있었나? 광장시장, 배오개시장 한복판
펄펄 끓는 생태탕을 먹은 것 맞나?
같이 다녔으니 아내는 알고 아내만 안다.
오래된 가을이 가슴에 샘물처럼 차오른다.

후렴의 횡재

나무의 생명 전체인 나무의 모양
전체를 담기에는 사진이 너무 인간적이다.
배경이 필요하다. 담벼락이나 가로 같은
인간의 오래된 배경이.
산에서는 아예 불가. 등산의 배경으로는 더욱.
몇 번 가본 적 없는데 여러 번 들른 것 같은
동네의 일부인 허름한 '중화요리' 간판 같은
어떤 후렴의 횡재가 가장 적당하다.
어느새 스위스풍 연립주택들 즐비한
신식 한정식 '전통의 거리'는
나무 한 그루 없어 보이고.

학자

내 안에 학문이 서재와 도서 목록으로
들어선 것이 문제는 아니다.
서재와 도서 목록이 이루는

어떤 체계가 문제는 아니다.
그것이 나의 정신이라고 자부하는
나의 정신이, 그 속으로 들어가는 것이
나의 걸음인 줄 아는 나의 걸음이 문제이다.
규칙적인 연구 생활이 문제는 아니다.
다만 누구나 제 안에 축적된 지식은
축적된 바로 그만큼 과거이고 정리된
체계가 정리된 바로 그만큼 과거 완료이다.
튼튼한 과거가 오로지 정신의 일부로서
내장이나 심장 같은 것이 아닌 것도 아니다.
생활보다 더 무겁고 두꺼운 나의 습관을 전공의
목표로 착각하는 나의 습관이 가장 큰 문제이다.
정신은 자부와 상관없이 자신도 모르게
미래의 영역을 비워 놓는다, 제 안에 나날이.
걸음은 지식과 상관없이 자기도 모르게
발이 앞을 향해 있다. 그러나 습관의 제도가
그 모든 가능성을 돌린다, 거룩이 유별난 중세
이야기로. 아니 돌려서 거룩이 유별나다.
과거에서 현재로 오고, 로마 제국 식민지
유럽 교역 중심지들의 멸망을 오로지
교회가 대신 버티고 오랜 세월에 걸쳐
세속 도시들이 태어나는 중세는 원래
거룩이 안성맞춤일 것.
학자는 학자 제도를 벗는 매 순간 학자이다.
아는 자, 어느 누가 그렇지 않겠나, 그리고
어느 누가 정말 아무것도 모를 수 있겠나?
누구나 (철)학자이고 열리는 모든 것이
미지의 영역이다. 세대와 세대 사이
투명한 연결이 이론이다. 종말도 왕성한 종말이
과거에서 온다. 깜깜하다. 앞으로
인간의 말인 빛이 있을 것이다.

할 일

여전히 힘든 이들은 회고하지 않는다.
좋았던 시절이 현재이고 현재가
상처이다. 혼자 사는 외식 한정식이
너무 부유한 가정식 백반이다.
말의 옛날이 넘쳐난다.
사실과 달리 젊음이 순결했다는
자존심은 이제 와서라도 다행 아냐?
상처에 대하여 얼마든지 재미나게
이야기하는 것도 회고전 세대의
할 일 가운데 하나이다.
헤어지는 각자의 등을 각자가 각자의
시선으로 보살피면 된다.
다시 만날 기약은 없다.
회고전은 최소 10년 단위로 벌이는
엄연한 행사. 멤버가 늙는 마지막까지
온전히 유지된다.
그것도 회고전 세대의 할 일 가운데 하나이다.

공연의 초대

가장 눈부시게 거의 젊은 날의
복원처럼 찬란하게 오는 것이
온갖 공연 관람 초대이다. 너무
젊다. 영화는 다르다. 흘린 땀을
감쪽같이 지운 영화가 출현처럼
온다. 돈 단위가 달라서 그럴
것. 건축이 근사할 뿐 초대장을
보내지 않는다. 아무리 규모가
커도 수공업 활용이 불가피한
거의 유일한 산업이 공연이다.
아이돌 스타 공연은 수공업이

파시즘으로 가는 첩경 같지만
규모 아니라 돈 내고 모인 심성
탓이다. 내 친구보다 아들놈
친구들한테 더 잘해주는 것이
당연하고 즐거운 일. 공연의
초대는 아들 친구들이 제 짝은
물론 유모차 아기까지 데려온
초대 같다. 끝까지 초대 같고
끝까지 공연의 관람과 다르다.

수명

디자인이 디자인인 것을 들키면서
디자인은 디자인의 수명을 다한다.
치명적일 것은 없다. 자신의 본질인
수명을 디자인이 다했다. 이야기를
제의가 낳지 않는다. 이야기의 첫
디자인이 제의이다.

사포

모든 것의 전부인 여성이려면
시 따위
있었다는 사실로 족하다는 듯이
얼마 남지 않은 고대 그리스어
뾰족한 파편들이 계속 바스러지는.
첫 인식이 침울한 용맹정진.
사내들의 고대를 벗으려면
무엇을 말해야 하는지 아니라
무엇을 말하지 않아야 하는지
말하는. 대리석도 화강암도 없는
육감의 이름. 비유의 향기만 남아

2천5백 년 간격이 아주 조금 낡은
창턱과도 같다는 듯이.

경제의 탄생

르네상스도 경제가 먼저이다.
경제가 먼저 시민을 출현시킨 것보다 더.
시민을 출현시키는 경제의 그림이
르네상스 회화보다 먼저 르네상스이다.
종교 개혁도 시민이 경건의 신비주의에
심취한 것보다 더 신비주의에 심취하는
시민의 찬송이 종교 개혁 찬송보다 먼저
종교 개혁이다.
르네상스가 르네상스 아니거나 뒤늦은
르네상스이고 종교 개혁도 그렇다.
광고를 건너뛰기 위해서라도 가장 뒤늦게
탄생하는 것이 경제의 전략일 수 있었다.
경제의 탄생인 경제의 미래.
우리가 이제까지 경제에 맡겼던
모든 것이 과거였다.
영원 회귀가 정지의 순간이다.
기껏해야 미학이 정지한.
시민도 민주주의도 민주주의 미학도
정지할 수 없는 미래이다.

가톨릭

설령 어떤 종교가 오늘날 세계의
원인이란들 그것이 기적일 뿐
역사에 속한 일은 아니다.
종교 역사가 세계 역사의 일부이다.
초월이 초월하는 것은 지상이지

지상의 역사가 아니다.
변화 발전할밖에 없는 역사가
종교를 반드시 거느린다.
가톨릭 종교가 가능하단들 그것이
기적일 뿐 역사의 일이 아니다.
지상에서 발전할밖에 없는(것은
기적이 아니다) 역사에 있을밖에
없는(것은 기적이 아니다) 미래가
초월과 기적의 종교에 없다.
스스로 가톨릭은 스스로 가톨릭
선교 말고 아무것도 없다.

동반

나이 들어 마구 시린 나의 무릎이
가녀린 너의 무릎이 이제사 가장
섹시하다며 더 시리다.
끓어본 기억 없는 나의 무릎이.
시리다, 걸음이 무르팍 걸음인 듯
동반이 청춘보다 더 어려운 말.
뼛속 깊이 파고들어 온 방랑 같다.
고마운 마음으로 걸음이 더
무르팍 걸음이다. 손톱에 자꾸
얼굴을 찢기는 너의 곁에서.
나이 먹는 일도 방랑 아니다.
누구나 결국 고전의 형식으로
돌아간다는 말 끝까지 않으면서.
결국의 결국인 죽음이 그런 것이라 해도
죽을 때까지 피아니스트처럼 죽지 않고
피아노 연주처럼 죽으면서.
결국의 결국의 결국인 죽음이
죽음을 모방하는 행위일 것을 믿으며

비평의 탄생

창작 과정의 분석과 이해와 종합으로
끝나는 비평은 거기서 끝난다. 비평의
죽음이지.
새로운 비평은 비평의 과정이 창작의
완결을 능가하는 언어 체계일 때까지
과정이 탄생일 때까지 간다. 비평은
처음부터 탄생이 미래인 비평이다.
창작의 비평이 비평의 창작인
이야기가 아니다.

청첩장

하얗다 온통. 이런저런 용건의 글씨만
하얀색 아니면 된다. 하얀 끈은 결속의
은은한 상징, 하얀 띠는 동침의 미학.
청첩장은 순결이 노골적이다.

가난의 간식

내게 빵은 처음부터 크림빵과
곰보빵 두 가지밖에 없다.
빵이 간식이었으므로 가난의
이력은 아니다.
크림빵은 크림이 입 안을
충분히 적신다. 곰보빵은 굵고
굳은 곰보가 속보다 더 많다.
이 묘미들이 가난의 이력을
완전히 벗은 것은 아니다. 왜냐면
너무 무겁다.
가난에 순수한 간식은 없다.

내게 빵은 끝까지 크림빵과 곰보빵
둘밖에 없을 것이다.
빵 맛이 기분 좋은 낙인이다.

마음의 병동

의정부쯤 가면 절정에 달한
가을 풍광이 마음의 병동이다.
인간의 질병이 질병의 처참을
다만 견디느라 위용이 높지 않고
너른 직사각형 건물들의 볼륨이
고통의 유구한 습관으로 하얗다.
바깥 거리에 단풍이 조금 더
상투적이고 은행 낙엽이 조금 더
노랗다. 은행에서 자손 생존의
보존을 위한 열렬한 인간 똥 냄새
나지 않는다. 코의 상설 기억이
병동 배설의 소독 냄새인 까닭.
의정부쯤 가면 상조나 장례 대신
장의사가 길에 나와 있다.
상조는 대낮보다 더 밝은 이윤의
대기업이고 장례는 울음이 울긋불긋
화려하지만 목조의 단층 정사각형
규모가 아담한 장의사는 집의
죽음을 능가하는 죽음의 집 같다.
개인의 죽음의 '혜'가 '의' 쪽으로
아직 조금 더 기울 필요를 구현하는.
의정부쯤에서 돌아와 발터 기제킹
피아노 독주를 조금 더 듣는다.
프랑스에서 태어나 독일로 귀화한
그는 인구보다 더 많은 사람들이
전장에서 죽은 소문이 흉흉했으나
하나의 죽음에 하나의 장의사가

대세이던 시대를 온전히 살다 갔다.
의정부는 장의사 '길상사' 바로 옆에
'양말 속옷' 간판이 건물 이마보다
훨씬 더 큰 가게도 나와 있다.

아침과 저녁

아침 출근은 모두 콧날이 상큼했다.
제 나이에 제일들 젊은 때이지.
팔짱 낀 연인 우리 노부부 말고는 없었다.
전철 급행이 당산역에 서고부터 강남
압구정동 양재 가는 길 겁 없이 빠르고
잦아졌는데 모두 술 약속이고 만취한
귀가이다가 오늘 모처럼 맨정신으로
2호선 삼성역에서 타고 신대방 대림
신도림 문래 영등포구청 정거장들
하나씩 새며 당산역에 내리니 정말
제대로 시간을 거슬러 왔다.
이렇게 유구하게 젊은 저녁이 없었다.
아내가 대학 다니던 제기동 일대
아내의 처녀가 물씬했다. 내가 모르고
하나도 위험하지 않은. 아내의 교사
첫 부임지 성수동도 혼전婚前이었다.
신장개업한 코엑스몰 지하 1층 2층이
거대하고 화려한 만큼 2류였다.
우래옥 대치동점 소갈비구이 뼈 탄 맛
온데간데없다. 국민학교 중학교 고등학교
졸업식과 대학 입학식 날 7인 전 가족이
모여 뜯던 을지로 본점 맛의 핵심이던.
50석 정도 객석이 공연의 보석 같은
소극장이 있었다.
지금은 그냥 벌어지는 일들이 20세기에
저질러졌다. 재미없는 이 밤에 전혀

다른 밤이 출현한다. 국민학교 2학년 때
전농동 사창가 골목 너무 농밀한 것이
더 농밀할 수 있는데도 일순 폭발한다,
마지막으로 싱그러운 춤이기 위하여.
이제 밤이 깊고 통유리창을 흘러내리는
비가 바깥 풍경의 전체를 이룬다.
더 좁은 창도 흘러내리는 비가 바깥 풍경의
전체를 이룬다. 파도가 바다의 낙인이니
바다가 파도의 낙인일 때까지 갈 뿐이다.

풀리지 않는 문제

누구나 늦게 받을수록 좋지만 늦게 받을
보장이 전혀 없으니 문학상이 죽지 않고
갈수록 추해진다.
모든 상이 신인상이라고?
신인상도 공로상이다.

동어반복

귀신이 분노하지 않고 우울하다.
귀신 소리를 듣는 일이 더 우울하다.
마누라는 그냥 바깥바람이 화장실에서
내는 소리이지만 귀신이 이미
밝은 농담에 흐리다.
나이 든 사람들 귀신 얘기가 스스로
우울한 핑계일 수 있다. 머쓱하니까.
어쨌거나 있든 없든 귀신이
필요하고 우울하다.
적어도 나이 든 나이의
동어반복은 피하기 위하여.
신고전에서 낭만으로 나아가려면

중세가 우울하고 필요한 것처럼.
인사동은 이제 너무 멀어서 무슨 무슨
전시회 오픈만 하는 인사동이다.
전시회 오픈은 언제나 나보다 나이가
많다. 내 여동생 전시회 오픈도
그것은 그렇다. 새로 나올 책 OK
교정지 들고 젊은 편집자가 집으로
찾아오는 날의 한두 시간만 내가 젊다.
인터뷰는 내가 모르는 나에 대한 질문이
하나도 없고 내 생애의 요약이 내 생애의
반복보다 더 지겨운 일이다. 친구
아들딸들의 갈수록 발랄한 결혼식이
매일 있는 것도 아니고 귀신이
우울하고 필요하다.

서정시

이제 모든 시가 서정시이므로
시의 앞날 미묘하게 가파르다.
무엇보다 환호를 두려워할 일.
안 보이는 자본주의가 실물이고
독자 대중이 허깨비의 실감 나는
육이다. 프로이트 정신 분석의
육이 중세 요철 비유인 것처럼.
종교의 문학이 문학 이후를 문학
이전으로 돌리는 제도. 의학의
문학이 신화로 돌아가는 반동.
심화 매체로서 상징?
상징이야말로 빛나는 에피소드들의
종합이 무화이다.

심오한 계산

잠 속에서 웬일로 숫자를 세는데
열일곱, 열여덟에 이르러 어딘가
계몽 17, 18세기를 세고 있다. 깨어야지.
TV가 묵음으로 홈쇼핑 전문 채널
화면이다. 쇼핑 호스트 수다가
아름답게 세분되었다. 악마의 프라다
호스트가 프라다처럼 표나지 않게
고급스럽고 부드럽고 끝까지 우아하다.
고가 화장품 호스트 발랄이 아슬아슬
발칙에 달하지 않는다. 가전제품
호스트, 가정 너머 주방적이고 음식
호스트, 좀더 평퍼짐한 수다가
적절하다. 중저가는 중저가를 정확히
중저가이게 하는 아름다움의
수다가 있다. 더 깨어야지.
당파성의 가장 세련된 후예가
현상학이라는 말 했던가, 내가 아직
비몽사몽인가? 기초를 세우는 일이
가장 어려우므로 가장 나중의 일이다.
기초의 완벽이 가장 개인적인
죽음일 수 있는 것처럼.
쓸데없이 늘이는 시가 이따금씩
쓸데없는 철학에 달하고, 쓸데없이
늘이는 철학이 그보다 더 자주 시의
전례 없는 경지에 달한다.

직결

아메리카 인디언들의 자연과 하나된
말^를과 생^生이 자본주의에 지친
우리들에게 힐링인 것 맞나?

직결이 가능한 동안만 그렇다.
사이비 힐링이 예술의 적이고
직결이 예술의 전율이다. 남아 있는
거룩이 오로지 직결된다.
직결이 다양의 원인이다, 결과보다
더 나중에 보이는. 자연은
그런 것이 없지. 자연 이전에 자연의
직결이 있을 뿐.
지하철 '힐링' 시들이 처음부터
낙착된다. 좋은 시들도 하릴없다. 힐링이
스트레스의 가상현실에 지나지 않는다.
불쌍한 것은
짐승이 아니고 인간이다.

체계의 탄생

내 앞에 한 권으로 된 아들 한스 홀바인
유화 전집이 있다. 잉글랜드 왕 헨리 8세
넷째 왕비 클레베의 앤 초상이 표지이다.
홀바인은 궁정 초상화를 하도 많이 그려서
분위기가 궁정과 하도 많이 다르고.
등장인물 예수가 왕과 왕비와 대신들과
하도 많이 다른 그의 희귀한 수난 소재
제단화 전체 표정이 보편적 고통의 걸작에
달하는 것이 예외의 기적으로 보인다.
전집은 공책 크기이고 대표작 몇 점을
컬러로 한 페이지에 앉혔을 뿐 나머지는
흑백의 딱지 크기로 촘촘히 짜맞추었다.
서너 번 펼쳐보다 덮은 아들 한스 홀바인
유화 전집이 내 앞에 한 권으로 있다.
그 안에 들어 있는 그림들보다 더 많은 것이
한꺼번에 보인다. 덮여 있으므로 홀바인
자신이 자신의 그림에 대해 아는 것보다

더 많은 것이 덮여 있다.
같은 시리즈 티치아노 전집은 두 권이고
제1권만 있다. 몇 배 더 뛰어난 화가이니
몇 배 더 여러 차례 펼쳐보았는데
덮으면 그 안의 내용들이 가물가물해진다.
이런 식의 체계는 얼마든지 가능하다.
적어도 이런 식의 체계 형성은
얼마든지 필요하다.

물고기

산 놈 눈은 동그라미
죽은 놈 눈은 가께표로 그렸던
옛날에 물고기.
반쯤 우리 자신을 향했던
유머의 연민 혹은
연민의 유머는 사라졌다.
옛날이 사라지고
아주 먼 옛날이 온다.
아주 먼 옛날에 물고기.
불안하지 않기 위해 불쌍하지 않고
불쌍하지 않기 위해 불안한 여자의
사정이 아주 조금 묻어나는.

강박의 해소

아침 햇살이 부서져 내린다.
아침 햇살은 부서져 내리지.
아침 햇살은 부서져 내린다.
멀쩡한 세상을 멀쩡하게
부서져 내린다.
부서져

내린다.
내가 비틀거린다.
많이 비틀거리지 않는다.

근대 극장의 탄생

〈서 푼짜리 오페라〉의 오리지널은
대박 난 수입액이 천문학적이라서
순정이 오페라 화려에 지지 않았다.
마천루보다 더 높게 쌓인 전대미문의
입장료 동전에 오페라 화려가 졌다.
지폐나 황금은 많을수록 좋을 뿐
그 자체로 아무 해도 끼치지 않는다.
쌓인 동전들의 기괴한 위용에 오페라
맨 처음의 피아노 반주 소리부터
허물어졌다, 화려가
거기서부터 시작된 것인데.
화려와 누추가 반드시 정반대라고
생각했던 것이 문제이다.
문체가 돈의 유통을 닮는 것 아니라
돈에 대한 자신의 증오를 스스로
닮는 것이 문제이다.
오 영광은 슬프다. 그 숱한 영광들
어디로 사라졌나?
그러나 죽음,
나이가 황금이고 무덤이
순은인.
누구나의.

유럽 통합

망가져야 할 것이 다 망가지는

결말을 완벽이라고 할 수 없기에
절망이 철저히 균열한다. 그리고
철저를 완벽이라고 할 수 없지만
완벽에 금이 간다.
그것이 새로운 시작인 것을 알려면
한참을 더 가고도 뒤돌아보지
말아야 하기에 또 한참을 더 가야 한다.
총체를 아는 것이 완벽이고 완벽이
없는 것은 과거 지향인 까닭이고
완벽에 금이 가는 현상 아니라 완벽에
가는 금이 완벽의 미래이다.
중세 유럽 세계를 근거 삼지 않고
유럽이 세계의 일부라는 내적 발견
이후 비로소 유럽 통합이 시작된다.
일부로서 자각이 통합의 시작이었다.
경제이든 사상이든 전쟁이든
전면적이고 노골적으로.
'유일 세계' 중세가 유럽 통합의
전제 아니라 전설이고 가상 영토이다.
부분의 통합이 전 세계적 역동이다.
혁명은 혁명 이론의 완벽이 혁명의
실패에 더 가깝다.

연마

낡았지만 각 종이 구비되어 버리지 못한
공구 가방을 뒤졌더니 정작 망치는 없고
구겨진, 크기로 적당히 뜯어서 쓰기 좋은
사포가 나왔다. 사포는 언제나 미제이다.
책상에 튀어나온 못을 성가신 채로 오래
그냥 둔 것은 세월의 연마를 기다린 것이
물론 아니지만 사포는 그 섬세하던 모래
알갱이들이 세월에 더 연마되어 살갗에

문지르고 싶을 정도로 부드럽고 문득
옛날 공구가 그냥 공구면 되지 무슨 기능?
일약 그 자체로 소중하고 사포가
부드럽게 느껴질수록 살갗이 가장 나중
연마할 것이 되었다. 형편없는 기능을
생각할 때마다 공구가 소중해졌다.
책상에 못?
망치는 조금 무겁고 뭉툭한 걸로
때려 박을 수 있으면 모두 망치이다. 문득
사포하고 연마지 중 어느 것이 더
오래된 명칭인지 아득하다.
공구가 공구만 분명하다.
구겨진, 다소 성가신 상태로 내 곁
서랍에 두고 용도를 궁리할 것은 사포이다.
사용을 구비해야 할 것도 사포이다.
사포 스스로 그럴 것 같은 사포이다.

지도자

오늘은 2017년 11월 12일. 오후에 서울광장에서
'전태일 열사 정신 계승 전국노동자대회'가 열려
주최 측 추산 3만 명 이상의 참석자들이 15가지 항목의
즉각적인 이행을 촉구했다고 한다.
요구 사항이 전과 다르기를 그리고 '변한 게 하나도
없다'고 목청 높이는 연사가 없기를 나는 바란다.
한 30년 전부터 이 대회가 매년 11월 18일 연세대학교
야외 공연장에서 치러지던 당시 노동운동계 최대의
연중행사였다. 명백히
세월보다 더 많이 달라졌다.
내가 노동조합 운동에 관심을 끊은 지 오래고
그 행사 날 안방에서 TV 뉴스를 보고 있지만
우리가 우리 힘으로 이만큼 왔고 이만큼 온
힘으로 더 나아갈 것이라고, 흥분 없이 듬직하게

노동자들을 어루만지는 연사 있기를 내가
간절히 바란다.
죽은 전태일이 오늘의 지도자일 수 없지만
죽음이라는 그 유장하게 먼 길을 택하여
오늘에도 변질되지 않고 살아 있는
전태일 정신의 요체가 그것이라고 나는 믿는다.
강경하기 위하여 강경한 지도자를 나는
믿지 않는다. 전태일
그의 죽음으로 인하여 더욱 믿을 수가 없다.

사례

혼자 가면 문상은 꼭 희한한 사망 사례
하나를 간 쪽이 안 간 쪽에게 물어온다.
이번은 아내 차례였다. 친구 어머니
한 분이 병원에서 더 해줄 것이 없다는
선고를 받고도 그럴 리 없다고, 병원에
가겠다고 택시를 타다가 그냥 돌아간
것. 더 희한하게도 나는 이 이야기가 자꾸
마음에 든다. 좀더 살려는 안간힘은커녕
다가온 자신의 죽음을 믿을 수 없는 일순
죽음으로 넘어간 것 아닌가. 신화에도
이리 행복한 죽음은 없고 현실에 사실은
이런 죽음이 적지 않을 것을 생각하면
나의 죽음도 미리 행복하다. 식구들의
수발도 한결 수월하고 쿨할 것.
Happy Birthday to You
그 말을 태어난 모두가 듣는 것 아니고
태어날 때 들은 기억은 아무도 없으니
이 죽음이 보편적인 사례가 되면
생과 사의 관계가 좀더 공평할 것이다.
문상 온 부시맨이 시 한 편 읊는다.

우리가 죽는 날
바람이 내려와
가져간다
우리의 발자국들을.

바람이 먼지를 일으켜
덮지
표식, 우리가 남기며
걷던 그것들을.

다른 것은
마치 모든 것이
우리가 여전히
살고 있는 투일 것.

그러므로 바람
그분이 와서
날려 보낸다
우리의 발자국들을.

부조리극

소련이 해체되고 한참이 지난 지금도
헝가리, 폴란드, 체코와 슬로바키아
동구권 어둡다.
그것들이 소련 위성국 잔재로 어둡지 않고
나름 어두웠던 소련이 그것들 어둠으로
돌이킬 수 없게 어두워졌다는 듯이
동구권 어둡다.
이 말이 러시아 혁명 실패의 변명 아니라
질책이 되고 이 사실을 집중 탐구하느라
부조리극이 동구에서 서구로 왔다.
그 사실을 수긍하느라 서구 부조리극이

다시 동구로 가는 부조리극도 있다.
그리고 늘 돌이켜보는 동구권 입장에서
고대 그리스 로마가 현재보다 더 밝은
광휘를 그토록 무턱대고 발하던 것부터
부조리극이다. 늘 돌이켜보는
부조리극도 있었고, 있다.
새뮤얼 베켓 〈고도를 기다리며〉가
소극장 공연으로 아무리 대박을 쳤단들
난해의 센세이션이 아직 더 크던 1957년
11월 9일 미국의 악명 높은 샌 퀜틴 주립
교도소 죄수 천사백 명까지 그 지루하고
여배우 한 명 안 나오는 공연에 뜻 모르고
교도소 및 공연 관계자 모두의 우려와
일부 연극 평론가 및 대다수 애호가들의
악의적인 예상을 일거에 박살내며 빠져든
까닭이고 배경이다.
부조리극은 고전 장르이다.

말기름

발바닥 각질 제거에 탁효가 있다.
흰 눈 펑펑 내려 쌓이는 홋카이도 산.
촌스럽게 두툼한 상표를 떼니
마개도 병도 병 속도 온통 하양의
투명한 응결이다.
냄새 역하다.
유명한 피부 미녀들이 애용하는데
그렇다면 아무리 하애도 별로일 정도.
발뒤꿈치에 썩썩 문지른다.
그렇지만 아무리 하애도
말은 중세 전쟁의 총아이고
말의 총아는 말 달리는 발굽도 콧김도
착한 눈동자도 탄탄한 부드러운

구릿빛 피부도 아니다.
긴 창에 깊게 찔린 가슴에서
콸콸 솟아나 철철 흐르는 붉은 피이다.
거리도 시간도 머나먼 산간벽지
홋카이도까지 와서 말 고생한다.
서울까지 와서 말기름 더 고생한다.

교육의 미래

우리의 지식이 우리의 지난 생이고
배움이 지금 생이다. 생에서 배우지
않고 생을 배우지 않고 다가오는 생을
우리가 가르치지 않고 다가오는 생이
우리를 가르친다. 그래서 해가 뜨는
이변이 있다. 생산력과 생산 수단의
관계를 능가하는 교육의 미래가 있다.
21세기 나의 대학이 20세기 총정리로
끝날 리 없는, 미래를 교육하는 교육의
미래이다. 나의 미래가 나의 대학인
해가 뜬다.

깐 생마늘 쪽

비천하고 무책임한 백성이 민주주의
철학을 낳은 것은 아니다.
그런 백성의 인간 존엄을 위해 민주주의
철학이 따로 마련된 것도 아니다.
그런 게 있다면 민주주의는 기존 질서의
차석에 달하는 것으로 그칠 것. 민주주의는
이제껏 있던 최고로 마련된 왕정과 달리
이제껏 없던 최고로 마련되었다.
귀족은 스스로 변하지 않는 것이

영원하다고 생각한다.
시민에 달한 백성의 영혼은 깐 생마늘 쪽이다.
깐 생마늘 쪽은 숱한 마늘 먹은 트림 냄새
이후에도 깐 생마늘 쪽이다. 민주주의의
가장 중요한 요소 중 하나로 유머가 있다.
절묘하게 육체적인.
풍자는 봉건적이다.

선약

한성대역에서 내려 나폴레옹제과 쪽으로….
나폴레옹제과를 아느냐고? 물론. 삼선교,
내가 살던 곳이고 나폴레옹제과, 그 시절
대학 3학년이던 나도 끼던 데모 준비 모임의
1급 비밀 장소였다. 47년 전 내 공소장에도
나온다. 그렇고,
거기를 지나 조금 더 가면 '예술창작터'에서
성북문화제단 문학 행사가 있다는 전화에
대뜸 선약이 있어 못 간다고 했다. 아주 친한
선배 문학 평론가가 주빈이고 청중이 동네
사람들 몇인 행사이고 선약도 없었다.
이런 일 정말 드물다. 뭐지?
며칠 전 구입한 페이퍼백 헌책 디자인의
우아한 고풍이 나폴레옹제과 시절 내가
들고 다니다 잃어버렸던 그대로라서
신기하고 고맙기도 했었다.
그래서 너무 먼 옛날이야기인 나폴레옹제과,
거기에 그대로 있으면 안 될 것 같고 그래서
그 당시 디자인의 너무 가까운 출현이
선약 같다.
오프닝이 다섯 시라구?
선약 마치고 선약을 데리고 끝나기 전에
가보는 것도 좋을 것 같고.

대도시

어느새 밤이다.
통유리창 새까맣다.
줄줄 흘러내리는 빗소리
들리지 않았고 들리지 않는다.
천둥 친다. 예고 아니고
결과이다. 내리는 비 덕분에
크게 불길하지 않았던 어떤 예상이
역시나 크게 틀리지 않았다는 확인.
대도시의 안정이 너무 완강하다.
새까만 통유리창 느닷없는 균열의
빛인 번개가 느닷없이 사라지고도
그 사라짐 혹은 틈새가 여전히
통유리창 새까만 정체의 일부이다.
저질러질 것들이 저질러진 것처럼.
'이미'도 없이.

위태

6·25 전쟁 이래 남한에서 가장 수치스러운
경험 가운데 하나인, 미군이 함부로 발가벗긴
조선 인민들 몸에 쏟아부은 이와 벼룩 박멸
분말 유기 합성 살충제 DDT의 제조, 판매 및
사용이 현재 금지된 소문은 사실이 아니다.
Amazon.com을 통해 미국 내 헌책 가게들에
주문을 하면 책값의 열 배 스무 배인 항공료
누리고 온 그것들이 하나같이 그 독한 DDT
냄새를 풍긴다. 통관 절차를 두 번 치러서
그런가, 아니면 6·25 전쟁 이전 책이라서?
책도 나도 DDT를 뒤집어쓴 얘기가 아니지.
내가 젊어서 커다란 배움의 빚을 진 식민지
영문학의 뒤늦은 본토 전공 책들이고 이제는

식민지에서도 한물간 이론의 저작들이다.
배움의 큰 빚이 덩달아 한물갈 수는 없다.
나의 위태를 모처럼 내가 감당하는
스릴 같은 DDT 냄새이다.

철학의 역사

기타 등등을 기타 등등으로 만들며 집중에
집중하는 것이 무거운 시대 아니다. 반드시
가볍지 않더라도 반드시 활발한 시대이다.
역사는 인간이 기록한 인간의 역사이고
집중이 끌어내리거나 끌려 내려가지 않는다.
무겁고 가볍고 활발한 것이 사실과
다르더라도 그것은 그렇다. 역사가 사실과
다른 것을 알더라도 그 지식이 빨려든다,
역사가 역사인 그 블랙홀 속으로.
사실에는 집중과 기타 등등이 있을 수 없고
끌어내리는 중력과 그것을 버텨내는
상승만 있다.
모든 역사가 철학의 역사이다.
노래의 선율과 가사 아니라
시의 갈등이 치열할수록 가볍고 활발하다.
다 들을 수 있다면 위대한 연주자들의
숱한 작품 연주 생애와 위대한 작곡가들의
숱한 작품 작곡 생애가 한없이 하나로
수렴되는 것이 한없이 들리는 너머로 보인다.
처음부터 끝까지 짐승은 그것이 하나의
소리이고 식물은 하나의 무늬이다.
각자가 각자보다 더 행복하거나
불행하지 않고 각자가 각자의 방식으로
행복하거나 불행하다.
죽음을 수학으로 해명하고 심지어
해결한단들 수학으로 구성된

영생은 이미 어떤 개인의 생이 아니다.
그것은 짐승도 식물도 그렇다.
각자가 각자의 방식으로 노래를 부르는
까닭이고 각자의 노래가 각자 다른 방식으로
슬픈 까닭이다.
부리가 무지개를 재갈 물린 것 같은
'광대 새' 바다오리도 그것은 그렇다.
어디까지 가든
모든 역사가 철학의 역사이다.

야비한 죽음

이전의 모든 것을 부정하기 위하여
이전의 모든 것 속으로 파묻히는,
끝장내기 위하여 끝장나는. 야비한
죽음이 사역 동사 두 개를 낳는다: '이전以前
시키다'와 '기존既存시키다.'
야비한 죽음이 기존을 이전시키며
이전을 더 강하게 기존시킨다.
언제 어디서의 질과 규모에 상관없이
반反에 이르지 않아 상쾌하고
반半을 넘어갈수록 지루한 죽음이
야비한 죽음을 벗는다고 본다.
보면서 생이 산다. 생은 자신의 죽음이
언제 어디서 반을 넘는지 모르고.
죽음이 두려워 분리된 정신과 육체가
바야흐로 그러나 서서히
두려움을 향하여 결합하는 식으로
죽음이 야비한 죽음을 벗는다.
마음의 신은 영원을 바라기도 전에
스스로 영원이라고 믿는 의식의 통일,
의식이라는 통일, 마음들이 지상에서
합치는 형식에 지나지 않는다.

가련한 것이 신의 유일한 장점이다.
매우 위력적인 장점이다.
유일처럼 난해한 것이 세상에 없다.
야비하지 않은 죽음이 유일을 죽인다.

한약 맛

쓰고
싸하다.
구체에도 어떤
공통이 있는
느낌.
딱히 무엇과 어디를 고쳐주지 않고
막힌 것과 상관없이 뚫어주는
느낌.
뚫어주므로 비로소 어떤 전체가
전체인 느낌.
한약 맛이 한약 재고인 느낌.
이론의 물성이 이론의 재고이고 희망
아니었나, 물리조차 물성을 잃어야 해?
이론 밖에서는 이미 '천하다'가 욕
아니고 칭찬이다… 뭐 그런
논란도 약간 있는 느낌.
폭파와 정반대이고 자폭과 그냥
반대이고 참사와 동전의 양면인 느낌.
1950년대 공중 여객기 충돌로 요절한
피아니스트가 자신의 요절을 모르고
연주하지 않는다. 자신의 요절을 미리
알았다는 듯이 연주하지 않는다.
누구나 언젠가 죽을밖에 없는 사실을
표나게 피아노로, 표나는 것이
아름답게 연주한다.
우리가 그의 생전 동영상을 연주의

일부로 들을 때. 허무의 물성의 감동적인
요동, 느낌.
체계에 무능한 것을 자랑스러워하던
시가 바야흐로 이제까지의 체계는 체계가
아니던 것을 자각하는
체계 느낌.
계속 변화 발전하므로 끝까지 체계 아니라
체계 느낌일 듯한 느낌.
속을 확 아니라 깊게 아니라 전면적으로
스며들며 푸는 느낌.
파국의 조짐이 역사의 처음부터 있지만
파국의 이론은 그 조짐들의 역사적인
실현이 아니다. 이론의 파국 의지의
실천이고 이론의 파국이 오지 않은
현실의 파국을 앞당기는 것처럼 보이지만
이론은 언제나 현실과 동떨어져 파국을
맞는다.
파국을 면하려는 노력으로 구성된
까닭에 결국 현실이 파국을 맞을 때
이론의 파국도 파국의 이론도
흔적조차 없을 것이다.

복부

서울이 국제화한 지 오래이니 주한 미군들
유흥가이자 외국인 관광객 쇼핑 거리인
이태원이 이제는 낯익을까, 아니 빛바랜
군데군데가 어릴 적 정겨운 이태원 이모
추억을 부르지 않을까? 한 살 어려 중학
1년생이던 그 이모 외동딸 바래다준 그
기와집 구한말에 더 가까웠다.
그러나 이태는 이태異胎, 최후를 맞은
파리 코뮌 상자 곽 시신들보다 처참하다.

어른이 되면 역사를 돌이킬 수 없어서
불행하다. 이태원은 내 고향의 복부. 낯설지
않은 대로가 낯설지 않아서 더 낯설고
정겨운 골목들이 정겨워서 더 징그럽다.
가을이 내가 사는 아파트에서도 쌀쌀하고
은행과 단풍만으로 울긋불긋이
절정에 달했다. 노년이 울울창창하다.
20년 전까지 내가 살던 202동은 더 작고
온순하고 무르익고 그 사이 아내 휴대폰에
긴급재난문자 '포항에 진도 5.4 지진' 뜬다.
우리가 예상의 자존심을 위해 살지 않는다.
안 좋은 예상이 맞지 않기를 바라는 정상이
아니라면 배가 살살 아픈 설사 예고가
벌써 파탄이다.
아내는 일요일 빼고 이틀에 한 번
아침에 요가를 하고 와서 복습한다.
해직 기간 빼고 35년 교직 생활 동안 결석
지각 조퇴 한 번 안 한 아내는 출근이 운동
중독이었다. 아내는 계속하는 것이, 나는
계속 운동의 개념조차 없는 것이 맞다.
평생 건강이 평생 고생이다.
아내는 목표를 정한 듯 앞만 보고 빠르게
걷고 나는 걷는 사실을 거의 잊을 정도로
두리번거린다. 어느 쪽도 다리 근육이
상상력을 풀어주지 않는다. 물화는 무슨.
가끔 건물과 풍경을 사진에 담는다. 기억은
무슨. 기록도 기념도 정지를 위해서이다.
지하철에서 처음 보는 지적장애인이 정지한
내게 친한 사람처럼 말을 거는 일이 요새
두 번이나 있었다. 툭하면 목차를 펼치는
음악도 뇌성마비이다. 결정적인 것을 아주
오랜만에 아주 가까이서 놓친다. 걸작 사진이
묶음 속에 걷지 않고 묶음으로 걷는다.
삼각지역에서 내려 한강진역까지를 방향의

대세 삼고 그 사이 녹사평과 이태원역
일대를 요모조모 구경하자는 아내와 나의
합의가 대박이었다.
번영의 상징 로터리 대신 애환이 절묘하게
천하여 진하던 배호 〈돌아가는 삼각지〉를
닮느라 용산이 낙후하고 시간이 더 돌아가
소문난 내장 곰탕 맛집 메뉴에 소 염통과
콩팥이 아직 있으니 뒷골목은 음식의 생계가
청나라 군대 주둔 당시와 비슷할 것 같았다.
오래된 세탁소, 더 오래된 철물점이 있고
일흔 넘은 '슈퍼' 주인이 비좁은 구멍가게
공간에서 겸업으로 수십 켤레 구두를 닦는
풍경의 역사적 왜소 때문이 아니다. 실물
아니라, 번갈아 주둔해 온 강대국 군대가
앞으로도 번갈아 주둔할 것인데 더 바꿀 것이
있겠냐는, 약소국 백성의 어떤 체념한
여유 같은 분위기 때문이다.
멀리서 너무 높고 흉측한 쌍둥이 탑은
대한민국 굴지의 육군본부 빌딩 앞
탄탄대로 건너 전쟁기념관 정문에 세워졌고
가까이에서 보니 너무 높거나 흉측하지
않았다, 어떤 전쟁 기념물도 전쟁보다 더
흉측하고 절규 치솟을 수 없다. 전쟁만 한
사이비 종교도 없다. 바벨탑도 없다.
녹사평역으로 넘어가는 같은 폭 차선 가로
분위기가 갑자기 고즈넉해졌다.
옛날 가로수 플라타너스들이 고스란히 늘어서
한 백년 세월을 보탠 늦가을 풍광이 다름 아닌
서울 토박이 나의 목숨의 절정처럼 펼쳐졌다.
파란만장이 타오르지 않고 유구했다. 무척
쌀쌀했다. 춥지 않았다. 쌀쌀한 바람이
내 귀에 소곤댔다. 육군 졸병들이 군함도
전투기도 없이 나라를 지키느라 내내 땅바닥
기던 복부의 노고를 생각한다면 육군본부가

기념할 것은 전쟁이 아니지. 6·25도 아니고
국방이다. 6·25 혹한에 누비 솜옷 따뜻하던.
자연을 자연보다 살벌한 인간 전쟁의 장으로
오해시키는 자연의 위장을 벗고 국방색이
국방의 두터운 아름다움을 입어야 한다. 아무리
세련되어도 예술의 아마추어가 역사의 중산층을
모르고, 중산층이라도 중산층인 줄 모른다.
『찬란한 세기』라는 책이 있다.
고색이 하도 아담해서 베일에 싸인 무슨 베르고뉴
비슷한 자작 혹은 남작 야야기인 줄 알고 샀는데
루이 14세 치하 프랑스 이야기이고 베르사유
궁전에 1만 명이 상주하고 세금 60%가 유지비로
쓰이고 외양을 해친다고 굴뚝을 못 내고 왕비 거실
통유리창에 커튼을 치지 못했다. 당대 베르사유
예술가들의 그 찬란한 작품들도 에티켓의 일부에
지나지 않았다. 하지만 에티켓의 에티켓이라면
훗날의 포근하고 세련된 부패의 마르셀
프루스트가 거기서 나오고 그 반대로 더 훗날
죽음보다 더 완강한 죽음의 뼈대의 사무엘
베케트가 나온다. 그에 비하면 버나드 쇼가 옛날
광대이고 제임스 조이스가 넉살의 천재이지.
집에 들어와 KBS 아홉 시 뉴스를 트니 이미 진행된
재난 방송이 아홉 시 뉴스 포맷으로 바뀌어 반복된다.
포항 지진 위력이 관측 사상 작년 경주 다음이지만
진원지가 얕아 체감 위력이 더 컸다… 물경
발아래가 흔들리고 무너진다. 체감이라니.
진원지가 얕아서 위력이 실제로 더 크지 않았나?
자리에 같이 누운 아내가 묻는다.
'어때, 이태원 괜찮았어?'
'어? 물론. 좋았지. 좋았잖아.'
새로운 것은 터키인들이 직접 만들어 파는
케밥집이 골목 도처에 있었고 신기한 것은
환전소들이 옛날처럼 있었다. 의아한 것은
산동네 흔적인 듯 오르내리는 좁은 계단들이

주택가에도 번화가에도 쏜살같이 있었다.
다행인 것은 꿈속에서 내가 들르던 이태원
이모 집과 외동딸을 만나던 길이 씻기고
있었다. 그렇게 내가 디자인의 수채에
끌리던 시기를 지났다. 연주하지 않으므로
가능한 모든 음악의 응축인 음향 기기
디자인을 향하고 있었다.
다른 것은 모두 예상대로였다. 서울의 여느
번화가들이 여기에 복제되고 60년 넘게 밴
서양인 몸 화장 냄새 전혀 씻기지 않고
그 또한 어떤 정착의 복부 같아서 나도
씻어내고 싶지 않고 생각은 이미 블랙커피
끓이는 내음이었다.
그러니 다시 구분과 결합,
프랑스를 대화형, 잉글랜드를 잉글랜드 고유형,
스페인을 내향형, 이탈리아를 외향형으로, 그리고
독일을 세계주의형으로 구분한 다음 결합의
필요를 논한 것은 칸트였다.
레닌이 마르크스주의를 독일 철학, 잉글랜드
정치경제학, 프랑스 사회주의의 삼위일체라고
한 것은 해설이 아니라 당파성 실천이다.
레닌과 수난받는 러시아 백성 사이
변증법이 있다. 마르크스에게 없는 마르크스주의로
레닌이 비로소 레닌이 된다. 그 레닌이 러시아 백성을
계급으로 계급의식을 혁명적 실천으로 만든다.
그 마르크스와 그 레닌을 합쳐 '주의'를 뒤집어씌운
마르크스-레닌주의는 성공한 러시아 혁명이 실패한
후일담에 지나지 않고 이제는 마르크스도 레닌도
마르크스와 레닌의 관계만큼 중요하지 않다. 아니
마르크스도 레닌도 없는 그 관계가 중요한 시작이다,
승리한, 번영이 질병인 자본주의를 극복하는
새로운 개인의. 갈수록 복잡하고 역동적인 구분과
결합이 미래의 복부이다.
섬세한 귀족 취향으로 사교적이면서도

가벼운 풍자에 치우친 젊은 날 『즐거움과 나날』의
프루스트가 훗날 가장 깊은 유머에 달하는 것은
중산층 프롤레타리아
도시적 비참이 아름다움의 숭고일 때까지 파고든
보들레르의 '저주받은 선구'가 있던 까닭이었다.
문장이 길어지는 것도 그렇다.
책 속에 영화 속에 문화 영화 속에 인터넷
동영상 속에 있으며 죽음이 갈수록 실재한다.
적어도 죽음의 복부가. 사람들 사이 죽음들이
자연스러워야 죽음이 사라진다.
노래는 가사가 선율을 해석하지 않고
선율이 가사를 해석하고 예술가 누구나
그의 생애 중에 대가의 시대가 끝난다.

상책

어느 결 고운 소설가한테서 선물 받은
MOLESKINE Weekly Diary + Notebook
Hard Cover
Tabbed Pages Insert + Adhesive Labels
수첩을 십 년째 못 쓰고 있다.
손에 들고 들여다보면 결이 더 고와진다.
어느 결 고운 여성 시인한테서 선물 받은
MOLESKINE chapters COLLECTION
여러 권을 오 년째 못 쓰고 있다.
어느 결 고운 여성 변호사한테서 최근
선물 받은 MOLESKINE 수첩도 앞으로
그럴 것이다. 어느 결 고운 여성 소설가
한테서 어제 WORKS 수첩 여러 권을
선물 받았다. 정기적으로 무슨 벌을 받는
것 같고 폭발 직전인 벌의 아름다움으로
성과 장르의 결이 곱다. 아니 나의 창작
메모를 제외한 모든 것의 결이 고울 것

같다. 이건 벌써 나의 창작보다 더 나은
결과 아냐?
그러나 아내가 해외여행 숙소 COURT-
YARD와 dormy inn에서 하도 예뻐
내게 주려 집어 온 메모지가 또한 있다.
둘 다 열 장이 안 되고 '호텔'을 능가하는
'숙소' 뉘앙스의 정갈하고 얌전한 미학이
난해하지 않고 명백하다. 마침내 살림의
결이 곱다. 그 위에도 결국 못 쓰겠지만
결 고운 살림이 모든 이면지를 메모지로
만든다.
선물은 내가 아는 것보다 더 깊은 곳에
간직하는 것이 상책이다.
선물의 탄생이 선물의 상책이다.
글 쓰는 내 직업의 결도 곱기를.

역전

박근혜가 대통령 때 값을 올려서
확 줄였던 담배가 슬그머니 늘다가
탄핵 파면 후 몇 달 동안 이렇게
하루 예닐곱 개비 피우는데 썩
자연스럽고, 장한 일이었다.
담배 한 대 피울 때마다 현직 대통령을
쫓아내지도 못하면서 욕하는 일이
더 이상은 결코 제정신일 수 없다는
생각에서 줄인 담배였다.
이승만과 박정희, 전두환과 노태우를
대통령으로 거친 내가 대통령 경멸
강박에서 해방되어 앞으로는 미움도
제정신일 수 있기를 바랐다.
담배 한 갑 4천5백 원이 이제 익숙하고
나이 들어 취미가 줄어서 전혀

부담스럽지 않고 나이 들수록 담배가
줄을밖에 없다.
정치도 정치 비판도 눈에 불을 켜는 일은
젊은것들 할 일이고 노년은 노년의
정신과 마음에 생겨난 새로운 이상은
없는지 살펴볼 나이이다. 누구나 지나간
세상이 혹독하고 노년은 독재와 부정만
없으면 대통령이 누구든 상관없는 것이
정상이다, 민주주의보다 더 무르익은.
연이틀 추억의 삼립 호만두를 뜨끈뜨끈
데펴서 호호 불며 먹었다. 사투리를 쓰면
국립국어원의 언어 순화 정책이
고질적이고 발작적인 작태로 보인다.
순화할 것은 정체가 분명한 사투리도
더 분명한 외래어도 아니다. 지방자치가
지역감정을 벗은 지방색으로 극복할 수
있는 지역 패권주의는 정체가 불분명하다.
올겨울은 따스할 것 같다. 혹독이
무엇보다 멀쩡하지 않았고, 멀쩡한 것에
이토록 열광하는 한 나는 아직
진짜 멀쩡한 것이 아니다.
제대로 멀쩡해야 멀쩡함으로 멀쩡하지
않을 수 있는 예술에 달할 수 있다.
예술의 생업에 종사할 수 있다.
행갈이도 너무
급박하지 않게.

인사동

낯익은 길을 가는 것은 주변에 아무리
정통하더라도 직진이다.
혹은
정통의 직진 없고 정통과 직진 있다.

추억이 낡아버린 단어라서 직진하는
좌우로 밀려나 뒷골목 누추를 심화하고
없는 골목이 없는 골목을 애비도 없이
양산케 하지.
왕성하지만 음탕하지 않은
낙엽들이 무수히 발을 동동 구르고
수십 년 낙엽인 내 서재 헌책들 가운데
반은 이제 골동품 가게에서나 구할 수 있다.
지하철 2호선 을지로입구역에서 내려
올해의 전시회를 찾아가는 길이 어쩌면
이렇게 작년 이맘때 전시회와 같은지
혹은 똑같은 것만 인식되는 것인지
이렇게 찾아가는 것이 작년인지 올해인지
종로타워, 그 앞에서 우러러보지 않아도
하늘을 가리는 높이이고 규모이다.
일제 시대 이 자리에 친일의 재산 축적을
그대로 아주 우아하게 형상화한 화신
백화점 3층짜리 콘크리트 건물에 비하면
갑질 자체의 미학이지.
화신백화점이 갈수록 축적의 층을
더 올렸어도 그것은 그렇다,
자세히 보면 자본주의의 슬픔은 따로 있다.
종로2가는 이제 서울 중심가가 아니고
갑질이 지적장애 있는 듯 번들번들한 유리
건물 표정 균형이 좀 어색하고 어설프다.
지하 주차장 주차료가 하루에 만 원이다.
주차장이 너무 넓다. 아니 주차할 차들이
너무 없다. 스스로 허당이고 허방이다.
흥청망청이 여가도 남녀노소와 밤낮의
구분 없지만 돈 버는 자본의 대세가
옮겨갔다. 종각이 매년 새해를 타종하는 그
보신각 맞지만 건축 말고 모든 건축 재료가
원본이 아니다. 종도 새로 만들었고.
인사동은 여전히 분위기가 골동품점의

총본산이지만 그 대세도 옮겨가고.
남은 것들의 모종의 속도가 가속화하고
올해 인사동이 작년 인사동의 짝퉁이다.
인사동이라는 전시회를 내가 먼저 보았다.
역사를 거기에 두고 오는 것이
아니었다는 생각. 인사동은 낯익은
길이고 이제는 가지 못하는 길이다.
동갑인 나와 인사동이 서로 다른
나이를 먹고 있다.
홀로인 내가 너를 거기에 두고 나 혼자
오는 것이 아니었다고 말한 것은 아니다.
흔들린다. 마구 흔들린다.
이 거리가 나의 고립보다 완강하다.

자각

옥스퍼드 컴패니언 시리즈 중 '의학'의
'눈' 설명은 이게 다이다. '받아들인 시각
자극들을 신경 자극 방식으로 뇌에 전달,
이미지들이 구축되게 하는 특수한 감각
기관'. 너무나 시적인 간명 아닌가. 흠칫
놀라며 내 눈이 새로 자각한다. 시적이
간명하고 간명이 시적인 자각. 옥스퍼드
'의학' 컴패니언의 '눈' 설명은 '안과학도
참조하라지만 그럴 것 없다.
연주하는 피아니스트가 자신의 생의
양을 조금씩 떼어 피아노에 스며들게
하는지 피아노가 흑백 정결한 죽음을
피아니스트한테 조금씩 입히는지 나는
모르지만 육체적이다. 어느 쪽이든.
소리 한 점 없는 정신이 가장 화려한
것으로 내 눈에 보이는 것이 들린다.
녹음에 묻어나는 녹음 이전 시대인

음악이다. 고막인 녹음이 고막의
녹음을 자각하는 악보의 소리이다.
육덕을 찢는 분만의 고통 말고 오래된
시절의 작곡가 전기를 안 읽는 게 좋다.
숱한 악기들도 별수 없이 소음으로
질척대는 장터를 더 질척대게 할 것.

환기

가장 생생한 냄새이다.
냄새가 가장 생생한 냄새인 냄새이다.
부패만 있고 죽음이 없는 불만으로
냄새가 시시각각 냄새의 탄생이다.
그 어느 것의 냄새도 아닌 냄새가
어제와 같이 오늘도 환기 중.
전업주부가 되려는지 설거짓거리를
조금도 쌓아 두지 못한다, 전통적인
살림의 일부라고 할 수는 없다.
설거지 주체와 대상이 아직은 나의
낯선 부분이다. 썩어가는 것들이
썩어가느라 내는 냄새도 나는 냄새도
환기이다, 나의 생의, 나의 치매와,
유머의 즉흥이거나 즉흥의 유머일 수 있는
죽음의. 미완성이라 결국 유고가
되어버린 것들이 필사적도 필생적도
아닌 생과 죽음의 전집을 완성하지 않는다.
모든 미완성이 생에서 완료된 미완성이다.
죽음의 전집에 낄 수 없는.

책과 공연

나를 읽고 궁금한 것 아니라 내가 쓴 것을

요약해달라는 지면의 갑질이 있다.
독자들의 알 권리 속으로 나를 죽여달라는.
돈 한 푼 안 주고 뭔가 베푼 줄 아는 인터뷰
갑질이 있다.
지면보다 못하게 화면은 그냥 날라간다.
육성도 날라간다. 인터뷰 당한 나부터
왜들 그러는지 이해가 되지 않는다.
드물게 강연을 해야 할 때마다 강연을 하는
나부터 강연의 처음부터 사람들이 왜
강연을 들으러 몸소 왔는지 알 수가 없다.
나로서는 공연을 위한 공연과 책을 위한
책이 있고 그 사이 유튜브의
모든 것의 화면에 깔리지 않고 모든 것이
화면이 깔리는 음악이 있다. 음반은
책과 공연 동전 양면의 이면이다.
비로소 교감이 있다. 기분 좋은 차이가
더 기분 좋은 차이를 낳는 공감의 대화.
낳음이 공감이자 대화이다.

어느 잉글랜드 시인

명목과 실질 가치에 관계없이
지전—지폐이든 동전—주화이든
수표이든 유가 증권이든
실링이라는 말 반짝인다.
배식하는 파운드와 배식받는 홈리스
페니, 복수형 펜스 사이 반짝인다.
그 둘만 돈이고 서로에게 더러운
그 너머로 역시 돈이지만 그보다는 그냥
소중한 그 무엇의 어감으로 반짝인다.
실링, 어느 잉글랜드 시인 덕분이다.
이제는 한반도도 지진이 잦고
제2의 지구가 발견되었다고 들었다.

어느 잉글랜드 시인 때문이다.
어제 엄청 추위를 먹었다. 우리밖에 없는
선술집에서 우리가 둘러앉은 숯불
몇 개만 탔고 미지근한 고기 한 두 점씩
집으며 너무 늦게 새벽까지 마셨다.
그렇다면 오늘 하루를 통째 덜덜 떨며
잤다는 얘기인가? 올해 처음 닥친
바깥의 강추위를 예년처럼 까먹고
허름한 큰 유리창 가게 문 말고는
헐벗은 선술집에서 누적된 추위는
까먹은 것을 바깥에서 확인하는 순간
뼛속이 몸 밖으로 덜덜 떨리는 그야말로
옛날식 엄동설한이지. 뭐 예년과 같은
면면 중 끝까지 자리를 지킨 사람들이
너무 다정해서 지켰다. 예년보다
티격태격이 현저히 줄어들었다. 정신
아니라 몸이 안 되어. 그리고 올해는
이름을 까먹었지만 실링, 어느 잉글랜드
시인도 일행 중 하나였을 것이다.
감기가 올 모양이지만 툭하면 지독하기는
해도 아직 감기가 치명적인 나이는
아니다. 실링, 어느 잉글랜드 시인이
일찍 죽은 지 이미 오래라서 그럴지도.
어쨌거나 그가, 그도 헤매지만 헤매는
장소가 실링 너머이니 지상의 최후를 맞은
한참 뒤 비로소 자신의 평생 필생에 붙였을
제목이 '절망'은 아니었기를. 누구나
양차 세계대전 사이 요절한 듯이.

메아리 창립 40주년

국립 서울대학교 음악 동아리 〈메아리〉는
특히 김민기의 저항적 포크 송 애호로

시작, 민주화 운동권의 전위에 달하면서
클래식 전공 음대생들이 작곡과 가창에
뛰어들어 서양 작곡과 창법을 오히려
버리기도 했으나 내가 잘 아는 메아리
출신 후배들 대부분은 성정이 슈베르트
op. 132, 혹은 D. 935 '즉흥곡들'처럼 젊은
만년의 슬픔이 따스하고 여유롭고 유머
넘친다. 메아리 회원들 중 나의 선배가
있을 수 없지만 40주년이면 나의 문단
데뷔보다 3년이 영영 빠르다.
그들이 애호하는 김민기는 줄기차게
까다롭고 그토록 존경하던 김지하가
스스로 '격변의 격변'에 휘말렸으니 내가
어설픈 입장으로 섞이는 것을 그들이
반길까? 자신 없지만 그래도 가 봐야지.
메아리 노래 40주년은 나의 현대사에서
가장 아름다운 40주년 가운데 하나다.
문승현 〈그날이 오면〉〈사계〉가 김민기
이후를 자연스레 모색했듯이 이현관
〈백두에서 한라 한라에서 백두로〉
〈이름〉과 류형수 〈선언〉〈저 평등의
땅에〉가 문승현 이후를 자연스레 모색한
것이 한 30년 전 일이다. 〈그날이 오면〉이
여전히 희망을 구현하고 이현관과 류형수
노래들은 그때의 보폭이 바로 오늘에
육박하면서 미래 지향적이다. 이 노래들,
다른 경로로 기어이 클래식에 달했다.
40주년이라 메아리가 소중하지 않고
메아리 40주년이라 모종의 40주년들이
구원을 받는다. 가야지. 선배도 후배도
아니고 그냥 메아리 애호가로서. 가요는
운동 가요도 무엇보다 과대망상을 치유한다.
메아리 출신들 공연을 볼 때마다 그랬던
기억이 찬란하다. 첫눈이 펑펑 내리니 그것을

첫눈이 펑펑 내리는 클래식이라고 해도
좋을 것이다. 새로운 게 반가운 것보다 더
반가운 게 새로운 것이 진짜 클래식이다.

영결

　세월호 미수습자인 단원고 양승진 교사와 남현철·박영인 군, 권재근 씨와 혁규 군 부자의 발인이 오늘 아침 6시 안산 제일병원과 서울 아산병원 장례식장에서 엄수됐습니다. 세월호 사고가 일어난 지 1천314일, 선체가 육지로 인양된 지 223일 만입니다. 유해가 담기지 못한 고인들의 관은 선체 수색 과정에서 발견된 옷가지 등 유류품으로 대신 채워졌습니다. 양승진 교사와 남현철·박영인 군은 평택 서호 공원에, 권재근 씨와 혁규 군 부자는 인천 가족공원 세월호 일반인 희생자 추모관에 안치될 예정입니다.

마지막으로 뉴스를 뉴스답게 여성 아나운서를
여성 아나운서답게 만들어 주며 그들이 갔다.
영영 간 것을 마지막으로 확인해 주며 갔다.
남성 아나운서였더라도 마찬가지였을 것이다.
결국 내 생애의 사소할 장면이지만 끝까지
이어쓰기만 가능한 희귀한 사건이기도 할 것.
참으로 정중하므로 가차없을밖에 없다.
슬픔의 과장도 호들갑도 슬픔의 일이 아니다.
진실이 빠짐없을 리 없지만 사실이 꽉 차
있을 수 있다는 거. 미수습과 장례 너머 반드시
필요한 두 번 반복이 이렇게 뼈아프다는 거.
뉴스가 생의 비극과 이리 가까웠던 적 없으므로
또한 생활 전체와 이리 가까웠던 적 없다는 거.
환상이지만 비로소 실현 가능한 미래 환상이다.
북한 여자 아나운서들 신파조 비극 풍이
우스꽝스럽고 남한 여자 아나운서들 부드럽고
쿨하고 칼 같은 섹시 직전으로 우스꽝스럽다.
분단 전에는 이렇게 다르지 않았지만 그렇다고
일제 시대로 돌아가나?

그렇게 공공이 이룩된다.
이룩되었어야 할 공공이 비로소 이룩되지 않고
더 나은 것이 이룩될 수 있는 희망이 이룩되는
공공이다.
SBS NEWS '세월호 사고 1,314일… 미수습자
5명 오늘 발인'. 오늘은 다른 주요 신문사 방송국
뉴스들도 수준이 높을밖에 없다.
만 개가 넘는 인터넷 언론들은 일일이 확인할 수 없다.
악플들은 정말 내가 알 수 없는 세계에 있다,

전진

미로가 보인다.
보이는 미로이다.
보이는 것이 미로이다.
여기서부터 부디
보이는 미로의 미로가
전진이기를
생계와 무관하게 자살한 이들의
자살한 까닭이 보이는 미로의
부재였기를. 그것 또한 뒤늦게라도
살아 있는 일과 살아남는 일 사이
생계와 무관하지 않았기를.
산 것들이 살아서 엄살로 세세히
복잡해지지 않고
탄산음료 청량의 싸구려 절망을
한껏 들이마신 후.

피난과 피서

유리창에 붙이면 겨울 실내 온도가 2~3도
올라가는 지인의 생활의 지혜에 따라 귀 얇은

(본인 말이다) 아내가 **뽁뽁이**를 사 왔다.
대공사일 줄 알았는데 분무기로 쉭쉭 뿌리고
붙이니 찰싹찰싹 잘도 달라붙는다.
그런데 전망이 애 키우느라 대충 방치된
것 같지 않나, 졸지에 6·25 전쟁 때처럼
을씨년스럽고 남루하고, 통유리창이 누더기
유리창을 억지로 입은 것 같지 않아?
뭐, 어떤가? 전쟁이 문제이지 피난은
피난의 미학도 소중한 기억 아닌가?
겨울은 끝까지 피난의 계절이다. 기온이
2~3도 내려갈 여름에 안 쓰면 된다.
여름은 피서의 계절이니 그건 누추한
누추일 것이다.

관

허물어지는 것이 더 허물어지기 위하여
필요한 것이 각이다.
육체가 아직 하품하는 동안
허물어지는 것이 원이다.
이어질 것이 계속 이어지기 위하여
모방되는 전통이 있는 것은 아니다.
계승되는 전통이 있는 것도 아니다.
이어진 것이 아니다. 이어지는 것이다.
'불구하고'가 중요하다. 모든 사실의
역사와 역사의 진실에도 불구하고 남은 것이
이어지지 않고 남는 것이 이어지는 것인
현상을 우리가 전통이라고 부른다.
전통은 둥글지 않고 각이 져 있다.

친구

나처럼 기초가 엉망이면 가깝고 오래된
전집이 필요하다.
나를 아는 모든 이와 것이 나이다.
나를 아는 모든 것도 모든 이이다.
친구가 친구들이다.
복제할 수 없는 개인의 원대한 중복과 반복.
정확할 수 없는 역사의 적절한 기록과 차원.
그 후라는 영원한 교통. 급작스러운 죽음도
피가 돌기 시작하는, 마침내의 끝장. 순정한
외향이자 멀쩡한 내향. 혼자 할 수 있고 홀로
일 수 없는. 대홍수 추억, 장마 예감, 실현과
무관한. 마지막 비극 결작. 불가능의 투명.
산책은 예방이 아니다. 인사人事이다. 친구.

출현

밀림에 뭐가 있나? 성욕이
너무 뻔해서 문제이지.
햇빛 쨍쨍한 날도 밀림은
우기로 축축하다. 노골적인 문화로
포식하느라 예능적으로 더 망가지는
연예인 선남선녀 스타들 거기서
유독 멀쩡해 보인다. 이번에는
내가 늙어서 그런 것도 아닌 것 같다.
나보다 더 오래되어 늙음이 없는
밀림의 각자 생각이 다른 생물 모두
인간들 뭐 하러 저렇게 다정한 남녀
대화도 지문뿐인가 싶을 것이다.
TV 출연도 시청도 아니다. 밀림은 TV
출현이다. 전환을 위해 이전 시대가
관절을 삐어야 하는 사태는 20세기

한 번으로 족하다.
옛날에 걷던 길을 걷다가
밤길로 들어섰다.
새로 들어선 것들이 신기한 것보다 더
여전히 있는 것들이 신기한 것보다 더
낮에 보일 것들이 보이지 않는다. 아니
몸을 숨기거나 등을 돌린 것이 보인다.
고가의 골동 회중시계들이 재깍댄다.
궁궐 담 데이트 길에 입힌 기나긴 시멘트
굴속이 인적 없어 갈수록 더 깊숙이
범죄의 출현을 부른다. 투석전은커녕
타조가 모래에 제 머리만 처박은 수성.
지자체에 쓰고 남은 예산이 있었나?
궁금하면 안 되지. 그런 지식의 출현은
이 나이에 어지러울 것이 분명하다.

건포도

호화롭지 않고 간판도 단출하지만
만만찮았다. 그 음식점 제철인 간장게장
샛노란 알이 살보다 더 많고 파먹기 좋게
잘라 쌓아 놓은 몸통과 다리 살 분량이 1인당
공깃밥보다 더 많았다. 모든 음식이 정갈하고
넘쳐났다. 밥 말고는 배불리 먹는 개념이
없던 것들을 배불리 먹어 보라는 거지.
축하는 하는 것도 받는 것도 좋은 일이고
아직도 박근혜 같은 사태가 벌어지니
아직도 민주화 운동 세력이 정권을 잡고
운동권 친구나 후배가 공직에 나서는 것은
좋은 일이지만 이제는 좀 높은 자리라야지.
YS, DJ, 노무현 거치면서 낮은 자리일수록
선후배와 동료들 사이 다툼이 잦고 치사하고
야비한 기시감이 이미 고질이 된 나는

아직까지 썩 잘하는 문재인 정부 장관 아래
직책이 화제에 오르면 옛날의 건포도 노릇이
제격이다. 제철 포도보다 더 귀해 보이고 더
달고, 생맥주 위 병맥주 안주이던, 견과류 사이.
오늘 잡힌 약속은 아주 먼 훗날 같은 2주일 뒤
내 고향 마포구 월드컵북로 어디 찾아가는 길
현대 시만큼 복잡하지만 후배 건포도들과이다.
건포도들끼리는 각자 건포도일 필요가
없으니 각자 건포도가 아니다.
청첩장에 흔히 3호선(신분당선) 양재역으로
되어 있지만 신분당선이 3호선이 아니라고,
양재역을 3호선으로도 신분당선으로도
갈 수 있다는 뜻이라고? 그걸 이제 알다니.
허긴 숱한 청첩을 받았어도 그걸 몰라서
양재역에 못 간 적은 없었다.

볼륨

지독하게 가난한 루마니아에서 태어나
세계적인 반열에 오르고 요절한 피아니스트
연주는 볼륨을 꽤 높여도 된다. 조금 더
화려한 것이 조금 더 정갈하고 조용하다.
종교는 많이 다르지. 늦게 죽은 강건한
믿음의 성자, 가난의 명분이 너무 요란하다.
메소포타미아처럼 프로이트 정신 분석과
포스트모던 두 강을 끼고 비옥한 종교도
볼륨을 줄여야 한다.
가시화하는 것이 늘 부재이다. 부재의
과거를 스토킹하는.

초겨울

의정부만 가도 옛날 의정부가
눈에 띄게 옛날 의정부이다.
낡았고 작고 초라하고 살림집 파사드를
도려낸 듯한 구멍가게 하나 제대로이지.
떼 지어 물과 흙과 토지와 경제와 행정의,
그러니까 불을 뺀 거의 모든 것의 넉넉한
경계이던 나무들 당당하게 헐벗었다.
땔감용은 아니라는 얘기.
점심의 〈Kim's Gold Noodles〉는 영어도
후지고 옛날 짜장면도 팔고 옛날 건달들이
맨주먹으로 승부하듯 수타면과 짜장
맛을 내세웠지만 옛날 의정부는 뒷골목이
번화가이자 유흥가, 모텔들의 불야성이다.
거기 조금 어두운 곳에 남한 평양냉면이
시작된 냉면집 있다. 보신탕 삼계탕
간판이 그 옆에서 훨씬 더 밝고 냉면보다
소고기 수육보다 삶은 돼지 삼겹살이
더 싸고 맛있다.
형은 시신경이 다 망가졌고 신경은
수술이 불가능하다고 한다.
형이나 나나 기대가 크지 않았다.
하지만 생활에 적응할 생각이 전혀 없는
형도 오늘은 추위보다 더 쌀쌀한
초겨울일 것이다.
의학 사전은 아무래도 브라우징 아니라
순수 참고용이다.
세상의 온갖 질병을 미리 다 알면서
노년을 지낼 필요는 없지 않나?
낮은 땅에 굵직하게 내리는 비가 은행
낙엽을 더럽히며 마지막으로
가을을 상기시켰다.
강남 개발 광란이 잦아들어 감당할 만큼

번화한 양재,
좁아서 아늑하고 따로 모일 사람들 따로
모일 수 있는 카페, 창가의 바로 창밖인
비 내리는 거리가 억수로 상기시켰다.
아내 말이 맞다.
고층에 내리는 비는 내리는 비가 아니다.
홍수가 질망정 비처럼 낮은 땅에
어울리는 것도 없다.

전국노래자랑 마포구

〈가요무대〉가 녹화 방송, 〈전국노래자랑〉은
대낮의 생방송이다. 남녀 고등학생 대학생까지
발랄한 젊음이 단체로 한껏 천하고 야하다.
같은 반 같은 과도 있다. 노래하는 인간을 호모
뭐, 춤추는 인간을 호모 뭐라고 부르기 한참 전에
동이족이 음주 가무 즐기는 광경을 통일 중국
역사에 남긴 바 있다.
한풀 꺾인 중년도 두 풀 꺾인 노년도 원 없이
최대한 논다. 조숙한 국민학생도 노숙한
중학생도 안 놀면 큰일날 것처럼 논다.
대낮의 송해 따라서 모두 백 살 가깝고 얼굴
새까맣고 표정이 유년의 쭈글쭈글한 가면
같게 논다. 강력한 대낮이다. 발랄한 젊음이
더 천하고 야하게 발랄해도 되고 노년이 더
천하고 야하게 주책맞아도 된다. 죽음이
이토록 너그럽다.
전국노래자랑 마포구 편이 진행되는 난지도
하늘공원이 내가 태어난 한참 뒤 조성되었으니
내 고향 사람들 저렇게 많고 저렇게 잘 놀았나,
저렇게 많고 저렇게 잘 노나? 급기야 처녀들이
족발 새우젓 한 상 차려 들고 무대로 나왔다.
송해는 먹는 고행의 시작이지만 아무렴 그렇지.

사는 일이 고기잡이보다 더 그물 짜기이고
아무리 반짝여도 절망의 실로 생을 짤 수는
없다. 중국은 한물갔고 요즘 유행가, 일제 미제
풍으로 섹시하던 것들이 더 섹시하게 망가지고
옛날 유행가, 일제 미제 풍으로 그립던 것들이
더 그립게 망가진다. 장안의 화제를 몰고 온
TV 조선 〈미스 트롯〉 〈미스터 트롯〉 1, 2편
모두 〈전국노래자랑〉 후예이고 짝퉁이다.
중세 동화가 어른의 응축이 죽음인 세계의 탄생이고
어른이 아이 수준으로 공유하는 극서정 놀이이다.
분홍.

균형

하루걸러 연속으로 코피가 터졌다.
전에 없던 일이다.
요즘처럼 거울을 쳐다보는 일이 잦지
않고서는 알 수 없는 일이기도 하지.
그건 젊었을 때 얘기이고 깨진 거울에
립스틱으로 휘갈겨 쓴 것 같은
내 얼굴에 코피이다.
하루 종일 쉬었는데 더 쉬라고?
코 푸는 힘이 코에 비해 센 것인지
전체적인 쇠약이 자연스레
흘러나오는 것인지 애매하다. 어쨌든
그제 터진 코피가 아직 안 아문 건지
새건지까지 분명해야 경고 아닌가?
그보다 덜 애매한 것들이 많지 않나,
아침 기상이 갈수록 힘든 것부터?
이런 것은 그냥 어영부영 살밖에 없다.
어영부영 죽어가는 것이 어영부영
살아가는 일일밖에 없다.
오늘도 퍼마시고 하루 쉬고 모레 또 퍼

마시는 나의 잡힌 일정이 가장 거대하고
분명한 경고이다. 뭐, 그냥 어영부영
천천히 마실밖에. 그러니 코피 때문에 더
오래 살 것도 같고. 아니면 모종의
균형? 왜냐면 우리가 그토록 맛있게
먹었던 것이 바로 죽음이었다.
장수 시대이다. 혼주 뒤풀이가 부쩍 늘고
부자 암 환자들이 부탁하는 약초나 상황
버섯을 찾아 코리아 헌터들은 자연의
높은 나무를 오르고 낭떠러지를 타면서
본인의 65세를 훌쩍 넘긴다. 죽음과 너무
가까운 것이 죽음과 너무 멀다. TV나 보는
나로서는 코피의 균형이 필요할밖에.
목숨의 험난보다 더 질긴 치욕을 견디는
목숨의 제 혼자 강인한 구릿빛과 같이.
요절이 깨끗하지 않다.
살아남은 우리가 그렇게 보고, 듣고 싶다.
피아노 소리가 그 마음에 가장 가깝다.
우리에게서 빼앗아 간 것으로 비옥한
시간을 우리가 누린다. 수직이 직하인
때에도 있는 것이 안 보이게 있고 없는 것이
눈에 보이게 없을 때에도 광포할 때에도
그것은 그렇다.
나의 죽음이 나의 디자인 아니다.
화룡점정?
그건 벌써 써먹은 유년의 유년이지.
내가 품어야 할 것이 나의 청춘 말고는
없는 듯이 코피가 있다.
터지지 않고,
있다.
디자인이 완벽하면 완벽한 디자인인
성경은 아무것도 남지 않는다.
전 세계 성경 번역의 차이들을 모은 것이,
아니 차이들 모이는 것이 성경이다.

응축과 확산

어쩌다 보니 소공동
초밥집 미조리 아직도 있다.
그 건너편 웨스틴 조선호텔
더 품위 있고 고급스러워졌다.
옛날 번화가의 개성 없는 일반적 개발에
둘러싸여 응축된 보석 같다. 하긴
소공동이 예나 지금이나 한국에서 땅값이
제일 비싸고 두 곳 모두 거의 최고와 거의
최초에 해당하는, 작을수록 소중한
랜드마크이다. 두 곳 다 중소기업보다 작은
회사 사장이면서 술 마시고 노는 것에는
무조건 일류를 고집하던 아버지가
뻐기던 곳이다. 호텔에서 같이 자본 적 없고
미조리는 아버지 따라 몇 번 갔다.
주방장 바로 앞에 앉아 그가 다른 손님 것을
썰다가 버리는 부위처럼 한두 점 놓아주는
별미를 먹으며 아버지는 단골 아니면 누릴 수
없는 자리이자 특권이라 하였다. 그 집은 아니지만
훗날 술꾼이 된 내게도 그 말은 거의 진리였다.
이 나이에 아내와 둘이니 먹기에 가격이
부담스러울 것도 없지만 지금은 그때가 아니고
미조리는 미조리가 아니지. 그때의 주방장도
손녀를 보았을 거고 무엇보다 아버지가 없다.
추억에 침이 고이지 않는다. 결핍도 어쩌다 본
결핍은 그냥 놔두지 않으면 우기는 것이다.
옛날얘기만 하는 어른들은 그냥 옛날로 보내
드리라고, 어린것들한테 농담을 한 것이 바로
어제인데 벌써 옛날 소공동으로 보내진 것이
아니라면. 다행히 날씨가 맑아서 고층빌딩 숲
사이 청와대를 슬하에 둔 겹겹 산들이 뚜렷하게
보이는 저쪽은 응축 아니라 확산이고 유일한
현재가 시시각각 유일한 과거를 재구성하기 전에

유일한 과거가 시시각각 유일한 현재의 현상이다.
재구성은 현상에 근거한 다음이지, 십중팔구
도로이다. 왜냐면 시시각각 유일하지 않은
미래가 먼저 구성된다. 시시각각 유일하지
않은 현재가 시시각각 유일하지 않은 미래의
현상이다. 우리가 그 구성 속으로 뛰어들지 않은
것일 수 없으므로, 거대한 레고 블록 쌓아 올린
공법의 높이가 고층을, 최신이 현재를 실제로
능가하지는 못할 것이다.

Archaic Smile

파고든다 섹스 없이 너의 살 속을.
파고든다 어머니 없는 아버지보다
더 젊은 식민지 없는 제국보다 더
융성한 가부장의 살 속이다.
파고든다 피 한 방울 냄새도 없는
피투성이 너의 살 속을. 파고든다
통과 없이 세계가 열리는 너의 살 속을.
왜냐면 성욕의 신화를 떠난
아름다움의 소문이 얼마나 멀고 또
얼마나 가까운가. 웃는 것이 웃는 것
아닌 그 사실을 파고든다. 이룰 수 없던
사랑의 결실이 있을 수 있었다는 듯이,
육체 비유가 이야기로 썩기 전의
이야기가 시간을 돌이킬 수 없이
망가뜨리기 전의 그 후를 파고든다.
비유도 고통을 호소하지 않는
행동만 남을 때까지.
무슨 소리, 위대한 자연이 어디 있나?
포식자가 왜 잡아먹는지 모르고
먹이가 왜 잡아먹히는지 모른다.
아름다운 꽃이 아름다움을 모르고

다시 태어날밖에 없는 인간 언어가
다시 태어날밖에 없는 것을 모른다.
다행히 언어가 극한 직업이고 스스로
극한 직업인 줄 모른다.
명계 방문은 신화와 대대의 시간과
공간이 하나로 합친다. 진정한 생의
탄생들이 영원이고 죽음이지만
방문이 이미 알아버린, 더 이상 써먹을 수
없는 이야기이고 법칙이고 과거이다.
무슨 소리, 위대한 제국이 어디 있나?
건국 이상이 스스로 당혹스러운
크기에 달하는 제국에 필연이 없다.
'뒤늦은'도 '비로소'도 없다. 당혹의
가장 게으른, 그때그때 놀라며 놀람을
당연시하는 습성이 있다. 거대 미합중국
성립에 놀라는 것은 원주민 아메리카 인디언들
뿐이고 그들이 막을 수 있던 것에 대해서
뿐이다, Archaic smile, 너의 살 속을 파고든다,
처음부터 아니라 끝까지.

없는 그대

정지하여 그대를 사랑할 수 있는
모든 것을 내가 사랑하였으니 그대
아닌 것을 사랑하여 이제는 지상의
방식으로 그대를 계속 사랑할밖에
없는, 생의 시도가 초월을 미룬다.
지상이 낙관적이지 않다. 베토벤을
모차르트로 연주하지 않고 슬픈
슈베르트가 슬픔의 경지에 달할 뿐.
없는 그대.
지상은 그대 냄새와 너무 다르다.

한파주의보

뽁뽁이로 양쪽 1/3을 막고 가운데 아래
1/3을 책 쌓아 가리니 남은 통유리창 속
밤 이슥한 도시가 비로소 따스하다.
창밖도 아마 비로소 따스하다.
지식이 날마다 새로운 전통은 아니지.
날마다 새로운 지식이 보온이다.
달력이 경사와 참사를 동시에 기념하는
유용한 의례이지만 참사의 경사와
경사의 참사가 있는 사실의 보온으로
턱없이 모자라고 툭하면 제 추위에
휘둘린다. 그러나
참사를 생애로 품는 것이 한참 뒤 후대
눈에 보이는, 후대가 구성하는 광경에
지나지 않는다고 한들 그러므로 더욱
지울 수 없게 위대한 비극이다. 그보다 더
두터운 보온을 달력은 찾고 싶지 않을 것.
오늘 저녁 한파주의보가 있다.
아홉 시. 한파주의보는 언제나 발효 예고된다.
겨울의 시간이 보온으로 실수를 들킨 듯
우리의 시제를 아주 약간만 벗어난다.

이물질

반체제 이전 반제국주의 이전 반정부 이전
반독재 학생 운동 시절 필독서이던 『아무도
미워하지 않는 자의 죽음』 독일어 원서를
헌책방에서 사고 오랫동안 읽지 않았다.
앞으로도 읽지 않을 것이다. 원제『백장미』
그리고 조피 숄 잉게 숄 한스 숄, 대학생
남매 자매 위와 아래가 히틀러 비난 삐라
돌리다 잡힌 지 나흘 만에 형장의 이슬로

사라졌고 가운데가 그것을 글로 남겼다.
조피 숄, 잉게 숄, 한스 숄, 백장미, 아무도
미워하지 않는 자의 죽음만으로도 족하다.
독일식 밀집이 얇고 잘 빠지고 칼 같은 헌책
Inge Scholl, *Die Wei ße Rose* 장정 앞에서
내가 이물질 같다.
끝까지 이 책을 다시 못 읽을 것 같다.
이 책을 끝까지 못 버릴 것 같다.
이 책은 내게 없는 나의 처녀이다. 숱한
책들이 내게 있는 나의 실종인 것과 달리.
떠나온 곳을 몰라서 우리가 매일
작별을 한다.

더 나을 것

생각이 생각하는 육체의 등장을 지우며
등장하여 죽느냐 사느냐가 문제이고 별
문제 아니라 다시 문제이니 생각이 생각을
멈추지 않지만 지워진 등장이 무슨 재등장?
우리가 절망하는 것은 언어가 표현이던 첫
명명과 실물 사이를 파고들어 좁히고 좁혀
파고드는 능력, 우리의 절망을 아랑곳 하지
않는 능력에 대해서라고 생각하는 것이 더
나을 것. 육체와 분리되면 정신이 정신과
분리되면 육체가 계량되고 알파고에게
얼마든지 질 수 있지만 둘 다 분리될 수
없으므로 정신이 정신, 육체가 육체인 것이
더 나을 것. 육체정신 혹은 정신육체 경험
예술의 아랑곳하지 않는 언어를 사람이
죽이지 않고 왜냐면 언어가 사람을 살린다,
그게 더 나을 것. 수의 수인 숫자가 '들'도
'모두'도 '언제나'도 포식한 세기말이었다.
'이미'는 '앞으로'가 아니지. 시작이 늘 종말과

추락보다 더 가파른 벼랑이라서 이어짐이
이어지는 사실을 위해 '천지창조' 이야기가
생겨난 경위를 알아듣기 쉽게 알파고에게
일러주는 것이 더 나을 것.

차원

아직도 대문자 신을 육안으로 믿고 싶은
이들이 '예수 믿으라' 외치며 악의 추상을
육안으로 본다, '불신 지옥'. 크게 기분 나쁠
것도 없다. 구체적으로 시끄러운 전철역
오르는 계단 입구. 악의 추상 없으면 신도
없는 그들의 팻말이 다소 기괴한 모양의
소음을 보탤 뿐. 아무리 멀쩡하고 싶어도
나름 기괴하지 않으면 종교일 수 없다.
그들이 참으로 지옥에 살며 아우슈비츠
나치 수용소 유태인만큼이나 고통스러운
차원이 있다.

즐거운 문상

그가 죽고 나서 몇 달 뒤 그의 아들을 만났다.
그가 하던 일을 그가 하던 사무실
자리에서 하고 있었다. 얼추 내가 그를 처음
만나던 나이이고 생김새이다. 나는 아들이
나의 업종을 물려받지 않게 했다. 그도
그답지 않게 심히 반대했다고 한다.
다른 직원들과 함께 유쾌하게 술을 마셨다.
착각 때문 아니다. 사람이 살지 않고, 이어진다.
그가 살았을 때 어울리던 이들과 그가 죽은
후에도 계속 어울리는 즐거운 문상도 이어진다.
아직 살아 있는 이들도 그렇다.

오늘 혹한이지만 마포구 상수동 328-14 2층
'춘삼월'에서 귀한 후배들과 술 약속이 또 있다.
저녁 무렵 눈이 온다고도 한다.
그 전에 한 세 시간 홍대 부근을 걸을 것이다.
큰아이 장인이 큰아이한테 준 고급 코냑 한 병
내가 챙겨 들고. 무덤은 땅속이
비 오면 편안하고 눈 오면 푸근하다. 당산역
저쪽 동네 사람들은 지상 대신 9호선 전철역을
내려가 걷다가 가장 높은 에스컬레이터를
타고 2호선 승강장에 달한다는 거 아냐?
노년의 망년은 술 약속이 술 약속을 낳으며
이어진다. 올해가 그럴 수 있는 마지막일 테니
하루에 두 탕도 이어진다.
불쑥불쑥 끼어드는 젊은것들 결혼식 없는
신식 피로연도 내 노년을 잊지 않는 망년이다.
표나게 재미있으면 슬프지.
어느새 부드럽게 흐르는 시간 속에 부드럽게
흘러간 시간이면 된다, 나름 강행군으로.

메모지

가로 새로 5센티, 높이 7센티미터 주황의
탑. 종이와 접착이 어찌나 섬세한지
이렇게 세우면 허리가 저렇게 세우면 등이
낭창낭창하다.
몸무게에 라틴 댄스가 밴 듯 뚜껑 열 때마다
정결한 백지가 정결하게 새롭다.
처녀와 정반대 느낌.
어떤 아주 작은 애벌레가 꼬물꼬물
기어 나와도 될 것 같은 보금자리가.
내게 묻는다.
죽일래, 살릴래?
너무 정교해서 마침내 살기가 없는 질문이다.

글쓰기의 보석 같다.

모국어

외국어는 가장 생생한 차이의 가장 생생한
총체. 번역이 근대, 근대성의 시작이다.
포스트모던은 결과로서 나쁜 번역이지.
원인은 늘 있을 수 있고 늘 있어 왔다.
모던이 포스트모던을 낳지 않고 모더니즘이
포스트모더니즘을 낳은 것도 원인이다.
모국어는 장터 체액 묻은 약소하고 가난한
순서 아니라 가장 방대한 유일의 죽음이
결과이다. 프로이트의 해석도 라캉의
재해석도 원인이다. 서로 다른 장르 언어와
장르 언어 사이 번역의 죽음이 결과이다.
직역도 의역도 원인이다.

결핍

10년 전 품 넓은 겨울 바지가 두툼하다.
10년 전 겨울처럼 거리가 낯익은 쪽으로
낯설어진다.
조금 더 간다.
어릴 적 꽤 높았는데 지금은 내 키가
거의 닿을 듯한, 저개발의 좁은, 마음 놓고
지저분한 시멘트 담벼락 골목의
지붕들이 떠오를 때까지 간다.
솟아오를 때까지 가지 않는다. 대도시에서
태어난 자의 고향은 거기까지이다.
태어난 대도시의 고층 아파트에서 오래 산
토박이의 결핍이 거기까지이다.
낮에 끝나는 결핍이지.

별이 뜨지 않는 밤하늘까지가 아니어서
다행이라고 생각하는 밤이 이따금씩 있다.
밤하늘이 저개발 광경의 윤곽을 청정
그 자체로 펼치는 밤이다. 기운차고
비늘 깨끗한 대방어들 솟아오른 밤이다.
요동치는 광활의 밤이다.

이미

오르는 길은 없다. 다가오는 길이다.
내려가는 길도 없다. 두고 온 길이다.
그런데 왜 이리 가파르냐, 둘 다?
누추해지지 않는 일이 남았다.
오랜만에 대학 동창을 만나고 돌아가는
전철 끊겼다.
차단 셔터 내려졌고 교통카드 대는
출구들 모두 적색이다.
입구들 아니고 출입구들 아니다.
출구들에 경보. 참사가 참사인 시대를
우리가 지나왔다.
'이미'도 없다.

전국노래자랑 재고

내숭 없이 마음껏 진하게 속되고 천하게
망가지는 날도 좋지만 〈전국노래자랑〉
오늘은 프로그램 아니고 동네 노래자랑
방송 아니다.
지상에서 가장 행복한 노래자랑의
동네고 전국이다.
참가자도, 플래카드 응원 나온 가족도
주민도 각자 모두 노래자랑하는 날이다.

매주 일요일 1,700회 이상 방송해 왔으니
직업은 너무나 지겨운 물건. 최우수상
상금이 저리 약소하니 관계자들 출연료도
아흔을 넘긴 국민 MC 송해 말고는
다른 방송보다 썩 적을 것 같다.
하지만 그들은 직업을 다하는 순간 평생이
노래자랑했던 날로 된다. 〈전국노래자랑〉,
동네와 안방의 전국이 세대 별로 대대로
노래자랑하는 날이다.
유행가 하나 모르고 막춤도 소질 없는
이들은 흥겨운 것만으로도 어린 시절
노래자랑하는 날이다.

날씨

눈 오고 대설주의보 내리고 삽시간
어두워지고 비 오고 대설주의보
해제되고 다시 눈 오고 진눈깨비
흐릿한 날씨이다. 이상하지 않다.
원래 이상해서 날씨였다. '화창한
날씨'가 어긋난 표현이지. 여름에
여우비 여우 오줌 미지근한 것이
날씨이다.

오디세우스

새까만 밤이 화려한 버스 차창 밖.
모든 이야기는 전쟁이 전쟁에서
귀가하는 후일담일밖에 없다.
적어도 전쟁 이야기보다 나아야
하는 문제가 있지
아내의 침대에 달하기 전에 적어도

오늘의 목마른 포도주와 굶주린
노획보다 더 소중한 사랑의
비유가 필요하다.
접대의 정치 경제학보다 더 구체적인
김영란법이 필요하다. 오늘의
방랑이 아내의 침대에 달하는
시제와 모험보다 우월한 생의
비유가 필요하다. 아내의 침대가
후일담 아니라 아내의 침대의
후일담이. 죽음이 아내와 나 사이
가장 치열한 사랑의 비유 아니라
가장 낯익은 그것에 가깝다.
상처로만 보이는 그 사실 앞에
배를 채우고 호기심을 달래는
방랑이 뭐 하러 있겠나?
오레스테이아가 이미 저질러진
사건 아니라, 불안의 응축으로
불안을 고통의 응축으로 고통을
능가하는, 그 후 이야기이다.
내용 아니라 형식이므로 마르크스도
문체만 남는다, 그렇게 말하면
안 된다. 마르크스는 그래도 문체가
남는다, 그렇게 말해도 안 된다.
마르크스의 문체가 남는다, 그렇게
말하고, 마르크스 초심의 초심도
그 소망이었기를 바라는 것이
우리의 마땅한 마르크스 추모이다.

조상의 탄생

친구의 차남 결혼식이 내년 1월이다.
한 달 남았지만 한 해를 넘기는 고비의
뭔가 결정적인 허를 찔린 느낌.

청첩장은 늙을 수가 없지. 전철 9호선
국회의사당역이 여기서 한 정거장
밖에 안 되고 중소기업중앙회관이면
중소기업 건물보다 작을 리가 없다.
해를 넘기기 전에 미리 하는 축하도
괜찮은 고비일 것이다. 결론은 물론
결국도 없는 상황이 가능하다. 하긴
멸망으로 끝나는 것은 이야기뿐이다.
모든 이야기가 이야기의 멸망으로
끝난다. 전개되는 긴장이 풀리는 전개.
이래서는 안 된다는 생각이 느닷없이
윤리나 도덕을 낳은 것은 아니다.
문화가 동물 습관의 질적 발전이었고
이제부터는 문명 물질이 문화 정신의
질적 발전이고 진짜 조상은 우리의
더 나은 미래이다, 우리가
물려받지 않고 돌아가는.

시

나의 내용은 내가 내 몸을 받아 적기 전에
그럴까 보아 내 몸이 나를 받아 적는 진행
형식, 인쇄가 불가능하지 않은 쪽으로
인쇄와 정반대인.

불맛

가엽고 고단한 조선 아낙네 손으로
한 장 한 장 참기름 발라 구공탄에 구운
김의. 거만하게 풍족한 주방 가스레인지
구멍 너무 큰 중화의 탕수육과 배갈이
혀 위에서 만나는, 독한 것이 기름진

작렬의. 야채 샐러드는 무슨 맛으로
먹는지 모르겠다. 일제 시대 튀긴
야채 고로케 말고는. 그것도 불맛?
한국 불맛은 아직 식민지라서 맛있다.
중국 불맛은 아직 제국이라서 맛있다.
일본 불맛은 아직 제국주의라서 맛있다.

명도

LED로 집 안의 전등을 싹 바꾸었다.
세계적인 기업보다 '백색의 편안한
자연광' 등 인문학적인 광고 문안과
'전기료 약 50% 절감' 같은 실리의
혼합을 택했다.
인문학은 100% 사실과 무관하고
50% 절감은 극성스러운 네티즌들
감시에 빤한 거짓말일 수 없지 않나?
'수명 10년 이상'은 황공하고, 거실
하나, 방 셋, 주방 하나에 49만 원은
합리적인 가격이다. 설치도 뭐 하나
뜯고 자시고 할 것 없이 나사 돌리는
기계 돌아가는 소음 몇 번에 끝났다.
안방은 여전히 어둡다. 뭐 늙었어도
부부는 부부이니까, 은은하다.
무엇보다
지겨움을 극복하려 쓰지 않고 때우려
쓰지 않고 오로지 지겨움을
지겨움으로 버티느라 지겹게 쓰던
글쓰기의 마루가 완연 밝아졌다.
돌 지난 지 얼마 안 되는 손자가 사는
대전 쪽으로 밝아졌다.
화장실은 두 곳 모두 신천지이다.
내 눈에 안 보이는 벌레들이 어둠의

천국과 밝음의 지옥을 더 깎아지르듯
오가겠군. 중첩을 오갈 수도 있다.
더 밝은 빛으로 내가 더 느긋해졌나,
악착같은 벌레들에 너그러워졌나?
벌리지 않았는데 벌어진 검지와 중지
사이 수천만 년 전 물갈퀴 흔적이
생전 처음 보인다.
인문학도 앞으로 100% 이상, 아니
숫자보다 더 믿을 수 있나 보다.
아내가 나보다 더 좋아한다.
애들 때문일 것이다.
외경을 미화하는 서정이 외경이
심화하는 밤의 종교 혹은 거래가
해줄 수 없는 옛날이야기로 끝나고
실존의 밤도 사라지고 주의 아니라
응집인 듯 명도만 남아.
과거는 본질이 아니다.
나아가는 발걸음이 재구성하는
과거가 일단의 미래이다.
해체야말로 해체 중이 해체의 진보이지.
과거가 소문자 신들이다. 틀렸던
것보다 지금 더 틀린 것이, 그보다 더
틀릴 것이 과거이다. 과거의 계단이 꼭
현재에 이르는 것도 아니다. 우리가
과거라는 계단을 쌓아가는 것이고
그보다 더 쌓아가야 하는 것일 수 있다.
사랑하는 남자와 여자의 정신과 육체
욕망을 육체적 정신적으로 오해하는
만큼 우리가 덜 민주주의적이다.
2인자 3위일체 4인방 5대양 6대주….
수는 인간의 가장 오래된 분류 습관.
셋이 셋으로 넷이 넷으로 다섯이 다섯으로
나누는 수의 무한 능력이 바로 수이다.
세계의 사는 인구와 살았던 인구들이

그래서 각자 헤매지 않는 것 아냐?
명도가 그것을 능가한다. 태양이 헌정 명단
보다 누추하고 철학이 시사-우울증에
시달린 얼굴이고 총체성이 다소 과할 수
있는, 일상의 명도이다.
자연에만 있을 수 있는 초자연이
자연 없는 일상에서 무슨 소용? 자연의
기원이 자연의 선택이다. 본질도 그렇다.
지질보다 더 나이 든 지형 없이
자연은 아무 표정이 없다.
명도 없는 인간의 표정은 말할 것도 없다.

포옹

죄르지 루카치, 놀랍게도 그가 1971년, 내가
고3일 때까지 살았다. 뒤늦은 확인이 나의
만년을 뒤흔든다. 현실 소비에트 멸망 아직
멀지만 그의 평생도 불행 이상의 것을 품었다.
본의든 아니든 상관없지.
잉글랜드 낭만주의 시 문학의 참사는 너무
오래 살아서 너무 많은 후배 시인들의 죽음을
품은 워즈워스로 하여 위대한 비극이다.
그가 한 것은 없고 오로지 훗날의 역사로만
눈에 보이는 포옹의 돌이킬 수 없는 걸작.
괴테 없는 실러, 말라르메 없는 랭보, 릴케 없는
카프카를 우리가 상상할 수 없고 역사의 걸작이
생몰을 능가, 도스토옙스키와 톨스토이를,
호메로스와 베르길리우스를 떼어놓을 수 없다.
이런 사례들이 한없이 확산되어 문학 예술사를
대체하고 역사도 걸작도 포옹의 절정에 달한다.
계승과 극복도, 전통 못지않게 직선의
경제 발전이 막다른 자본주의에 달하는
예언일 수 있다.

곡선도 아니다.
포옹의 선이다.
문학 예술이 자본주의를 아프게 품는
광경을 훗날의 역사가 아프게
보여주는 것이 자본주의의 아픈 극복일 수 없나?
모두가 살아서는 물론 죽어서도 죽음을 동반하고
신화나 전설 너머 현역으로 되는 이야기이다.
민주화가 부르는 세속화가 그 이전보다 더
예술적으로 우월하지 않는 한 민주주의는
아직 시작된 것이 아니다. 죽음이 벌써
더 내려갈 데가 없을 때를 넘어 더 내려갈 데가
없음의 불가능을 확인할 때까지 가는 일이다.

건배

그곳은 실내에 아주 오래된 다정이 있는데, 매일
무르익을 뿐 내일도 썩지 않을 것처럼 다정한?
그곳은 세상을 아름다움으로 변혁하는 전망을
실처럼 가지 가는 겨울나무들이 지들끼리 동산
하나로 차지한, 사소한 경륜이 있는데, 군데를
곳으로 곳을 그곳으로 그곳을 다녀올 곳보다
다녀온 곳으로 만들며?
집단의 집단들, 이너 서클의 이너 서클들.
그곳은 30년 전 미래를 위해 까먹었던 장래를
오늘 30년 만에 한 번 더 까먹을 때까지 건배

의지가지

떨리는 게 아니다. 근력이 달리는 거지.
단상도 단대도 없이. 눈이 너무 가깝고
빤하고 또랑또랑한 것들 앞에서 손에.
무거운 마이크 들고 무슨 말을 하라고?

발 디딜 데도 기댈 데도 마땅치 않다.
글 쓰는 일이 그런 형국이라 하더라도
형국이 실제로 구현되지는 않는다.
신인상 수상 소감이 떨리겠지만 젊은
초심이 순수하게 떨리는 것.
좋을 때이다. 아무리 먹었어도 마흔 전.
새롭기 위한 사소 담론이 왜 이렇게
하나같고 지겹냐는 윗세대의 핀잔을
사소 담론으로 의지가지없이 돌파할
근력이 충분할 것이다.

때와 것

인간이라는 조각에 얼을 빼앗길 때가 있다.
인간이라는 조각에 얼을 빼앗길 것이 있다.
미인의 활짝 웃는 표정이 온 세상의
대문일 수 있지만 그것만으로는 부족한
때 아니고 것이지.
우리가 수석한테 배우지 않고 가르칠 수
있기를 바라는 것 아니고 때이다.

어른

시간과 장소에 상관없이 낱낱의 사물과
분위기와 감정 묘사가 썩 그럴듯한
사실주의가 나의 유년이다.
유머는 없지. 현실의 각박에 가깝다.
그보다 더 총체적인 선율이어야 하는
나의 문학이 결국은 유년의 노래를 더
상징적이게 하는 데 그친다.
유년의 장소가 지방의 소도시로 시간이
개발 이전으로 드러난다.

그보다 더 약동하는 광경이어야 하는
나의 문학이 결국은 유년의 의미를
중첩하는 데 그친다.
시간과 장소에 상관없는 것이 아직
육지의 시간이고 장소이다.
나의 문학이 아직 바다의 깊이를 모른다.
바다의 육지, 바다인 육지, 난파하는 바다의
육지를 알 뿐 바다의 마음을 모른다.
그보다 더 파란만장한 침몰이어야 하는
나의 문학이 선박 한 척 가라앉는 익사의
시간과 장소와, 시간과 장소라는 일체의
낯익음과 상관이 없다.
나의 문학이 아직 개인의 분노를 제압하는
공포의 제도에 분노할 뿐 죽음의 공포를
극복한 죽음을 모른다.
어른이 되어 이제는 이성도, 남성도
여성도 아니고 지식의 감성적인
완성에 지나지 않는 그것을

구약의 탄생

인간 수명이 120세까지 연장될 수 있으니
60년 동안의 노후가 심히 걱정일 것이라고
초장에 겁을 주는 어느 TV 강연 프로그램
어느 연사는 분명 과학자가 아니다.
환갑잔치 희귀해진 지 오래이니 사회학자가
아니고 수명을 120살까지 늘인 능력으로
먹거리를 못 늘일 리 없으니 자연 과학자도
아니고, 인간이 120살까지 꼭 살아야 하나,
그럴 의미와 자격이 있나, 묻는 내색이
없으니 인문학자도 아니지 않나?
17세기 아일랜드의 어느 성공회 대주교가 꼭 집어낸
창세의 날은 기원전 4004년 10월 23일 일요일이다.

그날부터 계산하면 대홍수는 기원전 2348년이고
그해 므두셀라, 노아의 할아버지가 969세
나이로 죽었다. 이제까지 기록된 최대 인간
수명이다. 그가 나쁜 사람이라 대홍수에 빠져
죽었는지 좋은 사람이라 그리 오래 살다가
자연사한 것이 하필 대홍수 직전이었는지
분명치 않다.
나는 이 불분명이 불길하다.
900대까지 산 사람들이 창세기에
수두룩하고 나는 이 다수가
더 불길하다. 착한 것 말고 뭐 하며 그리
오래 산 기록의 부재가 불길하고
그 불길이 초장에 청중을 사로잡는 어느
연사의 강연 솜씨보다 더 멀쩡해 보여서
다시 불길하다.
영생보다 소박하고 말이 되는, 장수와
창대한 번식을 지복으로 갈구하던
야훼의 히브리인들이 창세기가 미처
끝나기도 전에 후회한 것 같아서 불길하다.
이미 도래한 생보다 섭생이, 섭생보다
섭생의 주석이 더 길고 더 지리멸렬한
시대가 불길하다.
우리 모두의 이름도 므두셀라.
탄생하는 것이 창세뿐이고 완화할
의미도 없는 완화가 끝없이 이어지고
급기야 생과 사가 구분되지 않고
구분할 필요도 없는 것이 좋은 것인지
나쁜 것인지 태초의 벌레인지 모르고.

눈보라

고층의 통유리창 밖으로 뒤집히는,
뒤집힌 소리. 아름다움 펄펄 날리는.

애꽂은 세상 아니라, 더 애꽂은 실내 아니라
내 안의 모든 연결의 접촉 면적을
한꺼번에 통째 한 번 더 뒤집으라는 소리.
저 눈보라, 관통보다 더 근본적으로.

누명

각국의 오래된 동전을 보면 각국의
동전보다 더 오래된 역사가 동전보다
더 초라해도 될 것 같다.
동전들의 역사가 아주 쨍쨍하다.
역사의 냄새가 퀴퀴하지 않고 더 지독하다.
적당히 오래되고, 총천연과 흑백 사진
배열이 적당히 유구한 포켓북 『세계의 동전』
동전들은 돈의 역사가 아니다.
국가와 민족의 역사도 아니다.
아주 오래전부터 누명을 벗은 생활이고
생활은 역사가 없고 각국만 있다.
목차도 본문도 사진 설명도 읽을 필요가
있기 전이다.
지폐는 예술을 인쇄해도 곧 구질 맞지.
초상이 폐기 처분될 운명 그 자체 같다.
동전은 동전의 책이다.
김수영 묘지 동판을 어느 엿장수가
야밤에 훔쳐 갔다고 들었다.
사실은 야밤도 엿장수도 아닐 것이다.
무엇보다, 그의 시가 생활을 강조한다.
할 말이 없을 것.
그의 광포했던 술주정이 그립지 않다.
가난한 나라의 동전이 가난해 보이지 않는
『세계의 동전』 디자인 앞에서. 반짝이는
비금속, 과거의 미래 속으로
대조도 일람도 할 필요가 있기 전에.

신약의 탄생

요단강 건너 모세 없이 여호수아가 이끈
세계 최초 도시 여리고 정복 전쟁에서
야훼가 최악이었다.
수많은 병사들이 주위를 칠 일 동안
믿음으로 돌고 나서야 비로소 성벽이
무너지다니 기적이 도로에 가까웠다.
사실 모세가 두려움의 천신만고 끝에 얻은
십계명 석판을 내팽개친 것도 그 내용이
금송아지 숭배보다 더 뻔한 까닭이었다.
야훼가 이집트에 내린 재앙들은 쓸데없이
잔혹하고 파라오 성질을 야금야금 긁는
잔꾀까지 부렸지만 기이의 상상력이
동화 수준은 되었는데 십계명 도덕의
나열은 이 무슨 상투적인 제도의 상투적인
제도화? 모세가 40년을 광야에서 헤맨
120세 나이로 죽은 것도 도로의 절망
때문이었다. 야훼의 질투였다 해도 같은
이야기이다.
어쨌든 도로에서 새로 시작할밖에 없다.
이제부터는 심리이든 사물이든 배경이든
묘사의 역동이 바로 내용일밖에 없다.
이집트 장자들을 모조리 죽인
미래의 범죄를 야훼가 자신의 미래로
대속할밖에 없다. 자신의 미래가 아들이자
인간인 식으로 야훼가 대문자 신에 달한다.
이제부터는 인간의 고통으로 인간이
다시 태어날밖에 없다.
오늘은 밖에 눈이 너무 쌓여 보고 싶은
이들을 보지 못하였다.
나 같은 노구가 미끄러지기라도 하면
모세부터 다시 시작해야 할 것 아닌가.

미래의 언어

이상하지 않게 밝은 것이 대낮이다.
이상하게 밝은 것은 무덤 속. 이것이
사이비 종교이다. 이상하지 않게
어두운 것이 밤이고 이상하게 어두운
것이 무덤 속이고 이것이 일상이다.
사이비 종교와 가장 가깝지. 그 사이
LED 조명이 있다. 어떤 때는 그것밖에
없다. 먼 옛날 징역의 끈질긴 후유가
불을 끄면 불안하고 불안하면 우울하다.
어떤 때는 대낮과 LED 조명을 혼동하는
와중밖에 없다. 흐린 등이 감방 천장에
매달려 밤새 나의 잠을 감시하는 경험을
겪는 번역 아니고 겪은 번역이다. 나의
언어가 번역 언어 이전으로 돌아갈 수 없고
언어가 번역이니 번역 언어가 언어의
언어이고 언어의 언어의 언어가 미래의
언어이다. 언제나 그 길밖에 없다. 누구나
당겨쓴다, 후대의 미래 아니라 제 죽음을.

Giant Snake Head

전직 농구 스타 어쩌고 하는 걸 보니
낚시도 어언 한류 예능 반열에 올랐다.
내가 잡아먹히는 것은 상관이 없다.
낚시가 태초부터 불공정한 게임이었다.
적자생존이 먹이사슬의 미사여구
아니었나? 사슬에 묶이는 것이 바로
공정이다. 물고기는 통각이 없고 그래서
생이 더 끔찍하다. 지독한 것들은 에미
배 속 태아 때부터 서로 포식하지.
민물의 강이 물 반 고기 반 아니라

바다가 비린내 없이 차가운 생과 사
반반씩이다.
Giant Snake Head
이국어라서 더 괴이하고 거대한
내 이름도 인간적인, 인간이 스스로
풀 수 없는 오해의 소치이다.
헤엄이 거의 호흡인 '우리' 물고기로서는
사는 물이 사는 집이다. 세계도 국가도
동네도 없다.
인간은 집 밖으로 혹은 안방극장 속으로
예능이 있군. 아주 좋은 거다. 부드럽고
부러운 개인의 타락이 있다. 정치가
민주화하고 예술이 연예화하고 연예가
예능화하는. 그렇게 말고는 인간이
엄혹을 감당할 수 없다. '개인인 우리' 물고기가
고통 없는 엄혹으로 '개인들인 우리' 인간들이
엄혹의 천박화로 감당한다. 그러니
예능도 프로 현역이 필요하다.
민주주의도 아마추어 천국의 이면은
모두 대통령인 네티즌들이 서로 애호를
경쟁하는 시청률의 공포 정치이다.
예능도 연예도 예술도 아마추어
아닌 것들은 꺼져라 이거지.
민주주의, 타락이야말로 타락의
프로와 현역이 필요하다.
이제 보니 『걸리버 여행기』가 아동 문학으로
낙착된 것이 저자한테 다행이다. 그의 나머지
복잡한 풍자는 출세를 노리다 실패한
보수주의자의 울화를 벗지 못했다.
아마추어 예능이 아마추어 연예를 아마추어
연예가 아마추어 예술을 아마추어 예술이
민주주의 문화를 포식하는 포스트
스탈린주의가 좌파라고? 적어도
선행을 최악화하는 '주의'의 정반대, 희생으로

포식을 능가하는 전망의 물화가 좌파이고
좌파가 좌파 예술이다.
소설 주인공이 될 수 있고 소설가가 될 수 없고
주인공 아닌 등장인물로 등장해서도 소설의
등장 자체를 와해하는 입장이 주의 없는
포스트모던이다, 프로와 현역이 또한 필요한.
Giant Snake Head
소중하게 거의 간직된 책들을
한꺼번씩 읽으려면 이빨 마구 빠진
서재 상태를 여유로이 견디는
훈련이 내게 좀더 필요하다.
잊을 만하면 터지는 아이돌 스타의
자살 소식을 막기 위해서라도 진지와
반복 강조를 혼동하기 마련인 세대
잘못이 우선 크다.
Giant Snake Head
마지막으로 정치에 대해 한 말씀 하라고?
일천만 개 촛불로 이끌어 낸 대통령 탄핵이
일천만의 '힐링'이라면 그나마 다행이지만
거기서 그친다면 그처럼 어이없는 허망도
없을 것.

닥스 양말
―김정은에게

적절하게 어리거나 나이 먹은 까닭에
아름다운.
적절하게 착하고 성실하고 유능한
까닭에 아름다운.
그리고 까닭의 뉘앙스는 보이지 않아도
귀여운 덧니?
크리스마스 선물은 양모 양말이다,
너무 비싸면 가난한 기억의

맨발이 감동할 수 없지.
한겨울을 벌써 난 것 같을 수 없다.
지난 2년 동안 함께 일한 특별한
경험에 감사… 소설가는 직장을 떠날 뿐
누구와 이별할 수 없다. 해체가 돌이키고
감각은 돌이킬 수 없는 총체이다. 눈에 띄지 않을
그녀와 더 가까워졌다.

국가보안법

자신의 내부에 모종의 혈맹이 존재한다는
첩보가 입수되자마자 국가는 프락치를 심는다.
두 명 이상이면 반국가 단체가 성립되고
구성원이 적을수록 혈맹이고 혈맹일수록
치명적이므로 국가가 결국 너와 나 사이에도
이간질하는 프락치를 심는다.
실제와 다른 혈맹의 신화에도 심고 해체된
후에도 심는다.
급기야 국가를 위한 국가의 국가가 종신직
프락치들의 강력한 위계질서이다.
국가가 국가보안법을 폐지할 수 없고
현재는 평생 배반하지 않는 혈맹이 필요하고
국가를 버티는 현재가 바로 혈맹이다.
미래는 평생 배반하지 않은 혈맹의 신화가
필요하고 국가가 소멸한 미래가 바로
혈맹의 신화이다.
여기는 프락치 눈에 프락치만 보이는
지하 아니고, 눈에 보이지 않는, 만연한
공개이다.
대중적인 사교와 애호가 있고 그 속으로
서로 조금 다른 빛깔이 많이 다르게
짙어지는 볼셰비키 혈맹이 있다.
너와 나 사이 프락치가 이간질 하지 않고

너와 나 사이 이간질 하는 것이 프락치이다.
믿던 관계가 계속 믿는 관계인 것이
무엇보다 중요하다.

미래의 충분

신여성의 다소 음습이 화려한 요조숙녀에서
이화여자대학교 신촌 캠퍼스 리모델링 여성
디자인 충분히 널찍하고 충분히 섹시하다.
널찍할수록 섹시하지 않을 정도로 충분히.
백년대계를 얼마든지 세우지만 백년대계의
결과를 모르고, 궁금하지도 않을 정도로
충분히. 이제는 고전도 집어치울 미래의
충분이다. 노년이 설레는 조만간의 젊은
약속 같다.
KBS 연말 이웃돕기 성금 모금 방송은 동정에
호소하는 전술인지 30년 전처럼 누추하고
30년 성금 내는 국무총리 정당 대표 장관 차관
국회의원… 행렬이 의외로 이른 어드메
배급받는 행렬일 것 같고.

혹시

분명 꿈을 꾸었는데 무슨 꿈이었는지
모르고, 몰라도 상관없고, 잠과 깸 사이
전생의 한 대목을 분명 보았는데 아주
애매하지만 그래야겠지. 가닥이 가닥
속으로 계속 숨어들어야 전생이겠지.
아흔 살 착한 치매의 우리 장모는 평양
여고 동창들 불러 밤새 정담을 나누는
데까지 갔다가 돌아갔지. 전생을 보려면
돌아가지 않고 좀더 가야 한다.

입장

세상이 아무리 절망적이라도
여기까지 온 것은 천신만고 끝이다.
절망은 관념적이다.
냉전이 너무 길었다.
그것이 여기까지 온 것을 당연히
어영부영 여기 온 것으로 만든다.
냉전 이전은 사건들이 역동적이고
결정적이었던 같다.
냉전 이후는 종말도 그냥 냉전 이후
사건들의 더 뜨뜻미지근한 냉전들
가운데 하나? 전쟁 이후 평화보다 더
냉전이, 냉전보다 더 냉전 이후 평화가
더 우울한 중이다. 절망은
물화의 실패가 필요하다. 절망도
절망의 입장이 필요하다. 물화의 실패가
냉전 이전 절망이고 냉전 이후는 물화
자체가 절망이다. 희망에 가장 가까운
절망의 입장이다. 희망은 입장立場이
입장入場이다.

명성

윤회가 결국 시간의 상상력인 까닭은 이어지는
그 이야기가 아무리 흥미진진해도 결국은 죽음의
완성에 이른다.
신화가 결국 공간의 상상력인 까닭은 펼쳐지는
그 형상화가 아무리 화려 무쌍해도 결국은 죽음의
체념에 이른다.
대문자 신을 낳고 종교를 능가하느라 죽음에 이미
육체를 입히고 나서야 상상력이 멈춘다, 정작
자신에게 육체가 없으니.

가장 유명한 것이 육체의 죽음이고 그 명성을
탐하지 않아야 상상력이 한 번 더 자신의 한계를
이미 지나온 것일 수 있다.
우리가 이제까지 본 것은 상상력의
구현일 뿐 물화가 아니다.

폭설 경보

다니는 길은 경비 아저씨들이 빗자루로 치웠겠지만
교통이 번창하고 질척한 바깥과 달리 경내는
눈 쌓인 곳이 담벼락과 제법 울창한 수풀 나뭇가지
위 말고도 천지일 것이다.
오로지 쌓임으로 쌓인 눈이 순수하다.
처음 걷는 길을 아내와 최초로 걷고 싶은데
폭설 경보. '내년이
아니네…' 내 옆의 원목 탁자에 앉아 연말연시
달력을 이리저리 구경하던 아내가 다시 한번
기막힌 황금연휴는 내년의 내년에나 있단다.
두 아들 두 며느리 다 직장인이고 황금연휴
기다리느라 좋은 세월이 다 지나가는 걸 모르니
불쌍하다. 우리 세대는 지긋지긋한 예비군 훈련
끝나자마자 팍 늙어버렸다.
그렇게 이어지는 것이 더 쓸쓸하지. 게다가
아직 소한 대한 전이다.
큰아들 내외가 일본에서 사 온 자그마한 케이크 주러
잠깐 들른다 했고 좋아서 넋이 나간 아내는
애들에게 소고기 등심 제대로 구워 주겠다며
씩씩하게 제 혼자 장 보러 나가셨고.

저녁의 질문

내가 이 지상에서 연을 끊었으므로

문상을 거부한 그자가 꿈에 나타났다.
문상은 혼하고 대체로 남는 장사이지.
오래전 일이라 죽은 사실도 잊었는데
처음으로 나타났다.
저승에서 뭔가 오해가 있다는 것일까?
문상을 안 간 이승에서
그가 아직 살아 있다는 것일까?
양쪽 다 주체가 없다.
그도 나도.
연이 끊기어.

감행하는 벽

언제나 벽은 뛰어넘는 벽이고 벽을
뛰어넘는 것은 벽 속의 벽이다.
뛰어넘을 대상과 필요를 모르고 뛰어넘는
이 현재를 즐거운 감행, 이 미래를
감행하는 벽이라고 나는 부른다.
우리가 만 년 이상을 산 것이 맞다면
반복의 일순이 나열의 영원으로
전락하지 않으려 뛰어넘은, 아니고,
뛰어넘는 명명이 필요하다.
훌륭한 작품일수록 해설이
작품을 뛰어넘는다. 왜냐면 즐거운
감행은 즐거운 감행이 즐거운 감행을
뛰어넘는다.
시 아닌 것을 극복하기 위하여 시를
쓰는 시절도 지나고 있다.
감행하는 벽, 벽을 뛰어넘으려는
벽이라고 할 수 없다. 뛰어넘을 대상과
필요를 알 필요가 없다.
벽을 뛰어넘은 벽이라고 할 수도 없다.

균형의 모종

가장 가슴 아픈 것은 아름답고 섬세한
여성이 편의 시설 하나 없이 치르는 생애이다.
아주 미학적인 얘기이다.
울 것을 우는 것은 말 그대로 해소이고
연민을 연민하고 슬픔을 슬퍼하는 것은
모종의 균형이지.
미학은 연민하거나 슬플 겨를이 없는
균형의 모종이다. 순교는 그 이전.
순교 그 후가 관건이고 누가복음서가
그중 아름다운 것은 적당히 나중 쓰였기
때문이지 박해가 가장 심했던 당시
쓰인 것과 상관이 없다.
균형의 모종은 순교 그 후의 네 가지
이야기가 음의 네 가지 성질에 해당된다고
말해도 과언이 아닐 수 있다. 특히 마지막
음색이 아직 계량의 손아귀를 요리조리
빠져나가는 동안에는. 40년 가까이 걸린
베토벤 피아노 소나타 전곡 다음의 곁에
짧은 음악의 평생을 주눅 들어 살다가
마지막 순간 위대한 체념으로 울음을 그친
슈베르트가 있다. 그다음의 곁에
길지 않은 음악의 평생을 병약하고 여성적이고
화려하다가 마지막 순간 더 병약하고 더
여성적이고 더 화려한 베토벤을 발견하고
울어버린 쇼팽이 있다. 울지 않으려 이를 악문
슈만이 있다. 그 후의 곁은 베토벤 현악 4중주
전곡이다. 소음도 음악이라는 존 케이지
주장은 맞지만 그는 그의 음악뿐 아니라
명성도 소음이다. 혁명적으로.
이제는 그의 주장이 그의 주장을 주장한다.
감각도 근대적으로 생략하는 총체 방법이다.

은하수

희한하고 숱한 단어와 문장의 뜻들이 보글보글
끓으며 표면 장력을 이루느니 얕고 들여다보면
볼수록 얕다. 지금은 새벽 너무 빠르게 흐르는
유장의 은하수가 내 안의 문청이다.
도스토옙스키가 좋아서 19세기 속으로 들어간
은하수의 문청이 있다.
내가 기대는 나의 언어가 내게 심하게 부족할 때
아니라 내가 기댈밖에 없는 나의 언어가
기댈수록 심하게 부족할밖에 없을 때 그때
비로소 내가 나의 문청이 아닐 수 있다.
그때 비로소 은하수가 나의 언어일 수 있다.
또한 기댈밖에 없을수록 부족할밖에 없는.

중첩

컴퓨터 화면 왼쪽 1/3에 유튜브 창 두 개만 열고
위는 서양 고전 음악 아래는 음 소거한 일본 고전
영화 동영상 돌리다가 어딘가 너무 심심해서
위아래를 바꾸니 놀라운 변화이고 효과이다.
눈이 알아서 영화를 전에 없던 것처럼 보고
귀가 알아서 음악을 전에 없던 것처럼 듣는다.
눈이 상부를 향하고 귀가 하부의, 뒤로 숨는
취향이 있고, 일본 고전 영화를 서양 고전 음악
배경으로 보는 것이 듣는 것인, 보이지 않는
음악이 보이게 분해하는 이색의 즐거움이
분명하다.
특히 올림픽 스포츠에 밀려 대중문화 중심에서
축출될 것을 예감한 근대 미술이
살길 찾아 탈인간과 반재현 쪽으로 나아간 것이
현대 미술이다… 이런 주장은 미래의
동어반복이고 과거를 향해 옳지도 않다.

올림픽과 호메로스의 고대 그리스
아케익 시대는 별별 일이 다 벌어져서
우리가 두 눈으로 볼 수 있다면
육체의 종교 제의이던 올림픽이
트로이 전쟁을 상상한 것 같아서 두 눈을
의심할 정도이다. 비재현의 추상이
최초 실내에서 상상력과 현실의
중첩으로 성욕의 미로처럼 태어난다.
완벽한 재현이 가능한 적 한 번도 없었으니
추상의 바람이 컸던 첫 인간을 우리가
최초 미술가라 부를밖에 없다.
백년 전 현대 미술의 재현의 왜곡이
지금도 현대 미술의 재현의 왜곡인 것은
현대의 중첩보다 애당초
뒤져도 한참을 뒤졌던 까닭이다.
중첩의 재현 또한 끝내 완벽할 수 없는
사실의 미학이 필요하다. 양차 세계대전이
올림픽을 세 번 중단시켰지만 올림픽
개최 기간 동안 전쟁이 중단되던 고대 사회로
뭐 하러 우리가 돌아가겠나?
장차의 세계대전이 사실은 장차의 올림픽을
가능한 최대로 완벽하게 재현한 것이었다고
두 눈을 의심하지 않고 말하는 일의
미학이 필요하다.
보이는 역사와 안 보이는 역사가
그러므로 중첩되는
그러므로 춤추는
그러므로 현재인
몸이 필요하다.

부재의 중첩

현대 물리학이 그릴 수 없는 천국의 $E=mc^2$를

M=e/c³의 갈수록 자세한 지옥도로 그리는 동안
'에너지=물질'을 구성하는 것이 질량은커녕
정보도 없고 운동보다 상태보다도 낮아 불교
공에 육박하고 복수형이 아무 의미 없는 마당에
단테,
죄를 지은 기억이 스스로 괴롭지 않고
굳이 씻어낼 생각도 없는 죄인들한테
너의 레테는 답이 없다.
너무 없다. 단테 레테 단테,
너의 부재가 사실이라는 답이고
너의 부재가 없어도 부재가 답이다. 이제는
그 점을 오해한 것이 종교였다고 봐야 하겠지.
구석진 동네에 건물이 작고 파사드 후지고
맛도 별로이지만 오래된 이상의 의미로
택시 기사가 모를 리 없는 약속의 랜드마크
〈서교가든〉에 가면 뭐가 있나?
이 말은 질문 아니고, 잔치는 고기를
푸짐하게 구워야 잔치라는 얘기가 된다.
국력과 운과 민주주의와 문화 예술의
생산관계와 생산력이 역사상 가장 적절하게
찬란하던 잉글랜드 엘리자베스 여왕 시대는
어떻게 가능했나? 이 말도 질문 아니다.
부재의 이야기이다.
엘리자베스 아버지 헨리 8세 아내 여섯 중
첫째가 이혼 및 유폐당했다. 왕자가 일찍
죽었다. 둘째가 이혼 및 참수당했다.
왕자를 낳지 못했다. 셋째가 왕자를 낳고
곧 사망했다. 넷째 독일 공주는 숏다리,
뚱보에다 가랑이 피부병 악취가 대신들
코를 찔렀고 왕이 초야를 치르지 않은 채
이혼했다. 남아 있는 홀바인의 잉글랜드
궁정 여인 초상화들, 믿어도 되나? 하필
이 추녀가 연금과 성 하나를 위자료로
챙겼으니 이야기가 조금 완화한다. 중매 선

총신이 대신 참수 당했으니 조금 더.
다섯째는 둘째의 조카 소녀였고 아들을
낳지 못했고 도끼로 참수당했다.
여섯째가 완벽한 이야기 터미네이터이다.
두 번 이혼하고 셋째 왕비 남동생과
연애하던 그녀가 자상한 현모양처 국모
역할로 칭송받다가 왕이 사망하자 곧
애인과 결혼하고 딸 하나 낳아주고 죽었다.
이것은 첫눈에 반하는 육욕의 비극도
희극도 잔혹극도 부조리극도 아니다.
아내를 의심하는 육욕의 동화도 아니다.
왕실 후사보다 더 무엇보다 '그러나'가 없는
부재의 이야기, 부재인 이야기이다.
엘리자베스를 낳은 둘째의 치명적인 아름다움의
비극도 나열에서 열외되지 않는다. 그 이야기
믿어도 되나?
〈서교가든〉에 가면 뭐가 있나?
날이 풀린다. 아니지. 겨울은 갑작스러운 영하가
가장 춥고 더 혹독한 추위는 벌써 겨울이 가는
중이다. 과거야말로 갑작스러운 영하. 이해하기
전에 겪고 날이 풀린다. 과거를 남 탓하지
않았다면 부재의 전망이 가벼움이기 전에
가벼움의 전망이 부재일 수 있었다.
'현대적'이 바로 갑자기 들이닥친 영하이다.
우리가 터무니없이 오래 겪는 중첩의 전망이 부재의
중첩이다. 이어지지 않으므로 이야기가 아닌.
〈서교가든〉에 가면 이어지지 않고 다녀오는 것이
벌써 다녀온 것 같은 부재의 중첩이 있다.
현실의 재현은 극복, 만년, 현악, 4중주의.
때 묻은 인간들의 하릴없는 구성을 번지며 드높이는
천연의 흡수 통합 과정으로서 흑백의 완벽. 이상한
나라 엘리스는 표정이 동그랗고 빨간 소녀. 흰 눈
사이로 썰매를 타고 우리가 크리스마스를 잊은 거
맞아, 크리스마스가 우리를 잊은 거 아냐?

누구나 잃어버린 자신의 젊음만 한 젊음이 없다.

직전과 직후

화요가 독하고 맛있어 한국 양주라고들 하는데
그 회사에서 다시 양주를 시판했다. 내 돈으로
먹을 수 없다. 면세점 가격이 4백 불. 디자인이
어느 서양 양주 못지않게 세련되었다.
후배 시인한테 술김에 선물 받은 모나미 볼펜도
가난을 말끔히 벗었다. 자루가 주황의, 적절하게
두터운 육각이고 어디서도 분리되지 않는다.
글쓰기 재활용 없는 평생 서명용 제작처럼.
2분법이 처음부터 둘 다 고만고만해서
고만고만한 2분법인 것처럼. 소유와 관계없이
디자인 좋아지는 것은 무엇보다 대중한테 좋다.
광고의 직전과 직후로.

본다

인류의 멸망을 전전긍긍하거나 겁주는
학문이 어머니 대지 자연을 구원할 수
없다고 본다.
적어도 어머니 대지 자연의 멸망을
전전긍긍하거나 겁주는 학문이 인류를
구원할 수 있다고 본다.
무엇보다 한가운데인 바다에서 오징어 떼
그냥 퍼 올리면 되는 집어등 대낮 같은
LED 직사 직하 광선은 오징어도 인간에게
너무나 숱하게 잡힌 학습으로 밤바다 속이
우울하다는 뜻일까?
자연사自然史라는 말 무책임하지. 역사는
오로지 인간의 일이거나 짓이고 자연의 재앙도

역사의 재앙이지 자연의 재앙이 아니다.
자연적인 죽음, 가까스로 흔쾌하다.
역사는 나의 사진을 내가 찍고 나의 약력을
내가 쓰다가 죽는 것이 나의 사진이고 나의
약력인 참사가 있다.

치부

판매용 언어학 사전의 완성보다 더 난해한
언어학 사전 판매용 견본이 있다.
두 쪽짜리이다. 종이가 사전 본문 것과 똑같고,
본문 두 쪽 아니라 추출 인쇄이다.
이렇게 간편하지만 효용이나 결론 혹은
압축은커녕 그런 것들을 생각할 수 있는
증거조차 될 수 없는 시도. 언어학 사전보다
더 극적인 언어학 사전 판매용 견본이다.
정말 시도만으로 가장 위대한 시도가 있을 수
있는 것처럼. 언어학 사전만 가능한 판매용
견본이다. 언어가 드러난 제 치부를 제 손으로
가리는 것 같은 것보다 더.
그래서 치부가 치부인 것 같다.
그래서 사전 글씨가 최대한 작았던 것 같다.

공백

조토에서 브뤼헐로 가는 온갖 방향이 내게
나의 르네상스이다. 여기까지의 모든 단어가
내 시 제목이고 그것을 다시 공백으로 만들지.
오르내리는 거룩이 마침내 엄살 없이
지상의 거룩에서 지상의 거룩까지이다.
울긋불긋한 것이 끝까지 울긋불긋하다. 매번
낯선, 무정한 슬픔이다. 감각이 울지 않고

빛난다. 너무 튼튼한 땅의 모든 것을 제 안에
담는 착각이 스스로 눈부시게 섬세할밖에
없는 까닭. 사랑도 사랑할수록 공백밖에
없지 않고 공백일밖에 없는 까닭.
착각도 없이 노년의 필자가 유년의 화자에게
말려들지 않고 끝까지 그리지 않고 담아내는
조토와, 또한 착각도 없이 노년의 화자가
유년의 필자에게 말려들지 않고 끝까지
그리지 않고 담아내는 브뤼헐 사이 그 떨리는
공백이 나의 르네상스이다. 영롱하다. 강력한
정리가 가장 풍부한 보충일 때가 있다.
아는 것이 많을수록 그럴 것이다. 물론.
옹글어지는 끝이 아니다. 옹글어지는 것이
가장 복잡한 보충일 때가 있다. 죽음이
난해하고 그 투명을 극복하느라 영롱하다.
거기까지이다. 시사를 그리며 시사 만화가가
되는 요한 묵시의 한계를 육체 생생 극치의
지옥도, 단테 『신곡』도 극복하지 못했다.
천국은 미비할 뿐이다. 이 모든 것이 바로 그
조토 곁에서.

여행

유명한 관광지가 거대하고 요란한
꼭대기로 있는 산 아래 올라가는
길목의 아담하고 얌전한 동네.
그만큼 살림이 실한. 낯선 만큼 예쁜.
사는 것이 살다가 가는 것의
모형인 것을 우리가 지나가며 보고
보면서 지나가는.
나중에
그것이 더 특별했다고 이야기하게 되는.
그래서 여행이 끝나지 않은.

도벽

헌책방 헌책 속에 옛날 우표 같은 것이
숨어 있으면 금고 잠그듯 책을 닫고 값도
깎지 않고 고이 챙겨서 집으로 곧장 오는
습관이 있다. 이번에는 실망스럽게도
대한민국 1984 노동문화제 기념우표.
도안이 그럴듯하게 오래되어 보였는데
근로문화제가 아니라서 그랬나, 1984년
반정부 노동자문화제 추억이 노련하다고
자부하던 내 도벽의 뒤통수를 쳤나?
해외여행이 아직 어렵던 1984년
비행기표도 이 책에 숨어 있으나, 나의
도벽은 계속된다.

눈사람

모종의 종합이다.
부서지지 않기 위해 부서지지 않을 만큼
차갑다. 뭉치는 일은 녹아 없어지는 일에
놀랍게도 가깝지.
미인의 널찍한 이마 시원시원한 미소도
눈 녹이는, 가슴을 찢는 바람이다.
아무리 간절해도 이 세상에
눈사람이 묵을 여관은 없다.
정반대는 슬픈 짐승이다.
어제의 눈사람이 오늘의 눈사람 아니고
우리가 우리의 모종의 종합이다.
발목 없는 눈사람이다.

장르의 순간

망한 이야기들이 이어지는 이야기보다
더 지겹게 망하는 이야기들이 이어지는
자신의 이야기를 어떻게든 끊기 위하여
장르들은 서로를 엿보며 입고 싶다, 자신의
언어를 응축할 다른 장르 언어의 어떤 순간,
순간의 언어를.
아주 짧아서 공간처럼 보일 수 있고, 그래도
괜찮은 것이 더 중요한 순간이다.
너무 지겨운 이야기가 너무 지겨운 시간이라
제 혼자 시간을 벗어난 지 오래 아닌가?
그래서 각자 서로의 장르들이다.
이제부터는 그 사실이 각자 장르보다 더
중요하다. 내용보다 내용의 응축이 더
중요한 것보다 더 내용보다 응축이 더
중요하다. 장르의 과정 아니다. 장르의
순간이다. 미술 해석이 음악이고 음악 해설이
연극이고 연극 해설이 미술인, 이론 아니라
이를테면 문학의 순간.

교훈의 탄생

세상은 팔목상대할 필요 없는 무지를
무늬만 팔목상대하는 직업 천지이다.
무지의 입장에서도 끝까지 무지하지
않으면 무지가 아니다. 갈수록 무지가
편하고 찾기 힘든 진정한 팔목상대가
비로소 교훈이다. 뒤늦지 않다. 끝까지
욕이 안 나오는 것이 관건이다.

아뜩

고대 이집트 유대인 노예로 죽기 전에 예언의
민족 해방 지도자 얼굴을 두 눈으로 똑똑히
보기를 소원했던 노인들은 숱하고 숱하다.
모세 품에서 숨을 거둔 한 노인이 있었지만
자신의 소원 성취를 모르고 죽었다면 야훼,
마지막으로 야속하다. '죽기 전에'는 사후
영생도 죽은 후일담도 개념이 없는 뜻이니
야훼, 마지막으로 잔인하고 그를 지상의
끝까지 믿은 유태인들 마지막으로 위대하다.
죽기 전에 이루고 싶은 것이 그리도 많은
현대인들도 마지막으로 훌륭하다. '훌륭'이
'위대'의 완화이지만 더 위대한 완화이다.
아뜩하지 않으면 야속과 잔인의 완화가 없다.
아뜩한 생이 죽음을 향해 더 치열하게
너그러워진다.
고대 그리스 문화는 발흥 못지않게 쇠락도
전범적이다. 에우리피데스, 경박한 피투성이
비극이 과도하게 창백해지며 아리스토파네스,
경박한 음란과 풍자의 희극을 낳는다.
소크라테스 죽음의 위대한 완화인 대화를
걸러내면 플라톤이 완연 하강 곡선을 그린다.
타이탄들은 옛날 것일수록 더 커 보이는 데서
온다. 아뜩을 씻어내는 참신이다. 오래 못 가지.
신화 미래의 시간 아니라 역사-시간의 미래를
향하여 오래가는 것만 오래가는 참신이 있다.
그리운 과거를 그리워하는 때가 있는 것은
돌아갈 길이 이미 끊겨서이다. 중세의 가난이
중세의 가난을 그리워하지 않는다.
언어도단이 이미 그리움을 장악하고
생애보다 긴 '죽기 전 꼭 한 번' 목록이 의식주
소망의 나열에 그친다. 아뜩한 생이 아름다움의
주소를 찾아 헤맨다. 헤맴이 바로 주소인지

모르고. 동물의 왕국 주식 50% 이상을 보유한
실소유주라서 더욱 인간이 그 왕국을 떠날 수
없다. 다만 죽음의, 관념 아니라 개념인 고립이
분류를 벗는다. 타들어 가는 담배가 는다.

고무장갑

손등이 터서 로션을 처음으로, 두껍게 바르고
설거지 고무장갑을 낀다. 뭐 그렇다는 거다.
직장 다니던 중에도 아내가 내 손에 물 묻힌 적
없다. 아무리 끼어도 고무장갑은 착용한다는
표현이 어울린다. 뒤집어 착용해도 더 불편할
것 같지 않다. 고무가 제 일부일까 보아 살갗이
진저리 치는 거다. 하루 세 번 설거지를 몇 년
해야 고무장갑이 실내 것처럼 익숙해지나?
살림이 손등보다 더 튼 것 같다. 세 끼 준비
다 하는 것이 아직 아내의 의무이고 설거지
마무리가 아직 나의 권리이다.

브라우징

여러 나라 올림픽 포스터 1896~2016을 자세히
들여다볼수록 디자인이 국가 경쟁력에 놀랄 만큼
뒤진 경우는 대체로 국가가 개입한 까닭이다.
동계와 하계 모두 그렇다. 낮은 수준을 동원해서
아니다. 동원이 낮은 수준으로의 평준화를 부른다.
예술만 그런 것이 아니다. 그럴밖에 없는 부문과
지역과 차원이 늘어날수록 국가가 바람직하다.
브라우징이 그 시작이다. 지원하되 간섭하지 않는
원칙은 비겁하지. 국가도 부문들과 지역들 사이
그리고 지역과 부분 사이 이해를 조정하는 것 너머
장르와 장르 사이 언어를 심화하는 문법 예술에

관한 일이다, 국가가 국가의 소멸에 달하는.

아련

들릴 때마다
누구인가 누구?
묻지 않고 그렇게
들리는 음악이 있다.
누구의 음악인가? 묻지 않고
그렇게 들리지 않고 누구인가 누구?
그렇게 들리는 음악이다.
무엇이 궁금한지 모르니 왜 궁금한지
모르고 그냥 누구인가 누구? 아련하다.
작곡과 연주와 악기도 구성과 형식과
느낌도 아련하다. 알 수 없는 추억이
알 수 없이 달콤하고 나른하다.
사라진 뒤에도 아련의 정체가 분명하다.
들릴 때마다 누구인가 누구? 그렇게
들린다. 우리가 우리도 모르게 맞지 않고
우리도 모르게 보내며.

처음의 정정

창세는 온통 어둡고 두려운 세상의
개인의, 가장 어두운 성욕의, 정체성
혼란의 전모로서 난해를 감당하려는
신화이다. 가까스로 모방이고 재현이지.
첫 살인이 밝은 대낮의 사소한 증거로
벌어졌다. 사소한 것이 대낮을 대낮이게
한다. 재현과 모방이 역사로 이어지고
비로소 벌어지던 것이 저질러진다.
호들갑 떨지 마라.

이대로 미래로 이어지기 전 우리에게
필요한 것은 처음의 정정이다.
더 난해한 신약은 대문자 신 없는 세상의
더 힘겨운 모방이고 재현이다.
역사가 역사 없는 세계의 가장 힘겨운
모방이고 재현일 수 있다.
이웃보다 더 자주 등장하는 정복 영웅들이
거룩한 중세의 어떤 짝퉁이었을 수 있다.
지금은 그럴 수 있다.
미래를 향하는 미래의 이야기가 있다.
미래를 향한 이야기가 아니다.
처음부터 끝까지 미래를 향하는 현재만 있고
현재는 이야기가 아니다. 현재라는 장르가
필요하다. 매번 죽기 전에 단 한 번 현재가
절묘하고 싶다.
주제가 주제를 낳는. 주제, 문장이 문장을 낳는.
문장, 문체가 문체를 낳는. 문체, 디자인이
디자인을 낳는. 디자인 너머
파탄 너머 총체 아니라 파탄이라는 총체 아니라
파탄의 총체 아니라 파탄 속으로 총체
진행형 아니라 부사 직전인 직후이고 싶다.
맞지 않는 것이 시간이던 시간은 없었다.
시침과 분침, 초침과 수를 시간에 맞추었지.
모든 것이 과거에서 현재에 달하는 현상만으로도
생이 감당 못 할 정도로 감동적이다.
죽어 온다.
죽어 온다.
모든 이야기가 끝나는 광경, 비로소 시간이
시작하지 않고 미래를 향한 이 사실이다.
시간이 자신을 늘일 수 없는 사실이 우리가
우리 자신의 시간을 늘이는 사실일 때까지
사실인 이 사실이다. 산수를 벗고 물인 시간의.
죽어 간다.
죽어 간다.

나보다 더 멀고 더 뚜렷한 나의 측근이 보인다.
이제 우주의 종교를 닮아가는 캠퍼스 경내는
됐고, 세대별 젊음의 흥청망청 서열도 그렇고,
무엇보다 폐기된 시멘트 고가도로 인조화의
공중정원 공동묘지 산책은 그만.

옛날의 중용

먼지 낀 유리창으로 내부가 들여다보이는
쌀 상회 떡방앗간 세탁소 철물점 기타 등등의
더 낡은 간판 아니더라도 사람 사는 동네에
옛날이 있다. 생계의 옛날이고 생계인 옛날이다.
행인의 입장이지만 동네 사람들 모두 다른
동네의 행인이고, 죽은 동네 사람들이 죽은
동네 사람들인 옛날의 효용이 안 보이기에는
행인도 자기 동네 사람이다. 보편적인
죽음의 효용으로, 고스란히 사라진 동네와
동네 사람들과 사라짐의 효용까지 행인의
눈에 보일 것.
동네 사람과 행인 사이 옛날의 단골이 있다.
보이는 거지 일약, 그 많은 죽은 것들이
그 많은 죽었던 것들로 된다.
옛날의 그리고 죽음의 중용이 보인다.
옛날과 죽음 사이 중용일 수도 있다.
동네의 옛날이 사라지고 동네가 사라진다.
사라진 것은 사라진 장소의 행인으로
와서야 스스로 사라진 것을 알고 완전히
사라진 것이 눈에 보이는 옛날 단골의 슬픔이
중용이고 중용의 단골이 슬픔이다. 단골이
갈수록 옛날을 닮아가는 그 영원을 우리가
죽음으로 중용 명명한 것일 수도 있다.
모든 권위는 보라색에서 그치는 것이
보기에 가장 좋다. 보라색이 보라색 위에서

더 크고 둥글게 짙어가는 것이. 그리고
노랑, 미치게 하는 것들의 현기증과 미치게
했던 것들의 디자인. 죽은 것들이 죽었던
것들로 살아 병발이고 빈발인. 그런 것 말고
색이 서서 몸을 파는 여자 팬티처럼 더럽지
않을 방법은 없다. 타락이야말로 옛날이지.
화려한 것이 지저분한 것인 옛날도 낯익고
지저분한 것이 화려한 것인 현재도 낯익은
장소를 여러 군데 걷다가 너무 지쳐 전철을
탔지만 나도 모르게 밀려온 것 같다. 귀가의
집이 가장 편안한 옛날의 중용이다. 밖은
변화의 번창이 지진보다 더 필연적이니 더욱.
아파트 단지가 산악을 점령하는 요새는
버티는 모든 옛날이 등으로 버틴다. 사지는
눈에 보이는 동냥 역할에 그치고.

추계예술대학교
―강정에게

예능 프로그램이 많이 생기면서 여기저기
뜨는 개그콘서트 출연자들이 개그콘서트로
돌아오지 않는다. 번역할 수 있는 모든 것을
번역하지 않는 시가 예능을 연예가 사라지는
광경으로 본다. 연예는 들고 나는 순환이
중심을 심화하고 확장하는 중심일 수 있다. 시는
시가 번역할 수 있는 바로 그 사실을 번역하지
않고 그 사실의 최대한 응축이다.
추계예술대학교,
그리로 가는 길은 전철 2호선 아현역을 나오는
출구이자 입구서부터 내내 언덕을 오른다.
왼쪽은 너무나 다른 고층아파트 천지라서
오른쪽으로 오른쪽을 보며 오른다.
길이 좁고 골목 지고 주점과 밥집 야채 및

얼린 생선 좌판 기타 등등 토악질과 생계의
장터 규모가 오를수록 초라하고, 웅졸한
제풀에 지쳐 변할 것도 아예 없어 보이다가
굴다리 옆 가장 낡은 '철다리(하긴, 아직도
난데없는 기차가 수시로 그 위를 달린다)
곱창집' 간판에 이르러 뒤통수를 맞았다.
추계예술대학교…. 이런. 지하철역 입구에서
자주 대낮 폭음을 하며 소문만 무성했지
한 번도 올라와 본 적 없었다, 추계예술대학교.
내게 낮술이나 사던 풀빛출판사 사장은
세상 떠난 지 오래이다.
시는 가본 적 없는 곳을 가 볼 수 있지만
돌이킬 수 없는 것을 돌이키려 하지 않는다.
그 확인을 추계예술대학교
그곳을 나온 숱한 훌륭한 후배 시인들이 숱한
훌륭한 작품들을 한데 모으며 응축한다.
하여 추계예술대학교, 망설이며 모습을
드러내기 전 얼핏, 망설임의 모습을 보인 것
같기도 하고. 무슨, 색 아니라 몇십 년 세월로
칙칙한 다세대 건물의 연립인 듯도 하고.

알파고

가장 긴장할 것은 자본주의이다.
계산을 해체하는 수가 필경은
금액을 해체할 것.
가장 허망할 것은 미국 피아니스트 얼 와일드.
신동으로 여든을 넘겼으나 연주가 힘만 센
산수에 가깝고 역사상 최초로 연속 6명의
미국 대통령 초청 백악관 연주회를 치렀으니
미국이 더 허망해 보였을지 모른다.
욕망이 이야기로 해체되었을 뿐 수가
이야기의 해체로 시작된 것은 아니다.

수에서 수로 돌아가는 사실이 있단들
원초로만 그렇고 종말로만 그렇다.
우리의 생계 실용과 무관한 원초이고 종말이다.
얼 와일드도 기교만 있지는 않았다.
어떻게 그럴 수 있나? 이것이 알파고에게
가장 난해한 질문이다. 스스로 왜 답변해야
하는지도 모를, 거의 별도인.
얼 와일드도 '아직 덜 해석된 작곡가' 리스트
연주에 심혈을 기울였지만 수 없는 해체가
모방과 재현이었고 인간을 따라잡는 알파고
아니라 알파고를 모방 재현하는 효용의
인간들이 문제이다. 생물 정치 9단, 10단의.
보수의 응축이 합리이고 합리의 응축이 진보이다.
원초와 종말에 대해 그토록 오래 심오하게
고민해 온 것이 어처구니없다.

제2열

옛날의 이대 정문 바로 왼쪽 카페 떼아뜨르
카페 파리는 전혀 다른 새 건물이 들어섰다.
바로 보이는 그 뒤 리모델링 카페는 제목이
바뀌고 주인이 더 여러 차례 바뀌고 겉모습
고상해지고 실내가 더 그렇지만 어딘가는
골목 안 아니라 제2열의 그때 그 카페이다.
4층까지 올라가면 이화여자대학교 교정
전체 리모델링 정면이 폭탄 제대로 맞은 듯
시커멓게 뻥 뚫려 있는 게 문제이다. 지하로
저렇게 내려가면 안 되지. 교정에서 보면
젊음과 배움의 계단이 세상보다 원대하고
광활한 세상 속으로 하강하지만 여기, 어떤
바깥의 전망대 입장으로는 죽음에 대한
예의가 아니다. 지하의 입구는 좁고 눈에
안 보일수록 좋다. 여럿이더라도 들키면

안되는 것일지도.
제2열 바깥은 지상의 건물 외벽을 송두리째
덮은 미녀의 백색, 물밀듯 밀려오지 않는
피부 클로즈업. 영화의 직전이자 직후인
연극과 연극의 직전이자 직후인 연출과
연출의 직전이자 직후인 연출 노트처럼.
가장 애매하고 가장 근접한 육박. 죽어서도
내 의식이 유지된다면 끔찍하겠지. 영혼의
잔존 여부가 그리 중요하나? 전체로의 육박
아니다. 육박의 전체이다. 실패할 것이 실패할
것을 굳게 믿을 뿐 육박의 전체는 실패가
실패할 때까지 기다리지 않는다. 가까스로
있고 빠듯하게 있다. 희곡을 완벽하게 육화한
공연이 없는 것보다 육화할 공연이 없을 것이
더 연극 예술적이다.
우리가 죽은 자들에게서 배우지 않고
무고한 희생자들의 최후 속으로 육박한다.
연극의 실내가 육체 연극을 육체 연극 속으로
왜소화하지 않는다. 등장인물들이 죽지 않고
정해진 시간이 정해진 것보다 길게 느껴지는
바로 그만큼 흥미진진한 공연이 있다면 그것이
적어도 이야기는 아닐 것이다. 희극에서 올라가
길이 없는 부조리극 다음, 제2열.

후일담

길고 허접한 망년이 정신 번쩍 드는, 놀란 듯
멀쩡한 송년. 정초를 한 사나흘 지난 것 같다.
송년 파티는커녕 송년 자체를 치를 나이도
지났다는 뜻인데 어느새 멀쩡한 달력은 송년,
이틀이나 남았다. 멀쩡해진 나이가 이렇게
앞당기는 식으로도 시간을 버는 모양. 이런
공연한 벌이가 앞으로도 있을 것이다. 사소한

일상이 당기고 당겨진다. 딱히 좋은 것인지
모르지만 염세가 없다. 북구도 깊이를 포기한
것들만 거창하다. 마르크스 증명을 위해 런던
빈민가가 부활하지 않는다, 혼돈과 비겁이
우리의 알리바이를 입증하지 않는다. 무엇보다
매번 알리바이가 필요한 시대의 편견과 힐링
애호를 알리바이가 벗어야 할 것. 런던 빈민이
무색할 정도로 처참한 그 무엇이 눈앞에
있다 해도 끝까지 우리의 알리바이를 위해
있지 않다. 사소한 것만 알리바이일 수 있다.
남아도는 나의 송년을 나의 저작권으로
보낼밖에 없는 것이 참으로 다행이다. 인쇄
기름 냄새 흥건한 등사본은 안 되지. 지금은
저작권법 위반 혹은 돈이 더 드는 회고전이다.
제록스? 송년에 그건 아무래도 죽음이 자신의
내용을 기억하는 형식과 닮았지. 새로움도
스스로 지겨운 새로움이 새로움의 완성이다.
궁정 장르 서정의 내시 역은 내년에도 금기.
모든 것의 포괄도 인터넷 흉내에 지나지 않고
나의 생인 나의 저작권의 생애가 필요하다
최소한. 죽음이 저작권의 저작권인 것이
서정의 육안에 뚜렷이 보일 때까지 정말
기발한 것은 슬픔이다. 남는다면 내 몸의
장르로 남겠다. 밤이 오는 것은 시간이 아직
많이 남은 뜻, 밤이 온 것은 생각보다 많은
시간이 흐른 뜻이다. 제야는 생각보다 많은
것들이 몸으로 한꺼번에 사라졌다.
'그러나도 '그러므로'도 조급했다는 느낌이
작년보다 더할 것이다. 옛날 큰집에 식구들
모여 사내들까지 만두 빚으며 시청하던
가요대상 연기대상 생방송 아직도 있나?
1970년대 지붕 안테나 흔들리는 흑백 TV
방송이 있었다는 듯이 제야의 종소리 행사가
생을 반 가르며 안방에 생중계될 것이다.

해 돋는 동해 바다로 코엑스 앞 대형 K-Pop
무대로 롯데타워 밤하늘 만발 넘는
불꽃놀이로 분산되지만, 보신각 인파는
해마다 테러보다 더 폭발적이다.
청춘의 흥행도 실패 없기를 간절히 바라는
나이에 내가 도착한다. 문제의 정체와 함께
내가 그것에 평생 시달린 것도 드러나는 그
해결 느낌으로, 실패의 운명 너머 미달의
기쁨으로, 도착이 작품인 것처럼 도착하고,
아직 어둡다. 정초 전이다. 정초가 있을 수
있나? 너무나 깜깜해서 예년에만 있을 것 같다.
해를 넘긴 충격을 완화하느라 해마다 도시의
신정도 일순 공동체 개념 없이 농촌적이었다.
정초는 온갖 기원과 정반대이고, 어둠의 개념
없이 어둠보다 무섭고 사소한 일상 없이 맞을 수
없다.
구정은 연휴와 귀향과 상경이 있어 한가로이
도시와 농촌을 구분하는 시간이고 늙은이들이
늙은 섹스 없이 썩 야할 것이다. 기원들도 보인다,
너무나 까마아득하지만 어딘가 내부를 향해
까마아득하게. 정초의 후일담처럼.
장례는 헤어지는 시간의 면적이다.

소속

자연의 바깥으로 조금 나와야 자연이 자연스럽고
멀리 나와야 관조가 관조의 아름다움을 낳는다.
자연의 바깥으로 놀랍게도 나와야 자연이 자연으로
아름답기 시작하고 '놀랍게도'의 절정으로 자연의
아름다움이 완성된다.
내게 아름다운 자연은 그것이 이미 나의 죽음의
절반인, 나의 소속을 내 눈이 제 혼자 품는 순간이다.
동화도 그렇다.

마음이 제 혼자 품는 죽음이 스스로 괴기스럽지
않을 때까지 끝까지.
우리의 생의 표현이 표현이라서 너무 과한 동안
우리의 생의 인상이 인상이라서 너무
흐트러지는 동안.
묘지들만 있는 것은 죽음이 보기에 정말 죽음의
재벌, 흉물의 살아 있음이기에.

여가

아내가 8월에 대만을 다녀왔나? 기억
나지 않는다. 대만 누가 크래커를 씹는다.
입보다 커서 조금 어색하다, 말려서 심은
대파 조각 맛이 밀가루 맛을 끄집어내는
어울림이 불편하게 절묘하고 절묘하게
불편하다. 하긴 '불편'이라는 젊은것들
시 동인도 있다. 10년이 넘었을 것이다.
내게 젊은것들이란 게 같이 늙는 것들이다.
'대만은 무슨? 코스트코에서 샀지.'
아내가 약간 뽀루퉁하다. 8월에 아내가
가려다 친구 사정 때문에 못 간 행선지가
대만이었나, 내가 고소해했나, 우리가
대만을 이렇게 오래 이렇게 철저히 잊고
지냈나? 여가의 질문이 두서없다. 언제나
그렇다. 내 시가 자꾸 아내 쪽에 있다.
자식 며느리들 안부 전화 오고 아내가
아직은 그들에게 불려 다니지 않는다.
여가는 눈 풍경이 깨끗하다. 엄정한
알프스 절경이 제법 울긋불긋한 토머스
아퀴나스를 칼뱅으로 리모델링하는
디자인. 좋은 디자인은 아니다. 자칫하면
엄정이 구원의 착시이다. 가난이 가장
엄정하지 않나? 칼뱅은 믿음으로 시간

너머까지 갔다. 자본도 그랬고 사실은
현대 물리학도 자본주의이고 시간
너머이다. 핫한 아이돌 컬트가 사이비
종교 문제를 해결할까? 번창이 번창의
원인을 이번에도 죽여 버릴까?
알프스는 여전히 절경이고 여행 없는
여가의 증명이다. 잠옷 바지 뒷주머니가
신년 맞아 힘이 달리는 엉덩이에 박인다.
여가라서 여가로 박인다. 근육이 해석하는
여가가 있고 해석이 근육질인 여가가 있다.
촘촘한 바느질실을 문구 칼로 하나하나
뜯어 아내가 주머니를 기어이 제거하는
노동의 여가도 있다, 그리고 모든 것이
모든 것의 연주에 달하는 여가가 있다.

시민의 탄생

사회주의 명분을 위해 인간이 사악하지 않고
사악의 정화에 사회주의가 필요하지 않았다.
현실 사회주의도 주의가 문제인 것을 깨닫기
전에 너무 큰 전쟁의 혜택이 희생의 의미와
상처의 깊이를 서둘러 잇는다. 전쟁 치매가
스파르타 문명으로 돌아가기 전에 돌이킬 수
없는 현실이 현실 사회주의를 멸망시켰다.
멸망 그 후 사회 현실의 시민이 필요하다.
거룩도 이외에 지나지 않고 정치에 격동하지
않고 정치 대신 격동하는, 가장 개인적이라
사회적이고 가장 사회적이라 개인적인.

친화

아내와 같이 덮고 자는 이불에 묻어나는

아내의 냄새는 아직 저개발인 을지로3가
골목 아내가 태어난 왕년의 지금 냄새이다.
코를 찌르지 않는다. 코와는 아예 상관이
없지. 알게 모르게 번지는 것이 물드는 것인
어떤 상태이다. 편안한 잠에 가장 가까운.
아내가 다니던 대학 근처를 빈둥거려도
그 냄새가 나지 않고 묻어날 것 같다.
아내는 처음부터 지금까지 목욕 로션 말고
화장품 냄새를 이불 속으로 알몸으로도
들여온 적 없다. 아내는 여기까지 온
친화의 냄새 아니고 친화 자체이다.
아는 선율은 떠오르지 않아도 잇는 것이
이어주는 것, 이어주는 것이 부르는 것,
부르는 것이 불러주는 것. 친화가 흐르는
고정. 어째서 혀에서 살살 녹지 않고
누구의 몸이 누구의 몸 밖으로 슬슬 녹아
나는

전모

이야기 자체인 신화에 비극이 없다.
서정이든 서사이든 신화 이야기에
비극이 없다. 신화의 비극이다.
원시 아니라 최초로서만 비극이 있다.
최초이자 마지막이고 최초의 비극이
마지막 비극이고 최초가 종말이다.
이어지는 비극들이 그 해설에 지나지
않는다. 이야기의 성공 신화가 지금까지
이어진다. 현대가 신화인 한 현대 비극은
현대 비극이 아니다. 이야기 극복에
실패한 현대 비극 없고 실패하는
현대가 비극이다.
불가능한 내용과 형식의 가능한 전모는

시가 그중 어설픈 걸음으로 그중 헤매다
그중 멀리 가고 멀리 갈수록 시이다.
아이스킬로스 『아가멤논 왕』은 모두
1,708행이고 그다음은 그도 이야기,
신화의 추적을 피할 수 없었다.
논리는 원래 해결할 생각이 없고 문화도
사실은 논리의 은유, 신화로 돌아가는
이야기, 멸망의 불멸하는 형식이다.
죽어서도 알고 있는 모든 것들이 알고 있는
모든 것으로 지리멸렬한, 타락한 희극으로
끝나지 않으려는 죽음의 노력이 실패하는
비극 그 후의, 혹은 소크라테스가 죽음인
생의 비극 그 후의. 죽어서도 허망하지 않기
위한 소크라테스, 대화 너머 장르 창조에
실패하는 비극 그 후의.

떡국

나이를 한 살 더 먹는 일은 정갈하다.
가난한 시절 떡국은 정갈한 맛보다 더
정갈한 뜻이었을 것. 이제는 단아 너머
단정이다. 아름다움의 뜻. 푸짐하다는
흔적조차 없지. 며칠 안 남은 대보름은
'더도 덜도 말고'가 도움이 안 되지만
밤하늘의 커다란 명약관화가 판세를
일거에 뒤집지 않나?
신년 특집 TV 방송들은 그것만 못하다.
대보름은커녕 상큼한 것들이 상큼한
평소보다 못하다. 한복이 거의 역사를
가로막는다. 율동과 미소 노동만 프로.
그 가난한 폭식의, 너무나 상투적으로
전통적이라서 거의 문법에 달한 그
'더도 덜도 말고' 구호가 난무한다.

이것도 먹방? 빠질 리 없는 떡국 타령이
신년 특집 TV 방송 사태의 절정이다.
내가 정갈한 떡국을 먹으며 보니.

죽음의 형성

아직 들지 않은 졸음에 묻어나던
아스라한 그 생각이 뭐였지?
영영 사라진 느낌 더 분명하다.
졸음 전에 아스라하지 않았을 그 생각의
실마리 생각의 대강의 성격과 종류조차
영영 끊긴 생각이다.
이상하다. 이런 일 잦다. 이상한 일 잦은 게
더 이상하지만 생이 갈수록 이상할 수는 없다.
영영 사라져 나와 다른 차원인 이상한 것들
모여서 나의 죽음을 형성하나, 죽음은
모인 그것들이 모으는 그것들인가?
그것들 내가 죽어 가는 이야기는 아니지만
메모가 추억 아니라 미래의 용도인 것처럼.

에스프레소

몸의 일부를 상전처럼 모시고
내내 살 수는 없다. 살아도 최소한 가끔은
그렇게 사는 사실을 잊어야 산다. 몸의
일부를 위한 장복은 내게 아직 이르다.
에스프레소 더블로 마시면 삽시간에
새까매진 위장이 내게 이렇게 말한다.
우리에게 시간과 공간을 재현하는
거주가 있기 전에 시간과 공간이 우리를
재현하는 주거가 있었다…. 그리고 그
다음이 중요하므로 에스프레소, 에스프레소

액체보다 글씨가 더 검고 쓰다.

디지털

나의 숫자는 하루하루를 즐겁게 세기 위하여 있다.
얇을수록 화려하다. 한 꺼풀 벗겨 놓고 보아야 볼
수 있고 들어야 들을 수 있다. 수가 숫자에 불과한지
아닌지. 얇을수록 그냥 극적 아니고 비극적인 것을
공이라 부르는 것을 몸으로 느낄 수 있다. 육감의
수이다. 영이 '떨어질 영'인 소리는 자전에 나오더라도
자전 밖으로 놀라운 일설이다. 수가 지금도 고대
바빌론에서부터 자신을 세어 오는 수인 것처럼.
말 그대로 시간을 건너는 것이 공간을 건너는 것인
수의 고유한 방식으로 오늘에 오는 게 좋을 것.
사라지는 것이 얼마나 장엄한지 깨달으면서.
도시의 온갖 저개발이 나의 온갖 유년을 넘쳐난다.
광경도 장면도 될 수 없는 그것들이 어떤 때는
그렇게 환상적일 수가 없다. 쇠약? 어느새 세월이
유능하게만 늙는다. 교활한 것은 살아서 뭔가
오해한 늙은이들이고 돌아간 내 외할아버지의
깡마른 호통이 유머러스해지는 것은 미래의
외할아버지이다.

환승

지하철 2호선 시청역에서 내려 1호선으로
환승하는 통로가 참으로 오랜만이다.
1호선을 그렇게 안 탄 것은 아니다. 의정부
간 것만도 여러 번이다.
1호선이 지하로 달리는 지상의 시청에서
종로까지는 눈에 훤하고 종각 지나 종로통도
동대문까지 낯설지 않다.

서울 어디나 지하철로 갈 수 있지만 서울 어디서나
걸어 다니는 지상의 발이 지하의 발을 잇는다.
지하의 발이 지상의 발을 잊지는 않는다.
목적지가 지상이거든.
버스와 택시는 양다리와 두 눈이 지상과 지하
용도 아니었다. 차창 밖 지나가는 거리 풍경이
발의 지상을 주지시켰다.
전차는 그럴 필요도 없었지. 아주 느긋하게
지상의 비 내리는 장소에서 안 내리는 장소로
조금 빨리 걷는 걸음 같았으니까.
내가 대학 3학년이던 1974년 8월 15일 서울역에서
청량리역까지 개통된 1호선은 처음이라 교통의
지하가 자신의 자리라는 것을 몰랐고 대통령과 함께
시승한 영부인이 그날 저녁 광복절 행사장에서
대통령 대신 피살된 것에 혼비백산, 한참 동안
지하에 머물 수 없었다.
동대문 신설동 동묘 지나 제기역에서 내리면
용두동이 코앞이고 내용과 형식이 급조이되
요즘 유행의 그것은 아닌 부티의 주택가를 오르면
있을 거 같지 않은 언덕 맨 위에 불쑥 있다, 선농단,
널찍한 제단과 훨씬 더 널찍한 그 둘레 잔디밭이
숨어서 제 혼자 풍년을 중국 귀신 신농씨 후직씨
한테 비는, 백성은 물론 왕도 신하도 없는 조선
시대이다. 그 뒤로 조금 멀리 높이 대규모로 치솟는
아파트 단지 그 옆에 우람한 향나무 한 그루 국내
최고령이라 제 혼자 나무의 세상이자 세계이고
자신의 생애도 지켜본 역사도 시치미 떼는 내색도
썻은 듯 없다. 인간을 능가하며 나무는 나무가
나무로만 있다. 그 아래 철거를 앞둔 동네 시장
참기름 짜는 집이며 겉절이김치 반찬집이며
아직 죽지 않았는데 완전히 죽은 조선만 못 하다.
먹거리가 지금보다 훨씬 못했지만 그때 시장이
무슨 가게 건물들 기우뚱한 군데군데 악취의
예고도 없이 거적때기 시신들이 널브러진 것 같은

분위기였을 리가 없지 않나, 내장 드러낸 사람
몸을 닮을수록 장터가 장터라면 전쟁통에도
거의 길길이 뛰어야 하는 것 아닌가?
큰길 건너편 동묘는 관우 사당. 왕의 행궁은
될 것 같은 위세이다.
철거 직전의 최악을 보았으니 골목을 피해
지방자치가 아담하게 단장한 하천과 마련한
공공의 시민 명소들 심심찮게 이어지는
대로를 씩씩하게 걷다가 동대문에 이르니
길이 좌우로 갈리고 뻥뻥 뚫렸는데도 동대문은
그 좁은 구멍을 통과해야만 입경할 수 있는 조선
백성이 지금 여기 있는 것 같다. 동서남북 사대문
잇는 성벽을 정말 쌓았었다고? 믿을 수가 없다.
만리장성도 쌓은 마당에 어처구니없지만
믿을 수가 없다. 그래도 그래서 그렇게 동대문 지나
종로3가 빵과 커피를 들고 올라간 좀 허름한 파리
바게트 2층 한산한 실내 벽에 경고문이 붙어 있다.
우리 매장을 사무실처럼 이용하는 대출, 부동산 브로커
등의 출입을 엄격히 금지합니다…. 아내가
등장한다. '우리도 그렇게 보이겠다, 그치? 환승이
이명박 공로가 아니라고? 하긴 전철이 9호선까지
생기지 않았다면 무료 환승할 일도 없다. 오늘 산책은
종로2가 금은방들에서 완료된다. 여기까지가 환승하고
연계하는 아내 몸이다. 종로 금은방 금은 디자인이
촌스럽다고? 금빛이 금의, 은빛이 은의 디자인이다.
아내는 아직 운동이라서 흔쾌히 피곤하고 나는 벌써
데이트가 환승이라서 힘이 조금 남아돈다.

고대 포스트모던

흩트릴 수 없는 구분의 주인과 노예 계급 없다.
우리의 공화국이 제 꼴을 갖추기도 전에 저들의
제국이 멸망한 소식을 뒤늦게 소문으로 듣는다.

공화국이 제국으로 발전하는 필연은 멸망이
멸망을 잇는 아주 지루한 책략의 코미디이지.
말이 되는 책략이라서 우리가 웃지 않는다.
생 자체가 말이 안 되는 책략이고 괴팍하게 천박한
비극이니 어떻게든 웃기 위하여 책략의 성공이
필요하다. 책략이 어거지일수록, 성공이 손쉽고
뻔할수록 좋다. 스릴과 서스펜스는 무슨 헛소리?
늙으면 웃기 마련도 아니고 아예 웃어야 빨리
늙을 수 있지 않나? 어떻게도 왜도 없는 웃음이
그렇게 안성맞춤일 수가 없다. 로마 희극, 비웃는
배우도 비웃음당하는 배우도 관객이고 비웃음이
비웃음을 비웃으니 웃음의 피해자가 없다.
희생은 물론 징벌의 나쁜 의미로도 없다. 그리스
신희극 멸망의 가정이 모방-재현되고 없는 지문에
한껏 천박해진 육체의 부담이 지나치게 무겁다.
과연 지나치게 낭자한 유혈의 철퇴를 유혈의
지나치게 낭자한 신비로 풀밖에 없고 로마 희극,
그런 일은 결코 다시 없어야 한다고, 옛날의
옛날인 단 한 번으로 끝나야 한다고 있다. 제국의
전쟁의 노골적으로 음탕한 안정도 단 한 번으로
족하다고 있다.
어떤 피아니스트는 연주가 아주 조용해서 밤에도
볼륨을 약간 올릴 수 있다. 끼워 놓거나 세워 놓기
아까워 다시 꺼내 놓은 어떤 책이 다시 펼치기도
좀 그래서 아름다움이 하릴없이 책상의 공간
아니라 면적을 차지하게 그냥 둘 때가 있다.
자신의 길을 제대로 연 누구나 그렇게 가는 것이
우월이고 이상이다.
생로병사 이야기의 극복이 철학이고 그 극복이
시이고 그 둘의 화해이기 위한 소설의 끝없는
세속화가 심화이다. 고대 로마가 이미 문사철
이후이다. 복원도 복원의 상징이 바로 현재이고
역사의 모든 것이 미래의 징후에 지나지 않는다.
지금 우리가 보는 제국은 고대 로마인들이 스스로

고대 로마인인 줄 모르는 동안 겨우, 아주 오래
고대 로마 제국일 수 있다. 지금 보인다. 기독교가
고대 로마 제국을 정복하지 않고 물려받지 않고
제국의 멸망 중에 접수한다. 별 볼 일 없어진 귀족이
농민 없는 농촌 유토피아 속으로 들어간다.
그렇게는 시가 예술이고 예술이 시인 것이 보이지
않는다. 멸망의 상처만이 멸망을 극복하는 그것이
희망은 아닐망정 엄연한 먼 훗날이다.

백열

늙은 몸이다. 늙고 병든 몸.
육체의 고통을 대신 받고 있다고 생각하는
정신은 서투른 번역의 오류. 정신이 정신을
가다듬고 육체에게 육체의 몫을 돌려주듯
육체가 제 고통을 음미할 시간을 주어야지.
육체는 육체의 고통이 육체의 생각이다.
육체의 기쁨보다 더 깊다. 고통의 고통이
생각의 생각이고 그렇게 어디까지 가면
살아서 정신의 육화도 없이 제 혼자 육체가
백열에 이르고 십자가(가장 인상적인 낙인
가운데 하나) 후광 아니라 본질 아니라
그 후일 수 있나? 물론 알 수 없지만 늙은
몸이다 늙고 병든 몸. 좀체 오해를 풀지 않고
오류를 수정하지 않는 불굴의 육체의
고통이 정신보다 느린 만큼 명징하다,
분명. 왜냐면 늙은 몸이다. 늙고 병든 몸.
비로소 생각의 한자가 生覺이다. 생각보다
더 육체의 백열에 가깝지 않나?

회고록

청년기 불륜인 첫 몽정이 너무나 변태 같아서 지금도
또렷이 기억나지만 지금은 이상할 것이 없다. 남은
옛날의 여성은 모두 섹시하다. 혼곤하고 애매해서 더.
그래서 깨어난 꿈이 기억 안 나냐? 평생이 기분 좋게
모자란 느낌. 그다음은 나의 회고록이 나의 회고록을
쓰거나 말거나. 살아서 쓰는 묘비명도 혼곤을 벗는,
쓸데없는 임시방편 같고 자기 연민 같지만 요약이
심심한 보편에 달하는 경지, 생애가 제 속을 계속
비워내고 생로병사 요약으로 생로병사를 극복하는
회고록의 경지가 있을 것이다. 사실은 사실도 명명도
이야기인 상황의 극복. 생애보다 앞서가고 죽음보다
오래 사는 회고록 있다.

눈에는 눈

내가 듣기에는 슈베르트의 만년–유작들을
이성적으로 약간 베끼면서 슈만 음악의
낭만주의가 자신만만하다. 완성되지 않는다.
그 작품들을 감성적으로 약간 베끼면서
쇼팽 음악의 낭만주의가 정체성을 갖는다.
완성되지 않는다. 당신의 예상대로이다,
베끼지 않고 슈만과 쇼팽이 완성하는 것은
정작 슈베르트 음악의 낭만주의이다.
음악의 빚은 갚지 않을 도리가 없지. 이승과
저승 사이 음악의 눈에는 눈이 있다.
음악은 죽은 이들이 귀를 저승 소속이게 하고
피비리지 않은 눈에는 눈이 가장 이타적이다.
음악으로 모든 예술이 그렇다. 가장 이기적인
것이 가장 이타적이고 가장 이타적인 것이
가장 이기적이다.

재발견

1964년 미국에서 출판된 소련 해빙기 젊은 시인
작가들 작품집 『달에로 가는 중도』는 2백 쪽
남짓한 페이퍼백이다. '더블데이 앤커 북'은 표지
디자인이 앙증맞고 본문을 깨알 글씨로 꽉 채운
문고판. 옙투셴코 시 다섯 편, 솔제니친 단편소설
한 편과 보즈네젠스키 시 아홉 편이 다시 내용의
골격을 디자인한다.
20년 가까이 드문드문 펼쳐 보는 이 책의 그 후도,
그 후의 그 후도 내가 알 만큼 안다. 곧 해빙기가 끝나고
서방에서 총아로 환호받던 옙투셴코 인기가
시들해졌다. 노벨상 받은 솔제니친은 그 후 소련이
해체되고 냉전의 효용 가치가 크게 떨어졌다.
보즈네젠스키는 현존 최고의 시인이라는 찬사를
또 다른 현존 최고의 시인한테서 받고 세계적인
명성이 죽을 때까지 이어졌다. 위키피디아를 보니
이들이 각각 2017년, 2008년, 2010년에 죽었다.
소비에트 멸망보다 아주 더 오래 꽉 채워 살았으니
뒤늦게 반갑고 가깝고 아주 친근한 죽음 같다,
소비에트의. 더 뒤늦고 더 놀라워서 더 정말인 것은
멸망록이라 그냥 스치고 지나갔던 보즈네젠스키
시 번역자 이름들이다. W. H. 오든, 스탠리 쿠니츠,
리처드 윌버... 아직 무명인 원작자가 감히 넘볼 수
없는 당대 최고의 시인들 아닌가. 그리고 늙어
죽을 때까지 보즈네젠스키가 이들을 시로 뛰어넘지
못했다. 소비에트 가게 정리 폭탄 세일조차 옛날
이야기가 된 요즘에도 이런 재발견은 어쩐지
미래 같고. 미래를 다시 한번 더 통독해 볼 충분한
근거가 된다.

인터넷 백과사전

1960년 5월 22일 칠레에 규모 9.5 강진과 해일로 909명 사망.
해일로 하와이 61명 사망. 다음 날 태평양 건너온 해일로 일본
119명 사망, 20명 행방불명…. 왜 이것을 내가 아직도 모르나?
시간이 너무 먼가, 일본까지 왔다며? 이래서야 너무나 먼 것이
너무나 떨어진 것인 역사를 우리가 어떻게 알겠나? 너무나
강력한 전파인, 시간과 공간을 전파 그 자체로 만든 인터넷
백과사전에 동사가 없다. 참으로 놀라운 이미지 조립의 참으로
완벽한 정지. 바다가 동사 자체이니 '정보의 바다'도 어폐가
있지. 유용하지 않고 유용이다. 조립도 이미지가 시간과 공간을
조립하지 않고 조립이다. 명사화한 동사 아니고 동사의 죽음.
시간과 공간의 명사만큼 결정적으로 화려한 이미지가 없었다.
시간과 공간의 동사만큼 결정적으로 열리는 이미지가 없었다.
성경을 잡학사전처럼 통독하면 많은 것들이 아직 살아 있고
거룩하다는 것은 무엇보다 살아 있다는 것이다. 젊은 날 그 흔한
자살의 주인공이 사실은 살아남은 우리 아냐? 인터넷 백과사전,
석가 해탈이 자살하지 않고 지옥보다 화려한 이미지의 짐승
욕망 전생들을 요하는 이유가 그 안에 없다.

조각의 걸작

국민학교 때 내가 살던 집은 그냥 집이다.
크기도 좁은 마루 안방 건넌방 내부도 집이다.
교사는 쉬는 시간도 풍금 소리도 만국기도
그냥 교사이다. 동네가 공터도 똥개도 쌀가게도
어른들 섯다판도 그냥 동네이다.
왜냐면 오고 가는 사이 반드시 문방구 있었다.
학용품이 세계의 미숙하고 어설픈 비밀이었다.
세월은 어색한 것이 편하거나 낯익지 않고
아름다워지는 통로이다. 세월이 간 것이 오래
자세히 들여다보는 것인 통로이다.
그 끝의 아름다움의 모양을 보여주지 않고

보여줄 수 없는 사실도 덧붙여 아름다워진다.
그래서 그 모양 없음을 이번에는 우리가
명명한다, 낯익음 이후의 새로움이라고.
처음 보는 자세의 모양 아니라 표정의
이상이 조각의 걸작이다.

망각의 예언

양차 세계대전 사이를 겪은, 시대의 흐름에
예민하고 세상에 비관적인 사람들은 많지만
스스로 양차 세계대전 사이를 의식적으로
치른 이들은 드물다. 전쟁을 다시 준비하던
전쟁광들도 너무 미래 지향적이라 사이를
제대로 인식 못 했지. 예민한 정신이 좀체
예언을 하지 않고 공포도 예언자 시대가
한물간 지 오래이다. 역사가 운명적으로
아니라 게으른 망각으로 반복된다. 우리는
모두 양차 대전과 제3차 대전 사이에 산다.
잘 알면서 게으른 망각의 습관이 지옥이고
망각의 예언이 제3차 세계대전 그 후이다.
정말 혹시 별거 아닌 것 아닐까, 종말처럼?

존 도버 윌슨

한강 나루터 마포는 내가 태어나기 오래전
조선 시대 경기 농산물과 황해 수산물이
한양으로 들어가는 대표적인 집산지였다.
내게 마포는 새우젓보다 집산의 유전이
더 멀고 더 중요하다.
독재가 죽음의 이합집산이고 그것을 막는 가장
효과적인 형식이 사회 부문과 지방들의 그리고
그 아래 그 아랫것들의 집산이라는 거지.

마포는 내가 태어나기 얼마 전 일제 시대 경성
대도시 근대화 변두리로 내내 밀려났고 내게는
집산보다 변두리 유전이 더 가깝고 더 중요하다.
중심이 탄압에 변두리가 극복에 더 가까운,
탄압을 모르는 중심의 가능의 항존.
내가 태어나기 조금 전 마포도 해방과 6·25
남북 전쟁을 맞았다. 세계의 변두리 좁은 땅
한반도라서 더 지독한 전쟁의 고통을 서울의
변두리로서 빠짐없이 분담한 마포는 내게
참상보다 분단 유전이 더 깊고 더 중요하다.
철조망으로 특히 한강 해운이 끊겼다.
1954년 태어난 나의 기억에 마포는 1960년대
초반까지 기차와 전차가 지나는 동네도
평지의 반 이상이 논과 밭이었다. 그것들
언제 사라졌지? 대신, 변화한 고향에 내내
살아도 그 옛날이 내 기억 속에서 변하지 않는다.
셰익스피어의 거의 동의어일 망정 고향은 아닌
당시 런던이 마포 비슷할 것 같다.
더 밀접한 생활의 유전이랄까.
경보극장 전성기를 나보다 더 오래 더 진하게
아는 마포 토박이들도 모르고 굳이 찾아보지
않을 나의 전공 생활의.

벨라 바르토크, 그 후

아파트 동들이 둘러싼 좁은 정원의 키 큰 나무들
지들끼리 서로 뻗은 가지들 사이로 가까스로
올려다보이는 하늘이 어느새 그 둘러싼 배경의
치솟는 위용이던 아파트 동들을 지워버린 것은
아무것도 아니다. 그 옆에 홀로 선 키 작은 나무
한 그루는 들여다보면 같은 몸의 가지들끼리
대화하는 식물성 하늘의 다정이 내밀이다. 깊은
것이 넓은 것이고 넓은 것이 깊은 것이다. 바로

그 옆에 차원 다르게 쌓인 분리수거 종이 상자들
부황한 부피와 높이뿐이다. 지우개를 지우개
디자인으로도 쓰고 지우는 디자인으로도 쓴다.
디자인으로만 있는 차원도 있다. 현대적, 이다.

예술의 신학

자신의 형용을 모방-재현하여 인간을 창조한
대문자 신은 그때 죽었다. 신학은 대문자 신이
죽은 농담이다. 두 눈에 보이는 인간의 가능한
최악의 사태로 안 보이는 대문자 신의 끝내주는
실력의 참상을 무마하자는 인간 창조 에피소드
삽입이 대문자 신학의 파탄을 부른다.
소문자 신들은 죽을 일이 없다. 갈수록 늘어날
것처럼 숱하고 숱하다. 그게 유일한 일인 듯이.
이들은 신화만 있고 신학이 없으니 신학이 원래
죽음을 요하는 것일 수도 있다.
구약 1 → 일리아드 → 구약 2 → 오디세이 →
구약 3 → 에네이드 → 신약 1의 단선만으로도
앞세대가 뒷세대를 창조하는 그만큼 뒷세대가
앞세대를 창조하는 광경이 눈에 선하다. 역사가
그보다 훨씬 더 복잡할 것도 당장 눈에 벅차다.
알 수 없는 것이 알 필요 없는 것인 것도 보인다.
신학의 예술은 없다. 예술의 신학이 있다.
예술이 신학을 구원할 수 없는 것이 그럴 필요
없는 것인. 눈에 보이는 모든 형상이, 미래의
그것조차 과거인 운명을 극복할 때까지.

대학생 오케스트라 연주

유독 음악의 성^{性} 없는 처녀이다.
총각들도 있지만 처녀 총각의 처녀 아니고

총각들도 복수형 없이 처녀이다.
아주 미미한 짜증이 유독 짙어서 아름다운.
아니지. 처녀이다, 끝까지 예뻐야 하는.
유독 순간인 연주 시간 내내.
대학생 혼성 오케스트라 연주, 처음이
여자에게만 있는, 끝까지 여자에게만
있는 것은 아닌 처녀이다. 그렇게 듣는 것이
그렇게 들은 여운인.
이탈리아 피렌체 필리포 브루넬레스키 산타마리아
델 피오레 대성당 사진이 각국 도처에서 튀어나온다.
미술책, 관광 안내 책자, 화장실 달력에서 나오고
그때마다 나는 그 반구형 지붕이 당시 획기적이던
내력보다 더, 성당 몸체가 돔에 비해 어설프고
촌스러운 이유보다 더, 성당을 가난한 쪽으로
각지게 닮고 많이 허물어진 성당 슬하 밀집한 집들이
그때 지어졌는지 한 백년 걸친 것인지 궁금하다.
몇백 년을 존속해야 가난이 저렇게 우아의 걸작
대성당 돔과 같은 색깔의 납작한 사각 지붕들로
더 정갈할 수 있는지 궁금하다.
부자들이 살았을 수도 있지만 그 얘기가 아니고
허물어지는 세월이 정갈한 까닭 말이다.
이제는 이탈리아 피렌체 산타마리아 델 피오레
대성당 돔이 대성당 슬하를 닮는 듯한 그 후의
규모가 볼 때마다 너무 소중하게 궁금하다.
가난 아니라 가난의 정갈 아니라 그냥 정갈의
미래를 계속 궁금해하기로 한다. 유독.

과세 절묘

한 2주 동안 전화 한 통 걸려 오지 않는다.
마누라는 옆에 굳건히 있고 신정이라면
그윽해서 그보다 더 좋은 일이 없을 것인데
음력의 이런 연말연시는, 뭐지?

가본 적 없는 잉글랜드 다녀 본 적 없는
옥스퍼드대학에서 다녀 본 적 없는 케임브리지
대학으로 있지도 않은 적을 옮기는 것처럼.
단색과 다색 인쇄 디자인도 옥스퍼드대학
출판이 한 수 위지만 조금 더 가야 음력 정초
디자인에 달할 수 있다. 옥스퍼드에서 옥스퍼드를
더 가지 않고, 절묘에서 절묘를 더 가지 않고
돌이킬 수 없이 우월한 디자인을 아주 조금만 더
가려는 듯이 가야 한다. 돌이킬 수 없는 절묘가
더 돌이킬 수 없어서 더 절묘하다. 모든 것이 단색
다색 인쇄의 절묘이고 이간질도 절묘한 언제나
르네상스이고 시시했던 모든 것이 일약이다.
왜냐면 인간을 인간이게 하는 것은 구체보다
추상이 먼저이던 과거를 우리가 지나왔다.
돌이켜보면 잘 까진 삶은 달걀처럼 예쁘게 지웠다.
완벽하게 지울 수 없나, 나의 섭생을? 백철이
르네 웰랙·오스틴 워렌 『문학의 이론』을 1959년
완역 출간했다. 스페인, 이탈리아, 일본 다음이고
독일이, 포르투갈이, 히브리어 번역 전이었다. 1세대는
아무리 형편없어도 너무나 **빠른** 업적이 반드시
있고 그 사실을 내가 너무나 뒤늦게 어린 평론가
글*에서 읽고 있으니 언제나 문제는 문제 제기에
맞 들인 세대이다. 음력 정초 디자인이 비로소
세대 사이 반성이다.

* 소영현, 『올빼미의 숲』

커피 나라

지금은 그냥 담배를 즐긴다.
몸이 살살 안 받으면 살살 줄인다.
담배가 안 좋은 까닭이 느는 만큼 담배가
좋은 까닭이 줄고 담배도 준다.
좋을 까닭이 처음부터 없었다고 해도

담배를 즐기며 내가 믿는다.
끝까지 믿을 수는 없다.
대한민국은 커피의 나라이고 성인 남녀가
맨정신으로 담배와 커피 둘 중 하나는 한다.
술은 맨정신이 싫다는 거고 커피와 담배는
저질러 버리면 안 되는 무언가를 저질러 버리고
싶을 때 잠시 제정신을 차려보자는 거다.
커피와 담배 둘 다 없으면 대한민국이
힐링의 나라가 될 수 있다. 대한민국도
문제이다. 한국을 대한민국으로 부풀리는 게
여간 스트레스가 아닐 것. 나는 커피와 담배와
술 셋 다 즐긴다. 세 배로 살살.
마누라 몰래 하느니 끊을 것이다.

걱정의 미래

아들놈이 올라온다니 걱정이 생겨난다.
놀라운 일이다. 겨우 대전이고 해가
바뀌었지만 전에 본 지 한 달도 안 되는데
까맣게 잊고 있었다. 그 아이가 무슨
말썽을 필 것 같은 것이 아니고, 억척
며느리에 돌을 갓 지나 잔대가리 살살
굴리는 손자까지 딸린 아들을 왜 잊겠나?
내가 잊은 것은 자식이 바로 걱정이라는
사실이고 걱정은 시간과 거리보다 더
방향과 관계가 있다. 아들이 오는 중이고
걱정이 생겨난다. 결혼하고 처음으로
혼자 올라오고 멀지 않은 며느리가 새삼
고맙고 손자가 새삼 귀하다. 아들이
아직 안 왔고 밤이 깊고 날이 추워지고
내일 아침은 강추위가 예고되어 있다.
하긴 오는 것은 모두 그렇게 옛 걱정을
먼저 보내면서 온다. 잘 자라 우리 며느리,

손자, 그리고 자식이 부모의 미래인 이
세상의 모든 걱정들. 오늘은 내 아들이
노부모 사는 옛집으로 귀가하는 것이니
우리 둘이 충분히 걱정하겠다. 모든
걱정들의 미래 방향인 신을 누가 죽이겠나,
이 소중한 걱정을?
작별은 더 이상 그럴 수 없다는 것이 아니다.
더 이상 그렇지 않다는 거다.
중단되지 않는다. 중단이다.
하긴 가는 것은 모두 그렇게 간다. 이어지는
생이 인문학으로도 기적이지.
아들놈 아직 안 들어오고 슈베르트 즉흥곡
한 소절로 들린 것 같다, 슈베르트의 아니
이 세상의 모든 음악, 슬픔보다 슬픈 슬픔의
추상이. 서울 사는 첫째와 임신한 며느리는
온다는 얘기 없지만, 별일 없나?
아들놈 무사히 들어와 곤히 잠들었다.
안심이 과하여 무겁고 가라앉고 걱정이
부대낀다. 걱정의 미래도 미래이다. 오는
방향 아니다. 구체가 더 구체적이기 위하여
헐벗는 방향이다.
예보대로 새벽을 향해 날이 급속히 추워진다.
믿을 수가 없다. 디지털 온도계 영하가
디지털의 영하 속으로 곤두박질치는
일이 있었다. 없었던 것이 없었던 것이었고
없는 것이 있는 것이다. 아니다. 없었던 것이
없었고 없는 것이 있다. 아니다. 없는 것이
이다. 아무리 추워도 아들놈은 제 아내와
아들이 있는 대전으로 잘 내려갈 것이다.
왜냐면 놀라운 일이다. 언어들이 전보다
훨씬 더 민감하다. 지금 지들이 걱정한다.
나의 모든 식구와 혈육이 자기들의 식구와
혈육이기도 한 것처럼. 지저분하지 않다.

포

마포에서 태어나 영등포에서 훨씬 더 오래 살았다.
거의 평생을 두 곳에서만 살았고 그 사이 한강이
흐르니 '포'는 나루터이다. 탄생은 중요하지. 그렇게
영등포가 맞은편 마포를 바라본다. 생이 더 중요하다.
그렇게 마포가 영등포를 바라본다. 내가 한강이라면
흐름이 정지, 사는 것이 죽은 것에서 사는 것이
죽었었다는 것까지 정지,
한강이 흐른다.
빠른 것도 이제 용납이 된다. 포,
말들이 많았다. 이제 죽음에 깬 인간들에게
각자 정량의 빛이 필요하다.

막간 2

분리와 수거 사이 이간질로 넘치는
메모들 디자인. 그림 형제 동화집
원본 일러스트레이션 소녀의 지금도
막막한 자세의 표정.

혹한

재래시장은 한번 해보자는 듯이
의식이 거주보다 더 넓게 널브러져야
비로소 의식주 모두 안심일 것 같고
롯데백화점, 그건 말도 안 되고, 장식보다
더 좁고 더 얇게 응축해야 비로소
의식주 모두 아름답고 영롱할 것 같다.
재래시장은 의식주 다음의 현실이고 롯데
백화점은 그 이전의 꿈일 것 같지만 사실은
재래시장이 춥고 배고픈 몸의 직유이고

롯데백화점은 충족이 충족의 실패인
욕망의 은유이다. 둘 사이 아무 관계가
없는데 변증법은 무슨. 둘이 병존하려면
있어야 할 것이 농촌과 도시의 그것보다 훨씬
질 높은 관계이고 가능해야 할 것이 관계의
절정인 변증법이다. 재래시장 인심이 좋다는
자칭 인심 좋은 인간들이 현실과 꿈을
모두 인심 좋게 죽이고, 그렇게 홀로
남은 욕망이 갈수록 실패하지 않는다
왜냐면 갈수록 실패이다.

세계의 폭설

아내와 함께 시내를 돌아다니다가 저녁 열 시
넘어서 들어왔다. 너무 늦었네. 산책에 '도가
트는 거지.' 저녁 아홉 시 뉴스는 요새 안 보고
이렇게 늦으면 자정쯤에 인터넷 연합뉴스
찾아보는 일과가 꼬박 하루 뒤로 밀리기 쉽다.
움직이지 않는 뉴스가 동영상 뉴스보다 더
믿음직스럽게 움직인다. 한파에 이틀째
눈 폭탄… 바닷길·하늘길도 막혀(종합)… 제주
대설특보, 전국 곳곳엔 한파특보… '눈 귀한'
부산·경남도 함박눈에 재난 문자까지…
눈비는 반쯤 인간 세상 소속이다. 반복을 잘
견디지. 구름은 그렇지 않다. 서울도 폭설이고
아내와 내가 산책 중 만난 폭설은 믿음직한
연합뉴스가 될 수 없고 산책을 나가서 벌어진
것일 수 있다. 거창한 이야기와 정반대. 재난을
책임져? 무슨 그런 황당한 소리를? 아내와 내가
우리 자신의 생을 아주 조금 더 책임져야 하고
책임질 수 있는 어떤 세계의 폭설의 후유, 적멸
아니라 유대, 적어도
연대.

식물 운동

가장 강력한
무늬.
오래된 미래의 분류 너머
오래될 미래 내의 총체 류類.
내장內臟의 디자인 너머
내장內藏의 디자인.
죽음을 거느리는 식물 운동이 있다.
죽음을 거느리는 것이 운동인 식물이 있다.
탈출 아니라 마무리가 제목 아니라 비로소
실제 총체의 마무리인 식물 운동이 있다.

결혼

이데올로기나 주장의 ism보다 덜 하지만 이론도
요약이 아닐 수 없고 이론한테 이론의 대상만큼
직접적이고 노골적이고 치명적인 것도 없다.
요약이 불가능한 고유 명사도 그 이론을 엉망으로
만든다. 요컨대 보통 명사 중에서, 이를테면 결혼이
바로 결혼의 이론이라고 생각하는 버릇이 이론은
필요하다. 결혼이 결혼론의 해체라고 생각하는
생활이 결혼은 필요하다. 사랑이 모든 것의 해결인
생의 더 난해한 문제를 이제부터 결혼이 풀어야
하지 않나? 슬픔이 기쁨으로 기쁨이 슬픔으로
깊어 가는 애환 없이는 우리가 흘러가는 생의
이론 너머 의미에 달할 수 없다.

옥토버페스트

지금도 기억하고 있어요… 그렇게 시작하는 노래가
젊은 날 있었는데 이제 젊지 않으니 잊혀진 계절도

없지. 장모 돌아가고 처음으로 장모 아들딸 부부
동반으로 모였다. 저녁 4시. 막내딸네만 미국에 있다.
'카카오톡 보내 봐?' 요즘 드물게도 내가 제일 어린
나이이다. 실버 미팅 대열로 앉아 밀 맥주 500CC
한 잔씩 크게 들이켠다. 독일 사람들 족발을 이렇게
먹는군. 자식들 시집 장가 보낸 얘기가 가장 즐겁다.
부모의 의무 능력보다 더 자연스럽게 빛나는 것이
없다. 알바생들이 독일 풍 너머 스위스 처녀 풍이다.
피곤한 내색이 전혀 없다. 과하게 친절한 것보다 그게
훨 낫지. 오늘은 노래방에 가도 괜찮은 코스겠군. 모든
흘러간 노래들이 지들끼리 난무하겠어. 유행가는
항상 끝이 문제이다. 흘러가고 있는, 이룰 수 없는
꿈을 이룬 노래의 슬픔이 발악, 비유가 다른 비유를
부르는 것에 그치는 참상을 아랑곳하지 않는다.
실내가 넓고 노인네들 대거 뒤섞여도 물 흐리는 느낌
주지 않는 맥줏집 '옥토버페스트'의 '시월 축제'는 1810년
이래 해마다 뮌헨에서 15일 동안 벌어지는 행사이다.
과일 안주가 몸에 좋다고? 가장 깨끗한 이상은 맞지.
시신이 이리 향긋하다면. 옥토버페스트 파란만장,
가족 사진첩이 한 장 한 장 빠르게 넘겨진다. 표정들만
시대순으로 흐른다. 넘어가지 않는다. 허무하다고
이제 와서 말할 수는 없다. 설마 우리의 유언을 듣기
위해서 우리의 후대가 있겠나, 죽어 간 것들이 죽어 간
훈련으로 역사가 있겠나? 늙어 읽을수록 카프카
「변신」이 시사적이다. 아마추어 생이 감상적으로
생생하다. 그렇게 보면 세상에 불쌍하지 않은 것이
어디 있나? 토마스 만이 현대와 소설의 워즈워스이다.
프루스트, 조이스 & (버지니아) 울프, 카프카 생애를
품었다. 살아 있는 사실이 신비는커녕 신기할 것도
없을 때까지 살다 가는 것이 장하다. 우리가 물려
받은 것도 줄 것도 그 경위이다.

사회적

자본주의가 창작의 몰년 없는 만년 작이다.
현실 사회주의가 생년만 남았다.
그 사실 속으로 그 사실을 어떻게
죽은 자와도 같은 부드러움으로 구축할 것인가,
구축해 들어가는 총체일 것인가, 그것이
관건이다. 상처받은 좌파 미학 이론 아니라
상처 실천. 총체가 언제나 흐르는 시간의
격이고 현 단계가 언제나 사회적이다.

연습의 형식

죽어라 하지 않고 죽음으로 고스란히
연결될 것처럼 하는 피아노 연주가 있다.
그럴 리 없지만 정말 그렇게 믿고 한다.
그렇게 믿어도 살아서 손해 볼 것 없지만
이기와 전혀 다른 차원이고 가장 넓은 사랑보다
더 넓지 않고 가장 치열한 희망보다 더
치열하지 않고 범위와 정도가 모두 한 수 위인
피아노 연주이다. 삶의 연장이 죽음을
앞당기는 모양이다. 일부러 낸 것 아니고 일부러
낼 수 없는 신비와도 상관이 없다. 멀쩡함보다
더 멀쩡해 보인다. 연습의 정수 너머
형식 같다.
생이 가려움을 온전히 벗는 피아노 연주가 있다.
사랑의 비극을 끝내 형식화할 수 없는 듯이
과거가 무지근한 자해에 지나지 않는 듯이
한다. 삶과 죽음의 모든 것을 빨아들이듯이
하지 않고 삶과 죽음 양쪽으로 빨려드는 듯이
한다. 그렇게 피아노가 피아노 세계이다.
지상의 열반보다 한 수 위인 피아노 연주이다.
벌써 이렇게 셀 수 없이 많은 손가락들이다.

고사성어

스스로 미흡을 안다면 아직도 세상을 변혁하려는 자
실패는 결과가 아니다. 실패의 결과가 있을 수 있다.
실패보다 늦은 실패의 징후, 심지어 원인도, 실패보다
이른 실패의 결과도 있을 수 있다. 미흡을 명심한다면
질적 실패가 질적 성공의 어머니이고 양적 성공이
질적 타락의 창녀이다. 명심이 변혁하지 않고 변혁이
명심한다.
거대담론이라는 고사성어가 있다.
동족의 수천 년 이산과 수난과 희생의 전언을
살아 남아 살아 남은 두려움이 착취한다 세계를.
전쟁은 계급 각각을 최악화하지. 잘못보다 먼저
저지르는 변명이 있다. 더 다양하기 위한 단일
대오가 집단적 인간의 능력 밖이라면 나로서는
홀로 다양하고 홀로 다양해서 하나이고 싶다.
정체 불확실보다 먼저 흐려지는 정체가 있다.
진부한 파시스트 성향들이 파시즘을 용인하며
파시즘의 열광을 이룬다고? 가장 뒤늦게 진부한
분석이다. 정지한 반성이 매번 깜짝깜짝 놀랄밖에
없지. 미흡의 명심이 미흡하다.
어제의 내가 오늘의 나로 이어지지 않는다.
어제의 내가 오늘의 나로 완성되고 내일의 나는
오늘의 나의 명심의 방향에 달렸다.
포스트모던이 있기 전에 성욕의 신화를 혹사한
고사성어 포스트모더니즘이 있었다. 모택동
문화혁명, 독일은 여태 할 말이 없고 어정쩡한
프랑스에서 진담 반 농담 반의 이탈리아에서 나중의
끔찍이 앞서는 끔찍을 상쇄하는 원인이라고, 지가
기는 아니고?
정말 있어야 하는데 없는 것이 자기 원인이자
자기 결과이다. 비겁해서 정말 비겁한 이론이 있고
용감해서 정말 용감한 이론이 있다.
감정의 모든 것을 쏟아낸 셰익스피어가 아직 견실한

사업가이다. 악몽의 모든 것을 구축한 카프카가 아직
모범적인 직장인이고, 가능의 모든 것을 가능하게 한
조이스가 아직 돈에 쪼들리는 성실한 가장이다.
이론이 그럴밖에 없으니 작품과, 생이 안 그럴밖에.
문화가 매개인 것 맞나? 문화가 쇠약하지 않으면 문화
이론일 수 없고 쇠약하면 예술 작품일 수 없다.
작품에 달하는 포스트모더니즘에서도 그것은 그렇다.
그것이 그것을 해체하고 나서야 비로소 그것이
작품이다. '선언'은 유럽이 잦은 소요와 혁명을 구별
못 하던 1848년 헤겔 철학에 심취한 학자 마르크스
(당시 30세)와 잉글랜드 노동 환경에 정통한 기업가
아들 엥겔스(28세)가 공동 집필한 『공산주의 선언』
전반부 정세 분석이 아직까지 가장 과학적이고, 더
중요하게 아직까지 문학성이 가장 뛰어난 이론이다.
분석의 속도가 지금 이곳에 접근하는 문학성.
문제는 후반이다. 선언에 있을 수 없으나 반드시
있는 예언을 위하여 당대 실천을 벌써 빈민굴 공상
과학으로 도식화, 부르주아–근대화 혁명에 대한
찬탄과 선망을 극복하는 문학적인 미래 긴장이
중세적인 도덕과 윤리 명분으로 선악 대결 구도의
신화로 풀린다.
모든 대중문화가 포스트모던적이고 모든 예언이
포스트모더니즘에 이른다. 양차 세계대전과 유태인
학살을 겪은 유대인 마르크스도, 전쟁의 혜택을
누리지 않은 레닌과 악용 안 한 스탈린도 부질없는
만약의 예언이다. 엥겔스는 지금 거의 무명인 만큼
아까운 데가 있고. 그 안타까움도 부질없고.

관행

'갑니다.'
'그래. 어서 오거라.'
고기 먹으러 가자더니 뭔 전화를 또 하나 싶어

그렇게 말하고 끊었는데 전화가 금방 또 온다.
'제 말 다 안 듣고 전화 끊으시네요.'
'온다며? 오면 되지.'
'경비실에 두고 왔어요.'
이건 뭔 소리? 이번에는 저쪽에서 먼저 끊었다.
저런. 택배 아저씨였나보다. 아들 내외 도착하면
우리 내외 같이 나가서 고기 먹고 들어오면서
찾아야겠군. 그 아저씨 신참인가 보다. 대개는
크게 노크 한 번 하고 그냥 문 앞에 놓고 가는데.
우리 집은 요비링이 없고 택배 아저씨들은
그야말로 시간이 돈이다.
나의 아이들은 그야말로 나의 횡재이다. 번개
미팅일수록 그렇다. 오랜만의 가족 회식은
여럿이 먹을수록 고기가 맛있는 집이 좋다. 너무
비싸면 맛있을 수가 없지. 아들은 노크할 필요
없을 것, 도어 키 비밀번호가 바뀌지 않았다.

사랑 노래

열리며 오는 면적이, 무게가 있다.
아주 조금씩
열리며 오는 전신이, 세계가 있다.
내가 가고 네가 오지 않는다.
가장 공적인 자유도 미시 물리학적.
너와 나 한계보다 도달이 먼저이다.
열리며 도달이 오고 있다. 우리 둘
만이 아니다. 우리들만이 아니다.

회복

사대 역사교육과 출신 아내가 대학 시절 읽던 책을
내가 읽어보려 한다, 일반 역사서는 아니다. 나를

만나기 전 아내의 역사를 음미하는 것은 이 나이에
상당한 혼선을 빚을 수 있지. 전공 서적 G. P. 구치
『19세기 역사와 역사가들』,『17세기 잉글랜드
민주주의 사상들』, R. G. 콜링우드『역사의 관념』
등이 내가 읽을 책이다.
내가 기대하는 것은 발견 아니라 모종의 회복이다.
습관적으로 끊어지는 역사를 종종 이을 필요가
우리 사이에도 있다. 거창할 것은 없다.
40년 넘게 가까스로 이어진 결혼의 생활 문제라면
이중 효과를 발할 것이 마음의 '실종된 고리'로서
역사 교육학 아니겠나? 성욕보다 어리고 늙음보다
왕성한 기운이 먼 훗날 자손의 번성 너머로 뻗는다.
『19세기…』1959년 개정판 도입부 첨부 '1956년
이래 역사 연구들은 이렇게 시작된다. '영국 외무부
문서 1919~1939'가 계속 모습을 드러낸다, 그리고
독일 외무부의 그것이 1945년 연합군에 압수되어
영역으로 출판되고 있다. 각별한 관심을 끄는 것이
1870년 호엔촐레른 왕가 입후보들 관련 '자료
일체', … 독일 외교가 '숨은 실력자들'…
앞 속지 하단에 '79. 2. 25. 鍾路서적.' 쓰여 있고
중앙에 거의 다 뜯겨나간 나의 수감 시절 검열필증
검열관 목도장 인주 자국 선명한 책이『역사의
관념』이고,『19세기…』는 뒤 속지 하단 한 줄로
'74. 2 승제 JE.' 적혀 있다.
지금 여기까지 온 이 대목만 온전히 내 것이다.
거의 반세기 전 사대 역사교육과 유난히 걸음이
빠른 한 여대생을 빠져나와 내게 온.

왜냐면 창밖

대도시 시대의 대표적인 여가 양식 하나가
자기 희화화인 것을 아직 농촌이 보여준다.
'아직'도 나의 자기 희화화의 일종.

왜냐면 KTX 창밖 벌써 수없이 지나갔다.
속도가 속도를 지우며 보이는 것이 농촌의
미래 아니라 미래라는 농촌이다.
멀리 저 아래 아주 느린 바다, 아주 느린 섬들,
아주 느린 해안 굴곡에, 어촌이 하나도
보이지 않는다. 왜냐면 높이 나는 비행기
창밖에서도 아직 인간은 육지 동물이다.

당대적

그게 아니라
현재는 왜소하고 따분하고 시시하다.
그게 아니라
그렇게 현재는 있다.
영웅이 있거나 없지 않고 다만
현재가 아니다.
그게 아니라 그게 아니라가 아니다.
현대 소설이 비로소 현재 소설이 아니다.
스스로 반복인 것을 모르는 반복이
불쌍하다가 잔혹하고 잔혹마저
평준화하고 상투적이기
직전에 오는 듯이 죽음이 온다.

낭떠러지

생이 연극인 비유는 성립이 바로
해체이다, 생과 연극의, 둘 사이 관계의, 그 비유와
그 문장의, 종합과 예술과 종합 예술의.
왜냐면 없다, 주인공도 엑스트라도. 관객도 연출도
작가도, 뒷패도.
이 모든 것이 동시와 동격의 하나인 없음만 있으니
마침내 무대도 무대 장치도 조명도 소품도. 없다.

낭떠러지 비유가 있다. 낭떠러지가 바로 정체성인.

역전

흑백 다큐멘터리 동영상이 유독 많아 음악보다 더
당시 시사를 듣는 듯한 피아니스트 연주가 있다.
신동이었으나 결국 대가로 크지 못한 피아니스트
연주이다. 그렇게 듣는 것도 결국 흑백 시대 대가의
연주이다. 컬러 동영상은 눈을 감고 귀를 집중해야
가까스로 대가가 구별된다. 흑백의 역전과 역전의
계속 발전으로.

뾰족한 끝

내가 부주의하게 건드려 화분 식물의
뾰족한 끝이 자꾸 부러진다. 폭력적으로
무거워서 높은 데 둘 수 없다. 다가가면
거의 반드시 뾰족한 끝들이 부러지므로
화분 식물이 기어이 나를 간섭하려다가
돌이킬 수 없이 나를 찌르기 전에 스스로
부서지는 것일 수 있다. 비명도 없다.
같은 실내 다른 차원에서 살아 있는
사랑이 그렇게 저질러진다.

마더 구스

우리가 마지막으로 기다린 것이 기다리다 지쳐
기다린 것이 무엇인지 잊을 때에도 오지 않는다.
비로서와 마침내, 기다리는 행동과 사실까지도
지나서 온다. 마지막으로 기다리는 것의 정황과
정의의 필요도 지나서 온다. 마더 구스, 전래

동요 저자 이름을 고유 명사로 번역할 수 없는,
(어머니 거위에게 무엇을 어떻게 묻겠나?)
마더 구스, 끝까지 젖을 먹이는 전래 동요에
불과한, 마더 구스에 정작 유년이 없는 사실도
지나서 온다 우리가 마지막으로 기다린 유년이.

부사들

밤을 새는데 네이버 실시간 급상승 검색어
1위가 평양 올림픽에서 평화 올림픽으로
바뀌었다. 평창 동계 올림픽. 어느 때보다
더 남북 대화가 필요하지만 뭐 이렇게까지.
네티즌들 정말 어지간하다. 육체 장엄이
끝없이 부사들로 전화해 온 스포츠가 가장
오래된 예능이다. 현송월 북한 삼지연 관현악
단장의 적당히 두툼한 동토 미모도 등 따신
안방에서 적당한 구경거리일 것. 비애의
근거를 무력화하는 능력이 예능에 있다.
힐링으로 정말 될 수 없는 것이 남북 통일
아냐? '세계는 우리는' 말고, 많이 모일수록
볼품이 더욱 살아나는 세계를 우리가 결국
만들어 가는 거다. 부사, 파편들은 더 깊은
원인이 장차 있을 것이다.

페트로니우스

역사적으로 생각하지 않으면 쓸데없이 매번 놀라고
역사적으로 생각하면 매번 놀람이 놀람을 완성한다.
가장 놀라운 놀람이다. 예수가 안 죽고 결혼했다면
희대의 폭군 네로 나이가 예수 아들뻘인 거. 그것은
아무것도 아니다.

시적

음악을 모르는 타잔의 사랑은 높은 곳에서
멀리 고함만 지르고 짐승들이 모이고 사랑
행위는 수평 수직의 밧줄 곡예이다. 일련의.
음악을 익히는 의학의 이상이 피부가 그토록
매끄러울 수 없는 대리석 누드상이다.
터럭 하나 없어야 한다.
얼굴이 없어도 된다.
팔다리 한두 개 없어도 된다.
복부에 개복 흔적의 개념조차 없어야 한다.
여기서부터 시적인 것이 필요하지 않다.
여기서부터 시적이다.
고대 그리스 고전 조각가들이 스스로 조각의
이상을 창조했다고 생각하지 않았다. 대대로
이어졌다고 우리의 잘못이 아닌 것도 아니다.
여기서부터 시적이다.
행복하지 않아도 마구 웃는 웃음의 치명적인
버릇이 주객의 대오각성 기회를 날려버린다.
울음으로도 돌이킬 수 없는 기회이다. 그리고
그러므로 대오각성이 별 볼 일 없을밖에 없는
여기서부터 시적이다.
미학이 정치의 윤리이고
정치가 미학의 사랑 너머 성애이다.

모나카

낮에도 영하 10도였고 지금은 더 추운 새벽이다.
마루에 홀로 앉아 이왕이면 수십만 년 동안의
숱한 인간들을 이 순간의 유일한 인간으로 친다.
대문자 신 영접이 낯선 두려움을 아예 생체 실험한
만용이고 인류사의 가장 황당한 결과가 죽음이다,
우리의, 대문자 신의. 두려움이 조금은 낯선 때가

좋았는데 모종의 내부에 그의 죽음이 낯익다.
사망 보험금도 없지. 그가 사망 보험회사 아니었나?
자본주의가 아직 보험 사기로 연명할 리도 없다.
시시해진 두려움이 제풀에 지치기 위하여 생이
지루한 생체 실험은 계속된다. 사망이 바로 사망
보험금일 때까지.
방해가 되는 것은 이 밤 이 순간의 もなか모나카.
일제가 식민지 조선에 들여온 찹쌀 모찌 찹쌀 껍질이
너무나 얇고 부드럽고 섬세하여 바스러지는 것도
내 탓으로 돌려 마땅하다. 같이 먹다 따로 죽을 사람
없고 먹는 시작만 있고 끝이 없다.
앙꼬는 검다. 끝이 없어서 검은 핵심인 듯. 끝이 없는
것이 검음의 검은 핵심인 듯이.

장차의 환자

치료의 역사가 질병의 뒤늦은 역사 아닌가?
의사들은 그리 기분 좋은 역사가 아니다.
자세히 알면 알수록 낯설어지는 것이 신체 부위.
체르노빌 사태를 의학적으로 읽으면 당시
아프던 가슴이 뒤늦게 찢어진다.
일반인도 재미나게 읽을 수 있도록 배려한 의학
사전을 읽는다. 각국의 의학 수준은 뭐, 한국이
최고라니 됐고, 아스클레피오스, 그리스 신화
의술의 신이 갑자기 의학 현실 전체를 밝힌다.
작가 예술가들이 앓던 병은 남의 일 같지 않고
작품 미학과 소신으로 드러나는 증세가 어쩌면
나의 사후이다. 의학과 미술, 음악, 문학과의
관계가 프로이트 썰보다 멀쩡해서 참신하다.
육체도 정신인 정신의, 정신도 육체인 육체의
최초의 흥미진진. 사전 항목들이 인문학적으로
구성되면서 의학의 완성 전망이 가시화하는
의학 사전이 무엇보다 의사들한테 필요하다.

병명과 치료 약은 해당 의사들이 사전보다 더
많이 알지 않나? 장차의 환자들이 참여하는
장차의 환자들을 위한, 가장 뒤늦은 사전이
가장 필요하다. 젊은것들 유튜브 행태는
죽음 앞에 갈수록 솔직하게 외로워지고,

그 후의 그 후

그 후에 무엇이 남지? 그 후가 반드시 그렇게
물어서 그 후이다. 그 질문이라도 남아야 하는
마음이 자칫 과거를 향하고 파탄만 남는다.
그 후의 파탄과 파탄의 파탄이 이어져 임종이
연장될 뿐인 이유로 미래의 은유가 된다.
과거와 달리 미래는 은유가 촌스럽고 직유가
더 생명 넘친다. 그리고, 그러나 아무것도 남지
않은 그 후 없이 미래의 직유가 가능할 수 없다.
그 후 없이 가능한 그 후가 가능하지
않았다. 그 후가 언제나 그 후의 그 후이고
이것 또한 미래의 직유 방식이다. 육체가 육성
이전에 시보다 짧은 연극이므로, 슬픈가?
정신의 물까지 가야 슬픔이 슬플 수 있다.
생이 죽음을 미루느라 생이 아니듯 이생을
연장하느라 생도 아니다. 육체의 말과 총체,
미래를 향할 데 있고, 미래는 향하는 데 있고
그 후의 그 후, 미래를 향하는 데이다. 생이
임종을 문밖 거지 취급한 적 한 번도 없었다.
어느새 실내에 낯설지만 그래서 더욱 못 알아
볼 수 없는 검음의 정장 손님을 더 내밀한
침실로 맞아들이는 행사에 그친 것도 아니다.
연극 버릇이 있다. 유진, 하면 자동적으로
유진, 오 유진, 하게 되는. 유진 오닐? 아니지.
유진 오닐과 유진 오 유진의 유진 오가 전혀
다른 감정 아냐?

335

그때마다 길들여지지 않은 느낌이 새로운
연극 버릇이 있다. 소리 없는 비명에 작용하는
중력이 아직 있을 수 있는 듯이.

손마디

이 나이에 쑥스럽지 않은 젊은 날의
'호전적' 없는 듯이 손마디 굵다.
쭈그러든 살갗으로 더 굵다.
내게 또 하나의 훗날이 있다면 그때 손마디
너무 굵을 것이다, 훗날의 쭈그러진 살갗에
자연스럽게 너무
그것이 처음의 결론이기를. 얄짤없는 죽음의
손마디가 더 자연스럽게 너무 굵을 것이 지금
충분히 분명하다.
전혀 새로운 나만의 죽음을 죽는 것이 생의
목표는 아닐지라도 가장 소중한 선물이다.
생의 구약을 통째 리모델링하는 죽음의
복음. 죽음은 물론 무신이어야 가능하지만
에덴의 미래인 자본주의 속으로 도로 없이
죽고 또 죽는다. 임종만큼 죽음한테 매번
놀라운 사건이 또 어디 있겠나? 손마디 너무
굵다.

몸의 음식

직선으로 시작해도 곡선으로 기우는 접시에
몸이 모르는 몸의 포함이 있다. 접시에 담긴
것 말고도 몸이 모르는 몸의 음식이다. 몸도
빵 만으로 살지 않고 시를 쓰는 것이 딱히 정신
아니라 모종의 마지막이고 매번의 마지막들
마라톤이 한 편의 시를 쓰지 않고 한 편의

시이다. 몸보다 정결한 몸의 음식이 있다.
접시에 담긴 바나나 하나는 껍질을 까지 않고
포함하는 몸의 음식이 있다. 문득문득 대파
내음이 음식 이전으로 더 향그러울 뿐
정의正義도 정의定義도 없는.

황혼

거칠고 질긴 너의 아름다움에서 모든
이국이 떠나고 이제 네가 귀국이다,
조국도 모국도 우리가 오해한 것이다.
유한의 생이 이토록 아름다우려면
적어도 처음에는 죽음의 눈이 분명
먼저였을 것이다. 아름다움을 위하여
어떤 때는 생보다 더 희미한 죽음이
생보다 더 빈발하고 드물게 빈발이
아름다움이고 그것을 우리가 죽음의
선명으로 오해한다. 구체 없는
아름다움 없다. 그러므로 처음부터
아름다운 것 없다.

사탕

어머니가 서정적이지 않고 서정시의
억척스런 어머니이다.
아버지가 서사적이지 않고 서사시의
가정 폭력적인 아버지이다. 누나가 좀
서정적이지만 서정시의 냄새 나는 누나,
형이 서사시의 짝퉁보다 못한 파탄이다.
신성 가족은 누이와 남동생부터이다.
평범한 가족의 부족한 가장도 경악한다.
세상의 모든 사탕이 국제 명품관에 국제

명품처럼 진열되고 그중 하나만 입에
물어도 빠짐 없이 모두 맛본 것 같을
옛날의 옛날이 나의 유년이다.
가톨릭 미학은 신약이 구약을 어영부영
그리스 신화 비슷하게 만들지 않나,
구약이 흘러 흘러 신약인 듯이,
이슬람과 관계도 펑퍼짐하고?
개신교는 서정이 엄혹하여 마치 구약이
가톨릭이고 신약이 프로테스탄트 같다.
돌이킬 수 없는 그 이전이 또한 나의
유년이다.

자격

'니가 살자고 도망을 치면 어쩌냐. 내가
살아야지. 곱게 들어갔으면 좀 좋냐.'
잘 안 보는 무슨 인간극장 류 TV 프로이다.
얼굴 전체가 파뿌리인 노파가 하는 말이다,
아주 인자하게 닭에게.
목을 비틀어 숨을 끊고 뜨건 물에 담갔다가
꺼내서 털을 뽑고 있는 닭이다.
남편과 같은 해 사별한 같은 파뿌리 노파와
삶은 닭을 뜯는다. 닭 다리를 서로에게 건넨다.
정말 둘이 함께 오래오래 살고 싶은 경건한
몸보신 동작으로 먹는다. 생략된 사연이
너무 많지만, 있나? 무슨 사연이 더 필요하지?
'니가 살자고 도망을 치면 어쩌냐. 내가…'
닭 시체한테 그렇게 말할 자격 있다, 눈도
코도 입도 귀도 허물어진 안면 전체가
파뿌리 미소인 두 노파 모두.

초상

육신을 떠나서도 영혼이 육감보다 더 생생하다.
만지지 않는 영혼으로 흑백이 더 떨리고 천연이
진정된다. 육감보다 더 놀란 가슴을 초상이 떠나지
않는다 초상은 영혼의 유토피아. 뒤틀린 시간과
공간을 바로 잡는. 철학도 신학도 없이. 그러므로
실패의 개념도 없이.

구분의 용납

박하담배를 끊어야겠다.
정부가 갈수록 판매를 줄인다 하고
어제는 강남 신논현동 번화가 겨우 찾은
마트에서 내가 한 5년 피는 외국산
박하담배를 팔지 않았다. 샐럼 수입 전면
중단이 한 5년 전 일이다.
박하담배가 맛있어 국민들이 담배를
더 피운다는 것이 정부 설명이고 정부의
일관된 방침은 정부의 자존심이고 공급
중단보다 더 먼저 끊는 것이 나의 자존심이다.
담배도 박하도 자존심이 있을 것이다.
다만 이 나이에 절충적일밖에 없는 기호가
다행히 새롭게 구분하고 새롭게 결합한다.
박하 없는 담배 맛 시시하다, 모든 것을
다 아는 설교처럼. 끊긴 생각을 줄담배의
여러 갈래 말짱한 샛길로 대신 잇던 그 맛도
박하였나? 하긴 박하 덩어리가 아주 옛날에
거의 마약이었다. 생각이 제 혼자 끊기지
않는 연습을 좀더 하고 박하담배를 끊겠다.

지식의 돌

돌처럼 자기 자신을 제대로 아는
사례를 나는 아직 본 적이 없다.
돌은 등 돌리지 않고 가슴을 열지 않고
제 자신을 영구히 들여다보는 자세가
돌이다. 존재 형태 아니고 존재 아니고
돌이다. '너 자신을 알'라고 고대 그리스
델피 아폴로 신전 돌에 새겨졌으니
돌은 시간을 의식하지 않는 것이 아니다.
시간을 의식하는 시간이 시간 아니다.
시간의 의식이 시간인, 온전한 생애가
온전한 자신인 돌이다. 백년해로도
자손 번창도 그렇게 진부할 수가 없다.
돌의 엄격이 돌의 독존 아니고, 만물이
돌로 돌아가는, 서로 받아들일 것을 서로
받아들인, 종말인, 만물의 가장 강력한
정치라서 전망이고 가장 강력한
전망이라서 정치인 돌. 겉이 괴팍하지만
질문조차 형태가 없다. 영감 없이
시적이라서 천지창조인 돌이다.

공간의 역전

요가는 몸이 진리에 달하는 동작들의 체계.
진리가 끝까지 육체적일지가 오묘하다.
'몸의 구도'는 야하고 '구도의 물리학'은 완연
임포 쪽인데 요가 강습받는 늙은 아내가
복습으로 등 구르기 하는 것을 보면 환갑
넘긴 군사 정권 국민 체조 같기도 하다.
아내 친구가 우리 나이 부부용으로 선물한
『카마수트라』의 체위 도해들도 이천 년
전통이 환갑을 넘겼고 그것도 체계이다,

액체 없는 성적 즐거움의. 즐거움이 끝까지
사랑일 수 있을지가 오묘하지 않다. 요가
강사는 요가로 젊고 날씬하겠으나 강습생은
아내 나이 여자들이 대세이고 늙은 사내
두셋 끼어들었다가 자취를 감추었다. 말이
그렇지 뭔가에 튕겨 나온 느낌이었을 것.
몸의 종교는 여성이 상위이고, 제도가
세속적이라 남성 상위이다. 남성의 호의가
사라진다. 종교 제도에서 특히 그렇다. 아베
마리아 승천, 여성이 여성 상위 속으로 여성
상위가 여성 속으로 사라진다. 모든 신화가
신화 속으로, 모든 울음과 믿음이 울음과 믿음
속으로 사라진다. 하루에 백 번도 넘게 등을
구르는 아내의 방과 글 쓰는 나의 거실 사이
공간의 역전이 필요하다. 흐르는 시간이 정말
흘러가는 시간이다. 남은 시간은 없다. 여생을
깨닫지 않는다. 깨닫는 것이 여생이다.
로마 신화가 그리스 신화를 물려받지 않고
거의 고스란히 병발한다. 소문자 신들 이전
언어를 품지 않은 믿음의 흔적을 언어가 품고
아리안 신화를 최초 아리안족이 가장 먼저
우리가 가장 나중, 돌이킬 수 없는 재앙을 겪고
나서야 비로소 가까스로 부인한다. 대문자 신
없는 믿음의 언어도 공간의 역전이다. 고타마가
처음부터 염세주의자이고, 주인의 출가를
등에 지고 마지막 작별의 슬픔으로 죽는, 정말
아무것도 모르고 죽는 말 찬다카가 신의 어린
양이지. 왜냐면 고타마도 부모도 처자식도
살아 남아서 구원을 받고, 일설에는 구원을
받기 위해 살아 남고, 또 일설에는 그들 모두
그럴 것을 다 알고 있었다. 어린 양만 아무것도
모르고 아무것도 몰라야 어린 양이다. 살생을
어떻게 금지하나? 뒤돌아보면 여기까지가
놀라운 기적이기 전에 그렇게 뒤돌아볼 수

있는 사실이 더 놀랍다. 어디까지 이어질지
도저히 알 수가 없다. 여생도 이따금씩 끊는
여생이고 끊어야 여생이다. 종교가 명작이던
시대가 종교의 시대이다. 이제는 종교의
해체가 그 재구성보다 더 높은 수준인, 명작이
재구성할 것이 오로지 명작인, 명작의
시대이다.

바나나 껍질

길쭉하게 잘 벗겨지는 것부터 잉태와 출산의
모양이 이토록 노골적인 모성도 드물다.
제 새끼가 바로 영양이고 길쭉하게 잘 벗겨지는
것이 길쭉하게 잘 벗겨지는 끝이다. 순응보다
더한, 직업 배우들의 매끄러운 자선 공연. 버려져
멍 자국 거무죽죽한 껍질도 절묘하게 누추,
모성의 체념도 탯줄의 고독도 없다. 사람들이
공연히 밝고 미끄러진다. 바나나는 식사 대용이
가능하고 껍질을 벗겨 놓지 않는 것이 인간과
짐승의 예의이다. 껍질을 벗긴 것도 먹는다.
바나나 껍질은 불쌍하지 않고 과부와 고아를
불쌍히 여기는 우리들의 누추한 전통 같다.

세계의 지도

눈에 안성맞춤으로 펼쳐진 것이라 더욱
내 의식의 빈자리들이 가슴 아프다.
각국의 지리와 역사, 문화를 샅샅이 캐고
싶은 것은 욕심도 못 되는 나태이지.
빈자리들이 숭숭 뚫리지 않고 뭉턱뭉턱
잘려 나간다. 너무 자세한 상실은 편의이고
심지어 변명이다. 미래가 상실되지 않고

상실이 미래의 같수록 흔한 일이다.
세계 지도 아니라 세계의 지도. 위로가
필요한 나의 세계가 뭐 하러 있겠나?

엉뚱한 문제

정치의 표정이 심각해야 했을 때가 가장 멀고
심각했을 때가 그다음이고 심각해도 됐을 때가
최근이다. 유권자들을 위해 예능을 닮기에는
너무 뒤늦었으니 이야기를 능가하는, 봉착하지
않는, 엉뚱한 문제들의 발견 혹은 발명이 지금
정치에 시급히 필요하다.

무덤

여기 있다, 나 네가 나를 이토록 명백하게
쳐다볼 것을 알았더라면 없었을 일이다.
여기 있다, 나. 보고 싶었다. 나도 이토록
나를 향해 다소곳한 너의 표정과 자세의
방향 전체를 안고 싶었다. 나의 간청 없는
너의 자유의사의 면적과 부피 전체를
누리고 싶었다. 살아서는 없었을 일이다.
거기까지이다. 입술 너의 입술이 떨리고
눈물, 너의 눈물이 그렇대면 죽어서도 내가
무덤 속인지 무덤인지 모른다. 거기까지로
여기 있다, 나. 네가 없는 너의 우연의
체취인 도시의 주소 없는 번화의 대로를
거닐 듯 여기 있다. 너와 나 사이 무덤 속인지
무덤의 말인지 모른다 다만 시간에 가로
막혀 여기 있다, 나.

고무장갑

겨울 주머니가 더부룩해도 외출용 고구마 장갑은 좀체 잃어버리지 않는 장점이 있다 살림용 고무장갑은 살갗보다 차고 질기고 늘어 붙어서 잃는 개념이 없다. 고급 가죽 장갑 제작으로 시작되는 한 위대한 극작가 전기가 있다. 아무리 구체적이라도 구체가 서두에 그쳐서는 위인전이 작품 아니다. 생활이 서론이 아니고 위인의 위인전이다. 아니라면 우리가 하루 세 번 밥 먹고 세 번 설거지하는 것을 마다하지 않을 이유가 없다. 여자용 남자용 구분 없는 고무장갑이 문학 작품이다. 설거지가 나의 흐름을 끊지 않는다. 오히려 따로 자서전을 쓸 필요가 없어 보이고 이 나이에 현역 글쟁이 직업이 무난하다는 생각도 든다. 자고 깨고 먹는 이상의 규칙을 혐오하는 내게 고무장갑은 쥐약 같은 만병통치약. 노년의 겉장 뜯겨 나간 가정의학백과, 그 예방 지식의 참혹을 씻어내며 고무장갑은 설거지 한참 중에도 말이 없고, 씻음만 있고, 찢어지는 최후가 유일한 말이다 시간 개념도 노년적으로 정확하다. 일과 바깥의 고무장갑을 끼고 나는 이슬람이 가톨릭의 생활 밀교쯤으로 되는 게 맞았다고 생각한다. 칼이 문제였지. 예나 지금이나. 아내는 식칼과 가위를 식탁에 올려놓지 않는다.

엘리자베스

붉은 장미는 날카로운 가시도 상관없이 붉은 장미이다.
붉은 장미는 치명적인 붉음도 상관없이 붉은 장미이다.

모양이 절대 흐트러지지 않는다. 왜냐면
붉은 장미는 제 뿌리께 온갖 숭한 냄새로 붉은 장미이다.
하여 붉은 장미는 붉은 장미밖에 없는 붉은 장미이다.
마침내 무너진다면 끝까지 무너지는 바깥만 보여주는
붉은 장미이다.

BBC 다큐멘터리

북극의 극한이 얼마나 추운지 말 안 해도
알겠지만 사실은 말을 해도 알 수가 없다.
북극곰도 북극여우도 크리스마스 순록도
다만 곤궁하다. 남극의 철새가 세상에서
가장 멀리 날아와 다시 세상에서 가장 멀리
남극으로 날아갈 때까지가 그중 활발하고
역시 곤궁하다. 여기서는 현미경으로만
보이는 천연색 이전도 진귀한 영양이다.
혹한으로 바이러스가 강력한 먹이사슬이
다소 정의롭고 바퀴벌레가 징그러울 틈이
전혀 없다. 먹이가 감정 없이 비극적이고
포식자가 포효 없이 더 비극적이고 비로소
자연이 위대하다, 인류학은 물론 고고학
이전으로. 베토벤 음악을 완성하는 것이
죽은 베토벤 음악에 평생 시달린 브람스
음악의 평생이다. 브람스 자신도 몰랐던
완성이다. 죽은 브람스가 죽은 베토벤을
포식하나? 보인다가 들린다. 새벽 4시.
안방극장 BBC 다큐멘터리. 묘사만 있고
이야기가 없다. 이야기는 외래^{外來}가
제 혼자 놀란 경악을 수습하고 정착하려
부리는 꼼수. 외래어로는 이론이라고도
심지어 종교라고도 한다. 한때 외래였던,
지금은 묘사만 있는 원주^{原住}가 익히
아는, 이야기가 이야기인 패턴이다. 사실은

비유부터 마법이고 이야기이고 이론 아냐?
이론의 해체인 묘사가 있을 것이다. 장차의
묘사인 장차의 이론이 있을 것이다. 결과물
아니라 물의 결과로 나아가는. 다시 해체의
완성은 아직 요원하고.

여자 배구 산책

여자 배구는 강스파이크가 훔쳐보는 치한의
싸대기를 통렬하게 갈기는 것 같아서 좋다.
졸렬한 한국 남성 역사 전체를 갈겨서 좋다.
규칙을 통쾌하게 벗어난 득점이 더 통쾌하게
득점을 벗어난다. 표현의 응축이 표현을
질적으로 폭발시킨다.
눈이 심하게 내린다. 내일 아내와 미룬 산책을
할 것이다. 눈이 녹으며 드러나는 것들이 쌓이기
전과 같은지 한눈에 하나의 장소이자 하나의
시간으로 보이는 먹자골목을 열광적으로 걷겠다.
실망할 것은 없다. 아주 소박하게 시는 옛날과
오늘의 온갖 단어들이 미래 지향하는 문법이다.
스포츠 경기는 책임의 육화 과정.
축구는 수비부터 슛까지 지난한 장애의 역경을
전부 머금어서 날씬한 호날두 몸의 전모가, 여자
배구는 싸대기 갈기는 모든 여성 애환으로 두 팔이
길고 가는 이재영 뒤태가, 이상적인 스포츠
미인이다.

인도 영화 한 편

환상 아닌 생이 환상적이기 위해 육체의 춤,
장난 아니다. 천 명 만 명의 남녀 집단적이다.
어린 나이도 아니다. 성애를 뛰어넘기 위해

아름다운 것이 아름답다. 육체의 희망. 아직
늙으려면 멀었지만 젊음 또한 별일이겠나?
몸이 춤에 열광하기 전에 춤이 몸에 열광한다.
K-Pop 어린것들이 두바이에서 통했다는데
인도 가면 고생만 할 것 같다. 아프리카는 갈
생각이 아직 없는 것 같고 평창 동계 올림픽
기념 금강산 합동 문화 행사가 취소된 것은
북한이 그들을 버거워했기 때문이지, 그들
탓은 아니다. 다만 그들은 인도 영화 한 편에
출연할 수 없다. 그들의 춤은 춤추며 인도
영화 화면 밖으로 나오는 법을 모른다. 생이
환상적이기에는 그들 육체의 춤이 아직
너무 육체적이고 고단한 장난이다.

모교

국민학교 교사가 이제는 건물보다 작다.
운동장은 뇌졸중의 모양. 담벼락에 기댄
엄청 높던 나무의 실제 키는 궁금하지도
않다. 그래 철봉. 턱걸이 운동 하다 떨어져
팔이 부러진 그 철봉이 지금 내 키 정도는
되었겠나? 아, 그건 중학교 때 일이지.
아무것도 없는 국민학교 모교이다. 동창
하나 없는 유구가 애매하다. 고등학교는
동창을 자주 만날수록 모교인, 여의치
않은 모교이다, 대학교는? 학연보다 더
시사적인 아카데미 어감을 씻어 내고 멀수록
모교인 모교이다. 나의 국민학교는 죽음이
너무 선명해서 보이지 않고 대학교는 생이
너무 혼탁해서 보이지 않는다. 우리의
생애가 모교의 생애에서 멀어질수록
모교가 모교이다. 가까이 가면 정치학도
경제학도 문화도 기라성도 민주화 운동도

죽은 학문인 모교이다. 우리 생애의 마지막
섬광이 모교를 모교로 만드는
걸작이라는 듯이

리듬의 격언

매끄러운 문장이 문장의 길을 내지 않고 낯선
단어들의 조합이나 성가신 생각의 단초들이
빠르게 설득력을 갖는 문장의 길이 난다.
한두 문장으로 가능하지 않고 첫 문장부터
다시 읽어 내려갈 때 확인되는 문장의 길도
매끄럽지 않고 독서가 스스로 확인하는 낯선
자신이 꼭 유쾌한 것도 아니다. 감동도 끝까지
매끄럽지 않다. 박자 아니라 리듬이다.
키르케고르는 음악의 변방. 많이 듣지 못하고
음악보다 더 음악적인 철학을 꿈꾼 리듬의
이름이다. 음악 평론은 아마추어 수준이지만
음악도 음악 평론을 하면 그 수준이다.
키르케고르 그의 철학의 꿈은 모차르트
시대는 물론 현대 음악이 지리멸렬한 지금도
철학의 누구보다 더 옳다.
옳다는 것이 무슨 소용인가? 그건 우리가
답하거나 말거나 할 질문. 키르케고르는
그 이름이 부를수록 더 멋있으면 된다.
그가 그의 시대에 자신의 의미심장을 넘었다.

지금의 진혼

그때 네가 죽을 수 있었지 않고
그때 네가 죽었을 수 있다.
살아 있는 것이 네가 아니다.

한라봉

먼 데 있는 너의 액체 향기 두 손이
내 발을 감싸 평소의 신발을 신을 수가 없다.
새것도 더러운 습관이라 창피하여서
내 무거운 몸이 날아다닌다.
발의 중세
없다.
정화 없다.
중세보다 진한 것이 황홀하다.
한라봉.
껍질 벗기면 육체가 액체 향기인.

프롤레타리아 유산

마르크스에게도 레닌에게도 없던 프롤레타리아
실체가 지금 있을 리 없다. 노동력도 생산 수단이다.
떠난 영세 철공소들 작업장에 미술가들이 더 가난한
공방을 차리며 시작된 문래창작촌은 아직 안 떠난
철공소들이 아직 입구이고 파사드이고 복잡한 낙후
산업 골목의 근간이다. 간판에 흔한 '정밀', '기계',
'종합'의 뉘앙스, 어떤 유구한 전통의 권위가 안쓰럽다.
공방이 한데로 열려 있지 않은 문래창작촌 예술은
손 제작을 전위로 세우는 식으로 자신을 드러내고
그것을 부추기듯 철공소 골목보다 더 복잡한 골목을
내며 더 표나게 국제적이고 실비이고 앙증맞은 카페,
음식점, 공예 가게가 철공소보다 더 낙후한 이전
식당들과 아주 자연스럽게 어울리는 것이 낙후를
공유하는 것 같다. 도래와 잔존을 모두 위하지만
그래서 더 나아가 실체 없는 프롤레타리아 유산을
위해서인 것 같다. 음식 쓰레기가 대동소이하지만
문래창작촌에서는 여기저기 나뒹구는 영세 철공소
폐기물도 거의 하나 같이 예술 작품 같고, 골목을

돌 때마다 문득문득 풍경 전체가 설치 미술이다.
화장실 변기를 전시장으로 옮기는 충격 요법의 다다
팝아트에 대한 비아냥도 없다. 실체 없는 프롤레타리아
미술 유산 아니다. 실체 없는 프롤레타리아 유산이다.
분명 미래가 아니지만 미래가 아니고 유산인 것이
분명한 유산이 희망에 더 근접한다. 미래 실체의 용어를
현재 실체보다 더 실체적으로 육화하는 것이 예술의
제작이다. 실패의 제작일 수 있다. 그러나 용어의 실체가
그 용어가 아니라는 결론이 우리를 희망에서 더
멀어지게 한 적은 한 번도 없었다. 프롤레타리아의
실체가 프롤레타리아가 아닌 결론이야말로
프롤레타리아 유산이다. 낙후가 낙후할밖에 없던 것도
없는 것도 없을 것도 아니다. 문래창작촌
입구와 파사드를 이루는 영세 철공소 한데로 열린
작업장마다 이렇게 적혀 있다. '작업 중이니 저희
초상권을 존중해 주세요'. 크기와 모양이 하나 같이
겸손하다.

단언

'1958년 8월 31일 웨스틴 조선호텔 4층에서 난
불을 소방관들이 끄는 장면' 사진을 처음 본다.
이럴 수가 없다. 건물의 보석이 불타다니. 그래서
1950년대인가? 사진이 사진보다 더 커 보이는
사건이다. 뒤늦은 가슴이 뒤늦어서 더 먹먹한.
아내와 구로동을 길게 걸었다. 연변 중국인 거리,
사내들 떼로 대기 중인 (흡사) 60년대 바리깡
혁띠 면도칼 이발소와 한자들 색깔과 문법 요상한
음식점 간판들 지나 옛 구로공단 자리 명품 의류
80% 이상 할인 판매 빌딩들 높은 사거리에 달했다.
개봉동은 내가 사는 영등포와 내가 살던 광명시
중간인데 난 살았던 적 있는 것 같고 아내는 없다고
단언한다. 오죽 택시만 타고 다녔으면 항상

꺾어지던 거기 살았다는 착각을… 살림 하는 아내
말이 맞다고 나도 단언한다. 그래서 먹먹했나,
환상의 돌이킬 수 없는 실종이? 어떤 때는 사건
사고의 회복이 더 가슴 철렁하다. 아내의 단언이
필요하다. 웨스틴 조선호텔이 현재 모습의
20층으로 개축된 것은 1970년이고 1979년부터
비로소 웨스틴 조선호텔로 불리게 된다.
그전에는 조선철도호텔이었다.

귀

50년 전 가정의학백과를 벼르다가 처음부터
읽는다. 자세히 읽다가 곧 대충 읽게 된다.
이 나이까지 살아서 모르는 내용이 별로 없다.
친절한 설명이 때로는 진부한 모독이다. 질병이
진부할 수는 없으니 계속 읽는다. 질병이
진부할 수 없는 거, 맞나? 오래된 질병이 가장
진부하다. 신기한 질병을 찾아보는 일은
이 나이에 신기한 질병을, 적어도 스트레스를
부르는 짓일 것. 그렇게 백과 중간을 조금 넘겨
덮으려는 찰나 이제까지의 평퍼짐을 일거에
쇄신하듯 절묘하고 정교한 사진 한 장이
등장한다. '속귀의 달팽이관'.
소리를 듣는 이 부분의 소리 무늬가 고품질
스피커보다 더 고품질로 보이고 들린다.
듣는 귀가 오는 질병을 음악으로
치유하는 듯이. 청진기 귀는 아무것도 아니지.
이 사진이 질병의 진부까지 쇄신할 것 같다.
질병의 구원이 나의 치유는 아니지만
마지막 항목 '질병의 치료'를 내가 읽는다면
성의 있게 읽을 것이 분명하다. 소리보다 더
영롱하게 읽을 수도 있을 것 같다. 무엇보다
더 많이 아플 수 있는 능력이 생길 것 같다.

'질병의 치료'를 읽지 않아도 질병의 치료는
의사에게 문의하지 않고, 맡길 일이고.

충동의 도모

남쪽으로 가고 싶은 것이 추위 때문은 아니다.
엄동설한에 난방 잘된 집 떠나면 개고생 아닌가.
남쪽은 어딘가 문화 아니라 문명 수준이 여기보다
낮고 겸손해서 따스하고, 낮고 겸손한 것이 뒤진 것은
아닌 증거로 따스하고, 혹한 치솟는 북쪽이 온화한
남쪽을 어김없이 이겨온 전쟁의 역사가 한 바퀴 돈
뜻으로 따스하기도 하다. 그러니 남쪽으로 가고
싶은 '평화. 충동의 여행 아니라 도모. 예술의 유혈
조차' 지명 너머 문명의 온기로 바뀌는. 역사가
역사의 영토를 초토화하지 않는 역사의 남쪽으로.
전대가 후대의 문제인 역사가, 후대가 후대의
문제인 역사책보다 낮고 겸손하다.
밤이 깊어 가고 영하의 기온이 내려가고 둘 중
어느 속도로 음악의 볼륨이 커지는지 모른다.
그렇게는 오래 듣지 못할 것이다. 여행 안내가
맨 뒤 색인인 여행 안내 책자가 있다.

유적의 집

앙상한 유적은 없다. 한 오백 년 살지 않은 주택도
장소만 남은 성도 우리의 겨울 의상보다 더 두텁다.
유적은 유적의 집이 있다. 무덤 아니라 집이다.
돌멩이 하나에도 유적은 유적의 집이 있다.
관광객들이 역사보다 더 길게 장사진을 이룬들
앤 불린 침대는 그녀 체온보다 핏자국보다 차갑다.
참수도 유적의 집이 있다. 헨리 8세 살이 평화로
디룩디룩 쪘던 것은 아니다. 남지 않은 유적도 집이

있다. 구체적으로 지역 아니라 추상적으로 지방과
비슷한 어감의 집이다. 균형의 역전이 가능해야
균형 발전이 균형 발전일 수 있다. 나의 모호한
부족이 나의 분명한 나머지라서 내게 지식이랄
것이 없다. 유적이 예술인 관점은 예술의 관점
아니라 관점의 예술이고 미래가 예술의 집이다.
유적의 집으로 시작한 르네상스 예술에 가까스로
있고 현대 미술에 없고 현대 미술이 없는 집이다.
그 유적도 유적은 유적의 집이 있지만 우리의 분명한
나머지라서… 대문자 신이 죽었으니 예술로
초토화한 피렌체도 현대 미술이다. 일그러지고 싶은
나무의 형태를 코스모스 리듬, 나무의 생이 능가하는
흑백 목판의 생애부터.

목격의 입장

신비는 눈에 보이는 무한의 양이다. 질은 보이지 않고
아침과 대낮, 저녁과 밤이 너무나 많아서 뛰쳐나가는
광경을 목격한 목격이 목격을 감당하기 힘들다. 사실은
목격할 것 하나 없는 밤하늘부터, 신비와 고독을
혼동하지 않는 목격이 목격의 질을 고민할 때 정말
생은 생의 질이 중요하다. 밤하늘을 보지 않으면 목격도
어느새 목격의 입장 없는 신비에 지나지 않고
질 없는 생이 생이기 힘들다. 생의 응축을 신비로.
신비의 응축을 생으로 생각하던 시절은 갔다. 생애의
응축이 생의 질 아니다. 생의 응축이 생애의 질이다.

도착의 입장

하루를 마무리해도 될 것 같은 꽤 늦은 밤에
여행이 도착하고 싶은 어촌은 실내가 없다.
어촌이 어촌의 생계와 특히 자연스럽게

어울린다고 여행은 생각한다. 항구는 다르지.
최소한 여관이 있고 여관의 실내가 있으면
모든 건물의 실내가 있다. 집집 창문 불빛들이
이루는 오묘하게 흐린 정돈을 여행은 보고
싶은 거다. 서툰 상상이다. 휴식 너머 안식의.
절박하지 않고 자진해서 옹기종기 모인.
유구 아니라 그냥 생계의 자연인 온 세상을
덥히는 적열이 치열하게 겸손한 화덕, 생선
비린내가 순결은 아니더라도 다른 불순물
없이 썩는 지층이 생의 지속을 환기하는
그런 곳이 이 시간 어촌밖에 없다. 여행의
입장은 도착의 입장이다.

어린이대공원

애들을 위해 명랑하게 망가지는 어머니
어설프게 찢은 색종이 조각들 헝겊 기운
부드러운 엉덩이를 다시 색종이 찢으며
까르르대는 아이들 바르셀로나 가우디
어린이대공원 괴(怪).
요즘 닭백숙을 정식 메뉴로 내놓는
희귀한 식당이 그 주변에 있다. 치솟아
거룩한 것에 그치지 않고 치솟을수록
거룩하기 위하여 덕지덕지한 것이 있다.
그 19세기 말부터 20세기 말 부부 관계가
낳은 굴을 부부 관계가 정력제로 먹는,
부부 관계를 식칼로 쑤시는 팀 버튼 단편
「굴 소년의 우울 사망」까지 어린이
대공원에 있다. 그 사이 닥터 지바고와
라라도 있다. 소설은 그렇고, 파스테르나크
시는 쇼스타코비치 음악보다 더 소비에트-
비극적이다. 끝까지 들여다보면 일그러진 식물
무늬가 끝까지 일그러진 식물 무늬가 아니다.

장하게도 우리가 어른을 위한 잔혹 동화를
지나왔다. 팀 버튼도 다행이었기를. 애들은
지금도 뭘 모르고 용감하다.

에이지

날이 워낙 추워서 미세 먼지 없다.
둘 중 하나를 골라야 한다. 지금이 간빙기라고?
어쨌든 에이지, 천 년 만 년 단위 수준의 기후가
닥치기 전까지는 돌이킬 수 없게 되었다. 이렇게
문장이 안 되는 시대를 내가 살아서 벗어 나지
못할 것이다.

건축의 의상

풍광이 저마다 다른 것을 보면 자연이라는
건축도 건축의 의상이 있다. 인간의 건축은
인간 의상의 의상인 것 말고도 건축 자신의
의상을 입는다. 성이 전쟁의 직선을 입는다,
스스로 불편할 정도로 두텁게 투우가 투우,
투우사가 투우사를 입듯이. 건물의 건축이
입는다, 농촌과 도시를, 섬과 바다와 육지를
저개발 낙후와 자본주의 번성의 고층을.
중세 종교 건축이 군림해 온 세월을 입는다.
위용이 눈물겹기는 힘들지. 그래서 비좁은
중세 세속 생활 공간이 버텨온 세월을 추운 듯
한 겹 더 입는다. 건축이 바로 건축의 의상인
건축은 단 하나, 알람브라이다. 지역 이슬람
세력이 기울 때 겸손한 자재로 지상에 공간,
빛, 물, 장식의 마법을 구현한 이슬람 천국⋯.
건축의 육감이 건축인 것이 바로 종교인 듯.
건축의 의상이 건축인 건축의 세월을 천 년

가까이 입고도 알람브라는 여전히 건축이
바로 건축의 의상이다.
그러니 미래의 건축은 건축의 의상이 없다.
미래의 생활이 역사에 의거하지 않고 역사가
생활에 의거한다. 눈물겹지 않은 감동이 더
감동적이고 감동적이지 않은 아름다움이 더
아름답다. 인간의 것 아닌 민주주의가 더
민주주의적이다. 역사가 역사를
표절하지 않는다.

고영어 사전

앵글로색슨족이 룬 문자를 썼나?
안 썼을 텐데 안 썼다는 증거가 없다.
고영어로 쓰인 『베오울프』 배경이
온통 북유럽 아니었나?
오랫동안 별로 중요하지 않게 헷갈려
내 안의 그대, 중세의 진흙.
사태는 사태밖에 없는 사태라서
사라지기 전에 내 안의 그대를
웬 여인이라 부를밖에 없다.
앵글로색슨, 바이킹일 것도 없다.
아내는 처음부터 나의 선진국이라서
중세 진흙의 발이 섹시한 것을 모른다.

히브리어 구약

원문보다 더 간명한 번역은 없다. 가장 간명한
자연 과학도 간명 그 자체인 참고 문헌 목록도
원문보다 더 간명한 번역은 없다. 구약 히브리
원어는 글자 수가 표나게 적고 서툴게 크다.
무슨 물건 같다. 그래서 이 두텁고 부실한 쪽에

그 방대한 구약이 다 들어간다고? 글쟁이는 제
언어의 결핍보다 과잉을 걱정한다. 원문이 그
무엇의 번역이고 그것보다 더 간명할 수 없다.
히브리어 구약이 신의 존재를 주장하고 인간
언어 상황과 사실을 증거한다. 증거가 주장의
관건이다. '요한묵시록'은 짝퉁이다, 히브리어
구약 성서의. 그리스어를, 히브리어, 원어, 태초
말씀으로 착각한. 직유보다 거리가 밀접하고
깊은 은유가 생애의 응축이다.

온기의 과감

생계의 얼음을 녹여온 인간의 역사가
워낙 장구해서 빙하기는 개념이 없다.
와도 모를 것.
핵전쟁을 막으려면 더 단단한 생계의
얼음이 필요하기도 하다.
허구가 알게 모르게 현실을 능멸하고
과장이 일촉즉발을 습관으로 만든다.
온기의 상상력, 틈틈이 오들오들 떠는
과감이, 그 형식으로 시가 필요하다. 땅거미는
생이 저물지 않고 죽음이 스며드는
소망이다. 그렇게 죽은 것이 이미 죽지
않은 것일 수 있다. 가난이 마지막으로
헐벗는다. 위대도 등장의 장식이지.
완강은 죽음에 비한 온기의 불균형.
죽음보다 더 차가운 경지에 달한 돌에
비하면 더욱 그렇다. 돌은 균형에 문제
없이 불균형하다. 성들이 낮은 곳으로
군집하지 않고 돌에게로 넘어간다.
그것이 사실은 돌의 미감이고 성곽도
돌의 장식에 지나지 않지만 돌은 돌이
돌의 음성이라서 따지지 않는다.

날이 날마다 저물어야 돌의 자존심이
온기에 물든다. 가장 추운 대지와 가장
추운 바다가 배경으로 필요하다.
거룩이 사실은 우리들 실내의 과도히
요란한 야외 아닐지. 얼핏 눈물의
따스한 흑백, 벌판에 벌판으로 서는
온기의 둥근 과감.
문이 열린다. 현실의 온갖 문들이 그
무늬인 현실의 문이다.
왜냐면 언어야말로 인간 온기의 과감,
인간이 창조한 인간보다 우월한 DNA.
모든 인간이 죽어도 인간 언어가 살아
남으면 멸종 아니지 않나, 아니 그게 더
낫지 않나? 유적도 자랑은 오래된 것
아니라 우거진 것이다. 눈에 보이지
않아도 그것은 그렇다. 가장 낯익은
동네가 가장 낯익게 우거지지 않는다.
가장 낯익은 동네는 가장 낯익은
동네가 우거진다. 멸망은 아주 길고
매끄러울 것이다.

후렴

시간화가 대문자 신을, 공간화가 소문자 신들과
2분법을 낳는다. 시간이 보이지 않고 공간이 보인다.
공간화가 공간을 장소와 흔쾌하게 혼동한 까닭.
시간화가 시간을 놀이와 흔쾌히 혼동하고
놀이는 놀다가 놀이를 벗어나는 놀이의 법칙이
경건은 집착하다가 경건을 집착과 바꾸는 경건의
법칙이 있고 다행히 놀이가 놀이의 법칙에 경건이
경건의 법칙에 지쳐 끝난 것이 다행히 방금 전
20세기 말이다. 자신의 과도에 전혀 지치지 않은
2분법이 21세기 노래의 후렴인가?

앞선 과거를 질질 끌지 않고 21세기 미래를
노래로 만드는 후렴이 필요하다.
일반이 더 일반적인 일반으로 특수가 더 특수한
특수로 나아간다. 관계와 양면과 구분의 결합도
넘어 앞선 미래 후렴으로. 울퉁불퉁 나아가는 시간
공간과 더불어 울퉁불퉁 나아가지 않는 것이
패닉이다.

미진

미흡은 능력의 운명이고 미진은 횡사 운명이다.
둘 다 죽은 사람 얘기이다. 죽음이 운명보다 덜
쩨쩨하고 더 앞뒤가 맞기를. 본의 아니게 남는
것은 그렇게 남는다. 둘 다 횡사의 나이를 넘겨
지금 사는 사람 얘기이다. 생활이 운명보다 더
구체적이고 덜 계산적이기를. 본의 아니게 남는
미진과 미흡 둘 다 죽음에 조금 더 가까워진 느낌.
4절 제본된 페이지의 미진 아니라 끝까지 더
가슴 아픈, 둔중한, 비참한 나의 미흡을 끝내
수긍할 수 있기를. 죽음 앞에서 미진하지 않고
죽음이 미진하지 않기를.

시차 적응

프랑크 왕국에서 프랑스가 나오고 샤를마뉴,
독일어는 카를 영어는 카알 대제, 그래서
카롤링거 왕조인 것을 알면 한국에서 꽤 많이
아는 것인데 방금 들어온 놀라운 소식은
아헨이 프랑크 왕국 수도이다. 거의 모든 백과
사전 첫 페이지 사진이라서 어렸을 적 살다
이사 온 동네 같은 아헨이다. 너무 쪽팔려서
그곳을 사죄 방문하고 싶을 정도이다.

정복왕 샤를마뉴 무훈시 문장 흐름이
전례 없이 부드럽고 유려하다. 지중해 교역이
막힌 왕국, 사내들 거친 항구 사라진 농업
대지의 방언이라서… 중세 백병전은
수백수천의 병사들이 도매금으로 죽어
도매금으로 종교별 천당에 간 것은 아니다.
장수도 갑옷을 뚫은 창이 심장을 꿰뚫거나
무쇠 헬멧을 부순 도끼가 두개골을 빠개서
죽는다. 참혹과 거룩의 관계에 대한 시차
적응이 가장 힘들고 가장 중요하다. 불가능한
무엇을 견디거나 완성하는 것이 거룩의
일은 아니다. 거룩은 완벽한 결과이다, 원인과
일체 무관한.

사랑 노래

무수히 쏟아진다 나의 사진, 차원과 전생,
세계들이 나라는 집중이자 응축 속으로.
아직 너를 향한 시늉에 지나지 않는다.
벌써 시늉 바깥이 사별인 듯 슬픔도
슬픔의 사치에 지나지 않고 사랑 노래는
사랑 노래가 사랑 노래의 생애이다.

음악의 감상

교향곡 작곡을 연주하는 광경의 오케스트라
면면이 교향곡 작곡보다 더 신기해 보이는
처음에서 더 아름다워 보이는 끝까지 음악의
감상은 이어진다. 초보 수준을 완전히 벗어도
광경이 보이는지 들리는지 알 수 없다. 고수는
알 필요도 없을 것. 모든 광경이 주체의 충만이니
보이는 것이 들리고 들리는 것이 보인다. 흔한

광경에 고수도 이따금씩 허를 찔린다. 실내악도
리사이틀도 개인 취향 강한 음악 기쁨의
집단화가 음악의 감상이다. 첫 작품에서 작곡은
미래의 돌이킬 수 없는 씨앗을 듣고 전곡 감상은
재창조 가능한 전곡을 하나로 보고 듣는다.

엉뚱한 면

자연의 지남철은 작은 울퉁불퉁 쇠붙이들을
제 몸에 달라 붙이고 더 크게 울퉁불퉁하다.
강력할수록 영광을 독식하지 않고, 유아독존
유년의 추억을 가다듬는다. 여럿이자 하나인
그 면이 인조 전기 자석은 없다.
컴퓨터를 내내 켜놓는 버릇이 지금 더 강력하게
이어진다. 전기 자석이 전기와 함께 꺼졌다가
저장된 자료와 함께 고스란히 돌아올 것을
어떻게 믿나?
남에게 피해를 안 줄 만큼 사소한 생각의
엉뚱한 면이 나의 소중한 자연의 지남철 저장소
컴퓨터이다. 안 보이는 그 지남철 면이 내게
빛나고 갈수록 그 면만 빛난다.
자판 기능을 확인할 때 꼭 '우리나라' 쳐보는
버릇이 있다. 쉽게 버려지지 않고 힘들더라도
버려야 할 버릇이다. 아직 오지 않은 시대가
나는 한없이 좋다. 돌아간 어머니에게
돌아가려고 우리가 비극적인 것은 아니다.
돌아간 어머니는 자식들이 영영 이해할 수 없는
비극으로 충분히 비극적인 어머니이다.

기승전결

35년 가까운 세월을 압축한 듯 가까이 지내온

친구 맏이가 결혼을 한다. 그 아이 대여섯 살 때
딱 한 번 본 얼굴 기억날 리 없지만 다행히
아들이 아버지 얼굴을 빼다 박은 듯 닮는다.
엄마 쪽도 닮겠지만 가까운 친구 눈에 가까운
친구만 보인다. 여기까지가 부드러운 서정이다.
어찌나 부드러운지 마치 못 알아볼까 봐
아들이 아버지를 빼다 박은 듯 닮는 것 같다.
그 친구도 나도 그 세월 동안 자식 일을 화제에
올린 적 없다. 양쪽 다 속도위반하지 않았고
양쪽 다 허니문 베이비이다. 아직 부드러운
순간 파란만장이 펼쳐진다. 우리 결혼 생활보다
1년 적은 생애 동안 신랑 신부가 우리 결혼보다
훨씬 더 앞선 성을 겪었을 것. 친구와 내가, 친구
아내와 나의 아내가 짐작조차 못 하는 길들이
숱하게 뻗어와서 더 숱하게 뻗어나간다. 이렇게
생각하는 것이 역사 발전이다. 서정에 기승전결이
있지 않고 기승전결이라는 서정이 있다. 너무
친한 내 아들 아니라 35년 가까운 세월을 압축한
듯 가까이 지내온 친구 맏이 결혼으로 있다.

살

너에게서 네 속으로 더 들어갈수록
너의 순결이 투명해진다. 거룩이 소용없이
복잡하다. 응축이 나의 동작이다. 그러고도
너를 더 이상 표현할 수 없을 때 너의,
살이다. 사소하게 예쁜 첫인상이 이렇게
나의 생애를 송두리째 긋는다. 예리한
날이다, 너의 살, 몸 없는.

천

잘해놓았다 홍제천, 시민 산책로 쾌적하게
뻗었다. '구 단위만 해도 지방자치 재미가 쏠쏠해.
동도 어떤 동은 엄청 크다구.' 홍제천 아래가
곧 한강이지만 저 멀리 쭈욱 올라가면 북한산
원천에 이를지 서울 촌놈 늙은 부부는 자신이
없다. 하지만 드문드문 산책로 걷는 이들 각자
완벽한 산책의 복장이고 자세이고 표정이다.
홍제천인데 사람들이 산책하고 천이 흐르지
않는 것이 사람들이 산책해서 천이 흐르지
않는 것 같다. 청계천이 흐르지만 시민들이
더 많이 흐른다. 안양천 대림천 어쩐지 구청
행정이 깔끔할수록 완벽한 정지 상태일 것
같다. 커다란 물고기들이 유유자적 노닐 망정
흐름의 완벽한 정지. 천이 오직 조선 시대를
흐르는 듯이. 백운동천 옥류동천, 흐를 것
같지 않나? 흐르기 위한 어감이지만 나중
작명이다. 서울에 천 많다. 개천은 지천이라
거의 순우리말 되었다. 가뭄 때 마르고
내내 흘러야 천이었다. 산책의 육체 건강과
정신 건강을 위해서도 그게 맞다. 산책로
너비가 줄고 풀이 우거져도 건강 스스로
겸손한 것이 건강에 제일 좋다.

○○ 집수리

누수 탐지 수도 하수도 미장 보일러 집수리···.
부자 동네일수록 눈에 띄게 있다. 좁고 녹슨
철 대문 안에 주거 공간도 없고 수리하지
않고 수리될 공간만 있을 것 같다. 모든 것이
동네에서 유일하다. 무너지기 직전의 푸대
자루 하나 보인다. ○○은 모든 동네 이름.

한글 말고 분위기가 아직 일제 시대인 간판에
작게 연락처가 가까스로 핸드폰 번호이다.

동계 올림픽

기록도 승패도 영혼도 때로는 습성의 극치,
모든 선수의 육체 열광이 특히 그렇다.
영혼과 습성의 차이가 중요한 것도 아니다.
동계 올림픽은 땀내가 안 나고 어제는 루지
1천 미터 코스를 활강하던 중 실수로 분리된
두 사람 육체 미라가 그렇게 긴 빙하에 마구
부딪치며 몇 동강이고 날 것 같았다. 감각은
노출이 지옥이다. 특권으로만 가능. 나머지는
정치 외교도 문화 관광도 연례행사이고
4년 만에 돌아오는 것도 아니다. 사랑의
눈동자를 아는 누가 사랑의 눈동자를 잊겠는가?
『자본론』이 다름 아닌 혁명의 지옥도이다.
새벽 다섯 시 넘어 포항에 다시 지진. 그리고
날이 밝기 시작하는 새벽 여섯 시. 날이 더
밝기를 기다리지 않고 떠날 수 있는 포항의
모든 자가용들이 고속도로로 포항을 떠난다.
6·25 전쟁 후 최초이다, 남아 있는 일이 더
불안한, 이런 사태는.

마지막 콘서트

마지막을 갖고 가는 마지막이 정말 남는다.
마지막 콘서트가 마지막 콘서트를 모른다.
작곡이 마지막 연주처럼 등장한다. 작곡과
연주가 남지 않고 작곡이 마지막 연주처럼
등장하는 장면이 남는다. 낯익은 음악에
어느 날 우리가 정말 감동할 때 듣는 그 귀의

광경 전체이다. 음악이 음악을 펼치지 않는다.
마지막 콘서트가 콘서트 아니라 우리의
마지막을 펼친다. 자주 있지만 거듭될 수
없다. 마지막이 마지막으로 펼쳐지지 않고
그냥 마지막이다. 수동이 전혀 없이
그렇게만 가능한 마지막 콘서트가 있다.

성욕

이렇게 오래 끌면 결말이 궁금하지 않다.
이렇게 오래 끌면 궁금한 결말이 지겹다.
저질이 거기서 탄생한다. 탄생도 저질인
저질이다. 미워하지 않을 수 있기 위하여
생이 모든 것을 온몸으로 겪은 것이기를.
불타지 않고 온몸이 온몸의 상처이기를.
완벽하게 씻어내는 거울 같은 작곡의
변주 같은 거울이기를. 모국어도 궁금한
것은 진행의 깊이이다. 모국어가 모국어의
몸을 흑사병이 흑사병의 몸을 모국어와
흑사병이 서로의 몸을 들여다보아도
그것은 그렇다. 죽음의 경계가 생의 난해를
명징하게 하는 것이 시라고 말하는 것이
모국어 성욕의 순간이다. 죽음이 끝내
평화적으로 그렇다. 그렇게 오래
끌지 않아도 결말이 궁금하지 않다.

언론의 지옥

번듯한 정권이 들어서고 나라가 조용해졌다.
북한도 예측 불가에서 불안의 흥미진진까지
와서 한반도 일촉즉발이 화사한 무드를 풍긴다.
산적한 문제는 동계 올림픽의 단골손님이다.

동계 올림픽 끝나면 문제는 한국 언론 논설이다.
촛불 집회로 탄핵으로 나라의 상상력이 무척
풍부해졌는데 쉽게 비난하는 지옥이 쉽게
비난하는 지옥인 것을 모르던 언론이 이제
이빨 빠져 욕먹는 지옥이 이빨 빠져 욕먹는
지옥인지 모른다. 이대로 가면 언론이 스스로
지옥이라야 언론이다. 논설이 하나 마나 한
소리를 반복하는 거짓말이다. 국민 여러분도
시청률 시청자도 실체 없는 보통 명사 너머
수 너머 숫자이다. 디지털만 소통이다. 책을 읽지
않는 독서만 있다. 시청하지 않는 시청만 있다.
좋아하지 않는 취향만 있다. 정권보다 수준
낮은 언론만 있다. 마음 놓고 수준 낮은 정권만
있다. 한없이 낮아지고 싶다. 실체 없는 언론이
끝까지 간다. 언론의 지옥이 지옥의 일반인.

와이키키에 눈 내리고

해체를 해체로 읽는 눈의 듣는 것이 귀의
종합 너머 총체이다. 눈과 귀를 위한 것은
아니지. 귀가 좀더 복잡하게, 총체가 소리이다.
와이키키에 눈 내리고 쌓인 눈도 내리는 눈도
눈이고 귀이고 소리라서 와이키키, 눈 내린다.
탄생을 위한 것이다. 생이 희망이다. 와이키키에
눈 내리고 그다음이 중요하다. 중요한 것이
중요하다면.

슬픔의 루즈
–진은영에게

빨래 걷으러 올라간 아파트 옥상은 춥다.
큰 키가 착하고 여린, 정기적인 심장 판막

수술을 앞둔 후배 여성 시인으로 네가 왔다.
집안의 예리한 슬픔이 모던의 격에 달했다.
명절 선물이 〈생활의 달인〉에 나온 이북
'돌절구' 인절미. 하긴 너도 적은 나이가
아니다. 소중한 인연은 슬프다. 소중할수록
슬프다 하면 격이 무너지겠지. 이 조선 떡은
손위가 푸짐하다. 날이 많이 풀렸지만 올라
가지 않아도 아파트 옥상은 춥다.

음악의 노인 얼굴

표정 세포들이 하나하나 보이고 하나하나
정교하다. 짙은 인상이고 인상 쓰지 않는다.
주름 심각이 투명이고 속이고 무용지물이다.
명징의 윤곽도. 얼굴 표정 아니다. 얼굴이다.
늙은 것이 늙지 않고 늙음이 무용지물이다.
음악의 노인 얼굴은 속수무책의 천국이다.
독보적인 첫 행의 독재에서 연 구분 없이
민주주의가 더 우월할 때까지. '그러나'도
속수무책이자 무용지물이다.

어쩐지

지나가지 않고 씻겨 나가는 한 시대에
내가 속해 있다. 세대는 달라도 같은 시대이고
어쩐지 내가 받는 벌이다. 너무 오래 산
시대이고 어쩐지 나의 정화이다. 정화는
변명의 여지가 없지. 좀더 아파야 한다. 아픔의
교만을 경계도 하면서, 죽음의 희생을 치른
이들이 입을 열어 그렇게 말하지 않는 한
우리의 시대가 위대한 투쟁의 시대였다고
할 수 없다. 나도 그 시대에 속해 있다.

서민의 생계만 한 고난이 없고 내가 그것을
모르고 이 선하지 않고 지저분한 분위기가
어쩐지 채찍이다, 내 마음속을 스멀스멀
기어가는 치욕의. 애매한 시대의 애매, 내가
내게 감동적으로 셋긴다. 역사의 명징성,
삼키고 삼켜지는 거대도 없는.

문제

무엇이든 그 무엇 아니라 그 무엇의 분석이
성채에 달하고 미래 전망과 그 실현 방법도
성채 호위 방패에 지나지 않은 것이 영국의
영국식 문제였다. 독일에 독일의 독일식,
프랑스에 프랑스의 프랑스식 문제가 있었다.
마르크스의 문제는 그것들이 있었던 것
아니라 지금도 있는 것이다. 러시아처럼.
성채가 되는 것은 오로지 모든 면에서 더
나은 미래이다. 아닌 것은 마르크스라도
가차 없이 버리고 가는 것이 바로 성채이다.
자기보다 우월한 마르크스를 지상에서
떠나보내야 비로소 이론인 이론이 있다.
놀랍게도 정말 본의가 아니다, 해결은커녕
문제에 미달하는 것이.

어쨌든

서론이 너무 길어 보이는 것은
결론을 안다고 생각하는 까닭.
본론은 시작도 못 하고 너무 길다. 끝까지
스스로 본론인 줄 모른다. 생의 결론인
죽음이 서론 본론 결론을 만드는 것은
죽음이 죽음을 결론으로 삼을 수는 없는

까닭. 짧은 생이 덜 행복했다고 할 수 없다.
오래 산 생애 전체가 서론이라면 참으로
행복하다고 할 수 있다. 죽음의 결론이
스스로 당황할 것. 모든 우여곡절의 접속과
선택 너머 '어쨌든'이 생의 입장이고 생애의
결론이니 우리가 우리의 죽음에 경악하지
않고 우리의 죽음이 우리의 죽음에 경악한다.
무수한 남의 죽음을 경악으로 슬퍼하던
우리의 평소 습관 덕이다.

언어 의도

번역이 예술이다. 이국어와 모국어 차이를 동시에
옮긴 모국어가 모국어보다 더 모국어다워지는 순간.
거기서부터 시작이다. 이국어 창작의 이국어 의도를
모국어 창작의 모국어 의도로 온전히 옮긴다.
가능한가? 번역이야말로 예술이고 예술이 무엇보다
불가능을 가능으로 만들지 않고 뛰어넘는다.
육체가 스스로 야한 줄 모르고 야하고 육체를 향한
감각의 연민이 언어 의도이다. 의도의 시작보다
더 많은 것을 역사의 언어로 알게 된 지금도. 육체
언어가 그렇다. 생생한 것이 이미지의 의도인 것처럼.
언어 전모의 의도, 언어라는 의도에 한없이 근접하는,
나의 살과 뼈와 정신의 추억도 감각의 연민 없이는
내 안의 모국어를 내 안의 이국어로 옮기는 일에
지나지 않는다.

한반도 지진

다행히 진도가 낮고 사람들이 경상이다.
다른 생물들은 더 잘 피했을 것. 사람은
짧은 소동 이후 각자 개인의 시간이 문제이다.

연대, 시대와 세기, 밀레니엄과 인류 역사 전체가
지질학적으로 하나의 단층이다.
질이다, 시간의 양이 과도하여 열린.

평생의 유토피아

다 읽으려는 미련한 독자도 세기의 걸작 한두 편만
남기려는 아둔한 작가도 없다. 그러기를 바랄 만큼
잔인한 작가도 독자도 없다. 작가와 독자의 평생은
어떻게 만나야 제대로지? 어떻게 이야기해도 없는
평생의 유토피아 이야기이고 사실은 그게 더 나은.
거의 유일한 사례이다.

다시 보기

이즘들이 출몰하고 더 출몰하는 그 아류들이
더 선정적인 대접을 받고 싶다. 반복할 수 없어
역사인 역사의 반복을 추켜세운다. 오리지널
다시 보기가 오리지널 사살이고 안녕한 것이
결과이다. 카오스가 결과의 어불성설이었고
그것은 지금도 그렇다. 박살 내려는 이즘들이
출몰하여 박살 낸 것은 박살 내려는 이즘들이
출몰하는 세계이고 시대이다. 사실은 더욱
끄떡없어서 사실이다.

노소의 축약

내 유년의 나와바리 마포 먹자골목은 대낮에도
튼튼하고 드세다. 왕년의 흥청망청이 나루터
교역 쇠락을 완강히 버티는 민낯이라서 낮에
더 잘 보인다. 고전적도 고급도 교활도 질펀도

없다. 그냥 기죽지 않은 식당이고 술집이다.
김포공항서 들어오는 VIP로 기반의 일직선
번창은 정통을 벗은 군사 정권 일이라 화려가
어설프고 밤에 한정된다.
아내와 오늘은 만리동 고개를 처음으로 걸어서
넘는다. 이렇게 좁고 좁았나? 근대화로 높아진
눈에 늙은 다리는 기운이 빠졌다. 어디지? 분명
고개 밑자락이던 한겨레신문사가 나오지 않는다.
선배 건축가 조건영이 짓고 나서 외형이 시멘트
일색으로 거칠고 그로테스크하고 무엇보다
실내가 불편하다고 민주화 원로들의 쫑코를
많이 먹였는데 이제 보니 벌써 포스트모던의
고전이고 정말 놀라운 것은 비용의 효율이다.
많지 않은 국민 성금에 최대의 애정을 보태어
지은 최적의 면적과 높이와 위용, 그로부터 한
삼십 년 지나 조건영은 잠적한다. 그 며칠 전
우리 부부를 우연히 만났을 때 전혀 내색이 없고
이런 말은 했다. 늙어서 건강 챙기는 건 가족들
고생을 덜 시키자는 거지… 미국에 있다지만
그가 부고 없이 죽을 것이 분명하다.
오른쪽 한겨레를 지나 왼쪽 더 높은 고개 위로
치솟은 아파트 단지 슬하 벼랑 위에 딱 한 채
지역 문화재 가옥 있다. 슬하의 벼랑과 벼랑의
슬하에서 일본 건축 양식으로 넘어가다가
정지했다. 한국 근대의 현대사 혹은 현대의
근대사. 그리고 고개를 넘은 팻말 '중구'가
나를 다시 조선 시대로 빠트렸다. 택시 타고
한참 가야 하던 중구가 바로 내 고향 옆, 게다가
만리동이 벌써 중구라고? 서울은 복잡하고
짧고 조선 시대 길은 직선이 아닐 필요가
없었다. 사람 사는 마을이면 그냥 넘어서
가라는 고개가 아현이고 만리재이다.
길 따라 마을이 생기고 마을과 마을을 이으며
길이 넓어진다. 고속이 바로 길일 때까지.

명동성당은 꼭대기에 우뚝 섰을 테고
눈에 띄는 다른 오래된 성당들이 좀 헐한 데서
유구하게 아담하거나 고층 빌딩 밀집 틈새로
살아남느라 비좁은 누추하고 왜소한
고딕의 권위가 지독하게 치솟는다.
그러나 의식적인 혁명과도 같이 깊은 계획을
통하여 최악에 이른다. 서울역 고가 공원.
무슨 주장인지 여기는 신축보다 돈이 더 들어간
리모델링이 새것일수록 볼품없다. 여기는
설계가 막다른 골목이고 중간중간 내려가는
엘리베이터와 계단과 편의 시설이 지상의
통행을 전보다 더 성가시게 만든다. 그냥
허무는 게 백배 나았을 것. 왜냐면 여기는
인조와 자연이 서로를 일그러뜨린다. 온통
너무 두껍고 큰 시멘트 원통들을 설치하고
흙을 채우고 세계 방방곡곡 나무들을 옮겨
왔는데 길의 균형과 발에 걸릴 뿐, 여름에
여름으로 겨울에 겨울로 당당한 나무들
모습이 이렇게 시시하고 어정쩡한 것을 나는
본 적이 없다. 살기 힘든 도시의 어느 곳에서도
나무들 표정이 이렇게 어리둥절하지 않을 것.
어떤 나무가 사람들한테 걸리적거려 본 적
있겠나? 여기는 길과 공원이 서로를 망친다.
시멘트 원통 표면에 새겨진 것은 동요 가사들.
나무 이름과 동심이 서로를 망가뜨리고
아이들도 어리둥절하다. 여기는 끝날 때까지
찜찜하다. 이렇게 살림 잘하면서 이렇게 예술
감각이 꽝인 서울시장은 '처음이네.' '그렇지.'
성공회 성당의 파사드보다 더 드러나게 노르만
풍인 이면의 맞은편 약속 장소에 이르러
내 푸넘이 내 생각 속에서도 그쳤다. 오늘은
나의 생일이다. 작은아들놈 내외는 손자
독감 걸려서 못 오고 큰아들 내외와 우리 내외
저녁 먹기로 했다. 명품 막걸리를 포도주

병과 잔으로 포도주보다 더 맛있게 마셨다.
한정식 요리 안주는 별로였고.

견과

딱 하나 남은 아랫니가 흔들리고 전체 틀니를 해도
견과류는 계속 못 먹을 것이다. 자식 먹이는 영양의
총체로서 견과는 습기가 없고 거의 화학적 경지에
이른 압축이다. 죽음에 가장 가깝다. 먹느니 죽음의
디지털화를 컴퓨터에게 맡기고 종교가 전통적인
생업을 정답던 과거지사로 미화하게끔 할 일.

성묘

중세 종교 음악을 듣고 있다. 내 옆에 아내가 내 앞에
만삭의 큰며느리가 타고 큰아들이 차를 몰고 있다.
에미가 착한 마음을 먹으면 배 속 아기도 착하다.
태교 감각으로 모르는 말과 음악을 듣는다. 무엇보다
알아듣는 것과 다른 감각이다. 알아보지 못한다.
기분 좋으면 가장 가까운 곳이 천국이고 기분 나쁘면
지옥이지. 그게 말보다 의미가 덜 풍부하다 할 수
없고 더 친밀할 것은 분명하다. 만삭의 배도 형식은
탄생으로 아주 투명한 무덤이다. 중세 종교 음악을
듣고 있다. 무덤은 죽은 이 흔적보다 강력한, 죽음 이후
아무것도 없는 사실로 투명하다. 가족이 성묘 가는
중이다. 죽음 이후 중세 종교 음악이 있는 죽음을
듣고 있다. 중세 종교 음악의 소통이 무덤이고 임신모
배가 너무나 투명하여 증거가 바로 소통이다.
무덤 속은 아예 없고 무덤이라는 소통 언어가 살아
남는다, 중세 종교 음악보다 훨씬 더 오래. 오히려
후대가 우리를 키우는 증거이자 소통으로. 성묘의
태교, 중세 종교 음악을 듣고 있고 만삭이 만삭으로

투명하게 빛나고 우리 가족 성묘 가는 중이다.

고문

아들놈이 내 생일 선물로 만년필을 사 왔다.
아버지한테 받고 50년 만이다. 병과 튜브
잉크까지 갖추어 박스가 제법 크다. 아버지
돈은 물론 내 돈보다도 아들 돈이 더 아깝다.
만년필 은빛 찬란하다. 한 번 보고 박스를
다시 열지 말아야지. 어떤 선물은 고마움
너머 아프지 않고 고마움이 아프다. 은빛
만년필 은빛 너무 반짝인다. 나는 비싸지
않고 작고 섬세한 선물을 좋아하는데
모순이다. 자본주의에서만 그런 것도 아니다.

경계

물 위에 겹겹 거대한 산들이 물 위에
겹겹 거대한 산들이라서 다가온다.
너무 가깝다. 너무 가까워서 시커멓다.
급박하다. 너무 급박해서 무시무시한
것보다 더 무섭다. 아닌 게 아니라
내가 기를 쓴다. 따스한 섬으로 돌아갈
필요가 급박한 것은 저 산들이지 내가
아니라고 쓴다. 받아들이는 거지.
육지와 바다의 경계를 뒤집는, 물 위에
겹겹 거대한 산들. 따스한 섬들도 결국
따스해진 섬들이다.

천지

친한 사람들 죽은 걸 잊고 사는 내게
친한 사람들이 매일 죽음을 알려오는
요즘 나의 세상이다. 부고는 내가 산
것을 갑작스레 알려주는 것 아냐?
죽은 친한 사람들이 내게 죽음을 매일
알려오니 사실은 내가 더 죽었다 해도
놀랍지 않고 낯익은 것이 낯선 천지가
요즘 내 세상이다. 죽어가는 소식은
널려 있다. 제일 힘들다, 죽어가는 일이.
내게 매일 죽음을 알려오는 죽은 친한
사람들 매일 장하다. 전쟁도 한 사람이
죽어가는 것을 차근차근 지켜보는
평화가 위대하고 그 평화 덕분에
전쟁도 비로소 위대하다.

악명

겨울 외투 명품은 감을 만져보기도 전에
색이 너무 곱다. 저런 색이 전에 있었나?
하긴 색도 결국 돈이지. 돈으로 모든 것이
되는 세상에서 이름의 성가로는 악명을
당할 장사가 없다.

클로즈업

그렇게 예쁠 수 없는 젊은 여성의 전신
포스터가 불현듯 내 바로 앞에서 내 키를
능가하는 충격.
실제 육감의 알몸을 몰아하는. 찬탄할
겨를도 없이 주눅 들어버린. 붉은 루즈

입술도 없이. 살 내음 예감도 없이
이제사 내가 네게 첫눈에 반하거나
훗날 내가 네게 다시 첫눈에 반하는.
그다음의 또 그다음의. 내가 죽어도.

문병의 위로

자살 충동 같은 건 이제 없다. 바람 쌩쌩 부는
언덕을 헉헉거리며 오르는 일이 남았을 뿐.
아파트 입구 추운 구멍가게에서 동태 한 마리
제법 귀하게 검은 비닐봉지에 챙긴 귀가의
신혼살림 기억이 생생한 것도 좋은 일이다.
죽을 날을 받아놓은 환자에게는 더욱.
의사의 판단보다 더 오래 사는 희망이 의사
불신보다 행복한 기억에 근거해야 하고 그
기억으로 영면에 드는 것도 좋은 일이다.
오래된 참신은 특히 환자에게 위로가 된다.
문병 가는 사람은 어떤 위로를 요하나?
사실도 거짓도 위로가 되지 않는다. 내게도
곧 죽음이 닥칠 거라는 사실은 뒤따른다는
거짓 추도사에 다름 아니다. 추도사에는
그래서 은유가 없지.
문병은 사랑하는 이들끼리 사랑하는 병을
묻는 일이다. 병과 문병이 혼동된다. 당분간은
지속되지 않는 것이 행복할 수 없다. 생이
언젠가는 죽음인 사실의 물(物)을 깨달은
지금은 더욱. 홍수 지던 새우젓 한강의 바다
아래로 전철이 오가는 뒤집힌 자살 충동의
고향보다 편안한 일과가 문병의 위로일지도.
사실은 단골 술집이 늘 우리를 찾아왔다.
더 슬프고 아픈 얘기 많지만 문병에 어울리지
않는다. 목적지 아니라 젊은 날 교양 과정부
축제의 배 밭처럼 친밀하면 된다. 친밀의 육이

다르고, 난해할수록 좋았다. 만남은 끝내 서로
다름을 알게 된 것이. 끝내 알 수 없음을 알기
위하여 만난 것이 좋았다.

잠깐

올림픽 중계방송은 등장과 몰락의 극단을
극단적으로 보여줄 뿐 정작 육체와 육체적
정신의 유구해서 감동적인 중계를 극적으로
보여주지 않고, 나라를 다른 쪽으로 떠들썩
하게 한 희대의 공인 파렴치한이 공개 사과
시간을 오후 아홉 시 종합 뉴스 타기에 가장
유리한 오전 열 시, 월요일로 잡는다. 뭐랄 것
없지. 추락이 추락으로 삽시간에 말살되고
차차 드러나는 그 배후가 자동적으로 차차
드러나는 등장이다. 지나놓고 보면 거의
동시적인데 지나놓고 볼 필요 없는 게 더 낫다.
스스로 감격하는 '국민 여러분'도 '힐링'도
해당 사항 없으니 거저먹는 거고 노골적으로
거저먹는 게 더 낫다.

속수무책

스피드 스케이팅은 여성이다. 스피드 뒤에서
잡을 리 없는 카메라가 어느 각도로 잡든
허리 굽힌 여성 매력이 허리 굽힌 여성 매력을
뿌리치며 쏜살같은 여성 매력이다. 앞에서
얼굴을 잡아도 쏜살같은 여성 매력이다. 여성
아름다움이 순전한 여성의 순전한 속도인
듯이. 직선도 곡선도 남성의 낙후인 듯이.
이즘 없는 순식간 가장 타당한 페미니즘.
이상화가 있는 500미터 스피드 스케이팅이

전망이다. 이상화가 흐느끼는 2등은 더욱.
체구 작은 최민정이 마지막에 아웃코스로
다른 선수들을 압도-추월하는 쇼트
트랙은 볼 때마다 손에 땀을 쥐고 통쾌하지만
사실 1등도 갈 길 한참 남은 여운이 안쓰럽다.
여성 스피드 스케이팅은 그런 거 없다. 꿰뚫린
것은 돌이킬 수 없이 꿰뚫린 것이다. 저질러진
것도 아니다. 마지막 남은 관음의 눈도 어느새
고통 없이 뽑히고 시야가 더 맑아진 뒤이다.
둘이 달리는 여성 속도가 여성 속도를 겨룰 뿐
남성은 달할 수 없고 난해하고 황홀하고
속수무책이다, 비너스 아닌 아테네 여성
스피드 스케이팅.

여자 컬링

마늘 산지로 유명한 지방 도시 동네 동호회로 시작한
한국 여자 컬링 국가 대표팀이 세계 상위 랭킹들을
마구 깨고 있다. 그들이 동호회 수준에서 추락 중?
컬링은 마늘처럼 매끄럽게 미끄러지고 마늘처럼
석기에 속하는 놀이이다. 바위로 하는 당구. 매끄럽게
미끄러지지 않으면 모든 것이 불가능한 사실만
21세기적이고 국민 체육 올림픽의 미래 전망이기도
하다. 고향의 보통 명사 마늘보다 더 유명해지고 싶은
고유 명사 선수들의 소원이 이루어질 수 없는데도
동네 전쟁 아니라 소꿉장난이 묻어난다. 달리기,
멀리 뛰기, 던지기… 양을 겨루는 종목은 아무리
좋아졌어도 결국 미분된다. 적분되지 않는다. 단체
경기는 말 그대로 단체 전쟁이지. 체조는 원숭이
흉내 놀이 아니었을까? 열광이 축구보다 시간이 훨씬
더 걸리고 야구보다 더 심심하지만 그 고단하던 석기
시대 생존에 매달리거나 지레 겁먹지 않고, 이상한
자연을 이상하게 끌어들이지 않고, 순수하게 즐기는

장한 여유였다. 돌 하나를 꺼내도 돌아가서 꺼내는
우여곡절이 어려울수록 그렇다. 놀이는 끝까지 오로지
여유를 즐겨야 놀이이다. 의성 마을 동네 처녀들이
상경하여 세계를 제패하는 전 국민 흥분의 도가니
속이라도 여유를 한껏 즐기는 것이 컬링에 대한
수천 년의 예의이다.

대지의 일요일

전 세계에서 오로지 오늘 이 시간을 기다려 온 선수들
순위가 10등 20등 30등 50등 60등까지 매겨지는 숱한
결승전들 얼음 실내와 눈벌판에서 치러진다. 대지도
대지의 숭고도 사라지지 않고 전 세계에서 기다려 온
오늘 이 시간 너머에 있다. 과거에 있던 것만 사라지고
과거도 사라지지 않았다. 잘 자라 전 세계에서 오로지
기다려 온 이 시간이 지나갔다, 아내가 안방에서 자고
있다. 노을은 지금 대지의 것이 아니다. 노을의 장엄을
대지가 빼앗겼다. 대지가 우리 것 아니라 우리가 대지
것이니 그것은 심각한 우리의 문제가 된다. 전 세계
시간의 휴식이 아직 잠다하여 우리가 대지의 일요일을
맞는다. 노을이 원래 대로 대지 것이고 대지가 노을의
아름다움을 입는다. 더 숭고하다. 숭고도 장엄도
길이고 아름다움이 내용이자 형식이다.

깨끗한 미학

정초에 만두를 빚는 아내의 까닭은 매년 똑같다.
물만두든 국만두든 그렇게 속이 편한 음식도 드물다…
갈수록 그 말이 진리 이상이다. 속이 편치 않은 제사
음식 없었고 올해는 속이 편하지 않은 제사 음식이
어불성설이다. 돌아갔다가 와서 자시는 분도 그렇고
산 사람들한테 죽음도 속이 편한 음식이어야 하겠지.

속이 편한 것만큼 죽어서 중요한 문제가 없을 것.
국만두가 제사 음식이고 물만두가 빈번한 밤참이다.
이제부터 국만두를 더 좋아할밖에 없다. 깨끗한
음식 미학이 일본 음식 문화보다 더 깨끗할 수 있다.

명사 비극

간결의 전통이, 간결의 독재가, 간결의 누추가 있고
이렇게 여러 번 나올밖에 없는 간결의 비극이 있다.
간결 비극이다. 온갖 명사의 비극도 명사 비극이다.
명사들은 아직도 각각 물이라서 문제이다. 죽음은
죽음에서 무게가 없는데 생에서 너무 무겁고 명사의
명사여야 하는 죽음의 원래 소임도 있고 그 소임을
알리려고 여생이 죽음보다 길던 수천 년 디아스포라
그것도 명사 비극이다.

머나먼 식민지

눈 내리는 홋카이도, 지도에서 보이지 않는다.
규슈, 시코쿠, 혼슈, 큰 섬들 이름이 낯설다.
간사이는 한국에도 있는 관서의 일본식 발음
대마도는 아주 오래전부터 한국과 일본
사이 대마도이다.
한국인들한테는 쓰시마섬 아니다.
헤엄쳐 갈 수 있는 한국과 일본 본토 사이
일본의 대마도이다.
교토, 나라, 나고야, 요코하마, 도쿄, 오사카,
고베, 히로시마 이름은 안다.

길의 고전

고전 출판의 역사가 고전의 길일 것은 당연하다.
1946년 펭귄 클래식 시리즈 첫 권 영역본 호메로스
『오디세이아』가 거의 순식간에 삼백만 부가 팔린
사건보다 더 놀라운 사실은 그 전 독자 거의 전부를
그리스 고전 전공 교수와 학생이 구성했다는 거다.
펭귄 클래식 시리즈는 오늘날 1,300종이 넘는
목록과 세계적인 권위를 자랑한다. 고전 독자가
눈에 띄게 줄어든 지금 그 얘기는 고전의 길이고
길의 고전이다. 광고 문구 마지막 '오딧세이가
계속 된다…'는 광고 문구도 마지막도 아니다.

음악의 시제

1548년 창설 세계에서 가장 오래된 오케스트라
드레스덴 슈타츠카펠레의 최초 음반을 듣는다.
잡음 장난 아니다. 지휘자는 히틀러 집권 5주 후
자격을 박탈당하게 되는 유대인. 음악은 하나도
낡지 않았다. 잡음이 역사인지 역사가 음악인지
그 혼동을 이제는 아주 느긋하게 누리는 까닭이
더 클 것이다. 바야흐로 모든 거장의 연주가 그런
까닭에 거장 연주였을 것 같다. 내친김에 연주의
과거가 미래인 음악의 시제가 있다. 조악한 현실
체제의 강압을 사회주의 이상, 미래 시제로 견딘
지휘자 연주자들이 있을 수 있는 뜻으로 들린다,
드레스덴 슈타츠카펠레 이름.

희망의 전업

굶어 죽는 마당에 굶어 죽는 마당에 대해 무슨
시를 쓰나? 굶어 죽는 것이 시이다. 시에 대해

쓴다. 먹고사는 것이 시이기도. 학살당하는
중에 학살당하는 중에 대해 무슨 시를 쓰나?
피살과 희생이 시이다. 시에 대해 쓴다. 살아
남은 것이 시이기도. 희망이 희망의 실현보다
더 전업이다. 게으른 희망이 모순이다. 목숨을
거는 판에 목숨을 거는 판에 대해 무슨 시를
쓰나 목숨을 거는 게 시이고 시에 대해 쓴다.

무지개

분리수거를 나가면 꼭 있다. 있을 것 같고
있어야 할 것 같은, 남의 가정에 없고 나의
가정에만 있는 소용의 박스 하나. 왜냐면
색의 기억으로 빚은 네 육체가 네 식으로
있는 나의 가정이다. 빨주노초파남보로
있지 않고 색이 사라지는 배열과 정돈인
무지개 있다.

조우

천재를 아주 조금 비트는 방식으로 베껴서
강력한 대중성에 달하는 것도 천재이지만
베끼는 천재의 조우의 재앙이 파시즘이다.
사타구니가 가렵다. 만연한 조우가 만연한
재앙이고 만연한 우연이 만연한 참사인 듯.

본질

곱다. 아주 곱다. 끝까지 고울 수 있을 것
같지 않고 끝까지 고울 것 같다. 고운 소리로
짝사랑의 들리지 않는 신음에서 열정의

웅장까지 표현하는 오케스트라 연주이다.
웅장한 등장이 아닌 것에서 그치지 않는다.
고운 것이 바로 등장인 오케스트라 연주이다.
더 나아가면 모든 오케스트라 연주가 고막의
부드러운 커튼으로 온갖 감정을 주름잡고
귀가 마음으로 듣는다. 더 나아갈 수 있다.
음악이 있으면 음악을 듣지 않아도 다른
모든 본질이 고와서 본질이고 모든 오케스트라
연주가 갈수록 고운, 오케스트라 연주이다.
악기가 개인인 독주보다 악기들이 개인적인
실내악보다 더 곱다. 음악은 집단이 개인의
더 고운 바탕이다. 누구나 최상급을 낭비하지
않는 아름다운 사연이 최상급을 모르는 슬픈
사연의 현재이다. 과거와 현재의 역전이
불가능하므로 한없이 고운, 한없이 퍼지는 것이
커지는 것인 오케스트라 연주이다.
남성도 여성도 이성도 동성도 없이 가장 여린
고막이 더 여리게 떨리는 오케스트라 연주이다.

아기 옷

손자가 입을 아기 옷이 팔다리를 온전히
갖추고 손자보다 예쁘다. 손발 없이 앙증맞다.
아기 옷은 최신 유행이고 새것이고 혼자이다.
여럿에 둘러싸인 손자는 재롱이 어느새
구태의연하다. 육아가 갈수록 유난을 떤단들
아이들 성장이 유행에 늘 뒤진다. 그것이
바로 성장인 것처럼. 성장을 마치고 육체가
헌 옷보다 헐거운 나이를 입고 그 위에 '일 년
입어도 십 년, 십 년 입어도 일 년' 입은 것 같은
양복을 아기 옷 아니라 손자가 입는다. 중세가
무지한 것은 일일 드라마 부문에서였다.
구약의 신약 장면들이 신약의 구약 장면들로

지리멸렬하니, 성장이 없다. 미래인 감각이
발굴인 이야기보다 더 중요하다.
그렇게 손자와 아기 옷이 있다.

서부역

2010년대 GNP 1인당 3만 달러 수출 강국
남한의 대로와 치솟는 빌딩들 사이 이제는
한성과 경성보다 더 재래시장 서민 생계에
절묘하게 근접하는 건축 미학의 옛 서울역
역사도 그렇고 저 아래 보이는 서부역 녹슨
지붕의 균형보다 큰 크기와 균형보다 넓은
너비와 균형보다 완만한 삼각이 와락 안겨
오는 것은 내게 간직할 만한 옛날이 있는
것일까, 전혀 부담 없는 이 낡은은?
그 지붕 아래 지금도 쓰이는 철로와 플랫폼과
드문드문 지붕을 높게 받치는 기능밖에 없는
기둥들, 기차 교통의 건물 구조는 크게 변한
것이 없다. 그보다 먼저 기차가 사라지겠지.
중앙청 건물도 부수는 게 '아니었어.' 왕조
치욕의 역사를 교훈으로 되새길 것은 없다.
더 중요하게 총독부는 중앙청 건물이 아니고
중앙청 건물도 이제는 고단한 백성과 국민과
시민의 생계가 스며든 건축 미학이다. 오래된
건물은 궁궐조차 따스하다. 유구한 생계의
치욕이 유구한 건물의 영광이고 그것이
건물을 정겨운 건축으로 만든다.
역사의 치욕을 과거로 돌아가서 막을 수 없듯
지금 없는 것으로 할 수도 없다. 다만 시민의
생활이 그것을 극복한다. 조선총독부–남한
중앙청 건축이 가장 명백하고 정치적인 그
증거였다. 서부역은 증거가 아니다. 현장이다.

여행

다리 정거장 중랑교에서 왼쪽으로 꺾으면 똥물
중랑천 둑방 빈민촌 길게 이어지는 얼마 안 가서
방에 가까운 집에 큰아버지 큰어머니 기어다니는
딸 셋과 양자인 내가 살았다. 아무리 가난한 생계
수단이지만 그 비좁은 방에서 어떻게 국수를
기계로 뽑고 말렸지? 밀가루 냄새가 다행히 온갖
비좁은 몸의 악취를 지웠다. 지금도 참신하다.
아주 오래전 일이다. 중간은 기억에 없고 가끔
꾸는 꿈에서는 내가 꼭 오른쪽으로 꺾는다.
내게 여행은 어쩐지 그와 같다.

셰익스피어 평전

생생한 전기를 읽는 일은 내 시를 쓰는 느낌이다.
절판되고 15년 동안 셰익스피어 더 절실해졌다.
현실은 언제나 현실을 파괴하려는 경향이 있다.
모던은 모의 현실을 파괴하는데 포스트모던이
너무나 표나게 파괴하는 포스트모던 현실은
현실이 아니다. 포스트모던으로 셰익스피어 작품
현실조차 파괴되지 않으니 포스트모던을 포스트
모더니즘이 파괴한다. 오백 년 전 작품을 내가
어떻게 왜 뭐 하러 쓰겠나? 딱 15년만큼 우리
시대를 닮으며 더 절실하고 든든해진, 포스트
모던이 포스트모더니즘 아니기 위한 보루가
셰익스피어 작품이다. 결혼 생활의 보루 너머
결혼 생활 너머 결혼 같다, 마침내 제도를 벗은.

문배육칼

'애들이 자라느라고 기운이 뻗치거든.'

바로 뒤에서 너무 시끄러운 남녀 중학생
예닐곱에게 자리를 비켜주니 재잘대며 가는 것들
뒤에서 보면 볼수록 그렇게 귀여울 수가 없다.
늙은이는 모름지기 애들을 앞에 둬야 어른이다.
건너편 효창공원을 그냥 지나간다. 그래야
김구 선생 편하시겠지. 동상 기념관 관리 잘 되고
있을 것이다. 원효로에서 원효가 뭘 했냐고?
을지로에서 을지문덕이 퇴계로에서 퇴계 이황이
뭘 할 수 있었겠냐? 그 정도로 지나가야 역사의
위인들 잘 계시고 서울 사람들 문화 시민이다.
굴다리가 그렇게 고마운 거였구나. 무겁고 빠르고
과격한 기관차가 그 위로 지나가지 않으면
지상에서 전국을 잇는 철도 교통이 오히려 지역을
구역으로 나누고 버려져 전쟁의 상흔처럼 남은
집도 가게도 있을 법하다. 뒷골목도 아니고 그냥
드러날 없는 살림의 뒤이거나. '막다른 길' 팻말
드물지 않다. 철도 교통보다 더 무지막지하고 더
세련된 개발의 장악이 '뜨고 있는 중.' 땅값이 강남
다음인, 아직 우중충한 동네에서 높고 낡고
흔들리는 육교를 건너는 일이 없을 것이라
다리가 더 후들거린다. 그런 잡념 주변에서 경의선
숲길 공원이 입구로 나타났다.
철길 육로로 보면 분단은 온갖 불행보다 더 어이가
없다. 지금 족히 모스크바와 유럽 거쳐 잉글랜드
도버 백악 낭떠러지를 해협 건너로 바라볼 경의선
아냐? 경부선이 유가 아니지. 우주도 갈 수 있는
해저 터널 말고 소박한 산책과 도보와 철길의
육로로. 용산문화체육센터에서 가좌역까지 6.3
킬로미터 경의선 숲길이 끊어진 경의선을 10~60
미터 폭으로 이어지는 '길 공원' 결작으로 잇는다.
끊겨서 한적하던 철길 좌우 생활을 숲길 좌우로
일단 살렸다. 고층을 벗은 고층아파트와 더
초라한 연립 주택 뒤도 있다 '옛날 주막'들 지붕에
비닐 덧댄 것 말고는 옛날 주막이다. 옛날

구멍가게 내부가 그대로 카페이고 한식 일본식,
파사드 뒷면 구분을 요하지 않는, 허물어진
집들이 낮은 키를 겨우 유지하고, 나와 앉아
담배 피우는 노인네들 있다. 왕년의 철도 건널목
만큼만 공원 내 교통을 허용하고 서강대역에 이르러
비로소 공원 내 술집 음식점들이 젊음으로 조금
붐빈다. 내가 태어난 대흥동에서 연남동을 지나는
대목에 이르면 옛날의 경의선 철로만 그대로이고
내 고향에서 내가 가장 낯선 사람이다. 유행의 첨단과
고급이 홍청망청 댄다. 처음으로 이렇게 한꺼번에
걸으니, 여기가 바로 거기라고, 이렇게 연결된다고,
뉴욕 센트럴파크 닮은 연트럴파크가 바로 나의
곁이라고? 걸작의 방점을 찍는 것은 땅속에 영영
파묻혔다가 군데군데 노출된 옛 경의선 철로 토막들이
오늘의 깨끗하고 네모난 포석들 속에서 포석들과
이루는 각도이다. 내 고향조차 복원하지 않고 살림도
생활도 끊긴 것을 그냥 잇지 않고 경악으로 새롭게
잇는, 혹은 다시 영영 파묻히는 식으로 뛰어넘는
녹슨 각도, 그러고 보니 고층 빌딩 숲을 해 질 녘 진짜
숲으로 만들 만큼 조경이 적절했던 경의선 숲길
공원이 경의선 전철 및 공항 철도 역사 구간으로
크고 길게 끊겨 있었다. 그러고 보니 드러난 철로
토막들이 내 고향에 가까울수록 더 많이 눈에 띄었다.
그러고 보니 숲길로 들기 전에 아내와 내가 '문배육칼',
거의 칼부림의 궁서체로 쓰인 길 건너 음식점 간판을
지나왔다. '문배동 육개장과 칼국수'를 줄인 말. '꽤
유명한 맛집이야.' 그러고 보니 밥은 낯선 것이 낯익어진
연후에 먹는 게 상책인 나의 지론에 오늘은 아내가
흔쾌히 동의했다. 평소에 눈에 띄지 않던 것이 눈에
띄지 않는 단골집이 여전히 단골집이고 오랜만이라
환대도 받고 아내와 내가 아내와 나의 집에 안착했다.

어여쁜 손목

푸는 건 최대한 풀지만 시의
어여쁜 손목은 풀리기만 한다.

심석희 교훈

올림픽이 급기야 나를 누워서 보게 한다.
스케이트 선수들이 흔히 미끄러지고 탈락한다.
쇼트트랙 메달 따는 게 매우 어려운 일인 사실이
이번 홈그라운드 평창 동계 올림픽이 내게 준
가장 유익한 교훈이다. 북한 선수는 내리 두 번을
미끄러졌다. 누가 부정 출발 안 했으면 한 번인데
행운이 두 겹 불행을 낳았다. 북한 고위급 방남이
놀랍고 공연단 공연이 신기하고 응원단 응원이
낯선 것보다 더 핵 위협 국가의 대표 선수가
그렇게 안쓰러울 수 있는 것이 내가 이번에 챙긴
가장 귀한 교훈이다. 누가 이기기를 바란다면
역시 나는 실황 중계방송을 보는 게 아니었다.
1천 미터 결승전에서 심석희가 또 미끄러졌다.
나중에 이긴 뉴스를 듣고 나중에 녹화 방송으로 보면
미끄러질 리 없지 않나? 선수들이 미끄러질 만큼
미끄러졌다는 나의 방심에 미끄러진 이 사태는
아무래도 교훈이 될 수 없다. 그럴 수도 있는
체념이 가능할 뿐. 그런데 아니다. 담대를 넘어
머리가 깡다구로 똘똘 뭉친 것 같던 그 여고
1년짜리가 언제 성숙했는지 인터뷰하는
눈시울 붉은 백색 피부 미인이고 그녀의, 그럴
수도 있다는 말, 지금 그녀에게 유일하고 가장 큰
위로가 된다. 아직 정상에 있는 그녀 위로가 일등
한 번 해본 적 없는 내게 가장 의미심장한 교훈이다.
심석희는 아내와 내가 공히 처음부터 팬인 유일한
운동선수이다. 이 교훈으로 일약, 앞으로도

그럴 것이다. 무엇보다, 미끄러지는 심석희를
재방으로 다시 보겠다. 느긋하지만 무심하지 않게.

치욕의 포함

가장 희미한 파랑도 하양에 가까워지는 정지이다.
가장 희미한 어느 색도 하양에 가까워지는
정지이다. 지리하지 않은 정지이다. 모든 대중 소설
주인공이 영웅이고 늙고 병든 식탐의 뚱뚱보
흑백 삽화가 유쾌하다. 사진 네거티브가 현실이니
코믹해도 된다. 가장 뚜렷한 하양도 가장 희미한
하양도 하양에 가까워지지 않는다. 지리하지 않다.
왜냐면 내가 무엇을 지나가지 않고 무엇이 나를
지나가지 않는다. 내가 무엇이 되어가고 무엇이
내가 되어가는 시간이 나를 포함하는 모든 것이고
나를 포함한 모든 것으로 되어간다. 하양이
하양에 가까워지지 않으므로 치욕이 씻기지 않고
포함된다. 내가 아는 모든 치욕이 나의 치욕인
치욕의 포함이다. 구원이 있더라도 그보다 더
낮게 있을 치욕의 포함이다.

참신의 수용

지금 당연시하는 것을 당연시하게 했던
원전이 지금 보아도 오래될수록 참신하다.
우리가 사실은 원전을 보지 않고 원전이
참신해지는 과정을 보는 것이지만 그렇게
보면 그렇게 보는 것밖에 참신한 것이 없다.
참신은 참신이 참신해지는 과정밖에 없다.
참신으로 역사가 이어져 왔다, 아니라
참신한 역사가 계속 참신하게 이어진다, 고
우리가 쓴다. 당연한 역사가 당연하게

이어져 오거나 간다, 고 물론 쓰지 않는다.
미리 막은 재앙이 재앙일 수 없는 것과 같이
닥쳐버린 재앙이 참신의 조짐일밖에 없는
역사를 수용하지 않는다면 인간의 역사가
어떻게 어디까지 인간의 역사일 수 있나?
문학 예술이 역사를 위해 역사에 개입한
지는 쓰여진 역사보다 더 오래이다. 각 장르
언어의 탄생이 참신의 수용이다.

채워지는 디자인

그렇다면 모종의 채워지는 디자인이 있다.
이렇게 계속 쓰고 있는 내가 그것에 대하여
쓰지 않고 그것을 쓰지 않고, 쓰고 있음인.

지갑 선물

너무 작고 비싸고 예쁘고 돈이 들어갈 수 없는,
아무것도 집어넣기 싫은 미학이다. 겉보기에
이렇게 작고 예쁜 것이 이렇게 잔인하다.
아름다움의 속을 들여다볼 수가 없다. 많이
뻔뻔스러워져야 주민등록증과 신용카드와
몇십 년 손때를 채울 수 있다. 더 많이 뻔뻔해야
빨아도 바지 주머니인 바지 주머니에 넣고
다니다 꺼내어 둘째 아들과 둘째 며느리가
생일 선물로 사준 거라고 자랑할 수 있다.
미학적으로 불가능한 일이다. 이 지갑, 생일
선물 너머 탄생이고 처음이다. 평전 읽는
감동을 싹둑싹둑 자르는. 내가 갖고 다니는
것은 조강지처 선물이다. 지갑 선물은 대를
이을 수 없다.

소금 짠맛

실추된 명예를 회복하고자 하얗게 각진 것이
더 하얗게 더 각지게 커지며 환한 웃음에 가
닿을밖에. 이제는 지상의 뜻밖으로 끝없이
하얀 것이 각만 남아. 지상의 뜻이 지상에서
지상을 떠나는 마지막 결론에 지나지 않는
듯이. 추락에 지나지 않았다. 부서지는 각이
남아 소금, 짠맛. 비린 것이 너무 비리지
않게 있던.

분홍

둘째놈 동창들, 그 아내들 그 새끼들 호프집
단체석 꽉 차게 어른 각자 옛날식 500cc 잔
생맥주 놓고 안주를 요즘 식 이탈리아 치즈
몇 접시 놓고 마시고 웃고 떠드는데 굉장하다.
엄청나다. 신기하다. 그 안에 내가 있다는 거.
내 곁에 아내 그 곁에 둘째 아들과 손자도 앉아
있다는 거. 한 십 년 전 대학생들일 때 내가 술
한번 즉흥적으로 샀는데 그사이 사고 친 놈
하나도 없다 하고 몇이 더 올 거라 하고. 역시
양육은 자식이지만 투자는 아들 친구들한테.
너무 오래 있으면 안 되지. 여기까지만 계산.
지들이 낸다고 난리지만 난리가 더 유쾌한
동창 가족 난리로 이어지게 두고 퇴장하는
아내와 나는 분홍, 잠시 수줍음을 회복한.

좌파 사이비

민중의 고난을 드러내기 위하여 처음의 문제가
민중의 빠듯한 실제 살림보다 더 남루했던

문제가 있다. 더군다나 민중 살림은 상향적이고
처음의 문체 미학은 하향적이다. 사실은 편하게
팔아먹는 상업주의이고 고객은 민중이 아니다.
남녀 관계의 비루한 봉건성이 선전 선동이라는
미명하에 팔리는 동안 민중은 남녀 공산만으로도
남녀 관계를 극복하던 중. 낡은 문체의 아성이
출현한다. 민중 앞에 겸손하기 위하여 처음의
미래 전망이 현실적인 희망보다 더 낙후했던
문제가 있다. 사실은 상업주의이다. 쉬운 희망을
박리다매하려면 전망을 압살해야 하는. 실현될
수 없는 전망이 실현되지 않은 것이 아니다.
예술의 한계 아니고 지식인의 한계 아니다.
좌파 사이비, 퇴보하는 미학의 문제이다. 사실은
상업주의이다. 사이비가 아니면 안 팔린다.

상품권
—강태형에게

주례 답례로 받은 10만 원짜리 상품권 열 장이다.
거절 못 해서 낯 뜨거운 물건인데 백 달러 지폐
닮은 디자인이 백 달러 지폐보다 더 권위 있다.
처음이다. 하지만 10만 원짜리 상품권 열 장도 처음이지.
초록이 근엄해진 회색이 아메리카 합중국 초창기의
미래였던 고대 로마 공화국의 국색 같다.
세련이 검약을 부추긴다. 어쨌든
트럼프가 미국의 민낯을 드러내 준 이후.

역사의 피해자

전기의 누구이든 그의 자손이 초라하다.
오백 년 지나고 잊혀지지 않은 인물의
자손의 자손의 자손들을 찾는다면 찾겠지만

오백 년 지나는 동안 자손들이 어떻게
초라하지 않을 수 있나, 오백 년 동안 자손이
초라하지 않고서야 어떻게 전기적인 인물이
전기적일 수 있나? 속속 등장하는 자손들이
속속 피해자로 등장하지 않기 위해 필요한
왕조는 정말 어처구니없었다. 이제라도
찾아야 한다면 찾을 것이 역사의 후예이다.
수천수만 년 역사의 후예가 수천수만 년
역사보다 더 위대하다. 역사가 정말 적어도
역사의 피해자 없게끔 있어.

동면

북적대는 빗길을 이렇게 오랫동안 아내와
걸어본 적이 없다. 미진하던 경의선 숲길 가좌 연남
구간을 양말 젖은 사족 질질 끌고 다녔으니 겨울이고
빗길이 더 번잡한 것은 인간들 탓이 아니다.
질척하지 않았다면 몰랐을 이것은 뭐지?
분명하기가 살아 있는 확인, 현찰과도 같고
애매하기가 따로 찍은 배경의 아내와 나 영화
장면과도 같은 이 번잡의 덩어리는 뭐지?
도처 모종의 일부인 목재가 젖어 반짝인다. 가로수
아닌 어영부영 나무들이 헷갈리는 거다 동면이
겨울을 나려는 것인지 봄 여름 가을 동면을
하려는 것인지. 북적대는 사람들 마음도 헷갈릴까,
죽을 것인지 살 것인지 너머 죽으라는 건지 살라는
건지 너머, 산 것인지 죽은 것인지? 삽시간에
고요하다, 헷갈림도 번잡도 가장 헷갈리고 번잡한
것이 저승의 이름 같다. 오죽하면 고요한 밤, 으로
시작되는 처음부터 고요한 노래가 있다. 거룩한 밤은
아니고. 다만 만족한다. 저녁 아홉 시 KBS 뉴스
시작 전, 아내와 내가 사족 떼어낸 발을 세면대에
올리고 씻는 우리의 귀가에.

드라마 디자인

줄거리를 교훈으로 잇는 것은 끊는다.
등장할밖에 없는 등장이 끊어지고
끊어진 등장들 연속이 다시 끊어진다.
간섭 없는 사회주의 최고선의 음악 장,
드라마라는 디자인인 드라마 디자인,
처음부터 필요했던 그것이 시이다.

배경의 독자

카멜롯 성이 행복하고 훌륭하고 먹을 것 많고
아름답지만 원탁은 배경이다. 거기서 아무 일도
벌어지지 않고 회의라니, 그런 따분한 짓을 왜?
각자 성을 떠나 홀로 모험을 겪으면서 비로소
기사가 기사이고 생이 생이다. 원탁은 그 얘기
듣고 싶은 아서왕이 아서왕 이야기 독자이지.
이야기가 너무 들이댈 때 당황할밖에 없으니
온유의 감동으로 충격이 더 충격적이지 않고
온유의 충격으로 감동이 더 감동적일밖에.
실내의 불륜이 그의 배신당한 죽음을 고요히
찢을 때까지.

알려진 죽음

자분자분 뭔가 터지는 소리를 쳐다보니
어느새 충분히 검은 바깥 불꽃놀이가
통유리창 한가운데 조금 옆에서 한창이다.
이런 일 처음이다. 간소하지도 않다. 통유리
속으로 멀리 떨어져 크게 화려하지도 않다.
실내가 예쁘장하게 숱하게 터지는 빛나는
동그라미들의 오묘한 축복을 받는다. 내가

밖으로 나가지 않고 아내도 영영 귀가하지
않는다면 이것이 알려진 죽음의 최상일 것
같지만 죽음은 알려질 수 없고 종교의
알려진 죽음이 대문자 신이다. 설령 있단들
그가 책임질 것은 종교의 운명이지 나의
생이 아니다. 죽은 후에도 나의 생이 나의
생을, 나의 비명을 나의 비명이 책임질
밖에 없다. 아내가 돌아왔고 나도 외출할
때가 아직 있고 불꽃놀이가 분명 통유리
창밖에 불꽃놀이이다. 누가 나를 부르나,
비세속적으로, 혹은 너무나 세속적으로,
나를 부르는 것이 나를 부르는 것을 책임질
밖에 없는 것보다 더 내가 불리는 것이 또한
내가 불리는 것을 책임질밖에 없다는 듯이?

안티—세월호

가장 윗세대 명망이 면면히 이어가던 추행에서
가장 어린 아이돌 소녀 성애 환상 상품까지 왔다,
아니 있다. 복수를 모르는 어린 소녀들이 파멸을
모르는 파멸로 복수하는 거다. 봉건적이다.
시청자는 세월호, 과격한 슬픔에 한없이 젖어들
때가 더 좋았다. 지금은 방송의 방관자. 악화하는
관음증을 스스로 의심해 봐야 한다. 몸으로 직접
하는 연극은 정말 오싹할 일 없는 친절한 금자씨[*]
하나 있어야 3류를 면한다. 간악한 봉건 영주는
자신이 법이었고 그 법이 집단 살해되었다면
살인자들이 어긴 법이 없지 않나? 봉건적이다.

[*] 박찬욱 감독 영화 제목.

원형의 탈피

처음은 모양이 없고 탈피되는 순간 원형이
있다. 원형이 사라진 그 순간에만 있다.
탈피가 처음이고 처음이 처음부터 성과이고
성과가 처음부터 처음과 달라지는 성과이다.
대학 신입생 때 중세 영어로 읽으려다
끝내 못 읽고 거의 영영 잊어버렸던 잉글랜드
중세 작품 한 편을 읽는다. 중세 영어로 읽지
않아도 그사이에 든 내 나이가 대충 현대
영어에서 중세 영어로 물러난 만큼일 것.
중간을 들으면 바그너가 용서가 되는 것은 나이
들수록이고 베토벤 피아노 협주곡 다섯 곡
각각의 아다지오 악장을 처음이나 끝으로
듣는 것은 나이 드는 현상이거나 훈련이다.
론도의 3악장이 인고의 4악장으로 늘어나는
결작의 광경이 황홀하게 나이 드는 훈련이다.
여기서는 베토벤이 거의 모든 노인네들이
할 수 있다는 입증으로 위대하다. 여기서는
베토벤의 위대가 나이를 먹는다. 처음은
모양이 없다. 모든 것이 모든 것의 원형으로
들리고 보이는 모차르트 음악도 그것은 그렇다.
너무 명징하여 듣는 것을 보는 것으로 보는 것을
듣는 것으로 착각하지 않는다면.

순정의 역사

예수 생애를 다룬 어느 장르 어느 작품보다
더 예수 생애를 닮은 것이 연극의 탄생이다.
예수 탄생 이전인 그 일에 아버지 야훼가
흔적도 없고 후대가 보탠 것은 죽음뿐이다.
그것도 예수 태어나기 훨씬 전 일이다.
에브리맨 죽음이 전령이고 각각의 모든

사람이 모든 사람을 대표하는 '누구나'로
되는 순정의 역사는 앞으로도 계속된다. 마르크스
뜻이 뜻 속으로 뜻의 미로를 내는 비정의
역사도 앞으로 계속된다. 역사의 파탄이
역사의 파탄을 연명하는 오늘의 역사도 지나.

대보름달

인간의 발이 닿자마자 달이 급속도로 멀어지고
인류의 발밑이 영영 허전하다. 지상의 음기 응집인
귀신도 자취 없이 사라졌다. 피부에 와닿는 것이
난해하다. 이 요란한 패션 시대에 의상이 사라진
느낌도 대보름달이다.

존재의 나중

끓인 밥이 떠올리는 가난과 회복이 어울리지
않는다. 하양이 뜨거울 뿐 그림자도 없다.
가난이 가난으로 강건하게 가난할밖에 없다.
회복이 별미와 같다. 고급 곶감은 진한 맛이
어떻게 그리 고급일 수 있지? 형편없이 식은
끓인 밥이 가난과 회복의 어울림을 위해
가난과 회복이 어울리지 않는 시대보다 더
나중에 있다. 나중의 존재 아니다. 존재의
나중이다. 명란젓과 스팸을 번갈아 얹는
나의 식성 탓이다. 어떤 때는 가장 맛있게
먹고 가끔은 나의 식성이 끓인 밥보다 더
존재의 나중 같다. 아주 드물게 나 자신이 더
존재의 나중 같다.

귀가 찾은 것

아무래도 음악의 변방 지휘자가 모국과 고국
작곡가 작곡을 더 잘 연주하고 심지어 오지가
오지를 연주하지만 개성은 개성들을 종합하는
개성이 있다. 경향이 아니다. 종합이라 비로소
개성들이 각각 개성적이어도 되는 개성이다.
눈이 오래 걸리고 혀와 코가 거부하고 손발이
무엇인지 모르고 그래도 지장이 없다. 태생부터
귀가 국제적이고 귀가 찾는 것은 찾은 것이다.
귀가 찾은 것은 언제나 귀가 찾은 것이다. 배 속
태아가 귀만 온전히 자기 것이고 그 온전이
이야기의 한계를 뛰어넘는다. 그리고 살아서
이야기의 한계를 뛰어넘는 이야기가 있기 전에
이야기의 한계를 뛰어넘는 죽음이 음악이다.
탄생에 크게 손상된 귀는 개성들을 종합하는
개성이 그 회복이고 진전이다. 연주가 악기들
구성 속으로.

상용의 고립

벌써 3월이고 올해는 좀더 고립하겠다.
고립은 거창할 수 없고 대략 고급 가죽 장갑이
상용 바깥으로 눈에 띄는 그만큼?
두 손은 양손의 상용이 바로 고립이다.
하고 싶은 일에 시간이 갈수록 많이 든다.
정신과 육체의 담합까지만 의지라고 할
밖에.

비몽사몽

꿈에 외할아버지가 반세기 전 돌아간 상태로

돌아오지 않고 반세기 동안 깊게 잠들었다가
깨어난다. 뭐 꿈에서는 식물인간이랄 것도 없고.
본인도 깨어난 것이 당연하여 문안 인사를 별
말씀도 없이 받았다. 50년 동안 세상이 달라진
것 없는 썩 맥빠진 기분을 돌아옴과 깨어남의
격차가 덮친다. 새로운 역사의 틀을 짜는 일은
어렵지만 지나온 것을 돌이킬 수 없는 것으로
너무 쉽게 놓아준 까닭도 있다. 형상화 실패의
운명을 꿈에게까지 덧씌우지 않는다면 비몽
사몽은 사실이 도약하는 시간. 흐리멍덩하여
외할아버지가 깨어난 것을 내가 기억할 수
있고 일체 순수한 흐리멍덩 덩어리 물이 나의
미래인 것을 나의 후대가 볼 수 있다, 충분히
고유한 흐리멍덩으로, 후대의 후대가 볼 것도.

소네트

지상의 사랑이 벌써 정형의 사랑이다.
그것이 사랑의 고통도 정해준다.
지상에서 시작되어 지상에서 끝날밖에
없는 사랑을 다시 시작할밖에 없는
고통까지 정해준다.

촉박

첫째 며늘애가 첫 아이를 제왕절개로 낳는다.
그 이틀 전이 그 아이 생일이니 같이 밥이라도
먹자고 해봐야 하지 않나, 아내가 의당 그런
생각이지만 나는 많이 아득하다.
제왕절개는 수술과 그 후 몸조리만 걱정할 수
있다. 이틀 앞두고 밥 먹으며 미리 걱정을
해도 되나? 희희낙락해야 며늘애 맘이 편할 텐데

어느 시부모도 배를 옆으로 가를 예정의
며늘애를 두고 희희낙락할 수는 없다.
안심은 잔인하고 불안은 사태를 악화한다.
손자로서는 나오기가 좀 편한 셈인가? 그
상상은 더 잔인하다. 아내가 두 아이 낳을 때는
나도 아내도 경황이 없어 그냥 순산으로 쳤다.
'그때는 그럴 때야,' 그때도 지금도 너무 가까우면
생의 경사가 죽음에 제일 가깝다. 아들 내외가
일부러 그렇게 수술 날짜를 잡았다니 밥을 먹어야
하고, 자연 분만은 출산 앞과 뒤 그나마 산모의
고통을 분담하는 시간이 좀 있어서 다행일까?
제왕절개, 촉박할밖에 없는 시간이 많이 아득하다.

수단의 전망

우리가 끝까지 지지할 아주 오래된 썰은
문자가 인간의 생각을 복잡하게 하는
수단이라는 것이다. 목적에 부합해야 하는
수단이 있거나 없지 않다. 모든 목적을
목적이게 하는 수단의 전망이 있다.

상쇄

더러운 천에 더러운 너의 내음이 묻어난다.
우리의 생이 그렇게 상쇄를 면하였다.
내가 무수히 너를, 네가 무수히 나를 지났다.
동시에 그런 것은 아니다. 그게 우리 일의
아직 남은 희망이다.

장사의 끝

제1차 세계대전이든 2차든 패전 이야기가 지겹다.
이긴 자는 벌써 잊었고 패전이 전쟁보다 더 기나긴
더 미치는 이야기에 달한다. 실패가 좋은 건 혹시
억울하다, 부럽? 승전도 패전만 이어진다. 과연
마침내가 미리 필요하다. 이야기가 전쟁을 잇지
않으려면. 가난이 어수선한 장사가 끝나고 평화의
아픔이 무르익으려면.

김수영 50주기 결정판

그는 분명 낡은 호텔이다. 천하게 보이는 것을
겁내지 않았고 리모델링에도 관심이 없었다.
관건은 우리가 내부 구조를 모르는 낡음의
전모가 완강하게 낯이 익다. 모르는 사정에
무척 치열해서 우리가 고개를 갸우뚱한다.
우리가 모르는 사정을 우리가 정말 모르는지
모르는 척 미래의 사정까지 미리 피해 가는 것
아닌지. 그래서 그가 50주기 결정판, 낡은
호텔로 있나? 현관을 서성이다 말더라도. 내부에
정통할 수 없는 것을 알 만큼 돌아다닌 후에도
우리가 그를 자주 찾지 않을 수 없다. 갈증만
가시게 하는 것이 전통보다 더 전통적인 그의
스타일. 진짜 격조는 낮고 낮은 생활에서부터만
쌓일 수 있다. 불의의 사고로 죽은 그가 불의의
건축가인 듯이 그에게 패나 어색한 단어 조합
'50주기 결정판'을 김수영, 그의 이름이 다시
건축한다. 그가 '낡았지만 호텔' 아니라 '낡은
호텔'인 것이 우리에게 다행이다. 김수영 50주기
결정판, 당분간 펼치지 않겠다.

자연의 진전

성 추문 난무하고 인간의 거목들 거꾸러지는
봄이 더 화사하게 온다. 그것을 우리가 처음의
황홀이라고 부른다. 인간의 성애가 툭하면
자연만 못하고 불야성은 뭐 하러 쌓아 동정도
자위도 악취도 추문이 오로지 인간 것이다.
가학도 피학도 인간의 엄살이지. 자연은 통신의
전신과 현장만 있다. 자연의 성애가 인간의
사랑을 자연의 사랑이 인간의 성애를 얼마든지
능가한다. 얼마든지 자연의 해방이 인간의
자유를 정화한다. 인간의 사랑이 자연보다 더
고귀할 수 있는 꿈이, 끝내 추상을 벗은 이상의
민주주의 도덕의 역사가 문제였다고 할 수는
없다. 그러나 성 추문 난무하고 인간의 거목들
거꾸러지는 봄이 더 화사하게 온다. 자연의
아주 조금 더 드높은 진전이 지금 중요하다.

끊기는 장점

경제와 재화의 자본주의에 직면한 마르틴 루터와
그것을 회피한 에라스무스의 차이는 지금도 계속된다.
마르틴 루터가 끊기고 에라스무스 바보의 바보
예찬은 계속된다, 인간의 경제 행위가 바로 바보짓인
처음부터 결국 바보짓인 끝까지 계속되는 장점이다.
마르틴 루터가 끊긴 곳에서 생겨난 정치 경제학에
바보 예찬이 있을 수 없다. 동시대일 수 없다. 속으로도
끊기는 장점은 정치 경제학 끊긴 곳에서 또 다른
이질, 자본주의 극복을 출발시킨다. 끊기기 위하여
마르틴 루터, 끝까지 무신론에 무한 근접했다.
잇기 위하여 에라스무스, 여전히 바보들이 바보
예찬만 공유한다. 눈에 띄는 그의 국제 경력이
그가 태어난 네덜란드 남서부 항구 도시 로테르담

그곳에서 세계가 흘러들고 흘러 나가는 것을
평생 지켜보는 것만 못했다.

나이 예보

내일은 전국에… 더 듣지 않아도 짠하다.
엄청나다, 전국이라니. 부럽다. 그리고 기필코
장하다. 오로지 젊고 예쁜 기상 캐스터가
할 수 있는 말이다.
내일은 전국에… 그 전이 그것보다 더
다정하게 좁고 그 후가 그것보다 더
기구하게 넓다.
그 대신에 마음은 숨는 듯 말고 스며들 듯
사라지고 싶다. 음악이 지금 그렇다.
그러고 싶지 않아도 그럴 수 있다.
내일은 전국에…. 들을 수 있다면 나이의
예보 또한 그렇다. 그러고 싶지 않아도
그럴 수 있다. 들을 수 없다면 그러고
싶어도 그럴 수 없다.

어제에 실패한

간장에 고춧가루를 두껍게 섞으면 장맛
그 자체이다. 딱히 무엇과 어울리지 않고
딱히 무엇과 안 어울리지도 않는 장맛
그 자체. 물만두 장으로 즐겨 먹던 큰놈이
군대 3년 내내 전투식량에 비벼 먹었다.
생 이후 추상 아니라 생의 추상 아니라
생에 섞인 죽음의 맛이 그렇기를 우리가
알게 모르게 바라는 장맛 그 자체이다.
어제가 너무 화려하였고 너무 능변이었고
어제 실패 너머 어제에 실패한 오늘의.

이를테면 『자본론』. 장차 나의 죽음에
실패할 것도 아니고 눌변도 아닌 그냥
장맛 그 자체이다. 일관이 시대에 뒤떨어진
징후일 수도 있지 않나? 『자본론』에서는
자본이, 자본가, 기업가, 장사꾼이 한 번도
망하지 않는다. 경제 위기를 부르고
자본주의를 필멸케 할 장사꾼, 기업가,
자본가, 자본만 있다. 필멸의 인간이 없다.

사전의 필요

셰익스피어 용어 사전, 인용 사전, 색인 사전,
자료 사전, 작품 사전, 연상 사전, 평론 사전,
총체 학제 사전 아니라
적어도 셰익스피어가 처음부터 사전인
사전이 필요하다.
인터넷에 인터넷으로 있을 수 없는.
하늘에 파랑 희미하다.
거리의 깊이,
내가 살아온. 너무 가까운 동물의
정지한 표정이 식물보다 서늘하다.
선명이 엎질러진 죽음이다.
표현 아니라 표정인.

시간의 광경

우리가 정말 두려움에 떠는 것은 밤하늘에
펼쳐진 거의 모든 광경이 인류 탄생 훨씬
오래전 저질러진 것을 깨달을 때이다.
아주 오래되어 거인이 꿈틀거리는 우주
탄생일 수도 있다. 지상의 보이지 않는 시간이
중력보다 더 지속적이고 위력적으로 우리의

일상을 낯익은 것으로 만든다. 오죽하면
별이 아름답다. 정말 아름다운 것은 가까스로
아름다운 지상의 시간이다. 영혼이 가까스로
육체에 닿고 육체가 하릴없이 영혼에
베이는 입맞춤의 시간, 영영도 지나서.

은유와 직유

무좀은 끝까지 나를 따라오려는 어떤 은유,
암은 나보다 더 오래 사는 것에 몰두하는
헌걸찬 직유이다. 늙은 나이는 은유가 어울려
가려움이 내가 살아 있는 환기이고 죽어가는
것으로의 이전도 자연스럽다. 긁어도 잠이
달아나지 않고 약이 잘 안 듣는 것도 소동과
무관하다. 늙은 나이가 은유이다. 죽을 때까지
나를 따라오려는. 무좀의 은유인 아주 가벼운
무좀도 그렇다. 혼자서는 이따금씩 제 속으로
소스라치기도 하면서.

새까만 코딱지

이제는 캄캄한 곳을 발 딛지 않는다. 모르는
어둠을 평생 떠메고 다닌 발에 대한 예의.
어둠을 더듬을 수 없다. 발과 손발을 맞춘
손에 대한 예의. 이제는 암담에 차가운
빛의 이마를 대야 한다. 생각의 이마 대신
먼저 꿇은 무릎에 대한 예의. 오체투지가
마침내 육체의 규탄을 벗는다. 완벽하므로
죄가 종합되지 않고 가장 강력한 죄도 죄의
종합이 아니다. 언제 어디서든 지옥도는
죄가 끝없이 죄를 해체하는 죄이고 잘하면
생은 정신이 오체투지 육체를 입는, 아니

그것으로 남는 과정이다. 코피가 말라붙은
콧속에 새까만 코딱지도 혹시.

처음의 과거

앞만 보고 살아온 내게 돌아온 과거가
지금의 나를 위해 누추하다. 생각보다
더 하긴 그래야 내가 나의 과거를 즐거운
경악으로 받아들인다. 그리고 딱 하나
누추하지 않은 처음의 과거가 경악을
도약으로 만든다. 해외보다 더 먼 친한
후배의 안식년처럼.

여행의 탄생

소련이 가장 멀고 러시아가 가장 가깝다.
지금은 사라진 러시아. 러시아의 회복이
가장 가깝다. 수난의 회복도 안 가 본 데가
가장 낯익다. 여행 아닌 여행의 탄생이 있다.

음식의 효용

제왕절개 분만을 앞둔 만삭의 며늘애를
아내가 집으로 불러 생일상을 차렸다.
샤브샤브용 제철 쭈꾸미가 둥글고 큰
유리 접시 위에 만삭보다 희고 더 높다.
물이 끓고 쭈꾸미 탱탱하게 살찌고 머리에
알이 꽉 찼다. 맞아. 포도주는 안 되지.
예수는 도대체 무슨 짓을? 적당히 평퍼짐한
하양으로 어영부영 피의 연관을 지운 일품
쭈꾸미 샤브샤브가 며늘애 복부 길게 배인

데를 너끈히 아물게 해줄 것 같다. 여러 다리
흡착도 악착같지 않고 깨끗하고 분명하여
어쩐지 어디선지 도움이 될 것 같다.

불가능한 패전

말세에 노년은 노년이라서 시작이다.
끝내 노년이 노년과 겹치기 위해서 겹치는
노년의 노년이 시작의 시작이다.
말세가 젊은 것을 끊지 않고 늘는 것을
넘어서는, 급기야 언어도단인 말세가 된다.
전쟁이 끝나면 패전이 불가능하지.
말세의 시작이 말세가 시작으로 된다.
노년이 노년으로 온갖 세련을 갖추게 될 때에도
나는 나의 길이 내 발에 거칠게 느껴지는 것을
계속 선호하겠다 처음 가는 길인 뜻이므로
혹은 뜻으로. 처음의 디자인이 바로 미래일 때까지.
내 귀에 나의 소리가 영영 들리지 않더라도
가는 것이 계속 가는 것뿐일지라도 마침내
나의 발자국이 나를 앞지를 때까지 말세의
끝까지 노년이 시작이다. 노년을 끝내는 것은
노년의 죽음뿐, 그것도 툭하면 분리와 수거
사이 이간질이 일을 망친다.
문예봉이 남고 최은희가 넘어갔다면 북한 말투가
좀 야들야들하고 남한 말투가 좀 억세졌을까?
바퀴벌레가 헌책에 묻어왔을 가능성이 바퀴벌레
끔찍을 완화할밖에 없다.

죽은 것과 산 것

2권 음악에

노래가 처음의 번역일 때 생애보다 더 길어질지 모르는…

1부

미술의 세계사: 회화가 시간의 우연과 사고事故**를 무력화하는 유일한 공간…**

평화

악보처럼 네 몸을 읽던 시대도 지나 악보를
네 몸처럼 읽는다. 우리의 호흡이 단절되지 않고
우리가 단절을 흐른다. 일본 열도, 명료, 애매,
붕괴로 나뉘는 전국 억양 분포도 하나로 거든하다.
가라앉을 리 없다. 거대한 분포가 화성보다 더
우월한 조화. 자신의 총체를 진작 감지했다면
대동아 전쟁 꿈도 안 꾸었겠지. 한반도는 평화가
분단이다. 직접 저지른 일 아니라서 후회할 수도
없다. 악보처럼 네 몸을 읽던 동안. 모든 것이 조금씩
더 작아져 완연했다. 중세가 근대를 이루는 역사였나,
그 길이 끊긴 현대인가? 네 몸처럼 악보를 읽는 동안
평화가 어긋나지 않는다. 어긋난 것이 평화이다.

오랜 친구 과정

엄혹의 단어에서 뜻들이 무수히 눈에 보이게 갈라져
나오는 것이 고전과 신학, 그리고 번역의 과정이다.
그 과정을 눈에 보이게 합쳐가는 것이 노래와 디자인
그리고 오랜 친구 과정이다.

충무로역 → 필동

역대 대종상 시상식과 수상 영화인 사진들이
흑백에서 흐린 천연색으로 넘어가는 역 구내가
광장 같다가 사진들이 명함판 같다. 4번 출구 순댓국
부대찌개 가난한 영화판 뒷패들 와자지껄하던
먹자골목이 20미터 못 되어 끊겼다. 여기가 오늘의
영화 한 편이다. 끊긴 길 속으로 '영화광 김정일 남한
최고의 여배우를 납치하다〈연인과 독재자〉상영
일정과 티켓 판매소 있지만 현실보다 더 현실적이고

더 끊긴 길 속으로 건물들 높지 않고 제국의 포스트
모던 풍이다.

공예 도자점

주인이 없어 커다란 항아리도 작은 찻잔도
크고 작은 그릇도 입을 다물었다. 침묵을 물화한
그 입 보이지 않는다. 두꺼운 나무 탁자 서 있고
나무 의자들 앉아 있다. 나무 선반들 놓여 있다.
가운데 기둥 노릇의 껍질 안 벗긴 나무 두 그루
꾸불꾸불하고 울퉁불퉁하다.

어린 누이

일상보다 단위가 긴 평상의 시간 내가 모르는
죽은 얼굴들 보인다. 모르는 옛날 풍경 사진
동영상들이 정다워 보였던 것이 이상하지만.
평상이 정상이다. 일상보다 오래이지 않고 더
낮게 깔려 흐르는. 죽은 얼굴들 빛나지 않고
크게 달라 보이지 않고 그냥 내가 살아 있는
증거로 죽은 얼굴들이다. 처음부터 낡은 처음이
유일하게 있을 수 있는 나의 자화상이 이제부터
나를 그린다. 먼 과거보다 더 멀어 보이는 가까운
미래가 성큼 다가서는 나이의 자화상이다.
바이올린은 비올라, 늙어가는 어린 누이가
답이다. 세월의 슬프고 환한 규모가 미지와
경악의 고래를 이기는, 지금 없는 어린 누이가.
가장 가까운 답이다. 백년 된 설렁탕집에서
보통 한 그릇을 나눠 먹어도 백년해로 배부른
어린 누이이다. 뒤늦게 발견되는 재능, 아름다움을
눈에 띄게 하는 장소, 오래된 전통의 음악 학교
낡은 건물이라는 기적과도 같이.

우이동

내가 사람도 시도 좋아했던 후배가 한 십 년 만에
밤늦게 유선으로 전화를 했다. 우이동이오 우이동
계곡…. 술에 쩔은, 옛날에 흔히 듣던 그 목소리이다.
우이동, 우이동이 어디지? 서울이 고향인 내가 지방
출신인 그에게 묻는 게 스스로 어이없지만, 우이동이
어디지, 내가 정말 몰라서 자문하나? 청량한 계곡물
흐른다, 이순 넘긴 쇠귀이다, 우이동. 지도로 찾으면
더 헷갈린다.

회화의 전집

걸작 회화를 그냥 보지 않고 그 앞에 서서 보면
보이는 것이 어떤 이야기 장르보다 더 강력한
구체의 총체이다. 다가가도 튕겨내어 다가갈
수 없고 물러나도 잡아당겨 물러날 수 없다.
걸작 회화 한 점 속에 회화의 전집이 있다. 모음
전집에서는 도무지 분산되는 회화의 전집이다.
그린 화가 눈은 전집이 전집들의 전집인 것을
보았으리라 우리가 짐작하는.

감응
—이호철(1932~2016. 9. 18.)

민족의 남북 분단 문제에 가장 먼저 온몸으로
뛰어든 사람 가운데 하나이지만 그의 선구 방식은
독보적이다. 어떤 논리도 없이 분단의 미래 참상을
앞당겨 자신의 가장 낮은 신음 소리로 체현하는
그의 몸인 그의 글이 섬세하고 연약하게 찢어지고
찢어지느라 노년보다 먼저 노년보다 더 많은
나이를 먹었다. 그가 나서지 않으면 아무도 나서지

않고 그가 나서야 비로소 나설지 말지 결정하는
문단의 풍속이 그가 젊었을 때 이미 생겨난 까닭.
그가 분단 작가, 통일 작가 아니다. 분단 민중의
그것보다 더 참혹한 고통을 문학의 전망으로 삼은
위대한 소설가이다. 그가 죽지 않았고 다만
그를 받아들인 죽음이 그의 살아생전 온몸의 글로
비틀릴 때. 정작 그의 죽음은, 있다면, 죽음보다 더
안온하기를.

소리

악기 연주 역사를 들으면 걸작이 되는 악기의
소리 생애가 순식간으로 느껴진다. 너무 오래
살지 않고 아주 오래 산 지인의 부음 같다.
우리가 가장 뒤늦게 깨닫는 것이 역사의 가장
온전하고 깨끗한 발전이라는 소리.

환절기

어젯밤 꿈이 춥고 좁고 군대식이었다. 희미하게
주목이 나의 정체성이고 아무리 광활한 벌판도
전쟁은 죽고 죽이는 백병전이었다. 좁지. 프랑스
책은 언어 상상력보다 회화 상상력이 더 뛰어나다.
1964년 라루스 소책자 『철학사전』을 들추니
오래전 돌아간 김현의 구식 포스트잇 메모가
말을 걸듯 툭 튀어나왔다. 조 선생 9월 말일까지
번역해서 보내주시오. 어떤 항목을 해 달라는
거였는지 알 수 없다. '조 선생'이 돌아가고 부인이
책을 보관하다 자식 대에 헌책방에 내놓았을 터…
이게, 언제 적 일이지? 살아 있다는 게 소문인 것
못지않게 죽었다는 것도 소문이다.

보라색 서체

빨아들이지 않고 한없이 꽉 차며 은근에서
화려까지 섹시하다. 거기까지. 일찌감치
서체 있었다. 일찌감치 죽음이 있던 것처럼.
보라색, 혼신의 문장과 혼신의 단어와 혼신의
알파벳 후에.

종이의 기적

카르멜회 수녀원 도서관에서 폐기된 헌책 속이
새 책 같고 살색 도서 대출표가 새 책보다 더
새것 같다. 손을 타지 않아서 아니라 손길이
너무 정갈하다. 남녀노소를 불문하고 처녀가
모두 성처녀이다. 조심 혹은 옆, 저 예리한 분리와
균열의 이방, 베일 것 같다. 수사들도 고생이다.
역사 속에서 더러운 종교의 역사를 계속 씻어내는
게 개별적인 그들이다.

모더니티

대학 시절 생각하니 연극의 의상 아니라 육체를
입고 희망이 가능했다. 그 사실의 절망적인 표현도
가능했다. 젊음이 늘 포스트모던인 배경으로
희박해지는 모든 것이 모더니티이다. 민주주의가
더 많은 것을 허락하고 저지르지만 나이 들수록
모더니티가 좀더 옷깃을 여며야 한다. 모더니티는
우리 힘으로 이룩된 까닭에 모더니티이다. 돌이킬
수 없고 결코 질질 짜지 않는. 지금은 그보다 더
난해한 진보의 육체 속에서 묻는다. 우리가 공연한
것이 고전극이었나 현대극이었나, 어떤 법칙 너머?
피아노 소나타와 현악 4중주 사이에서. 헌책방에

프랑스 혁명 책 너무 많다.

사랑

죽어서 서로 다른 무덤의 방이나 우주는
소재 불명의 장소 거기서 같이 듣는 음악.

노동의 새김

이제는 신판 백과사전도 만년이다. 뒤늦게
확인되는 사소한 오류의 즐거움. 오래전
4중주단 낯익은 명곡의 명연주를 듣는다.
막연히 그냥 처음 듣는 것처럼 듣는다.
이제는 백과사전도 신판일수록 만년이다.

메모

이야기 극복은 최상의 음악이자 미술이자
연극이자 디자인인 언어가 자본주의를
극복할 예술의 희망이 아직 있다는 적극적이고
필사적인 명제이다. 메모 내용 아니라 형식의 절대
순수 '첫', 처음의 완성. 자발적인 수동. 가족
앨범 사진이 흑백의 나이를 먹는 음악. 그 이전인
모든 이야기가 자본의 자본주의인 음악의 추모.
왜냐면 자본주의가 가장 강력한 이야기이고
이야기로 극복될 수 없다.

입추 지나

죽음보다 더 낯선 젊음이 실제 상황이다. 두려움이

가장 젊다. 아름다움이 그 자체로 고달프다. 나라도
물고 늘어질밖에. 입추 지나 날이 작년보다 훨씬 더
빠르게 깜깜해진다.

상식

예리한 젊은 감각이 허튼 노년을 가다듬는다.
노년이 늙는 과정이고, 젊음이 젊은 맺음이다.
집게손가락 길게 삔 데가 안티푸라민을 발라도
낫지 않고 냄새만 코를 찌른다, 길수록 길게.
내게도 나의 대단원이 그냥 대단원인 이유
만으로 느닷없이 충분히 감동적이기를.

지금의 유년

명상이 신이다, 전지전능 없어 더 황홀한.
야상이 발라드일 망정 환상은 아니지. 배운
만큼 낯익은 외국어가 잊은 만큼 더 낯익다.
지하철 출구로 나가 약속 장소에서 만나는
인생이라서 때로는 굳이 낯선 지상을 삼십 분
넘게 헤매며 지하철 입구를 찾는다. 커피가
엎질러진 컴퓨터 자판의 누르지도 않은
백스페이스 키가 써놓은 원고의 자음 모음을
빠르게 백스텝으로 지운다. 반나절 물기를
요란하게 말리니 딜리트 키 하나만 영영 회생
불가인데 그 키는 하나 더 있지 않나?
백스페이스는 백스텝이 지금의 유년이다.

노부부 포르노

섹스가 죽음과의 섹스이다, 생애와 생애가

단 한 번 통하지 않고 단 한 번 접하는.

고요한 음악

모진 말로 네 가슴을 찢고 내가 아무리 뉘우쳐도
소용이 없다. 뉘우침이 모진 말의 시간과 장소와
역사를 오히려 면도날로 다시 새긴다. 모진 말은
생각할수록 모진 말이다. 네가 네 가슴을 스스로
봉합한들 소용이 없다. 착한 것이 때로는 이렇게
잔인하다. 사랑보다 더 울컥하는 질투도 부른다.
침통보다 무거워 고요한 음악이 고요히 흐를밖에
없는 까닭.

사회주의 소략

유튜브 아이디 Mama San이 단 이런 리플이 있다. 1940년대 우리 집에 읍을 통틀어 다섯 대밖에 없던 콘서트용 스타인웨이 그랜드 피아노가 한 대 있었다. 각 집이 차례로 피아노를 내주어 연주장에 실려 가게 했다. 눈에 밟힌다 사내들이 조심조심 피아노를 트럭에 올리는 광경, 아기처럼, 겹겹 퀼트를 친친 둘러싸서. 우리 집 스타인웨이는, 삼촌의 피아노 선생이 삼촌한테 이백 불에 넘기고 (삼촌이 마련할 수 있던 최대 액수!) 유럽으로 돌아간 것인데, 바로 발터 기제킹이 그날 밤 연주했다. 내가 아주 어렸고 연주회 중간에 잠이 들었다. 내 영혼이 그날 밤 그 놀라운 음악을 모두 빨아들였기를 바랄 뿐이다. 그 피아노를 수리하여 1960년 대학 음악과에 기증했다. 그들이 여전히 이 멋진 피아노를 갖고 있기를 빌 뿐이다. 여전히 보고 싶다 이 피아노 그리고 보고 싶다 발터 기제킹. 모든 음악가들에게 축복을…

바퀴벌레를 짓밟다

우리의 생명도 저토록 검은 껍질 혹은 뚜껑,
들여다볼수록 소름 끼치도록 아름답겠으나

우리의 시신도 바로 저렇게 죽음의 엄숙에
이르기에는 물이 너무 많을 것이다. 우리가
바퀴벌레를 밟지 않고 짓밟는 까닭.

개천절

낮게 낮게 고요히 가라앉는 것이 유일한 목적인 음악.
개천절이 너무 무서운 말? 가사 있는 노래 불러라 음악.

태풍 언어

자신의 난해에 각각 고유하게 길길이 뛰는
젊은것들을 어떻게 당하겠나, 감각은 깊이가
날카롭고 나처럼 늙은것들은 각각 고유하게
조금 더 늙은 시간을 차곡차곡 쌓아갈 일이다.
무딘 감각이 더 느린 시간을 닮도록. 태풍 차바가
오랜만에 끼어들었다 한반도와 일본 열도 사이.
드문 10월 태풍이니 제주도가 아주 먼 옛날의
아주 먼 훗날처럼 양쪽을 다 감당해야 할 듯.

상아 삼각자

일찍부터 러시아 대륙을 들락거리던 경의선은 분단
내내 북한 철도 취급을 받았다. 기차가 와우아파트
무너진 뒤에도 휴전선까지 계속 다니기는 했나?
파묻혔다가 군데군데 드러난 철로를 따라 조성된
산책 공원, 제법 운치 있는 나무 계단 위로 전에는 건물
지하 창고 용도였을 시멘트 구조물이 계량기 달린
외벽을 버젓이 드러낸 위로 간이 선술집 몇이 자정
가까이 성업 중인 가운데 와우 횟집 있다. 아주 작은
없힌 듯한 아크릴 간판에 훨씬 더 가파른 계단을

아담하게 그렸다. 바깥의 소 탁자 두 개, 하나는 국물
얕은 양은 냄비, 부러진 나무젓가락, 소주병을 널브러진
파장이고 한쪽은 그런 채로 술판이 한창이다. 풀이
많이 죽기는 했을 것. 벼랑에서 돌출한 와우 횟집도
파묻힌 것보다 더 불쌍한 것이 무너진 것 아니겠냐는
서늘한 위로 같다. 하늘로 오른 죽은 혼이 무너진다.
흙으로 돌아간 백이 이따금씩 발굴되어 와우 횟집,
약소하지만 초라하지 않은 후대의 술자리로 소환된다.
위로는 분명 위로할 후대의 몫이다. 책장 밑 어딘가에
분명 있을 앙증맞게 소중한 일제 상아 삼각자를
꺼내기 위해 여러 겹 쌓인 책들의 질서를 파헤치거나
무너뜨리지 않기로 한다 10년이 넘는다. 생은 어떻게
죽었든 죽은 자들이 생에 없는 것을 스스로 위로할 일.
죽음은 죽은 자에게 죽음과의 전면적인 스킨십이
모든 것이고 그것을 영생이라 부르든 말든 위로를
탐닉하는 생의 시간과 장소 바깥의 일이다.

맞은편

습기의 얼굴이 있다. 썩지 않는다. 만족하는 입장에
집중한다. 좀체 젖지 않는다 습기로 가까스로 표정이
유지된다, 찢어지지 않고. 만족시키는 입장에 집중한
얼굴의 가장 가까운 맞은 편, 가장 슬픈 얼굴이다. 둘
다 흐트러지지 않으려 다른 모든 것을 흩트린 파국의
순결 너머 소년 소녀에서 다시 소년 소녀로. 짠하다.
낯선 장소에서 가족 냄새로 시작되는 소리도 없이.

호주

죄수인 건국의 아버지들을 끝내 화폐에서 지우니
인간보다 더 괴팍해 보이는 포유류도 있고 대륙
사막 한 가운데 정말 한 가운데가 있을 수 있는 듯

넓고 높게 치솟은 붉은 바위 우룰루가 있고 북동부
퀸즈랜드 해안의 푸르름을 거의 제 혼자 이루는
장벽 산호초가 있다. 그리고 북부 해변에서 남부
해변에 이르는 드넓은 오지 아웃백이 있다. 공포의
습관으로 공포를 잊지 않고 공포의 까닭을 알고
공포에서 차츰차츰 벗어나는 것이 아직 가능한
것처럼.

재고
—임옥상에게

좁은 침대 더러운 이불 더러운 커튼과 가로누운
전신 거울 하나로 꽉 차 TV도 없던 옛날 여관방.
성욕이 누추하여 사랑이 격렬하다. 베니어판
음란 낙서 벽 소리가 지들끼리 통해도 상관없다.
출구 없음이 욕망의 유일한 출구. 욕망에 무슨
서열이 있나? 지금은 옛날식 흥분이다. 낙원
상가 뒤 오로지 집과 땅 소유만으로 버틴 익선동
한옥 골목 어떤 곳은 번화하던 구한말 그대로
백년 넘게 낡아서 흥분된다. 연탄 아궁이 아니라
방공호 입구인 한옥 하나에서 본 것이 '이상한
익선동 이상한 시 쓰기' 전시였나? 세계 문자
심포지아 2016 주제는 행랑. 현대 직전 고전이
격정의 진수를 품었다. 그 밖은 농촌과 지방과
도시의 세련이 애매하게 품거나 품기고 애매한
품음이 애매한 품김이었다. 침대 위로 숱한 사랑의
슬픈 완료들이 나부낀다. 그곳에 이르는 이야기는
얼마든지 완료되었다. 끝까지 완성된 것이 미비.
그러니 느닷없는 생에 조금 숨죽인 환호. 음악은
어떤 음악도 온갖 소음을 줄이며 두근거리는
고조되는 실내. 내음, 파다히 번지며 너의 전체의
소리, 떨리며 너의 실시간인.

나중의 발견

창제한 한글에는 소리글자의 소리 상형이 있다.
옹근 단어가 글자보다 먼저이고 받침까지 소리
한 몸이었으니 소리 기호 아니라 상형이다. 늘
걸어 다니는 사람들이 어떤 때는 '늘', '걸어'
'다니는', '사람들' 서예이다. 소리 상형은 그림
상형과 달리 끝까지 흩어지지 않고 나중에
처음을 찾는 재미가 없어서 사람들이 상형인 줄
모른다. 오늘의 서예 연습. 지하철 7호선 청담역
12번 출구 도보로 일 분 드레스가든 청담 사층
블리스돔 김사인 딸 결혼식에 간다. 모처럼
한글만 쓴다. 서예로 '모처럼' '한글' 만 '쓴다'.

음 소거

구舊 할리우드는 낭만의 실버 극장이다.
왕년의 남우 주연상들이 육체파도 청순가련하고
의협파도 턱선이 고와서 노후한 4층 건물
엘리베이터 사방 벽을 가득 메워도 되고 명함판
사진들이 건물을 넘칠 수 있을 것 같다.
우리 젊은 날의 찬란한 표정과 장면이 고스란히
있고 온전히 그들 것으로 돌아간 지 오래이다.
노년을 그토록 꺼렸던 그들이 놀랍게도 죽었다는
사실을 들키는 것에 쪽팔려 하지 않는다.
스크린 속으로 들어가 본 적 없는 우리는 현대라는
괴물의 온전을 받아들여야 하지. 형편없이 낡은
낭만의 거인으로서. 생에 묵언의 체위가 아직
남아 있고 음 소거, 다리 저는 사람의 평생 앉은
연주가 계속되는 것처럼.

성냥개비

괜찮은 노인 병원 가서 살아도 괜찮겠다 싶어 모종의
서재 총정리를 끝내니 비싼 책들만 남았다. 헌책방도
비싼 책들은 난해한 책들이다. 아직까지는 해방이 결국
문명으로부터 해방이다. 토속 문화만 남는. 죽을 때까지
난해한 것은 내용이 아니다. 그럴 것이 확실시되는
가장 비싼 책들을 책상에 상설 비치하자 살고 싶은
의욕이 과격하게 솟구친다. 먹칠이 아직도 나쁜 뜻인가?
내게 난해한 것이 하나 더 늘어난다. 라이터를 못 찾아
손에 가까운 성냥을 켜니 20년 전 것이다.

화려

전쟁과 평화 아니라 늘 생의 종지부 전후.
신들의 가짓수가 무수히 늘어나는 음모의
성공을 질투하는 혁명의 퀴퀴한 냄새가 바로
혁명의 실패라는 전언. 타협의 미온. 느닷없는
죽음의 여백 없는 메모지 메모. 단두대 처형,
너무 옳았던 자의.

나무 심는 단독

목조 한옥은 죽은 나무 산 나무 대화가 인간들
살아 있는 대화보다 더 자연스럽다. 아니 공통
언어가 있다. 우리가 단독 주택에 나무 심으며
한 오백 년으로 계량화하는.

아직도 제논 역설

처음 오는 동네, 맨정신으로 대낮에 언덕을 오른다.

외조카딸 결혼식 가는 길. 주택과 상점들이 떨어진
사이가 좋다. 교통이 평지보다 순하다. 추첨제라며,
성당에서 안 해도 되고? 주차하기 힘들다는 아내
예상과 달리 공터가 넓고 적당히 성대 성당 건물도
공터를 닮으며 외부를 받아들인다. 아이들 뛰어
놀라고 있는 아이들처럼 뛰어놀고 자문도 없는
어른들 표정이 바로 품이다. 몇십 년 된 주택과
상점들도 언덕을 오르느라 나이를 먹지 않았었다.
삐죽삐죽 솟은 최근 고층 아파트 숲에 둘러싸여
도림동성당은 적당히 성대한 것이 가장 성대하다.
왜냐면 공터가 언덕 위에 있지 않고 언덕 올라야
있지 않고 언덕 아니고 언덕 오르는 성당이다.
신의 부재로 완벽한 신성의 공공. 만년의 만년.
죽음을 딛는 진정한 고유의 시작. 각자 고유한
행복이든 고통이든 사랑이든 이별이든. 영등포를
길게 가른 철로 방음벽 바깥 사람이 다니지 않아서
새까맣게 낡은 육교 건너 내린 동네는 왜정 초 반도
조선의 거의 최초 철도역이 모던하던 풍경의 잔재를
가린 붉게 녹슨 양철이 을씨년스럽다. 방금 육교
아래 그 빛나는 철로 위를 이마 환한 고속 열차가
지나간 것, 맞나? '땅 주인 말고는 거의 연고가 없어
보이잖아?' 벼락부자와 정반대, 서울 토박이 잔당
이야기이다.

    비 온다 여보 우리 무덤 속이다. 너무나
    짧은 이 행복이 젖는다. 결핍이 있어 우리
    아직 순결하다. 첫, 여자.

수직의 균형이 있다, 공간보다 중력에 시간보다 역사의
미래에 직립보다 전망에 죽음보다 멸망에 더 가까운
수직의 균형이다. 그것을 우리가 또한 아름다움이라고
부른다. 여린 마음이 한없이 여린 까닭, 음악이 음악인,
시가 시인 까닭이라고도 부른다. 죽음이 터무니없는
과장이라며 죽은 이가 뼈아픈 결핍으로 산 자를 돕는

현기증 같은 수직의 균형이 있다.

   비 온다 여보 당신이라는 난해한 모험이
   계속 변주되어 당신의 시간이 나의 자유이다.

앰네스티

X 모양 십자가, 몽둥이, 짧은 칼 긴 칼, 미늘창과 긴 창,
전투용 도끼, 톱 등 사도들 상징은 순교의 도구 혹은
원인들. 원인의 찢어진 상처들이다… 결론이 너무
이른 초판본, 늙지 않고 낡지 않아 권위의 희귀본이
될 수 없는. 대학로는 소극장들이 너무 많아 대학로
공연장 안내도 대신 실제 면적을 넘칠 태세라서 구석
구석 번화한 거리가 있을 것 같다. 숨어 지내는 무대
공연 각각이 더 가관일 것. 그렇게 세상이 펼쳐지지
않고 누추하고 감동적인 육체를 입는다. 그렇게 보면
모든 예술 장르 육체가 누추해서 예수가 거룩할 것
같다. 공포를 건네지 않고 음미하는. 구경이 처형보다
더 끔찍한 악몽인 기요틴은 살아남은 자의 몫으로도
십자가가 될 수 없다. 차갑고 날카로운 작두날 무게를
느끼기도 전에 손뼉 맞은 모기처럼 죽는 것이 인간의
죽음일 수 있나? 없었다. 지금은 인파 속으로 죽은 옛
애인 모습의 주어가 순식간에 사라지는 이야기이다.

언제나 놀라운 것은 발견이다

이 나이에 옹녀는 오히려 남성의 마지막 왜소
콤플렉스를 치유한다. 밤을 새운 그녀와의 섹스로
새벽에 죽어 나가는 것들은 엑스트라에 지나지
않다. 변강쇠 아비를 섹스로 죽인 옹녀가 변강쇠한테
섹스로 살해당하는 〈보전자전〉은 성인 영화에
지나지 않는다니까? 여주인공이 죽으니 내가 울

뻔한 것도 그렇다. 만년의 울음은 울음이 형식일
때까지 운다. 죽음의 입구가 검은 것도 드러나 헐벗는
시간. 전반적으로 산만한 위키피디아도 벗으려
유튜브 조회수 100 미만이고 아주 오래 지속되는
클래식 명연 속으로 들어간다. 내가 태어나기 전인
1940년대, 혹은 더 이전. 소음이 소음을 진정시킨다.
고요가 요동친다. 죽음의 입구에서는 가장 하찮은
일이 불가능에 가장 가깝다. 따스하던 파시즘 온상이
따스하게 이어진다 빈 필 신년 슈트라우스 가족 왈츠
음악회. 돌아들 와야지 물론, 죽은 사람들 빼고는
누구나 죽음의 입구에 있는 음악의 전언이 누구나
죽음의 입구에 있던 사실로 과거화하는, 표나지
않게 다른 류 죽음의 입구를 조심할 것. 섹스가 죽음인
것보다 섹스하고 죽는 것이 더 낫겠지. 가냘픔이
동정을 구하지 않고 떨림이 공명을 일으키지 않고
고음이 저음으로 치솟지 않고 기나긴 것을 끝까지
기나길게 느낄 때이다. 정말 본인 홀로일 때이다.
내가 지상에서 난독하고 난청한 사랑의 부가 행위가
교정된 나의 시간이다. 러시아 인명처럼 늘어나는
죽음의 입구. 생의 연속이 뜻하는 온갖 차가운 기적과
열렬한 박수도 홀로일 때이다. 불가능하지 않은 불가능의
약어. 이를테면 세월호 참사. 우리가 그토록 지지부진
끌탕만 했던 평소 비극 형식의 비극적인 완성.
찢어지는 가슴 아니라 찢어진 가슴의 놀라운 발견.
책상에 자꾸 튀어 오르는 쇠못 대가리를 앞으로는
내가 망치로 두들기지 않고 그냥 두고 책이든 몸이든
다치지 않게 조심해야 한다.

장르의 본명

셰익스피어, 토스카니니, 릴케, 하이페츠는 독보적이지
않나, 어떤 필명보다 더? 제 이름의 선대와 후대 씨를
말리는 본명의 위력이 있다. 이미 말해 버렸으니 돌이킬

수 없을 정도로. 소설가는 없다. 도스토옙스키는
스키가 걸리고 톨스토이 손자가 수십 명, 생텍쥐페리는
사생아가 있을 것 같다. 미술가도 없을 것. 미켈란젤로,
미카엘과 안젤로이고 피카소 손녀도 수십 명일 것 같다.
가장 독재적인 영화감독들도 없는 것은 뒤늦은 등장
때문. 뒤늦은 것은 이미 말해 버린 것. 셰익스피어, 릴케,
토스카니니, 하이페츠 이름의 분명이 우리가 추구한 지
꽤나 오래된 장르의 본명의 본명이다.

부분의 영원: 엘진 마블스

백병전 유혈이 단아하기를 바랐던.
사랑의 요염이 짐승 크기로 나아가는 허리께
무마하는 향수 내음이 단아하기를 바랐던.
브라스의 불가능하게 다정한 만년 피아노의
인터메조들의 환상곡, 광상곡, 발라드, 로망스
독주 소품들. 부분의 영원이거나 부분이 영원인
예술사의 조각들.
스스로 20세기인 것을 너무 자의식하느라 옹졸하게
깊어진 것이 20세기였다는 생각. 드문드문
소설가가 일찍 죽고 시인이 오래 살아야 가까스로
시에 달하는 썰의 먹튀. 하긴 늙은 고대 로마
귀족의 방금 더 늙은 표정 흉상도 양차 세계대전
책임을 떠넘길 전쟁 신도 죽여버렸으니. 부분의
영원, 수백 년은 수백 년에 걸쳐 완성되고 모든
것이 사전 준비되는.

갈비뼈 세속: 교회의 탄생

좁은 계단 좁은 복도 총 연장 일백 킬로미터 3층 4층
뻗어가며 누운 너비와 높이 서랍 방에 시신 사백만
구를 묻고 여닫는 카타콤의 까닭. 죽음의 네트워크

맥락 물화. 도저히 멀쩡할 수 없는 실제 성(性) 체험
구체. 선(線)으로 이룰 수 있는 최대가 건축이고 선이
뭉개지며 조각과 스테인드글라스 등등이 시작된다.
회화는 뭉개진 선을 원래 상태로 되돌리는 색 광경.
우리가 처음 본다 처음의 순서 아니라 차이들을.
오르간 소리가 구성하는. 비 내리고 밤이 낮으로
낮이 밤으로 연명하지 않는다. 걸작이 빛나는 것은
걸작과 그 주변 아름다움의 차이가 아름다움보다
더 아름답기 때문이다.

언어 매장

생각의 집착이 생각을 파괴하지 않는 것을 아는,
우둘투둘한 미지가 단아를 넘어서려는 사각형
단정. 부재가 무엇인지 알기도 전에 그냥 그것을
채워가는 몸이 이성이고 총체가 무엇인지 알기도
전에 그냥 그것을 이뤄가는 동그라미가 처음 아닌
과정의 순수한 해체이다. 나의, 나라는 종합이라서
나의, 나라는 초월인 나. 올해도 가을 실내 모기가
노골적으로 힘없이 내 주위를 돈다. 지지부진
남은 자신의 생을 처분할 방법이 올해도 내 손뼉
말고는 딱히 없는 거다. 한두 마리도 아니잖나.
내 전생이나 저승 아니라 이승 이외 생의 데자뷔,
나의 시. 육체이자 정신이 과거일망정 시는 문법이
현재의 미래를 꾸려나간다. 재구성되는 시가
재구성한다. '시적' 아닌 모든 것이 과거이다.
시사 언론의 외눈 풍자로 자본주의가 더 공고하고
울음 터지는 격렬한 사랑이 색의 난무를 어떻게든
따라가더라도 사랑의 진실이 빈자리의 추출과
응집인 것처럼. 그리만 해도 된다. 몸이 해체되는 사랑의
자세가 사랑의 인격을 세우고도 남았다. 앞으로도
남은 다른 이들이 남은 우리를 완성하는 동안 남은
우리가 남은 빈자리를 완성할 수 있을 것이다. 매장,

땅에 묻혔던 언어들이 싱싱한 죽음을 신발에 묻히고
돌아왔다. 우리가 서로를 안을 수 있던 것이 바로
기적이었다.

기회와 재회

혹시나 들여다보지만 역시나 중력이다.
중력이 원인이다. 대학 동창 회보 표지 2/3를
빡빡히 채운 종횡 명함판 사진들이 종횡 명함판
사진들의 결국이고 결과이다. 원인과 결과 사이
얼핏 구관이 정다운 명관인 관계가 조금 더 무겁다.
끔찍한 관계이다. 꼼짝도 하지 않는다. 웅비는커녕
움직이는 게 무덤이다. 표정의 일부 근엄들 모여서
오래될수록 사연이 아기자기한 모교와 저렇게도
악착같이 무관하기도 힘들 것이다. 신약과 구약을
거룩하게 하는 것은 그 후 2천 년 동안의 기독교
세속 신앙과 신학이고 그러고도 이제는 신구약이
더 이상 거룩하지 않다. 과거가 현재보다 더 많고
강력해서 단순해 보이는 죽음이고, 더 복잡해서
실제보다 약해 보이는 현재가 그 죽음을 갈망하나.
동창 노인네들이? 아무리 멀어도 현재를 향해
오는 과거들은 생생하고 고리타분한 것은 과거
아니라 과거의 영접이다. 역사보다 음악의 생애가
아주 조금만 더 아름다우면 된다. 인간보다 더
인간적인 생애로.

주황

낡고 해질수록 표나지 않고 그냥 어울리는 색이 있다.
칠이 어지간히 갈라져도 제 몸이 찢기기 전에는 그냥
어울린다. 내가 너에게 아니라 너의 그런 색이고 싶다.
내가 할 수 있는 온갖 예상을 이번에도 했으나 역시

예상 밖으로 벌어진 일, 너의 색이고 싶다. 영영이 가능한.

합리적

연대표와 유적을 아무리 섞어도 소용이 없다. 우리가 구호물자로 연명하던 시절 태어나 받은 생년월일을 소중한 보따리처럼 품에 안고 살다가 구호물자 베푸는 처지로 넘어왔으니 저 위인의 탁월한 업적과 애통한 사망 날짜에 기록의 귀를 기울인 고대 문명의 탄생 없고 사망 있는 경지를 체감하는 것이 합리적이다. 유적을 좀더 파고 연대표를 좀더 상세히 채우는 것만으로는 우리가 불러낸 대중적 간편의 만연에 우리가 파묻힐 수 있다. 그 일만 살아남아 그 일만 전해진다. 죽어서 죽음 아니라 죽은 죽음의 유명이 있다. 가장 막연한 명징성으로 완성되는 언어가 있다.

인간이라는 현재

패배가 우리를 덮치기 전에 우리가 몰락을 깊이깊이 감싸안아야 한다. 여기는 고층, 까치가 발아래 좁은 돌출 위에 잠시 앉았다. 육체가 추락하기 전에 정신이 낙하해야 한다. 비상은 새의 몫. 치솟으려는 춤에서 연극이 탄생하는 합창도 우리 몫이 아니다. 우리가 집단적으로 아는 것은 죽음뿐 실제가 늘 쪼그라들고 한강 상류 식수원에 토막 난 토속 신앙 희생 짐승 사체들이 뗏목처럼 떠내려온다. 민족과 제국의 번영이 타이탄, 거대한 육의 몰락보다 더 거대한 결과의 전조 같다. 원활한 안주. 오로지 무능해서 피를 부르는 혁명. 갈수록 닥쳐야겠지, 내 안의 개새끼가 갈수록 더 개새끼이다. 아들놈, 소외 계층 맞다. 몰락하는 중산층이니까. 절박하다고 하지

않을 수도 없다. 두 아들 치우고도 아파트 한 채 있고
매달 연금이 남은 노부부는 퐁네프 연인인 듯 살면
되겠지마는 아들 부부 세대가 조금 더 잘사는 것
말고는 몰락의 가망조차 없을까 봐 두렵다. 치매
걸린 마르크스와 새파란 레닌과 예능보다 더 재미난
대통령 조롱밖에 없을 것 같아 두렵다. 제대로
눌리고 눌려서 평평의 두께가 완벽할 일도 없고
아직도 읽어야 할 책이 많은 사실이 수명을 연장하는
느낌이 아직도 들어야 할 많은 음악인 나의 노년에
저주일 것 같아 매우 두렵다 지금보다 더 무료할
다음 세대가 원죄를 이해할 수 있을까, 꼭 이해해야
하나? 제1차 세계대전을 겪은 우리 앞 세대의 앞 세대의
앞 세대의 생이 그보다 훨씬 더 끔찍할 것이 분명한
제2차 세계대전 직전이 그 이전 직전보다 더 무료했던
사실을 우리 세대가 끝까지 용서할 수 없던 것 말이다.

문학의 예술론

원래 흑백 사진이었으면 더 좋았겠다. 흑백 제록스가
흑백보다 더 옹글게 백이고 흑백 균열도 더 옹글게
균열적이었을 것. 문제는 우리가 역사의 역사인데도
역사의 역사일 생각이 없다. 글자 제록스가 그 옆으로
형편없는 입장이다. 육체보다 더 옹글게 허한 글을
보고 싶다.

리어왕

후대가 선대의 뒤통수를 친 것에 핏대 올라 천인공노
운운하며 자연까지 끌어대는 촌티 너머가 근대이다.
시간만큼 배은망덕한 것이 어디 있나. 그러니 후대의
미래가 인간의 실재하는 실제 권력이다 프랑스어
공부는 프랑스어로 생각하는 것 너머 생각될 때까지.

자서전

도처에 죽은 이들의 유령 아니라 낯익음이 출몰한다.
대략 서클 수준이고 드물게는 살아 있는 너의 소식을
베끼는 것에 해당한다. 죽은 이들이 정말 죽은 소식
없는 고전의 제도. 작곡과 연주의 좌우를 작곡가와
연주자의 상하로 듣는다. 온전한 너만의 특성이 나의
자서전이다. 이해할 수 없는. 우연의 필요. 녹음 편집
너머 생략의 사전 펼쳐보지 않을 방대한 까닭. 지나간
시간의 문양. 생과 죽음 사이 중력이 너무 가팔라진
것 아냐? 인간의 생로병사가 있나? 임종의 제의 너머
임종만 있다. 맨 처음이지만 처음부터 맨 나중인 제의.
여생으로서는 즐거운 일이다. 살아 있는 너를 듣는
것은 작곡의 좌우와 연주의 상하를 듣는 일이다. 안
읽은 책을 읽는 음악이 별도로 흐르고.

소통과 변화

현악 사중주단의 '단'이 걸린다. 네 명이 단을
넘쳐나면서도 단체가 아니다. 최신이지만
현악기들이 생겨나 어울리기 전부터 그냥
처음부터 있던, 그냥 처음인 소통과 변화 같다.
소통이 변화이다. 춤이 석조를 낳기 전에 돌이
춤을 입문시키며 제 몸을 제 몸으로 느낀다.
제왕도 그가 보기에 자신의 국가가 기껏해야
비참한 의상이다.

걱정

지구를 지키는 본능이 유전자 칩으로 심긴 듯
흰 수염이 턱에 쑥쑥 자라고 코털이 코 밖으로
기어 나온다. 중풍 걸린 외할아버지의 눈을

찌르던 흰 눈썹은 백의민족에게 있을 수 없는
하양의 부조리였다. 눈이 머는 노년의 참사가
벌어지면 촉각이나 후각을 시각 언어로 바꿔
전달하는 부착 장치 어디 없나, 손으로 보고
들을 수 없나, 잇몸 근육을 수축시켜 빠진 이
다시 물리는 기술은 일도 아닌데 왜 아직 없지?
알파고는 그런 연구를 해야 알파고이고 사람은
사람 걱정을 해야 사람이다.

소동과 소란

처형의 클로즈업을 풍경의 태연한 일부로
처리하는 풍경화, 풍경화를 풍경의 태연한
일부로 낮추는 실제 풍경이 있다. 야훼, '나는
나이다'를 닮은 풍경이다. 소란은 소동 없는
비의. 예수가 처형보다 좋아했을 처형 그 후.
잠든 방에서 듣는 밤의, 한가한 전철 소리.
진보가 생각만큼 진보적이지 않고 보수가
생각만큼 보수적이지 않은. 소동은 놀랄
일이 더 이상 없는데 사람들이 자꾸 놀라고
싶은 것.

킴 캐시캐시언 비올라

아르메니아… 문명 발상으로도 지진이나 내전
참상의 시사 뉴스로도 내게 안 알려진, 아주 오랜
모든 것의 돌올한 시크. 현대 그 자체인 여성을
머금으며 뛰어넘는 음악의 어감.

색즉시공 바깥

추상이 복잡해지는 이슬람 궁정과 사원 건축
무늬가 미로 복잡해지는 생의 현기증을 막는다.
육덕 풍성한 인물들 곧장 반현대적이다. 보석
지천의 세계 너머 세계관의 외관을 힌두 불가촉
천민들도 공유하고 누린다. 왜냐면 보석의
보석인 미로, 누군가에게는 여가 선용이던.

마추픽추

정말 놀라운 것은 그 뒤로 치솟은 산맥의 위용의
너그러움이다, 가장 높은 고원에 인간의 거주를
허락한. 다닥다닥 성냥갑 같은 그것들이 사원이든
주택이든 간에.

페르메이르(1632~75)

한 백이십 년 전 전생의 실내를 닮은 실내에서
모차르트(1756~91)도 로코코, 너무 웅집한
성생활이 성생활 아니기 직전 이번에는 웅집의
성생활, 액체를 액체 아닐 때까지 웅집하는 깊이
아니라 입체. 렘브란트(1606~69) 없다. 사이 좋게
없다. 몰리에르(1622~73) 있다. 사이 좋게 있다.
17세기 안에서 해결된 생애들이 이어 주고 이어
받으며 18세기 안에서 다시 해결되는.

다게르 1838년 성당 대로

사진과 달리 사진 예술은 사진의 최초를 지향한다.
묵중하고 흐린 흑백이 빚어낸 부동 차원의 건물과

거리 최초 재현이 그렇게도 충격이자 감동이었다.
인물 사진 예술도 그 최초를 지향한다. 사진이 가장
현대적인 대신 사진 예술이 가장 고전적인 것처럼.

문인화가 세잔

산수가 중요하지 않고 인물이 사소하지 않다.
진경산수가 진경산수 아니고 아마추어 문인화가
아마추어 문인화 아니다. 그림의 그림이 글이고
글의 글이 그림인 땅의 점들의 선의 면들이
재구성하는 세계의 색을 밀어내느라 스스로 단색인
디자인이 필요하다, 비트겐슈타인 언어 그림 이론을
다시 그리는. 질투하는 것은 응축의 응축으로서
입체를 말하지 못한 영혼이지 육체가 아니다.
입체파는 모든 파가 그렇듯 입체의 타락 혹은 타락의
뒤늦은 모면. 뒤늦은 발견이 자칫하면 현대적이다.
때로는 뒤늦은 뒤틀림이 뒤틀린 현대를 다시 뒤튼다.
제국의 자멸이고 제국주의의 포스트모던. 발견의
물신들 괴이, 오르간 소리에 거룩 없고 공포만 있다.
토착이 가장 뒤늦게 경악하고 가장 명징한 정체성
혼란이고 그것이 입체의 정체이다.

볼셰비키

극장이 무너지고 연극이 해체되어도 그 둘의 모종의
합이던 건축 예술이 그 너머로 뻗어나간다면 괜찮다.
그래야 할 때도 있다. 과격하지 않은 미래가 현재를
제대로 무너뜨려야 아무것도 사라지지 않는다. 장르가
민족과 국가를 그 형성 전부터 해체하는 것을 우리가
영원으로 착각한다. 미모가 미모를 찡그리는 전신의
육체 위엄이 착각을 깨뜨린다. 내가 바퀴벌레를
무서워하는 것은 내가 죽여야 할 것이 너무 검고 너무

크고 너무 선명해서이다. 아나키스트 비극의 모양.
고든 크레이그 무대 디자인 스케치와 정반대. 왜냐면
이것, 예리가 일체 삭제된 흔적도 없이 검고 뭉툭하다.
무대 이전 아니라 이후 너머 그 후 같다. 양식이
아니다. 양식의 전망이다. 예술의 볼세비키에 달한.

티끌 서정

망할 때를 놓치고 왈츠를 즐기는 오스트리아–헝가리
제국은 뼈 없는 살에 근육이 있을 리 없다. 흥청망청한
모든 것이 흐물흐물하다. 문화면을 넘치는 성추행이
성폭력을 능가하고 사회면을 압도하는 상황. (그러게
진즉 범죄는 사회면으로 넘기라니까?) 고고를 빼고
썰만 남은 인류학에 아름다운 적나라가 없다. 물려받은
악몽이 겪은 것보다 더 끔찍하지. 끝을 모르고 이어지고
번식하고 상상력을 지배하고 대신한다. 뼈가 개 같은
죽음과 개 같은 섭생으로만 드러난다. 발굴할 수 없다.
범죄의 게으른 영혼이 반복하는 반복의 스모그가 남의
나라에서 온 것처럼 온 나라를 덮친다. 놀랄 게 뭐 있나.
전 세계 유선 무선의 SNS도 있는데? 뼈는 단단함보다
더 오래 버텼고 더 버틸 것이기에 뼈이다. 더운 살의
구체가 형식보다 짧고 차가운 뼈의 해체가 더 길다는
보장이 서정이다. 뜨거웠던 사랑의 순간은 우리가 살아
있는 동안 티끌만큼 영원한 미래를 위해서라도, 고고의
티끌 서정이 필요하다.

헝가리

세계 제국어 영어 '헝그리'와 발음이 가까운 바로
그만큼 '헝가리' 거칠다. 고전 음악보다 더 유명한
지휘자, 연주자들 특히 많다. 음악을 음악답게 하는
거칠음이 있다. 헝가리만 수난을 겪은 것도 문학인,

미술가, 춤꾼, 연극인이 없는 것도 아니다. 음악이
거친 소리로 짠 비단 같다. 음악이 끝난 후에 비단의
감촉인 비단 소리. 헝가리, 헝가리, 헝가리… 의미가
희미해지는 발음이 끝까지 가는. 가장 부드러운
것은 카탈루냐 피아노 연주자들이고.

손자 마법

옛날 외할아버지 가위는 완벽한 손톱깎이, 정말
사라지고 있는 것은 가위가 손톱의 동그라미를
그리며 깎는 마법이다. 분류의 정반대. 생명과도
죽음과도 무관한 사물로 만든다. 난파 자체를
난파선으로 건조하는 아르고호 선원들 마법이
아직 남아 있다. 너무 많이, 너무 오래 버텨온 듯이.
여한 없는 여생이 늘어나고 본문보다 더 투명한
음악의 색인이 더 복잡해진다. 백일 안 된 손자가
언짢은 표정이고 나는 그게 남은 표정인지 처음
표정인지 배우는 표정인지 궁금하지만 아직은
잠 깨어 홀로 있지 못하고, 안아 달라는 것이니.
나와 내 아내보다 조금 덜 미련하고 조금 더 착한
제 부모보다 썩 더 미련하고 썩 더 착하면 된다.
앞으로 이런 날들 많지 않고 이런 날이 바로 집안의
경사이다.

시원섭섭

창조 신화보다 더 지겨운 인류학의 늘 놀라운
발견은 거리이다. 원주민 여럿 모이고 지나다니는.
장이 서지 않아도 남녀 모두 거기를 새까맣게
내놓고도 거리이다. 두 아이 모두 장가보내고
집안이 조금 휑하여 회의용 탁자 모서리에
제일 크고 두꺼운 사전 두 권 겹쳐서 펼쳐 놓았다.

저녁 아홉 시 TV 뉴스는 광화문 광장에 대통령
하야 촉구 시민이 주최 측 추산 이십만 경찰 추산
4만 5천 명 모였다. 거대 야당을 만들어 주고도
다시 모여야 하는 이들도 고단한 집회가 시원
섭섭할 듯.

평면화

연극이 육체적이므로 등장인물 가동한 이야기도
가장 감동적인 연기도 소용이 없다. 육체가 오로지
자신이 겪은 과거와 현재 사이를 자신이 걸어갈
미래로 구현하므로 연극의 핵심이 예수 십자가
처형이다. 육체의 문이 열리지 않고 육체라는 눈이
육체라는 눈을 뜬다, 제대로 늙은 춤꾼, 아주 젊은
하이파이, 시간의 평면화라서 그림인.

고사

찢어졌다 온전한 것이 완벽하게. 보석은 피도
눈물도 없다. 빛나는 것은 원색이 갈수록 원색인
원인. 아니라면 균열 너머로 찢어진다. 누군가
펑펑 울었던 고사故事. 움직이는 것이 침묵이다.

센티멘털

18세기 라이프치히 풍경 판화 흑백. 입추의 여지 없이
들어선 성당과 교회 공회당과 제후 궁전들이 삭제한
도로와 사람들 대신 흐르는 똥물 청정한 강이 백 년에
걸친 바흐 가문 음악이다. 어지러움이 소용돌이치는
위태 언저리 어떤 명징이 희망의 사정일, 센티멘털.
레싱이 친구에게 empfindsam으로 번역해 준. 바야흐로

국제가 국제적으로 가벼워지던 시절.

혼주 하객 얼굴 가운데

이제는 높은 음이 새 나오지 않도록 세세 촘촘히
주름을 긋고 지나간 시간의 남은 발자국들이 옛
표정 닮으려 글썽거리는. 지울 수 없는…

비밀의 색

폭발이 분명 해체이므로 끝내 폭발하지 않는 폭발적,
비밀의 색이 있다. 불가능이 더 위협적인. 불길하지
않을 때까지 존재한다. 시작되지도 않은 혁명이
완성 후에도 존재하는, 존재하지 않은 증명으로 가장
가까이 있어 눈에 띄지 않는 비밀의 색이다.

가리봉 오거리

노동자 출신 후배 시인 출판사장이 10년에 걸쳐 펴낸
철학사전 칸트, 헤겔, 맑스, 니체, 현상학 다섯 권이
노동자 운동의 기념비라 할 만하다. 가리봉 오거리 그
옛날의 빨래판 크기 돼지갈비를 뼈가 타도록 구웠다.
비가 조금 내렸다. 여기도 번화해졌지. 그때는 낯익고
허름한 나의 내복쯤 되었었다. 가리봉 오거리가 노래
선율로 들렸던 게 나의 문제였을 거다.

유년의 색

거의 모든 것이 테두리부터 희미해져서 거의 모든 것을
견딜 수 있는 것은 아니지만 견딘다는 말이 생겨날 수

있었다. 수필 쓰기가 유년의 복원이나 색칠과 다르고
수필의 색이 유년의 색인 것도 아니다. 그렇다. 수필이
유년의 색이다. 격렬한 섹스가 유희로 보이는 경지의.

위로

내 청춘 푸르르고 야비했다. 짐승보다 사납고
굶주림보다 비루했다. 푸르르고 야비한 결작
노년은 통렬한 위로, 위로의 노년을 기다리는.

기우는 소비에트

보는 눈은 늘 쳐다보는 눈이고 네가 나를 쳐다보는
눈이다. 그렇게 내가 사라진 네게 쓰러지지 않으려
기우는 평생이었다. 네가 늘 그 자리였다. 소중한
것들만 사라진다. 사라지려고 소중했던, 사라짐이
소중함인 듯이. 중력이 몸무게에 지나지 않는다.
기울기가 현실의 전부인 듯이 장면들이 넘어간다.
비에 젖는 것은 늘 몸의 내부이다.

집

주거의 배경이라서 더 주거의 장소인 집이 어느 날
문득 우리를 염탐한다. 사실은 귀신이 살지 않고
딱지 같을망정 집이 귀신이고 집의 귀신이 살지
않고 우리가 집의 귀신을 산다. 외출도 그래서
집이 집이다.

상상하는 자서전

생애가 육체보다 더 육체적인 느낌의 물질일 때
내 손을 벗어나는 것이 내 몸인 듯 날아오르는
음악이 다하기 전에 무한 펼치는 색의 공간에서
추억이 후렴에 지나지 않다가 완전히 녹아들며
색을 색의 침묵으로 완료하는.

가장 최근의 사라짐

미국이 마지막 내전 중이다. 누가 더 멀쩡한지를 놓고
피 터지게 싸우는 시대는 끝났지. 정의를 내세운 적은
원래 없고 문명의 그것도 무색해진 지 오래이다. 지금은
말이 되려고 기를 쓰는 파와 멀쩡한 게 무슨 소용이냐
파 사이 내전이고 후자의 승리로 끝나간다. 사실 정치가
끝나간다. 경제가 상관없이 돌아가고 그러면 된다.
마지막 정치로서 마지막 세계 제국이 사라진다. 가장
구차한, 가장 지지부진하고 오래 걸리는 사라짐이다.
가장 최근의 사라짐이고 가장 현실적인 사라짐이고
사라짐밖에 없는 사라짐이고 사라짐이 전망인
사라짐이다. 우리가 몰랐던, 이제 알면 가혹할 까닭,
그러나 사라지지 않으면 우리가 정말 너무나 뒤늦게
절망할밖에 없었을 까닭이 있을 것이다. 세계 제국의
대통령 선거 결과 아닌가. 나로서는 지금까지 언제나
사실은 어긋난 예상이 틀린 예상이고 배반된 기대가
순진하고 상투적인 기대였다는 반성으로 비판적
지성과 상상력이 이제까지의 제도를 벗고 현실과
알몸으로 마주치는 과제가 최우선이다. 제도화한
진보가 세계 제국이 사라지는 거대한 '진보적'을 무슨
수로 감당하나? 민족 아니라 모국어의 시대이다.
하나의 색이 달리 보이지 않고 여러 가지로 보인다.
우리가 걱정할 것은 제국의 사라짐 아니라 제국 이전
제국주의의 부활이다.

하이든 음악 뼈대

단아와 정교와 세련의 대리석 궁전, 고통 너머 극에 달하는 겸손의 웅장한 형식으로 화려가 단정한.

반복의 색

이것도 저것도 아닌 태도만 분명하여 이것이 이것이고 저것이 저것인 유년에 없고 유년의 추억에 있는. 이것도 아니고 저것도 아니라서 이것이 이것이고 저것이 저것인. 보물과 섬과 보물섬. 사랑과 미움과.

살색

살이 죽음과 무관해지는 구체, 살색. 향의 유구와 명석. 평이와 난해의 끝없는 환치인 그 사이. 유일하게 불구와 발발의 단속이 없고 청정하다, 욕망도 욕망의 이면도. 일체의 감상이 없다. 모든 살색이 너의 살색이다. 표현, 적절 너머 절묘하지 않고 절묘 너머 적절한.

기교

아무리 사소해도 행복은 속물근성을 모른다. 얼굴을 구성하는 빛나는 미소가 속물을 비웃는 속물근성의 운명적인 실렉션을 모른다. 장미 한 송이 비유도 없다.

생략의 색

광야는 아무것도 없지 않고 분명한 사후이다.
사전의 증거 없이 있는 것들이 깨끗하게 하며
있다. 비밀의 베일이며 정화는 무슨. 드러날 수
없음을 드러낸다.

여행과 주거

나이 들수록 세월이 빠르게 흐르면 큰일 나지.
지나온 세월이 단순 명료한 격변이고 그 전이
아예 매일매일 무너질 뿐 노년의 앞길 너무
창창하다. 사투리 하나 튀어나올 것 같지 않다.
옛사람들 죽었으니 죽음을 해결 안 한 것도
못 한 것도 아니고 처음의 표정들이 전해졌을
뿐이지만 아직 어머니 배 속을 떠난 여행이
있고, 앞으로 생애가 거푸집 되는 주거도 있고.

절약

커피 내리던 시절 이전 커피 끓이던 주전자 물
이전 벌컥벌컥 펌프에 붓던 마중물 아니다.
경비실 스피커 옥상 물탱크 정화 단수 예고 깜빡
한 아내가 화단 수도꼭지 지하수도 못 받고 어떤
할머니한테 얻어온 양치와 세숫물이다. 하긴.
옛날 징역 살 때 특혜 물 한 주전자면 비누칠
머리 감고 목욕도 깨끗이 했다. 물론. 절약해야지
정신적 사랑도 사랑 행위라서 냉장고에 두고
조금씩 꺼내서 해야 할 나이 아닌가. 옆구리 콕
찌르고 앞장서 가는 사람 비에 젖고 평화보다
낮게 깔린 음악이 평화를 관장한다. 햄릿, 여자들,
여자들, 여자들… 비가 그 비슷한 소리로 내린다.

옛 독서의 원심이 구심하는 모양 비슷하게 내린다.
언제나 유일한 독서가 절약이고 유일한 절약이
여자들이다. 국민 모두 행사하는 소중한 한 표가
소중하지 않다. 끝까지 투표하지 않는 부동의
척도보다는. 투표율이 5% 미만이라도 표본 수가
여론 조사의 2천 배 아닌가. 마르크스는 미학이
절약으로 필요하다. 마르크스 미학이 마르크스를
전복해도 좋은 일이다. 그의 계산에 묻어나는
낡은 윤리 도덕을 씻어내는 일.

너의 얼굴

고딕 성당 표지의 중세 음악, 바로크 회화 표지의
바로크 음악, 그 후 기타 등등… 보이는 표지가
안 들리는 음악보다 덜 두드러질 수 없지만 제법
어울리게 두드러져야 할 테니 음반 카탈로그를
보다 보면 정신이 사나웁다. 각각의 장르가 모두
장르-고유한 방식으로 장르-고유한 총체를 지향
하지 않나? '에로틱' 없는 아름다움일수록 말 되는
디자인이라고? 아무렇지도 않게 모처럼 정신 바짝
차리는 고전 예술 이성 순간의 가시화, 부주의한
살기의 매력도 필요 없는 너의 얼굴이 가능하다.
네가 언밸런스 능력을 잃었다. 창을 열지 않아도
새벽 온도가 급격히 떨어지는 일로는 우리가 서로
밀착하지 않고 군데군데 허하여 더욱 우아하다.
내가 나의 능력을 뛰어넘을밖에 없는 너의 얼굴이
가능하다.

어느 날

햇볕에 쨍쨍 말려도 일본 제국주의 음습하다.

즐거운 실종

오랜만에 지나가듯 안부나 물으면 돌아가셨는데
여태 모르냐 핀잔 들은 게 올 들어 두 번째이다. 저런.
안타깝고 죄송하지만 핸드폰 없는 탓이고 나쁠
것도 없다. 그분 문상 안 했으니 내게 덜 돌아갔고
장례 안 치렀으니 더욱 그렇다. 추모도 좋지만
살아생전 아예 그 죽음을 모르는 것이 더 좋다.
누구나 자신의 젊음이 즐거운 실종일 때가 있다.
마르크스 청년기를 다시 읽는 노년은 더욱 그렇다.
그가 이십 대에 젊음의 마각을 어느 시인보다 더
천재적으로 보았지만 발굴과 복원은 그만. 지금은
즐거운 실종을 아껴 먹듯 재구성하는 시간이다.
니체도 스물여섯 살이나 어렸으니 이슈 파이터,
요즘 말로 먹튀였군. 중간에 보들레르, 말라르메까지
있었으니 더욱. 랭보의 이 년 연하인 프로이트는
말러의 정신 분열 음악 생애를 제 생애로 품는
이야기. 양차 세계대전과 자본주의 승리를
배경으로 한 프로이트 격찬은 비겁한 변명이다.
앙드레 지드가 레닌보다 한 살 더 많고 한 살 더
어린 프루스트, 발레리가 파리코뮌 해에 태어났다.
그 아래부터는 새파란 애들이고 경제의 언어가
외국어 너머 이국 물이다. 입문이 아니라 진출.
물을 육감적으로 만드는 시보다 더 시적인 것이
필요해서 내가 물보다 더 물적으로 자진해서
실종된다. 최대한 유연하게. 투신하는 현실의
미래 속으로. 나의 생애를 위해 내가 남길 것이 나의
실종이다. 두려운 처음을 난생처음으로 육체적으로
더듬는 총체. 『자본론』이 내 유년의 형식으로 읽히는
그 너머까지.

화면

87년 6월 항쟁 이래 최대 인파 80만이 모여도
이상하다. 전망이 모이지 않는다. 성숙한 시민 의식
덕분에 폭력 사태 전혀 없었다. 다행이지만 다행도
안도도 이상하다. 종교 집회는커녕 무당한테 넋을
빼앗긴 여자 대통령 규탄 궐기 대회인데 붉은 띠 죽창
깃발 분노한 군중 80만이 모범 표창 받는 80명처럼
집단적으로 온순했다고? 폭력으로 전망을 빚을 수
없지만 전망은 정상의 응축 아니었나? 이건 정상이
아니다. TV가 현장을 중계하지 않고 질서정연한 TV
화면 속이 현장이다. 어떤 비폭력 교리가 현장을
중계하지 않고 설득하지 않고 지배한다. 80만이다.
표로 치면 천만에 가깝다. 화면 속 현장이 화면부터
깨부숴야 할 판. 텔레비전에 내가 나왔으면 정말
좋겠네에… 동요 가사에 정말 기대어 오만방자하게
군림하는 화면, 언론 혹은 야합. 화면으로 보이고
화면이고 보임이고 보일밖에 없고 보임밖에 없는.
피살의 4·19, 최루탄의 6월 항쟁 전망에 비해 졸렬한
대안들의 연대가 이어진 까닭에 4·19가, 6월 항쟁이,
먹고사는 것 훨씬 나아진 지금도 미완의 혁명이고
전망이 턱없이 온순해졌다. 아니 온순이 전망이다.
여러 번 읽을 수 있는 종이 신문도 한 번만 보는 화면
야합 속에 있다. 전망은 조금씩 나아지는 전망이
조금씩 나빠지는 전망의 다른 이름이다.

운디네

마지막으로 음이 제 몸을 지우는 게 가능한 듯이
몸이 제 음을 지운다. 물의 요정 언딘. 마지막으로
몸이 제 음을 지우는 게 가능한 듯이 음이 제 몸을
지운다. 물의 요정 운디네.

축적

역사 이야기가 역사를 참고-인용하다가 자신이
하는 이야기에 스스로 놀랄 때가 있다. 휘둥그레진
역사 이야기의 눈에 보이는 것은 역사 너머 현재
현실이다. 역사에 너무 열광하지 않던 역사 이야기가
이야기에 열광한다. 왜냐면 이야기가 바로 축적이다,
오는 것이 쌓여 오고 가는 것이 쌓여 가는 현재가 바로
현재의 축적이다. 역사 이야기가 역사에 열광하지
않고 스스로 통계를 넘어 감동하는 때가 있다. 이때
비판이 스스로 아주 하찮은 장식에 지나지 않는다.

관광의 가능
−김석희에게

제주도 애월, 낭떠러지 달, 해안 도로, 따라가면 카페
러브호텔 즐비하지만 더 따라 가면 인가와 길이 생기며
기인 바닷가와 낮은 산들이 굽이굽이 절경을 이루는 일
지금도 가능한 듯이.

도시 만추
−휠딜린 단편斷片들

겨울 재촉 비 내리는 아스팔트에 지천으로
깔린, 얼마든지 밟혀주는 은행잎들, 은행잎들과,
지저분하던 웅덩이가 한 장만 떨어져도 그윽한
천 년 연못 표정을 띠는 단풍잎, 단풍잎과…
처지와 의미가 달라졌어도 샛노란 것들 그래서
샛노랗고 새빨간 것들 그래서 새빨갛겠다.
인간이 와자지껄 모여 뭘 먹는다는 거 배경과
전혀 어울리지 않아서 먹으러 가면 어디든
가고 오는 길이 똑같다. 비가 어느새 그쳤다. 많이

재촉할 생각이 원래 없었던 듯 길바닥에
흔적도 없다. 겨울이 코앞인데 아직 철들지
않은 희망처럼.

원화

오르세 미술관 하면 아주 먼 데를 만지는
중. 눈으로. 촉각보다 더 촉각적이고 후각보다
더 후각적으로. 남은 날들이 덮쳐오는 그
열차에 여러 번 올라탈수록 좋을 것이다.

정치 경제학

중년을 맞던 나의 선언이 일개 정의^{定義}에, 눈앞의
혁명 이론이 끝내 자진 왜소화에 지나지 않았다. 올라
탔는데 막차였다. 잘못한 것이니 노년에 이르러 내려
탄다 막차의 막차인 노년의 노년을. 혁명은 현실 실천.
아무리 줄여도 끊어지는 고흐, 아무리 늘여도 응집과
응축인 마릴린 먼로 너머 육체의 비린내 없는 수학
속으로 좀더 들어가겠다. 좀더 폭넓게 실패해야 좀더
폭넓은 다음 막차를 타겠지. 작업의 상상력이 유통을
능가하는 그날도 내가 나의 막차를 타겠다. 죽음의
정의^{定義}가 의미를 능가하고 겹치면 안 되는 것이
겹칠 필요 없을 만큼 온전한 겹일 때까지. 막차 타는
나의 철학은 지금 공적이 가장 사적이고 사적이 가장
공적이다. 언어 물화로 죽음의 추상을 극복하는 일.
사실은 헤겔이 자코뱅이고 볼셰비키이다.

최근

하이든, 모차르트, 베토벤과 슈베르트를 다방이나

거리에서 종종 볼 수 있고 그들 음악이 불야성을
이뤘다면 빈, 비엔나. 인간 마을의 최대치였을 것.
왜냐면 예수 제자들은 하나님 아들이 무서워서
제 몸 덜덜 떠는 것이 일과이고 제자들만 들을 수
있는 음악이었다. 하지만 비엔나, 빈. 추문이 훨씬
더 빠르게 번진다. 입체파 '평면의 깊이' 운운이 대박
나서 그것만 물고 늘어지는 바람에 미술 상상력이
믿을 수 없고 돌이킬 수 없게 추문화한다. 정말
사라진 것은 밤 아니라 척도이다. 지휘의 파사드가
육체보다 더 육체적인 음악의 유령 같다, 그림
하나가 다른 그림을 수상하게 부르거나 부르는 게
수상하다. 원래 수상하고 결국 수상하다.

수난의 색인 선

아직 시작이 불안의 틀이라면 천사가 고통의
크기 아니라 깊이 아니라 다만 밝기이기를.
우리가 우리 곁이라서 모르는 가장 멀쩡한
죽음의 원근법이기를.
눈에 보이는 것은 아무것도 아니지. 관건은
제 안을 비워 낸 선 아니라 제 안에 있는 모든 것이
제 밖에 있는 선이다. 뼈 없이 육이 육으로 더 충만한
묵시에도 불구하고.
등식을 한없이 지워내는 선이고 지워냄으로서/써
선이다. 어쩔 수 없이 짐승을 벗는 인간을 위하여
선이 출렁일밖에. 수난 없는 상태를 우리가
나중에 명명한 것이 짐승이다.

지는 해

내 몸에 완화할 피가 아직 남은 성찬 미래가 있다.
옛날 사람들이 동시대인인 줄 모르고 동시대인이던

모습을 보여주는 교통이야말로 일류의 기적이다.
내 몸에 완화할 피가 없는 성찬 미래도 있을 것이다.
내가 보이는 것을 내가 볼 수 있는. 지는 해는 건물
귀퉁이에서 녹슨 붉은 동전처럼 떨어진다. 붙어 있던
까닭에 떨어지는 듯이. 쓸데없이 복잡한 것은 없다.
불가능할 것 하나는 끝까지 갖고 가는 여생이고
싶기도 하다. 바그너와 〈사운드 오브 뮤직〉? 독일은
독일이고 오스트리아는 오스트리아. 독일 문제는
독일인한테 물을 일이다.

명사 '예를 들면'

풍경이 어디에나 있어, 배경이 바뀌어도
바뀐 배경 풍경의 추상이 지배적이다.
버려진 신들에 대해 말했다. 그들이 챙긴 단 하나
권위는 수많고 강성하고 인간에게 재앙적이던
때에도 인간을 풍자한 적 없는 데서 온다. 그들
이전에도 풍경에 풍자가 없었다. 그리고 인간
종말의 날에 신들도 풍경도 없을 것이다. 종말도
기적이다. 우리가 종말을 맞고 나서 다시 종말의
환갑잔치를 치르고 젊은 날 미진했던 유혹의
이제사 괴기를 발본색원할 수 있다. 왜냐면 '이를
테면'이 전지전능한 명사이다. 우리가 그렸던
괴물들 습작과 아예 무관할 수 있고 우리가 혹시
현대를 너무 잘 아는 것을 포함한 모든 문제가
문제 아닐 수 있다.

나의 여성

흩어져 사라지는 머리카락이 선명하려는
마지막으로 헝클어진다. 내가 여성이던 살 내음
아주 조금이 그 절묘한 균형을 망치려 한다.

천칭이 곧장 무너진다. 포동포동 죽은 나의 여성.
어둡던 영원. 화사하던 검푸름의 대비. 디테일이
확장하던 황홀, 구약이 영원 회귀하던 육감.
뒤꿈치보다 더 정결하던 야성의 발. 전체 너머로
성난 아름다움을 규정하던 표정의 아득한
비대칭. 이전以前의 형식이던 슬픔. 나의
여성이므로 내가 여성이던.

명화의 탄생

색과 모양과 이야기와… 그 모든 것의 구도가
깊어지는 방식으로 가시화하는 전망이 있다.
처음에 마지막에 그리고 처음이자 마지막인 듯
가시화하는 전망, 가시화가 전망인 전망이다.
시간 밖에서 늙는 법을 모르는 그 전망이 우리의
전망을 장악하고 볼 때마다 명화의 탄생이 바로
명화이다. 신앙보다 우월한 종교 예술의 가시화
전망이 있다. 들여다볼수록 부분이 전체보다
거칠기는커녕 더 섬세한 전체를 담은 것이
한꺼번에 보인다. 세계가 스스로 세계를 이루는 것
뿐이라 해도 말의 게으른 형용 불가능 결론보다
몇 차원 높은 가시화이다. 게으른 TV 미인들이
확실히 있다. 참혹으로 아름다운 지상의 구도가
필요하다. 시스티나성당 천상의 구도로는 TV
화면을 장식할 뿐 대체할 수 없다. 화면의 구도,
화면인 지상의 구도가 필요하다.

예표

모세 버리고 요단강 건너 여리고성 공략에서 여호와
기적이 잡스러워져서. 와달라는 성화에 행사 참석한
마음 바쁜 운동권 명망가 같던 대목이 실은 구약의

가장 중요한 신약 예표였다.

드로잉

능숙할수록 준비가 바로 목표일 때 선이
그리는 것은 모양의 풍성한 죽음이다. 시커먼
음모陰毛도 흩어지는. 거룩의 세속은 여기서
바보나 걸인이 필요 이상이고 잔혹이 존재
이상이다. 꽃들도 지상의 아름다운 모양의
풍성한 죽음이다. 알레고리 없다. 죽은 여성의
완벽으로 중세 지옥이 육의 개성을 입는 『신곡』,
색도 없다. 드로잉은 드로잉 말고 모든 것이
환상이고 그런 모양의 풍성한 죽음도 드로잉이다.
드로잉이 본 모든 것이 마지막 표정의 광경이고.

고동

권위를 위해 끝없이 진부해지는 세속 권위의 마지막
보루, 진부의 권위가 끝까지 진부해지지 않는 모양의
다양, 편재의 각各으로 편재하는. 간간이 더 짙은 것이
우울이고 간간이 덜 짙은 것이 참혹을 무겁게 누르지
않고 참혹으로 드러낸다.

유년의 전집

아이들이 여전히 흩어지고 모여서 악악대며
뛰어노는 파스텔 아이들이다. 팽이가 없다.
슬픔도 뭉툭한 게 유령이고 육덕 뭉툭한 유령이
유년이다. 도로徒勞인 그림의 전집이지.
모르는 것이 점점 늘어나고 신화가 제목의
소재에 지나지 않고. 그 자리도 결국 밀려나고.

전향

낙마라니 무슨 귀신 씻나락 까먹는 소리.
가파르게 언덕을 오르는 것이 분명하다.
앞에서 오는 사람들 그래서는 영 시시하지.
숨 가쁘게 언덕을 오르는 분명한 나의 사물들의
뒤가 보인다. 더 가파르다. 더 세밀해야 한다.
상품의 우화와 공포를 동시에 극복하려면.
세밀이 세밀일 때까지. 춤 음악이 육체의 춤을
지울 때까지.

접점

늦가을에는 아주 작은 숲이라도 들어서는 순간
아연 수풀 속이다. 깊이를 알 수 없다. 열 그루가
채 안 되는 은행이나 단풍나무도 낙엽 지천이고
위를 보면 하늘과 나뭇가지와 아직 붙어 있는
물든 잎새들이 이루는 무늬가 아름다운 까닭에
낯익다. 어찌나 오랜 세월에 걸쳐 어찌나 숱한
눈들이 베꼈던지 저 무늬, 누군가가 저기에다
그려 놓은 것 같다. 이름만 대면 그가 평생 그린
그림 전체가 한꺼번에 떠오르는 화가일 것. 저
무늬, 가장 바람직한 접점이다, 인간과 자연의.
늦가을에는 거대한 교회 건물이 아연 바벨탑
아예 바빌론 제국을 닮아버린다. 말이 안 되지.
자포자기와도 같다. 신성의 접점이 없으므로
모든 것이 기이할밖에 없는.

세례 요한 설교

영웅과 기적이 없다. 미래만 있다. 비유가 없다.
저러다 크게 다치지. 그가 세속의 혁명이다.

듣는 이들 각기 다른 표정이 계속 각기 다르다.
저러다 큰일 나는데. 죄를 씻고 기다리라는
말 말고 없다. 각자 괴팍한 인물들 모두 멀쩡하다.
불길한 예감은 적중하게 되어 있다. 자신의
결말을 그가 정작 모른다. 그만 모른다.

고딕의 일상

인간이 유독 격하게 슬퍼하는 존재, 자연을
자연스럽게 그리는 것과 인간을 자연스럽게
그리는 것은 애당초 다르다. 슬픔에 찢기는
인간의 육체에 자연이 도로徒勞이고 가장
자연스러운 묵시가 훼손이다. 아마도 조각이
회화보다 먼저인 까닭. 고딕도 고딕의 일상이
있고 새로움이 방황이다. 두려움을 누르려
슬픔이 더욱 격한 동안. 음악 없이 모든 광경이
음악의 광경인 동안. 처음 산 자가 산 것 아니고
처음 죽은 자가 정말 죽은 것. 그게 숭고이다.
슬픔에 슬픔의 구도를 가능케 하는. 매번의
죽음 앞에 매번 홀로인 생의 천박에 생이 매번
경악하지 않고 공상 과학 영화가 아니더라도
과거의 도상들이 각자 다른 방향과 수준과
정도로 일그러지며 오는 복원 아니라 미래의
전언.

음악 차례

90을 꽉 채우며 70년 가까이 불세출 지휘자 생애를
생애적으로 완성한 토스카니니가 가장 총애하던 귀도
칸텔리(1920~56)가 요절했다. 토스카니니 죽기 1년
전이고 와병 아니라 비행기 충돌 사고였으니 거의
치매 상태 토스카니니 그 사실 모르고 죽었을 것이다.

이제 음악 차례이다. 반세기도 더 지난 지금 두 사람 중
누가 지휘하든 장편 광경이든 단편 광경이든 음악이
전집을 요약하지 않고 요약을 끝없이 전집하느라 있다.

모뉴멘트

블루투스 보스 미니 II 스피커. 충전하면 40시간 동안
어디든 들고 다녀도 연결이 되는 기능이 있지만
손에 들린 이 검정의 부드럽고 아담한 소리와 묵직한
무게를 어디에 영영 놓을지 처음부터 난감하다.
소켓 플러그가 100볼트 220볼트 말고 몇 개 더 있다.
꽂는 폭이 더 좁은 것, 꽂는 데가 나란하지 않고 엄청
굵은 데다 전기 안 통하는 플라스틱 기둥까지 합세,
꽂힘을 확정하는 삼각은 볼트의 모뉴멘트,
검음이 얼마나 강력해야 늙음이 야하지 않을 수 있나
묻는? 기교의 가장 훌한 미학? 신혼여행 선물로
이 물건을 사 온 큰아이가 명쾌하다. '아빠, 맞는 거
하나 쓰고 나머지는 그냥 다 버려.' 하지만 나는
선물이라면 포장 종이 상자까지 잘 안 버리는
버릇이 있다. 이것들은 활발한 비유를 벗은 검음의
꽤나 애써 활달한 명랑이라고나 할까. 트 손등에
로션을 바르면 내음이 상큼하지만 보습은 살갗
보충이고, 무기질 보충 아니다. 모뉴멘트로 모자란
기름을 대신할 수 있나? 식물 기름이 짐승 기름보다
더 도덕적인 것도 아니다. 당분간 나도 애써 명랑할
밖에. 나의 가장 사적인 모뉴멘트에 달할 때까지.
깨끗한 스피커 음질을 더 깨끗하게 잡아주는
과정처럼 들리는 게 처음 듣지만 비발디 실내악이다.
어리석음도 청량해지는.

예수 자화상

그의 천재 눈이 어려서부터 인간의 비참을 보았다.
약소 아니라 협소가, 남루 아니라 궁색이 문제이다.
그의 마음도 천재. 슬픔이 슬픔으로 초라한 것은
아니지 않나? 그가 천재 화가였고 자화상을
그리지 않았다. 그것이 지금도 마지막 담보와 보루는
된다. 순교하지 않은 누구나의 정체성이 정체성
너머로까지는 흩어지지 않을 담보, 환멸을 훨씬 더
짙게 느껴도 되는 보루. 맨 처음의 사과를 깨무는
수난부터 다시 시작할 것. 불길하고 싸늘한 희망
있으라. 손수건에 참혹의 습작 있으라. 묵시는
묘사뿐이라서 셀 수 없이 많을 뿐 끌고 가는지
끌려가는지 모른다. 무겁고 열광적이라 스스로
무서운 방금의 20대 육체의 우선 생각이 낳는
운동을 두뇌의 나중 생각인 반동이 일그러뜨린다.
우리가 지나친 것들의 독재가 등 뒤를 지배하는
미술도 우리가 우리의 미래를 폭압당하는
마당. 쩨쩨하고 치사하고 야비한 수난이 시작된다.
어떤 때는 우표만 보인다. 헌책 속 표지 뒷면에 붙은
당시 새 주인보다 좀더 새것이고 지금은 비장의
훨씬 더 새것인 그 우표는 후대를 위한 용도도
없애느라 한없이 작다. 신천지가 아름다울 수 있는
최대한과 마음이 머나먼 장식일 수 있는 최고한.

얀 반 아이크(1395~1441)
−아담과 이브

상징이 스스로 육화하는 것도 좋지만 세밀의 세밀로
미로를 극복하는 것이 더 거룩한 거룩이기에 우리가
서로 속으로 길을 내다가 잠 깨어 보니 하루아침에
왜소하지 않은 어깨 어딘가 왜소해진 서로가 서로의
장터이다. 알몸이 가장 중요한 세상 장면들을 입고

여전히 알몸이다. 세속이 우리를 택하였다. 마무리
색칠에 문제가 있는 거울 속으로 들어온 것이 천지
창조이다. 시커먼 데만 가까스로 가리고도 거울 장식
보다는 멀리 왔다. 홀로 있는 아르놀피니, 속물근성
표정이 덜한 초상화 걸작도 지나.

노랑

모양이 인간의 모양만 조금 인간 것이고 색은 인간의
색도 여러 차례 본디 무심한 아름다움으로 돌아간다.
그때마다 인간 세계에 남겨진 우리가 너무 감동하는
것에 간섭하며 노랑이 자신을 한풀 낮추고 모든 색이
그렇게는 못 하고 비교적 새로워 보일 때 모양보다 더
구체적인 색의 신비가 아늑하다. 색으로 풀리는 듯
풀리는 부드러움이 흩어지지 않고 죽음에 간섭하는
여인 누드를 만든다. 우리가 강렬할 필요 없는, 줄거리
없어 풍성한 여인 누드이다. 모든 색들이 잠깐씩 여인
누드이다. 모든 모양이 잠깐씩 안색을 빛낸다. 번개
모양을 이루는 것은 색과 선 아니라 색과 선이 풀리는
부드러움이다. 어둠도, 찢어지며 찢는 번개도 그렇다.

막간의 복원

건축은 물론 회화도 사진을 동반한다. 생애의 절정을
다스리기 위해 생애의 생애가 필요한 것처럼 쇠락을
받아들이는 프레스코, 나무에 템페라, 오크에 유화 등
신원보다 전후를 더 배려하는 방식, 후대의 타자가
사진이다. 신성의 쉬운 상징이 깊어지느라 왜곡되는
사정도 사실은 절정을 다스리는 일환이다. 그 밖에
자연스러운 색의 신비가 자연스러운 신비의 형용을
낳는다. 거꾸로가 아니다. 슬픔이 홀쭉해지며 근엄을
벗고 부활에 슬픔이 없고 저주가 무게 없는 야단법석

지하실. 처음부터 너무 피곤하고 졸리고, 잠들밖에.
천근 무게의 명징을 요모조모 음미하던 만년이 좋지
않았나? 절정도 슬픔이 명징한 절정이고 지상의 온갖
슬픈 죽음들이 끝내 달하는 유일 명징성이 영원이다,
마지막 표정도 사라진. 절정이 가난한 영혼 것이므로
새로움도 그 후의 그 후에 걸친 아주 오랜 확인이고
그렇게 나의 생애가 살아서 미래 너머로 아주 오래된
것일 수 있다. 가장 새로운 것이 생애이다. 누구보다
짧은 생애와 누구보다 긴 생애의 생애를 누구나 산다.
존재의 이전보다 중요한 것이 음악이 음악만으로
미술이고 미술이 미술만으로 음악인 존재 충만이다.
돌이켜 보아도 믿을 수 없는 우리의 절정이 지금
눈앞에서 펼쳐지고 흘러가는 간극을 입은 절정인.
불가능한 욕망의 일률―律. 기적이 가장 가난하다.
애도가 없으면 죽음이 해체되고 처형만 남는다.
이야기가 절벽이지. 사진으로 볼 수 없게끔 세상이
직접 기울어 피사 사탑을 바로 세운다. 화면을
최대한 키운 포르노도 체위와 소리의 가파른 선정을
탕진당한 육체 이외라서 사진으로 볼 수 없다. 추신은
막간: 바쁘겠지 천사들 저들이 벌인 일도 아니고 저들이 받을
은혜도 아닌데 아기 예수 탄생 기뻐하는 동시에 어른 예수 죽음
슬퍼하는 막간. 본업은 좋은 소식 전령. 내 필생의 그림은 막간의
복원이다.

절대 고립

나의 집, 벽 없이 헐벗은 사방의 헐벗은 소통인 실내.
회화, 결코 드높지 않고 언제나 가장 높은 바닥으로
지은 나의 집. 유독 여인 얼굴 하나, 거룩하기 위해
편협할 가능성을 말살하기 위한, 혹은 그 말살인.

새로운 나이

주변에 수술이 잦아졌다. 아주 가까이 수양딸이 양쪽
유방에서 양성 종양을 꺼냈고 더 가까이 최근 장가간
큰아들이 시술받았다가 재발한 기흉을 수술받았다.
잘 끝났다고 한다. 문상이 줄었는데, 그런가? 그렇게
보인다. 나이 먹은 아이들이 눈에 보이는 새로운 나이를
내가 먹었다. 낯익은 문상이 잘 안 보이고 자식 세대
병치레가 또렷이 보이는 시력의, 영혼이 알뜰하게
야위어 가는 방식의 나이. 초상이 자신의 문상처럼
보이는, 참으로 새로운 정신줄 놓기 직전 후대의,
후대가 후대인 그 기민한 후원이 보일 것이 보이는.
생애에서 우연과 신비를 삭제한 것이 주마등이다.
육체적 존귀의 완성이 이 세상 문상 전에 있다.

없는 비발디

사라진 것이 사라진 까닭을 발견된 악보들이
확인해 준다. 사라져도 대세에 지장 없던.
하지만 이 사태는 가깝게 바흐가 오페라를
단 한 편도 쓰지 않고 멀게 모차르트가 평생에
걸쳐 오페라를 써댄, 음악의, 생계 다음으로
중요한 까닭이 있다. 종교 음악 형식이 바흐에,
놀이 음악 내용이 모차르트에 직결되는 식으로
그의 사라진 음악이 사실과 달리 그 둘의 합을
능가하는 소리가 들릴 수 있다. 언뜻언뜻
내가 나의 일기를 쓰지 않고 나의 시간을
번역 중이라는 생각이 음악일 때.

촛불

풍성한 수직의 선은 낭떠러지이다.

안으로 들어갈수록 풍성할밖에 없는 증거.
명암과 무관한 온갖 색들이 온갖 모양 밖으로
활활 타오르는 과도한 정화가 두려운 마음
대신 흔들리는 촛불. 떼로 모이는 것이 떼로
솟구치고 떼로 솟구치는 것이 떼로 나아간다.

항상

약간은 미리 놀란 듯 놀라지 않는 바로 그만큼
검고 크고 둥근 네 눈동자. 치부를 드러내며
더욱 영롱한. 나는 더 망가질 수 없는 오체투지
생애, 순간의 영원, 검고 크고 둥근 네 영롱한
눈동자 속의.

옛날 비디오

우리가 하나일밖에 없다. 보이는 얼굴들 나이에
옛날 비디오 보는 내 나이가 섞여 든다. 초상화에
초상화가 나이가 스며들 듯이. 두드러지는 것도
그렇게 두드러진다. 간혹 두드러질 필요가 있는
것도 그렇게 두드러질 필요가 있다. 베드로와
바울이 죽었다 깨어나면 반전 혼성 포크
트리오 피터폴 & 메리이다.

회상

어렸을 적 동네에 계단이 내려앉으며 숨은 듯
굴이 뚫려 있었다. 길치인 내가 굴다리 위로 한참을
헤매는 대신 그 음험한 굴을 통과했는데 굴이
끝나자마자 장터가 곧장 등장하는 것이 매번
신기했다. 장성해서는 그것이 내 생에 유일한

반복이었기를 바랐지만 어떻게 그게 가능하겠나,
지금은 회상이 유일한 반복이기를 바란다. 하지만
그게 또 어떻게 가능하겠나? 회상의 모양이 점점
흐려져 제멋대로이고 나는 변하려고 아무리 기를
써도 좀체 변해지지 않는 게 문제라고 생각한다.
그리고 그 굴다리 지금도 신기하다. 반복 너머에서
더 신기하다.

목동

아기 예수 경배하는 짐승들 말도 마각이 없다.
나머지는 에피소드들이 에피소드들을 그리고
목신의 행방이 여전히 묘연하다.

미상

죽음이 유행이던 시절 죽은 이 죽은 이야기를 살아
남은 이들 살아남은 이야기가 이렇게 말살해서
죽은 이 이야기가 바로 죽음의 숫자이고 생이 바로
생몰년 미상이다. 거꾸로 그뤼네발트는 1445/50
혹은 1475/80년인 생년 미상이 보티첼리, 다빈치,
보슈, 미켈란젤로, 뒤러, 지오르지오네까지 1528
혹은 1531/2년인 몰년 미상이 라파엘까지, 심지어
브뤼헬의 생년까지 그림으로 포괄하는 것 같다.
그럴 리 없지만 그럴 것 같다 그림 이야기이니까.

포르노 상대

배경의 배경과 주변의 주변과 부분의 전체와
전체의 부분을, 시간 밖과 영향과 독창과 액체
밀착을 포함한 둘 사이, 그러나 얼핏 관계의

애매함. 아무리 일그러져도 현대적일 수 없는.

처음의 상대

모든 것이 있는 처음이 마모되는 시간을 겪을 것은
당연하고 그림자가 섬세한 것이 마모의 깊이이다.
과학이 거룩한 그림인 처음도 있다. 인체 해부와
말 운동 조각이 다빈치를 평생 괴롭히다가 결국은
망쳐 놓았다고 하더라도 예술가 누구라도 작업이
처음의 습작이고 습작이 접근전의 번역이다.

평생의 수태고지

수태고지 받는 마리아가 읽던 것이 신약이란들
읽는 책이 읽을 책이다. 그림도 시간 바깥이 시간
안으로 들어오는 순간. 미래 죽음의 임신과 출산은
얼마나 두려운가. 유년이 벌써 지워진다. 완벽한
시간의 바깥 말고는 모든 것이 모든 것의 종합을
향해 소용돌이치는 색이다. 예수 생애가 성혼이고
육화. 성모 생애가 치유이다. 그렇게 지상에서 끝내
야지. 수태고지 천사 눈에 제 날개 냄새 역겨운 지
오래이다.

규율의 색

아내와 외출하러 13층 아파트 문을 여니 문밖에
쥐가 도망가지 않는다. 재빨라야 쥐인데 그 작은
눈을 더 작게 나와 맞추며 먹을 것을 주든지 그냥
죽이든지 어떻게 좀 해달라는 표정이다. 얼어 죽기
직전 바들바들 떨 힘도 없다. '옥상까지 어떻게
올라왔지만 먹을 것이…' 경비 아저씨는 죄 없이

불려 온 말투이다. '고양이들 먹이를 주니까 쥐를
갖고 놀기만 하고…' 아주 작고 새까맣고 엄격한
규율의 쥐색이 지금 인간 비극을 일개 상황극으로
낮춘다. 관리 아저씨가 기다란 집게로 집어 들어도
꼼짝 않던 쥐가 던져진 통 안에서 꿈틀댔다. '물기가
있어서…' 남한의 가장 높은 지하철 9호선 당산역
에스컬레이터를 시각 장애인이 지팡이로 양쪽
한 번씩 두드리고는 나보다 더 능숙하게 내려간다.
난간에 의지하지 않고 나보다 더 균형이 탄탄하다.
'워낙 자주 다니셔서…' 쥐에 놀라 비명 지르며
계단 서너 개를 단숨에 뛰어오르던 아내의 심장은
대로로 들어서서야 진정되었고 나는 그 경쾌하기
까지한 균형이, 예수가 스스로 십자가에 못 박혀
죽은 것이 인류사상 가장 위대한 실패인 소리 같다.
어떤 규율의 색. 강렬하지 않은 것은 슬픔이 아닌
쥐 말이다. 오로지 처참이 거룩하다. 유년이 쥐의
장례식이다.

조각의 색

모든 것을 구비하기 위하여 프리즘이 빨주노초파남보
무지개를 내는 것과 정반대 방향으로 신 없이 거룩한
가계를 여러 가지 색이 하나의 색인 조각의 색이 잇는다.
멀리 가지 못할 것을 미리 감당하기 위하여 혹시 이미
구비인 색이고 형용이다. 브론즈 흉상 하나를 보아도
신약을 향해 흩어지려고 좀더 구비적인 구약인
색이자 형용이다. 분홍이 보이는 모든 것의 투명한 분홍.
초록이 보이는 모든 것의 투명한 초록. 알몸, 각각의
모든 색이 보이는 모든 것의 투명한 각각의 모든 색. 색의
직면에서 무너지는 균형이 지옥이다. 정말 영적인 것은
육이다. 피에타, 피에타. 순교도 육의 실종에 비하면
마지막 위로 혹은 마지막 알리바이에 지나지 않는다.
나의 노년이 미완의 건축이고 나의 사후가 미완의 건축

설계인 까닭. 나의 시력과 무관하게 누가 누구더러
비통하다는 거지? 떠나는 예수 신약 세상의 시야가
도착 때보다 훨씬 흐린 만큼만 우리가 어른이다. 남은
사람들 이제부터 오로지 스스로 더 나아질밖에 없는
것이 회화의 차원이다. 처음부터 흩어질 일 막막하여
색이 자신도 모르게 딴딴해졌던.

지중해 햇빛

아무도 선포된 죽음 이상을 설명해 주지 않는다. 음습한
난해, 죽음이 선포이고 끝이었다. 지중해 햇빛이 우리를
찾았다. 멀쩡한 것은 난해가 음습을 벗고 청정한 세속의
차원이다. 금이 가는 생을 스스로 금이 가면서 감당한다.
그쪽으로 오줌도 누지 않는다. 헤매는 게 뭔지도 모를 때
전쟁이 정지된 죽음의 장난 같다. 피를 철철 흘리는.
그 시도 때도 전망도 없는 대규모 동원 집회를 벗는 일이
시급하다. 멀쩡해진 일이야말로 돌이킬 수 없다.

어린것들

초상만 그리는 화가는 초상이 초상인 순간 말고 모든 게
범람이다. 초상이 초상화를 범람하지 않는 그 영원의
은유와 직유 사이가 가까스로 꾸준히 낮춘다 시간을
적정 수위로. 모든 화가가 초상화를 그리지 않는다. 모든
화가가 초상화이다. 왜냐면 깊어 가는 아름다움이
있고 깊어 가는 것이 아름다운 아름다움이 있다, 그렇게
하고도 백주 대낮인, 늙지 않고도 모종의 부양 의무를
떠넘기고 깊어 가는. 그 밖은 모든 것이 지상의 것 아니다.
구약이 천상의 구체, 신약이 지상의 추상이다. 누구나
자신의 이승이 남의 저승인 빈번한 혼란을 각자 고유한
원근법으로 사유화한다. 나도 지상에서 죽은 나를 지상
에서 가장 나이 든 이가 가장 아프게 품기를, 죽어서

이천오백 년을 살아온 사라 뼈와 표정을 입고 고대
그리스 조각들이 이제 등장, 옛 약속과 새 약속의 미래를
향한다. 저, 내 생애만큼 어린것들, 젖통 당당히.

변형

바티칸 교황과 주교들, 유명 화가라면 모두 불러 성당
내벽을 그림으로 도배했으니 결국 제목과 줄거리만
어렴풋한 잡탕이 되었는데도 작은 그림으로 보면
라파엘 조수들 어린 사수 엿 먹이듯 가필이 형편없고
라파엘 손댄 곳마다 기적이고 큰 그림 속으로 보면
종교 너머 미술 세계의 각도이다. 화가들 모두 실내로
돌아온다. 창밖 어둠이 특히 섬세하다. 모든 게 모든
것의 자화상이다. 라파엘 만 삼십팔 세로 죽었다. 제
노년까지 꽉 채워 그리며. 노년까지 먹튀하는 것들 더
많이 보인다. 하긴 미술 세계이니까.

힌트

심오가 뭐냐? 여러 방면 여러 장르 여러 표현의 심오
뉘앙스가 그렇게 묻는다. 상품이 상품을 벗는 것보다
더 중요하게 상품 디자인의 유통 구조 극복보다 더
중요한 유통 구조 물화, 이를테면 음악의? 왜냐면
예술한테는 자본주의도 예술 상품이다. 색이 색을
지우지 못하고 모양이 모양을 벗지 못하고 깊이가
깊이를 빠져나오지 못하는 불능 자체의 총체라는
힌트.

전파의 색

색의 본령이 색의 온전한 전파인 색의 세계에서 풍속이

단정을 가하고 품위를 얻을 것은 짐승도 마찬가지이다.
색의 세계에서 추방된 색이 인간의 야만을 칠한다. 지금
지방자치의 중세 고딕을 펼치든 말든. 인간이 똑똑해서
동물 식물들을 길들였다고? 색을 살살 달래며 조금씩
다뤄왔다고 할 수는 있다. 우리가 우리 내부의 짐승을
완화한 실내의 풍속을 만들어왔다고. 그 풍속이 미술의
전파하는 색이다. 미술의 색으로 풍속이 실내 풍속이다.
같은 얘기이다. 바흐가 아들들을 홀대한 감이 있다. 같은
얘기이다 오래전부터 드러난, 선명하고 굵게 생을
해체하는 생의 개요 실현을 전파의 색이 한없이 미루고
한없이 완화한다. 그것이 미술의 색이 먹는 미술의 색
나이이다. 앞선 대가들 세계가 미술 언어로 들어서는.
카프카의 말: 신성 없는 조물주로 돌아가는 유대인
표정이 상업의 황금빛으로 더 거룩한 그 270년 전
네덜란드 화가 그림 속으로 내 앞길이 아픔 없이 영영
두 갈래로 찢어지는 것을 미리 보았다. 내게 찢어지는
고통이 우선 중요하다. 고통이 고통일 때까지 평생
예언을 찢으며 계속 찢겨져 왔으나 고통부터 여의치
않았다. 화가의 말: 날이 부쩍 추워지면 차가운 부엌
마루 바닥에 퍼질러 앉아 김장 담그는 습관을 죽은 지
오래된 아내가 올해도 버리지 않는다. 배추 포기 수가
한없이 줄어드는데 없어지지 않는다. 죽음과 가장
감각적으로 밀착하여 양념 냄새 짙다. 이제 목표를
정하지 않아서 습작인 습작이다. 모양의 예감 아니라
예감의 모양인.

먼 훗날 색

오래 살아야 비로소 옛날처럼 보이는, 색. 원인보다
더 소중한 것이 결과인 것을 보이려 맨 나중에 있는.
모든 모양을 최종적으로 모양 짓는 모양으로 있는.
공간보다 나중이고 아무 나이도 먹지 않고 스스로
주제인지 변주인지 헷갈려 시간이 제 나이를 맡긴

색이 정통이고 그 사실의 구사를 우리가 아주 오래
살고 나서 비로소 옛날 일로 세상에서 가장 고운
물질, 자유라 부른다. 자본이 낳은 색의 화려가 색의
색일 뿐 색한테도 화려한 것은 아니다. 정통인 색이
모든 것에 스며들며 모든 것을 정통으로 만드는 것이
만년의 눈에 보인다. 그런가? 그렇군. 의문이 즐거운
종지인 만년. 민족이 끝까지 성심으로 민족적이고
국제가 끝까지 세련으로 국제적인 시절을 우리가
벌써 지나왔다고? 색의 처음. 음악의 처음인 요절.
누추한 육체를 기쁨이 가장 풍성하고 깨끗하게
누리는 방법을 우리가 앞으로라도 알게 된다면 벌써.
거룩의 태도가 색이다. 시간의 생애가 시간 밖에
개입하는 동안 알몸으로 자연의 야만을 직면한.
내가 무언가를 세상에 남기지 않고 세상이 내게
남겨질 것을 보여주는, 먼 훗날 색도 있다. 신흥하는
약소 국제 상업 도시 여느 가난의 흰 직선이 단아한
거리 여느 살림의 희지 않은 곡선이 풍만한 가정
실내 밝다. 명암 자체가 밝은 기술이고 예술인 소리
같다. 여기서는 신화의 어떤 미담도 가장 온화한
표정의 예수 초상도 야릇하게 이상하고 신종 과학이
미숙하기보다 더 어색하다. 여자 대통령의 퇴진을
요구하며 이백만 명이 운집한 집회가 질서 있는
대중문화를 주장하고 스스로 이루고 누리는 포스트
모던 풍경? 많이 미달하지. 물론. 그게 미래라고
생각하면 가난보다 더 끔찍하고 지금 생각하니 정말
감쪽같다. 어떻게 건축한테 조각을 벗고 회화에게
자연스러움을 가르치는 언어가 가능했을까, 보이지
않는 음악이 흘러서였을까, 처음부터 우아가
돌출하는 천지창조 녹청을 입어가는 4차원 간소의
조각 언어 때문이었을까, 아니면 혹은 그것과 더불어
그 구도의 자기 완결 아니면 혹은 그것과 더불어
더 큰 구도의 결핍 때문이었을까, 동시에 예언이었나,
청춘, 연희의 참상을 총천연색한테 모두 맡기는 게
너무 위험하다는? 더는 길이 없는 그 없음의 직면의

직선을 심화하는 길이 있었으니 스트라빈스키도
피카소도 쇤베르크도 브라크도 위대한 먹튀들이다.
그렇게 말해도 이들이 발끈하지 않을 것 같다. 예술의
반이 사기라고 공언한 전위 예술가도 있다. 대문자
신의 죽음이 너무 천박한 문제가 있다. 천사가
이미 먹튀인 상태를 우리가 권태라 불러왔고 숫자의
분산과 실종을 극복하며 전개되는 먼 훗날 색이 있다.
초포, 치마부에, 두치오를 부드러움으로 종합한 조토가
부르넬레스키로 직결되고 2년 먼저 태어난 캠핀이
2년 먼저 죽고 도나텔로가 반 에이크, 반 데르 바이덴,
프라 안젤리코, 마사치오를 갈수록 밀접하는 아픔으로,
알베르티가 필리포 리피를 꽉 차게, 그뤼네발트는
보티첼리, 다빈치, 보슈를 애매모호의 깊이로,
미켈란젤로가 지오르지오네와 라파엘을 끝까지
거창한 순식간의 구도로, 티치아노가 브뤼헬을 위대한
지상으로 품는다. 아주 먼 훗날처럼 렘브란트가
페르메이르한테로 전달되는 만년 미술사 색이 있다.
절묘한 안팎의 기베르티가 훗날 절묘한 안팎의 피에로
델라 프란체스카에게 전해지고 뒤러를 거쳐 더 먼 훗날
절묘한 안팎의 엘 그레코 품에 안기기도 하는 추신 없는
색이다. 자신보다 무명인 자신의 배경을 더 밝히는.
스승의 더 못나고 착한 제자는 착한 지옥이 따로 없지.
분명 국제의 음악이 국제적으로 흘러들었다. 한참 뒤
모차르트가 바이올린을 내려놓고 더 영롱해진 목관이
들리지 않고 알몸이 의상인 건반의 배경으로 보인다.
연습의 기적을 바라는 악기 솔리스트가 헌책방을
한가로이 뒤지며 옛 작곡가들의 미발견 악보를 찾는
일은 결코 너덜너덜해지지 않을 것이다. 97세에 죽은
카살스가 86세 때 자신이 첼로를 벗 삼은 지 올해로
83년째라고 말했다. 나이야말로 거의 유일한 것이다.
위기가 기회라는 말도 천박하다. 거울 속의 끝없는
일렬과 일련의 거울 속들이다, 색의, 색 없는. 이제 색이
온전한 제 몸을 칠하지 않고 입히지 않고 입을 수 있는
경작의. 어디서든 등장인물로도 나를 보았거나

찾아냈다고 하지 마라. 색한테 쪽팔린다. 어디에 있든
네가 아직 이름을 흐리며 보여서 다행이다. 나의 생애가
새길 수 없는 상아만큼은 단단해졌기를.

성 프란치스코 얼굴

가난을 거듭하며 가난에 가장 가까운 몸이 사라졌다.
이제 거역할 수 없을 정도로 거룩한 몸을 받아들일밖에.
'이전의 직전' 이 말도 호들갑이다. 성부와 성자와 성신은
더욱. 음렬이 아무리 엄격해도 배경이 포르노 전면인
현대의 현대 음악이 더 옛날에도 얼마든지 언제든지
있을 수 있었다. 반복도 포르노이고, 반복이 포르노이다.
그렇다면 이제 뭘로 죽지? 질문도 호들갑이다.
죽음으로 죽는 것이 죽음이다.

개신

예수는 근대화가 불가능하므로 그가 불가능해도 되기
위하여 그를 둘러싼 모든 것이 근대화할 사명을 갖는다.
수태고지도 모던한 실내에서. 모던하지 않은 가정의
비극이 계속되는 문제도 있고. 입을 벌린 것이 모두
끔찍할 때 슬픔의 얼굴이라도 여리기를 바라는 마음으로
우리가 자본주의를 허락한 것일 수도 있다. 로마 소식이
궁금하다. 우리가 찾을 것은 수난의 방편 아니라 그
이면이다. 필사본 삽화로 고딕 성당을 세세히 그리는
일은 철이 지났다. 한껏 옅어지는 응축이 필요하다.
겉보기에 망가진 인물이 풍경을 멀쩡하게 하고 실제로
멀쩡한 인물들이 멀쩡한 풍경 속으로 녹아든다. 후대
소식도 궁금해진다. 끌어당긴 미래에 현재를 맞추는
것이 구체 너머 물적인 변증법이겠지만 예정이 자세하면
어떤 부황한 예언보다 더 우스꽝스러울 것. 완성이
현재의 완성이고 완벽이 더욱 그렇다. 미진이 미래를

향해 미진하다. 자본주의가 우리를 졸렬하게 만들지
않는다. 스스로 졸렬한 우리가 자본을 졸렬하게 만든다.
졸렬한 자본주의가 극복되지 않는다. 졸렬하지 않은
우리가 졸렬하지 않은 자본주의 속에서 자본주의를
극복할 일이 바로 미진이다, 잔당과 정반대인. 경배하러
왕들이 삼대에 걸쳐 행차한다. 벼랑이 벼랑 끝을 더
세련되게 깎고 후미가 옆길로 샐 때까지. 계몽 뒤에도
근대화가 흑백 판화로나마 와 있기는 할 것이다.

엄격의 원근

구약, 온갖 구체적인 죽음들이 구체적인 죽음들을 죽는.
신약, 생애 유일 죽음의 추상인. 낯익음이 너무 끔찍한
육체가 투명을 더 이상 벗길 수 없는 투명인. 파탄을
능가하는 파탄의 각주들의 균형인. 작품 한 점 속으로
전집 혹은 처음에 누구나 알고 갈수록 아무도 알려 하지
않고 아무도 모르고 아무도 알 수 없는 것이 맞음. 색이
모양 너머 면의 알레고리에 달하지 않는다. 색이 바로
알레고리의 치유이다.

정물

죽음을 논하는 자리에서 명암이 짙을 뿐 어두운 적 없다.
끝없이 자신을 그리면서 집약되는 것이 늘 주변이다.
수난이 기적이다, 그 말 너머에 있으면서 늘 중심이다.
살아 있는 모든 것이 추락하는 증거가 추락을 붙잡는다.
인간의 어쩔 수 없는 비천에 눌러앉지 않고 스스로 더
낮추어 앉으며 달하는 형용의 고정, 고전의 정물이라고
우리가 부르는. 현상이 종합의 종합인. 예언의 피살이
비로소 자연의 인간적인 피투성이로 있는. 사은품 절대
사절. 불안의 헐벗음. 원인이자 결과인 몸. 늙은 예언이
무거워 멸망에 기울고 전망은 너무 어리므로 멸망에서

멸망의 유행을 보는 정신의 대신이자 전언.

반복의 현대

원의 얼굴이 둥그레지면서 발하는 아름다움이 있다.
흐트러지는 미소가 그럴 만하다가 원을 흐트린다.
고대를 고전화하는 것이 현대의 가면이고 시끄러운
소리가 그냥 시끄러운 소리이다. 남대문 시장 입구.
길가 오백CC 생맥줏집부터 재래시장 분위기 없다.
대통령 탄핵을 자축하느라 한 오십만 명 모인 근처
광화문 집회 소리 들리지 않는다. BC 연대는 거꾸로
온다. 오죽하면 에우리피데스『메데아』가 소포클레스
『오이디푸스 왕』보다 더 먼저이고 아리스토파네스
주요작이 모두『콜로노스의 오이디푸스』이전이다.
소포클레스가 워낙 오래 살았지만 이렇게 멸망 곡선이
전신을 덮칠 때까지 아테네 문명은 전성기가
유지되어도 되나? 〈오레스테스 3부작〉을 죽기
2년 전에 한꺼번에 발표한 아이스퀼로스가 화끈했다.
현대도 장수 속으로 모든 것이 사라진다. 그림도 그림
사진 말고는 설명할 길이 없기를. 사진이라는 상상력,
제도보다 우월한 이야기만 있기를. 형편없이 꺾일
나의 미래의 선뜩한 날들 내 뒤를 자르기를. 그렇게
하루하루를 살고 그렇게 하루하루를 살 수 있다.

방대

규모가 아주 크거나 양이 아주 많은 것이지 너무 크고
너무 많은 것이 아니라는 데 방대의 묘미가 있다.
'너무'가 이미 끝이고 '아주'가 아직 시작. 맞춤하게
살아서 험한 꼴 보거나 보인 적 없는 이름의 호상이
방대 앞에서 무색하다. 규모와 양의 질을 위한 진짜
방대에 방대함도 이름도 없다.

음악이 이어지는 완성

멘델스존 피아노 삼중주 1번 작품 번호 49 에프게니 키신 조슈아 … 뭐 그렇게 끊긴 제목으로 유튜브 비디오가 시작되고 댓글들 이어진다. 첼리스트가 더디군요. … 각자 자기 시간이 있겠죠. 환상적! 어떻게 저 셋을 모이게 할 수 있지? … 2:50이 눈물 나요. 첼리스트가 누구죠? … 미샤 마이스키…. 그렇게 벨과 키신이 연주장 가느라 길을 내려오고 있어요. "누가 더 있어야 멘델스존을 연주하지. 이 홈리스 어때. 현관에서 잠들었네?" 첼로를 켤 수 있겠나!(죄송, 못 참고 말았네요) …미샤여도 여전히 노숙자 행색인 미샤, 음악이 이어지는 완성. 댓글 올린 순서 또한 뒤죽박죽인 채로.

체구

온갖 장르 온갖 테크놀로지 기법을 구사하는 영화의 예술은 그럴수록 종합되지 않는 인간 종 인식의 한계를 한계의 끝까지 밀어붙일 때 달성되고 그것 없이는 영화가 대중문화의 사양 산업에 불과하다. 스릴과 서스펜스가 바로 그렇다며 영화가 내지르는 스릴과 서스펜스 비명이고 모든 사양 산업 대신으로 그 사실을 비껴가며 있는 카메오가 영화의 시간을 영화 밖으로 흐르게 하지 않는다. 대신이 영화의 유일한 몸이고 오로지 영화의 예술이 비껴가며 영화 밖으로 흐른다. 육체가 언어를 내가 전에 언어가 육체를 입던 기억을 가능한 멀리 떨쳐 내면서 영화의 언어가 생겨난다. 의외로 연극보다 작고 단편 소설보다 겸손하고 음악보다 희박한 체구로 시작된 언어이고, 탄생의 생애로 화려한 생가보다 더 화려한 생가의 생애가 있는 그림의, 아무리 자세히 읽었어도 더 자세히 읽었어야 하는 독서의 체구까지, 쪼글한 두뇌 모양을 벗고 세상보다 더 장관인 철학과, 죽음이 가장 명징한 배경인 전망의 채구까지 간다.

현악

첫아들이 이곳 어디쯤에 신혼집 마련하니 저 분당선
상당 부분 내 아들이 지 살림과 출퇴근용으로 새로
간 것 같다. 신혼은 현악. 다양한 악기들이 늘어나도
지들끼리 더 아기자기할 뿐 바깥의 수용이 확대되지
않는다. 그래서 깨가 쏟아진다. 순환선이 아니어서
서운할 것도 다행일 것도 없다. 자식은 뻗어나가라는
자식이고 부모는 자식 보러 상행도 하행도 마다하지
말라는 부모이다. 한티역에 지하철 분당선 노선도도
현악이다.

상트페테르부르크

깨일수록 영롱해지는 악몽이 안개 속, 실 제본 같은.
나머지가 잿빛. 광대한 혹은 아주 많은 이야기가
지워져 사소할 수 없는. 유령들 살젠. 가 보기 전에
들어와 있는.

종묘 정전
–유홍준 대형께

가장 그럴듯한 구상을 능가하는 건물이 건축이다.
위와 아래를 잇는 사다리꼴이 저렇게 옆으로 한없이
늘어나도 되나 싶다가 검고 긴 맞배지붕이 저렇게
짧다 싶고, 그 아래 버티는 기둥들과 그 사이들이 보호
너머 최적의 균형을 이루며 옆으로 저렇게 한없이
늘어나도 되나 싶다. 건축을 능가하는 검은 구성이
그 안의 조선 왕과 왕비들 신주는 물론 그들 생전에

호사하던 경복궁, 창덕궁, 창경궁, 경희궁, 덕수궁의
음모 없이 가장 아름다운 구석구석 광경도 품는다.
영원의 근엄 너머 생의 위엄인 구성. 쉬쉬 소리 눈이
내려 검은 사다리꼴 테두리 순백을 또한 구성하는
죽음의 살롱 문화, 살아서 가장 편안하게 숨 막히는.
파르테논이 2천몇백 년에 걸쳐 종묘 정전까지
왔다. 정전이 동양 저승을 품으며 정도 6백 년 서울
만원 버스 여차장 회수권까지 이어져도 된다.

동판 악보

17세기 말에서 18세기 초 작을수록 세밀이 원근을
무너뜨리며 빽빽이 들어찬 서양 도시 동판화를 보면
당대를 사진보다 제대로 재현하고 그래서 사진이
아직 없던 것 같다. 전경일수록 그렇다. 사람 눈과 사진
눈이 다르게 보는 시대로 돌아갈 필요 없지만 돌아갈
수 없는 사실은 여전히 아쉽다. 거룩의 세속화를 위한
음악을 평생 연습한 바흐가 오늘에 이른다. 최초보다
더 중요한 것이 새로움의 미래를 향하는 총체성이다.

면적

집에만 있어도 별로 심심하지 않으려 책상 면적이
넓어진다. 열어놓은 인터넷 사이트가 늘고 온갖
장르를 전집으로 온갖 잡학을 사전으로 즐긴다.
이렇게 책상이 흥미진진해도 되나? 채워야 할
원고지 면적을 직시하는 일이 책상 활동의 거의
전부이던 때가 있었다. 책상 키를 높이면 면적이
줄어들까? 철나고 식민지 미국의 독립과 구체제
프랑스 혁명을 맞고도 무덤덤하던 글쟁이들이
위태로울 정도로 많았다.

무언가

노래에 가사가 없으면 노래 말고 아무것도 없다.
그렇게 길이 난다. 무언가. 혁명이 상습적인 사람들
아니라 혁명을 뜻밖의 충격으로 맞은 사람들이
늘 혁명을 진전시킨다. 간혹 서정의 기억 또한 우리
뒤에서 솟구치며, 미래를 향하느라 등을 떠밀고
타자와 죽은 자를 참칭하는 광기와 무당 기가
예술의 주적이라고 가르친다. 지진으로 대륙이
위치를 옮기는 아주 미미한 만큼 육체가 부르르
떨며 좀더 제정신으로 전이한다. 감동한다, 무언가,
음악에 연극 너머 연극 언어의 길이 있다는 듯이.
모든 장르가 그렇다. 아침이 대책 없이 명랑하다.
천재의 유년에 전달되는 장르 고전 언어가 있고
그 전에 우리가 결핍과 부재를 감당하는 결핍과
부재의 문법을 아름다움이라고 불렀다.

식구

식구가 며느리 둘에 손자 하나, 셋 늘고 가벼운 부상이
기하급수적으로 늘어난다. 편의의 속도가 무색하다.
장인이 아주 일찍 아버지 아주 갑자기 어머니와 장모가
고통의 정량을 치르고 돌아간 나와 아내, 돌아간 후
선방했다는 소리 듣고 싶은 소원 들어주느라 이것들이?

가구의 재해석

쫓겨난 인간의 오라토리오, 줄창 돌아가고 싶은
노래의 집단적인 육체가 제일 걱정이다. 오페라
아리아가 제정신 아니지. 제 혼자들 가상 낙원을
헤맨다. 세속에서 가장 화려하고 가장 고독하다.
영화는 무성 때부터 돌아갈 생각이 없다. 처음은

실내에 어울리지 않는 문제가 있고 나중은 실내
가구에 어울리지 않는 뒤끝이 있다. 가구들 뚝뚝
끊어지지 않고, 옛날 그림에서 이따금씩 발견될
뿐 옛날 가구가 옛날에 속해 있지 않다. 가구의
시대 양식 아니라 시대 양식의 가구가 실내에,
건축이나 가구 박물관을 실외로 밀어내며 있다.
과장된 몸짓이 없다. 늘 그랬던 것과 늘 그런
것과 늘 그럴 것 사이 차이가 전혀 없다. 실내에서
쫓겨날수록 건축이 가구를 닮는다. 높고 훌륭한
건물이 건축이다. 가구가 낯선 시간의 재해석
혹은 낯익은 시간의 딸꾹질이다. 신화가 신화를
조각하거나 그리지 않는다. 신화에 가구가 없고
빚을밖에 없는 조각이 그릴 수 없는 것을 밀어
내어 신화이게 했다. 완벽한 가구에 건축이 없듯
완벽한 조각에 신화가 없다.

무늬의 재해석

서툰 흔적을 끝내 지우지 못한 것이 웃음이고
못하는 것이 눈물이다가 굉장한 무늬가 있다
치자마자 매우 타당한 운명의 얼굴처럼 청동
무늬가 있고 신석기 구석기 고고학도 원시인
원인 인류학도 없다. 무늬의 초강력이 철저히
색을 지운 후 갈수록 가늘고 희미한 세련이
뒤늦게 빛을 바래는 중세가 길게 이어진다.
영혼도 무늬들이 축적되어 무게가 느껴지는
결과물의 명명이라는 듯이. 근엄한 예언자가
곤궁한 과부를 만나 심심한 장면의 비일비재
이후가 이전을 뒤늦게 발견하지 않는다. 원시
인이 원시인인 것을 깜빡하는 현대가, 인간이
인간인 것을 깜빡하는 현대로 이어진다.

해체 사후

최초 세잔, 돈 많고 교양 풍부한 아마추어라는 평가를
전전긍긍 두려워했지만 모든 것이 섞여 사라지는 일광
인상을 축소한 물감 조각의 시간을 만년으로 누리고,
그가 택한 것은 자살 아니라 해체 사후였다, 자신의
작품이 자신의 이론으로 집중 재조명되면서 흔적도
없이 뜯어 먹히는. 그러고 보니 마네와 모네 그 강력한
커플링이 스스로 허했던 듯, 드가와 르누아르는 운
좋은 편, 고갱과 고흐의 진지도 왜 진지? 자신처럼 본격
화가 데뷔가 늦은 고흐와 고갱을 결국 보기 좋게 품고
축소한 인상이 자세히 들여다볼수록 축소된 인상이다.
현대는 누가 누구를 품지? 질문이 말도 안 되는 시대를
우리가 벌써 현대라고 불러왔다. 입체파 피카소가 팝
아트 입체파로 끈질긴 레제와 R&D 입체파로 촌스러운
브라크까지 포식하거나 말거나. 현대는 정치 음모와
종교 추문과 경제 전쟁을 포함한 세속 일체를 인문
예술의 방대한 대륙으로만 통합한다. 지금 도처에서
출몰하는 총체의 총체성이 다시 돌출한다.

옛날 영화

세계의 온갖 언어가 까닭 없이 사랑에 빠진 여인의
출처 없는 탄식으로 부드러워졌다. 첫사랑처럼
언어가 늘 결말보다 처음이 결정적이다. 여인의
탄식은 만국어의 준말, 끝까지 만국기로 흩날리지
않는다. 근데 저 영화 저런 내용이었나?

시계

편안한 음악은 자주 들은 음악이고 바다 건너 우리
귀에 와닿는 것 가운데 쉽게 쓰인 작품은 없다고

보는 게 좋다. 그러다가 간혹 자주 듣는 음악가의
처음 듣는 작품들이 번호를 이으며 한 열 시간도
지속된다. 처음 듣는 것 같지 않은 느낌이 작곡가가
편안하게 작곡한 느낌을 부르고 아늑하다. 하이든
현악삼중주는 모두 서른여덟 곡. 평생 걸렸을 터.
한 열 시간 내 평생이 아늑하다. 예술은 망가진
시계를 고치는 시간이지 망가진 시간을 무마하는
시계가 아니다. 모차르트 베토벤을 통과하고도
하이든이 하이든인 채 하이든이고 그의 〈천지창조〉
듣는 지금이 바로 겸손한 까닭으로 천지창조인
지금이다. 묘사 없고 공연 실황 비디오 있는 것이
더 천지창조이다. 생각하면 이상하지만 생각 전에
마침내 가시화하는 시간의 교정. 절정 없이 통렬한.
창조되지 않고 바로 창조인 시간은 죽음이 유일한
절정이라는 듯이.

빨간 줄

감옥 갔다 온 기록으로 호적에 그은 그 줄이 사십 년
가까이 지난 재판에서 무죄 선고로 지워졌다고?
그건 표면이고 그 밑에 혹은 모처에 있는, 옛날에
유죄였다가 원인 무효로 청구한 재심에서 무죄 받은
기록까지 국가가 지운다면 그건 국가가 아니겠지.
간혹 이마가 화끈거리고 검열도 당하다가 드물게
빨간 줄이 무슨 예술 용어 같을 때가 있고 아주 드물게
빨간 줄이 무슨 예술 용어 같은 것이 무슨 예술 용어
사전 같을 때도 있다. 사전을 사전이게 하는 용도가
전부인 것들을 모두 들어낸. '없다'는 무슨 국가가
아니다. 매 맞은 기억을 빨간 줄 그 밑의 기억에서
온전히 지우는 일은 온전히 나의 몫.

두절의 모방

뭔 일이 나버린 것은 차라리 낫다. 사고로 죽은 자 스스로
사고로 죽은지 모르고 부재를 늘 감당하는 게 산 자이다.
두절, 벙어리 깜깜 절벽 덩어리. 펑펑 울 수 없는 성한 몸이
원죄인. 정신이 너덜너덜해지는, 누추가 더 누추해지는
것이 현대인. 두절은 평소 두절의 모방이 필요하다.

확정

사라지지 않기 위하여 더 사라지는 무언가가 있다.
왜냐면 우리가 붙잡아서 사라지는 것이 사라진다.
내 기억의 사라짐을 내 기억의 사라짐이 건축한다.
슬프지 않기 위해 가녀린 것이 무게를 마저 없앤다.
애틋하다. '너무 많다 나는 모른다. 그랬을 리 없다.
미스 반 데어 로에 〈혁명 기념비〉는 사회주의자
커플의 피살된 미래에 헌정된 '단순한 것이 위대한'
모더니즘이다. 케테 콜비츠의 비탄 그 자체는 그
직전이지. 그대 안으로 물러나는 디자인이 내게
다가오므로 세상이 화려하고 쓰라리게 닫힌다.
입센도 참. 바이킹 혈통 여전사가 어떻게 얌전히 살림만
하겠나. 집들이 나중에 개인을 짓는다. 끝을 알 수 없어
뿔뿔이 아담하게 확정을 개인화하며 빠져나가는. 개인에
의한 개인의 헌정이 더 우월한 확정인 듯이.

블랙박스

검은 테두리는 결국 드러날 것이 은밀하게 벌어져
사소한 일이 운명적인 사건이 되는 방식을 갈수록
분명히 하자는 수작이다. 잘 통하지 않는다. 난폭한
순결이 영영 돌아오지 않는다. 조각의 평면은 논리를
뛰어넘는 종합으로 가능하다. 내가 내 귀를 자르고

홀리는 피로, 빛이 분산하는 색이 덩어리지는 너의
구역을 벗어났듯이 음악을 귀보다 더 깊고 적나라한
데서 흐르게 하려던 내 의도가 실패하여 난무하는
색만 두꺼워졌다. 네가 돌아간 곳도 고향의 원초가
공간의 평면처럼 얕아진 색과 구역 사이였지. 우리가
서로의 반면교사인 것보다 더 우리 관계가 과거의
예술에 뒤늦게 반면교사인 그 블랙박스 테두리가
초췌하게 검다. 근본적으로 네가 아니고 내가 너인
파멸의 방정식으로. 뭉친 것은 더 과격하게 풀린 것에
지나지 않고 나도 파멸을 맨정신으로 맞았다. 남의
그림을 베끼는 행복조차 잠시였으나 37세면 마땅히
생애로 평가되어야 하고 마지막 2년 동안 습작을 벗은
유화들이 죽음을 향하며 죽음의 속도와 밀도와 화려를
능가할 듯이 쏟아졌지만 만년 작에 달하지 못한 것은
온전히 내 탓이다. 나의 기법 크게 새롭지 않고 흡사
로미오와 줄리엣, 헐벗은 사랑이 길길이 뛰며 한 치
오차 없이 죽음을 향하는 것과 같았다. 나의 파멸이
너의 파멸을 품지 않고 너의 파멸이 나의 파멸을
품어 나의 폭발이 가능하고 필요하고 가능할 필요가
있었다. 후대가 툭하면 과거에서 미래를 갖다 쓴다.
나의 걸작이 내 죽음의 우연이다. 내 미술의 육신이
노동의 위엄을 끝까지 지켰기를.

시절

나의 30대가 나의 현재 다소곳한 여인이라서 나의 색과
면의 과잉을 달랜다. 남태평양 여자들 어깨가 사내보다
더 넓지만 자연, 살다 가는 것이 그리 아름다울 수 없을
때까지 살다 가는 것이 그리 아름다울 수 없다는 뜻이다.
남태평양 어감도 그렇다. 원죄가 뚜렷할수록 순수하다.
일하는 아를르 여인들 모자 목덜미 흰 내 습작을 따스한
원색으로 벗는다. 내가 구분하여 결합하지 않고 구분의
구성이 원죄를 진한 생명의 양식으로 만드는 데 참여,

네가 멀리 가고 내가 멀리 왔으나 둘 다 물질적 혁명을
우회했다. 처음부터 끝까지 너의 전통이 나의 배경보다
든든하고 튼튼하다. 전통은, 프로테스탄트 전통도
무엇보다 울화가 없다. 나부끼지 않으려 무거운 것들이
무섭게 심하게 나부끼고 갈수록 기우는 육안에 보이는
구도 양쪽이 서로에게 더 기우는 사다리꼴 구도가 네게
없는 상징이다. 너의 첫 고달픔이 그토록 확고하고 어둔
수직이던 것을 내가 너의 죽음을 겪고도 믿을 수 없다.
네 임종의 지독한 현란이 지금 네 죽음을 잠식 중이다.
그러나, 그러니 네 죽음이 완성한다, 산 자인 타자의
총체성 안식을. 이승으로 가능한 안식이 그것뿐인
듯이. 내가 남은 평생 너의 이명을 앓는다 해도 그것은
그렇다. 내가 나의 예정보다 조금 일찍 영면할 것이나
수명을 오히려 줄인 너의 필사적 반복에 나의 경의와,
나의 2차원 방종에 후대의 경종. 우리가 들어가지 못한
우리 작품 속이 이미 우리의 돌이킬 수 없는 저승이다.
나의 걸작이 내 생의 실패작이다. 누가 나의 생애를
꼬치꼬치 캐묻지 않기를.

금주의 금연 색

아침에 일어나 잠 깼다고 담배 한 대 땅길 것 없다.
맨정신을 제정신으로 만드는 담배 한 대 기회를 오히려
기다릴 일. 기분 나쁠 때 술 안 마시는 것보다 사소한 이
경지에 달하려면 실패보다 연습을 더 요한다. 일그러진
것은 결핍이나 상징 아니라 끝 모르고 일그러지는 중.
우리가 보는 것이 그 중단이다. 사진이 그것을 가리킨다.
그 밖의 것 가운데 가장 문제적인 죽음이 마음 놓고
일그러질 때까지 마음 놓고 일그러뜨려도 된다. 시간의
로마네스크와 공간의 노르만을 잘라내는 식으로 멀쩡한
고딕을 찾아 헤매는, 그런 도로도 없지만 '예술 프랑스'가
와인 홍보만으로도 전성기에 달하는 고딕이다. 야만을
다스리는 담배 한 발 더 장전. 중세 성당 개축 혹은 신축

공사 노동자들 과학보다 더 높은 사다리에서 한 발 잘못
디디면 곧바로 첨탑보다 높은 하늘나라였다고 우리가
조금은 믿고 싶어서 문화재 성당이 지금도 우주 과학보다
더 높다. 중심 없이 슬픔 없고 슬픔이 슬픔의 퍼포먼스.
허한 것이 서로 다른 시대 사이 성욕이다. 담배 한 발 더.

가출

마루 벽에 모든 흑백 천연색 사진이 사진의 흑백 속으로
눈을 감았다. 그래야 저승사자 맞는 일이 안방 밖으로
드넓고 친근할 수 있는 듯이. 안방의 채색 판화는 판화의
흑백 속으로 뜬 눈, 아무리 끔찍한 것도 너무 끔찍하지는
않을 수 있다. 기교를 완화하는, 기교까지는 아니고 그냥
이불 속으로 계속 눈을 감으면 저승사자가 이미 내 안에
들어와 있는. 잠든 아내가 따스한 등을 온전히 내주는
가출이 있다. 등장할 것들의 등장 완료와 동시에 홀로
퇴장하는 것보다 아주 조금만 더 씁쓸한 격을 갖추는.
안방의 판화가 모든 공연을 처음이자 마지막 공연으로
보느라 뜬눈이다.

권유

색의 평화, 섹스가 놀이이기 위하여 모든 것이 씻기는,
인간 풍경의 최종 누드를 끝까지 욕망하지 않는 일의
권유, 슬며시 세상의 모든 모양이 세상의 모든 모양을.
죽음을 모르는 내 상상력에도 짐승인 디자인 짐승이
있으니 색의 평화를 생명의 기쁨이 닮아가고 짙은 게
옅고 옅은 게 짙고 불가능한 구분이 불필요할 때까지.
슬며시. 욕망이 욕망을 해체 재구성하며 홀로 서려는
색의 각도들로 더 더럽혀지기 전에, 돌이킬 수 없이
색의 반이 미술이고 반이 육체이고 영감이 천박한 대중
문화이기 전에. 전체가 단 하나의 전체이고 작품이 단

하나의 작품이고 기타 등등이 단 하나의 기타 등등인
것을 내가 슬며시 권유라 불렀다. 오랜만에 들른 딸
아이는 오랜만에 들른 권유가 아니고.

산업 디자인

안온이 자연의 죽음을 드러내며 우리의 죽음도 그렇게
안온할 수 있는 소리 형용의 디자인이 보일 때가 있다.
산업이 결코 자연의 행복일 수 없지만 혹시 노동의
위엄이 바로 자연의 위엄인 소리 형용의 디자인이
적용되지 않고 적용한다. 언뜻언뜻 전면적이라 스스로
채택한 듯한 위엄이다. 전달 아니고, 디자인이 제 혼자
더 나가보겠다는 다짐, '반드시'가 없는 인간 너머 안온.
그럴 리 없지만 산업이 바로 자연을 위해 그리 대단해져
온 것 같은. 희망보다 훨씬 더 큰 규모 너머를 닮으며
편재적이려고 예감보다 훨씬 더 얇다. 따스하던 너의
살갗과 상냥하던 너의 미소를 오래오래 기억한 것을
오래오래 기억할 것처럼. 모든 디자인이 산업의 미래
디자인이다.

실재

구한말 일제 5·16 군사 쿠데타 87년 시민 항쟁 흑백
사진에 있는 거리가 그림은 어제 그린 그림에도 없다.
왜냐면 자세히 보는 순간 사라진다. 아름다움이 날로
현대화하는 건 좋지. 하지만 아름다움이 파괴될밖에
없는 양쪽의 어떤 섭리 같은 사태를 어떻게든 피하여
비스듬히 누운 쪽을 택한, 실재하는 거리이다. 사진
말고는 응답하지 않고 활동사진도 움직이는 순간
사라진다. 천연이 흑백인 원인의 흑백 사진 아니라
흑백이 천연인 결과의 흑백 사진 거리이다.

추신의 추신

사랑에 빠지는 색의 면을 분해하는 것이 여성 누드이고 종합하는 것이 여인 누드인 것처럼 보내는 모든 추신이 유서인 것처럼.

수채 표현

가장 날렵한 기법도 절망을 벗은 것은 아니다. 붙잡아 두려는 것이 다름 아닌 일광이거든. 가벼운 비극도 일광 속으로 모든 표현이 사라져 가벼웁다. 정말 현대는 이론도 이견도 없다. 대신이 실제보다 더 중요하고 문장을 구성하는 낱말들 의미가 문장보다 더 심장할 수 있을 뿐.

오이디푸스

콤플렉스보다 더 무서운 것이 가부장이다. 애비 죽이고 에미와 상간하여 아이까지 낳고 패가망신에 이르고도 그렇게 난 딸들 수발 받으며 그렇게 난 아들들을 기어이 저주의 힘으로 파멸시킨다. 육체의 혁명을 피해 가려면 이미 흐른 세월의 번역이 제일 낫지. 현대의 비중이 사실들 필요보다 더 커지는 소재주의가 있다. 끝없이 현대를 과거의 해설과 해석에 불과하게 만들지. 현대가 현대에 쉽사리 속 편하게 미달한다. 가장 최근일 수 있다. 단어 '코스프레'가 유행하고 비로소 눈에 띈다. 피해자 코스프레와 멀리 떨어져 아주 어울리게 소재가 소재주의이다.

매력

숨은 것을 알고 숨은 것이 아는 것임을 아는 것.
둘인 것이 분명한 동시에 어느 쪽 사정인지 알
필요 없는 것이 그래야 할 것 같아서 좋은 것.

최적

망한 집 내다 버릴 장롱 너무 꽉 끼인 맨 밑 서랍을
망치로 뽀개서 열지 않았더라면 그 안에 금송아지가
들어 있고 내다 버린 게 두고두고 아까운 선에서
몰락과 화해가 가능했을 거였다. 애당초 금송아지는
재산이 아니고 있거나 없는 것도 아니다. 한때
잘살았고 망했어도 남은 게 있다는 자부심의 보루일
뿐이다. 끝내 선을 넘은 쪽은 화해가 더 복잡해졌다.
진짜 금송아지로도 해결이 안 될 것 같은 그 아이
한참 전 돌아간 부모님께 저 혼자 죄송하고 노인 병원
신세인 집안 장남, 제 큰오빠가 두고두고 측은하다.
서서히 금송아지가 가난의 기품으로 빛난다. 황금
송아지이다, 황금률 너머 최적의 알몸에 달하는.
거기까지를 우리가 좋은 책이라고 부르기도 하고,
좋은 것을 좋다, 더 나은 것을 더 낫다, 하기도 하는.

가을 에로틱

그대를 모방하는 색을 마구 지우고 뒤늦게 풍만한
선이다. 모방이 가장 무료한 것을 알 만큼 오래 산
것이 나의 최초의 장점. 그대를 너무히 거느리고도
제 혼자 꿈틀거린다. 그대의 몸이 깨물지 않은 붉은,
새빨간 사과, 그것도 쓸데없는 비유이다. 그대를
보는 것이 아는 것이고 딴 세상이다. 우리가 동성인,
내가 여자인 것도 좋았을 것. 흩어진 마른 사랑의

기쁨들이 낙엽 같다, 화투 같다, 딱지 같다. 확대해야
등장하는 그대의 아무도 안 다녀본 구석구석을
내가 모두 다녔다. 선의 총천연색, 온갖 세상이
실내이고 온갖 실내가 나의 기법이었다. 선의 끝까지
그대를 하나도 생략하지 않은 것이 나의 최후의
장점이다. 누가 나보다 더 오래 살 수 있겠나, 나이의
거인 말고는? 뼛속까지 춥게 빗물에 젖은 기억
없는 것이 나의 대단한 단점이다.

광대 미술

육체 밖으로 비명 지르듯 뛰쳐나오는 형상들을 다시
안으로 쑤셔 넣을 수 없다. 육체 밖으로 육체화할밖에
없다. 나의 욕망이 갈수록 비만이다. 성욕 광포한 광야가
나를 맞고 나의 노년을 무너뜨렸다. 내가 어떻게 끝까지
웃기지 않을 수 있었겠나, 웃음이 육체 밖으로
뛰쳐나오는 미로였다면? 너무 오래 살고 너무 늦었다.

2인자

정통은 한발 늦은 것을 위로하는 말. 늘 앞장서 가는 것은
위로가 뭔지 모른다. 2인자, 위로받는 게 어떤 것인지
알려주려고 있다. 자연스럽게 낯을 익히며 세상보다
앞서가는, 전위의 미래이자 주인이자 명실상부한 성과.
1인자를 잘 만났다는 뜻. 꾸준히 미련하고 품위가 있어야.
고흐가 2인자이다. 평면에서 나온 입체들을 다시 평면으로
돌리는 나의 평생 작업을 당연하다 여겼을 뿐 내가 나의
점잖게 옅은 고통을 지루하게 여긴 것은 아니었다. 내
옆길이 나의 죽음이었다. 내가 언제 어디서부터인가
화가가 아니라서 2인자였는지도. 자신이 뭘 하는지도
모르면서 어영부영 선구자 대접을 사양 않는 인사들이
앞으로 속출할 것이다.

완행

지하를 빠져나와 철로를 달려도 지하철 몸통 길이가
늘어나지 않는다. 속도가 덜컹거리지 않는다. 차량이
하나둘 매달리며 늘어나는 속도만큼 흔들리며 우리
몸 길어지지 않았나? '건전한 육체에 건전한 정신'
구호가 완행열차에서 끝난다. 거기까지. 이어지면
복고적이다. 연극을 보러 가겠다.

미학

예술가가 스캔들로 유명해지는 것 같은 불운도 없다.
스캔들은 스캔들 아닌 모든 소식을 집어삼키는 여성.
수난으로 유명한 것은 정치가에게 스캔들과 같다.
내가 반 너머 자초하고 즐긴 스캔들로 나의 전망이
칙칙하고 밝았던 전망을 이어받은 후배들이 불행하다.
전망이 기교를 요하고 정말 전망이 바로 미학이다.
밝음이 움직임인 그 순간의 명명 불가를 그리려 한,
나의 노력의 위대한 실패에 두고두고 어두운 함정이던
스캔들. 중력이 제 슬픔으로 지상에 붙들어 놓은 만큼의
눈물 밝음과 눈물 맑음, 지상의 모든 것을 따스한 육체로
만들며 부딪치며 산산이 부서지며 눈부신 빛 형용에
특히 치명적인. 화가는 빛의 실내 리허설을 야외에서
참관하는 자. 드가, 르누아르, 드가, 르누아르, 너희는
어쩌면 이름도 그렇게 잘 어울리는지. 스캔들이 감히
손대지 못할, 서로 짠 듯한 것조차 앙증맞고 운율이
완벽하여 한 몸보다 더 한 몸인 에드가 드가, 피에르-
오귀스트 르누아르. 에드가, 발레가 끝까지 분산하는
빛이 발레가 끝까지 집중하는 빛인. 르누아르, 여성
알몸이 끝까지 분산하는 빛이 여성 알몸이 끝까지
집중하는 빛인. 자기들의 만년을 나의 후배들한테
일찍이 선점당한 오욕의 따스한 치열한 달콤한
감내이기도 했을. 모네와 나는 이름이 그들처럼 될 수

없다. 대낮의, 밝음과 맑음의 스캔들 때문에.

C. S. I. 수칙

죽은 듯한 것도 산 듯한 것도 무섭지 않다.
조각의 누드 나머지가 시체이다.
돌올한 거장의 과거 아니라 바깥을 파고들어야 한다.
그가 하나도 외롭지 않고 죽음이 그의 거장일 때까지.

광경과 풍경

시간이 사라지기 직전까지 모든 윤곽이 흐려지는
광경 속으로 충격들이 속속 뛰어들고 그 밖은 언제
죽었느냐 따위가 중요한 어느 풍경이다, 포르노
장면인. 여기서는 각도가 꽤 유용한 장난감. 나는
처음부터 제도였고 끝까지 제도가 아니려 했다.
나 또한 오래 생존에 성공했고 인생에 실패했다.

고딕 장단

성당들 각 도시에서 끄떡없다. 권위가 예전에 못 미치는
그만큼 주변 풍경에 적응했다. 그 안의 그림과 조각들
옛날에 거기서 무슨 일이 벌어졌는지 보여주지 않는다.
지금 거기서 무슨 일이 벌어지는지도 보여주지 않는다.
옛날에 여기서 무슨 일이 벌어졌던 거냐고 묻는다. 지금
여기서 무슨 일이 벌어지는 거냐고 묻지 않는다. '도대체'
가 붙지 않는다. 영영 붙지 않을 것. 서툰 인간의 진한 냄새
끝내 거룩하게 더께진, 문드러진 돋을새김이 형용하는
최후의 심판 장면 끔찍하고 미약하다. 서툴게 거룩한
색의 볼륨과 윤곽에서, 일그러진 시간의 웅집을 고치는
원근의 응축에서 시작되어 도시마다로 된다. 우리가

여전히 연극을 관람하는 것은 여전히 놓치면 안 되는
것을 놓치면 안 되는 까닭. 위대한 작품이 이전 것들
일체를 아마추어 작태로 전락시키는 것도 있고 어떤
도시가 왜 쫄딱 망했는지 우리가 의아한 척하지만
이름이 남아서 안 망한 도시 이름이 망한 도시 망한
이유를 설명하지 않나? 안 망한 까닭이 망한 까닭의
정반대는 아니라는 문제가 있지만. 중세는 모든 것의
집약이 황금인 금세공 장인의 시대이다. 가장 물질적인
상상력이 가장 과거지향적일 수 있다. 스스로 완벽에
미달하느라 요란꽝장한 성화들이 격자 천정을 누덕누덕
넘친다. 조각들은 빨강 루즈를 칠할망정 그럴 일 없지.
멸망은 썩 다른 길로 아주 가버린 것. 변방을 헤매다
변방의 현대에 달할 수 있어 조금 이른, 에로틱 아닌
에로틱이 있을 수 있다. 너무 늦은 곰팡이 낀. 예수 십자가
처형이 예수 부활이라면 고딕 미술이 그 증거에 지나지
않는다. 기독교가 자본을 연착륙시키지 않고 자본주의가
기독교를 연착륙시킨다. 그리스와 러시아는 비잔틴
아이콘 양식으로 중세가 18세기까지 가지만 정통을
고집하는 그리스가 오래전부터 낡고 러시아는 민속
상상력이 압도적이다. 프랑스는 화려한 고딕 전통이 17
세기까지 버티고, 근근한 조각 예술이 조금 일찍
시작되어 조금 늦게 끝나고 잉글랜드 고딕이 아주 늦게
시작되어 아주 일찍 끝난다. 안 알려지고 남은 이것들을
한꺼번에 보면 마치 개성을 유지하려는 어떤 선택의
결과이고 하나로 보면 장인들 세계가 거장의 그것보다
더 위대하고 장인이 집단의 거장들로 된다. 이 과거가
미래로 직결되는 것이 미래 전망이다. 안 알려지고 남은
거의 모든 것들이 알려진 거의 모든 것들의 모작에
지나지 않는 르네상스 사태에 이르기 전의. 판화가 오래
가는 것이 중세 고딕이 오래 가는 뜻이다. 욕망이 날이
갈수록 아름다운 아름다움 앞에서 육체 치욕을 수습하는
동안 희망이 오만한 고개를 숙이고 고상해진다. 모든
이름의 실상이 우리를 실망시키는 그 간극이 바로
우리가 앞으로 채울 전망이다.

연극의 재탄생

2016년 12월 25일 오전 5시 40분경(현지 시간) 내전의 시리아로 향하던 러시아 국방부 소속 수송기 투폴레프 15기가 추락했다. 전원 사망한 승객 91명 가운데 68명이 군 공식 합창단 알렉산드로프 앙상블 단원 전원이었다. 레닌의 명으로 창설된 소비에트아미합창단에서 레드 아미 합창단으로 통합되었다가 소련 해체 후에도 창립자 이름을 내세우며 혁명적 민요 전통을 이어오던 명맥이 순식간에 끊겼다. 영화 같고 음모 같다. 레닌이라면 내전 정부군을 지원했을 리 없지. 스탈린 아니었다면 혁명적 민요 정신이 비루하고 졸렬하고 잔혹한 민요주의로 전락하지 않았을 거라고 다시 생각해도 다시 부질없다. 어떻게 그 거대한 혁명이 몇 사람 덕으로 성공하고 몇 사람 탓으로 실패하겠나? 혁명도 밤하늘의 별보다 더 많은 스타들이 줄거리와 명장면들을 집어삼키고 진다. 추억이 빛나지 않고 제목만 가까스로 번역된다. 연극의 새로운 대사가 뜻의 전달 너머 회화 너머 조각 과정이다. 관통도 없다. 액체적으로도 더럽혀지지 않는 얼굴의 투명을 위해 빈번한 주제들이 빈번히 변주되어 왔다. 스스로 민감해지는 소리도 죽이고 마지막 포옹만 있다. 엄혹은 세파에 바스라질밖에 없다. 나의 모든 세상이 태어나 이렇게 먼 길을 돌아왔으니 생이 죽음한테 장례비를 요구하는 우를 범하지 않게 되었다. 미녀 겨드랑이 야수이고 모든 예언이 상속이고 대홍수 재앙이 기적이었다. 어둠이 모든 것을 용인한다. 참혹 문드러진 최후의 심판이 원래대로 최후의 만찬일 때까지 오래 사는 연극의 재탄생이 있다. 끝까지 더듬어 만지고 또 만지는 탄생이다.

나비
–안희옥에게

온갖 병마 위
온갖 병마로
스펀지케이크,
가장 얇음의.

견디는 그러나
–황정은에게

거리에 서넛이 지나가도 그중에 꼭 하나 그 안으로
안주하는 것이 좀 불편한 너 같은 나이 든 소녀 하나
보이게 되었다. 작은 체구에 벙거지 머리를 하고
견딘다 아 씨발, 아 씨발, 다소 기괴한 것이 다소
기괴하지 않은 것이 크게 기괴한 것이 크게 기괴하지
않을 때까지. 결국은 기괴보다 더 감동적인 문장으로
견딘다. 참으로 발랄한 질문의 역전. 너한테도 사람들
질문이 대체로 '쓴 사람도 있는데 무슨.' 그렇게 답해야
할 성질일 것. 어렴풋, '사는 사람도 있는데 무슨.'
이겠고.

뒷패

소프라노와 콘트랄토가 걸어 나가는 노출된 어깨와
검은 드레스와 뾰족구두가 희생 너머 봉헌 같은, 보면
안 되는 배후를 내가 또 보았다. 뒷패는 내일도 내일의
기대와 실망을 오가고 객석과 앞패의 열광이 계속된다.
뒷패의 뒷패가 경제를 책임지는 권력이다. 『자본론』이
자본을 예술화하는 데 치명적으로 실패, 사태가
악화하고, 뒷패는 보이지 않는 손의 돌이킬 수 없이
유일한 적이다. 『자본론』이 이제 『국부론』의 뒷패이다.

요셉

노년의 관음도 애타게 청순한 사랑의 눈빛이 가장
섹시하다. 입가에 자그맣고 미미한 상처 자국 같은.
아들이 장성했는데 아내가 아직 처녀인 것도 모자라
목수인 내가 평생 한 일이 아들 처형할 십자가를 짠
것이니. 온몸에 온몸으로 달라붙는 청순도 청순이
망가지는 생애를 살아야 비로소 색이 색이다. 사랑
없이도 섹스가 거룩보다 더 천진난만할 자격을 갖는
관음의 밤이 내게 있다. 낮은 온전히 아들 몫. 순수한
슬픔이 마리아 몫이다. 벌어지지 않고 비극으로
생겨나 비극으로 끝난다. 나의 관음이 완벽하다.

로마네스크 시종

성당 건물만 하느님 보시기에 좋고 그 안에 인간은
기둥 머리 조각에 갇혀 여럿이 있어도 집단의 하나로
있어도 개인 이하이다. 이외는 아예 성당 바깥이지,
멀쩡하고 분주한, 부러운 농사 노동의. 여기는 인간이
거룩의 비근한 공포에 갇혀 형상 이전으로 고독하다.
예수도 예수 생애도 매장도 부활도 의심도 그렇고
토속이 한술 더 떠서 공포를 어영부영 혼동하는 짐승
인간이 짐승만 못하다. 식물만 무사하고 세월이 그
사실을 오히려 뚜렷하게 한다. 그러나 방점을 찍으면
고독이 현대 감각으로 범접 못 할 고독인 것을 느끼는
순간 현관이 열리고 로마네스크가 끝난다. 프레스코
벽화는 그림이 그려진 대상 이전에 있음이 분명할
수록 편한, 이상이 실현되지 않고 실현된 것을 우리가
이상으로 채택할 뿐인, 비잔틴 제국이 천 년을 더
잇지 않고 천 년 동안 더 망한, 고딕이 르네상스보다
더 기적인, 그 뒤로 그 숱한 양식들은 도대체 뭐 하자는
건가 싶은 입장이다. 색유리는 처음부터 색유리인,
강건하려면 화려, 화려하려면 강건해야 하는, 그래야

선 굵은 에피소드들이 색과 유리 속으로 사라지지
않는, 시간 밖으로 있고 시간 밖에 있는 입장이다.

다이어트

살이 빠졌다. 내 안에 전쟁이 무척 날씬해졌다.
베테랑은 배 나온 퇴역 군인이지. 살을 더 빼겠다.
전쟁이 제 면도날도 안 남을 때까지. 양적으로도
의로운 전쟁은 없었다. 면도날이 더 날카로워
지기만 했다. 무엇을 위해 무엇과 싸우나? 질문이
질문을, 면도날 못 씹는 노년을 면도날 못 씹는
노년이 베어버린다. 전쟁이 노년의 비만이다.
시대를 투명하게 하는 언어는 시대가 투명해지는
언어이다.

물의 색

베니스는 물에 허물어진 폐허 공동空洞 건축 파사드
만으로도 전성기 르네상스이다. 파사드로 물의 색이
더 진한. 가는 것이 오는 모자이크보다 더 근본적인
역동으로 떠나는 것, 더 떠나고 다가오는 것이 더
다가오는.

신천지

대권 주자들이 흔히 사이비 종교와 연관되는 것은
사적인 힐링 같은 거겠지. 대통령이 되어야 비로소
공적으로 문제가 된다. '신천지'는 사이비 종교가 무척
무섭게, 정치인들이 아주 가볍게 쓰는 말. 뉘앙스가
대번에 사이비 종교적인데 사이비 종교 신자들과
정치인들만 모른다. 정반대 어감의 신소재를 매번

발명하며 위기를 넘기고 비극적 결말을 계속 미루는
사이비 힐링이 더 문제이다.

겨울 기상

웃풍 세다. 등바닥 장판 따끈따끈한데 머리에 두드러기
난다. 아내도 옆에 따스하게 누웠다. 마루 의자 옆에
옆구리 데일 정도로 강력한 전기난로도 있다. 배고프고
추운 노년이 웃풍 센 것을 모르지. 웬만큼 사는 것이
더 죽음을 닮는다. 에스프레소 급으로 커피 한 잔. 남은
아내 몫이 아메리카노보다 더 심심하다. 고생 없이 가는
오복 중 하나를 바라는 것이 복고는 아니다. 어렸을 때
집시한테 잠깐 납치당한 것 말고는 평탄하게 산 전기가
있다. 납치된 바로 그 아이가 구출되었던 것 맞나? 그런,
뒤늦은 평생의 의문이 들기에는 정작 임종이 스스로
너무 까다롭고 복잡한 일일 것. 웃풍 센 겨울 기상이 하루
종일 걸리는 것처럼. 만년은 거룩을 벗은 빛이 빛 아닌
것의 거룩을 마저 씻어낸다. 평화밖에 없는 승천이
이제 들리는 몸이 두려움 없이 추락하고 파멸하는
거리距離. 가장 하찮은 단명도 최소한 그리스 신화보다
더 늙은 까닭으로 죽는다. 아니 그것이 그리스 신화이다.

참혹 삽화

전쟁이 예술의 모든 것을 망치니 나를 전쟁의 거장이라
부르지 마라. 재능을 탕진한 분노와 조롱이 나의 그림을
참혹 삽화로 끌어 내렸고 그것으로 길게 늘어난 나의
생애 또한 한 점의 참혹 삽화이다. 그것 말고 내 마음의
풍경을 전쟁에 상처받은 평화로, 그리고 내가 거기서
더 가야 했음을 보아다오.

이국적

아무도 안 가 본 곳을 찾아 보고 구현하는 나의 계획을
내가 평생 수행하였는데 그 구현에 나의 생애가 없다.
처음부터 그렇게 예정되었던 느낌까지 있다. 생애가
이국적일 수 없는 거였다. 이국인들에게는 이국적이
이국적일 수 없다. 내가 갈수록 이국인들을 사람으로
보지 않았고 사람 없이 보편 없고 보편 없이 생애 없다.
낭만과 이국의 본질은 정반대이다. 나의 구현이 나름
혁명적이란들 가까운 현실의 혁명과 너무나 무관하지
않은가? 여인 초상들이 그중 나아 보인다. 이국의
습작에 그나마 이국이 없다. 렘브란트 〈유대인 신부〉를
일찍이 그토록 열심히 배우고도 이제 깨닫다니 이런
만년도 있는가. 그것에서 벗어나려 내가 나도 모르게
애써온 생애가 있는가?

화가의 죽음

성의 빛이 어둠과의 역동적인 드라마이고 속의 색이
정교의 극치인 것을 너무 일찍 통달한 화가의 생애가,
성과 속이 서로 다른 차원인 것을, 합하려면 솜씨 너머
미술─육체 신앙이 필요한 것을 치명적으로 모르고 결국
빛과 색이 서로 자리를 바꾼 화가의 죽음으로 끝났다.
성도 속도 없는 일상이 전보다 더 지지부진하다. 그러나,
그러나, 빛의 난파가 육체를 대신할 날 온다. 조각이
아름다운 육체로 지옥의 문 대신할 날도 온다. 후대도
전위들이 오마주하지 않고 길이 밀릴밖에 없다. 그리
많은 강가, 애도, 매장, 부활에 비해 십자가 올려지는
그림이 왜 드문가? 설치부터 생이고 부활인 것을 화가
생이 끝나고 나서야 알게 되는 까닭. 초상화가 세속의
전부였던 사실을 비로소 알듯이.

관통

모든 시장이 재래시장이고 마트나 백화점이 시장
아니다. TV 먹방은 거의 안방, 주거에 속한다.
즐비한 먹거리들이 적어도 살생을 압도할 정도로
생생해야 시장이다. 야채와 생선은 물론 통으로 튀긴
닭과 원형 및 전모를 벗은 소 돼지 각 부위들까지.
상인들 인심, 믿을 것 못 되고 억척이 추임새에 지나지
않는다. 의衣와 주住가 세련된 만큼 주눅 들어 있고
온갖 재래들이 좀더 활기차면 마침내 어떤 아름다움에
달할 거라는 바람을 조금씩 품고 장 보는 사람들이
재래시장에 간다. 헛되어 슬픈 바람이지. 시장은
자신의 살생에 취하여 녹아드는 축제 장소이다. 그러나
우리가 시장을 완전히 다녀오지 않고, 아주 조금씩은
관통하여 오고, 조금씩 관통이 희망이고 조금씩 희망이
아름다움이다. 구원은 염치없는, 지옥이 염치 있는
개념이지만 살아서 우리가 짐승의 지옥을 흔쾌히
관통해야 한다. 세속이 번역이고 우리가 아직 못한
번역이 얼마든지 있다. 오는 새해는 이어지는 것이 가장
아슬아슬하고 중요하다는 것을 일깨우며 온다.

기적의 색

빛과 하양이 서로를 꽉 채우는 결정적이다.
이미 광경의 여한이, 미분과 적분이 없다.
결합이 행위인 생이 너무 긴 것을 닮은 완벽한
정지의 조각. 은밀의 과잉.

절규의 색

어쩔 수 없는 결과보다 더 어쩔 수 없지는 않지만 더
위대한 원인으로 죽음의 허리를 육체적으로 두 동강

내는 형식이 창조된다, 절규.

띠 부조

그 속에서는 내용과 형식과 장식이 하나이고 그 속은
내용과 형식과 장식이 하나인 것의 내용과 형식과
장식도 하나이다. 왜냐면 그 속으로는 돋을새김이
오목새김이고 오목새김이 돋을새김이다. 그렇게 그
속에서 그 속은 그 속으로 끝이 없다, 띠 부조. 무게와
길이는 아무것도 아니다.

지금

나의 젊음이 구도로 꽉 차, 자연도 구도의 건물이다.
화가가 때때로 건축이 부러운 것은 내적 디자인이
주거가 아닌 까닭이다. 지금, 내적일수록 디자인인
디자인만 나의 노년이다. 먼 훗날에 돌아보면 지금이
젊음보다 좀더 가볍게 무너지는 구도였기를. 지금의
좀더 내적인 디자인이 나의 세계관이다.

초기 사정

천주의 이국에서 요상한 육감으로 입증되는 예수
죽음을 우리는 생활 속으로 길들였다. 『자본론』은
우리가 먼저라서 그 죽음이 가재도구와 실내 장식,
생필품에까지 미학으로 등장했다. 성취된 것은
돌이킬 수 없다. 처형된 예수는 부활하여 아버지
옆에 있어도 처형된 예수이다. 오랜 적폐 규탄으로
시작되기 마련인 종교의 한계가 그렇게 최초로
극복되지만 종교는 초심과 초기 사정이 가파르게
다르다. 여기는 자본론이 초심이고 자본주의가

초기 사정이지. 저쪽이 너무 벌어졌다면 이쪽에서
나설밖에 없다. 우리가 부른 루터는 미켈란젤로의
8년 연하이고 종교 개혁이 예술이다. 독일? 전쟁을
어떻게 집안으로 길들이겠나, 전쟁은 컴퓨터게임
전쟁도 집안일일 수 없다. 집안에서 매일 죽어갈 수
있는 것은 대문자 신뿐, 매일 죽어 있을 수 있는 것은
가재도구뿐이다. 상품이 살아 있다. 벌써부터 우리
생애 밖으로 길들일 수 없는 색이고 색의 모양이고
모양의 얼굴이다.

무대공포증

교양학부 연극반 시절 공연한 그 작품 줄거리와 교훈이
생각나지 않는데 등장인물들이 조명이었던 나의 조명
아래 모여 체위 없이 육체 왕성하다. 그때 같은 조명이던
지금의 내 아내도 조명 아래 모인 것이 나와 겪은
세월과 판이한 육화일 것. 그때의 무대 공포증이 그 후
징역과 강제 군복무의 밑바닥 치욕을 겪으며 없어졌다.
지금은 대규모 군중 앞에서도 말을 더듬거나 다리가
후들거리지 않는다. 내가 날로 얼굴 두꺼워지는 것을
말리러 옛날 연극 등장인물들이 내 조명 아래 모이는
식과 색으로 내가 조금씩 멀쩡해진다.

불행의 최적
–김숨에게

죽음은 몸에 가장 맞는 의복이다. 죽음의 장소에 생의
흔적이 낭자하다. 난해한 것은 불행이지. 비참할수록
생에 가깝거든. 무엇을 다루든 너는 최적의 불행의
발언권을 심화–확대한다. 그것으로 불행이 위로받을
수 없지만 그만큼 우리가 인간적으로 된다. 그 길밖에
없다.

왜곡의 강력

어처구니없는 이음말이 '선전 선동'이고 '선전과 선동'이 사태를 악화한다. 둘이 하나로 엮일 수 없다. 대를 이은 둘은 더욱. 가장 멀리서 선전이 선동을 실패한 결과로, 가장 가까이서 선동이 선전을 예정된 실패의 게으르고 착한 원인으로 보니 가장 멀리 있어야 가까스로 각자의 일이 풀린다. 예술은 '이건 예술이야'의 남발이 왜곡의 강력이지. 가장 멀리서 가장 가깝게 사랑하라는 충고는 너무 상투적이고, 음 소거된 나머지로 이제껏 듣지 못한 동영상 연극 대사를 재구성해 볼 수 있다. 활자로 완벽한 전망을 발하던 색이 활자 너머 자체 전망에 달하는 데 무척 오래 걸리지만 선전도 선동도 놀라운 것이 결국 말이 된다.

십자가 실내

아무도 없는 처형, 고통스러운 고통의 상상이 너무 길다. 고통의 진이 다 빠질 때까지, 죽음과 고통의 실종 둘 중 어느 것이 먼저인지 궁금하지 않을 때까지이다. 십자가 처형에서 기독교 전설이 육화하고 육체의 검투사도 있고. 육체 승천이 가장 형편없는 후일담 소설에 지나지 않을 때까지. 십자가가 실내에 있다. 십자가가 실내이다. 실내에서는 100% 실내가 아닌 십자가를 상상할 수 없다. 광야의 어디에 십자가가 걸릴 수 있나?

중세 지상

설계도 대충의 규모도 모른다. 알면 못 짓지. 몸무게보다 무거운 짐을 진 등이 등을, 각도 삐걱이는 계단을 오르는 발이 발을 의지할밖에 없다. 높이도 너비도 육안의 시야 바깥에 생겨난다. 이보다 더 적절한 믿음의 비유가 없다.

시시포스 권태? 한가한 왕족들이 어떻게 알겠나, 보이지
않는 목숨이 보이지 않는 목숨에 기댈밖에 없는 일꾼들
신을? 눈에 보이는 대성당을 그들이 하늘에 짓고 눈에
안 보이는 그것을 일꾼들이 지상에 짓는다. 눈에 보이는
지상이 눈에 보이는 지상에 의지할밖에 없는 사실이
눈에 보이는 것으로 족하다, 일꾼들은.

노고

상대역이 열심히 핥아주고 고맙지만 내 여성기가 갈수록
나의 관할 아니다. 열심히 채우고 비벼대고 마구 쑤셔주고
고맙지만 내 구멍들 갈수록 나의 부속 기관 아니다. 간혹
번개처럼 뜨거운 오르가슴이 번개처럼 낯설게 지나간다.
포르노 여배우 노년은 아주 이르지. 상대역 수가 갈수록
늘고 갈수록 연기력 없는 육체의 노고뿐이다. 무너지는
몸이, 피로가, 회복조차 내 것 아니다. 포르노 여배우 노년,
아주 오래 간다. 포르노 바깥의 사랑 행위가 필요하다.
아니면 자위, 어쨌든 노고만이라도 온전히 나의 것인.

구호 마리아

있었다면 가난하여 냄새가 장난 아니겠지만 그래도
누더기 성모 마리아는 좀 그렇지. 왜냐면 있었더라도
예수 때문에 그녀 생애가 모두 전생이다. 고아와 노인,
과부들에게 아무리 헌신해도 마리아 의상은 순결이
순결의 위엄과 화려를 다 해야지. 덩달아 그러려는
교회 건물이 마리아를 구호 마리아로 만드는 것이
문제이다.

슬픔의 인간

내가 무엇을 놓쳤는지 모르는 것은 내가 무언가를
놓아버린 것의 알리바이. 이래서는 외피만 애매히
두꺼워진다. 나의 몸보다 더 알몸인 나의 시간을
누리기 위하여 반성은 있다. 슬픔의 인간, 시간의 잘
짜여진 이목구비를 갖추며 사라지는 것이 플롯인
것을 아는.

대중 매체

있는지 없는지도 모르는 거룩을 길들일 수는 없다.
자신의 특별을 세련된 그로테스크로 표현하는 악마의
방식에 이따금씩 조금씩 몸을 내주는 전략밖에 없다.
낯익고 낯설어 서투른 강제가 재앙이다. 강성한 대도시
궁전의 낯섦이 낯익은 순간과 경건한 변두리 성당
낯익음이 낯선 순간을 자세히 들여다보아도 멀쩡할
때까지 겹친다. 이웃 나라 진보 사상과도 활발히 접하고
내 생애에 나보다 더 유명한 화가 없었다. 내가 어느
누구보다 더 국제적인 환경을 누리고 더 많이, 더
능숙하게 그랬다. 천박했지. 결국이다. 아주 가끔씩만
우리보다 못해 보이는 악마를 늘 낮아서 특별한 존재로
치부하는 나의 미학에 그림의 생애가 없고 편력뿐이다,
그리 단조롭기도 힘든. 그로테스크는 무슨. 선대도
후대도 전통도 없다. 편재하는 대중 매체만 있다.

낙엽

우리가 처음 만나던 시간이 우리의
평생 속으로 순조로이 타들어 간다.
이리도.

새해

연말연시가 매번 다사다난하고 정리를 새해가 한다.
가장 오래된 말이다, 새해. 지난밤 아무리 요란했어도
지상에서 사라진 것들이 지상에 남는 형식을 보여
준다. 사라진 것이 작년에도 새롭게 사라진 어떤
기억의 소생 같은 것. 어제 그냥 내린 눈이 오늘 동네
구석구석 치우지 않은 풍경으로 그냥 있지 않다. 그것들,
봄의 양지이다. 남아 있지 않고 쌓여 있다. 중세 수도원
필경사에게 삽화보다 더 중요한 글씨의 말씀 너머
디자인이 있던 사실을 정작 그 자신이 모르고 그가 죽고
한 백년 흐르고 한 백년 더 분명해진다. 방점을 찍으라고
방점이 있었다는 사실 못지않게.

엘리베이터

고쳤다. 오르내릴 때 삐그덕 소리 안 나고 부드럽다.
탈 수 있는 중량 두 배로 늘었다. 삐그덕거릴 때도
걱정은 안 했다. 점검하니까. 그거 아니라도 사고는
멀쩡하던 줄이 어느 날 툭 끊어지는 게 사고이다.
기상천외한 일은 벌어지지 않았다. 난 헬리콥터라도
동원해서 아파트 엘리베이터 굴뚝을 쑤욱 뽑아 올리고
새 굴뚝을 꽝꽝 박을 줄 알았는데 엘리베이터는
우리가 올라가는 만큼만 오르고 내려가는 만큼만
내리고 나머지는 노동자 노동이고 기술이고 보람이다.
노동자가 보람을 못 느끼는 사회의 안전 보장이 바로
기상천외이다.

별개의 슬픔

3차원으로 앞서간 조각상들이 가장 슬픈 표정과 무거운
동작으로도 애도할 수 없다. 애도는 2차원을 심화하는

한참 더 앞서간 공간의 이름. 늘 개인적이고 폭발적이고
과거 시제인 수난의 애도가 집단적으로 미래이다. 보는
이 없이도 홀로인 조각상이 별개의 슬픔에 가까스로
달한다. 조각 자체가, 집단도 한 덩어리에서 나와야만
조각이고 집단이고 집단 조각상이다.

에나멜

최대한 작아지는 것 말고는 아름다울 길이 없는 때에도
슬픔이 야비할 수 있다. 광택의 명석한 구도가 의미를
좀더 벗어난다. 슬픔이 허물어뜨리는 슬픔의 구도를
구도의 전망으로 바꾸려는 것이지만 에나멜, 그 바깥은
아직도 미시와 거대 담론 구분들이 득실거린다.

분명 너머 기둥

파사드의 둥글거나 각진 일부로 혹은 대문 속으로
뭉개지기 직전까지 가거나 직전 덕분에 뭉개지지
않는 그만큼 효용이 완화하면서 비로소 탄생하는
기둥의 분명은 실내에서도 문장이 사라졌다고 쓰지
않는다. 진짜 기둥답게 단도직입적으로, 사라진
문장을 쓴다. 분명 너머 기둥이 사라짐에 대해서
아니라 사라짐을 서 있을 태세. 건물의 분명 너머
건축을 출입하는 것도 분명 너머 기둥들이다.
주거가 대개 입구와 출구만 알고 끝나는데 아무도
그렇게 끝낼 수는 없는 일이다.

황야 유혹

전면적으로 드러나는 색이 파괴를 향해 전면적으로
드러나는 것이 아니기 위하여 전반적으로 번지며

스미는 그 순간의 안온을 우리가 형상이라고 불러왔다.
상징 아니라, 상상적 고통의 괴기를 상처의 겸손한
부드러움으로 전화하는 기하학. 사실은 나열될 수도
반복될 수도 없다.

지역 색

단 한 마리 어린 양 어디에나 있고 어디에도 안 어울리고
필요불가결하여 불면이 시작되고 끝까지 끝나지 않는다.
막노동의 지역 색. 나머지 모든 것이 편해지려 애쓰고
갈수록 편해지므로 악의 모든 방면에서 지역이 중앙보다
한 백년 덜하다. 봉기도 그렇다.

건축 조각 무덤

저것은 죽은 자들이 죽은 자들을 여전히 기리는, 조각과
건축이 무덤에 달하는 과정이 식은 죽음의 외피이다.
화강암과 대리석재들이 구석구석 망자를 조각하는
광경이 너무 뻔히 보이면 안 되니 내부에서 벌써 밖을
향해 은폐하는 무덤 건축 조각. 건축과 조각이 하나라서
무덤인 무덤 말고는 죽음이 영역으로도 물로도 있을
곳이 없는 듯.

테라코타

모든 것이 예정대로이다. 모든 에피소드가 각각 하나의
돌이킬 수 없는 장면으로 반복된다. 요철의 직선, 부피의
곡선과 모양과 색이 예정대로이다. 그러나 보기에 좋다,
여전히. 모두 각각 고유한 종합 같고 유약을 바르면 더
돌이킬 수 없고 반복이 반복적으로 느껴지지 않는다.
운명의 엄혹처럼. 매번 사건이고 사태에 아주 조금만 못

미친다 권태의 정반대 편. 모든 것이 소박하고 정직하고
보기에 좋은 것이 자세히 들여다볼수록 이상하다.
미치지 않는 것이 가장 이상한 능력이다. 대를 이어가며.
합창 속이다.

위안

돌아올 생각이 확실할수록 꼭 가 보고 싶은, 장기 해외
여행보다 조금 더 딴 세상 딴 인생은 가 보지 않아도
살아 보지 않아도 분명 있다. 돌아올 수 없는 죽음이
분명 있는 것처럼.

반복하는 평면

비너스가 탄생하고 사랑하고 지루하고 다시 사랑하고
더 지루하고 끝내 죽지 않는 줄거리가 너무 지루할까
보아 정지한 이야기의 평면이다. 만족은 우리가 하는
거지, 평면을 들락거리며. 신화 바깥은 신들이 없고
신화를 읽는 인간뿐이다. 평면 속이 반복이다.

X-Ray

마주치며 껴안을 수 없기에 내가 껴안는다, 너의 너무나
가련한 배반의 등을, 우리가 하나일밖에 없을 정도로
얇아질 때까지. 포옹이 상형문자의 죽음일 때까지.
X-Ray가 문법인 문장이 생기고 X-Ray가 문장인
문법이 죽음이다. 생은 스스로 끊어지고 싶은 문장만
스스로 끊어지지만 죽음을 품지 않을 생은 삶을 품지
않은 죽음처럼 없다. 혁명은 가장 오랜 생애를 거쳐 가장
혁명적으로 된다. 돌이켜야 할 필요를 극복하는 포옹
만으로도 안김보다 더 오래 살 까닭은 된다.

미학의 고향

번지는 맞는데 느낌은 아니고 그게 이상하지 않고
궁금하지도 않다. 너른 마당 집을 헐고 들어선 건물들이
몇 차례 개축되고도 터줏대감보다 더 낡았다. 드넓었던
공터는 흔적도 없다. 이게 바로 옆 '백만장자' 집 맞나?
돈이 있어 버텼다면 낡은 시장통에 이렇게 대문이
시커멓게 기울어서야 집은 살아남은 것이 재앙이다.
그 누가 칠순을 훌쩍 넘겼겠군. 비현실적이다. 자주 꾸던
그녀 저택의 꿈이 더 현실적. 군인이 멋있던 시절이 더
전설적. 불행했을까? 가슴이 철렁 내려앉는다. 수채화가
서양 근대 도시 인상주의 기법의 시작이라고? 고향
서울을 선방하느라 나의 고향 상상력이 너무 무정하고
넓다. 극복 못 한 식민지 잔재의 화려가 슬프다. 해가
아파트 옥상 물탱크 기둥 사이로 더 장렬하게 진다.
고향의 미학 아니라 미학의 고향이 문제이다. 본토에도
양식만 나고 부조리 작가가 문학의 죽음을 일삼으며
팔순을 훌쩍 넘긴다. 현재의 양식이 미래의 형식 아닐
수 있는 기회가 아직 우리에게 있다. 추레한 털조끼
입고 옛날식 겨울 아내 출몰한다. 작년은 소한 추위가
엄청났다. 여동생네 혼사가 그날이었나? 혹한도
기억이 더 추워서 대한보다 소한이 더 춥나? 설거지
시간 너무 자주 돌아오지만 뜨신 물에 손목을 푸는 낙이
있다. 평생 설거지한 옛날식 아내가 못 누렸을 낙이다.
마포가 조선 도성 입구 해산물 집산지로 자본주의가
자생할 만했다지만 부질없는 일제 탓이다. 그 전에 진즉
했어야지. 14세기부터 근대 회화 전통이 혁혁한
플랑드르–네덜란드의 그 이전 어드메쯤 있고 그게 좋을
것 같다, 새우젓 냄새 지독해서 생이 더 명징한 마포.
생의 혼탁이 가혹하게 흔들려 흔들리며 스스로 흔들림의
과장이고 싶을 때 한 오백 년 발전하지 않고 한 오백 년
다만 명징해지는 일이 비로소 있을 수 있다.

방금의 관건

빤히 쳐다보는 너의 얼굴이다. 사로잡힌 나로 하여 너도 꼼짝할 수 없는 모양. 번개가 맨 나중 친다. 벼락은 이미 눈 맞춤, 꾸짖음을 찢는? 정신이 대신할 수 없다. 돌이킬 수 없이 물이라서 모든 것이 모든 것이다. 의도가 체취 아닌가? 죽지 않는 영화는 스타의 죽음과 정반대이고 주인공의 죽음과 동떨어진 영화의 영화화로서 죽음이 관건이다. 연주가 작곡 방금의 죽음을 연주한다. 방금이 죽음이고 죽음이 방금이다. 영화는 방금 마릴린 먼로가 영화 밖으로 죽었다. 절세 미녀 시신이 더 을씨년스럽지. 죽지 않는 영화는 그녀가 한국 전쟁 방금 끝난 1954년 누추를 겨우 면한 주한미군 캠프에서 뇌쇄적으로 위문 공연하던 시절로 돌아간다.

미인

내 귀가 이상하다. 아내가 냉장고 문을 내 곁에서 열어도 안방 건넌방 빈방 문 열린다. 장모 죽어 나가고 자식들 장가간 문들이 특히 그렇다. 새로 산 블루투스 스피커가 이상하다. 연결 안 한 먼 데 스피커들도 소리를 낸다. 소리 마니아들이 음악 장르별로 다른 스피커를 쓰지만 내 귀에 그 최적들 사이 부조화 너머 조화가 들린다. 귀신이 미인이다. 이거 내가 아무래도 까부는 거지. 죽을 만큼 죽었다 싶을 때까지 경계. 살아온 날 하루가 안 되고 죽어갈 날 앞으로 몇 년일지 모르니.

각주

명징하므로 처음부터 웃음의 미로가 혼탁한 울음보다 더 복잡하다. 모든 이해가 죽음의 이해이고 여기서 죽음이 주어인지 목적어인지 둘 다인지가 가장 난해한 문제이다.

처음부터 웃음이 그래서 웃음이고 스스로 준비였는지
결과였는지 지금도 헷갈린다. 울음은 무엇보다 한 발짝도
더 나아갈 수 없어서 울음이다. 그러나 웃음이 울음의
기껏 각주일 뿐 무엇을 이해할 수 있나? 울음이 스스로
형언 못 하는 액체 이해 그 자체이다. 처음부터 웃음의
명징이 울음의 여백이고 감동은 울음이 울음으로 꽉 찬
상태이다. 그러나 죽음이 생로병사를 상투 이상으로
격상하는 언어를 갈고 닦을 때는 울음이 웃음의 설치
미술로 된다.

시작

본질이 중요할 것 없는 어떤 현상처럼.
인생 전체가 시작인 것 같은.
어느새 불륜 같은. 시작이 시작의 개념 같은.
도시 생활에 갈대밭이든 시간의 심리학이든
어쨌거나 정신 분석과 정반대인.

가래떡 구정

매년 구정이면 가래떡 연탄불에 구워야 제맛인
깨달음이 어김없이 나의 세배를 받는다. 떡볶이 때문?
구소련이 자랑하던 한 피아니스트는 한 번도 연주하지
않은 곡들이 더 유명하다. 베토벤 소나타 〈발트슈타인〉과
〈월광〉과 협주곡 〈황제〉…. 바흐 〈평균율〉에 꽂혀 걸어찬
것이 〈골드베르크 변주곡〉이다. 남들 다 하는 베토벤
소나타 전 32곡 녹음 대신 1, 3, 12, 17, 18, 23번, 그렇게
이어지기보다 더 끊어지는 연주가 돌연 27, 28, 29, 30,
31, 32번까지 주욱 이어지기보다 더 꽉꽉 들어차는데
이 경지에 이제까지 어느 전곡 녹음도 달하지 못했다.
만년에 그가 시골 국민학교 강당 연주를 즐기는 것을
상상하면 구정 가래떡 너머 가래떡 구정 같고 그가

연주 안 한 나머지 곡명들이 궁금하지 않다. 오늘은
토요일. 자기 차로 강화도 드라이브 가자는 아내 유혹도
물리치고 집에 눌러앉았다, 그가 독주한 모든 음악이
한꺼번에 들릴 것 같아서. 가래떡 구정은 온실 없던
시절 온실 같았을 것이다.

피해의 생존

가해하거나 가해당하지 않고 피해하는 순간이 있다.
너무나 짧은, 거의 시간이라고 할 수 없는 표정이다,
조롱받는 자의, 조롱의 배설을 믿을 수 없는 까닭
하나로 견디는. 피해가 계속 살아남는 일에 속하고
피해의 생존이 이룰 것에 비하면 가해의 이득이 정말
째째하다. 조롱이 조롱을 조롱하고도 남은 경멸이
경멸을 경멸할 만큼.

비극 인위

생의 정수를 위하여 내가 쓴다 비극을. 추상의 재구성을
위하고 꾀하여 쓴다. 별도로 쓰지 않는다. 의식이 제의.
모든 것을 비극적으로 쓴다. 생의 적나라로 고상한
아름다움을 위하여 의식이 의식 이하를 지우며 끊임없이
의식 이외를 받아들이는 연출 아니라 연행이다.
추락하는 육체 언어가 동력의 원초를 씻고 명징한 동안.
문장에서 신화가 나오지 않고 신화에서 문장이 나오는
한에서만 역사가 지속된다. 모든 줄거리를 벌이며
비극적으로 응집하는 것이 여성이기를.

전기 무선

이제는 민주주의가 제 자식을 잡아먹으며 자라면

안 되지. 자신을 고이 보낼 자식들을 애지중지 키워야
할 때이다. 음악에 이어 전기는 무선 전송이 안 되나?
언제나 과거가 비극적인 신화이고 신화도 양육된다.
피는 원래 구약의 동방 나라에서 신비했지. 거기는
혈액 정도 단어도 쓰기를 꺼린다. 피가 돌이킬 수 없는
모종의 음 소거 완벽에 달했다. 제우스 번개는 전기
무선 전송 아냐, 야비한 음탕, 문장이 길어지는 소통
이후?

마음의 빚

하지 않아서 그나마 현상이 유지된 하지 않은 말이 있다.
비밀도 아니다. 모르는 이가 적지만 하지 않은 말이다.
딱히 누구에게 하지 않은 말도 아니지만 하지 않은 말은
하지 않은 말이다. 하지 못한 말도 아니다. 마음의 빚,
하지 않은 말이다.

구닥다리

노년에 어르신 호칭은 거의 비아냥이고 노인네는 동어
반복이고 노친네는 같이 놀자는 얘기이니 구닥다리가
그중 낫다고 본다. 삐그덕 느낌이 자연스럽고 그렇게
세계가 무너지는 리듬을 타다 보면 더 산 이들이 덜 산
이들한테 보여주는, 리듬이 무너짐보다 더 중요한 시범
너머, 분명 왔으나 온 데 없고 분명 갔으나 간데없는
생의 늙은 비유, 아주 늙은 형상화로서 그만한 게 없다.
구닥다리들이 전설적인 SP와 LP 그리고 CD 음악을
유튜브에 올리면 그 순수하던 선물들이 100% 순수한
선물들 되고, 그 비싸던 가격들이 100% 비싼 가격들
된다. 순수가 은밀히 다정하고 비싼 가격이 혁명적으로
거룩하다. 구닥다리한테 혁명이 이번에도 실패할 것이
보이고 여전히 중요할 것도 보인다.

공석

감당은 처음부터 상처의 감당이고 마침내 감당이
상처이다. 서로의 잔재 형식이 서로를 치유한다.
아주 젊었을 때 우리가 〈올드 랭 사인〉 불렀다. 언젠가
오래될 것을 알아서 아니라 처음부터 미리 상처를
감당하기 위하여 그때는 아니었대도 지금은 그때
그랬을 것 같다. 70년대 나의 젊은 날이 다름 아닌
나의 공석으로 내게 숭숭 뚫린 것이 다행이라는
생각이 최근 들었다. 지금이라도 앞으로 채워야 할
것이 있다는 뜻 아닌가? 끊어짐도 끊어짐으로
이어진다. 내일은 상처 감당 준비로 공석이 더
굳건하다. 대단할 것도 없다. 우리가 우리의 죽음을
결국 수락할 것에 비하면. 뒤늦은 까닭이 까닭의
까닭이다. 영화 속에서도 영화 밖으로 뛰쳐나온
것처럼. 총천연색으로도 청순한 흑백 무용을 입은
것처럼. 비명횡사한 영정의 표정에 비명횡사
예정이 보이고 그렇다면 비명횡사가 아닌 것도
까닭의 까닭이다. 애매한 만큼만 우리가 중력
바깥일 수 있다. 애도가 공석을 채우지 않는다.
애도가 공석의 애도 아니다. 애도가 바로 공석이다.
언어도단이 형상화인 사실의 쓸모없고 거룩한
형상화에서 쓸모없으므로 거룩한 형상화까지가
춤이다, 여럿이 추지만 어디까지나 홀로인. 생의
가장 비천한 대목을 인화하거나 그 인화인 죽음이
무슨 춤을 추겠나? 생이 춤춘다, 육체 까닭의 까닭인
공석을 공석으로.

용도

비극이 탄생보다 더 먼저일 수도 있으니 비극이 탄생할
필요는 없었다. 언어가 제 표현력을 과신하는 비극까지
겹쳐 사태가 결정적으로 된다. 그래야 시간이 앞으로

가고, 함부로 앞서 가지도 않는다. '모던'을 '근대'로
번역해야 우리가 근대 이전에서 빨빨거리며 미래를
찾는 우를 열에 아홉 번 면할 수 있다. 언어의 비극은 올
것을 제대로 오게 하는 용도가 있다. 테라바이트부터
육안 식별을 능가하는 해상도가 구현되고 음식이 초
현실적이고 산하가 초자연적이고 문장이 육즙처럼 줄줄
샌들 양은 화려한 죽음의 양이지 재현 불가능한 생의
질이 아니다. 섬세한 화려가 돌이킬 수 없을 정도로
아름다움에 역행할 수 있다. 옳게 오는 미래를
물질적으로 오게 하는 용도로는 육안이 있다.

연극 색

육체에서 나온 단어들이 서로 던지는 추파가 연극보다
더 오래 남는다. 관객과의 소통을 위해 사랑에 빠지는
등장인물들보다 먼저 단어들이 서로 석명한다. 육체는
문장에 투명한 깊이를 부여하지. 서정적으로 복잡하게
줄어드는 통로이다. 문장들끼리 희롱에 일체의 가해가
없다. 비극에 이르는 범죄가 바로 범죄의 정화. 고상한
육체 언어의 연극이 객석에서 벌써 극장 너머 색이다.
자신의 육체에 끊임없이 석명하는 세상의, 세계의 특수.
영화는 영화 속이 영화 색이고 엘리자베스 테일러도
영화 밖으로 나오는 이야기가 연극 색이고 그 바깥에서
서간체가 더 간교해진다.

구성의 물건

시간의 전망에 동참하고픈 욕망에 축제가 자신을
너무 심하게 일그러뜨리고도 풍자는 낭떠러지에서
실수로 한 발 내디딘다. 서정은 자진해서 내디딘 발의
추락이 치솟는 형상화로 구성된, 구성의 물건이다.
멀쩡한 육체가 흐트러질 때까지 춤이 춤추지 않고

흐트러지는 육체가 온전해질 때까지 춤춘다. 우선
중년에 이를 때까지이다.

본론

서문도 끝나지 않았는데 결론이 온다. 서문 같은
결론이다. 본론이 없다. 그게 지속이다. 덜그럭거리는
만년 시간의 재구성이 본론을 이미 어긋나 왔다.
그게 낫다, 그게 새로운 본론이거나. 이제부터 모든
이론이 허무하다. 파탄이 문장에서 조짐을 보이고
가장 늦게 온다. 너를 품는 문장도 그렇다.

근

웨하스는 2호선 당산역 구내 폭넓고 소탈한 구매대에
등장한 옛날식, 분홍의 얇은 파삭파삭 사이 부드럽고
하얀 젤리가 꽤 두터운 그것이 내 입맛에 딱일 것이다.
마지막으로 먹어본 게 한 십 년 전이지만 분명 그럴 것.
가난의 추억은 귀했던 것이 보석 아니라 혁명에 가까운
느낌이 더 소중하다. 9호선 급행 전철역을 옆구리에 꿰
차는가 싶더니 삽시간에 구시가지로 밀려난 2호선
당산역 구내에서 오늘은 그 웨하스 한 봉지 사 들고
귀가하겠다. 꽤 비싸지만 그래도 근으로 파니까. 노년은
정신의 다이어트이고, 종교가 될 리 없는 나의 취향을
내가 믿어 보겠다 계속 혁명적으로 근으로.

무보 색

춤 공연 사진의 더 근사한 육체 정지가 육체 운동보다
더 황홀할 뿐 모종의 위로와 아무 상관없어 보이듯
살아 있는 일체의 위로가 결핍의 위로라서 생략이

번뜩이고, 무보가 있다. 끝까지 완벽에 이를 수 없는
춤의 저장. 악보가 산수를 극복한 음악의 극복인 것보다
더 근본적으로 무보가 기하를 극복한 춤의 극복이다.
회화의 화가 정지. 화가가 그림의 동작인 자신을 정지한.
몸의 정지인 직선과 척추 및 근육 운동 동그라미 겨우
그것들에서 뻗어 나온 것들이 마침내 결핍이 바로 결핍의
위로일 때에 이를 것 같은. 자본주의가 육체 죽음까지
착취하는 사태가 이미 저질러졌기에 더욱 무보 색이
있다. 춤, 애도가 최소한도 식물성에 이르는. 아무리
자본이 예언하고 자본이 실현하는 대중문화라고 해도
단어를 그 문자 모양 아니라 소리 몸으로 기억하는.

살 내음

방금 세수한 민낯으로는 도저히 그럴 수 없게 또한
반짝이는 얼굴은 언제나 있다. 끝없이 짙은 것이 끝없이
환한 미소일 뿐 사교와 무관하고 교태는 사전에 없다.
세수가 민낯보다 더 흔쾌한 포옹이지만 느낌표
다음의, 느낌표 없는 느낌표 추억 다음의 일. 살 내음,
노년의 애인. 단편 속에 전집이 있는. 죽음의 반복을
깨는 생의 형상화.

친구

'갔다' 만큼 지상에서 적절한 죽음 표현이 없다. 누구나
철저히 홀로 가지만, 갈 데가, 간 곳이 없는 공통점을
무마하는 표현도 된다. 습관적인 만남이 이어지는
습관도 가능하다. '떠났다'보다 슬픔이 단도직입적인
동시에 지상적으로 애틋하다.

주해

정관장은 한국의 대표적인 전통 영양 식품이다. 손님 접대가 후한 베트남 공무원들이 아직도 제일 받고 싶은 선물로 꼽는지는 모르겠다. 한국에서는 갈수록 노인네용. 팸플릿이 그럴싸한 문장으로 즐거운 치매를 펼칠 만할 것이다. 자연과 사람의 소리가 어우러진 아름다운 선물… 문장 너머 문체가 없으면 달겨드는 귀신들에 현혹된다. 아니 문체 없음이 바로 달겨드는 귀신들이다.

이미지로 말하기

무게 없이 무거운 것이 역사의 발자국이고 너무 무거운 것은 우리가 절망이라고 부르는 지금의 발걸음이다. 우리가 한참을 발걸음과 한 몸으로 걸어야 발자국이 남는다. 안 남아도 된다. 발걸음이 현재에 이르는 것을 우리가 희망이라고 부른다. 처음부터 끝까지 고통받는 것은 육체의 정신이고 절망하는 것은 정신의 물질이고 언제나 발자국이 희망에 선행한다.

회춘 무언

그대 이전에 2인무가 없던 사실은 몸에 달할 수 없다. 충격적으로 없는 그대의 몸이 홀로 사실 너머 세상의 2인무이다. 더 충격적으로 내게 독무가 없다. 이제는 네 2인무 사위의 다만 일부이고자.

눈

마루 서재가 벌써 반쯤 바깥에 있다. 통유리창에 비친 내 얼굴처럼 이쪽이 정돈된 모양인 듯 정돈된 내용이다.

방안의 서재는 상상이 안 갈 정도로 처음부터 반쯤 나의 바깥에 있어 내 얼굴이 반쯤 나의 바깥에 있다. 요즘은 내 책상에 붙은 높고 크고 두터운 타원형 탁자에 낮게 붙어 앉아 낮에 햇빛과 밤에 난로 열선을 쬐며 책을 읽는 아내도 그럴 것이다. 9백 쪽 넘는 『돈키호테』 옥스퍼드 영어판과 씨름하는 아내의 줄기찬 독서가 거의 끝나간다. 여전히 등산처럼 즐기며 읽고 있다. 치매 예방에는 자연 등산 보다 인간의 골 때리는 썰이 제격이다. 『돈키호테』 저자 자신이 치매 예방을 위해 돈키호테 썰을 풀어 본 것 아닐까? 아직 치매는 농담이고 엄살이고 여유이다. 통유리 중앙 높이와 너비 1/3가량을 책으로 가렸다. 솟지 않고 내려앉지 않은 바깥의 정중앙? 아파트 건물들이 적당히 지워져서 전망이 더 좋아졌다. 다만 이상하다. 그 전에 이상하지 않던, 내 서재와 얼굴 상태가 여전히 반반씩인데 방안의 서재가 상상이 안 가는 것보다 더 이상하다. 눈 온다. 내리고 쌓이는 것이 사소한 이상을 아주 크게 망가뜨린다. 오랜만에 푹 뻗어 자고 악몽 아닌 여분의 꿈을 꾸었다. 여분은 분명하다. 아는 이들 몇 등장. 돌아가지 않을 사람은 그리워하지 않는다. 죽음은 예외이지, 그럼 아니겠나? 줄거리 없는 분명, 줄거리가 끝내 돌아가는 줄거리라는 확인이다. 내 곁에서 아내의 독서가 이따금씩은 이어질 것이다. 희망이 언젠가는 치매에 든다. 눈 내려 더 번잡한 시내의 질척한 길을 단호히 걷겠다, 아내와.

코코넛

천 년이 지나도 변하지 않는 음모의 색이 가장 선호한다, 각 시대 양식에 맞춘 의상을. 갈아입는 장면 한 번도 들키지 않지만 그뿐, 천 년 동안 모든 음모는 발각되고 공인된 음모이다. 그래도 사전事前의 냄새가 승하다면 예의가 아니었겠지. 사후의 악취도 음모가 풍기는 것은 아니다. 음모 아닌 것들은 음모를 아예 모르는 게 낫다.

거리에 압도적인 상업의 냄새가 압도적으로 구수하다.
어떤 음모도 여기서는 어불성설인 듯이, 코코넛.

심심한 사이

거리에 한파 인파 혹은 인파 한파, 눈도 시커멓게
얼어붙었다. 괴물은 되지 말자고 간혹 짐승 눈이
짐승 눈으로 반짝인다. 고양이가 포식 없는 사자
눈 호랑이 눈이다. 식물 가죽 동물 가죽 겹겹 껴
입고 인간들 식물 동물 내장탕까지 먹어? TV
동물농장 아니고, (걔들은 다 아는 표정) TV
자연 다큐멘터리 화면에 나오는 결국 빤히 우리를
쳐다보는 눈이다. 날이 어두워지고 기온이
급강하한다. 헌책방 들르기에 좀 우울한 시간.
저질러진 것이 저지르는 대가로 매년 따스한
겨울을 하루도 빠짐없이 누리다가 짐승 눈이
짐승 눈과 마주친다. 죽음과 포식 없는 창세기의
애매한 중간쯤부터 생이 조금씩 완화하고 완화가
덧남과 서로 심심한 사이이고, 겨울은 짐승 언어로
겨울이다.

버트 랭카스터

그가 등장하는 순간 영화 장면이 연극이다. 모종의
강력이 강력 자체로 땀내를 품는 '인간적'이 영화를
연극 속으로 흡입한다. 이름의 화룡점정도 있다. 버트
랭카스터. 늘 유명하지 않고 가까스로 떠오르는 순간
종결자로 등극한다. 배우는 그래야 한다는 모종의
강조. 연기가 섬세하고 외모가 얌전하여 이름부터
떠오르는 게리 쿠퍼와 쌍벽을 이루는. 그의 대표작
중 하나 제목이 〈지상에서 영원으로〉이다. 버트
랭카스터.

고사성어

삼국지 끝에서 삼국지의 모든 것을 이루고
허망과 마주하는 그의 죽음이 가장 참담하다.
공명에 못 미치는 재주와 공명보다 큰 야심을
조조에게 들키지 않으려 그의 허리가 처음부터
필요 이상으로 굽었고 조조 손자 대까지 갈수록
낮아졌다. 마침내 천하를 거머쥐었으나 기습
쿠데타는 대업이 될 수 없고 온갖 음모와 술수를
동원했으니 치욕이 그의 몫이다. 그에게 이미
허망한 제국이 장차 후손들에게 무엇일 수 있나?
영웅은 잔존하지 않는다. 죽음의 비장에서도
그는 공명과 조조의 상대가 못 된다. 사마중달,
그의 죽음에 데스마스크가 없다. 혼미한 정신이
깜빡했을 뿐 그는 삼국지 그 후이고, 그 후의
그 후도 된다. '산 중달이 죽은 공명을 당하지
못'하는 속담이 고사성어 반열에 올랐고.
지리멸렬의 그 후는 없다. 그 후가 지리멸렬이고
실패이다. 서글플 것은 없지. 영웅은 처음부터
언제나 더 미련한 과거의 일이다.

지상의 언어

눈 내린다. 지하철 역사가 끝나고 펼쳐지는 한강의 샛강
얕은 곳이 얼었다. 펑펑 내려도 눈이 세상을 들뜨게 하진
못하지. 누구든 정체불명이라도 정체불명의 추락을 모를
수 없다. 중력의 일인 까닭. 펑펑 내리는 눈의 언어, 펑펑도
중력을 머금는다. 지상에서 처음이자 마지막. 사랑은 그
절정도 죽음을 닮지 않고 다만 우리가 죽어서 보고 있다
생각하면 더 아름다울 것. 죽음이 행복할 정도로. 그것이
인간 언어이다. 지상의 처음이자 마지막.

허구의 탄생

절정에 달할수록 여자가 사내와 무관하게 흥분하고,
그 사실에 사내가 더 흥분하는 것일지도. 신화가
유혹이고 지옥에 남근들이 각각 괴물 형용을 띠지
않고 괴물 형용들 각각이 남근을 닮아가는 허구가
늘 현대적이다. 육체의 악마는 너무 낭만적이라서
유혹할 겨를도 없이 출현이 바로 유폐이지. 많이
알수록 더 많은 것을 모르는 사실을 아는 경악이
끝까지 경악을 구성하는 허구가 살보다 은은하고
고급 향수 내음보다 가볍고 세련된 '현대적'이다.
이왕 가까운 것들 얼마든지 더 가까워져도 된다.
동양이 서양을 유혹하지 않고 거꾸로도 그렇고
서양의 동양이 동양의 서양에 유혹당하고 거꾸로도
그렇다. 신화를 끊임없이 희극으로 전락시키며
허구가 허구의 장편을 구축해 간다. 아무리 늦어도
감당은 비극적이다. 희극은 어설프게 전후를 그냥
더듬어 볼 뿐, 늦은 감당이 더 비극적인 역사도 있다.
분열부터 말하면 현대는 위대한 현악 사중주가 하찮게
갈라지는 순간부터 아주 같잖게 시작된 것이 끝나지도
않는다.

죄 없는 파탄

이름만큼 헐거운 것도 없다. 아무리 껴입어도 온전히 내
옷 아니다. 누가 부르는 것이 내 이름인데 뭐 하러 따지나
그 이름의 실체를? 여러 번 불러도 여러 번 부를수록
햄릿 이름, 『햄릿』에 달하지 못한다. 어느 장르든 이름에
대한 독자의 열광이 작가를 예술적 파탄으로 내몬다.
이름은 헐거운 수의가 아니고 죽어서도 이름인 까닭에
이름이고 독자는 살아 있는 동안만 독자라서 독자이다.

통속적

옛날 속 옛날 흑백 기록 영화 화면을 펑펑 뚫는 구멍들은 스포트라이트도 본의도 아니다. 둥글고 하얀 것에 비해 지저분하고 끈적이는 세월의 뚫린 여운들이다. 어떻게든 막아보려던. '통속적'은 통속의 운명처럼 강력한 통속의 형용사이다. 마땅히 실패할 것이 마땅히 실패한. 디지털 화면은 구멍이 뚫리지 않는다. 통속적을 실패로 여기지 않는 까닭. 몸이 뭉툭한 니진스키, 흑백으로 얼룩진 너의 광대 의상 도약이 너의 물리를 흉내 낸 모든 것들과 함께 통속적으로 착지한다. 선율을 오해한 춤의 실시간이 더 혼탁하고 춤을 오해한 선율의 실시간이 더 나태하고 무료하게 투명하다. 관통보다 먼저, 관통조가 더 통해야 통속적이 통속의 단순 형용사일 수 있다. 다정했던 죽은 이들이 다정한 구체로 다가오는, 무성영화보다 더 활동적인 사진이 임종의 실시간이다. 표현의 음모를 표현하는 문체는 늙은 브래지어 얼룩 같다. 카르타고, 포에니, 페니키아, 포에니, 카르타고…. 번역이 언제나 총체성의 번역인 까닭에 결국 실패하지만 장면이 장면의 온갖 장르 예술을 입는 실시간이 또한 실시간으로 흐른다, 번역의 언제나.

이어쓰기

철새들 떼로 날아간다. 너무나 먼 목적지가 한꺼번인 대형이 얼핏 흐트러져 내가 써야 했으나 쓰지 못한 평생의 편지들 같다. 다시 오와 열을 갖추어 날아간 것처럼 날아간다. 다른 가능들과의 작별. 이어쓰기도 실현된 작별이다. 너의 이름이 생각나지 않는다. 나의 죽음인 나의 국어사전의 모든 형용사가 너이다. 철새들 시커먼 대형보다 더 시커멓게 날아간다. 가정의 평소 저녁 하늘에 생의 연속이 놀랍게도 안정적이다. 무성 영화 대사처럼 안정적이고 무성영화 대사처럼 말이

너무 많다고 할 수도 없다. 작별이 회복일 수 없고
회복이 작별일 수 있다.

좋은 선율 반복

여러 번 들을수록 쌓인 선율이 좋지 않고 쌓이는 선율이
좋아진다. 선율을 벗는 방식 같을 때가 있지만 과하지
않고 반복 또한 과하게 괜찮지는 않다. 오래도록 쌓아 온
것이 오래도록 쌓여 갈 느낌. 더 본질적으로, 아는 것이
바로 오래도록 쌓여 와 오래도록 쌓여 갈 것인 느낌.

여든
—황광수(1944~2021. 9. 29.)

아직은 우리나라에서 적은 나이가 아닌데
허리께가 꺾이거나 어깨 어딘가 굽어서
위축되기는커녕 이백 년 넘게 버텨온 듯한
여든이 우리나라에 있다.
쓰고 보니 한국을 모처럼 우리나라로 쓰게 만든
여든이다.
지난 세기의 복고와 다음 세기의
선구와 무관하다. 여든 아닌가.
늦깎이 아니다. 여든 아닌가.
지나간 세기 무명無名들을
발굴하지 않고 끝까지 무명으로
울화는 물론 명분 욕심도 없이 천착하는
식으로 미래에 열려 있다. 유명을 무시하는 것은
아니지. 유명은 현재에 충분히 혹시
과장되게 반영되어 있다는 거다.
예순도 일흔도 아니고
여든이다 여든의 뉘앙스가 원래
그랬다는 것을 비로소 보여주는,

누구나 세월이 가혹하게 흘렀지만
누구보다 더 가혹하게 흘렀기에 누구보다 더
침착해야 하고 침착할 수 있고 침착할
자격이 있는
전언傳言의 여든이다.
여든에 이르는 중인 후대에게 어쨌거나 생의
목적지일 것 같고 동년들에게 미래
희망일 것 같은 여든이다. 왜냐면
앞으로 한 이백 년을 더 사는
놀라운 일이 벌어져도
여든 넘은 나이의 살거죽이 더 놀랍게도
가면처럼 벗겨진다. 그리고
놀라기에는 너무 매끈한
유연柔軟의 여든이 출현한다.
몇 세기 전에도 몇 세기 후에도 유연의
나이가 여든일 것 같은 여든이다.
처음부터 여든의 뉘앙스가 그렇지 않고
여든이 그렇게 들릴 때부터 우리의 생이,
우리가 우리의 생이라고 부를 만한 우리의
인생이 시작된 것 같은 여든이다. 고전의
재발견이 우리가 전대보다 천해진
증거일 수 있는 염려를 씻어내는 시간이
역동하는 객관의 거울 여든이다.
아마추어는 나이가 있고 그의 나이 일흔셋,
여든이고, 그가 여든 전에 죽어도 여든이다.
비틀어진 시간이 정지하지 않고 교정되는
여든이 여든의 여든을 낳고 세상이 갈수록
철이 든다. 마침내 여든 말고 추상이 없는
여든의 세상이다. 젊어서 피비리던 예수
죽음도 없다. 아브라함도 아흔 아니고 여든.
참으로 드물게 누구나 놓쳐 버렸다는 것을
깨닫는 순간 되찾을 수 있는 여든이다.

혁명기

여기까지 오기 위해 모든 것들이 온 것 같은 때가
이제까지 있은 적 없고 앞으로도 없을 것이라는
결의가 사실은 혁명의 시작이다. 숱하게 있어 온.
연결이 문제이다. 극단은 감동 면에서 포르노를
이길 수 없지. 실패한 혁명이라는 착각은 노인이
보는 포르노인 것만 다행이고 노인의 자살을 더
실현 불가능한 목표로 만든다. 육체가 사라지고
끝까지 남으려 육체 고통을 입으며 무거워지는
말도 입을 잃고 얼마 안 되어 사라진다. 사라지는
일들의 연결이 바로 육화일밖에 없는 혁명은
누구든 언제든 혁명기에 있다.

가도

엘리베이터 전광판에 붉은 글씨로 '점검 중' 써 있어
옥상 건너 옆 동으로 내려가려니 이상하다. 처음인데
13층이 내가 사는 우리 동 13층과 똑같다. 같은 동
1층 2층과 다른 13층이 왜 다른 동 13층과 같지?
갑자기 옥상 아래 안방도 건넌 것도 이상하고 도처에
이상한 것들을 덮으려고 두 13층이 똑같은 것 같아
더 이상하다. 모든 것이 모든 것을 점검 중? 가도로
나와야 난폭한 교통이 정상의 기적. 무사히 광화문
프레스센터 20층 신춘문예 시상식장에 왔다.
나라가 개판이라 새해 벽두 모든 일간지 지면을
도배하는 작품들이 바로 근하신년이고 축시이지만
수상자들 오늘이 절정이고 다행히 문학은 절정을,
절정의 과정과 그 후를 노래하지 않는다. 그 후의
의미를 쌓아간다. 자기 글 단점과 남의 글 장점이
동시에 보이는 경지까지는 가야겠지. 나는 뒤풀이
술 한잔 잘 얻어먹고 다시 큰길로 귀가할 것이니
이상할 것이 하나도 없다. 점검 끝난 엘리베이터도,

가 보지 않을 옆 동 13층도 별도의 외출에서 돌아와
가구처럼 쉬고 있을 아내도, 무엇보다 확실하다.

끄집어내고 싶은

여성의 신예, 페미니즘 너머 현실 속으로 오체투지 하는.
농촌 모더니즘, 사이비 좌파를 인민주의로 드러내는.
볼셰비즘, 포스트모더니즘을 대중문화론의 아류로
낙착시키고 노동 운동의 조합주의를 극복하는.
나잇값, 노년의 고개를 끄덕이는.

얇은 투명 비닐 포장

조금 큰 제목이 잉크 냄새 나게 흘려 쓴 '펭귄출판사가
보낸 우편엽서들', 조금 작은 제목이 정갈한 '책 표지 백
장을 한 박스에'이다. 뒷면의 아주 작은 설명은 '아이콘에
달한' '70년 넘는' '클래식에서 범죄 소설에 이르는' '영국
디자인의 진수' 운운. 얇은 투명한 비닐 포장을 뜯기
전에도 흥미진진하다. 얇고 투명한 비닐 포장을 뜯기
싫을 정도로 그렇다. 얇은 투명 비닐이 신제품이던
때에도 이리 애틋한 적은 없었을 것. 죽은 이들의 시선이
그렇게 얇은 투명 비닐 포장인 듯. 얇은 비닐 포장 한 꺼풀을
죽음이 적어도 완화하는 듯. 새 책 한 권 값 주고 헌책 백
권을 거머쥔 듯했는데 책 표지들이 유구하게 얇아져
죽은 저자들이 죽어서 내게 보낸 엽서 같다. 산 사람에게
기분 좋은 일일 때까지 오래 기다린. 여기까지만 아니라
앞으로 또한 역사일 것처럼. 이제까지 역사의 축약의
축적 너머 축약으로서 축적이 앞으로 역사를 가능케 할
것처럼. 얇은 투명 비닐 포장이 손에 닳고 닳아서 뜯길
때까지 만지작거리는 게 상책이었을까?

대단한 장점

과거를 요령껏 회피하는 괴팍이 어떻게 비극에 달하겠나, 오히려 비극을 야금야금 갉는다. 괴기와 공포, 아무리 세련되어도 그 흔적이 비극을 비극 이전으로 원초화한다. 비극이 불가능한 현대 아니다. 현대가 과거보다 졸렬한 비극 예술이다. 음악이 찢어지며, 시가 분열하며, 소설이 소설을 지우며 흐른다. 연극이 찢어지는 몸을 지우며, 오페라가 음악의 산만으로 흐른다. 이것들은 어떻게든 어쨌든 흐르지. 건축이 가까스로 무너지지 않고 조각이 가까스로 등장한다. 이것들은 어떻게든 서 있지. 회화가 이 모든 것으로 정지하고 모든 것이 정지이다. 현대가 죽음한테 압도적으로 희극적일밖에 없다. 괴팍을 피해 치사와 졸렬로 비극성을 높이는 비극이 있다. 우리가 무사히, 제대로 건너온 것이다. 대단한 장점이지. 모던도 겪지 않은 포스트모던, 혁명도 치르지 않은 혁명 멸망, 힐링의 질병 만연의 제도 속에서.

찻잔 받침

며느리 둘 손자 하나 식구가 늘어나니 젊음이 부상이고 유년이 위기이다. 며느리가 시부모 생일 선물로 사 온 커플용 찻잔 포장 박스가 모자 상자처럼 크고 둥글다. 찻잔 색이 하나는 흐린 하늘이고 하나는 흐린 고동이다. 시부모 노년은 물론 가족의 새로움 전체를 고급스럽고 세련되게 안정시키는 색의 방식. 작년에는 로열 알버트 커플 찻잔이 거의 요사한 란을 점잖고 짙은 손잡이의 금박이 겨우 다스릴 만큼 화려했었다. 그때도 찻잔 받침이 있었나? 당연히 있었겠지만 애 낳은 며느리 앞에서 비로소 그 용도를 알겠다. 아름다움도 안정을 향해 안정적으로 있어야 젊음이 부상 아니고 유년이 위기 아닐 것. 순수의 정수가 불안인 것처럼 잡다의 정수가 안정이다.

나의 일관

보수와 보수가, 진보와 진보가 무슨 토론을? 그냥 대화일
뿐이다. 보수와 진보와 무슨 대화? 서로를 극좌 극우로
몰아가는 진흙탕 싸움만 있고 진보도 보수도 늘 사태를
악화하는 사이비만 늘어난다. 제대로 된 대화는 다양과
다양 사이, 제대로 된 토론은 일관과 일관 사이 그것이다.
일관이 토론을 토론답게 하고 토론으로 일관이 영역
번역 능력을 갖는다. 진보는 보수, 심지어 극우가 예술의
걸작을 내는 과정의 진보적 해명이 시급한 과제이다.
일관부터 시작하지 않고는 빠져나갈 수 없는 오해의 미로.
일관된 보수를 감당하는 일관된 진보만이 진보 전망을
거대한 희망으로 가꿀 수 있다.

발레 경탄

단원들 날씬하고 키가 크고 섹시하다는 소리가 퍼졌지만
나는 영혼보다 더 아름다운 가시화, 정신보다 더 드높은
육체, 신화를 거룩하게 하는 색이라고 말하겠다. 비상은
중력보다 무겁다. 슬프다. 군무에서 독무까지 어떤 춤도
발레 단원이 될 수 없는 발레의 발, 발레의 발레 경탄.

결국의 모양

오르기 위해 서 있지 않고 오르기 전에 서 있는, 아무 역량
없이 어떻게든 중력을 희롱해 보려는, 처음부터 어림
없고, 무엇보다 끝이 시작보다 먼저인, 끝도 시작도 희극
비극 희비극과 무관한, 안티–햄릿 자세. 기우뚱하려고
텅 빈 것이 텅 빈 사실의 골격이자 곡예. 홀로 있어도
아무도 오를 수 없는 것이 이미 오른 것인 사다리로만
있는. 인간은 중력을 거부하는 자세가 고작인 모양이
쌓여 사다리가 지상에 발을 딛고 우리가 기다리는 것이

결국 죽음이지 고작 죽음은 아닐 수 있는 모양. 청춘을
절정으로 오해한 생애의 전집이 금은보화를 박은
목제인 모양. 끊임없이 결국을 연습하고 연마하는
모양이 죽음이지만 죽음이 낳은 이야기, 세속이 거룩을
지우고 이야기가 이야기를 지우는 이야기가 그 세속을
더 거룩하게 한다. 결국의 모양, 석명이 통합하는 연대와
통합이 석명하는 연대표가 있고 거꾸로도 있는.

관용

잃어버린 것에 비해 되찾은 것이 촌스럽고 잃어버리는
일에 비하면 되찾는 일이 더 그렇고 갈수록 예민해지는
감성으로는 잃어버린 것보다 잃어버리는 일이 더욱
그렇고 먹자골목 불야성보다 왕성한 세계 멸망 운운도
잃어버리는 일이 무엇인지 모르는 수작밖에 안 되고,
여유? 남은 생이 잃어버리고 시시하게 남은 생이다.
무뎌지지 않고 꿋꿋이 버티는 게 관용이다. 미국 지식인
보기에 개차반인 트럼프가 미국 대통령에 당선되었다.
약소국 국민이 엄두도 못 낼 규모의 이변이고 그것에
비하면 박근혜 탄핵은 천만 명이 동원된 좁고 깊고
기괴한 궁상이다. 전집이 전집들을 제 안에 품는 일에
비하여 생애가 그러는 일이 촌스러워 보이는, 알만큼
아는 예민한 감성이 바로 관용이다. 처음부터 시간이
추억 아니라 말의 정교를 위하여 사라진다. 망설인
흔적의 무늬로 남은 정교, 치부가 압도적인 시간이
있던 사실을 좀체 믿을 수 없는 시간이다. 젊지도 않은
우리가 구체의 자극적인 향수에 취한 앙팡 테리블
시간이 있었다. 교태, 앞으로 이뤄지지 못할 것들이
이뤄지지 않는 일에 비해 너무나 초라하다.

멘델스존 바이올린 협주곡 e단조 작품 번호 64

입구 동로마 출구 서로마 시간 30분가량 거리 끊임없는

산천어

올해도 성묘하고 그 민물고기집에 들러 낡은 휴대용
오디오에서 흘러나오는 그 70~80 유행가 들었다. 유행가,
흘러가는 노래라니 말도 안 된다. 이 집에서 특히 당당히
자리 잡은 것이 대규모 공원묘지를 마련하고 사후에
자리 잡은 실향민 혼령들과 미리 얘기가 된 것 같다. 피차
더 이상 나이를 먹지 않을 것도. 우리 식구가 어른만 열
넷. 졸지에 손주 없는 할아버지 할머니 풍년이다. 사회
적응을 거부하며 노인 병원에 있는 형은 나이를 안 먹는
셈인가? 눈이 좀 보인다니 형은 밥 세 끼 제때 먹는 게
보약이다. 밥 같이 먹는 사이가 식구이고 주문한 음식을
기다리는 식구들만 빠르게 늙어간다. 애들은 부쩍부쩍
크고. 산천어 매운탕집 모든 것이 작년과 같고 작년처럼
맛있다. 높고 깨끗한 물에 사는 산천어는 나이와 상관
없고 메기는 흐린 물에서 사람보다 더 오래 산 전설이
있다. 우리 부부는 무조건 화장이고, 초목장도 못 하게
애들한테 다짐받아 두었으니 죽어서 무덤의 나이도
먹지 않을 것이다. 형의 생도 우리가 불행하다고 할 것은
아니다.

외교관

보이는 정치의 유통이 신권 지폐보다 더 매끈하다.
자서전의 자서전. 낮에는 정치의 총아 밤에는 그 노예인
그는 빛나는 것이 단점이다. 밤을 지배하는 음모를
지배하는 정치를 지배하는 경제를 지배하는 그 유통은
밤낮 세계보다 더 넓어서 정체가 없고 그는 참기름

통에 빠졌다 나온 얼굴과 정장 차림부터 문제이다.
순수 형식에서 나와 순수 형식으로 돌아가는 만물의
섭리를 그가 대망하는 것도 아니다. 외교가 저 홀로, 관도
유엔도 없는 추상의 고립으로 대망한다, 순수 형식인
완벽한 평화를. 반기문을 내가 씹는다고? 그는 외교관
아니라 그 출신이고 유엔 사무총장 아니라 그 출신, 즉
출신 출신 아냐? 외교관 중에 출신 출신이 가장 많기는
하다.

호텔

명사 '모텔'이 있기 전이라 호텔인 호텔이다. 여전히
호텔이지만 모텔보다 더 낡았을 것이 옛날 그대로인
파사드 일부로 분명한, 복고적 사회주의 양식. 낮의
밀실에서 레닌 신화 대신 밤의 객실에서 썩 예술적인
포르노를 찍는다. 성형의 세상에서 사라진 가련한
인간 표정들이 여기 죄다 있다. 썩 예술적인 포르노
영화배우들. 한 사람과의 체위가 백 가지에 이르는
마당에 상대가 열이면 어떻고 스물이라고 더 피곤할 게
있나? 사내들의 봉사 정신이 기본. 기민하고 정확하고
자상한 중노동이다. 끝까지 참는 것도 사내들이지.
여자가 아래에서 위로 전달되는 온전한 기쁨을
온전한 구강으로 온전한 다른 페니스에 전달하려
애쓰지만 이미 여러 차례 절정에 달했고 절정의
마지막에 달하는 중이라서 시늉뿐이다.
사회주의가 망할 만해서 망한 것을 보여주는 복고
아니다. 입맞춤의 영혼을 되찾기 영영 글렀다 해도
이 포르노 영화배우 커플이 진짜 연인처럼 연기하고
진짜 연인이거나 되기를 바라는 마음을 우리가 끝내
버리지 않는 호텔이다. 감성이 풍성하기보다 투철했던
플로베르가 그 섬세한 걸작 『감정 교육』을 쓰고 나서
비로소 섬세하기보다 유약했던 프루스트가 감정들의
상호 미궁으로 평생에 걸쳐 잃어버린 시간을 재건하던

그 호텔이다. 너무나 섹시하여 단어 '갈보'를 낳고 여든
너머 살고 경악의 쪼글쪼글 노파로 죽은 지 30년이 넘는
그레타 가르보에게 우리가 모르는 가장 아름다운 죽음의
매력을 부여하는 그 호텔 그 시작이다. 순결한 목덜미에
고운 때가 밀리는, 여러 번 읽을수록 종이 질이 좋아지는
헌책 몇 권 있어도 되는 호텔이고 시작이다. 죽음도
이별을 강요하려고 있는 것은 아니다. 죽음이 죽음으로
그냥 이별인 것도 겉보기에만 그렇다. 죽음은 본질이
현상과 정반대라서 이른바 죽음이다.

당신

여행 떠나 없는 아내를 무어라 부를까. 없으니 편한 점도
있군. 날이 어두워지고 마루 안방 형광등을 모두 켰다가
안방은 다시 껐다. 눈에 안 보이는 부재는 채울 수가 없다.
바로 보이는 부엌 불을 켰다. 눈에 띄는 부재가 채워지지
않고 두 배로 환하다. 그대라고 부르려다 지금 아내가
있을 곳보다 더 먼 것 같아서 당신이라 부른다. 날이 한참
밝아서야 안방 TV를 켜고 잠자리에 들었다. 죽음의
부재인 잠이 당신의 부재를 완화했는지 깨어나 조금
슬펐다, 얼굴 없이. 며칠 반복될 것이다.

신문 월평

문학의 월 단위가 월간지보다 더 적절하던.

노추 잉여

몽정에서 깼다. 비루한 형식뿐이다. 유일한 내용이던
얼굴 표정도 너무 사라져 원래 없던 것보다 더하다.
마지막 소리 속으로 완전 흡수되던 기억도 그렇고

오로지 비루한 형식이 비루한 형식을 어쩔 줄 모른다.
섹스가 죽음을 닮았으면 몽정은 자살을 닮았나? 자살
이후 세상이 세상의 모든 것을 내게 들키는 것이 내가
나의 모든 것을 세상에게 들키는 것인 순간이다.
가는데 같이 가지 않는 모든 것, 잔당이 없는. 시답잖은
사실들이 비극적으로 보이는 노추 잉여도 있다.
겁 없이 섹시해지는 게 안 보이는 음악이다. 굵은 것들이
세기에 약할밖에 없는 것이 보인다. 필요 없다는 거지.
낮에 난방기를 계속 4백 와트로 틀어 열량을 보충해야.
섹스가 욕망의 문제라면 여전히 도덕의 문제이고
영혼의 문제라면 단 한 번이다. 여러 번이 단 한 번을
채워가는 보충 아니라면 섹스도 에피고넨들이
에피고넨들을 양산하는 제도에 지나지 않는다. 노추
잉여거나.

감기 동거

생명보다 짧은 명명이 생명보다 아플 수 있다. 아니다.
생명이 명명으로 아플 수 있고 명명이 그 아픔으로
비로소 아플 수 있다. 아니다. 모든 명명이 짧은 생의
명명일 수 있다. 아니다. 모든 생명이 매일 명명의
아픔으로 비로소 매일 생생할 수 있다. 아니다. 생명이
짧다는 명명이 비로소 생명일 수 있다. 외출하면 끼는
팔짱을 애써 떼 내며 다니다가 집에 돌아와 다정한 말로
다독이고는 옆에 꼬옥 끼고 잔다, 감기 같은 나이를.
아니다. 그렇다. 더 짧고 더 생생한 생애가 필요했던 것
아니라 필요하다는 것을 비로소 아는 노년의 요절 너머
요절의 노년이 생명의 명명일 수 있다. 튀어 나가는 것이
튀어나오고 독야청청이 창공이다. 앞으로 더 길고
거대하게 그럴 것이기를. 그것이 내가 지워지는
방식이기를.

아주 사소한 거룩

엎질러진 어떤 액체도 젖은 채 아름다울밖에 없이
깨끗하게 아름다운 종이의 책이다. 르네상스 같다.
몇백 년 전 대단하던 그 사람의 몇백 년 전 아니라
그가 몇백 년 더 살면서 몇백 년 더 나아졌다면 있을
것의 결핍, 투명보다 더 투명한 살결, 결핍 미래 때문에.
역사가 과거의 교훈을 주지 않고 생각보다 훨씬 더
많은 사람들을 보내며 우리의 오늘을 감각하게 해준다.
모일 것들이 다 모였는데 정작 모을 자가 없는 사태로
생의 대부분이 지나간다. 결핍 없는 현재가 지옥인
사실이 종교이다. 단 한 번 너의 전체의 얼굴에 겹친
나의 전체의 얼굴이 지금보다 조금만 덜 추하기를.
모든 것을 품고 넝마가 되었을 세계와 세계의 겹치는
것과 곳 균열이 바로 세계관이기를. 야망 없는 순수
좌파한테만 있다, 아주 사소한 거룩이.

목도 초현실

생애보다 여전히 짧지만 이제 생애보다 덜 들뜬 고인
약력이 고인의 정체이다. 죽음이 전집의 호들갑을
다스리는 형식, 초현실이 있다. 생전에 고인이 알게
모르게 그러고 싶었을, 그랬더라면 좋았을. 살아서
우리가 알게 모르게 그러고 싶은. 그러는 것이 좋을
것 같은. 네이버 국어사전 '목도' 설명 1 '두 사람 이상이
짝이 되어, 무거운 물건이나 돌덩이를 얽어맨 밧줄에
몽둥이를 꿰어 어깨에 메고 나르는 일'을 '얽어맨 밧줄에
몽둥이를 꿰어 무거운 물건이나 돌덩이를 두 사람
이상이 짝이 되어 어깨에 메고 나르는 일'로 순서만
바꾸어도 쉼표 없이 생의 난해가 훨씬 더 명료해지지
않나? 박정희 있는 60년대도 박정희 없는 70년대도
아니고 2020년대 우리가 앞날을 앞날의 목도로
향하는 고인 약력의 초현실이 있다.

팔레스타인
-아다니아 쉬블리에게

얼마나 좁고 닫히고 숨 막힌 지하 느낌이었으면 손때에
오래 절어 미끈한 두터운 탁자의 '와일드한 습기'에
매료되었다고 했을까, 겨룩이 유구한 예루살렘 집을
잠시 떠나온 팔레스타인 처녀가 허름하고 어둑한 홍대
변두리 주점에서 지고지순한 성처녀 표정 하나도
흐트러뜨리지 않고? 그녀 귀가한 지 십 년이 다 되어가고
결혼 소식도 들려왔고 남을밖에 없어 남은 우리가 그
주점을 계속 애용하고 그러는데도 비극이 줄지 않고
계속 좁아 든다. 그녀가 이제 성처녀 아니기를 바라지만
아직 예루살렘이 집이라면 성녀일밖에 없다. 예수가
자신의 순교 터를 잘못 고른 것이라고 할밖에 없다. 성모
마리아는 이번에도 죄가 없다. 현대에 이르러 현대적인
비극을 그냥 감당할 뿐 자식을 낳은 죄도 없다. 그녀가
우리 곁에 오랫동안 없는 만큼 우리가 술을 처마셔도
전 세계의 가장 지난하고 예리한 통증과 결별할 수 없다.
아다니아, 아다니아, 아다니아 탄식의 쉬블리. 신비로운
것은 물리학이지 은하수 너머 먼 곳에 무슨 볼거리가
있나? 마음이 답답하고 발이 미답한 곳이 성지이다. 넷이
앉아도 비좁은 오늘의 세계 TV 화면에서 브로드웨이가
무대 밖으로 쏟아져 나온다. 할리우드가 스크린 속으로
쏟아져 들어간다. 좁아 드는 비극이 쏟아지지 않고
들락거리지 않고 그냥 화면 밖에서 좁아 드는 비극이다.
시간이 너무 긴 방송 사고 같다, 거기는. 여기도.

걷는다

시간이 가므로 장차가 오는 것처럼 우리가 영영 돌아갈
수 없는 것은 과거가 우리에게로 올 수 없기 때문이다.
죽음으로 말고는 순전한 과거가 재현될 수 없고 과거도
언제나 가고 있는 현재의 과거이다. 어른을 헐벗으며

가는 것이 현재의 유년이고 과거의 유년이, 결핍으로
성숙하기는커녕 아예 결핍인, 없는 나의 다른 이름
아닌가? 다른 행성에서 어린 왕자가 올 수 있지만 어른들
읽는 동화가 무슨 소용, 지구 행성에서 힐링이 연예인도
동원하는 인기 직종인 마당에? 더 혼쾌히 걷는다 그래서
노인네. 어떻게든 사막의 삭막을 능가하는 사막의
비유에 우리가 이르렀다. 감쪽같이 지상을 떠나고픈
소망 아니다. 어른을 헐벗으며 걷고 더 헐벗으려 실제
너머로 걷는다. 자살이 필요 없는 자살 안무가 필요하다.
모든 것에 통달했으나 모든 것을 모든 것의 총체로
감각하는 '시적'이 아직도 턱없이 모자라다. 걷는다.
생애의 대못이 나의 서정이다. 너무 지지부진해서
아프지도 않다. 걷는다. 대문자 신의 몫이었으니 살인의
의무도 끝났다.

결별

권태, 하면 문청 시절 주제가 아직도 이어지는 느낌이 더
권태롭다. 이어지는 것 자체가 권태이고 이러다 돌이킬
수 없다. 결별. 형용사를 강화하는 명사와 영영 돌이킬 수
없는 느낌 물질의 합. 죽음을 제대로 맞는 일로 아주 바쁠
것. 실존이 실존주의에 앞설 것. 죽음이 당연하고 다시 없을
것, 이 모든 것들의, 이 모든 것들인 결별.

사필귀정

박근혜 참사가 사필귀정이라는 조중동 후안무치하고
비판은 다른 방송도 그게 그거다. 유니섹스 시사뉴스
진행자 무조건 늙은 남녀 야당 여당 패널들 클로즈업을
선호하여 코를 구체적으로 벌렁거리고 땀구멍이 덩달아
몸을 연다. 그럴 리가…. 사필귀정이라니까?
부산 사는 대학 동창한테서 서울 사는 대학 동창 데리고

놀러 오라는 연락이 왔다. 대학 때부터 삼총사인 우리는
서울에서 먼저 연락하거나 조금 늦게 부산 연락을
받거나 둘 중 하나이다. 서울끼리는 자주 만나고. 크게
위로가 되는 사필귀정이다. 오랫동안 사필귀정을 사필
규정으로 알았다. 시국이 험하지 않을 때가 없었지만
요즈음은 조중동이 촛불혁명 운운에 끼어들며 개국
공신을 참칭하니 문제가 더 심각하고 지리멸렬해진다.

자연의 겨울

봄 청춘 가을 만년 그리고 가해 없이 처참한 결론이다.
피해 없이 그 너머로 황량하다, 고독 없이. 아주 조금씩만
다행하거나 불행하게도.

까마귀 여행과 음식 기행

천 년 고도 경주 들판에 한정된 것처럼 까마귀들 많고
얌전하게 날아다닌다. 불길이 좀 뻘쭘한 단어. 천 년에
길들여져 천 년이 오랜 생이자 무덤의 안온. 까마귀들만
날아다니는 들판이 실내 풍경 같다. 중화학 공업 도시
울산은 다르다. 어둠 내리는 대로 양쪽 고압 전선에
까마귀 떼 밀리는 차량보다 더 많고 길게 천 마리 만 마리
십만 마리 앉아 있다. 고압보다 검고 빠릿빠릿한 부리와
눈동자가 살기의 운명으로 빛난다. 재앙의 예지 아니라
여파. 감포 활복탕 점심으로 서울 숙취, 미포 대구탕
아침으로 부산 숙취 씻어내고 생전 처음 아침 바다 본다.
가장 진한 하늘색 바다 위 가장 옅은 바다색 하늘에 구름
한 점 없으니 또한 최초로 해운대가 해운대이다.
갈매기들 밀려드는 파도에 종종걸음이다. 작년 피서객
흉내 아니라 최치원 이전 원조 버릇일 것. 안동까지 들러
말어? 일용의 간고등어와 술안주 붕어찜 및 개고기가
유명하지만 안동 음식은 살생이 제사에 길들여져 생에

가까운지 죽음에 가까운지 둘 다인지 분명치 않고
오묘하고 그런 음식의 제의가 서원이든 종가든 목재
효용과 위용이 엄격한 조화를 이루는 목조 건축을 일상의
걸작으로 빚어냈을 것 '안동은 대한민국의 정신적 수도'
안동 지방자치 캐치프레이즈가 촌스럽다. 안동 출신인
서울 사는 대학 동창 말로는 간고등어가 홍어처럼
기막하게 삭힌 음식이다. 이제 부산 사는 대학 동창이
이번에 펴낸 『비트겐슈타인의 철학 — 언어의 마법에
대한 하나의 투쟁』을 지레 겁먹지 않고 읽을 수 있다.
아내도 분명.

감은사 터

사연이 『삼국유사』에만 있고 언제 사라진 기록도 없다.
3층 석탑 두 개와 유구가 있고, 터인 것을 아주 적절한
모양과 크기와 규모로 증명하는 터가 있다. 내린 눈이
길을 지우지 않고 제 길을 새로 내는 광경으로 투박한
쌍둥이 감은사지3층석탑이 자주 능가한다 불국사
석가탑의 웅장과 다보탑의 우아를. 빈도가 훨씬 적지만
담백한 토함산과 석굴암이 남산의 요상한 무당 기를
다스리는 감은사 터가 사찰보다 더 완벽한 사찰이다.
토함산에 올라 보면 멀리 산맥 위로 안개처럼 바다가
너무나 자연스럽게 떠 있고 경주의 모든 나무들이 역대
신라 왕 앞에서 역대 신하처럼 품위 있게 춤추고.

하드커버 컬러판 포터블 국어 백과사전

껍질이 제법 두꺼운 간명, 내용을 들이기 전 내용에 미리
벌어지는 틀, 두꺼울수록 간명해지는 놀이, 품위 있게
멸망하는 법칙의. 죽은 피아니스트 생애 다큐멘터리의
간간한 배경으로 흐르는 죽은 피아니스트 연주에 귀를
기울이는 순간 간명과 두께 모두 사라지고 소음의

볼륨을 너무 올린 것 같지. 모든 단어와 부문과 예술
장르와 생몰년 사이 문법의, 모든 삽화와 사진과 지도와
현장과 장면과 유적과 표정과 자세 사이 문법의 사용
너머 응용이 전망인 잘 만든 어느 나라 하드커버 컬러판
포터블 국어 백과사전이 있다. 고대 그리스 비극에서
미케네 아가멤논 무덤 출토 데스마스크의 황금 엄혹
위의도 벗겨져 손톱자국만 남는다. 우리가 바로 죽은 신,
누더기 시체로 쓸데없는 것만 감당하는 중이다.
이번에는 파탄에 이르는 이야기로 파탄을 돌이킬 수
있다고 믿으며. 종말보다 더 견디기 쉬운 게 어디 있겠나.
죽은 신의 능력은 많은 것을 감당하지 않고 많은 것이
감당된다. 우리가 죽은 신인 사실이 사실은 가장 강력한
능력이고 이야기이다. 감당되는 것은 혁명의 실패
뿐이다. 우리가 죽은 신이 아닌 경지에 이를 때까지.

오래전 영화 이야기

20세기 말 권위 있는 미국 영화 잡지에서 발표한 20세기
영화를 대표하는 명배우 50명 가운데 캐서린 헵번이
여자, 험프리 보가트가 남자 1위였다. 캐서린 헵번의
은근히 피어오르는 미소는 사내가 천 년을 함께 살고도
다시 보고 싶은 미소이다. 험프리 보가트는, 뭐지, 미남도
아니고 연기력도 별로 같은데? 헵번과 단 한 번 함께 한
〈아프리카의 여왕〉 별것도 아니지만 별로 섹시하지
않은 헵번 얼굴에서 별로 섹시하지 않은 헵번 미소를
떠오르게 하려면 왠지 보가트의 그 어눌한, 나쁜 남자에
미달하여 오히려 남자다운 그 표정이 반드시 필요하다.

마임

창작의 돌발 그 자체. 묵언의 몸이 배우 분장은 물론
평생의 이름까지 비트는 판토마임 너머 한계를

극복하는 것이 극(克)이다. 끝까지 뒤틀리지 않고
배배 꼬이지 않고 비틀리는.

동면

오천 년 넘게 빙하에 갇혀 있다가 온전한 유해로 발굴된
그가 그 밖에 남긴 것은 동면이다. 그 안에 그의 생애도
생각도 함께 발굴된 청동기도 들어 있다. 그의 사라진
동면이 그가 살아 있을 때보다 더 온전하다. 그 동면에
맞설 자 잔 다르크. 혁혁한 전공으로 멸망 직전의 조국
프랑스를 구하고도 적국 잉글랜드에 넘겨져 화형당할
때 방년 19세 처녀. 무슨 일이 벌어질 수 있던 거지?

고유 명사 문법

고유들이 보통 명사로 이주하지 않고 명사 속으로 끝없이
보통화하는 생애–역사를 끝없이 고유화하면서 내는
언어의 길. 무수한 갈래로 질적인 공동체 길. 질적으로
대등해야 하는 고유 명사 풍경이 있고 고유 명사 의무가
있고 고유 명사 풍경이 고유 명사 의무이다. 고대 고유
명사에 고대가 없다. 구약 고유 명사에 구약이 없다. 모든
고유 명사가 현재라서 다른 모든 명사도 온갖 품사도
현재이다.

지상의 평소

왼쪽이 서울역사박물관, 오른쪽이 더 광화문 광장인
골목길 곤드레나물밥집 3층이다. 아이들 빼고 아내 쪽
언니 동생 오빠 가족 다 모였다. 장모 돌아간 지 오 년에
자식 혼사들도 치렀으니 모두 집안 최고 어른들이다.
나는 '토속 특산류 별로지만 매운 두부찜 곁들여서

먹을 만하다. 구황 식물이었는데, 이런 게 역사의 정의,
아니면 지방자치 지역 균형 발전? 가파른 비상계단으로
안내받아 담배 한 대 무는데 나뭇가지들 사이로 저 아래
지상의 평소보다 긴 트럭 위로 지상의 평소보다 훨씬 더
높은 프로판 가스통들이 꽁꽁 묶여 거의 빈틈없이 쌓여
있다. 세상에. 이 동네 식당들이 저걸 다 쓰나…. 사실은
하루치도 못 된다. 〈굳세어라 금순아〉 위대하다. 70년이
지나도 전쟁의 비극을 전후 세대 가슴에 현장으로
아로새기는 선전 선동 가요. 지상의 평소 더 위대하다.
여전히 흥남 부두 직전이고 여전히 번창할 수 있다니.
식구가 더 위대하다. 이렇게 무사히 함께 모여 있는 것이
기적이다. 지금은 인간의 정을 배운 유기견들의
눈보라가 휘날리는 바람 찬 흥남 부두에서.

반성

대상 없이 싸우는 악몽을 꾸고 나서야 곤한 잠에 드는
요즘 습관이 있다. 철 든다는 핑계로 비겁해졌나?
서론에 못 미치는 머리말들의 연속이 오래 사는
일이라면 그런 악몽도 없을 것이다. 아무리 치열해도
반성으로 끝나는 반성은 반성이 아니다.

뒤늦은 항공의 역사

서울중앙지법의 파산 선고를 받은 한진해운이
대한항공과 같은 한진그룹 계열사이지만 그건
시사 경제이고 뒤늦은 항공의 역사가 아니다.

먼 훗날

관광은 안 가 본 데가 없는 새로움을 애써 지운다.

빛을 요란하고 값싸게 만들지. 처음 왔지만 언젠가
와본 적 있는 느낌만큼 유구한 감동도 없다. 어떤 표정은
친구보다 더 유구하다. 햇빛 쨍쨍한 바닷속 들여다
보이는 시커먼 물체도 괴물일 리 없다. 죽기 전에 꼭
가봐야 할 곳들은 전생에 가 보았던 곳들이라야 낯선
감동이 완성된다. 사랑은 우리를 세계 도처에 함께 혹은
홀로 있게 한다. 언제나 처음이고 언제나 의미심장한
것이 행방불명이다. 내 어릴 적 염리는 염창까지 소금 짐
나르던 길. 새까만 내 손때 발때가 모두 소금이던 그 길을
요즘 젊은 남녀가 걷고 싶어 하는 아침도 TV 방송도 돌연
행방불명이다. 나무들이 육지 및 중력과 어울린
인간들의 적확한 비유라서 가지들이 하늘과 나누는
접촉의 대화를 우리가 가늠할 수 없다. 여기를 나가야
겨우 고흐가 정신 병원 다 가서 쉬던 그 마을 그 평상이다.
누추해야 웃기고 누추할수록 웃기는 표정의 가면 같던
얼굴이 한 세대 단위로 보면 바로 울음인 서영춘도 있다.
한국인은 심석희와 함께 결승선을 직선으로 통과하지
않고 돌파한다, 가로막는 마지막 직선의 한계를.
그렇게 죽은 내가 살아서 늙은 아내와 함께 너무 젊어서
연애가 비극적인 후배들 길동무 삼아 거대한 희생의
그물에 사로잡혀 펄떡펄떡 뛰는 물고기 굵고 화창한
날씨에도 바람이 몽둥이질처럼 부는 섬에 다녀온다.
먼 훗날. 아니면 죽은 내가 살고 산 아내가 죽어서 돌아
오거나. 내 생애 중 가장 시퍼런 바다 하나만 남는다.
작자 미상의 작품명이 작자 이름을 대신하듯 고유가
마모되지 않는다. 고유가 마모한, 마모하는 고유이다.
방문이 있었으니 먼 훗날도 있을 것이다. 서울은 주룩
비가 내리고 내륙은 눈이 온다는 소식이 온다. 보험 가입
권유 전화를 아내가 너무나 친절하게 끊으려 해,
저래서야 순순히 끊어지겠나 싶다. 먼 훗날이 있을
것이다.

마지막 악장

하인천역 이름이 인천역으로 바뀌었다. 주변 풍경이 더
많이 바뀌었지만 옛날의 마지막 철로가 땅끝을 더듬는
종착도 아직 완연하다. 서울에서 따라온 길은 예전에
많이 내려가던 길이다. 옆으로 다가와 팔짱을 끼는 길이
있었다. 앞장서는 것은 약속뿐. 허망이 육박한다. 멸망을
이방의 제국으로 성취한 역사가 있던 것처럼. 마지막
작품 마지막 악장은 단순하다. 즐기는 게 아니었다. 노는
것은 더. 기쁨에 겨워 죽고 슬픔에 과하게 몸부림칠 때
우리는 살고 싶은 거였다.

자상한 세월의 무덤
―주일억(1927~2017. 2. 21.)

서울이 고향인 내게도 이름이 낯설은 체부동에 있던
주일억 산부인과에서 내 첫째 둘째 아들이 태어났다.
그 뒤로도 이름이 신기하던 주일억 그이가 돌아갔다.
향년 90세. 한국인 최초 국제여의사회 회장에 선출된
1989년은 내 아이 아홉 살과 일곱 살 때이고 첫 아이
갓 나서 아플 때마다 아이를 제대로 받으신 거 맞냐,
전화로 귀엽게 시비 걸던 나는 그 뒤로 모르는 일이다.
벌써 발인이고 두 아이 모두 세상에 내보내 준 업적
넘어 그이, 우리 가족 전체를 감싸는 자상한 세월의
무덤 되었다. 참 젊은 날 내 시 한 편 보고 좀 야하다,
한 적 있고 참고로 아내와 나의 친구이자 동창. 육홍타
어머니이다. 이상한 이름이 이상한 이름을 낳는다.

소리글자

꼬치꼬치 알려는 욕망을 완전히 포기할 수 있다면
소리글자도 모양의 뜻을 어느 정도는 알 수 있다.

그 순간을 우리가 거룩이라고 부른 것일 수 있다.
소리 너머 결정적으로 인간적이기 직전 임종을 알리지
않고 임종이 뚜렷해지는 소리, 글자. 찜찜한 사후를
임종에서 지워주는 소리글자. 그것도 죽어서 우리가
가져갈 것은 아니지만 죽을 때까지 기다릴 것이 있는
벌써부터 커다란 다행의. 엄혹 대신 유구의. 온갖
생애가 자신의 현재인, 갈수록 윤곽이 또렷해지는,
주제의 선명이 비로소 완료되는, 언제나 교정이
가장 큰 교정이 가장 마지막인, 가시화할 수 없는
시간의 소리, 글자. 대문자 신을 뜻하는 각국 글자
사이 대문자 신보다 큰 소리 차이들 종합이 만국
성경일 수 있다.

미노타우로스 이후 미노타우로스

멀쩡한 것이 지배할 뿐 버티는 것은 미지의 미로이다.
멀쩡한 것보다 비유 능력이 훨씬 더 놀랍고 탄탄한 것이
건축이지. 해석과 묘사는 똑같은 것이 있을 수 없는
해석이고 묘사이다. 우리 발 아랫것들에게 우리가 좀더
자상하지 않으면 문제가 건축 바깥으로 복잡해진다.
해석과 묘사가 서로의 바깥으로 복잡해지고 쓸데없다.
그렇게는 미지인 세상의 건축물을 몸으로 감당할 수 없다.
세상이 미지의 건축물인 사실조차 감당할 수 없다.
미지의 실핏줄, 얼마든지 달라도 되는 해석과 묘사의
미로가 희망이다. 르네상스 아름다움의 우뚝 선 성과
영롱한 잔이 정말 사실인가, 전대미문의 손놀림에 형편
없이 망가진 흐트러진 몸의? 모질면 안 되고 집착할 것은
연민뿐이다.

완

정말 어려운 것은 미완의 완성이다. 더 이상의 미완이

흉내 낼 수 없는, 유일한. 더 어려운 것은 미완이 미완의
완성인 것을 스스로 깨닫는 일이다. 모든 미완이 미완의
완성이다. 완만 움직인다. 미도 성도 움직이지 않는다.
노년의 마지막 시행들이 같은 시기 젊은 단편 소설가
첫 풍경 묘사 문장에 못 미치는 사례도 드물지 않다.

춤의 진작

춤추는 내가 춤추는 내 몸에게 무슨 표현을 가르치겠나?
춤이 바로 춤의 진작이다. 순결은 몸이 기억할 수 없는
과거의 추상. 과거는 정신의 것이고 춤의 진작은 미래의
거울만 있다. 몸의 진작이 순결의 진작인. 이제부터 춤의
언어로만 구성된 춤인 정신이 온몸을 진작하는 것이
사랑 행위이다. 보았으나 안 보였던 것 아니라 보였으나
안 보았던 것을 본다. 그것으로 보이는 것을 다시 본다
공간이 공간이고 시간이 시간인 누추한 운명을 벗을
때까지, 고유한 고통이 고유한 기쁨일 때까지 진작.
실천이 있어야 하는 것 너머 있을밖에 없는. 희생이
바로 권력이다.

서울의 고향

개발 안 된 건물들이 비에 젖고 비로소 그 안에서 다들
뭔가 하고 있고 비로소 가로수들 약간 검고 축축하고
어딘가 모던과 포스트모던 씻기고 흘러내린 흑백에
문화재가 회복되고 괴물 교회가 스스로 십일조 키를
낮추고 교통이 기관지에 좋은 습기로 슬슬 밀리고
짬뽕 맛 좋은 사각지대 동네 사람들을 밀리지 않고 한양
4대문 중 남대문 안 을지로2가가 내 아내 고향이다.
전신주를 멀리 떼어내지 못한 먹자골목. 빗물이 마르고
서울의 고향이 사라진 자리. 화려한 폐경 같다. 모텔
간판이 어느새 누추해졌다.

생활의 모독

아무리 급조하느라 조잡한 도안을 그냥 쓰게 된 거라
해도 그렇지 너무 추하다, 태극기. 아직 낮이고 밤의
촛불 대회와 정반대로 산개한 박사모 탄핵 결사반대
집회 군중의 손에 들리고 가슴에 붙이고 허리에 두른
태극기 문양, 뿔뿔이 흩어졌는데도 너무 추하다.
3월 1일이다. 유관순 모독 같다. 6·25 전쟁 참화
모독 같다. 상경한 관광버스들이 지방자치 모독 같다.
반대를 반대하는 일이 품위를 유지하기 힘들지만
골목골목에서 이렇게 잔당이고 그악스럽고 후지고
추악하기도 힘들다. 대대로 이어지며 가장 빛나는
생활의 모독 같다. 우리가 두려워해야 할 것은 공룡
아니라 바로 이것이다. 생활의 모독. 하릴없이 애틋이
묻어나는 표정들의 연상이라서 거리의 인파인
거리의 인파를 거리의 인파에서 삭제해 버리는.

왕복

노량진에서 탄 전철이 노량진으로 갈 수 있나?
있다. 용산↔동인천 왕복선을 타고 용산역에서
잠깐 졸아, 오래 정차하는 것을 모르면 된다.

헤겔 비극

어머니, 얼굴이 길어지지도 않고 모든 개념의 너무 이른
완성인. 왜냐면 그가 명명이 성공 다음이라서 실패할 수
없는 시민 혁명의 실패할 수 없는 해설자이다. 어머니,
모든 슬픔의 발판인. 어머니로 실패가 새출발하려면
모든 집 나간 아버지가 개념 없이 낭만적인 개차반이다.
실패하고도 귀가할 수 없는 변증법의 혁명적인 제도화.
계속 가지 않으면 그럴밖에 없는 일이 그럴밖에 없던

일에 지나지 않는다. 완성은커녕 끝장, 철학이 되어버린
역사의. 왜냐면 위대한 철학일수록 그 본의보다 그중
역사적으로 발전할 수 있는 내용이 더 중요하다. 그는
자신의 완벽을 온전히 제 것으로 가져간 그의 죽음이
그의 철학이다. 영영 돌아오지 않는 탕자가 영영 탕자일
수 없는 생애가 더 중요하다. 누구나 더 나아질 권리와
의무만 있다. 돌아온 탕자는 이미 탕자가 아니다.

소품의 제왕

하루 종일 미니어처 세계를 좀더 미세하게 파고들며
쩨쩨해지지 않는 요령은 내일 죽을 수도 있기에 오늘이
이리 실한 까닭보다 오늘 하루가 이리 실하기에 내일
죽을 수도 있는 까닭이 더 큰 까닭으로 갈수록 균열하는
균열을 아우르는 아름다움으로써.
처음부터 거대가 위대의 패러디였다. 집회 참가 인원을
오백만 명으로 과장하며 주최 측이 망가지는 자신을
패러디하는 것도 어제오늘 사태가 아니다 조중동이
그것을 부추기는 것이 어제오늘 사태이지. 하긴 정치가
스스로 망가지는 정치를 다시 스스로 패러디하는
사이비 힐링의 시대이다. 실제 대중이 싫어하는 단어
'대중'의 질병을 치유하는 것은 실제 대중의 실제 대중
너머 전망이다. 대중을 꾸짖을 수 있는 정치인이라도
우선 보고 싶다. 그다음은 치열하게 온건한 정치인.
각각의 좋은 부분을 모조리 끌어모은 구성이 행정의
시작이고 그때 비로소 보이는 결핍이 전망이다. 연주 때
마다 소품의 제왕이 단 한 명이고 나머지는 원로들도
숱한 소품 심부름꾼에 지나지 않는다.

스페인 야시장

의식주보다 그 시장보다 그 육체가 더 진할 수 있는

장소의 이름이다, 플라멩코 무대가 매일 있는 레스토랑
술집 〈스페인 야시장〉. 네이버와 다음 메일 중 하나만
써야 할 정도로 비밀번호가 헷갈린다. 니체 그 후인
비극도 있다. 누구나 모든 길을 깨부숴 여는 본능이 가장
뒤늦게 발견된다. 깨부술 것이 깨부숨 자체밖에 남지
않은 그가 완강한 과거이고 초인이고 영원회귀이다,
불행하게도 강력한 파괴 수단인 풍자 아포리즘의. 스페인
야시장이 있다. 오늘 살아 있는 우리들이 살아 있는
대화이다. 지향 진행 현상이 본질이다. 스페인 야시장.
나로 인한 그대 슬픔의 치욕이 그대 인중을 아주 조금
추하게 만들던 순간이 평생의 뼈아픈 기억인. 육체가
문학 예술적인 바로 그만큼 문학 예술이 육체적인. 동성애
하는 시간 아니라 동성애인 시간. 회화, 대문자 신이
함부로 건드린 시간을 인간이 함부로 건드린 색으로
거룩하게 하는. 제 안의 광기를 다스리는 바깥의
상업하는 시민들, 축제. 이론의 결핍을 메꾸느라 피비린
전쟁이 발발하는 사태도 막을 겸. 스페인 야시장. 전쟁이
제 아가리를 직접 벗을 수 없는 까닭에.

2부

유년의 서: 시간차를 뛰어넘는 새로움의 현재형 지속 가능 발전

동서 습득

동서를 부각하는 언어.
습득拾得이 습득習得인 노동.

낯익어지다

산발도 양식樣式의 과잉이다. 아파트 안쪽 담장이 두
아이 다니던 국민학교의 바깥쪽 담장이다. 한 번도 넘지
못했고 매번 지각이었다. 오래된 새 칠이 옛날식으로
아담하고 예쁘다. 가까운 추억이 자주 잊히고 자주
출몰한다, 우리가 정말 잊은 것은 사라졌고 추억이 반
너머 찾아다니는 일이다. 내게 백년에 걸친 고등학교
추억이 있다, 이상과 임화부터 시작되는. 모처럼 낮에
나와 거리의 낯익음이 생소하지만 개발이 천편일률적인
엄한 대도시에서 내가 〈길소뜸〉의 김지미 6·25 이전
소녀 역으로 나온 이상아를 본 것일 수도 있다. 비극 이전
청순 발랄 그 자체로 김지미 어릴 때보다 예쁘던 그녀가
지금 김지미보다 더 신산스런 미모이다. 지구 자원이
인류 공동 재산이니 부지런하게 뛰고 만들고 팔아서
더 먹는 건 몰라도 다 먹는 건 도둑놈이지. 그걸 막자는 게
복지이다. 연금으로 사는 게 보람스러울 건 없지만
죽음과 자신도 모르게 가까워지고 차선의 방책은 된다.
이별도 낯익어질 수 있나? 오늘은 적금 대출받아 큰
아이한테 보내주려고 아내와 새마을금고 다녀온다.
아내는 장을 보고 들어온다며 다시 갔고 조금 멀리서
보니 교실이 바로 코앞인 국민학교 담장, 지금도 넘으라
유혹하고 지금도 넘을 수 없는 높이이다.

수선

바싹 마른 언저리가 거의 나풀거려 편하게 가죽 표지

등에서 떼어낸 스카치테이프가 뜯어낸 것처럼 몸에 많이
붙었다. 헌데보다 더 많은 양이고 무게이고 살점 같다.
벗겨져 드러난 가죽 밑 가죽 고동이 더 검붉게 선연하여
무두질 당한 짐승 가죽이 너무 오래된 권위. 아주 얇고
세심하게 새 스카치테이프를 붙인다. 수선의 수선이
인간의 도리 같다. 군데군데 온전한 생살의 고통을
고통 적나라히 세월에 쓸리고 쓸리도록 그냥 두는 것과
별개로.

거울 속

원래 커튼으로 친 음악의 거울 속에 내 머리 너무 크다.
죽었더라도 이렇게 죽어 있다면 쪽팔릴 겨를도 없이
죽음이 위태롭다. 치마가 찢어질 고통 아니라 종이가
벗겨질 수 없는 무게. 할머니 빨래를 거두지 못할 노동.
추억의 비정 아니라 죽은 세월의 격차 대신의 불가능.

와당 무늬

진시황제의 제국은 도량형 통일과 같은 속도로 멸망했다.
전쟁보다 잔혹한 디지털 평화, 백성이 전보다 더 행복할
겨를이 없었다. 기하학적으로 통일된 기와 무늬에 이르면
이용과 후생의 연결이 아예 끊어진다. 제국이
이용으로 성립하고 후생 실패로 멸망하는 역사의 결정판.
공산주의 국가들은 아름다움의 후생이 없었다. 예술가
누구나 와당 무늬에서 불만의 역전까지 읽을 수 있지만
중요한 것은 창조이다, 지금을 지속적으로 지금이게
하는 그 후의.

라인 지방미술관

고통을 극대화하기 위하여 몸이 비례를 깨며 축소되고
출토될 때까지 축소가 쭈글쭈글해지고 외계인일 때까지
주름이 말라비틀어진 피에타 피에타, 어머니가 다 커서
죽은 아들 태아보다 제웅보다 더 작은 형용을 하릴없이
넓은 제 넓적다리에 받아 하릴없이 우는 피에타의 피에타.

앞으로 비유가 있다

불확실한 것이 왜 불확실한지 정해지지 않는 것이 왜
정해지지 않는지, 최대를 최소로 설명하느라 현대 물리학
저도 어렵고 나도 어렵다. 크게 터진 시공이 시공 밖으로
팽창하고 정말 작은 것은 부피와 무게가 없고 정말 짧은
것은 시간이 없다. 사용하는 언어는 죽어도 시공의 언어,
그러니 저도 끙끙거리고 나도 끙끙거린다. '죽어도'가
요령. 인문학의 도움이 필요하지. 현대 물리학에 죽음의
비유가 필요하다. 가끔 무한 우주가 죽음에 앞선 죽음의
비유이기도 하다. 생각이 무한 우주에 훨씬 못 미치고
생각의 짝퉁이자 제도화인 종교는 말할 것도 없다. 뒤에
있지 않고 앞에 있지 않고 앞으로 비유가 있다. 천문학적
숫자? 봉건적으로 야해 보이는 수가 있다. 각자 개성이
더 뚜렷해지는 식으로 전모의 수준을 높이는 기획이자
소통의 대중화 비유도 있다. 현대가 반쯤은 우리 내부
역동적인 죽음의 비유이다. 비유를 비유로 벗는 유현
형식 비유가 있다. 그럴밖에 없는 것이 그럴 수 있고
그래야 하는 비유의 비유가 있다. 사랑 없는 욕망 발산에
절대 있을 수 없는.

운명

그것은 삽화들이 인쇄 수준에 따라 흐린 것이 나중에는

처음부터 일부러 그리 인쇄한 것처럼 보일 때 보인다.
신화를 벗으면 그 어둠이 속수무책이고 전설까지 벗으면
안색이 밝아지기 시작한다. 프랑스 고어사전을 고어
사전인 줄 모르고 훑었으니 다음은 일본 고어사전을 더
꼼꼼히 들여다보아야 할 것. 현실에 발을 디디며 운명은
중노동 신세이다. 외래어 표기 사전을 따로 만들 정도로
발음 표기가 불구인 일본어가 오히려 한 차원 더 높은
세계의 명징을 감각으로 확보하는 것과 같다. 제 것으로
갖다 쓰는 한자의 난독에서 비롯된, 본국에도 없는 별별
사전과 가장 섬세하고 방대한 백과사전 왕국 건설이
그다음 운명. 우리의 과거였던 일본의 인접 너머 임박한
현재가 또한 우리의 흔쾌한 운명이다. 잡종에 반대하지
않고 분산에 몰두한다.

석가탑

너무 무거운 돌의 무게 아니라 부피를 **뺐**다. 무겁지
않아도 그래야 한다는 것을 알고 나서 부처님 말씀도
무게 아니라 부피를 덜어냈다. 와보니 통일신라 별것도
아니고 이미 지나와 지나간 백제 때문도 아니고 석가탑,
돌탑 중 가장 아름답게 간명하고 그 옆에 가장 아름답게
정교한 다보탑이 그 사실의 전생이자 후렴이다.

추신

술 취해도 그런 적 없는 신발을 바꿔 신었으니 대낮의
동네 외출과 맨정신의 식당 점심 식사가 역시 문제이다.
아무리 비슷해도 새것 대신 헌것 신었다. 맨정신이 맨
정신이라 맨정신으로 취했던 거라고 할밖에. 연락이
와서 비로소 알았고 식당 계산대 CCTV와 계산서 기록
카드 번호와 카드회사 직원의 합작이었다. 내일 영등포
구청 쪽으로 교환하러 가야 하는데 대낮 외출이고 바로

옆 동네고 어지간히 안 가 본 곳이라 많이 점점하지만
생각해 보니 내일은 엄연히 공무 출장이고 그렇다면
내가 베테랑 아닌가. 낯선 곳이 낯설어 보일 겨를이 없다.
가까운 새로움도 사과하러 가는 입장도 처음이지만
어영부영 상쇄가 되겠지. 무엇보다 아내도 같이 간다.
큰길이 큰길이고 거리가 거리이고 행인이 행인이고
가게 간판이 가게 간판이고 건물이 건물이고 사무실이
사무실이고 그 사내 셜록 홈즈를 닮았을 것이 분명하다.
다행히 그가 자기 차를 몰고 내 집 근처로 왔다. 자기가
잘못한 양 공손했고 미남이었다. 따라온 아내가 등장할
필요 없었다. 오늘도 무사히.

그림

아프리카에서 아프리카인들이 평화와 풍요를 누리며
산 적이 있었나? 있었다. 알제리 타실리
'목축인 시대' 사람과 가축 떼가 드넓은 암벽 밖으로 더
드넓게 퍼져가는 듯한 암벽화 구도보다, 화폭에 옮긴 그
평면이 입체파를 탄생시킨 중앙아프리카 이툼바 목제
가면 조각 기법보다 더, 지금이 증거이다. 가난은 가난의
누더기라도 입고 있지 비참한 굶주림이, 잔혹한 살육이,
저렇게 적나라해도 되나? 그리고 극단이 갖는 정반대
배경의 전경화, 그림이 있다. 말, 전방의 과격을 수습하는
건강한 엉덩이만 보인다. 참수의 배경이 우리의 모가지.
아프리카인들 평화와 풍요를 누리며 살던 적 있어야
한다. 아니라면 인류 기원 자체가 재앙이다.

중간

탄핵된 전 대통령이자 피의자 박근혜 자신은 정작 자신의
추락을 실감하지 못할 것이다. 바닥을 친 몸의 깨어난
정신이 기억도 없는데 벌써 몸의 일부로 들어선 체념을

확인하는 것과 거의 동시이다. 불쌍한 것은 위정자 잘못
뽑은 착한 백성들이다. 탄핵을 반대한 쪽은 물론 열렬히
찬성한 쪽도 정작 추락하는 권력을 육안으로 보는 일이
반은 추락을 생체험하는 일이다. 예술에서도 개척과
완성을 잇는 중간은 잘 안 보이고 그래도 대세에 지장이
없지만 예술에서는 중간이 새삼 발견될 때 그 노고뿐
아니라 '어떻게 그게 가능했지? 하는, 개척과 완성의
평가보다 무게 있는 경탄이 자주 묻어난다. 온갖 권력의
급전직하에는 없는 역전의 중간, 발견할수록 발견의
의미를 재발견하는 역전이고 중간이고 경탄이다.

조각

모든 현장의 처음이 두텁게 서툰 것은 기준이 언제나
그 후의 기준이다. 생애를 가볍게 능가하는. 처음의 현장,
스스로 자신의 처음 발각에 눈이 휘둥그레지는 아케익
스마일이 있다. 시작, 무게와 깊이의 모종의.

바로크 성당

안에서 보면 믿음으로 일그러져야 비로소 믿음인 것이
눈에 보이는 사실의 악순환이, 육안의 시야보다 드넓게
움직이는 공간의 움직이는 배분으로 극복되는 사실.
밖에서 보면 다시 육안의 시야에 들어오는 양식. 내부의
회화와 조각과 믿음의 순수한 효용의 거룩 공간이 파사드
밖으로 물화하는. 움직임이 배분이고 배분이 움직임인.
눈에 보이는 것으로 눈에 보이는 것의 이만 한 해결이
가능한. 천정이 하늘의 구멍이거나 우물이고 천사들이
그리로 내려다보거나 지상의 거룩이 그리로 승천하는
구상이 안팎의 상호 관통을 갈수록 화려한 인산인해로
장식하지만 구상 자체는 정지한 비유에 지나지 않고
바로크 성당, 움직임의 배분이 질서이고 그 안팎이

조화인. 바로크 성당, 몸인 공간의 시간인 움직임으로
이만 한 해결이 가능한. 한 단계 더 거룩한 색이 윤곽과
부피와 무게를 날로 새롭게 정의하는. 아니 매번
처음으로 명명하는.

국제의 진전

우후죽순으로 거의 병발한 서양 유파와 노래들이 거의
순서적으로 입항하여 정신에 새겨지던 한국 근대사가
있다. 후진국 콤플렉스가 시간 감각을 왜곡하던 시절.
라디오보다 TV가 좀 나았고 인터넷 세대는 그런 일을
상상할 수 없지만 이번에는 식민지 세대 인터넷이 크게
오버한다. 일본에 약간 기술이 앞서고 속도가 빠른 것
맞지만 인터넷도 완벽한 병발은 먹통밖에 없고 과거의
병발이야말로 죽음 아닌가. 국제의 진전에 기여하는
방식으로만 식민지 콤플렉스가 극복된다. 진전이
국제이다.

최후의 심판

천사 날개 깃털 부분, 쌓인 헌책들의 쪽 면처럼 유구가 일상
너머 일반적인 거룩의 종말. 새로움이 이상하게 새로운
시골의. 발이 제 아랫것들한테 저도 모르게 하대하는
것을 막기 위해 책상의 발 닿는 곳에 쌓지 않고 세워놓은
책들은 쓰러지기 쉬운 한 권이다. 현대 시가 전통 운율을
폐기했다고? 현대로 들어보니 그것이 시의 소리를 진행할
뿐 그 음악이자 의미에 오히려 역행하는 사실이 귀에
명백한 거였다.

양과 쌍

하나는 꽤 큰 식당 주방장인 듯 살찌고 배 나오고
근육질이고 붉은 치마에 하얀 행주치마 걸친 사내가
굵은 멧돼지 고개를 외로 오만하게 꼰 자세지만 양쪽
팔짱을 다른 두 사내한테 끼인 것을 보면 끌려가는
중이고 팔짱 낀 두 사내가 애를 먹는 중이다. 또 하나는
아마도 같은 사내가 보무도 당당하게 노래까지 부르며
나아가지만 역시 연행당하는 중이고 양쪽 팔짱 낀 두
사내가 그런 그를 편하게 받쳐 주고 거들고 부추기는
중. 내가 별 이유 없이 어지간히 싫어하는 미셸 푸코
『고전 시대 광기의 역사』 스페인어판 소책자 1권과 2권
표지이다. 표지까지 싫을 것은 없지 않나? 대비 아니라
(그건 이제 촌스럽지) 건네는 방식으로 주변을 저보다 더
아름답게 하는 표지이고 용도이다. 두 권이 어디까지나
양兩이지 쌍雙이 아닌, 쌍으로는 지식을 파고드는
일이 지식 욕심에 포식당할 수 있는. 말의 표현 방식이 말로
고유할 뿐 현실을 균열시키는 것이 오로지 현실이
빚은 현실의 균열인.

아침의 지각

아침이 쌀쌀하다. 며느리 생일 축하 밥 한 끼 사는 약속에
따른 희대의 오전 외출. 날이 천지창조처럼 간다. 택시를
탈밖에. 용강동 대구매운탕집. 추하게 선명한 여러 갈래
먹자골목을 한참 헤매다 큰길로 나오니 내가 옛날에
자주 가던 바로 거기이다. 헤맨 보람이 없다. 토박이 서울
시민이 같은 강도와 다른 각도로 자주 겪는 일이다. 모교
용강국민학교가 분명 근처이겠고. 뭐 여성 연쇄 살인의
화성 옆이 혼전 데이트 장소 대부도인 것에 비하면
새 발의 피이지. 유력한 것이 만연할수록 눈에 띄지 않는
것을 지명 사전으로 알 수 있다. 아내는 내가 계속 앓는
소리 하며 걷는 게, 나는 아내가 차 조심 별로 안 하는 게

걱정이다. 대구뽈찜 대구매운탕 잘 먹고 애와 곤이를
추가했다. 단골은 죽은 지 꽤 된 그 친구가 단골이었지.
큰아이가 골랐으니 맛집인 모양. 자그마한 규모라서
아직 버티고 있을 부부전파사가 바로 옆이다. 어떻게
수리 대상이 여전히 낡은 품종들뿐인지, 이 품종들이
아직 세상에 있다고? 그도 마포 출신이었다. 두뇌는
모든 죽음이 어이없는데 심장은 뛰며 나날의 미래에
진력한다. '요즘은 디저트 카페가 대세야.' 아주 작은
간판 로고가 살짝 고풍일 뿐 커피잔보다 더 많은 젊은
커플들 오글대고 주문하는 줄이 따로 길게 늘어선,
기둥과 천장 시멘트를 노출시킨 포스트모던 미학의
실내에 가까스로 자리를 잡고 내린 커피 마시고
맛있는 빵 더 먹고 젊은이들 구경 실컷 했다. 우리 세대가
과도한 열락을 너무 진지하게 알고 즐기는 법을 모른다.
벚꽃 놀이 세대의 서글픈 잔당들. 뭐가 그리 툭하면
운명적이었는지. 안 나와도 되지만 나오기로 한 젊은
세대가 촛불 집회를 대표한다면, 어딘가 나올밖에
없어서 나온 태극기 부대는 아무리 많이 모여도 잔당일
것. 악을 쓰는 것이 당연하다. 촛불과 태극기를 세대
차이로 보는 세대 극복과 국민 통합은 불가능…
하지만 아들과 나의 세대 논쟁이 촉발되기 전에 나오니
갑자기 한산한 골목이 젊음의 화기애애보다 더 따스하다.
돌이킬 수 없이 봄이군. 아내가 내 앞에서 아들과 화사한
생일 파티 정장의 며느리를 제 혼자 것인 양 양옆에 끼고
좋아라 걸어가고 있으니, 아침이 지각이고 시작이
혼미하였으나 나는 내 고향의 더 따스한 미래 속에 있다.
며늘애는 충청도 청주 출신이고 거기는 오래전 아주
오랫동안 범죄가 저질러지지 않았기에 임금이 직접
그 지명을 하사했다고 들었다.

세기 초

후대의, 좁아질수록 강력한 직선의 빛. 그것을 감싸는

생애의 완성. 불안이 치열해지는 분명의 계기. 세기 초
화가는 그런 것들을 그린다. 찬탄으로 요절한 첫아들.
그 옆에서 초라한 둘째 아들의 갈수록 초라한 생애를
세기 초 비극 시인이 쓴다. 둘째가 제 형의 죽음만 알고
비극 시인은 첫째의 탄생과 죽음을, 둘째의 탄생을,
첫째의 죽음만 아는 둘째의 생애가 초라할 것을 안다.
품는 입장보다 품기는 입장이 방관적이라서 더 아프다.
품는 거야 어떻게든 품지 않겠나… 이것이 품을 수
없는 것도 품는 세기 초의 일관된 입장이다. 고대 그리스
크레타 미케네 아테네, 아케익 클래식 모던 포스트
모던 순서의 항존처럼 일관된.

광장

텅 빈 것이 꽉 차고 꽉 찬 것이 텅 빈 광장이다.
모든 역사가 여기까지 응집되어 왔으나
응집이 마침내 전망 없음의 벽찬 전망이다.
확 트였다. 앞으로 놀랄 일이 벌어져도 놀랄 것이 없다.
가는 자 족하고 오는 자 허할 것. 새로움이 발전하는
역사이고 광장이다. 나무들 풍경도 무명 화가의 무명
풍경화의 무명도 이제 그렇다. 영화 사진이 영화
예술이다. 각각의 시야를 가두던 장애물이 사방
온데간데없다. 개념조차 없다. 죽음의 확인들 너머
죽음들의 확인 각각이 각각으로 모두 다채롭다. 색이
쓸데없이 거룩하지 않아서 아름다울 때까지. 정신의
육체가 먼저 간다. 육체의 정신도 따라오리라.
와중의 광장이 와중인 광장이다, 희생이 없고
정화가 있다.

불길

자세히 보면 새의 비대가 있다. 몸의 비만 아니고

비상의 무게 아니고 단추 눈 강철 부리 아가리 발톱
각각 아니고 구체와 총체 비상의 균형의 비대가
불길하다. 새가 날아오른 사실을 들키지 않으려 날아
가버린 것 같다. 새가 있던 자리 허공, 있다고 곰곰
생각하면 있을밖에 없는 새의 비대의 냄새 묻어
난다. 검은 비대이다. 눈을 떼지 않으면 점점 더 검다.

르네상스 중첩

가장 가까운 것이 가장 가까운 곳에 있을 뿐 아니라
가장 가깝게 있던 경악.
가장 낯익은 것이 가장 낯익은 위치에 있을 뿐 아니라
가장 낯익게 있던 경악.
그러나 이제는 이탈리아 르네상스, 예술 장르의 예술
장르 자각과 인식에서 경악, 최초의 경악이 형상화한다,
의미가 중첩되지 않고 중첩 그 자체인 것을.
이런 결론이 무의미하고 더 무의미하게 모든 결론이
결론으로서 무의미하다는 결론의 결론보다 더 위대한
형상화. 자각한 예술 장르가 인식하는 예술 장르한테
시시각각 경악하면서. 모든 결론이 무의미의 형상화가
덜 중첩되어 무의미하다. 역사가 무의미하지 않고
쌓여가는 무의미를 쌓아가는 무의미 기념비이자 마음
세계이다. 이어져야 하는 것이 소망이자 희망 아니다.
이어질 수 있는 것이 미완의 희망 아니고 이어질밖에
없는 것이 완벽한 희망 아니다. 이어질밖에 없는 것의
물화가 희망이고 물화의 희망보다 먼저 물화하는
희망이 완벽한 희망이다. 고딕 성당도 천 년에 걸친,
이슬람 건축을 포함한 중첩의 형상화 너머 출현으로
그리 높게 치솟는다. 르네상스 중첩. 피렌체 대성당은
1294년부터 조각가 아르놀포 디 캄비오, 1334년부터
화가 조토, 1336년부터 조각가 안드레아 피사노 및
건축가 프란체스코 탈렌티와 라포 기니 등등이 설계와
시공 감독을 맡았고 그 뒤로 느리지만 꾸준한 진전이 있다가

1420년 채택된 브루넬레스키의 돔 디자인이
실현된 1436년에 비로소 르네상스의 시작을 알렸다.
사실은 아주 혹시 너무 뒤늦게 알렸다. 분명이 눈에
분명하기에 적당한 규모와 거리를 찾느라.
엠마오 식사가 성찬 아니다. 부활이 먹고사는 거룩이
조금씩 사소하게 빛바래는 수난의 시작이다.
회화가 건축과 조각의 공간에서 잡다하고 무거워
거추장스럽지 않을 때까지. 희망의 자문은 늘 단 하나
'도대체 그때 무슨 일이 벌어졌던 거야?'지만
그것이 '도대체 앞으로 무슨 일이 벌어진다는
거야?'로 동시 중첩된다. 치열한 희망이 우연이나 사건과
비교할 수 없을 정도로 규모가 크고 질이 높은 자문이다.
그때는 성인들이 지금보다 훨씬 더 근자에 죽기도 했다.
거룩이 거룩하기에 적당한 시간 거리를 두고. 특히
아시시의 성 프란체스코(1181~1226), 치열한 거룩이
끝까지 치열하게 불도장으로 육체적이다.
모든 주의가 그 자체로 문제이지만 물질주의는 물의
디자인이 더 나은 디자인의 가능성을 좀먹는 보다
근본적인 문제가 있다.

상징 자세

죽음이 살아 있는 모든 것을 쳐다보지 않고 살아 있는
모든 것이 죽음을 쳐다본다. 죽음이 쳐다보는 것을
구상하여 쳐다본다. 죽음이 죽음의 상징인 것이니
여기까지는 괜찮다. 머리를 조아리고 두 눈을 흙에
파묻어 아무것도 보지 않는 경배가 생의 상징을 낳고
쳐다보지 않아서 뻔해진 그 상징이 죽음을 딱딱하게
만들며 스스로 죽음보다 더 딱딱한 죽음의 상징으로
굳어간다. 생은 물론 죽음한테도 옳지 않은 상징이다.
왜냐면 생이 죽음을 맞받아 쳐다보는 시간이 뒤틀린
죽음의 시공간을 바로 잡는 유일한 공간이다. 시간과
공간이 서로 바뀌어도 그것은 그렇다. 시간과 공간을

동일시해도 그렇고 그것이 바로잡는 것이기도 하다.
생과 죽음의 쓰레기 상징들이 모두 사실은 우러러
보는 것도 아닌 뻔한 경배 자세에서 나왔다. 생이
죽음을 쳐다보는 것이 바로 죽음이 생을 쳐다보는
것일 뿐만이 아니다. 죽음이 생을 쳐다보는 식으로
생이 죽음을 쳐다보는 것이 바로 생이 죽음을 쳐다보는
식으로 죽음이 생을 쳐다보는 것이다. 보내는 생도
죽음의 쳐다봄을 쳐다본다. 이미 죽은 것들만 경배하는,
죽은 것이 죽음과 무관한, 어처구니없기에 더욱 뻔한
자세, 꺾인 상징 자세이다.

모성

미학, 끝없이 붕괴하는.
왜냐면 괴사하기도 전에
새살이 돋아나는, 끝없이 괴사하기도
전에 끝없이 새살이 돋아나는,
괴사의 개념이 있기도 전에 새살의
개념이 돋아나는, 붕괴의 끝없는 극복,
여성의 아름다움의 개념의.
음악의 커튼이 잠시 정지하면 문득
고요가 음악보다 더 육감적이다. 고요가 이번에는
정지한 음악의 커튼 작곡 음악인 까닭.
절대 순수조차 묘사로 간주되어 지워진
고요가 가만있지 않고.

식물 시간

우리 눈앞에 작년의 수풀 푸르르게 복원하면서
나무들 미래를 당겨온 만큼 키가 컸다.
얼마 되지 않지만 정반대이다, 인간의 원죄
풍경 아니라 액자와. 어쩌다 숲에서 노는

아이들 즐거움의 핀트가 약간 어긋난다.
아이들은 저들도 모르게 어렴풋
훗날을 기약한다. 지금은 식물 시간.
각자 칼과 방패 하나씩 들고 날렵하게 전투를 즐기는
전사들을 운동의 삼각으로 내실 벽에 새긴
자신의 무덤 때문에 죽어서 유명해진 왕이 있다.
그 왕 이름이 그 왕 무덤 이름이다.
가면들 모두 표정이 영원히 굳어 웃는 표정도
희극 아니고 우는 표정도 비극 아니다. 둘이 한데
어울려 더욱 둘 다 기묘하게 음산하다.
관계는 정지할 수 있는 것이 아니지. 둘 다 갈수록
기묘하게 음산하다. 둘 사이 더욱.

한일 한미

일단 끝나가는데 너무 뒤로 미룬 숙제처럼
예감의 아주 성가신 물화처럼 수박색 비닐 표지로
손에 손보다 더 길게 들리는 Portable
ポータブル 韓日辭典이 있다. 일본 三修社 책이고
더 자세한 속표지는 더 자그맣게 '民衆書林
編輯局 編'이라고 덧붙였다.
민중서림은 한국 출판사 이름이지만 民衆書林은
중국이나 일본풍이다. 머리말과 일러두기가
한글이다. 당연한가? 일한사전 아니라 한일사전이니
당연하지만 일본 출판사에서 낸 한국 출판사 책인가
아니면 한국 출판사에서 낸 일본 출판사 책인가?
이쯤만 헷갈려도 처음 펼쳐보는 것과 마찬가지인
한일사전의 내용이 생각만큼 낯설지 않다. 예감이
생각보다 더 많이 적중한다. 문법 비슷한 거 놀랍지 않다.
문법은 다른 것이 놀랍지 비슷한 것이 놀랍지 않은 법.
외국어를 배우고 난 뒤에는 문법이 아무리 달라도,
말의 변화무쌍을 담보하는, 눈에 보이지 않는 바로
그만큼 강력한 항상이고 알리바이이고 보루 아닌가?

일본어 단어들이 일제 시대 한국어에 창궐하기
아주 오래전 숱한 한국어 단어들이 일본어에 소리로
들어섰고 그렇게 한국어에서 사라졌다. 사라진 나의
유년이 한일사전 속으로 다시 사라지는 광경이 보인다.
사라진 나의 유년이 다시 나의 노년 속으로 사라지는
광경이 된다. 색깔과 두께와 몸피가 6·25 전쟁의
국방을 닮은 스타벅스 커피 회사 100% 아라비카
커피 빈즈 디자인의 스타벅스 '당신이 있는 곳 컬렉션
뉴욕' 문양 머그잔 겉포장을 아직도 버리지 못한 것은
내 유년의 노년 아니라 장년일 거다. 트럼프가
집권했지만, 어느새 차선보다 최선의 짝퉁을 선호하는
장년. 치매의 장년? 단호할 것도 없이 스타벅스
신자유주의 국방색 포장지를 버리겠다. 노구를 무슨
무슨 꼬치꼬치 불매운동으로 탕진할 것도 아니고
젊은 세대한테 민폐를 끼쳐서도 안 되지만 추락일 수
있는 것이 초년의 미래를 포기한 노년 아니라 노년의
유년이고 형편없을 수 있는 것이 노년의 장년이다.

지금 육십 대

쇼킹에 쇼킹을 더 하겠다고 정부가 공언한
신종 담뱃갑 금연 공익광고 문구가
드디어 출현했다. 발기부전의 원인 흡연
그래도 피우시겠습니까? … 고딕체인데 바탕체로
읽히고, 영문을 모르겠어 사진을 자세히 살피니
다 타고 털리지 않고 용케 구부러진 담뱃재 기둥이
팬티 벗겨진 남근을 가리고 있다. 영문을 더 모르겠다.
이제는 다른 나라 못지않게 정교한 섹스 즐기는
우리의 젊은 세대는 흡연을 즐기지 않고, 흡연할
건강이 남아서 그나마 다행인 세대가 씁쓸히 빠빡
피워대는 것인데, 누구를 겁주려는 발기부전, 설마
여성 흡연자들? 남근도 아닌 내 자지 끝이 타는 것 같고
뜨겁지도 않다. 60대가 발기부전의 시작 아냐? 갑자기

한국말 아닌 것 같다. 그게, 60대가 정부와 서로 도움
될 일 별로 없다는 뜻이라면 그것도 괜찮겠지마는.

희

생로병사가 아득해지는 제의의 더 아득해지는 춤이
훨씬 더 아득해지는 표정들을 한 겹 한 겹 온몸의 더
철저한 적나라로 입어다오. 액체가 모든 것을 실패한다.
우리가 소년과 소녀의 시커먼 그곳들 이상하게 새하얀
그 신호 이전으로 가지 않는다. 건너뛴다. 소리도 소리를
건너뛰는 소리이다. 들리지 않는다. 손에 묻어나는
시들고 꺾인 액체가 손때 묻은 모든 것을 실패하기 전에
희戱, 끝까지 실수로라도 남은 백지가 유일하게 흑백인
그, 디자인을 버리면 모든 것이 버려진다.

생가

헌책이다. 옥스퍼드 클라렌던 출판사
윌리엄 셰익스피어 전집 콤팩트판.
속표지에 붙은 우표 넉 장 크기 딱지에 건물 그림과
함께 쓰인 글은: 이 책이 구매된 곳은 셰익스피어
생가입니다 스트랫포드-어폰-에이븐… 새 책이다.
강력하게, 구체적으로 새 책보다 더, 앞으로도 내내
새 책이다. 새 책인 글씨가 헌책인 글씨보다 한참 더
작다. 아주 멀리 갈 수 있다. 셰익스피어는 셰익스피어
생가에 늘 있고 상관없이 아주 멀리 갈 수 있다.
누구나 자신의 생애로 생가에서 멀리 갈 수 있는
것보다 훨씬 더 멀리 갈 수 있다. 헌책이 끝없이 고쳐
짓는 것이 헌책 아니듯 누구의 생가도 끝없이 고쳐
짓는 것이 생가 아니다. 고쳐 짓는 것도 고쳐 지은 것도
유년이다. 왜냐면 같은 딱지가 뒤 속표지에도 붙어 있고
새 책이 맥없이 헌책이다. 없는 이론의 없음조차

물적일 것 같은 새 책 아니다. 헌책이 헌책의 죽은
생가에 있다. 수명 다한 사회학이 사회에 있는 것처럼.
한참을 쓰다듬는.

메모 문명

못 지킨 약속들의 날짜와 장소를 지우지 않는다.
못 지킨 것은 못 지킨 것. 미안한 마음에 미래의 몫을
조금 준다. 약속은 아직 채우지 않은 시간과 장소.
다음 날 같은 시간 같은 장소에서 어제 있었을 약속을
하릴없이 기다리는 미래의 속죄도 있다. 알고 있던
것을 알고 있는 확인도 시야가 씻긴 듯
깨끗해지는 메모가 있다.

불륜

생생해서 역사에 남지 않고 역사에 남아서 길이길이
생생하다. 전쟁과 다르지. 야만을 표절하는 의혹이
매번 빛을 바랜다. 실제하고 다르다. 치사하지 않고
끝없이 흥미진진하다. 너무 그래서 불륜도 스스로
제가 벌인 짓 같지 않은 불륜이 역사를 역사 바깥으로
육화하는 전망에 시시각각 접근한다.
실현하지 않는다. 역사가 불륜을 저지르지 않고
역사가 불륜이다 역사에 역사로 남아.

인격의 자연

모든 것이 안에 있기보다 더 모든 것이 안 일밖에 없는
상황이 오로지 복잡해지는 미로가 더 열릴밖에 없는
그 운동을 총체가 총체인 성性이라고 부르지만 명명
만으로는 길이 길을 놓치고 미로가 미로를 벗어난다.

그래서 인격이 등장하지만 아직은 인격의 명명이다.
해체보다 나중이고 안의 구체를 앞둔. 폐쇄공포 있는
자연의 명명이 구체화하는 것도 안이다. 명명이 결국
죽음의 명명일밖에 없고 묘사가 결국 구체를 생동케
할밖에 없다. 놓거나 놓쳐질밖에 없을 때까지 놓거나
놓쳐지지 않으려는 과정의 위광이 인격의 총체이다.
서재를 세게 정리해도 낡고 진지한 디자인을 가까이
두는 기조가 변하지 않고 인격이 지금에서 지금으로
이어지는 지금인 광경이 뚜렷하다. 어제 죽은 것이
마누라이고 내일 살아 있는 것이 아내. 안의 동네가
정답게 덜 떨어진 이부자리 끈 같다. 아주 멀리서, 사진
조감도로, 전철 노선도로 보아도 동네는 여전히 망한
것이 망했고 옳은 것이 옳았을 뿐 귀신은 흔적도 없다.
인격이 없으니 누구의 귀신도 아니고 귀신의 귀신인
귀신이 부재보다 더 없다. 등잔과 등잔 밑과 등잔 밑
어둠이 순서대로 없는데 등잔 밑이 어두운 속담이
무성한 인격의 자연은 있다.

피아노 연주 현상

위대한 소비에트 연주자가 어두운 소비에트 현실의
어두운 무게를 날고 있다. 베토벤 음악을 베토벤이
피아노인 것처럼. 소비에트 멸망 전 소비에트 멸망을
날고 있다. 스비아토슬라브 리히테르. 1963. 11. 28.
구소련 변방 구동독 라이프치히 게반트하우스에서
연주한 곡은 베토벤 마지막 소나타 세 곡과 브람스
마지막 소품들. 앙코르 곡이 쇼팽 야상곡 op. 15 1번.
그날 그 연주회 청중이 세계에서 가장 행복한 시간을
누렸다고 한 평론가가 썼다. 내 나이 아홉 살 때이다.
멸망에 관한 한 오케스트라가 집단적이라 멸망 나중일
바이올린이 저 혼자 슬픔에 취해 난리이다. 저 피아노
지금 들으니 무게를 날으는 일이 너무 멀쩡해서 내가
새로운 아홉 살이다. 저 피아노 멸망이 위대할 때까지

연주가 이어진다. 1997년 사망. 몰년이 의외로
가까워 동 세대 같다. 혹은 죽음이 새롭다. 피아노 연주
자체가 그런 느낌의 현상인지도. 현상이 늘 현상학을
뛰어넘는 현상이다. 네 낯익음이 분명한 너의 등장일
때까지의 그 애매모호를 내가 좀 더 사랑하겠다.
증표로서.

폐허의 성

절묘한 균형이다. 읽히지 않는 것이 드러나고
읽히는 것이 마모되는 중. 그것이 완전 정지한
균형이고 성의 당대가 고증할 수 없어서
더 뚜렷하고 그 점도 고증할 수 없다.
보수나 근처 주거 흔적이 없는 것보다 훨씬 더
근본적으로 역사의, 읽고 싶은 소망이나
읽힐 수 없는 원망과 무관하다.
읽히지 않음의 드러남과 읽힘의 마모가 자연의
일부로 눌러앉지 않고 그 과거로 돌아가지 않고
아예 인간의 미래를 떠났다. 절묘한 균형이다.
더 절묘해야 희망의 내용과 방향이 하나 될 수 있는.
유구한 역사가 성의 건재처럼 마구 흩어지는,
그렇게 현대 시가 있던 것도 있을 것도 아니라
있는 듯이.

미래의 어감

살림이라는 말 궁색하다. 팔뚝만 굵고 생기는 것 없는
공연한 억척이 묻어난다. 아직은 주로 여자가 하는데
미용에 방해가 되는 김치 냄새가 적지 않게 나는 느낌.
궁색한 시절보다 더 먼저, '살리'는 것이 갈수록 사는
것과 아귀가 맞지 않는다. 생계에 있는 미래가 살림에
없다. '살림'이 씻기는, 장차 부엌이 없어질 듯한 느낌도

새로운 유년의 시작이다. 어감부터 미래가 정한다.
희망의 구현과 가장 가까운 것이 미래의 어감이다.
혁명도 선행도 농촌도 지방도 다른 어감을 요한다.
살림의 어감이 살림을 탈역사화하는 것과 정반대가
말죽거리이다. 역사가 말 심장이다. 스탈린 수레바퀴
비유보다 진보적이고 본질적이다. 수레바퀴는 수메르
문명 발명품이지만 심장은 인간 너머 미래를 벌써
박동하지 않나? 역사의 진전이 편재이다. 다녀올 수
없지. 저녁 일곱 시 광화문 세종문화회관 주차장 맞은
편 종로빈대떡 뒷골목 〈한라의 집〉에서 약속이 있다.
다녀올 수 있다. 사는 것의 반이 먹고사는 일이고
나머지 반이 예술을 다시 사는 것이지만 그 둘이
겹쳐서 하나이지 그냥 합쳐서 하나가 아니다.

서사

나의 감각이 온갖 물과 수식을 나 모르게 접수했으니
나의 의식이 나도 모르는 초현실 통해 현실을 현실로
정돈하는 사태를 의식이 질서 아니라 서사라 부른다.
보다 선명해진 본능인 욕정의 비극을 우선 따돌리는
위트가 필요하지. 어디서 많이 들어본 듯한 소리가
거푸집인 고전이고 고전이 새롭게 읽히는 서사도
있다. 때로는 분노가 분노하지 않고 분노 조절에
실패한 것 아니었는지 반성도 하면서.

지하철 5호선

인천 개항이 결국 경성으로 이어진 경인선 철도의,
중국이 중공이던 시절 꽉 막힌 하늘 김포공항 관제의
짝퉁 같다, 지하철 5호선. 방화에서 화곡 지나 여의
나루에서 한강 바닥 밑을 터널 뚫고 광화문 종로3가
서울 도심을 짝퉁으로 지난다. 대한제국 멸망을 닮은

동대문과 가도 가도 왕십리 지나 올림픽 공원 지나
내가 가 본 적 없는 마천까지 간다. 임금 상여나 도달할
수 있을 것 같은 종착역이다. 지하철 5호선, 내게는
마포 공덕 애오개 세 군데 역만 간다. 가고 또 간다.
오고 또 오지 않는다. 따로따로 간다. 차례대로 가지
않는다. 세 곳이 내 고향 내 어린 시절 나와바리이다.
짝퉁이지만 내게는 짝퉁이 보이지 않고, 보여주고,
드러나지 않고 드러낸다. 지하철 5호선, 심하게 굽어
짝퉁 아닌 직선은 맨 나중이고 희망도 그렇게 전체가
서울과 근기의 우여곡절 같다. 내가 앞으로도 다 알 수
없을 지하철 5호선. 마포 공덕 애오개 갈수록 알 필요
없어져도 괜찮을 것이다.

유효 기간

이론이 어느새 우리를 과거로 이끈다. 이론이
성립되는 동안 현실이 더 나아간 까닭. 현재에
미달해서 이론인 이론이 그 사실을 은폐하느라
잔혹을 폭로하고 폭로할 더 잔혹한 잔혹을
요하고 잔혹보다 더 잔혹해진다. 유효 기간이
갈수록 짧아지는 사실이 이론의 살갗을
면도날처럼 예리하게 긋는다.
그때 네가 없던 사실 네가 있는 지금 구체적이다. 거기
까지이고 거기까지이면 된다. 언론의 여론도 갈수록
유효 기간을 놓친다. 아시아-아프리카는 무슨 권리로
아시아-아프리카이지, 가나다순? 아시아에서 먼저
인류가 발생했다고? 시간보다 더 오래된 발생들이
하나같이 비참한 것에 대해 이론은 속수무책이다.
자체 발굴이 없거든. 트럼프가 미국 대통령 되고
빛바랜 이론의 추억만큼 누추한 것이 없다. 여러 차례
공연을 보고 난 후에도 읽는 재미가 줄지 않는
희곡과 같아야 이론이 유효 기간을 벗는다.

독서 예술사

자신의 타자 발견이 타자의 자신 발견인 발견과 자기
발견의 무한 연속 심화.
클린턴 섹스 스캔들 의회 제출 보고서를 뒤늦게 읽는
것과 정반대 경험인.
시시콜콜 법적으로 규명된 현직 대통령의 지저분한
성범죄 행위를 시시콜콜 다 읽지 않아도.
특검의 조사 및 문장 수준은 최근 탄핵을 겪은 우리가
부러울 것이 없지 않겠으나.

있을 법한

예술가들이 사회주의자를 자처하던 시절이 사회주의
실현보다 더 좋은 세상일 것 같지 않다. 당연하다.
예술가들이 공산주의자를 자처하던 시절이 공산주의
실현보다 더 나쁜 세상일 것 같지도 않다. 왜냐면
'공산'이 '주의'의 위험을 까먹게 할 만큼 부황하다.
'사회'가 '주의'를 능가할 만큼 멀쩡하지만 예술가는
그만큼 멀쩡하기 드물다. 예술가와 상관없이
'주의'가 아무리 문제가 많단들 사회주의가 완전히
망할 수는 없을 것이고 공산은 우리가 그 소멸을
지나온 지 오래이다. 사회 이전 아닌가. 지금은 제 혼자
엄청난 피를 흘리면서 기분 나쁘게 나른한 관광 명소.
사회는 최소한 문장이 되지. 빠르고도 빠름이 확실할
뿐 경쾌하거나 난삽하지 않은.

문

모종의 품위를 위해서인 듯 스스로 잠시 닫은
몸이다. 녹슨 쇠퇴가 고색창연까지는 아니고
손때 묻지 않은 원목 문짝이 낯선 행인한테 낯설지

않을 만큼은 풍찬노숙에 제 근본을 다스렸다.
가리는 정도이고 어떻게 보면 가리는 것이
제 몸이다. 문이 문인 동시에 뭔가 자신도 모르게
이루는 뭔가의 이상이다.
나무가 인간의 문짝으로 쓰이며 자연이 인간에게
내주는 문의 이상이고 문이 이상이고 이상이 문이다.
창문들이 바깥에서 내다본다. 벽과 집
부근이 형성된다.

어디에도

프라하 없다. 사진 속 안개비 흐리고 이상한
이야기들 순서 없이 꽉 차고 예고된 사건이 더
기괴하게 벌어져 프라하 없다. 세워둔 선물 프라하
수첩, 걸어 놓은 기념관 끈팔찌 모양 책갈피 강력한
카프카 있고 프라하 없다. 프로이트는 비엔나 상아탑
전집이고 거기에만 있다. 한자 음란처럼. 유년의
전생에 혹시 있고 전생의 유년에 분명 없다. 카프카
그가 짠 그물이 그 자신 대신 세계를 가까스로 건져
올린 것이 우리 유년의 한 장면이다. 각자 그러할
때부터 우리가 우리이고 각자 그러했을 때부터
우리가 우리의 희망이다.

시사

약도까지 그리며 TV 생중계 뉴스가 헌정사상 최초
여성 대통령이 헌정사상 최초 탄핵을 당하고 헌정
사상 최초 지방검찰청 조사받으러 가는 것을 뒤쫓는
중이다. 긴급 편성한 뉴스 시간을 채울 내용이 없거든.
추적은 기나긴 반복을 반복 아니라고 우길 수 있지.
헌정사상 최초들이 이렇게 지리멸렬하면 결국 헌정이
지리멸렬하다. 침거하는 사생활이 현직 때보다 더

노출되는 여성 대통령이라니. 입을 닫은 여성 운동도
허당이고 그 자신이나 뉴스 시청자나 하루 종일
비극과 파탄이 희화화한다. 하긴 정부나 국회것들
뽑아주었으니 잘하라는 거지 나라는 없어진 지
오래이다. 문제는 시사. 탄핵 이후 시사의 전망이
이렇게 시시하고 따분해진 것은 언론사상 최초일 것.
공적이 파탄이고 파탄이 공적인 언론의 사필귀정이
사필귀정 맞나? 이런 현상도 현상의 이리 오랜 지속도
최초일 것이다. 나라 망한 얘기 계속하다 내가 망하거나
계속하는 걸 보니 내가 이미 망했거나 둘 중 하나이다.

이상한

소설에서 가장 이상한 것은 소설 주인공이 죽으면서
끝난다는 점이다. 현실은 각자가 주인공으로 자신의
죽음 속으로 죽고 현실이 끝나지 않는다. 소설은
현실에 비해 훨씬 더 낮은 비용으로 얼마든지 이을 수
있지 않나? 각각의 소설이 다른 소설들로 이어지고
소설 주인공의 소설 죽음이 현실 탄생이다. 이상한
것이 의미심장하게 이상하다. 이야기가 아주 이상한
형상화로 죽음, 소설의 탄생을 의미화해 왔다. 가장
이상하게 의미심장한 것이 모든 이상을 의미심장한
것으로 만든다. 소설 이야기가 끝없이 죽음 속이다. 썩
단정하고 아기자기하게 시작된 소설 표지가 울긋불긋
흐트러지고 싶다. 죽음이 아무리 귀신 형용이라도
소설 주인공 죽음은 가짜 죽음이고 소설 전체로서
죽음은 허구보다 더 연약한 구조물이다.

한빛교회

그 옛날의 그럴 수 없이 작은 규모의 교회라면 믿겠다.
그 안에서 교회 성경의 성경보다 훨씬 더 작은 문구

해석을 놓고 싸우지 않는다면. 왜냐면 우리가 성경의
원뜻을 위해, 원뜻의 미래를 위해 살지 않는다.
누가 보아도 옳은 내용을 실천으로 한 단계 더 드높게
여기는 입증, 실천의 실천이 믿음이라면 믿겠다. 왜냐면
우리가 미래의 진리를 위해 살고 그때부터 비로소
해석이 진리의 시작이다. 그 옛날의 그럴 수 없이 작은
규모의 교회부터. 그 옛날의 이화여자대학교가 무슨
가정 요리 느낌인 지금까지. 가장 나약하고 비겁하고
싶은 마음에 힘과 용기를 주는 믿음이라면 믿겠다.
한빛교회는 70년대 민주화 운동 성지 가운데 하나.
60년사 『세상을 품은 작은 교회』(문영미 씀, 삼인)
초판이 2017년 2월 2일 나왔다.

봄동

나물 반찬 산 내음 해물 반찬 바다 내음
밑반찬도 향긋하다. 섹시도 좀 과하지. 그건
말의 의미가 분명해지는 순간들의 연속. 말의
의미의 분명이 말의 의도를 시작도 하기 전에
씻어내는 장면. 그러니 50년대생인 내게 새파란
응답하라 60년대나 70년대생 개입은 사양. 봄이다
봄동 겉절이 무침. 지금 아이돌의 대중문화가 세월
흐른 뒤 흘러간 세월의 권위를 누릴 것 같지 않고
추억도 벗어날 것 같지만 그럴 리는 없지. 권위와
추억의 양상이 달라질 뿐. 이해 못 할 정도의 차이가
이해 못 할 정도의 발전이기를. 신세대가 시작도
하기 전에 늙은이가 늙은이 식으로 너무 일찍
흥분한 것이기를.

풍경

시골이 시골 마을의 나이를 먹으니 자연이 늘

같아 보이지만 처음부터 추상적으로 같다.
도시가 개발의 신세대를 선망하므로 신도시가
늘 같아 보이지만 끝까지 추상적으로 같다.
시골과 도시의 그 누구도 생명은 추상으로 살 수 없고
절대 살지 않고 누구나 공기 못지않게 구체적인
풍경을 먹고 산다. 각자 나이에 따른 내면과 주변 풍경,
누구와 함께 걸어도 각자 고유한 풍경, 어디를 어떻게
지나든 각자에게 일관된 풍경, 너무 고유하고
일관되어 그림자 같고 적어도 미행 같은 풍경이다.
생의 뮤즈인 풍경, 그것으로 시골과 도시가 추상의
순결을 잃는, 예술의 뮤즈가 그 구식 처녀에 지나지
않는. 평범 아니라 평범의 게으름이 진부하거나
진부해진다. 우리 모두가 알고 있는 사실이라서 더욱.

희망의 명명

이야기가 이야기를 끝내는 이야기마저 끝내더라도
끝나지 않는다. 계속 끝내는 이야기가 계속 끝내는
이야기를 낳는다. 최초 이야기는 이야기를 생의 한도
내에서 끝낼 생각이었는데 일단 시작되자 이야기가
주제를 벗어나는 한에서 이야기였고 그 사실이 영원과
무한의 허사를 불렀다. 채우는 순서가 곧장 비워지는
순서인. 이야기의 죽음도 끝날 수가 없다. 희망이 이
상태를 희망이라 부르기 전에는. 이야기가 이야기의
기적일밖에 없다.

남아 있었다
—문익환(1918. 6. 1~1994. 1. 18.)

죽은 이가 산 사람을 배웅하는 사진이 남아 있다.
이렇게 쓰면 안 되지. 천연이 흑백 속으로 계속
흡수된다. 누가 누구를 배웅하는 것인지 모른다,

그렇게 써도 안 된다. 흑백이 천연보다 더 아스라한
것은 아니다. 더 많은 것을 여는 '안 된다'가 있다.
남은 것이 있다. 배웅이 있었다. 삼 년 만에 7천 톤
선체를 통째로 훼손 없이 인양하는 놀라운 기술로
어이없는 세월호 참사가 다시 출현한다. 돌이킬 수
없이 망가진 것은 누가 누구를 배웅하는지 모른다.
가장 어린아이도 제 것 아닌 슬픔에 엄청나게 울고,
슬픔이 제 슬픔에 경악한다. 이렇게 전면적인 순간이
삼 년 전 세월호 참사의 기나긴 시간을 공간으로
압축한다. 우리 끝까지 제정신일 수 있기를. 아직
남은 제정신이 아무리 어이없더라도 갈가리 찢길
망정 우리의 불어 터진 울음이 배웅의 틀만이라도
유지할 수 있기를.

우리 모두의 교수님
—최종길(1931. 4. 28~1973. 10. 19.)

교수님.
그곳은 온 세상 돌멩이들이
소리쳐도 소리가 되지 않는
의문사가 없겠지요.
여기서는 온몸이
언뜻언뜻 추락입니다. 그럴 때는
직전도 직후도 없어요.
오늘 교수님이 마지막으로 걷던 길을
처음으로 걸어왔습니다.
50년을 걷는 동안 교수님과 더불어
아드님은 세상 가장 과묵하고 당당한
중년이 되고 우리들은
죽음이 질문이자 대답인 돌탑을
우리들의 민주주의에 쌓았습니다.
그렇게 교수님은 50년이 매일매일의
새날이고 여기도 슬퍼하기에는 아직

일러요, 교수님.
이 세상의 모든 의문사가 사라지는
광활하고 깊고
명징한 음악이 바로 우리의 슬픔일 것입니다.
그 뒤로도 교수님이 우리 모두의 교수님이고
우리 모두가 교수님의 학생이던
50년은 영영 이어질 것입니다.
조금 더
기다려 주세요, 교수님.
제 이름은 김정환, 서울대학교 문리대
영문과 2학년입니다.

오늘

어쩐지 그럴 것 같았다. 불길한 예감은 늘 들어맞는다.
다행히 지나간 일이다. 사는 일 가운데 가장 힘든 것이
죽는 일 같다. 내일 약속은 지하철 망원역 2번 출구.
거기서 어디로 갈지 뻔하고 거기가 맞다고 확인까지
받았고 젊은 모임이고 나 같은 거 느지막이 곧장 가도
되겠지만 젊은것들 그래야 더 좋아할지도 모르지만
저녁 일곱 시 2번 출구에 서 있기로 한다.
내일 약속은 내일 약속이다.

마을극장

서울에 있다. 늘 반가운 소식처럼.
갈 때마다 긴가민가하지만 가 보면 있어야 해서
있는 것처럼 있다. 대개는 가 보지 않는다.
그래도 있어야 할 것 같다.
조선 전체에 하나도 없던 극장이 서울 사각지대
한 귀퉁이 그보다 더 작은 마을에.

왕당파 지식인 고독

왕의 통치술은 언제나 당대 지식의 평균치를
조금 밑돌고 고독이 습관이던 왕당파 지식인은
밀려나 비로소 고독이 뼈저리다.
보수주의가 원래는 왕당파와 무관하게, 그냥
두어도 잘 굴러갈 세상을 거대한 정부의 원대한
계획 운운하며 크게 망가뜨리는 어설픈 혁명에
반대하면서 태어난 것을 내가 최근에 새삼 떠올렸다.
보니, 지금 우리가 자주 듣는 보수 지식인들은 거의
죄다 왕당파들이었고 그들을 보수로 대하는
'진보'도 일약 시시해졌다.

마흔 살 미인

늙으니 나이 분간이 안 되고 여자 나이
마흔도 이십 대 같다. 단, 색이 없는.
그녀가 없는 풍경이 활판 인쇄 숲처럼 희미하고
산만하고 지지부진했고 그녀가 등장하면 거리
각각의 것들이 각각의 색을 입는 중이었다. 그녀가
퇴장하고도 색을 입는 진행이 계속되었다.
어두운 골목으로 그녀 뒷모습 사라져 뼈아프다.
어떤 역사도 얼굴일 수 있다면 아름다울 수 있다.
그렇게 말하면 어떤 미래도 얼굴이 된다.
마흔 살 미인이 있고 꼭 여성일 것도 없다.
서른 살 십자가도 얼굴일 수 있다. 우리가 우리의
고통에 살갗만큼의 거리를 두고 볼 수 있다면
유년일 수 있다. 우리가 살아남았다. 마흔 살 미인
오지 않는다. 사라지고 또 사라졌다, 고 쓰지 않는
마흔 살 미인이 사라지고 또 사라진다.

고행 그 후

−문영태(~2015. 7. 9.) 1주기

맨 윗것이 맨 아래로 가장 앞선 것이 가장 뒤로 가서
밀며 밀어 올리며 예술의 시대 고행은 시작된다.
그것을 온전한 생애의 그림으로 그려내고도 그가
그토록 급작스럽게 떠난 것은 도대체 떠날 수밖에
없던 무슨 까닭이었나? 고행은 죽어서도 계속된다.
애매한 때 태어나 애매한 때를 살고 간 생애가 있다.
무수하지만 하나같이 무서운 생애이다. 우리가
애매하게 취급하기를 멈추는 순간 귀신보다 더 무섭고
무서워하기로 작정하면 울긋불긋이 모두 울긋불긋
무서운 생애이고 죽음들이다. 그러니 우리가 애매한
생을 계속 애매하게 방치할밖에. 그러니 그러지
말라는 거다. 그의 급작스런 죽음이 모든 밀며 밀어
올리다 애매하게 죽어간 애매한 생애들을 급작스런
죽음으로 선명 응집한다. 무서운 그림 아니다.
그의 급작스런 죽음이 그의 저승 아니라 우리의
이승에서 그릴 수 있는 가장 아름다운 그림이다.
그의 고행이 우리 안에서 계속된다. 어딘가 무엇인가
계속 낯익어지는 고행이다.

오늘의 중세

거룩해야 할 시신을 거룩하게 하기 위해
가장 진력한 것이 중세 세속이다.
나중 얘기 아니다. 살아 있는 냄새가 죽어 썩는
것보다 처음부터 더 했던 거지. 성당 음악도
교회 건물도 수의에 지나지 않는다. 처음부터
들키지 않으려 사라진 것이 아니었다. 거룩한
육체가 갈수록 더 거룩하기 위해 사라진 그 까닭이
바로 세속에 대한 종교의 믿음이어야 했다.
인간이 처음부터 다 알 수는 없지. 더욱 믿음이어야

했다. 중세 세속이 교회보다 더 먼저 알았다.
교회의 역사 아니라 시간을 벗어난 거룩으로 보면
오늘도 중세이고 오늘 세속이 스스로 천하고 싶어
천해진다. 육체가 거룩을 위한 노력으로 거룩보다
더 육체적으로 거룩해지는 것을 이제 세속이 믿을
수가 없다. 교회가 비대한 고층 건물만 남아 육체를
학대하니 정신 자체가 가학이다. 오늘의 운세 없고
중세 있다. 예나 지금이나 연극이 고생이다.

제목

미리 정해진 절망과 희망이 끼어들 수 없는 것만
보아도 시가 현실을 따라잡지 않는다. 시적으로
능가할 수만 있다, 현실의 현실을 낚아채어. 가짜가
가짜를 부추기는 상상력은 현실에서 더 만연하지.
그 상상력이 바로 현실일 때도 있다. 가짜 절망이
진짜 희망을 참칭한다. 아직 정하지 않은 제목을
계속 정하지 않는다. 쓰는 것이 써놓은 것을 잇는
일이 뒤늦지 않은 정정일 때까지 쓴다. 눈물의 미래
시간. 끔찍한 진실의 희망에 이르는 과정을 돌이킬
수 없는. 시 밖에서는 있을 수 없는.

상관 너머

짝을 찾아 이룬 쌍이 같은 동작을 펼쳐도 좋은 쌍
동작이 같아질수록 생동한다. 서로 상관하느라
상관의 질서만 있다. 혼자 추는 춤도 완벽하면
완벽하게 같은 여자들이거나 남자들이지. 상관의
질서만 있고. 질서는 원시의 잡다 소산이다. 상관
이전. 상관하는 춤의 몸이 끝까지 순결하고 상관
안 하는 질서의 몸이 처음부터 순결하지 않다.
춤의 질서 아니라 춤과 질서의 상관 너머 결합.

잠자는 숲속의 공주가 마녀이다. 잠이 혼자 추는
춤이고 혼자 있는 질서이다. 끝나지 않은 백년
동안이 부조리이다.

이상한 부고

도시 살아서 그런가 그중에 나만 그런가
자연으로, 흙으로 돌아가자는 말, 죽음으로
돌아가자는 소리 같다. 당연하고 근사하고 의미
심장하다. 등산이나 산림욕 혹은 해외 관광 즐기고
오자는 소리가 아니잖나? 자연을 더 뜯어먹으며
눌러살자는 말도 아니다. 정말 죽음으로
돌아가자는 애기이다.
도시든 농촌이든 생을 과격하게 혹은 조금씩 깎이며
우리가 매일매일 자연으로, 죽음으로 돌아간다.
이상한 문학상이 있다.
'자연으로 돌아가자는 주제가 난무하는데 자연의
아름다움을 거의 배반하며 잡지 표4를 꽉 채운
시상 인원 문학 장르 작품 주제 응모 방법 추천 요령…
고딕체들 속에 가장 작고 그것만 그리 작은 바탕체로
'수상자 결정 당시 생존한 작가여야 함'이라 쓰였다.
응모자 중에 자연으로 돌아가는 중인 분들이 많은
모양. 내가 모르는 분들일 텐데 부고 가능성들이
어느 친한 이 부고보다도 생생해서 이상하다.

건강의 건강한 비유

지도, 축약이 강력하여 험준한 산맥만 두드러지고
나머지가 평야처럼 보이고 도시와 지방이 이름만 있고
나라와 대륙이 영역으로 문명이 역사의 체면으로
보이는. 험준한 산맥이 어딘가 황토색이고 나머지가
파릇한 노란색이고 굵기가 그게 그것인 곡선들로

반드시 닫혀 있다. 그밖에는 아주 미련한 스승이 더
미련한 제자를 키우는 그 비상한 능력이 오로지 이을
것을 잇는다는 듯이.

강

흐르는 거, 길고 느린 무거운 짐이다.
바다가 죽음이지. 그 입구에서 소 울음소리 난다.
어디까지나 인간의 강이다. 말을 잃은 것들이
말을 찾으려 하지 않는다. 마을보다 더 기슭이
있기 때문. 흐르는 강이 맞닿은 하늘의 풍경을
잊게 만든다. 떠나지 못한 까닭은 강이 준 것보다
늘 뭐라 규정할 수 없는 떠남이던 것이 더 많았다.
정주보다 더 정주적인 떠남의 중력이 있다.
스스로 날아오르지 못하는 것에 강이 처음부터
인간보다 더 비관적이었을 것이다. 인간이 강에
정주했고 생의 아름다움이 강의 비관에서 비롯되고
펼쳐진다. 기원이 바로 전개인 듯 혼탁한
아름다움이다.

민법의 역사

민법에는 좋은 말이 별로 없다. 그렇겠지 누가
민간인끼리 좋은 일을 다투겠나? 있어도 법 해결에
끌리어 그 뜻이 나쁜 쪽으로 속속 이동한다.
악화하는 세태가 힘을 보태며 법을 악화 증보한다.
이제까지 문학은 민법과 비슷한 처지였다. 문학의
앞으로 역사가 극복할 것이 민법의 이제까지
역사이다. 좋게 해결이나 좋은 해결 너머 좋은 일이
바로 해결인 경지까지 가야 한다. 국가 이익이
국가를 능가하는 국가는 말할 것도 없다.

묘령

살의 나이가 여자 나이이고 그래서 끝까지 살이다.
기억 속으로 너무 멀리 파묻혀 기억나지 않는 정신의
일부가 되었더라도 살이다. 살은 나이가 없고 그래서
여자이다. 내가 모르는 나의 20대가 그것에 마구
파헤쳐져 발각될 진상이 없는 나이이고 살이다. 나이
형식이 늙지 않고 날로 새로워진다. '스무 살 안팎
여자가 묘령의 뜻으로 벌써 진부하고 묘령이 끝까지
묘령이다. 흔드는 것 없이 기억 속으로 너무 멀리
흔들리는 나의. 어떤 때는 전생이 아스라해서 전생
아니라 흔들려서 이생이다. 깃발이 인쇄 속에서
바람도 없이 나부낀다. 온화의 전모가 평화의 전망
너머 형상화에 달하는 살의 나이이고 살이다.

초심

계속 가면서 돌이켜 보는 것이 아니라면
멈춘 걸음은 사실 돌아가고 싶다.
놀랄 정도로 진지해 보이는 처음이라면 더욱.
그러나 돌아갈 수 없는 것을 모르는 사람 없다.
초심 운운도 복고 지향의 혐의가 있다.
처음은 보잘것없었으나 끝은 창대하리라는 말
돌이켜 보더라도, 끝이 없더라도 아직 진실이다.
진리보다 우월하고 초심보다 구체적인.
생이 교묘하게 해설적인 동안 이전과 당대 있고
초심의 '폭발적' 있으라.

에어컨

사만 원밖에 안 나왔다 이달 전기 값. 십만 원 넘게
나온 적도 있는데. 그땐 다 있었지. 방이 턱 없이 좁고

장모와 처제 둘이 같이 살았으니 개수가 어이없을
정도로 모자랐다. 처제들 일찍 시집갔고 장모 30년
같이 살다 돌아갔다. 둘째 아이 먼저 장가가고 첫째
아이 마저 갔다. 방이 두 개나 비어 있다. 노인네 둘만
남으니 정말 돈 쓸 일이 없나? 생각하니 전기란 놈
가차 없다. 그냥 놓아두던 에어컨을 튼다. 열을 내는 데만
전기가 필요한 게 아니지. 하긴 냉장고도 그렇다.
십만 원 넘는 전기 값은 아무나 낼 수 없다. 극복하기
힘든 계급, 빈부, 학벌 차이에 극복할 수 없는 쪽수
차이까지 더해야 가능하다. 우리 집에 냉장고가 항상
있고 에어컨이 계속 방치될 것이다. 전기 값, 앞으로도
액수는 적지만 똑똑 소리가 들릴 정도로 떨어진다.
집에 초인종이 없으니 노크 소리로 들릴 수도 있다.

지방자치

러시아가 알래스카를 거의 껌값에 넘겼다는
정설이 있지만 당시 그곳에 살던 에스키모들은
그 사실을 아예 몰랐다. 지금 어엿한 미국
시민권자인 에스키모들이 이따금씩 그때 조상들이
알았더라면 했을 소리를 잠꼬대한다. 도대체 땅을
어떻게 팔 수가 있는 거지? … 비몽사몽 생각하면
그때 러시아야말로 봉이 김선달이 따로 없을 것.
지방자치가 지방 생활의 질을 높이기 위해 과거와
현대의 접점으로 간다. 양을 많게 하는 일은 중앙
정부가 낫지. 지방의 특성과 물산도 양을 많게 하는
일은 중앙 정부가 낫지. 국토와 영토와 토지는
빼앗은 자가 첫 주인이다. 땅은 흙 土가 아니고
자연도 아니다. 모든 생명과 자연이 그곳에
살며 그곳을 섬기는 장소, 하늘과 땅의 그 땅이다.
결국은 개개가 개개 세계의 주인인. 지방자치가
지방 생활의 질을 높이기 위해 땅으로 간다. 각각의
지방자치가 각각의 고유한 방方 너머 더 질적으로

고유한 땅 지地로 간다. 심각한 내상의 치유로 간다.
유년의 회복 아니다. 새로운 유년이 전망이다. 국가
너머로 지방 생활의 질을 높이는 지방자치가
평화이고 예술이고 평화의 예술이고 평화가
예술이고 예술이 궁극의 평화이다.

황혼 남녀

질퍽한 거인들의 질퍽한 사랑 속에서 사랑을 피해
우리는 다만 사귄다. 짭짤이 대저 토마토 맛으로.
짭짤이도 대저도 국어대사전에 나오지 않고, 당근
네이버 참조. 사라진 것들이 접촉이고 손가락 발가락
남았다. 황혼 남녀, 서로의 몸 더듬으며 몸의 기억을
믿고 그 속으로 여행 떠난다.

마음의 오지

그들이 믿지 않는 것은 제국의 문명이다. 화려한
얼굴로 쳐들어와 늘씬한 옆구리로 후리고 꼬리로
그들을 가장 비참하게 만들며 멸망하거든.
그들이 믿지 않는 것은 혁명의 전망이다. 무쇠 팔
휘두르며, 정작 해방의 깃발 든 그들을 닥달하다
실패하는데 그들의 그나마 남은 정신과 물질을
모두 탕진한다.
마음의 오지. 가난과 비관의 종교를 벗어야 한다.
혁명보다 더 중요한 것이 실패 없는 전망이다.
희극이 더 희극적일 가능성을 우리가 생애라 부르고
그 생애에 실패하는 것을 인생이라 불렀다.
실패한 생애를 인생이라 불렀다. 생애가 끊어지고
인생이 이어지지만 해체가 해체에서 해체로
이어지지 않고 문법의 장르가 바뀐다. 야비하고
졸렬한 표정의 로마 제국 장군들 석고 흉상이 벌써

인생이라는 장르이다. 예능 신화의 참사가 오래
전에 있었다. 지지부진 오래 끌던 공화국 내전에
지지부진 지치는 참사였지. 애당초 트로이 멸망이
로마 건국으로 이어지지 않았나, 일찌감치 너무 늙은
육체 아니었어? 풍자가 더 유감스러운 일이다.
어원이 남근의 사티로스 아니라 '여러 가지 과일을
담은 한 접시'인 것을 뒤늦게 알면 알수록.

부자연스런 실망

안전에 안전밖에 없다. 무슨 신천지, 무슨 전개?
실제 벌어진 일에 비해 그 기록에 과장이 많았다.
외국어이니 기록이 바로 과장하는 행위였을 수도.
그렇더라도 안전이 우리를 실망시키기 전에 먼저
안전에 실망하는 습성이 우리에게 있다. 새로움을
모르면 부끄러움을 모르고 실망이 스스로 실망인
줄을 모르지. 실망과 역사와 제 생애를 혼동하고
안전을 어느 안전으로 착각하고 안전은커녕 눈에
보이는 게 없다. 안전에 안전밖에 없는 것에 실망
하지 않는 것이 우리가 새로워야 할 신천지이고
전개이다. 처음부터 부자연스러운 실망이 있다.
염세는 힘이 많이 든다. 하긴 서로 같은 게 뭐 그리
썩 좋은 일인가, 자연스러운 게 정말 자연스럽겠나?
그러나, 그러므로 전위가 전방 아니라 전방의
호위이듯 안전이 신천지 전개이다.

텀블링

남들이 따로 운동을 챙겨서 하는 연유가
이해된 적 한 번도 없다. 물구나무라니 그런
곡예를 왜… 갈 데 있으면 즐겨 걷지만 따로
산책 나간 적 없다. 그랬는데 명퇴한 아내가

아침 요가 강습 다니는 것을 사생활적으로
수긍하는 나이가 되었다. 생각이 체육의
몸을 입는다. 텀블링 정도는 해야 되지 않나?
신대륙에서 독립 전쟁과 시민 전쟁을 생각으로는
연이어 치르며 영웅적이던 미국인들을 정작
당혹시킨 것은 신대륙 자연의 거대한 임박과
최초 민주주의 전망의 불분명한 임박이 둘 다
낯설고 위태로운 형국이었다. 너무 오래된
대륙의, 처녀가 봄을 부르는, 죽음에 이르는
희생 춤도 있다. 자기 연민 없다. 조금 기괴하게
사지를 삐그덕거릴 뿐 길길이 뛰지 않는다.
오래 간다. 가속화하지 않는다. 연민이 고통을
형성하지 않는다. 길길이 뛰려는 내 생각에
형식의 몸을 부여한다. 형식의 몸도 젖은
몸이다. 음악의 어떤 잔혹이 산 희생을 죽은 희생의
제전으로 번역했나, 죽은 희생도 잊혀진?

새벽

탄핵당한 전직 여성 대통령이 서울 구치소에
수감된 금요일 새벽이다. 불길하다. 오래되고
복잡한 더위가 새벽 어스름 속으로 몰락한다.
정화도 불길하다. 성조기여 영원하라… 절대
불리한 전투를 밤새 버텨내고 휘날리는 깃발의
그것보다 덜 감동적이고 더 민주주의적인
새벽이 비로소 있고, 불길하다. 이제 대낮이
전망을 건설하는 시간. 전망이 음모를 벗는다.
감동은 단순할수록 감동적이다.

싱알

수성 잉크 펜의 내장, 속이 비치는 비닐 잉크

튜브를 펜촉에 끼워 그냥 쓰는 필기도구가 있다.
리필 불가. 모양이 별로라서 조금 쓰다 그냥
방치했는데 싱알, 그 말이 문득 생각나서 찾아
보니, 튜브 몸통에 남았던 잉크가 고스란히
남아 있다. 뚜껑을 닫은 것뿐인데 10년 전, 아니
20세기 것 맞아? 쓰인 글씨가 여전히 가늘고
선명하다. 싱알은 싱알이다. 한 번 먹으면 몇 달
버티는 바퀴벌레는 연료 남은 전차에 가깝지.
심알을 잘못 발음한 싱알이 심알을 능가한다.

용서

전쟁의 시대 태어나 전쟁을 젊음의 통과 제의로
치르고 전쟁의 참혹을 예리하게 누리며 전쟁의
명성을 드높이다가 평화가 도래하자 시들시들
왕년이나 까먹고 여생을 보내려나 싶더니 노년
들어 덜컥 자살해 버린 사례가 있다. 헤밍웨이가
아니다. 전쟁 중 태어나 전쟁 중 날로 혁혁하다
냉전 중에 멸망한 현실 사회주의 얘기이다.
하지만 수식어 없이 쉬운 단어들의 단문으로만
구성된 전쟁의 참혹을 끝내 극복하지 않은 그
자살로 우리는 그 멸망을 용서할 수 있다.

동행

해외여행 떠난 마누라가 애틋한 아내이다. 집에
홀로 남아, 아내 있을 때는 없던 일로 아내 없이
다니던 옛날 단골 술집 거리들이 나는 생각난다.
이상하지. 내가 대취하지 않고 풍경이 흥청망청하지
않는다. 홍콩 갔으면 뭐 전통도 번화도 어정쩡한
인사동 골목쯤 되지. 낮이면 생소해서 더 좋고.
스페인 여행은 엔초비 간을 한 야채 안주가 일품이던

북촌동 카페 거리 근처가 되겠다.
골목마다 음식점이 국제적으로 다양하고 한국
신세대는 물론 성지 순례 외국 고등학교 졸업생과
대학 초년생들이 새벽까지 **빠글빠글**대는 홍대 클럽
거리가 뉴욕이다. 이번 여행은 고대 고전 그리스.
나의 고대 고전은 단연 대학 시절 교정의 일제 시대
건물들이다. 6·25 전쟁 참화를 단아하게 씻어낸.
이번에도 나는 아내의 여행에 동행한다. 기억 속
문리대 앞 마흔 군데가 넘던 단골 술집을 맨정신으로
기웃대며. 아내의 동서남북 방향까지는 따라갈 수가
없지. 해외 여행 떠난 마누라가 애틋한 아내이다.

각과 곡

몸으로 사랑하는 천한 몸이 천하지 않듯 몸으로
사랑하는 부드러운 몸이 부드럽지 않다. 살살
아주 조심스러운 세세꼼꼼 너머 어딘가 각. 곡이
곡의 외계인으로 튀는 일 없게. 별도의 중력에
순응해서 아니라 독립된 중력이라서 독립을
의식하지 않고 그냥. 날아오르는 생각의 개념도
없이. 중력적이고 치명적인 아름다움의. 신화가
늘 사라지지 않고, 사라진 신화이듯이. 죽으면
완전히 사라질 것이 분명한. 전망적인.

베테랑 노년

정신이 육체를 도륙하는 17세기 전쟁의 무공
훈장보다 더 뚜렷한 각개 전투 상흔이 내 몸에
여러 군데 있다. 거울에 얼굴뿐 아니라 전신
주름살을 보지 않아도 엊그제까지 가난하고
고달팠고 그럴밖에 없던 것 같다. 그래 이제
농담하는 여유 부릴 자격이 있고 비로소 보상으로

나의 생애가 완성되는 중이다. 가난도 생애의
농담이 되지. 별것도 아니다. 평화와 번영의 시대
젊은것들이 나를 지들 포스트모더니즘의 선구로
모신다는데 고맙지만 사양. 영악한 것들이지.
전쟁의 상처로 무르익은 나의 모던이 지들의
평화 놀음인 포스트모더니즘과 무슨 상관? 하긴
맥락도 상관도 따지지 말자는 것이 포스트
모더니즘이다. 내가 겪은 것을 누구든 다시 겪을
필요도 없고, 누구보다도 내가 나의 저질러진
생애를 혐오한다. 평화도 번영도 부상하는 것이지
낙착하는 시대는 불행하다. 젊은 포스트모더니스트들
신세대 아니라 탈세대를 자처해야 맞고 이러다가는
오늘의 모든 우연한 베스트셀러가 내일의 정격
고전으로 자리 잡는 것이 맞고 포스트모더니즘은
고전도 정격도 무의미하다고 계속 주장하는 것이
맞다. 노년이 바로 포스트모더니즘인지도 모르지만
베테랑 노년이 죽어도 포스트모던에 질색하는
베테랑 노년이다. 죽으면 죽은 내게 아무것도 없을
것을 내가 알지만 나 죽은 후 새로 부상할 시대의
세대가 나는 부럽다.

고약 냄새

옛날 사람들 용감했다.
죽음의 단서도 없이 해가 지면 세상이 깜깜해졌다.
두려움이 뭔지 모르고 두려워했으나 용감이 뭔지
알고 용감했다. 믿음과 감정이 교육되기 전에
경건이 썩 훌륭한 지혜였다. 믿음은 새벽의 노동.
종교 제도에 이르면 벌써 대낮의 잔꾀가 된다.
역하던 고약 냄새가 종교 이전으로 경건하다.
대문자 신이 불려 와 죽음의 단서로 안치되기 이전
개념과 형용사 이전 고약 냄새이다. 죽음의
단서일 수 있는.

이외의 침잠

첫사랑이 우리에게 침잠하는 도중 세련된 발레
2인무도 큰일 날 소리. 거기를 만지는 것은 아니지.
접촉이 순수보다 더 결백한 추상이라서 첫사랑이
첫사랑이다. 갈수록 희석되다가 차라리 아련한.
그때 슬픔 같은 것이 내 몸을 푼 실로 그물을 짠다.
낯익은 것이 여러 번 다시 짜는 것 같다. 솜씨가
좋아서 어떤 때는 짜이는 일이 나의 실제 세상 그
자체 같다. 그때 첫사랑 떨림이 너무 커서 전망
이상이고 지금은 너무 작아 전망 이외지만 아주
가까우면 이외가 속도이고 전망 이외가 내게
침잠한다. 때로는 너무 빨라서 전망 아니라 나의
이외 전체가 내 안으로 빨려든다. 해체가 바다을
해체하지 않고 친다. 맥락이 텍스트를 낳는다.
민족적이 세계적 아니고 세계적이 민족적이다.
파란만장 없고 파노라마 있다.

성묘

어젯밤 꿈이 잔영을 남겼다.
한 시절 나와 잘 놀던 사람들이 어느새
나만 남겨 두고 지들끼리 잘 놀러 사라졌다.
한 시절 나와 잘 놀던 사람들
아니지. 한 시절 나와 잘 놀아 주던 사람들이다.
수소문하지 않았다. 여느 꿈과 달리 수소문의
불가능이 처음부터 보였다.
고맙다. 잘 가라. 깨어나 보니 죽지 않았는데
한 시절 지났다. 한 생이 지난 것 같다.
성묘 음식 줄였다.
자투리 시간에 가장 중요한, 세상에 없는,
책을 읽겠다. 많은 것들이 많은 것들을
비끼어가는.

알레포

1대 베드로에서 266대 프란치스코까지 2천 년 동안
이어지는 바티칸 교황들 대대가 일직선이다. 아비뇽은
새 발의 피이지. 그런 사태 다시 없을 것이고.
베드로가 반석이고 프란치스코 교황도 훌륭하지만
직선의 허리가 곡선보다 더 복잡한 음모와 치정으로
점철되어 자본주의 정치 경제의 전후를 이룬다.
그게 거룩을 드러내는 마지막 방식 같다. 시리아
북서부 도시 알레포의 아라비아 이름은 할라브.
주변 국가와 문명에 침략당한 역사가 이 도시 역사의
거의 전체이다. 스스로 아둔하거나 순박하거나
그 전 문명이 그 후 문명의 야만을 폐허로 입증하느라
그런 것 같지 않다. 어쩔 수 없음이 어쩔 수 없음을
불굴의 기나긴 시간에 걸쳐 불굴의 기나긴 시간으로
전화하는 정화의 마지막 가능 같다.
지금 세대 탓도 아니고 지금 세대가 고칠 수 있는 것도
지금 세대에게 지금 세대가 견뎌야 할 사실도 아니다.
문명들이 멸망하고 세상이 유일한 방식에서 유일한
방식으로, 유례없는 일직선으로 이어지는 어감이다,
알레포. 대를 이은 문명의 대를 이은 멸망으로 세상이
여기까지 왔다, 알레포, 아라비아 이름 할라브.
논리가 끝내 계몽의 논리라서 대를 이어 멸망한다.
혁명적 순간을 들이쉬어 차단한다. 역사의 순서가
혁명의 대상 아니다. 혁명적 순간 역사가 혁명의
영원한 빛이다.

구전의 정리

뜬소문도 먼 데서 내 귀에까지 도달하며 정리되는
구전의 권위가, 모더니티에 달하는 과정이 모더니티인
모더니티에서 오히려 강화할 수 있다. 구전이 없어야
가능한 악플에도 불구하고. 처음의 약소가 약소하지

않을 때까지 겸손한 구전의 권위이다. 몸이 몸인 것이
구전이고 자신은 컴퓨터 인터넷인 줄 아는 정신이
문제이다. 정신의 본업이 정리이건만 갈수록 스스로
인생 전체가 악플이고 싶다. 구전의 정리와 정리의
구전으로 정신이 자신의 몸을 악플보다 더 빠르고
지속적으로 추슬러야 제정신일 수 있다.

사실의 처지

나의 대학 신입생 시절 일필휘지로 싹 베낀 것 같다.
내 청춘을 내가 베꼈나, 지금도 베끼나? 그때 나의
고유가 지금 더 남사스럽다, 그때 짝사랑 곁에서
받아들인 사실의 처지가 사실보다 더 중요하다.
오늘부터 내가 만년의 신입생이다. 짝사랑은 모두
요염한 여대생이다.

지리적

대학 동창 사는 부산 갔다가 편의점에서 찾지도
않았는데 찾았다. 어릴 적 일제 소금 사탕. 짭짤과
달콤이 따로따로 분명히 절묘하게 어우러지는.
서울은 찾아도 없었다. 하긴 부산이 서울보다
작지만 일본에 훨씬 더 가깝고 일본은 백년 넘게
소금사탕, 흑사탕, 땅콩사탕 등이 특산 가업이다.
생각의 단위가 백년은 되어야 늘 정신 멀쩡할 수
있는 소리 같다. 태평양 전쟁과 정반대. 정신의
'지리적'이 자본의 그것보다 뜬금없고 촌스럽다.
나보다 연하가 내게 신세대로 떠올라 나와 함께
한참을 잘 살다가 몇 년 먼저 죽으면 그에게 내
인생은 뭐냐, 한 오백 년 단위로 보지 않으면 나의
죽음이 지리적으로 뒤집어질 일 아냐? 잘했다
신세대 죽음, 구세대 여생에 내내 꽂혀 비수가

될 수도 있었다.

연민 창세기

부르지 않은 것들이 쏟아져 나와 서로 어리둥절하느라
내 몸이 아직 덥다. 이명은 양쪽 귀를 잡아당기면 좀
괜찮아지는데 머리카락이 걸려서 유희가 잘 안되고
귓불이 미끄러져 박자에도 못 미친다. 한 쪽씩 당기면
고요한 내 귀가 따로따로 임금님 귀는 당나귀 귀이다.
내가 잘못이다. 부르지 않은 내가 부르지 않은 사실에
방점을 찍지 않았어야 쏟아져 나온 것들이 쏟아져
나온 처지에 어리둥절하지 않을 것 아닌가. 내가 나의
이명을 낯선 이름으로 부르지 않고 받아들이고 싶은
(흔히 애매한) 마음보다 받아들이려는 의지(흔히
흔들리는)보다 더 구체적으로 받아들이는 것이 더
중요하다. 연민은 연민의 경제가 연민의 자세이다.
나무였다 내가 지나친 것이. 색을 입힌 목조 인물상인
줄 알았는데. 아니 거꾸로였나? 이명이 사라졌다. 꽤
오랫동안일 것 같다.

신화적 농담

제우스가 인간 여인 여럿을 반복 없는 체위로
건드렸지만 죽음 안에 아직 음기가 남아 있다.
죽음이 제국과 달리 장소일 수 없으니 음지
아니라 음기. 신화적 농담이 죽음의 가까스로
진담이다. 죽은 마릴린 먼로가 보여준다, 그녀
아닌 생의 상당 부분이 죽음인 것을. 그녀가
음기 아니라 죽음의 양지였다. 죽은 이들이 더
접근할 수 없는. 건드린 행위 자체가 불행이니
제우스도 그녀를 건드리지 않는다. 마릴린
먼로. 죽은 그녀를 둘러싼 음기의 소문이 모두

그녀를 건드린 불행이고 지옥이다. 그녀가
뭔가 이어지거나 뭔가를 이어준 적이 없다. 툭툭
끊어진다. 그녀가 신화적 농담이다.

문득

식용 아닌 살덩어리가 있다. 한 번
살덩어리이면 결코 살일 수 없는
살덩어리이다. 구체성을 뛰어넘는 구체의
현현으로서 살덩어리가 있다.
피비리기는커녕 피가 비리지 않아서
생생한 피이다.
그 안에 순두부 뇌가 있단들 지능을
뛰어넘는 형용. 우리의 내면이 이렇게 온전히
육화한 적 있느냐 묻는다.
문득, 살덩어리이다. 그렇게 말고는 없는.
자살이 기를 쓰지 않을 뿐 오히려
살려는 것인. 구체보다 더 구체적인
추상의. 왜냐면 살과 덩어리가
합칠 수 있나? 뗄 수 없는 살덩어리.
식용이면 우리를 집어삼키는 혹은
집어삼킨.

소통

너무 눈이 부셔 내가 네 말을 처음부터 알아듣지
못할 것처럼 너무 눈앞 깜깜하여 네가 내 말을
처음부터 알아듣지 못할 언어가 사랑의 몸이다.
거기까지 갈 수 없다는 것도 배웠지. 백년해로의
몸인 생각은 생각할수록 그렇게 슬플 수가 없다.
슬픔의 주체도 없다. 젖고 또 젖을 뿐인 그 일도
이제 다 끝나고 확인만 남았다. 아름다움이 생의

아둔을 후려친다. 이제부터 소통이다.

연금술

생선 비린내 진동하는 항구에서 무슨 정취?
그러나 너는 정보만 찍힌 사진을 보고 있다.
낯선 시간에 낯선 장소에서 관광 중이다.
과거를 상품화하느라 지역 생활이
매복에 들어가는데
빛이 빛만으로 무슨 정취가 있겠나. 이상하지
않은 것이 이상하다. 어떤 대도시 번화가에서도
온갖 모양이 왁자지껄한 대로 순전한 반영인 듯
소리는 있은 적도 없다. 모양의 뒷골목도 옆 블록도
없고 오로지 모양이 모양만 모양의 개념으로
있단들 이상할 것이 없다.
네가 죽은 것이다. 죽음에 무슨 정취가 있겠나.
비린 생이 비리지 않은 연금술이 정취이고 그 전에
연금술을 낳는 연금술이 정취이기도 하다.
아니라면 연금술이 처음부터 제일 이상했을 것.

역사 속

아무도 모르는 역사가 있을 수 없고 내게 위대한
역사는 내가 모르는 역사라서 역사 속으로
들어가는 역사 공부가 계속된다. 역사 속은 알면
알수록 모르는 것이 더 많고 역사 속으로 끝이 없다.
마음은 아무리 복잡한 줄거리도 추상으로 끝나고
구체적인 마음속은 우리가 들어가는 만큼만 마음
속이다. 마음의 미궁이 있을 뿐 마음속 미궁이 있지
않다. 숨어서 편재의 깊이를 이루는 역사 속으로
들어가는 역사 공부가 끝나지 않는다.
모든 정치 개념이 유명한 건축물들이고 모든 유명한

건축물이 한낱 장식일 때까지 역사 속으로
들어가더라도 역사 공부가 끝나기에는 너무 많은
사람들이 죽었거나 살아 있고 역사 공부가 양쪽을
살아 있게 만들었다. 생이 역사를 끝내더라도
죽음이 역사 공부를 끝내지 않는 역사 속이다.
형상화의 이상에 가장 가깝고 공부할수록 가깝다.
공부만으로는 완벽한 이상일 수 없지만 줄거리가
어느새 예술 쪽으로 넘어온다.
알제리 역사가 프랑스 역사보다 아주 좁고 깊다.
프랑스 지역사가 알제리 역사보다 아주 좁고 깊다.
그렇게 역사 공부가 끝나지 않는다. 역사 속은
역사 속으로 미래가 강건한 장소일 뿐 제국주의는
있은 적도 없다. 국가를 좁히고 또 좁힌 것이
나라이다.

소망

오랜만에 비 온다.
기관지 안 좋은 내게 내린다.
내리는 소리 들리지 않고 통유리창
이면을 주룩주룩 빗물 흘러내린다.
모처럼 오래 푹 잤다.
잠 깨어 잠이 안온한 무덤이었기를
바라는 것은 너무 많이 바라는 것일까?
누워 있으려면 깨끗한 가난의 미학도
감각이 무거운 문제가 있다.
더 가벼워지기를 바라는 것은
너무 오랜만에 바라는 것이다. 간절의
시간도 지났다.
오랜만에 비 온다. 잠 깨어 주룩주룩
굵은 줄로 흘러내리는 빗물의
복수가 아주 구체적이다. 발목이 젖기를
바라는 것은 사소한 것을 바라는 것이

아니다. 한번 깬 잠이 안온한 무덤 속으로
들려 하지 않는다. 무거운 등이 젖어
구체적으로 무겁다. 여기서는 중력으로
내리는 비가 중력으로 그칠밖에 없다.

과부 현대

정복 전쟁은 사내들끼리 피비린 일이고 과부
유디트는 처음부터 끝까지 다만 고향을 지켰다.
그녀 손에 들린 강력한 적장의 잘린 모가지가
피를 철철 흘리지만 과부 유디트는 자신의
미모가 제공한 달콤하고 깊은 잠에 그것이 계속
들어 있는 게 중요하다. 깨지 않으면 된다. 그녀의
미모도 여전하다. 3천 년 동안 그래왔으니
앞으로도 3천 년 동안.

고야

여기도 사람이 야만적으로 그리 참혹하게
죽을 수 있는 증거로 나은 그림은 없었다.
하긴 그렇다. 죽은 사람은 스스로 그릴 수 없고
죽인 사람은 제정신이 아니다. 슬픔도 참혹도
사후의 일이다. 전사자들 장면도 그렇다.
역사상 최초로 내전과 소규모를 벗은 전쟁이
횡행하는 시대를 겪고 목격하고 관찰하는 나
화가 고야는 뭐 다를 게 있나?
총살당하는 자의 무의식 밖으로 튀어나오는
눈 커진 경악과 총살 분대원들 무의식 속으로
숨는 눈감은 당혹의 순간을 포착했을 뿐.

실

지역을 면적과 인접과 지형과 기후 및 풍토와
인구와 경제와 공용 언어와 역사로 묘사해도
충분치 않을 것은 당연하지만 이어지기도 전에
벌써 묘사가 그럴듯하다. 신기한 것은 그런
것이다. 묘사에 묘사가 이어질 것 같은 성질이
있기 때문이라고? 더 정확히는 먼저 묘사라는
신비가 있어서 우리가 묘사를 계속하고 그래서
묘사에 계속 묘사하는 성질이 있다고 생각하지
않나? 신비를 묘사할 수 없다. 묘사가 달할 수
없는 영역이라서 아니라 묘사보다 한 수 위인
신비가 없기 때문이다. 묘사로 충분치 않은
당연한 사실을 우리가 종종 신비로 착각하지만
당연한 사실이야말로 묘사를 요하지 않는다.
묘사하는 인간이라서 인간이 가장 다행이다.
사랑을 뺀 모든 것에 성공하는 아리아드네의
실. 밖으로 나가는 좁은 통로의 묘사를 이끌던
이론이 이제 묘사로 제 좁은 통로를 벗어난다.
그러고 나서도 이론은 묘사가 사랑에도 이를 수
있는 것을 모른다. 너무 자주만 아니라면
끊어져야 이어질 수 있는 것을 모르는 실은
불행하다. 지금보다 반쯤 더 죽어 봐. 춤의 핵심이
정지이고 걷는 것이 죽음이고 말하는 것이
생이다. 거꾸로 일 수도 있고. 뻔한 예상에 놀라지
않고 뻔한 예상이 놀란다. 새로운 사랑은 우리가
잃어버린 적 있는 것을 먼 훗날 산보인 듯,
산보가 먼 훗날이고 먼 훗날이 산보인 것처럼
깨닫는다. 죽음이든 생이든 둘 다이든, 우리가
두 발로 걸었을 때부터 문제이던 문제가 문제를
묘사한다. 섹시한 다리가 섹시한 다리를 묘사하지
않고, 다리가 묘사일 수 있어 섹시한 모든 것이
그토록 섹시하다. 끊어질 수 없다면 아주 가끔씩
끊어줘야 한다. 그게 스텝이지. 죽음이 영영

구닥다리가 될 수 없는 것은 오로지 생의 문제.
옛사랑은 없다. 아니 옛사랑도 새로운 사랑만
있다. 오랜만에 나가 보는 인사동 사거리가 여러 번
나가 본 인사동 사거리의 묘사에 그치더라도
묘사가 그치지 않는다. 추락과 멸망의 묘사도
그치지 않는다. 인간을 넘어서는 일이라는 듯이.
이론이 모든 것에 성공하고 사랑에 실패하는 것은
늦은 발견의 늦은 종합이기 때문. 문법의 발명 또한
발견의 좁은 문을 스스로 여는 것이 아니면 매일
죽었다 깨어나는 페넬로페 실에도 이어지지 않는다.
양재 전철역에서 만나자 했는데 구내가 더럽게
복잡하지. 몇 번 출구냐구, 모르겠는데? 하긴 거기
사니까 거기 제대로 도착할 필요가 없는 사람이
출구 번호를 뭐 하러 아나. 핸드폰도 없고 뭐 한 10분
돌아간다 치고 8번 찍었다. 그 정도 운에 맡기는
생이 생의 번역이다. 어떻게 번역하느냐가 문제이지.
자본주의가 발명의 복잡하고 좁은 문이다.
이론이 아직 이론의 발견만 안다.

가창 예술

송창식의 〈우리는〉
세다.
우리가 우리를 논하려 하자마자 송창식의
'우리는' 때문에 벌써 우리는, 하는 것 같고
그래야 할 것 같고 우리가 우리 아니라
'우리는'이 우리는, 인 것 같다.
우리는, 은 벌써 우리가 뭘 하기는 해야 할 것 같은데
'우리는' 다음이 없다. '우리는' 앞에 기나긴
장식만 있다. 모든 아름다운 가요는 아름다운
사랑 노래이고 드물게 완결된 사랑의 노래이다.
그러니 우리는 '우리는' 다음이 없지.
앞 장식이 벌써 후렴이다. 송창식이 끝까지

대명사로 바꿀 수 없는 후렴의 후렴 같다.
송창식이 무슨 행사나 방정식인 것처럼.
워드프로세서가 미심쩍을 때 일단 우리는,
하고 쳐보는 나는 송창식의 후렴 같고
대명사 같고 그 뒤로도 '눈이 부시게 푸르른 날은'
송창식의 눈부신 폭탄 같고. 죽음의 눈부신
후렴 같고 들국화 전인권의, 인간의 나이를
인간보다 더 많이 먹은 짐승의 포효가 그 모든 것을
감동적으로 헝클어뜨리고. 그렇게 두 인생을
우리가 건너는 중이다. 나이를 닮으며 늙지 않고
깊어 가는 가창 예술이 있다. '감동적'이 어떤
총체를 능가하는 예술이다.

화투

여인의 생애 혹은
총체성.
남성만의.

독서

근친상간이 갈수록 가까운 근친상간이다. '원친
상간', 오이디푸스 콤플렉스보다 더 뜬금없지.
소포클레스에게 그리 가깝던 신화가 소포클레스에게
그리 크나큰 충격이었을 리 없다. 예술적 해결 아냐?
셰익스피어 사망 직후 그의 명성과 사후까지 삼킨
것이 남매의 격렬한 근친상간을 다룬 존 포드 연극
〈안됐군, 그녀가 창녀라니〉이다. 아무리 가까워도
근친상간 충격의 충격은 일시적이고 아무리 잦아도
오이디푸스 신화 이전 일로 사라져 사건은커녕 스캔들
조차 안 된다. 죽은 셰익스피어가 산 셰익스피어를
새롭게 살리는 식으로, 제대로 읽어도 죽은

셰익스피어는 죽은 셰익스피어이다. 죽음이 신화
이전은 물론 신화보다 더 낫다는 것을 줄기차게
읽을수록 줄기찬 활력으로 전하는 셰익스피어가
위대하다. 아니 그렇게 전하기 위해 위대하다.
그래서 셰익스피어 이름이 셰익스피어인 것 같지는 않다.
죽은 셰익스피어가 독서의 독서이다. 독서의
독서가 독서의 독서인. 글로 전할 수 있는 것을
최선으로 전하려 글로 전하는.

사후 미완

사랑받는 것보다 사랑하는 일이 더 행복한 것을
사랑을 아는 가운데 모르는 사람은 없다.
사랑하는 일이 가장 사랑받는 일인 것을 처음부터
아는 사람도 없다. 그렇게 마지막 후회 아니라
감당할 수 없는 결핍 있을 것이다. 그것을
불행이라고 부르는 사람이 불행한 사람이다.
몸과 마음과 정신보다 더 중요한 것이 종교 건강이다.
종교보다 조금 덜 진부하고 제도보다 조금 더
꼼지락거리는 믿음의 잠언.
벽에 부딪혀 보니 벽에 부딪혔던 것이 아니다.
뒤늦은 깨우침을 흔히 천재들이 벽으로 착각한다.
이어질밖에 없으므로 느린 아다지오가 있고
그쳐야 하므로 느린 아다지오가 있다.
돌이켜 보면 쓸 수 있는 것을 다 썼기에 죽기 전
작가에게도 이미 사후 미완인 작품이 있듯이.

유전

손자놈 백 일 전에 몸을 뒤집기도 전에 어디서
어디로도 없이 떨어져 금이 갔던 대가리
돌 전에 잘 아물었다. 두개골에 간 금은 미세하다고

깊이가 덜한 것은 아니지. 깊이가 예리한 것이다.
두개골 두께가 아직 얇은 것이 다행이었다고 해야
하나? 한 번 해봤으니 앞으로 남보다 더 잘 여물
것이지만 한 번 금 가면 평생 아물 수 없는 핏줄이
남았다. 간 금 그 자체인.
손자의 손을 할아버지 손이 쥔다.
노년은 거칠고 앙증맞은 것은 애처롭고 장하지.
손자의 손이 할아버지 손을 쥔다.
두 손을 두 손이 쥔다.
핏줄 아니고 원대한 유전이다.
할아버지에서 손자로 이어지는 것이
손자에서 할아버지로 이어지는.

생

색도 색의 속살이 있다.
고동도 고동의 속살이 있다.
색 말고는 아무것도 없는 처음이자
처음의 미래 전망이지. 생초콜릿은
맛과 모양과 색이 녹는 속살이 있다.
속이 겉보다 부드러운 평범한 사실을 속이
겉보다 부드러워야 하는 달콤한 당위로
드높여 살인지 색인지 맛인지 녹는 것인지
알 수가 없다. 늘 신참인 왕은 아니고 귀족
가문의 여성적인 어감의 4각 연약—옹축,
생초콜릿. '생'이 이렇게 상냥한, 상냥의
형용사인 적 없었다. 하긴 며느리가 사 온
선물이다. 첫째도 아니고 둘째 며느리가.

빨간불

배터리가 다 되었다고 자판 표시등이 빨간불

요란하다. 너무 작아서 있는 줄도 몰랐었다.
존재 이유 없는 존재를 드러낼 필요는 없다.
빨간 불이 빨간 불이라서 문제이다. 자판은
글자 놓인 것도 인간보다 나은 대칭이지만
무선 전기 공급이 불가능하고 아주 작아도
건전지 두 개를 오른쪽에 밀어 넣어야 한다.
화면에 글자가 **빵빵**하게 찍히지만 어딘가
점점한 구석이 있다. 어딘가 점점한 것은 곧
확실하게 점점하다. 글을 쓰려면 먹고살아야
하는 날이 올 것은 아니다. 자판 **빨간 불**이
한번 켜지니 꺼지고 나서도 켜졌을 때보다
그 자리가 더 음험하다. 쓰려고 **빨간 불** 데리고
사는 것일 수 있나? 먹고살려는 일이 먹고
사는 일의 번역일 수 있다. '하면 된다' 뜻이
빨간 불이다.

대표 얼굴

영문과 동창 모임이다. 72학번 정원이 스무
명이었는데 다 모일 수는 없다. 나부터 80년에
5년 늦게 졸업하고 처음이다.
자주 본 얼굴 하나 있고 자주 보느라 몇 번 본
얼굴 하나, 영문학과 교수로 문학 행사에서
드물게 마주치는 얼굴도 하나 있다. 나머지는
기억이 희미한 중에 저게 뭐지? 표정이 있다.
'저 얼굴이었나?'와 '저 얼굴이었구나'의 중간
쯤에. 대표 얼굴이 있다. 이따금씩 문득 옛날
영문과 다니던 시절이 떠올라 계속 떠올려 보면
기억 전체에 묻어나는. 누군지 생각 안 나지만
끝까지 묻어나고 끝으로 묻어나다가 운이 좋으면
우리가 아 저 얼굴이었구나, 탄성 지를 기회를
누리게 되는. 작품의 총체성이 있든 없든
작품이라는 총체성이 없을 수 없는 것처럼 있는.

작품성으로 자본주의를 극복하는 일이 지난하지만
작품이라는 총체성이 벌써 극복인 것처럼 있는.

사는 것

모처럼 기분 좋은 꿈을 꾸었다.
나 살던 집. 거기를 왜 들렀지,
재개발된 지 한참 지났을 텐데?
자문의 내용과 상관없이 자문답지 않게
들뜬 마지막 물음표처럼 선명하다
나 살던 집.
지금 내 키보다 조금 낮은 시멘트 담이며
지금 내 키보다 조금 높은 좁은 지붕이며
지금 내 몸집이 들어갈 수 없는 쪽문이며
윤곽과 색이 나 살던 때보다 훨씬 더 새집이다.
내가 산 만큼을 보수한 것처럼. 그건 꿈속에서
내가 그리 가고 있다는 뜻이었다.
내가 꿈속에서 거기를 지나치거나 거기서
돌아온 적 없는데 꿈속에서 곧 사라졌다.
꿈속에서는 딱히 돌아오지 않더라도 꼭 오지.
길이 없는데 꼭 온다. 가던 길을 지우며 오고
지워야 온다. 나 살던 집 그럴 리 없지만 지금도
남아 있다면 잠 덜 깬 내 꿈의 희미한 잔영에
실제로 근접할 것이다.
잠 깨어 안방 내 몸에 충분히 넓고 천장 내 키에
충분히 높고 이부자리 넉넉하고 모처럼
기분 좋게 슬픈 생각 조각이 아직 누워 있다.

가면의 비극

숨기거나 대변하지 않고 감정의
본질을 꿰뚫는 가면이 있다.

배우가 쓸 수 없다.
비극의 완성 너머 완벽이다. 누구도
쓸 수 없다. 나머지가 모두 산발로 와서
절규하지 않고 그냥 그것에 부딪히는
파도에 지나지 않는다. 짐승의
의미일 수 있다, 우리가 모르고 짐승이
더욱 모르고 알 필요 없는.
그것이 인간에 속하기를 바란다면 인간이
감히 바라는 것이고 그것으로 인간 이상이나
이외이기를 바란다면 인간이 간절히
바라는 것인 가면이다. 찢어져야 웃음이고
결코 찢어질 수 없는 가면의 비극인 가면이다.
멀어지지 않고 아름다워지지 않고 아름다운
속도가 빨라진다.
둘의 상관을 들키지 않으려.
희생은 차갑다.
희생아 차가워서 영원한 사실이 거룩이다.

신대륙 전후

민족도 민중도 결국적인 미학이다.
어쩔 수 없는 드러남이 쌓여가는 과정의 마무리
방향 정도? 어떤 기분 좋은 물건처럼 기분 좋게
중력처럼 자연스럽게 무거울 수 있는 거푸집.
그리고
이상하지. 누구나 늙지만 대부분 처음 늙는데도
그냥 남들처럼 늙는다. 남들에게 물어보지도
않는다. 모종의 알몸은 늘 우리 앞에 있다.
직시하는 순간 누구의 것도 아니고 그냥
숨 가쁘게 전면적인 그것 앞에서 처음
늙는 것처럼 늙는 이가 바로 신대륙이다.
그리고 비로소 신대륙이다. 그때 젊음이
어디선가 어딘가 쓸데없이 예리하고 가망 없이

편재하는 비명에 지나지 않는다. 그때 늙은이가
늙어버린 이이다, 옹졸해질 까닭만 남은.
걸작이 위대한 시도가 실패할밖에 없는 사실을
증명하는 걸작 아니다. 실패에도 불구하고 더
위대한 시도를 계속하는 증명의 걸작이다.
비로소 구대륙이 의기소침한 구대륙이다. 비로소
모던이 좋았던 근대이고 포스트모던이 좋지 않은
현대이다.
신대륙이 있고 신대륙 전후가 있다. 모던이
최초일 뿐 현대가 없던 적 있었을 리 없다. 생이
생에게 현재인 것이 현대이다.

창밖에 봄

햇살을 닮아가는 말들을 닮아가는 햇살을
닮아가는 말들을… 살이 통통 찌는 주어가
봄이고 바깥이고 끝이다.
실내의 다정이 촉촉하지. 축축하지 않다.
자리보전하는 노인네들 추운 겨울 넘기면
다음 추운 겨울까지 너끈히 버티는 옛말
맞는 말도 진심도 아니다.
봄은 주어인 봄이 주어인 끝이다. 인간이 특히
버티면 버틸수록 봄이 환장하게 아름다운 모양.
잠시 바깥바람 쐬고 돌아온 창밖에 비유가
목적인 모든 것의 비유인 봄. 인간이 만든 가장
전통적이고 끝까지 모던한 장식이다. 죽음의
기적 가운데 하나. 죽음이 눈에 보이지 않고
죽음이 눈으로 본다는 사실. 형용사가 제일
멀쩡하다. 사실이 사실은 사실이 아니더라도.
찬란한 봄이 찬란한 끝이고 나의 평균 수명이
언제 늘어났지? 죽은 이들만 나를 부르고 내가
갈수록 젊어진다. 나를 있게 하는 모든 '분들과
것들'에 감사.

가혹의 추상

우리는 바다에 대해 자주 이야기한다.
바다에 안 가 본 사람이 끼어들어도 바다 이야기
흐른다. 혹시 우리 마음속으로 흐르고 잠기나?
아닐 것이다. 육안과 깊은 바닷속이 마찰하는
행운을 인간은 아주 운 좋은 시체로서 말고는
누릴 수 없다. 심청이 바다에서 살아 돌아온
이야기는 바다를 지우는 이야기이다. 바다
이야기 속으로 죽음이 흐르거나 잠기는 것도
아니다. 그렇다면 뭐지? 바다가 우리의 경험을
더 구체적으로 만드는 느낌, 어떤 가혹의 추상.
바다를 모르는 사람도 사실도 상관이 없다.
바다가 생명의 근원 너머 이면인 비유이다.
이렇게 쓰고 나서도 우리가 바다에 대해 자주
이야기한다. 바다가 우리와 가장 가까이 우리
너머에 있고 죽음의 비유 일체 없는 절대 순수
죽음의 덩어리 그 자체라고 내가 쓴다.
죽지 않은 한 죽을 때까지 우리가 바다에 대해
자주 이야기한다.

바람

지문이 많은 희곡은 질색이다.
대사가 좋으면 공연보다 읽기가 더 실감 날 수 있다.
지문이 공연에서 들리지 않고 그냥 보이는데
그게 딱히 더 연극적이랄 것도 없고 차단한다,
실제보다 낮은 수준의 권위가 더 높은 가능을.
대통령 뽑고 실망하고 쫓아낼 힘 없는 누군가들이
임기 내내 대통령 우습게 보는 자존심을 세워온
사례가 거듭되며 악화하다가 드디어 쫓아내고도
영 쫓아낸 것 같지 않아 쫓겨난 대통령을 한번
기나길게 우습게 봐 보는 행태를 지문이 닮았다.

귀신이 밖에서 들어오는 줄 알고 창문을 꽁꽁 닫은
지문이 있다. 스스로 귀신인 줄 모르는, 너무 많은,
평범하고 말짱한 알리바이이자 보루라서 지문인
지문이, 이상해서 이야기인 이야기를
엽기적으로 만든다.
우리가 알아서 하는 것이 알아서 하고 싶은 것인
경우는 의외로 많다. 책을 읽는 것이 잠을 자는 것과
같은 경지에 이르고 나서도 그렇다.
많은 지문은 바람이 왜 부는지 모른다.
죽음이 밖에서 들어오지 않는다. 죽음도 죽음의
방문을 열어야 있다. 계속 소설을 쓰며. 우리가
살아 있을 때만 살아 있는 죽음이라도.
많은 지문은 대문자 신의 죽음이 자기들더러
믿어달라는 유언인 줄 알고 바람만 모종의
바깥에서 분다.

기법의 구체

추위와 굶주림에서 공포를 낳는 기법을
정신이 모르고 살이 안다. 육체가 살과 **뼈**로
구성되지 않고 살과 **뼈**의 구성인 기법이다.
그래서 더 추상적이라는 생각은 살의 입장보다
기법에서 더욱 편견도 그런 편견이 없다.
정신보다 더 은밀한 기법이 추상적?
우리가 우리라고 할 때 우리의 육체 아니라
정신을 말하는 것은 아주 안 좋은 습관이다.
뼈가 없으니 노골적일 수 없는 살이 육체보다 더
살의 기법이 살보다 더 구체적이다.
지금 우리에게 필요한 것은 풍요에서 사랑과
평화를 낳는 살의 기법이다. 자본주의를 낳았고
자본주의를 극복하지 않고 자본주의 극복인.
앞으로도 모든 기법의 구체가 살에서 나온다.
살이 살의 기법일 때까지. 어릿광대를

상상할 수 없는 것부터 어릿광대를 상상할 수
있는 것까지.

자연법

오라. 너를 기다리면서 불행으로 기우는
상상의 무게 중심이 달아오른다.
오라. 너를 사랑하면서 깨닫는 문이 법이다.
법이 문이다. 어서 오라. 춤추며 올 것 없다.
어떻게 네 어여쁜 얼굴보다 더 어여쁘게 오는
너의 가슴이 나의 춤이다.
어떻게 상상의 불행보다 더 쓸쓸하게 가는
너의 등이 내 춤의 춤이다.
오라. 숨을 고르며 오고 또 오라. 간청하며
가는 것처럼 오라.
간청이 권유의 은근을 거슬러 스스로
진정될 때까지, 진정일 때까지. 오라.

고전과 명품

모든 고통이 고대 그리스 비극의 짝퉁 같다고?
우리가 이렇게 가벼이 살고 있으니 고대 그리스
고전 비극이 고통의 명품처럼 보이나, 제 무게를
벗지 못하고 원초적인 고통이? 세련된 감정으로
가벼운 고통이 퇴보인가, 마침내 가벼운 죽음이?
과거가 현재의 짝퉁이고 미래가 명품의 원본인
고통의 가벼움이 필요하다. 제 무게를 제 무게보다
더 가볍게 감당하는 육체를 정신이 무거워하다니
말이 되나? 당대보다 더 가벼워야 후대, 후대보다
더 가벼워야 명품이다. 간자체? 그건 상형과
표의와 표음 셋 다의 짝퉁. 갈수록 복잡한 문자의
갈수록 가벼운 무게가 문자의 미래이자 명품이다.

고통이 더 그렇다. 실패하지 않기 위하여 후대가
가볍다. 고통이 더 그렇다.

자연의 당혹

등산객이 건강을 위해서만 산에 오르지는 않고
알게 모르게 자신의 죽음과 좀 친해 보려는 것도
있다. 좋은 일이지. 죽음의 자연화. 자연은 죽음
이후가 가장 자연스러운 곳이기도 하다. 부활의
자연화. 농촌과 도시 차이와 구분의 자연화도.
어쨌거나 집으로 돌아올 사람만 등산을 즐기고
TV 프로에서 사십 년 동안 자연인으로 살았다는
노인네를 보았다. 볼수록 사실이었다. 모든 것을
자연이 주는 대로 받아서 살고 건전지나 라디오
전깃불 따위 문명의 이기가 있었으나 산신령
은혜로 번역하는 신비의 자연화가 자연스럽다가
갑자기 어떤 의문이 나의 폐부를 찌른다. 나무와
산짐승처럼 자연화한 죽음에 깊이 침윤된 저
노인네가 여전히 인간으로 여전히 홀로인 것을
알고 홀로 맞을 죽음은 도대체 어떤 죽음일까,
어떤 죽음이어야 그가 맞을 수 있을까? 죽음이
죽음의 자연화를, 자연이 자연의 죽음화를 끝내
모르고 둘 다 산신령을 모른다. 저 노인네 자신의
죽음 속으로 죄다 죽어야 하는 자신의 죽음이 너무
낯설 것이다. 자연의 당혹이 누구나 죽는 고독의
폐부를 또한 찌른다.

가젤

목덜미, 어깨선
그보다 가는 어깨
뼈

그리고….

집필

천 년 전 시작된 『길가메시 서사시』가 천 년 뒤 시작된
히브리 성서 이야기와 한 칠백 년 공존하고도 한
오십 년 더 이어지지만 이어지는 게 말이 되나, 히브리
성서는 천지창조부터 부족과 국가들 흥망을 거쳐
엄청난 멸망까지 겪고 그러므로 직후의 살인처럼
거의 지금까지 이어지는데?
그러게, 신화가 왜 역사 속으로 기어들어 오고 역사가
왜 그것을 창녀처럼 받아들이나?
아니지. 사실은 말이 되어 사실인 것보다 말이 안 돼
사실인 사실이 더 많고 갈수록 그렇고 사실은 말이
되는 신화가 문제. 말이 안 되는 그 많은 사실들을 위해
신화한테 역사가 있고 역사한테 신화가 있어 역사의
신화와 신화의 역사가 말이 되는 신화를 만든다.
끼어들고 받아들이는 섹스가 폭탄이고 테러이다.
그러면 어떻게 하나, 말이 안 되게 그냥 두나?
신화가 역사 속으로 신화인 역사가 역사 속으로
역사이고 말이 안 되는 신화와 역사를 사실 그대로
벗는 것이 집필이다.
히브리 성경은 전 세계 번역본 종수보다 '그리고'가
몇 배 더 많고, 사물과 사물의, 사건과 사건의 종속
관계가 훨씬 더 희박하다. 하긴 욥이 뒤늦게 무슨
푸념인가? 노아가 벌써 옹졸하지 않은 욥이다.
모든 생명체들이 홍수로 견본만 남고 멸종된 판에
무슨 선행과 은총과 부귀영화와 이해할 수 없는
불행? 홍수가 인간 내부 인간 이외이다. 그리고
그리고, 그리고, 그리고를 이으며 인간이
나아가거나 나아가지 못한다. 더 나아가거나
더 나아가지 못하는 것이 아니다. 『일리아드』가
히브리 성경이고 『길가메시 서사시』가

『오디세이』이다.
집필에 달하는 그리고가 있다.
그리고에 달하는 집필이 있다.
트로이 전쟁의 승자 오디세우스가 제 고향을
지나쳐서 10년 동안 방황하고 명계까지
다녀온 이탈리아 서해안보다 더 멀리 트로이 전쟁의
패자 에네아스가 달아났다가 거슬러 와서 상륙, 로마 건국
신화의 주인공이 되는 일이 거의 같은 시기이다.
그리고 이것도 먼 옛날이야기라서 그렇고
그리고라서 그렇다. 그리고 명계라고 했나, 내가? 명계도 그리고가
이어지기 위해 그리고가 이어지는 이야기이다.

철학의 처음

내용만 있는 놀라움의 우화가 형식만 있는
놀라움의 우화가 되기까지 세계 문학사
절반이, 놀라지 않는 데 나머지 절반이 걸려
이제 문학사가 형식만 있는 우화이다.
가장 자세한 통사를 가장 뒤늦게, 마지막으로
읽듯이 읽는 수가 있다. 빈자리가 채워지며
역사와 내 인생 전체가 변형된다. 신기한
것이 철학의 처음이다. 그렇게 빨랐던 것이
신기하고 지금 뒤처진 것이 더 신기하고 다른
처음들이 하나도 궁금하지 않다. 흐트러지는
현상이 총체성이다.

희망의 백년대계 재론

희망의 고리가 있어야 백년이 대계를
대계가 백년을 담보한다. 없으면 대계가
허언에 백년이 허송세월에 지나지 않는다.
원대의 긴박을 가능케 하는 희망의 고리가

바로 백년대계일 때까지.

고층

바람이 한계 높이 위로 불고
나를 적시며 지상에 묶지 않고
내리는 비가 내린다.
이런 날은 풍경이 죽은 날씨가
생의 존재 증명이다.
잠든 사이 네가 다녀갔다.
목적지 분명한 지하철을 탔겠지.
계단으로 내려가고 비좁지 않기를.
네가 나의 잠든 고층을 다녀갔다.
풍경이 풍경을 벗는 날씨가 으슬으슬한
날씨를 입는다.
비가 한계 아래로 내리고 무슨
흐느낌씩이나.
내 안의 누군가 내 안의 고층을
얼버무리는 중이다.
내가 잠든 사이 네가 다녀갔다.
너무 분명한 분명이 너무 분명한 분명을
얼버무리는 중이다.
비 그치면 나가서
비 내린 거리를 걸어 보겠다.

인사동 사거리

죽음도 혹시 잡다하고 시들하게 노골적인
짝퉁 아닐까 하는 위안은 있다. 고색창연한
문방사우점도 기념품 액세서리 가게도
노점도 포장마차도 솜사탕 구름과자 뽑는
임시 가판대도 전통이 성업 중이다. 대세가

박리다매로 기우는 거리를 비좁지 않을 정도로
메운 관광객도 나들이 행인들도 그 이상을
바라지 않는다. 북적대고 와자지껄하지만
등산처럼 건전하지. 인사동 사거리. 위안은
거미줄처럼 좁고 복잡한 먹자골목들로
이어진다. 여기도 희망이 이어지기 전에
이어지는 것이 희망이다. 좀더 본격적으로
죽은 자들 칙칙한 대신 오래 쌓인 음식 냄새
압도적이고 질척하고 썩지 않고.

소리 속으로

소리가 시끄러운 것은 그 바깥이 그렇고
소리 속은 고요를 향하느라 통합적이다.
트럼펫 소리 아니라 연주는 피아노 소리
아니라 연주와 다를 바가 없다.
음악도 번갈아 들으면 피아노가 피아노
소리이고 트럼펫이 트럼펫 소리이지.
번갈아 듣는 것은 소리 바깥만 듣는다.
귀의 몸, 소리 속으로. 오케스트라 음악이
더 깊게 울리는 오케스트라 음악이다.

백 세의 죽음

죽음은 정말 수와 무관하다.
꽉 채우고 죽었다는 느낌이 하나도 없다.
선행의 무게를 다는 저울도 속수무책이다.
'호상'도 생뚱맞지. 그냥 희박한 죽음이고
덩달아 희박한 생이다. 희박한 계산이고.
백 세의 죽음, 고인도 아니다. 백 세를 살고
돌아가겠나? 백 세의 죽음이 그냥 살아간다.
'백 세까지 살았다' 문장도 남지 않는다.

훗날 우연히 평균 수명이 백 세가 되더라도
묘한 느낌일 뿐 평균 수명의 수가 아니다.
백 세의 죽음이 평균 수명의 막다른 골목을
빠져나간다. 혹은 내가 단골이 아닌 유명
음식점 간판처럼 서 있다. 한담이라고 다
시시껍절한 것은 아니지. 백 세의 죽음,
죽음을 난처하게 만드는 한담이다.

덜컥

합창에서 합창단으로 깨어나고 합창단에서
한 명의 배우가 고립해 나오는 게 얼마나
힘들었는데 힘들었으니 분리 불안이라고?
과거가 우리에게 집착한다. 안 하면 사라질 것을
아는 까닭이지만 우리가 과거에 집착하지
않는다면 과거가 우리에게 집착하는 것은 다행.
미래가 기를 쓰고 우리에게서 떨어져 나간다.
쾌락에 겨운 생식기가 몸에서 떨어지려
기를 쓰는 것처럼. 미래에 집착하는 사랑이
세련에 세련을 거듭하지만 사랑은 생식기가
끝까지 세련될 것 같지 않고 미래가 불안하고
미래에 대하여 분리 불안이라서 한 명의
배우가 힘들게 분리되어 나올 즈음 벌써
에퀴클레마, 덜컥이라는 장치가 고대 그리스
연극에 있었다. 불안한 예상을 이미 저질러진
일로 눈앞에 갑자기 드러내는 충격 요법 장치.
지금도 있다, '굴러 나오는' 에퀴클레마,
고대적으로 기묘한 그 단어에 '덜컥'의 어감이.
위에서 내려오는 '기계 혹은 장치'가 사라지고
앞으로 있을 수 없는 이 나이에도 있다. 분리
불안? 그건 우리에게 집착하는 과거에 집착하는
불안이다. 과거에 대한 그것도 아니다. 고고학도
인류학도 아니고 그냥 분리가 불안이다, 덜컥이

처음부터 없는. 고대 그리스 연극에서 우리에게
전해진 것이 대사뿐이라 오히려 생각보다 열악한
상황의 생각보다 세련된 미래 집착이 전해졌다.
역사 전체의 정황이 그렇다면 지금 물려받은 것을
물려받은 우리가 과거의 선택을 받았다 해도
과언이 아닌 이 느낌, 이 즐거움이 황홀을 유구하게
능가한다. 집에서 살며 세련에 세련을 가하는
사랑이, '뭘 알아야 뭐가 그렇게 궁금했던 것인지도
아는 거지' 밀어를 나누고 덜컥, 독백으로 대중의
바다를 가르고 나아가는 햄릿 등장이 햄릿이다.
'포스트'는 그것 없이 지나왔다는 실토.
깨어나는 것이 언제나 시간 속으로 깨어나고
죽음은 시간 속이 아니다. 누구나 자신의 생애를
오로지 자신에게 남기며 죽고 그만인 것인데
우리가 이렇게 많이 물려받은 것이 또한 덜컥,
놀랍지 않나? 포스트모던이 스스로 포스트모던인
것을 경멸하는 것이 으스대는 것인 악순환이
포스트모더니즘이다. 약력을 살피지 않는 놀라운
가벼움이 있지만 가벼움이 놀라운 것을 모르고
포스트모던 아닌 것이 없다면 있을 수 없는
포스트모던이 덜컥, 있다. 포스트모던
아닌 것으로서.

즐거운 징역

마누라가 4박5일 그리스 여행을 아랫것들과
함께 하는 즐거움과 용기로 떠나고 딱 반이 지났다.
차곡차곡 쌓아놓고 간 밥과 국과 반찬을 차례대로
먹으니 배식 같다. 그릇 줄고 음식 찌꺼기 아직까지
전무. 오뚜기 햇반 이밥에 고깃국 남았다. 마누라
없고 사나흘이면 귀신같이 눈치챈 벌레들
출몰하지만 혼자일 때 나의 전투력은 배가된다.
허리께가 좀 아프고 이래저래 옛날 징역 살던

생각난다. 생각할 필요 없고 생각하고 싶지 않지만
이미 즐거운 징역이다. 언제든 나갈 수 있는데도
나가지 않는 것보다 더 즐거운, 언제든 나갈 수
있기에 나가고 싶지 않은. 세 끼 다 챙겨 먹을 거
뭐 있나 솥밥으로 하루 한 끼만 먹는 것이 건강에
좋은 속설은 아마도 가난을 위로하자는 것이고
나는 배고프지 않으면 안 먹는 쪽으로 해보겠다.
그래도 하루에 한 끼 이상 아닐걸? 즐거운 징역
아니면 우리가 언제 생의 과도한 그 무엇인가를
바로 잡아 보겠나. 돌아온 아내가 그 버릇을 다시
바로 잡을 것이기에 더욱. 일단 양송이
수프는 끓여 먹을 것 같지 않다. 시가 아내보다 더
좋은 것일 리 없지만 마누라 없는 틈을 타서 쓰는
시가 있기는 하다.

유형의 탄생

머리가 희기 시작한 게 오래이지만 떨어진
길고 흰 머리카락이 한 올씩 책상이나 식탁
여기저기 출몰하는 것은 최근 일이다.
분명 내 머리카락이다. 꼭 나보고 보라는 듯한
자리에 슬그머니 어느새 출몰해 있는 것이
그렇다. 백발이라도 쇠망 중인 흰머리 한 올이
멸망을 간직하고 쇠망보다 더 오래 살 것 같다.
산다는 게 대단한 게 아니고, 노인네한테
섹스는 아무래도 어색한 장난감인 것을 한 올이
한 올로 드러내는 정도의 생이라면.
이럴 때 실내에서 유형들은 탄생한다.
모든 것이 처음인 전형들의 실내화─길들임이고
당분간은 구체가 강한 것보다 추상이 질긴 게
더 긴요한 전략이 맞아떨어진다.
이어지는 멸망은 쇠망이나 멸망의 멸망보다
달라지는 것이 더 근본적으로 달라져야 하는

까닭에 이어지는 멸망이다.
온갖 문명과 제국의 흥성기 모방은 물론
진전도 성에 차지 않고 떨어진 희고 긴 머리카락
한 올처럼 그리고 한 올씩 이어지는.

헌책 해외

미국 헌책방에 주문한 책이 왔다. 판형이 크고
아주 얇은 사전 용지로 삼천 쪽에 이르고 본문 글씨가
사전보다 아주 조금만 크다. 무겁게 펼치면 양쪽이
바닥에 착 달라붙는 실 제본이다. 그만하면 책에
대한 최대 성의 표시. 미국 헌책방에 주문할 만하다.
상태는 전 주인이 험하게 다룬 것보다 더 험하게
뒹굴며 바다를 건너느라 거의 나달나달했지만 한 장
씩 접힌 것을 이쑤시개로 끝의 가장 미세한 끝까지
펴는 재미가 있었다. 세 겹으로 벗겨진 표지를
세로로 한 번 가로로 여러 번 수선했다.
미국 헌책방에 주문할 만했다. 나는 장서가가 아니고
다만 헌책은 내용만 읽는 게 아니다,
이런 식으로 읽는 내용이 더 훌륭하다.

본질 미래

현상학의 동력인 희망을 조금만 움직여도 희망
현상이 시작된다. 우리가 이루는 변화와 변형을
우리가 모르는 경우는 많다.
어떤 것들은 주체가 인식하는 것보다 빠르고
그중 어떤 경우는 빠른 것이 변화이고 변형이다.
미래일 수 없는 희망이 소중해서 불안하다.
본질이자 미래인 것이 희망이고 그중 어떤 것은
움직이는 본질 미래이다.

프로메테우스 재고

손발은 손발이라 부르지 않아도 부지런하고
다치거나 병이 났을 때에도 손발이라 부르지 않고
비로소 손발이다. 보이지 않는 내장은 더 그렇다.
두뇌조차 그런 것이 프로메테우스, 그렇지 않은
것이 인간이다. 완벽한 자연은 인간이 모르는
자연이고 대문자 신이자 인간은 프로메테우스가
먼저이고 인간은 여기서 이대로 끝나지 않겠다는
듯 횡격막이 있다. 단호히, 뻐근하게, 빗장처럼.
횡격막을 부르면 부르지 않아도 손발의 이름이
손발이고 내장 부위 이름이 내장 부위이고 여기서
한우 부위와 다른 인간이 확인된다. 결정적인
가로지름 확인이다. 어떤 근육은 쌓인 것이
동작이고 어떤 근육은 쌓이는 것이 정지이다.
동화가 거인족 신화이고 제 안의 잔혹에 놀란
프로메테우스가 수천 년 시차로 몸서리친다.
우리한테 노동이 필요하냐고 우리가 묻고 있나?
아니다. 노동이 묻기 시작한다, 노동한테 저렇게
단순한 귀신 형용 인간이 애당초 필요하기는
했던 거냐고.

민족어

나이를 먹으면서 우리가 어떤 사건의 시기가
생각보다 많이 이르거나 늦은 것을 보게 된다.
나이를 먹었으니 놀랄 것도 없지만 시간이 늘어난
것인지 줄어든 것인지는 궁금하다. 도무지 풀 수
없는 궁금증이 현재를 중세 속세의 시간으로 만든다.
중세의 시간에도 예수가 시간 바깥에 있고 그의
소지품들 일부는 예수 탄생보다 몇백 년 전 변방과
종족의 전설 속에 있고 겨우 발길이 닿으면 몇백 년
더 물러서 전설 속 전설 속에 있다. 하긴 전설이

있지 않다. 물러나는 시간이 전설이다. 신화 속은
정작 예수도 구약에 가로막혀 갈 수가 없다.
그러니 인간이 시간을 방황하는 중세 로망, 굳이
찾겠다면 의미를 부여하려, 부여하느라 성립하는
줄거리 아니라 부여가 성립인 민족어, 문화가 바로
성배이다.

틀의 탄생

몸이 이야기로 이전되기 훨씬 전에 이야기가 짧게
더 짧게 아예 산산조각으로 몸의 해체를 시작한다.
단단히 벼른 서정이 틈틈이 난도질 해대며 노린다,
최후의 독점을. 사랑과 미움의, 풍경과 사람의
최후를 독차지하는 것을. 그렇게 벌써 이야기보다
더 긴 서사의 틀이 생겨나고 극과 극이 통하듯
서정과 서사의 틀이 통한다. 서정이 큰일 났지.
자칫 서사의 틀일 수 있고 하마터면 서사보다 더
길어진다. 이스라엘 사는 유대인들, 고향 서울 사는
나처럼 사는 게 사는 것 같지 않을 것이다. 영원히,
분산하는 마음의 거점이 없어졌다. 그리고
수천 년 디아스포라가 이미 물리적 정주를 해체한
서사의 틀 아닌가. 전혀 집착하지 않아야 비로소
사는 게 사는 거 같은 나와 정반대이다.
그리고 극과 극이 통한다. 서사 틀은 이야기와 달리
자신을 늘이는 장식으로 서사를 늘인다. 14세기
부터 이탈리아 르네상스를 꽃피우고 그 전성기를
내내 이끌던 피렌체가 그 전에 교황 반대파로 추방한
토박이 단테를 복권시킨 것이 2008년이다. 세계적인
관광 도시 피렌체 시의원들이 19:5로 결정했다.
서사 틀은 온갖 다른 틀도 서사 틀로 만든다.

역전의 텍스트

셰익스피어 전집이다. 표지 디자인도 장정도
종이 질도 형편없다. 깨알 같은 데도 글씨가 전혀
예쁘지 않다. 놀라운 책이다. 아무것도 없다.
판권이, 목차가, 저자 초상이 있다. 존 도버 윌슨이
확정. 내가 대학 다닐 때 그는 죽은 지 한 5년
되었을 때군. 까마득히 몰랐다. 권위가 그렇게
가까웠다니. 어쨌거나. 아무것도 없다. 케임브리지
대학 판 텍스트만 단도직입적으로 있고 그것만
있다. 놀라운 책이다.
최초 폴리오 판 그 종이 같다.
낡았으나 낡지 않은 것 너머 낡았으므로 낡지 않은
역전의 텍스트이다. 텍스트 이론의 역전인. 놀라운
책이다. 아무것도 없다.
이야기가 완벽해서 이야기 틀이다.
비가 내린다. 오던 길이 오던 길이다.
들뜨고 싶은 때를 씻어내리듯 살짝 다시
들뜨고 싶다.
권위가 없고 역전의 텍스트가 있다.
삼 면에 절벽처럼 쌓아놓고 살림하듯 읽던
삼선교 집 비좁은 문간방은 없다.
툭하면 여기저기서 부딪쳐 오던 나의
건장한 체구도 사라졌다.

걸작

역사 순서의 끝을 맨 앞으로 당기고 다정한
여인의 얼굴 표정이 일그러지면
웃는 건가, 잔인해질 때까지 웃는 건가,
마지막 없는 마지막이라서 실수로
웃는 건가, 우리가 걸작이라고 부르는 것은?
정과 반과 합과, 정반합과 정반합 사이를

좀더 탄력적으로 벌리려고 결정적인
제목은 있다. 있었다.
제목에 방점이 있다. 있었다.
죽었든 살았든, 실한 유튜브 연주자
주제를 다 듣고 나면 사별 같다. 쓸쓸하지 않은.
결작, 간직하는 것이 간직되고 싶은 추억
욕망의 마지막 물리도 사라진다.
혼란의 가장 깨끗한 와중으로 눈물 한 방울
남기지 않는다. 밥 먹기 전 웃음이고
밥 먹고 나서 결작이다. 인터넷은 끊임없이
흘러드는 모든 것이 끊임없이 흘러 나가는
모든 것인 비유이다. 예술의 이승의.
내가 밤마다 자러 가느라 유튜브를 끄지 않는다.
내가 밤마다 죽고 죽은 나를 살리지 않고 그냥
잇느라 유튜브가 이어진다. 자동 재생
동영상들이 3백 개 4백 개로 늘어난다. 음악이
소리 아니라 소리가 음악이라서 밤보다 더
시끄럽지 않다. 시간
넉넉하다, 혁명적으로 심심하다. 의식이 바로
의식적인 혁명 그 자체라는 듯이. 낭떠러지
위에서 한 걸음 내딛겠다면 내디딜 수 있고
내디뎌야 하는 시간이다.

그런 것

이게 옛날의 그것 맞는 것 같은 그런 것이 있다.
그것으로 비로소 옛날이 옛날의 실감을 갖는.
늘 내 곁에 있었는데 모르다가 이제사 알게 되는,
그 자체로는 옛날보다 미진하지만 모종의 아름다운
옛날 총체가 실제 옛날보다 더 총체적인 것 같은,
그래도 되나 전에 그래야 마땅할 것 같은 그런 것.
옛날보다 더 뚜렷하지만 구체적으로 집어 말하는
순간 마법이 사라진다, 그래서 내가 그 이전에

확고히 머문다. 마누라도 아내도, 죽은 마누라도
죽은 아내도 절대 될 수 없다.
'그런데' 다음에만 있을 수 있고 알 수 있다.
종교가 제힘으로 거룩에 달할 것 같다.
그런 것이 있다. 나머지가 일체 상관없는 그런 것,
그렇지 않은 옛날이 어색하고 그렇지 않은
미래를 우리가 원치 않는 그런 것이 있다.
내가 번역한 책들만 내가 읽은 책이고
그중에서 낡은 책들만 제대로 읽은 책이다.
그런 것이 있다.

크레시다

누구는 부조리극 비슷한 〈안드로마케〉를 일찍도
썼지만, 그렇고, 〈트로일러스와 크레시다〉의 그
크레시다, 트로일러스 온데간데없고 이상하지도
않고 크레시다, 크레시드, 크레시데, 크레시다….
가난한 전쟁이고 가난한 사랑이면 속담 수준으로
낯익은 창녀 하나 있는 어감이다. 작품 때문인지
그래서 작품이 그런지 어느 쪽이든 가난 없는
네덜란드는 합법 매춘이 국가 돈 받고 장애인 사회
보장 섹스 서비스도 하니 비로소 크레시다가 없다.
교역 중개로 아담한 부를 쌓았고 생활 수준이 높고
예술 교양 수준이 더 높고 그걸 모르는 시민이 없고
이탈리아 르네상스보다 먼저 상업 자본주의 예술,
특히 회화가 최고조에 달했다. 그림이 확실한 시민
대중 상품이던 시절이 특히 네덜란드에 있었다.
그러나 셰익스피어의 크레시다는 전쟁의 노리개로
전락하는 현모양처 안드로마케를 넘어 전쟁을
통렬하게 조롱–풍자하는 창녀이고 창녀 몸이다.
세계 평화가 완성되어야 비로소 조롱–풍자의
악취를 벗고 혁명적으로 비극적인.

비의 전망

내리던 비가 개인 듯 흐린 듯
살살 내렸는지 거세게 내렸는지
스스로 씻은 듯 개인 듯 흐린 듯
저 아래 세탁소 앞에 저것들이 빨래 뭉치
아니고 알몸으로 젖은 쓰레기들이라고?
요즈음은 일요일 날 아파트 주민들이 일제히
내놓는 쓰레기들 거의 전부가 재활용된다.
종이 박스보다 못 한 것이 없다. 좀체 안 보이던
진짜 쓰레기들이 비 내리는 눈에 보이고 세상
깨끗하다. 최대한 작아진 옛날 활판 인쇄
글자들처럼. 흐린 듯 개인 듯 흐릴 듯 개일 듯.
욕망은 사실 너무 밝아서 눈 뜨고 볼 수 없는
알몸 태양 같다. 음모도 복수의 유혈도 태양
쪽이고 비 내리는 날 벌레들 극성이지만
시의 전망이 최소한 시적이다. 절정의
종착을 아는 것들이 종착 이전에 왕성하게
썩고 씻기는 것이 회한이다. 비의 전망은 늘
시작이고 종착을 모른다.

지겨운 죽음

문상 가면 꼭 있다. 잘 모르는데, 죽은 이 이야기는
없고 죽은 이와 제일 친했다는 자랑, 자기 이야기
뿐인 사람. 독점된 죽음만큼 따분한 것도 없지만
누구든 경악의 급사 문상에 어울린다. 열받을 것은
과대평가되는 죽음이 아니라 이 지경으로 일을
벌여놓고도 허를 찔리는 죽음일 것. 문상이 개 같은
죽음 아니라 개 같은 죽음한테 물린 죽은 이 기리는
자리라서.

피해의 주연

누구든 상처받을 자신이 있어야 사랑을
다시 시작한다. 얼마나 큰 상처일지 알 필요 없고
사랑이 클수록 상처가 클밖에 없는 사실
모를 수 없다. 새로움의 본판에서 본판으로
만났으나 잘 몰랐던 것이 첫사랑이었으니
이제는 상처의 본판에서 본판 너머 더 상처받을
각오를 해야 한다. 사랑을 하기도 전에 건강보다
더 중요한 것이 회복이다.

비닐 보따리

그리스 여행 마치고 아내가 돌아왔다.
마중 나가려 밤새다 깜빡 든 잠 속으로 들어왔다.
작고 예쁜 먹거리들, 작고 예쁜 자석 받침 장식판,
작고 예쁜 소피아성당 미니어처, 어라, 터키도
다녀왔네? 아내가 시차 때문에 졸고 내가 덜 깬
잠에 졸고 작고 예쁜 것들 다 쏟아내니 아내의 여행,
메테오라, 산토리니, 이스탄불, 전통 문양과 명소가
뒤섞인 디자인의 비닐 백만 남았다. 좀 헐겁군.
더 구겨진 동네 슈퍼마켓 TO PARADOSIAKON
Original Products of Santorini
* Mixed nuts * drinks * desserts * foods *
비닐도 있다. 아내가 계속 졸고 나도 졸립고, 파르테논
신전 아크로폴리스가 깎아지른 절벽 위더라, 아고라
바로 옆인 줄 알았는데… 아내는 삼십 년 넘게
서양사를 가르쳤다. 그리스인들, 고대 그리스 문명
멸망 후 더 높고 더 깎아지른 절벽 위에 정교회
수도원들 세웠다. 수도사 말고는 오를 생각도 말라는
수난의 높이이고 깎아지름이지만 오늘날 관광버스가
그것들 대부분을 오르내리고 진짜 수도사들이
몇 군데 안 남은 난공불락 수도원으로 옮겨 가서

성모 말고는 여자의 출입을 일체 금한다. 신이 죽을 리
없다고 우기는 수도사보다 신이 죽은 줄 모를
정도로 세속과 절연된 수도사가 진짜에 더 가깝다.
아테네 이전 산토리니 풍광이 더 잘 나가는 관광지로
뜬 것을 아예 모르는 것이 고대 그리스 문명에
더 가까울 것처럼. 자자 여보. 너무 졸리다… 수난이
순교로 순교가 깎아지른 높이로 변형한 것을 보면
거기 사는 수도사들한테는 살 만한 생이다.
007 영화를 찍고 우주여행을 해도 중력의 높이는
깎아지르고 위대하다.

석류

올리브유는 액도 올리브이다. 얌전히
미리 완화한 충격은 충격이 아니지.
그러나 석류 액이 있다.
새빨갛게 벌어지지 않고 새빨갛게 알알이
박히지 않고 더 새빨갛게 액이 있다.
그러나 석류가 있다, 더 진한 물질의.
새빨갛게 벌어지지 않고 그러나, 그러나가
한없이 이어질 수 있는 석류가.

터키 커피

어떻게 끓여 먹든 원두를 갈은 원두커피이다.
마시고 찻잔에 남은 모양이 점괘라는데 터키
커피를 터키식으로 끓여 마셔야 그 모양이
나오는 것도 아니고…. 하긴 모든 관광이 나중
생각하면 별거 아닌 마법이고 점괘이다.

그리스 포도주

위대한 고대 문명 멸망의 후유증 길고 막대하다.
대대로 식민지였던 남한보다 더 못산다. 문명이
굶주렸던 것처럼. 혹은 폐허와 어우러지려는 듯
못산다. 그리스 포도주 상표 그리스 문자가
미케네로 물러난 듯 아테네 고대보다 조금 더
뾰족하다. 마개를 따지 않아도 향기가 코를 찌르고
교태 부리려다가 그냥 요염하다.
필기체도 뾰족하게 풀어진다. 고린도가 코린트
아냐, 그 화려한? 도처 집단 유혈이 낭자한 양고기
'Family Only' 바비큐를 관광객한테 한 점도
나눠주지 않지만 매정하지 않고 오히려 전통의
위엄이 왁자지껄 넘쳐나는 기념사진을 끝으로
여행의 각주와 후유증도 끝났다. 이제는 세 번 밥
차리고 세 번 설거지 하는 노부부 여섯 번 번거로운
일상 속으로. 적어도 마누라 다음 여행 때까지는.

대중관

비천이 부드러움을 부른다. 엄격이 단지 다음
단계 엄격으로 넘어가고 비천이 부드러움을
무르익게 한다. 비천이 생계의 문법이고 그것을
번역할 수 없는 음풍농월이 엄격과 엄격 사이를
잇는다. 언제나 대중관이 문제이고 중세 이전도
대중관이 다르면 갈라설밖에 없다. 자칫하면
예술일 필요도 없는 생계의 문법이 예술적으로
예술을 압도한다. 르네상스 이후에도 예술 입지가
생계 문법의 끊임없는 르네상스이다. 비천의
영역이 뒤늦게 따로 발견되지 않는다. 전쟁의
잔혹을 비참으로 정화하는 생계의 문법이 갈수록
드높은 비천이고 아름다움이고 그 영역 속으로
예술의 르네상스가 투신이고 투신이 끝없이

투신한다. 똥구멍과 똥구멍이 만나 아름다울
데까지 춤의 예술이 간다.

멸망의 입장

새것을 처음 보는 일이 삽시간 현재의
거대할수록 거대한 낡음일 때 우리는
멸망하는 입장에 있다. 그 발견의 비극인
정복이 스스로 우스꽝을 모면하려고
필요 이상으로 잔혹하다. 현실의 명분이니
강한 자의 자부심이니 현실과 상상과 환상을
혼동하는 사치에 지나지 않는 소리이다.
모든 게 질기고 질긴 잡종이다. 희망이 갈수록
졸렬하고 야비해지는 가운데 끈질긴 잡종이
끈질긴 잡종을 정복하는 정복을 두 겹 끈질긴
잡종이 정복한다. 정복의 비극인 발견이 이름만
남아 자기도 모르게 고독하고 자기도 모르게
포스트-비극적인 가운데 멸망의 입장에서는
정복이 멸망의 입장인 정복에 이른다.
또라이? 그것도 전혀 새롭지 않고 대수롭지 않다.
새로움이 아무리 거대해도 깨지는 것은 형식이다.
발견이 멸망을 멸망이 멸망하는 입장을 낳지
않는다. 멸망의 입장이 정복과 발견의 비극을
부르고 멸망을 부른다.

미치는 수

있지도 않은 국민 여러분을 호명하는 버릇으로
단상의 정치가 아둔하다.
오지도 않는 청중들 불러 모으느라 단하의
자원봉사자 율동이 아동 수준 이하이다.
이런 유세는 투표율을 떨어트린다. TV에 폼 잡는

스탠딩 토론까지 도입되었는데 실제 상황이
이렇다니, 정치가 자원봉사 받을 능력이 안 된다고
볼밖에. 자원봉사자들만 없다면 청중 수가
유세 관계자들보다 적은 참사를 많이 완화할 수
있을 텐데, 정치가 쪽팔리는 줄도 모른다. 왜냐면
TV 뉴스가 그런 장면으로 시간을 채우고 서서히
국민을 전국 율동 체조하던 군사 독재 시절로
돌려보낸다. 수공업도 공업이고 공업은 결코 옛날
향수가 없다.

굵고 검고 축축한 나무

정치권보다 더 복마전이고 민주주의 선거도 없는
상아탑 발 뉴스로 정치 현실을 비판하는 학계가
딱하다. 젊은것들도 늙고 입만 살고 모든 것이,
듣는 사람들조차 죽어 있다. 얼굴을 팔자는 건데
팔리지 않는다. 전공 분야 학문적으로 틀린 말이
하나도 없이 쓰러진 것을 쓰러트리고 일어선 것을
일으켜 세우고 저질러진 것을 승인하는 권리를
참칭할 뿐 현실 미래와 아무 연관이 없다. 제 분야로
돌아가 관행을 따르며 생활하고 잘 먹고 잘 살고
누가 뭐라지도 않는다. 아무리 나쁜 짓을 해도
신흥 사이비 종교 영생을 보장받는다. 거기서
일베가 일베끼리 '친목질'을 엄금한다. 악명이 뭐
별거겠나. 어쨌든 명성이니 나쁠 게 없지 않나?
사실 가장 치열하고 정직한 결론이다. 거기는
굵고 검고 축축한 나무 한 그루 없다.

말장난

슬프다. 죽은 여배우가 여전히 젊고 예쁜
시절을 명랑하게 춤추는 죽은 여배우이다. 비유는

역사가 절대 발굴할 수 없는 미래를 발굴하는
비유가 필요하지. 정체를 구성할 수 있는 비유.
슬프다. 취하지 않고서는 도저히 들어갈 수 없을
정도로 아담하고 순결한 술집이다. 모든 법칙이
들켜버린 법칙인 법칙도 들켜버리지 않은 법칙
아니라 들키지 않는 법칙이 필요하다. 당대로
끊임없이 불려 나오는 사건들의 지치지 않는
새로움도 요정들의 동화 확정도 미래이다.

연결

어떤 연주는 명성의 소품을 더 짜릿하게,
대작의 규모를 더 웅장하게, 전곡의 깊이를
더 심오하게, 템포를 원곡보다 더 묵중한
느리기나 더 경쾌한 빠르기로 연주하지 않는다.
이 모든 것이 타당한 해석이지만 어떤
위대한 연주는 하찮아 보이던 어떤 연결을
하찮지 않게 한다. 연결이 바로 연주인 것을
증명하고 그중 어떤 연주는 이제까지의
모든 것을 침묵보다 더 고요한 부드러움의
감동으로 뒤집으며 완성하는 연결에 이른다.
혁명보다 더 근본적으로 완성하는 연결이
완성을 능가한다.
노래의 선율이 남아 가사는 물론 그 노래
이전 세계 전체를 능가하는 일은 비일비재하다.
춤도 그런 연주가 있고 춤의 역사가 그런
연주이다. 모든 예술 장르에 그런 연주가 있고
장르 역사가 그런 연주이다. 역사의 역사
전체가 그런 연주이다. 원천이 흘러가지 않고
원전이 군림하지 않는다.
어떤 연주는 연주이므로 없을 수 없는 작곡을
연주가 따라가지 않고 작곡이 자신의 미래이므로
연주를 따라오고 그것이 바로 작곡이라고

생각하는 연결이라서 연주이다.

슬픔의 회복기

슬프기는 죽은 강아지가 슬프고 아랫것들이
죄다 슬프고 아랫것들의 먹이사슬이 슬픈데
인간은 슬픔 위에서 슬픔을 슬퍼하거나
보살피는 역할을 까먹었다. 슬픔의 현실을
모르고, 아버지가 죽는 삼류 드라마에 강아지가
죽는 다큐에 조금 울고 TV 카메라 앞에서
펑펑 운다. 이외의 슬픔이 죽지 않은 대문자
신이고 구원이다. 이 말이 진지하게 들리는 자
시니컬하다. 이 말이 시니컬하게 들리는 자
더 시니컬하다. 슬픔은 슬픔을 아는 인간이
슬픔을 슬퍼하거나 보살피는 슬픔밖에 없다.
연주 없는 음악이 그렇게 흐른다. 연주 없어
억울한 악마처럼. 노부부 사이 가는 귀 멀어
귀담아듣는다.

승격

해체가 처음부터 거대의 해체이고 해체되는
거대가 끝까지 해체보다 더 거대하다. 미완의
피땀과 정액과 육체의 온갖 액체 이전 액들의
합작 부패에 이르러 비루한 거대의 몰골과
맹목적인 해체의 음모가 서로를 집어삼키기
훨씬 전에도 작아지려는 집착의 해체가 바로
승격의 형상화인 천지창조가 수없이 창조된다.
아니면 해체가 생명의 본질일 수 없는 듯이.

신속한 치매

결혼기념일이 벌써 이틀 지났고 38주년이었고 동네
왕갈비탕 썩 잘하고 고기 양 많은 식당 가서 외식이나
하려는 생각의 실행 전에 나도 모르게 어느새 갈린
원두 가루가 커피 메이커 체에 부어졌다. 깜빡 잊은
물은 다반사이고 애교이지. 넘치기밖에 더 하겠나.
신속할 수 있는 치매가 더 위험하다. 더 참담하기도
하다. 한 일이 뒤늦게 저질러진 일일 수 있다.
말과 생각이 어느새 과거의 예언이 되어버리는 어떤
과정을 순서를 어떤 시간을 될 수 있는 대로 늦추는
치매 훈련이 필요하다. 신속한 치매가 나도 모르는
과거의 복수일 수 있는 속도를 해체하는 치매
훈련부터 역사책이 미래를 예언하지 않고 반복되는
역사가 반복되는 미래를 절망하지 않고 미래가 과거를
새로 읽고 새로 구성하는 치매 달성까지. 예술의
시간 교정 못지않게 치매의 시간 교정이 필요하다.
외식 미루고 집에서 아내와 둘이 더 거하게 생물
주꾸미 샤부샤부를 먹었다. 안전장치를 한 단계
높이고 '과대 불판 사용 금지'를 크게 새긴 휴대용 가스
렌지에 물 끓여 야채 넣고 통째 데쳐 몸통을 고추장과
와사비장에 찍고 머리를 가위로 잘라 더 삶았다. 훈련도
저질러진 일의 진면목인 사랑의 운명에 우선
집중하기로.

혼종

정의의 권선징악을 누가 바라지 않겠나? 악당도
악당 아니라고 우기거나 스스로 악당인 줄을 모르고
바랄 것이다. 정의의 질이 너무 단순하고
명료하게 정해져 있고 미리 명료하게 예정된,
미학적인, 미학이 역동적일 수 없는 문제이다.
악에 능멸당하며 고통받는 선의 절규가 악의 파국을

부르지 않는다. 더 애매하고 한없이 열리는 미학의
위엄에 달하여 끝까지 절정을 버텨내는 절정을
보고 싶을 정도이다. 무슨 카타르시스 같은 소리.
실제보다 더 실제적인 허구의 극한 상황이 있고
그것에 휩쓸려 온몸으로 그것을 겪고 그것을 '더
실제적' 너머 '더 실제'로 믿고 싶을 정도이다.
불의가 정말 저질러졌고 앞으로도 저질러지기를
바랄 정도이다. 정의의 역동적인 미학으로
뒤흔들 것은 정의의 권위 아니라 기득권이다…
순수 악당이 그런 말로 마지막 자존심을 세우고
싶겠지만 어림도 없지. 악의 기득권이 훨씬 더
강하다. 어쨌든 착한 사람의 권선징악은 하나 마나 한
소리 아닌가? 그래서 썰이 기발한 이야기꾼
야훼가 있고 몸이 심오하게 역동적인 이야기꾼
예수가 있다. 순결한 비탄을 닮는 혼종이 정의의
역동적인 미학이다. 생의 사방을 꽉꽉 조여오는
시야를 열어젖히는.

삽화

핥고 빨고 삽입하는 남녀 여럿의 온갖 체위가
다 있다, BC 4백 년~AD 2백 년 카마수트라
삽화. 육체의 기쁨이 달아날 내색 없이 온전하다.
생식기들의 따로와 겹침은 말할 것도 없다.
격렬 없이 기쁨의 개념이 육의 원으로 온전하다.
욕망도 기쁨 쪽이다. 욕망의 실현에 아주 가까운.
사랑의 온전은 아니고, 그 후 노인의 섹스가
카마수트라 삽화이다. 젊음의 사랑은 몸 안만을
몸 바깥만으로 표현하느라 고달픈 춤을 아무리
고달파도 멈출 수 없고 멈추고 싶지 않고 죽음보다
더 진한 고독에 이르는 것이 사랑의 온전이고
삽화이고 2천 년의 노년이 2천 년을 더 가서 에곤
실레, 아름답고 슬픈 사랑의 홀로 적나라히

시커먼 성기. 아름답고 슬픈 추문에 이르는
미래이고 삽화이고.

색 반대

하양이 크고 굵고 하드커버인 책이 펼쳐보지 않아도
하얗게 지새운 밤들이 하얗게 지워진 머릿속이다.
무지할 수 없어 하양이 하얗다. 모든 것이 하얗다.
소란스런 역사도 너무 젊은 사랑도 포효하는 분노도
살인의 만연도 음모의 정치도 질투의 색깔들조차도
최초와 유언의 포지티브처럼 모든 것이 오래 걸려
하얗다. 긴장도 소강상태도 체념도 염세도 피살
후유증도 '육체적'이 목적인 것처럼 육체적으로 모든
것이, 없음의 분명이 분명의 연결인 사실로 까마
아득히 하얗다. 아름다움이 언제 어떻게 지겨울까,
그래야 더한 수난이 덜한 수난의 십자가를 세우고
한참 뒤 죽은 우리가 우리끼리 아무렇지도 않게 우리
죽었다고 할 수 있을 텐데? 웃음이 밤으로 밤이
웃음으로 하얗지 않으면, 죽인다, 아니고, 죽일 테냐?
아니고, 죽은 거냐? 아니고, 죽은 거지, 어느덧
수긍한 쪽으로 하얗다. 저를 돌이키지 않고 계속
나아가는 아다지오라는, 절정이라는, 폭발이라는
하양. 후대가 우리를 단순 명료 후안무치하던 세대로
규정지을 것이지만 우리가 미래의 범죄를 저지를
수는 없다. 쓸데없는 주석보다 더 쓸데없는 모든 것이
빛 아니고 빛나지 않고 하얀 동안.

용법

이전以前은 명사이지만 중국어는 전치사 혹은
부사로도 쓰일 것 같아서 나도 그렇게 써보는데
명사를 전치사 내지 부사로 쓰거나 부사 내지

전치사를 명사로 쓰는 그 용법이 중독성 있다.
우리는 역사를 과거로 생각할 뿐 크게 흔들리는,
그게 없으면 우리 발밑이 실종되는 이전으로 좀체
생각하지 않는다. 이전 없는 과거는 과거로 전락한
과거이고 이전 있는 과거가 현재에 살아 숨 쉰다.
딱히 더 가깝게 느껴져서는 아니다. 어제 일이
이전으로 훨씬 더 오래전이고 오늘이 훨씬 더 많이
온 느낌이고 이전이 생동시키는 과거가 오늘보다
더 앞서갈 수도 있다. 미래 아니라, 훨씬 더 분명한
현재 역사로. 직전도 명사이지만 시간이 뜬금없이
현재보다 더 노골적이다. 공간적으로는 사이가
명사이고 이것의 전치사 용법도 중독성이 있다.
사랑의 사생활 차원은 용법이 문법을 얼마든지 새로
만든다. 전례가 이전의 사례이고 살아 있는 그것들이
없다면 우리가 미치지 않았다는 보장이 없다.

구축 물질

가지 않은 길은 없다. 죄다 갈 수 없던 길이다.
갈 수 없음도 이미 지나왔다. 운명 아니라 선택이
늘 지금부터이다. 길의 선택도 선택의 운명도
아니다. 갈 수 없음의 상상으로 앞길을 풍부화,
상투를 벗는다. 머무는 공간 아니라 행동의
돌이킬 수 없는 시간이다. 행동이 시간을 약간
벗어나면 독서의 비유가 가능하다. 읽지 못한
것을 읽는 일이 빈자리를 채우지 않고 새로
읽는 일이다. 어떤 덩어리가 교정되는 덩어리이자
교정. 재구성해 가는 나의 생애가 역사의 그 후이고
미래가 개척과 상관이 없다. 개척이 미래와 상관이
없다. 희망이 희망을 회고하지 않고 재고의
구축이다. 이루지 않은 희망은 없다. 구축의
물질이 앞길이다.

미리 온 부고

오늘을 넘기기 힘들 것이라는 소식을 듣는다.
예상보다 빨리 왔지만 예상외로 놀랍지 않다.
노년은 왜 거칠고 서툰가. 질투도 중세적이다.
노골적으로 성적이고 속수무책이지. 전반적으로
쇠한 것인데 왜 노년이 서툴고 거친가. 형편없이
모자라서 거칠고 서툰 이 전술은 무슨 전략인가.
정기적으로 부고가 오는지 내가 그쪽으로 가는지
헷갈리는, 분간하지 않아도 되는 상황을 만드는
쪽으로 수습해 보겠다는 건가. 청춘과 정반대
방향으로 노년이, 행동이, 관점이, 손바닥이 거칠고
마음이 재촉한다 마음을 따르는 것들에게
마음을 따르라고. 먼저 간 모든 이들의 살아생전
가장 부드럽던 부드러움 있다.
미리 온 부고 있다. 잘 가라. 잘 가라. 누구든 언젠가는
배겨나지 못할 것이다, 그 지독한 아름다움을.
잘 가라. 잘 가라. 오늘을 넘기기 너무 힘들면
오늘을 넘기지 마라. 모종의 모자람이 모종의
출구이다. 노년은 거칠고 서툴고 무명이 분명한
출구이다. 오늘을 넘기기 힘들 것이라는 소식
들었고, 가봐야지, 너무 늦기 전에. 최후는 초미의
집중이 면적과 무게와 깊이와 원근의 소실 따위를
건너 접촉 없는 공의 무한 접점되는 일.

가계 극복

모든 것이 수박색이다. 극복인 예술 장르도 극복하지
않고 극복된다. 개인의 세계가 죽음과 생의 모든 것이
하나로 완료되는. 식물도. 더 따질 것을 덜 따지는.
타자도 역사 용어도 왕성한 후일담 진행도, 모든 것이
수박색이다. 이야기 속에 이야기 동심원들만 있고
발전을 멈출 수 없는 망원과 현미의 흥분을 감출 수

없는 육안에 천동 지동 움직이는. 온갖 실패한 시도가
모든 것의 자리를 잡아주며 제자리를 잡는 현상을
우리가 과거라 부른다. 길들일 수 없는 것을 길들이기
위하여 길들여 지지 않은, 수박색. 거긴 새로운 것이
어색할 뿐 악화가 양화를 구축하지 않는다. 실망이
아름다움의 완료에 필요하다. 양아치가 계속
양아치이면 랭보이고 랭보가 계속 랭보이면
양아치인데 둘 다 그러지 않는다. 죽음을 이겨, 너
혼자 이겨? 죽음은 승패가 거꾸로이다. 우리가 죽는
것이 죽음의 패배. 우리가 죽은 것이 죽음의 참패.
하긴 죽음만 한 원로가 없다. 혁명을 빙자한 피칠갑을
씻어내린 모든 것의 얼굴이 창백하지 않다. 수박색은
행복한 결말 뒤에도 울 수 있게끔 수박색이다.
모든 것이 수박색이다. 공포보다 노골적으로
가정적인 연로도 액자의 액자도 절묘하게 뒤늦은
착각인 깨달음도 나의 생애가 앞으로도 올 수 있는
성감대들이다. 탄식의 색인도 장례도 사망 증명서도
증언도 연혁도 수박색이다. 디자인하지 않고
디자인 색 아니고 디자인인, 대가가 부르는 유행가,
그 감동의 격상인. 자연과 화해하려면 문화가
애매하게, 모종의 참칭과 매춘에 연루되는. 화해가
이제부터 애매하지 않은 자연과 애매하지 않은
인위 문명 사이 예술을 매개로 한 화해이다.
먼 길 문상 가는 차창 밖 부고 풍경이 현실보다 더
생생하고 현실보다 더 생생한 모든 것이 미래이자
가계 극복이다. 사라지는 것이 사라짐의 극복이다.
모든 것이 수박색이다. 발인에 가면 유족들에게
위로가 되겠으나 혹시 죽은 줄 아직 모르는 고인이
놀랄 수 있다.

답변

이번 대선 기간은 신경 끄느라 바쁘다. 누가 되어도

지금보다 나을 것이고 탈당파와 패권파 둘 중
본선에서 이기면 당당한 승자이고 억울한 경우 없다.
차차기를 노리는 군소 주자들도 그렇다. 누가 되든
잘할 것인지는 그 주변과 국민 수준에 달렸다….
이런 시시하고 지루한 의견 말고 뾰족한 수도 없다.
언론 논평이 그나마 남은 뉴스의 가치를 질질 끌어
내리는 사태가 가속화한다. 대선 하고도 뭔가
더 끝나야겠지. 뭐 앞으로 남은 열흘 동안 돌이킬 수
없이 망가지고 연예가 논평을 대체해도 지금보다는
낫다. 크게 달라질 필요가 없는 시절을 언론이 겪을
필요가 있다. 집단 춤에 춤의 원초와 잔해만 남을
때까지. 육체의 음악의 조각의, 성기 노출을 지우는
시간. 트럼프 흉내 내는 후보 당선 가능성? 그것보다
남한 대통령이 누가 되든, 트럼프 흉내를 낼까 봐
지금부터 걱정하는 게 맞다. 이번에도 나는 투표
안 하고 선거관리위원회의 투표 독려 행위가
위헌 아닌지 혼자 궁금하여 보겠다.

외형

실제가 두드러지지 않고, 두드러지는 것이
실제를 끌어 올리느라 대체로 실제보다 덜
아름답다. 춤의 요염은 떨어져 나간 음악이
벌인 짓의 흔적인 상상의 외형, 즉 과장이다.
몸이 몸을 어떻게 연주하나? 팔다리를 드는
순간 동작하는 몸이고 춤이 먼저이다. 몸
속으로 연주하는 순간 폭발적인 몸이고 춤이
먼저이다. 몸 밖으로 연주하는 순간 전면적인
몸이고 춤이 먼저이다. 난잡은 아직 들러붙은
음악이 벌이는 짓의 현장이다. 지나치지.
춤이 실제의 실제에 끊임없이 근접하는
몸이라서 대체로 실제보다 더 아름답다.
춤과 음악의 일심동체가 비극의 시작이거나

시작이 비극적인 뜻이거나.

잉크 냄새

제록스가 움직임의 무덤이다, 움직임의 눈에도
보이지. 처음의 죽음과 가장 많이 닮은 처음의
인쇄와 정반대이다. 처음의 인쇄가 처음의 의미를
붙들어 매는 것처럼 보이는 것은 우리가 인쇄의
제록스를 보기 때문이다. 인쇄된 의미가 인쇄된
처음부터 변하지 않을 수가 없다. 언제나 사적인
변화가 먼저이고 그런 다음 역사적으로 변하거나
역사에 파묻힌다. 파묻히는 것도 일종의 제록스.
어떤 때는 인쇄의 역사가 마치 그 점을 무마하려고
공적으로 전개되고, 모든 인쇄가 공적으로 보이는
것이 역사의 제록스를 보기 때문인 것 같다. 인쇄가
죽은 후에도 잉크 냄새가 남은 인쇄의 무덤을 끝내
처녀로 만든다. 모든 인쇄가 처음 인쇄이고
남은 인쇄가 계속 처음 인쇄로 남는다. 처음부터
해석할 수 없는 것을 알면서도 끝까지 계속 해석할
밖에 없는 죽음이 바로 처음인 듯이. 혹은 중요한
것은 잉크 냄새이지 죽음도 해석도 아닌 듯이. 혹은
처음부터 해석하지 않는 해석이 끝까지 잉크 냄새인
듯이. 그러므로 우리가 이제 죽음을 비참한 가난
곁에 두지 않는다. 그건 비참하게 가난했던 시절의
제록스거든. 헐벗은 것 말고는 그렇게 동떨어진
것도 드물다. 장례가 물리적으로 비참하던 시절이
지났으므로 죽음은 시체 곁에도 있지 않다. 최후의
다른 차원에 있다. 잉크 냄새가 있듯이.

해설

닥쳐올 만큼 강력한 감동이 닥쳐와서

제 주제를 물으니 내가 감동하지 않을 수 없고
강력한 감동이 제 주제를 직접 빚으니 내 가슴이
빚어질밖에 없다. 주제 의식의 돌이킬 수 없는
과거지향을 막으려면 강력한 감동이 강력한
감동의 주제일밖에 없다. 강력한 감동이 빚은
내 가슴이 강력한 감동의 해설일밖에 없다.
쓰지 않은 해설 아니라 쓰지 않고 해설, 감동의
감동일밖에 없다. 돌이켜 보면 우리가 나열한
주제들이 이미 진행된 것을 뒤늦게 붙잡아
손쉬운 곁에 두려는 명명과 더 얄팍한 범주
수작에 지나지 않는. 강력한 감동이 닥쳐와서
제일 먼저 깨부수는 것이 기존의 해설이다.

분명의 상흔

가해가 불쌍하다. 죄를 용서받아도 다시는
섬세할 수가 없다. 모든 것을 받아들이는
표식으로 아문 아주 작은 저 상흔 속으로
가해는 들어갈 수가 없다. 아무리 참회해도
가해가 녹슨 열쇠의 녹슨 비유를 벗을 수
없어서 아니다. 상흔이 출입구 아니다.
모든 상처의 가해를 치유한 상흔이다.
비유가 아니기 위해 아주 작게 아문 상흔이
모든 자리를 가엽고 어여쁘게 만들며 있다.
용서도 희생도 거창한 비유이고 십자가와
열쇠까지 받은 가해가 상흔 앞에서 불쌍하다.
원초조차 그리 섬세한 분명의 상흔 앞에서.

혼동의 역사

분명하다. 동성이 동성의, 이성이 이성의
정체성을 쌓아가고 비로소 성이 성이다.

그 전은 우리가 꾸준히 섹스를 죽음과 혼동하고
싶지만 그 후는 죽음이 성의 극복이고 우리가
꾸준히 예술을 죽음과 혼동하고 싶다. 혼동의
역사는 혼동이 깨지 않고 맑아지는 생애이다.
젊은 날이 위로를 받는. 백년해로의 동성이든
이성이든 침묵이 말의 반대이던 적이 없었다.
침묵으로 빚은, 말의 빛이 침묵인 이전에서 침묵의
어둠이 말인 이후로 넘어오는 사전이 있었다.
죽음이 생에 낚이거나 말려드는 까닭으로만
생이 생이다. 억센 노인네가 생의
해체로 억센 노인네인 뒤에도 언어의 생이 오히려
죽은 이와 산 자 모두의 풍부한 생일 수 있는
까닭에 언어의 생이다. 그 속에 죽음의 **뼈대**가 더
탄력적인. 혼동으로 갈수록 깊어 가는 역사이다.
죽음을 생의, 생을 죽음의, 혼동 아니라 혼돈으로
비유한 결과이다. 가장 복잡한 언어가 스스로
가장 복잡한 총체이고 배경이다. 처음을 나중처럼
다루며 스스로 처음인 줄 아는 혼동은 반언어적.
그 누구의 죽음도 언어 속에서 언어로 단순명료하다.

지금

무너지는 것이 이미 무너진 뒤이다. 도덕?
완강할수록 뒤늦은 것.
부드러움이 있다. 생 전체가 펼쳐지는 일순.
오백 년 전이 무너지며 나를 향해 오백 년이
쏟아져 훨씬 더 오래 지속되는 지속이 바로
시간인 다른 장면의 전율. 전율도 지속이 바로
시간인. 부드러움의 전율이 부드러운 전율로
넘어가는, 내게 쏟아져 오는 것들이 나를
쏟으며 나아가는 지금. 동시대가 지방자치도
영토도 없는 구역에 지나지 않고 동네에서
멀기만 하다, 죽지 않은 최후인 지금. 생생을

능가하는. 돌아보면 돌아볼 때마다 지금을
얼마나 깊이 늘일 것인가가 관건인 지금.

실감

지면紙面에 비해 무례하게 큰 직사각의
노골적으로 저질러진 '폐기 처분' 도장 인주
붉은색이 바랜 지 오래이다. 위세가 시드는
시간도 한참 지났다. 헌책이 헐은 책의 준말?
헌책 헌 데를 때우는 실감이 헌책보다 더
유구하다. 헌책 처지와 달리 모종의 꾸준한
상승곡선이 유구한 느낌이 있다. 희귀와
정반대인, 내가 헌책 헌 데를 때우는 활동에서
비롯되는 느낌이다. 지금 살아 있으면 지금
살아남아 왕성한 것들보다 더 나았을 것들이
더 많지 않나? 묻는 것이 절망인지 희망인지
묻는다. 이 헌책도 어디 꽂히든 조금씩 내용과
크기의 아귀가 맞지 않아 내게 툭 던져진 것이고
모든 예상이 아주 조금씩은 어긋나는 중이고
생이 죽음을 향해 분명히 나아가기 전에도
죽음이 생과 살을 섞고, 국민의 단 한 명 선택이
선택의 하향 평준화일밖에 없고, 저질러진
역사가 이룩된 혁명일밖에 없는 운명이다.
코앞에 닥친 검은 스피커가 뛰어난 성능으로
음악을 분산시킨다. 죽은 연주자 연주가 총체
수준을 상향 평준화하는 중. 헌책이 현역이다.

무슨

눈곱 낀 고전 음악을 듣고 싶다.
갖고 가려는 사람들이 여행을 즐긴다. 나는
두고 가려는 쪽. 우리 동네가 매일 나오는 TV

채널이 있다. TV에 나오고 싶은 욕망을 무산시키는
좋은 방법이지만 신기하게도 매번 TV에 나오는
우리 동네가 매번 신기하다. 영등포구 축구 농구
야구 동호회 친선 경기이다. 설렁탕 맷돌 오쿠
믹서기 원액기 진공 항아리 광고도 후지다. 고정된
화면에 쇼핑 호스트 목소리만 나온다.
동네 광고이다. 제기동역 2번 출구(구 미도파)도
아주 드물게 있지만. 우리 동네가 TV를 켜면
자동으로 나오는 1번 채널이 거슬린다. 매번 무슨
전생 여행을 오거나 간 것 같다. 어떤 때는 화장실
타일 무늬가 어떤 장애 같다. 갖고 가려는 것
못지않게 두고 가려는 것도 헛된 소망이다. 내가
듣고 싶은 것은 눈곱 낀 고전 음악이다.

상호

너의 목소리가 예전의 리듬을 다시 찾았으니 예전의
번개 미팅 장소 산울림 소극장 앞에서 만나자. 우리가
산울림보다 극장보다 더 늙어 상호만 번개로 남았다.

유효

이론과 실천의 우열을 가린다고, 이론이 이론적
실천이고 실천이 실천적 이론이라고, 형상화가
형상화 실패이자 실패의 형상화라고? 이론에서
실천으로 실천에서 이론으로 넘어가는 그 순간,
죽음에서 철학으로 철학에서 죽음으로 넘어가는
그 순간만 유효하고 유효의 지속이 영원이다.
그것이 생애이다. 엘리자베스 1세 여왕 시대
셰익스피어보다 훨씬 더 유명하던 춤꾼 광대를
4백 년 넘는 직계 조상으로 둔 광대 춤꾼이 있다.
가문과 역사를 능가하는 광대춤의 광대춤 생애가

현대 무용 자체를 형상화한다.

출현과 등장

내 영혼의 살결이 너덜너덜해진 뒤에도 바퀴벌레가
소스라치는 출현이다. 바퀴벌레는 내게 등장하고
싶을 리도 없다. 늙은 바퀴벌레만 출현하는 것을 보면
집단 본능적인 고려장 측면도 있는데 이번 것은
치매보다 더 늦었는지 좁은 화장실 변기에 앉은 내
종아리 바로 밑에서 출현하고 등장했다. 실내화를
신고 있었지만 그렇게 밀접하게 밟을 수는 없지. 벌떡
일어났고 열린 직선을 못 찾은 이것이 너무나 노출된
벽의 직각에 갇혔다. 그런데, 몸을 최대한 줄이며
꼼짝 않는 것이 물론 숨으려는 본능이지만 이
지경에 이른 본능이 쪽팔리는 표정 같기도 하였다.
죽기 직전에 영혼이, 죽으려고 등장하나?
내가 나의 실내에 출현하는 바퀴벌레를 앞으로도
밟아 죽일 것이지만. 지워지지도 않을 것 같다,
출현과 등장 사고만 없다면 모든 생명이 자신을
자신으로 느끼는 영혼이 생성될 때까지는 살다가
죽은 것 같은 느낌이. 잔인한 이야기이다.

동서양

백 년 단위로만 보아도 술의 역사가 가장 적당하게
멀쩡한 역사이다, 과음과 달라도 너무나 다른. 가장
취한 것이 영화배우들 나이이다. 늘 인기순이라도
문제가 되기는커녕 인기가 전설이 되고 신화가
된다. 역사에서 밀려난 켈트족이 스카치위스키와
흑맥주로, 한족이 소주와 막걸리로 시름과 울분을
달랜 역사가 가장 적당하게 멀쩡하다.

유언과 예언

이론도 스스로 맛볼 수 없는 이론의 감동에 달하는
소리글자가 되는 소리이다. 예언의 유언이 들리지
않고 유언의 예언이 들리는 소리글자가 되는 소리.
소리글자가 끝없고 수없는 소리글자이다.

각자
–르네 플레밍, 클라우디오 아바도

밤과 꿈이다. 소프라노가 소프라노로 광포할밖에
없는데 밤과 꿈. 오케스트라 반주 악기들 각자 모두
건드리기만 한다. 밤과 꿈보다 더 부드럽게? 아니지.
오케스트라 반주인데 아무리 부드러워도 부드러운
희롱이지. 밤과 꿈. 악기들 각자 모두 부드러움이다.
악기들 어느 것도 이렇게 작고 겸손하게. 이렇게 작고
겸손해서 아름다운 적 없었다 거의, 지휘가 침묵하는
유언, 오케스트라 반주가 눈물의 출처이다, 장소가
없으므로 밤과 꿈, 소프라노 광포도 기적이 없는.
르네 플레밍과 클라우디오 아바도, 부드러움으로
밤과 꿈, 뗄 수 없는 각자.

이른 여름

웬일로 영등포가 '미세 먼지 좋음'. 하긴 공장들
안 보인 지 오래이다. 드문드문 숨어 있고 지금은
일제 시대도 박정희 시대도 아니다. 먹고사는 데
꼭 공장이 필요해, 번창하는 생선 과일 야채
시장이 미세 먼지를 오히려 정화하지 않나?
열다섯 개나 걸린 대통령 선거 플래카드는 그
중간이다. 마누라와 늦은 점심으로 동네 잡탕밥
먹으러 나왔다. '녹말이 관건이야.' 해물과 야채

재료가 싱싱해야 하는 것은 당연하고. 노인네들
노인정 앞 꽤 넓은 공터 벤치에 적당히 작고
울창한 아파트 정원 숲을 배경으로 앉아 있다.
옷매무새가 헐렁한 대로 단정하다. 숲 대각선
건너편이 어린이 놀이터이고 반대쪽으로 가까운
뒷문 밖은 곧바로 전철 급행이 서는 당산역 사거리
번화가이다. 혼성으로 앉아들 계셨었나? 이른
여름 거리에 중년들 수가 부쩍 늘어나고 노인들이
바야흐로 시작된 젊은 여인들 섹시한 노출에
유독 노인처럼 보인다. 우리가 그렇다. 고양이 눈,
불타는 성욕이 정교하고 덩치 큰 개 혓바닥
지치기 시작한다. 가장 왕성한 초록이 초록만
보이고 가장 왕성한 벌레들이 들리지 않는 하나의
소리를 칠하는 것이 전혀 껄끄럽지 않다. 왕성은
당분간 어떤 생도 굶어 죽을 염려를 하지 않는 뜻.
이른 여름은 약육강식 자연의 생이 누리는 가장
강력한 평화이자 안식이다. 아내가 문 닫는 이랜드
대형 종합 세일 의류 전시장에 들렀다 온다 하고,
내 무뎌진 손이 내 집 키 번호판를 세 번이나
눌렀고 오늘 영등포 '미세 먼지 맑음', 통유리창
양쪽을 활짝 열었다 모든 것이 당분간인
나이의 이른 여름에.

독서의 종점

여러 번 읽어도 반복 아닌 책이 있다.
처음 읽어도 반복이 무수한 책이 있는
소리이다. 너무나 긴 책을 설마 그래도 혹시나 새로운
내용을 찾아서 다시 다 읽어도 결국 반복뿐인 책이
있는 소리이기도 하다. 찌증 나지만 짜증만 한
반복도 없으니 그럴 때는 이렇게도 생각한다.
생애보다 짧은 종점들이 있다는 것만도 다행인데
다양하게 있다면 정말 얼마나 다행인가. 그 안에

숱한 종점들이 있는 독서에 종점이 없다.
독서의 종점이 내 생애의 종점이기를 바라는 것은
과욕이지만 그럴 때는 이렇게도 생각한다.
이 과욕이 얼마나 다행인가.

성의 육체

아무리 사랑을 하여도 서로의 정신을 육체가 비집거나
육체를 정신이 파고들 수 있나? 사랑이 벌써 육체와
정신을 혼동한다. 성이 사랑보다 더 혼동하면서
스스로 혼동된다. 시의 처음도 성이 처음이고 시가
성인 듯이 그렇다. 총천연색보다 흑백, 흑백보다 흑백
무성영화 배우의 성이 더 애매하지. 더 시적인 까닭.
희곡 작가를 시인이라 부르던 때가 있었다. 드라마가
성의 혼동을 건설-파괴적으로 성-육체적으로
형상화하던 때이다. 성 자체를 극복하려는, 애매한,
애매의 형상화였고 그것이 극복이었다. 연극이 시의
총체이던 시절 시인들한테는. 시의 사전에는
'폭발'이 없다. 정의正義든 정의定義든.

광대 죽이기
—박인배(1953~2017)

당뇨를 데리고 다니고 직접 달래며 한 삼십 년
하고 싶은 광대 일과 해야 할 공익 근무하다
죽은 친구가 하나 있다. 아니 죽은 친구가 하나
생겼다고 해야겠다. 삼십 년이면 꽉 찬 한 세대.
아주 친한 사이도 아니었는데 몸부터 챙기고
나서 일하라고 내가 하도 잔소리를 해대어 후반
15년은 꽤나 서먹하게 지내온 사이이다.
문상 가서 오랜만에 보았다, 그의 후배 광대들
나이 들고 잡놈 기가 많이 삭았지만 가까스로

고주망태 가까스로 왁자지껄하다. 혹독한
젊은 날이 죽이지 못한 그가 당뇨 합병증을
죽이고 여전히 문화 행정에 숙달된 광대이다.
앞으로 내가 다닐 모든 문상이 그의 광대
무대이고 나를 위한 문상도 그럴 것 같다.
광대가 어디 문상만 다니겠나. 당장 내일모레
어린이날 단골 술집 개점 22주년을 축하하는
조촐한 공연이 있다는데 발인 노제 하느라
바쁜 중에도 그가 발인, 노제 데리고 와서
한바탕 놀 것이다. 그를 초청해서 마련한
공연 같기도 하다.

로망스

신선설농탕집에 가면 신선이 먹는 설농탕을
우리도 먹는 로망스가 있다. 수저 받침용 종이
쪽지에 밥을 덜어 결식 아동에게 베푸는 나누미와
반찬까지 싹 비우는 자연 사랑 쿠폰을 나란히 인쇄한
캠페인이 있다. 남기지 마시고 함께 나누세요…
'아름다운' 미국을 '쌀' 미국으로 깎아내린 것이
진주만 폭격한 일제이지만 '쌀'을 '아름다움'으로
승화하는 것은 전 세계에서 설농탕 하나뿐이다.
'아름다운' 미감 아니라 맛 미감으로. 질리지 않는데다
식당마다 다른 설렁탕 맛은 중세—총체적이면서도
중세—총체를 벗을 필요 없는 거의 유일한 맛이기도
하다. 감동의 충격을 받아들이며 위험을 완화하는
욕망은 위대하다. 총체가 결국 중세를 극복한다.

후일담

나의 영역을 침해받지 않는 선에서 화분 둘레 화분의
자리를 따로 꽤 넉넉하게 만들어 주려다 하루 종일

마루를 거의 재편성했다. 식물과 나 사이 이해利害가
이해理解이다. 시간이 더 들더라도 거꾸로 방향 또한
가 보고 싶다. 물론 방향이 그렇고 말이 그렇다는 거지.
죽은 자를 둘러싼 요설饒舌을 우리가 죽음의
그것으로 혼히 착각한다. 속담, 격언과 금언, 관용구
기타 등등도 그렇다. 우리가 지나온 것을 돌이킬 수
없이 지나왔고 형상화가 늘 자신의 미래를 지향한다.
가장 충격적인 충격도 종합하는 감각이 무엇을
해체하겠나? 정신의 분석이 뒤늦게 그 질문을 배우고
정신의 종합은 그 후일담이다. 식물의 입장에서는
호들갑에 지나지 않는다. 정신이 간혹 그러는 것과
달리 감각은 시의 평생과 시집의 세계를 백일장으로
축소할 겨를이 없다. 시간이 간혹 그러는 것과 달리
기록을 요하지 않는다. 감각이 감각의 기록이고 감각
만이 감각의 기록이다. 식물의 감각은 심겨 있는
처지의 사실도 단어도 모르고 감각이 세계이고 세계가
감각이다. 감각의 세계라는 말 요설에 지나지 않는다.

합작의 미흡

그 두 사람은 살아생전 한 번은 반드시 만나야
했는데 말야… 그렇게 우리가 말할 때 벌써
두 사람의 사후가 사후보다 더 실하게 만나는
여기가 이승이다.
반드시 밝혀졌어야 할 사실이 영영 파묻히고
말았다고 우리가 말할 때 벌써 그 사실의 사후가
사실보다 더 생생하고 흥미진진하게 사실적인
여기가 이승이다.
미흡이 더 풍부한 그런 곳을 우리가 벌써부터
돌아보면 처음부터 이승이라고 불렀다.
저승에 아무것도 없는데 무슨 미흡이 있겠나,
처음부터 작정한 부족 아니라 끝까지 채우려
노력한 지상의 보람인 미흡이? 그런 저승을

생각하기 전에도 이승이 그런 이승이고 생각한
후에는 더욱 그런 이승이다.
말하기 전에도 우리가 여기 이승에서 연기하는
관객이다. 무대가 우리 눈앞에 분명 저만치
떨어져 있어도 우리가 거기서 연기하는 관객이다.
여기서 나가려면 연기와 관객 그 합작 이상이
필요하지. 집단의 고독에서 고립의 합작으로,
고립들의 만남 너머 만남들의 합작으로, 더
미흡한 미흡으로 나아가야 한다. 파시스트는
이승도 저승도 아닌 소문만 무성하다. 마르크스도
가두 투쟁을 피해 다니며 혁명을 저술했고 그
시간을 교정한 레닌도 오래 피신한 적이 있는데
집권한 혁명이 그 미흡을 보살피지 않았다. 마르크스–
레닌주 합작은 더욱. 혁명이 실각한 지금
미흡하게 미흡인 합작이 나의 시이다. 내가 국민
투표를 한 번도 안 한 까닭도 그 어름에 있다.

안방

오래 살았다 안방. 공개할 수 없는 사생활에서
공개할 게 없는 사생활까지. 전략이랄 것도 없다.
안방이 나의 편안한 나이이다. 안방도 그런 것에
스스로 편안해하는 것 같다. 늙지 않고 편안한
나이가 예고 없이 서열 없이 편안한 나이를 낳는다.
안방의 사생활이고 내가 안방인 사생활이다.
시간이 사생활로 흐르는 안방이고 사생활이다.
아내 말고는 어떤 공개에도 노출되지 않는다.
아내와 함께 안방에서 살지 않은 지 꽤 되었다.
아내가 내 안방에서 내가 아내 안방에서 산 지도
꽤 되었다. 내가 갈수록 아내 안방이 되는 그만큼
아내가 내 안방이 된다.

쪽의 전망

우리가 인쇄된 내용을 소중히 여기는 바로 그만큼
종이가 종이로 쓰이는 그 예상보다 더 질기다.
백지인 쪽의 전망도 필요하다. 그것이 없다면 모든
것을 시로 만드는 능력이 있은들 무슨 소용인가?
오래된 새로움이 있다. 혁명을 겪는 일이 준비하는
일보다 훨씬 더 어렵다. 무의식이 필요하지. 의식이
의식하거든. 혁명이 얼마나 죽음을 닮아가는지.
혁명의 죽음이 오래된 새로움의 발굴이고 혁명의
생이 오래된 새로움의 창조인 경험을 인식하는 데
오래 걸린다. 실패한 혁명이 거기에 이르는 데
실패한 혁명 아니고 거기에 이르기 전에 실패한
혁명이다. 조용히 처리해야 할 것이 절망이다.
의식이 의식의 절망을 육체가 육체의 절망을
따로따로 합치면서. 후자는 말, 때로 거꾸로
위안이 되면서 오래된 새로움이 있다.

결정적

무성영화는 목소리가 없다, 저 이쁜 여자가.
무성영화는 아무리 긴박한 상황도 대사가 뒤늦게
장면과 다음 장면 사이 검은 바탕에 흰 글씨로 뜬다.
결정적으로 뜬다. 무성영화가 현실에 더 가까운 거
아냐, 무성영화도 아는, 생의 배경인 죽음을 우리만
못 본 체하니까 모르는 거 아냐, 그 '결정적'을?
무성영화는 백 년 전 초창기와 황금기 관객에게
무성영화가 아니다. 유성이 가능한 것을 알아야
무성이 있을 것. 무성영화가 지금 내게 뒤늦은
결정적 대사 아니고 내가 무성영화의 뒤늦는
결정적 대사 아니고 그냥 뒤늦은 '결정적' 같다.
신비한 것은 그다음이고 아무도 아무것도 믿을 수
없는 자가 눈먼 자이다.

성격의 역사

나의 심리를 들여다보는 나의 심리를 나의 심리가
들여다보는 연속의 거울이다. 상(象)이 상을 들여다
보는 주어가 목적어인 문장이 주가 목적인 상태에
달하기에는 벌써 연속이 너무 길다. 달하려는 연속
아니었어? 네가 예상보다 더 오래 자리를 비우면 그
격도 무너진다. 네가 정말 없을 때까지는. 역사도
옷이 옷을 벗지 않고 무수한 살이 무수한 살을 벗는
성격이다. 형성 중인 인격이 형성 중인 인격에 여전히
경악하는 중. 역사가 인격의 광포한 유년 없는 대신(代身)
이었으니 우리가 상상의 유년을 교육하지 않고
유년의 상상이 우리를 교육한다. 중학교 때 없어진, 창
밖으로 비 그으며 느리게 진행하던 전차 보통 승차권이
한 50년 책 쪽 사이 숨어 있다 튀어나오면 노부부 옛날
추억이 잠시 정답지. 마모를 견딘 그 디자인이 책을
읽어가는 디자인이다. 우리가 살아온 디자인일 수도.
옥스퍼드보다 케임브리지가 그 방면으로는 어딘가
우월할 것 같은.

전인권 콘서트

공연 중에는 베토벤과 셰익스피어 작품처럼
팝과 락의 가창 예술도 언뜻언뜻 생애적이다.
공연 전체가 노래 한 곡인 것처럼.
노래 한 곡이 공연 전체인 것처럼.
그것이 모든 공연의 속성이지만 그것이 모든 공연의
속성인 원초의 공연이 있다. 그때 그곳에서 안 보면
후회가 되는 공연이다. 전인권 콘서트 계속되는
유튜브에서 계속되지 않고 언뜻언뜻 공연의 바깥에서
계속된다. 가장 이 세상에 있다. 진하게 치솟으며 있다.
가장 낮은 곳에 가장 낮은 것으로 감동적으로 있다.

산문 총서 목록

해체가 해체의 이론인 한에는 부활이 요원하다.
Edouard Glissant이 쓴 책 *Faulkner
Mississippi* 제목이 있다. S가 세 번씩이나
두 겹이라서 P가 어쩔 수 없이 두 겹인 것 같다.
모르는 저자가 아는 저자에 대해 썼다. 이걸 읽어야
하나, 여기서 끝내나, 교양을 벗는 이론의 부활을
위해? 춤이 섹시해지는 데 남녀가 있겠나 끝이
있겠어? 끝까지 연결 고리를 놓치지 말아야 한다.

혈연

실망의 배를 채우는 것이 잡동사니들이다. 얼핏
싱싱해 보이지만 주식으로 잡동사니를 먹으며
실망이 갈수록 실망스러워진다. 하지만 희망의
실핏줄이 잡학의 미로이다. 최저 생계가 벌써
최저 생계비 아래로 내려온다. 희망 실현의,
혈연에 달한 전망이 바로 역사이다.

살로메

조금 더 가혹해 보았고 그보다 가혹해 보였을 뿐이다.
남들과 다를 게 뭔가? 육체의 사랑은 기쁨의 여자를
슬픔의 남자가 온전히 차지한다. 모든 남자가 살아서
사라지고 모든 여자가 살아서 남는다. 조금 더 집중해
보았고 그보다 집중해 보였을 뿐 육체 없는 정신의
사랑은 집중도 응축도 모른다. 사라진 사내들이 무슨
육체의 사랑? 남아 있는 모든 여성이 모든 사랑이다.
육체의 사랑으로 모든 여자가 모든 남자의 세기말을
살아남는다.

명명의 지속

늦은 종합과 이른 파괴의 교차가 불행이다.
너무 늦거나 너무 이른 것은 그냥 우연이지.
유년이 유년의 지속되는 명명이다. 음악도 그림도
명명의 지속이다. 내리는 비가 내리는 동안
노숙의 명명이듯이. 죽음이 축축이 젖는 생이
축축이 젖는 죽음의 노숙이고 노숙이
명명인 동안. 날것이 피비림 없이 더 날것으로
벗겨지는 동안.

성공 신화

레닌 선집 인명 색인은 모르는 인물투성이인데 모두
레닌의 투철하고 첨예한 비판을 받은 혁명 후예들이다.
후예 모두가 비판의 대상인 혁명의 후대는 있을 수
없다. 투철과 첨예가 급속히 낡는 게으름이 스탈린을
부른다. 성공한 혁명이 무엇보다 피해야 할 것이 성공
신화이다. 신화의 정반대가 혁명이다. 혁명의 천재
레닌도 반복이 반복으로 느껴지지 않을 때까지
반복할밖에 없었다. 투철과 첨예가 그 양날이었을
수도 있다. 이론도 상처를 머금으며 혁명적에 이른다.
하긴 헌책 취향은 레닌보다 마르크스가 더 중후해
보인다. 형언할 수 있다면 남의 초상만 그리다 죽은
화가의 초상들을 겹쳐 화가의 자화상을 본인보다
적나라히 형언할 수 있다. 건축가가 그린 적 없는
건축의 자화상을 건축보다 더 광활하게 형언할 수
있다. 형언을 형언할 수 있다.

암피트리온

실내는 겉보기에 기껏 육체와 정신의 혼동이

니 탓 내 탓 티격 대지만 실로 엄청난 비극을
초래하는 장소일 수 있지. 의심은 사소하고 치사한
문제. 진짜 혼동은 기쁨의 절정에서 몸이 두려움으로
떨리는지 두려움이 몸으로 떨리는지이다. 몸은
물론 두려움도. 조금은 있어야 사랑할 수 있지만 둘 다
부분이 전체이다. 몸이 두려움이고 가까스로
견디는 사랑을 이야기가 아주 먼 데로 전파하지 않고
가까스로 견디는 사랑이 이야기를 아주 먼 데서 끌어
모은다. 예수가 나보다 더 끌어모으는 나 다음이다.
그가 실로 엄청난 비극을 초래한 실내 장소에 있다.
아무리 끌어모아도 이미 죽은 주인공을 다시 살려낼
수 없는 산재한 이야기이고 다시 살려낼 수 없어
산재한 이야기이고 다시 살려낼 수 없이 산재한
이야기이다. 그럴듯한 음악의 시간도 도로이기 쉽다.
집이 있고 방문(房門)이 있지 않다. 방문이 있고
방문(訪問)이 있지 않다. 사랑의 집이 이야기의
방문이고 집주인이 방문객이다.

사십 수

일찍 죽은 후배를 품는 것보다 더 힘든 것이 일찍 죽은
존경하는 선배를 두는 일이다. 죽은 선배는 난해하다.
그가 죽은 나이보다 많은 나이를 먹는 일은 산 정신이
죽은 정신을 따라잡을 수 없고 존경하는 선배 죽음이
젊을 수 없고 내 육체가 하릴없이 쓸데없이 두 배로
늙는 일이다. 사십 수를 못 넘긴 선배가 사십 수를
넘긴 띠동갑 후배에게 제일 난해하다. 더 나이 들어
죽었다면 살아생전에 젊은 후배가 늙은 정신을 따라
잡거나 차이를 가늠하며 산 정신을 진작하고 죽은
정신을 상상하고 기릴 수 있다. 더 젊어서 죽었다면
미숙한 존경이 평생 애도할 수 있다. 누구도 알 수
없지만 너무 빨리 죽을 줄 알았다면 할 수 없는 것이
존경이다. 사십 수 선배로 가장 난해한 사십 수가

가장 분명한 벽이다, 오래 살은 자 생의 가장 위대한.
죽기 전에 죽음의, 생보다 더 육체적인 상상력으로
뛰어넘어야 하는. 사십 수가 시간의 공간 비유와
공간의 시간 비유를 벗는다. 늘이거나 넓힐 수 없는
것을 종교와 죽음과 미래로도 늘이거나 넓힐 수
없고 그럴 필요도 없는 것처럼. 깊고 튼튼하고 섬세할
수 있는 것을 미래와 미래의 죽음으로도 더 깊고
튼튼하고 섬세하게 할 수 있고 그럴 필요가 있는
것처럼. 사십 수가 모든 것을 비루하게 만드는
신앙을 끝없이 배제하는 희망이고 물질의 끝까지
물질적인 상상력이다. 누구나 신화를 벗는 천지창조
중이고 모국어도 번역이고 모국어보다 더 많은 것을
모국어 번역이 창조한다.

난잡한 음악

웃음이 독재자 것이기에 우리가 음악을 들으며
슬픔이 민주적이라 생각한다. 착각이다. 음악은
웃음으로만 구성된 물건이다. 그러면서도, 아니
그래서 난잡과 정반대이지. 음악이 제 몸 추스르며
제 바깥의 독재를 제 안의 독재로 안정시키는
광경을 우리가 슬픔으로 듣는다. 웃음과 슬픔이
뒤섞이지 않고, 자리를 바꾸어도 감쪽같이 음악이
음악이다. 그러니 어느 쪽이든 자진해서 낮추지 말
것. 높이려는 노력이 음악의 민주주의이다. 가장
낮아지는 것이 독재이다. 음악의 선명으로 다른 모든
것도 그렇다. 음악이 난잡하게 들리는 것을 가장
경계할 것. 풍자가 가장 쉬운 웃음보다 쉬워 보이는
까닭은 가장 낮아졌다는 것이다. 풍자를 슬픔과
바꿀 수 없는 바로 그만큼 웃음과 바꿀 수 없다.
풍자로는 난잡한 음악조차 될 수가 없다.

관상용

꺾이는 것이 이만한 섬세를, 시드는 것이 이만한
무게를 요한다. 내가 꽃과 상관 있는 것보다 더
무겁게 상관없는 무게이다. 사라지는 것이 이만한
질문을 요한다. 내가 나에게 꺾인 꽃이었나, 바람이
시든 꽃을 시든 꽃이게 하는 음풍농월이었나?
꽃이 꽃인 것부터 훨씬 더 섬세한 무게를 요하고
대답을 질문한다. 펼쳐보고 싶지 않은 꽃잎은
꽃이면서 여전히 꽃잎인 꽃잎이다. 다가갈 수 없어
그렇지 다가갈 수 있다면 다가가는 일이 펼치는
일보다 더 기분 좋은, 떨리고 후들거려도 되는
섬세를 요한다. 모든 꽃이 관상용이고 모든 관상용이
꽃인 곳까지 우리가 왔다. 실존이 섬세하지 않고
섬세일 때까지 왔다. 죽음이 아직도 미래일 수는
없지. 그건 크게 왜곡된 시간을 크게 왜곡한
좌익 소아병 망상에 지나지 않는다. 여기까지가
순간일 수 있듯이 여기까지가 영원일 수 있다.
착각이라도 부활의 가치가 떨어지는 것은 아니다.

정신의 수공업

가장 끈질기고 오래된 제의가 교양이다.
공공과 사생활을 나눌 필요도 없지. 어떤 때는
교양이 제 역사를 거슬러 올라가 내려오며
제의를 구현한다. 어떤 때는 거꾸로이다.
오르내리는 교양과 제의의 역사를 물화한
사다리가 필요하다. 물화가 오름이다.
역사의 극복에 필요한 것이 의외로 정신의
수공업이다. 교양을 극복하는 교양의 길,
생로병사의 재현에서 극복의 이야기로 넘어가는
끝없는 제의의 길이었다. 우리의 청춘을
지금 형성하는 것은 닫힌 추억이다. 개인의

육체에 수공업적 상상력의 도약이 필요하다.
모든 형성이, 모든 완료가 그것으로 다일 수
없다. 상호 연기 아니다. 각자 총체 연출이다.

비의 와중

대낮에 하늘이 어두워지고 내 키 바로 위 구름이
시커멓게 몰리면 소나기 직전이었다.
그 사실을 까먹고부터가 나의 성년이다.
비가 꽤 내렸는데 하늘 잔뜩 흐리고 비가 계속
내리고 아직 장마 같지는 않은 와중 그 사실이
상기될 때마다 나의 유년 아니고 노년이다, 혹시
노년의 만년이다. 가벼움의 깊이로 무거움을
생명보다 더 낯익게 하는 순간. 천재적으로
천박해지고 싶은 욕망도 잊고.

농업의 얼굴

이미 탄생한 예술이 무슨 예술을 위한
예술, 자신에게 치명적인 과거 집착 아냐?
예술이 그냥 예술가 손을 떠났을 뿐이다.
장식이 되고픈 공예가 공예가 손을 떠나지
않고 예술의 매력과 다른 마력을 발한다.
경작지가 좁아지는 만큼 농업이 도시의
미관과 다른 얼굴로 번진다. 보려 하면 볼 수
없고 느끼려 하면 느낄 수 없는 얼굴이다.
도시의 신구 랜드마크나 스카이라인이
인상적인 바로 그만큼 얼굴은 아닌 사실의
얼굴이다. 생활은 예술의 매력이 공예의
마력에 늘 미달한다는 사실의. 어느 도시든
눈에 띄는 오래된 집들이 당대 이류 혹은
삼류의 다량 생산품인 사실의. 그것이 도시

얼굴의 윤곽의 일부이기 전에 윤곽의 얼굴
일부이고 근간인. 예술을 위한 예술이
색즉시공 공즉시색인.

상아 조각

광업도 지상에서는 별거 아니다. 녹여서 더 순결하게
만든 것은 순결한 것이 아니지. 희고 단단한 최대치
상아는 음각과 양각만 가능해 보인다. 슬픈 것은
순결의 운명이 아니다. 슬픈 운명은 따로 있다. 이별의
예감조차 가사 노동으로 만들던 시대가 끝난다, 상아
조각으로. 바구니도 돗자리도 질그릇도 구시대 유물.
상아 이전의 모든 살림이 벌써 너무 오래된 이별 같다.

대속의 세계화

이집트 문명 아래 아프리카 선사가 끊임없는 유럽 및
이슬람 침략으로 이어진다. 대상의 순서도 애매하고
시간과 공간에 공백이 더 많지만 아프리카 참혹의
현재를 접할 때마다 나는 이것이 인류를 탄생시킨
아프리카의 인류를 탄생시킨 대속 같다, 악화일로인.
대속의 최악화 말고는 대속을 끝낼 길이 없어 보인다.
자본주의의 최악화 말고는 자본주의를 끝낼 길이
없어 보이는 것처럼. 아프리카 역사에 아프리카
역사가 없다. 이집트 문명이 아프리카 역사라면 더욱
아프리카가 인류 문명 탄생의 대속 같다. 아프리카
재앙에 당장 필요한 것은 구호물자이고 분쟁 종식이고
정치적 평화의 평화적 증산이지만 대속에 당장 필요한
것은 대속의 세계화이다. 인류의 존재 이유를
만들어 가는 대속. 아프리카 역사가 바로 아프리카
만의 대속이었다. 20세기 초 입체파 미술이 있다고?
그렇다면 20세기 초 현대 미술적으로 더욱 첨예하게

대속이 바로 아프리카 역사이다. 어느 다른 대륙이든
더 이른 인류 탄생이 발굴되지 않는 한, 아프리카 부족
이름들, 어떤 때는 사람 수보다 더 많은 신화 같다.

소풍 밤샘

오늘 일이 오늘 똑 부러지게 마무리되는 것이 불길한
나이도 지났다. 그날 일을 그날 똑 부러지게 마무리한
주체가 바로 불길이었다는 생각이 든다. 비가 족히
왔으니 소풍 가는 내일은 미세 먼지 씻긴 공중에
도시를 벗어난 자연이 더 벗어나지는 않고 초록 벗는
짙초록을 한껏 머금을 것이다. 새벽을 출발로 알고
밤새 기다리는 소풍이 지금도 있다. 그쯤 똑 부러지면
되지 않나, 마무리될 뿐 마무리할 수는 없는 것 아냐?
장차 어느 날부터는 날이 밝는 것이 나날의 소풍이고
그것처럼 똑 부러지는 일도 없을 것. 먼 데서 반대
방향으로, 혹시 마무리도. 어쨌든 날이 밝고 있다.

광화문

대선 끝났고 너무나 지리했던 기간에 비하면 썩 좋은
결과가 나왔고 서울 사는 나는 지방 소식이 궁금하다.
언론이 정부와 국민의 소통을 대대적으로 중개하고
나는 이제 지방이 지방의 지방 소식을 궁금해하고
그게 소통의 우선적인 내용이자 이유일 것 같다.
승리한 기억과 장소의 광화문 아니라 최소한 중앙 정부
차원에서.

호박

사천만 년 전. 올리고세 북유럽 기후와 자연 생장이

지금의 캘리포니아, 루이지애나와 비슷했다는데
믿을 수 없다. 선사이기에 생명의 상상력이 턱없이
모자라다. 사천만 년 전과 알로에, 튤립나무, 그리고
소나무, 포플러, 참나무, 호두나무가 무슨 상관?
믿으면 안 될 것 같다. 다만 투명한 호박 속 곤충 한 마리
화석이 살아 있는 것보다 온전해 보이는 사천만 년이,
내 눈앞에 그냥 전(前)인 사천만 년이 또 있다.

역설

평생 가장 행복한 것은 혁명가 아니라 그가 이룩한
혁명 아니라 그가 저지른 혁명이다. 스스로 망한
것을 모르고 오래 산다. 꺾인 절망의 화려가 더
화려해지면서 절망을 벗듯이 숙인 권태의 정교가
더 정교해지면서 권태를 벗는다. 잠긴 상상의 미로가
더 복잡해지면서 상상을 벗는다. 무엇보다 우울증이
우울증을 벗는다. 마침내 혁명의 여생이 정반대인
혁명가 생애까지 품는다.

서울여자대학교

여기는 처음 와본 곳이다. 한 삼십 년 전 총학생회
주최 문학 강연 초대를 받았으나 경찰이 대로를
막아서 못 들어갔다. 그러던 때이다. 하긴 그런 일
싹 없어진 지 얼마 안 되었다. 대통령 바뀌고부터.
데모야 앞으로도 없을 수 없겠지만…. 반복될까?
서울여자대학교 일요일 교정의 압권은 옹기종기
모여 가는 몸을 품위 있게 꾸미며 건물보다 높이
자란 스물다섯 그루 나무들. 학교 역사보다 오래일
것이니 부지를 독재 정권 특혜로 받은 증거이겠지만
이제는 들이댄다는 말의 어떤 뉘앙스와도 무관한
예술의 품위 그 자체이다. 그때 이 학교와 무슨

섬성이 있던 느낌. 여대생은커녕 얼굴 형성도
안 되는, 다만 안심하고 부끄럽고 싶은. 언어가 문득
문득 자본주의를 극복한다. 광활은 마구 흩어진
뜻이고 마구 흩어진 것들이 그 사실을 어찌 알고는
광활한 자유로 각각 똘똘 뭉친 단어이다.

사고사

목숨을 잃은 자보다 목도한 이들에게 더 충격적이고
사는 내내 난해할 사건이다. 사고사는 죽음이 있는 것을
알기 전보다 알고 난 후가 더 난해하므로 그 직후
위로받기 힘들다. 자연사로 일상화할 때까지 기다려야
한다. 걸작의 탄생만큼 오래 걸리지는 않는다.

그릇

쟁반, 접시, 주발, 항아리, 독…. 용도와 크기와 모양이
구분되기 전에 모양과 크기가 있고 용도가 그냥
그릇인 듯한 그릇이 있다. 원형이나 관념의 반대이다.
누구의 표정도 아니고 분명 표정인 표정이 있다.
있을 리 없는 눈과 코와 입과 귀, 너무 없어서 너무한.
설령 죽음의 표정이라고 해도 어둡거나 밝지 않다.
어느 그릇보다 오래된 그릇 아니다. 가장 오래된
밑반찬이 가장 덜 살기등등하다고 설득하느라 오래된
그릇이 있다.

스키타이

애니멀 스타일 같은 소리. '동물 의장은 더 개 같은
번역이고. 짐승의 노마드가 노마드이다. 고정 없이
고정의 시대보다 더 길게 이어지고 고정의 대륙보다

더 넓게 퍼진다. 사냥 마법 같은 소리. 포식자와 먹이
사이 살 떨리는 민첩한 직접성이다. 초식 동물과 그
포식자 육식 동물 둘 다를 잡식 동물 인간이 사냥하고,
가장 민첩한 것이 양쪽으로 사냥당하는 초식 동물의
경계이지만 소용없는 민첩이고 경계. 내줄 수 없는
개별의 목숨을 집단이 가장 빠르게 가장 흔쾌히
내준다. 무슨 애니멀 스타일 같은 소리. 짐승이다.
짐승인 인간의 실루엣에서 인간인 짐승의 사냥
미학까지. 스키타이가 스키타이이다. 불교, 기독교,
이슬람 기타 등등의 세계적 고정에 체포될 때까지는.

재해석

논문이 논리에서 해방되는 세 단계 방식이 있다.
서론을 먼저 쓰고 본론을 서론의, 결론을 본론의
번역으로 쓰는 방식이 그중 낮은 수준이다. 본론을
쓰고 그 번역으로 결론을 쓴 후에 서론을 그 둘의
해석으로 쓰는 방식이 중간 수준이고 가장 높은
수준은 각자를 각자의 재해석으로 쓰는 것이다.
재해석이 끝나지 않고 도돌이표로 맞물리지 않는다.
생각이 벌써 추상 작용이고 그것을 뛰어넘는
끊임없는 재해석을 우리가 내용이라고 부른다.
진전이라고도 부른다. 원본보다 미진한 것이 번역
아니고 번역보다 미진한 것이 해석 아니듯
해석보다 미진한 것이 재해석 아니다.

가공의 독재

내가 읽은 문학의 모든 유토피아들은 저자 이름이
두드러지는 독재여서 내가 읽은 모든 책들이 조금씩
유토피아론이었고, 내가 상상하는 유토피아는
사라진 것들보다 더 약소하고 밋밋한 마을이고 마을

역사가 마을보다 아주 조금만 더 선명하고 그 속에
전쟁이 다른 데보다 조금 덜 피비리고 생업의 평화가
조금 더 우세하다. 후대의 행위가 전대의 복수와 조금
더 무관하고 전대의 잘못이 조금 덜 지저분하고
패배의 후일담이 조금 더 겸손하다. 문학 예술사가
조금 더 두드러져 역사가 조금 더 아름답다. 신화가
없지만 이것만 해도 벌써 신화이다. 유토피아가
가공의 독재로 낙착되지 않는다. 유토피아가 바로
가공의 독재이다. 유토피아론에서 배울 것은 농촌이
모더니티의 보루여야 한다는 사실 하나이다.

갈 때

서울특별시 마포구 망원동 간다.
멀리 보러 가지 않는다. 망원동은 여기서 멀리 보이는
동이지. 자주 가는 망원동 또 간다. 멀리 보이는 곳에
멀리 보이는 사실 속에 있고 싶다. 잊고 잊히고 싶은
것과 아주 조금 다르지. 망원동, 아주 멀리 있고 싶은,
잊고 잊히는 것보다 더 멀리 있고 싶고 없고 싶은,
싫음보다 더 멀리 있는 동이다. 내 집과 아주 가까워
내가 전화해서 누구를 그리로 부르지 않고 누가
나를 구체적으로 그리로 부르지 않는다. 그러면
둘 다 재미없지. 반복 없는 도처에서 반복 없는 인연들이
반복 없는 간격으로 나를 부른다. 망원동 간다.
내가 가장 살아 있는 것 같을 때가 있지 않고 갈 때
망원동 간다.

사례

드러내는 쪽보다 숨기는 쪽이 더 소중해 보이는
사례가 있다, 부채 글씨 같은.
새것보다 애틋하게 사용되는 것일수록 더 귀하고

값비싸 보이는 사례가 있다, 소문 난
LP 원반을 들을 때 같은.

조각

죽음이 우리한테 마련해준 어떤 이음새에서
우리가 죽음한테 마련해준 어떤 이음새까지.
눈에 보이지 않게 갈수록 검어지는 검음의
심상의 단단한 매질媒質.

고메넛츠
―진은영에게

'이지컷 1일 권장량 25g'의 견과류 고메넛츠를
선물로 보낸 여자 후배 시인은 혼자 돌아다니지
못할 정도로 심장이 안 좋고 나는 이빨이 많이
빠져 견과류를 포기한 지 오래되었다. 씹으니
딱딱하기 직전이고 씹자니 사는 게 아슬아슬한
만큼 고맙다. 하루 한 봉지씩 백 일을 아래 남은
이빨 두 개가 버티지 못하겠지만 그래서 더욱
호두, 마카다미아, 구운 피칸, 볶은 캐슈넛, 구운
헤이즐넛, 구운 아몬드. 우리한테 아직 남은
아주 딱딱한 날들이 꽤 많을 것이다.

정상화

〈임을 위한 행진곡〉이 제창되었다. 십 년 만이라니
신기가 감동과 감격을 압도한다. 한 십 년 국민
과반이 선택한 비정상이었으니 정상화만으로도
나날이 신기할밖에 없다. 비정상과 싸우느라
자라난 우리 내부의 비정상 또한 씻겨나가는

당혹에 가까운, 기분 좋은 신기이다. 그게 중요하다.
10년 전 정상은 이미 정상이 아니다. 정상화는
정상의 뜻의 방향을 미래로 트는 일이 가장 중요하다.
민주주의의 질을 십 년만큼, 아니 그보다 더 높이는
일이 정상화이다.

태양왕

최고 수준의 온갖 장르 예술을 불러 모은 궁정 발레
한 가운데 절대 권력 태양왕을 연기하고 자처한
루이 14세 왕 이름이 촌스럽지 않다. 우리가 물려받은
당대 예술 수준에 해당하지. 프랑스 혁명 기요틴에
참수된 루이 16세 이름 옆에서 혁명적으로 그렇다.
놀라운 예외이다. 어떤 예술의 당대 왕을 발견할 때
그 이름의 어떤 낙후에 놀라지 않는다. 왜냐면 예술이
미래 지향적이라 살아남거나 살아남아서 미래를
구성하므로 현재를 향해 낯익어지고 그러니 한 오
백 년 지나 우리가 놀란다, 앙리 3세가 중세 왕 이름
아닌 것에 대해. 음산한 앙코르 와트도 그것을 세운
왕 이름 자야바르만, 수리야바르만을 배경으로
대낮이다. 잉글랜드 영주이자 영지 이름 요크셔,
우스터셔, 많은 셔들이 아직도 지방 이름으로 쓰이고
고딕 성당보다 더 촌스럽게 들린다. 요는 당대 정치
권력이 당대 예술을 진작하더라도 그뿐 그것으로
제 이름의 질을 높일 수 없다. 정치와 예술은 눈에
보이는 방식이 다르다. 태양왕이 예외였고 그를
둘러싼 예술의 화려가 잔혹일 수 있다.

인간 외

무기도 공격용과 방어용이 있고 보호용 갑옷이 있다.
어느 것이 더 불행한지, 무기는 알 수 없다, 자신을

휘두르는 인간 정신과 육체 총체라야 알 수 있는 일.
공격용이 공격을 상대의 치명적인 부위에 방어용이
방어를 상대의 공격용 무기에 집중할밖에 없어도
그것은 그렇다. 무기는 인간이 휘두를 뿐 인간적일
수 없다. 주인의 전신 공포를 특정 부위 별 판, 비늘,
미늘로 다스리는 갑옷도 인간적일 수 없다. 남아 있는
고대 로마 갑옷이 죽고 없는 병사보다 더 생생할망정
무기는 예술에 달하기 힘들다. 하긴 인간의 인간 절멸
전쟁의 얼굴인 컴퓨터 게임에서 피비린내 완전히
씻긴 지 이미 오래이다. 살상이 꽤나 귀하고 구체적이던
서부 영화가 있었다. 먼 옛날도 아니고 한 두 편도 아니고
수백 편이 있어 수천수만 편이 앞으로 있을 것처럼
오늘의 사태를 막으려는 실패한 시도였다, 이다.

초침

시계가 시간보다 더 아름다운 시대가 있던 소리는
안 알려진 역사보다 더 흥미로운 것이 얼마든지
있을 수 있는 소리이다. 그대가 내 곁에 이 세상에
없을 수 있음을 진즉부터 견딜 수 없던, 오로지 같이
흐르는 만남일밖에 없는 소리이다. 지상의 모든
사이로 흐르는 모든 사랑에 위로 있으라.

뿌리

아시아 사는 내가 세계에서 가장 모르는 지역이
중앙아시아. 중앙은 그런 장소 그런 시간이다.
뿌리내리는 곳일 수 없지. 중앙아시아는 중앙
아시아 사람들이 붙인 이름이 아니다. 동서와
대륙 이름이 하긴 다 그렇다. 명명이 뿌리의 정
반대. 어디든 중앙은 온갖 연결과 유통이
중앙이고 내용의 반대.

횡재

발랄도 섹시도 드라마가 없다. 밋밋하다.
달덩이 둘째 며느리가 보낸 떡이 백설기에
짙은 색 팥앙금을 얹었는데 달기도 달지만
흰 모란 붉은 모란 같다. 돌 안 된 손자를
애지중지하는 땀 내음 싱그럽다. 봄 여름 가을
겨울 계절이 비로소 보이고 보이는 변화가
그렇게 역동적일 수가 없다. 정치의 드라마는
끝까지 음모와 의혹을 떨칠 수 없지. 소설
읽듯이 읽어야 한다. 5월이니 아파트 정원에도
흰 모란 붉은 모란 몇 송이 활짝 피었을 것이고
그것만으로도 넉넉히 화사할 것이다.
며느리가 둘이라 생각하니 내 인생에 그만한
횡재가 없고, 아내가 더 좋아한다. 끝까지 잘난
제 자식 끝까지 못났다고 여기는 것이 고부
갈등의 전통적인 해결 방식이다. 가정은,
가족은 현대 시든 전통 시든 시를 쓰듯이 쓰지 않고
계절의 드라마를 역동시키는 일이다. 노인네도
최소한 역동적으로 늙는.

꿈속
—이인성에게

보지 않아도 양화대교 낯익다.
사진처럼 선명하게 떠오르지 않고 사진 속에
내가 있는 것처럼 낯익다.
그 속에서 종로는 늘 오래된 말이고 혜화는 늘
새로운 말이지. 그 1번지가 나의 모교였다.
상류층 자녀들 다니는 유치원과 다소 왈가닥인
미녀들의 여자 중고등학교 둘 다 혜화에 있었다.
오늘은 웬일로 모교 산을 깎은 허리 위 하늘 향해
유아독존적인 화강암 고등학교 건물 말고도

그 자애로운 숱한 붉은 벽돌 중학교 건물 보인다.
빙 돌며 옆구리까지 보인다. 그 앞에 작업실을
낸 친구 만나러 가는 길이라 그랬나?
중고등학교를 같이 다니지 않고 대학 시절부터
한 사십 년 만났다. 없는 중고등학교 시절을
때우느라 그리 친했나? 그건 깨어나서 자문이고
꿈속이 사진 속. 아무리 생생해도 내가 그 안에
있는 사실 이상의 질서를 기억할 수 없고 기억할
필요 없다. 보지 않아도 양화대교 낯익다.

장구

정복자의 정복은 아무것도 아니다. 그 뒤의 왕조사는
위대 없는 잔혹의 일상이 연대기 이하 장기에 달한다.
왕조사보다 더 찌뿌드드한 것이 왕족 결혼사. 왕조의
멸망 이후에도 이어진다. 너무 많은 왕족의 번식력과
근엄한 치장을 바퀴벌레가 배웠다. 다행히 현대사가
왕조사 아니고 왕족의 결혼이 언론 시사 밖으로 기어
나오지 않는다. 가정에서 사심 없이 진지하게 바퀴벌레
박멸을 생각하게 된 것과 맞물리는 현상이다. 그러니
역사를 그냥 둘밖에. 지나간 역사책이 지나간
역사이다. 결혼이 건국보다 위대하고 지리멸렬한
사태이다. 장구는 다르지. 서양 왕족은 여자 쪽 재혼
회수가 더 많아 보이니, 지는 데 지쳐 타임아웃을 학수
고대하던 근육의 생산력이 건국보다 뚜렷한 탄생에
달한다.

제강소 풍경

쇄빙선이 기세등등 마천루 형용으로 펭귄 군거를
놀래키는 남극 빙하도 이렇게 황량할 수는 없다.
거긴 갈라진 틈이 너무 거대하게 갈라진 게 문제이지.

아무리 냉혹해도 추위로는 이런 황막에 달할 수 없다.
강철 공장은 인간 근육을 젊어서나마 번들거리게 하는
뉘앙스가 있었다. 거기는 버려진 공터가 있고
쇳녹으로 바뀌는 흙이 어설프게 질서정연한 어떤
공정을 흉내 낸다. 흙에서 나온 것이 흙에 이렇게
적대적일 수가 없다. 제강소 풍경은 안팎이 없다.
가장 혁혁한 철기 시대로도 지울 수 없는 철기 시대
낙인의 가장 낡은 상형 문자이다. 발굴할 수 있을 뿐
지울 수 없을 듯한.

바랄 수 없는 일

평소 아름다움에 너무 숨죽이고 숨 막혀 한 것을
일거에 깨우쳐 주는 아름다움이 있다. 그 뒤에도
더 숨 막히기를 바라고 숨통 트는 것이 지나치지
않기를 바란다. 이것이 아름다움의 양면이기를
바라지 않는다. 비극의 아름다움을 바랄 뿐
아름다움의 비극을 바랄 수 없는 일.

그로테스크

눈이 침침하고 아내가 눈에 좋다며 연분홍 요구르트에
섞어 준 블루베리를 골라 먹는데 뭔가의 눈알 같다.
그게 아니라, 그렇게 알고 잔인하게 먹는 것이 더
효과적일 것 같다. 눈에는 눈이고 죄책이 의학이다.
그게 아니라 그로테스크, 혼쾌히 죽기 위한 어떤
방편이었던 것 같다. 물론 열심히 살다가. 연분홍은
연분홍이고 블루베리는 블루베리이고.

한니발

험준한 알프스산맥을 요란한 코끼리 대부대로
넘었으니 그가 어중간한 최초라는 점을 스스로
알았을 리 없다. 최초가 아니었다면 그것을 그가
몰랐을 리도 없다. 그가 돌이킬 수 없고 너무나
똑 부러지게 교대하는 두 거대 문명 사이
위치했다. 젊은 날 명성이 어중간하지 않았기에
어중간한 위치였으니 알렉산더 대왕 부하 왕의
아들의 아들뻘 로마인에게 무너질밖에 없었다.
카르타고 문명은 고대 그리스 문명보다 더 오래
버텼다 한니발, 백발과 현대 비극의 이름이다.

나무 십자가

얼굴과 관계된 모든 목조에 어떤 유전이 있다.
표정 이전에 머문다. 아무리 둥글고 매끄럽게
마무리해도 어딘가 그 밖의 것이 아주 막연한 자세나
보이지도 않는 동작으로 투박하고 싶은 목조
유전이다. 나무 유전 아니다. 목재의 투박이
깎이면서 목조가 시작되고, 목조가 투박하더라도
목재의 투박은 아니지. 목재와 거의 정반대 방향으로
투박하고 싶은 목조 유전이다. 누군가 피 흘리며
매달린 적 있기에 나무 십자가 있지 않고 나무 십자가
있기에 누군가 매달려 피 흘린 적 있다. 얼굴이
없어도 나무 십자가가 나무 십자가인 식으로 얼굴과
관계된 모든 목조에 어떤 유전이 있다. 습관만으로
목조의 역사가 한 만 년 더 이어질 수는 없지 않나?

등정

셰르파가 늘 대기 중이지만 세계 최고봉 에베레스트

등정의 최초는 역사 속에 멀리 높이, 초연히 있다.
영웅적인 것은 언제나 영웅적이고 관광이 '영웅적'을
과거적으로 만든다. 산간 마을이 계속 해발 고도를
높이고 인구가 그 위로 더 높지. TV 화면으로는 관광이
제일 높고 제일 많고 그렇게 올라가는 등산이 더
자연스럽고 즐거워 보인다.
최초 등정이 사라졌다.
등반가들 서운할 것 없다. 그건 머지않아 '정복'이 아주
촌스럽게 들리는 까닭에 지구상에서 완전히 사라지는
꽤 희망적인 얘기가 된다. 벌써 묻고 싶어지지 않나,
세상에 아직도 '정복'이 있냐고? 등정은 물론 등산도
평지 관광도 질색인 내가 보기에 그것이 TV 등정이
수행하는 유일한 공익이다.

조각상 무늬

모든 것이 흘러드는 고대의 중심에서 종합으로 남성을
아름답게 하는 여인이든 잔혹의 분석으로 여성을
아름답게 하는 기괴한 음탕의 정화이든 말로 될 일이
아니었다. 얼마 되지도 않는 말이 그 일로 더러워지며
사태를 오히려 악화하고 스스로 성性의 경계를 무너
뜨리고 무너질 때 개입한다, 상像이 조각을, 조각이
상을 정화하는 작업이. 회화가 아직 말 수준이고 음악이
타자의 정화가 자신의 정화인 것은 모르는 단계의
조각상 탄생. 아폴로 아프로디테 대리석이 기하였다.
고대에 전래하는 모든 것의 운동이 정화하는 운동이자
정지라서 훗날의 무늬가 있었다. 음악이 음악에 대해
말하는 것이 소나타일 것이듯. 무늬가 무늬에 대해 말하는
문법이 음악이었듯.

미술의 소장

권위 있는 미술관을 찾아 걸작의 원작을 보고 싶지만
좀체 가지 않는 것도 걸작의 원작을 보고 싶어서이다.
속류나 위작과 마찬가지로 신격화도 원작이 아니다.
걸작들은 자진해서 전시 바깥으로 나올 수 없다. 부를
때마다 영상으로 도판으로 나올 뿐. 그러니 걸작보다
더 중요한 것이 걸작의 시각이다. 그것으로 보면 세상
그 자체의 형용보다 더 걸작인 걸작이 없다. 미술품
소장보다 더 원작에 충실한 것이 미술의 소장인 것은
악보 소장보다 더 원작에 충실한 것이 음악의 소장인
것과 같다. 걸작 그 후 걸작의 그, 올림포스 신들을
능가하는 성속 편재의 조화를 우리가 걸작 원작이라
부를 수 있지 않나? 실패하는 예술의 실패하지 않는
『자본론』이 있을 것이다.

소녀 시대 동작

귀엽고 또한 가엽지 않나? 섹시한 춤의 오장육부를
감쪽같이 추스르고서. 그 앞에서 늙는 거 섹시도 없이
오장육부를 요란 떨 것도 없이 그냥 들키는 일이지만
또한 노년이 가까스로 면한다, 추의 노골을.
흉측은 무슨. 숭한 느낌도 없다. 귀엽고 또한 가엽지
않나, 약동하는 순결의 아름다움이 갈수록 인위적으로,
인위가 아름다움의 고통스런 완벽일 때까지 버티거나
기나긴 사랑의 기쁨으로 아주 서서히 닮거나 (사랑의
기쁨이 다소 난폭하므로 스스로 닮는지도 모르고)
모종의 이전以前으로 그 둘이 하나이거나 혼동하고
혼동되는 둘 다일 것 같은 지금, 모종의 이전이라서
장한 생각, 도저히 할 수 없지 않나?

여성 누드모델

20세기 들며 입체파, 야수파, 다다이즘, 초현실주의,
미래파…, 이즘들이 역사 전체에서보다 더 많이
난무하는 것이 현대 미술이지만 나의 알몸으로 보면
등장인물이 몇 되지 않는다. 알몸의 난무에 턱없이
모자라지. 겹치기 출연에 우후죽순도 그렇게 초라한
우후죽순이 없고 내 알몸이 항상 알몸 자리에 있건만
싸돌아 다니기는 왜 그리 싸돌아 다니는지 온 세상이
지들 것 같다. 예수 제자들은 예수라도 있었지. 신이
죽었다고 떠벌리면서, 세계대전에서 세계대전으로
공포를 모시고 다닌다. 그들이 깼다는 규범은 대문자
신이 죽었으니 이미 없는 규범이고 공포를 오직
알몸이 직면하고 관통할 때 이즘은 알몸의 뚜쟁이에
지나지 않는다. 혁명에서 혁명으로 혁명의 실패를
모시고 다니며 혁명적인 육체 죽음의 문법과 도약을
평화의 아름다움으로 번역하기는커녕 말살하고
누가 뭐라지도 않는 제 비겁을 권태로 가린다.
이것들의 예수가 나의 알몸이다.

글자

뜻에 더럽혀진 몸의 순결을 되찾으려 소리에 집착하는
순간 소리글자의 수명이 다한다. 뜻이 몸이라 개념이
한 개도 없는 그림 글자가 이해할 수 없어 당황하고
굳어 버린다. 그러니 그림 글자 영원하지. 소리글자가
쉽사리 다음 수명으로 넘어가는 소리가 아라베스크
그로테스크에서 로코코가 태어나는 소리이다. 뜻은
될 수 있는 대로 나중에. 이제는 변형이 완성되어 소리
글자 소리가 소리글자 수명이니. 전생이 이미 그림
글자 전생이고. 소리글자는 그제서야 비로소 순결한
개념이고.

옛날 삽화

선이 가늘고 풍부한 펜화, 아주 옛날 삽화이다.
시대가 상관이 없어 선이 더 가늘고 풍부하고
'시대적'이 더 코를 찌른다. 배경도 이야기의
윤곽도 상관이 없어 선이 더 가늘고 풍부하고
전모가 더 친근하다. 창작의 국적도 국적의
마모도 상관이 없어 선이 더 가늘고 풍부하고
흘러간 것이 더 안쓰럽다. 이렇게 정다운 것은
지상의 것이 아니라고 말할 수 있다. 아주 옛날
삽화이다. 저승은 아니고 내 생의 거의 대척.

과연

바이킹이 바이킹 지도대로 움직였을 리 없다.
바이킹 지도가 바이킹 움직임을 그리고 있다.
시간보다 더 진보하는 것이 진보인 진보가 흔히
시대착오에 빠진다. 바이킹은 우리가 알 수 있는
것보다 더 넓은 지역을 더 이른 시기에 더 빠른
속도로 돌아다녔다. 먼 과거 종족 대부분이 역사
밖으로 그랬겠으나 아마도 바이킹은 정복과
주파를 구분하지 않았다. 간간한 정착이 문화,
주파가 문명이었다. 우리의 예상까지 주파한다.
고대 문명들 역사 지도에 바이킹이 없다. 과연.
반바지. 나를 주파하는 여성.

이런 비

비가 어딘가 사투를 온전히 씻으며 온다.
폭우 장맛비 아니라 내리는 것이 흐르는 비.
중국은 땅이 워낙 넓어서 최초 지명이 그냥
산 동쪽 산동, 산 서쪽 산서, 강 북쪽 하북, 강 남쪽

하남, 그렇게 산과 강과 동서남북이 생겨나지 않고
생겨 먹었다는 거. 거의 적폐 그 자체인 사투이다.
씻기는 것이 사라지지 않고 다만 사투가 사투를
벗고 살갗 촉촉하다. 인간이 짐승에 가깝던 시절
공맹이 세운 예는 무겁고 딱딱하고 갑갑할 필요가
있었다. 죽여 줘, 죽고 싶어, 죽어도 좋아… 어떤
류의 흐느낌과도 무관하고 가녀리고 묻어 나지
않는 비 내린다.

위계

헐벗은 소비에트
미인은 내가 사랑한 적 없는 모든 여성의 이름이다.
모든 이론이 홀딱 벗은 육체 없음이다. 아주 세밀한.
전쟁이 있었다. 지명이 납작 엎드려 땅 아래로
가라앉고 헐벗음의 위계가 있었다. 무슨 그따위
이야기가 있느냐는 듯이.

일순

음악 세다. 소리 내지 않고 눈에 보이는 모든 것의
입을 장악한다. 보이는 것이 보이지 않는 것의
눈을 장악하는 것보다 훨씬 더 세다. 그건 장악도
아니지. 가장 많은 것을 받아들이는 눈이 가장
많은 것을 놓친다. 감촉은 정말 우리끼리이고 셀
필요가 없고 냄새는 과거의, 맛은 미래의 일이다.
연극도 미술도 세다. 일찍이 총체 감각이 감각
총체의 일순을 영원으로 형상화하였다. 그것을
깨는 시간이 흐르지 않고 그것을 깨느라 시간이
흐르지 않고 그것을 형상화하는 시간이 형상화
하느라 흘러왔고 흘러간다. 누구나 죽어왔지만
역사 세다. 누구나 죽을 것이지만 미래 더 세다.

눌러 앉아 한 귀퉁이씩 차지하지 않고 우리가
증명 결과보다 높은 수준의 증명 과정을 남긴다.
유산과 행적으로 남기지 않는다. 정말 남는 것은
드러남이 미래의 결핍이고 뼈대이고 구성인
해석의 어떤 목차이다. 틀리지 않고도 역동적일
수 있는. 목차에서 빠진 것들의 목차이거나.

고고 탄생

삽화는 없고 제목에도 색을 입히지 않은, 아담한
크기와 손에 두툼히 잡히는 두께의, 사기 직전인
페이퍼백 신구약 합본 성경책이 성경에 딱 맞다.
신구 연관에도 딱 맞다. 종교 밖으로 발굴되는
진실이 조심조심 페이지를 넘기면 바스러지지
않고 있을 것. 다시 돌아올 수 없는 곳으로 갈 때
어떤 의무로 가져가야 할 책이 딱 한 권 있다면
이 책일 것. 이승에서도 다시 만날 것 같지 않다.
고고의 탄생이 발전할 뿐이다. 시보다 더 아끼는
시 메모지가 있을 수 있다. 중세 성경책 황금 덧칠과
문양도 중세 나름의 고고학적 사정이 있을 것이다.

다행

바뀐 지 2주 지난 이 정권 아직까지 아주 잘하고
있다. 십 년 가까이 이쪽저쪽 쌓고 쌓여온 두껍고
무거운 분위기가 양쪽 다 걷혔고 이 정권 어느새
새 정권 아니라 이 정권이다. 당분간 시사가 전보다
더 중요할 것. 파란만장이 감격을 낳지 않고 거꾸로
이지만 좀 그래도 된다. 운 좋다, 이 정권. 쾌속의
변화에도 불구하고 자랑할 만하지 않은 일을
자랑하지 않으니 정권 탄생에 그만한 다행이 없다.
이제 누구를 지지하고 지지하지 않는 일에 어떤

부담도 없을 수 있다. 객관적인 정치적 지도의
구현에 동참할 수 있다. 그것도 못 하면 정말 병신일
밖에. 두고 볼 것은 없다. 미래 전망을 위해 정치와
시사가 사이좋게 갈등하는지쯤은 되어야 두고 봐야
할 일이다.

거울 역
-강정에게

과녁 적중률을 높이려고 사거리를 갈수록 늘이는
궁수가 있다. 그렇게 시인이 무엇을 실험하지
않는다. 평생이 실험이다. 더 깊은 절망을 전제한
형상화의 절망을 심화하지만 절망의 깊이가 희망의
깊이를 낳는 결론을 끝까지 허락하지 않는다. 하긴
희망이 절망보다 나을 게 무엇인가. 그러나 그 결론을
우리가 허락하기에는 그의 활시위를 벗어난 화살이
그리는 포물선이 너무 팽팽하여 활시위 같은 것이
바로 적중이다. 그가 숱한 젊은 파들의 선구이지만
아직도 파가 파인 순간 낡을밖에 없는 현실을 비추는
거울 역逆으로 젊다. 가장 젊지 않고 계속 젊다. 그의
활시위 혹은 시의 근육이 그만 끊어질 때까지는.

블랙홀

직전의 직전의 직전…. 그런 식이 최적이다. 인간은
결과에 값하는 동물이 아니다. 우리가 이렇게 모여
있지 않나? 이미 들어선 블랙홀 안에서 더 깊은
블랙홀 안으로. 블랙홀은 블랙홀 안만 있고 더 깊은
블랙홀 안으로만 빠져나갈 수 있다. 지나온 생애를
디자인하는 생애가 있다. 입에서 입으로 모든 곳을
다소 몸소 돌아다니며 모든 것을 다소 몸소 받아
들이는 노래도 블랙홀이고 노래의 생애도 지나온

제 생애를 디자인한다.

메디풋

'발가락 벌리개'라니 도구 이름이 이렇게 야한 것도
그렇고 처음인 것 같고 발가락 사이 끼우는 쾌적
쿠션 최고급 실리콘 젤이 발가락 사이에서도
악취를 흡수하지 않고 손가락 사이에서도 희고
앙증맞고 야들야들하니 기존의 발의 아름다움
체계가 온데간데없이 발레 슈즈는 물론 온갖 노력과
무관해 보이는 것도 처음인 것 같고 인간의 직립
보행이 유인원 시절로 끝난 얘기 같고 메디풋,
상품명이 보통 명사로 승격할지 알 수 없지만
괴이하게 죽은 아메리카 인디언 전사 이름 '빅풋'과
정반대 같고 엄지 위로 기어오르는 검지 발가락
막느라 그것을 착용하는 아내의 서글픈 나이보다 더
발가락, 발가락 그 말이 서글프게 들리고.
발가락이 발음하는 발가락 같고.

죽은 자 리허설

소리만 남은 죽은 지휘자 리허설을 듣고 있으면
당연히 죽음을 리허설하는 장면이다. 지휘자가
지휘자 죽음 아니라 음악이 음악의 죽음을.
지휘자가 자신의 죽음을 예견한 경우에도 육성이
관계없는 일을 관계없는 자가 치르는 것 같다.
왜냐면 죽은 자 리허설 그때그때 지휘의 특성이
옅어지는 그만큼 작곡이 두드러진다. 혹은 죽음
속으로 사라지지 않고, 녹아들고 아주 조금 죽음의
성격을 변화시키는 것이 작곡의 특성 같다.
종교와 정치가 천 년 넘게 분리되지 않은 어떤
대륙 역사의 가장 극적 아니라 극치의 장면들이

이랬을 것 같다. 그 장면들이 천 년 넘게 종교와
정치의 분리를 막아주었을 것이다. 죽은 자 리허설,
소란스러운 중에도 소란스러울수록 그것은 그렇다.
영상으로 남은 죽은 자 리허설은 음악의 장면에
미달하지만 공연된 죽은 자 음악은 공연된 죽은 자
음악이고 소리로만 남아도 영상으로 남아도
그것은 그렇다.

현악 4중주 동구

각자 충분히 우아하므로 모이지 않아도 되는
서로 다른 현들이 모이면서 불행하다. 우아 때문에
흐느낄 수도 없다. 우울이 한없이 깊어 갈밖에 없는
것 같다. 혁명적 집단이 현대적이라고 우기는
소비에트와 다르고, 현대야말로 개인적이라고 화려히
엄살떠는 서유럽과 다르고, 까닭 모르고 뒤처져 뭔가
음흉한 동유럽과도 다르다, 동구 뉘앙스. 전 세계에서
유일하게 낡지 않은. 현실 사회주의 종주국 소련에
억눌리면서도 장하다 폴란드, 체코슬로바키아,
헝가리 이름… 도시들 이름은 더 장하고 간직하고픈.
아니 오래 간직된 이방의 이단 같다. 부다페스트,
프라하, 바르샤바… 소도시들은 말할 것도 없다.
충분히 우아하여 모이지 않아도 되던 현들이 모였던
이유가 무작정 정치 위해서 아니라 어떻게든 정치에
맞서서였다는 듯이.

환대

통 크기로야 신대륙을 발견하고 돌아온 콜럼버스를
그의 조국 왕과 왕비가 맞는 장면만 한 것이 또 있겠나.
세계가 세계를 품었다. 수천만 명을 죽여 수천만
명이 죽은 제2차 세계대전도 통은 훨씬 작았다.

본인들은 몰랐지. 정말 큰 것은 시간의 망원경으로
지구를 농구공 크기로 만든 우리의 통이다. 우리가
죽어서 전지전능한 누군가의 품에 안기지 않고 갈수록
전지전능한 후대 품에 모든 뒷일을 안심하고 맡긴다.
환대歡待가 있었다. 골 지방 지금의 빈으로 유배되어
죽은 헤롯 아들이 있고 무명용사를 밤새 밝히는 것이
하늘의 별 아니고 지상의 횃불이다. 그것도 크게
지난 일이다. 환대가 있다. 만 년에 걸친 역사에
만 년에 걸친 주거와 건물이 있을 것은 당연하다.
13세기 성당이 있고 그 사실이 더 분명한 도시에서
더욱 주거가 건물을 낳지 않고 건물이 주거를
상기시킨다. 우리가 자연을 한 줌도 남김없이
없애고 아예 자연의 개념을 삭제하지 않는 한
환대가 있을 것이다.

양파 거짓말

거짓말은 참말의 반대말이 아니다. 하나 마나 한
얘기를 반복하는 것이 거짓말이라니까?
없어질 때까지 계속 까지기만 하는 양파가 좀
난해하기는 하다.
다시는 행사 시를 안 쓰지 않고 다시는 행사 시
제목을 뜻으로도 미리 정하지 않겠다.

지명의 탄생

작품보다 초상이 초상보다 그것을 그린 화가가
더 유명한 어떤 작가가 불행하기 전에 금융이
물질다. 유통의 유통, 형식의 형식으로 구성된
가장 끈질기고 환상적인 실물이다. 7세기 건축된
수녀원이 있고 아벨라르의 엘로이즈가 피신했고
브라크가 태어났고 그전에 마네, 모네, 드가가

머물며 작업한 도시가 있다. 금융보다 더 금융적인
지명이 아직도 탄생 중. 탄생이 아직도 집중하는 중.

근육의 신화

아르고호 선장 이아손이 자책한다; 헤라클레스를
내 배에 태우다니 내가 무슨 짓을 한 거지? 강력한
근육으로 신화가 된 그가 잡아당기지 않았다면
황금 양모는 물론 내가, 모든 선원들이 역사에
편입될 수 있었다. 테세우스, 오르페우스, 쌍둥이
카스토르와 폴룩스. 나머지는 식은 죽 먹기였다.
그런 죽을 고생을 하고도 여행 전체가 신화에
머물고 만다. 내 사랑 마녀 메데이아가 잔혹으로
현대 여성 반열에 오르지만 그건 배가 도착하고
선원들이 뿔뿔이 흩어진 후 그녀와 나 사이 일이다.
왜 태웠지 헤라클레스를? 우리의 여행이 분명
헤라클레스 노동의 일환은 아니었다. 그러고 보니
헤라클레스가 그 엄청난 마구간 청소 노동을 치른
아우게이아스도 탔었군. 도대체 몇 명이 여행의
언제 어디서 탔던 거지? 근육의 신화, 분명들이
가장 헷갈린다. 승선과 하선만 있고 끝나지 않는
나의 여행이 신화 속에서 그나마 역사 비슷하다.

화창한 날

고층 빌딩군이 상업의 위의를 이룬 테헤란로나
논현로 뒷골목 일방통행 맛집 거리이다. 음식이
좁은 바닥을 이리 아기자기하게 이어갈 수도
있군. 복장 날 것으로 화사하다. 몸매 날씬하고
몸매 표정 자신만만하다. 다 소용없다. 물오르는
것들이 그 모든 번영과 번창의 대도시에서도
전혀 이상할 것 없는 자연이 세련 위로 물오른다.

나를 빨아들이는 현기증을 뭔가가 둔탁하게
치며 내가 죽을 수도 있다. 교통사고라고
부르겠지만 그 후는 물론 그전에도 나와 상관
없는 일. 오월이다. 절정이고 곧 끝물이다.

탑골공원

노인네들만 안다. 거기는 입장료 2천 원 영화
상영관이 있다. 젊은이들은 모르는 영화이고
요즘 영화를 이해할 수 없는 노인들만 아는 영화.
해장국 한 그릇 값도 2천 원이고, 버티는 게 아니지.
만 원이면 노년의 하루가 넉넉하고 품위 있다. 추억의
옛날 영화 아니다. 화면에 비 오지 않고 그렇게 깨끗할
수 없고 자막이 비에 뭉개진 듯하지 않고 또랑또랑
분명하다. 자신의 과거가 어렴풋 비치는 내세를 보듯
노인네들이 보는 영화이다. 의탁할 곳을 걱정하는
노인네들이 있더라도 걱정이 잠시 잠시다. 왜냐면
내세가 바로 의탁이다. 탑골공원 노인네들 복장이
다른 데보다 눈에 띄게 신사적이다.

농담의 왕따

오늘 떠벌인 농담이 나를 왕따시킨다.
수백만 명이 촛불 시위 벌이던 광화문
새벽 두 시 '빈차' 택시들 줄줄이 그냥 지나간다.
핸드폰이 없으니 '예약'을 부를 수도 없다.
앞으로도 떠들썩할 생맥주 소통의
광화문 시대가 '너는 오지 말'라는 것 같다.
못 가면 안 갈밖에. 야밤에 교통이 없으니.

분배의 미학

파버카스텔이 간간이 대중화를 표방하면서 재질과
디자인을 바꾼 값싼 샤프를 선보이는데 이번에
기적이 실현되었다. 단색 시리즈 Colormatics, 얇고
짧고 가볍고 '파버카스텔' 글씨가 보이지 않아도
보석 디자인이고 자루당 2천 원밖에 안 해서 마누라
지청구를 못 들은 척 눈에 보이는 색깔 별 다섯 개씩
스무 개를 샀다. 아낌없이 쓰고 집에 놀러 오는 글 쓰는
후배들한테 즉석 선물하려면 적당한 수이다. 가녀린
허리께 얌전한 접착물 떼 내고 하나 써보니 색감이
필기를 더욱 조심스럽게 하고 0.5밀리 샤프심 느낌이
두 배로 부드럽다. 좁은 꽃병 필통에 모두 꽂아 놓았다.
앙증이 뽀족뽀족하다. 이래저래 후배들한테 좋겠다.
깨기 싫은 고요의 긴장의 완벽이지만 나는 분배의
기쁨을 위해 샀고 그것보다 한 수 위인 분배의 미학이
있을 것 같다. 값이 쌀수록 효용이 귀금속 같은.

다과와 음식

첫아들과 며느리 데리고 아내와 냉면집 을밀대에서
점심 먹자니 헷갈린다 카페 세대와 남북통일 세대가.
경의선 숲길 공원 바로 옆이니 헷갈림이 유구하다.
냉면 기계 하나 들고 남하한 창업 노인과 단골 아버지
두 고인도 함께 먹는다. 아내가 면 굵은 평양냉면을
귀하게 먹고 아들 내외가 맛집 메뉴로 먹는다. 원래
모두 어울리는 맛이었구나, 이 집 냉면 고명 없는
곱빼기, 입구 좌석 반값 그대로 을밀대는 강남,
일산 본점도 성업 중이고 경의선은 도라산까지
지하철 경의중앙선이 문산까지 간다. 어디가 더 먼지
모르겠다. 냉면이 다과일 수 없는 것은 분명하다.

부조리 이후

몸이 연극에서 해체되지 않고 연극 속으로 해체를
완성한다. 몸의 전위 아니라 전위의 몸이다. 포스트
모더니즘이 실패를 참칭한다. 중요한 것은 없음의
몰. 다름 아닌 죽음의 무게가 줄어야 하는 부조리
이후. 혁명에 혼비백산한 정신의 원초화를 몸이 오직
몸으로 관통하는. 언어의 연극. 몸이 몸의 언어
아니라 정신 분석 제의에 너무 지치기 전에 우선은
이목구비와 근육의 각도 너머 표정으로.

생전의 전집

내용 없는 전집은 문학 없는 문학관보다 더
어이가 없다. 가지 않아도 틈틈이 도착하는
내용 없는 전집은 어느새 내용 없는 형식이
유구하다. 내 생이 허물어지는 유구한
형식. 생전의 전집이 내용 없는 전집이다.
전집은 누군가의 죽음으로 생을 다시
보자는 행위이다.

3부

개봉開封: 등이 많이 굽은 직관

유튜브 아이디 Gullivior, Forgotten Pianists

전체의 일부를 연주하지 않고
일부가 전체인 대중적인 소품
창조에 진력하는.

과정의 결과

소비에트가 너무 노골적이고 전면적이었지만
어머니 대지는 성적 매력을 노동의 과정으로 푼다.
매 순간이 결과인 연주가 그것을 예술적으로 안다.
자연의 아름다움도 우리가 생각하는 자연의
결과이다, 예술 못지않게 갑작스러운. 과정들의
갑작스러운 결과들의 갑작스러운 총화. 거기서
다시 시작한다, 인간 문법과 자연 생장이 합치는
급작스러운 희망이. 나머지는 인간이 너무 시끄럽고
치사하고 호모 먹방이고.

통점의 등장

날씨가 좀 우중충하면 두드러기 나고 환절기
예민한 온도계가 내 몸에 내장된 지는 오래이다.
창문을 조금씩 열었다 닫았다 하면서 체온을
조절하는 습관이 있는데 최근에는 더 복잡한
통점이 허리와 복부 중간 애매하고 오묘한 곳에
생겨났다. 많이 피곤하면 많이 아프고 조금
피곤하면 아프고 피곤이 풀리면 씻은 듯 없다.
안으로 숨은 대상포진? 병원에 가 보지 않았다.
건강 관리 담당 비서의 등장 아닌가? 예고 없는
초인종처럼 삐릿삐릿할 때도 있으니 거의
손님 너머 주인공 등장이다. 운반하는 느낌이
전혀 없고 그냥 육체의 어떤 문학 개념 같다.

창작 날것의.

아르메니아

실제와 실제의 기록이 다른 원론도 넘어 실제 없는
실제 기록만 있는 사실이 돌이킬 수 없는 결론으로
우리 코앞에 닥쳐 있다. 무기력한 객관이 삼파전을
불렀으니 이제부터 거꾸로, 싸움을 정교화하는
일로 객관이 새출발해야 한다. 객관의 형식 아니고
객관 형식이다. 아르메니아 역사가 있고 아르메니아
이름이 있다. 문명이 서진했다는데 티그리스
유프라테스 레반트 아나톨리아 그리스, 로마, 이건 뭐
볼 때마다 세계 지도가 움직이고 안 볼 때마다 '동쪽의'
위치가 바뀌고 헷갈리고 그러므로 당분간, 무언가
어딘가 또랑또랑해지는 순간이 객관이다. 누구나
희망 이전인 시간에서 절망 그 후인 공간까지 오고
희망보다 절망 그 후가 더 중요하다.

하지

밤은 쉽다. 고요한 밤이 거룩한 밤이라 예수가
태어나지 않았나. 어둠은 쉽다.
낮은 다르지. 더군다나 도시의 대낮은.
성당이 아무리 많아도 도시 미관을 해치고
교회가 아무리 많아도 소음을 보탤 뿐이다.
도시는 밤이 밤으로 낮이 낮으로 이어지지 않고
언제나 낮이 밤으로 이어져 밤을 지우고
휘황찬란할수록 밤이 낮의 시늉이다.
거룩하려면 도시가 성당과 교회를 품거나
교회와 성당이 도시를 품거나 둘 중 하나여야 한다.
하지에 너무 많아서 품을 수 없는 것들 땀 흘리며
추하다. 오줌싸개 이불 지도처럼 하루로 충분히

벌이다. 사실은 고요한 밤도 품어서 거룩했다.

문운

딱히 대단할 게 없는 것을 알았고 지금도 알지만
문학은 내게 보이는 가장 희미한 길을 가고 싶었다.
문운이 그렇게 한 사십 년 지속된 모양. 문제없으니
더 길어질지도. 내가 끝없이 실험하는 것은 생각의
실감 너머 생체이다.

이름

집 안의 방문이 밤에도 덜컥 쿵쾅댄다.
집 안이라 이상할 것이 없지만 집 안이라
이상한가, 이상하면 안 되지? 밤에 아내와 서로
질문으로 끝내다 대낮의 경비실에 물었다.
대낮은 질문으로 끝날 수 없는 시간. 아내와
나의 아파트 천장 바깥 옥상에 있는 물탱크
무슨 기계실 문이 고장 나서 닫히지 않고 소리
죽은 밤마다 덜컥 쿵쾅댄다는 답변이었다.
그랬나? 바깥이니 이상할 것이 없지만
바깥인데 우리한테 왜 이러지? 고쳤다는데
고장만 남은 문처럼 덜컥댄다. 정말 이상한
것은 나의 심장. 어느새 무엇을 헷갈렸는지
여기 실내 바깥 혹은 저기 바깥 실내에서 쿵쾅
댄다. 나의 이것이 혹은 저것이 혹은 그것이.
이상이 정상의 이단의 정통의 윤곽인 듯이.
변화하고 변형하는 모든 주체의 이름이 변화와
변형을 명명하지 않고도 끝까지 주체를
명명하려 그 윤곽에 머무는 것처럼.

잔다리로

마포이니 걸어가도 강 건너 금방일 텐데 무슨
잔다크 같아서 매번 택시 기사에게 내비게이션
주소 입력을 부탁하던 어느 날 세교의 순우리말
잔다리라 하고 일순 주변이 낯익어졌다. 양화
대교 앞에 잔다리 아닌 다리도 없겠으나 양화
대교 전에 있던 잔다리 지금은 없고 일제가 개명한
동네 이름만 남았었다. 잔다리. 일제 싫다고
조선으로 돌아간 느낌은 아니다. 잔다크 세다.
잔다리로에서 너무 먼 과거가 소녀만 남았다.
그런데 왜 잔다리로이지, 잔다리길 아니라?
하긴 같이 돌아온 독막도 새우젓 독 저장하던
막幕이군. 36년 일제 한자를 벗어도 수천 년
중국 한자는 벗을 수 없다. 뼈를 어떻게 벗나?
지금은 하천이 복개되어 찾을 수 없지만 아랫
잔다리 마을(서세교리)이 오늘날 서교동, 윗
잔다리 마을(동세교리)이 동교동이다… 〈서울
지명사전〉을 아무리 짜깁기 해도 옛 식민지
지명이 도돌이표를 벗어날 수 없는 모양이다.

올해의 작업

삐뚤삐뚤한 것들이 모여 더 삐뚤삐뚤하다.
그러기 위해 모였다 해도 과언이 아니다.
늙은 마음은 무슨 속셈인가. 버틸 튼튼한 내용이,
받아들일 드넓은 형식이 있다는 건가, 아니면
삐뚤삐뚤 그 자체로 늙은 마음이 늙은 만큼
마음의 형식에 가까워지는 소리인가?
삐뚤삐뚤 모이는 것들이 모이는 데 너무 오래
걸리면 모이는 까닭은 물론 모이는 것도 모른다.
싱겁게 삐죽삐죽 솟는 높이의 재조정처럼
올해도 모으는 것이 올해의 작업이다. 올해도

뒤에서 다닥다닥 기어오르는 조망이 필요하다.

예능

우리가 아는 것을 아는 예능이 섹시의 망가짐으로
우리를 놀래키는 작전을 편 것도 오래전 일이다.
예능이 포스트모던의 포스트모던이다.

현대 거룩

굶주려 야위며 드러난 중세 갈비뼈 선의
세련된 묶음 다이어트의 가장 날씬한
성욕을 지우지 않고 성욕보다 가늘어지는
음악의. 음악은 아무래도 소리가 온갖
사달의 근원이라는 듯이. 현대 거룩,
때로는 중세 갈비뼈 선이 현대보다 더 현대적인.
중세 도덕은 아니고. 도덕은 예나 지금이나
거룩과 무관하고. 거룩할 수 없고.

영선반장

모든 아파트 관리실에는 여자 이름으로 시작되어
노동으로 마감되는 영선반장이 있다.
영선은 營繕, 뭔가를 새로 짓거나 수리하는 엄청난
일이지만 영선반장은 새로 짓지는 않고
아파트 실내 고장 난 것들과 곳들을 고치기만 하고
사실 이사 온 첫 며칠 동안 영선반장한테
물어보라는 소리를 종종 들을 뿐 그 후로는 부를
일이 드물어서 그런 뉘앙스일 수도 있다.
아파트 실내 수리가 공장 노동은 아니고 아파트
영선반장은 아파트 관리실 소속 아니다.

실로 30년 남짓 만에 어제 왔다. 어머나…
아내가 안 들리게 탄식하고 그 영선반장
몸은 물론 호칭의 여자도 작업도 폭삭 늙었다.
약 삼십 년 전에 자세히 보지 않았으나
폭삭 늙었으니 그일 것이 분명하고 그가 그 영선
반장 맞기를 간절히 바라는 것은 나의
어설픈 노동이다. 여자 이름으로 시작되지 않아도
좋으니 영선반장이 대규모 공장 작업반장
명칭이기를 바라는 것도. 그때까지는 영선반장
무지 슬픈 호칭이다.

창의

매복이 너무 가까운 짐승 같다.
앞날을 어찌 알겠나. 포식의 주체 객체가 없다.
움직이지 않고 움직일 때를 기다리다가
덥석 무는 것이 누구? 매복이 너무 가까운
짐승 같지 않을 때까지 기다린다.
먹이를 겨냥하지 않고 먹이가 무엇인지 모르고
사냥 개념이 없을 때까지.
움직이는 모든 것이 제 움직임을 덥석 문다.
야만의 나날이 천지창조인 것처럼 창의,
피 뜨거운 기억만 남아.

빈 왈츠

나태의 응집인 권태의 짝퉁 예술이 파시즘의
애인이다. 빈은 숱한 침략에 무뎌진 보수의
본령. 역사가 내내 아주 조금 뒤늦은 작전이었다.
당하는 형식으로 저지르는. 모르지. 핏줄 땡기는
자식 같았을지도. 히틀러가 강제한 합병을 국민
투표 찬성률 99.78%로 추인한 나라의 고도이자

수도이지만 죄 없는 피해자와 얼핏 진지한
피해 의식만 있다. 하여 빈 왈츠. 사실은 망한 지
한참 된 왕가 제국의 짝퉁 '좋은 시절'을 지겹게
예찬하던 빈 왈츠를 시민들 지금도 신년 맞이
콘서트로 즐긴다. 왈츠가 정치와 무슨 상관?
중립과 평화를 표방하는 빈이 살기 좋고 관광객
많은 도시 1위이다. '좋은 시절'은 더 화려한
짝퉁으로만 가능하고 은닉에 가장 유리하고.

산수

다녀갔다. 기다림 남기고. 다시 올 것은
기다리는 기다림 아니다. 첫 기다림이다.
네가 다녀간 사실이 자꾸 지워진다.
네가 여러 번 다녀갔어도 나는 여러 겹
첫 기다림이다. 네가 온다더니 오지 않고
내가 다녀간다. 'ㄱ'으로 시작되는 모든 것이
'ㅅ'로 시작되는 모든 것을 가로질렀다.
곱하기 나누기보다 조금 더 나은 산수였기를.
쌀 떨어진 말 실감 난다. 말의 문법인
그림에서 그림의 문법인 말까지 내가 보았고
들었고 말했다. 보는 것이 듣고 말하는 것일
때까지. 기하부터는 죽음과 아름다움의
영역이고 일이다.

딴소리

도시가 성과 저잣거리의 합이라면 무엇이 무엇을
품든 도시 전체가 위풍당당한 요새처럼 보일 경우
이상할 것은 알겠다. 상업 번창이 진창의 아랫도리를
벌리는 모양이 도시 외양 전체일 수도 없다. 상업도
상업이 먹여 살리는 식구, 가정이 있고, 도시가 바로

성과 저잣거리 합의 이상이고 관념이다. 곧은 소리가
곧은 소리를 부르는 것은 김수영 시 「폭포」이고
이상은 딴소리가 딴소리를 부른다. 터키 커피 원두
포장이 스타벅스보다 후질 것은 알겠다. 터키 원두
커피 맛 독특한 것도 알겠지만 그거야 뭐 세상에
독특하지 않은 상품이 없으니 그렇고, 어딘가
토속적이지만 터키 토속적인지 커피 토속적인지
알 수가 없다. 직접 가서 직접 마셔 보면 더 모를
것이 분명하다.

화강암

그 안에 본존불 있으면 다 있다. 내가 있는
바깥에 아무것도 없다. 까닭 하나 없다.
지상의 최상의 결론. 방대하고 둥근 공 ^{空}의
마침표. 어떤 외모도 없이 내용만 있는 형식.
받아들인 적 없이 그 안에 다 있다. 석가여래니
아미타불이니 명호는 무슨. 바깥에 있는 내가
그 안에 있다. 석굴암은 그런 화강암 미학의
기적. 마침표를 능가하는 마침표 미소. 인자의
세계. 온기의 육화.

소리의 이전

다정을 위해 손바닥 위 모든 것이 제 몸보다 작다.
모든 것이 아주 작아도 될 것 같다. 그림엽서들이
튀어나온다. 꽤 오랜 시간과 먼 거리 알몸 노출을
견디고 도착했던 것들이 오랜만에 느닷없이.
실내는 다정한 바로 그만큼 은밀해야 하지만
뭐 하러 그리 오래 알몸의 다정? 그런 소리는
완벽한 차원으로 이전한 오래된 그림엽서들이.

최초의 미래

문득 떠오르는, 급격이 참신하고 참신이 급격한,
나쁜 생각일 확률이 적고 의심과 무관한. 자본주의를
극복하는 언어 구조의 실물 감이 언어 구조와 극복보다
더 먼저 오는 급격의 참신과, 한없이 낡아도 낡음의
윤곽이 한없이 선명한 참신의 급격. 엄청나서 벌써
결과를 주체 못 하는 실마리. 시작과 절벽의 대비될
운명. 최초의 미래.

있을 수 없던 일

거기 있으라 불안의 더 강력한 육체적 명징, 양차 세계
대전 사이 파시즘 육체를 벗고 단 한 번 반복, 단 한 번
명령, 단 한 번 인주 자국으로 거기 있으라. 오랫동안
잊혀지지 않은 것들은 잊혀지면 안 되는 것들. 현재가
돌아갈 수 없고 과거가 돌아올 수 없으니 더욱 강력히
거기 있으라. 과거를 돌이킬 수 없는 까닭이 미래를
돌이킬 수 없는 까닭에 또한 달하기 전에.

종합

감각은 사실 받아들이는 것이 일이라서 기타 등등에
무겁고 축축하게 연관되고 싶지 않지만 매질이 문제.
슬프게 해줘…. 그 소리를 마지막으로 벗은 피아노가
피아노만 남은 사랑의 끝이다. 감각은 그 종합이고
싶다. 살도 이제는 오해를 피하고 싶다. 오해의 종합일
수는 없지. 사랑을 수습하지 않고 사라져 모든 것이
지워진 표면마저 지워진 정신의 종이이고 싶다. 백지
아니다. 사랑의 끝이고 매질이 더 생생한 기억이고
간직이다. 사랑의 슬픔이 끝나고 비로소. 이따금씩
예리한 통증의 예리한 무늬가 새겨지고 축적되고.

이발

키 큰 나무 여러 그루 어울려 아치를 이루면 아파트
앞에서 자연은 입구가 출구이고 출구가 입구이고
출구도 입구도 없다. 옛날에 상여가 나간 이야기는
더 먼 옛날의 전설에 지나지 않고 그 대신 한여름에
한겨울 〈닥터 지바고〉 '라라의 테마가 쏟아진다.
미용실 아닌 이발소가 이리 가까웠나? 내려가니
다른 아파트 상가이고 오래된 떡집을 보고 놀라는
놀라운 일이 있다. 머리를 깎으려면 다시 지상으로
올라가 우리 아파트 상가로 내려가야 한다. 아들
부부가 사준 구멍 숭숭 뚫린 검정 고무신이 아직
가볍고 머리를 깎으면 더 가벼울 것이다. 오르내리는
것은 착각에 한계가 있다. 그리고 이발은 이별이
아니다. 노년이 벌써 시사보다 더 가볍다. 옛날
이발소에서 별 고민 없이 종이 신문 활짝 펴고 훑어
보는 표정과 자세 각도 정도를 벌써 고전적이라고
치부하지 않나? 시사보다 먼저 낡는 것이 문학의
시사 언어이다. 수양버들 뒤집어쓴 것 같던 머리를
깎고 내가 아내 말로 한 이십 년 젊어졌다.

마스터 클래스

팍스 로마나 세계 평화는 무슨. 제국주의는
단 한 명이 남을 때까지 제국주의이고 우리네
없는 백성들은 어느 편이든 유혈을 피하는 게
상책이다. 살아남는 요령이자 습관이 제국
평화의 최대치이다. 민주주의라고 처음부터
달랐던 것은 아니다. 냉혹한 추위와 야만의
북구 태생 아닌가. 오래 집적된 최고 수준의
예술이 민주주의 최고 수준의 평화이다.
반복되는 아침마다 새로운 아침인 어떤
디자인의 선명처럼. 그 전은 구중궁궐에

안치된 미인이 꼭꼭 숨을수록 아름다웠듯.
우리가 모범 시민 소리를 듣는 그 후에도 스승의
혼신이 제자의 혼신에 혼신으로 전달되는
마스터 클래스처럼.

연수의 면적

행색과 대열이 조금 지친 대가족 소풍 같은 희생자
추모 순례 사진을 보면 감동이 아리고 아프다.
인류가 지구 전체를 식민지화하는 데 180만 년이
걸렸지만 대단한 것은 인류가 인류로 되는 발걸음의
연수의 면적이다. 농업이고 광업이고 수산업이고
상업인. 할 일이 해야 하는 것을 앞서는 순례가 나의
지도이다. 상상할 수 없는 연수를 눈에 보이는
면적으로 번역한.

이승의 타살

자살은 자살도 하지 않은 우리에게 슬프지 않고
자살은 하지 않은, 자살을 하지 않은, 자살을
하지 못한 우리에게 슬프지 않고 그냥 자살을
하지 않을 우리에게 슬프다. 비극이지. 자살한
자살이 어느새 저승으로 무대를 옮겼고. 사실은
어떤 자살도 자살이 아니고 저승도 없고 이승의
생과 타살만 있다. 아니 이승의 생이 타살이다.
자살로 완성할 수 있는 유일한 것이 이승의
타살이다. 그걸 왜 굳이 완성해야 하지? 모든
예술이 운명적으로 이승의 타살, 자본주의
체제를 극복하려는 자살의 역동이다. 지상에서
지상으로만 가능한.

답습

종교가 어느 정도 믿음의 언어를 지우듯
영상이 어느 정도 영화의 언어를 지운다.
종교의 제국이 돌이킬 수 없이 믿음의 언어를 지우듯
영화의 자본이 돌이킬 수 없이 영화의 언어를 지운다.
둘 다 미래에서 제 언어를 찾아와야 한다. 원시
기독교가 원시 기독교로 끝났듯 무성영화가 무성
영화로 끝난 후 아직까지 무성 자체가 영화 언어,
아닌가?

고정

출현이 출현하는 것은 파랑이 시퍼런 명과 정반대
방향으로 짙어서 모든 출현이 뼈대 굵게 새로운
출현이고 뼈대 굵은 새로움의 출현이다. 출현의
수를 셀 수가 없다. 고정 출연은 출현이 아니다.

꺾이다

오징어 말린 좀 쉰 냄새가 사내 살 오징어 삶은 아주
깨끗한 지린내가 여자 살 냄새이다…. 하던 얘기 계속
하는 기세로 늙은이 보란 듯이 명쾌하게 야해지고
싶지만 그 이전으로 늙은 음탕이 음탕하기만 할까 봐
접는다. 꺾인다. 오고야 말 것이 오는 긴박과 오지
않아도 될 것이 오는 체념이 그렇게 멀거나 다르지
않은 느낌. 체념이 긴박 못지않게 중요하고 긴박이
체념 못지않게 흙냄새 나는 느낌. 초라할 수 없지
않고, 초라하지 않은.

인상의 고착

이상한 것을 이상하다고 하는 괴짜 운운이 정말 이상하다. 인성은 고정 너머 집착이 문제 아닌가. 노년은 사진이 욕망의 가장 왕성한 배설. 찍히든 찍든 가장 사치스런 3D 업종이다. 점잖고 희귀한 기록 사진들이 모두 셀카로 보인다. 바이올린 명곡은 어지간하면 피아노로 연주하지 않는 것이 좋아서 바이올린 명곡이고 명곡이라면 다른 어떤 악기라도 그것은 또한 그렇다.

호박 속

낡은 백과사전 디자인. 이야기가 같은 방향의 연주와 달리 도중에만 완벽한. 그러니 누가 나오고 싶지 않겠어? 우리가 아는 것은 윤곽과 표정뿐이고 다행히 눈이 흐려져도 둘 다 보인다. 흑백과 컬러. 비교 대상 없이 스스로 어설픈 느낌이 진보의 시작이다.

지하철 실물 연인

무엇이 무엇엔지 기댄 것으로, 이목구비 가지런한 것으로. 표정이 완성된. 살짝 드러낸 어깨가 살짝 드러나지 않고 더 살짝 드러낸 가슴이 더 살짝 드러나지 않고 그럴 필요 없는 것처럼. 실물은 그 여자가 그녀 아니고 그 여자 탓도 그녀 탓도 아니고 디자인이 둘 아니고 하나인. 전쟁의 비극이 비로소 사랑을 가슴 아픈 몇 개 에피소드로 삽입하지 않고 첫 키스로 시작되는 슬픔이 모든 것을 디자인하는 듯이.

생활 습관

어제의 적이 오늘의 동지는 아니다. 쌀쌀한 주차장
따스한 자동차 엔진 품을 파고드는 고양이나 한 줌
볕 든 데를 종종걸음치는 참새나 시동을 잽싸게
피하느라 더 중요한 사실을 깜빡하는 습관이 하나
더 생겼을 뿐.

초판

사십몇 년 전 청계천 헌책방들을 뒤질 때
귀한 책들을 권당 오백 원 이상 준 적 없던
자랑이 있었는데 요즘 단골집 가면 입구를
지키는 허름한 천 원짜리 책 진열대가 있고
그 안에 한두 권은 꼭 있다. 놀랄 것도 없다.
꾸준히 헐어서 꾸준히 값이 내린 헌책이
마땅히 있고 천 원을 적지 않은 액수이게
하는 것이 헌책의 가장 중요한 역할 가운데
하나이기도 하다. 사지는 않는다. 옛날
오백 원이 그 역할로 더 소중하다.
개그콘서트 오백 원 거지 개그가 그런
거였다고 생각하고 싶다. 마르크스와 레닌
사이에서 이론이 부황하고 엉성한 바로
그만큼 이제는 시적으로 보이고 들리는,
어딘가 어설픈 초판 같은 엥겔스 어디 갔지?

제의

생로병사 행사가 있고 뒤풀이가 있다. 심심하지
않은 게 얼마나 좋은 일인가. 하지만 어떤 때는
살벌하다. 도로 심심하고 싶을 정도로. 아주 옛날
제의가 제의인지 모르고 내용이 형식을 압도하던

그것을 우리가 살벌로 불렀던 것 아냐? 방금 전이
감쪽같이 지워진다. 내가 내 앞에서 너무 날것이라
이론을 요하는 말살이다. 이론이 생겨난 까닭을
알 것도 같은.

공평

지구상 어디에나 구석기 신석기가, 공룡과 그 이전이
있지만 역사의 기원은 우연이다. 인간 외 생물로서는
사고일 것. 제국 식민지에서 새로운 제국이 태어나
본국을 압도하면서부터 역사가 당연 과정에 든다.
인간의 공평 능력이 생물 중 최하이고 히틀러가
아리안족 신화로 스탈린이 사이비 공평 신화로 제2차
세계대전 전사자보다 더 많은 민간인을 죽이지 않나?
아직까지는 제대로 공평할 수 있는 유일한 것이
언어이다. 사라진 언어도 사라진 문학과 함께 있다.
게르만 대이동이 보여주는 것은 역사라는 언어의
육체적인 공평이고 그 파란만장이다.

키스 영원

불현듯 유일하고 가장 구체적인 영성.
불현듯 생각보다 짧고 깊은 육체 확인.
불현듯 추억의 추상보다 과격한 육화.
불현듯 번개보다 생활적인 탐닉 금단.
한없이 어지럽고 한없이 어지럽고
싶지 않은.

국방 디자인

소문이 갈수록 추문이다. 사는 것 자체가

추문인 것을 모르는 사람 없으니 추문이
언제나 지독한 추문이어야 하고 자신의
추문을 감추려는 바로 그만큼 남의 추문을
들추려는 욕망이 들끓고 동참 너머 협동에
이른다. 깨끗해야 튼튼하지 않고 튼튼해야
깨끗한 국방 디자인이 있었다. 국방색의
추문이 압도적인 지금도 있다. 생명을 대량
살상하는 과학의 극복에 예술이 본격적으로
나서야 하는, 비장이 단순하고 단순이 비장한,
뇌쇄적이 추문 없이 뇌쇄적이고 열광적이
추문 없이 열광적인, 결별도 혼동도 혼합도
자기 파멸도 이성의 문제가 아니던 시대를
버텨낸 국방 디자인이다. 그것이 지켜낸
평화가 튼튼해서 국방 너머로 깨끗할 수 있다.
모자란 바로 그만큼 그때 우리가 뭘 안다고
그토록 선명했을까, 자문하게 만들기도 한다.
무릇 자체가 좌절인 후에도 우리가 지나온
것이 최후이다, 그렇게 말하는 디자인이다.

연출

사회주의 선전 선동이 막히고 사회주의 현실
부조리의 몸이 연극으로 쫓겨나와 서유럽의
지배적인 사조로 자리 잡은 적 있다. 번창이
자신만만에 이른 서양 자본주의가 그것마저
신상품으로 개발, 대박을 내는 포스트–기적을
기어이 연출한 것. 자본주의가 하고 싶은데
못 할 것은 없다. 부조리 연극 시대는 가고 이제
몸이 부조리 연극이다. 문학이 도를 닦는
도로에 그치는 동안. 자본주의가 또 무엇을
연출할지 자본도 자본가도 자본주의도
모른다. 남은 희망은 하나. 자본주의는 하기
싫은 것을 결코 할 수 없다.

해설과 등장

프랑스 계몽 사상가들 대부분이 혁명 시작 전에
죽는다. 어리석은 낭만주의 시인 하나가 사랑과
혁명의 시작을 동일시하고 열광했으나 사랑과
혁명의 환멸을 동일시하는 데 실패, 혁명의 더 큰
환멸을 절규하다 혁명 형장의 이슬로 사라진다….
이만하면 해설로 충분하다. 등장이 필요 없지.
해설은 등장이 바로 단절이다. 잡다하고
소란스럽게 등장하지만 등장은 오로지 전진하는
육체들, 연결은 오로지 사선을 넘는 전언들이다.
몸보다 더, 어떤 해설로도 대체될 수 없는.

스승의 죽음

문명의 쇠락기를 맞은 예언자의 절망이 대문자 신을
부르는데 철학자가 이성을 논할 계제는 아니다.
내게 스승보다 더 중요한 스승의 죽음이 있었다.
죽음은 자신의 이야기를 뺀 모든 이야기를 할 수 있다.
누구나 산 스승은 문명의 전성기를 대표하고
죽은 스승은 쇠락하는 일개 문명의 상징이다.
재현은 아무 의미가 없고 철학자가 부활은 무슨.
죽은 스승이 진보하지 않고 스승의 죽음이 문명
일반의 역동을 담보한다. 생애보다 더 장구한
단위로 역동과 역동을 잇는다. 스승의 죽음이
대화이고 죽은 스승의 이상이다.

소극장

몸보다 진한 몸의 흔적이 연극의 가장 강력한
환상이다. 이야기는 아무래도 우습게 되지.
즉흥이 가장 멀고 모방은 있을 수가 없다.

냄새가 침범하지 않고 냄새를 침범한다. 모든
죽은 것이 죽어서 있다면 이렇게 있는 것처럼
소극장, 들어가 보지 않아도 외부가 내부이다.
들어가 보면 내부가 외부이다. 모든 죽은 것이
이렇게 죽은 것처럼. 객석이 텅 비어 나도 없을 때.
생의 공포는 무슨 귀신 씻나락 까먹는 소리.
텅 빈 무대가 만장의 관객보다 더 많은 등장인물로
언제나 텅 빈 무대이다. 무대와 객석, 배우와 관객
사이가 친근해서 우리가 소극장을 애용하는
것만은 아니다. 우리가 느끼는 숨결이 따스한
것만은 아니다. 배우와 관객이 생동하는 것만은
아니다. 죽은 키릴 문자는 살아 있지 않고 산
키릴 문자는 죽지 않았다.

꿈의 감옥

깊은 잠에 들려면 짤막한 기분 나쁜 꿈이 필요하다.
깊은 잠은 꿈이 없고 기분 나쁜 꿈은 악몽은 아니고
현실에서 벌어질 수 있는 최악이 그예 벌어지니 내가
그악을 떨어 끝내 이기는 내용이다. 이 근엄한 치졸.
지친 몸을 씻어내는 지친 몸의 지친 방법일 것.
애써 지친 척을 하며 한동안 편한 잠에 들었는데
오늘 꾼 기분 나쁜 꿈은 이상하다. 꿈속 생각에 자주
꾼 꿈이고 꿈속 기억에 내가 옛날에 살던 감옥인데
내가 애용하고 있었다, 뒤로 몸을 꾸불꾸불 운용하면
빠져나가는 통로를. 매일 빠져나갔다가 매일 돌아와
휴식을 취했다. 하숙방 같은 데였고 주인한테 열쇠를
받자마자 꿈에서 깼고 깊은 잠에 들기 전에 평소보다
조금 더 생각했다. 이것이 지친 몸이 지친 몸에서 놓여
나는 것일지, 몸의 절묘한 운용이 바로 몸의 감옥인
것일지 아니면 열쇠와 정반대 형용인 언어가 감옥을
벗는 몸 대신일지. 섹스의 굴욕을 벗는 신화로
정교해진 언어가. 깊은 잠은 여전히 본론일 수 없고.

꿈의 감옥을 깊게 깊게 삼킬 뿐이고.

액자

한물간 장르의 작품들이 더 낡은 상자 속에서 갈수록
희귀해질밖에 없다. 내용이 갈수록 없는 것이 상책.
어긋난 모양새가 희귀하게 어긋날밖에 없다. 희귀
속에만 있는 희귀이다. 죽은 누구나 가장 가까운
이에게 남겨지는 것은 그렇게 남겨진다. 간직되어
죽은 기억이 산 기억의 액자를 이룰 때까지. 오늘은
현충일. 연합뉴스가 희귀와 희귀를 연합하지 않는다.

구호

아는 이름이 아는 음악 같을 때가 있다. 아는 음악이
그것을 알고 아는 이름의 생애를 펼치려다가 그게
아니라는 것을 알고 응축하려다가 그것도 아니라는
것을 알고 아는 이름이 제 이름이도록 흐른다. 곡명
아니지. 아는 음악이 원래 곡명을 헷갈리며 아는
음악이었고 헷갈릴수록 아는 음악이고 이런 일로
더 헷갈리는 것도 아니다. 이 모든 사실과 차원의 합이
응집하고 명징하고 그것을 이번에는 아는 음악이
아는 이름 같을 때가 있다고 말할 수 있다. 아는
이름의 얼굴은 표정도 아무것도 아닌 지 오래이다.
프롤레타리아. 이름이 아는 이름이고 아는 음악
같을 때 비로소 들리는 구호를 우리는 한 번도
들어본 적이 없다. 왜냐면 이제껏 있어 본 적 없는,
과거의 온갖 구호들을 감동적으로 낡게 만드는
과격할 수 없는 과격의 무늬로 만드는 구호이다.
과거가 감동적일 뿐 결코 낡거나 과격할 수 없는
미래라는.

영화의 전집

TV 채널을 돌리다 보면 영화 엔딩 크레딧이
끝까지 올라가는 장면이 부쩍 늘었고 그것이
끝날 때까지 지켜보는 버릇이 생겼다. 제작 참여
인원이 엄청 많다. 명단을 올리지 못한 사람은 더
많을 것이니 과연 영화가 사양 산업이다. 나는
그냥 끝날 때까지 본다. 감독과 스태프, 배우와
카메라와 녹음 및 조명 기사들이 한데 어울린
영화 촬영 장면보다 더 감동적으로 펼쳐지는
영화 장면은 있을 수 없다. 펼쳐지는 환상 자체가
환상의 실현이자 육체인 걸작 속이다. 관객은
영화를 처음부터 끝까지 다 보고도 카메오
감독밖에 못 본 것일 수 있다. 내가 끝날 때까지
지켜보는 것은 영화의 전집이고 대규모 최첨단
자본주의 사업이면서 사양 산업인 점이 영화의
미래 전망이자 생활의 희망 같다. 환상적인.
영화의 전집 속에서 그들이 붙잡지 않는다 영화
장면을. 그것은 압축하지 않고 묻어나는 빛 같은
것. 흐름에 못미쳐 흘러감 속으로 흘러드는 속성이
손가락 사이 흔적도 남기지 않는다. 스틸이 화제에
집중하느라 가장 산만하고 영화가 영화로
드러나지 않는, 어떤 전모가 없는 자연에서
두드러지는 것이 배우의 사생활이다.

미노타우로스

신화를 가두는 언어 속으로 신화의 미로가 마땅히
뚫렸던 것인데 네가 갇혔다. 번지는 것이 네 성의
슬픔이다. 죽음이 너를 해방하러 도래한다. 그것에
네 용모가 추하고 네 시체가 무거울 것이 문제이다.
육감적 나탈리 우드가 애매한 지나 롤로브리지다,
이지적 까뜨린느 드뇌브가 난처한 미셸 파이퍼,

아직 오지 않은 과거이다. 아직도 오지 않는 것이
미래이다. 아직 오지 않은 과거가 아직 오지 않은
과거 속으로 미로를 내는 동안 아직도 오지 않는
미래가 언제나 신화를 해방하는 언어라서 아직도
오지 않는 미래이기를.

유튜브 민주주의

비교할 수 없이 다른 것에서
비교 없이 다른 것으로.

노인 취미

내밀이 내통으로 이어지는 것은 집안일 뿐이다.
손 씻는 거울 속 내 얼굴에 비선을 들락거리는
쥐새끼 표정이 묻어나는 것은 이번에도 내밀 없는
내통이 빈번한 외출이었다는 거지. 사교에도 못
미친, 주책이나 수작으로 끝난. 뭐 괜찮다. 나이 많은
내가 먼저 체면 깎일 것은 자청하고 감수하는
쪽이었으니. 앞으로도 남녀 불문 내가 글을 좋아하는
새파란 글쟁이들한테 내가 귀하 글을 좋아한다고
말하는 것이 나의 기분 좋은 의무이다. 그러므로
더욱 이 표정 사라진 다음에야 외출을 고려하겠다.
물론 누가 불러야겠지. 외출보다 집에 있는 것을
더 좋아하게끔, 그게 습관보다 더 자연스럽게끔
나를 훈련시킨 것이 마흔 살 때이다.

믿음의 과학

희망을 논하는 데도 희망의 거룩을 믿는 믿음이
필요하다. 이 말이 과하다면 세상에 설명할 수 없는

일이 있는 믿음이 필요하고 이 말도 과하다면
정신이 불길하지. 왜냐면 설명할 수 있는 것만을
설명하는 자연 과학조차 성립할 수가 없다. 왜냐면
'설명할 수 있는'이 '설명할 수 없는'을 전제한다.
종교는 믿음의 과학 아니라 제도화이고 제도이다.
소비에트가 종교를 철폐하고 스스로 종교화하면서
믿음 자체가 추락했다. 자본주의는 항목들로 분해된
기독교가 신화사전에 편입되었다. 정신이 헷갈린다.
믿음이 거룩 단 하나를 떠받드는 경향이고 신화가
가능한 많은 신들을 누리는 경향이다. 육체 이전에
본격적으로 불길하고 본격적으로 헷갈린 정신이
홀로 무엇을 잘할 수 있었겠나, 종교화한 소비에트가
갈수록 철폐를 자기화하는 마당에?

미련

비가 그쳤다, 쓰지 않고 비가 그치다, 쓴다.
오늘이 새롭지 않고 새삼스러운 것은 철학이 영지설로
시작된 사실이 철학은 불가지설로 시작되는 사실에
부합하는 것처럼. 모종의 평생과 역사 전체가 걸리는,
누군가의 평생이 무엇인가의 역사와 부합하면서
비로소 평생과 역사 전체가 모종을 벗는 느낌.
비가 그치고 축축하다. 철학은 미련의 학문. 하나의
개념이 후천적으로 태어나 더 후천적으로 발전된다.
완성되지 않는다. 역사와 더불어 끝까지 발전한다.
정보가 물질을 구성하는 것도 후천적이다. 죽음은
내용 없는 질문이 내용 없는 질문을 낳는 끝없는
연쇄이자 쌓임이고 선천적은 뒤로 가는 기적이자
도약이다. 정보가 물질을 구성한 다음에는 생애가
바로 개념일 수 있다. 읽기 전에 다 읽을 수 없지만
다 볼 수 있고 보기 전에 다 볼 수 없지만 다 읽을 수
있을망정 끝까지 발전할 뿐 완성될 수 없는. 질문의
질문의 질문의 틀이 계속 두께와 무게 없이 깊어지는

일일 수 있다. 실로 대단한 일일 수 있다. 우리 뒤에
남은 시간이 괜히 물질 너머 영원에, 공간이 괜히
무한에 달하는 것이 아니다.

중국

언어는 흙이 아니다. 흙의 속살 무늬이다.
언어의 속살 무늬, 문학이 언어에서 태어나
언어로 돌아간다. 역사 너머 중국이라는
인문이 있다. 강력한 형식이다. 정치 경제
내용을 시사로 만든다. 뭐 발전은 발전하면
되니까. 인문은 깊어져야 하는 형식이다.

삼십 년

6·10 민주 항쟁이 서른 돌을 맞았다. 3당 통합
없는 김영삼 정부에 이르는 데 사반세기가 걸렸다.
고단하게 맞을 것 없다. 사반세기 전에는 불가능한
일이었다. 이제 회고의 감개무량도 떨치고 나아갈
때. 민주주의는 그 질을 계속 높이지 않는 한 삼십
년 노력이 하루아침에 물거품 되는, 집권의 미래가
고단한 체제이다. 인민은 인민이 유혈 희생을 치르지
않고도 독재자를 끌어내릴 수 있는 데까지 왔다.
새로운 시민의 새로운 탄생이지. 삼십 년이 전혀
새로운 시간 단위이다. 시청 앞이나 광화문 광장이
삼십 년 아니다. 삼십 년이 시청 앞과 광화문
광장이다.

그림자

나를 따라다니는 나의 그림자가 폭로까지는

아니라도 내가 보기와 다르다는 암시의
윤곽이 뚜렷하지만 제 안의 내가 제 바깥의
나보다 더 좋은지 아닌지 의사 표시가
애매하기 짝이 없다. 나의 그림자. 살아남은
누구나 살아남은 치욕을 견디는 일이
남은 생의 절반인, 끊지 않고 잇는 모양. 혁명의
실패보다 실패한 혁명이 더 중요한 매력의
생을 뭐 하러 끊나? 나의 그림자, 들여다볼
것처럼 보아야 비로소 보일 것이 보이는 사진.
과정 너머 디자인으로 능가한.

백과 3단

내가 펼쳐본 중 제일 괜찮았던 것이 서양대백과
사전의 본문 3단 편집 디자인이다. 읽기 전 내용
없음과 있음 사이 아름다움의 신비가 삼위일체보다
보편적이다. 1단 편집은 솜씨가 보이고 2단은 좌우와
좌우 간격이 더 위대하다. 4단은 글씨가 크면 너무
크고 작으면 너무 작다. 5단 이상은 사전 디자인만
남는다. 3단의 신비는 본문과 표제어, 지도와 사진 및
기타 삽화의 크기와 작기, 선 굵기와 가늘기 디자인이
3단 그 자체인 점이다. 크고 굵은 것이 3단보다 더
크고 굵을 수 없고 작고 가는 것이 3단보다 더 작고
가늘 수 없어 보인다. 글자가 아무리 많아도 많을수록
난잡함이 없다. 악명 높은 디자인의 소비에트 대백과
사전도 3단의 위력이 현저하다. 모든 것이 저절로
이뤄졌고 이뤄지는 중. 서양대백과사전 3단 편집은
한 페이지로 충분하다. 백과의 지식들이 서로에게
자신의 미로를 들씌우기는커녕 서로를 펼치지도
않고 서로에게 자리를 내준다. 발이 셋 달린 구석기
그릇 안정에서 마련된 미로인 백과사전 3단 편집까지
왔다. 읽고 난 후에는 내용 있음과 없음 사이
아름다움의 신비가 디자인이다. 원인 너머 결과인.

옛날 테레비

전두환 시절을 제법 세게 겪은 나도 도저히 믿을 수가
없다, 그런 시절이 있었다는 사실을. 정색이 회고를
회고가 회고주의를 부른다. 가능하고 필요하다, 회고
없는 역사가. 옛날 연예와 예능을 회고하는 유선 TV
방송 프로그램. 〈옛날 테레비〉 정도가 좋다.

스케이트 공화국

김연아가 문화부장관이라면 그녀 말을 대체로
따르겠다. 아름다움에 이르는 아름다움의 역경을
그녀만큼 육화하는 사례 희귀하다. 나이 먹을수록
더 희귀하다. 빙속의 한계 너머 이상화가 안기부
장관이다. 심석희가 쇼트트랙 5천 미터 혼성 복잡 너머
내무부장관이다. 이들이 이들인 것이
모이지 않아도 대통령이다. 사내는 필요 없고 늙은
나는 안경알이 눈알보다 굵은 4차원도 좋다.

공적인 약속

아무리 내가 한가하기로 혹은 아무리 공무에
바쁘기로 한 달 뒤 저녁 식사 약속이라니
어이없다. 그때까지 굶으라는 소리 못지않게.
공적인 불만이 팽배하므로 결국 공적인
약속이 지켜지지 않는 것 같다.

국기 디자인

태극기는 전통의 복원이 무엇보다 전통과
언밸런스해서 전통과 현대가 모두 불편하다.

그리스 국기는 직선 면과 체육 청백의 구성이
너무 현대적이라, 고대 그리스가 그리스의
전부는 아니지 않느냐는 반문 같고 일리가
있지만 그리스 바깥 사람들한테는 그리스
고대가 고대 너머, 전부보다 높은 이상이니
역시 전통과 현대가 모두 불편하다. 국가에
국기가 왜 필요하지? 국기 디자인이 그렇게
묻는다. 요즘 추세는 국가가 국가 디자인으로
곧장 들어선다.

르포

체질적으로 허약한 국가의 파란만장보다
더 파란만장한 생애이다. 운명적으로 수난받는
계급의 수난보다 더 섬세하고 운명보다 더 강건한
생애의 문학이다. 체질적으로 운명적으로
허약하지 않은 국가를 대체해도 좋을 때까지
가는 문학의 생애. 섬세가 강건하고 끈질기다.

최소의 연상

아담한 케이스에 앙증맞은 세트로 손톱깎이,
발톱깎이, 줄칼, 자름 칼, 가위, 귀이개, 기타 등등
있다. 아직 깎기 전인 내 손톱 발톱이 마지막으로
깎아두어야 할 것들 같다. 뼈아픈 사치이다.
최소의 연상이 겨를 없이 근엄하다. 지갑의
정반대. 아무리 작아도 휴대할 수 없다. 누가
휴대하겠나, 본인 시신의 유언을? 내 손톱 발톱,
애매하게 딱딱하다.

상정

죽음은 가장 가는 선으로 그려진 지도. 크기에
상관없이 삽화보다 작다. 왜냐면 인간 장면과
자연 흔적이 완전히 지워져, 들여다보는 어떤
인간도 자연도 상정할 수 없다. 우주 신비도
살아서 신비이고 죽음은 물질과 정반대이고
죽음으로 시간도 공간도 물질이다.

전철 속

가혹한 실패담을 읽으며 마음이 모처럼 여유로운
것은 빠르기 없는 속도와 보이지 않는 진행이 내
몸처럼 편안해진 까닭. 전철은 다음 역까지 전철
속이고 정지하기 전에 정지의 숱한 차원을 오를
것이다.

노래의 건설

해와 달과 별…. 그렇게 쓰면 이상하다. 그것들은 멀리
있기나 하지. 산과 들과 나무와 꽃과 바람…. 그렇게
쓰면 더 이상하다. 놀랍지도 않게 자연이 이상하다.
시작이 시작부터 어울리지 않았다. 감각이 진저리
쳤고 인간이 제 혼자 멀리 왔다. 하늘과 구름과 바람을
노래하던 시절이 정말 있었나, 나열이 박자를 박자가
선율을 낳는 환각 습관의 일환 아니? 노래는
노래하고 노래 되는 혼연일체인데 수공 접촉이 아무리
친밀 환각을 부른들 죽은 나무 책상이 실내에서
노래하지 않는다. 자연을 파괴하거나 자연의 파괴로
건설하는 능력밖에 없는 인간이 노래할 자격이 되나?
새로운 자연을 건설해야 비로소 새로운 정신이 생체
실험의 노래가 되고 노래를 부를 수 있다.

늦은 것도 아니다. 다시 감각이 자연의 처음일 뿐.
안 보이는 허벅지 아래 스커트 자락을 안 보이는
허벅지 위 절묘하게 가파른 부채꼴로 연신 까부르며
자칫 과해지려는 육덕을 오히려 다스린 미국 여배우가
8·15 해방 전에 이미 있었다. 리타 헤이워드. 1980년
노인성 치매 중 사망. 향년 68세.

포유류

어쩔 수 없는 포옹, 사랑과 집착의 혼동, 포유는 슬프다.
직립은 엎친 데 덮친 격. 모든 생물이 스스로 직립이고
오로지 인간이 직립을 의식하고 직립에 집착하므로
미달한다. 인간이 슬픔을 알 만큼 진화하지 않았고
진화의 결론이 인간의 슬픔이었던 것처럼. 인간은
포유류 인간과 슬픔이 같은 뜻이다.

고소 공포

철 들고 줄곧 나를 괴롭히던 고소 공포가 고층 아파트
꼭대기 층 살면서 없어졌다. 경험과 생계의 지혜이다.
내려다보지 않고 고소 공포를 비껴가는 임시방편보다
더 근본적인, 아래를 내려다보는 일이 곧 고소 공포인
깨달음. 높은 데 있는 것이 떨어짐이고 하늘을 올려다
보아도 그것은 그렇다. 생활의 여유가 낮은 데 있으라,
다정하게 속삭인다. 낮은 데 임하소서, 와 정반대. 낮은
데일수록 더 많은 것이 있다. 땅이 있는 거, 굉장하지
않나, 정말? 중력을 동반하는 낮은 데이다. 키릴 문자가
키릴 문자를 벗는다. 뭐가 잘못됐나? 묻기 위하여
발걸음이 나아가며 교정하고 교정될 뿐 추락과 상승이
어이없는 개념인 낮은 데이다. 밤낮 모두 통용되는
스피커 볼륨을 잡아내는 일은 힘들고 거의 불가능하고
신비하고 하기 전부터 즐거운 일이다. 안녕, 잘 지내,

하고 싶다, 낮은 데에서 낮은 데에게.

언어의 광업

어쨌든 새로워야지. 새로움이 처음의 구원이다.
처음부터 분류되면 처음부터 끝이다. 언어의
광업이 언어 아니라 언어 속을 캐낸다. 더 깊이
캐려고 아주 좁았던 열정이 갈수록 좁아진다.
지하철 순환 내선이 영어로 이너서클 라인이니
소비에트 비밀의 욕망은 물론 백일하에 드러난
추문의 시대도 지났다. 빨랫비누 귀하고 아깝던
옛날 세수 기억만 남았다. CMB에서는 영등포구
도림동 장미마을 축제가 한창이다. 궁상맞은
뽕짝이 어색하지 않다. 무겁고 지저분한 발보다
더 지저분하고 무거운 노동이 아직 도처에 있다.
석탄 더미 크기로 쌓인 방금 벗겨낸 소 껍질이
가죽 소파 가죽으로 덮이는 데 경력 30년 넘는 남녀
전문가들의 열 단계 넘는 공정을 거친다. 뽕짝
만세라도 불러야 할 만큼 노동이 아직 믿을 수 없는
수준으로 있다. 노인의 강건에 제일 어려운 것이
미학이다. 내게 이제 역사가 없는 것이나 마찬가지.
삽화 사진까지 지식이 너무 단정한 역사책들만 있다.
그것 밖으로 어떻게 저러고 사나 싶은 생들만 있고
그 생들이 시시각각 어떻게 이러고 사나 싶은 생이다.
철학도 참패였지. 디오게네스가 알렉산더의 접근을
너무 밀접하게 허락하지 않았나? 철학의 거부는 늘
늦고 늦은 썰은 갈수록 늦은 썰이다. 요즘 아파트
주민들은 일조권을 침해받기 훨씬 전에 주장하지.
어떤 미친놈이 인체 해부학의 시작을 따지나. 옛날로
갈수록 전쟁의 들판에 널린 게 해부학 재료들이고
하도 그래서 인체 해부학이 인체보다 더 먼저였다고
해도 틀린 말일 뿐 과언은 아니다. 요즘은 내가
백과의 용어들이 모두 완벽하게 단어로 들어선 어학

사전을 선호한다. 아직 없고 앞으로도 없을 것이지만 죽음이 생의 완성이라면 죽음과 같을. 뮈르미돈, 대장이 죽은 뒤에도 그 시신 탈환을 위해 충실한 부하들의 육체가 계속 싸울밖에 없는, 두 눈 부릅뜬 육체미, 특히 코뼈를 보호하는 청동이나 철 가면까지 언어화한.

슬픈 해커

음악이 자동 재생 너머로 반복된다. 누가 이런? 슬픈 해커이다. 자기 음악도 아니고 자기가 좋아하는 이 음악을 좀 알아주고 자기가 이 음악을 좋아하는 것도 좀 알아주고 자기도 좀 알아달라는, 이것도 일종의 랜섬 바이러스지만 미워할 수 없는 해커. 단순 기계 고장이라면 슬픈 기계 해커이다.

건축의 전집

회화가 양식을 미끄러지듯 날렵하게 빠져나가고 조각은 똑 부러지게 뛰쳐나간다. 둘 다 가벼워서 양식이 더 가볍게 따라붙고 양식일 수 있지만 파사드와 실내 구성 혹은 구조로 분류한다 해도 건축은 그것조차 장식화하면서 양식이 버겁다. 의식주를 하나로 추스르며 시대와 운명을 같이 하려는 거대한 고립이 오히려 미래를 향해 선다. 고귀한 옛날 화폐들을 모두 수집한 미학과 역사가 극복할 수 없는 자본주의를 건축이 자신에게 들어간 자본 비용을 지우는 고립으로, 의식주의 가장 아름다운 위용으로 맞상대하려는 의지 같다. 날마다 그 자리에 똑같은 모습인 건축은 날마다 그렇게 있는 것만으로도 나아지는 의식주 같다. 건축은 양식이 버거울 정도로 전집인 전집이다.

그렇지 않은 것이 그냥 건물이다.

미라

햇살,
내장의 황금.

보석의 인쇄

독한 향기도 어딘가 벌어진 듯한
난초에서 모든 것이 그 반대인
보석으로 내 사랑이 넘어왔다.
정반대는 아니고 너무 일찍 왔을 수도 있다.
향기 없기 전에 나의 보석이 완벽이다,
향기 없음의. 열리지 않기 전에 나의 보석이
완벽이다, 닫힘의. 나의 보석이 차갑기 전에
완벽이다, 찬란한 비정의.
아무래도 너무 일찍 왔다. 사악할 수 있는
육체의 여지가 아직 내게 있다. 보석
투명의 무게가 내 영혼보다 무겁다.
이렇게 보다 더 근사하게 낡아가는 영혼의
방법이 없다고 여겨 너무 조급히 넘어왔다.
보석의 사랑에 이르려면 내 남은 육체
수천만 년 더 썩어야 한다, 운 좋은 쪽으로.
돌이킬 수 없는 영혼에 보석의 인쇄가 있을 수
없나, 노년이 땜질하는 것이 혁명의 실패,
혹은 노년의 땜질이 혁명의 실패?

첫사랑

실패하지 않았다. 쓸쓸한 미소가 슬프게

보였을 수 있다. 확인할 수 없이 아련한
어떤 어긋난 감미가 이따금씩 폐부를 찌른다.
우리는 왜 서로 시시해질 때까지 기다리지
못했나? 첫사랑, 너무나 서툰 이별뿐이다,
지금도. 서로 쌀쌀맞아 본 적도 없는, 침 묻은
단내 남았다. 나머지는 그 후이다. 그 후의
그 후도 그 후이다.

장르

영혼의 대화를 대화의 드라마로 만들면서 별도로
무슨 이성의 절대 진리? 드라마가 진리의 방법이자
내용 역동이고 드라마 장르가 드라마 이성이자
이상이다. 하여 모든 예술 장르가 예술 이성이자
이상이다. 그 접점을 파고들 환경과 동기와 계기와
능력이 플라톤, 유일하게 네게 있었다. 멸망하는
문명의 절망이 너의 시야를 가렸다. 소크라테스
죽음이 그랬듯이 변증법도 진리의 방법이자 내용
역동이다. 이분법이 너의 동굴이고 유토피아이고
독재이다, 절망의 반영일 뿐인.

공모의 인공

살색은 천한 데가 없다. 생채기 난 육식이 없다.
벌판과 거리가 가장 멀고 털가죽에 기겁을 한다.
희박하지 않지만 풍만, 팽팽, **빵빵**하지도 않다.
거기서부터는 살갗이나 살덩이 영역이지. 그
둘이 지닌 모든 속성을 지우기 위해 속성이 애매한
살까지 지우고 나서 비로소 살색이 살색.
누구도 살색을 제 살갗 색과 비교해 보는 우를
범하지 않는다. 이만한 공모의 인공이 일찍이 없었다.
지상이 아름다운 기본이고 우리가 종종 멀리 있는

애인 것으로 착각하다. 매번 실망하듯이 허벅지 살은
물론 지상의 어떤 것으로도 빚지 않았고 여전히
지상의 것이다.

그림 해설

식물 정물의 사실이 죽음의 사실이라서 정교하고
치밀할수록 깊은 것인데 사냥한 새, 사슴, 노루 등의
죽음 아니라 사체들이 박제도 아니고 이렇게
사실적이어도 되나, 고상한 죽음이 식물 것이고
야성이 축 늘어진 사체가 동물인 듯이, 인간은
어느 쪽? 그런 의문이 생기는 일순 내게 튀어나온
아름다운 여인 얼굴이 얼굴만 균형 너머로 약간
커졌다가 다시 들어가고 원상회복된 여인 얼굴
보이지 않는 사체 정물이 발산한다 산 짐승 피 냄새
수상한, 향용 너머 전면적인 매력을. 따분한 그림
해설이 그림을 결정적으로 따분하게 만드는 일이
더 이상 가능하면 안 되는 것보다 더 압도적으로
더 이상 가능하지 않은 듯이. 따분한 그림이 그림
해설을 치명적으로 따분하게 만드는 일도 물론.

카주라호

불교 열반은 세상을 버려도 무겁고 오묘하기가
중력에 버금간다. 힌두교는 죽음이 가볍지. 세상이
환영이고 놀이이고 다음 환영과 놀이로 날아간다.
의상과 이발소 그림과 축제는 예술과 종교 제도
조차 어딘가 경박한 데가 있는 것이 맞다. 왕후장상이
권력과 명예를 버리고 세속을 등진다 말해도 나는
진심이라고 믿을 수 있다. 인도 사람들 더위서라도
날고 싶겠지만 환영의 믿음도 믿음의 환영도 더위보다
덥고 중력보다 무거운 가난의 누추를 날 수 없는 대신

가난의 거룩을 **빼**닮은 거대한 집적 높이 사원과
기념물들 돌산 하나씩 통째 깎은 듯 세우고 벽마다
온갖 남녀상열지사 체위 조각들 날아가지 않게
새겨놓았다, 카주라호. 고층 건물은 물론 지상에
가난보다 더 오래 남아 있을 동식물 용도도 아니다.
가난한 사람들 지금 살기는 가난의 밝은 회색 윤곽이
너무 선명하여 가난과 아주 조금 모던하게
어긋나 보이는 도시 빈민가에 살지만.

문명의 식민지 시간

제국이 현재를 이식하므로 식민지 백성이 종종
슬픈 번영을 누리고 자연이 너무나 순순히
받아들이고 전통이 일단 숨을 죽인다. 역사, 특히
눈에 보이는 예술의 역사는 이식될 수 없다.
병존하는 동양 미술과 서양 미술이 얼마나 다른지
동양 미술 역사와 서양 미술 역사의 역사 개념
자체가 달라 보이고 아예 서양 미술사에서 서양사
미술로 동양 미술사에서 동양사 미술로 사고
방식을 전환해야 눈 앞에 펼쳐지는 건축의 사태가
정리되고, 정리되면 인도 건축의 인도가 인도
유럽어의 인도 맞다. 대영제국이 들어오기 이전
인도 건축에 고대 이집트, 그리스, 로마, 중세 고딕,
근대 르네상스, 바로크, 로코코 양식들 다 있다.
식민지 이전 인도사 건축 한 덩어리로 있다.
굳이 서양식 순서와 이합집산으로 툭툭 끊어져
있을 필요가 뭐 있냐는 듯이 있다. 숱한 종교, 숱한
왕조의 시간으로 있다. 식민지는 여러 겹 역사의
시간이고, 제국은 현재만 들여올 수 있다. 누군가의
무덤이 너무 거대하다. 아무도 그 내부를 궁금해
하지 않는다.

오늘도

이제 어쩔 수 없는 나이가 되었으니 나의 반복이
아주 오래전부터 반복될 것에 준비한 것처럼
입에 맞는 밑반찬이거나 아주 오래전부터 갈라질
것을 안 것처럼 자연스럽게 갈라진 벽 틈새이기를.
이 지나친 욕심으로 '인간적'을 계속 다 하거나
마지막의 '자연적'으로 저질러지거나.

같은 종 다양

눈에 보이는 모든 대칭이 안 보이는 수학의 완벽보다
늘 조금 더 두툼하다. 숨기는 것만이 능사가 아닌 거지.
사랑하는 사람들끼리도 욕망의 크기가 사랑을 넘어
서며 환장하는 놀이가 있다. 사랑의 행위가 끝나고도
사랑을 이어가려면 모종의 처리를 요하는 놀이이다.
다소 두툼한 옷으로 줄곧 입으며 줄곧 벗어던질 수
있는 집이 아담하게 솔직한 집인 방식이 늘 저변을
이루고 우위를 점한다. 정상에 감동할 수 있으면 가장
감동적으로 감동할 수 있다. 비정상에 받는 충격보다
더 충격적인 감동이 있을 수 있다. 미련하기 짝이 없는
관광 안내 책자가 관광을 안내하지 않고 제 혼자
관광하고 제 혼자 관광이다. 사투리가 국어를
드러내듯 같은 종이 다양하고 그래서 종의 분류가
가능하다. 두툼이 다양이고 다양이 두툼일 때까지.

맛

아직도 소크라테스를 얘기하는 것 아니라 아직도
고대 그리스인 것처럼 얘기하는 건 영양이지 맛
아니다. 나는 아직도 소크라테스 얘기이고 그의
죽음이 그의 맛이고 그 사실은 아직도 고대 그리스인

것처럼 얘기해도 된다. 고대 그리스가 죽음의 맛이다.
그렇지 않은 과거가 어디 있나? 따져 묻는다면 톡
쏘는 맛이다. 죽은 이들 활성화하는 작정에 방해되는
모든 인간을 피하고 온갖 제도를 까부수며 오기는
왔고 가기도 갈 것이기에 같이 갈 사람들을 모으지
않고 같이 갈 사람들만 같이 간다. 어떤 밤은 아주
얌전한 이가 필요하다. 밤의 정수보다 더 얌전한.

족속

목숨 버릴 각오를 하는 눈앞이 깜깜해지는 것은
마지막으로 단 한 번 비겁하고 싶어서가 아니다.
제 안의 모든 것이 먼저 각오하는 까닭이다.
반짝이는 결혼반지도 깜깜하다. 제일 깜깜하다.
쓸 것도 써야 할 것도 전혀 없이 백지를 마주하는
몇 안 되는 진짜 글쟁이 심정이 그쪽일 것. 별거
아니다. 그렇게만 자신이 생을 이어갈 수 있다고
믿는 족속들. 내가 일체의 소속을 피하여 그 안에
들지 않는다.

멸망

지금 러시아 방과 후 소년 소녀들이 소비에트이다.
그렇게 말하자 전 세계 모든 방과 후 소년 소녀들이
소비에트이다. 북한이 예외이다. 방과 후 자율 학습의
북한말이 과외 집체 학습이다. 북한에서 유일하게
공화국, 생소하고 튀는 말이다. 개인의 취향이 개인의
시집을 무슨 주제 백일장 응모작 모음집처럼 만드는
경향이 거기서 세다. 웅숭깊다, 핍진하다 등등, 반복과
정반대 내용의 형용사가 반복 너머 남발되는 찬사를
눈에 띄는 군중 동원의 박수갈채로 받을 것이다. 그
아래 붙은 한국이 영어로 Republic of Korea. 어쩐지

심심하면 The Republic of Korea.

동년배 고전
–화가 노원희

음악이 갑자기 무게를 벗고 가볍지는 않고 맑아진다.
동년배 연주자나 지휘자의 고전 음악이다. 현대 음악
아니고 동년배 작곡 아니다. 동년배 지휘이거나 연주.
그때 그 시절 동년배 아니다. 늘 같은 나이 동년배 고전
음악 지휘이거나 연주이다. 아는 여성 화가의 개인전
초대를 전화로 받았다. 저번 전시회는 십 년도 더 전.
자주 못 만나던 사이 칠순에 이른 왕년의 거친 민중
미술판의 드물게 고운 누님이었다. 다행이다.
걱정보다 설렘이 잔잔하게 더 크다.

탈육

이빨 뽑는 시절이 드디어 끝났다. 아랫니 하나 남았고
위는 남은 윗니들끼리 결속, 빠지기를 그만둔 상태.
빠져도 윗니들은 아랫니들 빠졌으니 대수로울 게 없고
그래서 빠지지 않는 것일 수도 있다. 남은 아랫니 하나
오래 버티지 못할 것이다. 유일하게 흔들리는 것이
전체가 흔들리는 일이다. 나 같은 인간도 합죽이가
되기는 싫지만 이제껏 그래왔듯 합죽이가 할 만한지
아닌지 그때까지 가봐야겠다. 늙은 이빨보다 더
튼튼한 잇몸이 생길지도 모르고. 내가 이미 육탈의
시간인지도 모르고. 번개팅으로 전철 경복궁역 2번
출구 먹자골목 30미터 경동맛집에서 만나자는데
가겠다. 당장은 아니고 조금 있다가.

다락방 계단

어영부영 알고 지내는 운동권 출신들이 장관으로 하도 많이 뽑혀서 내각이 어설프게 흥거운 행사 뒤풀이 자리 같다. 촛불 집회 때였나? 무조건 잘 해야 하고 잘 되기라도 해야 한다. 촛불 떠받들되 촛불의 뜻 참칭은 우매한 짓. 주최 측 추산 참여 인원 천2백만 명. 1억 시간 가까운 노동 시간이고 백 번 넘는 백년대계를 요한다. 누가 제정신으로 그 뜻을 참칭하겠나? 뒤풀이가 유쾌하게 끝나고 나는 여전히 다락방 계단을 서서 보다는 기어서 오르는 게 더 편한 입장에 있다. 희생의 전망조차 못 갖춘 채 무턱대고 잘해야 하는 운명이 이렇게 이렇게 엄정한 적도 없었다. 논쟁의 수위가 자꾸 낮아지는 민주주의는 없다. 갈수록 구체적일밖에 없는 폭로도 폭로보다 더 구체적인 교정, 그리고 전망으로의 상승을 요한다.

평가

한 백년 헌책의 표지를 넘기면 훨씬 덜 낡은 속표지 공백 위 흐른 세월의 얼룩무늬가 너무나 참신하다. 어떤 때는 어떤 현대 미술 작품들이 현대 옆에서 한 백년 전의 신문지 조각 같다. 다른 장르들 사정도 비슷하다. 이 말이 폄훼 아니라 평가 내용이 되는…. 그러나 현대 예술도 가장 여린 것이 가장 깊게 상처 받고 가장 깊게 상처받은 것이 가장 위대한 작품일 수 있다. 문제는 언제나 당대 눈에 당대의 가장 여린 것이 가장 안 뜨인다.

커피 블랙

우리가 일상을 거룩하게 하거나 보석처럼 반짝이게
하지 않고 일상이 우리를 거룩하게 하거나 보석처럼
반짝이게 한다. 우리가 음악이나 미술이고 일상이
음악이나 미술을 거룩하게 하거나 보석처럼 반짝이게
한다. 우리가 일상이 아닌 모든 것이고 일상이 일상
아닌 모든 것을 거룩하게 하거나 보석처럼 반짝이게
한다. 그러느라 일상이 형체 없이 몹시 피곤하다. 형체
있다면 더 피곤할 것. 이 모든 까닭으로 커피가 검게
빛난다. 우리가 블랙을 '따스한'으로 번역한다. 속담이
속담 아닌 모든 것을 유머와 페이소스로 만든다.
각주와 후주가 각주와 후주 아닌 모든 것을 본문보다
더 본격적인 본문으로 만든다. 만국기 휘날리는 국민
학교 운동회 추억이 만국기 휘날리는 미래로 짠하다.
단일이 없다면 국가가 늘 국가 너머로 사라지는
만국기 휘날린다. 사라지는 것들이 사라지지 않으려
과거로 돌아간다. 그것뿐이다. 원형이 추억보다
나중이다. 현재보다 나중이다.

인물 사진

지적일수록 가장 먼저 앞서가는 발과 가장 나중의
'근본적'으로 앞서가는 발의 가이드는 누구인가?
이것이 글쓰기의 모순이다, 혁명의 죽음으로부터
넘겨받은 실패의. 첨예한 모순에 육박하는. 목이
뻣뻣해서 죽은 인물 사진이 있더라도 그 목에 대해
쓰다 뻣뻣해진 목을 잠시 주무르는 손의 인물 사진
또한 있다. 오해일 수 있고 거꾸로일 수도 있다.
뻣뻣해진 목을 주무르는 쪽이 죽은 사람일 수 있다.
그리고 같은 인물의 사진일 수 있고 손이 주무르는
것이 무관한 죽음일 수 있다.

효용의 위용

아파트 물탱크 도장 공사를 사흘째 하고 있다.
이른 아침에 물 받아놓으라는 관리실 안내 방송
두 번 있고 오전 아홉 시부터 오후 여섯 시까지
물이 안 나온다 사흘째. 해마다 이맘때 도장 공사가
있고 해마다 한나절 만에 끝났었다. 민방위 절약
훈련인가, 아니면 부녀회장이나 관리소장의 약소한
친인척 비리? 전근대적인 생각이다, 물 사재기와
친인척 비리를 부르는. 사실은 물 받아놓은 플라스틱
대야가 제법 신통할 것이다. 옛날 놋쇠 대야는
복고이고 요 사흘 동안 플라스틱 대야의 근본적인
일약이 있다. 그릇 노릇조차 바가지에 밀리던 그것이
담아 놓았다가 나눠서 쓰는 효용의 위용을 갖추었다.
플라스틱 비닐이 악명 높은 소재이지만 이렇게
대야로 오래 쓰면 오히려 친환경 아냐? 단수가
사흘 이상 이어질 리 없는 일상이 더 튼튼하지만
저장이 절약을 낳고 절약의 효용이 효용의 위용을
낳는 플라스틱의 전망도 당분간 있을 수 있다.
바가지도 대야도 아내가 찾아준 보통 명사이지만
효용의 위용이야말로 차세대 산업 혁명의 아름다움
아닌가? 면의 양쪽 끝이 절묘하게 세련된 선으로
낡아가는 것과 다른, 사라지는 새로운 방식이
아름다움한테 있다. 우리가 참혹을 견디는 것도
효용의 위용이다. 오감이 모르는 오감의 생이
등장한다. 찬란하다. 진짜 불쌍한 것은 권력 말고는
아무것도 아닌 권력이다.

철새 비극

내부가 드러나는 여객기 설계 도면이 늘 감동적이다.
열의 좌석 수가 많을수록 빽빽할수록 감동적이고
색을 입힌 부분이 있을수록 감동적이다. 비행의 외면은

얼마나 전투적인가. 속도를 극복하는 그 내면이 있다.
새가 부딪치는 순간 말고는 그것을 들여다볼 수 없다.
비행이 왜 목적지가 있는지 들여다보는 순간 죽음을
맞는다. 우리가 그냥 앉아서 느끼는 그 사실이 새의
희귀한 최후이다. 새가 낼 수 없다 창을, 하늘이 아담한
창일 뿐.

족보

견과류 자식들은 대대로 감기 따위 안 걸린다.
흘릴 땀이나 콧물이 어딨나. 수분이 거의 없으니
'질병'도 사전에 거의 없다. 온몸이 말라 비트는
죽을 병, 죽는 병, 죽은 병이 있지만 그 지경이면
'죽음'도 사전에 없다. 견과류 족보는 썩어야 죽는데
썩을 수분은 또 어딨나? 견과류 진화는 물 바깥
너머 이외로이다. 견과류 족보가 견과류 두뇌이다.

코란 서체

신경의 정신이 모두 직립하여 영혼이 갈구한다.
직립은 비틀거리고 알라가 형상화 너머 물화.
거기서부터이다, 코란 서체, 보행을 이리 영롱한
현기증으로 극복한 예술의 사례가 없었다.

썰

나비 효과 틀린 말 하나도 없다. 우리가 여전히 천지
창조 중이고 노아 방주에 승선할 수 없다. 나비 효과
이론은 처음부터 틀릴 말이 하나도 없었다. 문제는
썰의 윤리이다. 지구상 온갖 종류 나비들을 기상청
소관으로 만들어 버리면 우리가 천연의 노랑나비

호랑나비를 어떻게 만나나? 이 질문도 썰이다.
인문학과 자연의 날개인 썰이 있고 인문학과 자연의
죽음인 썰이 있다.

어법

인간들 표정부터 밀집하는 표정이다. 가까이 떨어진
교통이, 멀리 떨어진 통신이, 소통이 밀집한다.
홀로 있는 트위터, 페이스북, 카카오톡으로 밀집하고
등산과 하산과 귀가가 밀집한다. 수도사들이 종교로
예술이 미학으로 밀집한 지 오래이다. 조금 덜 그래야
했던 것 아냐? 죽어도 절대 고독인 춤으로는 밀집할
수 없다. 고립의 화법 아니라 어법을 배워야지.
고독은 몸부림치고 고립은 고요를 만끽한다. 사랑을
고독이 고독하게, 고립이 양립하게 한다. 보통 명사가
고유 명사를 신기해하지 않는다. 흐트러진다. 고유
명사가 보통 명사를 신기해한다. 흐트러지지 않는다.
소재와 내용을 잃지 않고 흐트러지는 본문 삽화가 본문
글자보다 본문에 더 잘 어울리는 쪽으로만 흐트러진다.
온갖 음악을 관통하는 음악이, 밀집한 온갖 고유
명사의 물적 표정들의 액정화였던 듯이.

신세대

내 안에 모든 것이 당연하고 편안하고 자연스럽고
나머지가 하나도 없어 보이는 바로 그때 신세대는
내 안에 불가능한 여지로 온다. 훌륭한 생애보다 더
다행인 자서전이 있을 수 있는 듯이.

직업

자신의 업적으로 미래에 이름을 새기느라 유명해질
시간이 없던 정치인은 이중으로 행복하다. 언제까지나
그가 존경받는 현역이고 정치가 전망의 과학이다.
카메라 플래시 세례에 중독되어 미래에 이름을 새길
겨를이 없던 정치인이 이중으로 불행하다. 그의 얼굴
및 이름을 알아보는 그 누구도 정작 그가 누구인지
모른다. 너무 알려진 정체불명이지. 기괴한 은퇴 전
은퇴이고 정치가 선거 운동을 능가하는 뒷패 조직이다.
작가는 창작에 이름과 얼굴을 새긴다. 이중으로
행복하거나 이중으로 불행하지 않다. 지독하게 불행할
수 있고 지독하게 행복할 수 없다. 행복이 불행일 수
없고 불행이 행복일 수 있다. 창작 아니라 작품이
미래의 과학이다.

귀속

황갈색이 피의 신비를 세속적으로 진정시키는
육체가 밖으로 고전적이다. 신참들이 금세 눌러앉아
엉성하거나 요란하지 않고 조금 울긋불긋하다. 꽉
차지 않고 그냥그냥 찬다. 날 때만 전신이 그럴듯하고
나머지 시간은 모가지 동작이 매번 신출내기인 새가
아니라는 거. 카파도키아 칼데아의 동쪽으로 간
비잔티움은 물론이고. 쑥대밭이 폐허와 아주 오래전
연관도 없이 그냥 쑥대밭이다. 동네가 지명이니까
어떻게 살아가는지 모르고 살아가는 장점이 의식보다
강하여 의식되지 않는다. 이따금씩 그 안에 사는 것이
그곳에 대해 들어본 적 있는 것과 같은 느낌이다.
적당히 거리를 둔 집들이 예전에 한데 뭉쳐 있던
느낌이다. 누구를 찾아 한참을 헤맨 꿈속이 여기이던
느낌이기도 하다. 그게 황갈색으로 진정된 신비이고
결국도 없이 그냥 귀속되는 귀속이다. 동네, 안온 속으로

크기 없이 크고 깊이 없이 깊은 이름의. 안온의
크기로 커가고 깊이로 깊어 가는 곳의. 이름이 서고
곳이 가는.

필요

화가 반 아이크, 보슈, 아버지 브뤼헬, 렘브란트, 페르메이르가 세 군데 중
어디서 태어나 어디를 주로
싸돌아다녔는지 알게 되고 조금씩 늘어나는 그들 그림
지식으로 그것을 합치면 많은 것을 짐작할 수 있다.
벨기에, 네델란드, 룩셈부르크의 베네룩스가 유럽연합
모태일 것은 물론 브렉시트도 이해할 수 있다.
경제는 국제적이고 구분과 결합이 없다. 베네룩스 출신
화가들의 구분과 결합이 구현한다, 유럽연합 너머
장차 세계 평화의 진수를. 예술의 구분과 결합을 알면
어느 곳이든 예술의 베네룩스가 될 수 있다. 끝까지
구분과 결합을 모르는 경제를 평화의 염원 너머 예술
구현이 끝까지 대체할 수 없지만 구분과 결합의
장점을 경제도 알게끔 구현하는 노력을 포기할 수도
끝까지 없다. 이 복잡한 단계에서 구분과 결합 자체가
'예술적'도 극복한 예술의, 예술이라는 물 그 자체일
필요가 생겨난다. 삶과 죽음을 구분 결합할 필요와
비슷하니 아주 생소하지는 않고 거창할 필요도 없는
필요이다.

혐의

반공 군사 독재 시절이었고 내가 어렸고 간첩 혐의가
이웃에서 출몰했다. 흉흉한 소문이 돌고 안방에서도
으스스 소름이 돋고 간첩 혐의가 간첩 노릇이고 간첩
죄였다. 군사 독재 끝나고 내가 어른이 된 지 오래지만
그 혐의 좀체 씻기지 않는다. 내 인생의 혐의인 것처럼.

현실과 상상
– 박현수 노원희 부부께

세검정 대안 전시 공간 아트스페이스 풀은 '풀'이
영어 아니라 그냥 풀이라 왠지 산동네를 조금 올라야
할 것 같아서 평소 전철을 고집하는 아내도 택시 교통에
동의하고 기다리는 유원제일아파트 2차 지하상가
입구 계단 내려가 바로 있는 옛날식 이발관 옆에
극단 〈경험과 상상〉이 들어섰다. 사무실 아니다. 일주일
공연 나흘. 화요낭독극장과 매달 인문학극장까지
있으니 거의 풀타임 운영관이고 더 옛날식이다. 점포
대부분이 철수, 임대료가 싸고 장소가 넓겠지만
정부 지원이 있단들 고작 동 수준일 것이다. 상가 입구
이마에 붙은 '경험과 상상' 간판은 계단을 내려가면서
펼쳐질, 약소한 것들이 더 약소해지려고 모인 풍경을
충분히 예고한다. '연극을 무척들 좋아하나 봐,' 내가
그랬고 그 문장을 잇듯 아내가 '우리처럼 한가한 동네
노인네들이 자주 가봐야겠네,' 그랬고 내가 '늘그막에
연극쟁이들 동네 술친구로 두면 수명이 짧아질걸?'
그렇게 끊었지만 그럴 염려는 없다. 연극하는 젊은것들
누가 동네 늙은이랑 늙은이 수명 단축될 정도로
놀아주겠나? 경험도 상상도 아니고 부조리 연극
공연으로만 가능하다. 전시회 제목이 '담담한 기록:
인간사, 세상살이, 그리고 사건'이었다. 누님의 그림은
따스한 추억과 엄혹한 군사 독재 감옥 시절의 대비도
단아하고 그래서 더 뼈아프다. 누님 부군이 따라 나왔다.
약소를 자세히 들여다보는 한국민중구술열전
작업을 100권 넘게 주도하다가 정년을 맞은 것도 잊은
한국 최고의 인류학자이다. 나의 운동권 시절 인문학
고전이자 베스트셀러『산체스네 아이들』번역도 했다.
『나를 운디드니에 묻어주오』도? 카페에 앉으니 두 분
처음 보는 눈꽃빙수 1인분 양에 놀라 자연스레
스푼을 드는 즐거운 세대 차이가 드러났다. 하긴 우리
부부와 거의 띠동갑이다. 두 분이 동네 산책하다 가끔

들르기에 적당하지만 맛집에도 적당히 못미치는
짬뽕 전문집에서 저녁을 먹었다. 국물이 매운 것을
좋아하는 내 취향에도 매운 것은 그 집 탓이 아니다.
날이 아직 환하고 식탁에 정식으로 마주 앉으니 이
부부 서로의 고운 성정을 평생 닮아 두 분 다 얼굴
표정이 곱다. 부부가 닮는 것은 표정의 세포까지
닮는다. 우리 부부는 이제까지 잘해온 걸까?
이 부부 누구누구 근황을 묻는 궁금증도, 이따금씩
펼치는 주장도, 나이에 따른 순응도 체념도 달관의
과장 없이 세포가 곱다. 자식 걱정도 걱정인가 싶을
정도로 세포가 곱다. 여보 오늘 이 정도면 우리가
다행히 죽음을 지나쳐 왔다고 해도 좋겠다 그치?
아내가 집으로 돌아가고 나는 행사가 하나 남았다.
자서전 출판 기념과 한정식집이 겹치면 아무리 대단한
현대사와 아무리 비싼 음식점이라도 촌스럽지 않기
힘들지. 각자 만년들이 모여 앉아 공식적 아니기
힘들고, 결국 정치적 아니기 힘들고, 다행히 죽음을
지나쳐 온 듯한 오늘 같은 날 '정치적'은 살아 있는 것을
새삼 환기시키는 어설픈 뼈대 같을 것이다. 기분
나쁘게 정신이 번쩍 드는. 다행히 전설적인 딴따라들
섞여 있고 이런 현대사 분을 줄곧 겪은 나도 대단한 것
같이 〈님을 위한 행진곡〉, 혁명가를 느리고 슬프게
부를 수 있다. 박근혜 너머 박정희까지 끝내 무너뜨릴
것이니 세월호 참사도 느리고 슬픈 혁명가일 수 있다.
2차가 더 유쾌했지만 느리게 부를 수 없는 노래방
3차는 자르고 여기는 아현동, 고향 바로 곁인데 아현
전철역이 나오지 않고, 저게 무슨 길이지? 처음 보는
대로가 내가 아는 대로 옆구리를 뚫고 내가 아는
밤거리 교통을 덮치며 내게 교통사고처럼 왔다.
내가 전혀 딴 길을 품고 급히 아내 품으로 귀가했다.
인터넷을 검색하니 극단 〈경험과 상상〉은 대학로를
벗어나 연극 환경이 몇 배 후진 우리 동네 버려진 지하
상가로 왔다. 그렇다면 내게는 일약 죽기 전에 꼭 한 번
가봐야 할 곳이다.

착각의 자명

여름 대낮의 먹자골목은 어디를 가도 똑같다.
더위에 실내가 배 밖으로 파라솔 치고 나온 술집과
식당과 기타 등등 말고는 각종 생선구이 집이 대세인
좁고 기다랗고 구불구불한 골목, 다소 언덕을 오르는
듯한, 내 평생 생계의 길의 모형 같다. 착각의
자명이 곧 착각을 지우고.

주저하는 디자인

스타벅스가 제3세계를 착취하는 대표적인 다국적
기업이라며 아직도 불매운동을 하는 소설가 여자
후배가 있다. 넓고 쾌적하고 시원한 스타벅스 실내는
그녀 말이 맞을 것도 같다. 자유의 여신상이 어딘가
점성술을 닮은 스타벅스 로고가 충분히 이상하지.
벽을 빙 두르며 걸린 각국과 커피 종류별 스타벅스
포스터들은 코스타리카 행성 무늬가 역시 점성술을
닮았지만 문어와 새 중간 모양 페루, 크기와 규모
모두 압도적으로 거대한 코끼리 케냐, 디자인이
까놓고 디자인일 정도로 잎이 두꺼운 꽃 파나마
등등 각국 포스터를 보면서 조금 주저할밖에 없다.
제국의 아름다움이 제법 국제적이거든. 커피 맛보다
더 세련된 카페 아메라카노, 카페라떼, 카푸치노,
에스프레소, 내린 커피 포스터 디자인에 이르면
주저 자체가 가장 황홀한 커피 맛의 디자인으로 된다.

발굴의 전모

유적이 언제나 복원을 요한다. 사실은 조금만
생각해도 새삼스럽고 사전적 정의 수준 이야기.
아무리 오래되어도 온전히 남은 기념물을 우리가

유적이라 부르지 않고 아무리 최근 것이라도 유적이 언제나 복원을 요하는 운동이다. 그러므로 복원이 과거의 발굴이지만 복원의 전모는 늘 미래의 구성이다. 과거의 재구성이라고 해도 되겠지. 사실 가장 불가능한 것이 과거를 현재에 완벽하게 복원하는 일이고 유적 입장에서 바람직한 일도 아니다. 유적이 유적 아니던 때에도 당대인에게 과거의 재구성이고 미래의 구성이었다. 원상도 운동이다. 들판에서 가장 옛날을 캐내어 조각을 끼워 맞추는 고고학자들도 창조적인 부류는 미래를 발굴한다. 각각의 유적이 각각의 미래이고 인류 최초의 유적이 인류 최초의 미래일 수 있다. 이 점에서는 고고의 신비가 현대 물리학 극미 세계의 그것을 능가할 수 있다. 수학의 경로를 가공하고 처리할 뿐 그 전모를 모르는 알파고 컴퓨터는 말할 것도 없다.

생의 장식

다뉴브강이 아름답다고? 당연하지. 모든 강이 아름답다. 강이 아름다움의 기원, 인간이 인간적인 기원이다. 고유가 제거된 보통, 일반과 추상으로 아름다울 수 있는 최초의 사례. 그렇게 많은 것을 주면서도 그냥 말없이 흐르거든. 먹거리 자체가 아름다울 수는 없다. 산도 많은 것을 주지만 형용이 복잡하고 바다는 너무 멀다. 강은 명명되기 전에 명명한다 아름다움을. 강처럼 흐르는 법을 배워 오래된 요새가 예술 작품이 되어간다. 우리가 그렇게 보고 싶어 하는 까닭도. 예술이 생을 장식하기 전에 생이 예술의 장식일 수 있는 강의 실물과 추상 등식이 있었다. 생이 바로 장식일 수 있다. 예술을 능가하는 '예술적'. 깊은 바다는 갈수록 썰에 더 가까워진다. 강은 항상 흐르는 강이 인간을 떠나 바다로 흘러든 적 한 번도 없다. 인간도 강을

배반한 것은 아니다. 너무 많이 주는 바다를 너무 많이
착취하며 건넜을 뿐.

인주 자국

석탄기, 삼엽충, 시조새, 공룡 지층은 몇억 년을
한 줌 두께로 만든다. 주라기, 백악기, 올리고세, 홀로세
지질학이 그 두께를 한낱 용어로 만든다. 시간도
공간도 없지. 그 무산을 막기 위해 인주가 늘 인주
자국이다. 인간 없는 세월을 위해 늘 인주 자국인
인주가 도장도 없이 대도시보다 더 강력히 밀집한다.
나중이 먼저인 듯이, 결과의 자국이 원인보다
먼저인 듯이. 흐림이 선명보다 더 선정적. 대재앙이
집어삼킨 거대한 생명의 거대한 희생이 처참할 뿐
헛되지 않은 인주 자국이다.

똑바로 선 신석기

중세 고딕 성당 건축 현장을 그린 15세기 세밀화가
있다. 완공 직전이고 스무 명 남짓 잡역부들이 작업
중이다. 이토록 거대한 노동이 이토록 작게 그려진
적 없었다. 더 중요하게 이 세밀화 제가 그린 성당이
완공되고 약 삼백 년 뒤에 그려졌다. 삼백 년 걸린
세밀의 노동은 신비하다. 예술 이전의 노동이 예술을
능가한다. 이 세밀화 실제로 얼마나 작은지 모르지만
아무리 작아도 내가 그곳에 살아본 느낌이 온다.
집 꼴을 갖추고 똑바로 선 신석기 유적 사진을 보아도
어떤 도시 사진을 보아도 거기서 내가 살아본 적 있는
느낌이 올 것 같다.

발전

니진스키보다 몸이 날렵하고 다부진 춤꾼들 많다.
무엇보다 그는 키가 작았다. 니진스키보다 더
창의적인 안무가 많다. 그는 춤꾼으로 더 알려져 있다.
그러나 역사에서 몸과 춤과 안무 예술이 완벽한
하나를 이룬 것은 오로지 그의 오로지 한 작품이다.
여기까지 말하면 누구나 알 수 있는.
제시 노먼보다 목청이 훌륭하거나 몸이 비대하거나
피부가 새까만 소프라노들 각각 부지기수이다.
그러나 그 셋이 하나로 위대한 소프라노 성악에
달하는 것은 그녀뿐이고 여기까지 말하면 누구나
사진만으로도 그녀를 알아보게 된다.

두부

오래된 음식이 대개 제수로 쓰이지만 문상은 좀더
까다로운 문제이다. 평상의 가정 식탁에서 문상을
머금은 맛인 두부가 정작 초상집에서 드물다. 하긴
너무 노골적일 것이다. 초상과 무관한 초상집 음식이
문상과 유관할 일이 왜 있나? 곰곰 생각해 보면 그게
두부의 역할이다. 죽은 것들의 맛을 너무나 요란하고
화끈하게 살려내는 먹방 시대에 모종의 최소한의
보루. 저승의 자리가 이승이다. 초상집에서도 저승의
자리가 이승일 수 있을 때 비로소 문상의 맛을 내는
두부가 문상의 음식일 수 있다. 초상의 맛을 내는
음식이 초상 음식일 수는 그때도 없을 것이다. 괜히
여름날 쉰 수박처럼 먹어본 적도 없는 시체 맛이
나는 수가 있으니.

옛날에 금잔디

그것들 지금도 움직인다. 수메르, 페니키아, 그리스
순서로, 이집트, 히타이트, 바빌로니아, 아시리아,
페르시아 순서로 등장한다. 왕국은 미탄니가 제일
먼저이고 더 안 알려진, 전혀 모르는 고대 동쪽
국가들 등장한다. 순서가 헷갈리고 그것들 영원히
움직일 것처럼 움직인다. 단단히 외어서 묶어두어도
어느새 빠져나와 갈수록 뒤로 물러나면서 등장한다.
추억이 매번 처음이다. 옛날을 매번 새로 아는 까닭.
슬퍼 마라. 옛날이 사라질 생각 없어 뒤로 물러나니
갈수록 더 많은 옛날을 더욱 새롭게 알면서 사라질
것은 사실 우리이다. 사실은 누구나 사라질 것을
슬퍼하지 사라진 것을 슬퍼하지 않는다. 이상한 것은
슬픔이다. 이렇게 말해도 사라지지 않는 슬픔이
사라질 것 같지도 않다. 슬픔이 이승과 저승을 잇지
않는다. 슬픔이 저승까지 이어지지 않는다. 슬픔이
저승이다.

인류의 미인

빼어나게 아름다운 것은 민족과 혈통 대표를 아주
절묘하게 약간 어긋나며 빼어나게 아름답다. 딱
하나. 영화 없고 사진만 있는 여우 로미 슈나이더는
인류 대표 없는 인류의 미인이다. 1938년 빈 출생,
1982년 파리 사망.

귀이개

제우스도 번개를 때릴 때는 몸이 날씬해야 했지만
젊은 날은 앞날이 창창한데 뭘 왜 그리 서둘렀는지
모르겠다. 아내와 나의 섹스가 이제 귀이개로 귀를

후비는 조심과 여유에 들어섰다. 아내가 나의 그
무엇을 후비는 섹스이다. 아내가 귀이개의, 내가
귀의 몸인. 번개가 아주 먼 친척의 선물처럼 뜬금없고
지나간 지 오래 같고 이번에는 내 몸에서 아이의
평온이 자란다.

인간 너머

아무래도 나는 이야기를 빠져나왔다. 이야기의
일환이라서 빠져나왔고, 빠져나온 이야기를
이렇게 빠져나가는 중이다. 모든 이야기가 벌써
옛날이야기이다. 신화가 제일 먼저 우매한 분류를
고정시킨 이래 자본주의가 가장 강력한 이야기이다.
이야기를 완전히 빠져나오지 않고 이야기가 완전히
빠져나간 변형이 있을 것이다. 인간 너머 자연보다
더 자연스러워야 한다. 마구 흐트러지는 표정도
마구 흐트러지는 이야기이다. 나의 죽음이 나의 생을
번역하는 것일 수 있다. 죽음의 유언도 생의 유언도
아니다. 생과 죽음이 서로에게 가능한 한 천박하게
굴지 않기로 한다. 슬픔의 완성도 익히 아는
이야기이다. 나보다 맑음이 깊은 것이 후배이다.
나의 착상을 파산시키는 그의 언어에 남아 있는
이야기를 삭제하는 선배 일이 있을 것이다.
라이너 마리아 릴케, 톡 쏘는 'ㅋ' 발음이 여성
시인보다 더 여성적이지만 남성이다. 세계 문학사상
독보적인 초월의 서정을 구현했다. 51세로 죽기
4년 전인 1922년 2월 한 달이 그의 표현대로
'대박'이었다. 자연스런 흐름으로 연작시 「오르페우스
소네트」가 시작되고 완성되는 사이 오랫동안 진전이
없던 골칫덩어리 「두이노의 비가」도 마무리되고
만년 작 단편들도 틈틈이 쓰였다. 둘 다 비견될 작품이
없는 걸작이지만 아예 둘을 합쳐 썼다면 이야기가
더 줄었을 것이다. 착상의 미래에도 이야기가 없다.

미래의 착상을 보는 것은 더욱 그렇다.

상식 위태

상식의 반대는 상식조차 제 안에 품고 있는 폭력이다.
모든 것이 몰상식보다 폭력 쪽으로 더 기운다고 보는
것이 상식이고 제 안에 폭력을 품고 있다. 정체보다
더 불확실하고 위태롭지. 수필이 제목의 사전적
설명에 그치는 폭력이 전철 출퇴근처럼 정규적이다.
현실 불균형의 현기증이 섬세하고 섬세가 감미로울
때까지 간다. 아직 도착하지 않은 파탄을 종합하며,
그 종합의 종착이 가장 순수한 나중의 죽음인 것처럼,
모든 대열 속 진짜 대열이 그래서 진짜인 것처럼 간다.

반면

지옥도가 상상력을 요하는 것보다 더 근본적으로
절망이 형상화 능력을 요하지만 지나친 논리가
부족한 상상력을 억압한다. 아직 이르지 못한 것을
스스로 이르지 않은 것으로 치부하는 냉소가 그때
발생하지. 강력한 전염이 더 강력한 전파인.
냉소는 절망의 표정도 상상력도 아니다. 하지만
여기까지. 더 이상은 희망의 반면이 냉소에 물들 수
있다. 숫자로는 냉소가 절망까지 압도한다. 그림은
냉소가 그릴 수 없고 그릴 생각 없고 있을 수 없다.
실패를 두려워하고 자신의 형상화 시도를 아예
포기한 냉소가 연옥에 미치지 못한다. 냉소한테
냉소의 반면이 없다. 하지만 여기까지. 진짜
여기까지.

평균율

'조율이 잘 된'을 평균율로 번역하니 규격적이고
어딘가 기념비적이다. 그래서 바흐 '조율 잘 된
클라비어'가 기념비적인 작품 느낌인가, 아니면
기념비적인 작품이라 '평균율'을 불렀나? 음악을
듣고 있으면 씻기는 듯 평균율, 단아 너머 단정의
피아노 음악 세계 총체이다. 바흐 음악은 언제나
경건 너머 관록의 신예로 시작되지만, 가장 낮게,
나의 전생에 무지 슬픈 일이 있었던 듯,
있는 듯 흐르는 음악도 있다. 너무나
평범해서 너무나 감동적인.

선율을 보다

음악이 성처녀 처녀는 물론 석녀 너머 소녀이다.
적은 여자 아니고 작은 여자이다. 몸보다 더 육감적인
선율이 몸이라면 참으로 가혹하지. 누추한 것은 누구,
가련한 것은 누구? 음악 말고 다른 것은 차마 보지
않기로 한다. 음악의 몸을 차마 보지 않기로. 몸을 벗긴
영혼의 공포가 청순일 수도 있는 것을 눈감아 주기로,
청순이 냉혹하게 공포할 수 없고 냉혹한 공포가
청순할 수 없는 것 또한 눈감아 주기로 한다. 그 흔한
마감을 보지 않았다. 선율을 듣지 않고 보았다. 선율의
몸을 보지 않았다, 본 것이다. 선율의 몸을 보았다, 보지
않은 것이다. 사는 고생은 고생도 아니다. 죽는 고생
또한 고생도 아니다.

포유류 미학

소가 제일 먼저지만 다른 포유류도 젖의 지방으로
버터를 단백으로 치즈를 만든다. 아닌가? 염소 치즈

양 치즈만 있고 버터는 없나? 어쨌거나 지 에미 품에
안겨 젖 빠는 내 손자가 무럭무럭 자라는 속도 보니
포유류 젖만큼 무시무시한 진화가 없을 것 같다. 그
액체 영양가가 어찌나 위력적인지 마치 짐승 살점을
떼어다 손자 몸에 그냥 붙여주는 것 같다. 핏줄은 더
위대하지. 나 같은 것이 남들처럼 손자 귀여워하는
할아버지라니. 백일 잔치했고 돌잔치도 할 것이다.
치즈와 버터를 그때도 평소처럼 즐길 수 있을지는
모르겠다.

전시 우편

우편의 순우리말 뜻은 '가장자리 땅까지 가는'. 전쟁
통에 오가는 편지들이 그렇게 많았다. 영영 끊어질
듯한 불길을 오가는 편지들의 간절한 기적으로 극복할
것처럼 많았다. 우편이 너무 편해진 지금 편지 오가는
일 드물다. 평화 시 불길은 컴퓨터로 너무 많이 이어질 듯한
그것인가? 편지 왕래가 드문 까닭 가운데 사소한
것 하나가 오가는 편지에 담길 내용이 전쟁 소식일까
보아서일 것 같다. 전쟁 세다. 젊은 날 멀쩡하던 세상에
편지로 전쟁 소식 오고 정말 전쟁 온 적 있었으니. TV를
켜면 나라 안팎 사정이 뭔가 흉흉한 것 같기도 하고.

설득의 공예

세종대왕은 때마침 휘하에 뛰어난 악장들이 있고
때마침 질 좋은 옥돌들이 발견되는 행운도 누렸다.
악장들이 옥돌들로 편경을 만들어 정악의 각음
표준을 세웠으니 이것도 훈민정음이고 반대하는
신하들 잡음도 없어 사실은 더 성공적인 것이었다.
유일하게 음악이 제 몸 하나도 다치지 않고 온전히
전기를 타는 예술의 공예가 있다. 미술과 연극이

전파를 타지만 몸이 전기를 타는 희망에서 아직
멀다. 어떤 설득의 공예가 필요하다. 어설픈 현실이
어설픈 가상현실을 설득하든 거꾸로이든 설득력이
설득에 이르지 못할 것.

노인 난청

어쩌자고 날이 또 밝는가 어둠 연습을 더 해야 하는데?
그 사실밖에 드러낼 것도 없이 어쩌자고 날이 밝는가?
누구든 드러나는 것이 그 사실밖에 없다는 소리인가,
그 소리 귀에 들리는 소리인가? 벌써 새들 지저귄다.
노인 난청. 듣는 데 온갖 시詩 능력의 진작이 필요한.

미귀

우리가 와보니 이렇고 저런 현대였던 게 아냐. 우리가
이렇고 저런 현대로 기를 쓰고 악착같이 왔던 것이다.
완벽한 실종이다. 징역에서 불가능하고 군대는 외박
나갔다가 아침 점호 때까지 안 들어오는 미귀가 있다.
왼손을 심하게 삐자 왼손의 사생활이 드러난다.
설거지는 계속해야지. 식기를 쥐는 왼손의 요령이
늘어나야 하는 것은 무엇보다 왼손한테 좋은 일이다.
약자 타령도 이제 그만. 약자 배려는 정부 일이고
혁명이 안 되는 걸 보면 잘해온 거다. 대선 구호 '노동이
당당한 나라도 대규모 중공업 생산직 노동자한테
뜬금없는 소리. 노동이야말로 당당한 직업인 그들
생활 및 의식 수준으로 나머지 노동자들을 끌어올리는
일에 노동자 정당이 매진하고 더 나은 대안 없이
집권을 목표하지 않는 강령이 필요하다. 이제는 백주
대낮 예술이 좌파이고 볼셰비키 지하당이다. 정립되는
순간 한 단계 더 도약하는 이론의 방식이 필요하다.
폭로에 그치는 이론이 게으름에 그치고 게으른 폭로가

혁명의 발목을 잡는다. 언제 들어도 좋은 음악이 언제 들어도 복잡하고 시작부터 친근하고 다정하고, 시작과 친근과 다정이 복잡하다.

단속

욕망이 노골적인 성욕을 드러내다가 저런 끊겼다. 소피아 로렌. 나치 도시 미인 퇴폐를 씻어낼 상큼한 나폴리 촌년. 이어졌다. 소피아 로렌. 드러난 성욕의 이목구비가 아름다울 수 있는 최대치. 아름다움이 그녀를, 끊겼다 이어진 그 선을 당분간 넘지 않는다. 그리고 단속이 단속의 단속을 어딘가 벌이기 마련. 사실은 욕망을 일으킨 것이 단속이다. 〈욕망이라는 이름의 전차〉, 〈로미오와 줄리엣〉도 끊겼다, 이어졌다. 그리고 영영 끊기고 영영 이어진다. 영영 끊긴 것이 영영 이어지는 듯이. 음악은 그 반대의 현재. 영영 이어지는 것이 영영 끊어진다. 식사가 단순한 영양 공급이고 영양이 단순한 생명의 더 단순한 단속에 지나지 않는 이 나이에 이르러서도.

뉴잉글랜드

내게 제일 유명한 지명은 뉴잉글랜드이다. 낯익은 것과 정반대 이유. 매번 낯설다. 떨쳐버리지 못한 끈질기고 성가신 지명이기도 하다. 미국의 가장 오래된 잉글랜드이고 가장 전통적인, 낡고 완고한 청교도들의 마음의 고향. 어디를 가도 어떤 상황에 부딪쳐도 꿋꿋하게 뉴잉글랜드이다. 아름다움도 제 혼자 튀지 않고 그 역사에 신경이 쓰이는 만큼 튀는데도 책은 미국보다 뉴잉글랜드를 다룬 책이 더 많을 것 같다. 전대의 모순이 후대의 그것을 지배한다는 생각이 더 문학적인 듯이. 뉴잉글랜드

문학의 시작을 알린 호손이 여전히 대표적이다.
호손의 음산한 원죄 의식이 지금도 뉴잉글랜드
안개를 구성할 것 같다. 뉴잉글랜드가 스코틀랜드와
보스턴이 에든버러와 비슷했다는 역사가들 말이
맞겠지만 나는 믿을 수 없다. 뉴잉글랜드에서 번영이
당연히 물질적이었을 것을 믿을 수 없다. 하버드
대학교가 현대에 세워진 착각이 사실보다 더 기분
좋은 사실 같다. 과거의 전모를 현재의 세부들이 더
전모답게 만들어 가는 완만하고 지속적인 상승
곡선의 즐거움과 보람에서도 예외인 내 마음속
뉴잉글랜드는 모든 면에서 예외이다.

분명히 하기

위키피디아에서 '분명히 하기'는 같은 스펠링의
다음 단어들 가운데 찾는 것을 짚으라는 권유이다.
Flying Dutch Man은 '전설 속 유령선' 외에
'1849년에서 1892년까지 운행된 특급 여객 열차'이고
소설이고 영화이고 바그너 오페라이고 무수한
다른 것일 수 있다. 별명 항목이 흥미롭지만 너무 많고
앞으로 더 많아질 것이 분명하다. 자신이 아는 것을
전 세계인들이 자주 찾는 사전에 올리는 기쁨에
비할 바가 못 되겠지만 나는 계속 찾아보는 쪽을
고수하겠다. 이 많은 것들 가운데 고르는 일만으로,
나의 무지를 확인하고 지식을 쌓는 것보다 더, 세분이
심화인 분야들의 각개 약진이 그 나열만으로도
역사를 전설과 유령과 파시즘 오욕에서 구해낸다,
자연스러우면서도 충분하게 '분명히 하기'. 애매가
애매를 조금씩 벗는 식으로 분명에 이르지 않는다.
고르는 일은 각각의 분명들이 전체의 애매를
분명하게 살찌우는 위력이 있다. 찾아볼수록 그럴 것.
역사보다 더 우월한 순서가 계속 살아 움직이는
종합이게끔 나열을 계속 재구성하는 위력도, 적어도

그 예감이 있고 그 예감의 애매가 실현보다 더 중요할
수도 있을 것이다. 우리가 정보의 바다를 정보의
덫이자 지옥으로 만들었고 돌아갈 수 없고 '분명히 하기'
그것이 우리 앞에 놓여 있다. 미래로 가는 길을
이미 지나왔고, 미래인 길이다. 모든 '분명히 하기'가
우리이고 방황하는 화란인이다. 이 별명으로 불리던
안토니 포커는 죽을 때까지 특급 여객 열차보다
체격이 더 건장했다. 제1차 세계대전 중 독일에서
선구적인 전투기를 제작했고 베르사유 조약으로
독일의 비행기 제작이 금지되자 조국 네덜란드로
돌아가 선구적인 민간 항공기를 제작하다가 1939년
북아메리카에서 사망했다. 사망하지 않았어도 그가
제2차 세계대전의 독일로 돌아가지는 않았을 것이다.
조국의 민간 항공기를 제작한 경험으로 어떻게 이국
파시즘의 전투기를 만들 수 있었겠나?

글쓰기 역사

서울 속 고향의 경계 너머 서울 사는 내게 알려진
사람들이 내게 어떻게 알려지게 되었는지 자세히
아는 일은 중요하고 흥미롭다. 그들의 고향 부모,
고향 친구, 고향 산천, 고향 환경… 내가 모르는
사람들의 지방에는 관심 없다. 나는 아는 사람을
더 잘 알기 위해 그의 고향 지방을 찾는다. 그렇게
아는 지방이 더 흥미롭고 중요하고 그런 지방이
복수 없이 모여서 지방의 진면목을 이룬다. 지방을
더 잘 아는 것이 세상을 더 잘 아는 것인 까닭의
진면목. 우리가 모르는 사람과 것들만 있는 지방은
유토피아가 이데올로기이고 이데올로기가
유토피아인 것에 지나지 않는다. 서울이 고향인
나는 서울이 지방이다. 역사가 모든 것이 지방사인
글쓰기 역사이다. 주관보다 더 주관적인 동시에
객관보다 더 객관적이고 지금까지 역사가 그것의

짝퉁에 지나지 않는. 시드니 포이티어보다 서른 살
어린 덴젤 워싱턴한테 서른 살 더 잘생긴 발전이
있다고? 대답이 먼저이고 질문이 나중이고 질문이
대답을 의심하기는커녕 끊임없이 격려하는 글쓰기
역사이다. 어떻게 된 것일까, 어떻게 되었을까?
궁금이 궁금을 낳지 않고 궁금의 구멍을 채우지
않고 희망의 과거를 키우는.

목제 시간

법칙은 과거를 응축한 현재이다, 현재의 미래는
아니다. 물질의 미래를 확정할 수 없는 물질
속에서도 그것은 그렇다. 가장 복잡한 물질인
사람들 관계를 다루므로 끝까지 신화와 종교를
삭제할 수 없고 끝까지 대문자 신을 죽일 수 없는
사회 과학이 그 불확정 법칙을 대문자 신으로 본들
그것은 그렇다. 몸이 흔들림의 명징성이다. 그것
없는 과학은 사망 상태이다. 채광석 30주기 추모
행사가 일석기념관에서 열린다니 채광석이 우리보다
이희승과 더 가까워졌다. 죽음은 그런 거지. 나는
이승에서 그런 채광석과 더 가까워졌다. 목제木製
시간이 흐른다. 각 변 5센티미터 정육면으로 나무
속살을 깎아낸 듯한 상자 시계에 투영된 듯 뜨는
오로지 숫자-시간의 디자인, 초가 깜박이는 디지털로
흐른다. 바로 내 눈앞에서 그 주변이 조금 더 넓게
환하다 만년은 지식보다 지식의 속도가 더 중요하다.
지식이 지식인 속도를 뛰어넘으며 지식의 한계 또한
뛰어넘는 능가보다 더 육체적인 만년. 동물들이
형언할 수 없는 평소에 도약한다. 옛날도 도약하는
옛날이다. 개념이 제 안에 세계를 갈수록 포괄하지
않고 포괄인 개념이 세계를 넓히며 탄생하여 하나의
물物로 된다.

용어

의사들을 믿을 수 없는 것은 증상에 대한 진단과
처방이 서로 다르기 때문은 아니다. 사소한 차이를
놓치지 않고 별도의 전문 분야로 키우며 자기들의
권위 또한 키우는 것이 대체로 의사들 영업 방식.
중구난방이 그 결과이다. 그런 채로 권위가 권위를
전문이 전문을 자정하고 스스로 개방적일 리 없지.
둘 다 폐쇄적으로 이권을 챙겨 제 몸만 불려 간다.
신비한 인체의 더 신비한 질병들이 치료에 열리기
전에 전문 용어 속으로 갇힌다. 괴팍한 남성이 더
괴팍한 여성을 부를망정 의학은 용어를 구원하는
것이 몸이다.

황색예수 합권

30년도 더 지난 합권은 덜 쑥스럽다. 출판사에 대한
고마움이 훨씬 더 크기 때문. 나의 죽음이 합권의
합권일 것 같은. 전집은 됐고.

색맹

색맹처럼 컴퓨터에 어울리는 장애도 없다.
인간의 색맹은 전체적이지. 컴퓨터는 아주 미세한
접촉 불량까지 있다. 색을 지정하면 일부만 지시를
따르는. 인간 두뇌보다 더 훌륭한 접촉 불량 아냐?
인간은 정신이 못 느끼는 정신의 색맹에서만
가능한 일이다.

채우는 여자들

무엇을 할 것인가들의 적장자 다툼이 어떻게 할
것인가들이었고, 그것을 한참 지나 무엇을 어떻게
안 할 것인가에 오니 처음부터 그랬어야 했던 느낌.
한 번 더 크게 돌고 태평하고 앙칼지게 서로를
채우는 여자들. 목표 세우는 일을 마침내 목표가
끝일 때까지 미루는 전략도 지나 더 태평하고 더
앙칼지게 서로를 채워가는 여자들. 한 바퀴 돈 김에
이왕이면 계속.

요령

나와 친한 70대 초 중반 형님들이 대부분 아직도 동네
목욕탕을 애용하고 고등학교 때 출입을 끝낸 나는
들을 때마다 나의 추억이 신기하고 섹시하다. 문주란
노래를 듣던 내 청년의 가장 뜨거운 시절이다. 60대
중반인 나는 집에서 욕조에 목욕물을 받아서 씻고
샤워로 마무리한다. 사나흘에 한 번 하니 일요일마다
하는 그들보다 잦지만 그들이 더 깨끗할 것이 분명하다.
목욕탕 목욕은 전면적이고 때가 딱 일주일 단위로
밀려 일요일과 일요일 사이 아무 때도 없을 것 같다.
대신 나는 인터넷으로 전곡을 들은 음악이 10만
시간에 이른다. 작곡자, 연주자 전집만 있지 않다. 시대,
상황, 출신지 기타 등등 주제 소재 별로 있고 전 세계가
올린 전 세계 전집도 있다. 전집 종류가 전집 내용보다
더 많을 수 있는 것이 더 전집적일 수 있다. 이제는
내가 모아 놓은 CD들도 전집이다. 다 들으려면 오래
살아야 하고 다 듣기 위해 오래 살 수 있다. 아무리
길들어진 고전 음악도 강제로 길들어질 수 있는
여성의 기쁨을 말하지 않으므로 고전이다. 현대 음악도
그것은 그렇다. 거장이 우리를 뒤흔들 자격이 있고
우리가 뒤흔들릴 의무가 있다 해도 그것은 그렇다.

입장을 바꿔 보는 것도 요령이다. 아내도 오래 살아야
하니 오래 살 수 있겠다.

울화

언론이란 것 하는 일이 온통 씹고 까는 것인 판에 무슨
셰익스피어 같은 대작가 출현? 1824년에 이미 괴테가
그렇게 반문했다. 괴테는 꾸준히 걸작을 써냈고 너무
달라서 셰익스피어에 대한 열등감 콤플렉스도 없었다.
그렇다면 이 3류 작가의 울화는 나의 것? 정권이 새로
들어섰으나 2010년대 후반 한국 언론도 온통 씹고
까는 판이다. 스스로 지치기를 기다릴밖에.

유년

생과 달리 인생은 맨 나중에 읽는 통사이다. 사물의
통사가 드러나는 유년의 통사가 드러나기 시작한다.
웬 뼈가 살을 입으며 사라지고 웬 뼈가 살을 입으며
잔혹한 용기의 패배 쪽에 챙겨줄 점수를 가까스로
챙겨준다. 이긴 것들의 정당성이 완화한다. 생보다
인생이 웅분에 가깝다. 생에는 위로받는 패배가
흔적도 없다. 얇고 짧지만 남아 있는 느낌의 생이
인생의 노년이라면 시시하고, 통사 없는 유년이라면
굉장하다. 우리가 죽음을 모르는 유년으로 죽을 수
있다면 더 굉장하다.

만년의 비

비 오는 냄새 난다. 원두커피 끓이는 중이고 끓이지
않는 라면, 지지지 않는 파전 감자전 빈대떡 냄새
난다. 옛날 춥고 배고픈 몸에 제일 모자라던 지방,

기름 지지는 냄새이다. 비가 그 사실의 일부일 뿐 생을
구질맞게 만들며 내린 적 없다. 구황 작물 주전부리
즐기는 인간을 겨우 구질맞지 않게 만들며 내리는
만년의 비로 우리가 비로소 만년이다. 어제의 모임은
좀 언짢을 일이 있었다. 뭐, 시사의 과도기이니. 다시
멀쩡해져야 하는 것이 한두 군데가 아니니까. 만년의
비. 만년은 모든 어제가 만년의 명징성이 조금
모자랐던 토론의 어제이다. 과학이 문법의 글쓰기로
전화하는 과정의. 언제나 미래가 학문의 결론인.
숱한 냄새는 숱한 냄새이다. 벌써 마구 떠올라야 했을
숱한 육체들이 뒤늦게라도 마구 떠오르던 중 명징의
매혹에 끌려 들어간 숱한 혼적이다. 만년의 비 만년은
절정이 초록색이다.

위력

살색 본문 종이와 디자인이 서로를 **빼어** 닮아 깔끔한
한화漢和사전을 펼쳐야 가까스로 한자가 정숙하다.
덧붙여 인쇄술의 위력이지. 삼천 년 동안 쓰인 상형과
표의 역사가 어떻게 정숙할 수 있나? 사전을 덮는
순간 상상으로도 불가능하다. 소리글자는 상상으로도
역사가 묻어날 수 없다. 소리가 묻어나며 정숙이 배가
되지. 하지만 인쇄술의 사전은 금물. 펼치는 순간 본문
종이와 디자인이 드러낸다, 자음과 모음들 각각이
상형이나 표의 따위 댈 것도 아닐 정도로 무수히 쓰인
사실을. 그래서 본문 종이와 디자인이 서로를 **빼어**
닮아 깔끔하고 정숙할 엄두들 아예 못 낸다.

수제

기계 문명에 길든 어떤 때는 우리가 지식의 효용을
효용에서도 능가하는 손의 공력이 있다고 믿는다.

사실이 아닌 것을 알면서도 믿고 싶은 마음으로 믿고
이런 믿음이 지식의 발목을 잡기는커녕 그 미래를
두텁게 해준다. 언제나 낡은 기계를 새로운 기계가
폐기할 수 있지만 언제나 낡은 지식을 새로운 지식이
폐기할 수 있는 것은 아니다. 낡은 지식에 묻어나는
수공들이 돌아온 사람의 손을 빌려 제 목을 매거나
축적되며 별도의 미래를 이룬다. 수제, 신화보다,
대문자 신보다 물질적인 바로 그만큼 미래적이다.
수제가 제작하는 마음의 미래. 아무리 훌륭한 세계
대백과사전도 세계 자체를 능가할 수 없는 보루.
아니라면 정말 모든 것이 인간의 손을 떠난 것이다.
구별할 수 없을 정도로 클로스 장정이 삭은 제작이
두터운 수공에 드는 침묵의 웅변이 있다. 늦은 저녁이
어둠에 완전히 잠기는. 수제는 온고지신의 거꾸로.
가능했을 과거의 완벽한 복원도 과거에 지나지
않는다. 그 이후를 사는 일이 현재이고 살면서 결핍을
결핍으로 상상하는 수제가 미래이다. 백년 전
에브리맨스 라이브러리. 아인슈타인도 제임스
조이스도 T. S. 엘리엇도 카탈로그에 없는.

프로스페로

노. 나의 마법이 허술했다.
내가 늙었고 이제 내가 창조한 온갖 등장인물들의
온갖 감정 과잉이 오로지 나의 시적 인격으로 통일-
수용될밖에 없는 사실이 보인다. 연상의 아내에
대한 애증도 등장인물 중 하나이다. 연극 속으로
숨기려던 것인데 오히려 드러나게 되었나, 아니면
이런 식으로 드러내려 했나? 그 감정은 과잉이 전혀
없지. 사실 유일하게 현대적인 것이 나의 실제 가정
비극이다. 딸아이는 문제가 전혀 없다. 곧 결혼하지만
그 애가 노처녀 아니고 신랑이 연하 아니다. 무엇보다
애들은 내 허술한 마법을 벗어나, 나의 등장인물이

아니라서 문제가 없다.

안드로마케

노. 메데아는 여태 시적이지. 현대적이려면 갈수록
끔찍해져야 하는. 보다 정통적인 산문의 현대는
신화가 역사로 넘어가는 전쟁에서 패망한 트로이
왕녀들의 그 후에서 가장 단도직입적으로 태어난다.
승자들의 그 후는 전쟁과 모험보다 더 잔혹한 가정
신화로 끝나지. 메데아의 연속이고 승리의 업보이다.
패자 사내들은 아주 오래 걸려서 기껏 고대 로마
제국을 건설한다. 어차피 현대에 달할 것인데 뭐 하러?
여자들은 승자도 패자도 아니고 피해자이다. 헬레네도
가해자나 원인 제공자가 아니다. 핑계일 뿐.
나 안드로마케, 상남자 헥토르의 상냥한 아내, 멸망은
내게 허리를 도려내는 신화에 지나지 않고 그 후의
치욕은 내 입으로 말할 수 없는 수준이다. 누구든
그것을 발설하는 자 잔인하다. 그 치욕의 체감 기간이
수천 년이었기에 곧장 산문적인 현대로 들어섰다.
끝내 스스로 목을 매지 못한 나도 신화를 떠났다.
이오카스테, 남편을 죽인 아들과 결혼하여 2남 2녀를
낳았지만, 그들이 겪은 치욕도 고통도 당당하다.
남편을 죽인 자의 아들이고 내 어린 아들을 성벽에서
내던진 원수의 첩으로 살고 그의 아들을 낳고 그가
죽은 후 그 동생과 결혼하여 아이를 더 낳은 나에
비하면. 아주 늙어서 죽은 것이 나의 가장 큰 치욕이다.
죽고 싶은 것이 진심이었는지 자신이 없고
중요하지도 않다. 여기는 명계가 없으니 다행히
죽어서 남편을 볼 일은 없다. 하긴 명계가 있다면
어떻게 이런 일이 이승에서 벌어질 수 있겠는가?
멸망 이후 갈수록 멸망보다 더 엉망인 그 힘으로 나의
생애가 계속 이어질 것 같다. 현대는 치욕이 영생이다.

부조리 방식

고상에서 비천까지 웅혼에서 야비까지 나의 대사는
몸으로 넘친다. 몸이 부조리인 듯이. 공연 밖에서도
연극으로 읽히고 낭송되고 전파된다. 하지만 악보가
음악을 입듯 몸을 입는 대사는 없는가. 악보에 음의
군더더기가 하나도 없듯 몸의 군더더기 하나 없는
대사는 없는가. 불가능한 시도를 그칠 수 없는 것이
나의 문제이지만 그래야 연극이 내용이자 전달인
전기를 입을 수 있다. 형식이자 내용인 대중을 입을
수 있다. 즉흥의 뼈대 아니라 착상이 형상화를 입듯
형상화가 생을 입듯 연극이 극장 너머 세상을 입는
대사는 없는가. 벽 아니라 항상 미래로서도 없는가.
꾹꾹 눌러 담는 방식은 거꾸로 가는 거지. 몸의
군더더기 하나 없는 등장인물이 몸을 입는
나의 방식이다. 앙상한 대사가 부조리를 방식 삼는다,
내용 아니라. 영원히 불가능할 수 있으므로 부조리
방식이 오래오래 이어진다. 무엇을 더 바라겠나?
연극이 이미 나의 생명이고 연극의 사멸이 나의
연극의 완성일 수도 있다. 사실은 가난의 언어가
가난의 실제와 더 깊이, 거룩하게 만났어야 했다.
번연은 소박하게 밀턴은 위대하게, 어긋났지. 그럴 수
있던 시절이 돌이킬 수 없이 지났지만 우리가 책이
있어서 읽지 않고, 책이 있는 확인을 위해 읽지 않는다.
책의 인식을 위해 읽는다.

배꼽

삼십 년 전 배꼽을 후비다가 깊은 때가 뽑혀 나왔는데
엄지 검지로 돌돌 마니 팥알만 하고 삶은 팥처럼 말랑
말랑했다. 도대체 어느 시기까지 후벼판 거야? 잘린
탯줄이 다시 잘린 듯 뜨끔했다. 나의 태초부터 쌓여온
때라고? 배꼽은 바깥으로 드러난 인체의 가장 신비한

장소. 대부분의 신화에 '세상의 배꼽'이라는 최고
성소가 있다. 삼십 년이 또 지나 똑같은 일이 벌어지면
배꼽은 성소가 아니지. 삼십 년마다 근본적인 청소를
요하는 곳일 뿐 내용이 방향이고 방향이 내용인 곳은
아니다.

구한말

몸은 물론 정신의 안팎에도 외래 아닌 것이 없다.
정신은 물론 몸의 안팎에도 외래 아닌 것이 없다.
구한말이 맞지만 갈수록 구한말이 더 맞다. 정말
지금도 고유의 재고가 우리에게 있나? 확실히
좋은 것을 금방 알아차리고 기막히게 본뜨는
솜씨가 뛰어난 것은 익히 알려진 구한말 이후의
사실이다. 서양에서 500년 걸린 근대화를 백년
만에 이루었다. 그러나, 그리고 근대 이전도 안팎에
외래 아닌 것이 없고 직시하면 어느 역사든 자조할
것도 없다. 흘러드는 문명이 끝까지 제국주의 없이
위대하다. 흘러드는 것이 고유하다. 미국에서
흘러나오는 것이 '해제된 비밀 분류 정보'이다.
남한 박근혜 정권이 북한 김정은 권력의 교체를
도모했었다… 비밀 해제가 음모론을 부른다.
북한의 핵 위협이 미국 군산 복합체 권력의 이익에
부합하는 것은 누구나 알고, 그렇다면 아버지
박정희에 이어 딸 박근혜 몰락도 미 CIA 기획 작품?
박근혜 정권의 기승전결 덕분에 3·1, 4·19, 5·18, 6·10,
8·15 등 숫자로 상징되는 모든 반⁺혁명적 사건과
왕년의 온갖 정권들을 다시 한번 겪었고, 다시
구한말이다. 없는 고유와 선례를 계속 찾아 헤매는
동안 숫자가 제 순서대로 한국 근대사를 배열할 수
있다. 백주 대낮에 우리 눈앞에서 벌어질 수 있는
광경이라서 이것을 음모라고 할 수도 없다. 머그잔에
가득 담긴 커피를 통째 뒤집어쓰고도 끊어진 것을

연결하는 선방에 선방을 거듭해 온 컴퓨터 자판이
이제 한계에 달했나 보다. 등을 툭툭 쳐주면 기능이
잠시 정상화하고 이렇게 치는 순간 정신을 바짝
차리기는 하는데 그것, 참.

피해자

경원이 아찌는 내 막내 외삼촌이다. 잘 생겼고 젊은 날
화려했고 그래도 그 많은 어린 조카들에게 자상했고
재벌급 건축회사 부장을 지냈고 술에 쩌들어 몸을
망친 말년에도 주정으로 민폐 끼친 적 없다. '누이, 거
애들한테 끙끙대지 좀 말아요, 부모 나이 들어 아픈
걸 애들이 뭐 어쩌라고?' 아이 다섯을 낳으면서 낳을
때마다 엄살이 제일 심했다는 엄마한테 다정한 핀잔을
주더니 얼마 안 되어 알코올성 치매에 걸렸다는 소리가
들려왔고, 경원이 아찌 딸 결혼식에 갔더니 과연
나를 못 알아보는 것을 들키기 싫은지 고개를 돌리고
슬그머니 구석으로 물러난다. 돌아가기 전날 아주
오래전 내 아버지와 어머니와 도란도란 지내던 꿈을
꾸었다고 들었다. 박정희 시절 경원이 아찌는 헌병
복무 탈영병이고 아버지는 혁혁한 헌병대 특무상사
출신이었다. 아찌는 평생 아버지 뒤에 꼭꼭 숨어 있고
싶은 마음이었을 거다. 집이 붙어 있던 아찌의 동년배,
고모 아들 하나는 탈영으로 인생 전체가 망가졌고
민폐가 적지 않았다. 지금 생각해 보면 아찌보다 더 잘
생기고 더 씩씩한 청년이었는데. 잔치 때마다 제일
열심이고 억척이던 아찌 고모도 어느 땐가부터 아들
얘기를 삼갔다. 떵떵거리던 외할아버지 돌아가고
직계 말고는 연락이 끊긴 지 오래이다. 그러나 암담.
나는 박정희 군사 독재의 최대 피해자가 잘 생기고
씩씩한 사내들과, 군사 그 자체였다고 생각한다.
박정희 반대하다 청춘을 징역 2년과 강제 군복무
3년으로 보낸 나의 생각이니 맞을 확률이 높다.

엄지

자신을 치켜세우는 일이 남을 치켜세우는 경지가 있다. 사실은 결핍이지, 다른 결핍과 달리 그 위대가 우연인. 욕망에 끝없이 굶주리는 것보다 끝내 사랑에 굶주리는 것이 더 섹시할 때 시작되는 그럴듯한 비극이 있을 수 있는, 동시에 나로 인해 그것이 불가능한 증거. 모방이 원본 자체의 탄생을 가로막는 것이 일상의 소극에 맞선 나의 유일한 비극이다. 손금을 보면 분명 자상히 설명되어 있을 것이나 내가 나의 손금을 들여다볼 수 없는 비극 하나 더 추가.

단편 탄생

마음의 내면을 들여다보고 싶지만 밖에서 들여다 볼 수 있는 것이 아니다. 쌍둥이 욕망과 죄의식이 저렇게 멀리 떨어져 있으니 내가 내 마음의 내면에 들어 있는 모양. 여기 있다면 욕망이 그렇게 길길이 뛸 리 없고 죄의식이 더 깊이 파고들 곳이 없다. 내 안의 짐승이 어디 있다는 거야 도대체? 저게 다 저지르고 난 사후의 알리바이였다고? 니 탓 내 탓도 끼리끼리뿐이고 사실은 내 눈앞에 저질러진 온갖 광경과 온갖 광경이 저지르는 이야기가 모두 나의 탓이라고? 악이 추방된 것이 오래전 일이니 마음의 내면에 아무것도 없고 어떻게든 채워 보려고 나로 하여 가여운 것들이 더 가여운, 결론 없는 파탄에 이른다. 단편이 탄생하는 과정이 바로 장편인 듯이. 주인공들이 아무리 해피엔드 해도 단편이 다루는 것은 인생이라는 기나긴 비극이다. 인생이 기나긴 비극이라는 소리는 아니다.

맨 나중 전략

질투는 날것이다, 방금 난 깊은 상처보다 더 깊게.
깊은 상처로 깊은 문학을 결국 하는 것이지만 그
지경이면 할 수 없지. 질투는 질투만 할 수 있고
무엇이든 찢어버린다. 서투른 반성을 서투르게
집요한 노력을 집요하게 찢어발긴다. 질투가 가장
심하게 찢는 것이 질투 자신이라는 것을 알 때 이미
모든 것이 늦는다. 아무것도 없고 갈가리 찢긴 질투만
남는다. 질투는 맨 나중 전략이다. 나 아닌 모든 것을
돌이킬 수 없을 때 나의 모든 것을 한번 돌이켜보는
나의 질투가 나의 모든 것을 찢어발기며 스스로
발기발기 찢어질 수 있다. 매일매일을 맨 나중으로
생각하는 전략의 질투도 있다. 그러나 결국 미쳐
버렸지 모파상, 문장이 짧지 않은 것도 면도날 같은데
43세로 죽기까지 장편을 빼고도 단편을 4백 편 넘게
썼다. 모파상, 모파상, 모파상, 이름은 계속계속 불러
다오 하는데 쌍을 상으로 완화해도 부를수록
불쌍해서 더 부를 수가 없다.

개입

욕망을 이야기로 정화할 수 있다면 아라비안나이트
밤이 한 수 위이고 죽음이 가장 위대한 이야기이다. 첫
이야기를 낳은 죽음의 과거가 있고 계속 마지막
이야기일 죽음의 미래가 있다. 정말 놀라운 것은
죽음이 세탁기처럼 욕망의 일상을 일상적으로 빤다.
작가가 끼어들 일이 아니다. 웃음도 오로지 죽음이
하는 일이고 어영부영 이어가는 문제도 오로지
죽음이 푼다. 그것에 가장 가까운 서정이 그것에
달하려 서정의 총체를 끊임없이 응집하지만 욕망을
정화하려는 욕망을 영영 벗지 못하여 달할 수 없다.
하지만 뭐 하러? 밤이 욕망을 정화하는 것보다 서정이

더 잘 승화한다. 그런 밤으로 음악이 죽음을 대체할 수
있다. 울 수 없는 죽음의 웃음까지. 비로소 작가와
독자가 개입할 수 있다. 그냥 살면 안 되나, 솔직히
우리 짐승 아냐? 작가와 독자에게 그렇게 묻지 말고
그냥 살면 된다. 현실을 재현할 수 없고 반영할 수
없으므로 작가와 독자가 찾는 것은 언제나 현실의
대안이다. 그 대안이 어떤 물질이기를 바라는 창작
과정이 벌써 승화이다. 아니 예술이 차이를 찾아
확대 심화하는 시작부터 승화이다. 전집이 만년과
현대를 낳지 않는다. 만년의 현대인 현대의 만년이
가장 위대한 형식 가운데 하나, 전집을 낳는다.
아이들 동화 동요도 그것은 그렇다. 전래 동화는
아이들을 모르고, 아이들을 안다고 자부하는 전통의
어른들만 읽는다. 동요 동화 작가도 동요-동화
독자도 아닌.

여자의 거리

여자는 오래 산다. 여자가 남자보다 몇 년 더 살지 않고
아주 오래 산다. 옛날은 더 그랬다. 18, 19세기 여자
나이 팔십이면 두 세기를 사는 것 너머 미국 독립
전쟁과 프랑스 혁명과 그 밖의 대사건들 너머 한 천년
산다. 과거로 갈수록 사건이 많고 현대는 지루한
전쟁뿐이다. 생명보다 한참 더 오래 사는 느낌.
사건들 사이가 남자는 짧고 여자는 길다. 여자가 더
많은 것을 본다. 미래를 앞당긴다며 설치다 남자가
너무 일찍 죽고 그것이 한심하여 여자가 더 먼 미래를
그냥 내다본다. 여자가 아주 오래 산다. 여자의
거리距離가 있다. 여자라는 거리가 되어버린. 남자가
평생을 사랑해도 다 사랑할 수 없는. 비극은 아니다.
하지만 한 백년 뒤에도 똑같을지 모른다. 그렇지
않기를 바란다. 거리가 남녀 모두의 방향이고
미래이기를

카르타고

중학교 때 포에니 너무 귀여운 또래 외국 여학생
이름인데 전쟁이라니. 앞날이 불현듯 불길했다.
여성 나체만큼 아름다운 것이 없다지만 인간의
지독한 편견으로도 재래식 전쟁은 특히 여성의
몸을 참혹하게 찢는다. 내장을 닮으며 성립된
마을과 도시의 아름다움이 사무쳐 하수구 악취가
악취 나지 않고 혐오 시설도 혐오스럽지 않고
염세가 씻기는 생활의 '영웅적'부터가 내게 카르타고,
생활은 극복한다, 멸망도 야만의 발굴도 이국풍의
예술적 재현도.

파탄

고래 싸움에 터질 새우 등이 없다. 육체적 고래나
거인들이 아니다. 내가 오도 가도 못하고 꽉 막힌 것.
틈새? 정신은 아이디어의 총합이 아니다. 그냥 꽉
차 있는데 정신의 감옥은 말이 안 되고 그릇쯤 되는
것이 딱히 두개골이라고 할 수도 없다. 상호 소통이
정신의 얼개인데 무슨 얼어 죽을 틈새? 내가 하는
일을 나도 모르게 해야 할 때가 있다. 그 결과가 한
오백 년 전으로 올라간 파탄의 파탄일지라도
정신의 물화인 길이다. 끝까지 주객을 혼동 않으려
정신이 지혜를 이미 지나왔다. 모든 지혜가 생활의
지혜이다.

여행 아가씨

끄는 캐리어 크다. 속옷이 조금 더 담긴 것보다
조금 더 크다. 날씬하다. 긴 머리 엉덩이에 닿았다.
말만 하지 않다. 맞은편 전철 탄다. 인천국제공항

가는 쪽. 떠나가는 모든 것이 나를 떠나간다. 계속
예쁘기를. 뜻이 허물어지며 새로 연결되는 오리지널
속으로 내가 들어간다. 연결되기 위해 허물어지는
것이 아니듯 들어가기 위해 들어가는 것이 아니므로
새것인 오리지널 속으로. 아무래도 문법을 너무
남용하는 것 아닌가 조심은 하면서.

기로

이제까지 철학자들이 예술 창작을 인간이 가능한
최고의 행위로 쓸데없이 치켜올리는 바람에 예술
종사자들한테 예술을 인간이 가능한 최고 업적으로
창조할 의무가 생겼지만 자본주의가 극복되면 어느
업종이 안 그렇겠나? 게으를 수 있는 예술가들이 더
게을러진다. 환호도 없다. 반가운 사람들이 영등포역
1번 출구에서 한 200미터 걸으면 나오는 학교 '하자
센터'로 오라니 번거롭더라도 가봐야지 어쩌겠나…
뭐 그런 느낌?

세계

지독한 쾌락이 지독하게 지루하거나 지독하게 지루한
것이 지독한 쾌락일 때까지 사는 것이 주인공이다,
세계의 안 알려진 모든 작품과 작가 속으로 마저
해체되는. 온갖 시대의 본질인 시간이 재생된다. 그게
주인공의 세계이다.

간장

그럴 수 없이 세련된 것이 하필 사랑하지 않는 남녀
사이일 때 조선은 조선간장 일본은 왜간장 냄새 난다.

민족이 원인 아니고 결과이다. 흔한 결과. 이리 혈안이
되어 찾는 걸 보면 원인이란 희귀한 물건이다. 대부분
결과에서 찾아야 하는 것을 보면 원인이 모든 결과들
이전 아니라 이후의 단 하나 원인일 수 있다. 드물게
간장 냄새와 아주 멀리 떨어져 간장 맛 난다. 국제도
원인 아니라 결과이고 대단할 것도 없다. 생이 대체로
맛과 냄새의 구분보다 결합이 먼저인 간장의 사정처럼
원인과 결과가 애매한 대신 궁상맞은 매력이 있지.
문화의 미학인 문명을 찾아야 한다.

생활의 소문

빠르게 아열대 기후로 바뀌는 중이라는데 지독한
가뭄 오래 간다. 작년과 재작년은 마른장마였다.
아주 줄기차게 길게 오던 예전 장맛비 아주
가까운 데서 왔다. 그리고 아주 가까운 데로 갔다.
생활의 일부였다. 이번 장맛비는 아주 줄기차게
길게 오더라도 아주 먼 데서 온다. 그리고 아주 먼
데로 간다. 소문의 일부. 빠르게 바뀌는 기후보다
더 빠르게 바뀌는 날씨보다 더 빠르게 나의 생활이
소문으로 넘어가는 중이다. 모레 성묘 날은 하루
종일 집중 호우가 예보되어 좀 나을지도. 그 먼 데는
무덤이 가깝듯 가까운 먼 데일 것이니. 산 사람들
늙어 제수가 갈수록 시장에서 파는 걸로 바뀐다.
뭐. 재벌의 위력이 아직 개인의 죽음을 넘보지는
못하는 걸로 좋게 생각하겠다. 기세등등한 것이
스스로 죽음을 넘볼 리 없지만 자본주의는 죽음을
기세등등하게 만드는 장사, 군수 산업이 처음부터
있었잖은가?

유구무언

예쁘고 깔끔하게 정리한 아내의 가계부도 장부이다.
장독들이 머리에 흰 눈을 이고 아무리 아담해도 끝내
죽음을 모르는 생이 그 자체로 아름다울 수는 없다.
탐욕스러운 우리가 탐내야 할 것은 희생의 용기로
죽어간 이들의 마지막 생각들이다. 죽음으로 넘어가는
순간 생에 남을밖에 없는 그 영원의 언어. 사실 우리는
본능적으로 조금씩 그렇게 하고 있고 더 해야 한다.
죽고 나서 달할 수 없는 영원에 죽기 전에 달하는 진짜
아름다움을 어떻게든 해 보아야 하지. 자연의 사계를
착취하는 우리가 더 노려야 할 것도 자연 개개 마지막
순간의 마음들이고 그것도 우리가 본능적으로 조금씩
그리하고 있다. 아니라면 사계로 죽고 사는 자연의
초현실의 좌우 전후 사방이 초록이고 하찮은 우리가
한 모든 말이 유구무언이었을 것. 한국과 부탄 수교
30주년을 맞은 특집 방송은 부탄 왕국의 GOP가
세계 최하위지만 욕심 없고 자연과 공존하는 착한
백성들의 생활 만족도, 정신적 삶의 질이 세계 1위를
넘본다는 내용이다. 부탄 청소년 소녀들이 한류, 특히
K-Pop 방탄소년단을 너무나 좋아한다는 내용도
있다. 둘 다 거꾸로 가야 가까스로 어울릴 내용이다.
부탄 아니다. 우리 모두 거꾸로 가자는 대한민국
공중파 특집 방송이다.

을지면옥

이제는 쇠락에 자진해서 어울리는 풍경의 인쇄소 골목
입구에서 선방 중. 원조 냉면 맛집의 실내가 명성의
쇠락에 또한 자진해서 어울리며. 번창할 때는 비좁은
골목 속으로 꾸불꾸불 이어진 영세 인쇄소들이 비좁은
제 안을 못 참고 밖으로 내밀 수 없는 배를 내밀었다가
비좁은 통행에 밀려 도로 들어가고 그랬는데 여전히

꾸불꾸불하고 좁은 골목길이 이제 너무 한적하다. 짐
자전거가 망가져 대자로 누워 있고 부대로 대충 덮어
방치한 목판 더미가 여기저기 이유 없이 듬직하다. 칠
벗겨진 간판들이 오래 걸렸던 만큼 앞으로도 걸려 있을
참인 것이 분명하다. 여인숙보다 더 초라한 '모텔'이 앞으로도
여인숙보다 더 초라하게 '모텔'일 것. 담
벼락에 한 덩어리로 뒤엉킨 낡은 전선 가닥들이 내내
철거되지 않는다. 찾아보지 않아도 널려 있는 쇠락의
증거가 사진에 찍히지 않는다. 사진의 눈이 쇠락을
보고 추억의 인간이 쇠락의 정지를 본다. 을지면옥은
골목에 반쯤 파묻히고 반쯤 그것을 뒷심으로 을지로
거리에 나왔고 을지로 거리도 그 주변이 별로 변하지
않았고 을지면옥은 평양냉면이 별미인데 소고기
수육보다 돼지고기 편육이 더 맛있다. 40년이 넘었고
그 주변에 70년대식으로 비가 내린다. 여전히 손님들 많다.
줄 서서 기다릴 정도는 아니다. 옛날에도 안 섰다.
줄 서는 거, 요즘 젊은 애들의 데이트 취향 혹은 유행
같다. 노인네들도 자기들 아는 옛날 아니라 쇠락의
정지를 음미하러 온다. 육수 아니라 냉면 국물.
새 책이 낡는 느낌이 좋을 수 없지만 고상하게 헌책이
고상하게 헌 상태 그대로 계속 인쇄되는 느낌은 좋다.
을지면옥 냉면도 그 주변 을지로도 그런 맛이다.
추문이 아예 불가능하지, 추문보다 어른이니까. 사후
출판이 죽은 저자의 사후에 영향을 끼칠 뿐 죽음에
영향을 끼칠 수 없는 것보다 더 불가능하지 않나?

흡연 홍보

아들이 사준 '반달이'는 PC 재질의 담뱃갑이다.
담배 스물한 개비가 조금 헐하게 들어간다. 하양과
핑크색 두 가지. 볼 때마다 기분이 나쁠 뿐 내게 효과가
전혀 없는 금연 광고 말끔히 씻겼다. 세련에 세련을
더 하느라 상표가 희미하고 작아서 눈에 띄지 않는다.

잡으면 손안에 색 덩어리 팔각이 모두 뿌듯하여 나도
모르게 손아귀 힘을 더 주게 된다. 아들 선물 반닫이로
담배를 피우면 앞으로 최소한 목숨이 썩 단정해질 것
같다. 그건 건강보다 더 중요한 문제이지. 핑크는
집에서 쓰고 하양을 갖고 다녀야겠다. 아들이 사준
반닫이한테 역할을 주는 것이 아들한테 주는 것이다.
서비스로 성냥갑을 곁들여 세련의 세련에 세련을
더하겠다는 생각은 곧 포기했다. 옛날식으로 피운다고
담배가 건강에 좋아질 것 같지 않다. 건강이 가난한
낭만의 문제 아니고 흡연이 치매 없는 남은 목숨을
어떻게 관리하느냐의 문제이다. 목숨의 단정이
최대 목표이다.

판화 탄생

경악이 기쁨이고 기쁨이 경악이다 참새
매번. 죽음이 경악이다 단 한 번 참새. 죽은
입을 빌리고 감은 눈에 여한 없는 혼쾌한
체념의 살기 한 점. 이런 진화도 있다.

산문 탄생

생계보다 오래 산 생애가 너무 오래 산 생각이 드는
'여가의 선용'이 '여가가 선용'에 이르는 산문이 있다.
쓰지 않더라도 분명 글로 된 산문이다. 생계의 핵심인
멀쩡함의 핵심이 산문의 평생이라고 해도 글로 된
것은 아니다. 쓰인 시의 만년도 지나 해체하지 않고
해부하면서 더 멀쩡해지는 산문이 있다. 아흔 살
노인이 아흔 살에 이르는 여가가 아흔 살에 이르는
선용인, 마지막이 탄생인 산문이다. 사실은 생계의
멀쩡함이 멀쩡함을 해체하는 멀쩡함이던. 자연의
진화에 역사가 코딱지보다 더 작다. 체제에 반하는

것이 박물이다. 실제보다 더 중요할밖에 없는 산문,
아무도 본 적 없지만 있어야 하므로 누구나 볼밖에
없는 모종의 주마등 같은 산문의 탄생이 있다. 아무도
건드릴 수 없지만 분명 술로 된. 임종에도 시가 끝내
시간일밖에 없기에 한꺼번에 펼쳐지는 공간. 가장
많이 반복되는 것이 윤리이고 그다음이 불륜이다.

번역

인격의 응축인 작품의 응축, 디자인이 세월 흐를수록
그 경로를 보여주고 눈감아주고 감싸안아 줄 것은
정말 당연하지 않나, 세월 흘러가도 다가오는 자연의
디자인이 있고 그것으로 넓게 번지고 길게 뻗어나갈
응축이 있는 것처럼? 허가 허를 채우는 이름들의
패전만 발발한다.

장마

비 내리는 지상의 흙탕물에 발 담그고 올려 보니 여기
아파트 꼭대기 층 실내에도 제법 비가 내린다. 천둥과
벼락을 동반한 폭우도 여기 내리지 않고 창밖에서도
세차게 흩날릴 뿐이었는데 주룩주룩 내리는 비가
여기서도 제법 주룩주룩 내린다. 지상은 지상의
높이가 위대하지. 옛날 여인, 너의 흑백 사진 초상도
지상의 높이이다. 사진이 남아 내게 온 사실이
특히. 그럴 수 없을 정도로 먼 옛날의 흑백의 흑백의
흐린 흑백 사진이라도 옛날 여인, 그것은 그렇다.

성묘의 단골

내일은 급사한 어린 친척 조문 가고 모래는 오랜만에

젊은것들 만나 쎄게 놀 약속이 있다. 이미 죽은 사람
때문에 달라질 것은 없겠지. 슬픔도 즐거움도 그
구분도. 나보다 먼저 갔으니 어린 친척이 돌이킬 수
없이 나보다 어른인데 급사란 사실 그 자체로 얼마나
젊은가. 나이를 능가하는 젊음 아닌가. 나이의 젊음은
매일매일 젊음으로 급사하고 매일매일 젊음으로
되살아나고 돌이킬 수 없이 급사할 때까지 매일매일 나보다
젊다. 효도도 믿음도 아니고 가까운 누이들과
남동생 식구들 만날 기회를 따로 갖기도 뭐해서 그냥
일 년에 두세 번 성묘를 간다. 어머니 돌아간 지 7년,
아버지 돌아간 지 17년, 성묘의 세월이 따로 이어진다.
성묘 때마다 가는 단골집도 있다. 제대한 조카도 찾는.
물론 성묘 때만이다. 집에 오면 식당 구조가 환하게
떠오르는데 아버지 어머니 무덤은 아무 특징이 없다.
격변도 급사이고 먹고사는 기억만 왕성하게, 그리고
끈질기게 이어진다. 성묘와 성묘 사이 아버지와
어머니도 부부 동반으로 그 식당을 애용할 것. 내일은
급사한 어린 친척 조문 가고 모레는 오랜만에 젊은
것들 만나 쎄게 놀 것이다. 여행은 무슨.

국어 탄생

외국어 사전을 펼칠 때마다 외국어는 탄생한다.
이탈리아어가 이탈리아 산문적으로 프랑스어가
프랑스 음악적으로 독일어가 독일 철학적으로
영어가 잉글랜드 시적으로, 각각 국명과 다소
다른 어감으로 탄생한다. 외국어 사전만 그렇다.
실용이나 응용되기 전 그냥 외국어인 외국어가 있다.
국어사전은 그렇지 않고 외국어 사전만 그렇다.
단어 설명이 국어인 외국어 사전은 그렇지 않다.
다른 외국어인 외국어 사전도 그렇지 않다. 같은
외국어인 외국어 사전만 그렇다. 휴대할 수 있으나
손 안에 들지 않는 사이즈 외국어 사전이 오로지

그렇지만 그것으로 모든 외국어 사전과 외국어가 그렇다.
국어가 개인의 세밀의 웅장인 것도 비전의 법칙.
까발려졌으니 모든 사람이 그것을 어기려 들지만
제 더러운 과거를 낱낱이 드러낸 투명을 제 정체로
만들며 제 미래를 온전히 사람의 미래에 맡기는
국어의 전략을 누구나 알면서도 누구든 당하지
못한다. 이론에 대한 국어의 선명한 경계가 너무나
자연스러워 그냥 거울에 비친 것 같고 이론이 스스로
국어사전의 한 단어인 것을 제 눈으로 보고도 스스로
보통 명사인지 고유 명사인지 모르는데 국어사전은
가장 선명하면서 선명의 절대를 자신의 맨 나중으로
아니 자신 너머로 미루는 전략이 있어 어떤 때는 국어
사전에 국어 단어들이 있기에 세상의 그 모든 것들이
있는 것 같다. 국어사전에 없는 것들이 세상에
얼마든지 있는 사실을 언제나 선명하게 드러내는
국어사전 덕분에 우리가 세상에 있을 수 없는 것도
얼마든지 있을 수 있는 것을 알 수 있다. 디자인이
선명한 외국어 사전을 펼칠 때마다 국어가 탄생하는
그 순간이 국어 탄생이다. 디자인이 아주 선명하면
본문이 다른 외국어인 외국어 사전도 봐줄 수 있다.

명퇴의 청첩

대화는 서로 다른 생각의 일관이 유연에 달한 사람들
끼리 각자 고매와 심오의 한계까지 깨려는 일이라서
언감생심 우리는 평생 술친구로 지낼밖에 없었다.
남들이 우리를 기회주의자라 부르지 않는 것만 해도
얼마나 다행인가. 사는 일의 기회주의를 우리가 월급
이내로 생계에 지장 없는 최대로 좁혔었다. 명퇴한 지
오래이고 직장 기억 가물가물하지만 술 한잔 마시며
돌이켜 보면 말이다. 평생 샐러리맨 경력을 누가
자랑하겠나. 시끌벅적하게 성공했던 기회주의자들의
시끌벅적한 몰락 소식이 잦을 나이일 뿐이다. 남은 놈

마저 보낸다. 아들 둘을 빚 없이 장가보내는 대단한
부모 되어, 평생 술친구들한테 먼 청첩을 보내기로
했다. 요새는 막걸리가 정말 허기 끄는 음식 같더라.

자두 맛

몇십 년 만에 붉은 자두 한 입 베어 물으니 진하게
물컹한 과육, 몇십 년 동안 천도복숭아 먹은 것이
환영에 지나지 않는다. 하긴 천도라니, 하늘에 무슨
맛? 속이려고 속인 적 없는데 속으려고 속은 거다.
문상 길 이상하지 않게 멀다. 이상하지 않아서 더
이상해야 하는데 그렇지 않고 그냥 더 멀다. 아내가
모는 차는 인천 위성 공업단지를 지나 인천 개항
시절로 거슬러 올라간다. 자두 과육보다 더 진하게
물컹한 자두 맛이다. 하긴 갈 데까지 가 보았다가
다시 오는 문상이다. 산 사람들은 문상 가기 전에도
할 말이 없다. 자두 맛이다. 요즘은 언더가 없다고?
내 곁에 마누라가 언더라도 내가 그것을 알 수 없다.
내가 공개와 언더를 연결 짓는 역할을 했다면 나도
모르게 한 것이고 내가 알던 언더들은 언더가
아니었다. 그들 잘못이 아니지. 그들도 속이려고
속인 적 없는데 내가 속으려고 속은 것일 터. 기분
나쁠 것 없다. 영안실은 아직 멀었고, 자두 맛이다.

기조

오래되어 희귀한 것이 희귀하려고 오래된 것은 아니다.
많이 나넌 흔적을 지우는 동작이 하도 바삭해서 차마
들여다볼 수가 없다. 오래된 것은 새롭지 않은 것을
새롭지 않게 보이려는 것보다 아주 조금만 더 강하게
바삭한 동작으로 새로운 것을 새롭게 보이려는 기조가
있다. 모던도 오래된 모던이 있는 것은 기조 때문이다.

여동생 얼굴

하고 싶은 말을 몇 번이나 끝내 못하고 돌아선 남은
표정의 얼굴이 작아진다. 해도 소용없었다. 서로 잘
알고 있다. 집안마다 멀쩡한 식구들 애정이 시들해져
늙지 않는다. 식구에 대한 어이없는 애정의 어긋난
방향으로 늙는다. 짧은 이별이 애잔한 것은 우리가
용납할 수 없을 정도로 긴 이별을 맞기 전. 여동생
얼굴 내 탓으로 내 가슴에서 내 가슴으로 늙는다. 그
아이 가슴은 안 그랬으면 좋겠다. 찢어지게
가난하지 않아도 식구는 때로 잔인한 사이이다.

이야기 둔재

높낮이보다 더 분명하게 고상과 비천의 차이는 있다.
우리가 천재로 섬긴 것 대부분 형식의 남용이었다.
지루하고 상투적인 이야기보다 더 치명적인 것이
지루하고 상투적인 형식이지. 엘리스는 이상한 나라에
다녀오지 않았고 『이상한 나라의 엘리스』를 어른이
아이에게 들려주지 않는다. 엘리스가 이상한 나라이고
『이상한 나라의 엘리스』는 수학의 천재이고 이야기의
둔재인 어른이 들여다본 유년의 최대치이다. 형식이
이야기를 이야기를 형식이 남용할 수 없도록 유년이
단 한 번 시작이자 끝이고 그 뒤로 이어지는 고상과
비천의 시절이 죽을 때까지 끝나지 않는다.

유럽 성

성은 침실이 아주 많은 요새이다. 강성하고 뾰족
뾰족하고 삼엄하지만 끝내 파사드 자태가 아름답지
않을 수 없지. 3B가 각각 위대한 음악의 성을 짓지만
유럽 성들 역사에 기여한 바 없다. 바흐는 끝없이

광대한 저변이 흔들리고 베토벤은 솟구치는 지상의
거룩이 치 떨리고 브람스는 스스로 섬세하게 세운
벽이 균열한다. 유럽 성들은 외양이 모두 모차르트
음악을 닮는다. 이상하지. 이번에는 내부도 닮았을
것처럼 닮고 모차르트가 태어나기 전부터 닮는다.
성주가 아무리 난폭하고 호전적이고 참혹하게
죽었더라도 성이 오래오래 남는다면 결국 닮는다.
동양 성들과의 차이는 내가 보기에 그것 하나이다.
처음부터 지금까지 계속 닮아 오는 중이라서 유럽
성들이 우울한 듯 명랑한 것인지 그래서 모차르트
음악이 명랑한 듯 우울한 것인지 그것은 모르겠다.

메테오라
―백가흠에게

'공중에 매달린' 혹은 '하늘 아래'라는 뜻이다.
가 보기 전에는 사진으로 보는 놀이동산 이름과 다를
바 없고 가 보더라도 그 꼭대기 수도사들 무섭지 않다.
스릴과 서스펜스가 있지만 결국 신의 품속이다.
믿지 않는 사람들은 다르다. 올라가지 않고도 보면
까마아득한 낭떠러지 꼭대기 절정의 이미지로
없다, 대문자 신이. 두려움이 두려움의 벗은 몸으로 선다.
우리의 생이 늘 어딘가를 오르는 느낌.
두려움이 가장 용감한 것일 수 있다. 역사 이전 음악
사와 미술사를, 연극사와 문학사를, 영화 및 TV사를
들을 수 있고 볼 수 있고 읽을 수 있다, 음악이 들리는
것 속으로 미술이 보이는 것 속으로 연극이 움직이는 것
속으로 문학이 말 속으로 영화가 영상 속으로 TV가
시사 속으로 역사를 탄생시키는 광경을. 조금 서글플
때까지. 아니 역사가 역사를 벗을 수 있을 때까지.

수타

새로 산 자판 기능이 거의 발랄하지만 그래서 더욱
디자인이 마음에 들지 않는다. 검고 투박하고 두껍고
높고 모서리들이 깎은 듯하지 않다. 수타당하려면
이게 낫다고, 화면에 사뿐사뿐 뜨는 고르고 고른
글자 폰트와 같은 처지인 줄 아냐? 그렇다 나는
나의 수타가 최대한 부드러워 텃치에 달하고 싶다.
건반 중에도 제가 먼저 세속으로 이어지는 풍금이나
아코디언과 달리, 과거로 이어지는 하프시코드와 달리
피아노가 단정하게 나뉜 계단의 일렬로 연주하기도
전에 아름다움의 세계 전체를 가시화하는 것은 음악
이야기이지만 시도 의미의 리듬을 구성하는 일이고,
피아노 유년의 미약한 수타가 필요하다.

평론 탄생

정신을 잃고 쓰러져 머리를 부딪치며 뇌출혈로 죽은
이야기는 정신의 신화가 아니다. 머리의 신화도 뇌의
신화도 출혈의 신화도 아니다. 이것들은 모두 정신이
어떻게든 살아남으려는 신화이다. 무릎을 꿇거나
가능한 낮게 주저앉는 방식은 몸이 살아남으려는
신화가 아니다. 정신을 잃자마자 몸이 정신의 습관을
거부하고 꼿꼿이 서서 급전직하한다. 몸의 신화는
생의 신화가 죽음의 신화이다. 쓰러지는 것을 모르고
쓰러진다. 급전직하를 모르고 급전직하한다. 모르는
것의 의미도 모르는 쓰러짐이고 급전직하이다. 비명
횡사만 그런 것이 아니다. 죽음의 신화가 생의 신화인
몸이 정신이 모르는 것을 아는 의미도 모르면서 아는
것은 단 하나, 언젠가 반드시 죽을 것을 그리도 잘 아는
정신이 정작 죽는 일은 제 능력 밖이라는 것을 모르는
사실이다. 누구나 몸의 급전직하로 죽는다. 사후의
신화도 어떻게든 살아남으려는 정신의 신화이고

몸의 신화는 생의 신화도 죽음으로 완성된다. 정신은
알 수가 없고 그건 정말 너무 많이 모르는 것이다. 어린
몸이 거울 속이고 늙은 몸이 거울 밖이다. 아동의
모험? 정신의 꼼수이고 짝퉁이지. 어떻게 해 볼 수 없는
목숨의 모험을 구구단으로 건너보려는. 그러므로
어른이 되려면 정반대의 평론을 해야 한다. 대상을
끝까지 대상으로 두고 대상 너머까지 쓰는 일. 사실은
모든 계단이 오름 없이 실제의 짝퉁으로 내려갈 뿐
아닐까 전전긍긍도 하면서.

반백
−조주연에게

연남동은 예나 지금이나 내 나와바리가 아니다.
즐비하고 으리으리하던 중국요릿집들 몇 개 안 남아
대세인 먹자골목 풍경 속에 가까스로 점잖다. 못 이긴
척은 없었다. 주택가 골목으로 파고들며 도처에
숨은 듯 출현하는, 밖에서도 실내가 세련된 젊은이들
맛집 카페와 식당과 술집들 한 30년을 꾸준히 젊어져
온 것 같다. 내가 여기서 30년 만에 만난 한 여자 후배가
얼굴 조금 수척해지며 정말 아름답게 30년 나이를
먹은 반백이다. 선집도 출현과 마찬가지로 결론이
아니고 선집과 선집이 만날 미래는 전집과 전집이
만난 과거보다 대체로 더 과거적이라서 우리가
그렇게 쓸데없는 쪽으로 바빴다. 전집과 전집이
만나게 될 미래가 결론이다. 아무리 시시하더라도
초라하지는 않게 세상한테 조금씩 이기면서. 착한
남편도 여지껏 하고 싶은 일하며 잘 지낸다고 한다.

장식 탄생

장식은 드러난 것도 드러낸 것도 실패하는 중이다.

장식한테만 가능한 진행형 실패가 장식한테 가장
치명적이다. 장식은 장식으로 보여야 장식이니
어쩔 것인가. 장식이 내용을 먹고 들어가 장식으로서
전체이다. 일단 성공하면 계속 성공한다. 무늬가
전체이다. 그렇게도 우리가 죽음을 배우며 받아들인다.
받아들이려고 배우는 것이 아니다.

오류

평생을 일관된 혁명의 윤리로 살아온 나이 칠십에
마이크를 잡을 때마다 똑같은 말을 반복하는
노전사의 기억력을 안쓰러워할 자격이 나에게
반드시 있었다고 할 수는 없다. 그가 복잡한 한국
현대사 백년을 수령님 어쩌고 하는 원고지 단 열 매
분량으로 요약하고 줄줄이 외우고 기회 있을 때마다
읊조렸던들 그를 불쌍히 여길 자격은 사실 누구도
없었다. 그것은 그의 혁명적 윤리의 원인 아니라
남한에서 버틴 결과이다. 우리가 그에게 결핍돼
있다고 느끼는 것보다 훨씬 더 많은 것을 그가
스스로 깎아냈다. 그 사실을 존중할 의무가
우리에게 있다. 원인과 결과를 혼동하면 자격과
의무를 혼동하고 혼동이 대대로 이어진다. 우리가
존중하는 의무를 다할 때 비로소 먼 훗날 후대가
안쓰러워할 자격을 갖출 수 있다.

가족의 지방

아내 소원 들어주는 셈 치고 오전 10시 출발 오후
6시 귀경의 번개 여행으로 대전 다녀왔다. 아들,
며느리 손자가 살고 있는 지방이다. 장마, 서울의
집중 호우가 따라왔는데 아주 먼 이역 같았다. 비에
흠씬 젖은 나무들 키가 좀더 크고 좀더 굽고 좀더

따로따로였다. 새로 이사한 아파트, 깨끗하고 넓고
가족 단란하고 며느리 얼굴 환하고 아들놈 어른스레
흡족해 보이고 손자 녀석 늠름해졌다. 우리가 뭐 하러
왔지? 아무 문제 없었다. 너무 좋은 하루였지. 그런데
이역만리 느낌은 장마 집중 호우가 다시 서울까지
따라와 낯익어지고서야 사라졌다. 서울 사는 아들
내외와 만나고 헤어질 때는 없던 일이다. 지방 사람이
더 혈연적이라는 것도 괜한 소리이다. 서울 사람은
지방의 가족이 아니다. 가족의 지방이다.

노련한 처녀

르네상스 이전 중세 바흐 이전 르네상스 베토벤
이전 바흐 드뷔시 이전 베토벤 현대 음악 이전
드뷔시 음악이 정격 연주 강건한 처녀처럼 들리는,
각각의 이후들 모두 나름대로 조금씩 더 노련한
뜻을 현대 음악이 찢는다. 전혀 새로운 어제의
처녀와 미래의 노련을 세울 생각이 전혀 없다.
처녀가 노련이고 미인이 흐트러진다. 아름다움도
이제 원인이 없고 앞선 결과만 있다.

아열대 예감

이마에 두드러기 드문 일이다. 올해는 더 일찍 덥다는
예상보다 더 일찍 더웠지만 바람이 얼굴에 전면적인
탁상용 선풍기가 이마에 두드러기를 부르지 않고
뇌보다 더 두터운 느낌의 이마 두드러기가 선풍기를
불렀다. 맞아. 작년에도 그 바람을 오래 쐬면 그랬었지.
예감이 이렇게 육체적일 수도 있다. 육체가 이렇게
과거를 부르는 동시에 예감의 실현일 수 있다. 여름
나려면 한참 멀었는데 아무래도 온대와 다른 아열대
예감이다. 게릴라성 호우 지나갔으니 창 활짝 열고

어서 탁상용 선풍기를 끄자.

물파스 애인

사랑이 제 욕망을 두려워하던 시절이 완전히 지났다.
지금은 남은 욕망이 남은 욕망을 탕진하는 씻음에
가깝지. 그대와 나 사이가 그대와 나 사이로 끝날 수
있던 시절이 유년인 깨달음이 뒤늦게 노년으로 오고
힘하게 쓴 몸 여기저기 쑤시는 거, 아직 물파스로
때울 만하다. 물파스 냄새가 아직 병원보다 그대
냄음에 더 가깝다. 사랑이 난센스를 즐긴 것은 사랑을
위해 생애 좀더 무난하기를 바라서였다. 나는 툭하면
무슨 구경 났다고 수십만씩 인파가 몰리는 한국인들
마음속에 부동산 투기 습성이 뿌리 깊다고 본다.
집이 평생의 보금자리로 느껴지면 비로소 맛집 앞에
장사진을 치는 기현상이 기현상으로 보일 것이다.
그대와 나 사이를 승인하던 암묵이 이제 우리
사이를 벗어나지 않는다.

현대 폐허

잉글랜드 수도 런던 극장가에서 이름을 날리던
셰익스피어가 〈햄릿〉을 쓰는 동안 바다 건너 프랑스
훗날 자신의 이름으로 지명을 바꾸게 될 한 지방
도시에서 데카르트가 태어났다. 현대의 폐허는 모든
철학 용어가 제 사명을 다하고 그냥 널려 있는 상태.
새로운 철학이 새로운 용어 하나로 잇달아 뜨고 지는
와중. 그 후 백년이 채 안 되어 늙은 잉글랜드 시인
드라이든이 젊은 작곡가 퍼셀에게 자신이 쓴 『아서
왕』 대본의 장편 오페라 작곡을 부탁했다. 드라이든
보다 28세 젊었던 퍼셀은 드라이든보다 5년 먼저
죽었다. 현대의 폐허는 낡은 원로가 창창한 신예를

말아먹는, 요절시키는 것과 전혀 다른 생각이 좀체
가시지 않는 상태. 양쪽 귀를 꽉 막아야 비로소 세상의
오페라가 들리는 와중. 1954년 미군 위문 공연차
휴전 직후 한국에 들른 마릴린 먼로가 훗날 그 일이
자신의 생애에 가장 중요했다고 회고했다. 아마도
진심이었을 것. 화려가 비참에 바치는 오마주가 늘
진심이듯. 현대의 폐허는 그렇게 믿고 싶을수록
비참이 더 비참해지는 사실. 내가 그해에 태어난
그 전과 그 후의 와중. 요즘은 시청자 참여 프로가
인기이다. 텔레비전에 내가 나왔으면 정말 좋겠네,
정말 좋겠네, 그 동요를 부르는 시청자들? 현대의
폐허는 동네 TV가 공영 TV를 몰아내고 시청자가
모두 제 안방에서 제 얼굴 나오는 TV 화면에 손뼉을
치고 싶은 어른의 기괴한 유년. 각자 모두 방콕이고
정치도 문화도 예술도 없이 스스로 왕따인 와중.

키가 낡은 선풍기

'폭격기 식별'이 제목이고 표지 하단에 '정부 발표
공식 실루엣과 사진으로 도해'라고 쓰여 있다. 공습
경보 책자이다. 폭격기는 비행기일 수 없지.
폭탄을 투하하고 돌아올 뿐 도착이 없다. 전망은
말할 것도 없다. 1941년 런던에서 출판된 베스트셀러.
그것 말고는 위키피디아에 저자 정보조차 없다.
끼끼 삐꺽대며 왔다 갔다 하던 옛날 날개 선풍기
바람이 더 시원했던 것은 지나간 바람이 다시
올 때면 우리가 꾀죄죄 땀을 흘린 터라서. 믿어도
된다. 자살을 부르는 것은 고생이다. 고통은 그
무엇도 끊는다. 자살 충동까지. 고통이 죽음보다 더
커 보인다.

느낌표

또다시 마침표 찍었다. 내 나이에 느낌표 남들이
보면 피곤 너머 피로할 것. 느낌표 안 쓴 지 20년
이상 되었다. 느낌표 생각만 해도 몸이 무거워
진다. 느낌표가 느낌과 너무나 먼 것을 우리가 좀체
느끼지 못하는 것도 느낌표 때문이다. 어떤 명령
같다, 뜬금없고 그래서 더 강압적인.

수밀도

나 이러다 치매가 빨리 오는 거 아냐? 아내가 그러고
내가 스스로 진단으로 기울며 눈앞이 깜깜해진다
과도하게. 아내든 나든 불쌍하고, 치매든 간병이든
불쌍하다. 평생 정신 말짱하던 아버지, 갑자기 온
호흡 곤란을 견디고 견디다 야, 나 갈란다, 너무 힘들다,
그리고 의식을 놓더니 4시간 만에 갔다. 그 나이에
이르른 나의 생애가 가차 없이 생략된 아버지의 다소
멀쩡한 치매에 들어 멀쩡하지 않은 아내를 반쯤만
슬퍼하고 만쯤은 보살피면, 안 되나? 어제 배달되었을
때는 다소 풋풋했는데 냉장고에서 하루 만에 제대로
익었다, 수밀도水蜜桃. 명성에 걸맞은, 허물어지기
직전의 부드러움, 부드러움이 일종의 탄력인, 새침
아니라 풍부한 단맛. 그런 치매가 가능할 것 같은.
스미또, 스미또, 아버지가 그랬고, 중국 원산의
재배종인 것을 안 뒤에도 내가 스미또, 스미또,
계속 일본산으로 생각하고. 그게 편하고.

마음의 우주

지상의 최대 백과사전이 한 권으로 응축된
음악을 우리가 들을 수 없다.

지상의 최대 백과사전이 한 권으로 응축되는
음악을 우리가 들을 수 있다.
더 나은 음악이다.
음악이 지상의 최대 백과사전으로 펼쳐진
광경을 우리가 볼 수 없다.
음악이 지상의 최대 백과사전으로 펼쳐지는
광경을 우리가 볼 수 있다.
더 나은 광경이다.
얼마든지 계속되는 이야기이다. 갈수록 더 나아질 수
있는 이야기이고 갈수록 더 나아지는 이야기이다.
왜냐면 그 음악도 마음의 우주 속으로 귀의
출현에 지나지 않는다. 작곡과 연주의 온갖
인적 사항들이 별 총총 밤하늘로 흐르더라도
지상의 차 소리와 빗소리를 날마다 새로
구분해야 하는 귀의.

자연

아낌없이 주지 않는다 그건 인간의 시간이지.
봄이 주책 없는 주근깨 성적 매력의 체육 미인이다.
왕성하게 굴지 않는다 그건 인간의 테러이지.
여름이 폭발적으로 완성되는 불꽃놀이 화약의
신비한 몸이다. 농밀하게 익지 않는다 그건 인간의
분야이지. 가을이 서글서글한 눈동자로 서글서글한
눈동자를 들여다보는 천 년의 대화이자 언어이다.
미련 없이 버리지 않는다 그건 인간의 죽음이지.
겨울이 넝마에 가까운 제 옷을 벗는다.
그렇다 인간의 황량한 죽음을 벗는다.

잔존의 이동
—채광석(1948. 7. 11~1987. 7. 5.)

추도식 장소를 소극장으로 옮기니 생이 한 편의
연극인 격언이 가까운 만큼 오묘해졌다.
눈앞보다 더 가까운 직전의 등장과 퇴장이다.
배우 없고, 누가 관객이지, 죽은 자, 산 자들, 누가
누구의 생을 구경하는 거지? 관객도 없다.
죽은 자 죽은 지 30년이 등장이고 퇴장이다.
30년이나 되어 관객도 배우도 아닌 우리가
가까스로 남아 있다. 그가 없다. 그는
갔지. 역시 이동이 문제였나? 생이 한 편의 연극
아니다. 생이 등장 아니고 죽음이 퇴장 아니다.
삶과 죽음이 모두 잔존이다. 서로에게 아니라
각자. 거꾸로 아니라 장소 아니라 잔존의
이동이 문제였다.

지도

자세히 보아도 고정된 것이 고정되어 있다.
오히려 고정의 습관을 더 고정시킨다고 말해야
비로소 고정이 그런 것인 뜻에 달한다. 우연히
볼 때만 고정된 것이 엉거주춤한 자세이다.
사실의 불편을 축소 은폐한 것이 우연이라고
말해야 비로소 손금 속으로 다시 손금만큼
갈라지는 지도에 이른다. 사생활이 두드러지는
예술의 역사가 예술의 지도를 그리지 않고
지도의 지도에 달하려는 것. 미술사의 미술에
음악사의 음악에 문학사의 문학에 이미 달한
예술사의 예술이.

방향 감각

길치이던 나의 늘그막에 생긴 방향 감각은
그래도 많이 씻겨나갔다는 거겠지. 모르는 사이
잘못되었더라도 방향은 종로에서 인천 혹은
근교에서 집으로, 출발과 목적이 설정되는
그 길로 자리를 잡는다. 지하철은 물론 통금 없이
술 취한 도심을 마구 헤매다가도 택시를 잡으면
필름이 끊긴 와중 도착하는 방향이 떠나는 방향을
잡아 준다. 물론 상대 감각이지. 방향도 음이다.
절대 음감이 정말 있나? 왜냐면 빛나는 것은 비교
너머 대비이다. 죽은 이를 공연히 불러대는 무당의
춤은 정지가 방향의 위용, 동작이 그 해체이다.
마르크스와 엥겔스 혹은 마르크스와 레닌의
대비가 마르스크-레닌과 사코 & 반젯티 대비로
더 빛나기도 한다. 총체는 뚜렷한 것이 희미해지는데
희미한 것이 여전히 희미한 어떤 결핍을 드러내는
어떤 상태이다. 방향이고 음이다. 방송이 시작되는
애국부터 그렇지 않고 방송이 끝나는 애국가부터
그렇다. 자신의 외연을 넓혀 형용사로 나아간 명사가
그 형용사와 더불어 역사 속으로 사라지는 사어가
될망정 다시 명사로 돌아갈 까닭이 없다. 형용사
속에 살고 죽는다. 온갖 품사가 온갖 품사로 나아간
이상.

모든 처음

너무 가까운 춤의 발산을 따를밖에 없는 박자를
극복하기 위하여 스스로 정결한 몸이 될밖에 없는
선율, 처음부터 초라할밖에 없고 갈수록 초라할
밖에 없는 선율의 언어가 어느새 미술과 건축과
이야기 속으로 창대보다 더 파란만장하다. 모든
처음이 모든 처음이다.

해석의 탄생

암각화나 동굴화 몇 점 모양을 이루는 선 몇 가닥만
남았더라도 선사 시대 인류는 남길 것을 모두 남겼다.
세계에 대한 가능한 최대의 해석을 그들이 남겼다.
고대가 온전히 그릴 수 있게 된 사람들 그림을 갑자기
그토록 많이 그리고 새겼다. 어느 세대가 후대에게
그렇지 않겠는가. 우리의 지식도 우리의 세계에 대한
우리의 해석이다. 원전은 원래 없으니 찾을 수 없다.
분실된 사본도 낙장도 원래 없다. 우리가 우리의
세계를 좀더 잘 해석하기 위해 과거의 당대 해석을
해석한다. 해석이 진의의 해석 아니고 해석의 완성이
진의이다. 세계의 해석이 완성될 수 없고 세계의
진의가 이루어질 수 없다. 미래가 항상 미래로만 있고
해석이 미래를 향해 탄생하고 또 탄생한다. 죽음이
완성하는 것은 죽은 자의 생일 뿐, 생의 기쁨이라고
우리가 부르던 것이 해석이었을 수 있다. 죽음은
죽음의 해석이 죽음이다. 저녁에 아내와 비 내리는
아파트 정원 숲을 걸어도 길을 꺾을 때마다 안온이
깜깜하다. 누가 나타나도 안 놀라지. 몸이 둘 다
충분히 쇠약하다. 비가 오지 않고 내리지 않고 땅에
부딪치고 낮게 더 낮게 내 젖은 발로 걸어 다닌다.

바위

그냥 있지 않다. 자신이 지을 수 있는 온갖 표정의
정지를 유지하려 애쓰며 있다. 생명 없는 생각이
표정이지. 자신은 바위 안에 있는 형상을 끄집어
낼 뿐인 어느 조각가 생각 어처구니없다. 바위는
온전한 조각이 온전히 인간 것이다. 그냥 있지 않다.
눈 없이 바위는 끝까지 지켜보는 표정이다. 생명의
진화가 생각의 풍화보다 더 낫나, 그 끝이 살인
면허를 소지한 007의 스릴과 서스펜스 스파이짓

아냐? 표정은 표정에 달할 뿐이다. 젊은 날 없는
바위는 정말 싸돌아 다니기 싫어서 생각으로도
싸돌아 다니지 않는다. 전쟁이 끝나도 바위는
말들이 광분하는 대중문화가 없다. 회고록 세대는
자신이 쓰는 것이 전쟁의 자서전 아니려면 자주
바위를 직면해야 한다.

육체의 역사

고대 그리스 아테네도 아크로폴리스 꼭대기에 있다.
전쟁의 마지막 요새이자 피난처로 있다. 히타이트
앗시리아 제국의 피투성이 과거 쪽으로 있는 거지.
'이민족들이 떠드는 소리' barbaroi^{야만인}가 성벽 바로
아래 발아래이고 내려다보면 저 아래 민주주의 고전
문화가 덩어리째 한심한 기적처럼 보였을 수 있다.
그들이 느낀 것은 야만을 겨우 벗은 육체가 다시 육체
만으로 잔혹한 전쟁과 죽음을 치를밖에 없는 육체의
육체적 존엄이다. 그때밖에 없었다. 로마가 벌써 전쟁
집단 아닌가. 육체가 얼마나 처참했으면 예수의
죽음을 요했겠나? 아테네 아크로폴리스 그들밖에
없었다. 그들이 구현을 보지 못했고 구현 직전의
상상력이 구현보다 더 뛰어나다. 성벽 안 바로 옆에
파르테논을 지었더라도 그들 상상력에 크게 못
미쳤을 터. 우리도 아직 보지 못했다. 오히려 인명
피해가 기하급수적으로 늘어나는 바로 그만큼
가능성에서 멀어져 왔다. 비참한 것은 시체가 아니다.
살아 있는 육체이다.

방

아주 멀리서 천둥 친다. 고막 바깥에서 치고 여기는
비가 오지 않는다. 아무 일도 일어나지 않고 벌어지지

않고 저질러지지 않는다. 실체 없이 얼굴이 일렁인다.
여기서는 일렁이는 얼굴이 바로 실체 없는 증명이다.
실체 따위 필요 없다. 찾을 수 있는 류도 아니다. 그
사실이 놀랍게도 위안이 된다. 망막 밖에서 번쩍하던
번개가 내 심장을 관통한 지 오래이고 밤 없는 방이
다시 칠흑 바닷속이다. 이러고 있겠다. 물 표면으로
떠오를 일이 없다. 경박한 위험은 참으로 위험하고
경박하다. 고대 이집트나 수메르 문명의 시작을
몰라서 우리가 역사의 심연에 빠지지 않는다. 실내
서정과 광야 서사 둘 중 어느 것이 먼저인가 따지며
추적할수록 뒤로 가는 시작과 시작 사이 시간의
심연에 빠진다. 어떤 때는 역사가 시작도 하기 전에
걷잡을 수 없이 늘어난 종족 수가 지금 인구를
능가한다. 해독하기 쉽고 편한 때이다.

지정

오래전부터 오랫동안 고대 로마 제국 속령이던
프랑스로서는 서양의 시작이 고대 그리스 아니라
로마라고 자기도 모르게 생각하는 버릇이 있겠다.
동유럽이 서유럽과 달리 동로마 비잔틴 제국의
그리스 정교를 계승하고 이슬람 지배를 받으며
서유럽보다 낙후하게 되는 역사도 있기는 하다.
그리스가 자꾸 동쪽이거나 최소한 서양과 동양의
중간 같겠다. 지정地政은 기나긴 침략의 역사보다
더 오래된 단어이다. 발견의 지리보다 더 오래된.
프랑스뿐 아니라 서유럽의 로마 제국 콤플렉스는
바다 건너 잉글랜드나 바이킹의 북유럽에 이르러
비로소 극복된다. 중국 콤플렉스가 일본에 이르러
비로소 극복된 것처럼. 한국은 역사적으로 극복
못한 중국, 일본, 미국, 소련 등등 국가 콤플렉스가
대대로 쌓여온 것이 민족주의적으로 나열되는
치명적인 약점이거나, 국제주의적으로 복합되는

미래-폭발적인 장점이거나 둘 중 하나이다.
동아시아 연대를 떠들 때가 아니다.

일몰 찬탄

해가 곧 질 것이라서 어둠의 예감에 새삼스레 아파트
윤곽이 또렷하고 색이 짙다. 고급 아니라도 예쁘네. 동
건물 꼭대기가 여러 개 둥근 비잔틴 건축을 닮는다.
하긴 르네상스 이래 신식 건축 어떤 것이 저 많은
식구들의 내밀을 품어주었겠나? 저렇게 다시 시작해
보는 거다. 겉모습만이라도 예쁘장하게. 해가 곧 질
것이고 밤이 더 이상 선생일 리 없지만, 저질러지는
모든 것이 저 예쁘장한 내밀의 바깥에서 어쩔 수 없이
저질러지는 것이기를 바라는 것으로 다시. 타락이
언제 일인지 기억도 나지 않는다. 중요하지 않은 지도
오래이다. 여자가 살인하고 남자가 살해당하기를
바라던 임시방편도 한참 지났다 일몰에 찬탄하지
않는다. 일몰이 찬탄한다. 태평성대는 무슨. 천지
창조에 꿈이 없다. 더 이상 짙을 수 없는 보라색이
더 짙어지기 위해 밤을 품는다. 내밀을 내밀 속으로
폭로하는, 끝까지 낡을 수 없는 색, 마지막을 닮아
시시각각 변하는. 너무 깊이 사랑하여 스스로
사랑하는지 모르고 내가 사랑한 여인들이 있던 까닭.
일몰에 설레지 않는다. 일몰이 설렌다. 안타까운 것
없다. 안타까울 것 없다. 안타깝던 것이 있었다.
일몰 가린다.

공통의 불일치

통시적으로 잘 쓰인 역사책은 모두 끝내기가 적절하다.
그럴 수는 없지 않나, 역사가 무슨 종말론도 아니고?
공시적으로 잘 쓰인 역사책도 모두 끝내기가 적절하다.

사람의 평생이 인류의 역사 전체일 수 있지만 그렇게
정해진 것은 아니다. 죽기 전에 우리가 종말론을
극복한다. 아무리 오래 들여다보아도 불일치가 기분 나쁘지
않은 '현대적'이 있다. 만년晩年에 달한 손에서
만년에 달한 귀로 비로소 모차르트 피아노 음악
우울한 천진난만의 진면목이 전달되는 뒤늦음처럼.
정신이 흐려져 모든 것을 어디서 본 듯하고 들은
듯하고 닮은 듯할 때 익히 아는 것이 아는 것으로
모르게 된 모르는 것들의 영역 전체를 익히 느낄 때
끼어드는 분명의 선율은 기껏해야 치욕적이지만
노래는 상대로 인한 치욕을 상대를 위한 치욕으로
변형시키느라 겹쳐진 것들이 영영 다시 분리될 수
없는 노래이다. 이보다 더 아름다운 변형이 앞으로도
없을 것이 확실하다. 앞으로도 노래가 이어질 것이
확실하다. 음악의 '현대적'은 베토벤을 극복하려는,
다리가 뭉툭한, 불일치가 기분 나쁘지 않은
베를리오즈, 브람스…

한류

노후의 회고전조차 알랭 들롱은 너무 잘생긴 것 말고
아무것도 없다. 끝내 영화 속 연인도 없다. 그 자신은
나름 만족했기를. 어쨌든 그게 잘생긴 것보다 더
중요하다. 지금 보면 이름도 날라리인 알랭 들롱이
너무 잘생긴 것 말고 아무것도 없는 나의 젊은 날만
허당이다. 장국영 주윤발의 홍콩류는 내가 한참
징역 살 때이고 지금 〈비정성시〉 〈영웅본색〉 보면
그때가 더 나았던 것 같고, 뒤늦게 느긋하게 봐서,
장국영이 자살해서, 주윤발이 건재해서? 어쨌든
상승의 새로움이 모방을 능가하던 때. 메꿀 수 없는
나의 공백이 그런 시기였기를 바라는 마음 같기도
하고. 알랭 들롱도 감독이 더 중요하고.

삼성당

산세이도. 중학교 3학년 때 청계천 헌책방 거리에서
영어 콘사이스 3백 원 주고 샀다. 일어를 모르지만
오래됐어도 안팎이 국산 사전보다 훨씬 더 예쁘고
새것 같고 글씨 작고 종이 얇고 페이지가 실해서
바로 옆집 헌책방에 5백 원 받고 팔았다. 지금도
나는 일어를 모르고 청계천 헌책방 거리 사라졌지만
산세이도 콘사이스, 내 서재에 열 종쯤 있다.
영-일, 일-영, 일-독, 독-일, 일-프, 프-일, 스-일, 러-일 등등.
앞으로도 서울 시내 도처 헌책방에서 눈에 띄는 대로
살 것이다. 청계천 다시 흐르게 된 지 오래. 갈 때마다
내가 그 일을 후회하는 중학교 3학년이고 후회해도
소용없는 중학교 3학년이다.

죽음 탄생

아주 꽉 차서 무덤에 묻히더라도 무덤 아니고
그냥 꽉 참일 것 같은 그런 사람이 있다.
죽어도 죽었다는 사실을 도저히 믿을 수 없는
생생과도 다른 경우이다. 죽음이 단지 장소
이동이라는 것을 꽉 참으로 아무렇지도 않게
보여주는 경우 그게 죽은 생생보다 더 낫지 않나?
묘지 문제가 있지만 무덤이 필요 없는 성격의
꽉 참이 있을 것이다. 마음이 꽉 차도 마음은
무한 겹으로 꽉 찰 수 있는 공간 아닌가. 우리 생의
진화가 꽉 찼고 죽음이 진화할 일 남았다.
슬픈 표정은커녕 방탕한 눈빛도 귀신 같은
코도 없이 우리의 능력 밖인 죽음이 죽음의 겹으로
우리의 생 안에서 진화할 일. 죽은 모든 것들이
자기식으로 꽉 차게 살다가 죽지 않고 꽉 차게
살아서 죽은 것들이다. 어떤 상세한 국가 기록도
어딘가 조금 모자라 보일 정도로 꽉 차게.

별도의 궁극

혁명적 사회주의 영화를 볼 때마다 영화의 혁명적
역할이 자본주의 최고 상상력을 구현하는 자본주의
예찬인 생각이 든다. 그 예찬의 극복 말고는 예술과
인문학의 총합이 아무 일도 할 필요 없다. 서유럽
'예술 영화'들 솔직히 지겹다. 그러니 할리우드 초대형
블록버스터가 짱이지. 돈의 상상력이 기발하고 예술
영화 상상력을 예술적으로 뛰어넘을수록 좋다.
초창기 그리피스 〈관용 없음〉, 드밀 〈십계명〉부터
좋다. 별도의 궁극으로서.

나무

마른 몸이 비틀리는 것을 어쩌겠는가. 평생 동안
더 비틀지지 않기 위해 비틀림의 가장 섬세한 결이
나의 세계관에 이르렀다. 기쁨이 축축한 대신
순정하려면 나의 내세, 목관의 음악까지 가야 한다.
거기서는 인간의 목소리가 유독 나의 이전을 자꾸
닮으려 하지. 혹시 뜻으로 더욱. 어찌 된 일인지 제
악기 소리에 달한 목소리가 자신을 평생 괴롭히던
것을 자신의 성과로 만든다. 유일하다면 유일한
성과로. 비비 꼬이는 사랑이었더라도 비비 꼬이는
성과로. 나무, 묘비명도 무덤도 필요 없는 성과
그 자체. 모든 것이 끝나지 않고 모든 것을 완료한
사랑의 웅축인 내음. 색 가운데 하양이 육체이다.
살아 있는 것은 그런 뜻이다. 홍조의 전설은 있다.
노안에 더 희미하게 멀어진 게르만 대이동 역사는
있다. 체포하거나 체포되지 않는다. 끝없이 펼치는
것이 끝없이 찾고 끝없이 덮는 것이 끝없이
간직한다. 외국도 볼 만하고 살 만할 거야. 음악은
음악에 비해 너무 못생긴 자신의 얼굴을 지우면서
시작된다. 다 지워질 때까지 끝나지 않는다. 얼굴과

얼굴 표정으로 달할 수 없는 시간의 아름다움이
완료된다.

함께

우리는 공평한 타락이 기쁨인 상태에 이르렀다.
실낙원이 신의 죽음이라고? 더 거슬러 신의 죽음이
신의 죽음이던 때로 올라가도 늘 지금부터
천지창조이다. 지금부터 물[物]인 곳에 우리가 있다.
물화가 미래의 공평이고 낙원은 장소 아니라 물화
이전의 시간이다. 공평이 무사하고 아직 물이 아닌
죽음을 벗어났으니 이제 숱한 죽음을 물화할 것.
죽음은 물화가 무화이다.

반쪽

3박4일 홋카이도 여행 가는 아내를 당산역 근처
공항버스 정거장까지 바래다주고 왔다. 아직
동트기 전이다. 전철 안 다니고 비가 추적추적 내리는
4차선 도로에 빈 택시 몇 대뿐이었다. 쓰레기
수거차가 지나갔나? 그랬을지도. 수거차는 너무
일찍도 너무 늦게도 나타난다. 거의 출현이지.
이 시간에 출근하는 사람들도 있네? 아내가 그랬다.
당연하지. 이 시간에 여행 떠나는 사람도 있는데….
논리는 그렇고 아무래도 이 시간 출근은 인적 드문
거리를 오히려 낯설게 한다. 패키지 속도전 여행
떠나는 행장이 더 자연스럽다. 텅 빈 실내를 배웅
다녀온 거리가 채운다. 급행 전철역 그 근처 어영부영
빼곡히 올라간 고층 건물들은 그냥 거기 있고 젖는지
모르고 흥건하게 젖어 반짝이는 아스팔트 포장
대로가 들어와 있다. 불 켜져 더 한적하고 동떨어져
보이는 24시 편의점 간판과 돌아가는 이발소

사인 불이 있다. 위로 기운 시멘트 전신주와 아래로
기운 벽돌 포장 보도가 들어와 있다. 비와 어둠에 젖지
않아도 흩어져 있던 것들이 흩어진 채 젖어, 일렬로
섰던 것들이 일렬로 젖어 들어와 있다. 아내가 따로
해외여행 가는 것도 몇 번 겪고 보니 외롭거나 성가신
일만은 아니다. 아내가 새로운 해외로 내가 새로운
동네로 생활을 채우는 일이다. 아무리 오래 살았더라도
이따금씩 나가서 여명의 거리를 보지 않았다면
그 동네를 다 살았다고 할 수 없다.

비유

때로는 다들 난리인데 나 홀로 정지해 있다.
때로는 나 홀로 난리이고 다들 정지해 있다.
때로는 그게 정상이다. 생각건대 강물의
비유가 정상이다. 성립되는 데 생각보다 오래
걸려 정상이 이미 자신이 무엇의 비유인지
잊었겠지만. 때로는 그것이 정상의 정상이다.
철학이 아직도 자신이 감각 총체의 비유인
것을 모른다, 그건 정상이 아니다. 최초의
살인 이후 가부장 이후.

티레시아스

모든 것을 집어삼키는 것은 장면이다, 여자가
황홀에 달한 경지의. 사내는 얼굴이 보이지도 않는다.
등도 노역만 있다. 사실은 여자가 자세히 보이는 것도
아니고 더 사실은 여자를 자세히 볼 수가 없다.
몸이 몸부림친다고 할 수도 없다. 표정이 흩어진다고
할 수도 없다. 소리를 지른다고 할 수도 없다. 몸부림이
흩어짐이 소리 지름이 압도적으로 새어 나온다. 모든
것이 관음인 순간 관음의 모든 것을 집어삼키는

거세라고 할 수 있다. 여전히 예언은 내 정신의 옷.
그러나 그 단어들은 열망하지 않는 손가락이 가늘고
길다. 그 문장은 벌어지지 않는 양 다리가 가늘고 길다.
그 문법은 미래를 껴안지 않는 양팔이 가늘고 길다.
언어가 토착을 벗는 내 예언의 미래가 살갗 벗겨진다.
이야기가 연민을 위해서만 끼어든다.

냉장고

사태 장조림 냉장으로 최대한 차가운 맛이 있다.
젤라틴이 지방과 뒤엉켜 굳은 것이 혀에서 녹으며
장안의 유명한 소고기국밥 맛을 두루 낸다.
음덕이지. 한 천년 동안 소가 우리네 가난에 제공한
맛의 총합에서 추모의 근엄도 묻어난다. 우리가
죽은 자를 추모하지 않고 거꾸로일 수 있다. 가난한
시절 얘기도 아니다, 왜냐면 냉동보다 더 정교한
냉장 기술의 사태 장조림 차가운 맛이 있다.
찬밥에는 좀 궁상맞고.

신호

관자놀이 맥박인가? 왼쪽 눈가에 이따금씩 아주
소규모로 번개 번쩍하는데 어릴 적 빈혈의 다소
지속적이던 비문증도 아니고…. 헌책의 미래는
사전이 아니다. 그건 새 책의 미래이다. 정성도 폭력도
한 발 건너 오는 것이 헌책의 미래이다. 미래의 소통을
위해 핸드폰 안 키우고 계속 집 전화를 공대하겠다.
1970년대 초 소통이 투기 대상이라 집 한 채 값이던
백색전화만큼 공대하겠다. 일본은 1961년에 벌써
전화번호가 세 자릿수이지만 그런 식으로 일본을 꼭
따라잡아야 하나, 그런 식으로 일본을 따라잡았다고
꼭 설쳐야 하나? 소통이 중요한 것은 미래와의 소통이

가장 중요하기 때문이다.

헌신

어느 날은 그대의 어깻죽지에 집중한다.
거기에는 오감의 집중이 오감의 과장일
여지가 없다. 고단한 것이 가녀리게 접힌다.
골을 파듯이 가녀려서 접힐밖에 없는 것이
접혀 다시 가녀릴밖에 없다. 그것은 그대
얼굴을 잠시 잊게 만들고도 남는다. 흠칫
훔쳐보는 착각이 은밀한 기쁨이고도 남는다.
왜냐면 그대에게로 가는 길이다. 여기에는
단어 '초라하다'가 없다. '강건'은 어불성설.
누구나 그럴 것이지만 누구나 다른 식으로
그럴 것이기에 어깻죽지는 지문指紋이다.
왜냐면 영혼의 가장 아름다운 헌신. 영혼에서
가장 아름다운 것이 뜻 '최대한'이다.

하자센터

'우리의 삶을 스스로 업그레이드하자, 하고 싶은
일을 하면서도 먹고도 살자 표어를 보니 '하자'가
하자 보수의 하자는 아니지만 뭐, 그게 그것이다.
목적이 '입시 위주 교육이 아닌 배움의 생태계 마련'.
대안학교이다. 하자센터. 오늘은 이쪽으로 문상을
왔는데 이렇게 슬픔이 기깔한 적도 없었다. 문상은
몰라도 문상 길은 분명 하자 보수 길 아닌가, 문상이
센터 아니고 문상 길이 센터로 가는 길 아니지만
하자 보수가 스스로 센터 되는 길 아닌가. 길에서
모든 것이 죽음 속으로 빨려들지 않는다. 죽음이
모든 것 속으로 빨려들고 거리가 눈물 한 방울에
씻긴 듯 깨끗하다.

오감도

여기도 개항은 물론 근대를 지났다. 바다가 펼치지
않고 들이닥치는 파도가 해변에 급박하다. 소용돌이
친다 시퍼런 바다, 흰 파도. 생계의 전쟁터가 바다의
절벽이고 절경이다. 뭐가 이렇게 뒤집혔지? 진이다,
주문진 울진…. 원양은 아니고 한 철, 만선은 아니고
가능한 멀리서 선원들이 씨름한 훨씬 더 거센 파도
얼마든지 몰고 통통배들 귀환한다. 비린내 덩어리들
품으려 비린내 처자들 절벽이 절경일밖에 없지.
타지 것들한테는 오감도로만 보인다.

銀の鐘

홋카이도에서 돌아온 아내의 선물은 전통찻집
'銀の鐘' 차와 과자와 찻잔이다. 카스텔라 밀크 카라멜
맛은 식민지 아니라 제국의 맛이지. 얼마나 눈이
많이 오면 여우가 인간의 마을에서 감쪽같이 가정을
꾸리고 얼마나 오래 두텁게 쌓여 있으면 눈이 은종
소리를 내나? 홋카이도에서 돌아온 아내의 선물 銀の
鐘은 열대야에 아직 서늘한 몸이다. 찌는 듯한 노년이
서늘한 만년에 드는.

북어포
—박상륭(1940~2017. 7. 1.)

뒤늦었으니 좀 여유 있지 않았나? 사람이 적었던 것도
그렇게 이해해야. 갑작스런 부고가 사람들을 득달같이
부른다. 너무 뒤늦어서 어제 하루로 끝난 초상 밤샘
술이 과하여 속이 쓰리지만 북어포를 씹는다. 명태가
자신의 생명을 소비하는 그중 덜 헛헛한 방식. 제 몸의
비린 맛이 적당히 마른 것도 그렇고. 명란은 난해하다.

소비되는 것이 누구 몸인지, 생명인지 죽음인지, 이전인지
이후인지, 과거인지 미래인지 알 수가 없다.
위대한 종교 문학 아니다, 종교가 위대한 문학이고
문학이 위대한 종교인 두 겹 위대한 차원이다.

고금

옛날 성냥통 성냥개비 지금 생각에 풍요로운 가난이다.
지금 성냥갑 성냥개비 옛날 생각에 귀족의 이상적인
절약 취미였다. 고금이 고금의 역동이다.

폭우

서 있는 피아노도 꿈속이 젖어서, 희미한 욕망이 사소한,
죽은 것이 산 것이고 산 것이 죽은 것인 혼돈으로 누워
꿈틀거린다. 테너가 없는 위로 베이스가 없는 아래로
어떻게든 치닫고 바리톤 없는 가운데를 어떻게든
중심 잡으며 없는 한 번 어떻게든 해 보려고. 아늑한
방주 속은 분리수거가 없다. 분리수거 못 하는 것이
있는 증명도 없다. 방주 밖은 계속되는 분리수거의
계속되는 분리수거 증명밖에 없다. 분리수거밖에
계속-지속이 없는 증명밖에. 알파벳별로 나열된
단어들이 알파벳 속으로 응축하는 죽음 있을 것.
적나라, 비로소 없을 것. 유독 큰 손바닥 정도 경악 이후
생명이 생명의 번역이던 감자 목숨을 벗을 것.

오디세이

이제는 정말 미해결인 것의 미해결 상태를 온전히
넘겨주는 능력이 우리에게 필요하다. 이런
시제의 모순은 흔하고 한 세대의 현재를 처음부터

현재이게끔 교정한다. 갈수록 그런 것이 더 중요하고
후대에게 장난처럼 보이면 더 좋을 것이다. 언어는
한 번도 자신이 완벽하다고 한 적이 없고 앞으로도
없을 그 분명이 갈수록 언어를 명석보다 더 투명하게
할 뿐 완성된 것은 언제나 폭로에 지나지 않고 언어의
희망은 말씀보다 더 널리 퍼지면서도 끝까지 수공을
벗지 않는 사실에 있다. 누구나 서론은 오디세이이고
섣부른 결론이 오만한 백인 여성이다.

극동

한일사전 없다. 한중일사전이다. 일한사전 없다
속속들이 일중한사전이다. 서로 같은 것이 놀라운
바로 그만큼 서로 다른 것이 놀랍다. 소리글자
뜻글자, 음독과 훈독에 헷갈리지 않으면 혹은
헷갈릴수록 서로 같은 것이 더 놀라운 바로 그만큼
서로 다른 것이 더 놀랍다. 한국어가, 일본어가,
중국어가, 한중일 언어가 탄생하지 않는다. 속속들이
한중일이 언어 탄생이다. 메이지, 메기, 메어리
언어는 극동에서도 아직 한국어가 슬픈 탄생이라고
말하면 극동에서도 갈수록 한국어가 슬픈 탄생이다.
모국어로 슬픔을 말할 수 없을 정도로 모국어가 슬픈
탄생이다. 배다른 자식인 것만 알고 어미도 아비도
누군지 모른다. 언어는 세계에서 벌써 한국어가
행복한 탄생이라고 말하면 세계에서 갈수록 한국어가
행복한 탄생이다. 모국어로 행복을 말할 필요가 없을
정도로 모국어가 행복한 탄생. 어미도 아비도 모르지만
언어는 우리가 생각보다 더 많이 알고 있는 유일한
물건이다. 놀랍게도 생각보다 더 많이 사용하는. 뜻도
모르고 알 생각도 필요도 없이 말이지. 극동에서는
더욱 생각이 언어 진작의 보루가 아니다. 극동에서는
더욱 생각의 진작이나 보루가 아니기 위해 언어가
매일매일 언어 탄생이다.

연주의 사전

날씨 꾸물거리고 옛날 짜장면 간판 두드러진다.
끈적거리는 몸을 가까스로 유지하는 것은 의외로
깨끗하기 위해 갈수록 가늘어질밖에 없는 잔인한
선이다. 짜장면이 미래와 좀체 안 어울리는 것에
덩달아 가족의 화해도 옛날에나 가능했을 일 같다.
하긴 가족 자체가 미래적인 개념이 아니지.
핵가족도 낡은 단어이다. 아내와 함께 아내의 40년 전
첫 교사 발령지 성수동에 와 있다. 확 바뀌었다. 힘없는
세상이 힘있는 세상을 매일매일 받아들일 뿐 화해
따위 골치 아프다. 몇 안 남은 블루칼라 영세 공장,
화이트칼라 외제 차 정비 공장 건물, 대학가 대로의
컨테이너 구조물들의 먹자골목이 포스트모던하게
공존한다. 날씨 꾸물거리고 옛날 짜장면 간판은 옛날
짜장면 맛이 아니었다. 당연하다. 젊은 세대는
짜장면이 바로 옛날 맛이라니까? 잔인한 선이 매번
육체를 경험하는 선율의 작곡을 닮아간다. 시간이
그 매번을 형성하는 아름다움. 연주 아니라 두께 없는
선의 육체. 연주의 사전事典 아니라 사전辭典.
음악은 더 어지럽고 엉성하고 허술한 후자가 바로
그래서 더 정제되고 명징하다. 거기서는 누구도
꽉 막힐 수 없다. 눈이 흐린 것 너머 역사가 단어를
거느리지 않고 단어가 문장을 인용하며 뜻의
역사를 품을 때까지.

마법

'저녁 저무는' 아니라 '자리가 비좁은'
석모도席毛島였군. 장난감 같은 장구너머항에서
장난감처럼 가까이 두고 아기자기하게 마주한
바다 일몰이 노부부 지는 인생을 닮아 씁쓸하게
아름답기는 하였다. 쬐끄만 장소 지명에 '너머'가

들어가서 더 그랬을 것. 지상에서 생명을 지닌
것들 굉장하다. 도중에 들른 보문사 경내 오르는
산등성이 계곡 비탈의 하향으로, 드물게 밀접한
소나무들이 있었다. '들어가지 마시오' 팻말 하나
걸어 놓은 정도로 꽤나 오랫동안 그냥 놔두었던
모양. 이것들이 정말 그냥 놔두는구나, 철석같이
믿고 그 소나무들, 사람 팔 길이 두 배이면 닿을
거리에 지들만의 전혀 딴 세상을 벌여 놓았다.
몸통이든 가지든 비비 꼬였든 곧게 뻗었든 뒤얽혔든
정지가 춤 최상의 경지이고 올려다보면 하늘과 한
사위 어울리느라 먹색이 더 짙어진다. 체형과
피부가 소나무에 달한 노스님들 말고는 쓰다듬지도
말 것. 지상의 생명 각각이 각각의 전혀 다른
세상으로만 지닐 수 있는 마법이 사라진다.

역사 탄생

비관과 절망 사이에도 차이는 얼마든지 있다.
어떻게 보느냐는 입장의 차이보다 더 뒤로 기대는
생계형 절망과 더 깊은 절망 속으로 뚜벅뚜벅
걸어가는 절대 절망의 방향과 무게 차이가 있다.
누구든 평생 손톱만큼밖에 더 가지 않는다. 천재가
그 사실을 가장 잘 알아서 천재이다. 세대와 세대
사이가 어느새 한 발짝이고 다음 세대 누구든 다시
손톱만큼밖에 가지 않는다. 역사가 비관과 절망에
이르지 않았고 셀 수 없는 손톱 걸음들로 불쑥 우리
곁에 다가온 사람과도 같다. 절망과 비관 사이 숱한
차이를 빚어 다시 사랑의 한 발을 내딛는 것이
희망의 시작이다. 희망은 사람이 아니다.

낙서

일본은 요새 파사드도 사생활 노출을 마다하지 않는다.
악기들의 전집이라서 하이든 교향곡은 소나타 형식을
내는 동시에 거부한다. 이야기의 줄거리조차 극복하는
의미의 리듬이 중요하다.

향수

너의 몸이 이미 껍질 같은 그 내음에로 무게를 옮기는
무수한 동안 흔들리는 나의 몸. 이미 범할 수 없는 너의
진함. 그 후 무수한 동안 흔들림밖에 없는 나의 몸.
모든 것이 만나는 시간의 공간을 소실점이라 부르게
되는 맨 나중의 연유와도 같이.

어원의 탄생

사건들 사이 연관인 물(物)의
논리 말고는 어떤 인용도 없이 미래를
증명하는. 흐름 말고는 어떤 음악도 없이
미래의 증명인.

연습

두드리는 컴퓨터 자판과 별도로 메모를 끄적이는
샤프심이 갈수록 가늘어지는 것은 좋은 일이다.
심이 톡톡 부러지지 않으려면 내 안에 있는 어떤
횡포를 인식하고 다스리는 연습이 필요하다. 마구
두들기는 식으로는 전혀 소진되지 않는 횡포가
끝까지 내 안에 남아 있고 글을 쓰는 일이 끝까지
여려지는 일이다. 가능한 한 오래 버티는 연습이다.

그 연습 너머 여려지는 일이다. 짙어진다 색들이
조금씩 더.

프랑크푸르트

한 번도 가본 적 없는 독일 어딘가 지명인데 왜 이렇게
내 안에 동네처럼 깊숙이 들어와 낯익을지? 수도도
아니고, 프랑크푸르트 도서 전시회 때문? 대단한
역사나 시사 현장도 아니고, 프랑크푸르트학파
때문인가? 둘 다 아니다. 둘 다 소문만 들은 정도이니
그렇게 묻자마자 내 안의 동네를 벗어나 물러난다
저만치 프랑크푸르트 도서 전시회와 프랑크푸르트
학파로. 프랑크푸르트, 거기에 누군가, 아주 친한
친구가 몇 년째 나와 떨어져 있을 것 같다. 그러므로
프랑크푸르트 안내 책자를 들춰보지 않기로 한다.
그가 있단들 거기에 나와 있을 리 없고 그가 없는 다른
모든 것들이 그를 그리로 물러나게 할 것 같다.
프랑크푸르트 발음의 음색이 그 어드메쯤 '아주
친한 친구' 발음의 그것에 밀접한다고 생각할밖에.
프랑크푸르트 이래저래 이렇게 한 번도 가 본 적 없는
상태가 더 좋을 것이다.

남은 시간

나처럼 사는 사람이 더 있을 거라는 생각은
나처럼 사는 것이 어떤 것인지 정해지기도 전에
궁상맞은 것 아닌가. 비슷한 처지를 만나 서로
반가운 것은 그 구체적인 내용 이전에 초라한
생 아닌가. 아들 둘 무사히 장가보내는 일 끝내고
시간이 남았다. 새 친구를 제대로 사귈 시간은
안 되겠지. 서로 달라서 친한 사람과 서로 달라서
더 친하게 지낼 시간 정도가 남았다.

격언

그 시인은 당대의 누구보다도 뛰어난 교양인이었다.
누구보다도 아는 것이 많았고 미적 감식력이 돋보였다.
여러 장르 언어를 시 속으로 번역해 들이며 종합하고
구축하는 능력은 백 년이 더 지난 지금도 독보적이다.
그러나 거기서 그쳤다. 그가 자족한 것은 아니다.
그처럼 평생 노력한 사례도 드물다. 너무 많은 능력이
부담으로 작용했다고 할 수도 없는 것이 그가 자신의
능력을 낭비하지 않은 희귀한 사례이기도 하다. '너무
새롭다'는 비난을 받던 그를 괴롭힌 것은 정작 자신의
작품이 하나도 새로워 보이지 않는 것, 그보다 더,
앞으로도 새로울 것 같지 않은, 그보다 더, 자신이
그것을 뻔히 알면서도 계속 쓸 것 같은, 그보다 더, 쓰지
않는데도 그런 시가 계속 흘러나올 듯한 예감이었다.
새로움의 진전은 걸음마다 낭떠러지를 내딛고 그렇게
창조되는 새로운 문법이 기성을 재구성한다. 그에게
가슴의 낭떠러지가 없었다. 그가 아는 숱한 천재적
사례들이 계단으로 쌓여 낭떠러지를 무화했다.
오늘날 그는 그 계단들을 개성 넘치게 재구성한
애매하게 난해한 일류 시인으로 꼽힌다. 그의 재능의
해설에 모든 것을 쏟아붓는 아류들이 부지기수였지만
그의 시는 결국 현대의 격언에 머무른다.

자장가

이름을 여러 번 바꾸거나 가명을 한꺼번에 여러 개
사용하는 유난을 떨 것도 없다. 실물 아닌 흑백 인물
사진 좌우가 바뀐 것이 앞뒤가 바뀐 것인지 거꾸로
인지 앞뒤가 바뀌어야 좌우가 바뀔 수 있는지 끝까지
단정 지을 수 없지 않나? 정체성 혼란은 그것만으로도
무수하고 충분하다. 그리고 단일하다. 그래야 정체의
개성이 유지될 것처럼. 글쟁이가 그렇듯 늙은이도

무엇보다 쩨쩨하고 치사하고 난폭하고 잔혹해지는
개인을 조심해야 한다. 개성이 차이를 지우는 것이
아니게끔. 너와 내가 따로 있지 않고 네 안에 내가
내 안에 네가 있더라도 혹은 있듯이. 곱게 곱게 가는
거지. 부르지 않았는데 흐르는 모든 노래가 더 여린
불안의 수를 놓아 불안을 재울밖에 없는 것처럼.
흐르지 않고 부르는 노래도 깨우지 않는다. 노래
〈밤과 꿈〉이 있나, 밤과 꿈이 불안한 노래의 완성
아냐? 불안이 오히려 평생 안락의 치욕을 수습해 온
얼굴 표정 대신이던 것처럼. 자장가가 만 년 동안
내일을 영접하는 미래의 만세이던 것처럼. 세이렌들
거처가 러브호텔이던 시절이, 밀어가 괴성으로
바뀌던 장소가, 우리가 당혹스러울 정도로 강인하던
경우가 아주 옛날에 있던 것처럼. 등장보다 퇴장의
정체가 더 분명하던 신화. 아는 것처럼 놀라운 게
없다. 새로 아는 것보다 더 놀라운, 알고 있는 게 있다.

결국의 탄생

비범하게 살려는 평생의 노력으로 평범하게 끝난
결국이 있다. 이렇게 말하면 물론 평범하게 살려는
평생의 노력으로 비범하게 끝난 결국이 있다. 이렇게
말해도 물론 모든 노력이 수포로 돌아가는 결국은
아니다. 둘 다 자신의 생을 의미 없거나 실패했다고
생각하지 않았을 것. 스스로 목표를 달성했다고
여겼을 수도 있다. 우리가 대체로 후자를 더 치지만
실제로 그만큼 더 후자를 우리의 인생으로 바라지는
않는다. 결국은 '일체의 비교, 일체의 비유, 즉 인과
관계가 없다. 목표보다 더 중요한 것이 결국의
탄생이다. 나날의 그것 없이는 비범이 괴팍한, 평범이
진부한 결국이 된다. 떠나는 것은 떠나는 지점이 있고
그곳이 어딘가 과거 같다. 출발은 출발하는 현재가
있고 어딘가 미래 같다. 그렇게 출발하는 결국의

탄생이 있다. 그렇게 출발인 결국이 있다. 윤곽이
두드러진다. 윤곽만. 내용을 지우는 것과도 상관이
없는 윤곽이다. 혹시 죽음의 윤곽과도 같다. 마침내
음악의 기억마저 벗은 죽음의. 아주 가볍게 묻어나는
죽음의. 디자인 죽음의. 환하지 않고 다만 온건이
분명한 죽음의.

지상의 정도

체스판을 체스판이게 하는 것은 체스 게임과 다른
생각이고 장기판을 장기판이게 하는 것은 장기 게임과
같은 생각이다. 그렇지 않다. 서양이 실제보다 더
부유해 보이는 체스판이 있고 동양이 실제보다 더
가난해 보이는 장기판이 있다. 그렇지 않다. 아버지는
상아패 136개로 겨루는 마작을 즐겼다. 어머니, 부부의
정을 넘지 않는 선에서 적당히 마음 졸였다. 분명
거금이지만 오고 가는 거금이었을 것이다. 나랏돈으로
노름하듯 KAIST 실험에 몰두하는 둘째가 제 할아버지
닮았다. 다행이지. 아내가 어머니보다 조금 덜 마음을
졸이는 신여성쯤 된다. 뭐. 그만하면 이제 육안으로
밤하늘을 창공처럼 두루 살펴보아도 되겠지. 지상의
생계가 그 정도이면 위태롭다고 할 수는 없다.

가해 탄생

뚫어져라 나를 쳐다보는 표정들이 모두 나를 꾸짖느라
뚫어지게 쳐다보는 표정이라면 어떻게 살겠나, 자살한
표정들이 모두 나를 내팽개치느라 모든 것을 내팽개친
표정이라면 어떻게 살겠나? 다행하게도 자살하는
표정은 없다. 악몽 속에서도 모두 산 사람 표정들이다.
그러나 악몽을 꾸는 악몽 바깥 나의 표정은? 내가 그
죽은 사람 표정을 짓고 있는 것이 악몽의 악몽이다.

죽은 사람 표정을 벗기 위하여 피해 아니라 가해로
가위눌리는 진행을 깨닫는 악몽의 악몽의 악몽까지
가야 한다. 피해가 입은 과거의 가해가 저지를 미래의
일이라면 더 그렇다. 복수가 악몽인 성인군자 대열에
우리는 끼지 못할 것이다. 과거를 청산할 뿐인 악몽의
악몽의 악몽의 수행에 매진하는 일만도 힘에 부칠 것.
눈에 보이지 않는 수평선이 수평선 명명도 없이 가장
강력한 상징일 날 올 것이다. 누구나 소년이 잃어버린
소녀가, 소녀가 잃어버린 소년이 가장 뼈아픈 결핍일
날 올 것이다. 개별도 일반도 없이.

밖에 없다

수확한 과일이 따로 무르익는 작용이 단지 화학이라면
생명이 단지 화학이거나 무르익는 언어이거나 언어가
일종의 시간이거나 시간이 무르익거나 무르익음이
사실과 다르다고 할밖에 없다. 무책임한 결론이지만
여기서 모든 부정否定이 끝난다. 정말 먹는 일밖에,
이미 먹은 일밖에 아무것도 없다. 어딘가 언어가
시간이 불충분한 것은 우리가 무르익지 않은 탓이다.

비

여자가 피아노 건반을 돌 두드리듯 친다 정교하게.
비가 내리고 여자는 흐린 심금보다 더 섬세한 돌의
손금을 울리려는 거다. 비가 내리고 여자는 인간
이외를 어루만진다. 그것이 인간 이상에 가닿는
유일한 기교인 것을 아는 거다. 비가 내리고 여자는
'인간적'의 대가이다. 비가 내리고 비는 여자에게만
내린다. 혁명이 거칠은 것을 좇던 시대에 내리지
않는다. 거칠은 것이 혁명을 좇던 시대는 없었지.
문간방이 보이고 다 보인다. 비가 무슨 사건처럼

내린다.

오페라 부파

잠시 어둠에 젖는 저녁 밖으로 비틀고 싶은 목소리의
악기와, 잠시 어둠에 젖는 저녁 밖으로 비틀지 않는
악기의 목소리와 그것들이 감싸안는 밤의 불야성과
낮의 대명천지와, 그러나 잠시 어둠에 눈시울이 젖는
저녁 밖으로.

반복

그러나 반주, 점점 더 고요해지는 음악의 일부
어딘가에서 조금 더 고요해지는. 어르고 달래기도
하는. 음악을 음악의 종지부 아니라 종지 아니라
스스로 빠져드는 전체의 전체라는 종결로 데려가는
디자인.

생가 기념관

그러나 명 테너, 자신의 성량을 제한하며 조금 더
치솟는 듯한 조금 더 끓는 듯한 그 음색의 가창이
후대 성악의 디자인인. 그 전에 물론 작곡의 정결한
집. 자신의 음색을 넓히며 몸이 끝없이 가라앉는
듯한, 기억이 끝없이 사라지는 듯한 그 성량의 액화.
시간이 만년의 얼개인. 허망은 사실 젊음만 남아
젊음이 너무 찬란한 상태인 말이 되는. 그러나 누가
진짜 사라진 것이 무엇인지 알겠는가. 우리가 아는
사라진 것은 사라진 것이 아니고 우리가 모르는
사라진 것은 우리가 사라진 것이다. 생가 기념관
액자 속 액자는 바깥을 흉내 낸 것이 아니다. 뼈아프게 혹은 뼈아프도록 액자 속으로 사라진 것이다.
전집과 선집 사이 생가 기념관 있다.

약동의 재탄생

새벽 4시가 지났다. 별로 하는 일도 없이 할
계획이나 결심도 없이 그냥 습관적으로 거의
매일 그렇게 되지만 매번 새벽 4시 지나
잠자리에 들 때까지는 덤으로 주어진 시간이라
생각했었다. 횡재는 아니지. 잠이 마구 쏟아질
때까지 버티는 아주 피곤한 덤이다. 그런데
매일 아니라 죽을 때까지 주어진 덤의 생이고
시간이라면? 갑자기 쨍쨍하던 시절 생의 온갖
약동이 꽤나 경박하게 온다. 근육이 생명의 맥박을
흉내 낸 것에 지나지 않게 온다. 나의 피로한 몸과
혼미한 정신이 하나로 널뛰는 약동이 앞으로 있을
것이다. 내가 보는 것이 마지막으로 보이는 것일
수 있다. 옛날에는 몰랐거나 알 필요 없던 일이다.
몰랐어야 하는 일일 수도. 나의 피로인 몸과 혼미인
정신을 하나로 널뛰는 약동이 있을 것이다. 새벽
4시가 지난 지금은 음악이 약동의 탄생이다. 며칠
지나면 수족구병 옮았다는 손자 놈 돌잔치 가야 한다.
애기들 흔히 치르는 별것 아닌 유행병이라지만
쉽게 쉽게 가자는 병명이 귀여운 손자한테 너무
고약하다. 가장 위대한 약동은 평균의 약동이다.

가든파티

집에 가든이 없으니 해 본 적 없는데 가든파티 어느새
가정보다 더 친숙한 말이다. 정원이 안방을 차지한
형국이지만 황당은 금물. 슬픔이 길길이 뛸 것이니.
살아오는 일이 잃어버리는 일이었다면 우리 생도

남아 있지 않다. 있었지만 잃어버린 것 대신 있지만
잃어버릴 것을 남길 수는 없지 않은가. 그렇게 남은
세상 전체가 가든 아니고 가든파티이다. 그래서
앞으로도 가든파티를 할 일이 없어 보이는 것인지도.
세상에 안 보이는 것이 잃어버린 것보다 더 많을 것.
눈에 안 보이고 사실 있지도 않은 그 숱한 죽은 이들은
물론 빼고. 생방송 같은 녹화 방송과 녹화 방송 같은
생방송도 빼고. 미래는 어머니가 피아노를 치지
않는다. 어머니가 탄생하는 피아노 연주가 있다.
미래는 아버지가 돌아가지 않고 자식들이 돌아오지
않는다. 슬픔이 끝나지 않는다. 다만 걷지 않다. 역사의
동전도 악보도 연주보다 너무 많은 분량을 차지하는
상존하는 가든파티가 있다. 고전은 새로운 번역이라도
조금 거저먹는다는 생각으로 조금 물러나 있을
필요가 있는 것처럼 가든파티가 있다. 눈에 보이게
무수하다. 개인의 탄생이라서 쏟아져 나오지 않고
눈에 보인다. 슬픔의 홍수가 슬픔의 단어마저
익사시키고 기^氣가 기^旣이던 어느 날 뼈만 남은
구석기 누군가 안경을 치켜올리고 환하게 웃는 얼굴
표정을 누구나 본 적이 있다. 수심의 깊이에 잠긴.
너무 가까워서 네 눈동자로 나를 올려다보지 마라.
네가 너무 가여우면 안 되는 거 아닌가. 등장은 퇴장
다음이다.

원의 탄생

집에 돌아가는 길이다. 오늘도 술이 과했다. 뭐
자주 나오지 않으니 대체로 과해야 끝나는 거지.
말이 과하지 않았을까 오늘도 그게 문제이다.
말로 상처를 주면 제 혼자 더 큰 상처를 받는 것을
알고도 남을 나이 아닌가. 너무 더워서 달이 주황
색이다. 만월이라면 육안으로 볼 수 있는 태양
같았을 것. 원형^{原形}은 원^圓이 아니다. 세월이

약인 소리는 제 혼자 입은 상처를 죽기 전에 다
다스리지 못하는 뜻이다. 그래두, 하는 아내의
억양이 갈수록 음악적이다. 그래두, 원의 품을 떠나온
상처로 생이 외로운 것은 아니다. 모든 것이 아무는
원의 탄생으로 가는 것이니 죽음이 끝까지 조금은
외롭지 않을 수 있다. 원으로는 아내가 나의 죽음일
수 있고 나보다 더 튼튼한 아내도 혹시 원한다면…
뭐. 오늘 즐거웠고 술이 좀 과했고 다행히 귀가가 있다.
꿈이 불륜인 원의 탄생이 있다. 내일 깨어나면
감쪽같이 집일 것이다. 너무 많이 솟은 건물들과
너무 검은 숲 또한 감쪽같이 사라졌고. 결리는
옆구리가 계속 결릴지 아닐지. 글쟁이가 세상의
초라한 구석구석을 뒤지고 다니는 것 맞지만 스스로
초라해질 것은 없다. 세상이 나를 더 사랑하는가 내가
더 세상을 사랑하는가 그것을 놓고 내가 세상과
싸웠다. 투사로 나를 찍은 특히 독사진이 나는 몹시
불편했다. 모든 사진이 후회하기에 이미 늦고 가장
찬란한 기념도 원의 탄생 이전이다. 아기자기하던
옛날로 돌아가지 않고 나를 뜨개질하는 아내가 아직
있을 뿐. 자연이 인간과 최적으로 만난 사례 가운데
하나가 글씨로도 펭귄이고 그림으로도 펭귄인 펭귄
디자인이다.

최후 공중전

당사자들 목숨이 당장 100% 걸린 깨끗한 선택이었다.
그 전에 결투는 질투와 허영 등 사심으로 얼룩졌었다.
대장끼리 한 판이 있었으나 한 판으로 끝난 적 없었다.
최후 공중전, 탁월한 선택이었다. 적군과 아군으로
시작하지만 고도의 기술로 가장 높이 오르며 소속을
벗는다. 고독 혹은 날 것 죽음의 맛으로 거의 우정에
달한 심장이 우정의 심장을 한 방에 날려 보낸다. 죽은
자가 죽은 책임을 산 자가 산 책임을 떠안을 뿐 다른

생명들은 하나도 관계가 없었다. 산 자도 죽은 자도
영웅이고 죽은 영웅이 더 억울할 것도 없다. 왜냐면
살아남은 영웅이 정말 믿을 수 없었다, 그런 일이
있고도 전쟁이 계속될 수 있는 것을. 자신의 전쟁이
계속되고, 민간인 사상자가 더 많은 군사 작전의
전쟁이 잘 먹고 잘사는 자들 사이 더 잘 먹고 더 잘
살려고 벌어지는 것을. 그 전쟁이 게임처럼 보이는
것을. 그는 최초 공중전이 최후 공중전이었다. 먹방과
갈라파고스군도 생태의 신비가 동시에 인기리에
방영되는 융통성의 지금 그가 살아남은 것을 버티는
유일한 방법일 것이다.

현역

크리스마스 설날이 시들해지고 한참 뒤 3·1, 4·19,
5·18, 6·10…. 모든 숫자의 기념일이 시들해졌다.
차례대로 시들어졌고 6월 항쟁을 자랑삼는 우리
세대의 이기심도 사라졌다. 세대마다 슬픔이 혁혁했던
시대가 다른 시대를 잊는 순간 어른이 꼰대가 되고
후대는 싸가지가 없다. 세대와 세대가 제대로
이어지려면 역동의 겹이 필요하다. 사라지는 것은
언제나 현역에서 사라진다. 지나간 숫자의 기념
속으로 사라지는 것은 불가능하고 사실은 과거의
권위로 군림하려는 오만이다. 현역에게 역사는
유구한 천 년 만 년이 하루에 지나지 않고 모든
기념이 그 안에 자연스레 살아 숨 쉴 뿐 저마다 매년
하루씩 번번이 요란 굉장한 것이 아니고 생은 직업과
달리 누구든 현역일 권리가 있는 까닭에 생이다.
고전도 결국 시들해진다. 아니 시들한 것을 시들해
하지 않는 훈련이 쌓이고 쌓인 것이 고전이다.

콩나물국밥

일동 완전히 뻗어야 끝날 것 같은 술판의 끝은 단연 콩나물국밥이다. 이상하게도 콩나물국밥집은 항상 멀지 않은 데 있다. 거의 대기하고 있다. 죽어도 한잔 더 해야 하는 남녀 술꾼들이 콩나물국밥 한 그릇씩 앞에서 그렇게 삽시간에 온순해질 수 없고 그렇게 집중적일 수가 없다. 일렬이 흐트러지지 않는다. 어쨌든 끝나야 하는 것을 알기에 시작하는 콩나물국밥이고 갈수록 끝내는 것이 옳은 콩나물국밥이다. 정말 끝내주는 것은 새우젓 맛이다. 술 안 취했을 때보다 꽤 짜게 간을 한. 두루두루 혁명을 실제로 도모하지 않는 대신 함부로 논할 수 있던 옛 시절인 느낌. 고유 명사로 붙여 쓰는 콩나물국밥. 무슨 망명객 이름 같은. 잃어버린 아침이 아니기를 어제 온 편지가 마지막 편지 아니기를.

전야

죽음을 향해 가는 것은 죽음보다 더 살벌한 일들이 갈수록 사라지는 장점이 있지만 그것 때문에 우리가 우리일 수는 있어도 그것으로 우리가 죽음을 향해 가는 것은 아니다. 전야. 내일은 아는 얼굴의 갈수록 놀라운 얼굴, 모르는 얼굴의 갈수록 이 세상 것 아닌 얼굴이다. 미스터리가 그것으로 충분하다. 동물과의 동물적 교감이 가장 미스터리하다.

장례

관 속 시간이 마지막으로 크게 흔들리는 순간. 출렁이지 않는 순간, 중력만큼 무거운 '왜?'의.

젊은 날 현현
—백기완(1932~2021. 2. 15.)

죽어서야 완성되는 생애가 죽어서 새로 태어나는
그것을 우리가 세계라고 부른다 민주주의 통일의.

    누가 무엇을 부르나 누가 무엇을 기억하나 지금은
    아무것도 없는 발자국 발자국으로 그날이 오늘인
    것과 같이 오늘이 내일의 미래

새로 태어난 생애가 새로 태어난 죽음도 우리에게
가르쳐주는 그것을 우리가 젊은 날이라 부른다.

    역사의 무엇을 드러내나 무엇이 드러나나 지금은
    아무것도 없는 발자국 발자국으로 오늘의 찬란한
    세계가 그날의 맨 아우성 세상

조금 더 먼 조금 더 그리운 회복이거나 안식이거나
우리가 우리를 부르는 누구든 새로 태어날 때마다

기억의 물화

내게 1985년은 무용 소극장 '창무춤터' 개관 년이다.
춤은 물화가 가장 먼저. 설렘의 해소 아니라 물화인
춤의 건축—정지. 낯익은 동네에 자리 잡은 낯선 기적.
한국 최초인 것은 나중에, 1976. 12. 이화여대 무용과
교수 1인과 제자 단원 다섯 명으로 출발한 '창무회'
건물인 것은 더 나중에 알게 된 사실에 지나지 않는다.
더 거슬러 올라가서 1974년은 〈소리굿 아구〉 해이다.
탈춤은 해체가 가장 먼저이다. 일본인의 한국 기생
관광을 풍자한 이 작품의 후유증으로 내가 결국 상당
기간 학생운동 및 문화운동 징역 경력을 쌓은 것은
그 후에 지나지 않고 이 작품이 한국 마당극의 효시가

될 것은 나중에 판명된 사실에 지나지 않는다.
'창무예술원'에서 44년 만에 거듭나는 '소리굿 아구
2' 공연 초대장이 어제 왔는데 오늘 가지 않았다.
물화한 기억보다 더 감동적일 수는 없다. 가깝지만
너무 가까워서 가지 못했다. 언어에 기억의 물화가
있다. 추억은 과거의 물화이지. 어휘로 끝나며 문법의
진전을 가로막는. 오늘의 공연 제목은 〈봄날, 우리
어머니의 어머니의〉이다.

유지와 온전

절망에 기생하지 않는 법을 이 나이에 배우고 있다.
늦었다기보다 살 만큼 산 것이다. 좋은 것이 좋을 것을
낳을밖에 없고 그 둘을 결합하는 생일밖에 없다.
나의 미래가 더 악몽일 것은 내가 사는 지금이 왜
유지되는 지금인지 알고 싶지 않은 까닭이다.
자본주의도 유지되는 자본주의는 좋다. 악화하는
것만 나쁘다. 살다 간 사람들이 모두 살아내고 간
사람들이다. 우리가 절망에 기생할수록 자본주의가
온전해 보인다. 자본주의의 절망에 기생하더라도
그것은 그렇다. 유지가 온전을 유지하는 것보다 더
많이 파괴한다. 유지가 온전의 유지인 것보다 더
근본적으로 온전의 파괴이다.

이용악 시 전집

1914년생이니 아버지보다 훨씬 이르다. 데뷔 년이
아버지 출생년과 아주 가깝다. 1971년 내가 고3일
때까지 살다 죽었다. 갑자기 그가 동년배 같다. 내가
대학 1년 때 죽었다면 더 그랬을 것. 아버지는 그보다
30년도 더 뒤에 첫째 둘째 아들 손자 넷과 첫째 딸
손자 하나까지 보고 돌아갔지만 동년배가 아니다.

아버지이다. 새로운 사실이 밝혀지는 것은 얼마나
놀라운가. 알려진 해방 직후 및 월북 이후 혁혁하고
신기한, 좌익-북한 활동에도 불구하고 1971년에 죽은
시인이 1971년에 죽은 이유만으로 나의 동년배이다.
그의 문학이 엄연히 늙고 낡았지만 그가 나의 늙고
낡은 동년배이다. 생이 슬픈 것은 혈육이 끈끈한
혈육인 것 말고는 허망하기 때문. 이용악 시 전집은
그 슬픔과 아무 상관이 없다. 슬프려면 늙거나 낡으면
안 되지. 좋은 시가 몇 편 있지만 돌아간 아버지,
어머니 생각하면 좋은 시 몇 편 없는 시 전집이 어디
있겠나 싶다.

격

전통 서정시가 있다면 전통 서정 산문이 왜 없지?
멀쩡한 산문의 격을 허물어서 되는 시는 없다.
그게 시라면 시의, 전통이라면 전통의, 서정이라면
서정의, 운율이라면 운율의, 조상이라면 조상의,
계승이라면 계승의 갑질에 다름 아니다. 시의 격을
세우는 것이 시이다. 산문의 격을 세우는 것이
산문인 것처럼. '세우는'이 '세운'과 '세워가는' 사이
있다.

복수

민족도 천재도 유토피아도 주거 아니라 단수라서
문제이다. 실패할 수 없는 복수 전망의 실천 아니라
실천의 전망인 희망이 자기도 모르게 회의적이고
꾸준히 회의적인 희망이 꾸준하게 막강하다. 복수의
불안이 사실은 평화이고 불안의 실핏줄이 평화를
궁극적인 아름다움으로 만든다. 복수는 주거가
전망이고 위대와 위태를 모른다. 아니 위대야말로

위태인 것을 안다. 함께 나누는 식으로 역경을 받아
들이는, 닫힌 주택 아니라 열리는 주거가 있을 것이다.
주거에서 비롯된 거룩이 다시 주거로 돌아간다.
모든 것이 스며들어 있는 세계 지도에서 비롯된
거룩이 다시 세계 지도로 끊임없이 돌아가듯이.
보는 것보다 아는 것이 더 아름다운 그 무엇을 우리가
거룩이라 명명했었다. 복수의 새로운 것들이 파괴된
옛것을 단지 때우지 않고 복수의 파괴된 슬픔으로
더 아름다울밖에 없다. 파괴가 파괴하는 파괴는 없다.
남아 있는 파괴가 늘 파괴되는 파괴이다. 밝고
엷고 부드러운 파스텔 중간색에 묻어나는 어떤
무르고 비스듬한 각에 어린 시절 우리들이 짓고 싶던
집보다 큰 모든 건축이 들어 있다. 우리가 우리
나라라고 부르던.

사다리

꼭 계속해서 위로 올라가야 하는 것이라면 지상에
제 두 발을 딛은 사다리가 제 몸에 내가 한 발 올리기도
전에 벌써 위로 갈수록 좁아져 보이고, 몇 발 더 오르면
디딤대들이 벌써 이렇게 허공으로 이어져 보이지
않을 것이다. 발이 악착같지 않고 어김이 있어 발이고
그래서 손이 악착같고 어김없는 손이다. 위 디딤대를
붙잡으며 오르려는 손의 욕망이 등장하고 욕망은
실현될 수 없으므로 욕망이지만 사다리가 해결사.
왜냐면 그 전이 그 후로 작용한다. 그 전은 그냥 비탈의
통행이고 우연 같다. 그냥 구름 속을 거닐고 싶던
것인지도. 나이 먹을수록 사다리꼴이 동네 도처의
구성으로 검고 굵어진다. 동네 지도에서도 그게
보인다면 내가 죽은 것일 수 있고. 사다리 깊이가
면도날처럼 현격한 것일 수 있고 현재보다 더
현재적인 과거 시제가 목제일 수 있고.

늦은 완성도

눈에 보이는 방향은 언제나 자신을 극복하는 중.
극복한 것이 아니다. 믿을 수 없지만 자신을 극복하는
중이 바로 방향의 드러남이고 몸인 것처럼. 믿을 수
없지만 결과가 방향 아니라 우리에게 달린 것처럼.
옛것이 비로소 완성도 높아 보이는 다행은 결과적도
원인적도 선구적도 유행적도 아니다. 이제까지의
방향이 완성도를 높인 참으로 다행인 다행이다. 눈에
보이면 늘 자신을 극복하는 중인 방향, 스타디움과
시청과 미술관과 본부 용도의 들어가는 방향이.

두 얼굴

너를 두른 천이 부풀었다. 공기로 공처럼 부풀지 않고
제 혼자 손이 물에 불은 것처럼 부풀었다. 너의 어디를
두르든 너를 두른 그렇게 부푼 천이 슬프지 않기는
힘들지만 슬픔은 벌써 얼마나 날씬한가. 두 얼굴.
누구나 서로 만난 만큼만 살았다. 먼저 죽는 것 아니라
먼저 죽은 것이 불쌍하다. 만남이 찬연히 빛난다.
상투적이라도 좋다며 상투적 아니게 빛난다. 서로의
만남처럼 고유한 것이 언제 어디서 또 있겠나?

내 등

내일은 웬일로 문학 잡지 표지 사진 찍으러 간다.
얼굴이 벌써 한 꺼풀 벗겨진다. 약도가 복잡하지만
잃어버린 얼굴이니 찾을 수 있을 것. 멀지 않지만
좀 기구하기는 하다. 합정역에서 6호선으로 상수,
광흥창, 대흥, 공덕 쪽으로 내 고향을 돌지 않고 거꾸로
망원, 월드컵경기장, 디지털미디어시티, 현대판으로
나아가는 것이 내 고향의 등을 타는 것 같아 내 등이

간질간질하다. 이렇게 가 보는 거 처음이고 등은
기대지 않는 한 다정할 수 없다. 홀로 있는 늙은 등이
한데이지. 옛날이 없는 아이들은 어디서나 잘 놀고
남녀 모두 그게 좋은 거지만 서울은 태어나 평생
살아도 고향에 한데가 있다. 내 등이 오소소한.
사라진 것을 어떻게, 아니 뭐 하러 복원하나, 그런
실망도 개망신도 없을 것인데? 사라진 것은 환영의
윤곽이 실제보다 흐릿하면서 조금만 더 막연하고
아련하게 두터우면 된다. 두껍지 않아야 한다. 우리가
그것을 사라진 옛날의 아름다움이라고 부른다. 남아
있는 옛날 것은 옛날 것이 아니다. 남아 있는 것은
옛날이 아니잖나? 오소소한 내 등이 내 망각력을
환기한다. 내일 어렵지 않게 길을 찾을 것도 나의
기억력이 아니다. 무수한 현란한 유리창들. 누군가의
결국 사랑 아닌 불륜이 사랑으로 승화하는 것도
사라지는 방식에 지나지 않는다. 누군가의 처음부터
불륜인 사랑이 사라지는 방식은 고유하다.

외교

남한을 봉쇄하고 미국과 직접 담판을 짓는 통미봉남은
북한의 전통적인 생존 전략인데 남한 정부의 과감한
추진으로 그렇게 되었다. 북미 정상 회담을 성사시킨
것에 남한 정부가 희희낙락이다. 북한과 직접 거래를
안 한 것이 동맹국 남한을 배려해서였으나 미국도
두 겹 홀가분해졌고 어쨌든 북한 소원대로 되었고, 잘
되었다. 자본주의 정치권력의 외교에 외교의 자본
주의자들이 놀라고 있다. 외교가 철밥통 공무원들의
외교부를 능가한다. 더 나아가 자본주의 유통과
금융까지 능가하는 외교가 가능한 상상은 얼마나
즐거운가. 외교도 생산 아니라 유통과 금융과제
아닌가? 이제는 사회주의도 자본주의를 극복한
사회주의만이 사회주의이고 자본주의가 이토록

전반적일 때 곡예를 방불케 하는 외교를 보고 싶은
것은 나 혼자만의 마음이 아닐 것. 사실은 통미봉남이
어영부영 비로소 남한 정부한테 속 편한 것이 되기도
하였다. 뭐 하러 그 예측이 불가능한 북한 지도자와
성질 더러운 미국 대통령 사이에 낑겨 있나? 둘 다
서로 맞수 맞다. 현격한 키 차이를 도무지 믿을 수가
없지. 남북 문제에 관한 한 남한 대통령은 외교라는
높이 아니라 자리에 있으면 된다. 저지대 사람들처럼
물 아래 사는 것을 당연시해야 살아남지 않고
당연시하며 사는 기술, 외교가 있다.

물구나무

거꾸로, 유년이 중력이다. 성장이 진중하기는커녕
약삭빨라야 하지. 모래시계를 뒤집듯 우리가 물구나무
서지 않는다, 물구나무서서 볼 뿐이다, 사실은 사는 게
모래시계 뒤집은 물구나무라는 거. 사실은 그렇게
보이는 사실이 너무 힘들어서 우리가 물구나무를 오래
버틸 수 없다. 어른인 아이 얘기이다. 이 말도 물구나무,
이 결론도 물구나무이다. 죽어서는 유년이 중력인
말 죽음한테 너무 당연한 것이다. 그 말의 물구나무가
바로 죽음일지도. 공연히 모래시계 뒤집는 비유도
일도 없는. 초등학생 물구나무 놀이가 가능한 가장
드넓은 장소가 초등학교 운동장이고 가장 안전한
무게가 초등학교 교사인 죽음의 현상학을 보고 있다.
우리의 이야기 아니라 우리인 이야기. 이제 위험하게
철봉에 거꾸로 매달리지는 않고.

확실

살아 있는 나무도, 죽은 나무도 나무이다. 어떤 어휘의
혼동도 없다. 목재도 나무이고 생사가 헷갈려도

확실하다. 나무에 이르면 조형이 정말 인간의 것인지
장담할 수가 없다. 녹이거나 뭉개는 반죽 말고는
직선과 곡선의 온갖 조형이 가능하고 거의 플라스틱
하지만 통나무집이나 나무 형용 장식물은 물론 가장
기발한 현대식 주택도 나무의 축적은 결국 나무의
조형이다. 모든 나무 집이 나무이고 모든 목제가
나무이다. 나무가 확실하다. 죽은 나무도 나무일 뿐
죽어 있는 나무는 없다.

백합 조개 맛

목숨줄이 질기기는커녕 가장 섬세한 맛이다.
목숨줄이 소중한 맛이다. 소금 칠 것 없다 백합
조개탕 백합 조갯살 목숨의 간이 절묘하다. 꽃
비린내도 없다.

약국의 편의

옛날이 작동하는 방식이 퀴어 비슷하다. 형용사
'기묘한'에서 동성애자로. 작동은 언제나 현재적이지.
방식이 숨으며 더 아름다운 사랑을 파고드는
현재이고 편재. 동성애 역사가 아주 오래되었다는
진술과 정반대이다. 퀴어, 호기심 아니라 누구나
문득 그러고 싶을 때가 있다. 언뜻언뜻 세상이
보기보다 옛날일 때이다. 죽음이 성을 극복하는
모범을 자주 보인다. 우리나라 약국은, 안 되지.
약국이 저렇게 과거의 확장도 없이 도처 현재와
일상의 편의로 헐면 안 되는 거다. 어떤 때는 작동만
현재적이다. 약국의 편의는 퀴어와 죽음 사이
작동해야 한다.

만남

미술이 크기와 관계없이 공간을 전면적으로 펼치는 반면 시는 길이와 관계없이 논리 혹은 문법의 감각인 시간의 구석구석을 파고든다.

꼬리

새벽 화재가 발생한 구로디지털단지는 며칠 전 아내와 내가 들렀던 곳이다. 있지도 않은 아내와 나의 꼬리가 타는 것 같다. 시간에 꼬리가 있거나 꼬리만 있는 것 같다. 다행히 인명 피해는 없었다. 아무도 없었으니까. 대형 참사로 이어졌다면, 나중에 화재가 나지 않을 곳을 어떻게 미리 알고 아내와 함께 다니나? 시간에 이마가 없다. 대형 참사로 죽은 이들은 대형 참사를 지나 대형 참사의 이마만 남은 이들이다. 죽은 이마들이 죽지 않은 이마들과 부딪치며 우느라 산산이 부서진다. 나중의 대형 참사는 아직 끝나지 않은, 생이라는 지루한 대형 참사보다 더 나중이라서 울기도 애매할 것. 몸이 온통 불타는 꼬리만 있을 것이다. 소중한 것들이 소중하기만 해서는 다스릴 수 없는 화재이다. 소중히 간직된 것들이 소중히 간직되기만 해서는 있지 않고 거센 불길이 더 거셀밖에 없다. 위로받는 죽은 자들만이 위로할 수 있는 꼬리이다. 공공의 건축가 평생이 개인의 가정 한 채일 수 있고 그 가능이 눈에 보일 수 있다면 가능하다. 건물보다 연못이고 연못보다 연못 물 위에 비친 광경이다. 인간이 볼 수 있는 한에서 인간과 가장 멀리 떨어진 자연이 가장 아름답다. 전통이 서정을 능가하고 서정이 전통을 능가하는.

상봉역

한자 뜻을 따질 것도 없이 상봉이다. 상봉역
2번 출구로 나왔다. 53년 만이다. 낯익은 것이
낯익은 것이 아니다. 낯선 것이 낯선 것이
아니다. 낯익은 것이 사실은 낯설고 낯선 것이
사실은 낯익은 것이 아니다. 그러기에는 너무
변했다 중랑구 전체.

금란교회

이런 공상과학적 건축 미학은 꼭대기에 얹혀
노골적으로 둥글고 굵은 시멘트건 대리석이건
테가 결정적이다. 한국 기독교는 건물로서도
결국 천당이 문제이다. 구현할 수 없는 천국이
처음부터 더 낫다.

장미

이제까지 많은 시인들이 장미를 분석했지만
모두 틀렸다고 본다. 아무리 치밀해도 분석으로는
장미에 달할 수 없다. 그것을 아는 많은 시인들이
장미를 종합했지만 역시 틀렸다고 본다. 아무리
여러 겹이라도 종합으로는 장미에 달할 수 없다.
장미는 결론이 아니고 포옹이다. 더 정확히 장미는
포옹보다 더 섹시한 포옹 직전 포옹의 가장
감각적인 개념이다. 포옹의 주체도 객체도 없어
더 육감적인. 이 말을 하는 나도 이 말을 믿을 수
없어서 다시 장미이다. 장미가 끝없이 장미의
원인이고, 붉지 않아도 끝없이 붉은 장미의
결과이다.

고전

어쨌든 살아 있는 데다 살고 있으니 시는 이상한
이야기가 아니다. 이 이상한 생을 이상하지 않게
보는 문법이다. 요즘은 충격적인 죽음의 문상을
가도 이상할 이야기가 나오지 않는다. 죄다
어디서 들어본 것들이다. 거의 고전적이지.
시라도 꺾이지 않아야 하는데 휘는 것은 꺾이지
않으려는 원인 아니라, 꺾이지 않은 결과이다.
아무리 복잡하고 화려하게 꺾여도 꺾인 것은
처음부터 단순하고 의미의 리듬이 없다. 가장
불행한 작곡가는 악보에 옮길 속도보다 더 빠르게
제 깨끗한 몸이 떠올리는 아름다움의 권태와
평생 싸운 모차르트이고 가장 행복한 작곡가는
평생 더 나은 자신을 향해 싸우느라 자신이
고통받는 것을 몰랐다. 모차르트가 35세에
깨끗한 몸으로, 베토벤이 57세에 귀 멀고 매독
걸린 몸으로 죽었다. 운명과 싸우지 않은 것은
둘 다 분명하다.

동반

정신 병원 파사드가 하얗고 단정한 것이 정신 병원의
콤플렉스 같은 느낌. 콤플렉스가 정신병을 낳고
정신병이 콤플렉스일 수 있지만 정신병은 콤플렉스가
없다. 정신 병원 파사드를 하얗고 단정하게 지은
멀쩡한 이들이 멀쩡해 보이지 않는다. 그렇지 않은
종합 병원 정신 병동은 환자들이 자신을 근무자로,
근무자를 환자로 생각할 수 있고 그래도 되지만
그건 세상의 와해. 정신병자에게 필요한 것은
자연의 환경 아닌 동반이다. 내가 멀쩡한 거 맞나?
내가 자연을 동반한 적이 없지는 않지. 완벽한
동그라미는 완벽한 직선의 완벽한 무한이라니까?

인위가 인위 속 자연을 인위의 자연으로 만든다.
나무들이 양쪽으로 비키며 내주는 길을 걸어서
귀가한 적이 정말 한 번도 없나? 아내가 대신한다.
가까스로 식구들이 멀쩡하다. 봄비 소리 자작
자작하다. 내가 외출한다. 귀가하기 위해서이다.

홀연과 정말

30년 만의 문상은 30년 동안 문상이다. 100세로
돌아간 선배 모친의 문상은 백년만의 문상이고
백년 동안 문상이지. 울음이 가장 짙은 문상의
의미도 가장 희미해진다. 전철 일원역에서 삼성
의료원 영안실까지 처음으로 걸어갔다. 의외로
방금 나타난 정문을 통과했고 길게 이어지는
실을 따라 후문까지 간다. 요즘 아이들 장례
식장만 알지 영안실을 모른다. 날이 제법 어둡고
오른쪽 숲이 제법 깊지만 하나도 무섭지 않다.
이 숲에는 귀신이 살 만한 데가 없다. 왼쪽 건너
편으로 온갖 병명의 병동들이 이어지고 사는
일과 죽는 일이 사투를 벌이느라 밤낮이 없다.
야간작업도 그런 야간작업이 다시 없을 것이다.
그러다 죽은 귀신들로서는 그보다 더 끔찍한
기억이 또한 다시 없을 것. 죽음을 가장 두려워
하는 것은 귀신이다. 절 올리고 접객실로 가니
홀연과 정말, 이보다 더 왁자지껄한 세상이 없다.
여기가 지하 1층 맞나? 홀연과 정말, 바로 그것을
우리가 온갖 종류 귀신으로 나누어 알았던 것
아닌가 싶다.

한반도 남쪽

만나본 적 없는 북동이 늘 심상치 않다. 만나야지

우선은. 북동쪽이 심상치 않은 것도 방향이 있어야
말이 된다. 북동이 늘 심상하려면 오래 걸릴 수 있다.
그 정도로 오랫동안 어이없고 처참했었다. 북동이
적어도 원래 그랬듯 친근하고 낮익은 지역이자
방향이려면 아주 오래 걸릴 수 있다. 아무리 오래
걸려도 그렇게 될 때까지 만나야지. 백년대계라도
만나야 한다. 만남이 아예 북동을 대체할 정도로
오래 걸리더라도 만나야지. 친근하고 낯익은 것도
새삼스러울 정도로 북동은 원래 당연하고 불러도
아무렇지 않은 일상의 북동이다. 우리가 우리의
상실로 더욱 소중하게 회복할 것은 그 사실이다.

폭설

창밖 광경보다 잠 속 그 소문이 더 좋은 나는
필경 죽은 것이다. 종합 너머 흐름 있다, 흐름
너머 같이 흐르는. 근면하고 장구한 하이든 음악
생애가 가장 명쾌하다. 자신이 완성한 교향곡,
현악 4중주, 피아노 소나타 형식에 모차르트와
베토벤 음악이 자동으로 겹쳐 들리며 하이든
음악 한없이 맑고 깊다. 하이든 사망 때 흐린
슬픔의 슈베르트 19세 청년이었다. 신이 죽은
현대 아니다. 현대인이 죽은 신이다.

죽은 것과 산 것

보유: 대역對譯 지도

서: 음악에

할 일 없이 내 생애
수천 년이 지난 것처럼 어느 날
지도는 천연의 뼈대로 떠오른다. 음악은 총천연색이고
소리부터 물物이고 하나의 색도 총천연색이다. 그렇게
보고 그렇게 들으면 안 그런 것이 없다.
공즉시색 색즉시공 갈수록 그 이전 개념인 색이고 공이다.
지도는 옛날일수록 그림이고 상상이지. 그리 피비릴 것을
몰랐으니 세상보다 작을 것도 몰랐을 수 있다.
십만분 백만분 천만분 축척의
숫자를 한없이 늘여가는 지도 안에 지도, 그 안에
지도가 세상보다 더 깊고 더 커다란
방향이기를.

원시 정주

셰익스피어가 붉디붉고 왕정 타파도 복고 못지않게
개혁이나 개량 혹은 진보에 지나지 않는다. 걱정도 일종의
보충이고, 빵빵하다. 우리가 알 수 없는 과거는 깎고 또 깎는 것이 쌓이고
쌓이는 우리가 알 수 있는 현재의 어떤 정교精巧이다. 식민지라는 말도 없다.
내가 죽고 만 년 후에 누가 내 생가를 신대륙 발견한다고? 걷고 또 걷는
신기한 지명들이 불쑥불쑥 튀어나오지. 의연依然을 의연毅然케 하는
숫자 없는 연대年代들이다.
황제라니 나폴레옹처럼 어이없는 처신이 없다. 이대로 머물라고, 우주를
꾸며내야 가까스로 참신해지는 지상에, 마을 규모로 단란한 생의 어떤
근엄이 죽음의 냄새를 친근하게 만들기 위한 것이라면 이야기도 눈目이고
모든 역사가 지리地理의 사전이라면, 가장 우연적이므로 가장 강력한
자본주의 극복일까?
왜냐면 시골 중학생들 서투른 현악과 목관 악기 연주가 시간을 완벽화하는
와중 소나기가 연주자보다 더 적은 관객들을 뿔뿔이 해산시키고 결혼 40주년
부부 한 쪽이 화장실 다녀오는 사이 행방불명되고 스스로 모르고
스스로 모르는 행방불명이 양쪽 다 행방불명이고 한정식, 설렁탕이 그것을

모르고 둘이 음미하는 다행일 수 있다. 시뻘건 육개장은 노골적이라 좀 낫지.
가까이 있는 중세처럼 멀쩡하다. 미래가 늘 열리는 일생일대의 대문인
지금만 있다. 충격이 너무 가까운 충격이고 실망이 너무 먼 실망이고
과거의 입구가 몸보다 작은 지금만 있다. 모든 것이 원인 아니라 탄생인
결과만 있다. 죽음이 낯선 정주定住, 생은 생사의 갈림이 길이고 길이 방향의
탄생이다. 주린 배가 제 혼자 주릴 뿐 가난이 그냥 눈 앞에 펼쳐지는 광경이고
냄새도 없고 생계가 그리 추상적일 수 없다. 집들이 각자 생계의 뜻으로
허물어지거나 허물어지지 않거나 하지 않는다. 왜냐면 생이 정주의 방향이다.
오래된 건물의 건축이 외양보다 더 튼튼하고 용도에 용도의 개념이 없고 기억이
더 물질적인 까닭과 같은 말인 방향이다.
가장 많은 내용의 가장 적은 형식이 총체이다. 핍박받는 중세 아이도 아이는
세상의 총체이고 유년은 시간이 아니라 어른의 과거도 미래 어른도 아니다.
플라톤『대화』의 미학은 아마추어 시인. 소크라테스를 자신의 사후死後
삼아 고전 그리스 멸망을 극복하려는 철학이 소포클레스 비극의 이분법도
극복한다. 그리고
악수와 표정, 색이 산산이 부서지고 쏟아지며 찬란한 색이기로는 르네상스
피에로 델라 프란체스코(1415~92)만 한 화가가 없다. 야코브 부르크하르트
『이탈리아 르네상스 문명』에 르네상스 예술 비평이 왜 없지, 아니
어떻게 그럴 수 있지?
왜냐면 우리가 스스로 여행을 다니면서도 관광 안내 책자를 보고, 대답하지
않는다. 대청마루 기고만장한테 얼마나 높아야 슬프지 않을 수 있는지,
부뚜막과 구들한테 얼마나 낮아야 머무를 수 있는지, 그것들을 다스리고
챙기는 기와지붕 곡선한테 얼마나 배경 산들을 닮아야 머물고 슬프지
않을 수 있는지. 그 곡선 비상飛翔의 양지바른 화석이다. 집 안에 목재 기둥이
울울창창의 화석이듯. 장식이 그것 아니라 영롱이 단풍 물든 연못처럼 깊은
죽음의 정주에서 나온다. 사리 장엄에서 가난의 참상을 꿰지르는 궁궐의
미끈하고 한적한 거대巨大에 이르기까지. 누각이 고독을 정자가 습관을
과장하지만 모든 것이 모이느라 모든 것이 진짜 아름답고 진짜 아름다운 것이
진짜 슬픈 것인 탄식 너머 거울을 우리가 비원祕苑이라 부른다. 시공이
없으니 천연도 이씨 조선도 유현도 궁상맞은 시간이고 공간이고 없다.
슈베르트가 동년배 하이네 시에 입힌 선율들은
스스로 불안하고 음악의 낭만주의는 한 십 년 뒤 멘델스존과
슈만의 〈하이네 곡들〉에서 비로소 그 안착이 확인된다. 그러나
깊이는 스스로 불안한 것이 깊이이고 슈베르트, 멘델스존, 슈만을

모두 품은 것이 하이네이다.

흉노족(이 훈족이다) 동태에 비하면 만리장성도 일개 장난감이다. 지도에 숨겨진 지도 설명이 지도가 도해圖解하는 본문보다 더 흥미진진하다. 머리에 그려진 지도는 최초 지도보다 더 평면이고 원형이고 전설의 대륙들이 밀착하므로 세상이 눈에 보일 때마다 가볍고 참신한 충격이다. 버려진 의식주가 썩는 냄새도 흉측을 거쳐 유적으로 남을 것이지만 어떤 때는 로마, 서양이 그냥
떨어져 나가고 창조의 호들갑 없이 원본이 복제인 디자인 세계도 가깝다. 아무리 중후한 건물도 화려한 그 조각 회화 장식도 건축은 선線으로 안착하고 선 그림이 건축이라는 결합이고 선율 덩어리. 인류학이 천 년 단위로, 고고학이 만 년, 천문학이 억 년 단위로 쓴 문장. 바흐를 모차르트까지 잇는 것은 그의 로코코 아들이고 베토벤 만년까지 잇는 것은 5년 연하 이탈리아인 프란체스코 베라치니의 바이올린 소나타 D단조, Op. 2, No. 12, 1악장이다.
약 4분 20초. 분명 아주 느린데 번개처럼 잇고 번개처럼 사라진다.
바흐를 베토벤 만년까지 잇는 것은 바흐 음악을 제외한 모든 바로크 음악에 종언을 고하는 것과 같으니 번개처럼, 얼마나 다행이었나.
죽음이 있어 죽음의 춤이 있지 않고, 주검들 널브러진 참혹 한가운데 죽음의 춤이 있어야 장차 죽음의 참혹을 감당할 수 있을 것 같으니 깨끗하고 행복하게 죽을 수 있는 자 누군가 물으며, 질문의 뜻을 잊을 때까지 정말 춤을 춘 거다. 생의 캔버스 위에 붓질을 지우는 붓질이 있다는 듯이. 아버지 마고자 금 단추만 챙기면 돼…. 장남 앞세웠고 미국 있는 마누라와 차남
소식 없고 혼자서 살 생각 없이 살다가 전신 쇠약에 실명까지 온 형을 드디어 노인 전문 요양 병원에 입원시키고 식구들이 짐승 굴보다 못한 단칸방을 샅샅이 총정리했으나 형이 말한 금 단추는 못 찾았고 오래된 돌아간 어머니의, 오래 방치된 유품을 두 점 챙겨왔다.
대낮의 안광眼光을 능가하는 녹옥綠玉 사자상 있다. 무섭지. 밤의
칠흑 정수를 능가하는 야광의 부처상 있다. 무섭다. 왜냐면 둘 다 숨어 있다. 하나는
네 발로 위풍당당하게 서 있고 위풍당당하게 서 있는 것이 무섭지 않다. 다른 하나는 인자한 가부좌고 인자한 가부좌가 무섭지 않다. 숨어 있는 게 보이고, 그것이 무섭다. 숨어 있을 게 보이고 그것이 무섭다. 종교 아니라 기복의 몰락이 무섭다. 그러나 그들도 정주의 주인이 아니지. 40년 전 앳된 신랑의 팔찌을

애기 손 애틋하게 낀 신부 사진이 있다. 추억의 앨범 사진들이 추억의 앨범 속으로
마구 무너지고 40년 후가 바로 40년 동안 사느라 귀신이다. 정주는 지금 없고
있었다는 뜻, 있었던 것이었다를 겨우 면하고. 양로원을 슬하에 거느린 소요산
단풍이 마지막 안간힘으로 붉지 않고 체념으로 붉디붉다. 자연보다 더 빨리
가자니 좀 머쓱해서 인간이 자연으로 돌아가는 문장을 발명한 것인지도. 그게
최초의 발명품이었는지도. 쓰러진다 강한 것들이 더욱 강하게 쓰러진다⋯ 강렬한
단풍들이 강렬하게 말한다, 쓰러진다, 말한다, 쓰러진다, 언덕을 통째
안으며, 구르며 쓰러진다 말한다. 동네의 나이가 보인다. 동두천 거리에 서울
60년대부터 10년대씩 착착 들어선다. 미군 부대 주변 환락가 다 떠나고 한산한
대낮이 오히려 6·25 전쟁이다. 미국 맛 샌드위치 식당 아직 있고 양주 가게가
80년대 서울 거리에 서울보다 더 요란하다. 길이 뻗는다. 우리가 원래부터
정주의 주인일 수 없었고 그래서 정주가 그리 소중했다는 뜻이다. 경전철이
장난감 같지 않고 경전철에 들어 있는 너와 나, 승객들이 장난감 같다. 종교가
멀쩡하면 용도가 자본주의보다 낫겠지만 불행하게도 멀쩡한 것은 몽테뉴
수필이지 종교가 아니다. 사과 맛 상큼하고 앙큼하고 나는 늙었고 기관지에
좋다는 배즙이나 마시는데 달다는 표현도, 훨씬 더 나이 먹은 강적強敵들,
밑반찬도 늙은 이야기 너머 늙은 이야기들이다.
무엇을 할 것인가보다 무엇을 하고 있는지 아는 것이 더 어렵고 중요하지 않나?
지도도 도해라고? 도해도 지도이다. 보이는 가장 작은 것이 원자이고 안 보이는
가장 작은 것이 대문자 신이라면 번역도 창작 아니고 창작도 번역인 것과 같다.
지도가 신화이고 도해가 철학이라고? 조감도와 내부 드러낸 도면 모두 신화이고
철학자 생몰 지도는 이전 소아시아는 물론 장차 이탈리아도 파르메니데스,
엠페도클레스, 제논이 그리스 본토 소크라테스보다 먼저이고 플라톤의
자연 있는 인간 진선미 삼위일체 이상의 약 2,150년에 걸친 현상학적
발전이 칸트의 자연 없는 인간 Wissen앎–Hoffen희망함–Handeln행동함
삼위일체 이상주의이다. 하여
登記權利證在中. 땅문서가 땅보다 더 중요하므로 깊숙한 자개장롱이 필요한
시절이 있었다. 공문 글씨 말고는 다 해진 길쭉한 사법서사 봉투가 집 없이 남아
집보다 더 간절하다. 그 안에 소용없는 집문서가 있거나 없어서 아니다. 그 집
경매 넘어가고 이십 년 어머니 돌아가고 십 년 지났는데 집 구입 관련 기타

등등

잡다해서 더 복잡한 문서와 영수증들이 삭아서 쏟아져 나온다. 결혼하고 처음 구입한 저택에서 남편을 잃은 뒤 점점 더 작은 집으로 전세로 월세로 내려앉으며 호된 말년을 치른 어머니한테 이 봉투가 바로 정주였다. 아니 죽어서 지금 더욱

그럴 것이다. 종이가 몇백 년 뒤 흔적 없이 사라지더라도 봉투에 묻은 손때의 기름기만으로 어머니는, 아버지도 그리고 내게도 족한 정주이다.

도발로서 문학사, 문학사를 가장 새롭게 써 보자고?

식구들이 기초생활수급자, 노인장기요양보험, 시각장애인 등록 신청으로 부산하던 중 보니 벌어 먹고사는 일에 끝까지 기펼코 손가락 하나 까딱 않던 형의 그 손가락이 실명으로 어느 누구의 신체 기관보다 더 분주해졌다. 외모가 먼 옛날처럼 깔끔해졌다. 형은 고집했던 정주 방식이 이제야 가능해졌나, 혹시 시력을 회복하면 되돌아갈까 계속 갈까? 누가 누구의 정주 방식을 정하겠나, 다만 불행이 대개 보편에서 나오고 형이 더 행복했고, 앞으로도 더 행복할 가능성이 압도적으로 더 높다. 바쇼가 하급 사무라이 직업을 포기하고 음풍농월 칼날 예리한 하이쿠 미학으로 나아갔지만 글줄깨나 남기는 게 죽은 본인한테 정작 무슨 대순가, 거기서 한 끗 더 나간 게 우리 형이다.

Ave Maria, 성모송, 남은 자들이 잠시 슬퍼할밖에 없다는 뜻이다. Stabat Mater, 성모 서 계셨다, 남은 자들이 잠시 슬퍼할밖에 없다는 뜻이다. Laudi Alla Vergine Maria, 성처녀 마리아 찬미, 남은 자들이 잠시 슬퍼할밖에 없다는 뜻이다. Te Deum,

당신, 하느님, 남은 자들이 잠시 슬퍼할밖에 없다는 뜻이다. 정주하는 자 슬픔의 위로에 정주한다. 슬픔이 위로인지 위로가 슬픔인지 아무도 묻지 않는다. 형 때문에 내가 형보다 더 오래 살아야 한다면 나의 정주 명분이 가장 애매하다. 핑계 없이 있는 무덤 중 하나. 심지어 꽃의 개념도 모르고 꽃을 닮아가는 난초 알뿌리. 32년 전쯤 썼으면 좋았을… 시인 이진명 이메일이 3년 만에 도착한 정주이다. 떠남인 정주가 있고 발걸음인 정주가 있어 쌓여 있지 않고 쌓이는 것을 우리가 원시를 알기도 전에 원시의 역사라고 부른다. 현실보다 더 비현실적인 것도 아니다.

원시 정주, 욕망이 운명 수준의 엄중에 달하는. 공을 허무는 몽유가 질병처럼 쉽고, 겁나게 현실적이지. 깨어나도 깨어난 꿈 같다. 종교가 마구 허물고 계속 허무는 시공을 더 높은 수준으로 재구성할, 노동 자체가 노동의 기쁨을 인식하는 기술의 예술이 있을 것이다. 32년을 가장 소중하게 잃어버린 사람들 얘기이다. 그 사실을 깨달아 소중한 상실을 되찾는 지금과 지금의 지금과

가장 소중할 수 있는 사람들 얘기이다. 썩기는커녕 누추하지
않고도 따스한 눈물일 수 있고 사랑일 수 있다, 우리 지금의 지금의 지금 정주의
정주의 정주일 수 있다. 지상이 모든 천박한 아름다움으로 무참히 나를 원한다.
내리는 비에 젖은 지상의 정주인 죽음이 지상보다 더 거대한 아름다움의
비율을 완성하는 오늘 밤은 우주의 원시를 생각하며 생각하는 정신이 한없이
헐벗고 싶다. 죽은 육신이 죽어서도 한없이 젖고 싶다. 미래의 정주가 원시
축복을 받고 싶다. 미래의, 미래라는 정주가 원시 축복이고 싶다. 너무 커서
육안으로 보이지 않는 발이 걷는지 모르고 걷는 발걸음이 아직 있다,
당연하다, 그게 없으면 지상이 지상일 수 없다, 이런 나의 말들이 지상의
목소리이고 싶다.
아름다움의 황금률이 끝없이 커진다. 내가 나를 벗어나지 않으려 내 방이
내 방을 벗어난다. 내 아내가 내 아내를 벗어난다. 그러나 그럴까 보아 벌써
내가 나를 벗어나기도 했었다. 원시가 기적이 되고 싶지만 그럴까 보아
벌써 원시를 벗어나기도 했고 그것을 우리가 이미 기적의 정주라고 불렀다.
비가 내리면 아무리 높은 곳에서도 고소 공포증이 사라진다. 나도 내리는
까닭이다.
음악은 종종 신동 모차르트와 노인 하이든이 잘 구분되지 않는다.
바흐는 평생의 연습을 하이든은 평생의 연구를 그리고 모차르트는 평생
천재를 연주한다. 이들의 작곡은 모두 악기를 연주한다. 베토벤은 다르지.
그는 악기이고 악기들이고 교향악단이고 연주하지 않고 표현한다.
베토벤 작곡은 베토벤 표현이고 베토벤 자신이다. 이 현상학적 발전은 더 이상
발전이 현상학적으로만 가능하고, 이제까지 없었고 있으려다 혹은 있으려고
새로운 장르가 탄생할 수도 있다.

고대 형식

내용이 휘갈겨 쓰는 자필 필치에서 나오고 형식이 모처럼 축약한
지도에서 나오지 않고 그것을 절반 또 절반으로 접고 포갰다가
다시 펼치는 결과가 예상과 다른 일의 반복에서 나온다.
그리스어 알파벳. 가장 널리 알려진 처음. 가장 보편적인 옛날. 그리고
그러므로 가장 특수하고 보편적인 현재. 그것으로 어떤 원색도 그렇게 보이는.
그것으로 어떤 단색도 그렇게 보이는. 그것으로 어떤 색도 색들도 한꺼번에
그렇게 보이는.

한 시인의 전기에 동원된 시들을 시집으로 묶는 데서 아니라 전기에 가장
도움 되는 시가 가장 형편없는 시라는 사실의 확인에서 그것은 비롯된다.
가장 불행한 생보다 더 불행한 고전의 사실이고 형식 때문 아니고 형식에서
형식이 나오는 것도 아니다. 내용이 결국 시간의, 형식이 처음부터 공간의
비유이지만 형식은 내용보다 더 오래 쌓이는 형식이고 감각이 다른 시간과
다른 공간의 다른 감각으로 전화하는 이어짐이 이어진다.
내용의 전기를 지우는 식으로 전기의 형식이 더 길게 생겨난다.
완벽한 개념어 사전 아니라 완벽에 달하는 수필이 순전한 형식에 달한다.
모든 것의 모든 쌓임이 모인, 광경 아니라 그 직전 가시화 아니라 그 느낌,
흐림
한 점 없이도 내용의 생애 같은 느낌, 급기야 내용 없이도 지금의 백년대계이자
백년 후 같은 느낌이 형식이다. 내용 자체의 형식화라고 할밖에 없는 고전의
형식이고 고전인 형식이고 형식 자체가 고전이다. 시대의 형식이
후대의 거울이지. 거울 앞에서 거울에 비친 자신을 보는 후대가 후대한테 아니라,
자신의 형식 아닌 내용을 완고화하는 거울에 비친 후대가 거울한테 '무서운
아이'이다. 늘 불륜의 간통죄를 폐지하고 스스로 절륜의 개념을 미온적으로
잊고 후대가 전대의 거울 앞에 선다. 내용으로는 전대의 아무것도 묻어나지
않는다. 스텐실 지 ^{紙} 를 일일이 수작업으로 붙여 가까스로 소중히 했던 인물
초상
삽화와 활판 인쇄 '비매품' 표시도 내용으로는 흔적이 없다.
왜냐면 내용은 후대의 내용이 이방인의 이방어 필치에서 나온다.
공간이 전례와 유례없는 시간의 지속으로 심화하는 전례와 유례의 공간이다.
거꾸로일 수도 있고 어느 쪽이든 우리가 거처 삼을 만큼 깊은 유래이고 그
거처로 시간이 공간의 공간이 시간의 미래 전례이다. 자신이 감각들 덩어리인
것을 깨닫고 영혼은 불행하다. 감각들이 따로따로 처형을 인내 중인
것을 알면서도 감각 총체라서, 영혼은 총체가 불안하다. 옛날이 새록새록 새롭게
읽힌다고? 현재가 바로 옛날일 때가 있다. 남녀 없는 먹이사슬을 몸 없이 섬세한
에로틱으로 꾸며 사랑이라 부르는, 모래시계가 시대 유일의 형식일 때다.
영혼이 모래시계 자살 너머 감각 총체를 재구성하는 불안으로 더 불안한
불안이지. 이때 우리가 후대이다.
60년이 넘는 대영제국 최전성기 빅토리아 여왕 시대는 있을 것 다 있어 하나도
두드러지지 않고 그래서 예술이 어딘가 없어 보인다. 낯익은 소리가 들리지
않고 가장 낯익은 소리(는 침묵)가 들리면 가장 놀랍다. 어제 산 헌책
『옥스퍼드 그리스–영어 사전』은 고등학교 도서반 시절 훔치고 싶던 바로 그

책이다.

평생이 하나의 도둑질 실현되는 데 든 시간이고, 헌책으로는 그 뒤 아무리 찾아도

없었으니 이것이 그것이고 하나의 보답이 실현되는 데 평생이 들었을 수도 있다.

내게 중학교 시절 공부가 보이고 공부하는 내가 보이지 않는 모래시계, 나의 형식의 단절은 그만. 세속 균열의 예언도, 응축의 거룩도, 진압의 제의도 그만. 불안이 세우는 것은 불안의 뼈대이고 이때 우리는 전대의 전대이다. 군대에 다시 징집된 악몽을 미혼의 내 아들도 꾼다. 강제 징집 아니었던 아들이 더한 악몽이고 서류 실수 아니라 법이 바뀌었다니 더 한 악몽이다. 아들은 악몽이 악몽을 잊을 때까지 악몽을 꿔야 한다. 나는 악몽에서 깨어날 때까지만 꾸면 되고

깨어나면 언제나 김일병, 김일병… 나보다 어린 바로 위 고참, 김상병이 속삭이는 소리 내 귀에 들린다. 기동 훈련 초고속 행군 중이다. 너무 가벼운 몸무게로 너무

무거운 군장 지고 너무 가파른 비탈에서 그만 쓰러지고 끝내도 되는데, 김상병이 옆에서 힘내, 김일병, 힘내, 김일병, 그렇게 말하지 않는다. 훨씬 더 가까이서 김일병, 한 발짝 딛지 말고 반 발짝, 보폭을 아주 좁게, 반 발짝, 반 발짝, 하나 둘, 하나 둘, 옳지 그렇지. 김일병, 하나, 둘, 반 발짝, 하나 둘, 반 발짝, 한 두울, 그렇게 말한다. 눈 뜨면 귀 얇은 아내가 친구 말 듣고 사 온 중국산, 모든 장치가 애들 장난감 같은, LP도 되는 오디오에서 음악 나온다. 통유리창으로 쏟아져 들어오는 햇살에 음악도 새까만 LP 표면에 뽀얀 먼지도 잡음도 이명耳鳴도 쨍쨍한 장난이자 장난감이다. 아들 악몽의 음습이 또한 씻겨졌기를 바라는 나는 손이 너무 큰 거인족 전대이다.

아직도 미안한 아내를 위해 디자인이 중국산 오디오보다 더 어설픈 한국어 사용 설명서를 읽는다. 뭐, 멀쩡하구먼…. 이건 아내 들으라고. 눈물이 핑 돌 정도로 멀쩡하군…. 이건 나 들으라고. 직사광선 내리쬐는 곳에

설치하지 마시오…. 하나 마나 한 경고 및 주의 사항이 하나 마나 한 오디오 사용

설명보다 더 많은 제품은 하나같이 후지지… 이건 모처럼 바깥과 소통하는 소리이다. 둘째 신혼여행 때 며느리가 하와이에서 골라 온 고대 로마 대리석 조각 사각을 아담하게 닮은 시계 판 초침이 멈추었다. 초침 먼저 멈출 수 있는 기술이 신통방통하지 않나? 생각 아니라 철학이 최초 문장들의 단초이고, 근대를 순수의 상실로 보는 중세 봉건 순결 철학이 근대의 문장에 달할 수

없을 것은 당연하다. 2년 반이 지났으니 관광 기념품 건전지 수명이 그 정도라는
건가. 젊은 세대도 신혼이 끝나고 분위기를 확실히 갈아줘야 하는 시간은
우리와 대충 비슷한 것 같다. 애가 아직 없지만. 노년은 태어나기 훨씬 전
단 한 번 부르듯 불렀던 옛날 노래를 다시 듣지 않고도 옛날을 용서하는,
누구의 옛날, 누구의 용서까지는 못 되고 그냥 헐벗은 중력을 헐벗는
중력이 받아들이는 시간이다. 너무 멀리 오고 돌이킬 수 없는 것을 스스로
인정하는 만큼만 우리가 자연과 가까울 수 있다. 죽어서 알 수 없고 중요하지도
않지만 살아서 소원이라면 그만큼만 자연으로 돌아갈 수 있다. 지금 듣는
옛날 노래는 옛날에 들리던 노래가 아니다. 자칫하면 이빨 빠진 자리이고
심하면 흉측한 백몇십 년 전 빠진 이빨이다. 그것까지 용서하는 시간을 살아서
우리가 죽음이라고 부르는 것이기를. 곽말약 郭沫若 이름, 잊은 지 오래인데
제 혼자 살아 펄펄 뛰니 듣기에 좋군. 의외의 모습이 바로 소리라는 듯이.
의외로 전쟁이 이백을 쫓아다녔으나 이백은 전쟁도 음풍농월이고, 의외로 두보가
전쟁을 비굴할 정도로 피해 다녔으나 가장 참혹한 가난의 경지를 이루었으니
두보는 전쟁보다 몇 배 더 불행한 것이 가난이고 전쟁의 가장 악랄한 범죄가
바로
가난의 출산이고 언제나 살아남은 사람들이 계속 살아남는 듯이.
오언이 칠구를 낳거나 칠구가 오언을 낳는 식으로밖에 낳지 않은 것도 중국
대륙
규모만큼이나 농민 의식이 봉건적이고 허한 모택동 오른팔도 한자 상형과 표의
속도 용서가 되는 듯 혹은 안 되는 듯이 곽말약, 이름. 한 30년 전 휴지 된
약속 어음 유가 증권을 간직하다 돌아간 어머니는 한없이 두꺼워지는 이야기이
다.
그것들이 살아날 리 없던 확인이 지금 살아서도 흥미진진한 나는 한 없이
얇아지는 이야기. 휴지 조각 어음과 증권의 낡아서 더 엄숙한 권위가 필요하다.
액수는 천문학적으로 늘어날수록 납득이 되는 액수. 죽음과 삶이 구분 안 되는
전광석화로, 수시로 나를 참斬할 액수가 필요하다.
가 본 적 없지만 오래전 그곳 사진이 가 본 것 같고 와 본 적 없지만 오래전에
와 본 것 같은 동네 느낌이 꼭 세월 차 때문은 아니다. 가 본 적 없는 곳이
그만큼 더 발전하고 와 본 적 없는 곳이 그만큼 덜 발전한 까닭이 아닐 수도
있다.
왜냐면 그 세월 차이 내 생애보다 더 클 수도 있고 장소와 세월의 혼동이 오직
한 여자일 수도 있다. 동양과 서양도 없다. 전생 아니라 끊임없는 인조 人造의

생이고 죽음 이야기, 끝까지 내가 나로 사는 이야기이다. 완벽하게 낯선 장소, 이를테면 죽음을 향해 우리 마음이 설레지 않는다. 집 안에 기르는 새를 더 자세히 들여다보면 아름다움의 쓸모와 규모와 수명이 달라서 자칫하면 우리 살아 있다는 사실이 해체된다. 새를 길들인 죄가 불사조이지. 일요일에는 목공 취미가 어울린다. 동물은 돌아다니니 분포할밖에 없지. 야채는 널려 있고 맛도 널려 있어야 널려 있는 맛이다. 식물은 생명이 의미와 같은 뜻 아냐, 마구 흩어질 수 있고 마구 흩어져도 되고 마구 흩어져야 하는?
목공은 나무의 생명도 없이 나를 깎아 내는 가정 형식이 가능하다.
오감 언어를 재구성하면 꽃이 그냥 꽃인 모조가 아프리카 예술도 현대 미술도 아니고 그냥 흉한 입 벌린 운명의 적나라에 달할 수도 있다. 입문 아니라 눈먼 형 있는 일요일 생활이 오래전부터 너머 오래전이던 것처럼.
예수를 진짜 하나님의 아들로 믿던 풍경이 덜덜 떨며 덕지덕지 묻은 풍경화를 털어냈나, 아직도 털어내는 중? 상품화보다, 인공시 미학이 죽어서도 자본주의 상품 수준에 아직 달하지 못한, 거룩이 스스로 거룩을 온전히 씻어낼 수 없는 문제이다. 슬픔이 기름에 갠 물감이고 정물이 정물화를 털어내지 못하여 흔들리는 정물이고 흔들리는 정물화이다. 맛이 만 년 동안 운치와
피비린 상극이다가 가까스로 허름을 면하였다.
사는 게 가까스로 반복을 면하는 연중행사일지라도 뒤돌아보지 않으면 지나온 것마다 건너온 다리이고 건설이고 쌓은 숱한 성城들 너머 단 하나로 판 깊어지는 형식이던 생의 고대, 반복이 친절 아니라 능멸이었던 고전이 처음의, 처음이라는 길路로 신화의 배를 가르고 나오던 그때를 누가 눈먼 상태라 하겠나, 깨끗한 원遠이 지저분한 근近을 다시 한번 털어내고 눈앞이 캄캄할 겨를도 없이? 눈 떴다는 자 그저 제 사는 동네에, 갈수록 제 몸에 더 가까이, 가까울수록 쓸모없는 신전을 무수히 세웠던 것이다, 미봉과 나열이 없는 시간을 애써 구축하고도 말이지. 제1차 제2차 세계대전 추축군은 시대착오의 참사였다. 지금 바벨탑, 언어가 문자 형식을 능가하며 여러 개로 갈라지는 이야기가 더 여러 개
언어로 번역되기 직전을 아는 자 과거의, 문자가 사라지는 것 말고도 다른 근심에
물든 자 미래의 고대인이다. 왜냐면 근심이야말로 겨울 여행과 봄 지나 내륙의 절정, 우리가 끝까지 완성할 고대의 미래 형식이다.
경악을 물리치는 근심의 범사에 감사하며 오늘의 근심을 잊고 내일의 근심을 맞는다. 좁아 드는 근심의 문을 활짝 열고 내일 또 내일의 근심을 맞는다. 끝내

근심의 얼굴이 내일을 닮을 때까지 맞는다. 그렇게 근심의 간호를 받으며 우리가
한밤중 문이 덜컥 열리는 일 결코 없는 고대의 형식으로 어느새 죽음에 연착,
안착한 것일 수 있다. 왜냐면 그때 죽음이 우리의 미래 아니고 고대 형식이다.

중세 이외

피 흘리는 너의 몸이 아니더라도 나를 흔드는 것은 늘 이외이다. 아니 나의
정체가 의외보다 더 뚜렷하고 지속적인 이외의 흔들림으로 몸이 정신을
정신이 몸을 결국 용인한다.
너의 몸, 그 열렬할수록 깨끗한 기교의 사랑이 확인의 구체이고 총체이고
나의 정체가 흔들림의 귀결이었다. 육체의 저잣거리 아니라 순수가 바로
혼돈인 것을 의식할 때마다 정신이 제 의식을 감당키 위해 제 시야視野보다
좁다.
정신이 정신이기 위해 죽음이 필요한 논리 아니라 소리일 수 있다.
모던을 흔드는 포스트모던의, 까먹은 약속을 흔드는 까먹은 행사의 논리
아니라 까르르 웃는 죽음이 못 지킨 약속이자 못 가 본 행사일 수 있으니 흔들리는
너의 얼굴의 정체가 갈수록 흔들리지 않는다.
1878년 스페인 그라나다에서 태어난 콜로라투라 소프라노 마리아 갈바니는
꾀꼬리가 노래 잘하는 짐승에 달하는, 흐린 옛날식을 더 흐린 옛날식으로
찢어버리는 기법이다. 브라질과 아르헨티나에서 대단한 인기였는데 1918년
이후 종적이 사라진다. 1990년대까지는 그녀가 1949년 11월 2일, 노인 요양원에서
완전 무명으로 신문 부고 기사 한 줄 없이 죽은 것이 중론이었지만 1918년
바로 그해 그녀가 독감으로 죽었다는 최근 의사 견해가 있었다. 그녀 노래를
들으면 죽음도 죽음의 정체를 위해 흔들린다. 흐느적대며 길게도 흔들린다.
오늘
아내가 편지 부치는 우체국 밖에서 담배 한 대 물고 지나가는 잘생긴 젊은이한테
불 좀 빌리자 하니 그가 '라이타요, 라이타 하나 드려요?' 하고, 열린 가방에
포장
일회용 라이터들이 가득 차 있다. 터미널 관광나이트 부킹 1,000% 예약 010-433
0…
현관에서 박지성을 찾아주세요 열심히 살겠습니다… 이런 횡재가. 한 번 가봐?
대낮에 건실한 생도 건실한 생의 정체를 위해 팔팔하게 하룻밤 흔들린다.
내용은 머리에서 잊히고 문장 몇 개 남고 뼈에 형식이 각인된다. 샬롯 브론테의

수수한 분위기는 『제인 에어』 때문이고 본인 초상은 섬세가 검은 미인이다.
『폭풍의 언덕』 에밀리 브론테는 헷갈릴 까닭이 없지. 역사적으로 생각하면
역사로부터 가족처럼 먼 것이 없다.
흔들리는 음악이 흔들릴수록 명징한 흐름이 흔들릴수록 거대하고 확고한 건축을
세운다. 마구 흩날리는 의상이 흩날릴수록 완강한 조각을 형성한다. 그것이
정체인 듯이. 중력의 지배를 받는 인간의 흔들림이 신의 작란보다 무거운
바로 그만큼 합리적인 듯이. 설령 그것이 우리가 그것과 상관없이 있다고
믿으므로 있는 어둠에 불과하더라도 그 어둠이 우리 뒤에서 우리의 모골을
슬며시 잡아당길 뿐이라도 이름은 음독音讀 훈독訓讀으로 화려하게 흔들리는
정체이고 무명도 무명으로 흔들리고 불쌍하지 않아도 우리의 식구들은 속이
꽉 찬 흑백이다. 총천연 속에 누가 있을 수 있나 총천연이 누구에게나 그가
그 안에 없는 뜻인데? ㄷㄷㄷㄷ가 ㄹㄹㄹㄹ로 흐르지 않으니 깊어지지
않지. 거기엔 각자의 수명이 없다. 수명이 각자 다를 뿐 수명에 각자가 없는
체념의 광경이 흔들리지 않고, 정체 없이 있을 뿐이다. 화려한 것은 흑백의
정체야말로 흔들리는 정체인 까닭이다.
남지 않고, 먼저 간 것이 형식이다. 우리가 애도하는 것이 형식이다. 우리의
애도가 형식이다. 지방 등산 가서 따온 편백나무 이파리가 너무, 놀랄 정도로
인조 같군. 잔가지도 마른 상록도 자연에서 멀다.
지방에서 서울 거리만큼 멀지 않고 채집 수렵에서 등산 기간만큼 멀다. 자연의
교착 '은는이가을를'이 완전히 달라질 수 있는 기간이지. 가까이서 보면 해마다
시들지 않는 자연은 모두 그렇게 생색을 내도 생색이 나지 않는다. 구름부터.
통유리창 바깥 아주 낮고 적당히 두껍고 길고 적당히 짙은 구름이, 여보, 즐비한
아파트들을 더 내려앉아 지우며 더 안정될 것 같다. 사랑은 얼마나 더 교묘하게
높은 발성이어야 하나, 얼마나 더 매끄럽게 흐느끼며 서로를 타고 올라야 하나,
끊임없이 체위를 바꾸며 높이도 모르고 치솟아야 하나, 하염없이 아름답게,
샅샅이 아름답게, 미묘히 아름답게, '육체적'이 남은 게 모두 육체라는 뜻 너머
깨끗한 육체가 남는다는 뜻도 너머 남은 게 모두 깨끗하다는 뜻일 때까지.
칠흑
응축한 육체가 생명은 무엇보다 수줍어하는 생명인 뜻일 때까지.
여성의 정체도 아직 중세, 가려운 성聖과 지독한 속俗이 각각 자신을 모르고
서로에게 흔들리는 흔들림의 거울이고 거울의 흔들림이 끝없이 여성을 정체
너머로 규정하려고 흔들린다. 거울, 의외의 정체가 없고 이외의 정체가 있고
악취가 늘 안심하는 악취인 저잣거리도 있는. 거울, 허허벌판이 허허벌판의
치마를 들추지 않고 전쟁이 전쟁의 담요를 깔지 않아도 수시로 생명이 무엇보다

깜짝깜짝 놀라는 생명인. 아름다움이 눈眼의 배후에서도 전면적으로 등장하고
등장하는 뜻이 거울인 거울이다.
번화가 지하철역 앞은 길을 건너는 것과 걷는 것이 같다. 레닌의 마르크스는
역사 유물론이 역사 방법 너머 역사이고 변증법적 유물론이 철학 방법 너머
철학이지만 방법 그 자체인 현상학으로도 얼굴의 개인은 도식화가 불가능하고
없는 얼굴도 심지어 도해 얼굴도 도식화가 불가능하고 나는 예술 장르가 세계
인식 방법 너머 세계 인식이다.
어떤 때는 흑백 사진의 더 세련된 흑백 제록스 결처럼 가는 비 내린다.
입지 않아도 젖을수록 6·25 전쟁 이전투구 무거운
군용 우비가 심장 두근댄다. 동의어들 거리도 반의어들 차이도 외국어 사례를
배경으로 해서만 측량이 가능하고 마지막 육체는 어떤 약도가 되고 싶다.
도리아, 이오니아, 코린트 양식을 닮으며 한없이 가늘어질 수 있을 것 같은
글씨의 약도 문장으로 묻고 싶다. 이름 없고 무의식적인 희생으로 살아남은
자들이 거듭나지 않는다면 희생자 희생이 다름 아닌 이승에서 가장
슬프지 않겠나? 게다가 번화가 지하철역 앞은 길을 건너는 것과 걷는 것이
같다.
이름 없는 희생의 사후 명명이 이승에 필요하다. 예술이 신들의 작품도
천지창조 신의 작품도 아니다. 인간의 작품이고 신(들)의 시공이다. 백제 패망
예감이 백마강 낙화암보다 먼저 바다 건너 일본 헤이안平安 시대를 열었다면
지금 누가 백제의 패망 엑소더스를 로마 건국 신화보다 못하다 하겠나?
이름 없는 희생의 사후 명명이 다름 아닌 건국 신화이다.
물화物化가 결정이고 시대가 이름 없는 고유 명사들의 거처는 물론 이름 없는
고유 명사들로 거처였고 지금도 그렇다. 나의 시대도 훈독의 가나다 순서가
가장
크게 흔들리므로 나의 시대이고 나의 순서이다.
음악을 입은 만큼 오페라가 연극보다 얇다. 연극보다 기괴하고 가파르고 다만
검음이 연극보다 멀쩡하게, 그러니까 서정적으로 깊다. 시는 라이너 마리아
릴케 이름이 중세는 단테 알리기에리 이름이 음악 역할이다.
김정남金正南은 통일 신라 역관으로 838년 전후 일본에서 당과의 무역을 도왔다.
그도 대역對譯 지도이고 번역으로 먹고사는 내가 그 사실을 번역이야말로
시대를 앞당기는 아름다움이라고 번역하는 중이다. 이외보다 더 중요한 것이
이외의 거리距離 관계라는 이외의 가능한 최대로 뻔한 소리이다. 역사에 남을
생각 없다. 앞으로 누가 역사를 쓸 것 같지도 않고. 다만 살아서 재산 아닌
뭔가를

덜 까먹고 자식들한테 남기자는 더 뻔한 소리이다.

모든 것을 다 아는 것이 물론 불가능하고 모든 것을 다 아는 모든 상상이 꽉 막힌다.

아는 것이 보이는 것 너머 어디까지 미술인가, 미술이 아는 것 너머 어디까지 보는 것인가, 들리는 음악은, 만지는 사랑은, 만나는 연극은? 페이퍼백,

통찰하는 부피의 미학이 필요하다.

얼마 안 남은, 가장 얇은 목숨이 가장 무거운 목숨이다. 그러니 중세 이외의 욕망도

가볍게, 하늘거리듯 가비얍게. 무엇보다 마침내, 마지막으로 유토피아, 각角의 무게를 벗고 생의, 원심력을 입을 일. '사랑의 기쁨'은 사라지고,

아무래도 그 노래는 중세풍으로 노골적으로 궁상맞게, 남자가 여자처럼 부를수록

더 섹시하다. 여인의 몸을 닮으며 둥글둥글 나뉘는 중세 지도는 생이 기교만 남으면 안 되겠다는 기교의 몸부림이 묻어난다. 방금 전 교통사고로 죽은 영정의 미소는 농담이 아니다. 도저히 믿을 수 없는 이 사실이 사실이라는 망자의 (벌써) 전언이다. 오래 지나면 과거가 그 자체 알 수 없는 것들의 알 수 없을수록 황홀한 현현인 까닭이 거기에 있다.

죽은 사람이 늘 환하게 웃는다. 있다면 거긴 남성 이전以前이라는 장소일 것. 아무래도 여성은 탄생과 죽음이 이미 꽉 차서 그 이후가 있을 수 없다. 그렇게 내가 내 연인의 죽음을 미리 애도하는 것이지만 아무래도 여성의 시간은 오히려 직선이 아니라서 나아가고 여성 자체가 성장이다, 아이와 죽음의 사지 절단 아니라 희석이나 비만 아니라 응축이 어른인. 여성, 포용의 한슴이나 골계 아니고 그 둘의 비극적 합合이 가능한. 남성한테 명승부가 있고, 여성은 그것에 앞서 그것을 능가하는 그것의 자세가 있다. 비탄 너머 순수 비극에 달하려 여성이 따로

내 안의 아이를 키운다.

대대代代를 끊고, 필멸도 불멸도 모르고 생의 가혹한

박피剝皮를 유아독존 없이 일체의 미신 없이 그냥 직면하는 아이, 이외로 흔들리지 않고 이외를 자신의 이외로 흔드는, 그렇게만 자라나고 그렇게만 대대로 이어지고 정의定義 없이 성장의 대대를 즐거움으로 아는 아이이다. 내 안에 있는 그 아이를 비 오거나 눈 내리는 전철역 1번 출구에서 종종 만난다. 우리의 심장이 푸르러지는 순간 남은 생애에 몇 번 만나지 못할 예감에 들떠 나이 없이 내가 늙고 또 늙고 나이 없이 아이가 젊고 또 젊어 만난다. 훈계처럼 난데없고 어이없는 것도 없다. 스스로 뒤늦은 발호를 경계할 것. 그게 괴물이고

장발^{長髮}의 대문자 신이다. 나이 없이 늙은이가 나이 없이 젊은이한테 물을
것은 제 안의 아이 안부이다. 숱하게 무럭무럭 자라는 아이들이 아직은
어른들이 찾아가지 않은 고아들이라서 약속 장소에 홍수 지고 폭설로 길이
막힌다. 홀연 실내의 통유리 창밖도 잠시 모든 광경이 모든 광경의
흐림이고 흐름이다.
착한 사람들 먼저 세상을 뜬 게 다행인 내 치매의 위로를 마지막으로 버리고
이제야 도착한 아이의 전언을 담는 귀가 언젠가 무언가 어디선가 울울창창하다.
노년이 참사 아니고 이외를 모처럼의 외출로 치고, 젊은것들 판치는 홍대 앞이
집 근처라서 다행이라고 아내와 시시덕거리는 일.
나를 굳이 마누라라고 소개할 것 뭐 있어? 이 늦은 시간 이 화려한
거리에 당신 데리고 다니는 이리 늙은 여자가 마누라밖에 더 있나? … 노년은
늙은 마누라와 벌이는 대담한 불륜의 일. 대충
흔들리는 것들이 불륜으로 흔들리고 드물게 제대로 흔들리는 것이 내 안의
아이로
흔들렸고 그 아이가 그 아이 밖으로 여태 울고 그 울음이 거리를 씻어 내린다.
그 아이도 씻겨 내린다. 어른들 멀리 못 가고 다시 눈 내리고 비 오고 고사성어
없는 중세, 전철역 3번 출구에 있다.

근대 직선 감각

선율의 처음이 있듯이, 여의치 않을 것이지만 시작되는 직선 감각이 있다.
사랑의 온갖 체위를 돌이켜보면 흉하다고 할 수 있는 감각이다.
직선이 처음부터 온갖 실체의 귀결인 감각이 있다. 고속도로가 직선을 말하지
않고 직선의 여의치 않은 사정을 한꺼번에 말하지만 사실은 나무의 꼿꼿한
성장이 벌써 말해버린 사정이고 생명이 알 수 없는 생명의 희망이다.
미인이 한꺼번에 오는 것이 한꺼번에 가는 감각이고 직선이다. 흔히
좌절을 말하지만 좌절을 각^角으로 다시 꺾는 직선이고 감각이다. 흔히
사라져 버린 것을 말하지만 그러나 뉘우침도 때로는 비겁하고 누군가가 누군가를
무시한 잘못의 명백이 바로 벌인 감각의 직선이다. 비로소 부사도 없이 뒤늦은
형용사도 없이 그리움이 그리움인 것을 아는, 세우는 것이 세워지는 것을 알고
무너뜨리는 것이 무너지는 것을 아는.
고대 히브리어 구약에 신약이 따라붙지 않는다. 역사도 절벽이 직선의
직선이고 뒤늦은 경악이나 더 뒤늦어 안심하는 느낌표로 이어질 뿐 지금도

따라붙지 않는다. 신성의 배설 아닌 비유에 우리가 가장 가까이 다가가는 사정이다. 변증법이 가장 인간적이라고? 인간 종이 위대하므로 서로 못 알아볼 정도로 다를 수 있다는 주장도 발굴이고 원조 상표 다툼이다. 고통도 때로는 살아남은 자의 산문에 지나지 않는다. 집 한 채 짓는 데 온갖 신들과 신화 등장인물 도움이 필요한 것에 지나지 않는다. 중요한 것은 몸을 식히는 포옹이지. 그렇게 건축을 능가하는 직선 감각이 있다. 어떤 때는 너무 작고 얇고
속이 비치는 녹색 곤충이 나도 모르게 책갈피에 눌려 있다가 내가 알게 사지를 파닥거린다. 대충 문질러도 어지간히 지워도 파닥거린다. 생명이 다른 생명을 기어이 말살하고 나서야 비로소 착각을 지우는 본능보다 더 슬픈 습성, 마음에 묻은 것을 마음이 어쩌지 못하는 속수무책이기도.
디자인이 훌륭한 약초 책자를 보면 건강이 얼마나 아름다운지 고대 그리스 고전
예술의 더 보편적인 바탕이 고전 약초학이고 우리가 이름을 아는 소크라테스 이전
철학자들이 죄다 약초 마법사이고 철학이 약초 마법이었다고 해도 놀랄 것이 없다. 대학 때 전공 영문학을 다시 공부하는 것은 공부한 적 없는 프랑스, 독일어 등 온갖 언어와 온갖 외국어 문학을 새로 아니라 다시 공부하는 일이다. 물론 허술하고, 확산 아니라 응축의 공부라서 더 허술하지만 그래도 되는 것이 알기 쉽지 않고 뼈아픈 허술이 머리에 쏙쏙 들어온다.
사랑하는 까닭 너머 사랑이라도 해야 하는 까닭이 있다. 뒤늦은 단어 하나가 앞선
단어 수십 개를 해명한 것은 파괴한 것이다. 전통 파괴 실험이 파괴가 전통과 가장 연관이 깊은 것을 모른다. 온전히 새로운 것은 각자에게 각자의 죽음뿐이다. 웃음조차 응축하는 그 맥락이 마지막 주마등을 하루씩 앞당기는 식으로 하루씩 깊어진다면 정말 오래오래 깊어진다. 백년이 백년만큼 천년이 천년만큼 새로운 것보다 더 새로운 현재라는 식으로 더 새로운 미래를 창조할 것. 다행하게도 우리가 우리 죽음보다 더 끔찍한 재앙을 상상하고 우리 생에 내릴 수 없다. 홍수가
죽음의, 바벨탑이 홍수의, 완화 아니라 응축이었다. 우리가 죽을 때까지 계속 천지창조 방식으로 간다는 거. 물物이 부럽다고? 이 사실이 바로 물이고 우리가 사물을 사물로 명명한 맥락이다. 맥락이 까닭이고 까닭이 책임 전가일 확률을 절반 아래로 낮추려 우리가 가까스로 사랑을 명명하기 시작한다. 음습이 완전히 날아갈 때까지 나의 책들이 직사광선을 더 쬐어야 한다. 두꺼운 표지는

휘지 않게 뒤집어 주기도 하면서. 자세히 보면 모든 사물에 얼굴이 있고 더 자세히
보면 모든 사물이 얼굴이고 얼굴들은 모두 아름다움의 온전을 내포한 얼굴들이다.
곰곰 생각하면 내포했으므로 얼굴들이고 더 곰곰 생각하면 얼굴이다, 절망의 재기발랄이 없고, 우리 전성기가 물인. 셰익스피어, 몰리에르, 브레히트 연극 행동의 죽음이 사회주의 인격의 죽음이다.
무대와 죽음 사이 19세기 말 에디슨 실린더 녹음기에서 1950년대 말 SP까지 숱한 오페라 가수들이 취입한 노래를 순서대로 만 시간가량 들었다.
가로가 2미터에 달하는 공연 분장 흑백 명함판 사진들의 RCA MET
100 SINGERS 100 YEARS TIMELINE 포스터를 서재 벽에 온전히 펼쳐 붙이는데 20년 넘게 걸렸다. 접힌 것을 팸플릿처럼 세워 놓다가 여섯 폭씩 겹친 두 폭에서 두 폭씩 겹친 여섯 폭까지 나아갔지만 변형과 응용에 시간이 제일 많이 걸리고 그러던 어느 날 그 너른 것이 대체로 높이가 균등하고 그것보다 더 어떤
역할에 어딘가 맞아 보이는, 낮은 꼭대기 책들 위로 올라타며 온전히 펼쳐졌다. 스카치테이프로 양쪽 끝만 고정시켰는데 세상에 그렇게 감쪽같은 안정이 또 없다. 아니지. 안정은 그런 게 아니다. 백년 동안은 물론 그 전과 그 후의 온갖 노래가 한꺼번에 들렸다, 이구동성 아니라 숱한 소프라노, 메조, 알토, 카운터, 테너, 바리톤, 베이스… 숱한 다성^{多聲}과 다성^{多聲}의 흑백 직선 감각으로.
나를 만지지 마라 막달라 마리아, 사랑하는 육체보다 완벽한 슬픔이 필요하다. 마리 앙투아네트, 생애로는 볼프강 모차르트를 품었지만 로코코, 완성이 모차르트이고 파탄이 프랑스 혁명이다.
프란시스코 고야 두 사람 다 품었지만 로코코, 이성이 잠든 틈에 괴물이 창궐하지 않는다. 이성이 꾸는 꿈이 바로 괴물이다.
오귀스트 로댕, 중세와 시 문학을 완전히 벗은 그의 순수 조각 언어가
최후작 〈지옥의 문〉에서 순수 지옥—육체 언어로 비로소 창조된다.
기나긴 포스터가 이제까지의 시간보다 더 길었다. 이제까지의 시간이 성^{性}과 성^{聲}을 극복하는, 성의 극복이 성의 극복인 것을 아는, 시간이었다는 듯이. 수천 편 오페라보다 더 많은 역할의 더 많은 아리아들이 유일한 오페라로 응축하는 직선 감각의 비린 시간으로 말씀이 수^{數}의, 수가 말씀의 공포를 떨치고 잊고 둘 다 어느새 스스로 공포가 아닌 듯이. 우리가 두려워한 것이 신비나 죽음 아니라 그 이전이고, 죽음이란들 이전의 죽음이고 신비는 공포 없는 이후에 있다는 듯이. 아무도, 어떤 요절도 본인에게 짧고 굵은 생일 수 없었다. 어떤

여생도 본인에게 가늘고 긴 생일 수 없었다. 죽은 누구한테나, 죽은 누구든 생이

직선 감각인 것보다 더 산 누구한테나, 산 누구든 생이 무한한 다양과 더 무한한 개별의 기하학에 달하는 직선의 감각이고, 그것은 그래서 기하학이 생겨난 밝은

얘기도 되고 대개는 임종의 주마등이 뒤늦은 생의 입장을 확인하는 어두운 얘기도

되고 이것도 산 자를 위한 이야기이지만 모든 문제가 산 자의 문제로 자리를 잡아야 비로소 신비의 배경이 온전히 드러나고 나의 벽에 저 2미터 너비 45센티 높이 포스터가 그때를 앞당기는 무엇보다 낯익은 거리距離이다. 구판이 신판보다 더 나은 것도 장하게 오래 버틴 드문 사례이자 증거인 듯이.

새로 발견된 편지 혹은, 놀랍게도, 일기? 모차르트는 자신의 생애 모든 것을 자신의 음악(언어)으로 남겼다. 베토벤은, 생애 내내 생애 구현을 멈춘 적이 없다.

베토벤은 베토벤 생애가 모차르트는 모차르트 사후가 있다. 그의 아내 콘스탄체가

새로움이 임박하지 않고 끝까지 임박이 새롭고 마침내 임박만이 새롭다. MET에 가장 늙은 84세 나이로 데뷔한 스위스 테너 위그 쿠에노는 가장 오랜 성악 무대 경력 기록(1928~94)도 갖고 있다. 레퍼토리가 중세부터 현대에 이르는 거의

모든 작품을 포괄하고 그의 적지 않은 공으로 바로크 음악이 다시 유행했다. 1902년에 태어나 2010년 108세로 죽은 것도, 그의 생애를 다룬 다큐멘터리 제목이 '게으름'이라는 재능인 것도 아주 그럴 법하여 포스터에 없는 그가 포스터 밖으로 나오고 그토록 기나긴 생애의 음악이 나의 생 속으로 들어와 불과 몇 년 전에 내 아파트 같은 동에서 죽은 것 같은 그 임박이 나를 아주 늦게, 뒤늦지는 않게

공포 없이 놀래킨다. 그리고 모든 들리지 않는 음악이 음악의 임박 아니라 임박의

음악처럼 들린다. 그의 목소리 늙은 여자처럼 가늘고 느리고, 음악 때문일 수도 있고, 어쨌거나 정말 스스로 지겨웠을 법도 한데 임박이 나이 먹을수록 새롭다는 듯이, 비비 꼬며 꼬이며 그의 기교가 나이를 먹는다. 모든 옛날이 옛날일수록 더 그렇게 들리도록 만드는 기교, 여든네 살 볼테르가 나이를 더 먹고 186년 전

쉰아홉 살 몽테뉴가 되더라도 하나도 놀랄 것 없이 새롭고 몽테뉴의 몽테뉴,

멀쩡함의 멀쩡함 응축인 마르셀 프루스트가 되더라도 마땅히 새로운 기교, 직선 감각이다.

음악 빼고는 발명된 지 3천 년이 지나고도 기술 문명에 밀려나지 않은 유일한 물건이 바퀴이다. 여행 가방 무거운 짐이 제 걸음으로 나를 따라오는 것 같다. 아내가 명예퇴직 친구들 따라 7박8일로 스페인 가고 나는 이번에도 배웅만 했다.

새벽 시장보다 더 번잡한 인천 국제공항에 국제적으로 인종들이 있고 중국 관광객이 제일 많고 건물 규모가 모든 것을 능가하고 국제적으로 출국은 이별이 없다. 게이트에서 웃는 높이 흔드는 손이 나머지 이별마저 흔들어 버리는 공항은 우리 세대 것이 아니지, 비가 오고 아무리 짧은 이별도 이별이어야 하는,

장차 돌이킬 수 없는 이별을 예감 없이 준비하는 안개비 수증기 분산 말이다. 비에 젖어 숱한 구둣발에 짓밟힌 포장도로 은행잎을 내 구둣발이 다시 짓밟는 얼룩지는 슬픔의 탄탄한 연습 말이다.

우산 셋이 나란히… 동요가 할머니와 손녀 사이를 비로 잇고 천진발랄로 끊는다. 은행잎을 쓸어 담는 몸짓이 은행잎보다 초라한 경비 아저씨를 지나 음악 속으로 귀가하고 아직 탑승 전인 아내와 통화하고 비가 계속 내리고 삽시간에 이별이 젊어져 길길이 뛴다. 살아 있는 사랑의 이별이 살아서 돌이킬 수 있단들 당장은 더 길길이 뛴다. 돌아오는, 비가 거의 저세상 기억처럼 차단된 지하철 속이 더

좋았다. 경악이 슬픔인 경험이 모든 슬픔을 경악으로 만들고 비에 계속 젖는 끊김의 응축이자 직선 감각이 이별 연습의 멀쩡한 기교일밖에 없다. 아무리 젖어도 직선의 감각 바깥이 근대 이전이고 이전이 갈수록 너무 협소한 느낌일 정도로 멀쩡한. 근대 이전도 끊임없이 직선 속으로 거듭나게 하고, 숫자들이 난무하는 것도 미래를 향해 제 생몰을 다시 입으려는 것인 근대 직선 감각이 있다.

중간중간 성가신 광고 없이 흐르면 고전 음악의 사회주의가 대신
극복해 주므로 유튜브 구글 자본주의도 결국 이익인 나의 입장, 나의
근대 직선 감각도 있다. 어느새 마르크스가 빅토리아 여왕 시대처럼 따분하고 세속을 종교화하던 그 시대에 살았으니 그의 이론에도 그게 맞다. 사진이 현실을 가장 충실히 재현하지만 사진 예술은 현실의 절제로 현실을 능가하는 광경 그 자체고 특히 남의 문제가 하나도 탐나지 않는 흑백 속으로 내가 든다. 영원이 현존이다, 예술의. 시간이 조각한 생략 너머 응축의 팔 없는 밀로 〈비너스〉와 머리 없는 승리의 여신이 가장 알기 쉽게 그렇고, 예술로 인하여 모든 것이

영원의 현존이고, 현존이 자아 확신이고 자아 확신이 영원 회귀이다.
설명도 묘사도 아니다. 언어이다. 먼저 간 것들도 있는, 물론.
햄릿이 덴마크 엘지노어성城 그림자이고 통계 카테고리를 모조리 무력화하며
거리가 살아난다.
1967년 인젤 판 『횔덜린 전기』 표지 색이 처음부터 가장자리가 더 낡을 수 없는
하늘 파랑이다. 맨정신의 아름다운 30대 초반 초상이 표지를 꽉
채웠다. 책갈피 종이를 펴니 횔덜린 탄생 200주년 기념 신문이고 처음 발견된
그의 훨씬 크고 늙고 병든 초상이 실려 있다. 이쯤 되면 그때 같지 않다. 그냥
그때이다. 한창때와 한창때 유행가 같은 열광은 아니지만 한창때 이별도 한
가닥 했던 거라고 생각한다. 옅은 갈색과 짙은 갈색 대비보다 더 낡을 수
있는 색 대비는 없다. 만년의 거의 황홀을 닮았다. 딸기는 향이 가장 기름진
단맛이다.

결: 지금의 그 후

내가 이제 사랑을 고백한다. 쌀쌀한 눈동자, 가장 애매한 입술,
그대가 방황하는 그대이고 나는 이미 나의 디자인이다.
만남으로 해소되지 않는다. 비 오고 눈 내려도 밖이 젖지 않고
쌓이지 않는다. 그건 포르노지. 남한에서 모르면 간첩이고 직원 수가
인구보다 더 혁혁한 대기업 이름도 있다. 덜 쌀쌀하고 더 평범하려
애쓰는, 늘 마지막일 것 같은 그대의 뜻 희박한 발음이 단 한 마디로
새겨진 나의 귀가 그대의 디자인이다.
의식이 디자인만큼 남아 있는 동안 계속 비 오고 눈 내릴까, 무거워 한꺼번에
오는 비가 제 스스로 젖은 전신인 것 말고는 흔적이 없고 가벼워 느리게
내리는 눈이 제 몸무게를 이기지 못하여 스스로 처치 곤란일까?
내가 이제 사랑을 고백한다. 남대문 도깨비시장 미제 물품들이 늘 신기한
습관을 우리 세대가 유전자로 물려받았다. 흑백도 화려가 좀 야한 일본 디자인
또한 물려받았다. 그대가 그 유전자 결핍을 즐기고 발산하고 그 즐김과 발산이
내게 묻어날 수 없지만 체념 아니라 결국 비극적으로 다음인 세대를 비극적으로
사랑할밖에 없는 부재不在의 결정이 나의 디자인이다.
내가 다가가지 않고 다가온 것이 까닭 없이 울며 내 뺨을 갈긴다. 눈에 안
보이는

그대가 눈에 보이는 그 후이다. 기둥일 수도. 죽지 말라, 죽지 말라, 소리가
죽을 수 없다, 죽을 수 없다, 소리이고 죽었어도 할 수 없다, 소리 아니고 죽었어도
괜찮다, 소리이면 소리가 디자인이다.
외국어는 무의식적으로 습득된 모국어가 다른 모국어를 의식적으로 배우는
총체 감각의 지도이다. 내가 숱한 시들을 썼으니 내 시집 하나가 사놓고 안
읽은 헌책처럼 불쑥 내 서재에서 머리를 내밀어도 좋다. 어디서부터이든 새로
시작하는 것은 좋은 일이다. 모종의 확인이라면 더욱. 그때 죽음도 하나의
디자인에 지나지 않는다. 세르반테스가 죽기 사흘 전 완성하고 죽기 전까지
자신의 최고 결작이라고 우긴 장편 『퍼실레스와 시기스문다의 직업』이
내 서재에서 너무 삭아 펼쳐 볼 수 없고, 오히려 그 점이 농담 대가의 마지막
농담 같다. 사생활에 죽음이 창궐하는 만큼 죽음이 사생활로 충만한 농담이
이제 사랑을 고백하는 나의, 그 후인 디자인이다.

보유의 보유

미완이 완성을 향해 있지 않고 미완의 완성을 위해 미완도 완성도 있으니
사랑의 오르가슴으로 치솟은 생이 고꾸라지는 것을 묻으며 완성된 미완들의
연속이, 과했던 것의 과했던 미화美化가 역사의 연월일을 낳는다.
역사의 진보, 그렇게라도 말해야 한다면 그렇게라도 말해야 한다. 무리
한가운데서 죽은 무리가 불타오른다, 치솟는다. 그렇게라도 말해야 한다면
그렇게라도 말해야 한다. 어린 너는 임종이 무슨 복수나 되는 것처럼
말하지 마라, 아무래도, 그렇게 말해야 하듯이.
오늘도 마지막 남은 전화번호를 마지막으로 지우지만 연락처 없는 사람의
임종을 알릴 연락처 하나는 남겨 둬야 한다. 잔금 처리할 집 주인 연락처도.
통장 비밀번호도. 더 낙관적으로, 내일은 내일의 임종이 있을 것이다.
식물의 최저. 사랑 이하로, 몸 없이 빨빨거리는 기억 밖으로, 대륙인.
인간의 생이 잠시 돌았었구나. 색의 응시(특색과 정반대)와, 화학의 구현
(응용과 정반대)인 죽음의 내화(자살과 정반대), 그 두 가지 말고 온갖 것들을
비정의 신기쯤으로 다른 생에게 넘겨준 식물이 바로, 연민의 인간을
연민하는 방식이었는데.
건축은 가장 왕성한 건축도 죽기 전에 한 번은 자진해서, 이유 없이 어떤
목적도
없이 죽은 자 눈으로 세상을 둘러볼 필요가 있는 듯이. 헛되지 않다는 뜻이

늘 내용 없는 전모로만 드러나는 듯이. 움직이지 않으면 차원이 거리 문제이고 정반대도 반대가 아닌 듯이.
어디선가 들어본 소리의 전모가 말하고 희미하지만, 이제는 더 나은 이야기이다. 왜냐면 죽음의 미완이 완성되는 소리이고 이야기이다.
사내들 동성애 매끄러운 그리스어는 물론 백발 성성한 히브리어보다 교착의 터키어가 말씀에 가까운 문명과 종교의 만년이 있을 것이지만 남편으로 변형한 제우스의 유부녀 사랑이 밤을 세 배 늘이며 새는 속임수의 기쁨으로도 언어는 시작된다. 어휘가 나의 과거이고 문법이 나의 미래이고 낡은 사건들만 나의 현재이다. 권卷 안팎으로 정말 놀라운 것은 기적을 오랜 시간으로 수선하며 형상화하는 전승이다. 책의 형태로 보이지 않는 그것이 역사를 다시 형상화한다. 축사와 책으로 끝난 역사가 이제 뒤풀이로도 끝나지 않는 기적보다 더 기적적인 역사의 실현, 우리가 가슴 철렁하며 놀라는 일 가운데 좋은 것도 있다는 거. 남편 죽인 아내보다 아버지 죽인 어머니 죽인 딸이 더 끔찍하단들, 말이 되는 모양의 형상화였던 문법이 세상을 번역하는 제 몸에 비유의 거리의 비유인 뉘앙스까지 허락하며 어느새, 혹시 어영부영, 형상화의 미래로 미래의 형상화를 뉘앙스 하듯이.
일순, 기적의 나이가 역사보다 더 만연하는 기적이 있다. 멀리 던진 질문의 그 거리가 너의 생이다. 비유인 사건들이 약동하는 사전이 있다. 단 한 번 끝의
단 한 번 인용이므로 미래인 사전이다.
시대와 동서와 선악을 막론하고 걸작이든 삽화든 온갖 장면과 동작에서 음악가, 생가, 악보와 악기에 이르기까지 음악에 가장 가까운 사진은 죽은 줄 모르고 죽은
사진이다. 사실은 그것을 우리가 표정이라고 부른다. 음악의 표정 아니다. 그냥 표정이다, 그것으로 족한. 데드마스크? 그건 죽은 줄 알고 죽은 사진이지. 음악의
표정은 음악을 좀 알게 되면 처음 보는 사진들이 아는 쪽으로 자신을 맞추어 가고
오래 걸리지 않는다면 보통 실력이 아니다. 헨델이 프리드리히 헨델이라고? 파르테논 외형에 걸맞은 파르테논 내부가 불가능하고 오히려 파르테논의 돌이킬 수 없음이 바로 파르테논의 미래이다, 마치 그 내부가 원래
없었던 것처럼.

첨부 추신: 예언의 유언

현실은 욕먹는 지옥보다 욕하는 지옥이 더
더 지독한 벌罰인지 오래이니 지옥이 없는 것보다 다
명백히 지옥이 필요 없다. 최악의
비판 지성도 감성은 조사助詞로만 구성된 문장으로
일기를 쓰며 무엇이 되든 무언가 창조하고 싶지만
구성이 벌써 문제라서 민법 전서 통독보다 더 지리할밖에 없다.
프랑스 민법 책은 표지가 붉고 '독일 시민 수첩'은 검정–빨강–
노랑 삼색기 표지가 파쇼를 벗고 산뜻하다. 깨알같이 예쁜
글자들을 거저먹고 들어가면 기대 이전에 기대 이상의
성과가 있고 그리운 얼굴이 얼굴의 문법이다. 느리게 숨은 것이
빠르게, 폭발적으로 드러나는 속도를 오지 않은 미래라고 우리가
명명하지 않고 명명할밖에 없었던 것이 다행이다. 왜냐면
조사들이 늘 일기도 벗고 고전의 고유 명사 푸르른 나무, 미래라는
명명 속으로 거듭나고 싶었다.

발인 장례: 일기의 사전과 후대의 변형

유튜브에 askdhg가 올린 동영상 (리하르트 슈트라우스 오페라)
⟨Salome⟩(Rysanek, Beirer, Weikl 1980 Japan)은 여기서 유대인 5
역을 맡은 궁정 베이스 라이트 붕게르가 2013년 9월 16일 댈러스
자택에서 유명을 달리했다는 메모가 있다. 오스트리아, 빈 국립 오페라
하우스에서 5개 국어 58가지 역으로 그랜드 오페라를 1,700회 공연했다…
이 작품은 조조연급 엑스트라가 유태인들 말고도 많이 등장한다. 나자레스인
1, 2, 군인 1, 2, 기타 등등. 그리고 여기까지 말하니 어딘가 일기의 사전
같고 어딘가 언어가 번역 너머 변형이다.
아내가 스페인 여행 선물로 사 온 고동색 Lepanto 지갑 가죽이
내 주머니 속에서 따뜻하고 보드랍지만 (짐승한테 미안) 한 30년 전
아직 신혼의 아내 손바닥 같다.
잃어버리기 쉽겠구나. 전에 쓰던 여자 후배 선물 Jim Thompson은
만질 때마다 얇지만 까칠해서, 그럴 염려가 덜했었다.
은사의 50주년 퇴임을 보았다. 대체로 선방한 50년이 다음 세대의

1년이나 한 달이나 하루의 단위로 들어선다. 살아생전 아버지가
런던에서 구입한 바바리를 입고 행사 참석자 복장 수준을 높인 것은
잘한 일이다. 그가 지금 우리 아들 나이였을 적 꽤나 참신했던
옛날 유행가로 이 아쉬움이 달래질까? 또옥, 똑, 똑 구두 소리 빨간 구두
아가아씨 하얀 번쩜 뒤돌아 볼만도 하얀데… 아가씨가 끝내
뒤돌아보지 않고 계속 가는 것이 50년 단위고 그것을 우리가
진보라고 부른다. 헐뜯을 일도 반드시 있는 진보의 단위를 모르면
불행하지. 사전은 '기타 등등'이 있을 뿐 기타 등등인 낱말이 없다.
부호도 약자도 빠진 게 없다. 글자와 달리 사전이 손때 묻을수록
제 안으로 닫히지 않고 열리는 까닭이다. 언제까지나 어디까지나
전성기이지. 중국인이 코카콜라를 가구가라 可口可樂이라 한다니
모든 나라 언어가 음독과 훈독을 겹칠밖에 없어 보인다.
어원을 둘러싸고 끝없이 복잡해지는 것만 인간의 능력이고 근심의
미로가 인간의 운명이고 사통팔달로 읽고 사통팔달로 까먹는 것이
인간의 습관이고 그래서 따로 인용이 있다.
여러 품사 외에 어형 변화도 있지만 사전 본문의 디자인은 좀체
흉한 적이 없다. 2도 처리해도 촌티가 나지 않고 외국어가 책을 둘로
쪼개고 순서 바꾸어 다시 두 개라도 무리가 없다.
대충 보아 글자들이 모래알처럼 많아서 아니다. 모래알처럼 많은
글자들이 자세히 보면 각각 모두 제자리에 있고 제자리가 바로
뜻이기 때문이다. 오랜만에 타보는 지하철 1호선 분위기가 처음이자
마지막이라서 가능한 기행문 같은 디자인이다.
검푸른 라벨의 시크가 너무나 우아한 스페인 Elite 엔초비 좁고 긴
원통 유리병 속에 절인 멸치들 세로로 빼빽이 촘촘히 서 있다.
미안할 겨를도 없이 내가 벌받는, 입으로만 극복이 가능한 기분이지만
뭐, 거기까지. 아내의 여행과 스승의 50주년 퇴임식이 그렇게 끝났다.
스페인에서 돌아온 더 오래된 마누라는 이제 너무나 방대하여 아름다움의
경악이 경악스럽지 않고 부끄러움이 부끄럽지 않고 위험이 위험하지
않은 인용 사전이다. 악마가 악마 아니고 죽음 아닌 것이 죽음이지.
방언 아닌 것이 없다. 너무 많은 인용들을 아무리 자세히 읽어도 지겨운
진부와 상투가 지겨운 진부와 상투 아니다. 그리고 그러므로 나의 글쓰기
원칙이 문장, 일기의 사전이 해체된 유일 장르, 무덤의 명징, 문법만 남았다.
비잔틴 문명의 최고 걸작 성소피아성당을 침략한 이슬람의 뾰족탑
네 개가 사방으로 망가뜨린다고? 내부는 전혀 다르다. 국교 초기

기독교가 급조한 거대하고 어설프고 복고적인 동그라미 기적의 장관을
한 천년 뒤 수백 년 무르익은 이슬람 예술이 수백 년에 걸쳐 장식하고
장식이 이를테면 처음과 대대의 황가 음탕 모자이크 장식까지 능가하며
가까스로 신성화한다. 자세히 보면 외관도 절묘한 이슬람 장식 건물들 없이는
본 건물들이 갈수록 부가附加적으로 보인다. 하긴 비잔티움 멸망 이후
성소피아성당이 언제나 이슬람 있는 성소피아성당이고 거꾸로,
방대히 보면 고대 이집트만큼 밝은 문명이 없고, 고대 그리스 이후
서양 역사가 고대 그리스 이전 어둠을 걷어내기는커녕 어둠이 깊어지는
진보 같다. 메소포타미아, 인도, 중국도, 첫 문명은 그럴 것이다.
무덤들이 무덤들 밖으로만 이구동성이다. 산을 깎지 않고 산이 깎여 사원의
외부 아니라 내부가 되는 사정은 짓무르며 견고해지는 것 너머 내 안의 가장
낯선 외국어가 더 모르는 외국어 바깥으로 번역되는 과정이고 저마다 다른
사정의 내부 혹은 내부의 내부가 있을 것이지만 무덤이 무덤 바깥을 모르는
것보다 더 무덤 바깥이 무덤을 모르는 관계를 받아들이며 후대가 갈수록
변형이다.
후대가 갈수록 번역에 겁먹지 않고 알기 쉽게 또박또박 받아먹지 않고
1대1로 전전긍긍하지 않고 오히려 제가 잘 아는 언어 구석구석의
희미稀微를 휘저어 심화─확산하는(이 말은 역시 적절히 낯설어야
좋다) 학습이고 변형이다. 후대가 정할 후대의 변형이지만 짓무르며
견고해지는 사정의 번역이 갈수록 나아질 것에 대해 무덤들이 바깥
언어도 모르면서, 기를 쓰는 내색도 없이 무덤들 밖으로만 이구동성이기도
할 것이다.
미래의 변형을 위한 전망의 백년대계가 있는 사실이 바로 현재이고
죽음을 거부하는 것이 무엇보다 미봉이다. 왜냐면 죽음이 거부하는 것이
무엇보다 미봉이다. 그것을 점점 더 알아가는 후대의 변형이 있다. 진한
미인이 맵고 짜고 '정한' 전라도 음식점으로 부르는 송년회는 끝까지
산 자들 만의 몫이지. 일본은 가타카나건 히라가나건 표제어가 모두 로마
알파벳으로 바뀌기 직전이지만 무덤들 바깥이 무덤들 내부 사정으로
바뀌려 하고 그런 것을 우리가 이구동성으로 영원이라 부른다.
제대로 된 모든 사전의 문법을 이제야 발견하는 무덤 속에서 무덤 바깥으로
땅을 치거나 옷을 찢지 않는다. 키릴 문자가 로마 너머 그리스 문자처럼
보이는 것을 역사로 알지 않는다. 사전이 나보다 오래전 태어난 바로
그만큼 나보다 젊은 것을 나의 변형으로 친다. 사전을 다 읽어야 비로소
문자를 알 수 있을 듯한 최초의 히브리어 아랍어가 있는 것을 나의 거룩한

운명으로 받아들인다.

낙장: 사진 크기

약은 오래된 것이다… 이 생각은 건강에 도움이 되지 않고
그보다 더 건강하다. 몸이 가장 오래된 의학 백과사전이다.
사진기까지 들고 나섰다. 10년도 넘은, 디지털이 실해지던
초기 Canon ixy 5.0 mega pixels Made in Japan No. … 은색 사각
금속이 손바닥 안으로 자꾸 숨는 크기이다. 어딘가를 꼭 가 보려고
먼저 챙기는 것을 아무래도 아는 크기. 담을 것이 장차의
풍경이고 그것이 담기자마자 과거보다 더 과거적으로
빛바랠 것을 아는 크기이다. 전면적인 뷰파인더가 전면적으로
검고, 책의 잡다한 안정이 없고 우울 한 점 없는 크기이다.
오래된 제본과 디자인과 오래된 두께도 가장 멀쩡한 책갈피에 녹슨
바늘 하나 끼어 있다. 바느질용 아니다. 제 존재를 잊을 정도로
빨갛게 녹슨 바늘이다. 아주 사소한 복수가 미수에 그친
낙장 같다. 아주 사소한 뒤끝의 더 사소한 작렬. 그냥 다시 끼워 둘
밖에. 인간이 동물을 1758년 4천, 1967년 104만 가지 알게 되고 그다음은
숫자가 헷갈린다. 발견되는 바람에 멸종된 것들이 발견들보다 더 많지 않나?
모든 책의 책장이 덮였다. 중력에 형편없이 휜 두꺼운 사전 몸을
온전히 펼 수 있는 더 무거운 중력은 없다. 그 숱하고 얇은 페이지들
가장자리 접힌 데 살살 펴면서 한 쪽씩 순서대로 샅샅이 근본적이고
전체적으로 펼치고 당겨줄밖에 없다. 사전을 읽지 않더라도 우리가
상용하는 것은 죽음이다. 11월 말일 오늘 셋집 주인 전화번호 지웠다.
살지 않던 우리가 비워준 그 집에서 만날 약속 오후 2시. 낮이구나.
얼마 만에 낮이냐. 셋집 주인 목소리 어딘가 전보다 덜 억척스럽게
들린다. 메모에 통장 비밀번호만 남았다. 남은 식구들도 남아서
내내 안녕할 것이다. 일본은 또 발음 안 되는 외국 지명과 인명 표기들이
쓸데없이 살아서 펄펄 뛸 것이다. 누구나, 자신의 죽음은 주마등이지
고사성어가 아니고 뒤늦게 너머 나중에 채울 것이 여생이다.
사진 속은 어디든 사람 하나 없어도 모종의 인구 밀도가
사진 탄생 이전 어떤 대도시 그림 속보다 더 높지 않나?
그림 사진은 그림이고 사진 속이 아니고 너무나 인구 희박한

17세기 대도시 그림 사진이 나는 종종 무섭다. 서로 붙어서 서로
현대적이기는커녕 전보다 더 골 때리는 프로이트와 빈을 분리하여
기회를 한 번씩 더 주는 사진 인구 밀도 사실 혹은 예술이 있다.
그렇게 사진 크기가 있다.
괴테가 아무리 대단해도 21세 연하 베토벤을 넘어 48세 연하
슈베르트보다도 더 오래 산 것은 심하지 않으나, 사실 슈베르트가
하필 베토벤 죽은 이듬해 바로 죽었다 해도?
음악이 가장 가까운 이 밤에 아름다움의 요체는 연결이다.
몸이 아름답지 않고 아름다운 몸이 있지 않고 아름다움의
몸도 몸이 아름답지 않고 아름다움이 더 아름답다.
로마 가톨릭에 맞서 의식적으로 발전하는 루터교(프로테스탄트)에 비해
칼빈교는 자본주의 수준이 높은 스위스 제네바에서 자연발생적으로
나타나 네덜란드(개혁파), 스코틀랜드(장로파), 잉글랜드(청교도), 프랑스
(위그노)로 번진다. 종교도 종교의 의식적 발전이 실패하지만 자신의
실패에 대한 자부심을 끝까지 버리지 않는 의식이 계속 심화한다.
종교가 심화하지 않는다.

부록: 어쨌든 남해 기행

코른골드 오페라 〈죽은 도시〉 남녀 이중창 '행복, 내게 남아 있는'을
들으면 내가 노래 제목이나 가사를 몰랐던 것보다 낯익은 선율이 한
백년 먼저 강력하다. 극적인 감동도 아주 멀리서 오랫동안 밀려올 수
있는 듯이.
아직도 실내 음지에서 붓는 나의 맨발, 상징은 죽음의 상징도 죽음을
거부하고, 역사가 현재적이고 그만큼 사실이 과거적인, 역사의 공간—투명화化인
지리에 비하면 관광은 자신의 유년도 아니면서 죽은 도시의 죽음을 확인하는
잔인한 즐거움이 있지. 경관이 빼어날수록 그것은 그렇다.
누가 관광을 슬퍼하겠나, 더 오랜 시절의 지금은 사라진 행복을,
아무리 나약하게 아름다운 빈풍으로 읊는다 해도?
1945년 패망한 일제의 방대한 자세를 한글로 겨우 베낀 1960년대 초
민중서관 판 漢韓大字典은 아무래도 장하고 중국보다 더 오랜
중국 사대주의가 있던 느낌을 잠시 일소하는 효과가 있다.
공자 제자 좌구명 左丘明이 쓴 역사책 제목이 『國語』이다.

가당찮지만 뭐, 역사가 생각보다 더 고단하다는 뜻으로 알밖에.
정복자 윌리엄 치하 세금 징수용 토지대장 『둠스데이 북』은
주州 별 두께가 최대 네 배 차이고 무뚝뚝한 통계에서 지독한
고자질 풍까지였다. 토지 가격이 오른 것을 적시한 것이 고자질에,
윌리엄 이전 왕과 신민 사이 계약 관례를 본문 앞에 자세히 정리한 것이
무뚝뚝에 가깝다. 살인, 강도, 방화, 간통 등 죄와 벌에 이르러서야
서민들이 이름 없이 등장한다.
교회와 공작 백작이 세지만 교회도 아직 그냥 지주이고, 너무 많으면
빼앗길까 보아 전전긍긍하면서도 땅 늘리기를 멈추지 않던 그 세력가들이
관광을 즐겼을 리 없다. 이름이 남아 있는, 커다란 규모의 토지 임차인들,
말할 것도 없다, 세월호 이후 온갖 비판적 지성의 온갖 비판 못지않게 온갖
여행 안내의 온갖 감언이설을 불신하게 된 나는 더욱 그렇다. 음식 기행?
미안하지만 나는 물 갈아 먹으면 곧장 설사하는 체질이다.
하지만 이건 안 가려는 수작 아니고 처음으로 단 한 번
꼭 가 보려는 서두이다. 왜냐면 내게 이렇게 처음부터 여러 겹으로
부정적인 것도 없었다. 여러모로 예상보다 남는 게 더 많을 것이 거의
확실하지. 거기 사는 사람도 있는데 거기 구경이 사는 것보다 더 힘들 리가
적어도 없지 않나, 처음이 없으니 내내 없는, 생애 없이 부고만 있는,
젊은 날 징역 바깥의 사회 공간이 거기 가면 뒤처져 혹시 있나?
남해엘 가면 누구든 이빨 빠진 대목들이 연도 따지지 않고 정렬된
인간적 풍광일까? 1975~80년 서울 변두리 분위기를 빼다 박은 동네가
있기는 있을 것이다. 누구에게나 남해는 이런저런 결핍의 감회를 배경으로
더 수려한, 하얀 안개가 검은 섬과 섬을 점지하는 바다 풍광, 꽁꽁 얼지 않고
끝까지 출렁출렁 종합하는 풍경. 그때 설사가 멎을 것이다.
연료가 자세하고 책이 작고 얇고 표지가 붉을수록 연료 책이 역사에 가깝다.
예수가 하느님 아들 아니면 사도행전이 구약 예언은 물론 죽음인 예수
복음보다 더 위대하다. 복음이 예언의 죽음이라서 완벽한 실현이고 행전이
배반과 부인의 과거와 반복의 미래를 아우르는 실현의 실천이다. 서한이
복음의 복음이고 묵시록이 광신 아니라 초조한 의심의 산물이다. 예수가
하나님 아들이면 그 모든 것이 역사役事이고 묵시록 대신 보일 듯 말 듯
섬들이 떠 있는 바다 그림이 들어선다. 번역 못 한 것이 탄식이고 수난의
육체보다 더 액체적이고 지겨운 줄도 모른다. 그러니 예수,
하느님의 아들이자 사람의 아들이라면 너무 일러 신약의 예수조차 아니다.
문자 거룩과 말言 거룩, 우리가 알거나 모르는 만큼의, 시대를 막론한 온갖

최초들의 최초인 지금, 외경이 없다면 사실적인 것이 사실 아니고 역사가
현실 아니다.
지리가 풍광 아니다. 사회학이 대문자 신의 죽음 이후 신의 죽음조차
없는 신학 아니다. 있다면 사거리 못 미친 사거리, 건너편 못 미친 건너편
약도가 남을 수 있다. 그것이 우리 생 전부인 것이 더 좋을 수 있다.
풍경에 오르간 선율 묻어나지 않고 오르간 선율에 풍경 묻어나는
본 적 없는 사진이 본 적 있는 장면이다. 오페라, 아름다운 디룩디룩 살찐
여성 목소리와 모든 기이가 기이하지 않은 신성이 있다. 음악의 흑백만큼
소란스러운 것도 없다.
오래된 사진에서 묻어나는 것이 파시즘이고 한국 전통 민간 가옥에서
묻어나는 것이 생활이다. 오래될수록 더 묻어나므로 사라진 생활의 냄새
더 물씬하다. 살림집이라야 하지. 서당, 사원, 사찰, 루樓와 정亭, 궁궐은
너무 살아 있느라 생활이 어딘가 없다. 인쇄가 곧바로 음악이고 교회
음악이 교회이고 실내 음악이 실내라면 브람스가 매일 아침 다섯 시 직접
끓여 마신 에스프레소나 더 지독한 담배 냄새가 브람스 음악에 해당되나?
일기에 꽤나 적대적인 것이 도해들이다. 일기의, 사적이라서 공적이고
공적이라서 사적인 대목들을 모두 파괴한다. 하지만 결국은 모든 것이
도해 하나 없이 모든 것의 도해이고, 디자인이 디자인의 뜻이듯 뜻이
뜻의 디자인이다. 미국은 우리의 등잔 밑, 어둠다. 우리는 미국의 식민지
해방 혁명 혹은 독립 전쟁을 알고 건국과 집적을 잘 모른다. 남북
전쟁 노예 해방을 알고 그 단절과 복구를 잘 모른다. 하긴 미국인들도 잘 모르고
그래서 우리도 모르는 거다. 다만 우리가 등잔 밑 어둠에 늘 호의적이다.
실제實際가 처음이자 마지막이다. 장님이 제 눈 속으로 보는 제 모습이
설령 우리가 우리 눈 밖으로 보는 실물보다 더 추하더라도 그 차이가
명명을 벗고 헐벗지 않은 아름다움일 수 있다.
내일도 모레도 시작은 삐걱대는 나무 계단이고 내일도 모레도 얼굴들의
여행을 마친 우아優雅가 목재보다 더 견실할 수 있다. 최소한 평생 나를
조바심치게 했던 허깨비 가장행렬의 정체가 정체를 드러내지 않고 인간
드라마로 형상화하는 정화淨化일 수 있다. '민족적'이 더 큰 소음을
견딜 만한 것으로 만드는 순서적인 방책이지. 그것이 더 좋은 일인지는
자신 없이 죽을 때까지 잘 먹고 잘 마시고 잘 자고 죽지 않는다. 끈질겨서
의미가 영롱할 수 없고 피범벅 육체가 바로 기적이다.
폭설 이후 아니라 폭설의 대극장 성황과 열광 아니라 대화재의 의미
영롱이 있을밖에 없다. 과거가 늘 잡학이고 미래가 늘 질서이고 잡학의

미래가 있다. 모차르트가 당구광이었구나. 그전에도 그 후에도 숱한
작품의 별명들이 부딪치는 당구알에서 튀어나온다. 처음부터 백년 전
커피하우스에서 고독만이 영웅적이고 더 사소하게 우울한 시절이
오는 듯이. 모든 죽음이 의문의 죽음이라서 서둘러, 미리부터 군집이
있는 듯이. 박진이 끝내 요란을 벗지 못하고 전대가 후대한테 미련을
넘기고 시작이나 끝 아니라 끝의 시작만 있다. 이미 있던 생애를 펼쳐
보기 전에 한 번 더 덮어야 하는 앨범이 있으므로 떠나는 여행, 우리가
장면이라 부르는 것에서 언제쯤 비명이 사라지나? 물으며 가게가 한없이
뻗어나가는, 여행일 수 있다. 국어사전에서 국어를 찾지 않고 어떤 것이
어떻게 국어와 연관되는가를 찾을 때까지 (그게 뜻이다) 처음 아니라
쓰다 만 끝에 관심의 방점이 저절로 찍힐 때까지 (그게 이해) 우리도 모르게
다 썼다는 것을 우리가 우리 아니라서 알게 될 때까지 (그게 죽음이라는
소통이다) 가는 것일 수 있다.
남해 여행 내가 정말 가야 하나? 한 번도 가 본 적 없는 그곳들이, 거기서
직접 보는 것보다 더 눈에 선하고 지금 눈에 선한 것이 사실에 더 가깝다.
왜냐면 그것들이 내게 올 때마다 걸러져서 오고 내가 가면 그것들에 처음이라서
참신하고 온전한 나이다. 여행 지루하고 여행의 즐거움이 그 차이의 확인이라서
대단하다. 소통은 많을수록 양이 질을 낳지 않고 소통이 쉽거나 어렵지 않고
어려운 소통이 어려울수록 그 질이 높고 그 차이를 왕복하는 상경이, 벌써부터
즐거운 여행일 수 있다.
우리가 지금 걸러낼 수 없는 유년이 뭔가 걸러내는 유년이고 우리가 지금
펼칠 수 없는 동화책도 뭔가 펼치는 동화책이고 우리가 지금 발견하는 책
갈피 속 이십몇 년 전 계획과 약속도 이십몇 년 이어져 온 기획이다. 아무래도
여성의 회오리를 잡아두는 데 힘이 달린 아버지 아들의 안간힘, 기획이라서
삼위일체가 늘 떨린다. 1년에 한 번 폭설 그친 평정을 밟으며 이발소 가는
나 같은 봉두난발도 떨림은 위대하지. 내용의 형식보다 더 우월할밖에 없는
장식이고 따로 있는 것이 따로 있는 효용이 전체의 미술을 능가하는 장식
미술이다. 봉두난발 나는 삼위일체가 참수 같다.
배열을 아무리 바꿔도 서재가 잘 정돈되지 않는 것은 내가 책들을 제대로
읽지 않아서이다. 배열이 또한 책들을 능가하는 장식 미술이다. 종교의
해악을 벗는 가장 좋은 방법이 종교들의 비교이다. 생각만 해도 그렇고
그런 것들이 종교 말고도 숱하게 있을 것 같고 자연의 신화로 들어가는
숱한 것들과 늘 포스트모던하고 포스트모던인 자본주의 대중문화
속으로 다시 올라오는 숱한 것들 사이 차이가 여행이기도 할 것이다. 돌아오지

않는 것을 여행이라고 하지 않고 등산이라고 하지 않는다. 유년은 앨범을
펼쳐도 진열이 불가능하다니까? 우리가 추억할 뿐 유년의 살색조차
알 수 없고 죽음이 다녀가는 여행일 수도 있다. '알파이자 오메가'는 표현
불가능의 서투른 형상화. 왜냐면 오메가가 알파 다음인 그 순서의 필연을
공간이 뜻보다 먼저 들어설밖에 없는 표현으로는 극복할 수가 없다. 절대가
끝까지 '절' 다음에 '대'고, 그 공간을 축지하는 여행이다. 그러면 나머지
세상이 그래도 봐줄 만한 습관으로 되는 듯이. 우리는 하는 짓이
아직도 처음 문명 신들이 짓궂은 장난으로 가르쳐 준 것이고 이제 그들이
없으니 더 우스꽝스러워진 것이다. 온갖 물화物化가 역사로 가늘어지고
역사가 사진 장면으로 얇아지고 사진 장면이 얼굴 윤곽보다 희미해지는,
그때가 좋았어, 모든 윤곽이 너의 얼굴이던 그때가 좋았다… 그러나 제록스
흔적이 페이지 테두리에 고색창연한 여행이 있을 것이다. 둘째놈과 며느리
대전에서 올라오는 중이다. 내가 알 수 없는 여행이고 흑백의 고요가 각자
미묘한 차이로 그렇게 고요하기도 힘들 것이다. 교통사고가 정말, 비로소,
느닷없는데 끔찍한 교통사고로 보인다. 숱한 사고들이 한꺼번에 사고로
보인다. 사고가 사고로 보이지 않는 생보다 최소한 나은 생일 것. 내가 몰랐던
나의 온갖 미봉들이 각각 철저히 미봉인 순간, 그 일만으로도, 돌이킬 수 없어도
경악의 절규야말로 미봉이었다고 말하기 위해서라도 더 살아야 할 시간,
미묘한 차이가 더 미묘해지는 여행이 있을 것이다. 꿈의 해석 아니다.
사전 없는 사전이 꿈이고 해석이고 뜻인 여행이 있을 것이다.
시간이 더디 가고 남해 여행 정말 가야 할 시간이 다가오고 꿈 밖으로 다시
설사가 나려 하지만 그렇게라도 현실에 연착륙하는 여행이 있을 것이다.
영화가 늘 은막 밖으로 육박한다. 그것이 여체의 전면과 전체를 능가하는
무엇이든 우리의 슬픔이 화려한 배우와 배후의 감독과 음모하는 시나리오
작가들보다 더 공허하지는 않았다는, 그들의 젊음이 아무리 그들 자신의
것이고 그들 자신을 위했더라도, 최소한 우리들 것이고 우리를 위했던
것보다 더 그렇지는 않았다는 사실을 마침내 받아들이는 여행일 수 있다.
그들이 가고 그들이 연기한 젊음이 남는다. 젊은 그들을 내내 따라다녔고
이제 젊지 않은 그들과 함께 할 수 없고, 죽어서 그들과 함께 가지 않고, 우리가
젊어서 연기한 젊음은 0.001%에 지나지 않고, 그들이 사라진 그들의 영화가
온전히 우리를 위해 있다는 사실을 감내하고, 감내를 전면적으로 감사하는
여행일 수 있다. 은막 속으로 우리가 덜 공허하게 육박하는 여행이다.
지저분한 중세, 성화聖畵 흑백 청량, 지옥도 낳은.
오래된 인연이 좋지, 친구라는 말이 그런 뜻 아닌가. 몇 안 남아, 귀해서

그렇기도 할 것이다. 당산역 사거리에서 영등포 쪽으로 〈강남〉이라는 중화반점이 있다. 〈강남〉이 말 그대로 강의 남쪽이란 뜻이었을 때부터 간판이 〈강남〉이다. 잡탕밥에 녹말 진득이 풀고 싱싱한 대하를 탱탱하게 삶아내는 솜씨가 일품이고 며느리 있는 식구들 5~6인 코스 요리가 제격이다.

종로에서 인사동 사거리 못 미쳐 인사코리아 맞은 편 긴 골목을 한 번 꺾고 좁은 골목을 한 번 더 꺾어도 간판이 작아서 찾기 힘든 술집 〈천강에 비친 달〉은 안주 맛이 별로지만 별로 신경 안 쓰는 주인이 믿는 별실이 있다. 네 명이 앉으면 꽉 차고 각자 너무 뿌듯하여 남녀노소 예술가 3대가 앉아도 자연스럽게 화기애애하다. 기적이라고 봐야지. 죽은 지 30년 되어가는 채광석 아들 결혼하는 압구정동 매종 뭐는 뷔페식당을 약간만 개조한 구조라 중앙선 하객들이 열차 혹은 전철 칸에 앉은 것 같다. 인생 지랄 같다니까? 누가 그랬는데, 아마도 좀 어수선하고 술버릇 고약했으나 끝내 감동적이었던 그의 생애 마지막 대목이 복제된 환각을 보았다. 그 얘기가 더 이어지지는 않았다. 아무리 위대한 과거가 있었단들, 복제는 궁상맞은 거니까. 아들 세대한테, 더군다나 결혼식을 치르는 중인 빛나는 커플한테는 명백한 실례이지.

내가 아는, 늙었지만 웃음이 여전히 잘생긴, 다리를 저는 아저씨들은 모두 안기부에 끌려가 호되게 당한 이들이다.

금지된 책들의 보고寶庫는 미국문화원 도서관이었다. 동년배지만 앞선 대출 카드 이름 문리대 출신 유영표가 뒤선 이름 사대 출신 채광석의 존경을 서로 모를 때부터 채광석 죽을 때까지 받았다. 조금 더 높은 수준의 여러 권짜리 사전을 국산보다 종이 좋고 인쇄 선명도 높은 제록스 본으로 무교동의 한 외서 헌책방에서 공급했는데 단골이 제법 많았고 성공한 사업이라고 할 만했다. 그 아저씨가 모든 아저씨인가? 그 아저씨 때문에 모든 아저씨인가? 30년이 더 지난 지금 내가 갖고 있는 것은 딱 한 세트, 동독 철학사전에 맞서 서독이 대대적으로 펴내기 시작한 것이다. 당시 완간이 안 되었고 지금 완간에 관심 없다.

이 책들은 지나간 시대가 미완으로 보이는 까닭에 남아 있다.

그렇게 절뚝거리는 여행이 있고 죽기 전에, 죽음이 바로 그 일로 되기 전에 생이 온갖 분류와 전문 용어들로 구성된 제록스를 벗는 여행이 있을 것이다. 우월한 제5원소가 수천만 생명의 죽음이 뜻하는 수천만 가지 세계 실종에 실종보다 더 가여운 온몸의 울음을 터트릴 때 가장 드높은, 가장 연약한,

가장 위대한 사랑이 완성된다. 연민이 모든 죽음을 순교로 만들고 순교를 구원한다. 내일은 한 여인의 순교가 연민에 이르는 데이트일 수 있다. 그렇게 한 여성이 모든 여성으로 추상 명사 여성에 이르는 여행일 수 있다.
그래서 지금 그 메일을 열어보지 않아도 되고, 않아야 될 수 있다. 그다음 날 지독한 것이 여전히 지독하거나 더 지독할 것이라는 예상을 하루쯤 미루는 축사, 주례사가 때로는 대문자 신 없음의 종교보다 더 필요하다. 세상 변하고 세월 무서우니 나 스스로 나의 젊은 날에 출몰하겠지만 대낮이라 음산하지 않고
이제껏 살아온 것이 대견하기도 할 것. 여행은 관광과 달리 보고 싶은 사람, 어떤 낯익은 인간 총체를 아무리 멀어도 보러 가는 여행일 수 있다. 도착 전에 도착을 능가하고 그 총체가 바로 자신의 총체, 자신이라는 세계가 바로 세상인 것을 발견하는. 생이라는 여행의 마지막에 보아도 그것들 마지막이자 단 한 번인 여행이었고 여행일 것이다. 그리고 그 차이를 풀어가는 여행이 앞으로의 생이다. 그리고 역동적인 의문부호 하나인 남는 여행이, 길인 역사와 잡다한 세속의 여행들 덕분에 있을 것이다.
어쨌든, 어디까지 왔나, 남해 기행? 렌트 승합차 엔진 박동이 벌건 게 언제부터이지? 언제부턴가 우리도 중국인 관광객이나 중년 등산족 못지않게 그렇게 안 어울리기도 힘든 복장과 트렁크 차림이다. 우리?
동행은 아내, 황현산 부부, 그리고 도서출판 삼인 부사장 홍승권.
2박3일 여행에 아내는 내복을 몇 벌이나 챙겨온 것일까? 내복과 수건과 전동 칫솔은 얇을 수가 없다. 여행에 출발하는 것이 바로 살림의 불편이었군. 구순 기념 콘서트 소프라노 목소리에 가장 많이 묻어나는. 아마추어 촬영 때문 아니라. 그걸 듣고 있나? 집중 좀 해라, 모처럼 여행인데… 들리는 걸 어쩌라고? 그리고 모든 쓸모없는 것들이 갑자기 쓸모 있게 겹쳐 오는 패나 벅찬 모종의 전성기가 여행일 수 있다. 못 마치고 온 릴케 오르페우스 소네트들 번역도 따라붙어 미완을 보탠다. 이 장시들, 요절한 예술가의 미완을, 완성하지 않고, 심화하는 묘비명이다. 『두이노성 비가』와 달리 슬픔이 박동하지 않는다.
차창 밖 똑같은 풍경이, 펼쳐지지 않고, 쏜살같다. 어느새 차 안은 말이 없고, 말이 없는 실내이다. 밖은 내리는 비가 드러내는 시골이고 산이다. 눈이 녹지 않았다. 추운 자연이지. 어둠 내린다. 바다와 친하다. 바다 보이지 않고 뒤섞여 어둠과 바다가 상호 반짝인다. 안개 숲 거느리고 보이지 않는 어디서나 혼수 상태인 산들이 마침내 어둠과 몸을 섞으며 분명한 산이다. 도착지, 숙소 향해 살아 있는 도시로 진입하면서 눈감으라 잠들라, 자연 속으로 자연 속으로, 비의 명령이 어딘가 천장을 후두두 갈겨 대고, 섬 안개 거느리고 보이지 않는

어디서나 혼수상태인 바다가 잠을 깨는 통영 다도多島가 벌써 시내를 향해 다정하다. 도처 살림 속으로 깊숙이 들어온 둥근 바다가 지방 관광 음식보다 덜 변증법적이다. 본질은 동사動詞의 형식. 인간이 자연의 재앙을 감당하지 않는다. 자연이 인간의 재앙을 감당하면서 한산대첩 조선풍 위세 당당한 삼도수군통제영을 통영으로 줄인다. 처음 들어도 가 보지 않아도 통영은 가장 친근한 바다 마을 이름 같고 와 보니 현대식으로 있을 것 다 있는 번화가 중앙시장 바다 둘레가 한 2백 년 전 색깔 입힌 統營古地圖보다 더 아름답다. '한산도에서 여수에 이르는 물길' 한려수도가 막연히, 갈수록 어떤, 여릴수록 아름다운 뉘앙스로 도시—세련화하는 까닭.

자연 속으로, 자연 속으로 여수 지나 순천에 이르니 와온臥溫 나온다. 누워서 따스하거나 따스하게 누운 것은 밀물 든 갯벌이고 썰물 나간 와온은 시인 곽재구가 안내한 선착장에서 눈앞에 천지사방 명상하는 재두루미 한 마리와 숱한 구멍 들락거리는 세상 만드는 숱한 참게 새끼들 감동적으로 저질러졌다. 이곳에 오면 잘나가는 사람들은 시큰둥하고 잘 안 풀리는 사람들이 너무 좋아한다는 시인 말 그럴듯하다. 와온 갯벌, 가슴을 짓누르는 근심의 무게 양을 질의 한 없는 미로로 펼치며 푼다. 하여 역사 속으로.

나의 고소 공포는 자연 아니라 인간이 강제로 쌓아 올린 높이에 대해서이다. 임경업 송덕비가 제법 진심으로 육중하게 있고, 그 전에 이순신이 백의종군을 시작했다는 낙안읍. 노인네들 포함 인구로 훨씬 더 걸렸을 높이와, 높이보다 더한 너비의, 명장 임경업이 이곳 군수를 지내며 2년에 걸쳐 구축한 성벽 위를 걸으면 총안들만 근거 없이 무사할 뿐 앞으로 앞으로 뻗은 외길의 좌우 광경 전개 전체가 휘청거린다. 날아오르는 거 아니지. 중력이 중력인 슬픔도 아니고, 겨우 다리나 후들거리게 하는 사소한 유난이다. 이제껏 사람들이 안 가 본 곳을 가 보기 위해 이제껏 사람들이 뻔질나게 다니던 곳을 일부러 휘청거리며 오르는 상경과 일부러 후들거리며 깃드는 귀가가 있을 것이다. 정다운 섬들이 지상의 숲을, 지상의 숲이 거친 바다 물결을 닮느라 제 색깔 조금씩 바꾸는, 그 위로 구름이 마음 놓고 온갖 조화를 부리는 유래가 난잡한 간판마다 묻어나며 대도시 왁자지껄 먹자골목을 생계의 명징한 야경으로 만든다. 미워할 수 없어 더 아픈 것들이 밀려온다. 죽은 자 슬픔을 표현할 길

없는 더 큰 슬픔을 산 자들이 감당할밖에 없다.

슬픔이 기우는 것을 막아주느라 갯벌이 전신주 전깃줄을 의복처럼 걸치고 그냥 방향 없이 막막하던 생활이, 깜깜한 밤이 있고, 날이 밝고 감쪽같이 바다가 들어와 넘실댔던 것이다, 달관을 끝없이 미루고 평범의 지옥 너머를

야금야금 파고들라는 듯이. 이를테면 여배우 사진을 능가하는 여배우
이름이 있다. 시작은 그녀 사진을 혹은 영화를 많이 보아서지만 중간부터
분명 본 것을, 영화와 사진들을 씻어내는 방식으로 능가하는 이름이 있다.
급조된 관에 버려진 떼죽음 파리 코뮌 무명 전사들 주검을 능가하는 무명
전사들 무명이 있다. 처음부터 그렇다. 처음부터 무명이고 처음부터
주검을 능가한다. 아니면 그 처참을 어떻게 견디겠는가, 그들이, 그리고
우리가? 무명을 능가하는 무명의 대대代代가 또한 처음부터 있다.
사진과 영화, 그리고 현실마저 능가하는 이름이 자신의 동작과 몸을 갖춘다.
우리가 알지 못하는 것이 우리가 아는 것을 능가하는 구체, 동작이고 몸이다.
우리가 빨려들기에 컬러 사진이 한없이 흑백 사진이고 흑백 사진이 한없이
작아지는 흑백이듯이. 거룩이 포도주 속으로 한없이 저질러지듯이. 왜냐면
포도주 맛은 여전히 제 맛의 전과 후 격차를 감당 못 하는 맛이다.
그 전부터 그랬을 것 같다. 포도주 맛은 누가 마시기도 전에 제 혼자
취한 맛이고 색이고 누가 마신 후에도 제 혼자 취한, 독하지 않고 진한
향이다. 지상에 포도주가 있거나 없지 않고 포도주는 취한 야만의 전쟁
이전부터 줄곧 포도주가 있는 지상이라는 듯이. 이것은 내 피이니…. 그를
죽인 후에도 한 일이 끝내, 거룩을 성욕으로 번역한 것뿐이라는 탄식에
이르기까지 포도주는 포도주가 있는 지상이라는 듯이.
포도주 명정을 극복하는 것은 삽화 없이 아름다운 포도주 사전 디자인이고
무의식은 더 그럴밖에 없고 그 '밖에 없음'으로 문법의 이면裏面이
디자인에 이르기도 하고 어쨌든 나의 남해 기행 허접한 관광 안내 팸플릿
몇 개만 남고 여기서 모두 끝난다. 오늘날 마르크스주의의 여러 문제들?
아직도 마르크스주의가 미래를 위한 학문 아닌가? 기를 쓰는 함정이 있다.
지리의 문법인 여행으로 겹치는 각국 언어들 투명하다. 언어의 존재 이유가
투명인 것이 보인다. 고통 또한 그렇다. 발음도 뜻도 투명인 것이 보인다.

부록 2: 뒤늦은 답장
―이원 시인에게

불현듯 인생이 하늘하늘 날아가는 것은 받은 것인지 모르고 답장 안 한
편지가 셀 수 없어서이다. 100% 내 탓이지.
충만하여 오히려 답장 같았던 것들이 지금 생각해도 있지만 충만한 원인이
왜 없겠나? 하늘하늘 날아가는 것은 다른 무언가의 중력을 받아

하늘거리고 의례를 구태로 벗은 김에 그 중력마저 벗으려 하늘하늘하다.
종류마다 가장 맛있는 것만 계속 맛보아도 계속 혀에 곰 쓸개 맛이 묻어나는
내 나이는 속일 수 없다. 답장이 불가능한 고인들도 있다. 다시 읽으면 겉봉
주소가 폐기종 앓는. 가깝지만 너무 풋풋한 신세대한테는 답장이 가서
아무리 환대를 받아도 주소에 미치지 못하는 것이 옳고 내가 쓴 글이
아무리 형편없어도 독자 편지에 대한 답장보다는 나을 것이다. 후배가
여전히 든든한 후배인 것은 이미 나의 선배라는 뜻이고 그만한 다행이
없고 내게는 십 년에 걸쳐 친해질수록 더 예쁘고 착해 보이는 삼십 대 중반
수양딸도 하나 있다. 목소리 몇 개 아직 살아 그 곁의 나의 젊음의 격동을
지우고, 점잖은 것보다 더 묵직한 어떤 소통의 본질이 있는 듯이 있다.
모든 것을 담은 너의 종이 백은 흑과 백과 2도 인쇄가 너무 가냘퍼
흑백 바꾸어도 상관없고 실제로 그렇게 디자인이 두 가지다.
편지와 답장이 뒤바뀐 것보다 더 가냘픈 일이 어디 있겠나? 기도, 가냘플수록
육감적인 말, 육감적일수록 가냘픈 몸. 맛있어요 선생님…. 들었을 리 없는,
그냥 글인 이 말이 들리는데, 맛있는 무엇이 맛있다는 거지, 그러니까 무슨
슬픔의 절벽이 무너지고 나서야 아직 떨고 있는 물음표에 비로소 달하는 거지?
뵌 지 오래되었어요… 귀에 없을 이 문장도 내 눈앞에 어느 형체보다 더
선명하게 오래되어 있고 늙지 않는 것은 쓰지 않은 답장뿐, 삽시간에 나도
선명도 늙는, 그러나 전율이 있다. 처음부터 과한 것은 없지만 파국은 여유와
유머도 내 탓이다. 선물은 하는 사람이 언제나 비非성적이고 몸의 사랑은 여인의
벗지 않은 가슴에 집중한다. 그것이 너무나 붉어 벗지 않은 나머지 전신의
검음이 스스로 한없이 부드러울 때까지.
진실로 친한 친구는 사이가 사신私信이고 진실로 사랑하는 연인은 사이가
이별이라서 죽은 후에도 밀어들이 지들끼리 이어져 다리를 이룬다. 이 모든
것이
여성의 우위. 음탕 없이 아름답기 위해 꽃들이 각각 구체적으로 아름답지 않고
꽃이라는 총체 추상의 개별 사례로 아름답다. 음탕 없이 아름답기 위해 여성이
남성보다 더 나이 많아 보이는 그 아름다움을 남성들이 고전이라 부른다.
너의 편지가 도착한 지 이틀이 지났다. 봉투는 따스한 바다색 크리스마스트리
삼각에 매달린 양말과 선물 상자들, 그 뒤의 곰과 그 앞의 여우, 그 밖의 나무와
토끼, 사슴이, 그리고 공작이 동화의 고전풍으로 어우러졌다. 편지지는 그것들
배열이 달라지며 네게 자리를 내주고, 그것을 채우는 네 사연의 분량이, 글씨체가,
띄어쓰기와 행간이 그것들에게 자리를 내주는 것 같기도 하였다. 적당한 차이가
오히려 평화의 일관성을 심화하고 자신을 더 내어주는 것이 고통을 견디는

가장

　좋은 방법이라는 것을 네게서 내가 배운다. 너의 생애 일부에 대해 문학이,
시가

대체 뭐길래 하며 내가 분통을 터뜨리고, 애통, 비통을 금치 못했던 때가 있었다.
하지만 시인에게는 시로 감당할 생애가 있을 뿐. 노란 쇼핑백 선물에 여전히
몸 둘 바 몰라 하는 몸으로 아내가 잠이 들었고, 모든 것을 담고 너무 가냘퍼
디자인이 두 가지인 종이 백이다, 겉이 우월하게 속을 드러내는 슬픔의
고전인 너의.

어떤 때는 뜻이 무한할수록 무한한 겹에 지나지 않는다. 이제는 곧이곧대로
믿지 않겠다는 결심을 취소하겠다. 늙어서 더 피곤한 것이 불신이니 계속
뒤통수 맞는 것이 낫고 남을 미워하는 것보다 더 궁상맞은 일이 없다고 네
'어리둥절' 얼굴의 그토록 환한 미소가 말한다. 고통이 생애의 시간을 늘이는
그 의미를 우리가 감사할밖에 없다. 메리 크리스마스. 더 많은 것을 버리는
송년과 더 새로운 근하신년. 아파트 옆 재개발 될 된 3층 건물 3층 마을버스
사무실에 엄청난 연기가 솟고 소방차들 많이도 모였다. 아내와 나도 일 없는
동네 노인네 부부 가운데 하나로 나와 다행히 인명 피해 없으니 불구경한다.
밖으로 창문이 불타 흉하고 시커먼 구멍이다. 시대가 잠시 한 30년 뒤돌아
갔다. 교통 규모가 마을버스 급이고 걱정과 근심의 눈빛이 서로를 향하고
공유되고 노인네들 도시에서도 할 일이 있던 시대로. 너를 알게 되니 더욱
며느리가 묘한 짐승이다. 무슨 짓을 해도 미워할 수가 없다. 아내도 마찬가지.
시인 김민정 메일처럼 '어이쿠, 아이고, 막 그…랬는데 / 힘이 나'면서, 일요일
두 시 9호선 당산역 급행 타고 선정릉역 분당선 갈아타서 서현역 5번 출구
좌측 도보로 2분 거리, 노인네한테 좀 고약한 시간과 거리지만 김중일 시인
결혼식에 가기는 가야겠다. 젊은것들 모처럼 어수선한 족보 속에서 더
환하겠다. 물 반 시인들 반일 테니 더욱. 그렇게 우리는 한 해 너머 하나의
생애를, 두 줄 너머 세 줄 운韻 맞추며 마친다.

부록 3: 악보 읽기

단어 '붕괴', 붕괴하지 않는다.
출판된 『서양 중세 세계의 성립』, 성립하고,
그 속편인 『서양 중세 세계의 붕괴』, 붕괴하지 않는다.
어디까지 가야 붕괴가 붕괴하지?

한참 전이 붕괴하지 않고 한참 전 붕괴한 것이 붕괴하지 않는다.
한참 뒤가 붕괴하지 않고 한참 뒤 붕괴할 것이 붕괴하지 않는다.
붕괴가 없다, 혹은 붕괴가 붕괴 속으로만 붕괴한다.
눈썹 화장 지운 눈썹이 더 아름다운 것을 읽듯이 악보를 읽는다.
진보는 없어서 아쉬운 과거와 바람직한 전망을 섞는 어른의 미래가
아니다. 워즈위스 「무지개」의 '어린이는 어른의 아버지'가 좀 낫다.
손쉬운 분류의 어른 아니라 난해 총체의 어린이로서 세상의 기쁨을
순수하고 막대하게 누리고 재앙과 공포를 적나라하게 감당하는,
열림이 쌓임이고 쌓임이 더 열린 열림이고 낭만적 내용의 극한이
고전적 형식이고 고전적 내용의 극한이 낭만적 형식인 식으로 자라
어른이 되는 어린이의 미래가 진보이다.
'문학은 젊은 작가들과의 대화'라 쓰고 '중견과 원로도 문학은 자기
안팎 젊은 작가들과의 대화'라 고쳐 쓰고 다시 '독자가 고전을 읽는 중에도
문학은 젊은 작가들과의 대화'라 고쳐 쓰고 마지막으로 '문학은 젊은 작가들의
젊은 작가들과의 대화'라고 고쳐 쓴다.
모든 것을 집어삼키는 참혹 육욕을 이야기로 극복한 육욕 참혹의
이야기들이 지리를 우리 생각보다 아무리 더 오래전부터 더 숱하게
다녔단들 교통 자체가 뭔가 씻은 듯 이야기로 된 데에는 음악을
적으려는 어떤 처녀성 닮은 노력이 작곡을 선행했던 까닭이 결정적이다.
이야기를 씻은 기악이 뒤늦게 더욱 그렇다. 막막하면 두려울 수 없고
두려우면 막막할 수 없는 것에서 막막하여 두렵고 두려우므로 막막할
때까지였을 것이다. 역사가 비유로 시작하여 비유로 끝나는 문장이지.
은유도 악보가 중력의 세속 속으로 뚜벅뚜벅 걸어 들어간다.
노래 부르면 누구나 노래 속 주인공이고 주체와 대상 구분도 없고
그리움이 끝까지 진화하여 흥건한 그 모든 사태의 종지부, 악보가
제 생애를 한없이 이어간다. 여생 아니다. 비로소 악보의 생애이다.
흥건의 비유조차 씻긴 악보이고 악보의 생애이다. 세에라자드, 죽음을 미루는
연속보다 생을 잇는 출산보다 더 중요한, 이야기 완결과 완결 사이
죽음인 가장 초조한 침묵이 한없이 깊어져 가장 느긋한 침묵인 죽음을
극복하는 악보의 생애이고 악보이다.
이제까지를 희미할수록 흩어질수록 새로운 계보의 암시로 펼칠 뿐,
정리하지 않고, 그렇게 소포클레스도 피카소도 생애가 생애보다 우월한
악보이고, 악보의 생애이다. 언어 처음의, 처음이라는 완성 또한
극복되고 당대 인명의 3부작이 다시 펼쳐진다. 어떤 때는 마르크스가

뒤늦게 레닌을 정리하는 늙어 버린 작가이다. 거의 늘 프로이트가 더
뒤늦게 오이디푸스를 정리하는 문학청년이다. 신화 원작과 대결할
생각이 없는 문학청년은 대성하기 힘들고 늙어 버린 작가는 돌이킬
수 없는 아마추어이다. 어린이는 어른의 아버지… 워즈워스는 늙어 버리기
직전 문학적 요절의 유언으로 그 말을 썼다. 바다 건너 동년배 베토벤이
처음부터 끝까지 어른인 식으로 고전에 달했고 마지막으로 치매-동심의
만년 작 경지에 들었다. 또 다른 동년배 헤겔이 처음부터 끝까지 청년인
식으로 고전에 달했고 이상을 남겼다. 그리고 헤겔의 대학 친구이자
룸메이트 횔덜린이 한창 젊어서 미쳐 버린 기나긴 생애 동안 비루한 빵과
천상의 포도주를 일용하는 고전에 달하여 이분법의 위대한 슬픔을 남겼다.
그 전에 모차르트가 처음부터 끝까지 어린아이자 육욕의 돈 조반니인
목관악 고전에 달하고 천상을 남겼다. 목관악의 마지막 습기를 제거한
명징의 물화에 달한 것은 말라르메 『목신의 오후』이다. 그리고 스탈린 등
위즈워스 짝퉁들, 전근대적인 관제 민요가 게으르고 현대에 대해 대대적으로
잔혹하고 민요의 현대는 벨라 바르토크와 벤자민 브리튼 음악에서
음악적으로 가까스로 전개된다. 사회주의 현대의 참혹을 바르토크의
민요 정신이, 자본주의 현대의 참혹을 브리튼 동심이 관통한다. 문청인
적 없고 늙어도 늙어 버리지 않았다. 어린이는 어른의 아버지… 그 말,
한 번도 완벽하게 실현된 적 없지만 내용 수준이 계속 높아져 온 악보의
생애이고 악보이다. 미래가 분명 초연되지 않은 악보이고 악보의 그 말, 요령을
휘청거려보는 그것까지 완전히 벗은 악보의 생애이다.
정육면체를 겨우 면한 높이를 하시라 제목과 테두리 바탕이 다시 정육면체
너비로 만드는 디자인의 책이 가로로 펼치지 않고 닫힌 세로로 누워 있다.
정육면체하고도 안정권이다. 눕지 않고 자신을 펼칠 수 있는 책이 없지만
제목이 왼쪽으로 누운 책을 처음 보았다. 눈에 안 보이는 악보는 제목이
귀에 들리게 오른쪽으로 눕느라 눈에 안 보이나, 시간도 그렇게 가나?
왼쪽으로 계속 참조하겠다. '은 는'의 제한과 단정을 벗은 눈에 보이는 것만
길이자 방향이다. 숙달한 노래도 악보 읽으며 부르면 악보가 음정의 세밀한
교정에서 슬픔의 광활한 교정에 이르고, 교정이 마지막 어둠을 벗는 생애이다.
처음부터 그랬던 생애이고, 내가 사는 세상이 나의 세계보다 더 우월한 나의
전집이기 위하여 반드시 있어야 할 나의 근간이자 나의 미래, 나의 생애이고,
악보를 읽을 줄 알면 오히려 읽기 힘든 악보의 생애이다. 서구어 관계절들이
꼬리에 꼬리를 물다가 아예 각 안에 미로처럼 관계절 속 관계절들을 품을 때
한국어 번역자가 느끼는 절망이 금시초문인 흐름의 악보, 악보의 생애이다.

로렐라이가 암초에 앉아 있는 것 아냐? 그건 세이렌들이지. 아니 그들도 아니다.
아름다운 로렐라이가 산꼭대기에 보란 듯 앉아 금발 빗는 중이고 세이렌들은
기슭
어딘가에 숨어서 노래하니 로렐라이 외모가 아름다울수록 음악은 세이렌들이
진짜이고 암초에는 어정쩡한 로렐라이 노래에 홀려 죽은 뱃사람들 마지막
후회만 있다. 원한으로 물화物化할 만큼 큰 후회이다.
지금 세이렌들 노래 귀에 들리지 않는다. 악보의 귀에 들리는 노래가 언제나
악보의 아류이고 악보가 부르는 노래가 언제나 악보의 아류의 아류인 악보의
생애가 있는 듯이. 보기에 보석의 유구한 응축 같은 석화목조차 제
생애를 진정한 소통 없이 요란한 제 몸의 죽음으로 광고하는 것에 불과한 듯이.
왼쪽 측면이 시리고 허리와 넓적다리 모두 시린 측면에 있고 모두 시린 측면이
있어 허리넓적다리 같고 넓적다리허리 같고 넓적허리다리 같고 기타 등등 같다.
짐승과 달리 인간은 알면서 평생 매일의 상온 유지에 짐승과 같은 %
칼로리를 쓰고는 다시 짐승과 달리 노년에 변온동물로 표변, 내가 이 야밤에
내부 난방 말고도 옆구리 히터가 더 필요하다.
악보의 생애가 깊은 밤 악보를 읽는 내게
형언하는, 내가 악보를 읽는 까닭은 거기까지이지만, 내게 형언하지 않거나
형언할 수 없는 악보 자체는 형언불가가 형언을 능가하는 아주 느린 속도이고,
악보의 생애 자체가 오래전에 악보의 생애를 능가, 오래전부터 오르페우스가
짐승의 감성을 착취 못 하게 된 지금의 광경이라는, 형언이 내게 가능하다.
절정이 저마다 늘 파국이고, 저마다 한참 뒤에 모두의 죽음인 죽음이 제 혼자
소스라쳐 놀란다. 어이없이 희생된 자들이 어이없는 바로 그만큼을 산 자들에게
물려주고 우리의 애도가 애도할 길 없어 더욱 짙어가고 늘 소스라쳐 놀란 죽음을
진정시킨다. 악보의 몸, 처형을 벗는. 위로 가는 것이 그 속에서이다.
하나의 가사가 악기들 여럿으로 갈라지며 더 하나인 소리의, 색깔들 여럿으로
갈라지며 더 하나인 몸 뜻으로 오른다. 멀쩡한 음계를 반복하고 비트는 노래를
다시 비틀며 노래할밖에 없는 슬픔이 습기 없이 황홀하다. 그것이 악보의
오름이고 나의 오름이고 오름이 그렇게 끝까지 오르고 죽음이고 자장가인
악보의 몸이고 나의 몸이다. 악보가 아무 말 없고 나도 아무 말 하지 않았다.
살았다는 것만으로 생이 넘치고 또 넘친다. 거울 속 집의 표정이 가장 그랬다,
그러고 보니 우리가 익히 아는 우리의 생애는 누가 우리 바깥에서
부르는 노래였다. 그 한 곡의 1절, 끝까지 들은 생애 행복하다.

색인: 메모 참조; 유튜브와 위키피디아

숱한 문화 예술 유산보다 더 장엄한 것이 빨래 밖으로 널린 빈민가의 거대.
우크라이나 출신 바소 칸탄테('노래하는 베이스') 보리스 로마노비치 흐미랴는
제2차 세계대전 당시 나치 점령지 폴타바 나치들 앞에서 노래 불렀지만 종전
후
스탈린의 배려로 파트너 발렌티나 이쉬첸코와 달리 투옥과 추방을 면했고,
친구
쇼스타코비치가 자신의 교향곡 13번 초연 때 리드 독창을 부탁했지만 정치적
파장이 두려워 거절했다. 그의 낮고 기름지고 청량한 목소리가 여러 겹 사회적
치욕의 수난으로 더 낮아져 어둡고 무거운 바소 프로폰도('심각한 베이스')에
이르지 않은 것이 예술의 기적이고 성악가로 늙지 않고 돌아간 다행이다.
천재 모차르트의 재림이라 평가받을 만했던 리하르트 슈트라우스는 너무 오래
살았다. 히틀러 집권 후 열성적이고 조직적인 친 나치 음악 활동을 벌였고
전후
전범 재판을 거쳐 거의 유폐 상태였던 1948년 84세에 〈마지막 노래들〉을 쓰고
이듬해 죽었다. 그 이듬해 친구가 〈봄〉, 〈9월〉, 〈잠들 때〉와 〈황혼에〉를 골라
〈소프라노와 오케스트라를 위한 네 개의 마지막 노래〉로 묶었다. 저물 무렵
무덤에서 꿈꾸었다 내가 오랫동안… 〈봄〉은 전주의 임박이 긴박하고 웅대하다.
4분 정도. 정원이 슬퍼한다… 〈9월〉은 기대가 유장하고(5분 30초가량), 이제
날이 나를 지치게 하여… 〈잠들 때〉는 안식이 푸르르고 신비롭다. 6분 이상.
그리고 우리는 고생과 기쁨을 지나왔다… 〈황혼에〉는 죽음인 이별의 슬픔이
파란만장하다. 10분에 달한다. 1950년 런던 알버트홀 초연 소프라노 역을
플라그스타가 맡고 푸르트벵글러가 필하모니아 오케스트라를 지휘했다.
둘 다 슈트라우스처럼 불멸의 이름이지만 둘 다 슈트라우스처럼 나치
부역 혐의를 완전히 벗지는 못할 운명이었다. 하긴 음악을 좋아하는 인도
토후 국왕이 제작비 4만 8천 달러를 보증하여 성사된 공연이고 작곡자 고인의
뜻에 따른 섭외였다. 죽음을 수긍하는 질은 쓸쓸함이 감동적이다. 참회는
분명
아니고, 회한인지, 자신이 믿은 것이 야만의 파시즘 아니라 음악의 이상이었다는,
항변은 아니고 자기, 변명은 아니고, 위안인지 분명치 않다. 둘 다일 것이다.
예술가 보기에 민주주의는 사이비들의 쓰레기장일 수 있다. 그러나
파시즘은 집단적 고양 그 자체가 처음부터 안이하고 천박하다. 슈트라우스의
마지막 노래들, 천재였던 그가 그 점을 너무 늦게 깨닫고 너무 늙어 진정한

예술

이상과 진정한 민주주의 고양을 화해 혹은 상호 상승시키는 길을 찾아 나설 수

없는 사실의 진정한 슬픔의 표현이었기를.

에리히 클라이버가 푸르트뱅글러를 압도한다는 평가를 자주 받고 유태인 아니라 독일인으로 1925년 자신이 초연한 알반 베르크 오페라 〈보체크〉 후속작 〈룰루〉를 나치 정권이 '퇴폐 음악'으로 낙인찍자 항의하며 베를린 오페라 지휘자 직을 사임하고, 이탈리아 파시스트 정권의 반유대인법 제정 직후인 1939년 4월 밀라노, 라스칼라 극장과의 계약을 거부하고 망명, 아르헨티나 부에노스아이레스,

콜론 극장 감독으로 부임하면서 유럽의 숱한 스타 성악가들을 자신이 지휘하는 오페라 공연에 출연시키지만, 전과 같은 수준의 명연을 남기지 못했다. 망명 전

모차르트 및 리하르트 슈트라우스 해석이 유쾌의, 경박 아니라 명쾌한 전범에 달했던 자신의 오케스트라 단원들을 두고 올밖에 없었던 까닭. 전후 망명 전 사임했던 자리를 제의받지만 점령국 소련의 체제가 나치와 다를 바 없다며 거절한다.

그가 일찌감치 음악적 재능을 알아 보고 친구에게 '얼마나 딱한 일인가 그 아이

음악 재능이 있다니'라고 썼던 아들 카를로스 클라이버는 신세대 음악

마니아들이 그를 20세기 최대 지휘자로 꼽는 데 크게 주저하지 않는다. 그의 지휘는 늘 작업이고 오케스트라 단원들을 황홀하게 만들 정도로 생기 넘치고 협동이 혼쾌하다. 하지만 그의, 말러, 슈트라우스 등 작곡가–지휘자 전통을 이어받은 해석은, 베토벤과 바그너를 간혹 경박화한다. 혹시, '위대한 파시스트 지휘자가 그랬을 것처럼.

마우리치오 폴리니가 20세 나이로 참가한 바르샤바 국제 쇼팽 피아노 경연대회 심사위원장 아르투르 루빈슈타인이 그를 우승자로 확정하고 심사위원들에게 이렇게 말했다; 저 청년이 우리 중 누구보다 더 피아노를 잘 쳐…. 이탈리아인 폴리니의 트레이드 마크는 강철의 명징성. 그래서였나? 1960년대와 1970년대 좌파 활동가로서 그가 피살된 칠레 혁명 전선 지도자 애도 음악을 쇤베르크 사위 루이지 노노와 공동 작업하고, 예술이 모두를 위한 것이라는 신념의 새로운 공화국을 세우겠다며 클라우디오 아바도의 라스칼라 극장 오케스트라와 일련의 학생 및 노동자를 위한 연주회를 개최하는 등 꾸준히 활동했다. 그래서였나? 그의

음악이 혼탁해졌다. 사회주의 이론—이상이 강철의 명징성을, 사회주의 활동—현실이 강철의 혼탁을 불렀었나? 1985년 바흐 탄생 3백 주년 〈평균율〉 1권 전곡 연주가 비로소 그를 온전히 회복시켰다. 그가 아직 살아 있고, 이상의 실패를
겪은 자만이 이상 그 너머로 갈 수 있고, 그에게 그 가능성이 얼마든지 있다. 가장 멀쩡한 음악 정신의 하이든이 죽은 방만큼 죽은 자 죽음이 진한 곳을 본 적이 없다. 방이 하나의 데스마스크 자체이다. 고흐? 고흐 죽은 방은 고흐 생이 진하지. 누구나 언젠가 죽는 것이니 지금 있지 않은 미래는 죽은 미래이고 죽음의 미래이다.

정가와 출산

시간의 방향이 바로 신구新舊이다. 언젠가부터 우리는 어제의
시간 신정과 내일의 시간 구정의 괄호 속에서 정부를 탓하지 않고
따로따로 혹은 끼리끼리 한 해의 시간을 바로 잡는 쪽이다.
한 해로 간 시간이 더 복잡하고 역설적으로 가야 한 해로 다가올 시간이
더 정상적일 수 있다는 듯이 괄호가 대문자 신이 없는 시대 대문자 신의
오류를 수정하는, 제도와 풍습과 고사성어, 격언과 금언을 온전히 벗은,
미래의 인용, 밑반찬이 밑반찬한테 지내는 제사로 된다. 최종적으로
제의가 닫혀 있고 제사가 열려 있는 괄호이다. 정가定價이자 출산 같다.
지난 시대는 늘 지난 시대 고민의 최대치를 품은 지난 시대이고 시간은
늘 각 시대 어법의 첨단을 끌어올리는 각 생애 어법의 미래로 번역되는
오늘의 시간이다.
상견례가 '상견이 예' 뜻인 것을 알면 검은 글씨가 비로소 눈에 잘 보이게
쓴 글씨이다. 당분간, 거꾸로가 아니다. 죽음은 죽음이 바로 성장盛裝이지만
자신이 모든 색의 합이고 색맹은 아니라는 입장이다. 생은 좀더 나아간,
색의 합이 바로 색맹이라는 입장. 정초인데, 1월 약속 두 건, 2월 약속 한 건에
5월 약속까지 있으니 올해도, 돈은 못 벌 망정 잘나갈 모양. 무엇보다
며느리가 임신 6주째이다. 홍대 앞 클럽 구역 송년의 밤 노인들 일찍 잠자리에
들고 보신각은 '응답하라 1988' 청년들 쏟아져 나와 길바닥 밴드 불꽃놀이
밤하늘에 환호했나, 해를 넘기고 한참 동안 남과 여의 젊음이 먹자골목에
흥청망청하는 총천연색 액체가 창창하고 유려했나, 더 좁고 더 후미진 군데군데
가

낮에 아예 새까맸나? 노인들 전처럼 일찍 깬다. 통유리창 밖 아파트 대단지
고요한 인간 세상 풍경이 왠지 약간 야만적이라고 생각하고 그러고 보니 까다로운
후각에 약간 피비린내도 나는 것 같다.
조금 더 여려졌으므로 조금 더 제대로 늙어갈 가능성의 암시? 노인은 숱한
희생자들의 숱한 살지 못한 생애를 자신이 시시각각 다가오는 자신의 죽음에
겹쳐
시시각각 사는 것이라고 막연히 생각한다. 고고지古高地 독일어 공부도 포기.
어딘가 막연히 묻어나고 있을 테니.
성탄과 번역 사이 출산이 있다. 성탄이 번역을 입거나 번역이 성탄을 입은,
성탄이 번역되거나 번역이 성탄된 출산이 있다. 종교, 제도가 성탄의 후진
번역이고 번역의 후진 성탄이기도 하다. 출산되는 자가 출산을 모르는
복잡이 갈수록 아슬아슬한 평형의 일순 아주 미세한 간섭이자 더 미세한
진로인, 그 진로가 주체와 객체도 함께 하지 않고 그냥 하나인, 그러므로
함께 하는 것이 출산 다음의 평생 일이고 출산의 출산인 출산이 있다.
탄생인 출산이다. 피땀의 산고도 후진 기억이고 더 후진 비유이고 더욱더
후진 번역이다. 성탄이 늘 미흡해서 매년 성탄을 능가하는 성탄절이 있다.
매년의 힘겨운, 가까스로 스스로 놀라운 출산이지. 어머니가 낯익어 보이는
것의 비유였고 내가 이따금씩 세상이 낯설어 보이는 것을 숨죽여 기대했다.
어머니도 그랬기를. 바람피는 일도 시들해졌다. 누가 그런 구닥다리 정통이기
노아의 방주와도 같은 데를 힘들게 너무 무겁고 너무 진하게 들락거리나?
더 재미난 틈새들이 도처 수두룩하다. 번역하고 싶은 '언뜻언뜻'들 같다.
그것들로 무슨 그물 같은 걸 짜서, 부력 절묘한 장차를 한 두서너 개 건져내는
일이 시급하고, 백 배 재미있을 것이다. 그러잖아도 '마음에 간직'이 늘
간직을 위해서라도 번역하는 것이 번역되고 번역되는 것이 다시 번역하는
'마음의 간직'이었다.
북한의 좀 억지스럽고 그로테스크한 언어 대접이 늙은이 대접 같고
늙는다는 거 억지스럽고 그로테스크한 즐거움인 소리 같다.
노래가 마침표 같다, 될수록 안 느리고, 될수록 길게 끄는.
마지막 피아노 소나타 마지막 교향곡 마지막 현악 4중주··· 베토벤의
'마지막'들이 죽기 1년 전까지 끝없이 이어진다. 베토벤 생애는 물론 음악사
전체까지 능가할 것처럼 이어진다.
그때그때 고전이 그때그때 처음의 완성이자 어린아이이다, 그때그때
제대로 어른으로 자랐어야 할. 그러지 못했으므로 그 대신 후대는
위대한 음악가의 만년 작으로 청년 작이 새롭게 들리는 경험과 고전으로

고전의 그 후는 물론 그전까지 새롭게 다시 보는 경험이 겹치는 즐거움을
보다 쉽게 누릴 수 있다. '페르세우스 디지털 도서관'은 숱한 차원과 부문을
종횡무진 누비는 링크로 고전 대 그리스 로마 언어와 문학쯤 금방 손에 잡힐
듯
손쉬운 무슨, 기계도 아니고 기기機器로 만들어 버릴 태세이다. 그 밖에
있으면 외국어 공부가 미련하게 할수록 효과적이라는 나의 중학생 이래
지론이 100% 맞는 것 같고 그 안에 있으면 내가 고전 언어를 공부하지 않고
고전 언어가 나를 공부하는 것 같다.
그리스 신화가 자연의 명석이고 영원이 괴물이고 그리스 언어가 무거운 생의
의미이다. 첫 문자의 진지한 (혹시 거룩한) 권위가 날 것으로 묻어나는,
메두사의 목을 자른 페르세우스, 야만이 야만을 부르지 않고 자르는
언어가 나를 공부한다. 영어와 같은 알파벳으로 만연하는 라틴어가 나의 다음
생이다. 이 생 끝내주고 끝내주기를. 이별이 최고 아니고, 최대 아니고 최적과의
이별이다. 꺾이며 감동적인 것과 다르게 깊어지기를 내가 더 바라왔다.
문화인류학? 문화와 인류의 등식을 전제한 학문이라면 야만 인류학도 있어야
하나, 인류 문화가 자연에 최악의 야만이라는 전제는 어떤 학문이? 요령이
생겼으니 우중충해지기 전에 요령을 끊을밖에 없다. 이 늙은 나이에 전화번호
숫자를 귀가 소리로 기억한다. 20년도 더 넘은 목소리가 20년도 더 전 목소리의
은밀한 대목까지 기억시킨다. 끝까지 소리인 기억이고 남녀 최소한 섹스, 최대한
젠더를 극복한 소리, 기억이고 라틴어 공부가 출산의 편곡쯤 되는 소리이자
기억이다. 건축 용어야말로 소리. 고딕이 로마네스크 내용의 형식화 너머
장식화(化, 는 아주 높다)라서 로마네스크가 아무리 낡아 허물어져도, 그럴수록
청초하다. 예쁘장한 20대 아가씨가 제 아버지보다 나이 많은 내게 결혼식 주례를
부탁하는 요령 없는 영광이 있다. 시간이 벌써 이렇게 됐나? 11시쯤 잠간 깼더니
아내가 없어 더 자고 미장원 갔다가 정오 넘어 단발머리로 돌아온 아내 안에서
아내도 아니고 나도 아닌 세상의 모든 연애가 이루어지고 백년해로 형상이
또한
남녀 섹스에서 남녀 젠더까지 벗고, 이제는 바탕의 맑음과 밝음. 왜냐면 마지막
피아노 연주가 가까운 연주자와 먼 작곡자 아니라 피아노 자신이 죽어가는
피아노 연주이다. 그 후 피아노 밖에서 연주자가 온갖 식으로 죽을 수 있지만
그런 식으로만 자신의 죽음을 임종할 수 있다. 오래전에 작곡자가 겪은 일이다.
지금 듣는 물방울이 겪는 일이다. 왜냐면 떨어지는 일이 어떻게 있을 수 있지?
모든 주어가 제 안으로 가라앉는다. 지금은 누구나 무엇이든 주어일 때. 바탕의
맑음과 밝음. 제주도 금릉 해변 블루하와이 리조트를 나와 아내와 둘이 걷는

밤길 백년초 자그만 얼굴들만 보이고 바람 부는 바다 파도 보이지 않고 격렬히 철썩댄다. 불 끄고 더 시커먼 돌담으로 웅크린 마지막 인가 무섭다. 우리 앞에 밤길 하나밖에 없다. 아침이 밝아 오고 한참 더 지나 다른 일행과 해안도로 달려서

한반도 최남단 어항 모슬포, 생계와 바다가 질척히 또한 곱다시 어우러진 갈칫국 식당에 이르러 비로소 무서움이 끝났다. 저승은 없고 희생자들 희생의 존재 이전이 가장 민주적이고 공적인 집단이다. 그 완성에 이르는 길의 과정의 총합을 우리가 평화라 부른다. 밤길은 계속될 것이다. 밤길이 무섭지 않을 때까지.

장면들
–김소연 시인에게

초서의 왕실 청중들, 향기가 향기의 교태를 숨길 수 없듯
냄새가 냄새의 궁상을 숨길 수 없다. 시 낭독회는 그런 전제를 깔고
시작된다. 내가 전하는 세속의 너무나 생생한 냄새가 저들을 끝내
아름다움으로 황홀케 하리라…. 하느님을 모르는 어린 양이 순교를
알 리 없다. 약자일 뿐이다. 영문도 모르는 두려움이 제 존재보다 더 커서
몸이 떨릴 수도 없다. 희생이 감수甘受에서 감수感受로 되돌아가고
하느님 있는 순교보다 더 용감하다.
임종 베토벤 주마등, 그 이후는 물론 이전까지 괴롭혔으니 말 그대로
평생의 목에 가시였던 피아노 소나타 19번과 20번 작품 번호와 작곡
순서 불일치가 바야흐로 해소된다. 어긋나 삐져나온 연도를 교정하며
선율보다 더 가시적인 주마등 시간으로 음악이 흐르는, 정지이다.
이것 때문에 평생에 걸친 기획이 있었다는 듯이. 이것 때문에 그 기획이
오직 실패와 더 위대한 실패의 지속의 명징성이었다는 듯이. 모르지.
존재라는 고체의 불안 혹은 균열을 때우면서 심화하는 언어가 자신의
그로테스크를 최종적으로 벗으며 회상 그 자체를 미래의 최종과 충만으로
극복하는 것인지도. LPG 가스통 난로를 무슨 목숨처럼 끌어안고 지낸
겨울들이 있었다. 겨울 스스로 주체인지 객체인지 헷갈릴 정도로 일본
불교는 지옥을 씻어낸 것이 정토이다. 민족 문제를 해결하는 것이 민족의
세계사 지도. 단 지명이 지도보다 더 중요할 것. 암막새 수막새 귀신 형용
보다 일찌감치, 비 오지 않아도 빗물 내리는 기와 배열의 투명이 모종의 극치에

이른다. 깊이의 극치이다. 지리부도는 표지가 아무리 낡아도 펼치면 푸르고
젊다. 추억과 다르다. 초록과 다르다. 신비에서 기적까지 모두 멀쩡한 푸름이고
젊음이다. 지리부도 습관이 되면 지리부도 표지도 늘 푸르고 젊다.
먹는 시늉 아니다. 삼키는 시늉 아니다. 손으로 집어 먹는 시늉이다,
생에서 생으로 죽음을 가장 닮은 것은. 숱한 사람들이 괴테를 만나
인생의 전기를 맞지만 괴테 만남 후에도 미친 사람은 딱 하나, 야코프
미하엘 라인홀트 렌츠이다. 강적이지. 누구나 남겨둔, 혹은 미뤄둔
만남이 있다. 단테 초상을 그리고 보티첼리, 2백 년 전 조토의 단테 초상화를
영영 뒤늦게 보았다. 피렌체, 바르젤로궁 마리아 막달레나 성녀 예배당
프레스코화 〈천국〉 중. 탄식한다. 성인들과 섞여 있어 미처 못 알아보다니.
내 연인 내가 그린 신화 그림 속에 있지 않나? 비밀이자 유행이었다.
끝까지 안 보았다면 더 나았을까, 내가 진정한 초상화가가 되고 나서
비로소 그것이 보인 것이라 해도 어느 쪽으로든 덜 비극적일 수 없다.
추정이란들 조토 못지않게 위대한 초상화가가 또 있을 가능성이
무슨 위로가 되나? 조토 초상화와 단테 초상화의 중첩을 200년 넘게
뛰어넘는 어마어마한 일 앞에서 내가 그린 단테 초상화 셋을 수 없이
초라하다….
영화야말로 찬란할수록 제국은 사라질 것이 사라지기 위하여 있고
식민지는 남아서 번성할 것이 남아서 번성하기 위하여 있고 결국
영화이므로 화려할수록 제국은 죽음이 죽음이고 식민지는 생이 생이다.
관행이 문제라고? 아니지. 관행은 관행이 관행의
생명보다 더 오래 가는 것이 낯익은 어떤 생활의 느낌이고, 너무 오래
가는 것보다 더 오래 가는 어떤 권태 극복 기운이다.
시인 김소연한테 선물 받았다. 한 20년 전(벌써) 붉은 도장 '광복절 기념작'
찍어 신나라에서 펴낸 '유성기로 듣던 不滅의 名歌手'. 남인수 이난영에서
'막간 가수들', 그리고 '얼굴 없는 명가수들'까지 망라했다. CD 23장. 유성기
SP판으로 약 4백 장. 20년 전 갖고 싶어 침을 줄줄 흘렸던 박스이다. 외국
노래들은 유성기는 물론 그 이전 에디슨 녹음과 피아노 롤까지 들을 만큼
들었는데 이제 고국의 흘러간 유행가들이 일제 식민지에서 서양의 언어와
전통을 벗으며 입고 입으며 벗는다. 유성기가 제 속으로 노래하는 유성기
속 유성기 소리 같다. 따지지 않아도 더 가까운 것이 듣고 보니 이렇게
새까만 알몸 까마아득하다. 참조할 것이 갈수록 늘어난다. 죽음이 마지막
참조라는 듯이 뼈대 드러나 뼈와 뼈대가 합쳐지는 역사만 보이는 건축의
웅장이 아직 낭만적이다. 사랑의 거대 서사가 아직 계몽적이다. 속도가

필요하지. 시간보다 더 지리할망정 주마등, 그 공간 자체의 속도가 필요하다. 일제 식민지는 일본어와 조선 무명無名이 창궐한다. '가요 황제' 남인수 데뷔 년이 1935년인지 그 이듬해인지 확실치 않다. 그렇게 노래가 창궐한다. 불현듯 죽음, 춤꾼 이애주(1947~2021. 5. 10.) 근조.
    물론
    죽은 자 위로의
    광목 폭 찢으며
    가고 있을 것이다
    지금도.
    싯누런 기나긴
    광목 폭 찢으며
    머릿속이 새하얄 때까지 그러므로
    온 세상이 새하얄 때까지 그것이
    죽은 자 위로의
    길일 때까지 가고 있을 것이다.
    자신이
    죽은 줄도 모르고.
    그러나 그게 무슨 상관인가. 그녀가
    광목 폭
    길이다.
영화는, 영화의 화려한 꿈이 자본주의 지배를 받지만 그 꿈의 비참한 현실로 기어이 자본주의를 집어삼키겠다는 건가? 나의 포르노는 이제 남성기가 여성기를 탐하지 않고 여성기가 남성기를 탐하지 않고, 탐하는 기형畸形이 보이고 탐하는 것이 기형인 것이 보일 정도로 온전히 포옹한다, 포옹이다. 그것으로 아름다움이 아름다웠다는 듯이. 시대의 위로처럼. 정신이 나약하고 싶을 때 마음이 더 무너지고 싶을 때 무좀에 거의 바스러졌던 엄지발톱이 다시 똘똘 뭉치고 있는 것처럼.
그리고
현재라는
살㩱의 위로,
존재가 비판적 아니고 존재적인.
나의 성욕이 이제 40년 전 사랑을 40년 전 사랑으로 품느라
성욕 밖으로 복잡하다.
밀라노에 음악이 있다.

작곡이나 연주 아니고, 역사 아니고, 음악의 역사 아니고,
음악이 있다.
밀라노가 작곡과 연주를 극복하지 않고 역사와 음악의
역사를 극복하지 않고 다만
밀라노에 음악이 있다.
밀라노가 음악 아니고
밀라노에 음악이 있다.
세계 문화유산과 최첨단 패션쇼에도 불구하고
밀라노에.
질서의 처음을 능가하는 처음의 질서를 능가하는 처음이라는 질서
청정,
음악이 있다.
두뇌라는 사물의 구성이 정보 너머 형식이라고? 그때마다 내 두뇌가
죽음과 생이 서로 밀접할수록 각자 생생했던 마지막 아메리카 토착 인디언
전사들을 생각한다, 붉은 피부가 피의 더러움도 깨끗함도 몰랐던.
날마다 발굴되는 것은 오래된 진실 아니라 새로운 구현이다. 기표와
기의? 아 거기, 하고 우리가 말할 때, 말하는 것이 놀람일 때, 지명보다,
장소보다 먼저 빛나는 지식이 지방이다.
형이 갔다. 아무리 생각해도 마침내이다. 오랜 걱정이 집안의 우환이다.
우환이 사라진 날은 비가 내리는 날과 모든 것이 반대이다. 지리 속
역사가 가장 작은 지도책 지도보다 작다. 왜냐면 땅 바깥으로 확장되지
않고 땅속으로 묻히지 않고 땅 밑으로 깊어진다.
귀신? 형의 화장도 뜨겁지 않고 산골(散骨)하니 내 몸의 반이 형의
시신으로 서늘하다. 데우칼리온, 오래된 작곡도 그렇지 않고 오래된 작곡가
생사도 그렇지 않고 오래된 연주만 오늘이자 연주 년이다. 오셀로가
셰익스피어 음악이고 베르디 오페라 오셀로가 음악의 음악이다.
영혼은
이목구비의 시작,
영혼이 있어 이목구비가 있지 않고
영혼은
이목구비의 시작,
이목구비 아닌 미인 없고 그보다 더
놀라운 미인 아닌 이목구비 없다.
왜냐면 영혼은

이목구비의 시작.
계속 춤추기 위해 약간의 반복이 필요하지, 반복하기 위해 약간의 춤이
필요하지 않은 것처럼 계속 사랑하기 위해 약간의 반복이 필요하지,
반복하기 위해 약간의 사랑이 필요하지 (그게 종말이다) 않지만 세계사,
인구가 너무 많아 반복이 반복일 수 없고, 반복에 중독된 미완성 교향곡,
너무 일찍 너무 자주 듣고 너무 오랫동안 잊고 지낸 기적의.
종신의 아내, 아내의 전체와 사는 일은 이 세상 모든 아내들과
살지 않고 살았지 않고 지금 살아본 것이다. 의식주 아니라,
눈보다 귀로, 맛보다 냄새로. 비극이 제국주의적 아니고
제국적이다. 파르지팔, 십자군 전쟁의 무료가 낳은 중세 최대
걸작. 하이든 초년을 모차르트가 중년을 베토벤이 하이든
놀랄 만큼 발전시켰고 하이든 노년을 발전시킨 것은 오로지
하이든이다. 그렇게 들으면 장난감도 시계도 놀람도 군대도 서정적이고,
정말 천지창조가 다정한 편지 한 장이고
교향곡도 현악 사중주도 너무 많지 않고 오히려
오랜만에 꺼내 보는 것이 귀중품이다.
사전이
수제手製이다.
언어가 수제인 것보다 더.
크기가 거대할수록 글씨가 깨알 같을수록
사전이
수제이다. 창작이 이론의
해체주의 아니라
해체이다. 마침내 해체가
'해체적'이다.
마르크스주의가 인문학을
구원하지 않고 인문학으로 마르크스주의가
'마르크스적'이다.
죽은 것이 그렇다.
전 세계에 있어도 내게
한 권만 있는, 내게 두 권이 있어도
한 권만 있는
사전이
수제이다.

아내가 없었구나, 리어왕. 아내가 있는 노년의
비극이 울부짖지 않고
돌멩이처럼 날아와
갈긴다 두개골을. 노년이 두개골이다.
나의 전생이 애틋한
전체인 나의 아내도.
비디오가 과거이다. 들어보니 아는 선율이 좀 다르겠지.
시간이 미래이고 공간이 과거이다.
멘델스존, 아주 섬세한 불협화, 화음보다 섬세한
선율만 이어진다, 마지막 교향곡 마지막 악장이 〈한여름 밤의 꿈〉
서곡이다. 많이 먹으면 할 수 없이 나이가 단위이다. 지금은
망 70, 나 고3 때 여든아홉으로 죽은 스트라빈스키, 대학 2년 때
아흔두 살로 죽은 피카소, 친구 같고 그래서 더
대단하다. 다만 생이 꼼지락대는 내 손가락에서도 징그러울 때
죽음이 아주 섬세한 불협화,
그것만 이어진다.
멘델스존도 죽음도
단선율로 이어진다.
그건 라흐마니노프이지, 한밤중 가구와 구분되지 않는.
차이코프스키 음악이 한파이다, 가까스로 실내의 체온을 입은,
그러므로 우리가 덜덜덜 떨지 않는.
여운으로만 구성된 선율이 있다. 100이 100을 채우는 것보다
100에서부터 까먹는 것이 더 재미있는 숫자이다. 음악이
작곡가보다 연주자 얼굴을 더 닮아가는 것처럼. 아니 갈수록
얼굴이 연주의 얼굴만 있는 것처럼. 이명 아래로 볼륨을 낮추면
모든 음악이 죽어서 듣는 음악 같다. 아직도
모든 음악이 죽어서도 듣는 음악 같지는 않다.
없는 비극을 대체하는 지독한
의미의 지옥.
작곡의 미래가 연주 아니고
연주가 언제나 미래의 연주이다.
마침내 거룩에도 음습이 없다.
햇빛 쨍쨍. 바람난 시골 처녀성의 소문처럼.
첫 양악을 연주하는 '오케'의 부끄러운 설렘의 첫날밤 치른

애교의 과감을 후대가 오해하는 것인지도. 하긴 무슨 상관인가
음악의 제목 아니라 이름, 음악이라는 이름 앞에 남인수가 설령 남인수 이름
아니란들, 베토벤이 베토벤 이름 아니란들? 이제 와서 우리가 미래를
향하는 것은 아니다. 우리의 발걸음 아래 그것보다 더 꾸준하고 확실하게
시간이 늘 미래를 향할밖에 없었던 것이다. 오직 진정한 예술가가 그것에
못 미치는 제 작품을 슬퍼하고 아름다움이 눈물보다 더 혼탁하다. 절망을
견디는 틀이 화려가 더 극렬한 화려를 낳는 발산 아니라 멀쩡이 말짱을 낳는
응집이고 직시이지만 그것만으로 생각의 발걸음이 생각만큼 시간을 앞서
갈 수 없다. 등 뒤에서 우리를 밀어주는 이제까지 온 역사의 응축만으로는
여기까지 왔을 뿐 앞서갈 수 없다. 고대가 골다공증 예방 및 치유 여행이지.
우리가 약간 모르는, 약간 비낀, 참신한 고대가 약간 더 그렇다. 지금이
역사일 뿐 아니라 지금의 장면들이 주마등일 수 있기에 우리가 앞서갈 수 있다.
어떤 성곽은 무너졌는데도 그 윤곽이 약간의 묵중한 무게일 수 있다,
우리가 아는, 우리보다 더 젊은. 눈 내리면 모종 사랑에 모종의 몸을 바치고
노련과 요령 없이 차갑게 잘생긴 그것을 우리가 서툴다 하는 것일 수 있다.
일본 식민지 여가수의 서양식 교태는 그 시절 예수 것보다 더 가혹한 유년의
크리스마스가 있던 것과도 같다. 노년으로 크게 넘어진 아프고 시린 무릎
쓰다듬는 요금을 내는 것과 같다. 정의가 많이 달라지지 않고 불멸의 명가수
이난영(본명: 오옥례)이 전남 목포에서 남인수가 경남 진주에서 김영춘이 진해,
고복수가 울산, 진방남(박창오)이 마산에서, 강흥식, 선우일선, 장세정, 송달협,
김복희가 평남 평양에서, 김해송(김송규)이 개천, 신카나리아(신경녀), 김정구,
김용환이 함남 원산, 전옥(전덕례), 채규엽이 함흥, 이화자가 경기 부평, 최남용,
박단마가 개성, 박향림(박억별)이 함북 주을, 이인권(임영일)이 청진, 백란아
(오금숙), 백년설(이창민)이 경북 성주, 이규남(윤건혁)이 충북 연기, 고운봉
(고명득)이 충남 예산, 남일연이 논산, 이해연이 황해 해주에서 경성으로, 오케,
빅타, 태평, 뉴코리아, 콜럼비아, 포리도루 레코드로 왔다. 경성 출신 황금심
(황금동)이 곧장 빅타 레코드로 왔다.
들리지 않고 보이는 일제 식민지 근대화 조선이 주눅 들어 있고, 보이지 않고
들리는 조선 가요사, 근대화를 완성하고 구가하고 능가한다. 그리고 꾸짖는다
우리가 이제껏 노래의 슬픔을 보느라 슬픔의 할 일을 다한 슬픔의 노래를 듣지
못한 것에 대하여. '불멸'이 초라할 정도로 구체적이고 '명가수'는 말할 것도
없다.
그 집. 어릴 적 내가 살던 집 옆집이다. 어릴 적 내가 살던 집은 기억나지 않지.
왜냐면 식구들의 살이 닿아 마모하는 기억의 뼈대이다. 서까래도 문지방도

마루도 선명할 수 없는 것들만 선명하다. 지붕과 대문과 유리창이 안의 바깥 아니고 그냥 바깥 풍경이다.
그 집. 반쯤 생각나고 선명의 반이 저택 같고 나머지 반이 초가집 같다. 물론 네가 살았던 까닭. 슬픔의 할 일을 끝까지 다하는 슬픔의 선명이 육(肉)의 정체이고 비로소 육의 정체가 육체인 소리 같다. 얼굴 없는 막간 가수들이 야훼 없는 야훼스트, 엘로힘 없는 엘로히스트, 대문자 신 없는 신학, 저자 없는 잡학의 독재 없는 체계…. 유언, 난해를 육화하는 주마등 속도 속으로의, 선명할 수 없음의 선명을 우리가 최종적으로 슬픔이라 부르는, '불멸의 명가수' 아래로 피라미드 오른쪽 반 모양 쌓인 명함판 사진들이 각각 영정 같지만 (물론) 종종 흑백의 종합이 햇빛 폭탄 맞은 나치 수용소, 살아서 뼈만 남은 유대인 덩어리보다 더 처참하다, 대신할 또 무엇이 있는 듯이. 비유가 육화의 시작이고 그 끝이 형상화인 최종 순간에 최종이 순간인 것보다 더 상습적으로 순간이 최종인 듯이. 육체가 언제나 슬픔으로 계속 육체인 것보다 더 육체적으로 슬픔이 언제나 육체로 계속 슬픔인 듯이.
왜냐면 우리 내부의, 우리가 얼굴을 보기는커녕 끝내 아무것도 알 수 없는 거룩의 육화가 슬픔의 시작이었다.
어이 유대인 카프카, 당신이 훨 낫다, 야훼와 아담과 이브와 카인과 아벨과 아브라함과 이삭과 예수와 그 뒤로 줄줄이 대대로 이어지는 제 민족 콤플렉스들 다 놔두고 그리스 신화 집적거린 프로이트보다. 죽어서도 카프카가 프로이트를 포괄하지, 거꾸로가 아닐 것이다. 하지만 카프카, 사는 동안 장르를 좀 바꿔 보지 그래. 문자에 갇혀 두 번 세 번 네 번 더 신을 죽이는 이야기는 우리가 죽여버리기 전에 죽은 대문자 신을 대신할 수 없는 형식이다, 책들이 직립하는 가장 보잘것없는 들쥐류 발바닥의 가장 섬세한 잉크 펜촉 소묘. 장르를 바꿔서 장르를 봐 보지? 아버지가 너무 연로하여 온기와 냉정의 능력을 모두 잃어버리는 경지가 있다. 누구나 누군가의 아들 아니라 아버지인 경지이다. 누구도 다른 누군가의 죽음을 대신할 수 없는 생의 완벽보다 더 완벽한, 누구도 다른 누군가의 죽음일 수 없는, 미래의 완벽, 마치 유년이 없는 대신 음악의 도레미파솔라시 청각이자 시각이자 순서이자 시간이 성장인 어린아이가, 어린아이인 성장이 있는 듯이, 계단이 무너지는 미로의 만년 속으로 있었는지 분명치 않은 전성기를 더 화려하게 무산시키며, 왜냐면 전성기가 론도에 지나지 않는다.
생이 이어지려면 후회보다 더 육체적인 것이 필요하지. 마지막을 아는 것이 처음과 중간을 더 잘 아는 것이 되려면. 우리의 생이 스스로 작법이 되는 순간 우리가 아는 모든 것의 합을 우리가 평화라고 불러왔다,

질^疾 너머 의미로. 바흐 음악이 어딘가 핏발 서 보인다. 본의는 아닐 것. 5는 모차르트의 숫자. 너무 명징해서 숫자 아닌 미로가 될 수 없고 그리 들어갈 수 없다. 건축이 죽어도 죽음을 대신할 수 없는 대신 건축에 있다, 아주 오래된 동전의 골동보다 더 오래되고 중요한, 옛날 당대의 때 묻지 않은 육체인 상상력이. 카르타고, 카르타고, 기괴의 멸망 아니라 멸망의 기괴, 그리고 문자 발생의 포에니. 하찮은 불가능의 하찮지 않은 미래인 우아의 지향. 속도가 늘 우리를 기만하고, 느린 속도가 더 한 속도이다. 어느 쪽이든 지금보다 조금 더 인내가 필요하다. 조성이 무조에 쏜 신경의 반에 반만 무조가 조성에 쓰더라도 인내가 갈수록 웃음의 육체를 닮겠지만 쓸 수 없다. 불가능의 불가능이 가능일 수 없고 다만 인내의 인내가 우아의 육체일 수 있다. 낯익은 것이 갈수록 충격적일 수 있고 거꾸로도 가능하고 두 사건 다 감동적일 수 있다. 노래의 결심이 춤이듯 문자로 구성된 이야기가 길어질수록 자신의 이전을 단일화하는 경향이 있지, 않나? 소설이 소설의 미로를 벗어나려면 갈수록 복잡해져야 하지 않나? 알레그로, 안단테, 프레스토 음악의 부사, 접속사가 몸부림친다, 더 육체적인 불가능이 불가능의 육체로 될 때까지. 색 또한 그렇다. 문자 이야기를 제외한 모든 언어가 그렇다. 유대인 카프카, 예술 장르가 죽음 속이고 죽음 사이이다. 죽음 속일수록 죽음 사이이다. 남성이 여성으로 검게 물드는 해맑은 미소가 이승보다 더 넓게 번져도 구태여 저승일 필요가 없다. 때로는 가장 놀라운 일이다, 우리의 안방극장 주거가 건축사 속 아니라 건축사 현재라는 사실이. 변신되지 않고 우리가 변신하였다. 변신하지 않은 히틀러와 스탈린들이 도처 평범하니, 썩 괜찮은 노년 변신 아니었나? 아직도 변신에 경악하는 한심한 자들만 아직도 만물의 영장이다. 스스로 뼈아픈 결핍과, 흐트러짐의 명징인 부재와, 신세대인 삼위일체 보충의 주재를 구별하지 못하고 이 모든 것이 입양이다.

나의 세계가 내가 저지른 세계이다. 내게 저질러진 세계가 아니다. 내가 죽어 사라지는 나의 세계가 나의 죽음이 저지르는 것이다. 나의 죽음에 저질러지는 것이 아니다. 소중한 만남 가운데 뒤늦지 않은 것이 없다. 죽음의 생에서 생의 죽음으로 가는 생애 끝에서 더욱 행군과 반대 방향으로 기동과 무관하게 기민할밖에 없다. 누구한테나 행군이던 생이 충분히 느려졌다. 어이, 미래라는 어린이 카프카. 너와 함께 있고, 네 것이 아니고 이제 더 이상 네가 해칠 수도 없는, 만물인 생명들이 약동한다, 얼마나 다행인지 나의 생명도 약동한다. 닳아버린 슬개골이 삐걱삐걱 웃는다. 쯧쯧. 애야 다 해야지, 고통을 건디는 너의 본분을, 적어도 고통을 우습게 보지 않는 관습을 지켜야 한다. 조심 또 조심, 발설되지 않도록.

그러면 혹시 사람들이 너의 노래로 쳐줄 수 있다. 뼈의 노래가 가능하다고
생각한다. 너와 내가 아는 피리 아니라, 너도 나도 알 수 없는, 너와 내가
아닌 것들만 알 수 있는, 그러니까 너와 나의 모든 것들이 알 수 있는, 뼈가
노래인 노래이다. 누구나 그 노래를 듣고도 알아듣지 못했다는 유언을 최고의
유산으로 남길 수 있다. 어린 양이 희생이었고, 유언이다, 눈瞳의. 조토가
유언이다, 보티첼리, 몸의. 만남이 흔한, 흔한 만큼 뒤늦은 유언이다.
초서의 왕실 청중들 똥 냄새 벗고 유독 코를 찌르는 오줌 지린내 아직도 즐긴다.
난로가 나의 유언이다, 나를 포옹하지 않고 내가 포옹하는. 가난의 온갖 풍미
언어의 시작으로 참기름 냄새 아직 있다. 양미리 맛 돌아왔다. 죽어 보는 일에
또 한 번 실패한 미학의 맛이었다. 악보가 연주이면 연주가 악보이고 참조가
배치이면 배치가 참조이고 약력이 근황이면 근황이 약력이고 진실의 공포를
능가하는 공포증이 사생활이면 묻지 말 것. 남자인 내 곁에 늘 좌우로 있는
내 눈에 안 보이는 여자가 남한테 더 안 보일 여자이다. 맞은 편에, 내 눈에
보이는
여자가 남한테 더욱더 안 보일 여자다. 어느 때든 죽음에 조금 더 빠르게
접근하면서 징글맞게 끈질긴 목숨의 계몽이 끝나간다.

생활의 대학

추억이 결핍의 고전이다. 비가 내리면 더
뚜렷하지. 뼈대의 언어로 말하면 내 곁에서 나의 손쉬운
성장을 비웃는, 아까운 청춘들 죽음이, 명징과 난해가
서로를 부추기는, 없는 성장이 결국 나를 버텨왔다.
아름다움이 생활의 대학이다. 아무리 즐거워도 푸념이
과거를 지향한다. 춥고 배고픈 시절을 따스하게
해결하지만 과거는 엄연히 형상화 이전이다, 색과 악기들이
등-퇴장 없이 홀몸이던.
하늘 낭떠러지가 가장 낯익은 죽음의
경악을 형상화하는
애통도 이별 시공간 첨예화도 과거가 아니다.
'이야기'를 物語로 쓰고 '모노가타리'로 읽으며 일본인들이
혼쾌히 헷갈리는 것이 이야기도 과거가 아닌 까닭이다.
부모가 자식을 낳지 않고 엠마뉴엘이 감각의 제국을 낳지 않는다.

오로지 등장인물이 등장인물을 낳는다.
모든 것이 의태어처럼 계속을 빼면
원래 거의 없던 실체가 다시 거의 없어지고
그러느라 과거가 우글거리고 덩달아 현재가 웅성거리는데
그것을 미래의 동반으로 보면 안 되지.
먼 옛날은 『사자의 서』가 갈수록 거저먹는 비유이니
됐고, 천지창조 히브리의 날 사내가 누이에게 겨드랑이
땀 냄새를 들킬 뿐 누이의 그것을 맡을 수 없고, 우리가 상형과 소리
문자의 반동을 과거로 알지 않는다면 해골이 처음부터 베리스모
일 수 없고, 죽어가는 사냥감의 비유, 실체가 없으면 포식자의 그것으로
되나, 죽어서 먹는 일이 죽어가는 일로 되나? 시사에 가장 먼저 가장
심하게 가장 늦게까지 찌드는 언어의 문학이 제법 안 늙는 까닭이
무엇보다 그 질문의 의식주가 서로를 갈수록 가깝게 비유할밖에 없는,
객체인 연민이 연민의 주체를 찾아 스스로 등장인물들을 낳는
이야기라서 아닌가, 까닭이 이야기 아냐?
지나놓고 보면 노인네들이 모두 의외로, 느닷없이 늙지 않고
제대로 늙은 노인네들이다. 집을 나오면 배움의 미완의
골격이 분명해지는
잦은 결석이 잦은 보석들이다. 이 광경이 사실은 흔쾌한 거리 풍경의
배경이지. 광장 공포증은 무슨. 고독이 무슨 몸이 숭숭 뚫리는
특혜 같다. 원탁회의에 지각 안 하고 원탁회의 지각자들
면박 주느라 원탁회의 인생을 탕진한 사례도 사태이다.
지금부터라도 유년이 망가진 어른의 결석이어야 한다는
소극적인 생각이 인과의 자리를 바꾼다. 나의 청춘? 뭐, 남 욕할
처지가 아닌 정도. 왜냐면 열정의 화석들이 남아 있다.
요절이 가짜 완벽인 뜻으로. 완벽에 관한 한 우리의 생을
시시하고 권태롭게 하는 것들이 반드시 필요하다. 완벽이 차선으로만
가능하다. 왜냐면 완벽한 완벽이, 있다면, 모든 진짜 관계들을
끊어 버린다. 인과의 자리 바꿈을 드러내는 동시에 자위하는
방식으로 화석들이 그들의 성(性)을 완벽화한다. 옛날의 애창곡 심지어
애송시와도 같이.
콜리지, 불세출의 천재가 평생의 벗이자 시인 워즈워스보다
두 살밖에 안 어린 것이 나의 대학 시절 잉글랜드 낭만주의 시
비극의 시작이고 틀이었다. '우린 너무 섹스를 몰랐어, 그치?'

그리고 나의 최근 왼쪽 무릎 통증이
      1770   윌리엄 워즈워스   1850
        1772   새뮤얼 테일러 콜리지   1834
         1788   조지 고든 바이런   1824
          1792   퍼시 비시 셸리   1822
            1795   존 키츠   1821
생몰연대의 지독한 역삼각형 요절을 완성시키려 평생
내가 절뚝거려왔다는 뒤늦은 확인의 보너스일 수 있다. 안 열어본
페이지를 열어본 것처럼. 응축이 감싸안는 일일 때까지.
결혼보다 더 늙은 사랑 노래를, 결혼 여성의 연상보다 더 연상인
이별 노래를 쓸 수 있을 것이다. 창을 열지 않고 장마 같은
겨울비에 온몸이 흠뻑 젖는 것을 백년해로라 할 수 있다,
앞뒤로 늙은 나이를 앞뒤로 더 늙게 포괄하며.
너무 영롱하다, 기분 나쁜 것이 피곤하다기보다
불필요하다는 생각. 그것조차 씻겨야 나날의 새로움의
두려움 응축을 집요하게 아름다움으로 명명할 수 있다.
서사가 죽음의 모성 아니라 가장 깊은 생의 함정이었다.
자연스럽다는 뜻이 없으면 안 되는 없음 너머 상상조차
할 수 없는 없음이다. 뜻이다. 아직 환상이 형식이고 죽음이
새로움이다, 알레고리를 벗는 자연의.
명퇴하고 외출과 귀가가 잦던 와중 아내가
장모 거처하던 현관 작은 방에 자기 서재를 꾸렸다.
집에 있는 하루 종일 틀어박힌다. 다행히 세 끼 꼭 챙겨주고
다행히 안방에서 같이 잔다. 역사 선생이었으니
자세히 들여다보지 않아도 그 방, 비잔틴 역사가 유네스코 등록보다
더 온전하게 황금 같고 조선이 망하는 구한말이 최소한 늙은 몸보다
더 은밀할 것이다.
거기서 곧장 바깥 진실의 적나라 쪽으로 나가는 문이
있을 것 같고 그래서 내가 자세히 들여다보지 않는 것 같기도 하다.
옥스퍼드 만령 단과대학은 1437년 캔터베리 대주교가 지은
예배당이었다. 헨리 5세와 6세의 대 프랑스 전쟁에서 죽었거나
죽게 될 군인들 진혼 미사를 위한. 죽은 자가 우리에게 남기는 가장
소중한 유산이 그가 여전히 살아 있는 것 너머 살고 있는 느낌이다,
저질러진 그의 죽음을 산 자가 도저히 믿을 수 없는 것 너머

그가 죽은 일이 아예 없는, '그것이 알고 싶다가 전혀 없는, 오래되고
희미한 습관 같은. 진정한 가수는 가창의 무대를 오르내리는 것이
생사를 넘나드는 일에 비유되고, 비유 없는 죽음을 맞아도 그의 노래가
무대 없이 육체적으로 흐르니, 직업이라면 그의 직업이
지상에서 고소 공포증 없이 최고이다.
외국어 사전들이 마루의 내 서재 도처에 있고 내게 가장
가까이 있다. 가장 깊게 있는 문법의 상상력이 내용이고 역사가
육체를 벗은 국제의 새로움이다.
아내의 방에서 별도의 음악이 흘러나온다.
노래보다 더 중요한 것이 선율의 의미와 의미의 선율이
합치는 이야기와 시간의 흐름이 뒤섞이는 것보다
더 복잡한 노래 속 노래의 입장이다.
그때 노래가 아내의 방이고 아내이자 거칠은 출구인
방이고 사랑은 방이 방을 벗은 세상의 새로움이다.
맨 나중의 노래가 노래의 새로움이다.
줄거리가 시간이고 그보다 더 중요한 것이 역사적 순서이다,
각 에피소드들이 이야기 안으로 구성되던.
왜냐면 줄거리가 끝나고 아킬레우스 죽음이 확정된
후에도 구성이 여전히 밖에서 안으로 구성되고 마지막
'아킬레우스 건'이 아킬레우스 아니라 운명이 지배하는 시간의
치명적인 허점으로 역전된다. 그렇게 신의 시간을 바로 잡는
인간의 장구하고 험난한 노력의 비유가 시작된다.
노래가 숱하게 흐트러지고 싶은 몸의 환상적인 유혹이지만
노래가 노래의 끝내 육체적인 새로움의 입장인
까닭이 시작된다.
남성적 파키스탄의 여성적 공용 우르두어쯤 되나?
방에서 외출한 아내는 아내의 혀가 말하지 않고
내 귀에 닿는 소리 같다.
무슨 인문학 스피커쯤 되는 아내의 귀에서 나는 소리 같다.
비밀번호로 귀가하는 아내의 없는, 뒤늦은
초인종 소리 같다, 이승에서 산 생애의 사실만 영원한.
하지만 내전의 시체들 즐비한 아프리카는 아내의 외출도 죽어서
갔다가 살아서 귀가할밖에 없지. 많이 고단하고, 아내 귀에
들리는 쇠파리 윙윙 소리가 내 귀에 들리지 않는다. 아내 눈에

보이는 내 얼굴이 내가 모르는 얼굴이다, 검고 이빨이 너무 하얀.
하긴 흙으로 돌아간다면 아프리카 흙으로 돌아가야 한다.
꿈에서 깨어나는 것이 꿈의 면죄부이던
현실에서도 깨어나야 하나, 이를테면 평생 마음에 비를 맞으며?
로열 살루트 목이 날씬한 21년 '에메랄드', 38년 '운명의 돌' 도자기
술병 여섯, 일곱, 여덟, 아홉… 늘어날수록 목이 더 날씬하다,
늘어난 것이 날씬하고 날씬한 것이 늘어난다.
자유가 개별의 총체와 깊이의 상호 완성 과정인 사실이
더 명백해질 것처럼, 그 사실이 바로 명백일 것처럼.
아이디어 내용이 진일보했다고, 내용이 갈수록 방식인 것 아니고?
아주 늙은 육체가 아주 조금은 덜 늙은 정신한테 마지막이라서
마지막으로 묻는다, '혹시 나랑 잘 생각 있니?'
마루의 내 서재 도처에 있는 외국어 사전들이 그냥 놔두어도
똘똘 뭉친 잔해이다.
추위에 곱은 한 손으로 무거운 책을 들어 올리다 삐고
보니, 손가락 마디들이 이렇게 숱했나?
움켜쥐면 바스러지는 잔해이다.
TV 신화 속은 제우스가 죽었고 '내 남편 피트가 나를
원할 때 내가 섹시하다' 우문현답하는 붉은 입술 두꺼운 안젤리나
졸리가 헤라이고 아프로디테이고 메티스, 테미스, 에우리노메,
데메테르, 므네모시네, 레토 등 전처들 여신의 흉물을
완전히 벗은 여성 니오베. 이오, 에우로페, 세멜레, 다나에,
레다, 알크메네이고 남성 가니메데이고.

예상 문제집

목판 인쇄는
판형이 구문이고 내용이다.
장삿속 밝은 네덜란드인들이 용감무쌍한 야만과
교역의 바이킹족을 처음 접했을 때 정도는 아니고
지금 그때를 느끼는 바로 그만큼 지금
북한이 내게 불편하다.
예쁘고 세련된 자개 필통에 집어넣으면 계속 비죽비죽

튀는 정도. 종북, 친북 둘 다 내 취향이 아니지만
북한과 붙어 있는 남한에 그런 류 하나도 없다면
그게 바로 미친 나라 아닌가, 하긴 멸공이 멸균처럼
일상적으로 쓰이는
단어이던 시절이 있었지, 생각하는 정도의 불편이다.
광주 항쟁을 북한 파견 부대가 이끌었다는
주장은 터무니없지만 피비린 항쟁의 남루한 육체의
고난과 위엄이 다시 북한으로 거슬러 올라가는
연상일 수 있겠다 싶은.
핵전쟁 위협이 반복 너머 지겨움 너머 생의 엄연 자체를 해소하는,
다 죽는 것이 도무지 재앙과 무관하고 우리 위로 날아다니는 미사일
연습보다 손꼽히는 서열들 공개 처형 와중의 오류로 인한 핵폭탄
자폭이 더 걱정되는 정도의 불편이다.
한 마디로, 인접한 동족의 두 나라가 동전의 양면으로
새까맣고 우스꽝스러워 보이는.
50년대 말 북한 여자들 가난이 비루하지 않고
공장에서도 청초했다는 게 정설이었다, 지금은
60년 넘게 거슬러 오른들 믿을 수 없게 된.
평양이 무덤이다, 있지도 않았던 혁명 집단이 요란하게 죽은
모뉴멘탈리티 위용이 죽음인, 산 것들이 모두 군데군데 얼룩덜룩
고대 문명인.
어린아이들 표정이 가까스로, 마지막으로 따분하다.
북한도 어린아이가 내일의 희망이지만 인민의 생산과 교통이
혹한보다 더 삼엄하고 면이 두렵지 않은 무지의 용감한
예술이 허하고 그것을 채우는 인민 경축 행사가 더 허하다.
자본주의와 다른 각도로 인간이 어디까지 짐승일 수 있는지
보여주려는 듯, 핀 꽃들이 얼어붙어 영영 지지 않을 것 같은
영원의 가상현실이 있다. 반역자들을 모두 지운 구빨치, 신빨치
혁혁한 명단이 불길 형형하다. 붉은 약력이 남한 호적에 그어진
붉은 줄 같다. 조선민주주의인민공화국은 위대한 수령 김일성
동지… 로 전문이 시작되는 헌법이 반복의 지옥 같다, 최면의
천국 발작 없이는 지옥에서도 견딜 수 없는. 열린 대문도 고지식하고
옹졸한 국악 전문 용어 같다. 신파적인 아나운서 발성이 70년 차이
너머 낯섦의 노추 같다. 오케스트라에 오페라에 합창에

마지막 콘서트, 마지막 리사이틀이 없을 것 같다.
토스카니니의 바그너, 세라핀의 로시니, 숱한 테너 바리톤
베이스 소프라노 알토들의 슈베르트… 음악의 작별이 없다면
개인적인 석별의 정도 어색한 사치일 것 같다. 부부 이전
연인들의 은밀하고 애틋한 섹스도 벌써 공적이라서, 그렇다면
2천 년 전 일인 듯 문헌 연구 대상일 것 같다.
그러나 내 눈에 보이고 내 귀에 들리는 대로
2천5백만에 이르는 굶주린 인민이 이런 사태를
그냥 견디고 있을 리 없다.
설령 정신이 모두 마비되었다 하더라도 남은 육체 수난의
어떤 육체적 자존심이 있을 것이다.
불쌍히 여길 겨를도 없이, 학살당한 슬픔에 곧장 동참하는
슬픔의 생체 실험 같은,
저질러진 학살을 수난의 입장으로 받아들이는 슬픔의
고귀한 자존심이.
학살을 살아남은 세대가 진상 규명하고 책임자 처벌하고
죽은 자들 신원하지만 후대에게 물려줄 것은 수난이
전화한 아름다움이다.
희생된 생보다 더 우월한 후대의 생이 그것의
진정한 보답이고 더 근본적인 재발 방지라는 말과 같고,
생사가 갈렸으니 희생에 고마움을 실제로 표할 길이
산 자한테 원천 차단되어 있다는 말과도 같다.
이것이 나의 남북 '민족적'의 최소한 번역이고 여기서
내게 북한이 덜 불편해지기 시작, 어떤 미국 극비 문서
비밀 제한 해제 효과보다도 덜 불편한 수준으로 나아간다.
작고한, 그리운 사람의 목소리를 듣고 싶은
누구나 마음의 귀로 이미 듣고 있다.
남의 입을 빌려서라도 육체의 귀로 들으려는
누구나 스스로 음산을 벗기 힘들고
누구나 자기 입으로 죽은 사람의 목소리
내는 것을 두려워한다.
그래서는 안 된다.
적어도 희생자가 살지 못한 생을 우리 안에
살려내지 않으면 진짜 어른으로 성장할 기회를

우리가 스스로 저버리는 것이 된다.
잔혹 동화를 현실화하는 '김정은 동지'가 로베스피에르를
자세히 모를 수 있지만 북한 상황이 프랑스 혁명 상황의
악화보다 더 많은 테러의 명분을 미 제국주의의 최장기
사방 봉쇄와 전면 위협에 처하여 갖는다고 생각할 수 있다.
그렇게라도 이유를 추측하는 것이 더 '민족적'일 수 있다.
그리고
남북통일은 더 민족적인 것이 더 통일적이다.
목판 인쇄는
판형이 구문이고 내용이다.
그리고 그것보다 더
미래가 집단의 내용을 닮지 않고
집단의 형식이 미래를 닮아야 한다.

아폴로기아 & 포트폴리오

땜통이 와야 하거나 왔어야 할 미래 아니다.
썼어야 했을 미래에 대하여 쓰는 미래이다.
아직 목적지 없는 산보가 좀 그래서 이제는
헌책방을 가도 맘에 드는 품목들을
두 번 세 번으로 나누어 산다.
남겨둔 땜통 산보가 벌써 어두워지면 으슥한
아파트 옆구리 문 출입로를 우범지대로 피해야 한다.
땜통의 노년이 바로 견물생심의 그 물건, 애꿎은 청년을
범죄자로 만들기 십상이다.
늙으면 감각이 떨어져 **뻔뻔**해지는 문제도 있다.
내 초상화를 감히 내 면전에 꺼내 놓는다. 金正煥 詩人
1995년 9월 11일, 承鈺, 이라 적혀 있는데 그 전설적인 소설가
김승옥 맞고, 종이가 벗겨져 더욱 무늬만 나무인 고려인삼
갑 속면에 굵지 않은 유성펜으로 대충 슥삭 그린 다음
커피 물을 바르는 순서였을 거다.
25년 이상 지난 지금의, 이빨 빠져 코믹한 내 얼굴을
빼어 닮았다. 이것도 무슨 땜통의 운명 같다.

그의 것이든 나의 것이든. 또 하나 초상이 있다. '이게
더 나을 거야, 이걸 간직하라고.' 오로라 커피숍 냅킨에
슥삭슥삭 그렸는데 표정이 좀 예리하지만 한 십 년 전
너무 삭아서 뒷면 전체에 스카치테이프를 덧댔다.
더 땜통 같다. 얼굴이 아직도 앞으로 있어야 할 것들의
땜통 같고, 장차의 땜통들의 포트폴리오 같다.
전모가 죽는 자 몫이다.
나의 전모가 나의 죽음 아니고, 나의 매일 죽은 자
아니고, 나의 매일 죽는 자, 좀더 제대로, 알던 여자를
알고 읽은 책을 읽고 본 교정을 보고 파악한 극장
상징 구조를 파악하는, 이를테면 '초서에서 존슨에 이르는'
런던 혹은 잉글랜드 지도 한 장의 360년 넘는 연대기
땅따먹기에 더 이상 속지 않거나 아예 연대기 없는
문학사를 살다 문학 속을 살아 버리는 전모들의
합이 죽지 않은 나의 새로운 초록이다.
어떤 때는 황금 케이블을 흐른 전류가 스피커로 내는
더 청아한 소리가 황금한테도, 더 화려하기 위해 제 무게를 넘어서는
과오를 한 번 더 경계하는 황금의 땜통 역役이 따로 있다는 소리 같다.
화려하기로 치면 정신보다 육체가 한참 위라는 소리 같다.
참사 너머 참신한 선례의 훗날 짝퉁이 늘고
포괄의 형식과 내용은 천한 것이 아직 보이지만
천해지는 것이 이미 보이지 않는다, 그냥
포괄이지. 가장 먼저 태어나 가장 늦게 죽는 것이 바로
무명이다. 남편보다 더 오래 더 훌륭하게 산 아내들이 남편보다
연상인 아내들 못지않게 비일비재한 듯이.
노년은 노년의 생만을 포괄한다. 죽음이 정신 사나운
주목이다. 피해야겠지, 논문 형식만 남은 논문 형식, 글쓰기
훈련만 남은 글쓰기 훈련 같은 그것을.
우연이 압도적인
만남이 압도적인 자유이다.
의외로 반동적인 소리의 율동 아니라,
의미의 율동, 죽음이 오래전 번역한 명작 단편의
원문 다시 읽기 같은,
정발산, 정발산 그 역 앞에서 우리가 우연히 만난

소리 같은, 온갖 번역 과정의 빛나는 순간들의
목차가 진정한 세계 문학이라는 듯이
단테가 횡단보도 건너듯 건너고 있다, 육의 지옥을
어설픈 최신 패션으로. 피차의 사투리가 죽은 자들이고
혼쾌한 자멸을 지리할수록 생생한 사멸로 바꾸려
죽는 자들이 죽은 자들의 장소를 뻔질나게 들락거렸던 것이다.
영웅이 자멸이고 건국이 사멸이다.
투표율이 5% 미만으로 떨어지면 언론 플래시에 취한
과대망상을 정치가 벗을까? 그때 정치가 사소한 공익 봉사
차원을 회복한다. 재벌 사주들이 언론 노출을 꺼리는
이유를 모르는 정치가 경제를 감당할 수 없다.
카르타고가 로마한테 졌으니 정염도 여왕 디도의 자살을
신하의 딸 셰에라자드가 길게 늘일밖에 없다. 말씀인 대문자 신의
창세가 창세기이니 이상할 것이 없다. 문제는 찬송, 춤과 노래,
그리고 시. 왜냐면 흐트러지는 육체의 율동을 어떻게 해보려
육체를 요하는 일들이었다.
정신이 정신을 찬송하는 것이 최면이다, 줄이기는커녕 늘어지지.
또한 육체를 요하는 인간의 언어가 아름다운 변신이다.
사십몇 년 전 내가 공백이던 세상에서 유행한 노래들은 그 뒤에
알게 모르게 듣고 내가 좋아하게 되었단들 나보다 더 어린 세대
가수와 더 어린 세대 팬들 사이 유행이고 유행가이고, 나로서는
이 유행가들에 유행이 없다. 나의 공백을 내가 메꿀 수 없지만
일제, 광복, 전쟁의 유행가들로 미루어 보면 이것들이 나의 공백기를
혹시 번역은 해줄 수 있나, 재킷들의 보다 알몸이고 보다 처음인 느낌이
쌓여 알몸이라 처음이고 처음이라 알몸인 귓속말로, 음악의,
제 기억의 번역인 악보처럼? '나무들,
그때 그 나무들 같은데,' 아내와 40년 전 제주도
신혼 여행길을 걷는다, '키가 너무 작네. 아닌가?' 우리가
크지 않고 나무가 우리 만큼 오그라든 것인지도. 죽는 자의
죽은 자 여행이 죽은 자들 곱하기 죽은 자들 여행이라는 듯이.
KAL 호텔 건물 색깔 말고 그대로이고, 구 제주시에서 아직 가장
높고, 그러고 보니 걸어온 길도 호텔 실내도 색깔 말고는
그대로이고 다만 늙은 허벅지에 비데 따끈히 덥혀졌고 알몸에
일제 샤워 파워가 과격한 안마 급이다. 백포도주 대신 전복

뚝배기 도움도 받아 초야를 아주 흉하지는 않게 다시 치렀다.
바흐 음악이 잠시 원전 악기로 부드러워졌다. 아침 창밖의,
크게 달라질 것 없이 어딘가 늘 공사 중인 시가지 위에
떴다 바다, 생 아니라 생애의 바다가.
그렇다면 슬픈 노래가 더 슬퍼진다. 다시 해봐요 그 얘기,
먼 옛날의, 먼 옛날의… 먼 옛날에 아니다. 잊혔을까 보아
아니라 잃어버렸을까 보아 아니라 매일매일 잊고 잃기에
우리가 뒤늦게 매일매일 불안하게 따졌던 거다. 그렇다면
간절하게 이어진 생애가 더 간절해진다.
가난한 사람들이 잃어버리는 아이들보다
더 많은 것을 잃어버리며 우리의 생애가 이어지므로
잃어버린 아이들이 모두의 잃어버린 유년이라고
말한다면 누구에게든 위로가 되는 듯이. 만삭으로
청초한 만삭이 있는 듯이.
이야기가 영영 반복되는 이야기인 신화도, 신화의
신화인 성경도 시간을 바로 세우려는
인간의 노력인 듯이. 혹시 참혹한 죽음의 묘사가
참혹하게 죽을 수 있기 위한 마련이었다는 듯이.
일말의 균형도 없이 들쭉날쭉한 이 나이 내 몸의
균형을 잡아주는 아내와 치른 초야 재현이 동양적으로
검고 부드러운, 온전을 능가하는 보완이었다.
바깥에 연병장 관덕정 거느리고 그 안에 대문, 연못, 누각과
화장실 말고는 외관들이 숱하게 더 많은 것을 숨긴
조선 시대 제주목 관아 있고,
현재의 제주 바다를 거들 낸 듯한 동문東門 재래시장 있고
낯선 번화가 아침 대로에서 나도 담배 한 대 피워 물었다.
김선재가 보내 준 군산 명물 이성당 빵에 1910년 이즈모야,
1930년대 중반 화과점, 1980년 제과점, 2006년 '겐이치' 블루빵
맛이 전부 담겨 있다. 주문 배달에 한 달 더 걸리는 역사적
정평보다 더 중요하게 그녀가 시인이자 소설가라서이다. 오란다,
크로와상, 구운모찌팥, 설탕앙금도넛으로는 맛볼 수 없는 맛이다.
에피쿠로스로 그리스 문학을 총정리, 루크레티우스, 폭발적인
개차반 시 실험, 카툴루스, 비극이 단아한 건국 서사시, 베르길리우스,
인내와 포괄의 의미를 다한 찬가와 서정시, 호라티우스, 만개한

신세대 육욕의 비가와 변신들, 오비드… 일반 명사에 달하는
고유 명사들 사이가 이토록 밀접해서 로마 제국이 강하고
남성적이지만 더 강력한 번영의 성생활이 남녀평등일 것 같다.
김정, 이익, 광해군, 송시열, 김진구, 김춘택, 김정희, 최익현, 김윤식….
16세기~20세기 초 제주도로 유배 온 조선 신하들 나라가 조선 왕조
멸망과 동시에 멸망한다. 하루 간격도 없다. 정치에 목숨을 거는
구태의연을 벗으려는 나의 거주가 그다음 날이다. 비는 바닥이
질척여야 제격이지. 고층 아파트는 흩날리는 눈이 유배에
걸맞다. 크고 선명한 눈송이들이 녹지 않으려 저 아래
단지 정원 숲 우듬지에서 제 감각의 천라지망을 펼치고
일순 세상을 흑백이 더 아름답고 복잡하고 깊고 더 난해한,
천연의 미래를 위해 천연의 현재가 정지한 사진으로 만든다.
흑백 사진은 미래의 흑백 사진도 언제나 그 시절보다
더 빛바랜 흑백 사진인 듯, 과거의 온갖 물질성의 일순
공간화가 현재이고, 먼 훗날 지금을 복원할 필요를
지금부터 차근차근 지워나갈 필요가 있는 듯이.
보통 명사가 운명인 눈은 어느 때건
현대가 현재의 격세지감이다. 시작했기에 우리가
슬픔으로 끝날밖에 없는 유일한 운명을 애당초 벗어났다.
『아프니까 청춘이다』는 하필 교수가, 『사람아,
아프지 마라』는 하필 의사가 하면 안 되는 말이지만
그렇게 의학도 인문학 범주에 들고 21세기에는
잔학과 참혹이 마지막으로 모든 권위를 잃고 졸렬하다.
말이 처음이라 어쩔 수 없이 위대한 서사시
시대 말고는 모든 예술이 모던이고, 모든 대중문화가
포스트모던이라니? 이야기가 바로 금물이다.
예술가들이 자신의 자살로 예술의 자살을 미루는
최근 이야기야말로 졸렬 그 자체였다.
화려하지 않고 잘 짜여진 절망이 몇 있었다.
모두 갈수록 너무 오랫동안 아니라 너무 오래전에
살았고 읽는 내용이 읽은 내용이라 공백이 검다.
밟으면 안 되는 전철이 사라졌다.
끝없는 반복을 한계로 끝내 착각하는 한계가 반복된다.
인류의 가장 무거운 운명을 다룬 아이스킬로스 묘비에

마라톤 참전 용사라고만 적혀 있는 사실의 과묵이
철 지났다. 형편없이 낡았지, 개인의 극한 체험이 공공의
예술로 승화한 사실이 불러일으키는 감동은. 희극도 없이
운명이 졸렬하고 최후가 졸렬하고 현실의 실현으로
지옥의 상상력이 졸렬하다.
본토보다 강건한 식민지 씨가 마른 지 오래이고 각색과
번안과 변주와 번역이 탕진되지 않은 것은 죽음뿐이다.
왜냐면 이야기를 낳고 이야기를 낳는 이야기를 낳지만
죽음은 이야기가 아니다. 실종의 모양을 닮은 이야기의
서정성에 가깝다. 천방지축 생의 성장의, 없으면 없음의
윤곽을 드러내느라 시간을 벗고 천연을 합한 검은 장소로
서서히 변해가는 것이 죽음의 유일한 진보이고 성장이었다.
죽음이 없다면 우리가 우리의 가장 말이 많은 역사로도
탄생을 모르고 유년을 모른다.
우리가 의식 못 하는 채 죽음이 더 슬픈 것일 수 있지만 그래서
우리가 의식 못 하는 채 슬픔이 울음 우는 약자의 미인보다
더 청초하다고 느낄 수도 있다.
우리의 역사가 앞으로도 손쉬운 해결로 진전할 것이
어쩔 수 없다 해도 그것을 성장으로 착각하면 안 되지
않나? 아무리 오감에 비천하고 의식에 참혹하더라도
그때그때 구체가 그때그때 쌓이는 청초이고 그 뜻을
한 번도 느껴본 적 없는 생의 성장은 성장한 적이 없다.
그것 없이는 시대착오 없는 혁명이 불가능하다.
죽음과 생이 따로따로 신기하거나 파란만장이 파란만장의,
물질성이 물질성의, 감동이 감동의, 충격이 충격의 형식일 뿐
스파르타, 강건이 아름다운 육체가 아름다움이 강건한 육체를
이해하지 못하는 형식인. 고사와 성어 사이 아직 비문이고
어린이의 장점을 보지 못하는 어른인. 낡은 사회주의가 낡은
사회주의의 형식일밖에 없는. 그리고
봐, 단어들 팔다리가 어딘가 짧아 보이는 건
우리에게 아직 희망이 남아 있는 소리이다.
망막 벗겨진 우리가 눈꺼풀 벗겨진 것보다 훨씬 더
고통스러운 것도 모르고 말을 극복하는 말을,
스스로 어린이인지 모르는 어린이와 함께, 창조할 수

없지만 해나갈 수 있다. 자신의 무언가를
삭제하며 사용을 굳히므로 제도인 제도가
남용하는 필멸의 분량을 바로잡을 수 있다.
그런 단어들은 가능들이 이구동성으로 우는 소리다.
생명의 단속 너머 지속 의지보다 더 떨림이 육체−분명하게,
앞으로 오래 이어져갈 것이 비로소 오래전부터 이어져 온
소리이고, 나날이 새로운 장르이다. 헌책들도 멸망의
완벽이기 위해 아주 조금 제 위치를 바꾼다. 아니 꿈쩍 않고
자리의 얼개를 바로 잡는다. 미래가 끝없이 열리는
입말의 고요한 세계를 향해 스스로 옷깃 여미고
자세를 가다듬는 것과도 같이. 고전이 온갖 고전들의
콸콸 샘 솟는 일순인 듯이. 그 일순들이 쌓이는
새로운 시간으로 비로소 우리가 인류 성과의 정화인
평화에 달하는 듯이.
전쟁이 위대하게 슬픈 이야기의 미학으로 완료되고
미래 평화가 '미래가 평화'인 것을 알게 된 대중 정치가
갈수록 튼튼한 희망의 뼈대를 갖춘다, 언제나
이제부터의 일이다.
육체 기쁨의 응축으로서 목관木管의 천재 모차르트가 꾸었을
헨델 〈두 개의 목관 앙상블과 현악을 위한 협주곡들〉 악몽도
물로 사라진다. 물은 마지막 흔적도 물이다.
30년 만에 본 마누라 사촌 언니한테 미국 이민 가기 전
말끔한 YMCA 미녀 모습이 남아 있는 것은 다행이지만
그보다는 오페라 공연 구경을 다녀야겠다. 뚱뚱하고 못생긴
소프라노의 아리아가 그토록 아름답게 들리게 되는, 호메로스
『일리아드』가 면적을 심화하는 15,600여 행에, 『오디세이』가
거리를 심화하는 12,000여 행에 이르는 과정을 보는 것이
듣는 것이고 듣는 것이 보는 것이다.
유토피아는 파사드, 성들이 아무리 밀집해도 사람이 살 수 없는데
무덤이 죽은 자의 절정일 것을 우리가 무덤 바깥에서 말고 어떻게
알게 될 수 있나, 가정 비극이 그 매너리즘까지 끝난 한참 뒤이라도,
속수무책이 마구 키우는 제 크기를 알 수 없는 죽음이 자신의 형상을
자제하는 식으로 완성하지 않는다면, 편재가, 단절이, 공간을 극복하는
시간의 완성 기미들 아니라면, 잃어버린 유년이 갈수록 아름다움이

심화–확대하는, 벽이 편재하는 방식으로 극복되는 심상 아니라면, 세속이
우리를 사회적으로 더 세속화하기 전에 우리가 스스로 우리를 의학적
아니라 물리의 의식적으로, 대우주를 소우주로(거꾸로 아니라) 더
세속화하지 않는다면? 책들의 신분이 조금 더 다소곳해진다.
흐르지 않는 음악이 있다. 음악이 채우는 것은 음악의 박스가 아니지.
그런, '은, 는'의 사용이 좀 는 것 같은. 이제는 자연스레
오가는 계절이 마땅히 오간다는 뜻으로. 음악이 흐르지 않는 것은
미술이 흐르기 때문인 듯이, 색과 모양이 깊어지는
원대遠大의 자화상으로. 거기에 정말 죽음이 없다. 간혹 과도한
죽음 기피증이 스스로 죽음으로 오해될 뿐.
죽음을 그려도 죽음과 싸우느라 흘린 피가 세상을 세상과
가장 가깝게 그린 결과가 미술이고, 미술은 세상이 그림 같지 않고,
세상을 받아들이는 눈의 피투성이의 세상 응축이 미술이다.
미술은 시간의 전모가 공간 같다. 중고등학교 미술 시간에도
죽음이 없다. 가장 아름다운 것이 미술 사전, 미술의 방일 때
단어 '미술'이 비로소 완성된다. 아내의
강권에 탄 마을버스가 영등포 기차역 도착하기 전
동네 주변을 핥듯이 돈다. 평소 장 보러 다니는 코스일 터.
비 예보가 있지만 아직 아침이 화창하고 재개발 안 된 낡은
군데군데가 생계로 좀 질척하다. 재래 시장통이니까… 아직
망하지 않은 기계 부속, 공구점들 있고 포장마차 늘어났다.
모금함이 빈번히 출몰하고 노골적인 구걸도 눈에 띈다. 노동자
예술문화운동 단체 시절 낮 술판 벌이던 그 허술한 점방 옛날
그대로인 게 신화가 따로 없다. 버스 실내 아침 방송 유머는
대중의 가닥도 맥락도 없이 그냥 천박하고 다행히 승객 아무도
귀 기울여 듣지 않고, 흘려듣는 것보다 좀더 표정이 없다. 하긴
그래서 아침부터 이런 사태가 가능할 것이지만 그래서 어쩐지
2백 년 전 잉글랜드 시인들이 밥알보다 더 많던 시대 가장 어린
나이로 가장 먼저 죽을 것을 다름 아닌 자신의 창작으로 안 존
키츠가 귀를 기울이고 있을 것 같다.
왜냐면 그의 시가 가장 예민한 불안의 가장 가는 실핏줄이었다.
잉글랜드 최고 수준의 아름다움으로 좀체 누구와 비교되지 않는다.
왜냐면 아름다움의 실핏줄이 비교 대상의 아름다움을 균열시킨다.
낡은 것이 반짝일 수 없고 새로울 수 없고 정다울 수 없고

정겨울 수 없고 아침이 지옥일 수 있다. 그러나 마을버스 교통이
200년 동안 낡지 않고 새로운 키츠의 실핏줄일 수 있다.
역사 오르는 드높고 드넓은 계단이 전보다 더
뻔뻔해 보이고 전과 달리 모종의 위로로 들린다. 아내와 내가
좁게 앉은 달리는 열차 창으로 빠르게 나무들이 인간의
나이를 먹는 광경처럼 희끗희끗 흔들렸다. 대전의 둘째 아이
처제 결혼식 참석하고 뷔페 맛있게 먹고 둘 다 젊어지거나
늙어서 상경할 때도 그랬다. 내일은 시인들 주례 서러 나 혼자
시내 나갈 텐데 아내가 데리러 온다니 늦을 일 없어 벌써부터
크게 안심이지만 모처럼 찾은 내 안의 어떤 희미한 가닥을 도로
잃어버리면 영영 잃어버리는 게 아닐까 염려도 된다. 오만한
걱정이다. 내가 이미 숱한 시인들보다 숱하게 오래 살았고 없는
실핏줄의 교통을 꾸려야 한다. 갈수록 가늘어지는 실핏줄이
차창 밖에 있지 않고 내 안에 나의 죽음 속으로, 그리고 내일
결혼하는 두 시인의 미래 시집 속으로 날 수 있을 것. 왜냐면
결혼도 안 한 키츠가 26세로 죽기 전에 불안의 실핏줄로
만년 작에 달했다.
말이 늘 의미에 미달하고, 형상화가 늘 그 미달의
형상화에도 실패하지만 실패하는 그 미학이 스스로
부서지거나 부수는 과정이 바로 세우는 과정인
교통이 분명 있기는 있을 것이다,
생이 죽음의 이면이거나 연속인 것과
죽음이 생의 이면이거나 연속인 것 사이.
우리가 멸망을 두 눈으로 보지 않았을 뿐
다른 감각으로 겪은 정의와 명명과 추상과 체계의
멸망이 너무나 흔하고 그 모든 것이 보이는
유일한 상징이 섹스 없는 남근이다.
다행히 흔들리는 것들이 멸망 밖으로 흔들린다.
그것을 우리가 아직 사랑이라고 부른다.
끊임없이 사랑의 말이 스스로 사랑의 이해
너머에 있다. 사랑의 실패보다 더 위대하고 지속적인
멸망이 없다, 영원히 헤어지지 않는
폭정의 제도를 극복한다. 가끔은 발견도 발견들의
통계 속에서 재발견되는 발견이라는 거,

괜찮은 보험 아닌가?
살생과 환희의 언어가 희박하다. 발견도 위장, 두려움의
언어가 짙고, 굳은 것은 계속 더 굳다가 연극의
가면이 탈각될밖에 없다. 그렇게 가장 가까운 사전을
가장 가까이 쌓아 놓을밖에 없다.
유럽이라는 말, 동유럽과 서유럽을 합하면 굉장하고
거기에 북유럽과 남유럽을 더 합하면 아연
현악 사중주 아다지오 스산한 중유럽이 블랙홀 같고,
비로소 이탈리아, 독일, 프랑스와 바다 건너 영국, 그리고
러시아의 반보다 더 중요한 나라들의 그 후가 있을 것
같고, 그것이 역사가 피비린 이유이자 보상일 것 같지,
않나? EU가 아직 그 점의 가상현실에 불과하다.
언어의 지리학을 신화화하는 사랑일 수 있다. 연습의
생생이 가장 광활할 수 있다. 아픔이 제도를 벗고 참으로
아플 수 있다. 춤의 언어가 침묵일 때까지, 침묵이 흑백
제록스에 묻은 마지막 비린내를 수습하는 장식일 때까지
기다릴 수 있다.
동양이 내 몸 뒤로 뒤늦은 사내처럼 밀고 들어와
들락거리지 않고 하는 것 같지만 장식은
가장 약소한 에피소드를 어떤 그림으로 완성하느냐의
문제이다. 장식은 장식품의 장식이고 끝없이
축소되는 축소의 완성보다 더 작은 완성품이다. 급기야
내가 만져볼 생각이 없다. 장식도 다가올 생각 없이
나를 바라만 보고 있다. 바라만 보고 있음이 장식이고
장식품일 때까지 바라만 보고 있음이 바라만 보고 있음을
바라만 보고 있다. 살아 있는 것이 서로의
죽음 건너편을 공유하는 일인 듯이.
금은보석 이야기도 디자인도 썻은 듯 없다. 없음의 이야기
없고 없음의 디자인 가까스로 있다, 공유의 모양처럼.
생을 별도로 느끼기 위해 신화를 극복하는 감각 총체
예술의 지리학적 온전이 성장한다. 동화 삽화에서
동화가 새로 시작되고 이야기가 잔혹을 일로 겪으며
감각이 감각이라는 총체에 달하는, 성장이 성장의
미학이고 미래인 이야기였다.

없음으로 가장 앞서 있던 것이 지금도 가장 앞서 있다.
그것을 우리가 물려받지 않고, 그것보다 더 없음으로
그것보다 더 앞서간다. 가지 않는 것이 생의, 그리고
생의 생인 죽음의 발목인 감각을 자른다. 미달하는 감각이
잔혹을 겪지 않고 바로 잔혹이고 미달이 너무 크므로
우리가 미미할밖에 없는 우리의 고통으로 가장 앞선
없음을 가시화하면서 더 앞서간다. 누구나 온몸으로 가야
하지 않고, 온몸으로 가는 중이다. 온몸으로 가는 중인
누구나 온몸으로 가는 중인 의미의 천박화가 문제이다.
부활이 이야기의 서바이벌 아니라 이야기의 이야기이다,
쓸모 없어진 참고 자료의 발견과 같은 류의. 이를테면
절망이 너무 깊숙이 개입한 결과가 원인처럼 보이는
현상이 있을 수 있다. 현실보다 천한 TV 시사와 그보다
천한 해설과 그보다 천한 광고를 5분까지 시청하지 않아도
내가 더 천해지는 사태만은 피하려는, 시의 길이로 시의 깊이를
파려는 나의 노력이 고사성어적으로 무산되는 것도 일종의
없음이다. 금단 현상도 없다. 경외(敬外)이다, 부활이.
비트겐슈타인, 인류보다 오래 살아남는 것이 예수일밖에
없을 것 같은 지상에서, 논리의 해체–재구성이 철학의 철학자
흑백 사진으로의 그것과 결국 같아진다는 말이지. 철학이
철학의 흑백 사진으로 흑백을 극복할밖에 없고 예수가 소원대로
죽으려면 우매한 인간의 우매한 천국 소망보다 중요하게
예수로 사태가 분명하고 간명해지는 재미가 포기되고
3D 천지창조 노동이 중단되어야 한다는, 피 흘리는 십자가
수난의 총천연색, 노추 욕망이 극복되어야 한다는 소리이다.
인류 멸망과 예수 사망 후 언어가 이어지는 사태가
적지 않고 작지 않게 바람직하다는 소리이고.
표지보다 멋없는, 그러니 더 용서가 안 되는 재킷들도 벗겨서
따로 겹쳐두었다가 2~3년 만에 만나게 되면 펼쳐 보는 것이 손으로
쓰다듬는 것 같다. 책들도 이렇게 어떻게든 고독을 표현하느라
안간힘을 쓴다…. 원인 없는 생각에 묻어난다, 물질적인 고독이.
누구든 그것밖에는 지상에 남을 것이 없어 보이고 경험의 의미가
단어화하는 과정의 광경의 화석보다 더 오래되어 보일 정도로
물질적인 고독이다. 저열한 것들을 먹여 살리는 것이 더 저열한 것들

뿐이라는 원초 발설의 물질인 고독이다. 경제가 중력을 벗은 지 오래이다.
유통이 훨훨 난다는 말도 낡았고, 경제가 땅에서 시작되었다는 사실이
믿어지지 않는다. 알파고가 바둑 고수를 바둑으로 이긴 것에 경악하는
사람들 표정이 고대 그리스 비극 가면 같아서 고대 그리스 희극 가면 같다.
새로운 이론이 성립되는 순간 뒤늦어 그 자체가
낡은 중력일 터. 경제가 바로 무서운 속도로 발전하는 기계의
인공지능이다. 최종적으로는 인공지능이 인간을 인간화한다고?
마르크스가 마르크스 경제학 용어의 언어도단에 달하는, 혹은
정치 이전투구 무게가 경제를 대신하는 위로가 레닌이 나기는
난 놈이라는 마초 콤플렉스를 낳는 이야기가 이어지지 않고
이야기는 이어진다.
잠에서 깨면 아침이고 마누라가 집에 없다. 맞아, 요가 강습
다니지… 아무래도 내 뇌는 그게 못마땅한 모양. 아침마다
그 사실을 까먹는다. 육체 혐오가 치매 걱정이고 뇌의 요가와
등산과 음악이 치매 직방이다. 필요한 것은 나날이 새로운 뇌의
육체이다. 가련한 누이를 닮은 음악이 죽어서도 연주된다.
선율이 고요할수록 다양한 색깔 내음이 진해진다. 죽은 자
자화상들 수심이 깊어 간다. 그 사이 내가 있다. 네가 나인지
내가 너인지 모르는 이유가 없지만 슬프다. 사랑의 슬픔이
아무리 깊어도 슬픈 나밖에 없다. 너여, 너여, 너여, 아무리
몸으로 외쳐 불러도 내가 나를 부르는 소리에 지나지 않고
그 육화에 미달하므로 너도 네 밖으로 슬퍼하지 않는다.
천박하지 않고 천박해지려 하지 않고 최대한
대중적인 슬픔이 그때그때 시작되므로 그때그때
끝나는 그때그때가 지금 없는 너일 수 있다.
슬픔이 육체를 적시지 않고 육체보다 더 육체적인 슬픔의
육체가 육체를 통과하고 있는 거다, 통과보다 진행에 더
슬픔의 육체적인 방점을 찍으며 무기巫氣를 벗는
사랑 노래가 늘 지상에서 마지막 노래이다.
너무 멀리 온 것이 너무 숨겨진 것은 아니다. 알파고가
이긴 것은 바둑이지 바둑에 얽힌 이야기는 하나도
모르고 이야기는 하는 것이지 가르쳐주는 것이 아니다.
알파고가 알파고 이야기를 이길 수 없다. 자본주의 이야기를
이기는 자본주의를 우리가 끝내 극복 못 한다면 우리를

이길 숱한 것들 가운데 알파고는 양반일 것이다.
약어 체계가 언어보다 더 복잡해질 가능성은 없다. 언어가
또한 언어 이야기를 이기는 까닭이다. 뉘앙스는 인간이 인간
이상以上에 달하는 언어 이야기이다. IBM이 컴퓨터 회사라
오히려 아주 **빠르게** 낡은 뉘앙스 아냐? 약력과 대표작들만
나열해도 곧장 피가 물보다 진한 경지에 달한 적이 없다는 거,
슬픔을 모르는 컴퓨터의 슬픈 사정이다.
눈에 보이는 것이 모두 계량화할 수 있다.
눈에 보이는 산수화山水畵가 산수화算數化일 수 있다.
아주 오래전 아주 홀로 아주 많이 들여다본, 아주 작은
글자와 아주아주 작은 글자만 있는 대문짝만 한 단행본
콜럼비아 백과대사전 생각난다. 낡은 헝겊 장정이 헤어지다가
가운데 커다란 구멍을 냈지만 속은 3단으로 나뉘어 원고지
45장 분량을 담은 쪽 수가 2천을 넘으니, 내용에 아무도 손댄 적
없는 것 같았다. 거대한 사전을 ABC 순서로 읽으면 내용이
ABC로 해체된다. 책이 감방 같고 읽는 것이 징역 같고 그게
편해진다. 아주 오랜 세월의 거리로 눈에 선하다.
인용으로 문장의 상투를 벗기려는 도로徒勞 같고 내가
물려준 유산을 내가 상속받는 것 같고, 너무 오래 지속되어
할 수 없이 낡은 번영에 할 수 없이 늙은 대영제국 빅토리아
여왕 시대 같기도 하다.
메모리 단속斷續으로 끊임없이 완벽에 달하려는
컴퓨터 노력이 인간 연산의 손을 벗어나지만 존재
단속의 의미를 끊임없이 심화-확장하는 인간 누구나
한발 앞서 죽음에로 수렴되는 아름다움이고 자신의
길고 짧은 단속 생애가 신기원이다, 확인 재확인의.
생이 연산하는 죽음이 유토피아고 천국과 지옥이므로
죽음이 연산하는 생애를 형상화하느라 아름다움이
눈에 안 보이게 아름답고 귀에 안 들리게 아름답고
만질 수 없게 아름답다, 무한 애쓰는 컴퓨터 노력들을
무한 좁혀지는 한 끝 차이로 포즈화하면서. 흉한 것은
삽입이 아니라 수학적 쾌락이고 하향 평준화가
다양할 수 없다. 전쟁조차 언제나 죽음을 두려워하는
인간이 일으키는 죽음을 두려워하는 전쟁이다.

모호하다는 사실만 분명해진다. 다행히 내가 전공한
셸리만 아직도 미완이라서 위대하다. 키츠 시가 짧은
생애를 아예 응축했으니 시로서는 그만한 완성이 없고
바이런 시는 아무래도 재능을 다 까먹고 죽은 늙은
요절이니… 내 생애 영문학 공부가 그렇게 미래 지향의
마침표를 찍는다.
일단 찍는다. 왜냐면 일단 한국어로 하는 문학이
분명해지지 않았나, 모호한 문학이 모호할수록
분명한 분명이 분명 모종의 온몸 도래를 뜻하지 않나?
온몸이 온몸의 도래에 마구 휘둘리고 싶어진다.
우리가 우리의 구체를 아직 0.001%도 파악하지 못한
느낌이 생의 환호작약이라는 듯이.
피 철철 흘리는 날개가 오르페우스 숲 짐승 집단 피살과
오디세우스 가정 집단 살육이 클라이맥스인 최초
오페라들에도 없다.
우주의 신비는 탄생의 두려움, 태어난
사실의 공포이다. 한없이 낡아서
삭은 쪽이 따스한 포켓판 백과사전이 치료 약이다. 전설의
여배우들이 전설보다 덜 예쁜, 아니 의외로 상당히 평범한.
음악의 사진도 봐줄 만한.
『고적송원간공성명색인古籍宋元刊工姓名索引』을 내가
읽고 있지 않다. 인쇄 직공들이 그들 이름을 내 뇌리에 새기고 있다.
세뇌 아니라 건설이다, 노동 명분의.

여성이고 언어이고 미래

여성이 눈에 보이는 시작인 것이
눈에 안 보이는 미래인 구체이다. 너그러운, 흔들리는
내음이 가장 야시시한 일본 여성사대사전으로도
이룰 수 없는 온몸, 역사 전체에 녹아든. 이성이
독재에 이르지 않는다. 여성을 모르는 진리가 이미
슬픈 독재일 뿐. 개점보다 더 불어터진 속담, 격언, 기타
인용구들은 말할 것도 없다. 파고들수록 앞당겨지는

역사의 연장선상에서 우리의 생이 짧아지기는커녕
갈수록 기분 좋게 복잡한 미로가 된다. 아무리
헤매더라도 미로의 미로화가 온몸이 다시 구체화하는
방향이다. 교양의 허를 찌르지 않는 통섭이 산적을 모른다.
구체인 방향이 구체적인 삼라만상보다 한참 나중인 것을
언어 이전 통섭의 시작인 신화가 시작부터 모른다. 우리가
그냥 가다듬어 말하고 더 가다듬어 쓰는 언어가 자진해서
죽은 듯 한참 뒤 문법이 문법의, 억양이 억양의, 뉘앙스가
뉘앙스의 미로를 파고들려 펼치고 펼치려 파고드는 광경을
우리가 본의 아니게 죽은 듯 언뜻언뜻 보게 될 것이다.
죽음의 절규가 보이지 않는 공간이고 들리지 않는 시간인
것만으로도 그렇다. 생략과 왜곡조차 경제 법칙을 과거화
방식으로 능가하는 언어 법칙을 열림 방식으로 능가하는
구체가 있다. 구체가 형식이고 열림이 내용이라서 보이지
않는 언어는 우리가 우리도 모르게 발설하거나 공들여 적지
않아도 매번 갱신되고 갱신이 재탄생에 재탄생이 탄생에
끊임없이 달하려 하므로 언뜻언뜻 보이는 것이 들리는, 처음
부터 미래라는 형상화를 계속 형상화하는 방식으로 이루는,
처음부터 형상화이고 미로이고 방향인 여성이고 언어이다.
죽음 있고 수 없이 생의 의미의 번역인, 절망이 고전 형식을
심화하는, 없는 나의 딸이 내 마음에 헤이안 시대 인주
자국으로 묻어나는, 나의 여성이 미래이기 전에 미래가
나의 여성인. 아니라면 과거가 난해보다 더 괴기스러울
거였다. 진혼곡 아니라 탄식이 파란만장하게 저문다. 우리가
우리 몫의 계몽을 다스린다. 현재와 미래의 자초지종을
찾아서 우리가 역사를 뒤지기 전에 역사가 두서없이 쏟아져
설득해 준다, 우리 생애 윤곽이 흠해 보이는 것이 우리의
지금 참신이라는 것을. 늙는 일이 가장 참신하다.
유체 이탈의 트위터 광장과 정반대인 미로고 방향이지.
작자 미상인 작품 제목이 오랜 시간 지나 작자 이름이 되고
조각 작품 수가 회화보다 많은 근거가 색인처럼 들끓어도
본질 너머로 하나인, 근거 아니라 근거의 근거가 결과인,
문화재도 궁궐도 숱한 후궁도 깊은 후궁의 알몸도 섹스도
씨받이도 열 배 더 강한 요분질도 모두 남성인 동안 형성의

최종인, 그래서 끊어지는 남성의 이어지는 육체적 사랑
이야기에서부터 벌써 영원한, 누구나 거룩한 탄생이 세속의
시작인 여성이고 언어이다.
아침이 기묘히 상쾌한 바로크 현악 합주 협주곡, 가능한 한
흔쾌하고 떳떳한 '은, 는'으로 시작하니 '은, 는'이 비판을
'을, 를'이 공격을 단도직입하던 나의 습관이 더 먼저였나,
'비판적 지성'이 결국 호전 본능에 지나지 않던 그때가?
본능에 준열한 꾸지람이 필요한 것을 본능이 스스로 참혹의
감각으로 알지만 지성에 꾸준한 연습이 필요하다는 것을
지성이 뼈저린 실패도 모른다. 발가락들이 연습 꾸지람으로
섹시하고 나의 악몽이, 나의 과로가 나로 인한 과로라는 꾸지람
연습이다.
귀의 소리 기억이 가장 민감하고
오래 가지. 소리를 멀리, 귀의 언어로 바꾸는데
어찌나 먼지 반의어가 없다.
베토벤은 주정할 자격이 있다. 모차르트는 말짱한 정신이
바로 오도방정일 자격이 있다. 우리가 그 접점에 있고 우리는
접점의 깊이를 파고든다. 잉글랜드 북쪽 살던
앵글족이 브리튼이고 앵글로색슨이 원래 남쪽 사는 색슨족을
뜻한 차이의 오묘가 이제 와서 한꺼번에 감동적이다.
그것으로 베토벤과 모차르트 음악을 듣는 동안 우리가 모두
두 겹 뒤늦은 세 겹 주인공이다, 작곡하고 연주하고 듣는,
그리고 말할 수 있다, 서로 다르게 늙어가는 교향곡으로.
시가 역사를 돌출시키며 아무리 뾰족하게 그려도
뾰족의 자태를 흩트리지 않는,
최대한 집중해도 한 여성이 있지 않고 최대한 집중이 여성인,
형용사로 안착하지 않고 끝없이 형용의 진행을 심화하는
명사의 기적인, 아무리 슬퍼도 한 여인을 따라 울지 않는
여성이고 언어이다.
얼마나 많은 생들이 사라졌는지 알 수 없는 지상이
지하보다 아름다운,
남한이 자본주의보다 더 타락하고 북한이 현대보다
더 기괴한, 단순할수록 끔찍한 공포를 응집하는
근거이고 가능이고 증거이고 여성이고 언어이다.

임신도 유년도 최후의 심판만 있고 전망이 재앙이더라도,
가장 응축된 서정에 묻어나는 가장 희미한 서사를
마저 지우는, 모든 있던 것을 모든 있을밖에 없던 것으로 만드는,
죽음인, 죽음이 죽음의 음악이고 미래가 그 산문 문체인, 마침내
우리 모두가 여성인, 세속화하는 거룩이 세속의 천박화를
수습하는, 희망의 체계가 안 보이는 그물의 보이는 그물눈인
여성이고 언어이다.
자연보다 더 자연스러운 것이 초자연이다.
온몸이 온몸으로 가는 것을
지켜보지 않고 온몸으로 가면서 느낀다.
하늘이 될 수 있는 대로 평지를 실로폰처럼
연주하는 것처럼 우리도 골라서 조율하듯
다녀야 한다. 규모가 옹졸한 희망이 사나운 절망을 낳고
그것이 희망을 더 옹졸하게 만들고 절망보다 못 한 희망이
꼭 묻는다, 절망보다 나은 희망이 꼭 있어야 되나?
그럴 소지가 전혀 없을 때까지는 하늘이 남성일밖에 없다.
우리가 '이왕 태어날 거 탄생을 자꾸 미룰 필요가 있나?' 묻지
않고 '이왕 태어난 거 탄생을 자꾸 미룰 필요가 있나?' 묻기 전에는.
얼마 안 된 21세기가 너무 변하여, 연결된 20세기가 아주
고정적으로 보인다, 양차 세계대전이 두 개의, 과학과 비참의
말뚝 같고 바벨탑 같다. 바흐가 새끼를 어찌나 많이 깠는지
가계도가 잉글랜드에 도달, 막내 요한 크리스찬이 1762년
런던에 정착하고 게인즈버러가 그의 초상화를 그리고, 1621년
뇌물수수죄로 공직 경력이 끝장난 후에 비로소 베이컨이
연구와 집필에 몰두한다. 그리고 대문자 신 없는 서양 중세만큼
다사다난이 **삐뚤삐뚤**하고 실용적이고 다채로운 장소도 없다.
대문자 신이 까닭이다.
내가 까닭 없이 산보하는 까닭이
내 나이 육십이 넘어서인지 대문자 신이 죽어서인지
양자택일보다 더
애써 죽인 신을 다시 살려낼 수 없으니 다시 살려낼
필요가 없는 것에 가깝다.
양차 세계대전보다 더 무거운 인명 살상의 무게로
죽어버린 혁명의 성공을 다시 살려내면 안 되는

자명한 까닭도 있다.
땜통은 희망이 제 소원을 이룰 때까지 자신의 절망적인
크기에 절망하지 않는 살림을 꾸려 나갈밖에 없다는 거.
천지창조가, 모방이 놀이이고, 인간의 시간이 고역이다.
새로움이, 역사가 지친 지 오래인 것이 분명하다.
산보가 뒤늦은 마음에 다름 아니다.
김정헌 개인전은 제목 '생각의 그림 — 그림의 생각'보다
부제가 더 좋다. '불편한, 불온한, 불후의, 불륜의… 그냥
명작전'. 해방 직후 난립한 군소 민의원 후보들 유세처럼
약소하고 누추한 오프닝 행사가 우리끼리 얼마든지
역사적이다, 내가 읽은 미술사 책들에 없으니. '역사적'이
'불후의'보다 한 수 위 아냐? 쌀쌀한 날의 야외에 차린
조촐한 뷔페가 그래서 실내의 제사 음식보다 차지 않다.
명작이 역사보다 뒤늦은 산보이기도 하다.
'죽느냐 사느냐'가 시작하는 30행으로 에브리맨의 생애를
보다 역동적으로 응축한 독백이 단 한 개 단어로 표현되는
사전의 기적이 있을 수 있다. 거리가 젊음으로 좀더
미끈할 것이다. 우리의 아름다운 노래가 그들에게
아귀다툼으로 들리는 역전이, 연대를 중계하는 무명이
유명을 능가하는 약진이 있을 수 있다. 어느새 트럼펫도
겸손히 화합에 든 순간, 이상한 중세 이름 단테가 지옥도
연옥도 천국도 없이 이상하게 빛나는 이름의
여성이고 언어일 수 있다.

늙음이고 반짝임이고 미래

자기도 모르게 묻는 눈동자가 자기도 모르게 전보다
더 반짝인다. 다정이 끝내 난잡하지 않으려 서정적이다.
막간의 육덕 좋은 튜바도 베토벤 교향곡 전곡의 생애를
체화하느라 우여곡절이 흔적 없이 사라졌다.
비극이 다 살아버린 늙은 세대 것이 아닌 클라리넷 소리가
위대한 비극을 대로 물리려는 치매를 예방한다. 바순은
고대 로마 원로원이 이제야 석고 피부를 벗고 염문과 추문

없이 제대로 늙어가는 소리이고, 아주 먼 옛날 누가 복사꽃 뺨
붉은 처녀와 바람나는 것 같은 바이올린 소리 귀 밖으로
아주 멀고, 내복의 체온을 닮은 비올라 소리가, 무책임한
랭보 죽은 랭보 언어의 참혹을 마지막으로 벗고, 말라르메
죽은 말라르메 언어 뜻의 유리를 입지 않아도 된다.
붉게 시작되어 붉게 끝나던 모든 자살이 이제
빨강의 자살만 남는다.
늙음의 물질이 늘 실제보다 먼저이다.
늙은 제국이 늘 멸망하고 늙음이 자신의 색깔과 형체와
냄새로, 아무것도 없는 시간의 정복에 나서는
상태가 강건한 평화이다.
선대가 후대에게 끊임없이 배우는 방법을 후대에게
갈수록 앞당겨 가르치는 것이 가장 번잡한, 시간을 배우지 않고
가르치는 것이 가장 느긋하고 명징한, 늙음의 일과이다. 육체
배설 없는 치매가 가장 고결한 소망이다. 모든 멸망이 긴 시간을
요하지만 멸망의 확인을 위해 더 많은 시간이 드는 사실만큼
늙음의 윤리에 위배되는 것이 없다. 늙음은 단절이 시간으로
구현되는 시간이다. 생각할수록 생이 난해한 기쁨이고 종교의
영원이 기관인 시간이다. 가창이 꺾지 않고(늙음은 꺾는 것이
꺾이는 것) 어딘가 새 나가서 혼쾌한 느낌의 긴 곡선이
교묘를 절묘로 끌어올리는 기쁨의. 반대 위치들이 무사히
허물어지는 흐름이 미래 자연의 드라마인.
젊은것들 보기에도 이상에 섬뜩이 몽유에 몽유병이 없다.
몽유의 말 없는 미녀 웃음이 섬뜩의 무장을 해제시킨다. 늙음의
주장들이 갈수록 의문부호로 미래를 향한다. 신데렐라가
어떻게 부엌데기로 돌아갈 수 있나? 어른들이 어떻게 철딱서니
없을 수 있나? 군대 경험 한없이 부풀려 얘기하는 재주 말고,
남녀 관계가 서정으로 서정이 남녀 관계로 더 혼탁해진 결과 말고
뭐가 있었나? 그런 시절이 있었다는 게 말이 되지 않는다.
자살, 의도적인 단절로 자신을 갱신해야 서정적인 서정이
수천 년 어영부영 개개어 급기야 복수가 늙음의, 있지도 않은
대대를 참칭하는 서정의 악화에 이르렀던 것이 믿기지 않는다.
까닭은 음악을 음악 이상으로 극복하지 못한 것보다, 음악을
지향한 것보다, 음악보다, 단절의 죽음보다 몇 음 더 아래

단절이 없으므로 박자밖에 없는, 죽음의 일기였다.
그 일기 지금도 쓰인다. 음악의 모든 기회인 사람을 버리고
가장 낡은 악기보다 더 낡은 일기이다.
그런데, 그러니
악기 음악보다 더 우스꽝스러운 늙음이 테너의 높이로
부조리 균열의 깊이를 감당하면서 기악보다 더
즐겁게 의인화하는 여기가 벌써 지옥이냐?
지옥이 최소한 천국보다 더 고등한 동물 상상력의
산물인 거 맞다. 지옥의 두려움 아니라 구조 상상이 치매
예방에 천국 상상보다 훨씬 더 효과적이다. 하지만 최선은
늙음이 각자 늙음의 더 늙음을 '도처'의 뜻으로 상상하는
일이다. 무의미를 유일하게 극복하는 것이 늙음이라는
자유이다, 묵시를 지우는 앞당김. 이 막강한 잔여 육감, 나의
뿌리처럼 깊은 곳에서 내 것이 아닌 듯이 밀려오는. 어떤
시대 양식도 없이 풍만한 화사가 어느새 까닭을 보이지 않는
젖가슴으로 보이지 않게 품었으므로 색깔이 색깔을, 모양이
모양을, 윤곽이 윤곽을, 가장 가는 선線이 가장 가는 선을
넘치며, 거룩이 처음부터 거룩의 기이한 높이와 무관한.
매료, 정물의, 내가 합당하기 위하여 내 안에서 한없이
내려가는 것이 내 밖으로 한없이 올라가는 것이라서 누군가
몸을, 출렁일밖에 없는. 누군가 몸이라서 소프라노,
소프라노, 소프라노, 갈라지며 짙어지는,
죽은 사람 더 죽고 산 사람 더 살아 있을 뿐 목소리,
그 많던 이름들 다 어디로 갔느냐 묻는 단 하나인
목소리일밖에 없는.
새로운 것이 미래와 너무나 밀접한 상관이 있다 해도
미래에서 오지 않는다. 귀가 열리는 음악이라면
천년 전이 천년만큼 총천연색으로 새로울 수 있다.
망가지는 것들이라면 망가지는 관성도 골격도 확연도,
대비도 우월도 새로울 수 있다.
정체 바깥으로 흔들려야 제 정체를 아는
투명이, 늙는 지상의 언어로 아름다움의 다음 단계를
보여줄 수 있어 보인다. 가능 세계? 가능이 세계이고
세계가 가능이려면 분명 많이 헷갈려야 한다, 마지막이

마지막의 마지막으로 수렴되는 한 생이 멸망이거나
멸망이 없고. 내가 밟아 죽인 벌레들한테 내 발이
나는 창피하다. 얼마나 어이없었겠나, 몸집이 아주 작으니
제풀에 놀라 장대하게 허상을 키운 공포를 겪기도 전에
마지막 수렴 없이 압살당하며?
대체로 짓밟는 줄 모르고 짓밟았기에 내 발, 정처가 없고
대체로 모든 발들이 그래서 발들이다.
그 사실이 중력이다. 그래서 바다를 헤엄치는 물고기도
공중을 나는 새도 발을 육지에 두고 온 느낌일 것 같다.
심지어 그래서 바다를 헤엄치고 공중을 나는 것 같다.
그렇게 명징한 곤욕이 다시 없을 것 같고 명징이 벌써
투명의 다음 단계이다, 가져갈 주체 없고 놓고 갈 객체 있어
더욱 명징한. 꼭 발굴을 해봐야 아나? 문제는 헬레네가
미인인 거 아니고 남의 마누라인 거 아니고 그녀를 꼬셔서
데려간 거 아니고 데려간 곳이 전쟁 벌일 만큼 가까웠다. 역사를
설명하려고 신화가 창조된다. 신화를 확인하려고 역사가
뒤늦게 벌어지지 않는다. 이왕 창조된 신화가 스스로
흥미진진하려고 전쟁의 거리를 늘인다. 신화-공간-젊음의
장이다. 오디세우스가 전쟁 끝나고도 쓸데없이 십 년을
방황, 그 거리를 심화한다. 신화-시간-늙음의 장이다.
진리가 발굴된다는 편견을 버리고 늙음이 자신의 장차
더 늙음을 앞당겨 파고든다, 진리 너머 임종인 늙음의
신화 준비, 농담 속으로. 이를테면 노아의 방주 발굴이 홍수
재앙을 부를 수 있다. 배경이 아직 고대 오리엔트인데
자본주의가 형편없는 농담이고 형편없는 농담이 형편없는
농담의 형편없는 입증일 수 있는 방식으로 어느새 해체
이후일 수 있다. 자본주의가 늙음으로써 해체될 수 있는
진담의 신화가 있다. 그렇게 말고는 해체될 수 없는,
젊음보다 생생한 비극이 탄생할 수 있다.
아내가 끓여준 에스프레소 커피만큼의 애정과
검정의 쓴맛이 남은 아침이고 늙음이다. 우리가 적어도 현재를
생각하는 게 과거를 생각하는 것인지 과거를 생각하는 게 현재를
생각하는 것인지 헷갈리는 정도로는 헷갈려야 한다. 이 땅
이 산 이 바다가 그 땅 그 산 그 바다인지. 갈수록 마음 놓고

논지가 흐트러지는 해설의 총체 아니고 총체성과 같다.
옛날로 갈수록 생이 이전에 대한 그런 해설이지만 그것을
해설에 불과했다고 할 수 없다. 해설을 앞당겨 죽음이 생의
그런 해설이고, 해설에 불과하다고 할 수 없다. 해설을 앞당겨
시는 사는 일이 쓰는 일이고 쓰는 일이 사는 일임을 입증하는
보편에 달하고, '입증하므로 보편'과 본질적으로 다른 것이
우리가 벌써 그런 해설을 겪었다는 뜻이기도 하다.
빠르게 다양하게 늘어난 분명한 헷갈림들이 나무
형상은 물론 어떤 비유에도 달하지 않아서 다행이다.
직역이 직역이니 문학 번역 아니고 의역이 의역이니 문학
번역 아니고, 원전이 벌써 번역이고 번역의 번역이 끝까지
번역인 사실이 마침내 응축보다 더 총체화 너머
총체할 앞당김을 더 앞당기는 해설을 뜻할 수 있다.
오랜 숙원이던 헌책(실내 SP, LP, CD, MP3 기가바이트에서
내 귀로 흘러드는 음악도 헌책이다)들 정리를 내용의
애매모호가 조금 더 애매모호한 쪽으로 끝마쳤다.
내가 앞으로 구입하는 헌책들이 나의 여생을 앞당겨,
더 애매모호해지는 방향으로 해석할 것이 좀더 분명하다.
이제야 알겠다, 나의 중단된 작업들이 왜 중단되었는지,
그게 맞는 건지. 이를테면 대표적 소리글자인 한글의
소리 분류 어린이 국어사전이 ㄱ 항목에서 원고지 3천 매에
이르러 중단되었다. 전부 쓰면 통상 5천 매로 족한 어린이
국어사전이 2만 매를 넘어서리라는 예상 통계 때문만은
아니었다. 내가 A부터 Z까지 샅샅이 읽은 사전이 적지 않지만
얇은 잡학사전도 갈수록 재미나지는 않았다. 어학사전은 처음부터
참조용이지 독파할 것이 아니다. 그렇다 내가 독파할 만한
어린이 국어사전을 만들려 했고 중복 없는 나의 독파가 ㄱ 항목에서
완료되었다. 그럴 리 없지만 나의 작업이 어떻게든 이어질 것이면
중단의 완료의 다시 새로운 시작, 번역과 밀접한 관계일 것이다.
ㄱ에서 ㅎ까지 독파의 일순인
늙음이 지금보다 더 나은, 애매모호 더 깊어진 수준일 것,
헷갈림이 풍성의 완숙에 이를 것이 벌써 분명하다. 글쓰기가
악보 없는 공연에 달하는 때가 있기는 있을 것이다. 분명
각자 늙음이 각자 죽음 전에 있고 죽음 뒤에 이어질 것이다,

죽음의 늙음으로.
선거가 소중한 내 한 표 행사 아니라 내 한 표가 정말로
소중해질 때까지 가는 선거일 때 있을 것이다. 그리고 소중한
내 한 표 이어지지 않고 한 표가 소중해지는 선거가 이어진다.
속 시원히 밝힐 날이 그보다 먼저 오기는 온다. 무시당하지
않는 것보다, 가상현실이나마 말짱 도루묵 되지 않는 일이
먼저이다. 사 온 헌책들을 펼쳐 보는 일이 자꾸 미뤄진다. 우선과
대강이 이제는 별 재미가 없다. 앉아서도 내가 가고 모든 것이
샅샅이 나와 함께 가는 것이 나날인, 신예의 새 책 독서 너머
새 책의 신예 그 자체인 때가 분명 있기는 있을 것이다.
인터넷 연결선이 형편없이 낡아 그 옆으로는 아내의
과격한 진공청소기도 접근을 꺼리고 윙윙 소리 줄지만
펼치지 않은 헌책 내용이 훤히 들여다보이기 전에.
있어서 좋은 걸로 모자라고 없어서 안 되는 걸로 모자라다.
없는 것을 상상도 할 수 없는 걸로 모자라고 있는 게 너무나
자연스러워 남들이 있는 줄 모르는 걸로 모자라다.
스스로 있는 줄 모르는 늙음이 스스로 있는 날 있을 것이다.
보면 볼수록 잘 쓴 책은 관용의 물질인 늙음이 젊었을 적
읽었던 책을 다시 읽지 않고 새로 읽는 책이지. 때로는 늙음
다음의 젊음이 젊음의 용어로 늙음보다 더 늙은 것을
확인하는 관용이고 책이다.
아예 챙겨놓고 아무리 들어도 매번 반가운 음악이
언제나 엉뚱한 대목에서 튀어나온 도약으로 흐른다,
'만나서 반갑다' 소리 같다. 음악 CD 종이 박스들을
바깥으로 진열한 나무 박스가 보통 복합 명사 '나무 박스'에
달하는 것은 음악의 시간들이 진열될 때 아니라 진열이
간혹 아주 조금 숨겨질 때이고 그때마다 음악의 흐름은
온갖 보이지 않던, 보면 알 수 있는 윤곽의 윤곽 이전들의
한꺼번 등장이 퇴장 같고 한꺼번 퇴장이 등장 같다.
음악이 없었다면 CD 종이 박스는 물론 나무 박스도 보통
명사도 없고 고유 명사의 이름만 있었을 것 같고 그것도
괜찮았을 것 같다. 육(肉)은 마땅히 언제나 과거가 미래를
압도하고 지금 인간이 셈하는 수를 과거 수가 능가하는
일도 앞으로 종종 있을 것 같다. 놀랄 것 같지 않고,

그것도 괜찮을 것 같다.
희고 부피 디자인이 아주 자그마한 바로 그만큼 예쁜
구약 신약 합본을 보고 있으면 그 안에 문자의
미로 속에 온갖 진리의 열쇠가 들어 있어 그것을 찾으면
되는 미신이 신화보다 더 그럴듯해 보인다. 표지
디자인으로 더 자그맣게 예쁜 『성경』 글씨 그것뿐이면
더욱, 그 책을 손에 쥐면 더더욱 그래 보인다. 그러니,
펼치지 말 것. 디자인 언어가 촉각 언어로 더 구체화하지만
두 언어의 합본이 문자 언어에 갈수록 부닥칠 때 문자 하나
하나가 말 그대로 활자화, 활발하게 뿔뿔이 흩어지는
수천수만 개 파편들이 무수히 제곱되는 의미의 재앙이
미신의 미로도 없이 시각이 시각인지, 촉각이 촉각인지,
왜 있어야 하는지 모른다. 문자 너머 오감 언어 각각의
합이므로 몸이고 몸이므로 정신인 늙음도 치유할 수
없다, 이런 젊음의 치매를.
다행히 성경 속으로 우리가 생각의 언어로
생각하는 만큼 깊숙이 들어선 것은 아니다.
우리의 늙음이 성경 속에서 다행히 껄끄러운 이외이다.
그러나, 그러니
새 책인 헌책이, 헌책의 새 책인 언어가, 모든 뜻, 모든
그림, 모든 출발이 그렇게 다시 출발한다. 모든 시작의
시작이, 모든 '그러나'가, 모든 '그러니'가, 모든 '그러나'의
'그러니'와 '그러니'의 '그러나'가 다시 출발한다.
얼핏 보면 구약에서 가장 멀쩡한 것이 사람들 지금보다
더 오래 산 이야기이지만 늙음으로 읽으면 사람들이
제정신에 달하느라 지금보다 더 오래 사는 이야기이다.
야곱이 죽음의 천사와 씨름한 결과로 그의 아들 요셉,
글자 하나 늘어나고 야훼에서 예수로 글자 하나 주는
신약이 사람들의 아들들을 사람의 아들로 응축하느라
예수가 서른 전에 죽는 젊음의 난해, 십자가 수난이
오래 사는 것보다 훨씬 더 길게 이어지는 사도행전의
사도행전이다. 나중 것이 좀더 복잡한 채로 둘 다
시간의 직선을 원상 복구하려는 안간힘이고 늙음이
없으면 불길하고 불길이다. 이어진다는 말, 영원히

이어지는 것이 영원히 난해일 것 같은 느낌. 왜냐면
늙음이 영원과 가장 구체적으로 멀고, 누구나 각자
늙음이 앞당긴 각자의 죽음이 모든 죽음의 해결일
밖에 없다. 신화가 그 이전도 그 이후도 아니고 바로
그 현재를 설명하는 늙음의 방식으로 죽은 대문자 신의
죽은 흔적까지 씻어내고 혼돈의 모방으로 최소한
각자 늙음의 육안의 겉보기에 좋아 보이는 질서의
창조를 이어갈밖에 없다. 서로를 더 잘 알아가며
알 수 없는 부분이 있다는 사실 또한 더 잘 알아가는,
다양이 깊어 가는 늙음 각자의 그물망 생각에서
물질이 사건이고, 어느 사물도 물건도 그렇다.
늙은 귀로 듣지 않고 늙음으로 들으면 인위의
최고 경지가 흐느낌이다. 누추가 누추를 벗지 않고
누추 속으로, 아니 누더기도 누더기가 누더기를
벗지 않고 누더기 속으로 한없이 깊어지는 육체의
인위가 골격의 골격인 미학을 골격 수준으로 다시
들어 올린 것이 격조이다. 흐느낌의 늙음이 없으니
국가론의 플라톤이 기울어가는 민주주의 아테네
패망을 독려하려고 잠입한 육체 유토피아 독재의
스파르타 첩자라 해도 크게 놀랄 것이 없다. 육체의
정신적 수贊, 이상이 강력할수록 패색이 짙고 과거에
집착하고 고착되고 상자가 결국 닫히기 위해 있고
늙음이 민주주의의 이상을 계속 미루는 이상향을
구현해 간다. 아테네 전성기 소크라테스가 처음부터
대화하는 노인이고 끝까지 대화의 노인이다.
아리스토텔레스? 알렉산더 제국의 시작이지.
어부지리는 후학 앞당김과 반대 방향이라서
아무리 풍성하고 아무리 열심이었다 해도
노고가 노고의 의미를 열어 가지 못한다. 그리스에
남아 있는 그가 (있다면) 계속 젊고, 낡았고, 그런 그를
닮은 시학 하나 지금도 남아 있다.
모세는, 자신이 깨뜨렸지만, 뜻의 우상 십계명으로
너무 강건하여 내일도 요단강 건너지 못하고,
그의 글쓰기가 대신 이어지는 것이니 앞으로도

온몸으로 나아가며 온몸으로 쓰는 문학일 수 없다.
자신의 전락을 가속화하는 우상이 제도화하는
악순환을 모세가 피할 수 없어 대신
찬송가 요단강이 이승에서 저승으로 스스로
건너간다. 모든 유대교 신자들이 지금 하루
수천 년을 방황한다.
난해한 예수의 난해한 죽음의 난해한 책임의 난해한 무게를
난해한 마음의 난해한 장소의 난해한 상처의 난해한 구멍에
새기며 난해한 걸음이 난해를 방황한다. 난해의 겹겹이
투명의 길을 내는 늙음에 달할 날 있을 것이다. 누구나,
이슬람도 성전 테러리스트도 테러도 그럴 것이다.
장난으로 대비되는 비발디, 물로 대비되는 헨델 말고도
아버지 스카를라티, 마랭 마레, 쿠프랭, 라모, 텔레만, 클레멘티,
아들 스카를라티, 페르골레시, 아들 바흐들….
바흐 전후좌우로 들리는 작곡과 연주 음악의 폭이 넓을수록
부드러워지면서 귀에 익은 바흐 음악을 촌스럽게, 조금은
중세적으로 무섭게 만든다. 그러나 오래 가지 않는다.
지난한 연습이 지난한 연습 속으로 완성 너머
질서를 내고, 땀이 땀 냄새를 벗지 않고 광경(시각)과 곡선의
몸(촉각), 그리고 건축(시-촉각) 언어의 향기로 변형,
바흐 음악이 생애보다 끈질긴 아름다움에 달한다.
무서운 것은 전쟁 일상의 바흐 동네, 산과 강은 물론
가까이 논과 밭에도 배달처럼 흔한 시신들 썩는
악취이다. 후각 자체가 처참한, 코의 기억에서 도저히
씻어낼 수 없는, 누추와 누더기가 스스로 누추와 누더기
수준을 비웃게 되는 시취의 지독 속으로 길을 낼밖에 없다.
죽음도 진저리 칠 죽음의 가장 생생하고 추한 형상화,
시취가 연주 시간으로 응축된 평생의 연습과 변형을 겪으며
우리가 상상 가능한 가장 고상한 죽음의 언어에 달하고,
그 시간의 광경을 우리가 보고 듣는 것 너머 겪게 된다. 그렇다.
우리 안의 음악도 앞당기는 온몸으로 간다. 바흐 음악,
위대한 평소, 낯선 감각이 감각 총체이다. 그리고,
모든 음악이 그럴 것이다… 이것이 바흐 음악 소리이다.
원본은 바스러진 역사의 역용, 귀퉁이 깨진 중세 라틴어

활자들의 본문 구성이다. 예술은 허물어지는 건축물이
지금 역사 속으로 건축되어 역사가 건축될 수 있다. 늙음은
바로 지금이 역사 언어가 역사 언어로 짓는 역사 언어이고,
다시 세우는 건물 아니라 새로움의 건축이다. 예술의 늙음이
문득문득 늙음을 늙음의 기적이라고 부를 수 있다.
늙음의 그릇이 늙음으로 넘쳐 한 늙음이 자신의 잠 속으로 내는
'어이없군. 정말 어이가 소리가 잠 바깥 다른 늙음에게
'큰일 낼 뻔 했네, 정말 큰일 낼' 잠꼬대로 들릴 만큼은.
역사 언어가 지금 우리가 늙어가는 언어인 믿을 수 없는
기쁨이 기쁨을 믿을 수 없게 하지 않고 믿을 수 없음의
기쁨을 한없이 키운다. 늙음의 상자가 무한 리필 음악 CD
박스와도 같다.
인간 생애가 공통의 인위 너머 각자 고유한 죽음의 형식을 이룬다.
믿을 수 없는 일이다. 늙음의 상자에 장애물도 모험도 없다. 생명 스스로
몰랐던 생명 무한 기쁨의 형식이 슬픔이고 의미였던 사실의
완성으로 명징한 상자이다. 열어보지 말 것. 그 열림이 죽음일 수 있으니.
윤리가 너무 젊은 형식이다. 미래도 그럴 수 있다. 믿을 수 없는
불행이 불행을 믿을 수 없게 하지 않고 믿을 수 없음의 불행을
한없이 키운다. 늙음을 날마다 앞당기지 않는 누구나 그럴 것이다.
철이 드는 것도 비문, 계량할 수 없는 것을 계량하려는 노력
(훌륭한 누구나 하는) 아니고 계량했다는 썰의 훌륭한 문법(이
늙음이다) 아니고 인공보다 떨어진 담합 정도.
늙음은 나이가 숫자에 불과하지 않고 숫자가 나이에 불과하다.
상처하고 2년 되어가는 대학 동창 만나기로 한 농협 건물 앞 찾는데
오래 걸렸다. 삼거리에 맞게 대충 우람하고 우중충했던 농협 건물이
삼거리 양쪽으로 갈려 폭발적으로 커지고, '앞'이 어지러울 정도로
여러 군데였다. 스무 개 넘는 다른 거대 고층 유리 빌딩들이 짓눌렸고
3개 대로 여기저기 숱하게 뚫린 옛날식 골목에 옛날식
음식점과 상점들이 가까스로 어감을 유지하느라 어감만 유지했다.
미래가 과거 응집의 폭발이다. 옛 사옥 시절 동아일보 사장 김병관이
자주 들렸다는 복매운탕 식당에서 점심 먹고 뒷문으로 빠져 유럽풍
제법 원숙한 건물 카페에서 에스프레소 시키고 보니 우리가 빠져나온
옛날식 식당 뒷벽이, 전선과 프로판 가스통 호스 얼기설기 다닥다닥
얼룩처럼 붙어, 처참하게 허름해서 커피가 쓰다. 2년이면 늙었지만 여자

친구가 있는 게 좋겠지… 친구가 그 얘기를 '우리 나이면 특히 일이 좀
있어야 좋지 않나?' 묻는 식으로 말한다. 솔까말 요즘 늙음 바깥에는
아직도 설치는 당원들이 하나같이 우리에게 독재자가 필요하다고
설치는 당원들이다. 독재당은 물론 민주당도 설치는 당원들은. 놀랄
겨를도 없었다. 만연한 이 파시즘이 이미 홍보 전략이고 상품 광고이다.
희생 없이 그 극복 없고 전망 없다. 희망의 미학이 초라하여 악플처럼
살기등등하다.
헌책방과 헌책방을 산보하는 사이 내 손에 들리는 비닐 봉투
보따리는 대여섯 권, 내가 쓴 것들 아니고 쓸 것들 아니고 읽은
것들 아니고 읽을 것들 아니다. 읽은 척할 것들 아니고 읽어야 할
것들 아니다. 산 것들 아니고 살 것들 아니다. 다가온 미래처럼 내가
읽게 될 헌책들이다. 집 전화 수화기 속 나의 사소한 여행 걱정을
아주 소중하게 말소하는, 해외 신혼여행 다녀온 신부의 귀국 인사
목소리와도 같은.
음악가 초상은 별로이다. 음악보다 더 잘생길 수 없으니 아무리
잘생긴 이름 모를 음악가 초상도 별로이고 르누아르의 바그너 초상은
최악. 독일인과 프랑스인의 취향 차이만 참고 봐줄 만하다.
시각 언어와 청각 언어 방향이 서로 다르다. 얼굴 표정의 해체가
음악의 응집이고 음악을 번역한 초상이나 사진 작품의 얼굴 표정이
끝까지 해체되지 않는다. 현대 무조의 음악 해체가 그것을 역전하려는
무의식적인, 실패한 시도처럼 보일 정도로 그 자세도 자세의 윤곽도
프로필도 프로필의 흑백도 별로이다. 초상에서 따로 떼 내어 보는 것이
가능하다면 유일하게 연주와 작곡 손가락 손의 흑백 정도가 자연에
달하고, 그것도 대개는 악보가 있는 피아노 흑백이 동반하는 경우이다.
어떤 때는 손가락 흑백도 인간의 것이 아닌 손가락 흑백이고
육안이 볼 수 있는 죽음의 최대한 해상도인 소리 같고 뜻 같다.
작곡가들도 사실을 익히 알고 얼굴과 표정을 내맡겼을 것. 직시한 것이
초상화가나 사진작가 시선이지 정면 아니었을 것이다. 가장 대중적인
작곡자 이름도 그의 음악 아니라 작품 제목을 모두 합쳐야 가까스로
어울리는 이름이 된다. 듣는 귀가 그 모든 이질들의 화엄을 듣는다.
작곡가 본인이 상상할 뿐 귀의 고막으로 들을 수 없는 화엄이다.
있을 수 있는 작곡가 생로병사 표정과 그의 음악의 생로병사 표정의
유사도 너무 멀어서 처음으로 고유한 유사 자체의 언어일 것이다.
옹졸해질 마지막 가능성을 슬픔에서 씻어낼 정도는 되는 언어이다.

60년 전 간행된 소설 원서 재킷이 두 겹이다. 150년 전 발표된
세계 명작이지만 그게 별로 중요하지 않게 처음부터 재킷
왼쪽 상단이 함께 완벽하게 똑같이 찢겨져 뒷장이 어찌나
감쪽같이 앞장과 한 몸으로 숨어 있는지 헌책방 주인은 물론
오랫동안 펼쳐보았을 전 주인도, 전전 주인, 전전전 주인도
몰랐을 것이 분명하다. 살살 앞장을 벗기니 뒷장의 초록이 한
30년 젊어 보인다. 금방 후회한다, 그리고 이미 저질러진 일이라
금방 체념한다. 다시 감쪽같을 수는 없다. 대신, 마치 겉에 것이
속에 것을 지키느라 풍파를 견뎠고, 30년 전 젊음을 고스란히
간직해준 속에 것을 기특해하는 것 같다. 생각해 보니 기분 좋은
저질러짐과 더 기분 좋은 체념이 있다. 생각해 보니 덤으로 내게
처음 주어진 속에 것이 산보 중 거짓말처럼 출현한 헌책들의
응축 같다. 저질러졌고 체념된 채로 다시 감쪽같을 수 있는.
슬픈 '리얼'들의 합산 너머 종합 너머 슬픔인 구체,
육체가 슬픔을 심화한다. 음악의 생각보다 더 빨리 읽어야
읽을 수 있고 평생보다 더 오래 걸려 행하는 문법, 이전과
현재의 각자 늙음이 다른 이전과 현재의 각자 늙음을 요하며
폭발하는 미래의 문법이다. 믿기 힘들지만 있을 수 있는 일로 이
미래의 문법, 거의 모든 결과에서 자살 테러의 원인을 닮았다.
당연한 일로 이 미래의 문법, 주체와 타자들의 몰살이고 자살인,
그러므로 종교의 자살인 자살 테러의 결과와 시작부터 다르다.
시간과 과녁이 다르고, 수단과 목표의 관계가 다르고, 진행 방향이
'생애의 생애'적이다. 메소포타미아 후예가 이슬람이고 지중해
후예가 기독교라고 보면 평화가 더 가까울까?
화창한 봄날이고 십 년 넘게 수양딸인 아이 집에 놀러 왔으니
함께 나가서 꽤나 젊은 여성의 거리를 걸어 볼란다. 여인 아니고
여성이지. 딸아이는 말만 한 처녀이던 십몇 년 전보다 내가 더 아는
바로 그만큼 섹시하고 섹시에서 섹스를 지우며 내 늙음의 투명이
더 투명해졌다.
노년의 부부 성생활이 활기를 띤다. 동심의 성조차 씻어낸 여성이 있다.
사포 죽고 천년 후 레스보스 양치기 소년 다프니스와 양치기 소녀
클로에가 서로 사랑에 **빠졌으나** 너무 순진해서 뭘 어떻게 해야 할지
모르고, 늙은 사내 양치기가 일러준 비결 '입맞춤'이 도움 되지만
도시 여인의 섹스를 양치기 소년이 양치기 소녀에게 행할 수 없다,

그럴 경우 소녀가 '비명 지르고 울고 피살당한 것처럼 피를 철철
흘릴' 것이니. 소년과 소녀, 서로 헤어져 둘 다 숱한 목숨과 순결의
위험에 처하지만 결국 다시 만나 결혼하고 행복하게 산다… 순결이
순결의 해피엔딩에 이르는 이 이야기를 음악으로 옮긴 것 중 최고는
라벨의 발레 모음곡 〈다프니스와 클로에〉. 당연하다. 그는 피아노
음악에서 건반의 흑백마저 씻어낸 작곡가이다. 카라얀 지휘가
다 씻어낸 작품을 다시 씻어내는데 그의 어린 안네 소피 무터
편애와 관계가, 없을까?
음악의 세계사, 우리가 결정할 수 있는 기적이 늙음의
투명 너머 명징이다. 노예 출신 흑인의 자서전이 보여준다,
생년월일 숫자와 생가 지명을 모르고 탄생의 농가월령만
어렴풋이 아는 기억이 더 생생한 유년인 것을.
숫자와 이름이 자세할수록 스포일러일 수 있다. 짧은 인용으로
망가뜨릴 수 있는 생애가 있다. 우리의 유년이 너무 일찍 죽었다고
한탄하기 전에 더 일찍 죽은 것들을 포옹하는 고통이 누구나
유년의 시작이다. 파란만장한 도시 양아치 보들레르와, 균열이
끝까지 온화한 체홉이 늙은 유년이자 늙은 성장의 시작이다.
그 전에 워즈워스, 그 전에 블레이크, 그 전에 괴테가 끝까지
늙은 유년이고 사후 전집의 내용이 계속 증보되는 음악이 비로소
늙은 성장이다. 늙음 없는 노년이 이미 고대 원어로 읽은
그리스 로마를 영어 번역으로 다시 읽는 것처럼 시시하고,
관습과 인습으로 일관된 자서전처럼 껍질하지 않겠나?
연극이 등장인물을 찾지 않고 등장인물이 연극 지문을 찾듯
늙음이 노년의 유년을 찾는다. 레오파르디가 꼽추이고 푸시킨이
결투하다 죽는 유년. 모던이 탈인간하는 유년. 노동도 설치는
것들은 우리에게 독재자가 필요하다고 설치는데 화창한 봄날의
거리에 아무도 설치지 않고, 설치던 것들은 모두 우리에게
독재자가 필요하다고 설쳤다. 투표 직전까지는 한 표가 천 표
만 표인 듯 설치고 설치면 그럴 수 있다는 듯이 설쳤다. 그럴 수
있겠으나 그렇게 되는 것이 소수의 독재가 아닐 수 있다고
믿기 힘들다. 역사보다 역사책이 더 요란 굉장할밖에 없다.
역사책을 근시로 읽는 아침이 있을 수 있다. 나폴레옹이
아직 위대하다. 왜냐면 조국 전쟁 영웅이 독재자로 독재자가
의심과 질투의 화신으로 그토록 신속하게 변하며 그토록 많은

목숨을 지상에서 씻어내고도 끝내 자신의 의심과 질투를 씻어
내지 못하고 끝내 자신의 자연 수명을 다한 스탈린의, 끔찍이
권태에 달하는 생애보다 더 옹졸하고 치사하여 더 지독한 국내
사례가 널려 있는 안전의 책상이 서재와 달리, 정리 불가능으로
보인다. 표가 배분되는 시청률이 '태후'보다 높다고 설치는 것들만
없다면 지금의 '연예의 시대', 아무 문제 없고 내가 특히 아끼는 연예인들,
아무 문제 없다. 연예의 시대도 연예의 시대라고 설치는 것들이
문제이고, 민주주의의 원인 꽃인 선거가 아예 독재자를 요하는
마당에 민주주의의 결과 꽃인 연예라도 건져야 한다는 것이
나의 정리된 입장이다. 민주주의의 불편을 코미디로 승화하고,
설치던 시대착오적의 멸칭 '딴따라'를 관통하며 정신을 육체의
자유와 권리의 고양으로써 고양시켜 온 자수성가의 연예 말이다.
천민자본주의 유통 법칙 '종편'이 아예 연예의 시대마저
설치기 전에. 의식주가 그나마 멀쩡한 편이고 말이 되지 않는 것을
말 되게 하려고 희망이 옹졸해지는 일상의 악순환에 던질
농담이 지구 종말의 연예에도 아직 있다.
나보다 늙은 황현산이 환자 몸으로 20일에 걸친 미국 대륙 횡단을
감행하고 여행 선물로 일단 검고 우울해 보자는 디자인의 National Historic
Site — Pennsylvania 자석 장식판과 입장 증명 도장 찍힌 종이쪽지와,
그 사이 시 전집을 번역 출판한 나보다 더 해박해진 포 지식 외에,
이쑤시개를 다룬 두툼한 신간 한 권을 건넸다.
장식판 뒷면 설명은 진위와 상관없이 포의 정처 없음을 더
정처 없게 만드니, 당시 보들레르와 포의 문학적 관계를 가장 애정 깊게
알고 있는 황현산의 방문이 죽은 포를 위로하지 않고, 그의 정처를
조금은 마련해주었을 것 같지만, 웬 이쑤시개? 환자인 것을 잊지 말라는
나의 충고를 그가 어지간히 듣지 않듯 이빨 좀 해 넣으라는 그의 강권을
내가 어지간히 물리치는데, 이것은 쫑코, 화해 제스처, 아니면 이빨
개수가 줄어도 이빨 냄새가 줄지 않는다는 상식, 아니면 디자인이
효용을 능가하는, 예술?
이쑤시개 발견과 발명이 기상천외한 것을 곰곰 생각해 보니 자칫하면
이쑤시개 갖고 그 난리를 치르고도 이빨 쑤신 적 한 번 없이 우리가
이빨 냄새 풍기는 이쑤시개 상태를 완전히 벗지 못할 것 같다. 세련된
이쑤시개 문체가 세련될수록. 이빨이 없을수록 이빨을 열심히 닦아야겠지.
노인네들과 건강 세미나는 될 수 있는 대로 피하고. 물론 나보다 더

늙은이들 섭섭하게 하면 안 되고. 어쨌든 이 책은 여기까지. 세로가 너무
길어서 정리 다 된 서재에 꽂아 넣기가 마땅치 않지만, 여기까지.
부고가 때맞춰 오고 내게 오로지
더 이해할 수 없으므로 더 거인인 거인의
물증이 필요하다.
'나루'는 안이한 비유이다. 누구의 몸통도 끊어지지 않고
슬픔을 질질 끈다. 오래 살아야 하는 비유이다.
끊어지는 것이 생각보다 거대하게 끊어지는 경악이,
산발로 옷을 찢은 나의 부고가 내게 필요하다. 죽은 척하다
죽은 절망 아니라 살아서 길길이 뛰는 절망의 죽음이,
생각보다 더 거대하게 끊어지는 부고를 뛰어넘는 부고의
몸이 필요하다. 수의가 입는다, 죽음이 달그락거리는 뼈의
견고를, 더 앞당겨 바스러지는 이승의 일을, 나이 아흔 넘은
호상의 흥청망청을.
시가 생애의 유언 아니다. 생애가 시의 유언이다.
시는 18세기 부르주아가 갈수록 어색하다 19세기, 20세기,
21세기와. 바벨탑보다 더. 자본주의에 어색할 수 있다, 거기까지
만 아니라 거기까지. 중세 문법이 고대 문법보다 더 희미한 까닭,
안개가 걷히며 더 중요한 것이 더 뚜렷해지는 모양, 안 보이지만
우리가 한 번도 없다고 믿었을 리 없는 연결, 그것이 뒤늦은 확인의
반복에 빠지지 않고 속속 눈에 밟히는 미래 지향, 예감이 물화하는
과정, 음각보다 깊은 음각의 어둠, 현대 음악 너머 음악의 현재, 스핑크스
질문이 이미 죽음보다 늦었으니 생의 대대가 방랑인 종착과 같다.
이것들 모두 장미와 같고 장미꽃과 같지 않고 피와 같지 않고 빨강,
하양, 검정, 파랑 같지 않다. 그 늑대 울음 같지 않다. 멀어진다. 멀어져도
된다. 될 수 있는 대로 멀어진다. 사랑이 언제나 마침내 등장하므로
명징하다. 사랑의 생애도 사랑의 슬픔도 명징하다. 이별의 슬픔이
제 비린 육체를 다 씻어내고 마르느라 시간이 걸리므로 때로는
시야가 흐린 시대착오에 지나지 않는다. 그러나, 그러니, 사랑의 명징한
실종이 있고 이별의 혼탁한 실현이 있다. 문법이 문법의 번역 너머
번역이 문법일 때까지 가야 한다. 골육이 형해로 형해가 형해의 형해로
진전하는 줄거리를 갖추고 나서야 위대가 등장한다. 이미 이야기가,
제 혼자 머쓱하던 죽음이 피살에 아연하고 숙연해진 다음의 등장이었다.
의미가 더 혁명적으로 운율의 언어인 때가 앞으로 있을 것이다.

은백이 녹슬지 않고, 세련된 디자인을 가해도 투박한
주석의 잔은 클수록 고어를 현재 아니라 현대어로 옮기는
손쉬운 잔망을 나무라는 뜻으로 투박하다. 고어는 현재가
뜻의 불완전을 양각과 음각 강건한 뉘앙스로 채우는 방언에
가깝지. 그 거리로 우리가 희망의 깊이를 가늠한다, 돌이킬 수 없는
타락도 수십억 년 진화의 하수인에 지나지 않고, 그것을 겪은 자식의
탄생에 아주 희미하게 묻어나는 주석 잔 표정이 자식의 자식 탄생에서
마저 지워지고, 우리의 생이 자식의 자식의 자식한테까지 이어질
필요가 없는 것에 우리가 비로소 안도한다. 일찍 죽었다고 꼭 불행할
것이 없는 주석 잔 표정이 천년만년 여기서 죽음을 모르는 별도의
늙음 표정이다. 소품들만 줄창 연주한 치사한 연주의 생애도 이제
용서가 되는 별도이다. 아니 별도의 별도. 왜냐면 그 생애, 아주 희미한
주석 잔 표정이 끝없이 갈수록 더 희미하게 자신을 지우는 생애이고
표정이다. 〈조선인민군 우편함 4640호–1950년, 받지 못한 편지들〉이
미국립문서보관소 창고에 1천68통 있다. 70년 넘게 지나 영영 받을 수
없는 사실로 삐뚤빼뚤한 사투리 오자 탈자 문장 글씨체 길길이 뛰고
붉음이 더욱 갈라지지만 있는 것보다 더 놀라운 것이 남아 있는 것이다.
사연의 광경들도 주석 잔 표정으로 내려앉는다, 가까스로. 생애의
표정들이 쌓여 표정의 생애를 별도로 꾸리는 문법이 가장 물질적인
명징에 달한다. 감촉의 시간이다.
내가 그대를 만지기 전에 그대의 신비를 느낀다. 저지르듯
그대를 샅샅이 만지고 나서 샅샅이 만져진 그대의 신비가
샅샅이 물화한다. '치명적'은 그대를 샅샅이 만지고 난 후에
비로소 그대의 신비를 느끼는 순서의 명명이었을 것. 왜냐면
그대의 명징이 죽음과 춤추지 않고 그대의 명징이 바로
죽음의 춤이다. 신비가 '치명적'의 치유이다.
젊음이 남성의 여성이고 여성의 남성이라서 특히 치명적이지만
성 정체성 희박한 늙음이 돌이켜 보는 것이라서 그렇기도 하고 우리가
젊음을 통과한 것이 신비의 완성이었다. 연약의 신비 없는 명징의
여성이 나의 늙음의 신비이다. 출현 시간과 장소가 틀려 성 없는
천사와 정반대. 유일하고 무한한, 내부 없는, 사내가 짐승처럼
살아온 것일밖에 없는. 명징의 여성이 무엇이든 명징의 명징일
밖에 없는.
흥겨운 브라스밴드가 거리로 쫓겨난 초라하게 흥겨운

금관악이다. 어떤 가난한 노출 같다. 변신 너머 변형이
필요하다. 자본주의가 강요하는 변신이 너무 간편해서
불행하지만 강요가 너무 노골적이라 다행이다. 브라스
밴드가 자꾸 막다른 골목으로 밀려나고 내 고막이 그 골목
헐벗은 담벼락이다. 밀리고 싶어도 더 이상 밀릴 수 없는
거기서부터 새로 듣는 청각이고 새로 열리는 귀이다.
온몸이 온몸으로 온몸을 만지며 온몸을 연주하는 세상이
브라스밴드이다. 자본주의 진전을 앞당겨 마감하는 늙음의
변형이 있기는 있을 것이다. 신의 부재가 더 짙어져 칠흑도
색이고 세기의 이면이 그렇게 번득이며 묻는다. 세계의
그 무엇이 안 그럴 수 있겠는가? 모든 번득임이 이면의
번득이는 질문이다. 사라져 버린 시력의 사라져 버린 시야
기억을 번득임이라 우긴다고? 자본주의 건재가 우리의
시력을 보장한다. 자본주의가 환상이라고? 자본주의가
우리의 건재이자 내부이다. 우리가 식물과 동물과 사물한테
그것들이 우리한테 노래하지 않고 그것들이 우리를 우리가
그것들을 노래하지 않고 그것들이 노래이고 우리들이
노래인 바로 그 노래인 변형부터 있을 것이다.
인간의 말과 거리를 두려는 인간의 어떤 예술 장르
탄생이 변형의 시도와 무관할 수 있었겠나? 죽음이 살생의
춤이었다. 더 참혹하지는 않으려는 인간의 노력이 더 이상
가상하지 않기 전에 경제한테 경제의 육체 너머 육화를
입혀야 한다. 추상의 반복인 수가 구체의 반복인 의식주를
가상현실화하는 어느 국가 어느 부문의 통계가 그렇지
않겠나? '헝겊'이 노래인 노래를 노래하는 것이 '가여운
상처'가 노래인 노래를 노래하는 것일 때까지. 말의 기적이
기적보다 더 기적적이고, 명사를 앞당기는 형용사를
앞당기는 부사를 앞당기는 조사를 앞당기는 감탄사를
앞당기는 관형사를 앞당기는 수사가 동사일 때까지.
손가락에 비린내, 늙음이 정신의 다이어트와 같고, 오늘도
늙은 몸이 늙은 몸 유지하느라 게걸스러웠다. 내일도
늙은이들에게 필요하다, 늙음이라는 선물이.
RCA, Sony, Sony Music이 합작한 작고 굵고 붉은
수동 타이프라이터 활자체 The Original Jacket Collection,

조금 더 크고 가늘고 검은 Vladimir Horowitz 딱지와
중간 크기 붉은 옛 고딕체 Limited Edition 70-CD Set
딱지가 다소 덕지덕지 붙은 것과, 피아노와 피아노 연주자
음악 자세 아니었다면 검은 바탕과, 둘레를 빈틈없이
장식한 70개 꼬마 사각 재킷들 일련의 잡다하고 어지러운
총천연색 사이 비대칭이 꽤나 기우뚱했을 디자인의 박스
뚜껑이 열리면 완전히 다른 세상이다. 깨알같이 같은 글씨체 같은 색
같은 글을 각자 얹고 촘촘히 가지런히 앙증맞게 꽂혀 있는
살색 바탕 1밀리 두께 재킷 70개에서 한꺼번에 쏟아지는데
전원이 없어 70갈래가 더 질서정연하다. CD 크기로 줄인 LP 재킷을
일일이 꺼내 보지 않아도 음악의 디자인이 디자인의 음악이다.
듣지 않아도 펼쳐진다. 한 십 년 들었으나 들은 지 한 십 년 되는
그 음악의 현재이다, 듣지 않아도 펼쳐지는 것이 현재인. 넣었다 뺐다
할수록 더 가지런해진다. 박스가 내용물보다 손때 덜 묻고 내용이
더 우월한 형식의 물질로 계속 바뀌어 가는 수가 있을 것만 같다.
바벨탑 이후 역사의 희망이 옆으로 쌓인다. 죽음에로의 두려운
흔들림이 앞으로 쌓이는 모양과 같다. 아직 음습이 내부인 책들을
한낮 통유리창 직전 직하 햇볕에 빳빳하게 말릴 시간이 아직 옆으로
쌓이는 것도 희망이다. 선물의 수명이 기분 좋게 무르익는다. 삭은 비단
먹 상자 덮개를 열기 전에 그 후의 온갖 서예가 쓰이느라 한자 획이
오호 십육국 전진체로 꼬부라진 묵향이 스며든 실내이다.
성가 합창단 아이들이 어린 양 모테트를 합창으로 부르는 은연중
죽은 예수 대신 수천 년 나이를 먹고 형편없이 쭈글쭈글한 찬송 가창
문법의 누추가 피 한 방울 안 나게 짐승 껍질처럼 벗겨져 십자가
수난이 수난의 늙음에 달하는 문밖이다. 음악이 끝나고 아이들 원래
아이들로 귀가하지만, 음악이 끝나고, 모든 것이 끝나지 않는다.
있는 것들이 모두 단절을 이루며 있고 이으려 있다. 자라는 것들이
모두 내일의 단절을 향해, 단절을 키우며, 키우려 자라지 않는 단절의
상황화 변형이 있고 정반대인 쉼표의 존재화 변형이 드물게 있고
아주 드물게, 있음이 자라나며, 자라나려 있다.
일순 아무것도 흘러가지 않고, 일체가 정지하고, 일체 정지가
물질이고, 물질이 일체의 흐름이고 흐름이 성장인 순서의 일순,
과거도 있다. 성장이 가혹이다. 합리가 성장하지 않고 드물게
뒤를 돌아보는 성장이 뒤늦게 제 형편을 끼워 맞추느라

합리적이다. 그러나 그러므로 성장의 성장, 나아감의 나아감인
희망이 작은 합리를 과거 지향하지 않고 커다란 불합리를
미래 지향하지 않고, 희망의 눈에 보이는 더 먼 미래의 더 커다란
불합리를 앞당겨 더 심오한 합리의 더 당당한 생산관계로
변형시키고, 그렇게 지금 이곳에서 바야흐로 스스로 물화한다.
마르크스 대부분을 수의 중세 시대로 밀어내는 물화이다. 미래를
앞당기는 것들이 모두 장차 죽음을 알 뿐 아니라 앞당겨 받아들이는
까닭에 미래를 앞당긴다. 성장하는 늙음의 눈에 미래만 한
어린아이가 없다. 농촌이든 도시든 나아가지 않는 젊음이 유년을
참혹 동화로 만든다. 가혹 동화라는 건 없지. 가혹은 감당할 미래의
명사거든, 거의 반드시 형용사를 부르고 일단 형용사가 되면
명사로 돌아가기 힘든. 불합리의 크기를 이해하려는 노력이 마구
길어질밖에 없지 않고, 길어지기 위해 길어지는 것일 때까지
길어지며 이해의 길이와 규모가 늘어나는 생산관계이다.
음악이 끝나고 모든 것이 끝나지 않았다. 끝난 음악이 시시해졌다.
음악의 풍경이 사라지고 음악이 이제껏 우리가 익히 아는 음악 얘기만
줄창 해댄 것 같고 그것이 별문제가 되지 않을 만큼 음악의 언어가
끝나지 않은 모든 것들을 끝나지 않을 모든 것들로 승화하고, 뼈대만
남은 것들이 과거 속으로 하방된 음악이 속개되지만 속개 자체가
시시해졌다, 확대한 나의 80년 초 신혼 사진처럼. 미래의
무덤이 좀더 가까워지는, 묻히는 일의, 성장도 있는 듯이. 죽어서
모두 한 줌의 재로 변하는, 만 년 넘은 죽음의 사실도 영원히
가상현실에 지나지 않는다.

아폴로기아 & 포트폴리오 2

죽음은 나의 죽음도 오래되었으니 '응답하라' 시리즈 제목 아니라
방영일 것. 그때 로션이 없고 정액 냄새 진한 빨랫비누가 있었다. 욕실이,
온수 수도꼭지가, 뽀송뽀송한 타월이 없었다. 나의 죽음이 나의 마지막
미래이다. 오늘의 명언. 우리가 책임겨야 할 것은 우리의 고통 아니라
행복에 대해서이다. 나라면 애매모호 혹은 불가능의 심화 과정을
형상화한 물질의 나의 정체성 대신을 나의 정체가 남아 있는 한 끝까지
치열하게 허락하겠다. 정체 없이, 논리와 주장도 없이 분명한 죽음

앞에서 모든 것들의 애매모호가 시작보다 형편없이 애매모호하게
끝나지 않나? 우리가 책임져야 할 것이 애매모호의 물질인 우리의
정체에 대해서이다. 신혼부부 시인과 결혼 축하 시인들이 홍대 앞에서,
시집 낸 시인과 출판 축하 시인들이 아는 강남 출판사 근처에서 각각
1차를 하고 합류하는 2차 시인과 축하와 최근들의 술자리에 내가 가고,
불러서 가지만 부르지 않아도 가야 한다. 약속 장소가 산울림, 산울림,
산울림, 소극장이었나 그냥 극장이었나, 하필, 장소 자체가 메아리인 듯한
오늘, 번개로? 하긴 어제의 필름 끊긴 귀가를 인도한 메아리가 있을 것이다.
애매모호도 단정적인 정체성이 문제이다. 참으로 고질적. 애매모호도
응축의 문제이다. 세월호 참사만큼 비극적이고 육체적인 애매모호의
응축이, 앞으로도 없을 것이다. 그 참사로 받은 충격 아니라 참사 충격의
질을 우리가 벗어날 수 없다. 그 후의 모든 참사를 계량화할 그 질을
우리가 다시 응축할밖에 없다, 논리를 동반한 애매모호들이 반드시 물질을
구호로 전락시키기 전에. 내가 늙은이이고, 거리가 어딘가 나보다 더
탁 트이는 여성이고, 내게 다가오지 않고 나의 유년으로 돌아가느라
탁 트인다. 내가 다가가지 않고 울음 우는 나의 유년을 받아들인다.
나의 필름이 끊긴 동안 딸아이는 '날이 풀려서 밤중에 연남동을
걸었'나 보다. 내가 무사히 잠에서 깨어난 것이 그 아이 예전에
파리 센느 강변을, 런던 브릭 레인을, 뉴욕 맨해튼과 뮌헨 슈바빙을
걷던 것처럼 혼자 걸은 덕택일 수도, 한 달 내내 자다 깬 것 같은
까닭일 수도. 그러나 딸의 밤은 내 잠 속에서 방황하지 말 것. 딸의
밤이 초록이다, 불야성도 그 미지를 화려하고 풍성하게 할 뿐,
밝힐 수 없다. 지친 새벽과 시든 대낮이 그것으로 외관을, 혹시 외관만
유지하는. 미리 앙상하려고 애쓸 것 없다. 날이 밝으면 보이는
죽음을 껴안고 살아야 할 이유가 뒤늦은 만큼 처절하다.
늘 절망을 대신하느라 방황하고, 애프터서비스로 자신의 온전에
자신을 끼워 맞추기도 하는 밤에서 낮이 탄생할밖에 없다. 미쳤다고
낮이 밤을 낳겠나, 어쩔 수 없이 죽음의 양상을 닮아간다고 생각하는
어느 육체가 자진해서 죽음의 육체를 받아들이겠나? 육체끼리는
밤이 강제 급식인 거다. 육체가 정신을 부르는 지금도 고통이 너무
육체적이라 부르는, 부를 정신이 없다.
육체의 시간이 회복된다. 육체의 정신, 밤의 품에 안긴
육체의 죽음이 죽음한테 되돌려진다. 쾌락의 지옥도로 펼쳐지는
고통을 알고 사랑의 비유로 고통의 시간을 모르는 육체의

우매에 다행이고 노고에 잔인하게 시간과의 싸움이 완패로 끝나는
시간이 이어진다. 죽음과 별도인 비극을 위해 정신의 희박이
희박할수록 명징하고 비극의 별도를 향해 더 명징하다. 유품 안경과
자필 악보만으로 들린다. 별도의 명징, 작곡가 직접 연주가. 무슨
체취, 육성, 추억, 전언, 유언 등, 그렇게라도 살아남으려는 남루
아니다. 소리 아니다. 장면에 가깝다. 작곡과 연주의 녹화 아니고
제록스 아니고 무덤 아니다. 작곡과 연주라는 제사이다, 음풍농월과
해골을 지우는 무거운 일에 손가락뼈 열네 마디가 다 뻐근. 시력 없는
안경과 전생의 탯줄 같은 자필 악보가 복습만 있다.
아랫도리가 어딘가 수박색으로 물들며 사람이 사람을 안다는 게,
뭐지? 간혹 내가 아는, 죽은 사람들이 있고 간혹 죽은 사람들이
아는, 내가 있다. 간혹 내가 아는 것이 죽은 사람들이고 간혹 죽은
사람들이 아는 것이 나이다. 이것들은 아주 사소하고 중요한 것은,
간혹 아는 것이 죽은 것이다. 더 중요하게, 간혹 아는 것이 신비의
미로이다.
내가 가장 사소한 조물주인, 가장 새로운 물질의 시간이다,
사랑을 죽음과 동격으로 다루는 것이 점자를 활자로 다루는
것처럼 너무 함부로 다루는 것인. 불행의 지겨움도 별도의 비극
너머 비극의 별도로 나아간다. 며느리가 둘이면 아무래도 휘둘릴
것이니 기분 좋게 휘둘리는 사전 연습, 예습이 복습의 복사
단계로 넘어가도 기분 좋은 사전 연습일 것 같은 시간이다. 사소한
고유가 제 시간을 아주 조금 더 고유화하는 무척 사소한, 시간한테는
혹시 치명적인 재미가 있을 것이다. 그러나 시간도 절망이
거대 서사이고 희망은 별도의 미시 서사이다. 의미를 복잡화하는
별도의 문법이 서정이다. 여생 너머 여분의 나이가 필요하다,
그것이 포옹 너머 밀어주고 당겨주고 함께 가고 한날한시에
함께 죽는 기적의 서정이 필요하다. 시니컬하지 않으려 서정이 상처로
깊어져 볼셰비키적이다. 풍자가 가책도 미래 전망도 없다. 적대하는
음풍농월이지. 마르크스-레닌의 문체보다, 당파성과 현상학보다 더
나아간 서정이 구현되는 볼셰비즘이다. 설명이 불가능한 혁명적인
새로움을 처음 아는 서정이다. 주마등 언어는 임종이 아는 모든
단어들이 유일한 단어로 제자리를 잡아가는 방식일 것. 서정은
산산조각난 도자기의 복구 불가 형식이 원형보다 우월하다.
죽은 누가 죽으며 볼셰비즘을 주마등 연착륙시키지 않고 단말마로

전락시켰나, 사는 누가 살아서 스스로 전락하나?
21세기문학상은 대상이 시인, 소설가가 낸 첫 작품집이다. 평생에
딱 한 번밖에 기회가 없으니 신인상과 같지만 5년 10년, 혹은 평생
걸려서 딱 한 권 낼 수도 있는 작품 모음이니 '첫'이 나이를 능가한다.
두 번째 시집이 좋아야 비로소 훌륭한 시인으로 치는 프랑스 문학
평론가들보다 한 수 위 연착륙 장치이다, 처음부터 연착륙이 중요한.
풍성해서 기분 좋은 비린내가 있다. '우리 동네' 같은 말의
깜짝 출현의 다정, 반갑기 전에 낯익고, 금방 사라진 원인 없이
오랫동안 흥건한. 사라진 것이 무슨 뜻인지 모르므로 무슨 일인지
모르는 아련한 감정이 오래 머물려 더 아련해지는 진행의 결과 같은.
쉬운 인용이 불가능한. 큰애가 같은 당산동 토박이 친구들과 남쪽
바다 여행을 떠난 것이 딱히 그들 각자 올해의 결혼을 앞두어서가
아니지만 선물로 아구채까지 사 들고 그렇게 멀리 귀가한 것은 분명
큰애가 올해의 결혼을 앞두어서일 것 같다. 얘야 좋아하는 여자와
살림 차리는 데 무슨 전략이 필요하겠니? 돈이 가진 것보다 조금 더
필요할 뿐이고, 생활비가 오히려 적게 드는 사랑의 기적도 흔하다.
'우리 동네' 아랫것들이 하나같이 궁상맞고 부엌 미인 아랫것들이
하나같이 쉽게 인용되고, 누구든 언제나 대단원의 막으로 치닫는
중이지만 집의 실내는 새로움의 짐을 떠맡은 볼셰비즘의 마지막
비유이기 위해 은유인 집의 실내이다. 자칫하면 왼쪽 스탈린, 오른쪽
히틀러이다. 민요 예찬과 데카당스의 대량 학살을 반복하지 않으려면
낭떠러지인 서정이 필요하다. 묵시록에서 각도에 이르는 모든 외형의
육체 오욕이 씻긴. 있을 수 있다면 전생의 뒤늦은 명명만 있을 수 있는.
정신이 마지막 유언, 죽음의 장차로만 육체를 배려하고 나머지는 모두
육체가 정신을 배려해 온 성장이고 서정이었다. 가장 고요한 피아노
음악도 더 고요한, 건반 없고 타건만 남는, 소리 없고 소리 없는
모양도 지워지는. 확연, 일약인. 깊고 넓어지는 단절이 더 깊고 넓어지는
연결인. 그렇게 안팎으로 사랑이 있지 않고, 있었던, 그래도 있지 않고,
있을 것인, 음악도 그럴 것인, 그렇게 정신에 달하는 몸이 언어이지 않고,
언어였던, 그래도 언어이지 않고, 언어일 것인. 연도가 가장 나중 일이고
숫자가 생의 안팎 죽음의 일이다. 목소리 아니니까. 새 발성을 모방하는
인간 발성을 모방하는 악기들도 줄 서 있고, 줄도 끝날 줄을 모른다.
크고 붉은 보석이 초라한, 더 거대한 더 초라한 왕관이다. 왜냐면
분홍이 분 내음 없이 육을, 저지를 겨를도 없이 능가해 버린다. 왜냐면

서서히 번지는, 스스로 돋을새김하는 대작, 길이가 깊이를 파고
깊이가 높이를 쌓는 것이 소품처럼 연주된다. 왜냐면 그렇지 않다면
목각, 나무의 운명이 그렇게 결정되었다는 믿음을 고수하느라 우리가
놀라고 보면 더 놀랍게도 강력하게 거칠고 강력하게 상처가 깊은 것
뿐이다. 색을 칠해도 색의 개념이 없다. 깊고 거칠 뿐 개념은 어떤 표정,
어떤 시대, 어떤 방향, 어떤 상처 개념도, 어떤 깊고 거친 개념도 없으니
더 생각할 것도 없이 그 형용, 우리가 상상하는 우리 운명의 표정이다,
놀람의 습관조차 운명화하는.
천년만년 나이 속 제대로 크지 못한 어린아이가 왜 제대로
크지 못했는지, 그것이 현대 시보다 더 난해한 서정이다.
그토록 기를 쓰고 난해했건만 왜 아직도 죽기 전에 생이 완성될 수
없는지, 그것이 더 난해한 서정이다. 아직 살아 있는 것이 아직
생을 완성하려는 것이고, 그런 까닭의 형식이 서정이다.
네안데르탈 고독을 고립화하는, '우리가 촌스럽지 않은 거의
유일한 까닭의. 절망의 질이 천박해지는 것을 막기 위해 울음이
아주 짧은 울음까지만 명징하다. 돌이킬 수 없다고 생각해서는
안되므로 울음이 아주 짧은 울음까지만 실루엣 아닌 윤곽이다.
기억보다 더 과거가 왜곡될 수 있다. 최초로 죽은 네안데르탈인의
고독을 우리가 미래의 임종에 끼워 맞추는 것일 수 있다. 다음의
네안데르탈인들이 얼마 안 가 다행히도 훨씬 더 막막한 사막을
만났을 수 있다. 그리고 그 기억의 오랜 시간에 걸친 유전의
형상으로 단어 '신천지'가 형성되고, 그것의 오랜 시간에 걸친 사용의
진부에 속아 우리가 새로울 수 없는 죽음을 사사건건 새롭게 하려는
것일 수 있다. 그러니, 습관을 벗을 수 있는 누구나 임종에 죽음보다
훨씬 더 막막한 것들이 있을 수 있다. 모든 비유가 비유하기 전에도
진부하게 느껴진다면 아직 더 갈 수 있다. 사는 동안 죽음이 언제나
생을 뒤따르는 진부한 처지였다. 죽음이 우리가 완벽하게 살 껍질
벗겨낸 진부의 총계의 비유에 지나지 않을 수 있다. 거룩은 누구나
탄생 직전이 석기石器로 거룩하고(테야르 드 샤르댕과 안토니오
가우디) 서정은 가난한 아니라 지난한 그 후 일이고 예수도 그의
죽음이 누구나의 서정적인 탄생이다.
몸통에 갇히다니, 내가 아직 젊다고? 생이 너무 헐렁해서 가끔
입고 있기나 한 건지 헷갈린다. 살아서 뭐가 무서운지 꽁꽁 묶는
수의가 있겠으나 죽어서 복장 문제가 있을 리 없다. 혀를 다오,

달콤한 접촉으로 늙은 육체가 다음을 기다리는 꿀로 응집하게끔.
가슴을 다오, 푹신한 무게로 늙은 육체가 다음을 기다리는 방식으로
퍼져가게끔. 안쪽을 다오, 서늘한 그늘로 늙은 육체가 다음을
기다리는 돌로 타오르게끔. 더 안쪽을 더 안쪽을 다오, 늙은
육체가 늙은 육체를 범하는 일 없게끔. 파리코뮌 진압이 나무꽉에
낡은 헝겊으로 대충 수습한 시신들의 밀가루 반죽 뭉개진 표정보다
더 비참하게 실패한 혁명의 기억이 위대하다 랭보, 가출했던 그
어린것이 유년 참혹 언어로 어른에게 말한다. 어린이 말로
어린이에게 동심을 가르치겠다던 어른들이 이해할 수 없는 말이다.
유년 참혹 언어가 성장을 포기한다. 그러자 어른 속 어른 말 모르고
그를 아는 모든 어린이들이 성장을 거부한다. 랭보, 그가 유일한
어른이다, 영구 단절된, 혹은 영구화한 유년의. 양차 세계대전이
랭보를 돌이킬 수 없는 랭보로 만든 것일 수 있다. 나는 내 안의
유년을 찾아서 함께 늙어가려는 쪽이다. 문학사보다 더 늙은,
문학사를 역사보다 더 늙게 만드는 문학으로. 순결이 없으니 타락도
없고 외경이 모든 것의 시작이던 붉은 피도 온데간데없다.
예상을 포기하면 예상을 벗어난 것들의 예상 밖이 더 분명하다.
나 대신 예상 밖이 예상 밖을 예상 밖 하려는 듯이. 음악이 흐르다가
나도 모르게 그치지 않고 거꾸로도 아니다. 낡은 히터
돌아가는 방식이 각지고 느리고 비틀거리고 집요해졌다. 붉음을
회복하려는 낡음의 적나라가 음산하다. 어떤 때는 내 가슴 철렁
소리 같다. 뭐, 저승사자가 가자면 가는 건데, 이렇게 여러 차례
느닷없이 찾아오고도 내게 익숙을 허락하지 않으니 죽음이 별난 일은
되는 것 같고 그게 더 나을 것 같기도 하고 죽음의 드레스 리허설쯤
되는 것 같기도 하다. 그것도 복장 문제는 아니고. 날이 밝으니
히터가 언제 그랬냐는 듯 소리 없이 얌전히 돌아간다. 그렇다. 나로
하여 완벽할 수 없는 나의 실내의 밤이었다. 흐름이 그침이고 그침이
흐름이고 그랬던 것이 통유리창 밖의 어둠이었다. 나로 하여 완벽할
수 없는. 새벽이 아직도 살아 펄펄 뛰는 나를 완료할 것.
나의 동사인 없음의 춤, 육 아니라 모든 내부의 마지막 천연 아니라
흑백의 육화인 춤이 내게 남은 마지막 우둘투둘을 떨쳐낼 것.
오페라가 제국의 낯익은 멸망의 유행가의 훨씬 더 흘러간
악보인 내 몸에 기타 코드를 붙일 것. 글 쓰는 여성 너머 글쓰기의
여성 속으로 나를 흘러들게 할 것. 어제보다 더 막막하고 더 초라해서

소중한 시작 속으로 나를 더 초라하게 연주할 것. 아무리 에로틱해도
내가 질투할 수 없을 만큼 깊숙이, 내가 찬탄하는 이의 젊은 날도
세속의 장인도 역사의 역사를 쓰는 불쌍한 것들도 불쌍하지 않게.
나의 불행한 내용들이 형식 실험으로 여전히 참조만 있고 불행하다.
나의 불행한 생들이 죽음 실험으로 여전히 참조만 있고 불행하다.
나의 슬픔의 공학이 기교의 참조만 있고 여전히 불행하다.
없는 긴장도 긴장이다, 없는. 긴장이 없는 것과 다르다. 긴장의
포스트모던이 언짢다면 더 나아가 변형된 육체가 육체인 것은 물론
변형된 육체는 변형도 육체이다. 연극 하는 후배가 자필 작성한 홍대
주변과 신촌 일대 헌책방들 산보 지도를 들고 오전에 내 집을 방문한 지
15년 넘은 세월도 육체의 변형인 산보이다. '아마도'가 산보의
부사형이었을 수도 있고. 어쨌든, 이러면 산보를 안 나갈 수가 없지.
실제로 안 나갈 수 있지만 많이 변형된 거다, 벌써. 아마도 이럴 때는
흐르는 음악이 귀에 들리지 않게 흐르는 까닭이다. 소중하게 쩨쩨해지는
시간이고 변형이다. 할머니들이 웅큼으로 캐서 웅큼으로 파는 봄나물
보다 싼 책값을 몇백 원 더 깎는. 그러면 적어도 무슨 얼어 죽을, 정말
얼어 죽은, 거의 노인 범죄에 해당하는 해탈 타령을 면할 수 있을 것
같다. 술은 이 나이에 젊은것들하고 더 가보자는 거지, 너무 멀리는
말고. 어떤 약속은 아무리 기분 좋아도 어겨야 하는 것이 명약관화한,
그 명약관화가 나이인 나이 아닌가? 보라는 따스하지 않으면서 무엇이든
완화하는 경향이 있다. 꾸짖지 않는다. 잘못의 망각을 섹시한
현기증으로 상기시킨다. 사랑이 언제나 뒤늦게 깨닫는 사랑이고 욕망이
언제나 너무 앞선 욕망이라고 가르친다. 들여다볼수록 색이 더
색인 위안이다, 실패의. 여인의 이름이 될 듯 말 듯 끝내 색이다.
실제로 숱한 여인의 이름이 보라, 그러나 끝내 몸의 실제보다 더 색이고,
아무리 고혹적이어도 야할 수 없는 색이고, 허리 색이고 곧장 허리가
날씬한 색이다. 모든 색을 저보다 더 날씬하게 하는 식으로 색이게 하는
색이다. 그렇게 보면 모든 색이 그런 것처럼 보이고 더 오래 보면
그러는 중인 것처럼 보인다. 왜냐면 보라는 금지, 각각의 색이 처음부터
웃거나 처음부터 울거나 처음부터 흐트러지는 것의. 그러므로 색의
종합인 우리가 처음부터만 아니라면 얼마든지… 그러나 생각이 시간을 많이
잡아먹어서 그렇지 내가 언제나 처음부터라서 나이고 우리가 더 복잡하게
처음부터라서 우리이다. 그렇게 어떤 때는 난파보다 더 형해적인 창가가
있다. 가까스로 근육을 면하여 풍경이 유지되는 창밖이 있다. 실패가

수줍음을 모른다. 실패의 예감도 수줍음을 모른다. 전망이 전망을
수줍어하고 사양하고 다시 수줍어한다. 삼투인 형해가 있다. 야생
동물은 괜찮다. 직접 체험이 창조 신화이다, 스스로 사라질 것을 모르고
사라진 것을 모르는, 가상현실이 영원이고 영원이 가상현실인. 식물은
괜찮다, 길들여졌더라도 생이 우주이자 우주 독서이고, 처음부터 끝까지
너무나 넓고 멀어서 물질의 끝도, 실종과 존재의 구분도 없는 생이 그냥
일반 너머 전반이다. 식물의 사전에 형용사가 없다. 아니 명사가 없고
형용사가 명사이다. 명사인 동사 딱 하나인 미생물도 괜찮다.
애완이 문제이다. 인간의 것도 아닌, 윤곽 없는 죽음과 슬픔의
언어를 동물에게 가르친다. 주인의 부재 언저리를 떠나지 못하는 창세
재앙의 언어이다. 피 묻은 자신의 손을 기어이 씻어내려는 인간의 변태
대속이 애완이다. 연민을 안단들 인간이 어떻게 동물한테 가르칠 수 있나,
인간의 형해와 전망과 절망을? 오로지 인간의 것인 슬픔이 오로지
슬픔의 사리사욕을 채울 뿐이다.
인간의 연민이 성장할 수 있다. 훼손한 동물 원상을 복구하는 쪽으로.
인간 언어를 동물에게 강요하거나 동물 언어를 인간 언어에 끌어
들이는 대신 동물의 언어로 죽음의 언어를 살찌우는 쪽으로.
죽음이 생의 공통 언어이고 거꾸로가 아니므로 우리가 무엇을 길들일
밖에 없는 운명이라면 그 운명을 길들이는 쪽으로. 그때 비로소
모든 생이 생의 반려이다. 꼿꼿이 펴진다, 새하얗게 빛바랜 자위의
책, 좌우로, 안으로 굽은 두터운 등이, 펼친다, 눈부시지 않고 새로운,
감정 없이 감격적인 미학을.
2016년 4월 8일 『미국인간유전학저널』에 의하면 현생 인류 여자와
사랑을 나누어도 네안데르탈 남자가 아들을 얻을 수 없다. 남자 태아가
엄마 면역 세포한테 공격을 받아 유산된다. 유전자 돌연변이 탓이라지만
내가 듣기에 이런 식으로 네안데르탈 사내가 첫사랑을 알게 해준
여성에게 자신이 아는 첫 죽음의 언어를 선물로 주었다는 소리 같다.
출산의 여성 덕에 죽음의 언어가 임종의 고독 따위 흔하디흔한
에피소드(말하고 나니 사실이 그렇다)로 다루는 것부터(다루고 나니
사실보다 더 그렇다). 모든 시작이 거기서 시작되고 모든 시작이 그래서
시작이다. 작곡이 번역 너머 시간 제한과 계획의 실황 연주를 닮아간다.
글쓰기가 읽는 실황 연주를 닮아간다. 시간도 공간도 시공도 하나의
감각에 지나지 않는다. 그리고 연주가 생애를 닮지 않고 생애가 연주를
닮아가는 연주가 있다. 세대가 세대끼리 늙어가는 곤혹을 뛰어넘는

생애의 연주가 있다. 단테의 견딜 수 없이 역동적인 육이 정갈해지고
정갈만 춤인, 춤이 있다. 포크너의 견딜 수 없이 광포한 육이 파국의
재앙을 견디고 실 제본만 춤인, 춤이 있다. 스카치테이프는 개념도 없이
책이 실 제본으로 실이 제본으로 변형하는 춤이다. 디자인을 갈수록 더
옛날로 간소화하며 죽음과 소녀에서 가장 멀리 죽으러 왔으면서도 더
멀리 죽으러 가는 춤이다. 두 번 세 번 죽으러 가는 춤이고 몇 번이나
죽을 수 있나 죽어 보러 가는 춤이다. 홍대입구역에서 공항 철도
타러 가는 기나긴 구내 화려하고 번창한 상가에 일제히 빵 굽는 치즈
내음 흥건하다. 분명 맡은 적 있는데 사람들이 내음에 씻기고 아무리
생각해도 언제 어디서 맡았는지 생각나지 않는다. 사람들이 씻기고,
냄새 좋은 지옥 같다. 아무리 생각해도 생각나지 않는 게 맞을 것이다.
먹어 본 중 피비리지 않은, 가장 온화한 맛들이 모인, 지옥 같다.
무수한 화장 질은 얼굴에 화장품 냄새 없다. 비린내 없을수록 살기
등등한 생선회 맛없다. 흑백 사진이 현실에 있을 수 없는 사실의 흑백
사진 없다. 왜냐면 우리가 창밖에 내리는 비를 총천연색으로 상정하지
않는다. 씻음 아니라 씻김의 총체를 바라는 까닭. 초현실은 문자로 끝낼
것. 그 밖은 기괴의 운명이 자초된다. 예술가는 아주 비슷해 보이는 무당,
소시오패스, 정신 분석 전문의와 본질적으로 다르게, 현실이 갈수록
충분치 않은 느낌이라서 현실인 부류이다.
처음의 일이 아니므로 위안이 처음부터 단순한 위안일 수 없다. 돌아보면
온 길이 의외로 단순해 보이는 것이 지금의 위안일 수 있다. 단순이 늘 아주
조금만 단순하다. 나의 마지막이 내게 가장 복잡한, 명징의 성장으로서
위안일 수 있다. 처음부터 단순의 지문이던 블랙 유머가 마침내 현대의
손금에도 없고, 죽음과 완벽하게 대비된 생의 유머가 아무리 신랄했어도
눈부시게 상냥하다. 검은 것들이 모두 사라졌다. 허겁지겁 달아나지 않고
감쪽같이 자리를 피해, 원래 없었던 것 같다. 마치, '10년 뒤에 내가 살아
있을까?' 질문이 뜬금없거나 상관없는 것보다 더, 원래 있을 수 없었던
것처럼. 탐닉하는 사랑의 행위가 늘인 육체의 시간이 탐닉 없이 한없이
늘어난다. 잔혹한 자연을 제외한, 줄거리 아니라 비유로 생이 이어진다고
본다. 짐승을 제외한, 꽝파르 아니라 비유의 맥락이 흐트러지며 죽음으로
이어진다고 본다. 맥락이 흐트러지는 윤곽의 근육이 자연이고 짐승이고
운명이라서 우리가 나이를 밝히거나 밝히지 않는 것이라고 본다.
어른이 되는 운명을 알고 받아들이는 아이가 미래 전망의 언어로 현실에
접근하는 진정한 정치인과 같다. 오랜만과 먼 훗날의 감격이다. 그렇게

생가도 있다. 탄생만 보이는, 유년이 잘려 나간 불구의 죽은 생가 아니다. 불확실이 구체화하는 성장이 명료한, 살아 있는 생가이다. 젊은 세대한테서 희망을 보는 것이 맞는, 생가 옆에 서 있는 아이가 생가의 선대이면 좋을, 마음도 거추장스러워 전망 앞에서 강성하게 헐벗은, 아테네 여신에게 중요한 것이 유래의 유래가 있는, 제우스 뒤통수를 깨고 태어난 유래 아니고, 지혜의 지혜가 있는, 전술이 예술에 달하는 지혜 아니고, 잎새 하나 없이 빽빽한 대숲 같은 대리석 치마 주름인, 그것이 전모이고 유례의 완성이고 지혜가 아름다움인 순간의 영원 포착인데도 볼 때마다 그녀에게 여인의 얼굴이, 젖가슴이, 팔과 발꿈치가 계속 있을 수 있는, 그러므로 고대 그리스 전체가 대숲 모양 대리석 치마 주름인, 생가이다. 흑백 없다. 흑백의 깊이 없다. 대리석 색 있다. 대리석 깊이이다. 그렇게 나의 남은 생애가 나의 남은 생애에 신화의 유래일 수 있는, 눈물로 얼룩지지 않으면 별도의 팔다리를 내보이지 않고도 여신의 치마가 여인의 치마인 여신의 시대로 여신을 돌려보내는 유래일 수 있는, 생가이다. 이제 주장이 가능하다, 호메로스 이야기에서 그 숱한 검정 빨강 도자기 도해들이 나오지 않고 그 도해들에서 호메로스 이야기가 나왔다는. 단 하나의 에피소드로 되어가는 이야기의 나중 도해들이기에는 너무 많은 각각의 의미가 너무 심장한 장면들 아닌가, 어딘가 이제 와서 같지 않나? 손에 쥐어 본 듯한 것들은 따로 있다. 이제 와서 아는 것들이 아테네 여신 치마 주름에 있고 그것이 나의 미래의 사전 도해이다. 건질 것 하나 없는 나의 나이의, 놀랄 것 하나 없는 서울인데 한밤중 웬 바닷소리 들린다. 설령 빗소리라도 신호등 4차선 도로 아니라 바다가 가책 없이 심해어 교통도 없이 순순히 비에 몸을 내주는 소리 같다. 바다가 절벽의 개념을 알기도 전에 절벽이 되어 앞으로 영영 그 개념을 알 수 없는 어떤 본격 같다. 그렇다. 빗소리 아니다. 바닷속이다.
바닷속이 바닷속 말고 아무것도 없어 칠흑 어둠도 없는 바닷속이다. 멀쩡한 모든 것이 멀쩡하게 바닷속인 바닷속이 깨어나는, 누가 나를 부르는 개념도 없이 내 의식의 새하얀 전부인 바닷속이다.
언제나 '바닷속이다가 '바닷속이었다'였고, 이다. 단절이 연결의, 연결이 단절의, 상호 아니라 계승의 사전 도해였고, 이다. 의식이 불구의 성장이지. 생이 귀신이다, 장하디장한. 처음부터 의식이 자신의 근원적인 불구를 숨기려고 온전에 집착한다. 예상보다 잘 차려졌으나 이상하게 잘 차려진 식탁이 이미 죽은 나의 제사상일 수 있고, 아니라도 노인네들 지칠 때까지 지치지 않을밖에 없다. 나로서는 내가 나의 결론을 나도 모르게 넘어설 때까지.
제주도 놀러 갔다가 오는 아내 비행기가 연착이다. 무사히 오면
아직 우리한테 시간이 많지만 지금은
청천벽력 걱정으로 청천벽력을 물리쳐 보는 설거지의 시간. 어림도
없을 것이다. arrival에서 landing인가 거꾸론가 그 사이
연착륙이 문제이다. 그 시간이 마치 귀가보다 더 늦을 것 같다. 생의
연착륙이 생애보다 더 오래 걸릴 것 같은 지난한 느낌은 약과. 정작 연착륙
당사자 경험은 스릴에 가깝다.
기다리는 자가 기다리는 시간이 가장 길고 너무 길다. 깨알같이
많은 시간이 깨알같이 우글거려야 우리가 살아 있는 듯이, 게다가
그것이 생의 천박을 면하는 생의 마지막 보루인 듯이. 그리고
마지막은 유일이다. 유일한 마지막 너머 마지막이 유일이다. 결론이
항상 슬프고 우리가 다시 결론 너머로 연착륙해야 한다. '응. 지하철
탔어.' '잘했어. 정말 잘했다.' 뉘앙스는 '잘됐어. 정말 잘됐다…'. 가장
무거운 것이 자신의 가장 낮은 처지를 한탄까지는 아니고 그냥
따분해하는 정도 만으로도 걸핏하면 감격이 솟아 울컥한다. 왜냐면
180도 중력을 거스르는 일이다. 감격을 요하지. 감격이야말로
중력을 거스르는 일의 가장 정확한 사전 도해이니까. 온갖 계산, 예상과
온갖 그림, 이야기보다 감격이 먼저이고 정확하다. 그 모든 것을 완전히
씻어낸 감격이 최종적으로 가장 정확하다. 늙음의 감격이고 마지막이고
유일이고 정확 그 자체이다. 사전에 앵앵과 징징은 물론 볼륨이 아예 없다.
진정성 아니라 진정성이라는 물질이 있다. 언젠가 언젠가 언젠가…. 과거에서
미래로의 다정이 있다. 그러고 보니 언젠가 우리가 정말 서로 사랑을 하기는
했다. 과거는 죄가 많아 구성진 사랑 타령에 그친다 해도 좋다. 중력을
거스르는 방향인 미래가 감격의 곡진이라면 우리가 극복할 수 있다,
민주화 항쟁 3년 후 〈목포의 눈물〉을 프로 야구 해태 타이거즈 응원가로
목 놓아 부르던 광주 시민 희망의 지독한 청승을 더 곡진하게.
왜냐면 걸음의 감격이 가장 감격적이다. 왜냐면 미래가 바로 그것을 맞으러
오는 미래이고, 미래의 말이 바로 그것을 설득하는 말이다. 우리가 실패하기
전에 미래가 우리를 맞으러 오는 데 실패한다. 우리의 말이 실패하기 전에
미래의 말이 우리를 설득하는 데 실패한다. 즉, 늙음과 죽음 둘 다를 아는
세대가 연착륙해야 한다, 생애 너머로. 실내의 실내악이 어느새
들리지 않는다, 실내악의 실내에 어느새 우리가 거주하는 까닭.
망가지지 마라. 결국 전망이 망가진다. 왜냐면 망가질 수 있는 것이

결국은 전망밖에 없다, 눈높이를 맞추며. 전망 또한 중력을 거스르고
전망의 좌절은 언제나 스스로 전망에 못 미치는 전망의 자괴이다.
그리고, 물론, 전망보다 더 먼저고 나중이고 마지막이고 유일인
대중이 있다. 대중의 중력에서 비롯된 전망 속 대중의 중력으로써
대중의 중력을 거스르려는 전망의 좌절에 대중의 중력이 좌절하지 않고
전망 너머로 연착륙, 자신을 더 우월하게 거스르기 시작한다.
대중의 중력을 거스를 것이 대중의 중력밖에 없는 것을 깨달은 대중의
중력은 위대하다. 감격의 사전 도해에서 비롯되어 실패와 좌절을 겪는
민주주의 성장의 완결인 평화의 전망에 대해 내가 말했다.
4월이고 벚꽃 활짝 핀 차창 밖 내리는 실비도 차내 흐르는 뽕짝도
화사하다. 모처럼 낮 나들이라서 뭉툭한 죽음이 절묘하게 뻗은,
자태가 절묘하게 근엄한 종묘 본관 건축 미학과 젊음의 벚꽃
놀이 절정을 아우르자는 늙음의 초청이 땡겼으나 늙음끼리 모이는
노추보다 덜 나이 든 것들 앞에서 늙음의 고립을 뽐내는 것이 훨씬
유리한 생각에, 조촐한 후배 생일 잔치 찾아서 어느덧 수도
여고 돌담길 오르고 있다. 고등학교 남학생에게 여자고등학교 벽은
금남 아니고 싱그러운 신비의 육화이다. 아주 오래된 여고의 벽이
나 같은 늙은이에게 그만큼 더 농익은, 싱그러운 신비의 육화이고
성장 아니라 성장의 요구이다. 벽 아니라 내가 안타까워하는 요구이다.
늙음의, 불륜 아니고 연애 감정 정도는 괜찮지 않을까 싶은, 나 아니라
벽이 요구하는 게 바로 허락 아닌가 싶은, 요구이다. 내가 생한테 아니라
생이 나한테 볼모로 잡혔다. 이제는 보급판도 가능하고, 지역과 세대를
아우르는 전국 정당도 불가능하지 않을 듯. 전철은 좀 그렇고 택시
뒷좌석쯤에서 시를 쓰는 일도 회복 가능할 듯, 건강 아니라 회복의
미래가 있을 듯. 새벽에 불러도 나오는 젊은 술친구 남녀 수를 조금
늘려도 될 듯. 메모 수첩이 또 한 권 끝나간다. 바지 주머니에 쏙 들어가는
크기와 두께로 오래전 고른 것이 다행이다. 수첩 갈피에 낀 볼펜은 노인
요양 병원 들어가 보기에 잘 있는 형 살림 정리할 때 챙긴 것, 닦아내니
고급이지만, 워낙 오래 닦아내서, 잃어버려도 노고가 남을 것 같다.
형이 잘 있으니 실내에 아버지 어머니 유품인 옥돌 덩치 큰 거북 두 마리,
옥돌 불사자 부부, 음산한 야광 돌부처 모두 도드라지게 정답다. 수첩에
끼워 갖고 다니는 사진이 두 장으로 늘었다. 결혼식 직후 신혼여행 떠나기
전에 신촌 큰집으로 옮겨 거나하게 한 차 더하고 정원에서 찍었다. 말 술
외삼촌, 신부와 신랑, 지금 우리 부부보다 훨씬 더 젊은 나의 부모, 그리고

친구들이 열댓 명 있고 친구들은 아직 반 너머 살아 있다. 오래 걸렸다.
그만큼 반갑지만 아무래도 죽은 이들을 기억하려는 것이 아니다. 사진은
아무리 오래된 사진도 산 자들끼리 추억에 걸맞다. 영정이 추억에서
멀리 떨어져 있다.
수도여고 돌담길 걷는다. 늦었고, 약속 장소 지나쳤는지 모르지만
어떻게 보면 나의 평생을 기다렸으니 조금 더 기다려도 된다.
아무리 전통의 고등어구이 백반이지만 생선을 젓가락으로 정성스레
찢어주는 여성 시인이 있어도 되나, 아내도 애인 때는 그런 적 없었는데?
아직도 놀랄 일이 있는가? 묻지 않고 아직도 달랠 상처가 있어야 하나?
물어야 한다. 왜냐면 어린이의 순진 너머 치열한 연착륙이, 젊은이의
난해 너머 치열한 연착륙이, 어른의 젊음 너머 치열한 연착륙이 있는데,
늙은이의 죽음 너머 치열한 연착륙이 왜 이 지상에 있을 수 없겠나?
누군가의 전기를 읽는 것이 벌써 자서전을 쓰는 일인 사실이 분명한
시간은 언제나 적지 않게 남아 있다. 세월호 참사 2주기. 참사를 잊는 것이
저지르는 일인 사실이 분명한 시간도 적지 않게 남아 있다, 벌써, 아직도,
언제나. 감격의 소리가 철 지난 카세트테이프 재생보다 더 지지직댈망정
전망의 시간은 있다. 그렇게 식민지 정신대, 우리가 겪은 것은 왕조의
치욕이고 우리가 살아온 것은 굽이굽이 생이 위대하다는 증거이다. 치욕이
치욕의 누명을 벗고 씻긴다. 역사의 증거가 씻기지 않는다. 우리가
여성의 가장 깊은 곳 무참히 찢긴 적 있다. 그렇게 우리가 살아온 것은
남은 생이 훨씬 더 위대하다는 증거일 수 있다. 갈가리 찢김도 갈가리
찢김의 누명을 벗고 씻긴다. 미래의 증거가 씻기지 않는다.
술자리를 내가 일부러 줄일 것은 없지만 술자리가 알아서 줄어들면
좋겠다는 것이 나의 늙음의 타협이다, 육체의 악마를 다스리는.
저녁 여섯 시에 첫째가 아내 될 사람 데리고 인사 온다니 그게 일단
나의 보루이고 감각 총체가 바로 육체인 상태를 천국으로 명명할 마지막
기회가 늙음한테 있기는 있을 것.
바람 거세고 비가 진눈깨비로 변하는
을씨년스런 구파발 벌판에 삼송 테크노 빌리지 건물들이 굴뚝 없이.
대규모 공장보다 더 크게, 현대의 공업처럼 서 있다. 건물과 건물 사이
더 거센 바람이 바다 파도 같고 A-108호, 2층으로 꾸민 실내가 넓고
높아서 건축 같고, 작업이 거인족 같다. '이제 시작이지.' 오랜만에
만난, 그사이 70에 달한 화가 선배의 오랜만 전망이다, 크기 없이
내용이 어떤 연관보다 더 큰. 정신이 육체를 사랑하면서 시작된.

기다렸다는 듯이 세로 인쇄 '한국 문학 속 은평전(展)' 엽서가 왔다.
쟁쟁한 작고 생존, 원로 신예 남녀 소설가 시인 평론가 수필가들이
130명 넘게 은평구를 고향으로 생각한다는 촌스러운 과장을 손톱보다
작은 사각으로 빼곡히 들어찬, 각각 더 촌스러운, 서로 다른 명도가
거의 으깨진 130개 넘는 흑백 문인 사진들 집합이 충분히 완화한다.
난방 같은 완화다. 뭐, 가볼 생각은 없다. 다만 기다렸다는 듯이 온 것이
고향 아니라 고향의 미래 같다.
나도 결혼 직후 한두 달 은평구 구산동에서 살았다.
기다렸다는 듯 그 사실이 나도 모르게 왔다. 그동안 안녕했던 것들이
의외로 많다. 신혼 아니라 신혼의 미래 같다. 내가 빼앗은 부드러움을
네게 돌려주어야 한다. 사이렌 소리마다 네 몸에 가던 금을 내게 조금씩
나눠다오. 완벽하게 육안으로 읽겠다. 근육의 탄식과 혁명적 자살로
읽지 않겠다. 걷다가 죽은 것이 참혹으로 똘똘 뭉친 살덩어리만은
아니라는, 거짓말 같은 증거로 읽지 않겠다. 마음의 귀로 읽지 않고,
그것을 막으면 문득 떠오르는 마음의 소리로도 읽지 않겠다. 이승의
시력 바깥이 모두 저승인 눈으로 읽겠다, 시야 바깥이 모두 저승이었던,
이제 원래대로 온전히 네 것인 너의 부드러움을. 시계 째깍 소리,
이명도 들리지 않는다. 오랜 세월 주거의 키를 줄이고 교통의 어깨
좁히며 제 포부보다 더 넓어진 동네가 서울 한복판에서 하루아침에
헐린다. 산이 참으로 제 난생처음 시뻘겋게 헐벗은 재개발을 오늘도
보았다. 누구를 탓할 것도 없었다. 왜냐면 산의 눈으로 보았다. 산이
누구를 탓하는 것 같지 않았다. 왜냐면 자연이 생의 경고를 심각하게
받아들이지 않고 죽음을 자연스럽게 받아들인다. 왜냐면 자연의 생에
죽음이 너무 가볍다. 너무 인위적이지. 회피와 고자질이 있는 죽음이라니.
최선을 다해도 좀체 대화에 달하지 못하는 우리가 자연한테 자랑할 것
하나밖에 없다. 끝까지 질투를 버리지 않았다는 거. 사랑의 지옥과
연옥으로 육의 황홀을 모조리 탕진하고서도 아름다움을 차라리
석녀의 천국으로 만드는 것을 끝내 묵과할 수 없었다, 예민뿐인 신경의
불행뿐인 예감을 기괴한 비만뿐으로 만들 망정. 지독한 문청도 아닌
우리가 지상에 남긴 낱말들이 묵과할 수 없었다, 정작 우리가 하늘과
바다로 돌아갔다 하더라도. 자연도 제 처지를 순순히 받아들인다,
처지가 먼저 자연을 받아들였다는 투로. 인간의 발에 달이 순결을
잃었다고? 사실과 무관하게 달이 순결하고 우리가 낭만적이던
기억의 분명을 얻었다. 여인의 다리가 대리석에 달하고

더 많은 분명이 확인된다. 앞으로 확인될 것이 더 많은 사실의
분명이 특히. 우리가 너무 진지했다고? 아니다. 너무 진지한 적과
너무 즐거운 적 한 번도 없는 사실의 분명을 완성시키려 나날의
실종이 벌어진다, 과거를 향한 서정이 실종 기억을 계속 지우고 닫고.
누가 자신의 죽음을 책임질 수 있나? 우리가 우리의 죽음을
논할 수 있는 것도 오로지 우리의 실종을 우리가 책임지려는 노력
안에서이다. 실종의 기억을 위해 실종이 좀더 실종되는 수도 있다.
좋았던 시절은 장르가 되었다. 이국어가 관용 이전 서투른 사용을 관용
이후로써 아니라 이후에 벗는다. 아무리 서툴러도 돌이킬 수 없는
시간과 장소는 휴식하는 무용의 남은 육체 현란을 연착륙시키는 에드가
드가 파스텔톤만큼이나 정상인 듯이. 그리운 것들 덕지덕지
늘어놓아도 안전에 책상이 너무 넓다. 메모지가 부족한데도 원고지
빈칸이 너무 넓다. 나와 같이 늙은 아내와 단잠을 실컷 자고 나서도
굳이 일어나 살비듬 이부자리 탈탈 털려면 모든 게, 봄도 젊음도
늙은 탓이어야 한다. 모든 게 치매 전조이다. 초현실주의자들 가운데
너무 일찍 죽은 자들이 초현실주의가 왜 그리 알몸 타령인지 너무
일찍 죽어서 몰랐고, 너무 늦게 죽은 자들이 너무 늦게 죽어서 알아도
소용없었을 것 같다. 어정쩡하거나 알맞게 죽은 초현실주의자들이
갈 데까지 간 것이라면 얼마나 좋았겠나. 우리가 또 한 번 자진해서
주체적으로 망가지지 않고 어쩔 수 없이 대신 망가진다. 랜드마크가
한가운데 있으면 뭐 하나? 약속 장소 주변으로 아는 간판이 하나도
없는 약도이다. 옛날 경의중앙선 흐름이 유일하고 동서남북도 낯선
이름이다. 경의중앙선 없어진 표시가 왜 이리 굵고 선명해 보이지?
늙은 탓이고 덕이다. 왜냐면 어쨌든 늙은 내가 젊은것들 즐비한
약속 장소를 나 혼자 찾아가야 한다. 늙은 것보다 더 오래된 것들도
어쨌든 시작은 그랬을 것 같다. 그래서 오래된 것들보다 더 일찍부터
내리는 비를 오는 비라 불렀다. 단 한 번일밖에 없는 것들을 우리가
거듭거듭 갈수록 더 정성스럽게 읽고 싶기도 했다. 왜냐면 우리가
스스로 무슨 짓을 저지르는지 모르기커녕 저지른 증거를 서둘러
인멸하는 수고조차 귀찮아하였다. 왜냐면 종교와 윤리가 서로의
시녀이고 시녀들만 있고, 없었다, 겉모습이 음모에 가장
가깝지만 가장 깊숙한 내용이 가장 열려 있고 급기야 공개의 물질인
주최 측이. 최초가 최후에 최후와 더불게 된단들 최초가 최초부터
그리하려 하지 않았고, 최초가 결국 최후를 야기하지 더욱 않았고,

최후가 최후의 최초를 만든다. 우리가 모르는 우리의 최후가 바로
우리가 모르는 우리의 최초인 듯이. 그래서 우리가 우리도 모르는
임종의 주마등을 이야기할 수 있는 것일 수 있다. 날이 흐리다. 더
흐려질 것 같다. 내 살이 투명하다. 내 뼈가 투명하다. 시력 대신 날씨를
보고 청력 대신 날씨를 듣는 투명이고 나의 날씨이다, 욱신욱신 쑤시는.
어제의 남은 빛이, 뭐였지? 홰에 올라 홰치기를 기다리는 닭의 눈에
묻어나는 것처럼 복잡이 기괴하고 불편한 전망이 또 없을 것이다.
닭이 그것을 이해할 필요 없는 것은 이해할 수 없는 까닭, 책임질 필요
없는 것은 책임질 수 없는 까닭. 그런데도 닭이 단어 '불편'을 모를 뿐
불편하고 '고통'을 모를 뿐 겪는다. 닭의 불편이고 닭의 고통이다. 닭이
'닭'을 몰라서 별도로 불편하고 별도의 고통을 겪는 것은 아니다.
그러니, 우리의 문제이다, 이해할 수 있어서 이해할 필요가 있고, 책임질
수 있어서 책임질 필요가 있다고 자부하는 인간의 전망이 문제이다.
적어도 우리의 전망이 닭의 전망으로 닭에게 우스꽝스러워지는
사태를 앞당겨 쪽팔려 해야 한다. 시간과 공간이 바로 교정을 요하는
먹이사슬이다. 우리가 포식한 먹이들이 우리의 육체 너머 정신을
속 편한 화학 너머 야만의 생물학 너머 남 탓하는 정신 분석 너머 최고
지능의 물리학으로 이루는 것이 인간의 최후이고, 학문 없는 늙음의
참회가 끝없이 낮은 곳을 향하는 것이 평화인, 인문의 시작이다.
잘하면 우리가 죽기 전에 단어 '종교'를 뇌리에서 완전히 지워버릴 수 있다.
자기를 지울수록 슬픔이 커지고 고통이 갈수록 이승의 에피소드에 불과한
연민이, 대문자 신을 지울수록 신성을 바야흐로 능가하려 하고
마침내 능가하는 그다음이 죽음일 수 있다. 우리의 그런 죽음을 위해
예수가 아주 조금 일찍 부처가 아주 조금 늦게 마호메트가 아주 조금 늦어서
죽은 것일 수 있다. 죽은 것이 얼마든지 죽는 것일 수 있고 그것이 시간의
교정일 수 있다. 어머니 아버지 실내의 거북이 둘 다 다가와 옥돌 귀두를
내놓으면 내가 쓰다듬어, 이승에 좀더 있어도 되는지 저승 언어로 생각해
보겠다. 생의 진정한 긍정이 늘 체온보다 차갑고. 일찍이 생이 그리스 고전
비극의 무거움보다 더 혼탁했으니 우리가 아주 조금 늦게 바랄 수도 있다,
죽음의 격식이 프랑스 고전 비극처럼 인위로 최대한 명징하기를. 그리고
망외로, 명징에 희극과 비극의 구분이 사라진다. 명징하려고 이제까지
그토록 인위적이던 인위가 '인위적'으로써 인위를 극복하는 순간 명징이
인위적이려고 이제까지 그토록 명징하던 것으로 된다. 하나로 합쳐진
명징과 인위가 죽을 때까지 갈라서지 않는다.

난해가 인위 때문이고 인위의 난해가 바야흐로 명징 때문이고 명징
덕분인 듯이. 우리의 약력이 우리 곁을 떠난 이들의 약력 너머 죽은
날짜로 풍성해진다. 왜냐면 그들의 약력은 그들이 가져간 그들의 생애이고,
내가 몇 살 때 누가 죽고, 몇몇 살 때 또 누가 죽고, 그 이듬해 누가 죽고
그렇게 이따금씩 되뇌며 그들의 죽음 이후를 알게 모르게 대신 살게도 된다.
죽음이 그들 기억을 끊지 않고 죽음의 기억으로 더 분명케 한다. 너무 그래서
약력을, 몇 살 때 누가 죽은 식으로 써야겠다 싶을 때도 있다. 죽은 이들이
그것을 방해할 수 없으니 방해하지 않는다. 산 자들이 죽은 이들을 위로할 수
없으나 위로하겠다고 우기는 동안 죽은 이들이 우리를 격려할 수 없는데
격려해 왔다. 테너, 소프라노, 바리톤은 너무 흔하고 유명해서 그렇고,
베이스나 콘트랄토가 평생 부른 오페라 등장인물 한 백 명의 아리아 한 이백 곡
컬렉션을 내리 듣으면 개인의 생애가 재구성하는 것이 피비린 세계사보다
파란만장한 오페라 역사의 더 다채로운 저류이다. 광대와 왕 역할을 번갈으는
것보다 표나지 않지만 더 심각하게, 재구성하거나 재구성될 수 있기 전에 이미
재구성해 온 저류이다.
마음에 변변한 물질을 들인 적 없으니 마음에서 비워낼 것이 없다, 기억을
지울 수 있을 뿐. 마지막으로 항쟁이 비루해진 기억을 지운다. 꺼내는 일이
M16 소총 분해 조립보다 까다로운 기억이다. 담뱃갑 반 크기에 두 배 두께라
무게 받침 역할이던 옥스퍼드 미니 그리스어 사전이 거의 저절로
빠져나왔다. 무게가 너무나 긴박하여 겨우 끼어놓은 것인데 튕겨 나오지 않고
나올 때가 되어 나온 것처럼 나왔다. 뒷면에 연필 메모가 있다. 나보다 다섯 살
밑인 운동권 여자 후배 이름과 '포닥', 운동권이라면 누구나 아는, 훌륭한
학술진흥원장 이름, 훌륭한 지도 교수 이름… 혹시 말 좀 잘해달라는 그녀
부탁을 메모해 놓은 건가? 그녀는 지금 정년을 앞둔, 훌륭한 교수이다.
그동안 내 둘째가 이과 박사 포닥 몇 년 하다 에너지 관계 연구소 비정규직
연구원으로 있고, 잘 안 풀리면 다시 포닥이라도 해야 하는 처지이다.
담뱃갑 반 크기에 두 배 두께인 이 미니 사전이 15년 넘게 무게를 버티느라
허리가 휘고 뒤틀렸다. 제대로 되려면 같은 세월 같은 무게를 똑바른 자세에서
버틸밖에 없다. 사놓기만 했지 참고할 일 없었으니 처음부터
참회용이었던 것 같다. 그렇게 전신의 딱 한 군데 왼쪽 무릎 관절을 문득문득
면도날로 긋는 통증이 남았다. 고마운 남음이지. 계속 걸으라는 얘기 아닌가.

내 몸에 나의 건강을 경고할 만큼의 건강이 남아 있다.
허망이 허망을 비워내는 일이 남아 있다. 죽음이 있기에 생이 생을 정리하는
미적분일 수 있고, 죽음이 그것을 알 리 없고 생이 너무 늦게까지 너무 젊으면
죽음이 생 자체의 미적분일 수 있는 듯이. '빨리 와. 밥 먹자 여보.' 재촉하는
아내가 있는 동안 신혼의 미래를 정리하는 생이 얼마든지 긴 듯이.
둘째보다 늦은 첫째의 결혼을 목전에 두고 아내도 정리 중일 것이다,
우리가 어떻게 그 굉장한 세월들을 통과했는지와 신혼 때도 없던, 집안에
남편과 하루 종일 단둘이 있을 일을 어리둥절 커진 눈동자로. 어머니는
저승이 있다 믿었으니 저승에 있고, 아버지는 없다 믿었으니 없을 것이지만
나의 실내에 아무래도 너무 무겁고 부피가 큰 옥돌 거북 두 마리 함께 있는
위치를 제대로 잡아주니 차가운 옥에 아연 화기가 애애하다.
두 분 사이 이메일 통신 정도는 있을 거라고 믿는다. 이승에서 눈멀어
어중간한 형도 노인 병원 의식주가 혼자 있을 때보다 편한 만큼 마음이
평안하기를. 나는 음악에 눈이 멀겠다. 밀랍에 스민 짙은 살 내음.
피우기 전에 무슨 향이든, 피우는 동안 무슨 향이든, 피우고 나서
무슨 향이든 밀랍에 스민. 모든 향기의 시작과 끝이 모든 향기의
탄생과 죽음인 듯이. 생이 전보다 더 진하고 생생한. 사소한
생의 사소한 해피엔딩을 내가 바라고 있다. 만년은 수학의
심오하고 거대한, 자살을 벗는 소리로 새롭게 들리는 시간과
창세가 형식이고 제의가 개진인 공간. 모든 바탕이 의외로 새로운
바탕이고 의외의 바탕이다. 음악도 음악의 물질이다. 진지한 운명도
농담의 물질이고 이제 죽음 앞에 자진해서 홀로 서고도 취향이 바뀌는
시간이 있을 수 있다. 취향이 계속 향해 왔기에 가능한 일이다.
들리지 않는 이명도 들리지 않는 이명을 벗는다. 이명이 계속 소음을
지워왔기에 가능한 일이다. 낙수 더 반짝인다. 울음 아니다. 울음이
죽음의 영역에 먼저 들었다. 울음이 언제나 죽음을 앞당겨 왔기에
가능한 일이다. 열린다. 닫힌다. 열린다. 열림이 닫히고 닫힘이 열린다.
우리의 생애가 최소한 탄생의 성장이었기에 가능한 일이다.
우리의 생애가 최소한 갈수록 집약적이었기에 가능한 응축이다.
죽음의 모습이 가시권 그 자체일 때에도
누구나 살아온 생애보다 여생이 더 길 것이니 아무리
길게 걸려 죽더라도 죽음이 모종의 사교 모임의
모종의 충돌 사고에 지나지 않는다, 누구와 혹은 무엇과
부딪쳤는지 알 수 없고 알 필요 없는, 무제의. 의미가

알게 모르게 죽음을 앞당기는 놀이였기에 가능한 일이다.
나의 먼 훗날, 더 먼 훗날을 앞당겨 여기까지 썼기에 가능한
일이다. 여기까지 읽은 이에게 하는 말이다.
귀한 집 전화로 나에 대해 누가 묻지 않는 한 나도
인터넷 검색으로 나에 대해 알려고 하지 않겠다.
음악의 커튼이 펼치는 것은 단아가 단아의 파란만장을
심화하며 단정에 오르는 옥타브 계단의 각각 다른 생애이다.
이야기의 이야기가 형식이고 온갖 경우 수의 거꾸로가 죽음이다.
정신이 젊은 육체인 여성이라야 백년대계의 미래가,
백년이 걸리더라도 그 끝을 볼 수 없더라도 바로 지금
우리가 시작해야 하는 일들의 백년대계 미래일 수 있다.
책들도 커튼 소리를 내는 것들이 자진해서 남는다.
끝까지 자세하지 않아서 난해한 것이 아니다. 너무
거대해서 분명하게 난해한 것이다. 그렇게 자세한 약도가 자세한
약도 속으로 사라지는 길을 나서는 법을 배워야 한다.
내 생이 앞서가고 내 생이 따라간다.
옥돌이라서 그래도 되는 것 같다.
동네라는 말 본격적으로 마지막인 연주회 같다,
연주자는 물론 청중도 각각 모두 자신의 마지막 독주회인.
각각 모두 모여 있는, 비로소 모음 아니라 모임의
권위인. 그 앞에서 가장 낡고 소용없고 끈질긴 것이
이데올로기인 것이 자명한. 동네라는 곳, 색의 배경 같다,
가장 오래된 소용과 가장 새로운 소용이 한 몸으로
소용을 능가하는. 손때 시커먼 목도장 가는 허리
나뭇결 같고 지문 같은, 언뜻언뜻, 나의 소용을 능가하는
내 몫의 미래 같은.
기하급수적으로 줄어온 문장처럼.
모차르트가 아는 바흐 아니라 바흐가 아는 모차르트처럼.
바흐가 아는 모차르트가 아는 바흐 아니라 모차르트가 아는
바흐가 아는 모차르트처럼.
기하급수적으로 늘어온 직유의 은유처럼.
바람 불고 열어 놓은 방문이 쾅 닫히는 내파, 내파의 내파.
물질인 절정이 필요하다.
끝까지 지루하지 않기 위하여 처음부터 들었다는

생각으로 맨 나중을 들으며.
환하다.
환하다.
헐거운 비극도 헐거웠던 비극으로 사라지고
남은 희극과 남는 희극 사이 조금 더 헐거워진
실종이 실종의 형상화에 달한다.
이제 홀로 온전히 내가 나를 붙잡아도 된다.
확고하지 않겠다.
모든 계약이 끝나가는 음악을
끝까지 누리겠다.
이야기의 디자인이 감동적인
광고가 이제 가능하다.
최적의 속도로 페이지를 넘길 수 있다.
죽어도 끝나지 않는 것은 부부의
사랑 아니라 사별이다. 갈수록 이성이 젊어지고
동성이 늙어간다. 누구나 자신의 모든 것을 수렴하는
죽음을 맞는 절정의 기적이 있다.
늙음이 더 늙어간다. 마지막 변주 아니라
마지막의 변주가 필요하다. 의외로 아주 일찍
시작된 것이 너무 일찍이었다고 생각하지 않는
변주가 마지막으로 필요하다.
아마도 내 마음 끝자락이 연주할 그것을
내 귀가 제 고막으로 들을 수 있기를.
보는 것을 온도와 각도로 본다.
듣는 것을 온도와 각도로 듣는다.
읽는 것을 온도와 각도로 읽는다.
미완의 완성 너머인
스케치를 다시 실현하는 것은
얼마나 대단한가.

묘비명 2
―김민기(1951~2024. 7. 21.)

공적인 아름다움의 진작을 위해 가장 고단한 길만
골라서 갔으니 그의 생애와 업적이 서로 빛낸다.
이런 사람 앞으로도 없을 것. 공적인 아름다움의
이름이 바로 김민기이다.

| 해설 |

산 것과 죽은 것

양순모 (문학평론가)

1. 김정환과 우리

왜 내가 문학평론을 하게 되었는지 종종 말해야만 하는 그런 자리에서 대체로 적절한 대답이 없다면 조금은 곤란하다. 까닭에 준비한 대답, '저는 시 앞에서 산뜻한 기분이 됩니다. 지금까지 공부한 것들이 거의 무용해지기 때문입니다. 그러니까 저는 시 앞에서 바보가 되고 산뜻해집니다. 그런 일은 평생 해볼 만한 일이라 생각합니다.'

시가 어렵다고 하는, 나를 포함한 많은 사람들의 칭얼대는 마음을 다독이며 그 어려움이야말로 귀한 무엇이 아니겠냐는 이 마땅한 대답은 그러나 그리 솔직한 표현은 아닐 것이다. 한 꺼풀 벗겨보면 시인에게 지기 싫다는 평론가의 욕심도 그렇고, '생각했습니다'가 아니라 '생각합니다'로 끝나는 것도 그렇고, 아무래도 좀 수상하다.

그럼에도 별 대안 없이 위의 대답을 종종 써먹고 있던 차, 대체로 적절해 보이는 저 대답을 무릎 꿇리는 시인을 만난다. 문학평론가의 수상쩍은 마음을 단번에 꺾으며, 다짐의 현재와 과거까지 모조리 설득하는 시인을 만난다. 오랜만에 느끼는 참으로 산뜻한 패배, 그리고 이어지는 절망. 결코 산뜻하지 못한 절망.

> 진짜 절망을 해야 해. 특히 시인은 절망을 밥 삼아서 살아. 절망의 구조를
> 미학적으로 세우면서 살아야지. 뒤집으려고 노력하고, 또 실패하고, 다시 도전하
> 고. 얼마나 절망했느냐고? 나는 좀 오래 했지. 너희보다 오래 살았으니까.[1]

오래 살았으니까, 인간적으로 대우하는 것은 적절하지만, 사실 문학장이건 어디건 진심에서 우러나오는 대우 같은 건 이제 거의 없는 것 같다. 시 못 쓰면

---

1. 김정환·서효인, 「인터뷰: 백 년의 시작이 된 하루 저녁의 대화」, 『21세기문학』 2015년 봄호, 279쪽.

오래 살아 더 비참하다. 여간 까다로운 곳이 아닐 수 없는 문학장. 그러나 이는 하나의 함정처럼 보이는 것이, 업계의 냉정함은 꼭 그만큼의 '신화'의 자리를 혹은 '어른'의 자리를 마련하며 그 자리를 물신화해 왔기 때문이다.

그러나의 그러나, "이 세계에서 이루어지는 죄의 연관 관계 외부에 위치하는 것이(란) 아무것도 없"다. 오히려 예술은 "물신주의에서 떨어질 수 없"어야 한다. "예술이 물화되지 않게 되면 상품으로" 추락할 뿐, "극히 수상쩍은 정치적 개입을 통해 물신주의를 포기하고자 하는 예술 작품은 무의미하게 찬양받는 불가피한 단순화를 통해 예외 없이 사회적으로 허위의식에 얽혀들어" 간다.[2] 이 세상에 함정 없는 것만큼 의심스러운 것 또한 없는 것이다.

곳곳의 함정 가운데 우리는 김정환 시인을 마주한다. "강철"(황현산)의 시인이자 "뜨거운 콧김의 진정성"(김사인)의 시인, "진실의 지시자이자 견인자"의 "본질"(정과리)을 가장 잘 수행하면서도, 그것의 끊임없는 "번역"을 통해 그 "극단적 탐구"(박수연)를 이어온 시인. 김정환 시인은 자의건 타의건 저 '신화'와 '어른'의 자리를 꽤 오랫동안 차지해 온 것 같다. 그리고 시인은 정확히 바로 그 자리에서, 다시 "절망은 / 물화의 실패가 필요하다"고, "절망도 / 절망의 입장이 필요하다"(「입장」, 277쪽)고 말하고 있다.

그렇다. 우리는 너무도 다행스런 마음으로 혹은 너무도 절망스런 마음으로 김정환 시인을 마주한다. 천 페이지 가까운 『죽은 것과 산 것』을 펼치며, 참으로 오랫동안 한결같이 새로운 절망의 싸움을 이어온 시인을 마주하는 까닭이다. "죽어도 포스트모던에 질색하는 / 베테랑 노년이다"(「베테랑 노년」, 591쪽), "노년을 끝내는 것은 / 노년의 죽음뿐"(「불가능한 패전」, 407쪽), "육체가 추락하기 전에 정신이 / 낙하해야 한다"(「인간이라는 현재」, 432쪽)와 같은 시인의 목소리를 들으며, 우리는 상품들의 희극 너머 물신의 비극을, 시인이 수행하고 상연하는 "진짜 절망"을 기대하지 않을 수 없을 것 같다.

그런데 우리, 시인의 싸움을 바라보는 그 마음 '다행'의 마음일까 아니면 '절망'에 가까운 마음일까. 앞의 것을 취소하고 뒤의 것만을 취하기엔 우리는 너무 속된 사람들, 아니 그저 사람다운 사람들. 햄릿 말마따나 우리 "먼지의 정수"[3]와 같은 사람들 아니었나. 별수 없겠다. 우리는 어떤 안전한 거리 속에서 김정환 시인의 싸움을, 다행스런 마음으로 바라볼 수밖에 없을 것 같다. 그러니 바로 그 마음, 다행의 마음에서부터 출발해 보자. 더 이상 "연기를 하지 않고 / 연기를 갈구"(「현대 이론」, 168쪽)하는 우리, 우리를 '대신해' 절망스런 싸움을 성실하게 그리고 탁월하게

...

2. 테오도르 W. 아도르노, 『미학 이론』, 홍승용 옮김, 문학과지성사, 1984, 350–353쪽.
3. 김정환, 「옮긴이의 말」, 파크 호넌, 『셰익스피어 평전』, 김정환 옮김, 삼인, 2018, 591쪽.

이어온 시인을 다행스런 마음으로 마주해 보자.

2. 우리와 김정환

안타깝고 끔찍한 사실이지만, 먼지의 정수들이 모여 이룬 인류사에 있어 희생 제의와 희생양은 불가피해 보일 정도로 계속됐다고 한다. 르네 지라르를 비롯한 여러 인류학자들에 따르면 요컨대 결합 본능과 파괴 본능 사이의 투쟁, 아버지(신)를 향한 아들의 죄의식과 반항 사이의 대립은 영원히 해소되지 않는 불화이다. 인류는 전쟁과 같이 "그 자체의 절정기에 가서 집단 살해라는 중재에 의해서 전도되는 똑같은 폭력의 작용"을 반복해 온바, 그 가운데 "사회의 파멸을 야기시킬지도 모르는 전반적인 싸움을 막는다는 절실한 필연성"[4]의 고안물로서 '희생양 제의'가 발명된다. 인정하기 어려울지 몰라도 희생 제의, 희생양은 인류의 절멸을 막을 수 있는 나름의 탁월한 발명품인 셈이다.

그런 지라르가 「토템과 터부」에 수록된 프로이트의 비극론을 검토하며 상찬한다. 요컨대 프로이트 비극론의 핵심은 비극의 주인공이 합창단의 "희생물 역할을 수행"한다는 것. "옛날 실제의 사건이 일어났을 때 주인공을 괴롭힌 것은 바로 그 합창대원들이었지만, 지금 무대 위에서는 합창대원들이 주인공에게 공감하고 동정"함으로써, 만인에 대한 만인의 투쟁 상태로의 전락을 막을 수 있었다는 것.[5] 그러니까 '비극'이야말로 발명품 중의 발명품인 것이다. 실제 그 옛날 그리스 공동체가 실제 희생을 요구하는 "공동체의 문화적 표현 형식으로서 (종교적) 제의를 대체"하는 과정에서 비극을 탄생시켰다는 역사[6]를 함께 상기하면, 희생 제의와의 관계 속에서 비극의 기능과 역할이 조금 더 분명해진다. 비극과 더불어 우리는 비로소 사회 전체를 파멸로 이끌 폭력과 적대의 '문학적인' 해소 방법을 마련한 것이다. 그러나,

> 비극을 저의가 있는 것이란 말로 규정하는 것도 틀리지 않다. … 본래 저의가 있는 것은 타인으로부터 강탈하여 제 것으로 삼기를 원하는, 그리고 경쟁적인 명석함의 대립 상태 속에서 점점 더 빠르게 진동하는 성스러운 차이와 같은 것이다. … 이 대립 상태의 대상은 바로 문화 위기인데, 모두들 자기만이 이 위기를 걱정하는 양 우쭐해한다. 모두 그 병을 치유하기 위하여 진단하려 애쓴다.

* * *

4. 르네 지라르, 「〈토템과 터부〉 그리고 근친상간의 금기」, 『폭력과 성스러움』, 김진식·박무호 옮김, 민음사, 1993, 295~318쪽.
5. 위의 글, 302~303쪽.
6. Susan Taubes, "The Nature of Tragedy", *The Review of Metaphysics 7(2)*, 1953, p. 193.

그러나 그 병은 언제나 다른 것인데, 엉터리 진단과 실은 독인 처방 약이 바로
그 병인 것이다. … 모두들 이웃을 희생시켜 가면서 자신만이 가장 생생한
광채로 빛나려고 애쓴다. 다시 말해서 그것이 무엇이든 간에 그것을 밝히려고
애쓰기보다는 오히려 그 경쟁자의 명석함을 감추려고 애쓴다는 말이다. …
총체적으로 볼 때, 현대의 위기는 모든 희생 위기와 마찬가지로 차이의 소멸로
규정할 수 있다.[7]

오늘날 '성스러운 차이'는, '비극'은 좀처럼 가능해 보이지 않는다. "경쟁적인
명석함의 대립 상태 속에서 점점 더 빠르게 진동하는 성스러운 차이"는 자유주의라
고 하는 적당히 소란스럽지만 대체로 안전하지 않을 수 없는 세계 안에서 좀처럼
가능하지 않기 때문이다. 18세기 말 이후 "'이것 아니면 저것'이라는 비극적 논리"와
의 대결에서 "오히려 '~뿐만 아니라 ~도'라는 좀 더 타협적인 논리"[8]가 승리를
거둔 가운데, 어느덧 오늘날 포스트모던한 세계에서 자유주의란 "두 세계의 장점만
을 취할 수 있다는 신념"[9]으로 무장한 세계를 구축하였다.

이처럼 주변의 대립과 갈등은 손쉽게 '위기 즉 기회'로 치환되고, 저마다들
위기라는 "병을 치유하기 위하여 진단하려"한다. 다만 "그 병은 언제나 다른"
것일 수밖에. "엉터리 진단과 실은 독인 처방 약"이야말로 진짜 병, 위기다운
위기일 것이다. 오늘날의 진짜 질병은 "차이의 소멸", 그러니까 희생양과 희생
제의를, 그것의 문학적 고안일 비극을 '극복'했다고 믿으며 자유주의적 경쟁 속에
안주하는 우리의 착각이야말로 그 징후에 다름 아닐 것이다. 그리고 아마도, 이
책을 펼치고 있는 우리가 속할 문학장이야말로 여느 영역보다 심각한 질병에
걸린 것인지도 모르겠다.

"작가와 독자가 찾는 것은 언제나 현실의 / 대안이다. 그 대안이 어떤 물질이기를
바라는 창작 / 과정이 벌써 숭화이다"(「개입」, 762쪽). 그러니까 우리 문학장, 무수한
위안의 치료 약을 개발하며 뭇사람들에게 더 큰 설득력을 가지고자 노력하는
가운데, 혹 오랜 기간 축적해 마련한 문학만의 고유한 무엇을 잃어버린 것 아닐까.
작가 스스로와 작품 모두를 '죽음'과 '쓸모없음' 가까이에 접근시킴으로써 획득하던
'문학성'을, 이를 과감히 감행하던 작가들의 영웅적인 진정성을 오늘날 과연 기대해
도 좋은 것일까.

• • •

7. 르네 지라르, 「〈토템과 터부〉 그리고 근친상간의 금기」, 앞의 책, 306-308쪽.
8. 프랑코 모레티, 『세상의 이치』, 성은애 옮김, 문학동네, 2005, 37쪽.
9. 프레드릭 제임슨, 「포스트모던 이론적 담론에서 내재성과 유명론」, 『포스트모더니즘 혹은 후기
자본주의 문화 논리』, 임경규 옮김, 문학과지성사, 2022, 393쪽.

적어도 현존하는 작가는 오늘날 더 이상 독자들에게 유의미한 토템이 되지 못할 것 같다. 시인의 죽음을 나누어 먹으며 "제물의 음복을 통해 (토템과의) 동일화를 성취"하는 것, 이후 "죄의식"을 나누어 갖는 것, 궁극적으로 "아버지에 대한 분노"와 "동경"이라는 충돌하는 긴장을 해소하는 것.[10] 이 모두는 오늘날 문화와 문학장에서 더 이상 가능하지 않아 보인다. 문학이 인류의 불가피한 갈등의 가장 경제적인 희생 제의의 장소로 기능하던 시절도 옛일인 것이다.

그렇다면 여기, 그 어떤 시도도 엉터리가 될 수밖에 없는 우리네의 운명으로부터, 메타적으로 한 걸음 물러나, 그리고 동시에 한 걸음 더 현실로 들어가 새로운 대립과 차이다운 차이를 개진하며 비극을 구성해 내는 '시인' 한 사람쯤은 있어야 하는 것 아닐까. "병적인 차이의 작용"을 거부하는, 즉 비극을 거부하는 이들을 통째로 '현대(동시대, 포스트모던)'로 묶어내 이들과 대립하며 스스로를 비극 작가로, 나아가 '한국 문단'이라는 현실적 차원에서 개진되는 비극의 주인공으로 위치시키는 시인 한 사람쯤은 있어야 하는 것 아닐까.

다시 한번 다행스럽게 『죽은 것과 산 것』을 읽으며 그 한 사람의 자리에 김정환 시인이 최적임자임을 확인한다. 무엇보다 한국 시단에서 '김정환'이라는 이름이 축적하고 획득한 무게감을, 나아가 문학성으로서의 비극의 중요성을 그 누구보다도 김정환 시인 스스로가 잘 알고 있는바, "죽음이 신화 / 이전은 물론 신화보다 더 낫다는 것을 줄기차게 / 읽을수록 줄기찬 활력으로 전하는 셰익스피어가 / 위대하다. 아니 그렇게 전하기 위해 위대하다"(「독서」, 603쪽).

까닭에 이 글은 『죽은 것과 산 것』을 불가피하게 한 편의 '산문', '이야기'로서 전달해야 하는 '운명'을 거듭 상기하며, 저 한 사람만이, 저 사람과 진정 함께한 독자들만이 부술 수 있는 '이야기'를 얘기해 보고자 한다. 우리가 희생시킬 비극의 주인공, "온갖 시대의 본질인 시간(을) 재생"(「세계」, 764쪽)시킬 비극 작가 김정환의 시 세계를 이야기해 보고자 한다.

3. 산 것들과 죽음 (1): 죽음의 죽음

> 죽음이 있으니 인생에 불가능은 당연히 있고 문제는 언제 어디서부터 불가능인가, 불가능한가다. 죽음이 끊임없는 (불)가능의 변증법을 모두 치르거나 겪고 난 후에도 있는 마지막 불가능이고 가능이다. 그 이전 불가능은 대개 지쳤거나 게으른 것에 다름 아니다. 잔당殘黨의 울화를 닮은.[11]

---

10. 지그문트 프로이트, 「토템과 터부」, 『종교의 기원』, 이윤기 옮김, 열린책들, 2020, 230–232쪽.
11. 김정환, 「현실의 물중(物重), 접속사로서 죽음: 세월호 그 후」, 『21세기문학』 2015년 봄호, 236쪽.

『죽은 것과 산 것』에 실질적 접근을 위한 첫 관문은 응당 죽은 것과 산 것을 나누는 '죽음'이어야 할 것이다. 그런데 "죽음을 논하는 자리에서(는) 명암이 짙을 뿐 어두운 적 없다"(「정물」, 472쪽). 그러니까 "우리가 그토록 맛있게 / 먹었던 것이 바로 죽음이었다. / 죽음과 너무 가까운 것이 죽음과 너무 멀다"(「균형」, 250쪽). "끊임없는 (불)가능의 변증법을 모두 치르거나 겪고 난 후에도 있는 마지막 불가능이고 가능"인 '죽음', 우리는 그 앞에서 대개 잔당일 뿐이고, 울화라도 품으면 다행. 대개의 우리는 그저 점점 더 멀어져 갈 수밖에 없었던 것 같다. 아마도 우리는 죽음이 그어놓은 한계를 잊기 위해, 한계와 죽음 모두를 어떻게든 소화시켜 왔던 것 같다.

어쩔 수 없었을 것이다. "제일 힘들다. 죽어가는 일이"(「천지」, 375쪽). "사는 일 가운데 가장 힘든 것이 / 죽는 일 같다"(「오늘」, 578쪽). 그렇기에 "우리가 우리의 죽음에 경악하지 / 않고 우리의 죽음이 우리의 죽음에 경악한다. / 무수한 남의 죽음을 경악으로 슬퍼하던 / 우리의 평소 습관 덕이다"(「어쨌든」, 369쪽). 우리 "산 자들(은) 슬퍼한다 (죽은 자가 아닌) 다름 아닌 / 자신들의 비정을"(「지형」, 55쪽) 슬퍼한다. 이처럼 우리는 우리 "생의 비극을 회피하기 위해 / 우리가 생은 허무하다고 쓴다"(「필기의 중단」, 189쪽). 그래야만 했을 것이다. 정말이지 어쩔 수 없는 것 같다.

그렇게 우리 "현대(는) 죽음한테 압도적으로 희극적일밖에 없다"(「대단한 장점」, 527쪽). "희극(이) 진실로부터의 도피가 아니라 절망으로부터의 도피"[12]라 한다면, 비극과 같은 '자아 완성'이 아니라 그저 생존, 즉 "자아 보존을 하기 위한 활기 넘치는 리듬"[13]이라 한다면, 사실 이해 못 할 것도 아니다. 더불어 "희극의 감정(이) 고조된 생명력을 느끼는 것이며, 도전받은 기지와 의지를 느끼는 것이고, 나아가 우연의 신과 위대한 경기를 교전 중인 것을 느끼는 것"[14]이라면, 상황은 더욱 안타까워진다. 우리는 죽음 앞에 근본적으로 희극적인 존재일 수밖에 없는 것 같다.

다만 죽음의 입장에선 보자면, 그러거나 말거나. 안간힘을 쓰는 우리와 무관하게 "죽음을 죽음이 이미 살고 있다"(「죽음의 민망」, 105쪽). "내 / 옆길이 나의 죽음이었다"(「2인자」, 488쪽). 아무리 우리가 외면하려 노력해도, 죽음은 우리 안팎에서

...
12. 크리스토퍼 프라이, 「희극」, 김미예 옮김, 송욱 편, 『비극과 희극, 그 의미와 형식』, 송욱 외 옮김, 고려대학교출판부, 1995, 133쪽.
13. 수잔 랭거, 「비극적 리듬」, 서용득 옮김, 위의 책, 52쪽.
14. 수잔 랭거, 「희극적 리듬」, 심미현 옮김, 위의 책, 167쪽.

분명하고 엄연히 항시적으로 '존재'하고 있다. 게다가 많은 이들이 암묵적으로 동의하는 것처럼 "죽음이 생에 낚이거나 밀려드는 까닭으로만 / 생이 생"(「혼동의 역사」, 643쪽)이 되는즉, "바닥을 치는 것이 바닥을 치는 것이 / 아니니 사는 것이 사는 것이 아니다"(「현대 이론」, 168쪽).

다행이라면, 추상적으로나마 "우리가 / 집단적으로 아는 것은 죽음뿐", 우리 "패배가 우리를 덮치기 전에 우리가 몰락을 깊이깊이 / 감싸안아야"(「인간이라는 현재」, 432쪽) 할 것 같다. 그래야만 할 것 같다. 그렇다. 우리 죽음을 받아들여야 할 것 같다. "가짜 절망이 / 진짜 희망을 참칭"(「제목」, 581쪽)하지 않도록 죽음을 꼭 끌어안아야 할 것 같다. 가만 생각해 보면 문학이란 본래 그런 것 아니었던가.

다만 앞 절에서 살펴보았듯 우리네 문학장은 어느덧 "병적인 차이의 작용"을 거부하는 곳, 병을 치유하기 위한 진단과 처방이 가득한 곳. 죽음은 "위로를 / 탐닉하는 생의 시간과 장소 바깥의 일"(「상아 삼각자」, 421쪽)이건만, 그러니까 죽음을 길들이는 "사이비 힐링이 예술의 적"(「직결」, 213쪽)이어야 하건만, "날카롭지 않게 슬픈 것"(「시시한 일과」, 23쪽)들이 우리를 위로하며, 소위 오늘날 문학이라는 이름을 대표한다.

"절망도 유행하면 / 절망이 아니다"(「마지막 상호」, 87쪽). 죽음 앞에서 '속수무책'이라 한탄하는 것, 이는 앞서 희극의 정의에서 보았듯, '고조된 생명력'을 획득하는 또 다른 방법일지 모른다. "속수무책은 무슨". 죽음 앞에서 "인간은 인간이라서 여러 번 살아난다"(「속수무책」, 40쪽). 그러므로 "모든 이해가 죽음의 이해"라지만, 주의할 것은 "여기서 죽음이 / 주어인지 목적어인지 둘 다인지가 가장 난해한 문제"(「각주」, 509쪽)라는 사실일 것이다.

그렇다. 우리 "죽음을 배우며 받아들"(「장식 탄생」, 777쪽)일 필요가 있겠다. 그래야 한다. 가까워질수록 멀어지게끔 시스템화된 우리는, 그리고 우리네 문학은, 무엇보다 먼저 죽음을 '배워야' 할 것이다. 잔당들은 울화를 비워 내고, 목적어로서 죽음을 넘어 '주어로서의 죽음'의 존재를 배워야 할 것이다. "인간 비극을 일개 상황극으로"(「규율의 색」, 465쪽) 낮추지 말고 우리 죽음다운 죽음을 배워야 할 것이다.

"사는 일이라면 목숨이 중요하지 시가 / 아무것도 아니지만 죽는 일이라면 / 시가 목숨보다 더 중요할 수도 있지 않나?"(「시의 죽음」, 46쪽). "예술(은) 무엇보다 불가능을 가능으로 만들지 않고 뛰어넘는다"(「언어 의도」, 369쪽). 그렇다면 문학은, 시는 이를 어떻게 해내고 있는 것일까. 우리가 길들이며 극복해 버리지 않을 수 없 '죽음'은, 어떻게 우리에게 불가능다운 불가능이 될 수 있는 것일까. 우리의 외부이자 일부로서 죽음에게 우리 정말 우리네 주어의 자리를 넘겨줄 수 있는 것일까. 시인과 함께 '죽음'을 배워보자.

4. 산 것들과 죽음 (2): 공적인 죽음

> 시대의 간절한 소망에 미학적 총체를 부여하는 일이 내 시의 사명이라고 생각했던 적이 있다. 그리고 계급 운동의 가장 깊은 곳에서 이 '정치적'이 황홀한 죽음과 겹쳐지는 광경을 목도하고, 그것을 절벽의 미학으로 형상화하려 했던 때가 있었다. 그리고 내 몸 안에 축적된 야만의 20세기 역사를 씻어내는 정화 의식으로서 문학이 왔다. 그 과정에 나는 숱한 여타 예술 장르와 만났다. 하지만 나는 전방위 예술가라는 말을 싫어한다. 나의 문학 나의 시는 외적 복무에서 죽음을 거쳐 내적 복무의 길로 접어들었을 뿐이다.[15]

> 사실 모든 시는 정치적이야. 김수영이 모든 좋은 시에는 죽음의 리듬이 있다고 말한 것, 그게 바로 정치적인 것이라는 말이야. 정치는 공적인 것과 사적인 것을 나누는 일인데, 공적이라는 것은 세상을 좀 더 나은 방향으로 가게 하기 위한 자기 죽음 같은 거거든. 일단 죽음을 통과해야 당대의 미학을 끌고 나갈 수 있는 것이지. 공적인 희생이라고 말할 수 있겠지.[16]

저 '했던 적'과 '했던 때'를 통과하며, 시인은 "정화 의식으로서 문학"을 수행한다고, "외적 복무에서 죽음을 거쳐 내적 복무의 길로 접어들었"다고 20년 전에 말했다. 이로부터 20년 후 우리는 확인한다. 시인이 저 '적'과 '때'들을 뒤로하면서도, 그 시절 어떤 것들도 포기하지 않고 거듭 절망하며 오늘날까지 이를 충실히 살아내고 있음을 말이다. "시대의 간절한 소망"이, "계급 운동의 가장 깊은 곳"이 그리고 "내 몸 안에 축적된 야만의 20세기 역사"가 여전히 시인의 '절망'과 더불어 긴장한다. 누가 뭐래도 시인은 1980년대 시인인 것이다.

그리고 우리는 시인이 여전히 통과 중인 '죽음', '불가능'의 구체적 정체가 "공적인 희생", "세상을 좀 더 나은 방향으로 가게 하기 위한 자기 죽음"으로 특정되고 있음을 확인한다. "모든 좋은 시"에 담겨 있다는 "죽음의 리듬", 그것은 분명 역사적이면서 정치적인 그러한 구체적인 죽음에 기인한 무엇에 다름 아닐 것이다. 과연 시인은 오늘날과 같은 "비혁명의 시대"[17]가 아닌 그 이전 시대, 즉 1980년대

・・・
15. 김정환, 「나는 왜 문학을 하는가: 글의 독재에서 예술의 민주주의로」, 『김정환예술산문집 고유명사들의 공동체』, 삼인, 2004, 152쪽.
16. 김정환·서효인, 「인터뷰: 백 년의 시작이 된 하루 저녁의 대화」, 앞의 책, 273쪽.
17. 김정환, 『비혁명의 시대: 1991년 5월 이후 사회운동과 정치철학』, 빨간소금, 2020.

시인인 것이다.

다만 우리는 이러한 죽음을 모르지 않는 것 같다. 저 죽음은 90년대를 지나며 이미 건너온, 소위 80년대적인 역사적이고도 정치적인 죽음인 까닭이다. 우리는 저 죽음을, 저 죽음을 낳은 '적대'를 애써 모른 채 소위 "동시대"[18]라는 수상한 시대를 열어젖혔던바, 그렇기에 거듭해 물어야 한다. 죽음은 어떻게 오늘날, 문학의 죽음 혹은 문학적 죽음이 될 수 있는 것인가. 그렇다. 시인이 현재 진행 중인 "내적 복무"의 계기이자 그것의 또 다른 주어일 '문학적인 죽음'이란 무엇이며, 그것은 도대체 어떻게 가능한 것인가. 보다 자세한 시인의 설명을 들어보자.

> 추모시를 많이 썼지. 그러면서 느낀 게 공적인 죽음이라는 게 무엇일까 하는 거야. 문학이라는 게 어차피 허구인데 죽어봤느냐, 이렇게 물어볼 수는 없는 거잖아. 죽는 사람의 그때 그 심정이 뭘까. 이것하고 문학의 정체성하고, 김수영이 좋은 문학에서는 죽음의 리듬이 들린다고 한 것 하고. 이게 무슨 상관이 있을까. 한 10년쯤 지나가지고 내가 여태 거기 매달려 있었구나. 공적인 죽음이란 무엇인가. 당시에는 바빠서 모르다가 약간 시간을 가지니까. 문학이라는 것이 사실 공적인 죽음하고 연관이 있는 게 아닐까. 이야기가 바로 죽음이다, 이런 이야기를 내가 한 적이 있었는데 그건 모르고 한 말이고. 쉽게 이야기하면, 죽음이 있으니까 이야기가 생겨난다는 것일 수도 있고, 그게 아니면 이야기 자체가 죽음을 받아들이는 하나의 제의다. 더 나아가서 문학이라는 것 자체가 살아 있을 때 할 수 있는, 죽음을 극복할 수 있는 어떤 가능성이다. 그래서 문학이 공적인 죽음하고 어떤 연관이 있지 않을까. 돈도 안 되는데 죽으라고 문학을 한다는 게 뭘까. 이런 생각을 하게 된 거지. … 공적인 죽음이라는 게 사실 그거거든. 자진해서 죽은 게 공적인 죽음 아니야. 왜 공적인 죽음에 대한 이야기는 왜 안 할까. 그게 이제 왜 사냐, 하는 것과 공적인 죽음이 뭘까. 그래서 삶이랑 죽음에 대한 연결이 어떻게 되는 걸까. 그것처럼 흥미진진한 주제가 없잖아. 죽은 사람한테는 미안하지만. 그런데 대부분의 사람들이 어렵게 살아남았다는 이야기만 하는 거야. 헤르타 뮐러인가 노벨상 받았다고 책을 보냈길래 읽었는데, 그것도 살아남은 이야기야. 사형당하는 사람들의 심정은 어땠을까. 더군다나 우리나라는 정말 놀라운 일이지. 분신으로 많은 사람이 죽었는데 그게 보통 일이야. 종교도 아닌데. 그 쇼크랄까. 깊은 골이랄까. 우리가 친구나 친척이 죽어도 문상가서 어느 정도 죽음을 생각하잖아. 그러다가 까먹지. 그런데 이건 공적인 죽음이야. 문학은 공적인 죽음의 의미를 계속 물어야 해.[19]

...
18. 서동진, 『동시대 이후: 시간-경험-이미지』, 현실문화A, 2018.

"문학이라는 건 어차피 허구"이다. 문학은 죽음 가까이에 다가가지만, 온전히 죽음에 속하지 않는다. 우리는 이런저런 계기로 "죽음을 생각"해도 이내 곧 "그러다가 까먹"는다. 어쩌면 우리는 '나'의 죽음으로부터, 가까운 타인의 죽음으로부터 배울 수 있는 것이 없을지도 모른다. 앞서 한 차례 인용했던 것처럼, 정말이지 우리는 "죽음한테 압도적으로 희극적일밖에 없"(「대단한 장점」, 527쪽)는 것 같다. 그러나 그럼에도 혹은 바로 그렇기에, 시인은 "공적인 죽음의 의미를 계속"해 물으며 이로부터 "문학의 정체성"을 규정한다.

시인은 "죽는 사람의 그때 그 심정이 뭘까", "문학이라는 것이 사실 공적인 죽음하고 연관이 있는 게 아닐까"라고 질문하며 이를 통해 문학이란 무엇인지를 규정한다. 즉 문학이라는 "이야기" 그 "자체가 죽음을 받아들이는 하나의 제의"이고, 더 나아가서 "문학이라는 것 자체가 살아 있을 때 할 수 있는, 죽음을 극복할 수 있는 어떤 가능성"의 행위에 다름 아니다. 조금 당위적으로 보일지 모르겠지만, "이제 왜 사나"하는 우리의 질문은 "공적인 죽음"이라는 수수께끼 혹은 불가능과 더불어 비로소 끊임없는 대답을 새로이 산출할 수 있다. 우리는 죽음이라는 불가능 너머 진짜 '가능'을 발견할 수 있는 것이다.

> (프랑스 혁명의) 개개의 시민은 말하자면 죽음에의 권리를 갖는다. 죽음은 그에 대한 유죄 판결이 아니라, 그의 권리의 본질이다. 그는 죄인으로서 제거되는 것이 아니라, 스스로가 시민임을 확인하기 위해 오히려 죽음을 필요로 하고, 그리고 죽음의 소멸 가운데 자유는 그를 태어나게 한다. … 절대적 자유를 원하는 바로 그 순간 그들이 죽음을 원하고 있음을 알고 있고, 그들은 그들이 실현하는 죽음을 긍정하듯이 긍정하는 자유를 의식하고 있으며, 결과적으로 그들은 생존하면서, 살아 있는 사람들 가운데 살아가는 사람으로서가 아니라 존재를 박탈당한 존재들로서, 보편적 사유로서, 역사를 넘어서 역사 전체의 이름으로 판단하고 결정하는 순수한 추상으로서 살아가는 사람들이다. … 죽음 속엔 지고함이 있었으며 자유가 죽음이었음을 … 문학은 혁명 속에서 <u>스스로를 비추어 보고, 스스로를 증명한다</u>.[20]

...

19. 김정환·김도언, 「인터뷰: 시인 김정환, 공적인 죽음을 말하다」, 채널예스, 2016년 6월 11일, https://m.ch.yes24.com/Article/Details/28336.
20. 모리스 블랑쇼, 「문학 그리고 죽음에의 권리」, 『카프카에서 카프카로』, 이달승 옮김, 그린비, 2013, 38~41쪽.

"문학은 혁명 속에서 스스로를 비추어 보고, 스스로를 증명한다"는 문장과 문학에 대한 시인의 규정은 더없이 가까워 보인다. "혁명이 얼마나 죽음을 닮아가는 자"(「쪽의 전망」, 653쪽), 시인의 규정은 소위 우리가 '1980년대적인 것'이라 규정하는 것 이상으로 보편적이고 본질적으로 보인다. 가장 정치적이며 역사적인 공적인 죽음, 그들은 "보편적 사유로서 역사를 넘어서 역사 전체의 이름으로 판단하고 결정하는 순수한 추상으로서" 살아 존재한다. 그렇게 우리는 저 혁명과 겹쳐진 죽음에서, '불가능'과 같은 수수께끼적 정체를 넘어 "절대적 자유"라고 하는 죽음의 또 다른 얼굴을 확인한다.

5. 산 것들과 죽음 (3): 비극

잠시 논의를 정리해 보자. 죽음을 배워야만 하는 우리는 시인에게 그 방법을 문의하였다. 그 대답으로 시인은 배울 수 있는 그러나 결코 온전히 배우지 못할 그 죽음이란 '공적인 죽음'이라고, 그리고 그것은 두 가지 차원에서 우리를 부수어 버린다고 말한다. 공적인 죽음은 '왜 살아야 하나', '자유롭게 살고 있나'와 같은 질문의 주어들을 모조리 부수며, 새로운 '원인'이자 '주어'로서 우리의 변화를 추동한다고 말이다.

그러니까 우리는 두 방향으로 문학을 자극하고 규정하는 보다 구체적인 '(공적인) 죽음'의 얼굴들을 확인한다. 하나는 우리가 끝내 이해할 수 없을 불가능의 얼굴로, 다른 하나는 우리가 끝내 동경하지 않을 수 없는 절대적 자유의 얼굴로. 이를 통해 우리는 "가슴 아픈, 둔중한, 비참한 나의 미흡을 끝내 / 수긍할 수 있기를. 죽음 앞에서 미진하지 않고 / 죽음이 미진하지 않기를"(「미진」, 359쪽) 바란다는 시인의 문장을 보다 분명하게 느낄 수 있을 것 같다. 목적어이자 주어로서 죽음이 무엇인지 좀 더 명료하게 느낄 수 있을 것 같다. 그런데 그것으로 충분할까.

앞서 설명처럼 "이야기 자체가 죽음을 받아들이는 하나의 제의"이며 "더 나아가서 문학이라는 것 자체가 살아 있을 때 할 수 있는, 죽음을 극복할 수 있는 어떤 가능성"이라고 한다면, 여기서 '죽음'은 우리가 배우고자 하는 '주어로서 죽음'이라 과연 얘기할 수 있는 것일까. 그보다 우리는 '제의'와 '어떤 가능성'이라는 범주 안에서 '죽음'을, 그러니까 여전히 '나'라는 주어를 중심으로 둔 가운데, 목적어이자 대상으로서 죽음을 '나'의 새로운 '삶'과 '가능성'으로 전환코자 노력하고 있던 것은 아닐까. 이것으로 우리 정말 죽음에게 '나'의 자리를 내어줄 수 있는 것일까.

"살아 있는 평론이 죽음을 품지 않고 / 속수무책인 미래 권력으로 늘 / 불편하다"(「옛날 평론」, 117쪽). 다시 물어야 한다. "더 세밀해야 한다. / 상품의 우화와 공포를 동시에 극복하려면. / 세밀이 세밀일 때까지"(「전향」, 455쪽) 다시 물어야 한다. 우리는 어떻게 '주어로서의 죽음'을 배울 수 있는 것인지, 절대적 불가능과 절대적

자유라는 죽음의 두 얼굴에게 우리는 우리의 자리를 어떻게 내어줄 수 있는 것인지, 다시 물어야 한다. 죽음을 받아들이게끔 한다는 '제의-이야기'에서부터 다시 시작해 보자.

> 신들의 악마적이고 파괴적인 양태에 대한 경험은 '비극'과 '제의' 모두에 가로 놓인다. … 다만 비극과 대조적으로 제의의 종교적 태도는 현상 너머 실재적 영역noumenal realm을 인격신의 형태로 이해하는바, 인격신으로서 신은 매우 자비롭고 또한 인류 공공선을 항상 걱정하는 존재이다. 제의의 관점 안에서 인간은 신들 앞에서 경외심을 가지고서 희생과 기도, 금기의 준수 등을 통해 악마를 달래며 초월적인 물자체적 차원을 통제하고자 한다. 그렇기에 제의의 위와 같은 태도는 일종의 회유책이며 회피책이다. 이들은 신들 앞에 엎드려 절하며 마법적 수단을 통해 그들을 특정 범위 안에 묶어 두려고 한다. … 한편 제의 안에서 모든 것을 최종적으로 결정하는 이는 인간이 아니라 신들이다. 의례적으로 규정된 세계는 자연 과학만큼이나 엄격한 인과 관계의 영향 아래 있는데, 기도나 희생이 그것이 바랐던 목표를 달성하는 데 실패한다면, 그 실패는 제의 수행 과정에서 발생한 실수 탓으로 돌려질 뿐, 제의 그 자체의 효과는 결코 의심되지 않는다. 윤리적 자유를 비롯해 개인적 결정과 책임의 차원은 제의 양식에 설 자리가 없다.[21]

인용문의 설명처럼, 종교라는 이야기 안에서 우리는 죽음과 같은 불가능을 목도하며 "인격신"을 발명한다. 그리고 우리는 희생 제의와 같은 종교적 이벤트들과 더불어 저 불가능들을 "통제"하고자 한다. 우리는 "신들 앞에 엎드려 절하며 마법적 수단을 통해" 죽음과 같은 불가능을 "특정 범위 안에 묶어 두려"는 것이다. 그렇기에 한편으로 우리는 종교와 더불어 "모든 것을 최종적으로 결정하는" 주인의 자리를 '신'에게 양도하는 것처럼 보이지만, 실제 종교사를 통틀어 진정 주어의 자리를 신에게 내어준 경우는 과연 얼마나 존재하였던가.

종교와 더불어 우리는 '신'에게 최종적인 주어의 자리를 내어주는 듯하지만, 사실상 주어의 자리를 내어준 적이 별로 없는 것 같다. 아무리 죽음이 타자적인 것으로서 신의 영역으로 신성화된다 하더라도, 결국엔 "신적 타자성은 유한자, 또는 역사적으로 규정된 이성에 고유한 자기기만과 신비화라는 비판을 감당할 수 없게 되며, 그 자체가 유한자의 가공물과 수단으로 전락"을 피하기 어려워 보인다.[22] '끊임없는 (불)가능의 변증법을 모두 치르거나 겪고 난 후에도 있는

...

21. Susan Taubes, Op.cit., pp. 196~197.

마지막 불가능이고 가능'인 죽음은 결국 '가능'으로, 그리고 우리는 저 가능을 '성취'하는 존재로 귀결되고 마는 것 같다.

그런데 여기 다른 제의-이야기가 있다. 비극이라는 제의-이야기, 그것은 앞서 "공동체의 문화적 표현 형식으로서 (종교적) 제의를 대체"하며 등장했던 발명품 중의 발명품이었던바, 종교 이야기와 구별되는 비극 이야기는 시인이 우리에게 '주어로서의 죽음'을 전달하고 있는 새로운 제의, 진정 문학적인 방법으로 보인다. 예컨대 "포스트 / 모던이 포스트모더니즘 아니기 위한 보루가 / 셰익스피어 작품이다"(「셰익스피어 평전」, 385쪽). 후에 자세히 기술하겠지만, 모든 것을 끌어안아 새로이 품고자 하는 시인은 '포스트모더니즘'만큼은 끝까지 '적대'하며 셰익스피어를 보루로 삼는바, 그렇다. "생의 정수를 위하여 내가 쓴다 비극을", 시인은 "의식과 제의. / 모든 것을 비극적으로 쓴다"(「비극 인위」, 511쪽).

그렇다면 비극은 어떻게 우리에게 '주어로서의 죽음'을 알려주는 것일까. 익히 알고 있듯 비극 안에서 영웅적 인간은 신에 복종하지 않고 저항한다. 종교적 제의-이야기와는 정반대로, 비극의 제의-이야기 안에서 인간은 신으로부터 '주어'의 자리를 차지하기 위해 안간힘을 쓰는 듯하다. 다만 비극은 영웅적 인간을 예외 없이 굴복시키고, 주인공의 죽음을 희생양 삼아 독자들에게 '운명'의 힘을 상기시킨다. 독자는 주어의 자리를 차지하기 위한 안간힘을 쓴 한 인간, 영웅을 보았지만, 비극의 결말에 이르러 그 자리를 신과 운명에게 내어주는 파국을 목도하고야 만다.

물론 우리는 "신들이 인간을 완전히 압도"했다고 인정할 수 없을 것이다. 비극 무대는 일종의 "저울"로 역할 하는즉, 비극 무대 위에서 "인간의 의지는 신들의 작용에 대비해, 의미는 허무에 대비해, 질서는 혼돈에 대비해 그 정체가 측량되고 평가"23되는 까닭이다. 요컨대 인간과 신 사이의 "갈등은 어느 한쪽이 굴복하는 것으로 끝나지 않고 오히려 양쪽이 동시에 승리하고 정복되는 완벽한 무위로 드러나는 것"24, 요컨대 우리 독자는 비극과 더불어 신, 운명, 죽음에게 주어의 자리 '절반'을 내어주고, 나머지 절반을 새로이 획득한다.

> 비극은 인륜적 자연이 비유기적 자연과 착종되지 않기 위해서 자신의 비유기적
> 자연을 운명적으로 자신에게서 분리하여 자신과 대치시키고 투쟁 속에서 이러한

• • •
22. 진태원, 「불가능한 타자: 장-뤽 마리옹의 에고의 타자성론에 대한 비판적 고찰」, 『철학사상』 29, 2008, 66쪽.
23. Susan Taubes, Op.cit., pp.195~198.
24. F. W. J. Schelling, "Dramatic Poesy", *The Philosophy of Art*, Translated and edited by Douglas W. Scott, Minneapolis: University of Minnesota Press, 1989, p. 251.

운명을 인정함으로써 양자의 통일인 신적 존재와 화해하는 것에 있다.[25]

> (비극의) 관객은 운명의 힘에 직면해서 자기 자신과 자신의 유한한 존재를 인식한다. 위인들이 겪는 것은 전형적인 의미를 갖는다. 비극적 비애를 동의하는 것은 비극의 과정 그 자체, 또는 영웅을 덮치는 운명의 정당성을 두고 하는 말이 아니라, 모든 사람에게 유효한 일종의 형이상학적 존재 질서를 말하는 것이다. '그렇구나'라고 깨닫는 것은 다른 사람과 함께 사로잡혀 있던 미망에서 깨어나 되돌아온 일종의 자기 인식이다. 비극의 긍정은 의미의 연속성에 의한 통찰이다. 관객은 스스로 이 의미 연속성으로 복귀하는 것이다.[26]

항간의 오해와 다르게, 주지주의적 의미에서 카타르시스란 "비극에 고유한 즐거움은 비극 감상에서 연민과 공포를 낳는 '바로 그 이해 과정'이 가져오는 인지적 즐거움"[27]에 가깝다. 즉 비극적 사건에 내재하는 운명, 연민과 공포를 낳는 원인인 궁극의 '타자성'을 이해하고 받아들이는 것, 바로 여기서 비극 고유의 즐거움, 카타르시스가 발생한다. 저마다의 '나', 주어 자리를 위협하는, 아니 이를 파멸에 이르게 하는 절대적 타자인 죽음을, 불가능성을 마주하며, 나도 모르게 "그렇구나"라며 고개를 끄덕이는 것. 비극의 독자는 스스로 "무릎을 꿇음과 동시에 자기가 가진 자유 의지의 권리를 공언"[28]하는 한 영웅적 인간을 바라보며, "한계의 지혜"[29]라고 하는 비극의 지혜를 획득한다.

그런즉 비극다운 비극이라면, 응당 그것이 전달할 '한계'라는 어떤 경계와 더불어 '나'와 '운명'의 사이의, '삶'과 '죽음' 사이의 새로운 균형과 공존이, '비극적 화해'가 가능해진다. 신과 운명으로부터의 지독한 패배와 더불어 "자유의 가장 위대한 승리"[30]를 상연하는 비극은 독자에게 절대적 타자성을 납득시키며, 저마다 '나'의 자리 절반 정도를 떼어내는 효과를, 나아가 나머지 절반을 새로운 '나'로 채울 수 있는 기능을 수행할 수 있는 것이다. 예컨대 셸링의 비극론을 이어받은 헤겔이 비극의 주어 자체를 '인간'에서 '인류'(공동체)으로 올바르게 수정한 것처럼, 비극과 더불어 우리는 적어도 '나'의 자리 절반은 '죽음'에게 내어줄 수 있는 셈이다.

• • •

25. G. W. F. 헤겔, 『자연법』, 김준수 옮김, 한길사, 2015, 138쪽.
26. 한스 게오르크 가다머, 『진리와 방법 1』, 이길우 외 옮김, 문학동네, 2012, 188쪽.
27. 권혁성, 「아리스토텔레스에게서 비극에 고유한 즐거움」, 『미학』 87(3), 2021, 42쪽.
28. 장 프랑수와 쿠르틴, 「비극과 숭고성」, 장 뤽 낭시 외, 『숭고에 대하여』, 김애령 옮김, 문학과지성사, 2005, 287쪽.
29. 게오르크 루카치, 「비극의 형이상학」, 『영혼과 형식』, 홍성광 옮김, 연암서가, 2021, 348쪽.
30. F. W. J. Schelling, Op.cit., p. 254.

다시 우리의 맥락으로 돌아와, 우리는 비극 이야기와 더불어 "그렇게도 우리가 죽음을 배우며 받아들인다. / 받아들이려고 배우는 것이 아니다"(「장식 탄생」, 777쪽)라는 시인의 문장을 보다 분명히 이해할 수 있을 것 같다. 그간 우리가 죽음을 받아들이고자 노력하는 가운데, 내심 죽음을 삶의 또 다른 가능성으로 전유하고자 죽음을 배우고자 했다면, 이제는 비극이라는 제의–이야기가 적어도 위와 같은 방향이 아니어야 한다는 사실을, '그렇구나'와 같은 비극적 깨달음의 배움을 통해서만 '나'의 자리 절반을 내어줄 수 있다는 사실을 이해한다. 우리는 죽음을 배우며 받아들인다. 받아들이고자 배운다면, 아무것도 배울 수가 없다.

그러나 그럼에도, 우리 죽음과 관련해 진정 "받아들이려고 배우는 것"이 아닐 수 있는 것일까. 여전히 자신이 없다. 이를테면 "운명. (그것이) 최초의 미래"(「최초의 미래」, 699쪽)라는 문장을 마주하며, 우리 정말 '미래'가 아닌 '운명'에 시선을 빼앗기며 그 무게와 폭력에 몸서리칠 수 있는 것일까. 그러니까 다시, 우리 정말 죽음을 비극과 더불어 배울 수 있는 것일까. 우리 정말 비극의 '독자'가, 비극을 그야말로 비극으로 바라보는 그런 독자가 될 수 있는 것일까.

"아무리 치열해도 / 반성으로 끝나는 반성은 반성이 아니다"(「반성」, 541쪽). 우리 저마다의 '나가 저 쓸모와 가능성'으로부터 과연 충분히 벗어날 수 있을지는 잘 모르겠지만, 진정 '절망할 수 있는 것인지 잘 모르겠지만, 다만 죽음에 다가가는 우리의 방향과 방법에는 어떤 가망도 실제적인 반성도 없어야 한다는 사실만큼은 분명히 정리해 볼 수 있을 것 같다. 비록 절반밖에 되지 않을지언정, 그만큼이라도 내어준다는 것이 진정으로 가능하다면, 비극이라는 제의–이야기는 제법 믿어 볼 만한 실천적인 방향이자 방법이지 않을까.

무엇보다 "이를테면 세월호 참사" 그것은 "우리가 그토록 지지부진 / 끌탕만 했던 평소 비극 형식의 비극적인 완성"(「언제나 놀라운 것은 발견이다」, 428쪽)이라면, 그간 우리가 비극을 회피하며 "비극을 야금야금 갉(아)"먹었다면, 이로써 "치사와 졸렬로 비극성을 높이는 비극"이 작품 내에서가 아닌 우리 현실에서 발생 중이라 한다면(「대단한 장점」, 527쪽), 고민할 시간이 없다. 비극에 가까운 현실의 비참을 뚫고 나가기 위해서라도 현실을, 그리고 죽음을 비극–제의라는 이야기를 통해 재구성해야 한다.

그러므로 본 해설은 남은 지면을 다시 '어떻게'에 할애하고자 한다. 우리는 과연 우리의 자리 절반을 '죽음'에 내어줄 수 있는 것일까. 우리는 어떻게 『죽은 것과 산 것』을 비극으로 읽어낼 수 있는 것일까. 우리 독자 역시 시인 김정환이 펼쳐 보이는 무대를 진정 '비극 무대'로 받아들이기 위해, 시인을 따라 『죽은 것과 산 것』이라는 무대를 비극으로 (재)구성해 내야 한다. 요컨대 우리 비극의 독자가 되기 위해, 시인을 따라 비극 작가가 되어야 한다. 시의 화자를 현실이라는 비극

무대 위에 세워 그의 무모하지만 영웅적인 도전을, 파국에 가까운 실패를 끝내 목도해야 한다.

6. 산 것들'과' 죽음 (1): 이야기

그동안 무수한 문학들이 목적어로서 죽음에 근접하기 위한 '나'의 구체적 여정을 비롯해 여러 방법들을 보여주었다고 한다면, 『죽은 것과 산 것』은 주어로서 죽음에 접근하기 위한 '나'의 여정과 방법을 다각도로 보여주고 있는 것 같다. 이전 장에서 죽음을 목적(어)에서부터 주어로 위치시키는 시인의 보다 구체적인 방법으로서 '비극'을 살펴보았던바, 그렇다면 먼저 시인은 구체적으로 어떻게 비극과 더불어 '주어로서의 죽음'에 다가가고 있는지, 질문을 보다 세밀하게 이어가 보자.

> 지금은 모양 뜻의 실패 너머 / 뜻 모양에 실패하는 시간. 분리수거가 / 보유의 반대 아니라 다음 말인 시간. / 단어가 세계이다. 언어에 의한 언어 형상화가 / 이야기이다.
>
> ―「서」 부분

> 피의 / 육체도 거룩도 / 상처도 / 생애도 죽음도 / 이야기에 / 지나지 않게끔 / 형상, / 십자가 / 형상이 되려는 / 십자가 / 형상 / 이후의.
>
> ―「이후의 형상」 전문

> 영혼이 보고 싶은 것은 정작 자신의 / 모습이다. 이제까지 영혼 이야기가 영혼의 / 모습에 못 미친다. 자신의 모습을 보고 싶은 / 비유에 불과하다. 그것이 모든 이야기의 / 시작이고 아직까지 불과하다.
>
> ―「프시케」 부분

"비판에 그치지 않으려는 나의 최선의 전면성"을 표방한 '시인의 말'에 호응하듯 『죽은 것과 산 것』은 서시에서부터, 1권의 제목이기도 한 "분리수거" 작업을 통해 "다음 말인 시간"과 "세계"를 기획하는 듯하다. 그리고 그 가장 먼저의 분리수거 대상으로 "이야기"가, "언어에 의한 언어 형상화"로서 '이야기'가 등장한다. 요컨대 황색 예수의 시인은 "피의 육체도 거룩도 상처도 생애도 죽음도" 그저 "이야기에 지나지 않"는, 그런 "형상", "형상화"로서 '이야기'를 부정하며 이를 넘어서고자 하는 것 같다.

아니 어쩌면 '이야기' 자체가 구제 불능의 무엇으로 취급되는 것 같다. 우리가 "영혼"이라 얘기하는 우리 안의 가장 순연한 무엇은 스스로밖에는 알지 못하는즉,

그로부터 펼쳐지는 이야기 역시 거듭해 자기 자신에게로만 향하는 까닭이다. 아마도 '나' 안의 숨겨진 무엇, 더 진실한 나의 영혼을 향한 열정, "그것이 모든 이야기의 시작이고 아직까지 불과"한, 우리가 거듭해 구성해 내고 향유하는 '이야기'의 씁쓸한 핵심인 것 같다.

그렇다. "무엇보다 진압되지 않는 것이 / 이야기가 다른 이야기와 병합하는 경향이다"(「테오프라스토스」, 24쪽). 게다가 "이야기는 언제나 규격을 벗어나는 / 까닭에 이야기"이다. 그러니까 "이야기를 벗는 이야기를 벗는 / 이야기를 벗는… 벗음의 무한대"(「발라드 규격」, 188쪽). 아마도 "우리가 미치지 않는 것은 이야기가 / 끝나지 않아서 아니라 이야기가 끝나지 / 않는 이야기라서"(「먼 훗날」, 150쪽)일지 모른다. 정확하게 희극 같은 이야기. 앞서 한 차례 인용했던 것처럼 정말이지 "현대(는) 죽음한테 압도적으로 희극적일밖에 없"(「대단한 장점」, 527쪽)는 것 같다.

> 이야기는 외래^{外來}가 / 제 혼자 놀란 경악을 수습하고 정착하려 / 부리는 꼼수. 외래어로는 이론이라고도 / 심지어 종교라고도 한다.
> ―「BBC 다큐멘터리」 부분

> 정말 현대는 / 이론도 이견도 없다. 대신이 실제보다 더 중요하고 / 문장을 구성하는 낱말들 의미가 문장보다 더 심장할 / 수 있을 뿐.
> ―「수채 표현」 부분

> 재현이 끝날 수 없고 그것이 바로 / 혁명 대신이고 그 점을 잊거나 삭제한 것이 바로 / 포스트모더니즘이다.
> ―「재현의 탄생」 부분

> 태초도 현실 없이 이론이 이론을 낳는 현실이 현실을 / 해체하는 현상의 옹호가 포스트모더니즘이었다. / 고대도 중세도 포스트모던이 포스트모던을 해체할 / 수 있지만 포스트모더니즘이 포스트모더니즘을 / 해체할 수 없었다.
> ―「현대 탄생」 부분

> 자본주의가 가장 강력한 이야기이고 / 이야기로 극복될 수 없다.
> ―「메모」 부분

아무리 우리가 희극적일 수밖에 없다 하더라도, 그리하여 이야기에 끝없이 중독될 수밖에 없다 하더라도, 이야기는 우리가 생각하는 것 이상으로 '지금', '여기'의 '우리'를 끔찍하게 구성한다고 한다면, 어떻게 해야 하나. 동시대라 일컬어지는 오늘날은 요컨대 "제 혼자 놀란 경악을 수습하고 정착하려 부리는 꼼수"조차 형해화된 포스트모더니즘의 현대. "대신이 실제보다 더 중요하고", 그런 "재현이 끝날 수 없"는바, 그것이 "혁명 대신"이며, 심지어 "그 점을 잊거나 삭제한 것"으로서 '동시대가', '현대'가 존재한다. 오늘날은 이야기(이론)를 끝없이 해체하며 이어가는 그런 포스트모더니즘-이야기의 현실인즉, 그 가운데 자본주의는 "가장 강력한 이야기"로 존재하며, 그 극복에 대한 일말의 여지를 그 안에서 찾아볼 수 없게 만든다. 따라서 지금 이곳을 좀처럼 견딜 수 없는 이들이라 한다면, 동시대가 구성해 내는 이 끝없는 이야기의 희극적 반복을 반드시 끊어내야 한다.

> 이야기 자체인 신화에 비극이 없다. / 서정이든 서사이든 신화 이야기에 / 비극이 없다. 신화의 비극이다. / 원시 아니라 최초로서만 비극이 있다. / 최초이자 마지막이고 최초의 비극이 / 마지막 비극이고 최초가 종말이다. / 이어지는 비극들이 그 해설에 지나지 / 않는다. 이야기의 성공 신화가 지금까지 / 이어진다. 현대가 신화인 한 현대 비극은 / 현대 비극이 아니다. 이야기 극복에 / 실패한 현대 비극 없고 실패하는 / 현대가 비극이다. / 불가능한 내용과 형식의 가능한 전모는 / 시가 그중 어설픈 걸음으로 그중 헤매다 / 그중 밀리 가고 멀리 갈수록 시이다. / 아이스킬로스 『아가멤논 왕』은 모두 / 1,708행이고 그다음은 그도 이야기, / 신화의 추적을 피할 수 없었다. / 논리는 원래 해결할 생각이 없고 문화도 / 사실은 논리의 은유, 신화로 돌아가는 / 이야기, 멸망의 불멸하는 형식이다. / 죽어서도 알고 있는 모든 것들이 알고 있는 / 모든 것으로 지리멸렬한, 타락한 희극으로 / 끝나지 않으려는 죽음의 노력이 실패하는 / 비극 그 후의, 혹은 소크라테스가 죽음인 / 생의 비극 그 후. 죽어서도 허망하지 않기 / 위한 소크라테스, 대화 너머 장르 창조에 / 실패하는 비극 그 후의.
>
> ―「전모」 전문

오늘날 "이야기의 성공 신화가 지금까지" 이어진다. "현대가 신화" 그 자체이며 "이야기 자체인 신화"라면, '현대' 혹은 '동시대' 그곳에 온통 '나'를 중심으로 한 이야기뿐, "비극이 없"다. 오늘날 현대인의 "자기의식은 가면을 벗어던지고 자기가 합창단이 노래하는 신들의 운명과 절대적인 신의 위력마저도 모두 다 나 자신의 것으로 이해하는 자기의식"[31], 그러니까 "자기가 운명에 지배된다고 생각하는

---

31. G. W. F. 헤겔, 『정신현상학 2』, 임석진 옮김, 한길사, 2005, 295~296쪽.

것이 아니라 자기가 곧 운명이며 운명을 지배하는 것으로 생각함으로써 비극 쪽보다는 희극 쪽에"[32] 더 가까운 현대인들이다.

그렇기에 시인은 "이야기(를) 극복"하는 일에 "실패하는 현대"가, 즉 그러한 우리의 현실이 그야말로 '비극'이라 말한다. 요컨대 작품으로서 비극의 죽음. 그러니까 사실상의 비극의 소멸, 혹은 비극의 비극. 우리에겐 기존의 이야기–제의를 극복할 비극–제의가 없을 뿐 아니라, 지금 이대로라면 그나마 가능할 비극–제의 또한 그저 또 하나의 신화적인 '이야기'로 수렴될 운명을, 비극을 피하기 어려워 보인다.

그러므로 현대가 '신화적인 현실'이라면, 다만 그것이 동시에 '이야기 자체'라 한다면, 우리는 소위 작품 바깥의 '현실'을 무대로 하는 '비극'을 새로이 꾸려나갈 수밖에 없을 것 같다. 분리수거를 통해, 비참에 가까운 '비극–현실'을, '비극–이야기(제의)'로 재구성해야 할 것 같다. "타락한 희극으로 끝나지 않으려는 죽음의 노력이"(「전모」, 304쪽) 기어이 "실패하는" 비극을 마련함으로써, "그 후"를, 그 이후를 도모해야 할 것 같다.

그렇다면 소위 이 현실과의 대결에서 실패의 운명을 가진 영웅은 무엇일 수 있는가. "시가 그중 어설픈 걸음으로 그중 헤매다 / 그중 멀리 가고 멀리 갈수록 시이다". 우리 시는 현대에 수렴되고 마는 그런 "문화"가 아닐 수 있을까. "신화로 돌아가는" 그런 또 다른 이야기가 아닐 수 있는 것일까.

7. 산 것들'과' 죽음 (2): 음악

이야기 극복은 최상의 음악이자 미술이자 / 연극이자 디자인인 언어가 자본주의를 / 극복할 예술의 희망이 아직 있다는 적극적이고 / 필사적인 명제이다.

–「메모」 부분

이야기가 탄생하지 않는 이야기가 탄생한다. / 쪽팔리게 실패를 거듭하지 않으려 / 더 큰 실패로 나아가는 것은 정신이다. / 육체의 만년이 고분고분 죽음을 향한다. / 죽음이 가장 위대한 실패라는 듯이.

–「수정」 부분

전혀 새로운 나만의 죽음을 죽는 것이 생의 / 목표는 아닐지라도 가장 소중한 선물이다. / 생의 구악을 통째 리모델링하는 죽음의 / 복음. 죽음은 물론 무신이어

---

32. 옮긴이 주, 위의 책, 296쪽.

야 가능하지만 / 에덴의 미래인 자본주의 속으로 도로 없이 / 죽고 또 죽는다.
―「손마디」 부분

시인에게 있어 이야기 극복은 최상의 예술이자 "자본주의를 극복할 예술의 희망이 아직 있다"고 하는, "적극적이고 필사적인 명제"이다. "자본주의 속으로 도로 없이" 향하는, 죽음의 제의로서 이야기는 그러므로 "이야기가 탄생하지 않는 이야기"로서 다시 탄생해야 한다. 까닭에 시인은 거듭 비극으로, "더 큰 실패로 나아"간다. "위대한 실패"로 향하기 위해 시인은 "고분고분 죽음을 향한다". '가장 소중한 선물'을 받아내기 위해 시인은 필사적으로 고분고분한 걸음을 이어가는 셈이다. 그리고 우리는 그 걸음이 향한 첫 골목에서 '이야기가 지워진 이야기'로서 '음악'을 만난다.

살아서 / 이야기의 한계를 뛰어넘는 이야기가 있기 전에 / 이야기의 한계를 뛰어넘는 죽음이 음악이다.
―「귀가 찾은 것」 부분

이야기가 이야기를 말끔히 씻어낸 음악이 / 얘기가 되는 얘기이다. / 울음은 정화의 비극까지 정화해야 하지.
―「얘기가 된다」 부분

누구도 독방에 살지 않는다. / 누구나 안에 독방이 산다는 소리이다. / 독방이 모든 음악이다.
―「독방」 부분

일찍이 "음악 정신이 소멸될 때 비극도 몰락한다"고 단언했던 니체는 아폴론의 의지와 소크라테스의 낙천과 이론(학문 정신)으로 상징되는 "개별화의 원리"에 "디오니소스적 예술로서의 음악" 정신을 대립시키며, "세계 의지의 보편적 거울"로서 음악 정신을 이야기한 바 있다. 요컨대 개별화의 원리에 의해 분열되기 이전의 세계 의지를 회복하기 위한 방법일 '음악'과 더불어 우리는 "개체로서가 아니라 근원적 일자로서 존재"할 수 있으며, "이러한 근원적 일자가 느끼는 생식의 기쁨과 우리가 융합"될 수 있다.[33]

소크라테스로 대표되는 "이론적 인간의 명랑성은 지식에 의한 세계 개선과

---

33. 프리드리히 니체, 『비극의 탄생』, 박찬국 옮김, 아카넷, 2007, 206-216쪽

학문에 의해서 인도되는 삶을 믿으며, 실제로도 개개의 인간을 해결 가능한 과제들이라는 극히 협소한 영역 속에 가두어 놓"겠지만, 비극 안에서 그것과 팽팽히 긴장하는 음악 정신은 위와 같은 자유주의적 낙관들을 결코 허용하지 않는다. 까닭에 우리는 "이야기의 한계를 뛰어넘는 이야기"가 아니라 "이야기의 한계를 뛰어넘는 죽음"을 향해야 하는즉, 그것이 바로 음악이며, 시인에 따르면 그 음악은 우리가 그저 하나의 '이야기'로 전락시킨 비극까지를 다시금 정화할 수 있는 음악이어야 한다. 다행스럽게도 우리는 그 음악을 모두 가지고 있는바, "누구나 안에 독방이 산다". 그 "독방이 모든 음악"이다.

> 너의 노래가 나의 죽음 안으로 들어와 / 뒤돌아보지 않고 나를 죽음 밖으로 / 데려가지 않고 너의 노래가 내 안에 묻어 / 나는 식으로 내가 내 죽음을 산다. 너와 / 나 사이가 소라 껍질. 너의 죽음과 나의 / 죽음이 그만큼 다르다 오르페오, 너의 / 노래는 너와 달리 혼동하지 않는다. / 짐승들이 네 몸을 갈가리 찢지 않았다. / 에우리디체, 에우리디체… 갈가리 찢긴 / 너의 노래를 봉합하는 슬픔의 소리이다. / 에우리디체, 에우리디체…. 그러므로 / 모든 소리가 슬픔을 소리 내려고 소리인 / 소리이다. 소라 껍질 속이 어두워 / 산 자들의 하늘보다 깊다.
>
> —「소리」 전문

시인에 따르면 너의 노래가, 너의 음악이 "내 안에 묻어 나는 식으로 내가 내 죽음을" 살아낼 수 있다. 우리는 저마다 죽음을 배신할지 몰라도, "노래는 너와 달리 혼동하지 않"기 때문이다. 다만 모든 소리는 "슬픔을 소리 내려고 소리인 소리", "노래를 봉합하는 슬픔의 소리". 여기서 잠시 '너'의 자리를 죽음이 차지한다면, 그리하여 "너와 나 사이가 소라 껍질"이라면, 그 껍질 속 너무 어두워, "산 자들의 하늘보다 깊다" 하더라도, 그 안에서 울리는 소리는 우리에게 그만큼의 깊이로 전달되는 것 같다. 그 깊은 슬픔의 소리와 더불어 우리는 저마다의 '독방'이 음악다운 음악이 될 수 있을 것 같다.

까닭에 시인은 의미심장하게도, 니체가 그리스인들의 음악 정신을 두고 "영원한 어린아이들"이라 칭했던 것과 반대로, "음악, / 성년의 모든 것을 유년에 전달하는 / 언어 방식의 탄생"(「면·선·점」, 18쪽)이라 말한다. 모든 것이 함정이 아닐 수 없는 오늘날, 어린아이들로 상징되는 음악 역시, 그러니까 죽음 역시 다시금 또 하나의 이야기─제의로 귀결되지 않을 수 없기 때문일 것이다. 성년의 슬픔─소리를 통과해, 즉 개체화된 우리 개개인들의 독방의 슬픔─음악을 건드리며 시인은 다시금 유년으로, 음악 정신과 비극 정신으로 향하고 있는 것 같다.

비참할수록 / 생에 가깝거든. 무엇을 다루든 너는 최적의 불행의 / 발언권을 심화─확대한다. 그것으로 불행이 위로받을 / 수 없지만 그만큼 우리가 인간적으로 된다. 그 길밖에 / 없다.

─「불행의 최적─김숨에게」 부분

내게 찢어지는 / 고통이 우선 중요하다. 고통이 고통일 때까지 평생 / 예언을 찢으며 계속 찢겨져 왔으나 고통부터 여의치 / 않았다.

─「전파의 색」 부분

인간을 창조한 노동보다 / 인간이 되는 노동이 더 고단할밖에 없었다. / (중략) / 가장 고단한 노동은 인간으로 늙어가는 일이다. / 중단되지 않는 나의 만년의 글쓰기 / 노동이 나의 만년을 닮는다.

─「프로메테우스 노동」 부분

역사보다 음악의 생애가 / 아주 조금만 더 아름다우면 된다. 인간보다 더 / 인간적인 생애로.

─「기회와 재회」 부분

"최적의 불행"이라는 다소간 안타까운 표현은, 그러나 시인의 맥락에서 정확한 표현에 다름 아닐 것이다. 우리는 우리의 생을 짓누르는 비참함 그리고 불행과 더불어 꼭 "그만큼 우리가 인간적으로" 되는 까닭이다. 그렇다. 우리에겐 "그 길밖에 없다." 여의찮더라도 "찢어지는 고통이 우선 중요하다." 적어도 피조물인 우리는 "인간을 창조한 노동보다 인간이 되는 노동이 더 고단"하다는 시인의 말에 깊이 공감하지 않을 수 없다.

그렇기에 "역사보다 음악의 생애가 아주 조금만 더 아름다우면 된다"는 문장이, 그것이 "인간보다 더 인간적인 생애로" 아름다우면 된다는 문장이 어떤 문장인지를 우리는 보다 고통스럽게 듣게 된다. "책임지려는 전망이 반드시 입게 되는 / 상처의 슬픔에 동참하고 싶다. / 상처가 슬픔으로 제 전망을 개척하는 / 광경 속에 있고 싶다."(「모차르트」, 26쪽)는 시인의 목소리가 어떤 슬픔의 소리로 울려 퍼지는지를, 조금은 더 절절하게 듣게 된다.

8. 산 것들'과' 죽음 (3): 포옹

이처럼 시인과 우리에게는 여러 겹의 까다로움이 놓여 있다. '주어로서의 죽음'을 배우고자 '비극'을 택했는데, 비극에 도달하기 위해 새로이 배워야 할 것들이 거듭해 늘어난다. 이야기를 탈출한다는 것이, 음악다운 음악에 도달한다는 것이 정말 가능한 일일까. 이럴 때일수록 처음으로 되돌아가게 된다. "이 시집의 구성과 규모는 집적이 아니라, 비판에 그치지 않으려는 나의 최선의 전면성에서 비롯되었다"는 시인의 말을 다시 한번 상기하기로 하자. "니체의 / 음악적 비극이 현대 비극으로 미흡했다. / 바그너의 동년배이자 이탈리아 대칭이던 / 베르디가 그 모든 것을 품어 현대 비극으로 / 마무리 지으려 20세기 시작 속으로"(「비근한 예」, 192쪽) 들어갔던 것처럼, '현대'라는 함정에, 도로 이야기에 수렴되지 않는 비극을 구성해 내기 위해, 다시금 시인과 더불어 어떤 배움을 이어가 보자.

   처음부터 끝까지 미래를 향하는 현재만 있고 / 현재는 이야기가 아니다. 현재라는 장르가 / 필요하다. 매번 죽기 전에 단 한 번 현재가 / 절묘하고 싶다.
                                                                                                      ―「처음의 정정」부분

   역사에 너무 열광하지 않던 역사 이야기가 / 이야기에 열광한다. 왜냐면 이야기가 바로 축적이다, / 오는 것이 쌓여 오고 가는 것이 쌓여 가는 현재가 바로 / 현재의 축적이다.
                                                                                                       ―「축적」부분

   그게 아니라 / 현재는 왜소하고 따분하고 시시하다. / 그게 아니라 / 그렇게 현재는 있다. / 영웅이 있거나 없지 않고 다만 / 현재가 아니다. / 그게 아니라 그게 아니라가 아니다. / 현대 소설이 비로소 현재 소설이 아니다. / 스스로 반복인 것을 모르는 반복이 / 불쌍하다가 잔혹하고 잔혹마저 / 평준화하고 상투적이기 / 직전에 오는 듯이 죽음이 온다.
                                                                                                           ―「당대적」전문

안타깝게도 우리에게 "현재라는 장르"가 없다고 한다. 아니 있다. 오직 "미래를 향하는 현재만 있"을 뿐, 혹은 "현재의 축적"으로서 현재만 있을 뿐, 현재다운 현재가 없다고 한다. 그리고 우리는 저 미래와 역사에 사로잡혀 있는 현재가 정확히 '이야기'의 하나임을 새삼 발견한다. 필시 현대, 동시대, 포스트모더니즘과 같은 이름으로 이야기화되었을 현재. 그런데 시인은 그 끝에, 그 "불쌍하다가 잔혹하고 잔혹마저 평준화하고 상투적"인 이야기 끝에 "죽음이 온다"고 말한다. 그렇다. "이야기가 절벽이자"(「막간의 복원」, 460쪽). 어느덧 시인은 부정과 해체의 대상으로서 이야기를 넘어, 마치 그것을 꼭 끌어안는 것만 같은 문장들을 이어간다.

신화를 끊임없이 희극으로 전락시키며 / 허구가 허구의 장편을 구축해 간다. 아무리 늦어도 / 감당은 비극적이다. 희극은 어설프게 전후를 그냥 / 더듬어 볼 뿐, 늦은 감당이 더 비극적인 역사도 있다.

-「허구의 탄생」 부분

   과거를 요령껏 회피하는 괴팍이 어떻게 비극에 달하겠나, / 오히려 비극을 야금야금 갉는다. 괴기와 공포, 아무리 / 세련되어도 그 흔적이 비극을 비극 이전으로 원초화한다. / 비극이 불가능한 현대 아니다. 현대가 과거보다 졸렬한 / 비극 예술이다. 음악이 찢어지며, 시가 분열하며, 소설이 / 소설을 지우며 흐른다. 연극이 찢어지는 몸을 지우며, / 오페라가 음악의 산만으로 흐른다. 이것들은 어떻게든 / 어쨌든 흐르지. 건축이 가까스로 무너지지 않고 조각이 / 가까스로 등장한다. 이것들은 어떻게든 서 있지. 회화가 / 이 모든 것으로 정지하고 모든 것이 정지이다. 현대가 / 죽음한테 압도적으로 희극적일밖에 없다. 괴팍을 피해 / 치사와 졸렬로 비극성을 높이는 비극이 있다. 우리가 / 무사히, 제대로 건너온 것이다. 대단한 장점이지. 모던도 / 겪지 않은 포스트모던, 혁명도 치르지 않은 혁명 멸망, / 힐링의 질병 만연의 제도 속에서.

-「대단한 장점」 전문

   "아무리 늦어도 감당은 비극적"이라는 시인의 문장이, "과거를 요령껏 회피하는 괴팍이" 결코 비극에 달할 수 없다는 시인의 문장이 결국 "우리가 무사히, 제대로 건너온 것이다"라는 문장으로 귀결되는 것에, 우리는 어떤 반응을 해야 할까. 시니컬한 시인의 태도에 반문을 달아볼 수도 있겠지만, 앞서 "책임지려는 전망이 반드시 입게 되는 / 상처의 슬픔에 동참하고 싶다. / 상처가 슬픔으로 제 전망을 개척하는 / 광경 속에 있고 싶다."(「모차르트」, 26쪽)는 문장을 마주한 이상 그럴 분위기가 아닌 것 같다.

   그보다 우리는 그가 기획하는 비극의 무대가 정확하게도 소위 우리가 '현실'이라 일컫는 무엇임을 다시금 직감하며 어떤 난감함을 가지지 않을 수 없을 것 같다. 끔찍한 예언이 아닐 수 없을 시인의 문장들에는 부정되고 갱신되어야 할 동시대의 것들이 그 자체로 포옹의 대상이 되고 있는바, 죽음을 죽음에 이르게 한 포스트모더니즘은, 비록 유사 죽음일지언정 시인에게는 어느덧 또 다른 차원에서의 '죽음', 즉 진정 죽음으로 향하기 위한 하나의 계기로, 일종의 절벽으로 전유되는 듯하다.

   죄르지 루카치, 놀랍게도 그가 1971년, 내가 / 고3일 때까지 살았다. 뒤늦은 확인이 나의 / 만년을 뒤흔든다. 현실 소비에트 멸망 아직 / 멀지만 그의 평생도 불행 이상의 것을 품었다. / 본의든 아니든 상관없지. / (중략) / 문학 예술이 자본주의를 아프게 품는 / 광경을 훗날의 역사가 아프게 / 보여주는 것이 자본주의의 아픈 극복일 수 없나? / 모두가 살아서는 물론 죽어서도 죽음을 동반하고 / 신화나 전설 너머 현역으로 되는 이야기이다. / 민주화가 부르는 세속화가 그 이전보다 더 / 예술적으로 우월하지 않는 한 민주주의는 / 아직 시작된 것이 아니다. 죽음이 벌써 / 더 내려갈 데가 없을 때를 넘어 더 내려갈 데가 / 없음의 불가능을 확인할 때까지 가는 일이다.

―「포옹」 부분

시인은 루카치와 마찬가지로 "불행 이상의 것을 품"는다. 시인은 어느덧 "문학 예술이 자본주의를 아프게 품는" 것을 기도한다. "민주화가 부르는 세속화가 그 이전보다 더 예술적으로 우월하지 않는 한 민주주의는 아직 시작된 것이 아"니라고 말하는 시인에 따르면, 그러니까 "재앙의 민주주의에 / 우리가 진지하게 경악할 자격과 능력이 있나"(「게르만족 대이동」, 80쪽)라고 묻는 시인에 따르면, "혁명도 치르지 않은 혁명 멸망, 힐링의 질병 만연의 제도"로 세속화하는 이 현대를 우리가 품지 않는다면, 우리는 죽음을 죽음으로 배우는 일이 아니라 말하는 듯하다. 생각해 보면 그렇다. 함정을 피해 가는 일이 과연 죽음의 "불가능(성)을 확인할 때까지 가는 일"일까. 함정까지 모조리 품고 나아가는 것이 '주어로서 죽음'에 우리를 내어주는 보다 정확한 길 아닐까.

그렇게 "패배가 우리를 덮치지 전에 우리가 몰락을 깊이깊이 / 감싸안아야 한다."(「인간이라는 현재」, 432쪽)는 문장이 조금 다르게 다가온다. "육체가 추락하기 전에 정신이 / 낙하해야 한다. 비상은 새의 몫"이라는 문장도, 마찬가지로 "연극이 탄생하는 합창도 우리 몫이 아니다. 우리가 / 집단적으로 아는 것은 죽음뿐"(「인간이라는 현재」, 432쪽)이라는 문장 역시도. 다만 여전히 우리는 "아무래도 나는 이야기를 빠져나왔다"는 시인의 호언에 고개를 끄덕이면서도, "이야기를 완전히 빠져나오지 않고 이야기가 완전히 / 빠져나간 변형이 있을 것"(「인간 너머」, 742쪽)이라는 문장에 좀 더 고개를 끄덕이며 시인의 걸음을 뒤좇아 간다.

각각의 생이 살아 있는 동안 제 안의 / 가장 내밀한 죽음의 개인을 극복하는 / 공공의 모든 연대가 사회주의이다.

―「부의 탄생」 부분

누구나 가장 중요한 것은 생활이다. / 그 사실을 잘 알면서 글을 쓰는 작가는 / 이것 또한 생활의 위력이고 글이 생활을 / 능가할 수 없다는 것을 뼈저리게 안다. / 알고도 쓰는, 알면서 쓰는 작가들보다 / 알기에 쓰는 작가들 덕분에 때때로 생활이 / 역사를 능가한다.

—「생활의 능가」 부분

우리에게 있어 이야기를 벗어나는 방법, 음악다운 음악에 도달하는 방법으로, 시인은 다시 '이야기'로 되돌아가야 한다고 말하는 것 같다. 시인은 그 이야기들을 끌어안으며, 위의 목표들을 실현해 나가는 것처럼 보이기 때문이다. "생로병사 이야기의 극복이 철학이고 그 극복이 / 시"이지만, 그럼에도 오늘날은 그저 "그 둘의 화해이기 위한 소설의 끝없는 / 세속화가 심화"(「고대 포스트모던」, 309쪽)되고 있다면, "자본주의의 최악화 말고는 자본주의를 끝낼 길이 / 없어 보이는 것처럼"(「대속의 세계화」, 661쪽), 그렇게 시인은 그 심화를 피해 갈 것이 아니라 외려 그것을 끌어안고 절벽으로 한 걸음 한 걸음 나아가는 것 같다.

시인은 오늘날 도달하기 어려울 그런 음악 정신과 상통할, "가장 내밀한 죽음의 개인을 극복하는 공공의 모든 연대" 이야기로서 '사회주의'를 끌어안는다. 나아가 사회주의라는 역사의 이야기를 능가한 '생활'과 '자본주의' 이야기 또한 끌어안는다. 시인은 죽음을 극복하고자 한 이야기로서 사회주의를, 그 극복의 또 다른 양상으로서 생활 및 그에 기반한 자본주의라는 이야기를, 시인의 품으로 품으며 어떤 절벽으로, 필사적으로 고분고분하게 나아가는 것 같다. 어쩌면 "이 파탄은 우리가 잘하고 있는 / 것일 수 있다. 우리가 안다고 생각하는 / 총체의 단편 아니라 우리가 모르는 더 / 두려운 총체의 관문일 수 있다"(「이 거리」, 34쪽). 다만,

참으로 발전 가능한 / 거의 유일한 것이 거룩이다. / 위대한 실패가 더 위대한 성공인 / 산문의 독재를 극복한 운문의 / 민주주의가 새로운 창세이고 창세가 / 바로 시작이다.

—「생각의 언어」 부분

하지에 너무 많아서 품을 수 없는 것들 땀 흘리며 / 추하다. 오줌싸개 이불 지도처럼 하루로 충분히 / 벌이다. 사실은 고요한 밤도 품어서 거룩했다.

—「하지」 부분

그래야 할 때도 있다. 과격하지 않은 미래가 현재를 / 제대로 무너뜨려야 아무것도 사라지지 않는다.

—「볼셰비키」 부분

"시란 일상을 거룩(하다는 것은 쓸모없음의 최고 단계라고나 할까)하게 만드는, 의미의 감각 체계, 아니 감각의 의미 체계라는 생각"[34]을 한 차례 표방했던 시인에 따르면, 시인의 이러한 포옹이 궁극적으로 마련코자 하는, 혹은 재전유하고자 하는 '현재'가 무엇이며 왜 그러한 방법을 택했는지, 짐작 가능해 보인다. "그래야 할 때도 있"을 것이다. "과격하지 않은 미래가 현재를 제대로 무너뜨려야 아무것도 사라지지 않"을 것이다. 아프게 끌어안는 그 행위는 그의 시 안에서 어느덧 우리가 집착하고 사랑하는 삶의 여러 이야기들을 진정 '거룩'으로, 쓸모없음의 최고 단계로 전화시켜 가는 것 같다. 그러니까 독자인 우리로서는, 영웅일 수 없는 우리로서는, 품기 어려운 것을 품어 재전유하는 시인의 모습을 통해서만이, 그의 고분고분한 발걸음을 통해서만이, 영웅의 필사적인 발걸음을 외면하지 않고 뒤쫓을 수 있을 것 같다.

9. 산 것들'과' 죽음 (4): 비극의 비극

니체가 "비극은 죽었다! 시 자체도 그와 함께 사라졌다! 물러나라, 너희 보잘것없는 빈약한 아류들아!"라 외치며, 예술 장르로서 비극을 두고 그 스스로 "자살로 생을 마감했"다고 말했을 때, 그러니까 비극이 소크라테스 정신에 의해 "시민극으로 투신자살"했다고 말했을 때, 그는 어떤 생각이었을까. 왜 자살이라는 표현을 썼던 것일까.[35] 마찬가지로 시인이 "멸망한 현실 사회주의 얘기"를 하며 "자살로 우리는 그 멸망을 용서할 수 있다"고 했을 때, 역시 시인은 어떤 마음으로, 왜 자살이라는 표현을 썼던 것일까.

아마도 니체는 '비극의 (재)탄생'을 위해 그렇게 말했을 것이다. 비극이라는 장르 자체를 영웅으로 만들어, 그 비극적 패배를 바라보는 당대의 독자들로 하여금 그 영웅의 부활과 새로운 탄생을 기도하게끔 하기 위함이었을 것이다. 그렇다면 시인도 마찬가지일까. 시인은 적어도 『비극의 탄생』의 니체보다는 조금 더 복잡한 길을 걷는 것으로 보인다.

앞서 한 차례 인용했던 것처럼 시인에게 있어 "현대가 신화인 한 현대 비극은 / 현대 비극이 아니다. 이야기 극복에 / 실패한 현대 비극 없고 실패하는 / 현대가 비극"(「전모」, 303쪽)이다. 요컨대 우리에게 필요한 '현대 비극'은 이야기 극복의 실패를 상연하는 일에 다름 아니겠으나, 그것은 부재한 채, 이야기 극복에 실패하는 현대 그 자체가 현실을 무대로, 비극으로 치닫고 있다. 그렇기에 우리는 자연스레

---

34. 김정환, 「自序」, 『거룩한 줄넘기』, 강, 2008, 5쪽.
35. 프리드리히 니체, 「소크라테스와 그리스 비극」, 『유고(1870년~1873년)』, 이진우 옮김, 책세상, 2001, 117~152쪽.

기대할 수 있겠다. '이야기 극복에 실패하는 현대'를 배경으로, 그것에 도전하는 영웅의 실패를, 그 '이야기 극복의 실패'를 말이다. 어쩌면 시인은 현실과 작품을 뒤섞어 오늘날 우리에게 간절한 비극 작품을 상연하고 있는 것인지 모르겠다. 어느덧 우리는 실패하는 영웅을, 우리의 기대만큼, 시인의 호언만큼 이야기를 극복하지 못하는 시인을 발견한다.

> 비극이 죽음으로 깊어지더라도 그것이 / 나의 죽음은 아직 아니다. / 올라오는 엘리베이터. / 그렇게도 우리는 죽는 연습을 한다.
> ―「올라오는 엘리베이터」 부분

> 나의 문학이 아직 개인의 분노를 제압하는 / 공포의 제도에 분노할 뿐 죽음의 공포를 / 극복한 죽음을 모른다.
> ―「어른」 부분

그런데 이러한 실패는 우리가 기대한 그것과는 조금 다른 것 같다. 우리는 시인을 따라 '주어로서 죽음'을 배우고자 하였건만, 시인 역시 "죽음의 공포를 극복한 죽음을 모른" 채, 여전히 죽음을 "연습" 중이다. 위의 문장들은 "제일 힘들다. 죽어가는 일이"(「천지」, 375쪽). "사는 일 가운데 가장 힘든 것이 / 죽는 일 같다"(「오늘」, 578쪽) 같은 문장들과는 비교가 되지 않을 문장들, 그러니까 힘들고 어려운 일이 아니라, 그것은 '불가능'한 일. 처음부터 '주어로서의 죽음'은 어려운 일이 아니라, 불가능한 일이었던 것 같다.

'주어로서의 죽음'을 배우고자 했던 우리는, 시인의 그 필사적인 고분고분한 발걸음을 뒤쫓던 우리는 그 불가능성 앞에 조금 허무한 마음을 감출 수 없을 것이다. 짧지 않은 이 여정은 어쩌면 헛된 욕망에서부터 시작된 무엇이 아닐 수 없는 것 같다. 이야기 극복이라니, 비극이라니, 결국 우리 "현대(는) 죽음한테 압도적으로 희극적일밖에 없"(「대단한 장점」, 527쪽)는 것 아닌가. 그 이상을 꿈꾸는 것은 우리 '문학'에 도무지 허용되지 않는 것인가.

> 멸망 이후 갈수록 멸망보다 더 엉망인 그 힘으로 나의 / 생애가 계속 이어질 것 같다. 현대는 치욕이 영생이다.
> ―「안드로마케」 부분

> 그러나 시인은 / 예수와 다르지. / 적어도 제 상처보다 / 오래 사는 굴욕을 견디는 것이 시인이다. / 물의 명명이 물을 능가할 때까지.

-「상처」 부분

   그렇게 죽음은 요원하고, 그저 "멸망보다 더 엉망인 그 힘"에 의해 "생애가 계속 이어"진다. "치욕"이 이어진다. 다만, 우리는 우리의 허무한 마음과 공명하는 상처받은 시인을, 그리고 그 이후에도 지속되는 치욕과 굴욕을 기꺼이 감당하는 시인을 바라본다. "물의 명명이 물을 능가할 때까지", 치욕과 굴욕을 견디는 시인을 바라본다. 그러니까 우리는, 아직 포기할 수도, 절망할 수도 없는 것 같다. 이야기 극복이 불가능하다면, 도로 이야기에 수렴되는 그런 비극이라고 한다면, '비극의 비극'을 통해서라도 비극에, 주어로서의 죽음에 가 닿아야 할 것 같다. 예컨대 "예술이 무엇보다 / 불가능을 가능으로 만들지 않고 뛰어넘는다"(「언어 의도」, 369쪽)고 한다면, 비록 그 뛰어넘음이 일시적인 무엇이라 할지라도, 그것이 다시 '이야기'로 귀결되는 무엇이라 할지라도, 시는 오늘날 물신과 물화reification로 구성되는 이야기를 뛰어넘으며, 어떻게든 기존의 이야기와는 다른 방향을 향해 나아가야 할 것 같다.

   수직의 균형이 있다, 공간보다 중력에 시간보다 역사의 / 미래에 직립보다 전망에 죽음보다 멸망에 더 가까운 / 수직의 균형이다. 그것을 우리가 또한 아름다움이라고 / 부른다. 여린 마음이 한없이 여린 까닭, 음악이 음악인, / 시가 시인 까닭이라고도 부른다. 죽음이 터무니없는 / 과장이라며 죽은 이가 뼈아픈 결핍으로 산 자를 돕는 / 현기증 같은 수직의 균형이 있다.

-「아직도 제논 역설」 부분

   정말 아름다운 것은 가까스로 / 아름다운 지상의 시간이다. 영혼이 가까스로 / 육체에 달하고 육체가 하릴없이 영혼에 / 베이는 입맞춤의 시간, 영영도 지나서.

-「시간의 광경」 부분

   유한의 생이 이토록 아름다우려면 / 적어도 처음에는 죽음의 눈이 분명 / 먼저였을 것이다. 아름다움을 위하여 / 어떤 때는 생보다 더 희미한 죽음이 / 생보다 더 빈발하고 드물게 빈발이 / 아름다움이고 그것을 우리가 죽음의 / 선명으로 오해한다. 구체 없는 / 아름다움 없다. 그러므로 처음부터 / 아름다운 것 없다.

-「황혼」 부분

   비극의 아름다움을 바랄 뿐 / 아름다움의 비극을 바랄 수 없는 일.

-「바랄 수 없는 일」 부분

시인은 알고 있었을까. 우리 독자는 비극의 독자가 될 수 없다는 사실을, 처음부터 알고 있었던 것일까. 아마도 시인은 스스로를 포함해 동시대를 살아가는 우리들이 좀처럼 포기할 수 없는 존재, 도무지 절망할 수 없는 존재라는 사실을 처음부터 알고 있었을 것이다. 산 것들로서 우리는 좀처럼 '이야기'를 포기할 수 없는 우리, '죽음'을, '주어로서 죽음'을 좀처럼 배울 수 없는 우리일 것이다. 하지만 동시에 우리는 저 이야기로부터의 벗어남을, 주어로서의 죽음에의 도달을 어떻게든 이뤄보고 싶은 마음 역시 좀처럼 포기할 수 없는 우리이기도 하다.

어느덧 시인은 '별수 없는 우리'와 '그럼에도의 우리' 사이에서 새로운 균형을 얘기한다. 지상의 우리와 지상으로부터 벗어나고자 하는 우리 사이에서 형성되는 어떤 균형 속에서 음악이, 시가 탄생한다고 얘기한다. 비록 그 균형이 "죽음보다 멸망에 더 가까운", 그러니까 별수 없이 지상에 가까운 무엇일지 몰라도, 그것이 인간이 획득할 수 있는 최선이라고 말이다. 그렇다. 인간이 달성할 수 있는 최선은 처음부터 아름다움이 전부였을지도 모른다. 죽음과 비극은, 이야기로부터의 벗어남은 불가능하지만, 그럼에도 우리는 그것을 더더욱 포기할 수가 없을 것 같다. "비극 속에서만 / 웃음이, 음산할 때도 뼈아픈 / 보석으로 빛난다"(「회귀–발레」, 122쪽). "희미한 죽음"뿐이라 할지라도, 그것을 통해서만 우리는 우리의 최선이 될 수 있을 것 같기 때문이다.

비극의 관객이 불가능하다면, 비극의 영웅도 없다. 우리는 비극에 실패한 혹은 미달한 그런 비극 속의 관객. 그러나 그것 역시 좀처럼 받아들이지 못한 그런 관객이라면, 얘기는 조금 달라지지 않을까. 비극의 실패와 비극 사이에서, 이를테면 비극의 비극이라는 양식 안에서, 우리 독자는 시인을 따라 '죽음 연습'을, 새로운 이야기를, 아마도 '아름다운' 이야기를 향해 나아갈지도 모른다. 그리고 그때 우리 아름다운 독자들은 시인의 길을, 다시 영웅으로서 시인의 길을 발견할 것이다. 시인과 함께, 나란히 걸을 수 있게 될 것이다.

10. 산 것과 죽은 것

그렇다면 한 편의 비극을 향하기 위해 우리 독자들은 이제 어떤 길을 뒤쫓아 가야 하는 것일까. 해설의 걸음–이야기는 여기서 멈추지만 "운명. 최초의 미래"(「최초의 미래」, 699쪽). 그 길은 저마다가 마주한 운명에 따라 달라질 것으로, 다만 산 것과 죽은 것. 동시대와 1980년대. 근대 문학과 비극. 내 안의 산 것에서 죽은 것을 향해 가는 여정 속에서만이 그 길이 분명해지기를. 그 길의 끝에 혹은 여정 가운데 죽은 것이 산 것 자리에 잠시나마 놓이기를, 적어도 거듭해 아름답기를. 다시 길을 나서며, 나는 시인이 알려준 발터 기제킹의 연주를 듣는다.

| 찾아보기 |

-(제목 혹은 첫 행)

가계 극복 · 638
가공의 독재 · 665
가구의 재해석 · 477
가까운 미지 · 97
가난은 근대적 · 103
가난을 거듭하며 · 471
가난의 간식 · 207
가난의 탄생 · 103
가난이 지리와 · 178
가도 · 525
가든파티 · 808
가래떡 구정 · 510
가로 새로 5센티 · 257
가리봉 오거리 · 441
가면의 비극 · 606
가보지 않았지만 · 45
가엽고 고단한 · 262
〈가요무대〉가 · 248
가을 에로틱 · 487
가을은 · 81
가장 가까운 것이 · 561
가장 가슴 아픈 · 280
가장 강력한 · 323
가장 긴장할 · 296
가장 끈질기고 · 659
가장 날렵한 · 486
가장 눈부시게 · 203
가장 생생한 · 237
가장 윗세대 · 395
가장 진하고 · 103
가장 최근의 · 443
가장 희미한 · 389
가정 소설 · 143
가젤 · 612
가족의 지방 · 777
가지 않은 길은 · 637
가창 예술 · 601
가출 · 484

가톨릭 · 205
가해 탄생 · 805
가해가 불쌍하다 · 642
가해하거나 · 511
가혹의 추상 · 609
가혹한 실패담을 · 717
각과 곡 · 590
각국의 오래된 · 270
각도자 반원 · 162
각의 집착이 · 430
각자 충분히 우아 · 682
각자의 시간 · 62
각자 · 647
각주 · 509
간결의 전통이 · 380
간장 · 764
간장에 고춧가루를 · 403
갈 때 · 666
갈비뼈 세속 · 429
감각은 사실 · 699
감기 동거 · 533
감당은 처음부터 · 513
감동이 지나쳐 · 75
감옥 갔다 온 기록 · 480
감은사 터 · 538
감응 · 415
감행하는 벽 · 279
'갑니다.' · 327
'갔다' 만큼 · 516
강금실에게 · 147
강박의 해소 · 214
강소국이라는 말이 · 92
강정에게 · 295
강정에게 · 680
강태형에게 · 392
강 · 583
같은 종 다양 · 725
같음의 대비 너머 · 55

개발 안 된 건물 · 545
개신 · 471
개입 · 761
개천절 · 421
거기 있으라 불안 · 699
거꾸로, 유년이 · 819
거룩해야 할 시신 · 580
거리에 한파 인파 · 519
거울 · 102
거울 속 아니라도 · 194
거울 속 · 552
거울 역 · 680
거의 모든 것이 · 441
거짓말은 참말의 · 683
거칠고 질긴 · 337
걱정 · 434
걱정의 미래 · 319
건강의 건강한 · 582
건배 · 266
건축 조각 무덤 · 506
건축은 물론 · 459
건축의 의상 · 355
건축의 전집 · 720
건포도 · 245
걷는다 · 535
걸작 회화를 · 415
걸작 · 623
검객이야말로 · 65
검은 테두리는 · 481
게르만족 대이동 · 79
겨울 기상 · 496
겨울 외투 · 375
겨울 주머니가 · 344
격세 · 147
격 · 815
격언 · 133
격언 · 803
견과 · 373

견과류 자식들은 · 37
견디는 그러나 · 493
결: 지금의 그 후 · 848
결국의 모양 · 528
결국의 탄생 · 804
결별 · 536
결정적 · 653
결핍 · 258
결혼 · 323
결혼기념일이 · 634
결혼식 · 140
겹침 · 31
경계 · 374
경악이 기쁨이고 · 768
경원이 아찌는 · 759
경작 · 93
경제와 재화의 · 402
경제의 탄생 · 205
곁에 두는 법 · 88
계기 · 138
계속 가면서 · 584
고고 탄생 · 679
고금 · 797
고대 그리스 · 786
고대 그리스인 · 19
고대 로마 명 · 47
고대 이집트 · 290
고대 포스트모던 · 308
고대 형식 · 834
고동 · 454
고된 노동을 · 61
고딕 성당 · 446
고딕 장단 · 490
고딕의 일상 · 456
고래 싸움에 터질 · 763
고메넛츠 · 667
고무장갑 · 291
고무장갑 · 344

977

고문 · 374
고사 · 440
고사성어 · 326
고사성어 · 520
고상에서 비친까지 · 757
고소 공포 · 718
고야 · 599
고약 냄새 · 591
고양이가 좁은 · 77
고영어 사전 · 356
고요한 음악 · 420
고유 명사 문법 · 540
고유들이 보통 · 540
고전 · 823
고전 출판의 · 381
고전과 명품 · 611
고전주의 음악의 · 120
고정 · 702
고쳤다 · 504
고추 · 615
고층 빌딩군이 · 684
고층의 통유리창 · 269
고통을 극대화하기 · 553
고행 그 후 · 580
곱다 · 382
공간의 역전 · 340
공개되지 않은 · 101
공모의 인공 · 722
공백 · 25
공백 · 286
공석 · 513
공연 중에는 · 654
공연의 초대 · 203
공예 도자점 · 414
공적인 약속 · 715
공통의 불일치 · 788
공평 · 705
과거를 부수고픈 · 148
과거를 요령껏 · 527
과부 현대 · 599
과세 절료 · 317
과연 · 677
과정의 결과 · 691
과학의 진보 · 143
관 · 243
관 속 시간이 · 812

관광은 안 가 본 · 541
관광의 가능 · 449
관상용 · 659
관용 · 529
관자놀이 맥박인가 · 794
관통 · 19
관통 · 498
관할 · 182
관행 · 327
광경과 풍경 · 490
광대 미술 · 488
광대 죽이기 · 649
광야는 아무것도 · 445
광업도 지상에서는 · 661
광장 · 560
광화문 · 662
괜찮은 노인 병원 · 425
교리가 맹정신의 · 139
교양학부 연극반 · 500
교육의 미래 · 221
교향곡 작곡을 · 360
교훈의 탄생 · 289
구 할리우드는 · 424
구닥다리 · 512
구분의 용납 · 339
구성 · 20
구성의 물건 · 514
구약 · 472
구약의 탄생 · 268
구전의 정리 · 593
구축 물질 · 637
구한말 · 758
구한말 일제 · 485
구호 · 709
구호 마리아 · 502
국가보안법 · 275
국기 디자인 · 715
국립 서울대학교 · 239
국민학교 교사가 · 347
국민학교 때 · 313
국방 디자인 · 705
국어 탄생 · 770
국제의 진전 · 557
군중 속 고독 · 138
굵고 검고 축축한 · 631
굵직하지 않지만 · 132

굶어 죽는 마당에 · 381
굶주려 야위며 · 695
권위 있는 미술관 · 675
권위를 위해 · 454
권유 · 484
권태, 하면 문청 · 536
귀 · 351
귀가 찾은 것 · 398
귀속 · 733
귀신 현상 · 187
귀신이 분노하지 · 210
귀엽고 또한 · 675
귀이개 · 741
규모가 아주 크거 · 473
규율의 색 · 464
균형 · 249
균형의 모종 · 280
그 가볍던 나의 · 86
그 두 사람은 살아 · 651
그 속에서는 내용 · 499
그 시인은 당대의 · 133
그 안에 본존불 · 698
그 옛날의 그럴 수 · 574
그 후에 무엇이 · 335
그 후의 그 후 · 335
그가 등장하는 · 519
그가 죽고 · 256
그것들 지금도 · 741
그것은 삽화들이 · 553
그게 아니라 · 330
그곳은 실내에 · 266
그냥 있지 않다 · 785
그는 분명 · 401
그대 이전에 2인무 · 517
그대를 모방하는 · 487
그들이 믿지 않는 · 586
그때 객석에 · 149
그때 네가 · 348
그때가 되면 · 103
그러나 누구나 · 82
그러나 명 테너 · 807
그러나 반주 · 807
그러니 통일은 · 51
그런 것 · 624
그런 때는 · 172
그럴 수 없이 깨끗한 · 27

그럴 수 없이 세련 · 764
그렇게 예쁠 · 375
그렇다면 모종의 · 390
그렇지 않나 · 39
그로테스크 · 672
그릇 · 664
그리스 고전 비극 · 149
그리스 여행 · 627
그리스 포도주 · 629
그리스-로마 · 79
그림 · 555
그림 해설 · 723
그림의 정의 · 50
그림자 · 713
그만 한 새 · 196
그만하면 먹을 · 35
그뿐만이 아니다 · 191
그의 천재 눈이 · 458
그토록 오래 · 171
극동 · 798
극장이 무너지고 · 437
근 · 515
근대 극장의 탄생 · 215
근대 직선 감각 · 843
근육의 신화 · 684
근친상간이 갈수록 · 602
근황 · 46
글쓰기 역사 · 749
글자 · 676
금란교회 · 822
금주의 금연 색 · 483
기계 문명에 길든 · 754
기교 · 444
기도의 물리 · 28
기둥 · 196
기로 · 764
기록도 승패도 · 364
기법의 구체 · 610
기픈 · 125
기쁨의 · 110
기승전결 · 361
기억의 문화 · 813
기우는 소비에트 · 442
기적의 색 · 498
기조 · 772
기타 등등을 · 224

기하의 종말 · 151	나비 효과 틀린 · 731	남은 일 · 107	냉장고 · 794
기회와 재회 · 431	나쁘지 않은 일 · 18	남정임 · 27	너를 두른 천이 · 817
기획 · 115	나와 친한 70대 · 752	남쪽으로 · 352	너무 가까운 춤이 · 784
길고 허접한 · 298	나의 30대가 · 482	남한을 봉쇄하고 · 818	너무 눈이 부셔 · 596
길의 고전 · 381	나의 40대가 · 83	낭떠러지 · 330	너무 무거운 돌의 · 554
길쭉하게 잘 · 342	나의 감각이 온갖 · 570	낮게 낮게 · 53	너무 작고 · 390
길치이던 나의 · 784	나의 내용은 · 262	낮게 낮게 · 421	너무나 사랑하는 · 147
김 맛 · 151	나의 대학 신입생 · 594	낮술 깨니 · 134	너에게서 · 362
김민기 · 945	나의 마법이 · 755	낮에도 영하 · 333	너의 노래가 · 141
김석희에게 · 449	나의 모국어 · 195	낯익어지다 · 551	너의 목소리가 · 645
김소연 시인에게 · 874	나의 문학이 · 173	낯익은 길을 · 234	너의 몸이 이미 · 801
김수영 50주기 · 401	나의 숫자는 · 306	내 고향은 · 731	너의 얼굴 · 446
김숨에게 · 500	나의 심리를 · 654	내 귀가 이상하다 · 509	노고 · 502
김연아가 문화부 · 715	나의 여성 · 452	내 등 · 817	노년에 어르신 · 512
김이구 · 198	나의 영역을 침해 · 650	내 몸에 · 451	노년의 관음도 · 494
김정은에게 · 274	나의 웃음이 · 129	내 안에 모든 것이 · 732	노동의 새김 · 418
깊은 잠에 들려면 · 708	나의 일관 · 528	내 안에 학문이 · 201	노동의 전설 · 72
까마귀 여행과 · 537	나의 젊음이 · 499	내 앞에 한 권으로 · 213	노동자 출신 후배 · 441
깐 생마늘 쪽 · 221	나의 집 · 460	내 영혼의 살결이 · 646	노랑 · 459
깨끗한 미학 · 379	나이 들수록 · 445	내 유년의 · 370	노래에 가사가 · 477
깨어난 신대륙이 · 100	나이 들어 · 206	내 청춘 · 442	노래의 건설 · 717
깨일수록 영롱해 · 475	나이 예보 · 403	내가 나의 길을 · 40	노량진에서 탄 · 546
꺾이는 것이 · 659	나이를 먹으면서 · 621	내가 듣기에는 · 311	노력 · 106
꺾이다 · 702	나이를 한 살 · 304	내가 무엇을 놓쳤 · 503	노련한 처녀 · 778
껍질이 제법 두꺼 · 538	나중의 발견 · 424	내가 부주의하게 · 331	노릇 · 118
꼬리 · 821	나처럼 기초가 · 244	내가 사람도 · 415	노메데아는 · 756
꼬치꼬치 알려는 · 543	나처럼 사는 사람 · 801	내가 이 지상에서 · 278	노부부 포르노 · 419
꼭 계속해서 위로 · 816	나태의 웅집인 · 696	내가 이제 사랑을 · 848	노블리스 오블리제 · 141
꿈속 · 670	낙마라니 무슨 · 455	내가 읽은 17세기 · 108	노소의 축약 · 370
꿈에 · 398	낙서 · 801	내가 읽은 문학의 · 665	노을 · 99
꿈의 감옥 · 708	낙엽 · 503	내가 펼쳐본 중 · 714	노을 동참 · 134
끄는 캐리어 크다 · 763	낙장: 사진 크기 · 854	내가 풍경을 · 102	노인 난청 · 746
끄집어내고 싶은 · 526	난잡한 음악 · 658	내게 1985년은 · 813	노인 취미 · 711
끊기는 장점 · 402	날것 · 111	내게 빵은 · 207	노인네들만 안다 · 685
끓인 밥이 · 397	날씨 · 260	내게 제일 유명한 · 747	노추 잉여 · 532
나 이러다 치매가 · 781	날씨 꾸물거리고 · 799	내리던 비가 개인 · 626	노후의 회고전조차 · 789
나는 생각한다 · 130	날씨가 좀 우중충 · 691	내밀이 내통으로 · 711	논문이 논리에서 · 665
나도 독서의 · 136	날이 워낙 · 355	내부가 드러나는 · 730	농담의 왕따 · 685
나를 따라다니는 · 713	낡고 해질수록 · 431	내숭 없이 마음껏 · 259	농담의 얼굴 · 660
나를 읽고 · 237	낡았지만 각 종이 · 216	내용 없는 전집 · 687	높낮이보다 더 · 773
나무 · 791	낡은 백과사전 · 703	내용만 있는 · 614	누가 이사 가나 · 196
나무 심는 단독 · 425	남들은 내가 · 107	내용의 파탄을 · 63	누구나 늦게 · 210
나무 십자가 · 673	남들이 따로 운동 · 587	내용이 휘갈겨 · 834	누구는 부조리극 · 625
나무의 생명 · 201	남성 보호 · 115	내일은 급사한 · 769	누구든 상처받을 · 627
나물 반찬 산 내음 · 575	남아 있었다 · 576	내일은 웬일로 · 817	누명 · 270
나비 · 493	남은 시간 · 802	내일은 전국에 · 403	누수 탐지 · 363

979

눈 · 517
눈 내리는 · 380
눈 내린다 · 520
눈 오고 대설주의 · 260
눈곱 낀 고전 음악 · 644
눈보라 · 269
눈부신 국경 · 81
눈사람 · 288
눈에 보이는 모든 · 725
눈에 보이는 방향 · 817
눈에 보이면 · 72
눈에 안성맞춤으로 · 342
눈에는 눈 · 311
눈이 더 흐려지면 · 425
눈이 침침하고 · 672
뉴잉글랜드 · 747
느낌표 · 781
늙으니 나이 분간 · 579
늙은 몸이다 · 310
늙음이고 반짝임 · 907
능숙할수록 · 454
늦가을에는 · 455
늦은 완성도 · 817
늦은 종합과 이른 · 656
니가 살자고 · 338
니진스키보다 몸이 · 740
다 읽으려는 · 370
다게르 1838년 · 436
다과와 음식 · 686
다녀갔다 · 697
다뉴브강이 아름답 · 738
다니는 길은 · 278
다락방 계단 · 728
다리 정거장 · 385
다시 두 사람 · 25
다시 보기 · 370
다시 세 사람 · 21
다이어트 · 495
다이어트 물 · 164
다정을 위해 · 698
다행 · 679
다행히 진도가 · 369
닥스 양말 · 274
닥쳐올 만큼 강력 · 641
단 한 마리 어린 양 · 506
단속 · 747

단아와 정교와 · 444
단어 '붕괴' · 865
단언 · 350
단원들 날씬하고 · 528
단편 탄생 · 760
단풍 · 158
답변 · 639
답습 · 702
당대적 · 330
당사자들 목숨이 · 810
당신 · 532
대권 주자들이 · 495
대낮에 하늘이 · 660
대단한 장점 · 527
대도시 · 223
대도시 시대의 · 329
대문자 신을 · 169
대문자 신의 · 22
대빵어도 비슷하게 · 197
대보름달 · 397
대상 없이 싸우는 · 541
대선 끝났고 · 662
대속의 세계화 · 661
대역 · 195
대재앙 혹은 · 88
대중 매체 · 503
대중관 · 629
대지의 일요일 · 379
대표 얼굴 · 605
대하여… 무엇무엇 · 90
대학 동창 사는 · 594
대학 시절 · 417
대학로 · 105
대학생 오케스트라 · 316
대화는 서로 다른 · 771
더 나을 것 · 255
더러운 천에 · 400
덜컥 · 617
데스마스크 · 84
도로 · 21
도마 · 124
도벽 · 288
도시 만추 · 449
도시 문제는 · 25
도시 살아서 · 582
도시가 성과 · 697

도약 · 190
도착의 입장 · 353
도처에 죽은 · 434
독방 · 42
독서 · 602
독서 예술사 · 572
독서의 종점 · 648
독한 향기도 · 721
돌 사진 · 66
돌아올 생각이 · 507
돌이켜볼 때만 · 135
돌처럼 자기 자신 · 340
동계 올림픽 · 364
동네가 생활을 · 190
동네의 기로 · 190
동년배 고전 · 727
동면 · 393
동면 · 540
'동무'가 있어야 · 28
동반 · 206
동반 · 823
동서 습득 · 551
동서를 부각하는 · 551
동서양 · 646
동어반복 · 210
동판 악보 · 476
동해 물과 백두산 · 23
동행 · 589
됭케르크 · 56
두 시간도 안 되어 · 134
두 얼굴 · 817
두드러기 잠재우는 · 115
두드리는 컴퓨터 · 801
두부 · 740
두절의 모방 · 481
두터움 · 156
둘째놈 동창들 · 391
뒤늦은 항공의 · 541
뒷면 · 493
드라마 디자인 · 394
드러내는 쪽보다 · 666
드로잉 · 454
들릴 때마다 · 292
들어온 바다와 · 152
등산객이 건강을 · 612
등잔 밑이 어두운 · 97

등정 · 673
디자인이 디자인인 · 204
디지털 · 306
따루주막 · 58
딱 하나 남은 · 373
딱히 대단한 게 · 693
딴소리 · 697
땀과 오줌과 · 54
땅딩어리 · 28
때로는 다들 · 793
때와 것 · 267
땜통이 와야 · 890
떡국 · 304
떨리는 게 아니다 · 266
또다시 마침표 · 781
똑 부러진 관계 · 148
똑바로 선 신석기 · 739
뚫어져라 나를 · 805
뜬소문도 먼 데서 · 593
뜻에 더럽혀진 몸 · 676
뜻의 모양 · 154
띠 부조 · 499
라인 지방미술관 · 553
러시아가 알래스카 · 585
레닌 선집 인명 · 656
로마네스크 시종 · 494
로망스 · 650
로션 · 184
르네 플레밍 · 647
르네상스 이전 · 778
르네상스 중첩 · 561
르네상스도 경제가 · 205
르포 · 716
리듬의 격언 · 348
리어왕 · 433
마누라 군산 가서 · 130
마누라 설거지를 · 184
마누라가 4백5일 · 618
마늘 산지로 · 378
마더 구스 · 331
마루 벽에 모든 · 484
마루 서재가 · 517
마르크스에게도 · 349
마른 몸이 비틀 · 791
마법 · 799
마스터 클래스 · 700

마을극장 · 578
마음의 내면을 · 760
마음의 병동 · 208
마음의 빛 · 512
마음의 오지 · 586
마음의 우주 · 781
마임 · 539
마주치며 껴안을 · 507
마지막 기회 · 63
마지막 상호 · 86
마지막 악장 · 543
마지막 콘서트 · 364
마지막으로 · 448
마지막을 갖고 · 364
마추픽추 · 436
마포구 성미산에는 · 91
마포에서 태어나 · 321
마포이니 걸어가도 · 694
마흔 권 두께가 · 118
마흔 살 미인 · 579
막간 · 192
막간 2 · 321
막간의 복원 · 459
만나본 적 없는 · 824
만남 · 821
만년에 가장 · 170
만년의 비 · 753
말기름 · 220
말세에 노년은 · 407
말장난 · 631
맛 · 725
맛의 미학 · 68
망가져야 할 것이 · 215
망각의 예언 · 314
망한 이야기들이 · 289
망한 집 내다 버릴 · 487
망할 때를 놓치고 · 438
맞은편 · 422
맞은편 커피숍 · 191
매끄러운 문장이 · 348
매년 구정이면 · 510
매력 · 487
매복이 너무 가까 · 696
맨 나중 전략 · 761
맨손으로 땅을 · 52
머나먼 식민지 · 380

머리가 희기 시작 · 619
먹자골목, 밤, 서울 · 107
먼 데 있는 · 349
먼 훗날 · 150
먼 훗날 · 541
먼 훗날 색 · 468
먼지 낀 유리창 · 294
멀린 · 94
멀쩡한 것이 지배 · 544
메디풋 · 681
메로빙거 왕조는 · 114
메모 · 418
메모 문명 · 567
메모지 · 257
메모지도 디자인이 · 25
메아리 창립 40 · 239
메테오라 · 774
메피스토 · 25
멘델스존 바이올린 · 530
멘델스존 피아노 · 474
며느리 둘 손자 · 527
면적 · 476
면·선·점 · 17
멸망 · 726
멸망의 입장 · 630
명도 · 263
명명의 지속 · 656
명목과 실질 · 238
명사 '모텔'이 · 531
명사 '예를 들면' · 452
명사 비극 · 380
명상이 신이다 · 419
명성 · 277
명예퇴직한 아내는 · 127
명징하므로 처음부터 · 509
명퇴의 청첩 · 771
명화의 탄생 · 453
몇십 년 만에 붉은 · 772
모교 · 347
모국어 · 258
모나카 · 333
모뉴멘트 · 457
모더니티 · 417
모든 것을 구비 · 465
모든 것을 집어삼 · 793

모든 것의 전부인 · 204
모든 것이 · 464
모든 것이 수박색 · 638
모든 것이 안에 · 567
모든 것이 예정 · 506
모든 것이 예정된 · 182
모든 것이 홀러 · 674
모든 고통이 · 611
모든 시장이 · 498
모든 아파트 관리 · 695
모든 전쟁은 · 56
모든 처음 · 784
모든 현장의 처음 · 556
모성 · 563
모세 버리고 · 453
모양이 인간의 · 459
모종의 종합이다 · 288
모종의 품위를 · 572
모종의 한계에 · 109
모진 말로 네 가슴 · 420
모차르트 · 26
모차르트 아내가 · 173
모처럼 기분 좋은 · 606
목격의 입장 · 353
목덜미, 어깨선 · 612
목도 초현실 · 534
목동 · 463
목숨 버릴 각오 · 726
목숨을 잃은 자 · 664
목숨줄이 질기기는 · 820
목제 시간 · 750
목조 한욱은 · 425
목판 인쇄는 · 887
몸보다 진한 몸의 · 707
몸으로 사랑하는 · 590
몸은 물론 정신의 · 758
몸의 음식 · 336
몸의 일부를 · 305
몸의 적응이 · 78
몸이 연극에서 · 687
몸이 이야기로 · 622
못 지킨 약속들이 · 567
몽정에서 깼다 · 532
묘령 · 584
묘비명 · 181
묘비명 2 · 945

무게 없이 무거운 · 517
무기도 공격용과 · 668
무너지는 것이 · 643
무늬의 재해석 · 478
무대공포증 · 500
무덤 · 343
무보 색 · 515
무성영화는 목소리 · 653
무수히 쏟아진다 · 360
무슨 · 644
무슨 침묵기 · 90
무신론자가 · 113
무언가 · 477
무엇을 할 것인가 · 752
무엇이 무엇인지 · 703
무엇이든 · 368
무좀은 끝까지 · 405
무지개 · 382
문 · 572
문득 · 596
문득 떠오르는 · 699
문래동 · 59
문명의 쇠락기를 · 707
문명의 식민지 · 724
문배욱칼 · 385
문병의 위로 · 376
문상 가면 꼭 · 626
문영태 1주기 · 580
문순 · 693
문익환 · 576
문인화가 세잔 · 437
문자가 생긴 이래 · 47
문장의 생가 · 95
문제 · 368
문체의 사회산 · 98
문학의 예술론 · 433
문학의 월 단위 · 532
물 위에 겹쳐 · 374
물고기 · 214
물구나무 · 819
물론 기원보다 · 28
물론 모든 것이 · 59
물의 색 · 495
물파스 애인 · 779
뭉치는 사실 · 104
뭔 일이 나버린 · 481

981

뮌헨보다 · 94
미국 헌책방에 · 620
미국이 마지막 · 443
미귀 · 746
〈미녀들의 수다〉 · 58
미노타우로스 · 710
미노타우로스 이후 · 544
미라 · 721
미래라는 고전 · 123
미래의 대화 · 85
미래의 어감 · 569
미래의 언어 · 272
미래의 충분 · 276
미련 · 712
미로가 보인다 · 242
미리 온 부고 · 638
미리 정해진 절망 · 581
미상 · 463
미술의 소장 · 675
미술이 크기와 · 821
미아를 찾습니다 · 19
미완의 19세기 · 159
미완의 탄생 · 159
미완이 완성을 · 849
미인 · 509
미진 · 359
미치는 수 · 630
미학 · 489
미학, 끝없이 · 563
미학의 고향 · 508
미학의 역사가 · 137
미흡은 능력의 · 359
민법에는 좋은 말 · 583
민법의 역사 · 583
민족도 민중도 · 607
민족도 천재도 · 815
민족어 · 621
민족주의를 벗은 · 158
민중의 고난을 · 391
믿음의 과학 · 711
밀림에 뛰가 · 244
바뀐 지 2주 지난 · 679
바나나 껍질 · 342
바랄 수 없는 일 · 672
바람 · 609
바람이 한계 높이 · 615

바로 아랫집이 · 146
바로크 성당 · 556
바빌로니아 남쪽 · 122
바싹 마른 언저리 · 551
바위 · 785
바이킹이 바이킹 · 677
바퀴벌레를 짓밟다 · 420
바티칸 교황과 · 467
박근혜 참사가 · 536
박근혜가 대통령 · 233
박상륭 · 796
박인배 · 649
박하담배를 · 339
박헌영 전집 · 33
박현수 노원희 · 735
밖에 없다 · 806
반공 군사 독재 · 734
반면 · 743
반백 · 776
반복 · 807
반복의 색 · 444
반복의 현대 · 473
반복하는 평면 · 507
반성 · 541
반쪽 · 792
반체제 이전 · 254
'발가락 벌리개' · 681
발굴의 전모 · 737
발라드 규격 · 188
발랄도 섹시도 · 670
발레 경탄 · 528
발레가 춤보다 · 121
발바다 각질 · 220
발인 장례: 일기의 · 851
발전 · 740
밤과 새벽 사이 · 61
밤샘 · 145
밤은 쉽다 · 692
밤을 새는데 · 332
밤이 깊은 · 59
밤이 통유리창 · 145
밤하늘에 붉은 · 151
방 · 786
방금 세수한 · 516
방금의 관건 · 509
방대 · 473

방법의 사건 · 36
방향 감각 · 784
배경 · 71
배경의 독자 · 394
배경의 배경과 · 463
배꼽 · 757
배터리가 다 되었 · 604
백 년 단위로만 · 646
백 세의 죽음 · 616
백가홈에게 · 774
백과 3단 · 714
백기완 · 813
백병전 유혈이 · 429
백열 · 310
백합 조개 맛 · 820
백화유 · 176
버트 랭카스터 · 519
번듯한 정원이 · 365
번역 · 769
번역이 예술이다 · 369
번지는 맞는데 · 508
벌써 3월이고 · 398
범죄의 집 · 178
범죄자의 집은 · 178
법칙은 과거를 · 750
베니스는 물에 · 495
베테랑 노년 · 590
벨라 바르토크 · 315
변형 · 467
별 · 160
별개의 슬픔 · 504
별도의 궁극 · 791
보는 눈은 늘 · 442
보라색 서체 · 417
보석의 인쇄 · 721
보수와 보수가 · 528
보슬비 · 160
보유의 보유 · 849
보이는 정치의 · 530
복고 · 130
복부 · 227
복수 · 815
본다 · 285
본론 · 515
본질 · 382
본질 미래 · 620

본질이 중요할 · 510
볼륨 · 119
볼륨 · 246
볼셰비키 · 437
봄 청춘 가을 · 537
봉동 · 575
부드러운 귀족 · 175
부드러움이 · 181
부록: 어쨌든 남해 · 855
부록 2: 뒤늦은 답장 · 863
부록 3: 악보 읽기 · 865
부르지 않은 것들 · 595
부모가 자식을 · 112
부모는 엄격도 · 175
부부 초상 · 87
부분의 영원: 엘진 · 429
부사들 · 332
부상 · 94
부엌 · 124
부의 탄생 · 156
부자연스런 실망 · 587
부재 · 130
부재의 중첩 · 282
부조리 방식 · 757
부조리 이후 · 687
부조리극 · 219
북극의 극한이 · 345
북어포 · 796
북적대는 빗길을 · 393
분리수거를 · 382
분리와 수거 · 321
분명 꿈을 · 276
분명 너머 기둥 · 505
분명의 상혼 · 642
분명하다, 동성이 · 642
분명히 하기 · 748
분배의 미학 · 686
분홍 · 391
불가능한 패전 · 407
불교 열반은 세상 · 723
불길 · 567
불륜 · 567
불맛 · 262
불포화 지방산 · 197
불행의 최적 · 500
불현듯 유일하고 · 705

불확실한 것이 · 553	사고사 · 664	살로메 · 655	새해 · 504
붉은 장미는 · 344	사는 것 · 606	살림이라는 말 · 569	색 반대 · 636
브라우징 · 291	사다리 · 816	살색 · 444	색과 모양과 · 453
블랙박스 · 481	사대 역사교육과 · 328	살색 본문 종이와 · 754	색도 색의 속살 · 604
블랙홀 · 680	사라지는 것이 · 141	살색은 천한 · 722	색맹처럼 컴퓨터에 · 751
블루투스 · 457	사라지지 않기 위 · 481	살아 있는 나무도 · 819	색맹 · 751
비 · 806	사라진 것이 · 461	살의 나이가 · 584	색의 본령이 · 467
비 내리는 지상의 · 769	사랑 · 418	살이 빠졌다 · 495	색의 평화 · 484
비 오는 냄새 · 753	사랑 노래 · 131	살이 죽음과 · 444	색인: 메모 참조 · 869
비 오지 않고 · 116	사랑 노래 · 328	살인이 권리 · 159	색즉시공 바깥 · 436
비 온다 낙원상가 · 44	사랑 노래 · 360	삼국지 끝에서 · 520	생 · 566
비가 그쳤다 · 712	사랑받는 것보다 · 603	삼성당 · 790	생가 기념관 · 807
비가 어딘가 사투 · 677	사랑에 빠지는 · 486	삼십 년 · 713	생각을 생각하는 · 49
비관과 절망 사이 · 800	사랑이 제 욕망을 · 779	삼십 년 전 배꼽을 · 757	생각의 언어 · 42
비교할 수 없이 · 711	사례 · 218	삽화 · 635	생각이 결말에 · 158
비극 인위 · 511	사례 · 666	삽화는 없고 · 679	생각이 생각하는 · 255
비극이 탄생보다 · 513	사만 원밖에 · 584	상간 너머 · 581	생계보다 오래 산 · 768
비근한 예 · 192	사소한 오해 · 39	상대역이 열심히 · 502	생계의 얼음을 · 357
비너스가 탄생하고 · 507	사실의 처지 · 594	상봉역 · 822	생과 달리 인생은 · 753
비닐 보따리 · 627	사십 수 · 657	상상하는 자서전 · 443	생략의 색 · 445
비뚤어진 성격도 · 23	사십몇 년 전 · 704	상쇄 · 400	생로병사 행사가 · 704
비몽사몽 · 398	사연이 · 538	상수동 · 62	생로병사가 아득 · 566
비밀의 색 · 441	사전의 필요 · 404	상식 · 419	생명보다 짧은 · 533
비범하게 살려는 · 804	사진과 달리 · 436	상식 위태 · 743	생몰년도 새삼 · 60
비어 있는 것이 · 125	사진의 생애 · 57	상식의 반대는 · 743	생생한 전기를 · 385
비유 · 793	사천만 년 전 · 662	상아 삼각자 · 421	생생해서 역사에 · 567
비의 와중 · 660	사탕 · 337	상아 조각 · 661	생선 비린내 진동 · 597
비의 전망 · 626	사태 장조림 냉장 · 794	상용의 고립 · 398	생애가 육체보다 · 443
비천이 부드러움을 · 629	사포 · 204	상정 · 717	생애보다 여전히 · 534
비천하고 무책임한 · 221	사필귀정 · 536	상정 자세 · 562	생의 장식 · 738
비평의 탄생 · 207	사회적 · 325	상책 · 232	생의 정수를 · 511
빈 · 45	사회주의 명분을 · 302	상처 · 139	생의 죽음 · 159
빈 왈츠 · 696	사회주의 선전 · 706	상트페테르부르크 · 475	생이 연극인 · 330
빛과 하양이 · 498	사회주의 소략 · 420	상품권 · 392	생전의 전집 · 687
빠르게 아열대 · 765	사후 미완 · 603	상호 · 645	생활 · 146
빤히 쳐다보는 · 509	산 놈 눈은 · 214	상회의 문문 · 96	생활 습관 · 704
빨간 줄 · 480	산문 총서 목록 · 655	새 책값의 · 41	생활의 능가 · 82
빨간불 · 604	산문 탄생 · 768	새것을 처음 보는 · 630	생활의 대학 · 883
빨아들이지 않고 · 417	산발도 양식 · 551	새까만 밤이 · 260	생활의 모독 · 546
빼어나게 아름다운 · 741	산세이도 · 790	새까만 코딱지 · 405	생활의 소문 · 765
뽁뽁이로 양쪽 · 254	산수 · 697	새로 산 자판 · 775	생 · 604
뾰족한 끝 · 331	산수가 중요하지 · 437	새로운 나이 · 461	서 · 17
뿌리 · 669	산업 디자인 · 485	새벽 · 588	서 있는 피아노도 · 797
삐뚤삐뚤한 것들이 · 694	산천어 · 530	새벽 4시가 지났다 · 808	서: 음악에 · 829
사건과 사실 · 45	살 · 362	새벽 화재가 · 821	서론이 너무 · 368
사건들 사이 · 801	살 내음 · 516	새벽이 밝아올 때 · 31	서문도 끝나지 · 515

서부역 · 384	세계의 온갖 언어 · 479	소프트 타깃 · 180	슬프기는 죽은 · 633
서사 · 570	세계의 지도 · 342	속수무책 · 40	슬프다, 죽은 · 631
서양에서 영양 · 151	세계의 폭설 · 322	속수무책 · 377	슬픈 해커 · 720
서울 속 고향의 · 749	세계인 미래 · 120	손등이 터서 · 291	슬픔의 루즈 · 366
서울 토박이 · 45	세기 초 · 559	손마디 · 336	슬픔의 인간 · 503
서울에 있다 · 578	세례 요한 설교 · 455	손발은 손발이라 · 621	슬픔의 회복기 · 633
서울여자대학교 · 663	세상은 팔목상대할 · 289	손안에 있지만 · 50	습기의 얼굴이 · 422
서울의 고향 · 545	세상이 아무리 · 277	손자 놈 깼다 · 65	습격 · 633
서울이 국제화한 · 227	세속의 온갖 욕망을 · 20	손자 마법 · 439	시 · 262
서울중앙지법의 · 541	세월호 미수습자인 · 241	손자가 입을 · 383	시 낭독 · 136
서울특별시 마포구 · 666	세종대왕은 때마침 · 745	손자놈 백 일 전에 · 603	시간과 장소에 · 267
서정시 · 211	섹스가 죽음과의 · 419	손톱 발톱 · 164	시간의 광경 · 404
서툰 혼적을 · 478	센티멘털 · 440	송창식의 〈우리는〉 · 601	시간의 방향이 · 871
〈서 푼짜리 오페라〉 · 215	셋이 웃고 · 66	쇄빙선이 기세등등 · 671	시간의 전망에 · 514
석가탑 · 554	셰르파가 늘 대기 · 673	쇼킹에 쇼킹을 · 565	시간이 가므로 · 535
석류 · 628	셰익스피어 · 428	수기 · 109	시간이 사라지기 · 490
석탄기, 삼엽충 · 739	셰익스피어 용어 · 404	수난의 색인 선 · 451	시간화가 대문자 · 358
선배 · 166	셰익스피어 전집 · 623	수단의 전망 · 400	시계 · 479
선약 · 222	셰익스피어 평전 · 385	수명 · 204	시계가 시간보다 · 669
선율을 보다 · 744	셰익스피어가 붉디 · 829	수밀도 · 781	시골이 시골 마을 · 575
선율의 처음이 있 · 843	소가 제일 먼저 · 744	수선 · 551	시대의 거인들 · 104
선이 가늘고 풍부 · 677	소극장 · 707	수성 잉크 펜의 · 588	시도의 탄생 · 180
선택 · 140	소금 짠맛 · 391	수의 탄생 · 49	시론 · 99
설계도 대중의 · 501	소네트 · 399	수정 · 19	시민의 탄생 · 302
설득의 공예 · 745	소녀 시대 동작 · 675	수세 · 754	시사 · 573
설령 어떤 종교가 · 205	소동과 소란 · 435	수채 표현 · 486	시시한 일과 · 23
성 추문 난무하고 · 402	소련이 가장 · 406	수타 · 775	시원섭섭 · 439
성 프란치스코 · 471	소련이 해체되고 · 219	수태고지 받는 · 464	시의 결론을 · 46
성격의 역사 · 654	소리 · 141	수확한 과일이 · 806	시의 죽음 · 46
성공 신화 · 656	소리 · 416	순간의 공간 · 82	시작 · 510
성냥개비 · 425	소리 속으로 · 616	순정의 역사 · 396	시적 · 333
성년이 쓰다듬는 · 96	소리가 시끄러운 · 616	숟가락, 젓가락 · 170	시절 · 482
성당 건물만 · 494	소리글자 · 98	술 취해도 그런 · 554	시차 적응 · 359
성당도 궁궐도 · 176	소리글자 · 543	술집 카바레 · 136	시차의 번역 · 178
성당들 각 도시 · 490	소리만 남은 · 681	숨기거나 대변하지 · 606	식구 · 477
성묘 · 373	소리의 이전 · 698	숨은 것을 알고 · 487	식구가 며느리 · 477
성묘 · 592	소망 · 598	숫자 · 134	식물 시간 · 563
성묘의 단골 · 769	소문이 갈수록 · 705	숱한 문화 예술 · 869	식물 운동 · 323
성욕 · 365	소비에트가 너무 · 691	슈뢰딩거 상자 · 101	식물 정물의 사실 · 723
성은 침실이 · 773	소설에서 가장 · 574	스스로 미흡을 · 326	식용 아닌 살 · 596
성의 빛이 어둠과 · 497	소속 · 300	스승의 죽음 · 707	신경의 정신이 · 731
성의 육체 · 649	소통 · 596	스케이트 공화국 · 715	신대륙 전후 · 607
세검정 · 74	소통과 변화 · 434	스키타이 · 664	신문 월평 · 532
세계 · 764	소품의 제왕 · 547	스타벅스가 제3 · 737	신발 바꿔 · 135
세계 제국어 · 438	소풍 밤샘 · 662	스페인 아시장 · 547	신비는 눈에 · 353
세계사 재고 · 135	소프라노와 콘트랄 · 493	스피드 스케이팅은 · 377	신선설농탕집에 · 650

신세대 · 732
신속한 치매 · 634
신약의 탄생 · 271
신여성의 다소 · 276
신천지 · 495
신학 탄생 · 73
신호 · 794
신화를 가두는 · 710
신화적 농담 · 595
실 · 600
실감 · 644
실내는 겉보기에 · 656
실망의 배를 채우 · 655
실재 · 485
실제가 두드러지지 · 640
실제와 실제의 · 692
실추된 명예를 · 391
실패하지 않았다 · 721
심석희 교훈 · 388
심심한 사이 · 519
심오가 뭐냐 · 467
심오한 계산 · 212
십자가 실내 · 501
싱알 · 588
썰 · 731
쑥떡 쑥색 · 162
쑥색이 살아 · 162
쓰고 싸하다 · 226
아기 예수 · 463
아기 옷 · 383
아낌없이 주지 · 782
아내 소원 들어 · 777
아내가 8월에 · 301
아내가 상해 갔다 · 176
아내가 외출하고 · 189
아내와 같이 · 302
아내와 외출하러 · 464
아내와 함께 · 322
아는 이름이 · 709
아다니아 쉬블리 · 535
아담과 이브 · 458
아담한 케이스에 · 716
아들놈이 내 생일 · 374
아들놈이 올라온다 · 319
아들이 사준 · 767
아뜩 · 290

아련 · 292
아르고호 선장 · 684
아르메니아 · 435
아르메니아 · 692
아메리카 인디언들 · 212
아무도 모르는 · 597
아무도 선포된 · 466
아무도 안 가 본 곳 · 497
아무도 없는 처형 · 501
아무래도 나는 · 742
아무래도 음악의 · 398
아무리 급조하느라 · 546
아무리 내가 한가 · 715
아무리 사랑을 · 649
아무리 사소해도 · 444
아무리 어렵더라도 · 161
아시아 사는 내가 · 669
아열대 예감 · 778
아이들이 여전히 · 454
아주 꽉 차서 · 790
아주 멀리서 천둥 · 786
아주 사소한 거룩 · 534
아주 작고 · 140
아직 들지 않은 · 305
아직 시작이 · 451
아직도 · 48
아직도 대문자 · 256
아직도 소크라테스 · 725
아직도 제논 역설 · 425
아직은 알 수 없다 · 67
아침 출근은 · 209
아침 햇살이 · 214
아침과 저녁 · 209
아침에 일어나 · 483
아침의 지각 · 558
아침이 쌀쌀하다 · 558
아침잠 덜 깬 · 160
아파트 동들이 · 315
아파트 물탱크 · 730
아편 전쟁은 · 94
아포리즘 · 148
아폴로기아 & 포트 · 890
아폴로기아 & 포트 · 925
아프리카에서 · 555
악기 연주 · 416
악명 · 375

악보를 완벽하게 · 34
악보처럼 · 413
악플러 · 33
안드로마케 · 756
안방 · 652
안양 · 70
안에서 보면 · 556
안온이 자연의 · 485
안온한 착각 · 91
안전에 안전밖에 · 587
안티-세월호 · 395
안희옥에게 · 493
알레포 · 593
알려진 온갖 · 138
알려진 죽음 · 394
알파고 · 296
암각화나 동굴화 · 785
암피트리온 · 656
앙상한 유적은 · 352
앞 세대의 뚜렷한 · 25
앞만 보고 · 406
앞으로 비유가 · 553
에니멀 스타일 · 664
애들을 위해 · 354
애들이 자라느라고 · 385
애인 · 176
액자 · 709
앰네스티 · 427
앰뷸런스 사이렌 · 70
앵글로색슨족이 · 356
야경 · 24
야비한 죽음 · 225
약간은 미리 · 462
약국의 편의 · 820
약도까지 그리며 · 573
약동의 재탄생 · 808
약속 · 44
약은 오래된 것 · 854
얀 반 아이크 · 458
얇은 투명 비닐 · 526
양가감정 · 102
양과 쌍 · 558
양차 세계대전 · 314
양파 거짓말 · 683
얘기가 된다 · 108
어느 결 고운 · 232

어느 날 · 446
어느 날은 그대의 · 795
어느 잉글랜드 · 238
어느새 밤이다 · 223
어둠 내렸으 · 128
어디에도 · 573
어떤 연주는 · 632
어떻게 끓여 먹든 · 628
어렸을 적 · 462
어른 · 267
어린 누이 · 414
어린것들 · 466
어린이 · 133
어린이대공원 · 354
어머니, 얼굴이 · 546
어머니가 서정적 · 337
어미 '-리라' · 182
어법 · 465
어여쁜 손목 · 388
어영부영 알고 · 728
어원의 탄생 · 801
어제에 실패한 · 403
어제의 적이 · 704
어젯밤 꿈이 · 416
어쨌든 · 368
어쨌든 살아 있는 · 823
어쨌든 새로워야지 · 719
어쩌다 보니 · 251
어쩌자고 날이 또 · 746
어쩐지 · 367
어쩐지 그럴 것 · 578
어쩔 수 없는 결과 · 498
어쩔 수 없는 포옹 · 718
어처구니없는 이음 · 501
언론의 지옥 · 365
언론이란 것 · 753
언어 매장 · 430
언어 방향 · 97
언어 의도 · 369
언어는 흙이 · 713
언어의 광업 · 719
언어의 디자인 · 29
언제나 놀라운 것 · 427
언제나 다시 · 190
언제나 마침내 · 59
언제나 벽은 · 279

얼굴과 관계된 · 673
엄격의 원근 · 472
엄지 · 760
엄혹의 단어에서 · 413
없는 그대 · 253
없는 비밀다 · 461
없는 시학 · 194
엉뚱한 면 · 361
엉뚱한 문제 · 343
엎질러진 어떤 · 534
에나멜 · 505
에밀 · 112
에스컬레이터 · 193
에스프레소 · 305
에어컨 · 584
에이지 · 355
엘리베이터 · 504
엘리베이터 전광판 · 525
엘리자베스 · 344
여가 · 301
여기 있다 · 343
여기까지 오기 · 525
여기는 처음 와본 · 663
여기도 개항은 · 796
여기도 사람이 · 599
여동생 얼굴 · 773
여든 · 523
여러 나라 올림픽 · 291
여러 번 들을수록 · 523
여러 번 읽어도 · 648
여러 사람이 · 116
여름 대낮의 먹자 · 737
여성 누드모델 · 676
여성의 신예 · 526
여성이 눈에 · 903
여성이고 언어이고 · 903
여인의 생애 · 602
여자 배구 산책 · 346
여자 배구는 · 346
여자 컬링 · 378
여자가 피아노 · 806
여자는 오래 산다 · 762
여자의 거리 · 762
여전히 힘든 · 203
여행 · 287
여행 · 385

여행 떠나 없는 · 532
여행 아가씨 · 763
여행, 표면이 · 17
여행과 주거 · 445
여행에 대체로 · 138
여행의 탄생 · 406
역대 대종상 · 413
역류 · 198
역사 속 · 597
역사 순서의 끝을 · 623
역사 이야기가 · 449
역사 탄생 · 800
역사가 칼을 · 74
역사의 피해자 · 392
역사적으로 돌이킬 · 75
역사적으로 · 332
역설 · 663
역전 · 233
역전 · 331
역전의 텍스트 · 623
연결 · 632
연극 색 · 514
연극에서는 · 131
연극의 재탄생 · 492
연극이 · 440
연극이 인생의 · 168
연금술 · 597
연기하는 부자 · 89
연대표와 유적을 · 432
연마 · 216
연말연시가 매번 · 504
연민 창세기 · 595
연수의 면적 · 701
연습 · 801
연습의 형식 · 325
연주의 사전 · 799
연출 · 706
연표 탄생 · 108
열리며 오는 · 328
염원의 물화 · 51
영결 · 241
영문과 동창 모임 · 605
영선반장 · 695
영웅과 기적이 · 455
영원의 형식 · 191
영혼의 대화를 · 722

영혼이 고결에 · 38
영혼이 보고 싶은 · 43
영화의 전집 · 710
예능 · 695
예리한 젊은 감각 · 419
예쁘고 깔끔하게 · 766
예상 문제집 · 887
예상은 있지만 · 115
예수 생애를 · 396
예수 자화상 · 458
예수는 근대화가 · 471
예술가가 스캔들로 · 489
예술가들이 사회 · 572
예술의 신학 · 316
예표 · 453
옛 사람들 · 591
옛날 디자인 · 142
옛날 비디오 · 462
옛날 삽화 · 677
옛날 성탕통 · 797
옛날 속 옛날 · 522
옛날 영화 · 479
옛날 외할아버지 · 439
옛날 테레비 · 715
옛날 평론 · 117
옛날 희비극 · 118
옛날에 금잔디 · 741
옛날에 자서전 · 147
옛날에 제2한강교 · 184
옛날의 이대 · 297
옛날의 중용 · 294
옛날이 작동하는 · 820
옛날이 희비극 · 118
오감도 · 796
오감의 이전 · 172
오늘 · 578
오늘 떠벌인 농담 · 685
오늘 일이 오늘 똑 · 662
오늘도 · 725
오늘은 · 73
오늘은 · 217
오늘을 넘기기 · 638
오늘의 중세 · 580
오디세우스 · 260
오디세이 · 797
오라. 너를 기다 · 611

오래 살아야 · 468
오래 살았다 안방 · 652
오래되어 희귀한 · 772
오래된 가을 · 198
오래된 시리즈는 · 142
오래된 음식이 · 740
오래된 활판 인쇄 · 36
오래될수록 · 150
오래전 영화 · 539
오래전부터 오랫 · 787
오랜 친구 과정 · 413
오랜만에 비 온다 · 598
오랜만에 · 447
오류 · 777
오르기 위해 · 528
오르는 길은 · 259
오르세 미술관 · 450
오리무중 · 83
오십 수 · 22
오이디푸스 · 486
오징어 말린 · 702
오천 년 넘게 · 540
오페라 부파 · 807
옥스퍼드 컴패니언 · 236
옥토버페스트 · 323
온 세상에 고요히 · 33
온갖 장르 · 474
온기의 과감 · 357
올가 · 171
올라오는 엘리베 · 135
올리브유는 액도 · 628
올림픽 중계방송은 · 377
올림픽이 급기야 · 388
올해도 · 41
올해도 성묘하고 · 530
올해의 작업 · 694
와당 무늬 · 552
와이키키에 눈 · 366
완 · 544
완행 · 489
왕공과 지식인 · 579
왕복 · 546
왕의 통치술은 · 579
왜곡의 강력 · 501
왜냐면 창밖 · 329
외교 · 818

외교관 · 530
외국어 사전을 · 770
외국어는 가장 · 258
외형 · 640
왼쪽이 서울역사 · 540
요가는 몸이 · 340
요단강 건너 · 271
요령 · 752
요셉 · 494
욕망을 이야기로 · 761
욕망이 노골적인 · 747
용도 · 513
용법 · 636
용서 · 589
용어 · 751
우리 눈앞에 작년 · 563
우리 모두의 교수 · 577
우리가 · 462
우리가 끝까지 · 400
우리가 마지막으로 · 331
우리가 소를 · 68
우리가 아는 것을 · 695
우리가 와보니 · 746
우리가 울고 있는 · 133
우리가 인쇄된 · 653
우리가 일상을 · 729
우리가 정말 · 404
우리가 처음 만나 · 503
우리는 공평한 · 792
우리는 바다에 · 609
우리의 삶을 스스 · 795
우리의 생명도 · 420
우리의 지식이 · 221
우이동 · 415
우편의 순우리말 · 745
우후죽순으로 · 557
운동의 만년 · 170
운디네 · 448
운명 · 36
운명 · 553
울화 · 753
웃음이 독재자 · 658
웃음이 실내에서 · 110
웃풍 세다 · 496
원래 커튼으로 · 552
원래 흑백 사진 · 433

원로 · 105
원문보다 더 · 356
원시 정주 · 829
원의 얼굴이 · 473
원의 탄생 · 809
원작을 1/3로 · 148
원형의 탈피 · 396
원화 · 450
웨하스는 2호선 · 515
웬일로 아침 · 193
웬일로 영등포가 · 647
위계 · 678
위대한 가수 · 71
위대한 고대 문명 · 629
위대한 소비에트 · 568
위력 · 754
위로 · 442
위안 · 507
위키피디아에서 · 748
위태 · 223
위태롭게 낮고 · 156
유구무언 · 766
유년 · 753
유년의 색 · 441
유년의 전집 · 454
유독 음악의 · 316
유럽 성 · 773
유럽 통합 · 215
유리창에 붙이면 · 242
유명한 관광지가 · 287
유물론 재론 · 125
유산 · 67
유아독존 · 55
유언과 예언 · 647
유적의 집 · 352
유적이 언제나 · 737
유전 · 603
유지와 온전 · 814
유튜브 민주주의 · 711
유튜브 아이디 · 420
유튜브 아이디 · 691
유튜브에 askdhg가 · 851
유형 · 194
유형의 탄생 · 619
유홍준 대형께 · 475
유효 · 645

유효 기간 · 571
육신을 떠나서도 · 339
육십 중반을 넘긴 · 182
육체 밖으로 · 488
육체에서 나온 · 514
육체의 상상 · 72
육체의 역사 · 786
윤회가 결국 · 277
은유와 직유 · 405
은하수 · 281
을지면옥 · 766
음 소거 · 424
음미 · 31
음식의 효용 · 406
음악 세다 · 678
음악 차례 · 456
음악은 발랄한 · 163
음악을 모르는 · 333
음악을 잘 모르고 · 192
음악의 감상 · 360
음악의 노인 얼굴 · 367
음악의 시제 · 381
음악이 성처녀 · 744
음악이 이어지는 · 474
음악이 자동 재생 · 720
음악이 흐르고 · 42
음정을 잡는다 · 71
응축과 확산 · 251
의사들을 믿을 · 751
의식주보다 · 547
의정부만 가도 · 247
의정부쯤 가면 · 208
의지가지 · 266
이 거리 · 33
이 나이에 · 336
이 나이에 · 427
이 몸이 새라면 · 121
이 수첩은 가죽 · 120
이것도 저것도 · 444
이게 옛날의 그것 · 624
이국적 · 497
이데올로기나 주장 · 323
이따금씩 · 111
이런 공상과학적 · 822
이런 비 · 677
이렇게 오래 · 365

이론과 실천의 · 645
이론도 스스로 · 647
이론이 어느새 · 571
이른 여름 · 647
이름 · 693
이름만큼 헐거운 · 521
이름을 여러 번 · 803
이마에 두드러기아 · 778
이물질 · 254
이미 탄생한 예술 · 660
이미지로 말하기 · 517
이미 · 259
이발 · 700
이번 대선 기간은 · 639
이별 · 103
이빨 뽑는 시절이 · 727
이빨로 껍질을 · 87
이상 · 137
이상하지 않게 · 272
이상한 · 574
이상한 것을 이상 · 703
이상한 부고 · 582
이승우에게 · 124
이승의 타살 · 701
이십 년도 더 전에 · 48
이야기 극복은 · 418
이야기 동재 · 773
이야기 자체의 · 194
이야기 자체인 · 303
이야기가 이야기를 · 576
이야기는 언제나 · 188
이어쓰기 · 522
이외의 침잠 · 592
이용악 시 전집 · 814
이원 시인에게 · 863
이인성에게 · 670
이전은 명사이지만 · 636
이전의 모든 것을 · 225
이제 너그러울 수 · 187
이제 모든 시가 · 211
이제 어쩔 수 없는 · 725
이제까지 대우주의 · 180
이제까지 많은 · 822
이제까지 철학자 · 764
이제는 높은 · 441
이제는 민주주의가 · 511

987

이제는 쇠락에 · 766	일찍부터 · 421	자연의 지남철은 · 361	전기 무선 · 511
이제는 신판 · 418	일흔 살 · 103	자연의 진전 · 402	전기의 누구이든 · 392
이제는 정말 미해 · 797	읽고 쓰는 노년 · 116	자연이 순수하고 · 102	전두환 시절을 · 715
이제는 정말 · 166	잃어버린 것에 · 529	자장가 · 803	전면적으로 드러나 · 505
이제는 캄캄한 · 405	잃어버린 무 대륙 · 77	자족 · 61	전모 · 303
이즘들이 출몰하고 · 370	임옥상에게 · 423	작가 생애와 · 108	전시 우편 · 745
이집트 문명 아래 · 661	〈임을 위한 행진곡〉 · 667	작품보다 초상이 · 683	전야 · 812
이처럼 단순할 · 100	입구 · 64	잔다리로 · 694	전에는 골목으로 · 71
이태복 · 72	입구 동로마 · 530	잔영을 · 592	전인권 콘서트 · 654
이호철 · 415	입장 · 277	잔존의 이동 · 783	전쟁과 평화 · 39
이후 · 110	입추 지나 · 418	잘난체라니 · 33	전쟁의 시대 태어 · 589
이후의 이전 · 113	있는지 없는지도 · 503	잘해놓았다 · 363	전쟁이 예술의 · 496
이후의 형상 · 145	있었다면 가난하여 · 502	잠 속에서 · 212	전직 농구 스타 · 272
익혔지만 냉장고 · 149	있을 법한 · 572	잠깐 · 377	전진 · 242
인간 너머 · 742	있을 수 없던 일 · 699	잠시 어둠에 젖는 · 807	전철 속 · 717
인간 수명이 · 268	있지도 않은 국민 · 630	잠이 불규칙하고 · 124	전체의 일부를 · 691
인간 외 · 668	잉글랜드 수도 · 779	잠문 · 116	전통 서정 시인 · 90
인간들 표정부터 · 732	잉크 냄새 · 641	장가간 아들이 · 162	전통 서정시가 · 815
인간만이 사칭할 · 196	잊혀진 작품을 · 117	장구 · 671	전파의 색 · 467
인간의 계절 · 81	자각 · 236	장구의 섬세 · 40	전향 · 455
인간의 발이 · 397	자격 · 338	장군이라는 말 · 119	절규의 색 · 498
인간의 생애가 · 98	자기도 모르게 · 907	장례 · 812	절대 고립 · 460
인간이 유독 · 456	자두 맛 · 772	장르 · 722	절망에 기생하지 · 814
인간이라는 조각에 · 267	자본주의가 · 325	장르의 본명 · 428	절묘 · 67
인간이라는 현재 · 432	자분자분 뭔가 · 394	장르의 순간 · 289	절묘한 균형이다 · 569
인격의 응축인 · 769	자살 충동 · 376	장마 · 769	절약 · 445
인격의 자연 · 567	자살은 자살도 · 701	장면들 · 874	절정에 달할수록 · 521
인도 영화 한 편 · 346	자상한 세월의 · 543	장미 · 822	젊은 날 현현 · 813
인류의 멸망을 · 285	자서전 · 434	장사의 끝 · 401	젊음의 새까만 · 140
인류의 미인 · 741	자세한 경계 · 114	장식 탄생 · 776	점춤은 엉거주춤 · 90
인물 사진 · 729	자세히 보면 새의 · 560	장식은 드러난 것 · 776	접시 · 170
인사동 · 234	자세히 보아도 · 783	장차의 환자 · 334	접점 · 455
인사동 사거리 · 615	자세히 봐 · 160	재고 · 423	정가와 출산 · 871
인상의 고착 · 703	자신을 치켜세우는 · 760	재래시장은 · 321	정관장는 한국의 · 517
인주 자국 · 739	자신의 난해에 · 421	재발견 · 312	정말 놀라운 · 436
인천 개항이 · 570	자신의 내부에 · 275	재해석 · 665	정말 어려운 것은 · 544
인터넷 백과사전 · 313	자신의 업적으로 · 733	재현의 탄생 · 27	정물 · 472
일단 끝나가는데 · 564	자신의 타자 발견 · 572	쟁반, 접시, 주발 · 664	정복 전쟁은 · 599
일동 완전히 뻗어 · 812	자신의 형용을 · 316	저것은 죽은 자들 · 506	정복자의 정복은 · 671
일물 찬탄 · 788	자연 · 782	저녁의 질문 · 278	정상화 · 667
일본은 요새 · 801	자연법 · 611	'저녁 저무는' · 799	정신 병원 파사드 · 823
일상보다 단위가 · 414	자연에서 발견한 · 143	저쪽은 가공할 · 111	정신을 잃고 · 775
일상어가 된 · 97	자연으로 말하자면 · 142	전 세계에서 · 379	정신의 수공업 · 659
일순 · 678	자연의 겨울 · 537	전과 달리 · 198	정신이 육체를 · 590
일심동체라도 · 87	자연의 당혹 · 612	전국노래자랑 마포 · 248	정의의 권선징악을 · 634
일찍 죽은 후배를 · 657	자연의 바깥으로 · 300	전국노래자랑 재고 · 259	정지하여 그대를 · 253

정초에 만두를 · 379	종합 · 699	중세 지상 · 501	지중해 햇빛 · 466
정치 경제학 · 450	좋은 디자인은 · 64	중첩 · 281	지하를 빠져나와 · 489
정치 탄생 · 92	좋은 선율 반복 · 523	중학교 때 포에니 · 763	지하철 2호선 · 306
정치권보다 더 · 631	좌파 · 113	즐거운 문상 · 256	지하철 5호선 · 570
정치의 표정이 · 343	좌파 사이비 · 391	즐거운 실종 · 447	지하철 실물 연인 · 703
정통은 한발 늦은 · 488	죄 없는 파탄 · 521	즐거운 자폐 · 93	지형 · 55
제1차 세계대전 · 401	죄르지 루카치 · 265	즐거운 징역 · 618	직결 · 212
제2열 · 297	죄수인 건국의 · 422	지갑 선물 · 390	직선으로 시작해도 · 336
제강소 풍경 · 671	주거의 배경이라서 · 442	지겨운 죽음 · 626	직업 · 733
제국이 현재를 · 724	주로 악역을 · 89	지구를 지키는 · 434	직전과 직후 · 285
제도 재론 · 173	주변에 · 461	지구상 어디에나 · 705	직전의 직전의 · 680
제록스가 움직임의 · 641	주인이 없어 · 414	지금 · 499	직후의 신부 · 129
제목 · 581	주일억 · 543	지금 · 643	진시황제의 제국은 · 552
제왕절개 · 406	주저하는 디자인 · 737	지금 당연시하는 · 389	진은영에게 · 366
제우스가 인간 · 595	주해 · 517	지금 러시아 방과 · 726	진은영에게 · 667
제우스도 번개를 · 741	주흥미에게 · 62	지금 육십 대 · 565	진행의 탄생 · 169
제의 · 704	주황 · 431	지금도 기억하고 · 323	질질 끄는 거 · 18
조각 · 131	죽어라 하지 않고 · 325	지금은 그냥 · 318	질투는 날것이다 · 761
조각 · 556	죽어서 서로 · 418	지금은 모양 뜻의 · 17	질펀한 거인들의 · 586
조각 · 667	죽은 듯한 것도 · 490	지금의 유년 · 419	집 · 442
조각상 무늬 · 674	죽은 예수의 · 29	지금의 진혼 · 348	집 안의 방문이 · 693
조각의 걸작 · 313	죽은 자 리허설 · 681	지나가지 않고 · 367	집에 가든이 없 · 808
조각의 색 · 465	죽은 자가 · 55	지는 해 · 99	집에 돌아가는 길 · 809
조국을 잃은 · 113	죽음 · 70	지는 해 · 451	집에만 있어도 · 476
조금 더 가혹해 · 655	죽음 탄생 · 790	지도 · 783	집이 한 채 · 95
조금 더 오래 · 143	죽음도 혹시 잡다 · 615	지도, 축약의 · 582	집필 · 613
조금 큰 제목이 · 526	죽음보다 더 낯선 · 418	지도자 · 217	짙어서 고색창연 · 40
조망이 좁으니 · 152	죽음은 가장 가는 · 717	지독하게 가난한 · 246	짝을 찾아 이룬 쌍 · 581
조상의 탄생 · 261	죽음은 나의 죽음 · 925	지독한 쾌락이 · 764	쪽의 전망 · 653
조우 · 382	죽음은 정말 수와 · 616	지리의 탄생 · 76	쫓겨난 인간의 · 477
'조율이 잘 된'을 · 744	죽음을 논하는 · 472	지리적 · 594	쩜통더위에 · 36
조주연에게 · 776	죽음을 향해 가는 · 812	지면에 비해 무레 · 644	찢어졌다 온전한 · 440
조토에서 브뤼헐로 · 286	죽음의 민망 · 104	지명의 탄생 · 683	차원 · 256
족보 · 731	죽음의 형성 · 305	지문이 많은 희곡 · 609	차이의 탄생 · 161
족보의 물리 · 37	죽음이 살아 있는 · 562	지방자치 · 585	착각의 자명 · 737
족속 · 726	죽음이 우리한테 · 667	지상의 사랑이 · 399	참신의 수용 · 389
존 도버 윌슨 · 314	죽음이 유행이던 · 463	지상의 언어 · 520	참으로 오래 · 62
존재의 나중 · 397	죽음인 동사와 · 192	지상의 정도 · 805	참혹 삽화 · 496
좁고, 최대 · 180	준비하는 것이 · 132	지상의 최대 백과 · 781	찻잔 받침 · 527
좁은 계단 · 429	줄거리를 교훈으로 · 394	지상의 평소 · 540	창밖 광경보다 · 825
종교가 어느 정도 · 702	중간 · 555	지식의 돌 · 340	창밖에 봄 · 608
종묘 정전 · 475	중국 · 713	지역 색 · 506	창세는 온동 · 292
종이의 기적 · 417	중년을 맞던 · 450	지역을 면적과 · 600	창의 · 696
종이의 역사 · 120	중세 고딕 성당 · 739	지옥도가 상상력을 · 743	창작 과정의 분석 · 207
종전 이론 · 166	중세 이외 · 839	지적일수록 가장 · 729	창작의 돌발 · 539
종착 · 184	중세 종교 음악을 · 373	지정 · 787	창제한 한글에는 · 424

창조 신화보다 · 439	초겨울 · 247	친구 · 516	테라코타 · 506
채광석 · 783	초기 사정 · 499	친한 사람들 · 375	테오프라스토스 · 23
채우는 여자들 · 752	초상만 그리는 · 466	친화 · 302	통 크기로야 신대 · 682
채워지는 디자인 · 390	초상 · 339	카라반 · 21	통금이 지나야 · 131
책과 공연 · 237	초심 · 584	카르멜회 수녀원 · 417	통속적 · 522
책상 바로 내 눈앞 · 125	초침 · 669	카르타고 · 763	통시적으로 잘 · 788
책의 탄생 · 136	초판 · 704	카멜롯 성이 · 394	통유리창이 · 166
처음 오는 동네 · 425	촉박 · 399	카주라호 · 723	통점의 등장 · 691
처음은 모양이 · 396	촌에서 태어나 · 76	칼데아 · 122	튜브에 오른 · 67
처음의 과거 · 406	촛불 · 461	칼레의 시민 · 144	틀의 탄생 · 622
처음의 상대 · 464	최고 수준의 온갖 · 668	커피 나라 · 318	티글 서정 · 438
처음의 아침 · 65	최근 · 450	커피 내리던 · 445	티레시아스 · 793
처음의 정정 · 292	최대한 작아지는 · 505	커피 블랙 · 729	파고든다 섹스 · 252
처음이 아닌데 · 93	최소의 연상 · 716	컴퓨터 화면 · 281	파베카스텔이 · 686
처참 · 128	최적 · 487	코란 서체 · 731	파사드의 둥글거나 · 505
처형의 클로즈업을 · 435	최종길 · 577	코른골드 오페라 · 855	파우스트 · 50
천 · 363	최초 세잔 · 479	코미디 짝 · 90	파우스트가 품은 · 81
천 년 고도 · 537	최초의 문상 · 35	코코넛 · 518	파주 갈릴리농원 · 154
천 년 전 시작된 · 613	최초의 미래 · 699	콘스탄체 · 173	파탄 · 763
천 년이 지나도 · 518	최초의 탄생 · 75	콤플렉스보다 · 486	팍스 로마나 · 700
천사 날개 깃털 · 557	최후 공중전 · 810	콩국이 당기지 · 31	판매용 언어학 · 286
천재고, 아세끼들 · 26	최후의 심판 · 557	콩나물국밥 · 812	판화 탄생 · 768
천재를 아주 · 382	추계예술대학교 · 295	콩트 · 132	팔레스타인 · 535
천주의 이국에서 · 499	추상이 복잡해 · 436	크레시다 · 625	패배가 우리를 · 432
천지 · 375	추석 · 149	크리스마스 설날이 · 811	페르메이르 · 436
철 들고 줄곧 · 718	추신 · 554	클로즈업 · 375	페트로니우스 · 332
철새 비극 · 730	추신의 추신 · 486	키 큰 나무 여러 · 700	편안한 음악은 · 479
철새들 떼로 · 522	추억이 결핍의 · 883	키가 낡은 선풍기 · 780	평가 · 728
철학의 역사 · 224	추위와 굶주림에서 · 610	키스 영원 · 705	평균율 · 744
철학의 처음 · 614	축대 디자인 · 41	키를롭스 · 90	평론 탄생 · 775
첨부 추신: 예언의 · 851	축적 · 449	킴 캐시캐시언 · 435	평면화 · 440
첫사랑 · 721	축제 · 69	타이 · 69	평생 가장 행복한 · 663
첫사랑이 우리에게 · 592	출근 시간 전 · 126	탁 트여 비가 · 99	평생 쓴 글이 · 93
첫아들과 며느리 · 686	출현 · 244	탄식의 탄생 · 186	평생을 일관된 · 777
첫아들이 이곳 · 475	출현과 등장 · 646	탄핵당한 전직 · 588	평생의 수태고지 · 464
첫째 며늘애가 · 399	출현이 출현하는 · 702	탄핵된 전 대통령 · 555	평생의 유토피아 · 370
청년기 불륜인 · 311	춤 공연 사진의 · 515	탈육 · 727	평소 아름다움에 · 672
청첩장 · 207	춤의 진작 · 545	탑골공원 · 685	평전을 작가론으로 · 106
청춘보다 더 · 803	춤추는 내가 · 545	태극기는 전통의 · 715	평화 · 413
체계의 탄생 · 213	충동의 도모 · 352	태양왕 · 668	폐허의 성 · 569
체구 · 474	충무로역→필동 · 413	태초도 현실 없이 · 51	포 · 321
체스판을 체스판 · 805	치료의 역사가 · 334	태초에 춤과 · 42	포르노 상대 · 463
체액 · 54	치부 · 286	태풍 언어 · 421	포옹 · 265
체질적으로 허약한 · 716	치욕의 포함 · 389	터키 커피 · 628	포유류 · 718
첼로 · 53	친구의 차남 · 261	텀블링 · 587	포유류 미학 · 744
첼로 2 · 70	친구 · 244	텅 빈 것이 꽉 · 560	'폭격기 식별'이 · 780

폭발이 분명 · 441	한 2주 동안 · 317	허리케인 어마 · 100	혹시나 들여다 · 431
폭설 · 825	한 백년 헌책의 · 728	허물어지는 것이 · 243	혹시 · 276
폭설 경보 · 278	한 백이십 년 전 · 436	헌신 · 795	혹한 · 321
폭우 · 797	한 번도 가본 적 · 802	헌정 · 158	혼동의 역사 · 642
표정 세포들이 · 367	한 삼십 년 · 121	헌책 해외 · 620	혼선 · 185
표지는 세련된 · 33	한강 나루터 · 314	헌책방 헌책 · 288	혼자 가면 · 218
푸는 건 최대한 · 388	한국 초기 중국식 · 65	헌책이다 · 566	혼종 · 634
풀리지 않는 문제 · 210	한낮 · 127	헐벗은 소비에트 · 678	혼주 하객 얼굴 · 441
풍경 · 575	한니발 · 673	험준한 알프스산맥 · 673	홀연히 정말 · 824
풍경이 어디에나 · 452	한라봉 · 349	헝가리 · 438	홋카이도에서 돌아 · 796
풍광이 저마다 · 355	한류 · 789	헤겔 비극 · 546	화가 노원희 · 727
풍성한 수직의 · 461	한물간 장르의 · 709	혁명을 이룩하는 · 144	화가 반 아이크 · 734
프라하 없다 · 573	한반도 남쪽 · 824	혁명기 · 525	화가의 죽음 · 497
프랑스 계몽 사상 · 707	한반도 지진 · 369	혁명을 이룩하는 · 144	화강암 · 698
프랑크 왕국에서 · 359	한빛교회 · 574	혁명의 생애 · 132	화려한 고백 · 39
프랑크푸르트 · 802	한성대역에서 · 222	혁명이 · 21	화려 · 425
프로메테우스 노동 · 52	한약 맛 · 226	혁명이 정치적으로 · 50	화면 · 448
프로메테우스 재고 · 621	한일 한미 · 564	혁명적 사회주의 · 791	화요가 독하고 · 285
프로스페로 · 755	한일사전 없다 · 798	혁혁하던 정치학 · 46	화창한 날 · 684
프롤레타리아 유산 · 349	한자 뜻을 따질 · 822	현대 거룩 · 695	화투 · 602
프시케 · 43	한파주의보 · 254	현대 물리학이 · 282	확실 · 819
피 흘리는 너의 · 839	할 일 · 203	현대 음악은 · 57	확정 · 481
피난과 피서 · 242	할 일 없이 내 생애 · 829	현대 이론 · 168	환기 · 237
피아노 연주 현상 · 568	핥고 빨고 삽입 · 635	현대 추상 미술 · 27	환대 · 682
피의 육체도 · 145	함께 · 792	현대 탄생 · 51	환상 아닌 · 346
피해의 생존 · 511	합리적 · 432	현대 폐허 · 779	환승 · 306
피해의 주연 · 627	합작의 미흡 · 651	현상학의 동력인 · 620	환절기 · 78
피해자 · 759	합창에서 합창단 · 617	현실과 상상 · 735	환절기 · 416
필기의 중단 · 189	항상 · 462	현실은 욕먹는 · 851	황갈색이 피의 · 733
필요 · 734	해 질 녘 · 75	현악 · 475	황광수 · 523
하고 싶은 말을 · 773	해가 곧 질 것이라 · 788	현악 4중주 동구 · 682	황색예수 합권 · 751
하나는 꽤 큰 · 558	해석의 탄생 · 785	현악 사중주단의 · 434	황야 유혹 · 505
하드커버 컬러판 · 538	해설 · 641	현역 · 811	황정은에게 · 493
하루 종일 미니 · 547	해설과 등장 · 707	혈연 · 655	황지우에게 · 24
하루걸러 연속으로 · 249	해와 달과 별 · 717	혈연의 역사 · 111	황혼 · 337
하루를 마무리해도 · 353	해외여행 떠난 · 589	혐의 · 734	황혼 남녀 · 586
하양이 크고 굵고 · 636	해체 사후 · 479	형상 자체가 · 98	회고록 · 311
하얗다 온통 · 207	해체가 처음부터 · 633	형제 · 177	회복 · 328
하이든 · 60	해체가 해체의 · 655	호두 · 87	회상 · 462
하이든 · 450	해체를 해체로 · 366	호박 · 662	회춘 무언 · 517
하이든 음악 뼈대 · 444	햇볕에 쨍쨍 · 446	호박 속 · 703	회화가 양식을 · 720
하인천역 이름이 · 543	햇살 · 721	호우 경보 · 156	회화의 전집 · 415
하자센터 · 795	햇살을 닮아가는 · 608	호인 · 100	휠덜린 단편들 · 449
하지 · 692	행색과 대열이 · 701	호주 · 422	횡재 · 670
하지 않아서 · 512	향수 · 801	호텔 · 531	효용의 위용 · 730
학자 · 201	허구의 탄생 · 521	호화롭지 않고 · 245	후대가 선대의 · 433

후대의, 좁아질 · 559
후렴 · 358
후렴의 횡재 · 201
후유증 · 126
후일담 · 298
후일담 · 650
휴대 · 34
흐르는 거, 길고 · 583
흑백 다큐멘터리 · 331
흡연 홍보 · 767
흩어져 사라지는 · 452
훌트릴 수 없는 · 308
희 · 566
희귀와 결별 · 41
희극-발레 · 121
희망 · 142
희망을 논하는 · 711
희망의 고리가 · 614

희망의 명명 · 576
희망의 백년대계 · 614
희망의 전업 · 381
희한하고 숱한 · 281
히브리어 구약 · 356
히브리어 알파벳 · 82
힌트 · 467
銀の鐘 · 796
~에 대하여 · 110
10년 전 · 258
13개월 차이 · 177
1548년 창설 · 381
17세기 말에 · 476
18세기 라이프치히 · 440
1914년생이니 · 814
1947년 개봉 · 123
1958년 8월 · 350
1960년 5월 22일 · 313

1964년 미국에서 · 312
1대 베드로에서 · 593
2010년대 GNP · 384
2016년 12월 25일 · 492
2017년 9월 4일 · 85
20세기 들며 · 676
20세기 말 권위 · 539
2인자 · 488
2인자가 · 104
30년 만의 문상은 · 824
30년도 더 지난 · 751
35년 가까운 · 361
3B+모차르트 · 38
3박4일 홋카이도 · 792
3차원으로 앞서간 · 504
50년 전 가정의학 · 351
6·10 민주 항쟁이 · 713
6·25 전쟁 · 223

87년 6월 · 448
8월 장마 · 61
90을 꽉 · 456
AD 5세기 · 186
Archaic Smile · 252
BBC 다큐멘터리 · 345
C. S. I. 수칙 · 490
Giant Snake Head · 272
K-Pop · 163
LED로 집 안의 · 263
OO 집수리 · 363
Peter Pan 1978 · 185
TV 채널을 · 710
X 모양 십자가 · 427
X-Ray · 507

b판시선

001 남북주민보고서 하종오 시집
002 세계의 시간 하종오 시집
003 봄눈 김병섭 시집
004 신강화학파 하종오 시집
005 초저녁 하종오 시집
006 어느 수인에게 보내는 편지 조삼현 시집
007 오지 조수옥 시집
008 국경 없는 농장 하종오 시집
009 파랑 또는 파란 송태웅 시집
010 그 남자는 무엇으로 사는가 이승철 시집
011 땅고風으로 그러므로 희극적으로 이철송 시집
012 봄바람, 은여우 이은봉 시집
013 신강화학파 12분파 하종오 시집
014 웃음과 울음의 순서 하종오 시집
015 그대는 분노로 오시라 한국작가회의 자유실천위원회 편
016 세월호는 아직도 항해 중이다 교육문예창작회 시집
017 나는 보리밭으로 갈 것이다 조길성 시집
018 겨울 촛불집회 준비물에 관한 상상 하종오 시집
019 숲의 상형문자 고명섭 시집
020 낱알의 숨 신언관 시집
021 죽음에 다가가는 절차 하종오 시집
022 오후가 가지런한 이유 고선주 시집
023 쌍둥이 할아버지의 노래 김준태 시집
024 세상 모든 사랑은 붉어라 김명지 시집
025 꽃꿈을 꾸다 이 권 시집
026 회색빛 베어지다 박선욱 시집
027 슬픔아 놀자 최기종 시집
028 신강화학파 33인 하종오 시집
029 돌모루 구렁이가 우는 날에는 윤일균 시집
030 제주 예멘 하종오 시집
031 물골, 그 집 최성수 시집
032 돈이라는 문제 하종오 시집
033 암마뚜마 김병섭 시집
034 죽은 시인의 사회 하종오 시집
035 외가 가는 길, 홀아비바람꽃 김태수 시집
036 자갈자갈 표성배 시집
037 목발에 대한 생각 변경섭 시집

038 하류 서정춘 시집
039 세계적 대유행 하종오 시집
040 뭐 별것도 아니네 신언관 시집
041 동면 정세훈 시집
042 기술자가 등장하는 시간 조기조 시집
043 출생의 비밀 홍성식 시집
044 사랑했지만 어쩔 수 없었던 어느 날 박남원 시집
045 가만히 깨어나 혼자 정철훈 시집
046 산 조재도 시집
047 내 생에 아름다운 봄날 이혼복 시집
048 그 모퉁이 자작나무 윤재철 시집
049 은목서 피고 지는 조울의 시간 속에서 박두규 시집
050 나이테의 무게 김영언 시집
051 악질가 하종오 판소리체시집
052 겨울이 복도처럼 길어서 이기린 시집
053 콜센터 유감 최세라 시집
054 푸른 독을 품는 시간 유종 시집
055 에스컬레이터 타고 내려온 달빛 윤재철 시집
056 "전쟁 중이니 강간은 나중에 얘기하자?" 하종오 시집
057 저녁의 신 이학성 시집
058 엇배기 농사꾼의 늙은 꿈 신언관 시집
059 람풍 최성수 시집
060 그 다 이를 말인가 김병섭 시집
061 내가 길가의 돌멩이였을 때 허완 시집
062 세 개의 주제와 일흔일곱 개의 서정 하종오 시집
063 다시 사람에게 묻다 변경섭 시집
064 박쥐 전기철 시집
065 당신이 전태일입니다 표성배 시집
066 릴리와 들장미 정철훈 시집
067 어떤 문장으로부터의 명상 하종오 시집
068 따뜻한 모순 윤재철 시집
069 노인류 하종오 시집
070 웃음 강상기 시집
071 랑 서정춘 시집
072 버슨분홍 문예진 시집
073 어머니 이동순 시집
074 잉여 시인 잉여 시편 하종오 시집
075 죽은 것과 산 것 김정환 시집